谨以此书

庆祝中央教育科学研究所成立七十周年!

纪念中央教科所原德育中心成立二十周年!

献给全国广大教育工作者!

中国德育求索
——和谐德育研究之路

中国伦理学会德育专业委员会
和谐德育研究与实验总课题组 编

柳斌题签

首都师范大学出版社

图书在版编目(CIP)数据

中国德育求索 / 中国伦理学会德育专业委员会和谐德育研究实验总课题组编.
—北京：首都师范大学出版社，2011.5
ISBN 978-7-5656-0361-7

Ⅰ.①中… Ⅱ.①中… Ⅲ.①德育—研究—中国 Ⅳ.①G41

中国版本图书馆CIP数据核字（2011）第075914号

ZHONGGUO DEYU QIUSUO
中国德育求索
中国伦理学会德育专业委员会　和谐德育研究与实验总课题组　编

责任编辑　李佳利　齐红英

首都师范大学出版社出版发行

地　　址	北京西三环北路105号
邮　　编	100048
电　　话	68418523（总编室）　68982468（发行部）
网　　址	www.cnupn.com.cn
印　　刷	北京玥实印刷有限公司

全国新华书店发行

版　次	2011年4月第1版
印　次	2011年4月第1次印刷
开　本	787mm×1092mm　1/16
印　张	54.5　插页16
字　数	1200千字
定　价	120.00元

版权所有　违者必究
如有质量问题　请与出版社联系退换

领导关怀

和谐德育研究得到了各级领导的亲切关怀和大力支持，全国人大常委会、全国政协、中共中央文明委、中共中央政法委、中共中央宣传部、国家教育部、国家民政部、国家新闻出版署、全国妇联、共青团中央以及中国社科院、中央党校、国家教育行政学院、首都师大、中央教科所的领导都曾经出席并指导过和谐德育研究的学术活动。

李岚清（时任中共中央政治局常委、国务院副总理）对中央教科所《科研与决策》1994年第4期刊登詹万生调查报告的批示

全国人大常委会原副委员长彭佩云与詹万生教授亲切交谈

中央政法委秘书长陈冀平与詹万生教授亲切交谈

全国人大常委会原副委员长周铁农（左三）为詹万生（左一）、郭海燕（左二）、刘吉（左四）颁发爱国主义宣讲家奖状

中共中央宣传部原常务副部长徐惟诚与詹万生教授亲切会见

1991年月12月，中央教科所德育研究中心成立，时任国家教委原党组书记何东昌（左一）、中央教科所所长卓晴君（左二）、中宣部教育局局长李长喜（左三）、国家教委司政司司长朱新均（左四）出席中央教科所德育研究中心成立大会

原国家教委党组书记何东昌、副主任柳斌、王明达、北京市人大原副主任陶西平等出席德育研究中心成立十周年学术研讨会

原国家教委副主任柳斌、中国伦理学会原会长陈瑛与詹万生等亲切交谈

北京市人大常委会原副主任、中国教育学会常务副会长陶西平与詹万生、徐安德在一起

北京市教委原副主任兰宏生和詹万生在一起

中国伦理学会原会长、中国人民大学罗国杰教授与詹万生亲切交谈

中国伦理学会原副会长、北京大学魏英敏教授与詹万生亲切交谈

首都师大学生工作部原部长、北京青年政治学院原副院长、东方道德研究所所长王殿卿教授与詹万生亲切交谈

学术团队

和谐德育学术团队由中央教科所原德育研究中心、中国伦理学会德育专业委员会、和谐德育研究与实验课题组的一批专家学者组成。团队由科研人员、行政领导、一线教师相结合，老、中、青相结合，基础教育、高等教育、职业教育、学前教育相结合组成，始终坚持为德育决策服务、为德育实践服务、为广大师生服务的科研宗旨，形成了"和谐、求真、务实、创新"的团队精神。

1991年中央教科所德育研究中心成立大会全体成员与领导合影

中央教科所原所长卓晴君（中）、中宣部教育局原局长李长喜（右）、德育研究中心主任詹万生（左）在中央教科所德育研究中心成立大会上

1994年德育研究中心同事参加文艺演出后合影，右起为刘英敏、詹万生、于天龙、齐欣、胡君若、王文源

1996年中央教科所原所长卓晴君与詹万生、李书华、许建争、刘英敏、张明贤合影

1998年詹万生主任与中央教科所德育研究中心的同事刘芳、齐欣、李书华、刘英敏、于天龙合影

2006年《和谐成长》系列实验教材主要编写人员合影

2009年和谐德育与高校党建暨学风教风校风建设研讨会在福州召开，左一王存副会长、左三颜吾佴副会长、左四魏续臻副会长、左五詹万生会长、左六徐仲伟副会长、左八宁武杰副会长兼秘书长

2005年8月，中国伦理学会德育专业委员会成立大会在新疆伊宁举行，詹万生（右二）当选会长时讲话，右一为陈宁副会长，右三为魏续臻副会长，右四为梁其贵副会长，右五为齐管社副会长

2008年詹万生与和谐德育学术团队部分成员在中央教科所门前合影

2009年中国伦理学会德育专业委员会在昆明举办和谐德育论坛，前排左起为宁武杰副会长兼秘书长、王存副会长、徐安德副会长、詹万生会长、周本贞副会长、王滨有副会长、闵乐夫副会长，后排为各位副秘书长

2009年10月，中国伦理学会德育专业委员会二届二次会长会议在北京召开，前排右三：宋长生副会长、第二排左一：赵渊副会长、左二：朱建华副会长、第三排中：齐欣副会长

2009年8月，中国伦理学会德育专业委员第二届会员代表大会在贵州仁怀举行，选举产生新一届领导班子，詹万生会长（左一）向全体代表介绍各位副会长，左二起为宁武杰、王宗江、任振焦、梁其贵、徐允、魏续臻、米裕庆、王存、关鸿羽、徐安德、王滨有、牛立坚、李玉鸿

学术年会

和谐德育学术团队举办大型德育学术年会13届，承办历届年会的地方政府依次是：北京市朝阳区、深圳市罗湖区、河南省开封县、重庆市南岸区、湖南省株洲市、江苏省无锡市、河南省信阳市、新疆自治区伊宁市、吉林省长春市朝阳区、山东省南山集团、贵州省仁怀市、上海市闵行区，他们对德育年会给予了大力支持与良好合作。中宣部、教育部有关领导多次出席，给予了关怀与指导。

1997年首届和谐德育年会在北京举行，教育部基础教育司德育处长孙学策与詹万生、姜树卿、刘芳及部分代表合影

2004年第七届和谐德育年会在河南信阳举行，原国家教委副主任柳斌出席并与詹万生、徐安德、梁其贵、闵乐夫及与会部分代表合影

1999年第三届和谐德育年会在河南开封举行，教育部基础教育司司长王文湛、詹万生等与中共开封县委、政府、人大、政协、教育局的领导步入会场

2002年第五届和谐德育年会在湖南株洲举行，教育部副部长周远清以及湖南省教育厅、中共株洲市委、政府、人大、政协的领导出席

2005年第八届和谐德育年会在新疆伊宁举行，原国家教委副主任柳斌、中国伦理学会会长陈瑛以及新疆自治区教育厅、中共伊犁州委、伊宁市委、政府、人大、政协的领导出席

2008年第十一届和谐德育年会在山东南山集团举行，中宣部原常务副部长徐惟诚、山东省教育厅、烟台市、龙口市和南山集团的领导出席

2006年10月,和谐德育第九届年会在北京人民大会堂胜利召开,来自全国百个实验区、千所实验校的2400多名代表出席了大会。

全国人大原副委员长彭佩云在詹万生、齐欣等陪同下步入会场

大会闭幕式交接会旗

大会主席团向"六个一百"获奖者颁奖

与会代表认真听报告

大会开幕式主席台领导专家唱国歌

学术交流

和谐德育学术团队制定了"贯通古今、融会中西、继承借鉴、发展创新"科研原则，积极参加国内外学术交流活动。詹万生主持和参加国内学术研讨会100多次，涉及到基础教育、高等教育、职业教育、学前教育、家庭教育、社会教育、网络教育等众多领域的德育问题，他还先后出席在美国、英国、俄罗斯、丹麦、韩国、香港、台湾等国家和地区举办的国际道德教育学术会议。

2009年12月，詹万生在北京大学百年大讲堂全国校长德育论坛演讲

2000年10月，詹万生在团中央举办的道德教育与习惯养成论坛演讲

2007年，詹万生在全国妇联家庭教育工作表彰会上做报告

2001年12月，德育中心成立十周年之际举行21世纪中国德育改革与创新学术研讨会

2007年11月，詹万生、张宇、冯铁山出席第四届教育科学论坛

2006年7月，全国教育科学"十五"规划国家重点课题"整体构建学校德育体系深化研究与推广实验"举行结题鉴定会，课题组成员和实验区实验校代表与结题鉴定专家合影，前排左起为曾天山、程方平、朱全俊、魏英敏、班华、朱小蔓、陈瑛、安云凤、詹万生

1999年6月詹万生出席在台湾举办的海峡两岸通识教育与公民养成学术研讨会与代表们合影

1996年,詹万生、孙学策出席在美国举办的价值观与道德教育国际学术研讨会

1995年,詹万生在中央教育科学研究所接待加拿大多伦多大学教授克里夫·贝克来访

2001年,詹万生、华国栋、俞国良访问丹麦哥本哈根大学与英歌小姐等举行午餐会

2002年,詹万生在中国人民大学与英国《道德教育》杂志主编莫尼卡女士会见

2003年10月,朱小蔓(左二)、詹万生(左四)访问俄罗斯教科院

2007年10月,詹万生、栾传大、任振焦、王鹏等出席在英国威尔士大学兰比德学院举办的道德教育国际学术研讨会

指导实践

和谐德育学术团队在全国30个省（自治区、直辖市）建立了100多个实验区、5000多所实验学校，参加实验的教师10万多人次，参加实验的学生500多万人次。詹万生及其团队成员深入实验区、实验校考察指导课题研究与实验工作3000多次，作学术报告3000多场，培训教师约1000000人次，行程约500万公里。

2000年和谐德育第四届年会在重庆市南岸区召开，北京市教育工委领导朱全俊、赵振东和詹万生、徐安德、宁武杰等在弹子石小学观摩指导主题班会

2001年詹万生在天津市河西区和小学生一起上网络德育课

2003年詹万生、徐安德、齐欣、赵国柱、宁武杰等在河南省辉县市考察指导德育科研

1997年詹万生在深圳滨河小学举行实验校挂牌仪式

1998年詹万生在河南省禹州市农村中学考察指导德育科研

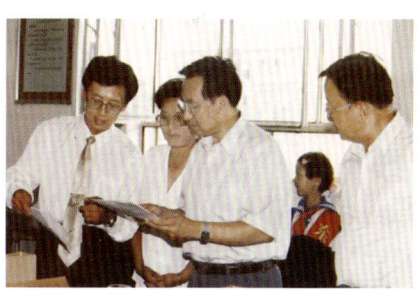

1999年詹万生在呼和浩特市东河区与教育局领导研究课题实验方案

2002年詹万生、刘英敏在江苏省泰州中学参观考察

2004年，詹万生在新疆伊宁考察实验学校时题词，右一为新疆教科所刘国印主任

2002年，詹万生、闵乐夫在贵州省黔西南州考察指导德育科研

2007年和谐德育第十届年会在长春市朝阳区召开，詹万生点评主题班会

2003年詹万生、徐安德等在北京与宏志班学生一起讨论

2005年1月，詹万生等在吉林省四平市中小学考察指导德育科研

2008年詹万生在新疆昌吉州与小学生一起上手工德育课

2006年，詹万生为海口市英才小学评为先进实验学校揭牌，右为兰祖军校长，左为李淑华

2010年詹万生、徐安德等出席北京景山学校建校五十周年庆祝活动

研究成果

和谐德育学术团队先后承担了"八五"、"九五"、"十五"、"十一五"国家和教育部重点课题。詹万生及其团队成员发表了一大批学术论文，出版了一批理论著作和实验教材。经过"九五"、"十五"两个五年规划历时十年的研究，评审表彰了百所德育科研名校、百位德育科研名师、百项德育科研优秀成果等"六个一百"，为实验学校出成果、出经验、出人才搭建了立交桥。

詹万生在首都师范大学工作时期的部分研究成果

和谐德育学术团队"八五"时期的部分研究成果

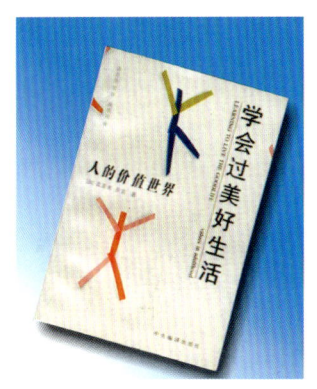

和谐德育学术团队"九五"时期的部分研究成果

和谐德育学术团队"十五"时期的部分研究成果

和谐德育学术团队"十一五"时期的部分研究成果

媒体建设

和谐德育学术团队十分重视媒体建设。1992年，詹万生创建《德育信息》杂志，后更名为《中国德育》杂志并担任主编，发刊100多期，编辑约1000万字。经过十多年的努力，国家新闻出版总署于2005年批准了公开发行刊号。此后他又创办了《新德育》杂志，现已发刊近60期。2001年，创建开通了"中国德育网"。2005年又创建开通了"新德育网"。杂志和网站两大媒体成为联系广大实验教师的桥梁和纽带。

詹万生与李书华、齐欣、宁武杰、许建争研究《中国德育》杂志编辑工作

詹万生、李书华、许建争与搜狐网总裁张朝阳签订合作协议

诗词书法

德育是一门科学，也是一门艺术。德育研究需要科学精神，也需要艺术素养。詹万生创作了200多首诗词，这些诗词大都是与德育事业紧密联系在一起的，有对祖国大好河山的豪迈歌颂，也有对德育基地的深情赞美；有对古代圣贤的深切缅怀，也有对民族英雄的崇高敬仰；有对德育年会的真实描述，也有对德育情怀的激扬抒发。这里几幅诗词书法作品可见一斑。

为大兴安岭德育基地题词

书法作品《七律·太行三经》

书法作品《沁园春·盛会》

为实验学校题词与校长合影

书法作品《七律·秦淮河畔》

德育活动

和谐德育学术团队高度重视理论与实践相结合，创立了以主题班会为基本组织形式的德育活动课，并提出德育活动课的新理念。同时主张德育寓于智育、体育、美育和各项文化活动之中。2000年，创办首届全国校园春节联欢晚会，与中央电视台文艺部合作连续举办五届。2009年举办了首届全国中小学班主任和谐育人专业能力大赛，为班主任提高专业能力和职业幸福感开辟了道路。

第一届校园春节晚会剧照

詹万生主持首届校园春节晚会参演单位领队会议

第三届校园春节晚会剧照

第五组评委在工作

詹万生和虹桥区教育局领导陪同原国家教委副主任柳斌、北京大学教授魏英敏观看选手比赛

参赛班主任风采

首届全国中小学班主任专业能力大赛开幕式主席台

采访报道

和谐德育研究与实验引起了社会的广泛关注，人民日报、光明日报、中国教育报、中国青年报、德育报、香港文汇报、中央电视台、中国教育电视台以及搜狐网、新浪网等众多媒体对詹万生进行过多次采访报道。2006年4月，中国青年报以《十年磨一剑，追问和谐德育与生命价值》为题进行了专题采访报道。

詹万生在人民大会堂接受中国教育电视台记者采访

詹万生在办公室接受中央电视台记者采访

詹万生在中央电视台做嘉宾

詹万生在搜狐网大讲堂做嘉宾

光明日报、中国青年报的专题采访报道

目 录

书名题字 ·· 柳　斌

序一 ·· 徐惟诚(1)

序二 ·· 陶西平(3)

序三 ·· 魏英敏(6)

序四 ·· 王殿卿(9)

前言 ·· 詹万生(1)

第一篇　积累经验　钻研理论　领悟整体和谐思想
——和谐德育研究的奠基阶段(1970-1990)

一、詹万生这一时期的论文选编 ·································· 2

1. 马克思关于人的本质的基本理论 ······························· 2

2. 为人民服务人生观的形成和发展 ································ 7

3. 中国传统人生哲学的历史地位与合理内核 ······················ 12

4. 先秦时期的人性论评价 ………………………………………… 17

5. 中国古代思想史上的义利之辩 ………………………………… 23

6. 价值论研究的兴起与发展 ……………………………………… 29

7. 关于价值概念的定义 …………………………………………… 31

8. 价值论研究的几个理论问题 …………………………………… 34

9. 价值观的涵义及其分类 ………………………………………… 36

10. 市场经济的双重效应及其对大学生价值观的影响 ………… 40

11. 经济形式的多元存在与价值观教育的一元导向 …………… 43

12. 八十年代大学生人生观教育的回顾与反思 ………………… 45

二、詹万生这一时期的学术著作简介 …………………………… 56

1. 《人生观教育讲义》及教学参考资料 ………………………… 56

2. 高等院校第一部《人生哲学》教材 …………………………… 58

3. 高等师范院校《人生哲理》教材 ……………………………… 64

4. 高等院校《人生哲理教学参考》 ……………………………… 65

5. 大型思想文化研究著述《中国传统人生哲学》 ……………… 66

第二篇 深入实践 调查研究 选准德育研究方向
——和谐德育研究的发端阶段(1991–1996)

一、詹万生"八五"时期的论文选编 …………………………… 70

1. 论毛泽东对传统道德的批判继承思想 ………………………… 70

2. 建设中国特色社会主义德育体系的指导思想 ················· 74
　　——学习《邓小平文选》第三卷的体会 ················· 74
3. 解放思想　更新观念　正确认识德育的十大关系 ················· 79
4. 现代化建设、素质教育与德育工作的几点思考 ················· 94
5. 加强和改进学校德育工作的对策性建议 ················· 105
6. 中国特色的社会主义德育体系的初步构想 ················· 110
7. 正确认识个人与社会的关系 ················· 122
8. 培养良好的道德品质 ················· 136
9. 青少年犯罪与道德教育 ················· 151
10. 中华民族传统美德教育的兴起与展望 ················· 164
11. 深入开展中华民族传统美德教育的几点思考 ················· 177
12. 二十一世纪的文化战略与价值观教育的借鉴承扬 ················· 183

二、詹万生"八五"时期的著作简介 ················· 189

1. 大型德育工具书《中国德育全书》 ················· 189
2. 和谐德育的发端之作《德育新论》 ················· 194
3. 综合性德育工作指导丛书《学校德育文库》 ················· 201

第三篇　纵向衔接　横向贯通　整体构建德育体系
　　——和谐德育研究与实验阶段（1997-2001）

一、詹万生"九五"时期历届年会主题报告　　204

1. 1997年北京年会开题报告 ………………………………… 204

2. 1998年深圳年会主题报告 ………………………………… 221

3. 1999年开封年会主题报告 ………………………………… 232

4. 2000年重庆年会主题报告 ………………………………… 242

5. 2001年"九五"课题结题报告 ……………………………… 252

二、詹万生"九五"时期的论文选编 …………………………… 275

1. 建设中国特色社会主义德育体系的行动纲领 …………… 275

2. 坚持"三个面向",开创人才培养的新局面 ……………… 279

3. 构建价值观教育的系统工程 ……………………………… 284

4. 贯通古今 融汇中西 继承借鉴 发展创新 ……………… 289

5. 全面实施素质教育 加强改进德育工作 ………………… 293

6. 试论青少年思想政治教育 ………………………………… 297

7. 21世纪中国德育课程体系之建构 ………………………… 302

8. 应建立德育活动课 ………………………………………… 308

9. 心理健康教育的三个观点 ………………………………… 309

10. 中等职业学校德育课程教学大纲编写意见 …………… 310

11. 整体构建学校德育体系研究报告 ……………………… 312

三、"九五"时期课题研究成果简介 …………………………… 319

1. 《德育》系列实验读本 …………………………………… 319

2. 综合素质评价实验用书《成长册》 ……………………… 324

3. 课题研究指导专著《整体构建德育体系引论》 ………… 327

4. 综合性理论研究专著《整体构建德育体系总论》 …………… 334

5.《整体构建德育体系研究论文集》 …………… 342

6.《整体构建德育体系实验报告集》 …………… 343

7.《二十一世纪中国德育改革与创新》 …………… 344

第四篇 整体和谐 有效衔接 构建和谐德育体系
——和谐德育思想的形成阶段（2002-2006）

一、詹万生"十五"时期历届年会主题报告 …………… 348

1. 2002年株洲年会主题报告 …………… 348

2. 2003年无锡年会主题报告 …………… 372

3. 2004年信阳年会主题报告 …………… 385

4. 2005年伊宁年会主题报告 …………… 403

5. 2006年"十五"课题结题报告 …………… 428

二、詹万生"十五"时期的论文选编 …………… 458

1. 贯彻落实十六大精神推进德育体系创新 …………… 458

2. 论以德治国与以德育人 …………… 464

3. 社会转型时期学校德育的反思与构建 …………… 471

4. 入世对学校德育的双重效应与对策思考 …………… 478

5. 中小学道德教育课程改革与创新 …………… 482

6. 初中道德教育课程改革述要 …………… 487

7. 未成年人思想道德建设的行动纲领……496

8. 弘扬与培育民族精神的思考与建议……500

9. 德育应植根于民族文化的沃土上……504

10. 荣辱观教育要从中国传统文化中汲取营养……507

11. 高校思想道德修养课存在的问题与对策建议……511

12. 整体规划大中小学德育体系的建议……516

13. 和谐德育论……523

三、"十五"课题研究成果简介……526

1. 家长学校系列教材《当代家长》……526

2. 幼儿园系列教材《好孩子 好习惯》……527

3. 课题研究指导专著《整体构建学校德育体系导论》……528

4. 《整体构建学校德育体系实践导引》（分学段共七册）……531

第五篇 深化研究 建立模式 构建和谐德育体系
——和谐德育研究的发展阶段（2007-2010）

一、詹万生"十一五"时期历届年会主题报告……536

1. 2006年北京年会主题报告……536

2. 2007年长春年会主题报告……551

3. 2008年南山年会主题报告……564

4. 2009年仁怀年会主题报告……580

5. 2010年九江会议主题报告 …………………………………………… 592

6. 2010年上海年会主题报告 …………………………………………… 597

二、詹万生"十一五"时期的论文选编 …………………………………… 614

1. 和谐德育研究的理论基础 …………………………………………… 614

2. 构建校本和谐德育体系 ……………………………………………… 619

3. 素质教育呼唤和谐德育 ……………………………………………… 621

4. 和谐德育是构建和谐社会与和谐文化的基础工程 ………………… 624

5. 社会主义核心价值体系是和谐德育的根本 ………………………… 627

6. 和谐德育要在时代性、规律性、实效性上下功夫 ………………… 630

7. 构建学校与社区和谐德育体系 ……………………………………… 634

8. 宏观层次校本和谐德育体系的实践模式 …………………………… 641

9. 建议加强中小学班主任专业化建设 ………………………………… 644

10. 建议在《纲要》中增加对德育工作的具体要求 …………………… 646

三、"十一五"时期课题研究成果简介 …………………………………… 650

1. 《和谐成长》系列实验教材 ………………………………………… 650

2. 综合性理论研究专著《和谐德育论》 ……………………………… 652

3. 《和谐德育研究》论文集 …………………………………………… 660

4. 高职院校《就业指导》《心理健康》《文明礼仪》实验教材……… 661

附录一 媒体采访 真实报道 新闻界关注德育研究
——和谐德育研究的媒体报道(1994–2010)

一、1994—1999年媒体采访报道 …………………………… 664

二、2000—2002年媒体采访报道 …………………………… 668

三、2003—2005年媒体采访报道 …………………………… 682

四、2006—2009年媒体采访报道 …………………………… 695

附录二 出成果 出经验 出人才 德育科研成果丰硕
——和谐德育研究的成果目录（1980–2010）

一、詹万生发表的文章目录索引（1980—2010年）……………720

二、詹万生及其学术团队的著作目录索引……………………729

三、实验区、实验校百项德育科研优秀成果…………………732

四、百名德育科研专家简介目录………………………………736

五、百位德育科研名师简介目录………………………………742

六、百所德育科研名校简介目录………………………………746

附录三 潜心研究 深入实践 真实记录科研历程
——和谐德育研究的大事记载（1997–2010）

一、"九五"时期大事记（1997~2001） ································754

二、"十五"时期大事记（2002~2005） ································778

三、"十一五"时期大事记（2006~2010） ····························794

后记 ··826

序 一

徐惟诚

詹万生同志退休了。

他的一生，从参加工作到退休，40年就只做一件事——德育，做出了成就，而且是相当卓越的成就。

一个人一辈子能够排除各种干扰诱惑，锲而不舍，专心致志，咬住一件事坚持做下去，不断探索，不断前进，是很不简单的。何况詹万生同志做的又是一件极其重要的事，一件关系民族前途命运的大事。

中华民族正在振兴。环顾世界民族之林，我们起点低，差距大，各项资源都严重不足，靠得住的优势主要只有两条：一是有共产党的领导，找到了一条正确的发展道路；二是人力资源世界第一。因此，人的素质的提高就是决定性的因素。在人的素质中，思想道德素质又是第一位的。13亿人都有共同的理想追求，共同的价值判断，团结一致，共同奋斗，代代相传，不断创新，就是不可战胜的力量。教育的重要意义，已经日益成为整个社会的共识。

育人是最重要的任务，也是最艰巨的任务。人是宇宙间一切已知事物中最高级的物质形态。对于人的思想、观念、道德、意志、情感、心理以及人们的相互关系，它们的发生、发展、变化的规律，我们的认识还远远不够。影响它们的各种动态的因素又十分复杂。这些都是德育面临的难题。所幸我们的前人已经做过长期卓有成效的探索，留给我们丰富而宝贵的遗产，世界各民族也都有丰富的值得借鉴的经验和教训，这都是把德育提高到新水平的有利条件。

时代在前进，人们的物质生活条件发生着深刻的变化，人们的相互关系以及他们的观念也不可能不发生深刻的变化，当代青少年德育的目标、内容、方法、手段当然必须真正地与时俱进。例如，人们从贫困走向温饱再走向小康，独生子女一代到二代的出现，进城农民工子女，农村留守儿童，教育的普及，整个社会文化水平的提高，人们接受信息方式的变化等等，都为新时期德育提供了新的条件也提出了新的挑战，要求德育有更多的科学研究。

詹万生同志所走的道路的一个突出的优点就是始终把德育当做一门科学来研究。这就是说，在他看来，德育并不是任何主观任意设想的过程和结果。德育有极其重要的作用，但只有符合规律的教育才能取得成功。正确的教育者可以也应该发挥主导的作用，但是思想道德成长的主体只能是青少年自身。正是在这样认识的基础上，他才能把影响青少年思想道德的各种因素综合起来考虑，才能不仅局限于德育课堂，形成大德育的观念，同时也使德育课堂的作用发挥得更好。

正因为把青少年的思想道德成长当做一门科学来研究，詹万生同志全面地把德育看做一个系统的过程，他的研究始终注重如何构建完整的德育体系。这个体系从学前贯穿到大学，而且涵盖职业教育；这个体系包括学校、社会、家庭三个方面，而且研究了如何互相沟通、互相配合、互相协调的问题。这个体系包括了学校中专门的德育课程、学生的道德实践，也渗透到学校的全部教学和管理之中。只有这样才能形成互相衔接、互相配合、互相协调的和谐德育，而不是互相抵消、互相脱节、互相矛盾。

作为科学，当然应该注意吸取人类文明的一切有关成就。詹万生同志在多年的研究中用了很大的功夫来研究中国传统的思想史、哲学史和优秀的道德传统，同时也认真地研究和借鉴国外相关的理论、学术和实践，以建设社会主义核心价值体系为指导，融合各种优秀的成果，努力使德育成为一个和谐的系统。他的研究是有价值的。

詹万生同志参加工作是从做教师开始的。他做过小学、中学、大学的教师，以后也一直不离开德育的实践。本来理论的威力就在于能够指导实践。詹万生同志的研究成果就不仅仅是论文，更是广布于中华大地的德育实践。他有庞大的实验学校群，他的每一步研究都能及时地化为成功的德育实践。数以千万计的青少年的健康成长才是他最重要的成果。正由于他的研究和实践的紧密结合，也使他的研究能不断获得源源不断的活水，获得丰富的营养，又能在实践中不断得到检验和校正。这才是理论研究最强大的生命力。

詹万生同志退休了。我相信他的德育研究生涯既不会退，也不会休。愿他不断地做出新成就来，这可能不只是我个人的期待。

2010年5月

（徐惟诚系中共中央宣传部原常务副部长、中国大百科全书出版社总编辑、中国伦理学会顾问）

序 二

陶西平

很高兴看到詹万生同志的德育论文集的出版,他和他的同仁们进行和谐德育研究走过的道路,展现了一幅德育工作者孜孜以求、锲而不舍精神的长卷,给我们许多可贵的启示。

建立和谐社会,是为了实现多年来志士仁人所追求的理想,也是顺应了发生巨大变化的时代潮流。改革开放30多年来,随着我国新的社会利益格局的形成,社会阶层和利益群体呈现复杂和多样化的态势,不同社会阶层和利益群体之间的存在、矛盾和冲突,引发了一系列社会问题。应对复杂格局、理顺社会关系,构建和谐氛围就成为当前社会主义现代化建设面临的理论和实践的重大课题。

和谐的教育既是和谐社会的子系统,又是建设和谐社会的基础工程。和谐的教育应当体现在为人人各尽所能、各得其所,创造良好的条件,提供公平的机会;体现在为不同社会阶层和利益群体之间的流动拓宽渠道;体现在将以人为本的科学发展观、建立和谐社会的理念作为指导思想,是学校教育在和谐中求得发展,在发展中创造和谐。

德育是学校教育的重要工作,更是学校教育的首要目标。长期以来,不少地区和学校只把德育看做学校的一项专门工作,形成了相对独立于教学工作之外的体系。这样,就使德育作为教育目标的地位变得模糊了,德育成为一部分德育工作者的职责。而实际上,德育作为教育目标,和智育、体育、美育一样,应当贯串于学校的全部教育教学活动之中,成为全部教育教学活动的首要目标,成为全体教育工作者的责任。我们要开展多种多样的宣传教育活动、社会实践活动,但这些活动必须融入学校的整体教育工作之中,特别是要作为一种价值观融入学科教学活动之中,只有这样,才能最终形成良好的校风与社会道德新风。

德育作为教育目标,既贯穿于教育过程,又体现教育成果。但在基础教育阶段,影响一个学生思想品德成长的必然因素却又往往令人难以准确把握。所以,一些同志强调德育"回归自然",主张不要刻意进行什么思想品德教育,把学生思想品德的成长,寄托于环境的潜移默化,采取"无为而教"的态度。不过,多数同志则认为,德育是一项自觉的主动的教育过程,它的教育成果与过程的科学性有着密切的关系。因此,学校加强德育需要形成稳定的格局和流程,这是增强实效性和针对性的保证。一些地区和学校虽然强调德育的重要地位，但是，没有稳定的格局与流程作保证，常常是领导布置一下抓一下，遇到问题不得不抓就抓一下，随意性很大。

詹万生同志多年来主持和谐德育的研究，其价值在于试图从理论和实践结合的层面上，将德育工作体系化、规程化，使其成为为了实现教育目标而进行得实实在在的工作，从而进一步提高教育工作者进行德育的自觉性，进一步发挥教育工作者在德育过程中的能动作用。

科学的德育目标体系是德育流程的基础。在过去相当长的时间里，德育目标体系的研究存在着两个问题。一是将德育简单地等同于政治教育，以政治教育的体系代替德育体系，从而造成脱离学生的年龄特点进行口号式的教育，很小的孩子讲出他们自己不懂，成年人听了好笑的政治口号。二是认为教育要从小抓起，因而将许多教育都纳入学校德育体系，各政府部门甚至社会团体，都希望将自己主管的工作，进入学校的教育环节，都希望编写大纲，出版教材，组织活动。结果，德育目标总是在做加法，造成学校德育体系的庞杂和臃肿。

和谐德育的研究将学校德育体系由低学段到高学段的纵向体系和学校家庭社会一体化的横向体系结合起来。纵向体系体现由近及远，由浅入深，从具体到抽象，从局部到整体，既符合年龄特点，又符合认知规律，既形成一个完整的体系，又有学段和年级分工的原则。横向体系则是一个以学校教育为主导，以家庭教育为基础，以社区教育为依托的开放型德育体系，形成目标一致、内容衔接、功能互补、关系和谐的三位一体的教育网络。有了这样的体系，德育才有了能够转化为实践的可操作的方案。

在学校德育队伍中，德育管理人员、班主任、政治课与思想品德课教师、团队干部当然是重要的力量，但全体教职员工都应当是德育的骨干力量，都有通过教育教学和管理，协调学校、家庭、社会进行德育的责任，才能使学校德育和谐发展。学校的德育应当由校长领导，形成全校上下相互配合、步调一致的工作队伍。从某种角度看，只有当全体教职员工都能自觉提高自身的思想道德水平和行为规范水平，都把加强德育当做是自己的责任的时候，增强德育的实效性才不会是一句空话。

詹万生同志主持研究的和谐德育体现了鲜明的特征。

和谐德育的服务性。德育要为每一个学生的发展服务，不能简单地用对班级整体的关注取代对每个学生的关注，更不能用对部分学生的关注取代对所有学生的关注。德育服务的前提是了解学生、研究学生。没有对每个学生的了解与研究，就难以实现具有针对性的引导，更难以有促进每位学生发展的实效。所以，和谐德育学首先是人学。

和谐德育的全面性。德育工作的基点要放在学生全面素质的提高上。有些同志为了建立严格的班级纪律，采取压制的方式，甚至对学生进行体罚或者变相体罚。有些同志为了使班级取得良好的学业成绩，不断加重学生的课业负担。这些做法也可能产生一时的表面效果，但却严重地影响了学生身心健康的和谐发展。这种以工作的片面性换取工作荣誉的做法违背了国家的教育方针。所以，德育工作中一定要以促进学生的全面发展为本。

和谐德育的民主性。和谐德育在于建立师生之间的平等关系，使学生成为自身发展主体。德育是培养学生公民意识与能力的重要阵地，公民意识与能力的核心是实现行使公民权利和履行公民义务的统一。学校教育是使学生社会化的过程，因此，学生是从在学校里做一个好学生，逐步学会进入社会后做一个好公民的。培养学生的民主意识和参与能力与校长和教师民主作风有着密切的关系。所以，创造和谐的氛围、做学生的知心朋友是德育人文精神的集中体现。

和谐德育的协调性。德育是教师集体的教育活动，是学校与家庭、社会教育一体化的教育行为。学生在教师集体的共同帮助下，在家庭教育与社会教育的共同配合下健康成长。因此，要善于组织所有任课教师了解学生、研究学生，要善于协调所有教育资源，使其发挥教育功能，从而在教育活动中体现目标和行动的一致性。

和谐德育的个性。和谐的德育要通过风格与情趣的引领，建设学校文化、形成学校特色。规范化是德育建设的基础，而形成特色才是德育工作的最高要求。一个达到规范要求的德育工作是合格的，而一个同时具有特色的德育才是优秀的。和谐的德育不是简单地采取进行检查评比的办法来管理，而是倡导师生共同提出阶段性的建设目标，自我诊断、自我评价。这无疑有助于师生主动性的发挥和学校特色的形成。

万生同志的研究成果是个人的努力与集体智慧的结晶，现在结集出版，既是过去的总结，又是未来的开端。我们期待着和谐德育的研究能够产生更多的理论成果，创造出更为丰富的经验。

教育战线应当自觉地肩负起为全体人民各尽其能、各得其所而又和谐相处所必须承担的责任，所以，让德育更加和谐，从而使教育成为和谐社会的有利支柱，是教育工作者的神圣的使命。

2010年2月19日于北京
（陶西平系国家总督学顾问、联合国教科文组织世界联合会副主席、中国教育学会副会长、中国民办教育协会会长、中国伦理学会德育专业委员会顾问）

序 三

魏英敏

詹万生40年如一日，耕耘在德育园地里。他呕心沥血、殚精竭虑、深耕细作、一丝不苟。终于有了丰硕的成果，他成了中国德育界、中国应用伦理学界的佼佼者。他的思维之敏锐、眼界之广阔、能力之强盛，在同行中非常出色。

所有这些都体现在他的一系列德育著作中和20年的德育实践中。他的著作与实践最大的特点，在于创新性。善于发表新的见解，善于解决新的问题。他是站在德育教育前头，带领广大德育工作者奋斗的人。

首先，他拓展了"德育"概念，丰富了它的内容和意义。德育的内涵、外延，在詹万生这里都有了新的解释，从前人们理解的德育，就是政治思想教育。万生同志，总结历史经验，吸收当代人的研究成果，提出大德育概念，即"五要素"说，政治教育、思想教育、道德教育、法纪教育、心理教育等。冲破了德育只限于政治教育的范畴。从而大大地丰富了德育的内涵。

他还提出德育不单纯是家庭、学校的责任，也是社会的责任。德育不是人生阶段性教育，而是终生教育。这就意味着人人是德育教师，人人又是德育学生。这里无固定的教师，亦无固定的学生。这样德育的外延异常的扩展了。

其次，他整体构建大中小学德育体系，创建了和谐德育论。詹万生经过长期的准备工作，又经过了"八五"、"九五"、"十五"、"十一五"二十年的和谐德育理论探索和实践研究，写成了一本德育专著《和谐德育论》。这是一本集体的创作，但是万生的核心作用显而易见。这部书的灵魂、理论观点、核心思想、框架结构几乎都是万生的心血与智慧。"和谐德育论"的提出是中国当代德育理论与实践的重大创新。

勿庸讳言，从前我们的德育是不和谐的，至少是不够和谐的。原因是太突出政治了，一切以"阶级斗争"为纲，不管什么问题一律提到政治高度来认识，常常把认识问题与立场问题混为一谈，把思想问题与政治问题等同，因此思想政治工作往往缺少人情味，生硬、简单、主观、武断，很难令人信服。

我本人在北京大学工作，经历过一件十分荒谬的事情。当年一中年教师看上了一位工农兵学员。他太执着了，以至于她走到哪里，他都跟在其后，显然是不够正常的，这个问题该怎么解决？这里涉及心理问题、感情问题，可是工宣队却召开了全系教师揭发批判会，结果非常糟糕。

和谐德育论总结以往的历史经验教训，正确地写道"德育不同于智育"。智育的任务是教授知识、培养能力，它主要解决知不知、会不会的问题。德育不但授之以知，晓之以理，而且更重要的是需要动之以情，导之以行。一语破的，"动之以情，导之以行"。这才是德育的本质和目的。通过德育使人与人和谐相处，人与社会和谐发展，人的思想与行为协调一致。

《和谐德育论》创造了一个科学的、全面的、严密的德育理论体系和实践模式。全书分上、中、下三篇。上篇是和谐德育理论构建，中篇是和谐德育体系构建，下篇是和谐德育实践探索。全书共计10章，上篇三章讲和谐德育思想渊源、基本理论、时代价值；中篇三章讲和谐德育的目标内容、途径方法、管理评价体系；下篇四章讲学校、家庭、城市社区和农村社区和谐德育的实践探索。

在这些篇章中，有诸多新思想、新观念、新原则，例如德育实践四原则：以人为本原则、整体和谐原则、继承创新原则、服务实践原则。这四个原则的提出无疑是一种新见地。

在全部德育工作中，如何实现"守成与创造"？万生提出："贯通古今、融汇中西、继承借鉴、发展创新"。这四句话分别看人们并不陌生，但连接起来看则是"首创"。把守成与创造解读的淋漓尽致。我们现时代的德育既要继承中外德育史上的好传统，这就是所谓"守成"，又要与时俱进，提出适应新时代要求的德育理论与方法，这就是所谓"创造"。这真可谓"见前人之所未见，发前人之所未发。"

至于和谐德育体系的构建与实践探索，作者们用系统和谐理论和辩证思维方法，把小学、中学、大学德育目标、内容、途径和方法纵向衔接起来，把家庭、学校、社会（社区）横行贯通起来，大有"立体交叉"、"纵横交错"之感。这是一个完整的和谐统一的德育网络系统。

在这个和谐德育网络系统中，还有一些值得重视的新原则与方法，诸如"双主体论"。就学校教育而言，教师是教育的主体，学生是学习的主体，教师与学生应相互尊重对方的主体地位。在德育活动中提出"新三中心论"，即以学生为中心，以活动为中心，以体验为中心代替"旧三中心论"，即以教师为中心，以教材为中心，以课堂为中心。从而大大地调动了学生在德育活动中的积极性、主动性与创造性。还有"近、小、实、亲"德育实践活动之原则，所谓"近"，就是贴近学生、贴近生活、贴近实际；所谓"小"，就是从小处着眼、从小地方入手、从小事做起；所谓"实"，就是倾注真情实感、讲述真实情形、做诚实守信之人；所谓"亲"，就是亲切融洽、可亲可信、亲身践行。上述这些德育新理念，都是作者们在第一线亲身实践，总结提炼出来的，毫无疑问，这是德育理论的新创造。

总之，《和谐德育论》是一本创新性的著作，读后令人耳目一新，精神一振。

第三,他作为"和谐德育论"的创建人,有卓越的组织才干。在詹万生的周围有一帮非常能干的德育专家、学者、教师与教育行政领导。他们"和而不同",每个人有各不相同的经历、智慧与知识,然而他们能够合作共事,相互取长补短,从而形成一种"合力",一种创造力,正所谓"和实生物"。这里没有行政命令和物质引诱,靠的是领导者的人格魅力和成员的志同道合,组成了一支和谐的学术团队。

以詹万生为首的中国伦理学会德育专业委员会的一班人马,个个都是组织活动的能手。构建和谐德育体系的理论研究与实践探索,是全国性的,涉及30个省、市、自治区,100多个实验区,几千所实验学校,几万名教师,几百万名学生,时间前后长达20年之久。这样大规模的德育研究与实践,是中国德育史上的首创。每年举行的诸如德育讨论会、交流会、总结会都有数百人,甚至上千人参加,规模之大、人数之多、影响之广,盛况空前,令人叹为观止。

詹万生从事德教40年,贡献巨大,硕果累累。可以说他是成功的。他成功的原因除了天资、勤奋、机遇、执着之外,还有得法。他运用系统论、辩证法,分析问题,总结经验,这样就站得高些,看得远些,切中了要害,抓住了根本。他的思维方法,工作方法,研究方法始终遵循着科学的认识论路线,从实践到理论,从理论又到实践,循环往复,一次比一次更深化,一次比一次更科学。

他虽已年过花甲,仍然执着德育、志在千里。为同道、为年轻人,树立了"厚德载物,自强不息"的榜样。

2010年4月12日

(魏英敏,系北京大学教授、博士生导师、中国伦理学会原副会长、中国社会科学院应用伦理研究中心研究员、中国伦理学会德育专业委员会顾问)

序 四

王殿卿

　　我认识詹万生是在1982年年初,他即将在北京师范学院政教系毕业。向我推荐他留校工作的老师,先要我看看他写的一手好字,真不愧曾经是北京市延庆县师范培训出来的好学生,"字"是师范生的基本功,字如其人,是我跟他第一次接触的深刻印象。此后,我就跟他成为同事。他也就成为中国高等学校,第一批创建的"德育教研室"——北京师范学院德育教研室的成员。从此,他就义无反顾地,登上了学校德育这条船。

　　他给学生首开《人生哲理》,不仅在讲稿的基础上成书,而且与几位同仁,应邀给南开大学等高校学生开了讲座,真有点"初生牛犊不怕虎"。从此,他就成为高等师范院校一再出版,并使用的《人生哲理》教材的主编。尽管由于种种原因,高等师范院校前后开设近10年的《人生哲理》课程被停开,然而,当今教师队伍素质的现状表明,仍然有再次开设此门如何做人课程之必要,但愿这不是后话。此后,他参与了高等师范院校思想品德课程教材的编写以及此门课程的建设,并积极参与北京市高等学校德育研究会,以至全国高校德育研究的许多学术研究活动,他的教学与科学研究能力崭露头角,无怨无悔地度过了大学毕业之后的前十年。

　　到1991年,我和他几乎同时,从北京师范学院德育教研室主任和副主任的位子上下岗了,他去了中央教育科学研究所,筹建德育研究中心,开始了新的学术生涯。

　　在上级领导和德育界同仁与学者的支持下,中国教育史上第一个德育研究中心宣告成立。从此,中国德育的建设与发展,理论建设与实践探索,有了专业性的指挥中心。他作为创建德育研究中心的主任,为其发展尽心尽力、尽职尽责、呕心沥血,奉献了一生中最为宝贵的20年。

　　在整个九十年代,我与他同是中国教育科学规划德育学科组的成员,他立足德育中心这一平台,大刀阔斧地开展了中国德育实践与应用的理论研究。他主持编辑出版了《中国德育》,这又是一个首创,从刊物的名称到其宗旨与定位,就颇具时代气息和中国气魄。在中国人终于选择了走自己的路,建设有中国特色的社会主义之后,中国教育也就必然要办成中国教育,中国德育的提出,正是时代使然。

　　自1895年甲午战争之后,康有为、梁启超,全盘引进日本的教育,到辛亥革命,孙中山、蔡元培引进欧美教育,再到新中国成立后,全盘苏化的教育,以至当今全面效法美国的教育。一百余年的中国，13亿人口的大国，具有五千年文明和深厚、丰富教育智慧的古国，竟然成为各种教育模式的试验场，几代中国人成为各种外来教育模式的试验品。弱势的国家，文化必然弱势，其教育也必须从强国引进，曾经是近代史上一种通用的逻辑，也往往是殖民主义者向殖民地国家，移植自己文化与教育的根据。然而，中国近代史也清醒地告诫人们，所有全盘照搬、硬性移植外来的模式，包括政治、经济、文化、教育等领域的模式，很少有成功的，只有从中国实际出发"洋为中用"，才有被接纳与吸收的可能。

当今世界，已经发生了天翻地覆的变化，21世纪的东方和中国，已经告别了20世纪。在总结以往历史经验与教训的基础上，整合与建设真正属于中国的教育之时机已经到来！《中国德育》的出版，中国德育的提出与求索，可能顺应了中国教育大改革、大变化与大发展的大趋势，预示了中国教育的未来！

詹万生主持的"整体构建学校德育体系的研究与实验"，是自"九五"到"十五"两个五年规划的国家重点研究课题。其宗旨，就在于尽快结束20世纪60年代以来，以"政治运动"为中心，无序、无德的"政治教育"体系，进而建构与改革开放、建设小康社会相适应的中国德育新体系。这种建构，不能期望全盘"进口"，只能深入实践，自下而上，细心实验。德育模式、体系来源于德育实践，来源于第一线德育工作者的劳动、创新与智慧。应该说，任何一项教育研究成果，没有10年以上从实践到理论的往复求证，难以保证其科学、可用与可行。它远比编写一纸论文、一部著作的难度要大得多。更非某些"权威"的高论之所及。此项历时十年的研究课题，规模之大、范围之广、时间之长、成果之多、效果之好，是哲学社会科学以至教育科学研究所少见，值得赞誉。

"十一五"以来的"和谐德育的研究"，似是"整体构建"的继续与发展，是将"整体建构"的学校德育体系，升华为"和谐德育"。其实，仍然是探求与建构"中国德育"，是用中国文化的"和谐"理念探求与建构"中国德育"。

我为詹万生和他的研究团队的执著、成就而欣慰；为成千上万参与此项教育实践的第一线教师，所付出的辛劳与智慧而感佩。

中央教育科学研究所，作为国家教育的智库，其德育研究中心的这项重大成果，也本应成为国家制定有关学校德育决策的参考，它的部分成果已经尽到了此种责任。

学校德育，终归是学校教育的一部分。建构中国德育，有待建构中国教育。在原有教育体系未有整体变动的背景之下，学校德育体系的整体建构，即使是比较科学可行，也难以被接纳与实现。在当今中国教育与中国社会发展亟待协调的背景之下，达成德育自身的和谐以及与学校教育内外部的整体和谐，尚需时日。

尽管如此，詹万生与他的团队仍然孜孜以求，坚持不懈，无怨无悔。这种不局限当前，着眼未来，超前研究的态度与精神，应为我们从事教育科学研究的同仁，所认同与追求。教育是塑造一个国家未来的，教育科研的价值在于前瞻。

2010年2月6日

（王殿卿系首都师范大学原学生工作部部长、德育教研室主任、北京青年政治学院原副院长、北京东方道德研究所原所长、中国伦理学会德育专业委员会顾问）

前言

这本书是我从教四十年德育研究成果的选编，也是四十年来特别是近二十年来我与和谐德育学术团队研究历程的回望。就我个人的经历而言，这四十年大体可分为两个阶段，前二十年在延庆师范和首都师大学习工作，是积累经验、钻研理论的阶段，为和谐德育研究奠定了一定的基础。后二十年在中央教科所工作，专事德育科研，连续四个五年规划进行整体构建学校德育体系的研究与实验，创立了和谐德育的理论体系和实践模式。当然，它是一个开放的体系，是一个动态的模式，还需要今后不断地修正和发展。

说实话，人的一生很短暂，有效工作年限一般不过四五十年，谁都想多干一些事情，不愿虚度年华。我本平庸，竭尽所能只干了一件事，这就是和谐德育研究。集四十年之经验，我的体会是：想干事，能干事，干成事，需要做到以下四点。

（一）选准方向，锁定目标，矢志不移，执著追求

孔子曰："三十而立，四十而不惑"。但真的过了"不惑"之年，其实仍有困惑。特别是在改革大潮涌动的年代，外边的世界那般精彩，到处充满着诱惑；职场竞争又那么的激烈，人们都在不断地选择自己的人生道路。

我在大学毕业后留校工作的10年间，有几次机会可供选择。一次是深圳特区邀请到那里工作，这意味着加入"孔雀东南飞"的行列；再一次是国家教委曾调我去思想政治工作司，由此便可成为政府官员；还有一次是北京市教育工委要调我去某所大学做领导工作。可是，阴差阳错，都没有成行。1991年，教育部要选一个大中小学都教过的、从事德育研究的、有副教授以上职称的人做中央教育科学研究所德育研究中心主任。也许是命运之神的安排吧，在我对中央教科所不甚了解的情况下便走马上任了。

自从我选择了这个岗位，锁定了这个目标，就从来没有动摇过。我认定，人只有把自己的生命融入到适合自己发展的某项事业之中，才能真正实现他的人生价值。做官，也许要三跳两跳，才能步步高升；经商，就要追求利润，什么赚钱就经营什么；而搞科研、做学问，就必须目标专一，执着追求，咬定青山不放松。

为了选准德育科研的切入点，我主持了"八五"规划国家教委重点课题"我国各级各类学校德育现状调查研究"。这是首次全国性、系统性、全方位的大型德育现状调查研究。我在调查报告中系统分析了学校德育工作存在的主要问题，提出了

"整体构建大、中、小学德育体系,建立科学化、系统化、规范化的,相对稳定的,整体和谐的,有中国特色的社会主义德育体系"的建议。

这个建议刊登在中央教科所的内部刊物《科研与决策》1994年第4期上。时任中共中央政治局常委、国务院副总理的李岚清同志看到这个报告之后做了明确批示:"教委:调查中的有些建议,可以纳入'加强和改善德育工作'讨论稿。"这里所说的"讨论稿"就是1994年8月31日颁布的《中共中央关于进一步加强和改进学校德育工作的若干意见》,这个文件采纳了我的建议,第5条明确规定要"整体规划学校的德育体系"。

至此,我选定了德育科研的方向:以整体和谐理念,构建大中小学德育体系。从此便一发不可收,连续三个五年规划执着追求,前后相继,一脉相承。"九五"期间,我主持了全国教育科学国家重点课题"整体构建学校德育体系的研究与实验";"十五"期间,相继主持了全国教育科学国家重点课题"整体构建学校德育体系的深化研究与推广实验";"十一五"期间,再次主持了全国教育科学规划课题"和谐德育的研究与实验",在此期间,我还申请立项了中国教育学会和中国伦理学会的重点课题"和谐德育的研究与实验"。这就为和谐德育研究拓宽了学术领域,加固了支持机构。我认为,和谐德育研究与实验是一项课题,更是一种事业。它是正义的事业,是行善的事业,是积德的事业,是惠及广大教师、学生和家长的事业,是利国利民的事业,是与党中央构建和谐社会保持高度一致的事业。二十年来,不管遇到何等风浪,从来没有动摇过;不管遇到什么困难,从来没有低头过;不管遇到多大阻力,从来没有退缩过。中国青年报曾以《十年磨一剑——追问和谐德育及其生命价值》为题对我进行专题采访,我很乐意接受这个命题。

(二)上下求索,贯通古今,融会中西,发展创新

屈原在《离骚》中说:"路漫漫其修远兮,吾将上下而求索"。司马迁在《报任安书》中说出了著《史记》的心愿:"亦欲以究天人之际,通古今之变,成一家之言。"古代圣贤的精神气质和人格风范,不仅给我们以力量、信心与勇气,而且给我们以启迪、智慧和思路。

中国德育向何处去?一直是我苦苦思索探求的问题。新中国成立六十年来,中国德育走过了不平凡的道路。作为新中国的同龄人,我们经历了、见证了这段历史,更有责任反思历史、开创未来。建国初期的德育是以政治思想教育和道德品质教育为主要内容。文化大革命时期实行极"左"路线,"突出政治"取代一切,道德教育、人生观教育被取消,完全变成了"运动式"、"政治化"德育。文革结束后进行拨乱反正,出现了矫枉过正、"淡化政治"的倾向,又因"应试教育"的不断升温,德育变成了"知识性"或"应试性"德育。为了探索中国德育改革之路，上世纪九十年代德育学界空前活跃，出现了许多不同的学术观点，如生活德育、传统德育、情感德育、审美德育、实践德育、活动德育等等。这些观点都是从某个视角看到了德育存在的某些问题，进而从某个侧面、某个环节提出改进德育的意见，都有一定的真理性和积极意义。然而，德育存在的问题决不是某个侧面、某个环节的问题，而是综合性、整体性的问题。如：德育的本质、地位、功能、价值到底是什么？德育目标如何从"高、大、空、远"变为"近、小、实、亲"？德育内容如何从政治教育单一内容拓展到道德教育、法制教育、心理教育、思想教育、政治教育"五要素"，这"五要素"具体的教育内容如何分布到各学段各年级？德育途径如何形成教育合力？全员育人、全程育人、全面育人如何实现？学校、家庭、社会如何协调配合？大、中、小学德育如何有效衔接？德育方法如何做到贴近生活、贴近实际、贴近学生，并实现现代化？德育管理如何做到人性化、制度化、规范化？德育评价指标体系如何制定、如何在实践中应用？为了整体回答和解决这些问题，我一直在上下求索。

　　首先是理论基础的求索。最初我曾经设想运用哲学上的"新三论"即信息论、系统论、控制论来分析和解决德育问题。当我在研究中国传统人生哲学时，发现中国哲学中的"整体和谐"思想，并断然认为这是中国传统哲学的"合理内核"。《周礼》提出"以和邦国，以统百官，以谐万民"的思想。孔子提出："礼之用，和为贵。"《中庸》提出："喜怒哀乐之未发，谓之中；发而皆中节，谓之和。……致中和，天地位焉，万物育焉。"由个体道德推及社会责任，由家庭和谐扩展到社会和谐，是儒家和谐思想的主要特点。我认为：中国哲学体现的是一种整体和谐思想，它对于国家统一、社会和谐和民族团结是有进步意义的。中国哲学家大都把建立和谐统一的社会作为自己的责任，儒家人生哲学的宗旨是"兼善天下"，是"济世利他"。"仁者爱人"的人生理想与"天下为公"的社会理想是一致的。中国哲学蕴含着一定的辩证法思想，它对于调和阶级矛盾，维护社会和谐，调节人际关系，促进人际和谐，是有进步意义的。儒家追求"仁爱"，崇尚道德，但并不否定刑罚；主张"德政"，但不否定法治。孔子说："道之以政，齐之以刑，民免而无耻；道之以德，齐之以礼，有耻且格"。汉代贾谊在《过秦论》中也指出，"礼者，禁于将然之前；而法者，禁于已然之后"。从历史上看，什么时候仁爱思想比较畅明，什么时候社会风气就相对好转；什么时候实行"仁政"，什么时候社会就比较和谐。这说明中国传统哲学思想对促进社会和谐是有积极意义的。当我把"整体和谐"思想与系统论加以比较时，发现二者在把握事物存在的整体性、和谐性、有序性、层次性、动态性特征上有共性，也有不同之处。"整体和谐"是一种整体把握、辩证统一的思想理念，系统论则是认识和构建系统的方法论，二者互相补充、相得益彰。于是，我决定把"整体和谐"思想和系统科学原理作为整体构建德育体系的理论基础。

其次是基本原则的求索。我国德育学原理的著作中关于德育原则的表述有许多大同小异的观点，但整体构建德育体系的原则却未曾论及。我在研究中国思想史时发现近代思想文化战略有可借鉴之处。康有为在《大同书》中提出："合经子之奥言，操儒佛之微旨，参中西之新理。"梁启超起草的《京师大学堂章程》明确规定"中学为体，西学为用，中西并用，观其会通。"张之洞发表《劝学篇》主张："新旧兼学，旧学为体，新学为用。"虽然这一思想文化战略未能付诸实现，但它毕竟引起了国人的思考，并引出了此后一系列有关中西文化比较的论战。最近一次中西文化比较论战发生在上世纪八十年代，那时我作为初出茅庐的青年学者十分关注并积极参加了这场论战，认真地读了几本中国哲学和西方哲学的论著。在主持德育研究中心工作之后，我一方面积极参与组织中华民族传统美德教育研究课题，另一方面与同事合作翻译加拿大学者克利夫·贝克的著作《学会过美好的生活——人的价值世界》。1996年，我出席在美国举办的价值观与道德教育国际学术研讨会，并以《贯通古今，融会中西，继承借鉴，发展创新——21世纪中国德育发展的大趋势》为题发表演讲。此后我就把这"十六个字"确立为整体构建德育体系的基本原则。

第三是整体构建和谐德育体系的求索。自从"八五"时期确立了整体构建德育体系的研究方向，我就开始了持续不断的求索。先是撰写了《论德育的十大关系》，确立了解放思想、实事求是的思想路线；接着主编了大型德育工具书《中国德育全书》，对建国以来各种德育理论观点进行大盘点、大梳理；随后撰写了《中国特色社会主义德育体系的初步构想》，标志着整体构建德育体系开始起步。"九五"时期，我主编了《整体构建德育体系总论》等四部理论著作，根据整体和谐理念和系统论的原理，按照"子系统"和"分系统"来划分学校德育系统的层级结构。以德育的目标、内容、途径、方法、管理、评价六个分系统为纬，以大、中、小学德育工作三个子系统为经，横向贯通、纵向衔接、分层递进、螺旋上升，构建成一个整体和谐的学校德育体系。"十五"时期，把学校德育体系与家庭教育相结合，研究编写了小学、初中、高中、中职四个学段的《当代家长》教材34册，最终成果是《整体构建德育体系导论》和小学、初中、高中、中职、高职、师范、大学《整体构建德育体系实践导引》（简称"分论"）8部著作。"十一五"时期，编写出版了综合性理论成果《和谐德育论》，在画好大、中、小学纵向衔接这"一竖"的基础上，又画好了学校、家庭、社会横向沟通的"一横"，创立了和谐德育的理论体系。目前正在进入区域和谐德育、校本和谐德育、班级和谐德育三个层次的深化研究阶段。

第四是整体构建和谐德育实践模式的求索。教育模式是教育理论与教育实践的中间环节。要把和谐德育体系转化为现实的教育生产力，必须在理论体系和教育实践之间架起一座桥梁——和谐德育实践模式。一方面实践模式应具有和谐德育的基本理念，即师生"双主体"和谐，学校、家庭、社会"三教"和谐，知、情、意、行"四环节"和谐，道德教育、法制教育、心理教育、思想教育、政治教育"五要素"和谐。另一方面还应有教育实践载体，这个载体就是我们提出并在实验学校实验的以主题班会为基本形式的德育活动课及其实验用书。"九五"时期，我们运用整体和谐理念，研究编写了纵向衔接的小学、初中、高中、中职、中师五个学段的《德育》系列实验读本18册、学生综合素质评价手册《成长册》18册，并在实验区实验校进行了较长时间、较大规模的实验，取得了第一手资料，证明了这一实践模式的信度和效度。"十五"时期，我们又研究编写了《好孩子好习惯》8册幼儿园教材和4册高等职业院校教材，实现了从幼儿园到大学的和谐德育实践模式的有效衔接。"十一五"时期，继续深化研究编写了小学、初中、高中、中职四个学段的《和谐成长》实验教材15册。这套教材以和谐学校、和谐家庭、和谐社区为横坐标，以不同年龄阶段学生的和谐成长为纵坐标整体构建而成，至此和谐德育实践模式基本建成。

（三）自强不息，厚德载物，以人为本，立德树人

《周易》曰："天行健，君子以自强不息"；"地势坤，君子以厚德载物"。我认为，自强不息就是自力更生、艰苦奋斗、勤劳勇敢、奋发进取的精神；厚德载物就是敦厚宽容、承载万物、团结友善、海纳百川的品格。一个人想干事，能干事，且能干成事，必须具备这种精神和这种品格。否则，一个自以为是、唯我独尊、心胸狭窄、嫉贤妒能的人是不可能成功的。孔子曰："己欲立而立人，己欲达而达人，""己所不欲，勿施于人。"我深信儒家伦理的恕道，是构建和谐人际关系之正道；以人为本，立德树人，是建设和谐团队之正道；自强不息，厚德载物，是事业成功之正道。

和谐德育学术团队是一批崇尚和谐理念、热爱德育事业的志同道合者自愿组合而成的。这里没有权力的威势，也没有利益的吸引，有的只是事业的感召、情感的交流和心灵的融通。我深信这样四句古训："以利相交，利尽则散；以势相交，势去则倾；以权相交，权失则弃；以心相交，成其久远。"在我们学术团队中流行这样几句话："以结缘的心对待同事，以感恩的心对待社会，以敬畏的心对待事业。""每一个人都有优点，我们要互相欣赏；每一个人都有缺点，我们要互相包容；每一个人都有困难，我们要互相帮助；每一个人都有追求，我们要互相支持。" 坚持以人为本，就要关注团队成员的工作事业和生活发展需求，鼓励大家走职业化、专业化、专家化道路，营造既有民主，又有集中，既有统一意志，又有个人心情舒畅的工作氛围，建设和谐学术团队。这些理念不仅是我的倡导，也是大家的共识，形成了"和谐、求真、务实、创新"的团队精神。

和谐德育学术团队的核心成员由老中青三个年龄段构成，他们志同道合，各有所长，优势互补，和谐共生。正所谓"同则不继"、"和实生物"。当年德育研究中心办公室里挂着一幅画，上面的题词是："同在一盆水，各开各的花；同生一棵树，各结各的果。"这是对和谐学术团队的生动写照。团队中的几位老同志是当年退休后加盟整体构建德育体系课题组的，如今已经七十多岁了，我们习惯尊称他们为"五老"。他们品德高尚、经验丰富，又善于理论联系实际、有广泛的群众基础，为和谐德育研究做出了重要贡献，同时也延长了自己的学术生命，使德育人生更加精彩。团队中的一批中年同志当年正是年富力强的好年华，如今已是接近或逾过花甲之年了，他们是和谐德育研究的中坚和骨干力量，担当着各学段的研究重任，做出了重要贡献，同时他们已经成为全国知名的德育专家，使德育人生放出光华。团队中的青年同志大都是中央教科所的访问学者，他们精力充沛、热情高涨、勤奋好学，活动能力较强，经过十几年的磨练已经成长为德育专家，有的拿到博士学位，有的晋升为教授，有的担任了校长、处长、局长等领导职务，未来和谐德育研究的重任将历史性地落到他们的肩上。

和谐德育学术团队的成员还包括实验区、实验校的负责同志和广大实验教师。和谐德育研究与实验经过二十年的滚动发展，在全国三十个省、直辖市、自治区建立了百个实验区、千所实验校。和谐德育的理念、内容、原则和方法已经不同程度地被广大实验教师所掌握，他们的德育科研意识普遍增强，德育工作正在从原来的盲目性向科学性转变，从随意性向规范性转变，从零散性向系统性转变，取得了一批又一批德育实验研究成果。实验区和实验校的德育工作得到了加强和改进，师生关系、家校合作、校区共建更加和谐，参与实验学生的思想品德和综合素质正在和谐成长。为了更好地组织、支持和鼓励广大教师积极参与德育科研，早在"九五"伊始我们就制定了课题研究"出成果、出经验、出人才"的任务和目标。科研成果是检验课题成功与否的标志，实践经验是科研成果转化为现实教育生产力的标准，优秀人才是课题研究出成果、出经验的关键。基于这样的科研理念，我们在表彰课题研究先进实验区、先进实验校、先进工作者的基础上，从2004年开始启动"六个一百工程"，即评审百所德育科研名校、百位德育科研名师、百位德育科研专家、百项德育科研优秀成果、百名德育科研优秀家长、百名德育科研优秀学生,并且于2006年在北京人民大会堂召开的第九届和谐德育年会上进行隆重地表彰。这个重要举措为实验区和实验校大力推出原创性、继创性、精品性成果,大力推出时代性、规律性、实效性经验,大力推出管理型、理论型、实践型人才,搭建了立交桥,受到了实验区和实验校以及广大实验教师的热烈欢迎、积极参与、大力支持和高度赞扬。

俗话说:"金杯银杯,不如老百姓的口碑;金奖银奖,不如老百姓的夸奖。"看到广大实验教师的成长进步以及他们的职业成就感和幸福感,使我感到无比的欣慰。

(四)顶天立地,服务决策,服务实践,路线正确。

顶天立地,就是头顶云天,脚踏大地。我理解的"天",就是马列主义、毛泽东思想和中国特色社会主义理论,以及党中央一系列关于进一步加强和改进学校德育工作的文件精神;我理解的"地",就是各级各类学校德育工作的实际情况。搞德育科研就是要"吃透上下两头",关键是要把天与地、上与下、理论与实践、中央精神与基层实际紧密地联系起来,做到天地融合、上下贯通、理论与实践相结合。

一方面要头顶云天,学习理论,掌握精神,融会贯通,以中央精神为指导。我在前二十年系统学习了马列主义和毛泽东思想,这一时期的论文和著作真实地反映了那时的思想水平和时代烙印,收入本书时思想观点未作修改。后二十年,我在德育研究中认真地学习和实践邓小平理论、"三个代表"重要思想和科学发展观,认识水平和学习效果都反映在这一时期的论文、著作和历届年会主题报告中。二十年来,和谐德育研究与实验课题组始终坚持为决策服务的科研宗旨。我们先后承担了多项调查研究项目,撰写过多次研究报告和对策建议,参与起草多个中央和教育部有关德育工作的文件,整体构建学校德育体系与和谐德育研究的成果曾被有关文件所采纳。

另一方面,要脚踏大地,深入基层,了解实际,实事求是,一切从实际出发。二十年来,和谐德育研究与实验课题组始终坚持为实践服务的科研宗旨。我们走遍了祖国的东南西北,到达一千多个基层单位。我们经常深入基层、深入学校、深入班级,通过学术报告、教师培训、点评主题班会、指导课题研究等方式传达贯彻中央精神,宣传和谐德育理念,指导构建区域和谐德育体系、校本和谐德育体系、班级和谐德育体系。同时通过座谈对话、交流研讨等方式进行调查研究,向教育部和党中央反映基层德育工作的实际情况。在这个过程中,我们与实验区实验校的领导和老师们建立了深厚的友谊。

总结二十年的德育科研经历,我们走出了一条中国特色的德育科研之路。其基本经验是：

第一，始终坚持以邓小平理论、三个代表重要思想和科学发展观为指导，把理论研究、实践研究与方针政策研究紧密结合。

第二，始终坚持为德育决策服务、为德育实践服务、为广大师生服务的科研宗旨，把德育专家、行政领导与一线教师紧密结合。

第三，始终坚持深入基层、深入学校，依靠基层组织、依靠广大教师，把课题研究与实验区实验校德育工作实际紧密结合。

第四，始终坚持弘扬中华文化与民族精神，把贯通古今、融会中西、继承借鉴、发展创新作为基本原则。

第五，始终坚持出成果、出经验、出人才的工作目标，为课题组成员和广大实验教师搭建高层科研平台。

第六，始终坚持和谐德育思想，目标专一，执着追求，咬定青山不放松，不断推动德育科研可持续发展。

这些基本经验，是我们学术团队兴旺发达、事业成功的法宝。在今后的学会工作和课题研究中，我们将长期坚持并发扬光大。

在本书即将付梓之际，请允许我向为本书的策划、编辑、撰稿、校对、出版付出辛勤劳动的同志们、朋友们表示诚挚的谢意！向德高望重的老领导、老顾问为本书题写书名和拨冗作序表示崇高的敬意！借此机会，向我的母校：八达岭小学、康庄中学、延庆师范、首都师大、国家教育行政学院以及我的工作单位中央教科所表示深深的感恩！向与我志同道合、并肩工作、为和谐德育研究做出贡献的中央教科所原德育研究中心、原学校教育研究部、中国伦理学会德育专业委员会、和谐德育研究与实验总课题组以及广大实验区实验校的同志们、朋友们表示真诚的感谢！

德育是永恒的课题，德育科研任重道远，德育人要在中国德育道路上永远求索。我愿这本书是一滴水珠，融入德育科研成果浩瀚的大海里，让航船顺着波涛驶向理想的彼岸；我愿这本书是一粒石子，铺在德育科研事业宽广的大道上，让人们踏着台阶攀登科学的高峰！

谨以此书纪念中央教科所德育研究中心成立二十周年。

谨以此书献给全国广大德育工作者。

詹万生
2011年1月1日于北京

第一篇

积累经验 钻研理论
领悟整体和谐思想

——和谐德育研究的奠基阶段（1970-1990）

  1970年，詹万生走上教育工作岗位，先后教过小学、中学、中师并担任班主任。他带过的班多次被评为优秀班集体。1977年，我国恢复高考制度，他考入北京师范学院政教系（现为首都师范大学政法学院）学习，并兼任七九级政治辅导员。这些经历为他积累了一定的德育工作经验。大学毕业后，他被留校分配到德育教研室做教师，并在职攻读思想政治教育专业第二学位。此时他的研究方向是人生哲学和人生观、价值观教育，他主编了高校第一部《人生观教育讲义》、第一部《人生哲学》教材、《人生哲学教学参考》和我国第一部《中国传统人生哲学》专著。詹万生在研究中国人生哲学的过程中，领悟到中国文化的真谛是辩证思维、整体和谐。这为他后来的和谐德育研究奠定了理论基础和思想方法。

一、詹万生这一时期的论文选编

1. 马克思关于人的本质的基本理论[1]

人的本质是先天就有的,还是后天形成的?是人的自然属性决定人的本质,还是人的社会属性决定的人的本质?人的本质是抽象的、永恒的,还是具体的、历史的?对这些问题的不同回答,必然形成不同的人生哲学。正确地回答这些问题,是马克思主义人生哲学的首要任务。本文通过对马克思主义关于人的本质的基本理论的阐述,为进一步揭示人生的本质及其发展规律奠定理论基础。

(一)马克思关于人的本质理论的形成

人的本质问题,是一个古老而又常新的课题,自从人类诞生以后,人们就在认识自然、改造自然的同时,不断加深对人自身的认识,包括对人性和人的本质的认识。虽然由于受生产力和科学水平的限制,人们对这一问题的探讨开始是相当幼稚的,但总起来说,人们对这一问题的探讨是沿着逐步深化、逐步科学化的大道前进的。

当人类社会发展到马克思所生活的时代,无产阶级和全人类的解放已提到了议事日程。科学地揭示人的本质及其历史发展,探讨人类解放的道路,已成为迫切需要解决的理论课题和实践课题。青年马克思正是适应时代的这一需要,通过勤奋的理论探索和顽强的斗争实践,批判地继承了前人文化思想中的一切优秀成果,步步深入地揭示了人的本质及其历史发展,在创立唯物史观的同时,创立了科学的人的本质理论。

马克思关于人的本质理论的形成与马克思主义科学世界观一样,经历了一个从唯心主义经过费尔巴哈的半截唯物主义,到彻底的唯物主义的逐步深化和科学化的过程。这个过程,从马克思在中学毕业时写的论文《青年在选择职业时的考虑》开始对有关人的问题发表议论算起,到标志着其唯物史观基本思想形成的《关于费尔巴哈的提纲》和马克思与恩格斯合著的《德意志意识形态》写出为止,这十年左右的时间大致可分为四个阶段:

第一阶段,从中学毕业到大学毕业(1835.9~1841.3),称之为学生时期。中学毕业的论文,虽然反映出马克思在青少年时代就具有不同凡响的抱负,但是文中所表现出来的世界观还是唯心论的、有神论的。大学毕业的博士论文虽然从伊壁鸠鲁那里接受了无神论思想,但他仍把人的本质归结为"自我意识"。这表明马克思当时并未超出青年黑格尔派对人的本质的理解。

---

[1] 此文最初作于1982年,是作者编写的北京师范学院《人生观教育讲义》的一讲,1986年作者主编《人生哲学》教材时作了修改补充。北京师范学院出版社1987年3月第一版,之后曾三次再版。

第二阶段，从大学毕业到退出《莱茵报》编辑部（1841.4～1843.3），称之为《莱茵报》时期。这时马克思竭力利用报刊这个阵地与专制制度作斗争，是他"两个转变"开始的时期。但是他把"理性"和"自由"看成是人类本性，可见在人的本质观和社会历史观上仍然是唯心主义的。

第三阶段，从退出《莱茵报》编辑部，到《德法年鉴》停刊（1843.4～1844.3），称之为《德法年鉴》时期。在这期间，马克思写了《黑格尔法哲学批判》，"离开了黑格尔而走向费尔巴哈"。他接受了费尔巴哈关于人是"类存在物"和"人的本质异化"等观点，但在某些方面又超过了费尔巴哈，比如指明了人的本质特征"不是人的胡子、血液、抽象的肉体的本性，而是人的'社会特质'"。[1]从马克思在《德法年鉴》上发表的论文看，他开始从人的劳动和存在来把握人的本质，而把金钱看作是从人异化出来的统治着人的外在本质[2]；并且指出："人并不是抽象的栖息在世界以外的东西。人就是人的世界，就是国家，社会。"[3]但是，由于受费尔巴哈人本主义的影响，马克思这个时期得出的结论是："人的根本就是人本身"，"人是人的最高本质"[4]。他所说的人的"社会特质"和"人是人的最高本质"是什么意思呢？就是"男性和女性构成同一个类、同一种本质"[5]，也就是指人本身应当具有理性自由。这还不是历史唯物论，而是人本身的理性自由取代黑格尔超人的抽象的理性自由。

第四阶段，从《德法年鉴》停刊到写出《关于费尔巴哈》的提纲（1844.4～1845.4），称之为巴黎——布鲁塞尔时期。这一时期马克思通过研究政治经济学，对人的本质的认识有了重大的突破。这主要体现在《詹姆斯·穆勒<政治经济学原理>一节摘要》、《经济学——哲学手稿》和《关于费尔巴哈的提纲》中，在《手稿》中，马克思第一次提出了"劳动"、"自由自觉的活动"是人的本质的观点。在《摘要》中他指出："人的本质是人的真正的社会联系"[6]。在《提纲》中，马克思在批判费尔巴哈的基础上，进一步明确提出了关于人的本质的科学论断："人的本质并不是单个人所固有的抽象物。在其现实性上，它是一切社会关系的总和"。[7]至此，标志着马克思关于人的本质的思想已经基本形成了。此后不久，在马克思和恩格斯合著的《德意志意识形态》这部书中进一步发挥了上述历史唯物主义的观点。

通过对马克思关于人的本质探讨的演变过程可以看出，从认为人的本质是"自我意识"或"理性和自由"，到认为人的本质是"类存在物"；从具有"人类天性"的抽象的人，到具有

---

[1] [德]马克思、恩格斯著，中共中央马恩列斯著作编译局编译：《马克思恩格斯全集》第1卷，人民出版社，1956年，第270页。

[2] [德]马克思、恩格斯著，中共中央马恩列斯著作编译局编译：《马克思恩格斯全集》第1卷，人民出版社，1956年，第448页。

[3] [德]马克思、恩格斯著，中共中央马恩列斯著作编译局编译：《马克思恩格斯全集》第1卷，人民出版社，1956年，第451-452页。

[4] [德]马克思、恩格斯著，中共中央马恩列斯著作编译局编译：《马克思恩格斯全集》第1卷，人民出版社，1956年，第460-461页。

[5] [德]马克思、恩格斯著，中共中央马恩列斯著作编译局编译：《马克思恩格斯全集》第1卷，人民出版社，1956年，第355页。

[6] [德]马克思、恩格斯著，中共中央马恩列斯著作编译局编译：《马克思恩格斯全集》第42卷，人民出版社，1979年，第24页。

[7] [德]马克思、恩格斯著，中共中央马恩列斯著作编译局编译：《马克思恩格斯选集》第1卷，人民出版社，1972年，第18页。

"社会特质"的"现实的人",大体反映了他由唯心主义到一般唯物主义的转化过程。从探讨人的"类"本质,到研究作为人的本质的"自由自觉的活动",即人的劳动本质;从具有"社会特质"的"现实的人",到作为"一切社会关系的总和"的"社会的人",大体反映了他从一般唯物主义到历史唯物主义转化的过程。

(二)人的本质是一切社会关系的总和

马克思在《关于费尔巴哈的提纲》中所指出的"人的本质并不是单个人所固有的抽象物。在其现实性上,它是一切社会关系的总和"。这是对人的本质的科学论断,同时也为考察人的本质提供了科学的思维方法。因此,它是马克思主义关于人的本质理论的核心内容。

那么,应该怎样理解这一论断的科学含义呢?

首先,人的本质是现实的、具体的。马克思在这里彻底否定了费尔巴哈把人的本质归结为"单个人所固有的抽象物"的错误观点。费尔巴哈把宗教的本质归结于人的本质,用人的本质去说明神的本质,打击了唯心主义和宗教神学,恢复了唯物主义和无神论的应有地位。这在人的本质的认识史上无疑是一个进步。但是,他的唯物主义是不彻底的,在社会历史观上仍然是唯心主义的。表现在人的本质问题上,仍然是抽象的人性论。在费尔巴哈看来,人的本质不是表现在现实的、具体的人的身上,而是抽象地存在于人的共同性、统一性之中,即人的"类本质"。他说:"人的本身最高的、绝对的本性及其生存目的,是在于意志、思维与情感之中。"这里,费尔巴哈抽象出一个"人类个体来",这个"人"是一种有意志、思维和情感等"理性"的生物。至于这个"人"具有什么样的意志、思维和情感,则不必去考察了。这样,费尔巴哈就抽去了人的社会性、历史性、阶级性和个性,把人看成抽象的、一般的人了。所以马克思尖锐地批判说:"费尔巴哈不是对这种现实的本质进行批判,所以他不得不:(1)撇开历史的进程,孤立地观察宗教感情,并假定出一个抽象的——人类个体;(2)所以他只能把人的本质理解为'类',理解为一种内在的、无声的、把许多人纯粹自然地联系起来的共同性。"[1]由此可见,马克思主义关于人的本质的理论,不是研究抽象的"类本质",而是研究现实的、具体的、活生生的人的本质。就是说,研究人的本质问题,必须把人放在特定的历史条件下和具体的社会关系中来考察。

其次,人的本质是由社会关系决定的。要正确理解马克思关于人的本质的科学论断,还必须把"社会关系"这一概念弄清楚。按照列宁的理解,社会关系可分为两类:物质的社会关系和思想的社会关系。这两类社会关系又都是多层次、多方面的。物质的社会关系一般指生产关系和经济关系,生产关系又可分为生产、分配、交换、消费诸关系;思想的社会关系也是很复杂的,它包括政治的、法律的、道德的、宗教的关系等等。这两类社会关系一般是盘根错节、交叉纠缠在一起,互相渗透、互相影响的。如家庭关系、地缘关系、业缘关系、阶级关系、民族关系等,既包括物质关系,又包括思想关系。长期以来,由于"左"的思想影响,人们往往把"社会关系"仅仅理解为"生产关系",又把"生产关系"归结为"阶级关系"。因而把马克思这一论断曲解为"人的本质就是人的阶级性",这显然是不符合马克思的原意的。

---

(1) [德]马克思、恩格斯著,中共中央马恩列斯著作编译局编译:《马克思恩格斯选集》第1卷,人民出版社,1972年,第18页。

每一个人，从呱呱落地那一天起就置身于一定的社会关系之中。人最初接触的是家庭关系，随着年龄的增长、生活内容的丰富，他所接触的社会面逐渐扩大，进而置身于地缘关系、业缘关系、生产关系、政治关系、法律关系、道德关系之中。正是在这些社会关系的长期影响、陶冶和制约下，才使一个自然人转变为一个能够掌握一定的社会文化，学会参与社会生活，履行某种社会角色行为的社会人。这个过程就是人的社会化的过程，也是人的本质的形成过程。如果一个人从生下来就脱离人类各种社会关系，尽管他有先天的发达的大脑和健全的躯体，也决不会具备人的本质，外国几起狼孩事件就是一个很好的说明。可见，人的本质是由社会关系决定的，是"一切社会关系的总和"。

再次，一切社会关系的"总和"是诸多社会关系的有机统一。以上讲到社会关系具有多样性和层次性，各种社会关系纵横交错地构成了一个复杂的社会关系网，而每一个人就是这个庞大而复杂的社会关系之网上的"扭结"。要了解一个人的本质，必须用系统论的方法，从总体上去把握，从层次上去分析，从纵横联系上去考察一个人在社会关系中所表现出来的属性。从横的方面来说，就要分析、考察与之相关的尽可能全面的社会关系，如民族关系、阶级关系、党派关系、生产关系、业缘关系、地缘关系、血缘关系等，以及这些关系中所反映出来的物质关系和思想关系，分析、了解其人在这一切社会关系中所表现出来的属性，然后在此基础上加以综合考察，而不能只依据他在某一种或几种社会关系中所表现出来的属性，就轻易给一个人的本质下结论。从纵的方面讲，就必须分析、考察与其人相关的一切社会关系的发展变化，分析了解他在这些变化发展着的社会关系中所表现出来的属性，然后加以科学的综合，而决不能把他在某一特定历史条件下、特定时间、地点下所表现出来的属性断定为他的本质。在对社会关系做了纵横多方面的考察之后，再进行去粗取精，去伪存真，由此及彼，由表及里的加工制作，即进行科学的综合，才能得出对一个人的本质认识的科学结论。这种分析、综合的过程，就是对"一切"社会关系的"总和"的认识过程。因此，说一切社会关系的"总和"，决不是一切社会关系的简单的机械相加，而是诸多社会关系的有机综合的统一。

此外，在理解"一切社会关系的总和"问题上，还必须注意一点，这就是诸种社会关系不是平行的、并列的，它们在决定人的本质的过程中不具有同等的意义。一般地说，在诸多社会关系中，物质关系特别是生产关系是最基本的、主要的，它决定着、制约着其它一切思想关系。总之，我们在理解"一切社会关系的总和"，以及运用这一论断对人的本质进行分析、考察的时候，一是要坚持全面的观点，不要以偏概全；二是要有辩证的观点，"总和"不是机械相加；三是要坚持重点论，不能主次不分，更不能主次颠倒。

（三）人的本质随着历史的发展而发展

《德意志意识形态》一书，深刻地阐明了人的本质随着历史的发展而发展的思想。

首先，马克思指出，作为"人的本质"的基础的东西，是工业和历史创造的物质生活条件。他说，历史的每一个阶段，人们都会遇到历史上形成的物质条件和社会关系，"每个人和每一代人当作现成的东西承受下来的生产力、资金和社会交往形式的总和，是哲学家们想象为'实体'和'人的本质'的东西的现实基础"。⁽¹⁾虽然每一代人都不会满足于前辈继承下来的生活条件,必然通过自己创造性的劳动来改变这种条件,但是这些历史地遗留下来的生活生产条件,却预先地规定着这一代人的本质。只是随着这种条件的改变,人的本质才得以向前发展。

其次,"人的本质"不是凝固不变的,而是历史地形成、历史地改变着的。"人创造环境,同样环境也创造人"。⁽²⁾一方面,"只有改变了环境,他们才会不再是'旧人',因此他们一有机会就坚决地去改变这种环境"。另一方面,"在革命活动中,在改造环境的同时也改变着自己"。⁽³⁾"人的本质"不仅随着改造世界的实践活动而不断改变着,而且随着生产力和各种社会关系的不断发展而发展。"一个人的发展取决于和他直接或间接进行交往的其他一切人的发展。彼此发生关系的个人的世世代代是相互联系的,后代的肉体的存在是由他们的前代决定的,后代继承着前代积累起来的生产力和交往形式,这就决定了他们这一代的相互关系。总之,我们可以看到,发展不断地进行着,单个人的历史决不能脱离他们以前的或同时代的个人的历史,而是由这种历史决定的。"⁽⁴⁾历史不断发展,"人的本质"也不断发展,所谓一成不变的"人的本质"是不存在的。

人的本质"是一切社会关系的总和",社会关系不是固定不变的,因此人的本质也不是永恒的,它是随着社会生产力和生产关系的矛盾运动不断发展变化的。每个人借以进行生产的社会关系,即社会的生产关系,是随着物质生产资料、生产力的变化和发展而变化和改变的。生产关系总和起来就构成所谓的社会关系,构成所谓的社会,并且是构成一个处于一定历史发展阶段上的社会,具有独特的特征的社会。根据人类社会每个阶段社会关系的不同特点,我们把迄今为止的人类历史划分为五个社会形态,即原始社会、奴隶社会、封建社会、资本主义社会和社会主义社会。不同社会形态下的社会关系不同,人的本质也就不同。因此马克思后来在《资本论》中说:"首先要研究人的一般本性,然后要研究在每个时代历史的发生了变化的人的本性"。⁽⁵⁾

在原始社会,生产力水平是很低的。单个人的活动是不能生存的,他们只有结成集体,共同捕获野兽,共同采集果实,共同建筑住所。只有依靠集体的力量,互相帮助,才能取得食物,战胜自然灾害和外族的侵扰,才能维持个人和集体的生存。在原始社会,生产资料属于氏族公社公共所有,共同劳动的产品归集体所有,实行平均分配。人们在共同劳动和社会交往中是平等的、互相协作的关系。这时没有任何私有财产,没有阶级,没有剥削,没有压迫,共同劳动,平等相待,这是最原始的、朴素的、低级的社会关系,也是该社会人类的共同本质。这不但为历史上文物考古发现所记载,而且为现代仍生活在原始状况的人所证实。

在阶级社会,人们在生产中的关系是不平等的。一部分人占有生产资料,因而在生产关系中居于支配地位,政治上处于统治地位,而另一部分人则相反。这就形成对立的阶级。人在阶

---

(1) [德]马克思、恩格斯著,中共中央马恩列斯著作编译局编译:《马克思恩格斯选集》第1卷,人民出版社,1972年,第43页。
(2) [德]马克思、恩格斯著,中共中央马恩列斯著作编译局编译:《马克思恩格斯选集》第1卷,人民出版社,1972年,第43页。
(3) [德]马克思、恩格斯著,《德意志意识形态》,人民出版社,1961年,第224页。
(4) [德]马克思、恩格斯著,《德意志意识形态》,人民出版社,1961年,第505页。
(5) [德]马克思著:《资本论》第1卷,人民出版社,1975年,第669页,注(63)。

级社会里的社会关系主要表现为阶级关系，因此在阶级社会中人的本质带有阶级性。虽然阶级性不等于人的社会性，但是在阶级社会中人的社会性主要表现为阶级性。马克思曾经指出，人"只是经济范畴的人格化，是一定的阶级关系和利益的承担者……不管个人在主观上怎样超脱各种关系，他在社会意义上总是这种关系的产物。"[1]所以，在阶级社会中，人总是阶级的人，各阶级的人在生产关系中所处的地位不同，对生产资料的占有关系不同，就决定了他们的物质利益和生活方式不同，因此也就形成了不同的心理、思想、感情、习惯、作风等等。鲁迅先生曾经对此做过深刻而生动的论述，他说："文学不借人，也无以表示'性'，一用人，而且还在阶级社会里，即断不能免掉所属的阶级性，无需加以'束缚'，实乃出于必然。自然，'喜怒哀乐，人之情也'，然而穷人决无开交易所折本的懊恼，煤油大王那会知道北京拣煤渣老婆子身受的酸辛，饥区的灾民，大约总不去种兰花，像阔人的老太爷一样，贾府上的焦大，也不爱林妹妹的。"[2]

人的本质的阶级性，也有许多复杂情况。比如剥削阶级就有种种情形，不同社会形态下的剥削阶级，同一剥削阶级发展的不同历史时期，以及同一个剥削阶级内部的不同阶层，他们所处的具体的社会关系也是不同的。因此，他们的本质也各有自己的特殊性，不能不加分析地一概而论。

到了未来的共产主义社会，生产力高度发展，科学文化水平极大提高，物质资料极大丰富，人们的思想觉悟极大提高，阶级消亡了，三大差别消灭了，人人都能充分发挥自己的脑力和体力"各尽所能，按需分配"，人的本质将获得全面发展和充分展现。马克思指出，共产主义社会的人们，将生活"在最无愧于和最适合于他们的人类本性的条件下"。[3]

上述可见，人的本质不是抽象的、永恒的，而是具体的、历史的，是随着生产力的发展，随着社会关系的发展而发展变化的。

2. 为人民服务人生观的形成和发展[4]

为人民服务的人生观，是在现代大工业所造成的历史条件下，在马克思主义科学世界观的指导下，批判地继承了历史上各个被剥削、被压迫阶级进步人生观的优良传统，在无产阶级长期的革命斗争实践中形成和发展起来的。它由马克思、恩格斯创立，经过列宁、斯大林、以及以毛泽东同志为代表的我国老一辈无产阶级革命家的丰富和发展，形成了系统的科学的理论体系。

---

(1) [德]马克思著：《资本论》，人民出版社，1975年，第1版序言第12页。
(2) 《鲁迅全集》第4卷，人民出版社，1959年，第164页。
(3) [德]马克思、恩格斯著，中共中央马恩列斯著作编译局编译：《马克思恩格斯全集》第25卷，人民出版社，1974年，第927页。
(4) 此文是1989年《人生哲学》修订再版时所作，是"人生目的"一章的一节，北京师范学院出版社1989年出版。收入本书时把"人生目的"改为"人生观"。

（一）马克思、恩格斯的创立阶段

马克思主义人生观的形成，与马克思主义科学世界观一样，经历了一个从唯心主义到唯物主义、革命民主主义到共产主义的转变过程。这个过程，从马克思在中学毕业时写的论文《青年在选择职业时的考虑》开始对人生问题发表议论算起，到标志其唯物史观基本思想形成的《关于费尔巴哈的提纲》和《德意志意识形态》提出了关于人的本质的科学论断为止，大体经过了十年左右的时间。

17岁的马克思在中学毕业论文中，表明他已经树立了为人类幸福献身的崇高志向。选择职业问题，是青年重大人生课题之一。马克思围绕这个问题发表了一系列的议论，比如：青年选择职业的严肃性，要克服虚荣心、好高骛远和轻率举动，要考虑自己的兴趣、能力和身体条件，要有远大理想和牺牲精神，要考虑理想和现实、个人和人类的关系，等等。并且明确指出："我们在选择职业时所应遵循的主要指针，是人类的幸福和我们的自我完善。"[1]当时马克思的世界观虽然还是唯心主义的，但对选择职业的考虑，却反映了他不同凡响的抱负。"为全人类谋福利"、"为全人类作牺牲"，这是青年马克思人生观的萌芽。

马克思大学毕业后，放弃了做教授、学者的念头，到《莱茵报》编辑部工作，直接投身于现实政治斗争。差不多与此同时，恩格斯到柏林服兵役。这时，马克思和恩格斯已经成为革命民主主义者，积极支持并参加了反对普鲁士专制制度的斗争。他们虽然参加了青年黑格尔派的"博士俱乐部"活动，世界观还是唯心主义的，但在许多问题上与青年黑格尔派存在着严重分歧。1843年初，马克思离开《莱茵报》，迁居巴黎，出版《德法年鉴》。当时法国工人运动发展较快，马克思居住在工人住宅区，经常深入工人群众中调查工人生活和斗争情况。此时，马克思实现了向辩证唯物主义和共产主义的转变。差不多这个时候，恩格斯前往英国的曼彻斯特，在他父亲的工厂里工作，他看到了不同阶级的尖锐矛盾和工人阶级生活状况的日趋恶化。此时，恩格斯在深入工人阶级和研究政治经济学过程中也实现了两个转变。1845年1月，法国政府在德国反动政府的要求下，把马克思驱逐出巴黎。于是马克思流亡到布鲁塞尔，不久恩格斯也到了那里。同年4月，马克思写了《关于费尔巴哈的提纲》，恩格斯称其为"包含着新世界观天才萌芽的第一个文件"。马克思和恩格斯合写了《德意志意识形态》，从根本上批判了费尔巴哈和一切旧唯物主义的局限性，标志着历史唯物主义的创立。在《提纲》中，马克思在批判费尔巴哈的基础上，明确提出了关于人的本质的科学论断："人的本质并不是单个人所固有的抽象物。在其现实性上，它是一切社会关系的总和。"[2]这一论断不仅具有本体论的意义，而且具有方法论的意义。它告诉我们研究人的本质，不是研究抽象的人的"类"本质，而是研究现实、具体的、活生生的人的本质。就是说，研究人的本质问题，必须把人放到特定的历史条件下和具体的社会关系中来考察。这一基本观点奠定了马克思主义人生观的理论基础。

后来，恩格斯在《英国工人阶级状况》德文版第二版序言中指出，早期著作中的共产主

---

[1] [德]马克思著，中共中央马恩列斯著作编译局编译：《青年在选择职业时的考虑》，《马、恩、列、斯论青年》，中国青年出版社，1980年，第70页。

[2] [德]马克思、恩格斯著，中共中央马恩列斯著作编译局编译：《马克思恩格斯选集》第1卷，人民出版社，1972年，第18页。

义曾设想,"把连同资本家在内的整个社会从现存关系的狭小范围中解放出来",尽管这个设想在抽象的意义上是正确的,然而在实践中、在多数情况下不仅是无益的,而且是有害的。马克思主义是无产阶级争取解放的革命斗争学说,具有强烈的阶级性。它号召全世界无产者联合起来,为推翻资本主义制度,实现共产主义而奋斗。从这个意义上说,资本家不是解放的对象,而是打倒的对象,因此从人生观角度来说,不应提"为全人类谋福利",而应提"为无产阶级和广大劳动人民谋解放"。马克思和恩格斯在《共产党宣言》中深刻指出:"过去的一切运动都是少数人的或者为少数人谋利益的运动。无产阶级的运动是绝大多数人的、为绝大多数人谋利益的独立、自觉的运动。"(1) "为绝大多数人谋利益",这不仅是无产阶级革命运动的宗旨,同时也是无产阶级的人生观。至此,马克思主义人生观基本形成。

(二)列宁、斯大林的发展阶段

19世纪末20世纪初,世界进入了帝国主义和无产阶级革命的时代。列宁和他的战友们在马克思、恩格斯逝世以后,坚持和捍卫马克思主义基本原则,回答了时代提出的新问题,领导俄国人民取得了十月社会主义革命的伟大胜利。在无产阶级革命斗争实践中,列宁把马克思主义发展到了一个新的阶段,同时也发展和丰富了马克思主义人生观。

1903年,列宁在《俄国社会民主工党第二次代表大会关于对待青年学生的态度问题的发言》中指出:"我们的主要目的是锻炼严整的革命人生观"。(2) 十月革命前,主要任务是动员和组织工人和革命青年投身到无产阶级夺取政权的革命斗争中来。因此,列宁这里讲的"严整的革命人生观",就是指为无产阶级革命胜利而斗争。这个思想比马克思的"为绝大多数人谋利益"更加具体化,更符合当时俄国革命的实际需要。1905年,列宁在谈到无产阶级文学为谁服务时指出:"它不是为饱食终日的贵妇人服务,不是为百无聊赖,胖的发愁的'几万上等人'服务,而是为千千万万劳动人民服务,为这些国家的精华、国家的力量、国家的未来服务。"(3) 这里列宁从文艺这个侧面提出了"为人民服务"的思想。十月革命胜利以后,俄国党的任务主要是号召和发动人民保卫新生的无产阶级政权和努力学习、积极参加社会主义建设。1920年5月,列宁在《从莫斯科——喀山铁路的星期六义务劳动到全俄星期六义务劳动》中提出:"我们要消灭'人人为自己,上帝为大家'这个可诅咒的常规,克服那种认为劳动只是一种负担,凡是劳动都应当付给一定报酬的习惯。我们要努力把'人人为我,我为人人'和'各尽所能,各取所需'的原则灌输到群众的思想中去,变成他们的习惯,变成他们的生活常规。"(4) 这里所说的"人人为我,我为人人"的原则,就是列宁对马克思主义人生观的新发展。1920年10月,列宁在俄国共青团第三次代表大会上发表长篇演说——《青年团的任务》。在这篇演说中,列宁十分明确并且反复强调了青年团的任务"就是要学习。"(5) 而学习的内容,列宁首先强调的是共产

---

(1) [德]马克思、恩格斯著,中共中央马恩列斯著作编译局编译:《马克思恩格斯选集》第1卷,人民出版社,1972年,第262页。

(2) [苏]列宁著,中共中央马恩列斯著作编译局编译:《列宁全集》第6卷,人民出版社,1959年,第463页。

(3) [苏]列宁著,中共中央马恩列斯著作编译局编译:《列宁全集》第31卷,人民出版社,1958年,第104页。

(4) [苏]列宁著,中共中央马恩列斯著作编译局编译:《列宁选集》第1卷,人民出版社,1972年,第650页。

(5) [苏]列宁著,中共中央马恩列斯著作编译局编译:《列宁选集》第4卷,人民出版社,1972年,第344页。

主义道德问题。他说:"应该使培养、教育和训练现代青年的全部事业,成为培养青年的共产主义道德的事业。"[1]并且指出:"我们的道德完全服从无产阶级阶级斗争的利益。我们的道德是从无产阶级阶级斗争的利益中引申出来的。"[2]列宁还进一步分析了共产主义道德与旧社会道德的原则分歧。指出旧道德依据的原则是"只关心自己,而不顾别人",[3]共产主义道德是"为人类社会升到更高的水平,为人类社会摆脱劳动剥削制度服务的"。[4]由此可以认为,列宁所主张的人生观,就是"人人为我,我为人人"、"为千千万万劳动人民服务"和"为人类社会摆脱劳动剥削制度服务"。

列宁逝世后,斯大林成为苏联党和国家的主要领导人。从1924年到1953年,在斯大林的领导下,苏联完成了工业、农业、和商业的社会主义改造,取得了反法西斯战争的伟大胜利,战后进行了经济恢复和发展,把社会主义建设推向前进。无论是战争时期还是和平建设时期,斯大林都非常重视对青年的人生观教育,从而发展了马克思主义人生观。

1925年,斯大林在《致苏联无产阶级大学生第一次全国代表会议》的信中指出,"要竭力使无产阶级大学生成为社会主义经济和社会主义文化的自觉建设者","他们进行建设的使命不是为了剥削劳动者以满足一小撮富人的私利,而是为了解放劳动者,反对一小撮剥削者"。[5]可见,在社会主义经济建设时期,斯大林所强调的人生观,就是"为了解放劳动者"。斯大林对马克思主义人生观的贡献还表现在他第一个提出集体主义的概念,并把集体主义作为人生观的原则,同时他还辨证地看待个人利益和集体利益的关系,指出:"集体主义、社会主义并不否认个人利益,而是把个人利益和集体利益结合起来。"[6]这些都是马克思主义人生观在社会主义条件下的丰富和发展。

(三)我国老一辈无产阶级革命家的发展阶段

十月革命一声炮响,给中国送来了马克思列宁主义。1919年的"五四"运动标志着中国工人阶级开始登上了政治舞台。1921年中国共产党的诞生,使中国革命为之一新。半个多世纪以来,我国老一辈无产阶级革命家毛泽东、周恩来、刘少奇、朱德、邓小平等在领导新民主主义革命和社会主义建设的伟大实践中,把马列主义的普遍真理同中国革命和建设的具体实践相结合,创造性地发展了马列主义,同时也丰富和发展了马克思主义人生观。

毛泽东思想对马克思主义人生观的最大贡献,就是把人生观精辟地概括为:"为人民服务"。毛泽东同志在《为人民服务》一文中指出:"我们的共产党和共产党所领导的八路军、新四军,是革命的队伍。我们这个队伍完全是为着解放人民的,是彻底地为人民的利益工作的。"[7]他在《一九四五年的任务》中进一步强调:"我们一切工作干部,不论职位高低,都是

---

[1] [德]马克思著,中共中央马恩列斯著作编译局编译:《马克思恩格斯全集》第1卷,人民出版社,1956年,第460、461页。

[2] [苏]列宁著,中共中央马恩列斯著作编译局编译:《列宁选集》第4卷,人民出版社,1972年,第351页。

[3] [苏]列宁著,中共中央马恩列斯著作编译局编译:《列宁选集》第4卷,人民出版社,1972年,第352页。

[4] [苏]列宁著,中共中央马恩列斯著作编译局编译:《列宁选集》第4卷,人民出版社,1972年,第355页。

[5] [苏]斯大林著,中共中央马恩列斯著作编译局编译:《斯大林全集》第7卷,人民出版社,1958年,第72页。

[6] [苏]斯大林著,中共中央马恩列斯著作编译局编译:《斯大林选集》下卷,人民出版社,1979年,第355页。

[7] 毛泽东:《毛泽东选集》(合订本),人民出版社,1968年,第905页。

人民的勤务员。我们所做的一切，都是为人民服务。"在《论联合政府》一文中，再次指出："紧紧地和中国人民站在一起，全心全意地为中国人民服务，就是这个军队的唯一宗旨。"[1]此外他还在《纪念白求恩》、《愚公移山》、《在延安文艺座谈会上的讲话》、《关于正确处理人民内部矛盾的问题》等一系列著作中，集中论述了全心全意为人民服务的思想，强调了它是一个根本的问题、原则的问题、宗旨的问题，指出了它是每个革命者一切言论和行动的出发点和归宿。其他老一辈无产阶级的革命家，如周恩来、刘少奇、朱德、邓小平、陈云等也都对为人民服务的人生观做过论述。1943年周恩来同志在《怎样做一个好的领导者》一文中首先强调："要有确定的马列主义世界观和革命人生观"。[2]周恩来同志在1946年鲁迅逝世十周年纪念会上，号召全国人民"要诚诚恳恳、老老实实为人民服务"，"应该象一条牛一样努力奋斗、团结一致，为人民服务而死。"[3]这是对他所说的"革命人生观"的最好说明，也是他为人民服务，"鞠躬尽瘁，死而后已"的革命一生的生动写照。

我国进入社会主义革命和建设时期以后，毛泽东等老一辈无产阶级革命家一贯倡导全心全意为人民服务的思想，先后树立了雷锋、王杰、焦裕禄等为人民服务的先进典型。社会主义道德风尚蔚然成风，成为推动社会主义革命和建设不断发展的强大精神力量。遗憾的是，"文化大革命"的十年动乱中，完全把人们的思想搞乱了，因而在粉碎"四人帮"之后的一段时间里，又出现了否定"为人民服务"思想的错误思潮。针对这种情况，以邓小平同志为首的党的第二代领导班子在抓社会主义物质文明的同时，十分重视社会主义精神文明的建设，坚持和捍卫并且丰富和发展了为人民服务的思想。邓小平同志说："我们在新民主主义革命时期，就已经坚持用共产主义思想体系指导整个工作；用共产主义道德约束共产党员和先进分子的言行；提倡和表彰'全心全意为人民服务'、'个人服从组织'、'大公无私'、'毫不利己、专门利人'、'一不怕苦，二不怕死'。现在已经进入社会主义时期，有人居然对这些庄严的革命口号进行'批判'，而这种荒唐的'批判'不仅没有受到应有的抵制，居然还得到我们队伍中的一些人的同情和支持。每一个有党性、有革命性的共产党员，难道能够容忍这种状况继续下去吗？"[4]"搞社会主义建设，实现四个现代化，同样要在党的领导下，大大发扬这些精神。如果一个共产党员没有这些精神，就决不能算一个合格的共产党员。不但如此，我们还要大声疾呼和以身作则地把这些精神推广到全体人民、全体青少年中间去，使之成为中华人民共和国的精神文明的主要支柱。"[5]

从马克思、恩格斯提出"为绝大多数人谋利益"，到列宁提出"为千千万万劳动人民服务"，再到毛泽东精辟地概括为"为人民服务"，大体反映了马克思主义人生观形成、发展和完善的过程。

---

[1] 毛泽东：《毛泽东选集》（合订本），人民出版社，1968年，第940页。
[2] 周恩来：《周恩来选集》上卷，人民出版社，1997年，第128页。
[3] 周恩来：《周恩来选集》上卷，人民出版社，1997年，第241页。
[4] 邓小平：《邓小平文选》第二卷，人民出版社，1994年，第2版第367页。
[5] 邓小平：《邓小平文选》第二卷，人民出版社，1994年，第2版第368页。

3. 中国传统人生哲学的历史地位与合理内核[(1)]

（一）中国传统人生哲学的历史地位

中国是一个具有悠久历史和优秀文化传统的国家。在中国传统哲学中，人生哲学占有十分重要的地位。中国哲学家、思想家对人生的思考和论述源远流长，博大精深，影响广远。在社会主义现代化建设新的历史时期，弘扬中华民族传统人生哲学的精华，对于青年一代树立正确的人生观乃至整个社会主义精神文明建设，都具有重大的现实意义。毛泽东曾经指出："我们这个民族有数千年的历史，有它的特点，有它的许多珍贵品。对于这些，我们还是小学生。今天的中国是历史的中国的一个发展；我们是马克思主义的历史主义者，我们不应当割断历史。从孔夫子到孙中山，我们应当给以总结，承继这一份珍贵的遗产。这对于指导当前的伟大的运动，是有重要的帮助的"[(2)]。同时他又指出，对待历史遗产，要给以批判的总结，剔除其封建性的糟粕，吸收其民主性的精华。弘扬民族文化的根本目的是要推陈出新，古为今用。毛泽东同志的这些话，对于我们学习和研究中国人生哲学仍然具有指导意义，仍然是我们对待中国人生哲学的准则。

中国现代哲学家对中国人生哲学论述最多且最深刻的，应当首推冯友兰和张岱年两位先生。关于人生哲学在中国哲学中的地位问题，冯友兰指出："人生哲学即哲学中之人生论，犹所谓自然哲学，乃哲学中之宇宙论也。伦理学乃人生哲学之一部，犹物理学乃所谓自然哲学之一部也。哲学以其知识论之墙垣，宇宙论之树木，生其人生论之果实；讲人生哲学者即直取其果实。哲学以其伦理学之筋骨，自然哲学之血肉，养其人生论之灵魂；讲人生哲学即直取其灵魂。质言之，哲学以其对于一切之极深的研究，繁重的辩论，以得其所认为之理想人生；讲人生哲学者即略去一切而直讲其理想人生。由斯而言，则人生哲学又可谓哲学之简易科也"[(3)]。张岱年先生也曾在他的《中国哲学大纲》一书中，把中国哲人所讨论的哲学问题，概括为宇宙论、人生论、考知论三部分，并且认为"人生论是中国哲学之中心部分"。他还指出："中国哲学家所思所议，三分之二都是关于人生问题的。世界上关于人生哲学的思想，实以中国为最富，其所接触的问题既多，其所达到的境界亦深"[(4)]。两位先生的见解是极其深刻的。

中国哲学一向以道德哲学或人生哲学著称于世。它不但具有源远流长的历史，而且确实具有完备的体系和博大精深的理论。笔者认为人生哲学的体系由人性论、人生论和范畴论三部分构成。"人性论"，是人生哲学的理论基石，历代哲人在讨论人生问题时，无不对人性问题发表见解并展开争论。春秋战国时期是人性问题争论的发端期，争论的焦点是人性善恶问

---

(1) 此文是1989年为编写《中国传统人生哲学》而作。此时作者计划编写中国人生哲学、西方人生哲学和中西人生哲学比较研究三部曲，但因1991年调入中央教育科学研究所担任德育研究中心主任，这个计划被搁置下来。直到1996年，《中国传统人生哲学》才在中国工人出版社出版。此文作为该书的前言收入其中，收入本书时做了删节。

(2) 毛泽东：《毛泽东选集》第二卷，人民出版社，1968年，第499页。

(3) 冯友兰：《三松堂全集·人生哲学》第一卷，河南人民出版社，1985年，第355页。

(4) 张岱年：《中国哲学大纲》，中国社会科学出版社，1982年，重印版第165页。

题。先秦两汉时期围绕这一争论的焦点,提出了六种不同的观点:一是孟子的"性善论",二是荀子的"性恶论",三是告子的"性无善恶论",四是世硕的"性有善有恶论",五是杨雄"善恶混杂论",六是董仲舒的"性三品论"。这些观点后来在魏晋隋唐和宋元明清时期又得到了不同程度的丰富和发展,其中"性善论"居于统治地位,为儒家的人生哲学奠定了理论基础。

"人生论",是人生哲学的主体,中国人生哲学的主要流派——儒、道、佛三家对人生的认识都形成了各自一套完整的体系。在人生真谛、人生理想、人生目的、人生态度、人生价值等主要方面都形成了各自的观点,其中儒家的人生论更为系统,更加完善。"范畴论",是把握中国人生哲学的关结点,也是人生论在各个方面的具体展开。中国人生哲学的主要范畴有:天与人、人与我、公与私、义与利、荣与辱、苦与乐、志与功、力与命、才与性、理与欲、生与死,等等。这些范畴说明了中国哲人对人生的认识全面而深刻。总之,人生哲学远比自然哲学和历史哲学内容更丰富,论述更深刻。因此,人生哲学是中国传统哲学的核心。

人生哲学不仅在中国哲学史上占有十分重要的地位,而且对后世人生实践产生了深远的影响。

在"四书"、"五经"等古代典籍中,具有积极意义和真理性的东西被当作格言、成语流传下来的有千百条,其中最能鼓舞人、激发人而为后世所传诵的,仅《论语》一书中就有近百条。例如:属于意志情操的有"杀身成仁"、"见义勇为"、"任重道远"、"匹夫不可夺志"、"知者不惑"、"仁者不忧"、"勇者不惧"等;属于思想品德修养的有"己欲立而立人,己欲达而达人"、"己所不欲,勿施于人"、"人而无信,不知其可"、"择善而从"、"成人之美"、"以直报怨"、"以德报德"等;属于求知好学的有"学而不厌"、"诲人不倦"、"不耻下问"、"发奋忘食"、"三人行必有我师"等。此外在待人处世、正己修身、交友之道等方面也有许多至理名言,这方面的例子是举不胜举的。

在中国悠久的文明史中,人生哲学作为指导人生实践的格言经过千百年来的积淀,有些光辉的思想已构成了我们的民族之魂。例如:我们民族历来强调那种刚健有为、自强不息、为他人献身、为民族献身的"富贵不能淫,贫贱不能移,威武不能屈"的浩然正气;那种"先天下之忧而忧,后天下之乐而乐"的先人后己精神;那种"国家兴亡,匹夫有责"的以天下利益为己任的集体主义精神;那种"杀身成仁,舍生取义",为正义而献身的高风亮节;那种"横眉冷对千夫指,俯首甘为孺子牛"的爱憎分明的精神;那种勤劳俭朴、自力更生、诚实守信的求实精神,等等。这些人生格言都曾经哺育了中华民族亿万优秀儿女的健康成长,都曾经激励过无数志士仁人、英雄豪杰为民族的兴旺发达,为祖国的繁荣富强而写下了人生的壮丽篇章。

中国人生哲学中的积极因素也曾被毛泽东、刘少奇、周恩来、朱德等老一辈无产阶级革命家所批判吸收,用于党内教育和指导党的事业的著作中。刘少奇同志在讲到共产党员应该为党、为阶级、为民族解放、为最大多数人民利益而牺牲的时候,就曾经引用中国人生格言来教育共产党员。他说:"'杀身成仁','舍生取义',在必要的时候,对多数共产党员来说,是被视为当然的事情"[1]。《毛泽东选集》中引用孔子的话就有十多处,毛泽东在强调全党同志都应努力学习的时候,就引用孔子的话说:"对自己'学而不厌',对人家'诲人不倦',我们应采

---

[1] 刘少奇:《论共产党员的修养》,《刘少奇选集》,人民出版社,1962年,第41页。

取这种态度"[1]。可见,中国人生哲学已经作为一种民族精神,深深地积淀在中国人民的生活中和意识里,至今仍在一定程度上影响着中国人的人生观。

中国人生哲学不仅是中华民族精神的重要组成部分,并且已经远远超越了国界,成为世界文化宝库中一颗璀璨的明珠。

众所周知,在日本、朝鲜、新加坡等国家,孔子的思想得到极大重视和应用。他们现代经济的振兴,被看作是西方的科学技术与中国的儒学思想结合的产物。近年来,"儒家伦理与工业东亚的现代化"已成为当前海内外中国文化研究的热门话题。新加坡可以说是当今世界上独一无二的一个在政府领导下有组织、有计划地向全社会推行儒家伦理教育的现代化国家。1979年,前总理李光耀亲自主持了"讲华语"运动,这是正式推行儒家伦理教育的前奏。1982年教育部宣布从1984年起,中三、中四学生必须选修一门"儒家伦理"课程,同年成立了新加坡东亚哲学研究所,有计划招聘世界各国儒学研究专家赴新做研究工作,并成立了"国际儒学研究中心"。1987年9月与中国孔子基金会在曲阜联合召开了儒学国际会议。目前,儒学伦理与新加坡精神已融为一体。在日本,儒学的影响更是由来已久,儒学与神道相结合,凝聚为日本的民族精神——大和魂。随着现代化的发展,日本企业界非常重视儒学在现代企业管理中的应用,他们认为"日本式管理"的观念导源于儒学。日本学者高桥教授预言:从世界的观点来看,在欧美产生和发展的个人主义人生观、价值观带来很多社会问题,已面临走投无路的境地。而中国传统的人生观和社会伦理观,将会领导21世纪的世界文化。另一位日本学者井上靖先生在他的专著《孔子》一书中说:"孔子是乱世造就的古代(公元前)学者、思想家、教育家。以研究《论语》著称的美国克里尔教授与我国和过哲郎博士把孔子称为'人类的导师',这是最恰当不过的评价。孔子的确是永恒的人类导师。"[2]

在欧美,孔子的思想同样受到专家学者的尊崇。18世纪法国的启蒙思想家们都十分赞美孔子的人生哲学,伏尔泰认为基督不过是禁人行恶,而孔子的"己所不欲,勿施于人"是劝人行善。他尤其推崇孔子的"以直报怨,以德报德"的思想,说:"西方民族,无论如何格言,如何教理,无可与此纯粹道德相比拟者"。孔子的崇高形象,在法国一直保持至今。

在纪念孔子诞辰2500周年的时候,法国专门出版了关于孔子的著作《圣人的四书》,以此来纪念法国人民心目中的伟大思想家。在英国,1974年出版的《新大英百科全书》称:"孔子所创立的儒家学说与中国学术是同义语,……如果有人要问,中国人民的传统的生活与文化可以用什么字来表示,其答案只能是'孔子'"。在美洲,近来美国出版的《人民年鉴手册》列举了世界十大思想家,孔子被列为首位。美国著名哲学家宾格勒编写了《孔子以风俗为神圣》一书,他在该书的序言中写道,他反复读了《论语》之后,深感孔子所代表的哲学思想,可以与世界任何一个伟大的哲学家相比,并且毫无逊色。由此可见,中国人生哲学在人类的思想宝库里占有重要地位,它已经成为人类的共同财富。

(二)中国传统人生哲学的合理内核

在对待中华民族传统文化的问题上,特别是在对待儒家人生哲学的问题上,"五四"以来

---

(1) 毛泽东:《毛泽东选集》第二卷,人民出版社,1968年,第523页。
(2) [日]井上靖:《孔子》,人民日报出版社,1990年,第3页。

就有着不同的态度和主张。中国的马克思主义者主张批判继承，这是唯一正确的主张。在社会主义现代化建设的今天，我们研究中国人生哲学必须坚持这一正确的主张，反对两种错误的态度：一种是毫无批判地兼收并蓄，食古不化；另一种是全盘否定的历史虚无主义，鼓吹"全盘西化"。

弘扬民族文化的优秀传统，并不是要搞复古主义。中国的人生哲学是一定时代的产物，同任何事物一样，中国人生哲学也具有两重性，既有进步性，又有局限性；既有精华，又有糟粕。建立在小农生产基础和封建等级制度之上的人生哲学，必然有狭隘性和保守性的一面，诸如鄙视劳动、宗法观念、家长作风、忠君思想、因循守旧、封建迷信、男尊女卑，等等。这些消极的东西在人生理想论、人生态度、人生修养论中都有不同程度的反映。它们曾经是导致我国社会长期停滞的思想根源之一。因此，对待中国人生哲学绝不应不分良莠，兼收并蓄，而应当批判地继承，吸收其精华，剔除其糟粕。

对于中国人生哲学，如果我们摒弃其封建主义的阶级内容，剥去其唯心主义的外衣，就可以发现它的合理内核，看到它的进步性和积极意义。

首先，中国人生哲学体现的是一种整体和谐思想，它对于国家的统一、社会和谐和民族团结是有进步意义的。

中国传统哲学中的哲学家大都把建立和谐统一的社会作为自己的责任，儒家人生哲学的宗旨是"兼善天下"，是"济世利他"。"仁者爱人"的人生理想与"天下为公"的社会理想是一致的。《礼记》以孔子的名义说："大道之行也，天下为公。选贤与能，讲信修睦。故人不独亲其亲，不独子其子，使老有所终，壮有所用，幼有所长，矜寡孤独废疾者皆有所养。男有分，女有归。货恶其弃于地也，不必藏于己；力恶其不出于身也，不必为己。是故谋闭而不兴，盗窃乱贼而不作，故外户而不闭。是谓大同。""仁者爱人"的人生理想所要求的人与人之间互相爱护、互相关心、互相尊重，与"天下为公"的社会理想所描绘的蓝图是一致的，二者互为条件，互为目的。"中庸之道"的人生态度，目的也是为了建立和谐统一的社会。"正己修身"的人生修养，目的还是为了"齐家、治国、平天下"。儒家把社会看成是一个整体，认为个人总是生活在群体之中，或为家族或为国家或为天下的一员，群体受到损坏，个人的生活也就失去了保障。因此，儒家总是强调人际关系的和谐、国家统一、社会太平。自秦汉以来，中国就形成了统一的多民族的国家，尽管历史上也曾出现过暂时的分裂局面，但很快又获得了统一，这与儒家思想的影响是分不开的。在历史上还多次出现过少数民族执政的情况，然而每一次少数民族执政都是一次民族融合，这与儒家思想的影响也是分不开的。可见，儒家人生哲学所体现的整体和谐思想对于国家统一和民族融合是有积极意义的。这也说明，汉以后历代统治阶级都尊孔崇儒，是有一定道理的。

其次，中国人生哲学蕴含着一定的辩证法思想，它对于调和阶级矛盾，维护社会和谐、人际和谐，是有进步意义的。

儒家的人生理想是追求"仁爱"，崇尚道德，但并不否定刑罚；主张"德政"，但不否定法治。然而，二者相比，儒家认为道德具有更根本、更重要的意义。这里边蕴含着辩证法的因素。孔子说："道之以政，齐之以刑，民免而无耻；道之以德，齐之以礼，有耻且格"。意思是说，统治者如果只用政治手段，施加刑罚，最多只能使老百姓不敢犯罪，但不能使他们感到羞耻。如果能用道德来教育和感化他们，用礼仪来规范和约束他们，老百姓不敢也不会犯罪，还会感到犯罪是可耻的事。汉代贾谊在《过秦论》中也指出，法令"可以诛恶，非所以劝善"，"礼者，禁于将然之前；而法者，禁于已然之后"。历代统治者都运用"德威并重"、"宽猛相济"的统治术来治理国家，这与儒家思想的影响是分不开的。从历史上看，什么时候仁爱思想比较畅明，什么时候社会风气就相对好转；什么时候实行"仁政"，什么时候社会就比较稳定。这说明仁爱思想与"仁政说"对于缓和阶级矛盾，促进社会和谐是有积极意义的。

中庸之道的人生态度更具有辩证法的因素。中庸辩证法主张"执两端而用其中"，在矛盾对立中"致中和"。中和与统一不一样，统一是矛盾对立的双方经过斗争存下一方，达到统一；而中和是矛盾对立的双方经过调节可以同时存在，达到和平共处。可见，中庸之道对缓和阶级矛盾，促进社会和谐具有一定的调节功能。

儒家的人生哲学，还特别注重个人道德修养在人际关系中的调节作用。正己修身的人生修养也具有辩证法的合理因素，这主要体现在它的修养方法上。儒家提出的修养方法是"推己及人"、"能近取譬"、"设身处地"和"将心比心"。儒家人生哲学之所以在中国有如此精微、广博的发展，与这一方法论原则有重要关系。所谓"能近取譬"，就是能以自己作比，推及别人的意思。"推己及人"的方法，就是从自己的亲身需要、愿望和追求出发，推想到别人的需要、愿望和追求，从而体察和理解他人，自觉调节人我关系。这就是孔子说的"己欲立而立人，己欲达而达人"，"己所不欲，勿施于人"。这种修养方法对调节人际关系、促进人际和谐具有十分重要的意义。

第三，中国人生哲学强调的是一种高尚的精神境界，它对于精神文明建设和理想人格塑造，是有进步意义的。

儒家人生哲学的价值取向，就是重视精神境界，认为人的精神需要高于物质需要。这一思想充分体现于人生理想、人生态度和人生修养之中。孔子说："民之于仁也，甚于水火。水火，吾见蹈而死者矣，未见蹈仁而死者也。"[1] 人在社会中必须依赖水火等物质条件而生活，但是水火有时还会给人们带来危害。然而，作为精神境界的"仁"，却只能给人们带来利益，而不会有任何伤害，孔子还说："志士仁人，无求生以害仁，有杀身以成仁。"[2] 孟子也说过："生，亦我所欲也；义，亦我所欲也，二者不可得兼，舍生而取义者也。"物质需要和精神需要是人类生活中不可缺少的，当二者不可兼得的时候，就只能牺牲自己的物质需要，去追求崇高的精神需要。

儒家这种重视精神境界的思想，在"义利观"上表现得更为突出，儒家认为义重于利，强调要"见利思义"、"义以为质"、"义然后取"、"先义后利"。认为"放于利而行，多怨"，"见小利则大事不成"。儒家还十分推崇重视精神境界的理想人格。孟子说："居天下之广居，立天下之正位，行天下之大道。得志，与民由之；不得志，独行其道。富贵不能淫，贫贱不能移，威武不能屈，此之谓大丈夫"。[3] 历代爱国志士和民族英雄层出不穷，我国素有"文明古国"和"礼仪之邦"的美称，这与儒家思想的影响是有直接关系的。可见，儒家重视精神境界对于塑造

---

(1)《论语·卫灵公》。
(2)《论语·卫灵公》。
(3)《孟子·滕文公》。

"志士仁人"、"大丈夫"这样的理想人格,对于陶冶民族性格和建设精神文明,在历史上曾经起过巨大的进步作用。

当前,我国正在建设有中国特色的社会主义,不但要建设有中国特色的社会主义的经济和政治,而且要建设有中国特色的社会主义的文化。现实是历史的发展,是历史长河的一定阶段。现代文明无一不是在已有的物质和文化基础上建立起来的,因此建设有中国特色的社会主义新文化一定要植根于中华民族文化的深厚土壤,深入地研究中国的历史文化,弘扬中华民族的优秀传统。

应该看到,文化遗产其中包括中国人生哲学这份遗产,具有相对的稳定性。它的许多方面并不是为某一个阶级、某一个时代所独有的,也不只是为某一个阶级、某一个时代所利用的。我们既要看到中国人生哲学的阶级性和时代性,又要重视它的继承性和借鉴性。中国人生哲学在人生理想、人生态度和人生修养等方面为我们留下了大量可以借鉴的宝贵经验,提出的许多警句格言至今仍然闪烁着哲理的光辉。其中有些东西一旦赋予新意,便可成为社会主义精神文明的组成部分,便可以成为树立社会主义和共产主义人生观的思想材料。对于中国人生哲学的合理成分和积极因素,我们要以马克思主义为指导进行革命变革和改造利用,使之赋予新的内容和新的含义,在继承的基础上有所发展和创新。

4. 先秦时期的人性论评价[1]

先秦诸子在人性善恶的争论中,涉及到了人性概念的界说、人性兽性的辨析、人性善恶的争论、性与习的关系、性与伪的关系等一系列关于人性问题的基本理论,为以后各个历史时期关于人性问题的深入研究起到了发端和奠基的作用,为中国人生哲学的形成和发展奠定了比较坚实的理论基础,也为我们现在进一步研究人性问题积累了十分丰富的资料。

(一)关于人性的界说

在中国哲学史上,最早谈论人性的是孔子,他说:"性相近,习相远也。"但他并未明确指出人性的内容,更没有给人性下定义。

第一个提出"性"的界说的是告子。告子说:"生之谓性。食色,性也。"(《孟子·告子上》)生而具有的叫做性,性的内容就是食色。显然,告子是把本能视为人性。

第二个提出"性"的界说的是孟子。孟子不同意告子"生之谓性"的观点,他批评告子说:"生之谓性也,犹白之谓白欤?"曰:"然。""白羽之白也,犹白雪之白;白雪之白,犹白玉之白欤?"曰:"然。""然则犬之性犹牛之性;牛之性犹人之性欤?"(《孟子·告子上》)

孟子反对"生之谓性"的观点,是因为这种观点,不能把"人之性"与"犬之性"、"牛之

---

[1] 此文是1989年为编写《中国传统人生哲学》而作。此时作者计划编写中国人生哲学、西方人生哲学和中西人生哲学比较研究三部曲,但因1991年调入中央教育科学研究所担任德育研究中心主任,这个计划被搁置下来。直到1996年,《中国传统人生哲学》才在中国工人出版社出版。此文是第一篇"人性论"的一部分。

性"区别开来。孟子的人性界说是"人之所以异于禽兽者"。他说:"人之所以异于禽兽者几希,庶民去之,君子存之。"(《孟子·离娄下》)"人之有道也,饱食暖衣,逸居而无教,则近于禽兽。"(《孟子·滕文公上》)

那么,这种"异于禽兽"的人性是指什么呢?孟子说:"人皆有不忍人心。……所以谓人皆有不忍人之心者,今人乍见孺子将入于井,皆有怵惕恻隐之心。非所以内交于孺子之父母也,非所以要誉于乡党朋友也,非恶其声而然也。由是观之,无恻隐之心,非人也;无羞恶之心,非人也;无辞让之心,非人也;无是非之心,非人也。"(《孟子·公孙丑上》)

孟子认为:有无恻隐之心、羞恶之心、辞让之心、是非之心,是人与非人的界限,是"人之所以异于禽兽者"的标志,是人性界说的内容。那么,这种"异于禽兽"的人性,是否生而具有呢?孟子说:"恻隐之心,人皆有之;羞恶之心,人皆有之;恭敬之心,人皆有之;是非之心,人皆有之。恻隐之心,仁也;羞恶之心,义也;恭敬之心,礼也;是非之心,智也。仁、义、礼、智,非由外烁我也,我固有之也。弗思耳矣。"(《孟子·告子上》)

"人之所不学而能者,其良能也;所不虑而知者,其良知也。孩提之童,无不知爱其亲者;及其长也,无不知敬其兄也。"(《孟子·尽心上》)

由此可见,孟子的人性界说是"人之所以异于禽兽者",其内容是仁、义、礼、智这些良知、良能。并且认为这些是生而具有的,"我固有之"的,是"不学而能"、"不虑而知"的。

第三个提出人性界说的是荀子。荀子的人性界说是矛盾的:一方面,他倾向于告子的"生之谓性"的观点,提出:"生之所以然者谓之性。"(《荀子·正名》)"凡性者,天之就也。……不可学、不可事而在人者,谓之性。"(《荀子·性恶》)所谓"天之就",就是天然形成的,与生俱来的。"不可学、不可事而在人者",意为不待后天学习,生而具有的。与告子一样,荀子也把本能看作人性。

另一方面,荀子虽然不同意孟子的性善论,但他也受孟子的"人之所以异于禽兽者"的启发,也讲"人之所以为人者"。他说:"人之所以为人者何已也?曰:以其有辨也。饥而欲食,寒而欲暖,劳而欲息,好利而恶害,是人之所生而有也,是无待而然者也,是禹桀之所同也。然则人之所以为人者,非特以二足而无毛也,以其有辨也。……夫禽兽有父子而无父子之亲,有牝牡而无男女之别,故人道莫不有辨,辨莫大于分,分莫大于礼。"(《荀子·非相》)

荀子肯定"人之所以为人者",但他不认为"人之所以为人者"是"性",这是荀子人性界说的最大缺憾。他认为:"饥而欲食,寒而欲暖,劳而欲息,好利而恶害"是"生而有"的,是"无待而然"的,把人的自然本能和生理欲望看作人性的内容。他认为"人之所以为人者"在于"有辨",即有认识"父子之亲"、"男女之别"的能力,而这个"辨"则是由作为伦理道德规范的"礼"所规定的,是后天学来的,不是"无待而然"的,因此不是"性"。荀子所谓"人之所以为人者"与孟子所谓"人之所以异于禽兽者",意义相近,但孟子认为这是性,而荀子认为这不是性,这正是荀、孟在人性论上的根本分歧。

先秦诸子的人性界说,概括起来可以说有三种不同的观点,构成两对矛盾,具有共同的特点。

三种不同的人性界说,即告子的"生之谓性",孟子的"人之所以异于禽兽者",荀子的"生之所以然者谓之性"和"人之所以为人者"。

这三种不同的人性界说，分别构成了孟告之间的对立和荀孟之间的分歧这样两对矛盾。这就是"人兽之辨"和"善恶之争"。

三种界说也好，两对矛盾也罢，先秦诸子的人性论有一个共同的特点，就是把人性看成是先天的、与生俱来的东西，但他们同时又都重视后天环境、教育对人性"扩充"或改变的作用，就是性与伪、性与习的关系。

（二）关于人兽之辨

人兽之辨是孟子在反驳告子的观点时提出来的。告子的人性界说是"生之谓性"，并把人性的内容归结为"食色"。孟子坚决反对告子的观点，提出了"人之所以异于禽兽者"的人性界说，并力图说明"人之性"与"犬之性"、"牛之性"的区别。这就拉开了人兽之辨的序幕。

如前所述，孟子认为"恻隐之心"、"羞恶之心"、"辞让之心"、"是非之心"，即仁、义、礼、智，这些良知、良能是"人之所以异于禽兽者"。告子讲的"食色"，只不过是人的本能。在本能上，人和动物是共同的，不能把人与动物区别开来，不是人"异于禽兽"的特性。如果像告子说的"食色性也"，那么人之性与犬之性、牛之性不就一样了吗？孟子对告子的这个诘问是很有道理的。在两千多年前孟子就认识到用"本能"是不能把人性和兽性区别开来的，这个思想是难能可贵的。现代科学证明，摄食本能、防御本能（躲避危害的本能）、性本能等自然本能，不是人类独有的，而是人与动物共有的，它不是人与动物相区别的标志，反倒是人类起源于动物的佐证。

孟子用"人之所以异于禽兽者"，反驳告子的"食色性也"，把人性与兽性区别开来，对于正确认识人性问题具有重要的理论意义。但是孟子不可能用辩证思维来科学地解释本能与人性的辩证关系。当然，这是不能苛求于孟子的。在"人兽之辨"的过程中，孟子不仅把人性与兽性区别开来，而且十分强调人的同类意识。这一点也是值得称道的。孟子说：

"故凡同类者，举相似也，何独至于人而疑之？圣人与我同类者。故龙子曰：不知足而为屦，我知其不为蒉也。屦之相似，天下之足同也。口之于味，有同耆焉。易牙先得我口之所耆者也。如使口之于味也，其性与人殊，若犬马之与我不同类也，则天下何耆皆从易牙之于味也？至于味，天下期于易牙，是天下之口相似也。惟耳亦然，至于声，天下期于师旷，是天下之耳相似也。惟目亦然，至于子都，天下莫不知其姣也；不知子都之姣者，无目者也。故曰，口之于味也，有同耆焉；耳之于声也，有同听焉；目之于色也，有同美焉。至于心，独无所同然乎？心之所同然者何也？谓理也，义也。圣人先得我心之所同然耳。故理义之悦我心，犹刍豢之悦我口。"（《孟子·告子上》）

这段话的意思是：凡是同一类型的事物，大体上都相近似，为什么偏偏对于人性却又怀疑了呢？圣贤人物和我们也是同类的。所以龙子曾说：即使不知道脚的长短去编草鞋，我相信也不会编成草筐子的。草鞋大小都是差不多的，因为天下人的脚都是相同的呀。所有人的胃口对于味道，爱好大体相同，名厨易牙早就掌握了我们胃口所嗜好的东西。如果我们的胃口品尝味道时，各人有各人的不同，就像狗、马和人类不是同一类型那样，那么天下的人为什么都喜欢易牙烹调的味道呢？谈起口味来，天下的人都希望吃到易牙做的菜，这说明天下的人胃口是差不多的。就是耳朵也是这样。谈起音乐来，天下人都希望听到师旷的演奏，这是天下人的耳朵都差不多。就是眼睛也是这样。谈起子都来，天下人没有不知道他长得漂亮的。看不出子都漂亮的，那简直就是没有长眼睛。所以说，人的胃口对于味道，有相同的嗜好；人的耳朵对于声音，有相同的听觉；人的眼睛对于颜色，有相同的美感。可是一谈到人心，偏偏就没有相同之处了吗？人心相同之处是在什么地方呢？是在理和义上面。圣贤人物早就把我们心中共同的理义理解透彻了，因此这些理义使我们心里感到高兴，就好像牛羊猪狗的肉适合我的胃口一样。

这里，孟子是在以"类"论"性"，他强调人与人是同类，具有共同的人性。一方面，说明人与犬、马不同，是因为"若犬马之于我不同类也"；另一方面，指出"圣人与我同类者"，即便是尊贵的圣人与普通百姓，因为是同类，所以"心之所同然"，同样具有理、义这样的共同人性。这与他"人人皆可为尧舜"的思想是一致的，反映了孟子具有一定的平等观念。这里，孟子用口有同嗜，耳有同听，目有同美，来论证"心之所同然"。然而，他认为耳、目、口这些感官的功能并不是人性，只有"心之所同然"的理、义才是人性。为什么呢？孟子解释说："口之于味也，目之于色也，耳之于声也，鼻之于臭也，四肢之于安佚也，性也，有命焉，君子不谓性也。仁之于父子也，义之于君臣也，礼之于宾主也，智之于贤者也，圣人之于天道也，命也，有性焉，君子不谓命也。"（《孟子·尽心下》）

意思是说，口舌对于鲜美的味道，眼睛对于美丽的颜色，耳朵对于悦耳的声音，鼻子对于芬芳的气味，四肢对于舒适的感觉，天生就喜欢，能否得到决定于命运，君子不认为这是人性。仁爱对于父子，义理对于君臣，礼仪对于宾主，智慧对于贤能的人，圣人对于天道，命运是这样，但也是人性使然，君子认为不完全属于命运。

这里的"命"，即命运，可以理解为客观条件。孟子认为，口、耳、目、鼻、四肢等感官欲望的满足，仁、义、礼、智等道德修养的提高，都既需要主观努力地追求，又受到客观条件的限制。但是，感性的满足主要依赖于客观条件，所以不谓之性。道德修养的提高主要依靠主观的努力，这才是性的内涵，所以谓之性。口、耳、目、鼻等感官功能与"食色"一样都是本能的东西，故不谓之性。追求仁、义、礼、智等伦理道德的自觉能动性，是"人之所以异于禽兽者"，故谓之性。

与此相联系，孟子还十分强调"思"的作用。他认为心有思的功能："心之官则思，思则得之，不思则不得也。"（《孟子·告子上》）又说："心之所同然者何也？谓理也，义也。"（《孟子·告子上》）"仁义礼智，非由外铄我也，我固有之也，弗思耳矣。故曰：求则得之，舍则失之。"（《孟子·告子上》）孟子认为，仁义礼智的秉赋，不是由外来美化的，是我本来就具有的，只是没有想到罢了。所以说只要追求就会得到它，放弃就会失去它。孟子认为理解善性，发扬善性，关键在于思，"思则得之"，"求则得之"。这里孟子肯定人有理性思维能力，并且认为心之思所同然者为理义。这正是"人之所以异于禽兽者"，是人性之所在。

总之，孟子提出了"人之所以异于禽兽者"的人性界说，并以此反驳告子"食色性也"的人性论，掀起了先秦时期第一次人性问题的论战——"人兽之辨"。在这场论战中，孟子系统地阐发了他的人性论，其中不乏闪光的思想。第一，划清了人性与兽性的界限，这在中国哲学史上为人性论起到了良好的发端和奠基作用。第二，肯定了人有同类意识，这就为共同人性说开了认识的先河。第三，提出了"思"的命题，肯定人是有理性的，这不仅指出了人与动物区别的重要标志,而且为道德理性的人性论在中国哲学史上的主导地位奠定了基础。同时,我们还要看到,由于历史和认识的局限性,孟子的人性论还存在某些缺陷。当然,我们绝不想苛求古人,只是想用现代的眼光来观察并分析人性论的历史进程。首先,没有也不可能说明人的本能与人性,或者说人的自然属性与社会属性的辩证关系,这一点正是后来的自然人性论者攻击性善论的理由。其次,没有也不可能指出共同人性与阶级性和个性的辩证关系,他所说的人性是指凡人都具有的"类特性",当然是一种抽象的人性论。这不仅是孟子而且是中国古代所有的人性论的根本缺陷。再次,没有也不可能对人类理性做出科学的说明,只是把它归结为仁、义、礼、智这些善性,这就不能不遭到性恶论者荀子的反对,于是掀起了先秦时期人性论的第二次论战——善恶之争。

(三) 关于善恶之争

孟子主张人性善,荀子主张人性恶。孟荀之间的人性善恶之争,是先秦时期人性论战的主流与核心。这场争论对后世产生了深远的影响。就是在今天,它仍然具有重要的理论价值和现实意义。那么,善恶之争给我们什么启示呢?我们认为:人性善恶之争是人的理性追求与感官欲念的冲突与互补,是人的自然属性与社会属性的对立与统一。

孟子的人性界说是"人之所以异于禽兽者"。他认为人与禽兽之别,在于人有道德理性。他把人的道德理性概括为"恻隐之心"、"羞恶之心"、"辞让之心"、"是非之心",亦即"仁"、"义"、"礼"、"智"等善端。因此,人性本善。孟子高扬人性善的旗帜,讴歌人性,赞美人性。他不是从人的自然属性上,而是从人的社会属性上确认人的价值,目的在于充分地肯定和褒扬人的理性追求和人格的自我完善。

荀子与孟子针锋相对,他的人性界说是"生之所以然者谓之性"。认为"目好色"、"耳好声"、"口好味"、"骨体肤理好愉佚"、"饥而欲饱"、"寒而欲暖"、"劳而欲息"等这些与生俱来的自然属性才是人性。荀子还认为人的这种生来好利、疾恶、好声色的本性,必然要互相争斗造成暴乱。因此,人性是恶的。不难看出,荀子这里主要是从人的生理本能和感官体验上来分析、规定人性的。他强调的是人的自然属性。荀子高扬"隆礼"、"重法"的旗帜,扼制人的感官欲念的恶性膨胀,目的在于"化性"、"起伪",使社会"合于文理而归于治"。

孟荀之间的人性善恶之争,道出了人类认识和改造人自身的永恒话题。历代哲人无不在此基础上,继续深化对人性善恶的探讨和争论。就是在人类进入20世纪90年代的今天,它仍然是人们不能回避的人的哲学或人生哲学的深层次的理论问题之一。

在对孟荀人性善恶之争的评价上,历来有厚荀薄孟与厚孟薄荀两种观点。持厚荀薄孟观点的同志认为:"荀况把人对物质生活方面的欲求,作为研究人性的出发点,这比起孔孟'讳言利、倡言义'的虚伪说教更为切实、质朴一些。"因而断定:"荀况的性恶论比孟轲的性善论包含了更深刻的内容。"[1]持厚孟薄荀观点的同志认为:"如果从其内容的深刻性上、从思维的理论层次上分析,我倒是觉得孟子从社会学、伦理学意义上阐扬的'性善论',要较荀子从生物学层次上来把握人性的'性恶论'显得更为深切。""孟子性善说的合理性和深刻之

---

[1] 肖𥳑父、李锦全:《中国哲学史》上卷,人民出版社,1984年,第229页。

处,在于它不是从人的自然生理本能性上,而是从其更本质的规定性和关系中来确认人的价值。"[1]在以上两种观点中,厚荀薄孟也好,厚孟薄荀也罢,无非是在强调人的理性追求与感观欲念的冲突、人的自然属性与社会属性的对立。在我看来,与其评价二者的冲突与对立,不如造成二者的互补与统一。这样或许更有助于揭示人性的真谛。

　　唯物辩证法认为事物的一种本质表现为多种属性。同样,人也具有多种属性,概括起来说可以分为两大类,即自然属性和社会属性。人的自然属性,是人的肌体与周围事物发生关系时表现出来的生物本能和感官体验,如荀子所指出的"饥而欲饱"、"寒而欲暖,劳而欲息"、"目好色"、"耳好声"、"口好味"等等。人的社会属性,是人在人际关系中表现出来的道德理性和情感体验。如孟子所指出的"恻隐之心"、"羞恶之心"、"辞让之心"、"是非之心"等等。荀子看到了并强调了人的自然属性,孟子看到了并注重了人的社会属性。二人各自从自己的视角看到了人的某一方面的属性。应该说他们都发现了部分真理,二者都没有错。问题是他们都片面夸大了部分真理,并且把它绝对化,因而走入形而上学的困境。今天,我们要使荀孟二人的人性论走出困境,就要摆脱他们彼此的冲突与对立,而使它们达到互补与统一。其实,人就是自然人与社会人的统一体,自然属性与社会属性辩证统一于人自身。人的自然属性是人类生存和延续的前提条件,是人的社会属性的物质承担者。没有人的自然属性,人类就不能生存和发展,人的社会属性也就无法单独存在。人的社会属性是人区别于动物,是人之所以为人的根本标志,是人的自然属性摆脱纯粹的动物性而成为社会化了的自然属性的关键所在。虽然人的自然属性在生理意义上与动物有许多共同之处,但是人的自然属性毕竟不等于动物性。动物性是纯粹的自然属性,而人的自然属性则是社会化了的自然属性。例如:动物吃东西仅仅是为了生存,而人吃东西除了维持生命之外,还包括许多社会内容:美食是为了享受,食疗是为了治病,请客是为了交谊,有时为了达到某种政治目的还可能绝食。人和动物都有性本能,都需要发生两性关系和生育繁衍。然而,动物的求偶、生育完全出自本能,而人的两性之爱、生儿育女,则包含着丰富的社会内容。人选择配偶不仅要考虑对方生理功能是否健全,而且还要考虑他(她)的心灵是否美好;不仅要考虑对方的身体和容貌,而且还要考虑他(她)的文化修养和经济状况等等。再说人类的婚姻制度和生育政策也是随着社会历史的发展而不断变化的。这些与动物的纯粹自然状态是根本不能相提并论的。由此可见,人的自然属性与社会属性是辩证统一的,二者不能割裂,不能对立,更不能单独存在。由此说来,只有把荀孟二人的人性论互补和统一,才能更好地解释和说明人性。

　　更加有趣的是,孟荀二人的人性善恶之争在理论意义上或者说在社会效果上则表现为殊途同归。这种进一步的把冲突与对立转化为互补与统一,则更是令人深思的。孟子从"人之性善"的基本立场出发,在道德修养上着重强调的是道德个体的"内省"、"自讼"、"慎独"和"反身而诚",并在此基础上"推己及人",实现内圣外王,兼善天下,修身、齐家、治国、平天下。他认为人皆有仁、义、礼、智"四端",并说:"凡有四端于我者,知皆扩而充之矣,若火之始燃,泉之始达,苟能充之足以保四海;苟不充之,不足以事父母。"[2]他还说:"仁者如射,射者

---

[1] 林永光:《孟荀人性理论之比较研究》,载《学习与探索》,1989年第1期。
[2]《孟子·公孙丑上》。

正己而后发。发而不中，不怨胜己者，反求诸己而已矣。"孟子十分推崇大丈夫的理想人格，称颂"富贵不能淫，贫贱不能移，威武不能屈"和"舍生取义"、"杀身成仁"的浩然正气。由此观之，孟子在道德修养、道德教育的思维路向是：由内而外，由主体向客体，由个体向群体，由个人向社会的转化和发展。

荀子与孟子不同，他从"人之性恶"的立场出发，主张"化性"、"起伪"、"隆礼"、"重法"，强调社会教化与法制对个体的制约与改造。他指出："今人之性，生而有好利焉，顺是，故争夺生而辞让亡焉；生而有疾恶焉，顺是，故残贼生而忠信亡焉；生而有耳目之欲，有好声色焉，顺是，故淫乱生而礼义文理亡焉。然则从人之性，顺人之情，必出于争夺，合于犯分乱理而归于暴。故必将有师法之化，礼义之道，然后出于辞让，合于文理，而归于治。"[1]他还说："故古者圣人以人之性恶，以为偏险而不正，悖乱而不治，故为之立君上之势以临之，明礼义以化之，起法正以治之，重刑罚以禁之，使天下皆出于治、合于善也。"由此可见，荀子治理社会的思维路向是：以君王的权势、礼义的规范、法制刑罚的威严来教化和制约人的恶性，然后归于治、合于善。（顺便论及荀子其人，他虽然是战国时期著名的儒家，但在人性论上却扬弃了儒家的传统。他虽不是法家，然而在他的影响下，他的两个学生——韩非和李斯却成为著名的法家代表人物。这说明了荀子思想的复杂性和丰富性，他是兼纳儒法、承儒启法的伟大思想家。）

孟荀关于人性善恶之争的思维模式或思维路向是完全不同的。然而，二者的理论意义和社会价值却是相反相成的。如果说孟子性善论是弘扬人的道德理性，注重个体道德修养，通过社会道德建设而达到天下大治的话，那么荀子性恶论则是贬损人的感官欲念，强调社会政治教化，通过社会法制建设而达到天下大治。其目的都是在探讨治国安民之策，可谓殊途同归。汉代著名思想家贾谊曾说过："礼者，禁于将然之前；而法者，禁于已然之后。"这句话道出了道德建设与法制建设的辩证关系。在治理国家时，道德建设和法制建设是不可偏废的，是相辅相成的，是缺一不可的。在社会主义现代化建设的今天，为什么要加强道德建设和法制建设，如何加强道德建设和法制建设，难道我们不能从历史和古人那里得到某种启发吗？这正是我们研究先秦诸子的人性论，特别是研究孟荀人性善恶之争的目的所在。

5. 中国古代思想史上的义利之辩[2]

义利之辩，是一个古老而又常新的问题。说它古老是因为它由来已久，至少可以追溯到春秋时代；说它常新，是因为每个时代的争论都有它的新内容，在今天经济体系改革中重新

---

[1]《荀子·性恶》。

[2] 此文是1989年为编写《中国传统人生哲学》而作。此时作者计划编写中国人生哲学、西方人生哲学和中西人生哲学比较研究三部曲，但因1991年调入中央教育科学研究所担任德育研究中心主任，这个计划被搁置下来。1994年8月，在承德市举办的中华民族传统美德教育第四届研讨会上，作者以此文作报告。后来发表在《吉林教育科学》1995年第1期上，又被中国人民大学报刊资料《伦理学》1995年第7期转载。

提出这一问题,更有其新的内容和意义。古人说:以铜为镜,可以正衣冠;以人为镜可以知荣辱;以史为镜,可以知兴衰。我们要树立社会主义的义利观,必须研究中国古代思想史上的义利之辩。

义和利的问题在中国古代思想史上讲的是道德原则和物质利益的关系问题。什么是义呢?一般来说,义是指合乎正义或公正合理的道理或举动。《礼记·中庸》说:"义者,宜也。"韩愈《原道》说:"行而宜之之谓义"。何谓宜呢?宜,即相宜、适宜。这里引申为思想和行为符合一定的道德原则和规范的要求。不同时代、不同社会、不同阶级的道理原则和规范是不同的。因此,义的内涵也是不断发展变化的。所谓利,就是指利益,即物质利益。可见,义和利的问题,就是道德原则和物质利益的关系问题。义利观,就是对道德原则和物质利益关系的基本观点或看法。

中国古代思想史上的义利之辩,大体上可以分为三个阶段。

第一阶段:春秋战国时期

这一时期诸子百家,各持一端,争论不休。主要有三种观点。

第一种观点:重义轻利。主要代表是孔孟创立的儒家学派。

《论语》中讲:"子罕言利",孔子轻视物质利益,说:"君子喻于义,小人喻于利","君子谋道不谋食,……忧道不忧贫",但孔子也不是完全不讲利,他说:"勿见小利,……见小利则大事不成"可见他反对的是计较个人私利。他还说:"不义而富且贵,于我如浮云。"可见他反对不择手段的获取个人利益。他还强调:"义以为上""义以为质","见利思义""见得思义"可见他在义利关系上以义为重。

孟子同孔子一样也是重义轻利。《孟子》开宗明义第一篇有这样一段记载:"孟子见梁惠王,王曰:'叟!不远千里而来,亦将有以利吾国乎?'孟子对曰:'王!何必曰利?……士庶人曰,何以利吾身?上下交征利而国危矣。"孟子认为人们只讲利益不讲道德是社会一切纷争掠夺的根源,因此他主张"何必曰利,亦曰仁义而已矣。"他还说:"生,亦我所欲也;义,亦我所欲也。二者不可得兼,舍生而取义者也。"

第二种观点:重利轻义。主要代表是管仲、商鞅、韩非为代表的法家学派。

管子说"仓廪实,则知礼节;衣食足,则知荣辱。"又说:"凡治国之道,必先富民,民富则易治也,民仇则难治也。……民富则安乡重家,安乡重家则敬上畏罪,敬上畏罪则易治也。民贫则危乡轻家,危乡轻家则敢凌上犯禁,凌上犯禁则难治也"。这里他看到了道德和物质生活的联系,是一种有价值的认识。但对物质利益的理解是片面的,他不是从生产关系,而是从简单的消费状况和财富多寡来分析道德的起源,因而具有直观性和机械性。

商鞅说:"民之欲富贵也,共阖棺而后止"、"故民:生则计利,死则虑名"。在他看来,老百姓都是为利而生,为名而死,都是自私自利的。他甚至认为老百姓都是奸民。他强调:"国以善民治奸民者,必乱,至削;国以奸民治善民者,必治,至强。"商鞅治理国家只讲法治,反对道德教育。他说"礼乐,淫佚之徵也;慈仁,过之母也。"他甚至把礼乐、诗书、修善孝悌、诚信贞廉、仁义、非兵羞战等骂为"六虱",必须除掉。可见商鞅是一个非道德主义者。

韩非"喜刑名法术之学",集法家之大成。他同样强调法治而排斥道德。他认为人都是自私自利的，讲仁慈不仅无用，而且有害。他说："好利恶害人之情也。"因此重法律而轻道德。他说："夫严家无悍掳，而慈母有败子。吾以此知危势可以禁暴，而德厚不足以止乱也。夫圣人治国，不恃人之为吾善也，而用其不得为非也。恃之为重善也，境内不什数；用人不得为非，一国可使齐。为治者用众而舍寡，故不务德而务法。"可见，韩非把法律、权势同道德对立起来，讲法律，尚权势，其宗旨是集一切权力于君主一人。他的非道德主义完全是为封建专制统治提供理论根据的。另外，韩非认为仁义道德和有德之士，对国家富强没用，因此崇尚功利，排斥道德。韩非强调法治、崇尚功利的思想有许多合理的因素，对于我国加强社会主义法治建设和社会主义经济建设是有一定借鉴意义的。然而他排斥道德，轻视知识和知识分子，轻视教育的思想在现实社会中也有很大的消极影响。马克思在评述资产阶级功利主义学说时指出："功利论至少有一个优点，即表明了社会的一切现存关系和经济基础之间的联系"，但是"把所有各式各样的人类的相互关系都归结为唯一的功利关系，看起来是很愚蠢的。"

第三种观点：义利并重。主要代表是墨翟为代表的墨学家派。

墨子把爱和利、道德和利益结合起来。他说："兼相爱，交相利"，这是墨子思想的核心和最高原则。"兼爱"也称作"仁义"，他说："兼即仁，亦义矣。"他还说："万事莫贵于义"。"义，天下之良宝也"可见，墨子很重视"义"。然而，墨家不同于儒家，他在讲"义"的同时还崇尚功利，把"交相利"视为"兼相爱"的基础，把"兴天下之利，除天下之害"作为仁义的目标，并且把目标具体化为："饥者得食，寒者得衣，劳者得息"。可见，墨子也很重"利"。在义和利的关系上，墨子强调二者的结合，或说义利并重。墨子在中国思想史上第一次提出"合其志功而观焉"的命题。所谓"志"是指行为的动机；"功"是指行为的效果。墨子认为评价一个人的行为时，要把动机和效果结合起来看。

后期墨家进一步发展了墨子的功利主义思想，他们为"利"下了一个定义："利，所得而喜也。""利，得是而喜，则是利也。其害也，非是也。"在此基础上，他们又为社会各种道德关系下定义，如："忠，利君也"；"孝，利亲也"；"功，利民也"。并且进一步概括为："义，利也。""义，利；不义，害"。这表明，墨家已经把"义"和"利"看成一致的或统一的了。

墨家的功利主义思想反映了小生产者重视生产、重视实际的阶级品格，表现了唯物主义倾向。但是，小生产者的功利主义难免具有狭隘性。墨子的"合其志功而观焉"的思想在中国历史上占有重要地位。他们的义利结合、义利并重的思想至今仍有重要的现实意义。

第四种观点：义利两有，以义制利。代表人物是荀子。

先秦时期，在义利关系上，阐述得最深刻的要算荀子。荀子是先秦最大的唯物主义思想家，他的学说继承了孔孟的儒家思想，但也受其他各家的影响，综合了各家学术成果。因此，他的思想十分丰富和复杂。他虽是儒家，但在义利观上却不同于孔孟的唯心主义的重义轻利思想；他虽不是法家，但在他的影响下，他的两个学生韩非和李斯却是法家学派的重要人物；他虽不是墨家，但他的义利观却高出墨家义利并重思想一等。

荀子从人的自然属性出发，承认人的物质利益，他说："饥而欲食，寒而欲暖，劳而欲息，好利而恶害，是人之所生而有也，是无待而然者也，是禹桀之所同也。"同时他又说："义与利者，人之所两有也。虽尧舜不能去民之欲利，然而能使其欲利不克其好义也。"可见，他主张义利"两有"，二者都不能否定。但是，他主张"以义制利"，认为"先义而后利者荣，先利而后义者辱"。这反映了他儒家思想的倾向性。然而,他讲"以义制利"决不是否定人的物质利益,恰恰相反,他正是从人的物质利益出发来阐明道德在调节人们物质利益关系中的作用。这个思想集中反映在他的朴素唯物主义的道德起源论上。

荀子的道德起源论概括起来有三个说法,这就是:"群居和一"说、"礼以养情"说、"礼以成文"说。

第一,"群居和一"说。荀子说:"水火有气而无生,草木有生而无知,禽兽有知而无义;人有气、有生、有知,亦且有义,故最为天下贵也。力不若牛,走不若马,而牛马为用,何也?……曰:义。故义以分则和,和则一,一则多为,多力则强,强则胜物……"可见,在荀子看来,人分工合作过着群居生活,这就需要"以义制利",即用礼义道德来调节人们之间的利益关系,使人们克制自己的行为,做到群居和一。这是从人们的社会生活和人与自然的关系的角度来论述道德起源的,从而揭示了他对义利关系的看法。

第二,"礼以养情"说。荀子说:"人生而有欲,欲而不得,则不能无求,求而无度量分界,则不能不争。争则乱,乱则穷。先王恶其乱也,故制礼义以分之,以养人之欲,给人之求。使欲必不穷乎物,物必不屈于欲,两者相持而长,是礼之所起也。"可见,荀子认为人人都有物质欲望,必然引起争执,互相残杀。这就需要建立道德原则和规范来调节人们的情欲,也就是"养情"。"礼以养情"说,是从人有情欲的角度来论述道德起源问题,从而反映了他对义利关系的看法。

第三,"礼以成文"说。荀子说:"礼者,以财物为用,以贵贱为文,以多少为异,以隆杀为要。……文理情用为内外表里,并行而杂,是礼之中流也。"又说:"礼者,谨于治生死者也。生,人之始也;死,人之终也。终始俱善,人道毕矣。故君子敬始而慎终。终始如一,是君子之道,礼义之文也。"这里的"文"指修饰人的情感,表现人的情感的外部礼仪。人的情感要表现为外部的礼仪,这是人类文明的反映。"礼以成文"说,是从人类应有的文化生活的角度来论述道德起源问题,从而也反映了荀子对义利关系的看法。

荀子对义利关系的认识是符合唯物主义原则的。他承认人有物质情欲,礼义道德的作用只是调节它而不是排斥它、压抑它。这个见解是深刻的。当然,荀子的唯物主义还是朴素唯物主义,阶级的局限性和时代的局限性使他不可能认识到生产关系对物质利益关系和道德关系的决定作用。

第二阶段:两汉魏晋时期

这时期在义利问题上也有三种观点。

第一种观点:重义轻利。主要代表是西汉的董仲舒。

董仲舒向汉武帝提出了"罢黜百家,独尊儒术"的建议,从此儒家思想被奉为中国封建社会的正统思想。董仲舒把孔子的思想神圣化,把封建伦理道德定型化,并第一次提出了"三纲"、"五常"等封建道德规范,在儒家思想史上占有重要地位,在中国历史上产生了深远的影响。董仲舒在义利问题上有一句影响很大的话:"正其谊不谋其利,明其道不计其功。"这反映了他在道德评价问题上的纯动机论,在义利问题上是重义轻利。他还说:"夫皇皇求财利,常恐乏匮者,庶人之意也。皇皇求仁义,常恐不能化民者,大夫之意也。"这与孔孟的思想是完全一致的。

这里有必要探讨一下董仲舒学说的思想来源，或许能看出中国思想史的发展规律。众所周知，秦王朝的建立是法家思想的胜利。但是，秦二世而亡，这不能不使汉朝的统治者特别是知识分子出身的士大夫引起震动。他们要从秦的灭亡中总结历史教训。《史记·陆贾列传》中记载，汉高祖刘邦的谋士陆贾，经常向刘邦讲儒家经典。刘邦问道："乃公居马上而得之，安事《诗》《书》？"陆贾说："居马上得之，宁可以马上治之乎？汤武逆取而顺守之，文武并用，长久之术也。"刘邦觉得有道理，便问他"秦所以失天下"的原因。陆贾答道："秦始皇设刑罚……征大吞小，威震天下，将帅横行，以服外国，蒙恬讨乱于外，李斯法治于内。事愈烦，天下愈乱；法愈滋而奸愈炽；兵马益设而敌人愈多。秦非不欲治也，然失之者，乃举措太众，刑罚太极故也。""齐桓公尚德以霸，秦二世尚刑而亡。施虐则怨积，德布则功兴。"另外，汉文帝时贾谊曾写《过秦论》，他认为秦二世而亡的原因，是由于不行德治，不懂得夺天下与治天下不一样。他说："仁义不施而攻守之势异也"，"取与守不同术"。可见，在董仲舒之前陆贾和贾谊就总结了秦二世而亡的教训，提倡德治，重视儒学。这为他提出"罢黜百家，独尊儒术"奠定了思想基础。

第二种观点：义利并重。主要代表是东汉末的唯物主义思想家王充。

王充出身"细族孤门"，一生受到豪强地主的排斥和压抑，所以比较接近和同情人民。他说："让生于有余，争起于不足。谷足食多，礼义之心生；礼生义重，平安之基立矣。……由此言之，礼义之行，在谷足也。"可见，他认为道德的基础在物质生活。他还批评孔子"去食存信"的道德说教，针锋相对地提出："夫去信存食，虽不欲信，信自生矣；去食存信，虽欲为信，信不立矣。"但是，王充并不忽视道德的作用，他说："贵耕战而贱儒生，是弃礼义求饮食也。使礼义废，纲纪败，上下乱而阴阳缪。"以此批评韩非轻视道德的弊端。他认为："国之所以存者，礼义也。民无礼义，倾国危主。"他既批评孔子忽视物质利益的唯心主义倾向，又否定韩非忽视礼义道德的庸俗唯物主义倾向。他的看法比较全面，比较符合生活的实际情况。王充不失为当时有见识的进步思想家。

第三种观点：重利轻义。主要代表是魏晋时期的曹操和杨朱。

曹操是三国时著名的政治家、军事家、文学家。在义利问题上，他并没有专门的论述，然而我们从当时的"才性之辩"上，也能分析出曹操的义利观来。"才性之辩"是当时比较突出的一个问题，"才"指才能，"性"指德行。我国向来有"尚贤使能"，"选贤与能"之说。东汉注重"名教"，实行察举法推举"名士"，这些名士大都出身豪门士族。魏晋实行"九品中正"制，"上品无寒门，下品无士族"。这些名士在动乱的社会形势下不能有所作为，平治天下需要才能之士。于是曹操首先提出"唯才举士"，才重于德的思想。他曾经三次颁布求贤令，广招天下能人。他强调"举贤勿拘品行"，提出"负污辱之名，见笑之行，或不仁不孝，而有治国用兵之术者"、"有盗嫂受金而未偶无知者"都可举荐。他认为："夫有行之士，未必能进取，进取之士，未必能有行也。……士有偏短，庸可废乎！"他这种人才观的指导思想是："治平尚德行，有事赏功能。"可见，曹操是颇懂用人之道的。从才性之辩的一个侧面也可以反映出曹操是重功利而轻道德的。

杨朱是我国历史上纵欲主义和享乐主义人生观的典型代表。魏晋南北朝时期，社会动乱，统治阶级内部斗争激烈，正统儒家没有出路。汉儒治经学，训诂章句，搞繁琐主义，引起读书人的反感,便向老庄思想找出路。这时期学术空气崇尚清谈,史称玄学。当时还盛传养生之道,肆性纵欲,追求眼前肉体的快乐。《列子·杨朱》上记载:晏平仲曰:"其目奈何?"夷吾曰:"恣耳之所欲听,恣目之所欲视,恣鼻之所欲向,恣口之所欲言,恣体之所欲安,恣意之所欲行。"杨朱还说:"丰屋美服,厚味姣色。有此四者,何求于外?"杨朱的纵欲享乐主义就是魏晋世家大族荒淫纵欲思想意识的反映。但是,在复杂多样的社会生活中,在反对封建礼教的斗争中,魏晋时期人们的思想也得到了某种程度的解放。

第三阶段:宋元明清时期

这一时期的义利之辩主要表现为理欲之辩。也有三种不同的观点。

第一种观点:重义轻利。主要代表是宋明理学家二程(程颐、程颢)和朱熹。

程、朱把道德原则和物质利益、物质欲望完全对立起来。程颐说:"无人欲即是天理","灭私欲,则天理明矣。"朱熹讲:"学者须是革尽人欲"。"存天理,灭人欲"可以说是程朱理学的基本纲领。这一思想的实质,是要强调维护封建统治秩序,不要考虑个人物质利益,这完全是"禁欲主义"的东西。这种封建礼教特别是对妇女的压迫更残酷,程颐说:"饿死事极小,失节事极大"。这种理欲观是封建统治者"以理杀人"、"礼教吃人"的思想基础。

第二种观点:重利轻义。主要代表是南宋的陈亮、叶适等。

陈亮、叶适主张功利主义,反对程朱理学空谈"天理"。朱熹认为:"三代专以天理行,汉唐专以人欲行。"批评汉高祖和唐太宗的心术只在利欲上,不在道义上,只是行杂霸,不是行王道。陈亮则反对他的意见,他说:"古今异宜,圣贤之事不可尽以为法,但有救时之志,除乱之功,则其所为量不尽合义理,亦不妨自为一世英雄。"陈亮还主张:"功到成处,便是有德;事到济处,便是有理。"

叶适也反对程、朱把天理和人欲对立起来的说法,并且批评董仲舒的观点。他说:"仁人正谊不谋利,明道不计功。此语初看极好,细看全疏阔。……既无功利,则道义者乃无用之虚语尔。"他承认仁义道德是重要的,但光讲仁义道德没有用处,仁义道德必须表现在功利上。

第三种观点:义利并重。主要代表是明代的王夫之和清代的颜习斋、戴震。

王夫之反对程、朱"存天理,灭人欲"的观点,认为离开人欲就没天理。他说:"人欲之大公,即天理之至正矣","人欲之各得,即天理之大同"。

颜习斋更是反对理学家的"重理轻利"说。他认为"义中之利,君之所贵也。"并针对汉代董仲舒的提法巧妙修改了一个字,提出:"正其谊以谋其利,明其道而计其功"的深刻思想。

戴震是清代著名唯物主义思想家,他对程朱理学进行了尖锐的批判。戴震是一个自然人性论者,他说:"人生而后有欲、有情、有知。三者,血气心知之自然也。"在此基础上,他认为仁义礼智都离不开人的物质情欲。他说:"理者,存乎欲者也。""古圣贤所谓仁义礼智,不求于所谓欲之外,不离乎血气心知。""圣人治天下,体民之情,遂民之欲,而王道备"。他认为道德就是"遂欲达情",道德原则是无私而不是无欲。戴震从理欲统一论出发,尖锐地批判了程朱的理欲对立论,指出程朱的"存天理,灭人欲"是"以理杀人"。

以上,我们从浩如烟海的古代文献中,寻觅出有关义利之辩的种种观点。为了脉络清晰,我们把它分为三个阶段;为了比较分析,我们把每个阶段概括为三种不同的观点。这样,我们可以总结出中国古代思想史上义利之辩的几个特点。

第一，重义轻利思想一直占有统治地位。董仲舒"罢黜百家、独尊儒术"的建议被汉武帝采纳之后，儒学、经学、理学一脉相承，构成了中国封建社会的正统思想。这个思想对于形成中华民族重道德、讲文明的"礼义之邦"起了重要作用。但是，过分强调道德，过分重视封建伦理纲常，轻视物质利益，贬低功利，就束缚了人们的思想，克制了人们的物质欲望和生活追求，压抑了人们的创造才能。近代中国落后、挨打，除了经济和政治的因素之外，封建伦理道德的束缚不能不说也是一个重要原因。

第二，每当社会动乱，经济萧条的时候，重利轻义的思想就出现了，开始往往是比较接近下层人民的知识分子中形成这种思想，后来被一些比较开明的统治者接受或采纳。曹操就是在社会动乱的情况下，深得统治之术和用人之道。他的名言"治平尚德行，有事尚功能"，便是很好的说明。重利轻义的思想对于调动老百姓的生产积极性和士兵打仗的积极性，对于封建帝王霸业或王位的建立，都曾经起过进步作用。但是一旦战争平息，经济繁荣，统治者的地位稳固之后，自然统治阶级就要强调道德，重义轻利了。

第三，重义轻利和重利轻义都有片面性，都是从当时政治的或经济的目的出发的，总是一种倾向掩盖另一种倾向，于是就有人提出义利并重的思想，出现了重义轻利、重利轻义和义利并重几种思想争论和在社会地位上交替沉浮的现象。义利并重的观点克服了重义轻利和重利轻义的片面性，比较正确地反映了人类物质生活和道德面貌的关系，具有较多的辩证因素和合理成分，在历史上起过较明显的进步作用。但是，它们终归是从封建统治阶级的立场出发的，因此也不可避免地带有阶级的和历史的局限性。

中国古代思想史上的义利之辩给我们很多启示，它教我们去思考、去分析、去鉴别，同时应该继承和发展我国古代这些宝贵思想遗产，用马克思主义的立场、观点和方法去批判继承，古为今用，树立社会主义的义利观。

6. 价值论研究的兴起与发展[1]

80年代以来，我国哲学界对价值问题进行了广泛的研究，从它的兴起到发展大体经历了以下几个阶段。

第一阶段，从真理标准的讨论引发出价值认识的命题。

1980年第10期《学术月刊》发表了杜汝楫同志的文章：《马克思主义论事实的认识和价值的认识及其联系》。杜汝楫在文章中回顾了西方对事实和价值的讨论，认为社会事物的认识有所谓事实与价值之分。所谓事实认识是关于"是如何"的认识，而价值认识则是关于"应如何"的认识。后者是更深一个层次的认识，从认识目的在于改造世界来看，后者更为重要。真

---

[1] 此文及以下几篇价值论研究的论文是作者承担的北京市哲学社会科学"七五"规划重点课题"社会主义市场经济与大学生价值观研究"的部分成果，后来收入个人文集《德育新论》中。北京师范学院出版社1996年出版

理这个词本来就有两种含义,或者指真实而言,或者指合理而言。实践作为真理标准,既是真实性的标准,又是合理性的标准。价值认识与事实认识是既有区别又有联系的。如果把价值认识与事实认识割裂开来,就会把价值认识变成"公说公有理,婆说婆有理"。如果把二者混淆,就会犯"成者为王,败者为寇"的错误。把二者割裂开来,就会导致唯心主义的先验论,而把它们混为一谈则往往导致实用主义。要划清马克思主义和实用主义的界限,必须搞清楚事实真理与价值真理的区别和联系。杜汝楫的这篇文章,受到学术界的广泛关注。1981年8月8日,何祚榕在《光明日报》上发表了《一个值得研究的问题》一文,认为杜汝楫提出了一个值得研究的问题,并认为杜文为解决当时《光明日报》等报刊正在讨论的"实践的目的是衡量实践成败的标准"的问题提供了一把钥匙。

自此以后,价值问题的研究逐步在我国开展起来。其后,《哲学研究》、《光明日报》、《国内哲学动态》、《社会科学战线》、《江海学刊》、《社会科学辑刊》、《青海社会科学》等报刊相继发表了一些关于价值问题的研究文章。这个时期李连科、刘奔在价值的研究方面最为突出。

这个时期价值问题研究虽然处于初始阶段,但它对价值问题研究的发展奠定了良好的基础。

第二个阶段,从价值与真理的讨论发展到价值论在哲学中地位以及价值论与认识论的关系问题的研究。

1985年5月在屯溪召开的全国真理问题讨论会,对价值与真理问题展开了热烈的争鸣。这对价值研究是一次有力的推动。这一年《中国社会科学》第3期发表了李德顺的《真理与价值的统一是马克思主义的重要原则》一文;人民出版社出版了李连科的《世界的意义——价值论》一书,这本书对价值论作了简明的多方面的哲学论述;《北京师大学报》发表了齐振海的《论真理的科学性和价值性》、袁贵仁的《价值与认识》;《哲学研究》发表了袁贵仁的《论价值真理概念的科学性》、薛克诚的《客观真理刍议——兼评价值真理》;《人文杂志》发表了赖金良的《评价性认识简论》等。这期间,《中国社会科学》和《哲学研究》还对价值真理问题开展了讨论。

1986年,哲学界集中对价值真理的科学性、价值真理是否多元的、价值真理是否有阶级性、反映与评价等问题开展讨论。《哲学研究》、《人文杂志》、《学术月刊》、《南京大学报》等刊物连续发表了几篇文章进行讨论。这一年五月在杭州召开的价值与认识的讨论会,使这一讨论达到高潮。这次讨论会着重对价值问题进行哲学概括,对价值在马克思主义哲学体系中的重要地位,哲学价值范畴的实质和客观性,价值与认识,价值与真理等问题进了热烈的讨论。这次讨论对价值问题的研究在深度上和广度上都向前推进了一步。

第三阶段,从对"普遍价值定义"的质疑,发展到对价值论研究方法论的反思。

1987年1月5日,《光明日报》发表了郝晓光的《对所谓普遍价值定义的否定》一文,对近几年来价值论研究中不少文章作为立论根据的马克思《评阿·瓦格纳的"政治经济学教科书"》中的话:"'价值'这个普遍的概念是从人们对待满足他们需要的外界物的关系中产生的"提出否证。对此,《光明日报》、《湖北社会科学》、《湖北大学学报》等报刊,连续发表了李连科、刘奔、李德顺、郝孚逸等的几篇争鸣文章。这个讨论一方面涉及到对马克思的话应如何理解的问题,即是正面论述还是否定性论述?这句话所指的价值是使用价值还是哲学价值概念?另一方面也涉及到如何概括哲学的价值范畴,能否在使用价值的意义上规定哲学价值范畴的问题。这个问题的讨论对推动价值研究现状的反思特别是方法论的反思,有一定的促进作用。

关于价值论研究的方法论问题,我国哲学界一致认为研究价值论必须以马克思主义哲学的基本原理,以马克思、恩格斯、列宁、毛泽东有关论述的基本精神为指导。但是究竟如何运用马克思主义的基本原理研究价值问题,则有不同理解。一种方法是尽量从马克思、恩格斯有关文献中,找出关于哲学价值论的定义,由此出发进行推论。似乎只有这样才有可靠的理论依据。可是在马克思主义经典著作中,很难找到大家公认的哲学的价值的定义。一旦人们对立论依据的马克思的话的理解提出质疑,这种推论所做出的全部结论就发生动摇。这种方法,在研究的初期是难以避免的。但这种方法有局限,主要是未能摆脱教条主义的影响,指望从马克思和恩格斯的著作中找到价值问题的现成哲学定义拿来搬用。另一种方法,是以马克思主义哲学的基本原理和马克思、恩格斯、列宁、毛泽东关于价值问题论述的精神为指导,即认真研读有关论述,运用马克思主义的基本观点,分析研究社会生活各个领域的价值现象,包括物质价值、知识价值、伦理价值、审美价值、人的价值等,从而概括出价值的哲学本质。这种方法,就是用马克思主义的基本原理为指导,分析各个领域中价值现象,从个别到一般;既遵循马克思主义的基本原理,又概括丰富多彩的现实生活。看来,这种方法是目前价值论研究中的有效方法。

1987年11月在西安召开的价值论与价值观念变革讨论会,对价值论的研究也是一次有力的推动。这期间,景天魁同志在《哲学动态》第五期上发表了《价值论研究六问》,对价值的客观性、价值与评价、价值真理及其检验、价值论与认识论的关系等几个问题提出了自己的思考与见解。另外,有的同志开始从价值研究的方法论上进行反思。这一个阶段的重要成果是李德顺的《价值论——一种主体性的研究》的出版。它的出版,无疑是有助于价值论的进一步深入、系统的研究。

总之,价值问题的研究是80年代以来我国哲学界的一个热点问题。研究的范围既广,研究的内容亦深,且取得了丰硕的成果。哲学是时代精神的精华,价值论的研究对推动各门社会科学研究和思想理论建设无疑具有重要意义。大学生这个特殊的青年群体,对哲学社会科学的研究动态和思想理论问题历来十分敏感。价值论的研究同样引起了他们的强烈兴趣和广泛关注。随着改革开放的深入发展和建立社会主义市场经济体制目标的提出,大学生的价值观发生了前所未有的深刻变化。研究大学生价值观问题,不能不借助哲学界关于价值论研究的理论成果。上述价值论研究的发展过程和理论成果,确实对我们研究大学生价值观的演变轨迹具有重要的参考价值和借鉴意义。

7. 关于价值概念的定义

价值概念的定义,是价值理论研究首先遇到的问题。我国哲学界对它的表述多种多样,归纳起来主要有以下几种类型。

第一种观点认为：价值是属性范畴，主要指物的使用价值。

如："所谓价值，就是对主体的有用性。马克思在《资本论》中指出：'物的有用性使物成为使用价值。'这里讲的是物的使用价值，却道出了价值的真正本质"。

哲学意义的价值是"物的对人有用使人愉快等等的属性"。

"哲学意义的价值概念，反映的是事物满足人的需要的客观属性"。

"哲学的价值范畴，是指事物能满足人们（主体）一定的需要的这种性质"。

"作为哲学研究对象的价值，不同于作为人类劳动凝结的商品的'价值'，但却可以相当于商品的或物的'使用价值'"。

"所谓价值，从哲学意义上说，就是客体对主体的有用性，是客体满足主体需要的一种属性"。

第二种观点认为：价值是主体对客体的态度或反映。不同意第一种观点认为价值是客体属性范畴。

如："价值是主体人根据自己的需要自觉地、有意识地赋予客体的属性，它反映了主体对客体的态度。"

"价值是客体同主体之间，前者满足后者的需要的这样一种关系的反映。"

第三种观点认为：价值是满足需要的属性。

根据是马克思在《评阿·瓦格纳的"政治经济学教科书"》中所说的："——如果说，'按照德语的语法'，这就是指物被'赋予价值'，这就表明：价值这个普遍概念是从人们对待满足他们需要的外界物的关系中产生的"。这种观点不同意第二种观点把价值看成是"主体对客体的态度或反映"，认为那是主观地赋予外界物以价值属性的唯心主义观点，强调了"价值的客观内容及其客观来源"。

第四种观点与第三种观点相反，认为上述马克思的话，不是马克思的观点，而是瓦格纳的观点。

马克思并没有进行从使用价值概念到"价值的普遍概念"的推论，而正是瓦格纳在进行这种推论。

哲学意义上的价值的内涵不能与物或商品的使用价值相混淆，不能把使用价值当成哲学意义上的价值。他们不同意"人的价值关系是主体对客体的需要关系"的看法。认为需要关系是一种自然的实践关系，是离开了社会关系考察价值。

这种观点认为：商品的价值就是马克思主义哲学意义上的价值。除了商品价值概念，马克思主义的价值学说不存在其他价值概念。

第五种观点认为：价值是关系范畴。它表示客体属性与主体需要之间的关系或是客体功能对主体需要的满足关系。

如："价值是一种关系范畴。它表示的是主体人与客体物之间需要与满足需要的关系。"

"价值是客体同主体之间，前者满足后者的需要的这样一种关系的反映。"

"价值是客体与主体需要之间的肯定与否定关系，即利害关系"。

第六种观点认为：价值是关系范畴，但不同意第五种观点中的客体对主体的"满足"关

系，而认为它是客体对主体的意义。

　　如："价值是客体对主体所具有的积极的或消极的意义。价值关系就是意义关系"。

　　"所谓价值，是指客体的某种属性对主体的需要所具有的肯定的、积极的意义"。

　　"哲学价值范畴，是指客体对主体的生存和发展所具有作用和意义"。

　　上述种种关于价值概念的定义，反映了哲学界对价值概念的纷繁复杂的看法。虽然每一种观点都有一定的道理，对探讨价值的本质都有一定的意义，但每一种观点又都有某种偏颇之处，都有某些不完善的地方。笔者认为，第一种观点认为价值是属性范畴，主要指事物的客观属性，这是一种客观价值论。承认价值的客观性，是唯物主义价值论的基石，因此有其合理性。然而，这种观点忽略了价值的主观性。一切客体的价值都依赖于主体对它的认识和评价，同一客体的价值，随着主体的不同而不同，主体的差异性决定着价值关系的差异性，主体需要的多样性决定了价值认识和评价的多样化，因此价值具有主观性。可见第一种观点肯定和强调了价值的客观性，却忽略或忘掉了价值的主观性。第二种观点与第一种观点恰恰相反，肯定和强调了价值的主观性，却忽视或排斥了价值的客观性。例如，它认为价值是主体对客体的态度或反映，是主体人根据自己的需要自觉地、有意识地赋予客体的属性。孰不知不但客体的属性是客观的，而且主体的需要和满足需要的过程及条件也是客观的。因此，前两种观点都有一定的片面性。

　　第三种观点和第四种观点是围绕着马克思在《评阿·瓦格纳的"政治经济学教科书"》中所说的那段话的认识分歧而立论并争论的。争论的焦点是：普遍价值概念或哲学价值概念到底是可以从政治经济学中商品的"使用价值"中引申出来，还是可以从"价值"中引申出来？

　　第三种观点试图利用"使用价值"的涵义来引申出一般价值。这样能够成立吗？我们试加以分析。这里有两种情况：一种是在已有严格涵义规定意义上的"使用价值"，即马克思所做的富有哲学意味的表述："物为人而存在"，即物满足人的需要这种关系。在这里，"使用价值"有特殊的主客体范围限制，即仅仅指"物"对人的一种关系，而不能包括人与人、精神现象与人等等其他主客体关系，所以它只能是哲学上的一种特殊或个别。在这种情况下，用使用价值来规定一般价值，很容易使价值一般概念的涵义狭隘化、片面化。另一种情况是，对使用价值做了无限广义的理解。有些同志所说的"有用"、"效用"、"有益"等等，已不是狭义的使用价值，他们把诸如道德、审美这类价值也用"有用"来解释。在这种情况下，上述字眼都可以作为"价值"一词的同义语或通俗用语。问题的关键在于，通常所说的"有用"、"有益"、"满足"等等本身是什么意思，如何从哲学上深刻地揭示其实质和特征。找到这些用语并不是问题的解答，而恰恰是问题的提出。因此，试图用"使用价值"来规定一般价值，并不能达到理论上的要求。

　　那么，能不能用商品"价值"的涵义来引申出一般价值？第四种观点试图把哲学意义上的价值概念看作是马克思的商品价值范畴的直接移植或从生概念。我认为这种看法并未超出经济学的特殊范围，经济学范围的特殊"价值"概念，很难提升为一般意义的哲学价值概念。因为，哲学的价值论是要研究包括经济价值、政治价值、道德价值、审美价值等等各种价值的普遍的本质和规律，它要寻求的是能够概括这些价值共性的一般价值范畴。而商品价值的规定，仅仅在经济价值的范围内也是一个特殊概念。把商品价值直接提升为哲学范畴，不仅不能覆盖政治价值、道德价值、审美价值等等，甚至也不能包含"使用价值"。由此看来，第三、第四种观点也是不完善的。

第五种观点和第六种观点有一个共同之处，就是都认为价值是一个关系范畴。我认为这一点是正确的。而二者的分歧在于：第五种观点认为价值是"满足需要"的关系，而第六种观点认为价值是"作用和意义"的关系。比较而言，我们更倾向于第六种观点。因为作为哲学价值概念的定义不仅要能体现主客体关系的普遍性，而且还要能概括价值类型的普遍性。客体对于主体的关系不一定在任何类型、任何情况下都是"满足需要"，但是只要主客体发生关系，就一定会产生"作用和意义"。客体对主体的作用和意义符合或接近主体的尺度或需要，就是正价值；反之则是负价值；介乎二者之间的为中性价值。

概言之，价值是一个关系范畴，而不是一个独立的实体范畴，也不是一个主客体相关联的属性范畴。哲学价值范畴，是指客体对主体所具有的作用和意义。对哲学价值范畴作如此理解是我们研究大学生价值观的立论的基石。

8. 价值论研究的几个理论问题

我国哲学界在价值论研究中，涉及到诸多理论问题，其中价值研究的客体方向与主体方向问题、价值的客观性与主观性问题、价值的多元性与一元性问题等，与大学生价值观问题研究关系比较密切。因此，有必要对这几个理论问题加以介绍、分析和回答。

一、价值研究的客体方向与主体方向问题

如前所述，价值是一个关系范畴，它仅仅是作为主客体之间相互关系、相互作用而存在。因此，价值研究应该通过主客体相互连接、互相统一的运动去把握。但是，如何理解和运用这个一般结论去研究价值问题，理论界却表现为两种不同的研究方向：一个是面向客体为主的方式，一个是面向主体为主的方式。

面向客体为主的方式，简单地说，就是把考察价值特性的根据、解决价值问题的出路，更多地放在对价值关系中客体的研究方面。例如，要说明物对人的价值，就着重去分析物有哪些属性和功能，或者物在同人的关系中如何获得这些属性等等；要说明人的价值，就重点阐明人的本性、潜能等等；要说明一个人的道德价值，就把重点放在分析这个人的人格、特点、动机、行为特征等等方面。不难看出，这种方式的特点是根据"客体固有或有什么"来衡量价值。

面向主体为主的方式，则是把考察价值特性的根据、解决价值问题的出路，更多地放在对价值关系中主体的研究方面。例如，要说明物对人的价值，就在把握对象属性的前提下，着重分析主体的结构、需要和能力等，以此来说明物对人的价值是怎样产生的和如何变化的；要说明人的价值，就重点阐明人的社会关系，看人在这种社会关系中的作用和意义等等；要说明一个人行为的道德价值，就把重点放在分析他行为的社会效果，这个社会价值规范的性质、特

点及其客观基础等方面。

比较上述两种方式,我们认为面向客体为主的方式在理论上的一个必然前提,是对价值主体做了整体化的、一般的、稳定形态的解释或设定,即按照"主体不变,价值取决于客体"这种思路进行研究。面向主体为主的方式,则是首先强调价值主体——人的具体历史性和个性多样化,而把客体放在基本稳定的形态下加以考察,其基本思路是"不管客体变不变,具体的价值以主体的需要和尺度为标准"。两种方式各有其合理的、积极的意义,但面向主体为主的方式,在理论上更深刻、更全面一些,在实践上更复杂、更深入一些。大学生价值观问题研究,正是沿着面向主体的研究方式进行的,即把当前的政治、经济、道德、人生等客体放在基本稳定的形态下,而主要考察价值主体——大学生的需要和尺度,从而分析大学生价值观的现状及其演变轨迹。

二、价值的客观性和主观性问题

承认价值的客观性,是唯物主义价值论的基石,许多同志对此作了大量分析和论证。其主要理由是:价值关系存在的基础,是人类现实的主客体关系;主客体关系是由客体的实体要素构成的,主体的结构、需要及其发展,客体的存在、属性和规律都是客观的;客观的主体与客体相互作用、相互关系过程也是客观的,价值作为这种相互作用的结果,以客观的价值事实形态,通过主体结构中的同化、需要的满足等等客观现象过程而存在和表现出来。

应该说,上述论证基本上是合理的。但是应该看到:在论证价值的客观性时,笼统地说"主体及其需要是客观的",这个判断并不周延,因为作为主体的人毕竟是有主观性的,人的需要也有主观的需要。这种观点认为价值只存在于评价之中,而评价是主观的,是人的理想、信念、情感、兴趣、态度的表现。同一客体的价值随着主体的不同而评价不同,主体的差异性决定着价值关系的差异性,主体需要的多样性决定了价值认识的多样性。

总之,价值既有客观性的一面,又有主观性的一面。价值的本质是客观的,而价值认识和评价则是主观的,价值关系是主观与客观的辩证统一。只有承认价值认识和评价的主观性,才会有对大学生进行价值观调查的必要性和可行性。只有承认价值的客观性,才能对大学生价值观的正确与错误、先进与落后、激进与保守作出客观的分析与评估。价值的客观性是检验价值认识和评价的科学性、正确性和真理性的前提。

三、价值的多元性和一元性问题

在讨论价值的主观性与客观性之后,自然就引出了另一个理论问题。这就是,在相同的客体面前,不同的主体与客体结成实际上不同的价值关系,因此就有不同的价值。有多少主体就有多少价值,它们彼此间不能完全重合或相互代替。价值和评价的个体性、阶级性、民族性、时代性等等,都是这种多元性的表现。揭示这一特征,对于我们过去长期只承认一个单一标准、单一尺度的传统观念来说,无疑是一个重要的进步。

但是也由此引出了另一方面的问题:价值是否只是多元的,是否与一元论绝对不相容?强调多元性会不会导致相对主义,会不会导致"公说公有理,婆说婆有理,天下无公理"的情况?这一方面问题的提出,也使我们想到如何在更高的层次上看价值的多元性,如何全面地理解价值问题上多元与一元的辩证统一。

对于价值现象在社会生活中的多元统一性问题,应该站在马克思主义的历史唯物主义一元论的立场上全面地把握。就是说,虽然各个具体的、个别的价值是多元的,在个别主体的层次上不能也不应该使它们强求统一,但在人类历史、社会发展的总体上,则应该看到它们具体的、丰富的必然统一性。

要把握价值的多元与一元的统一,关键在于弄清不同层次上的主体及其相互关系,具体问题具体分析。有些价值纯属对于个别主体的,就应该承认并尊重其个别性、多元性,如个人与他人无关的兴趣、爱好,民族的风俗、风格等等。有些价值虽然同个人有关,但它本质上是对于社会或群体共同的价值,那么就应该承认并把握这些价值的一元性,如社会制度、改革开放的政策、民主法制建设、思想道德建设等等。总之,价值多元性与一元性相统一的理论,正是我们对大学生进行价值观教育的理论依据。

9. 价值观的涵义及其分类

在考察了价值、价值论之后,我们还必须进一步分析价值观的一些理论问题,这样才能步步逼近我们研究的主题——大学生价值观问题。

一、价值观和价值观念问题

价值观和价值观念是否同一概念?理论界的看法是不一致的。一种看法认为,二者没有什么区别,价值观就是指价值观念。另一种看法认为,价值观与价值观念不同。价值观是贯穿于价值观念中的基本观点,是价值观念的核心,有相对稳定的结构,而价值观念则更宽泛一些。我同意第二种看法,认为价值观与价值观念不是同一概念。

价值观念,是近年来人们说得很多但涵义又很不相同的一个概念。大概的意思有以下几种类型:(1)"价值观念"是指"重视价值"这样一类信念。如说要"树立价值观念"、"增强价值意识"等等。至于其中所说的价值,又有多种不同理解;(2)"价值观念"是指功利、利害的观念,即把价值等同于功利价值的说法。表现在把价值观念同道德观念、法制观念等等并列;(3)"价值观念"是指对于各种具体问题的具体看法、观念、结论。如某些人的消费观点、欣赏趣味改变了,就说他们的"价值观念变化了";(4)"价值观念"是指人们对于各种价值现象的观点、看法中比较稳定的、深层的内容,实质上是指评价标准和以基本评价标准为核心的基本价值信念、理想的观念系统。

上述四种价值观念的涵义,前三种都不能认为是价值观的涵义。我们讲的价值观是人人头脑都有并且起作用的,所不同的只是内容、性质和自觉的程度而已。我们讲"树立正确的价值观",不是说要树立"重视价值"这样一类信念。狭义的功利观念只是价值观的一种,它不能代替人的整个或一般价值观。至于人们随时随地都在进行着的价值判断、具体看法,如果不从其相对稳定形态和更深层的思维方式上去把握,也不可能抓住实质,提供有指导性的线索,因此也不是我们所讲的价值观。只有第四种价值观念的涵义,才比较接近价值观。

二、价值观的定义

价值观的研究相对于价值论的研究来说,同现实生活实践的关系更加密切,因此价值观的研究已经从哲学殿堂走向社会学、心理学、教育学(其中包括德育学)、伦理学等更加广阔的领域。正因为如此,价值观的定义就更加复杂多样。从国外学者的研究来看,具有代表性的价值观的定义至少有以下几种观点:

第一种观点:继美国著名的心理学家奥尔波特(G·W·Allport)提出六种价值观之后,罗克奇(M·Rokeach)认为:价值观是指个人和社会愿意选择的行为模式或存在的最终状态。他还把价值观分为"终极性价值观"和"工具性价值观",前者指欲达到的最终存在状态或目标,后者是指达到上述目标所采取的行为模式或手段。这种价值观定义强调的是"选择"。

第二种观点:美国社会学家认为,价值观是为社会成员所共同具有的。关于好与坏、关于对与错、关于可望与不可望的观念。这种通俗的说法表明价值观是一种"判断"或"评价",即关涉到是非、真伪、优劣及可望如何的"判断"或"评价"。

第三种观点:前苏联学者认为,作为群体的价值观"是对生活的物质和精神价值的选择态度";作为个体的价值观,"是选择爱好、从事活动的手段";从对主体关系来看,它是"主体的需要、兴趣、理想、信念的集中体现";从对客体的关系来看,"是对社会价值、对其他社会集团、对整个社会的选择态度"。这种观点比较复杂,但它的核心也是"选择"。

从上述三种典型的观点来看,国外学者对价值观定义的关键词是"选择"、"判断"和"评价"。不过有的强调选择"行为模式和目标",有的强调选择"态度"或"手段"。前者注重选择结果,后者注重选择过程。

国内学者对价值观的定义具有代表性的有以下几种观点:

第一种观点认为:价值观"是主体以其需求系统为基础(参照系),对主客体之间的价值(价值关系)进行整合而形成的观念形态(即思想和思想体系),它综合地体现了主体的愿望、要求、欲望、理想、需要、利益等"。这里的所谓"整合",包含有"选择"、"调整"、"组合"等意思。

第二种观点认为:价值观"是在人们头脑中形成的关于价值现象或价值关系的系统化看法和观点,是以往人们价值实践和价值生活经验的理性化积淀。通俗一点说,它是对客体有无价值以及价值如何的固定看法,实质上成为一种评价标准、一种价值尺度、一种评价的思想框架。"这种观点的关键是认为价值观是一种"评价标准"或"尺度"。

第三种观点认为:价值观"指的是实际存在的和可能存在的主客体之间的价值关系,主体的价值创造活动及其结果的性质和意义在人的意识中的反映,以及由此而形成的比较确定的心理和行为取向或心理和行为定势。"这种观点的关键词是"取向"和"定势"。

上述可见,国内学者关于价值观定义的关键词是"整合"(包含选择、调整、组合)、"评价"(标准或尺度)、"取向"(或"定势")。"整合",实际上讲的是主体对主客体之间的价值关系进行选择、调整和组合,它强调的是过程;"评价",实际上讲的是主体对客体存在意义(即有无价值和价值如何)的评价标准或尺度,它强调的是"整合"的标准;"取向",实际上讲的是主体对客体"应当如何"的选择目标。这三种观点都是从不同的角度、不同的侧面来理解和规定价值观，应当说对全方面地、全方位地认识和把握价值观都做出了贡献，但它们却都不能构成价值观的完整定义。笔者认为，价值观是指人们对各种价值现象比较系统的、稳定的、深层的观点或看法，它是包括价值关系的整合、价值评价的标准、价值取向的选择在内的观念系统。

三、价值观的分类

国内外学者在价值定义上的分歧，必然导致在价值观分类上的不同。同时，也由于在应用研究上的对象不同，也会根据不同的需要对价值观的分类作实用性的设定。研究价值观的分类对本课题研究大学生价值观的系统化和具体化具有重要意义。

国外学者中对价值观的分类研究影响最大的是德国心理学家斯普兰格（E·Splanger）和美国著名心理学家奥尔波特（G·W·Allport）。斯普兰格把人们倾向于社会生活六个领域的某一方面感兴趣看作是拥有不同价值观的表现。这样，他把价值观分为六种类型：（1）经济的（重功利的）价值观；（2）宗教的（重圣洁的）价值观；（3）艺术的（重审美的）价值观；（4）政治的（重权力的）价值观；（5）社会的（重交往的）价值观；（6）理论的（重真理的）价值观。奥尔波特认为上述六种价值观是存在的，它们作为可变的价值取向，以不同的程序建构于一个人的观念体系中，贯穿在生活的所有方面。为了测试人们基本价值观的相对强度，奥尔波特与弗农、林赛编制了"价值观量表"。这个"价值观量表"传入我国后，对我们的价值观分类研究和价值观调查具有一定的参考和借鉴作用。

此外，日本学者从经济的、政治的、道德的、审美的、科学的和人际关系的诸多方面来划分价值观的类型，从真、善、美、爱、力这五个方面来把握价值观。1981年在欧洲九国进行的"欧洲价值体系"调查涉及的内容包括：道德、政治、宗教、家庭、劳动以及个人与他人和世界等六大方面，实际上这也是一种价值观的分类。这些研究成果对我国也产生了一定的影响。

国内学者对价值观的分类存在三种类型。一种是以北京师范大学心理学系章志光教授为代表的心理学界的分类，这种分类基本上采用或借鉴了美国心理学家奥尔波特的六种价值观分类法。一种是德育学界的分类，这种分类是从调查对象的实际出发，并依据调查的实用目的把价值观分为：政治价值观、经济价值观、道德价值观、人生价值观、审美价值观、职业价值观、成才价值观、婚恋价值观、消费价值观、科学价值观等等。另一种分类是以中国社会科学院社会学研究所的陆建华博士为代表的社会学界的分类，他把价值观分为日常生活价值观、社会价值观、人生价值观三大领域。

我认为，完全采用和借鉴国外的价值观分类法，在实际应用中不一定符合我国的国情和青少年学生的思想状况。德育学界的分类显得过于琐碎和宽泛，各部分之间交叉重复难以避免，虽然每次调查可以针对不同的对象和不同的调查目的加以取舍，以至于增强了灵活性和适用性，但是却不能做到严密性和一贯性。社会学界的分类做了进一步的归类，避免了琐碎和宽泛，但却显得过分概括，不易操作。比如，社会价值观实际上包括了道德价值观、政治价值观、经济价值观在内。基于以上的认识，我们在本课题中把价值观分为：政治价值观、经济价值观、道德价值观、人生价值观、职业价值观五个方面。

所谓大学生的政治价值观,是指大学生以自身为价值主体,以政治事物和政治现象为价值客体,对主客体之间的价值关系进行整合而形成的价值评价标准、价值目标选择和价值行为取向的观念系统。它包括对政治事件和现象的评价、对政治观点的选择和对政治活动的行为取向等内容。研究的方法是:依据调查数据,综合分析大学生对当前主要政治事件、政治现象、政治观点的看法、态度和选择,透过表层的观点把握其背后的基本准则和尺度。然后通过演绎与归纳相结合的方法,分别把从1986年到1994年每隔两年一次调查的大学生政治价值观的基本面貌描述出来,并以时间为变量,展示大学生政治价值观演变的轨迹。

大学生的人生价值观,是指大学生以自身为价值主体,以与人生终极目的相关的各种人生现象为价值客体,对主客体之间的价值关系进行整合而形成的价值评价标准、价值目标选择和价值行为取向的观念系统。它包括对人生目的和意义的评价、对人生理想和目标的追求、对人生道路和态度的选择以及对理想人格的塑造等内容。研究的方法是:在纷繁复杂的社会实践和人生现象中,我们选择了人生评价、人生目标、人生态度三项指标来考察大学生的人生价值观。通过考察大学生对个人与他人、个人与集体、个人与社会之间的关系的看法,来分析他们对人生价值目标的选择;通过考察大学生的主动性和竞争性意识,来分析他们对人生态度的行为取向。然后以时间为变量,描绘出大学生人生价值观的演变轨迹。

大学生的道德价值观,是指大学生以自身为价值主体,以社会道德原则、规范和道德现象为价值客体,对主客体价值关系进行整合而形成的价值评价标准、价值目标选择和价值行为取向的观念系统。它包括对社会道德状况的评价、对社会道德原则的选择、对个人道德行为的取向等内容。研究的方法是:通过考察大学生对社会道德现状的评价,来分析他们的道德评价标准;通过考察大学生对个人与他人、个人与社会之间关系的看法,分析他们对集体主义道德原则的认同程度;通过考察大学生对义利关系的认识和行为表现,来分析他们的道德行为取向;通过几年来调查数据的纵向比较,勾勒出大学生道德价值观变化的基本走向。

大学生的经济价值观,是指大学生以自身为价值主体,以社会经济现象、经济政策和人们的经济行为为价值客体,对主客体价值关系进行整合而形成的价值评价标准、价值目标选择和价值行为取向观念系统。它包括对经济现象的评价、对经济政策和经济观点的选择、对经济行为的价值取向等内容。研究的方法是:通过考察大学生对社会经济现象的评价,分析他们的价值评价标准;通过考察大学生对当前经济政策特别是建立社会主义市场经济体制的认识,分析他们的价值目标;通过考察大学生对自身经济行为的态度,分析他们的价值行为取向;通过几年来的调查数据的纵向比较,勾勒出大学生经济价值观的总体面貌和演变过程。

大学生的职业价值观,是指大学生以自身为价值主体,以职业生活现象为价值客体,对主客体价值关系进行整合而形成的价值评价标准、价值目标选择和价值行为取向的观念系统。它包括对职业生活的评价,对职业目标的选择,对职业行为的取向等内容。研究方法是:通过大学生对10种职业的排序选择,分析他们的职业评价标准;通过考察大学生的职业理想,分析他们的价值目标;通过考察大学生的择业行为趋向,分析他们的价值取向;通过对几年来的调查数据进行纵向比较研究,勾画出大学生职业价值观的演变轨迹。

系统研究大学生价值观的现状及其演变轨迹,目的是为了探索在社会主义市场经济条件下对大学生进行价值观教育的新思路、新内容、新途径和新方法。因此,对大学生价值观进行分类研究和纵向比较研究,勾勒和描述出大学生价值观的演变轨迹,有助于提出加强和改进大学生价值观教育的对策性建议。

10. 市场经济的双重效应及其对大学生价值观的影响

所谓双重效应,是指市场经济对德育工作其中包括价值观教育具有正效应和负效应两个方面,也就是它的两重性。关于这个问题在学术领域里是有不同看法的,在经济学界往往是更多地看重市场经济的正效应这个方面。一谈到市场经济主要是讲它相对于计划经济有许多优点,对推动经济建设、经济发展有许多有利的地方。当然我们现在要建设社会主义市场经济体制,经济学界着眼于这个方面无疑是有积极意义的。但是,如果不承认它的两重性,看不到市场经济对经济建设和社会发展的消极方面,就有可能忽视宏观调控和放松精神文明建设,这样就容易产生片面性,对于建立社会主义市场经济体制不但是无益的而且是有害的。

与经济学界的看法相反,在精神文明领域、在德育界一谈到市场经济,往往较多地看到它在精神文明建设方面所带来的负效应、负作用或消极的方面。我认为这种观点也是从某一个角度、某一个侧面来看待市场经济这个问题,也有一定的片面性。要全面的、辩证的来看待市场经济,就应该说市场经济具有双重效应。它不但对经济发展有双重效应,而且对学校德育和大学生价值观教育也具有双重效应。只有这样,我们才能看到在建立社会主义市场经济体制过程中,学校德育工作面临着希望与困难两个方面。希望给我们信心与力量,困难要求我们进一步加强和改进德育工作。为了说明市场经济的双重效应,我试图从市场经济的主要特征上来进行分析。

(一)市场经济的第一个特征是市场流通

市场经济要求凡是商品,它的交换和流通都必须通过市场,不管是消费资料还是生产资料,不管是产品还是生产要素,统统都要经过市场进行流通和交换。完整的市场经济体制应具有五大市场,即商品市场、资源市场、金融市场、信息市场和劳务市场。市场经济对于调节供求,配置资源,推动经济建设的发展比计划经济增加了活力。这是市场经济对经济建设的正效应的一个方面,但同时也有负效应的一面:市场经济主要反映局部的眼前的利益,商品生产者生产什么和生产多少完全是服从价值规律这支"看不见的手"的指挥,当供不应求时,价格就上涨,生产者就拼命生产;当供过于求的时候,价格就下降,生产者就停止生产。这就产生了商品生产的自发性和盲目性,如前一阶段北京的房地产热、出租汽车热等,如不进行宏观调控,势必造成严重经济失调。

那么市场经济对大学生价值观教育的双重效应是什么呢?在市场经济大潮的冲击下,高校也曾经出现过"经商热"、"下海潮",人们流传着这样的说法:"十亿人民九亿商,还有一亿待开张。"这是由计划经济转向市场经济过程中出现的一种必然的社会现象。这里有积极的一方面,也有消极的一方面。从积极的方面说,大学生关注的热点从政治转向经济,使80年代末期的"参政热"、"民主热"在某种程度上有所降温,对稳定学校、稳定社会是有积极意义的。这就为高校德育创造了一个良好的机遇,使我们有可能摆脱过去那种"救火式"的、"运动式"的、非常规的德育工作内容和方法,从而进行德育科学化、系统化、规范化的建设。从这个意义上,我把它看做是正效应。从另一方面来看,市场经济容易诱导人们追逐利润,急功近利,重利轻义,甚至一切向钱看,产生拜金主义。这就给大学生价值观教育带来负效应,带来一些消极影响和困难。如大学生的成才之路应是价值观教育的一个很重要的内容,按照大学生流行的说法,成才之路有三条:黑路成才、黄路成才和红路成才。所谓黑路成才就是做学问,考研究生,戴博士帽;红路成才就是到大机关去,入党做官;黄路成才就是"下海"、经商、赚大钱。80年代的调查(在北京的一些重点大学进行的调查)表明,大学生中黑路成才的占75%,红路成才的占8.5%,黄路成才的占16.15%。1992年底,我们又做了一次同样的调查:黑路成才的占26%,降低了49个百分点;红路成才的占8%;黄路成才的占66%,增加了49.5个百分点。从这一比较中可见,大学生的价值观发生了明显的变化,这就给高校德育工作带来了新的问题。党和国家号召大学生要立志成才,报效祖国,可是社会上存在着没成才的发财了,成才却发不了财的尖锐矛盾。这就给大学生价值观教育带来了新的困难。

(二)市场经济的第二特征是等价交换

等价交换是市场经济的一般法则,对于繁荣经济、发展生产无疑具有进步意义。这是它的正效应。但是在市场经济建立过程中曾经出现价格体系的双轨制,有的人就借着这个差价大发横财,这实际上是不等价交换。即便是把这种双轨制合并了,价格体制理顺了,价格仍然是围绕价值上下波动。价格完全等同价值是暂时的、偶然的,而价格背离价值则是经常的、必然的。因此,等价交换实际上是不等价交换,仍然有"机"可投,有"空子"可钻。市场经济必然产生投机、钻营等不法分子和扰乱市场秩序、扰乱经济秩序的不良现象。这是市场经济带来的负效应。正是因为这一点,我们才强调加强法制建设,严厉打击经济犯罪活动。

市场经济这个等价交换的特征对价值观教育有什么正效应和负效应呢?等价交换必然带来平等的观念、公正的观念,这对于官本位思想、等级观念、特权思想是一个很大的冲击,应该说这是历史的进步,是市场经济的一种正效应。但是等价交换的原则往往被引申到社会生活的其他领域,如分配领域。有人把按劳分配原则颠倒为"按酬付劳",给多少钱干多少活,已经成了一种普遍的现象,人们的主人翁精神在淡化、在滑坡。另外,思想道德领域也引入了等价交换原则。问卷调查表明,有50%以上的大学生主张"在贡献与索取的天平上,最好是平衡的",有38%的大学生认为在处理个人与社会、个人与集体的关系时应当"公私兼顾,不分先后"。80年代中期曾经讨论过"张华救老农值不值得"的问题,有一个同学曾经给上海《文汇报》写信说:"一个风华正茂的大学生去救一个风烛残年的老农,等于拿金子换等量的石子,是毫不值得的。"在学习张海迪的活动中,也有一个大学生给《中国青年》杂志写了一篇文章,他说:"做人应当既要贡献,又要索取;既不占便宜,也不吃亏。我就心安理得地做这样的人。"如果说80年代提出这些观点的还是个别人的话,那么持这种观点的人已经不是少数。过去,问及大学生"人生的价值是什么"时,他们会毫不犹豫地回答说:"人生的价值在于贡献!"他们可以背诵歌德的、爱因斯坦的关于人生价值的名言,现在这些名言在大学生的心中已经淡化,取而代之的是金钱地位的上升。可见,市场经济的等价交换的思想已经渗透到社会生活的其他领域,包括思想道德领域。

(三)市场经济的第三个特征是竞争

竞争是鼓励先进,鞭策落后,刺激效率的有效机制,它促使商品生产者和经营者把它自身企业的个别劳动时间降低到社会必要劳动时间以下,才能得到利润和超额利润。这对于改善经营管理,降低成本,提高生产率,无疑是有进步意义的。这就是竞争对经济发展的正效应。但是,在我国法制不健全的情况下,竞争容易诱发一些人采取不正当的手段搞非正当竞争,如偷工减料、以次充好、假冒伪劣等。我们现在有了反不正当竞争法,可是有了法之后,还要有法必依、执法必严,有法不依等于形同虚设,执法不严那也起不到震慑作用。所以法制建设在市场经济条件下必须加强。然而,法制是禁于已然之后,而道德则禁于将然之前,道德教育和法制建设如车之两轮、鸟之双翼,缺一不可,辩证统一。

竞争在价值观教育方面也存在着双重效应,正效应表现在市场经济的竞争机制必然带来人的竞争观念和效益观念,这是一个历史的进步。过去由于封建保守思想的影响,什么"人怕出名,猪怕壮"、"枪打出头鸟"、"出头的椽子先烂"等极大地束缚着人们的思想,压抑人们的创造才能。现在市场经济带来的竞争观念使得很多大学毕业生在各个领域中敢于创新,脱颖而出。这就是市场经济竞争机制的正效应。然而竞争有可能诱发人们采取不正当的手段达到目的,如投机取巧、不愿合作,甚至会产生个人主义的思想。这就是竞争带来的负效应。例如:北京就发生了一起震惊高校德育界的"刘勇事件"。刘勇上大学的第一篇日记就写道:"不求垂暮之年衣锦还乡,但争少年之春鹤立鸡群",萌生了出人头地的思想。大学二年级,他成立了一个公司,自封总经理,任命几十个同学为正副部长,并扬言占领一切学生阵地,学生会、团委会全不放在眼里。大学三年级,他的人生哲学逐渐形成,写了一本洋洋十万字的《哲人世语》,副标题是"一个自由人的内心独白",第一句话就是:"您崇拜谁?——'我自己',有谁说过我是伟大的?没有别人,正是我——一个自由人的内心独白"。他曾经爬到主楼顶上高喊着:"请接受自我吧,自我万岁!"大学四年级,他四门课不及格,不能毕业。这时他的女朋友提出断绝关系,他便怀恨在心,伺机报复。一天晚上,他到女生宿舍,他的女朋友不在,他就把另一个女生骗到操场,扎了十几刀。一个无辜者惨死在他的刀下,然后他也畏罪自杀了。这就是刘勇杀人的恶性事件。他推崇萨特存在主义的绝对自由的思想,欣赏尼采超人哲学中我即太阳的观点,沿着自己设计的"自我万岁"的竞争路线,走进了自我毁灭的深渊。这是竞争负效应酿成的一个典型的悲剧人物。

(四)市场经济的第四个特征是企业具有自主权

企业是市场的主体,市场经济使政企分开,企业摆脱了政府的干预,具有独立的法人地位,它可以自主经营、自负盈亏、自我发展。这对于增强企业活力、发展生产是有积极意义的,这是正效应。但是,有些企业特别是某些乡镇企业、私营企业,不是靠提高劳动者素质,不是靠科学技术,不是靠科学管理,不是靠质量和信誉求发展,而往往是靠不正当手段进行权钱交易,请客送礼,走后门拉关系,这就助长了行业的不正之风。这是对经济发展的一种负效应。

市场经济的这一特征对价值观教育来说,也存在正负双重效应。正效应具体表现为独立意识、自主意识和自我意识的增强。大学生"自立、自尊、自爱、自强"的精神有所增强,这要比懒惰性、依赖性来说是一个进步。对于独生子女大军根治"四二一综合溺爱症"更是具有重要的意义。负效应表现在主体意识和自我意识强调的不适当就容易引发个人主义。当前在大学校园出现的主体多元化思潮就是一个值得注意的倾向。因此,在主体意识增强、价值观多元存在的情况下,必须加强社会主义价值观的一元导向。

总之,市场经济势必给我们的精神文明建设和价值观教育带来双重效应。一方面我们要看到市场经济给价值观教育带来的正效应,要抓住机会,看到希望,加强大学生价值观教育。另一方面,我们也要清醒地看到市场经济给我们的价值观教育带来的负效应,要迎接挑战,战胜困难,改进大学生价值观教育。

11. 经济形式的多元存在与价值观教育的一元导向

众所周知,在建立社会主义市场经济体制的过程中,经济形式主要指所有制形式是多元存在,其中有国营的大中型企业,有集体经营的乡镇企业,有中外合资企业和外国独资企业,还有私营工商企业等等。社会存在决定人们的社会意识有多少种经济形式就会有多少种意识形态,而这些形形色色的意识形态必然通过家庭和社会的各种渠道渗透到学校来,影响学生的价值观。在现实生活中,既有反映社会主义市场经济的积极的、健康的意识,也有反映小商品生产的封闭、保守意识;既有反映过去计划经济统得过死的产品经济意识,也有反映资本主义市场经济初期原始积累的意识。在价值观方面,无私奉献、公私兼顾、合理利己和极端利己主义价值观并存。在外来文化和民族传统文化的撞击中,积极因素和消极因素并存,精华与糟粕并存。这种复杂多元的现象反映在校园生活中,大学生的思想行为、价值取向呈现出复杂性和多元性。那么,在经济形式多元存在决定的价值观念复杂性、多元性的情况下,如何坚持社会主义价值观的一元导向呢?

解决这个问题,必然坚持以邓小平建设有中国特色的社会主义理论为指导,构建有中国特色的社会主义价值观的理论体系和基本内容。这个理论体系应当包括:价值主体的确立、价值目标的选择、价值评价的标准、价值创造的途径等一系列范畴体系。

(一)价值主体的确立

价值主体的确立应以人民群众为最高价值主体,实现人民主体与个人主体相统一。人民群众是社会的主人,是历史的创造者,是社会发展的动力。没有人民的价值主体地位,就没有社会主义。有中国特色的社会主义价值观继承和发展了毛泽东"为人民服务"的价值思想,以人民作为最高的价值主体,以人民的利益作为最高的评价标准。建设有中国特色的社会主义目的就是要实现全国人民的共同富裕,就是要为全体人民的物质利益而奋斗。这充分体现了人民群众的价值主体地位。人民,是一个集合概念,在我国它是由亿万拥护和参加社会主义现代化建设事业的个人所组成的巨大的社会群体,人民的利益与每一个成员的个人利益从根本上讲是一致的。因此人民的价值主体地位就包含了人民中每个人的价值主体地位,人民价值的实现从根本上说也就包含了每个人价值的实现。当然,水滴不等于大海,细胞不等于整个肌体,个人价值毕竟不等同于人民价值。人民主体与个人主体从根本上是一致的,并不排除它们在一定条件下可能发生对立和冲突。要把握人民主体与个人主体的统一,关键在于弄清不同层次上的主体及其价值关系,具体问题具体分析。有些价值纯属于个人主体的,如个人的兴趣、爱好、风俗、风格等,就应该承认并尊重其个别性、多元性。有些价值虽然同个人有关,但它本质上是人民的共同价值,如社会制度、政策法规、思想道德等,那么就应该承认并服从这些价值的一元性。这就是人民价值主体与个人价值主体相统一,价值多元性与一元导向相统一的理论基础。

(二)价值目标的选择

价值目标的选择应以实现"四化"、共同富裕作为共同价值目标,实现个人理想与共同理想的统一。人民的价值主体地位决定了有中国特色的社会主义价值观在价值目标上只能是实现我国人民的最大利益,也就是人民的共同理想——实现社会主义现代化,达到全体人民共同富裕,把我国建成富强、民主、文明的社会主义现代化国家。这是一个全面体现人民的物质追求、政治追求和精神追求的综合的价值目标。"社会主义的本质是解放生产力、发展生产力,消灭剥削,消除两极分化,最终达到共同富裕"。这是当代中国人民的最大的价值选择,也是每一个社会成员的最大的价值选择。当然,每一个社会成员除了应该树立全社会的共同理想之外,还可以有自己的个人追求和个人理想。在价值目标的选择上,有中国特色的社会主义价值观既坚持共同理想的一元导向,又允许个人理想的多元存在。价值目标的一元导向不仅不淹没个人的价值目标,而且为个人价值目标的确立和实现奠定了基础,指明了方向。它要求全国人民在实现共同富裕的价值目标的指引下,正确选择个人价值目标的准确方位、具体内容和特殊形式,在实现共同价值目标的奋斗中实现个人价值目标。

(三)价值评价的标准

价值评价的标准应以"三个有利于"和"三大主题"作为根本的评价标准,实现个人需要与社会需要的统一。有中国特色的社会主义价值观以反映人民根本利益的共同理想为价值目标,因此它所定位的价值评价标准就是:"是否有利于发展社会主义社会的生产力,是否有利于增强社会主义国家的综合国力,是否有利于提高人民的生活水平"。"三个有利于"是唯物史观与人民价值观相统一的根本标准,社会主义的本质是解放生产力,发展生产力。发展生产力,可以增强综合国力,最终目的是满足人民日益增长的物质文化需要,提高人民的生活水平。实行和坚持"三个有利于"的评价标准,还涉及到当今中国的"三大主题",即改革、发展和稳定。改革是动力,发展是目的,稳定是条件。"三个有利于"和"三大主题"是评价政治、经济、文化、道德等各个领域的价值标准,贯穿和渗透在各行业、各部门、各单位乃至每个个人价值评价的标准之中。它体现了中国人民和社会的最大利益和最大需要,是有中国特色的社会主义价值观在价值评价标准上的一元导向。当然，在社会生活中每个个人还有自己的具体需要和特殊需要，"三个有利于"和"三大主题"不但不否定个人的具体需要和特殊需要，而且为个人的具体需要相特殊需要提供了前提和条件。试想，如果没有生产力的发展，没有综合国力的增强，没有全体人民生活水平的提高，没有改革开放政策，没有社会发展，没有政治稳定和社会稳定，每一个人的需要又将如何实现呢？

（四）价值实现的途径

价值实现的途径应以艰苦创业为根本实现途径，实现艰苦创业与安居乐业的统一。有中国特色的社会主义价值观不主张单纯地享受价值，而是强调创造价值和享受价值的统一。在市场经济条件下，经营主体追求的直接价值目标是利润、效益和作为一般等价物的金钱。这是一个客观事实，问题在于追逐的方式和手段。那种投机取巧、弄虚作假甚至坑蒙拐骗的手段是必须反对的，通过勤奋劳动、发明创造、合法经营的正当途径追求和获取是值得提倡和鼓励的。中国特色的社会主义是一个相当长的历史阶段，要实现它的目标需要几代人为之奋斗。有中国特色的社会主义价值观在价值实现途径上应当提倡邓小平同志一再强调的艰苦奋斗精神，即解放思想、实事求是、积极探索、勇于创新、艰苦奋斗、知难而进、学习外国、自强不息、谦虚谨慎、不骄不躁、同心同德、顾全大局、勤俭节约、清正廉洁、励精图强、无私奉献。提倡艰苦奋斗的价值创造精神并不是反对安居乐业和价值享受，社会主义价值目标是共同富裕，这就包含了人民安居乐业、享受价值之意。但享受价值必须创造价值，而创造价值必须靠艰苦奋斗。现实生活中存在的那种不顾国家贫困和人民疾苦，依靠巧取豪夺而一掷千金、花天酒地、穷奢极欲的享乐主义是必须反对的。

总之，有中国特色的社会主义价值观是一个完整的理论体系，它是全党、全国人民树立正确的价值观的一元导向，对大学生进行价值观教育必须坚持这个一元导向。

12. 八十年代大学生人生观教育的回顾与反思[1]

对大学生进行人生观教育，历来是高等学校的一项重要任务。进入八十年代，由于国内外政治、经济和文化环境的变化和新一代大学生自身成长的新特点，给人生观教育提出了新的课题和任务。过去的十年，在党的领导下，按照国家教委的布署，战斗在高等教育第一线的同志对新时期大学生的人生观教育，进行了十分艰难而又一定成效的探索。为九十年代继续进行人生观教育积累了一些可贵得的新鲜经验。从1980年夏季部分高校针对"潘晓问题"的那场讨论着手对大学生进行人生观教育起，到1982年国家教育部明文把人生观教育列为共产主义思想道德的重要内容，再到1987年国家教委进一步把《人生哲理》定位高校思想政治

---

[1] 本文是作者出席1989年10月北京市教育工委高校德育研讨会提交的论文，并获一等奖。在《人生哲学》修订再版时作为跋语收入书中，北京师范学院出版社1990年6月再版。

教育的一门正式课程。这是十年来对大学生进行人生观教育的一个基本的工作线索,开设人生哲理课是对大学生进行人生观教育的重要途径。实践证明,它是党的十一届三中全会以来加强改进高校思想政治工作的一个有意义的尝试,它不仅能够满足大学生确立科学的人生观的需要,而且是抵制资产阶级自由化等形形色色的社会思潮的有效手段和重要阵地,回顾和反思十年来人生观教育走过的历程,认真总结其中的经验和教训,对于今后如何加强和改进人生观教育教学工作无疑具有重要的意义。

一、回顾与反思

十年来对大学生进行人生观教育大体经历了6个阶段。

第一个阶段,针对"人性自私论"进行人的本质教育。 1980年4月,某杂志发表了一篇题为《人生的路啊,怎么越走越窄》的文章,文中提出了两个命题,一是"人都是自私的,不可能有什么忘我高尚的人";二是"任何人,不管是生存还是创造,都是主观为自己,客观为别人",引起八十年代第一场关于人生观问题的大讨论。这场讨论提出了许多似是而非的观点,如"人的本性就是动物性","弱肉强食、生存竞争是人的本性","人一半是天使,一半是野兽","人的本质是自私的,普天之下概莫能外","自私不是坏东西,它是推动社会前进的动力","雷锋助人为乐,是为了满足他的精神需要,也是自私的"等等。这场讨论对大学生产生了强烈的影响,人性自私问题在当时成了大学校园的一个"热点"。"主观为自我,客观为别人"成为大学生的一个时髦的话题。1982年硕士研究生考试中有这样一道题:"试用历史唯物主义观点剖析人都是自私的"。在1100份答卷中,有30%考生这道题不及格,甚至有的考生竟把它当作一个正确的命题而论证。为了从理论上批判和澄清"人性自私论"对大学生的影响,相当一部分高等学校开设了人生观教育课,并且把"人的本质"作为一章写入教材,用辩证唯物主义和历史唯物主义观点分析人性和人的本质问题,详细阐述人的本质"是一切社会关系的总和"这一马克思主义的科学论断,分析人的自然属性和社会属性,人的共同性、阶级性和个性的辩证关系,剖析"人性自私论"中"动物本能论"、"普遍规律"、"自私动力论"和"精神自私论"。在当时起了积极的作用,收到了较好的教育效果。马克思主义关于人的本质的基本原理是人生观教育的理论基础。只有坚持这一基本原理,才能正确认识人、人性和人的本质,以及个人与社会之间的关系,澄清在这些重大问题上的模糊认识。应该说,八十年代初期的人生观教育在涉及思想深层问题和加强针对性上开了一个好头。

第二阶段,针对"渺茫论"进行了人生理想教育。 党的十二大召开前后,社会上刮起了一股"共产主义渺茫论"的歪风。一些人热衷于宣传"理想是天上的星星,可望而不可及",有人曲解恩格斯曾引用过的,并加以唯物主义改造了的黑格尔的话:"凡是现实的都是合理的,凡是合理的都是现实的",以此来论证"讲实惠"、"一切向钱看"的"合理性"。这股思潮对大学生产生了十分有害的影响。1982年下半年,一所高校对八〇级800名学生进行人生观问题调查,其中"你如何看待理想"一题,有32%的学生这样回答:"理想=幻想+美梦","理想是烦恼的根源","理想是空洞的说教","理想是火,现实是水","理想是天上的星星,现实是眼前的灯,我爱星星,但离不开灯","共产主义理想还未经过实践的检验,看来很渺茫"等等。在这种情况下,根据邓小平同志关于"有理想、有道德、有文化、有纪律"的要求,高校的人生观教育突出了理想教育的内容。以十二大精神为指导,从人类社会发展规律的角度讲共产主义的科学性、实践性和必然性,驳斥"渺茫论",并且理论联系实际地讲共产主义理想与现行经济政策的关系,以及最高理想与共同理想和个人理想的关系,收到了一定的教育效果。遗憾的是,共产主义理想教育没有能够始终一贯地坚持下去,后来较多地讲共同理想和个人理想,最高理想则被逐渐地淡化了。理想教育要讲层次性,这当然是对的,问题在于,只讲低层次,不讲高层次,人们就失去了作为精神支柱的崇高目标,理想教育也就失去了本来的意义。

第三阶段,针对"人道主义"和"异化论"进行人生价值的教育。1984年前后,理论界在人道主义和异化问题上展开论战,有些人总喜欢抽象地谈论人的目的、人的需要、人的权利、人的自由、人的价值等资产阶级人道主义观点。这种思潮对大学生的思想产生了很大的冲击波。比如有的大学生就给报刊写信,对当时学习张华的活动提出了质疑:"张华救老农值得吗?"他的观点是:一个风华正茂的大学生,舍身救一个风烛残年的老农,等于拿金子换等量的石子,是毫不值得的。另有一位青年投书杂志,对张海迪的幸福观、价值观不以为然,他认为人应该心安理得地做一个"既要贡献,又要索取;既不占便宜,也不吃亏"的人,何必去无私的奉献。针对这种思想情况和人道主义思潮,高校的人生观教育又增加了"人生价值"一章,以胡乔木同志的《关于人道主义和异化问题》的文章精神为主导,联系大学生的思想实际,讲无产阶级价值观与资产阶级价值观的根本区别,引导学生认识人生价值两个方面,即社会对个人的尊重和满足与个人对社会的责任和贡献的辩证关系,强调应该把责任和贡献放在首位,指出了只有为振兴中华,实现四化,立志成才,多做贡献,才是评价人生价值的标准和实现人生价值的途径。这在当时对大学生正确认识个人与社会的关系,增强社会责任感,形成以立志成才、振兴中华为宗旨的"成才热"起了一定的积极作用。但是,由于后来资产阶级自由化思潮的泛滥,一些人不加批判地吸收西方哲学思潮中的某些观点,片面地宣扬"自我价值"、"自我选择"、"自我设计"、"自我实现"等等,这就给人生观和价值观的教育带来了思想理论上的混乱。再加上现实中某些腐败现象的滋生和蔓延以及舆论的错误导向,使高校的人生观教育面临着严重的挑战。

第四阶段,针对"拜金主义"进行"义利观"教育。1985年以来,随着改革开放的深入和商品经济的发展,有人公然对"公有制"提出疑问。在实际生活中也确实出现了"知识贬值"、脑体收入"倒挂"等社会分配不公的现象,于是有些人便直言不讳地提出了"金钱至上"、"拜金主义"、"唯利是图"、"重利轻义"的思想观点,对青年学生具有极大的诱惑力。一时间,大学生中出现了"厌学风"、"经商热"和"公司热"。相当一部分学生感到失去了前进的目标和学习的动力,过去一度出现的"成才热"、"考研热"、"高学历热"开始大幅度地降温。成才意识淡化和新的读书无用论在高校里蔓延,急功近利的短期化思想冲击着大学生的心灵,在对"义与利","成才与发财"的认识上产生了强烈的反差和尖锐的矛盾。在这种情况下,高校的人生观教育又增加了"义利观"的内容,力图讲清楚义与利,即道德原则与物质利益的关系,分析个人利益与整体利益的关系、眼前利益与长远利益的关系,引导学生树立社会主义的义利统一观,克服"重利轻义"、急功近利的思想,着眼于长远和大局,为祖国"四化"大业立志成才。应该承认,思想教育不是万能的,要想收到预期的教育效果还必须有良好的教育环境,以及社会和家庭教育的一致性配合。然而,在当时大气候和现实生活面前,高校的人生观教育基本上是一种被动应付的局面。尽管做了很大的努力,但教育效果甚微。

第五阶段,针对"西方哲学热"和"文化比较热"增加了"西方人生哲学批判"的教育内容。1986年以来,社会上翻译出版和介绍西方哲学和中西文化比较的书籍大量涌现,萨特、尼采、弗洛伊德的思想到处流传。一些人专门在全盘否定传统文化上作文章,把中国的传统文化统统说成是封建糟粕,把中国的国民性完全视为无半点美德的"丑陋"。这就走上了彻底的民族虚无主义,其实质就是要用西方资产阶级意识形态取代社会主义精神文明建设。那些资产阶级自由化思潮严重的书籍和文章几乎成为大学生课外争相阅读的必读物,大学校园里出现了"西方哲学热"和"文化比较热"。1987年,北航学生刘勇杀人后自杀的事件就是一个受西方哲学毒害的典型。他推崇萨特存在主义"以自我为中心"的观点,欣赏尼采"超人哲学"中"我即太阳"的思想,并且自己写了一本十几万字的《哲人世语》,形成了一套"自我万岁"的人生哲学,最终从醉心自我走向自我毁灭。高校人生观教育抓住了这个反面教材,引导学生讨论西方哲学对大学生的影响,并在教材中增加了西方人生哲学批判的内容。使学生认识到在对待西方哲学和一切外来文化的问题上,采取闭关自守、全盘否定或崇洋媚外、全盘西化这两种极端的观点和做法都是错误的,正确的态度应该是分析、鉴别、批判。这种教育在一定范围内起到了对西方哲学思潮在大学生泛滥的遏制作用。

第六阶段,针对"参政热"和"民主热"进行人生责任和人生道路的教育。1988年,由于我国的改革开放经济建设出现了一些暂时困难,中央及时采取了整顿、治理的措施,一些人便借此大做文章,资产阶级自由化思潮愈演愈烈。有的人大肆鼓吹经济上的"私有化"、理论上的"多元化"、政治上的"多党制"、文化上的"全盘西化",以及社会主义制度和改革的"失败论"。这些资产阶级自由化观点直接冲击着大学生的思想,动摇着他们对四项基本原则和改革开放的信念。大学生对祖国的前途和民族的命运,以致对个人的前途和命运都产生了不同程度的苦恼、疑虑和徬徨。1988年初,杂志上发表了大学生朗朗的诉说《我们究竟出了什么毛病》,在大学生中掀起了对人生困惑、求学苦恼、前途徬徨等问题的思考和辩论。如果说八十年代初期大学生对人生问题的探索偏重于理论思考的话,那么这次对人生的求索则更多地偏向了人生实践和社会实践问题,并且从关注自我转向关注社会,"参政热"和"民主热"在大学校园里不断增温。针对这种情况,高校的人生观教育增加了"人生责任"和"人生道路"的内容。引导当代大学生认识人生责任是"建设祖国",而不是"拯救祖国",大学生今后的人生道路不只是"参政"这条路,而主要是脚踏实地地在各条战线的工作岗位上开拓奋进。但是,在当时的大气候下,单靠这种教育已无济于事。首都高校德育界一些专家曾发表文章指出:"大学生这个特殊的社会群体,把关注自我转向关注社会,从成才意识淡化转向参政意识强化,那就有可能再次出现学潮。"[1]呼吁重视和加强高校思想政治工作。然而,在"改造"思想政治工作的错误导向下,此时的思想政治工作不但未加强,反而严重地削弱了。这就给资产阶级自由化思潮造成了可乘之机,以至酿成1989年春夏之交的那场大规模学潮,并进而发展成政治风波。

---

(1)《高校德育论丛》,1988年第19期,第28页。

二、经验与教训

上述情况可以看出,十年来高校的人生观教育既有成功的经验,也有失败的教训。这些经验和教训,概括起来有以下几点:

首先,人生观教育必须坚持四项基本原则,反对资产阶级自由化。 十年来高校人生观教育始终是围绕着四项基本原则与资产阶级自由化的对立和斗争这个核心而展开的,从"人性自私论"的提出,到"主观为自我,客观为别人"的辩论;从共产主义"渺茫论"的发难,到"理想与现实"的讨论;从人道主义和异化问题的论战,到"贡献与索取"的思考;从"拜金主义"的宣扬,到"成才与发财"的争论;从"西方哲学热"、"文化比较热"的掀起和"全盘西化论"的鼓吹,到"参政论"、"民主热"的出现。大学生在人生探索中出现的思想问题和人生困惑,往往是资产阶级自由化思潮影响的结果,高校的人生观教育正是针对资产阶级自由化思潮对大学生的影响而进行的。实践证明:什么时候坚持四项基本原则搞得好,反对资产阶级自由化比较得力,人生观教育就收到较好的教育效果;什么时候坚持四项基本原则不那么旗帜鲜明,反对资产阶级自由化思潮不够得力,人生观教育就达不到预期的目的。因此,要搞好对大学生的人生观教育必须始终一贯地坚持四项基本原则,反对资产阶级自由化。

其次,人生观教育必须坚持集体主义的价值导向,反对个人主义的价值导向。 十年来思想理论和人生观的价值导向,集中体现了集体主义与个人主义的对立和斗争。在人性和人的本质问题上,是主张社会关系决定人,还是宣扬"人性自私";在人生价值问题上,是强调以贡献为标准的社会价值,还是片面强调以索取为尺度的"自我价值";在人生理想问题上,是宣传远大的社会理想和共同理想,还是局限于宣传个人理想;在人生目的的问题上,是倡导为人民服务,还是鼓吹"主观为自己";在人生道路问题上,是主张走与工农群众相结合的道路,还是标榜"精英道路"……这些对人生观的重要问题的不同回答都反映了集体主义与个人主义的原则分歧。

个人主义是一切以个人为中心,一切从个人出发并为了达到个人需要和愿望的一种思想体系。作为一种思想体系,它可以渗透到经济、政治、文化、哲学以及价值观、人生观等各个领域,并表现为各种不同的形式。对于经济制度,个人主义主张维护私有制;对于政治民主思想,个人主义往往导致无政府主义;对于历史哲学,个人主义表现为"英雄史观";对于文化思想,个人主义鼓吹"精英文化";对于人生观,在个人与社会、自我与他人的关系上,强调个人至上,自我中心。个人主义作为一种价值导向,总是要诱发人们的私欲的不断膨胀,造成个人与国家、与集体的疏远和分离,并最终沦为利己主义。这种个人主义的价值导向对国家、对民族、对社会无疑是有害的,并且最终使个人利益也将受到损害。

集体主义是社会主义和共产主义的思想体系。社会主义集体主义,从公有制的经济基础出发,强调集体利益高于个人利益,主张当个人利益与集体利益发生矛盾时,要发扬先公后私、顾全大局的精神,反对自私自利、损人利己的思想和行为。集体主义作为道德原则和人生观的价值导向,主张个人要为人民服务,为社会做贡献。集体主义对个人与社会的关系的理解是辩证的,集体主义决不是也不应当成为限制个性发展、束缚个人才能的桎梏,更不应该是实现个人价值的障碍。相反,只有集体主义才是实现个人利益,包括个人的尊严、个人的价值的必要条件。之所以必须坚持集体主义的价值导向，正是因为它代表了工人、农民和知识分子为主体的绝大多数人民群众的根本利益。只有在全国人民中特别是在大学生中确立集体主义的人生价值导向，才能增强人们的爱国主义精神，增强民族的凝聚力和向心力，增强建设四化、振兴中华的强大力量。

第三，人生观教育必须建设一支思想政治素质较高的、相对稳定的师资队伍。十年来高校人生观教育的师资队伍经历了两次"动荡"，第一次是课程创建初期，有人出来发难，反对开设人生观教育课，一曰："这也叫课？简直是政治思想工作的变种！"二曰："你们也算教师？纯粹是给政工干部找出路！"面对着这些偏见和非议，刚刚组建起来的师资队伍发生了动荡，有的硬是挺住了，坚持下来了；有的则转向了，改行了。第二次是发生在这次学潮前夕，在"改造"思想政治工作的错误导向下，这支队伍的部分同志产生了迷惘和困惑，甚至发生了动摇。一些高校的思想教育课程出现了"缩、停、并、转"的现象。有的压缩了内容或缩短了学时，有的合并到马列教研室或社科部，有的把人生观教育改为人才学或心理学，有的干脆取消了人生观教育。由于师资队伍的不稳定，造成了全国高校人生观教育发展的不平衡。实践证明，哪些学校师资队伍比较稳定，什么时候师资队伍比较稳定，教育效果就好，相反，教育效果差。因此，搞好人生观教育当务之急是加强师资队伍的建设。一方面要采取相应的政策措施稳定这支队伍，有效地防止德育师资的流失现象；另一方面要加强培养，提高这支队伍的思想政治素质和理论水平。十年来，在国家教委的领导下，举办了思想政治教育第二学位班，培养了一大批人才，充实了高校德育师资队伍。实践证明，这是培养和提高这支队伍的正确途径。此外，各省高校德育研究会经常举办各种类型的研讨会或讲习班，也发挥了很好的作用。几年来，我先后应邀在北京、河北、辽宁、山东、湖南、江西、江苏等地的德育师资培训班上讲授《人生哲学》教材教法分析或专题讲座，在这方面是深有体会的。德育师资的培养和提高需要继续发挥国家和民间学术团体的积极性，采取两条腿走路的方针。总之，德育师资队伍建设的根本出路在于向职业化、专业化和专家化的方向发展。

第四，人生观教育必须加强教材建设，使之在内容的理论性和针对性上不断丰富和完善。人生观教育是高校思想政治教育的内容之一，由于国际国内政治、经济形势的发展和变化，以及资产阶级自由化思潮和其它各种社会思潮的影响，大学生在探索人生、思考人生的过程中，往往会出现不同的思想"热点"。为了适应形势发展和学生思想变化的需要，加强教育的针对性，人生观教材就必须不断更新换代，并逐渐丰富和完善。十年来全国高校从事人生观教育的同行们在教材建设上付出了大量的劳动，进行了有益的探索，并取得了丰富的成果。目前全国各地出版的定名为《人生观教育》、《人生哲理》和《人生哲学》的教材就有几十种版本。仅我个人和其它同志主编或主要执笔的人生观教材就发展了六代。第一代是1982年编写的《人生观教育讲义》，第二代是1983年4月由四川人民出版社出版的《共产主义思想品德教育·人生观教育篇》，第三代是1985年8月对第二代教材的修订再版；第四代是1987年3月由北京师范学院出版社出版的《人生哲学》，第五代是1988年8月由北京出版社出版的《人生哲理》，第六代是这次《人生哲学》的修订再版。与此同时，我参加了国家教委组织编写的《人生的理论与实践》这本教材的编写工作。这六代教材中每一代都既有优点又有缺点，既有成功的地方也有失败的地方，但总的来说毕竟是随着经验的积累和认识的深化，教材的内容在不断丰富和发展。从总结经验教训的角度说，我认为教材建设要克服两种倾向。一是只追求体系的系统性和完整性，而忽视了针对性；一是只强调了内容的针对性，而忽视了科学性和理论性。正确的做法是把理论性和针对性结合起来，从学生的思想实际出发，从理论的高度加以概括，进行分析和阐述。所谓针对性，不是就事论事，"头痛医头，脚痛医脚"，而是针对大学生中带有普遍性、倾向性、典型性的问题，经过科学抽象和理论概括，在教材中以知识体系的形式表现出来，以马克思主义理论和科学知识来武装学生，从而指导他们的人生实践。

第五，人生观教育必须成为高校长期而稳定的教育内容，在当前和今后一段时间里思想政治教育中尤其要突出进行人生观教育。 十年来人生观教育的实践表明，当代大学生既关注人生，又关注社会。在不同的发展阶段，由于主客观因素的变化和制约，这种关注的侧重点会有所不同。有时他们侧重思考人生的意义，探索人生的价值，出现"成才热"或"社会实践热"；有时他们又偏重关注社会，出现"参政热"和"民主热"。当然，大学生无论是认识人生还是认识社会，都不是孤立地进行的。认识社会，往往是从个人经历和自我感受出发，因此而受到青年人天然弱点的制约，如缺乏社会实践和政治经验等；认识人生，往往需要联系社会现实和社会需要，因此会受到对国情认识的正确与否和各种思潮的影响。教育者的责任，不仅要把握他们每个时期关注的内容和方式，更要研究产生这种关注的社会背景和主观条件，以便从发展趋势上认识和对待大学生中所产生的各种思想热点。作为大学生，不论是个体还是群体，都是在认识人生——认识社会——再认识人生的不断交替和循环往复之中趋向成熟的。这是大学生社会化过程普遍规律。教育者应当把握和遵循大学生这种成长规律安排教育内容和活动，以便引导他们在认识人生与社会的过程中学会自我教育。在这场政治风波中，大学生普遍经受了血与火的考验。可以预见，他们会不同程度地从关注社会，转向关注人生。那么，高校的思想政治教育就应当及时把握大学生思想热点的变化，在今年下半年普遍进行政治立场和思想转弯教育之后，把教育的重点转到人生观教育上来。这不仅是十年来人生观教育的经验总结，同时也符合大学生思想发展变化的一般规律。

三、展望与导向

八十年代即将过去，我们对十年来的人生观教育进行回顾与反思，是为了总结经验与教训，更是为了对未来进行展望与导向。"认真学习马列主义、毛泽东思想，坚持同社会实践相结合，同工人、农民相结合，不断地从人民的历史创造活动中汲取营养，在祖国社会主义建设中充分发挥自己的聪明才智"，这是党中央对我国广大知识分子（其中包括大学生）的关怀与期望，同时也是对高校思想政治教育（其中包括人生观教育）的政治导向。展望未来，对大学生的人生观教育，无论是从理论上还是从实践上，都应该特别注意加强以下三个方面。

第一，认真学习马列主义、毛泽东思想。

马克思主义、列宁主义是指导我国社会主义事业的理论基础。同时也是我们每一个人在人生道路上观察事物和处理问题的指导思想。要树立正确的人生观，必须认真学习马列主义、毛泽东思想。

那么，如何学习马列主义、毛泽东思想呢？首先，对马列主义、毛泽东思想要全面学习，加深理解，融会贯通。我们知道，马克思主义是由三个部分组成的，这就是马克思主义哲学、政治经济学和科学社会主义。马克思主义哲学,即辩证唯物主义和历史唯物主义,是无产阶级的世界观和方法论,是马克思主义学说的理论基础,它给无产阶级指明了摆脱精神奴役的出路,是无产阶级解放的强大思想武器。马克思主义政治经济学是以辩证唯物主义和历史唯物主义来研究人类社会的生产关系的发展规律,特别是分析了资本主义社会的经济发展规律,阐明了无产阶级在整个资本主义制度中的地位,为无产阶级革命提供了理论基础,是马克思主义学说的主要内容。科学社会主义是以马克思主义哲学和政治经济学为理论基础,来论证无产阶级解放运动的规律,也就是从理论上和实践上来说明无产阶级用什么方法和通过什么道路来实现共产主义的伟大理想,是马克思主义哲学和政治经济学合乎逻辑的必然结论。可见,这三个组成部分在马克思主义学说中是统一的、完整的和密不可分的,从而构成了马克思主义严整的科学体系。列宁主义是帝国主义和无产阶级革命时代的马克思主义。毛泽东思想是马列主义的基本原理同中国革命的具体实践相结合的产物。因此,对马列主义、毛泽东思想的学习,就有一个全面学习、加深理解、融会贯通的问题。切不可把马克思主义三个组成部分割裂开来,孤立起来,也不可把马克思主义、列宁主义和毛泽东思想这三个发展阶段分化开来,对立起来。

　　其次,要重点学习马克思主义哲学。通过学习它的科学世界观和方法论,学会运用它的立场、观点和方法解决各种实际问题。我们说马克思主义三个组成部分是统一的、完整的和密不可分的,这是就马克思主义严整的科学体系和精神实质而言。但它们又是相对独立的,它们都有各自的研究对象和各自的特殊矛盾,因此各自构成一门独立的学科。哲学是关于世界观的学问,既是理论化、系统化的世界观,同时又是观察、分析和处理各种问题的方法论。因为世界观与人生观密切相联,所以要树立正确的人生观必然重点学习马克思主义哲学。世界观的对象是整个世界,人生观的对象是作为整个世界一部分的人生;世界观包括人生观,人生观是世界观的组成部分。它们的关系是:一方面,部分影响整体,有什么样的人生观,对人生抱什么样态度,往往直接影响对整个世界的看法,在世界观中打上了明显的人生观的烙印;另一方面,整体决定部分,世界观在很大程度上决定着人生观,支配着人们对人生道路的选择,贯穿于人们的理想、信念和抱负中,表现在人们对人生目的、人生意义、人生价值等等的看法中。总之,人生观离不开世界观,一定的世界观总会体现为一定的人生观。马克思主义哲学,即辩证唯物主义和历史唯物主义,是唯物主义和辩证法的高度统一、唯物辩证的自然观和历史观高度统一的完整理论体系。这种既唯物又辩证的科学世界观,不仅正确地回答了世界的本质"是什么"和世界的状况"怎么样"的问题,而且揭示了自然界和人类社会历史发展的规律。同时还提供了观察、分析各种事物的立场、观点和方法。简言之,这个立场就是辩证唯物主义和历史唯物主义的立场,历史唯物主义的立场说到底就是无产阶级和人民群众的立场;这个观点就是辩证唯物主义观点,具体说就是全面的观点、联系的观点和发展的观点,这些观点在社会领域的运用就是历史的观点、阶级的观点和群众的观点;这个方法就是唯物辩证法,从认识和逻辑学的角度看,它表现在人的思维方法上就是归纳和演绎的方法、分析和综合的方法,以及历史的方法和逻辑的方法。运用马克思主义的立场、观点和方法来分析和处理人生道路上所遇到的善与恶、美与丑、荣与辱、苦与乐、公与私、义与利、生与死,以及理想与现实、贡献与索取、权利与义务、目的与手段、个人与社会等等各种人生课题,对于树立正确的人生观无疑是十分重要的。

再次,学习马列主义、毛泽东思想要坚持理论联系实际的原则,反对教条主义和实用主义的错误倾向。理论联系实际,首先要认真读书,掌握理论。不然,用什么去同实际联系呢?所以,我们党历来主张系统地、完整地、准确地学习马克思主义基本理论。学习时不能浮光掠影、浅尝辄止,而应勤于思考,刻苦钻研。但是,学习马列主义、毛泽东思想一定要密切联系实际,把学习理论同社会主义现代化建设的实际和我们个人的思想实际、工作和生活实际,以及所学的专业紧密结合起来。为了贯彻理论和实际相结合的原则,必须反对教条主义和实用主义的错误倾向。马列主义、毛泽东思想从来不是教条,而是行动的指南。因此,学习时不能寻章摘句、断章取义、咬文嚼字、生搬硬套,而应当学习它的基本原理,把握它的精神实质。

新中国成立后,学习马列主义、毛泽东思想在知识分子中曾得到大力提倡,并且收到了实效。一大批知识分子正是由于学习了马列主义、毛泽东思想,树立了科学的世界观和掌握了正确的方法论,并用于指导自己的人生观,指导自己的工作和业务实践,才在社会主义建设中发挥了巨大作用,做出了突出贡献。比如,我国老一辈著名科学家华罗庚、李四光、竺可桢等就是通过学习马列主义、毛泽东思想而走上了从爱国主义到共产主义的人生道路。一大批中青年科学工作者,如彭加木、陈篪、栾茀、蒋筑英、罗健夫等,也正是在马列主义、毛泽东思想的指导下,树立了科学的世界观和正确的人生观,才创造了英雄业绩的。但是,近几年来,由于资产阶级自由化思潮的泛滥,在知识分子特别是青年知识分子中学习马列主义、毛泽东思想的风气淡薄了,甚至出现了马列主义、毛泽东思想"过时了"、"不灵了"等错误论调。相反,一些西方资产阶级的思潮一个时期以来却在青年知识分子中颇为流行。这是一种极不正常的现象,对青年学生树立正确的人生观起到消极或阻碍作用。在反思过去和思考未来的今天,在知识分子中特别是在大学生中继续倡导学习马列主义、毛泽东思想就有着极为迫切的重要意义。

第二,努力在社会实践中锻炼成长。

树立正确的人生观,除了认真学习马列主义、毛泽东思想,以马克思主义科学世界观为指导之外,还必须自觉投身到社会主义现代化建设的实践中去,在社会实践中培养和锻炼。这是因为社会实践不仅是认识的源泉和动力,而且是认识的目的和归宿;参加社会实践不仅可以学到真才实学,而且是为人民服务的基本途径。

所谓社会实践,就是人们能动地改造和探索现实世界的一切社会性的客观物质活动。它的基本形式有三种,这就是生产实践、社会关系实践和科学实验。生产实践是处理人类和自然关系的实践活动,它是人类社会生存和发展的基础,是决定其他一切活动的最基本的社会实践;社会关系实践是指在社会内部处理人与人之间关系的实践活动,在阶级社会中,主要表现为阶级斗争;科学实验是一种探索性、学习性、创新性的实践活动。它要受生产实践和社会关系实践的制约,反过来又促进生产实践和社会关系实践的发展。辩证唯物主义认为,实践的观点是"认识论之第一的和基本的观点"。[1] 辩证唯物主义认识的实践观,包含相互联系的两个方面。

---

[1] 毛泽东:《毛主席的五篇哲学著作》,人民出版社,1971年,第6页。

一方面，实践是认识的源泉和动力。实践出真知，但这并不排斥学习间接经验、学习书本知识的必要。就一个人的知识来说，多数还是从传授和读书中获得的。人不可能也没有必要事事都去亲身实践获取直接经验。然而，必须看到间接经验只是"流"而不是"源"，对我们来说的间接经验，在前人和别人那里则为直接经验。就知识总体来说，归根结底仍然是发源于实践。在校大学生的主要任务是学习书本知识。学习的过程就是认识的过程，认识的过程依赖于实践。书本上的知识，一般都是前人社会实践的概括总结。大学生本人在学习书本知识的过程中直接参加一定的社会实践，仍然是获取知识的源泉和动力。

另一方面，实践是认识的目的和归宿。辩证唯物主义的认识论指出，认识的过程就是从感性认识达到理性认识，再由理性认识回到实践中去检验。"实践、认识、再实践、再认识，这种形式循环往复以至无穷，而实践认识之每一循环的内容，都比较地进到了高一级的程度，这就是辩证唯物论的全部认识论，这就是辩证唯物论的知行统一观"。[1]这说明，从感性认识上升到理性认识，是认识过程的第一个飞跃，此时认识的过程并没有完成。要实现一个完整的认识过程，还必须由理论再回到实践中去，实现认识的又一次飞跃也是最为重要的飞跃。第一次飞跃是第二次飞跃的准备，第二次飞跃是第一次飞跃的归宿。形成理性认识并不是认识的目的，它的目的是完成第二次飞跃，实现改造世界的任务。大学生在校期间通过参加一定的社会实践和学习书本知识，可以说完成了第一个飞跃，然而掌握了知识并不是目的，学习的目的是为了更好地参加改造客观世界的社会实践。因此，大学毕业后应当积极投身到社会主义现代化建设的实践中去，到基层去，到生产第一线去，将所学的专业知识应用于社会实践。这是当今青年知识分子得以成才的正确道路。

我们知道，人民群众是一切社会实践的主体，知识分子作为人民群众的一部分当然也是社会实践的主体。然而，由于社会分工所造成的劳动特点、工作方式、社会环境等因素决定，知识分子的社会实践方式往往偏重于个人的独立实践。这就需要知识分子自觉地把个人的实践融合于社会实践之中，而成为社会实践的组成部分，这就有一个主动与社会实践相结合的问题。在知识分子中，有相当一部分人是从事政治、科学、文化、教育和艺术活动，这也就是实践。但人们的生产活动是最基本的决定其它一切活动的实践，对这部分知识分子来说，也有一个同生产活动相结合，更好地为生产实践服务的问题。当前，强调知识分子同社会实践相结合，并不是把知识分子的实践排斥在社会实践之外，而是希望知识分子更多地通过社会实践了解社会，了解群众，了解实际，概言之，就是了解国情。只有在更广泛的意义上参加到社会实践中去，才能在改造客观世界的同时，不断提高自己的思想觉悟，树立马克思主义科学世界观和正确的人生观。

第三，坚决走与工农相结合的道路。

树立正确的人生观，必须与社会实践相结合，这就内在地包含了与工农相结合的道理，因为工人、农民是社会实践中最基本的实践活动——生产实践的主体。如前所述，人民群众是社会历史的创造者，而人民群众的主体和稳定部分始终是从事物质资料生产的劳动群众，即工人和农民及其知识分子。

---

[1] 毛泽东：《毛泽东选集》（合订本），人民出版社，1968年，第273页。

知识分子同工人农民相结合，早在民主革命时期就是我们党倡导的主张。毛泽东同志在《青年运动的方向》一文中明确指出："中国的知识青年们和学生青年们，一定要到工农群众中去，把占全国人口百分之九十的工农大众，动员起来，组织起来。没有工农这个主力军，单靠知识青年和学生青年这支军队，要达到反帝反封建的胜利，是做不到的。所以全国的知识青年和学生青年一定要和广大的工农群众结合在一块，和他们变成一体，才能形成一支强有力的军队。"[1]这一主张曾经为我国广大知识分子所拥护、所接受、所实行，形成了优良的传统。许多知识分子在革命战争时期经过艰苦的磨练，逐渐成长为无产阶级的先锋战士。在社会主义革命和建设时期，我国新一代知识分子们仍然继承和发扬了这一优良传统。许多知识分子在社会主义建设事业中做出了优异的成绩，正是同工农群众相结合的结果。这其中还涌现出一批英雄模范人物，他们是我国当代大学生的榜样。

诚然，在过去"左"的思想占主导地位的一段时间里，与工农相结合的正确主张曾经受到过干扰和曲解，使这一传统遭到破坏。党的十一届三中全会以后，我们党重新明确知识分子是工人阶级的一部分，正确贯彻知识分子政策，纠正了过去在知识分子问题上的一些"左"的错误做法，极大地调动了知识分子建设社会主义的积极性。但是在纠正过去"左"的错误，强调尊重知识、尊重知识分子的同时，有少数同志产生了一种错觉，似乎知识分子同工农相结合的优良传统已经过时了，甚至出现了贬低工人农民的倾向，这是不对的。对过去在知识分子问题上的"左"的错误的纠正，决不是要丢掉知识分子同工人农民相结合的好传统。近几年来，由于资产阶级自由化思潮的影响，一部分青年知识分子滋长了脱离实践、崇尚空谈的浮泛学风和脱离群众、鄙视工农的个人主义人生观。这与不注重同社会实践相结合、同工人农民相结合有着密切的关系。

我国宪法明确规定，建设社会主义必须依靠工人、农民、知识分子。这从根本上规定了知识分子的社会地位，也说明了工人、农民、知识分子之间是同志和兄弟的关系，这是我们今天强调知识分子同工人农民相结合的一个基本立足点。所谓"结合"，更多地包含着互相尊重、互相学习的内容，同"左"的思想指导下所说的"结合"实际上是歧视知识分子的做法，不能同日而语。社会主义制度的确立，使我国人民享有一律平等的地位。由于社会分工的需要，人民中的一部分成了干部，一部分人是从事生产劳动的工人、农民，一部分人当了工程技术人员、专家、教员，以及各式各样的科学、艺术、学术工作者，但他们都是属于一个和谐一致的整体，为共同建设富裕、文明、民主的社会主义国家而努力奋斗。不可否认，知识分子由于自身的劳动特点，特别是青年知识分子和大学生由于缺乏社会实践经验，与工人、农民相比还有某些弱点。在与工农相结合的过程中，知识分子可以直接向工人农民学习他们的优秀品质，如勤劳节俭的品格、吃苦耐劳的作风，以及自我牺牲、无私奉献和艰苦创业的精神等。这对于培养他们对工农的感情，树立正确的人生观，具有十分重要的现实意义。

知识分子在参与历史创造的过程中，无论是从事政治斗争，或者从事生产劳动、科学研究，真要有所作为、有所成就，都不但不能脱离工人、农民的实践，而且要采取各种方式同他们密切相结合。不了解社会需要，不从工农群众那里去汲取营养，不依托前人和他人业已创

---

[1] 毛泽东：《毛泽东选集》（合订本），人民出版社，1968年，第529–530页。

造的成就，不深入基层，不了解实际，能办成什么事情呢？人类的财富是脑力劳动者和体力劳动者共同创造的，随着社会的进步，两者之间的结合更能推动生产活动的发展。新中国成立以后，凡是有成就的知识分子，其创造的成果绝大多数都是在同工农群众相结合的基础上产生的。在今天科学技术高度发达、分工越来越精细得的条件下，互相结合、团结协作已经成为必须的事情。就拿生产实践来说，工人农民处于生产第一线，对情况掌握最直接，生产经验比较丰富，而知识分子拥有专门的知识和技能，两者的结合就能产生巨大的物质力量，为社会创造出更多的财富。这不但是知识分子发挥聪明才智，实现人生价值的最佳方案，也是实现为人民服务的最好途径。

总之，知识分子包括大学生在内，同工人农民相结合，是充分发挥聪明才智的一条康庄大道，也是树立正确的人生观的必由之路。

二、詹万生这一时期的学术著作简介

1.《人生观教育讲义》及教学参考资料

改革开放之初，大批上山下乡知识青年返城，面对升学就业的压力，他们在思想上产生许多迷茫与困惑。1980年，《中国青年》杂志发表了署名潘晓的文章《人生的路啊，怎么越走越窄》，引起了全国范围的人生观大讨论。1982年1月，詹万生从北京师范学院（现首都师范大学）毕业留校分配到德育教研室工作。应当时社会现实需要他开始研究大学生的人生观教育。《人生观教育讲义》是詹万生在这一时期为七九、八〇届学生进行人生观教育编写的教学用书。本书共设11讲。

第一讲，人生观总论。包括什么是人生观；为什么要进行人生观教育；八十年代大学生应该树立共产主义人生观；树立共产主义人生观必须解决三个认识问题，即正确认识现行经济政策和人生观教育原则的关系，正确认识经济基础和上层建筑、物质文明和精神文明之间的辩证关系，正确认识社会现实做历史前进的促进派。

第二讲，人的本质——人生观的基本问题。包括地主、资产阶级人性论批判；马克思主义关于人的本质的基本观点；如何看待社会主义社会人的本质；剖析"人的本质是自私的"的错误观点，主要指"动物本能"论、"精神自私"论、"自私动力"论、"普遍规律"论、"科学根据"论等。

第三讲，公私观——人生的目的。包括树立无产阶级的公私观，主要讲什么是无产阶级公私观，科学理解"公"和"私"概念的真实含义，划清个人正当利益和自私自利的界限，正确处理公与私的关系；剖析"主观为自我，客观为他人"等错误思想。

第四讲，理想观——人生的目标。包括什么是理想；树立共产主义的社会理想，重点讲共产主义是无产阶级崇高远大的社会理想，共产主义不是假说而是真理和现实的运动；个人理想与社会理想的相互关系，正确对待理想与现实的关系。

第五讲，命运观——人生的真谛。重点讲什么是命运，如何正确对待命运。

第六讲，价值观——人生的价值。包括什么是价值和价值观；人的价值的阶级性和历史性；树立正确的价值观，主要讲人生的价值在于劳动和创造，人生的价值尺度是生活目的和贡献大小的统一，自我价值的的实现在振兴中华的神圣事业里。

第七讲，生死观——人生的历程。主要讲不同阶级的生死观；生要生的有意义，反对厌世轻生；死要死的有价值，反对贪生怕死。

第八讲，幸福观——人生的道德信念（一）。重点讲什么是幸福和幸福观的阶级性；无产阶级幸福观的基本内容，包括把追求个人幸福和社会整体的幸福结合起来，把追求优裕的物质生活和崇高的精神生活结合起来，把幸福的享受和幸福的创造结合起来；树立正确的苦乐观。

第九讲，荣辱观——人生的道德信念（二）。重点讲什么是荣誉及荣誉的历史性和阶级性；如何正确对待荣誉。

第十讲，美丑观——人生的道德信念（三）。主要讲美与丑的客观标准，包括时代标准、民族标准、阶级标准、群众标准；追求健康向上的风度美，包括风度美和心灵美的统一、风度美和文化教养的统一、风度美和经济条件的统一。

第十一讲，恋爱观——人生的道德信念（四）。主要讲爱情是两性结合的基础，是社会主义社会婚姻的道德准则；大学生应该如何对待恋爱等。

《有关人的理论的资料汇编》是为配合人生观教育和对人的理论研究而编写的教学与科研参考资料。共包括四部分内容：

第一部分，马克思主义以前地主资产阶级人性论简介；

第二部分，现代西方几种哲学流派有关人的理论简介；

第三部分，近年来国内对人性、人道主义和异化问题论争简介；

第四部分，人道主义、人性、人的本质、人的价值、异化问题研究报刊资料索引。

《人生观教育讲义》在我国高校人生观教材研究与教学实践领域具有奠基和开创意义。全书内容建构既反映了当时国内思想政治教育领域的一些时代印记，也体现了作者在文革后高校德育教材建设的起步阶段锐意探索人生观教育的科学内涵，勇于在人性和人本质等问题上突破禁区，进行理论创新的基本特点。在人生观的基本内容体系建构中，注重对马克思主义经典理论的引述和讲解，同时努力从理论和学生思想实际的结合上说明问题。在人生观专题的讲解中，注意收集大学生生活实例和专项调查，运用实例说明原理，澄清学生中事关人生的模糊认识，批驳社会上流行的一些错误观点。书中的理论创新多有体现，如在概念教学的归类上，将幸福观、荣辱观、美丑观、恋爱观归属于人生的道德信念加以认识和论述，这就有利于将人生观的教学概念与人的品德心理结构和谐地连接起来，其教育学意义是把理论学习与学生的道德认知、道德情感、道德意志及理想信念的整体培养和谐统一起来。社会主义荣辱观自党的十七大以后开始纳入高校德育内容,本书在此20多年前对荣辱观的系统研究和讲解对新时期荣辱观教育仍有许多启示和指导意义。如荣辱观教育的重要性问题,在第九讲进行了重点讲述:"是否树立正确的荣辱观是关系到一个人能否在人生道路上继续前进的关键性问题,我们社会主义时代的大学生要想有所成就,必须树立正确的荣辱观。"书中从伦理学角度对荣辱观是指个人对行为的社会价值的自我意识,即在良心中的内涵及其心理形式也进行了研究论述:"从客观方面说,荣誉是社会对一个人履行义务的德行和贡献的赞赏的评价,是行为的价值体现或价值尺度。从主观方面看,荣辱观是人们的知耻心、自尊心、自爱心的表现,它能使一个人自觉地按照客观要求的尺度去履行义务,宁愿作出自我牺牲,保持尊严、荣誉和人格完美,也不愿违背良心,做出可耻、毁誉和损害人格的事情。"

《人生观教育讲义》及其教学参考资料在人生观教学内容的选题、知识原理讲解、理论的继承与创新、系统建构教材内容体系等方面,为建设中国特色高校人生观教育课程开创了研究与实践的先河。

《人生观教育讲义》及其教学参考资料是作者从事德育科研的起步之作。本书以马克思主义唯物辩证法的系统论原理和中国哲学的整体和谐思想为指导,构建了人生观教育体系。不仅为作者后续创编高校《人生哲学》教材打下了扎实的理论和实践基础,而且为作者后来整体构建大中小学和谐德育体系奠定了理论与实践基础。

2. 高等院校第一部《人生哲学》教材

1982至1987年,詹万生以《人生观教育讲义》及教学参考资料的研究编写为起点,投身于高等学校《人生哲学》教学的研究与实践。一方面,他对中国传统哲学进行了深入的研究与思考,以丰富人生观教育和人生哲学研究的理论储备。另一方面,他密切关注大学生在现实生活中人生观发展变化的动态和趋势,对出现的问题进行客观的分析思考。1982年,社会上出现了"理想渺茫论"的思潮,一些人宣传"理想是天上的星星,可望不可即",也有人曲解恩格斯的话"凡是现实的都是合理的,凡是合理的都是现实的",以此论证"一切向钱看"等实用主义的合理性。这股思潮对大学生理想教育产生十分有害的影响。1984年前后,理论界关于人道主义和异化问题的争论对大学生的人生价值教育产生很大冲击,有的大学生对学习张华提出质疑,认为大学生救老农是毫不值得的。1985年,随着改革开放和商品经济的发展,生活中出现了知识贬值现象和金钱至上、拜金主义、唯利是图、重义轻利的思想观点。一时间,大学生中出现了厌学风、经商热和公司热,相当一部分学生失去了前进的目标和学习的动力,成才意识淡化和新的读书无用论在高校校园里蔓延。1986年以来,大学校园里出现了"西方哲学热"和"文化比较热",北京航空学院学生刘勇杀人后自杀。他推崇萨特存在主义"以自我为中心"的观点,欣赏尼采"超人哲学"中"我即太阳"的思想,形成了"自我万岁"的人生哲学,最终从醉心自我走向自我毁灭。民族虚无主义和历史虚无主义冲击着大学生的民族自尊心和自信心。

为了正确回答大学生面临的人生课题,指导他们懂得人生的价值和意义,懂得怎样做人,怎样使生活充满意义,使"自我"和"社会"能够和谐发展,詹万生发起编写《人生哲学》教材。以北京师范学院思想政治教育第二学位班的同学宋长生、王希永、吴忠海等为基础,联系了上海师范大学、湖南师范大学、河北师范学院、锦州师范学院、沈阳师范学院、黑龙江矿业学院、沈阳工业大学和华中师范大学的同行学者组成了编写队伍,詹万生与吴灿华合任主编,在深入研究实践基础上编写出版了我国高等学校第一部《人生哲学》教材。《人生哲学》全书24万余字,于1987年3月由北京师范学院出版社出版。时任中国伦理学会会长、中国人民大学博士生导师罗国杰教授在为本书撰写的序言中,评价编者不仅对马克思主义人生哲学的理论体系作了有益的探讨,而且对青年非常感兴趣的成长中面临的理论和实际问题作了比较全面、系统的研究论述。肯定编者有在高校多年从事大学生思想品德教育的实践经验,"既有马克思主义理论素养,又了解青年的思想实际。我相信,这本书的出版,对广大青年在探索人生意义和价值问题上,一定会有所启发,有所帮助。"

《人生哲学》的内容建构分上、中、下三篇。

上篇 人生本质

绪论
第一章　　人的本质
第一节　　马克思关于人的本质的基本理论
第二节　　探讨人的本质的方法论原则
第三节　　正确认识社会主义社会人的本质
第二章　　人生与社会
第一节　　人生与社会的辩证关系
第二节　　人生与社会环境
　　　　　人生与社会历史
第三章　　人生与自然
第一节　　人在自然界中的位置
第二节　　人生与自然的辩证关系
第三节　　个体人生与自然条件
第四章　　人的需要
第一节　　人的需要及其历史特征
第二节　　人的需要的内容和层次
第三节　　人的需要在劳动创造中满足

中篇 人生范畴

第五章　　人生目的
第一节　　人生目的及其形成

第二节　人生目的的种类及其革命变革
第三节　人生目的的义与利、公与私

第六章　人生理想
第一节　人生理想及其历史考察
第二节　人生理想的内容与层次
第三节　人生理想的追求和实现

第七章　人生态度
第一节　人生态度及其形成
第二节　时代精神对人生态度的要求
第三节　树立正确的人生态度

第八章　人生价值
第一节　人生价值及其观念考察
第二节　马克思主义的人生价值观
第三节　人生价值的实现

第九章　人生责任
第一节　人生责任及其时代性
第二节　个人责任的客观性和能动性
第三节　人生责任的实现

第十章　人生道路
第一节　人生道路及其特点
第二节　人生的必由之路
第三节　处理好人生道路上的矛盾

下篇　人生课题

第十一章　人生与信仰
第一节　信仰的形成和作用
第二节　正确认识各种不同的人生信仰
第三节　坚定科学的人生信仰

第十二章　人生与交往
第一节　关于交往的基本特点
第二节　交往与人生的关系
第三节　交往中的人际关系

第十三章　人生与爱情
第一节　爱情是一种特殊的社会现象
第二节　无产阶级爱情观的基本特征
第三节　青年人要正确对待爱情

第十四章　人生与审美
第一节　审美在人生中的地位与作用
第二节　人生的审美价值
第三节　树立马克思主义审美观

第十五章　人生与成才
第一节　人才成长的历史考察
第二节　社会主义人才特征及其成长规律
第三节　成才与人生的关系

本书的编写特色主要体现在五个方面。

第一，创新性的理论结构体系。全书运用马克思主义辩证唯物主义和历史唯物主义的基本原理，揭示人生的本质，说明人生哲学的重点范畴，回答大学生面临的人生课题，以系统的认知明理体系指导大学生科学认识人生，掌握自己的命运。根据马克思主义人生哲学从内容到形式都是现实的、实践的基本特征，结合高等学校人生观教育的实际情况和《人生观教育讲义》的教学经验，编者将马克思主义人生哲学体系分为人生观基本理论、人生哲学范畴和人生的基本课题三部分。第一部分（上篇）人生观基本理论。主要研究人的本质、人的需要、人生与自然的关系、人生与社会的关系。通过这些基本理论问题的研究，使学生对人生的本质及其发展变化的规律有个比较正确的了解。如果对人、人的需要和人的本质缺乏正确的认识，就不可能正确认识人生，也不可能树立正确的人生观。第二部分（中篇）人生哲学范畴。作者提炼出人生目的、人生理想、人生态度、人生价值、人生责任、人生道路六个重点范畴。第三部分（下篇）人生课题。作者根据多年对大学生进行人生观教育的经验和思考，认为现阶段大学生迫切需要帮助解决的人生基础课题主要是信仰问题、人际交往问题、爱情婚姻问题、人格审美问题、成才问题。在内容侧重点上，上篇讲人生观的根据是什么，中篇讲人生观的主要内容是什么，下篇讲怎样或主要从哪些方面培养正确的人生观。后一部分以上一部分为基础，循序渐进，体现了很强的逻辑性。人生观是社会的人生意识在个人的人生意识中的综合反映，也是社会的人生意识向个人的思想行为的转化。三部分内容建构形成了"认知——信念——实践"的人生观教育过程。这一教育过程体现了思想品德教育的基本规律，反映了马克思主义人生哲学的基本特征，在构建中国特色人生观教育体系上具有开创性。

第二，对中国传统人生哲学的批判与继承。全书的理论讲解始终注重把中国哲学思想和经典范例作为理论源点之一，作者在对中国传统哲学思想的全面研究中，对"中国哲学家所思所议，三分之二都是关于人生问题的。世界上关于人生哲学的思想，实以中国为最富，其所触及的问题既多，其所达到的境界亦深。"这样的认识更加系统深刻。如在讲解人生目的的义与利问题时，作者考察了《礼记·中庸》"义者，宜也"和韩愈《原道》"行而宜之之谓义"的论述，解释了义和利的问题就是道德原则和物质利益的关系问题。人生理想论是中国哲学的核心部分。作者在讲人生理想问题时，按历史顺序分析梳理了中国哲学中十种人生理想学说。如孔子的仁学思想，墨子的兼爱说，杨朱的"为我"说，老庄的"无为"说，荀子的"彻底的有为的哲学"，《中庸》提出的以"诚"为人生最高境界的学说，张载和程颢提出的"与物同体、与天为一"的人生最高境界的学说,程颐以"居敬穷理"为修养根本功夫、以"理"为人生最高境界学说,陆九渊专重内心的人生理想论,王夫之、颜元、戴震以践"形"为唯一的生活准则等学说。作者总结了自南宋至清代人生哲学的三大学派,即理学、心学和事学。理学的人生理想是"与理为一",重点在阐明知识与生活的关系;心学的人生理想是"发明本心",重点在提出一种简易的内心修养方法;事学的人生理想是"践形",重点启导人们注重事物,过一种活泼充实的生活。事学的人生理想论没有什么神秘的成分,较合乎人类生活实际,在一定程度上反映了生活的本质。在中国传统人生哲学的系统研究中,作者深化了对传统文化蕴涵的"整体和谐"思想及其价值的认识,并将这一思想运用到当代人生哲学研究之中。

第三,对国外人学理论的批判与借鉴。全面掌握国外人学理论的研究成果,经过批判整合,吸收其合理成分用于当代人生哲学研究,是本书的重要编写特点。历史唯物主义研究证明,人的需要是人具体活动的前提和动力,人的需要和社会的各种基本因素与矛盾有着深刻的内在联系。关于人的需要的层次内容问题,西方如马斯洛在该领域的研究有其深入之处。本书是国内较早对马斯洛需要层次论进行深刻批判和辩证整合的学术著作。如作者认为把人类的生理需要和安全需要作为基本层次有一定的合理性,在满足生理和安全需要的基础上才会产生其它高层次的需要,并且高层次的内容之间也体现出一种依赖性和发展性。但马斯洛的需要层次论有很大的偏颇。其一,他只注意到下层次需要对上层次需要的制约作用,忽视了上层次需要对下层次需要的引领作用。其二,他只注意到需要的纵向发展,却忽视了横向发展的后果。"任何层次的需要都是质与量的统一,都有量的规定,超过界定的量就要引起质变从而扭转需要的发展方向。"如尊重需要的膨胀就会出现狂妄、权力欲、专制,给社会带来危害。其三,忽视了个体需要结构的多样性。每个人不可能有完全相同的需要,在相同的结构中所强调的重点也不一样。其理论偏颇的根本原因在于他只从需要谈需要,忽视了复杂社会环境对人的需要的制约,特别是把"自我实现"当作最高层次需要表现出极大的局限性。需要的最高层次不是"自我",而是社会公共利益;人的真正目即最大需要是社会的改造和发展,只有在为社会需要的奋斗中个人才能"自我实现"。经过这样的以社会实践为根基的辩证分析,吸收需要层次论的合理元素,以充实和建构马克思主义人生哲学理论体系。

第四,创新性的理论阐述特色。本书在理论创新方面作了多种探索。其一,对原有理论的整合与深化。例如人生态度的研究阐释,作者首先讲解了态度是由人的认识、情感和行为三个要素构成,其中情感是形成态度的核心。人的任何一心理倾向如果包含了认识、情感、行为的基本特点,就构成一种态度。人们在一定的社会环境和教育及自我生活体验中形成的关于人生问题的较稳定的心理倾向,就是人生态度,它是指导人生活的一种心理定向和行为表现。本书对人的态度的研究论述,对上世纪九十年代的德育学关于品德心理结构的研究产生积极影响,同时也为九十年代末新课程标准使用"情感、态度、价值观"的教育目标概念提供了原理参照。其二,对问题现象认识的深刻性和系统性。如对个人责任的客观性和能动性的论述,作者指出,个人责任的客观性就是个人在生活过程中所承担的责任是客观规定的,不是主观随意的,不管人们认识到它还是没有认识到它,喜欢它还是不喜欢它,承认它还是不承认它,它都是实实在在地存在着的。个人对他人承担一定的责任是因为:一是个人的存在有赖于他人;二是个人的发展有赖于他人;三是个人社会价值的实现有赖于他人。个人对自己的行为负责还有更为重要的理由,就是个人对自己行为的意义的认识、个人行为的选择、行为过程的规划均有自己的主观能动性。其三,语言表述的条理性和通俗性。语言表述的条理性是对问题认识的系统性的反映,如对个人责任客观性的论述。而条理性与通俗性的完美结合是贯穿全书的一个突出特点:层层递进的说理顺序、生动形象的例证使用、通俗易懂的事理讲解使得许多抽象的理论问题很容易被青年学生所接受。

第五,生活化的实践引导方法。全书编写遵循思想品德教育的规律,注重引导学生的道德认识、道德情感、道德意志和道德行为的和谐统一。理论讲解既致力于使学生"信",又始终注意将"信"归结到"行"。本书下篇"人生课题"五章内容在这方面用力颇深。如在"人生与交往"一章中,指导学生建立良好的人际关系要做到:一是待人要"尊"、"真"、"诚";二是律己严,待人宽;三是保持本身人格的完整性;四是礼貌、分寸、委婉、交往文明。在"人生与爱情"讲述中,作者从选择对象要把道德品质作为首要条件、对待爱情要严肃忠贞、处理好爱情与学习的关系、正确对待爱情和友谊、正确对待理智与情感、正确对待失恋等方面,对青年学生进行行为方法的指导。在"人生与审美"一章中,作者认为审美是人生的重要组成部分,"和谐、完满的人生是应当包括审美生活的"。在这里,作者提出了"审美是自我教育的重要手段"的论述十分深刻,对当今大学生品德修养仍然具有独到的启示和指导意义。在这部分内容中,作者分析了人生的四分之三接受的教育是自我教育问题。指出社会教育只有真正内化于自我教育,个人只有自觉地加强自我教育,才能达到自我完善的目的。由于审美既包括审美主体又包括审美客体,因而在社会教育和自我教育之间架起了一座桥梁。正确的审美有助于人们选择正确的人生道路,树立崇高的人生理想,塑造美好的心灵。关于如何在审美中积极地进行自我教育,作者从四个方面进行了实践指导:其一,要远丑近美,欣赏具有审美价值的对象;其二,在审美中把审美享受与自我教育自然地结合起来,从中悟出人生哲理;其三,在审美中积极地进行审美反思,激起摹仿、塑造人生美的愿望;其四,要跳出狭隘的审美圈子,投身于改造客观世界的实践活动,在实践中把审美唤起的激情和对理想的冲动化为稳固、持久的内心信念,把思维中的理想形象化为现实的形象,塑造人生美。

《人生哲学》由北京师范学院(现首都师范大学)出版社于1987年3月出版。第一版在高校人生观教学实践中受到广大师生的认同和欢迎,许多高校使用此书开设人生观教育课程。继第一版后,《人生哲学》连续三次再版,发行9万册。《人生哲学》教材研究编写和教学实践促进了人生观教育的内容、方法和理论研究的深入发展。詹万生应邀在全国性或地方性高校德育教师培训班上做过多次"人生哲学理论研究与人生观教育实践探索"的学术报告,为推动高校人生观教育的教材建设和师资建设做出了贡献。

《人生哲学》以马克思主义唯物辩证法的系统论原理和中国哲学的整体和谐思想为指导,构建了人生哲学的理论体系和人生观教育的教学体系。为中国人生哲学研究的理论框架和高校开设人生观教育课程的教材建设开了先河,也为詹万生后来整体构建大中小学和谐德育体系奠定了理论与实践基础。

3. 高等师范院校《人生哲理》教材

根据国家教委1987年印发的《关于高等学校思想教育课程建设的意见》精神,规定高等学校思想教育课设置《形势与政策》、《法律基础》、《思想修养基础》、《人生哲理》、《职业道德》五门课程。经高等师范院校思想教育课程建设协作组的酝酿、推选,詹万生担任《人生哲理》教材主编。本套教材于1988年8月由北京教育出版社出版,重点用于高师二年级人生观教育。这套教材坚持以马克思主义为指导,以贯彻党在社会主义初级阶段的基本路线,培养"四有"人才为宗旨,编写内容在吸收《人生哲学》的知识要点和章节建构顺序的基础上略有简化。这套教材的基本特点:一是立足于思想教育,突出了教材的思想性;二是密切联系大学生的思想实际和社会思想动态,加强了教材的思想性、针对性;三是注意了教育和教学的客观规律,增强了教材的科学性、实用性。

在经历了1989年的政治风波之后,在党的十三届四中全会和江泽民同志建国四十周年讲话精神指导下,高校思想教育面临新的形势和任务。为了进一步探索高校思想教育的科学性和实效性问题,深化大学生人生观教育,詹万生与参编者对1987年版的《人生哲学》进行了全面修订,并从本书主编的认识视角专门写了《跋语》,深入总结了十年来大学生人生观教育的经验与教训,并对该领域的未来发展进行展望与导向。

在"回顾与反思"部分,作者将十年来大学生人生观教育的经历大体归纳为六个阶段。第一阶段,1980年至1981年,针对"人性自私论"进行人的本质教育。第二阶段,1982年至1983年,针对"理想渺茫论"进行人生理想教育。第三阶段,1984年前后,针对"人道主义"和"异化论"进行人生价值的教育。第四阶段,1985年以来,针对"拜金主义"进行"义利观"教育。第五阶段,1986年以来,针对"西方哲学热"和"文化比较热"增加了中国人生哲学的教育内容。第六阶段,1988年,针对"参政热"和"民主热"进行人生责任和人生道路的教育。作者对80年代大学生人生观教育分阶段进行解析性研究在国内尚属首次。

在"经验与教训"部分,作者从五个方面进行了总结。第一,人生观教育必须坚持四项基本原则,反对资产阶级自由化。第二,人生观教育必须坚持集体主义的价值导向。第三,人生观教育必须建设一支思想政治素质较高的、相对稳定的师资队伍。第四,人生观教育必须加强教材建设,使之在内容的理论性和针对性上不断丰富和完善。第五,人生观教育必须成为高校长期而稳定的教育内容,在当前和今后一段时间里思想政治教育中尤其要突出进行人生观教育。

在"展望与导向"部分,作者提出在今后的大学生人生观教育中,无论是在理论上还是在实践上,都应该特别注意加强三个方面的工作。第一,对马列主义、毛泽东思想要全面学习,加深理解,融会贯通。要重点学习马克思主义哲学,学会运用它的立场、观点和方法解决各种实际问题。要坚持理论联系实际的原则,反对教条主义和实用主义。第二,努力在社会实践中锻炼成长。只有在更广泛意义上参加到社会实践中去,才能在改造客观世界的同时树立科学世界观和正确的人生观。第三，坚决走与工农相结合的道路。

书中对我国上世纪80年代大学生人生观教育的系统总结，对新世纪大学生思想政治教育仍然具有深刻的启示意义，同时也为作者后来进行我国各级各类学校德育现状的调查研究、提出整体构建大中小学校和谐德育体系的研究思路提供了思想方法。

4. 高等院校《人生哲理教学参考》

上世纪80年代，由于国内外政治、经济和文化环境的变化，给人生观教育提出了新的课题和任务。从1980年部分高校着手对大学生进行人生观教育起，到1982年教育部文件规定把人生观教育列为思想品德课的重要内容，再到1987年国家教委进一步把《人生哲理》定为高校思想政治教育的一门正式课程，这是十年来对大学生进行人生观教育的一个基本的工作线索。在这十年中，按照国家教委的部署，工作在高校第一线的同志对大学生人生观教育进行了十分艰难而又卓有成效的探索，积累了一些可贵的新鲜经验。回顾和反思十年来人生观教育走过的历程，认真总结其中的经验和教训，詹万生认为人生观教育必须成为高校长期而稳定的教育内容，必须培养一支思想政治素质较高、教学能力较强、相对稳定的师资队伍，必须加强《人生哲理》教材和教学参考资料的建设，应该把人生哲理作为重点课程加以建设。

鉴于当时《人生哲理》教材版本渐多，内容不一，以及师资队伍中青年教师多、兼职教师多的状况，詹万生认为应该编写一本人生哲理教学参考书，经研究思考提出了设计思路：一方面要设计出每一章的教案，以便帮助任课教师熟练地掌握和运用教材，明确各章的教学目的和要求，吃透教学的重点和难点，掌握教学内容和方法，了解学生的思想热点，加强教学的思想性和针对性。另一方面，要提供大量的、有价值的参考资料，使教师得到"一桶水"。对各章的理论观点进行综述，对重要的和疑难的理论观点进行阐释，同时还要选取文学作品中的精彩描述，实录先进模范人物的典型事例，提供现实生活中的反面典型，以便增加教学的知识性和生动性。1990年12月，全国22所高等师范院校思想教育课程建设协作组在北京师范学院召开会议。会议研究决定《人生哲理教学参考》一书由詹万生主持编写。会议期间，詹万生起草了编写提纲和编写计划。

詹万生主编《人生哲理教学参考》全书41万余字，于1991年12月由北京师范学院出版社出版。根据詹万生的设计思路，全书分为17章，依序为人的本质、人的主体性、人的需要、人生与自然、人生与社会、人生真谛、人生价值、人生目的、人生态度、人生理想、人生信仰、人生责任、人生道路、人生与审美、人生与交往、人生与成才、人生与爱情。每章按两部分编写：第一部分，教学方案参考。包括教学目的和要求；教学重点和难点；教学针对性问题；教学内容和方法；教学辅助活动。第二部分，教学选材参考。包括观点综述；观点阐释；艺海撷英；典型实例；前车之鉴。书后附有论著和声像资料索引。

《人生哲理教学参考》集中反映了全国几十种《人生哲理》教材的优点，借鉴全国高校思想理论界和德育界最新科研成果,吸收全国高校特别是师范院校十年来人生观教育的经验,对加强高校思想政治理论课程建设,提高教育教学效果具有独到的理论和实践意义,同时也为詹万生后来主编德育大型工具书《中国德育全书》提供了经验和思路。

5. 大型思想文化研究著述《中国传统人生哲学》

对中国传统人生哲学的持续研究,对其在当代大学生人生观教育中重要价值的深刻认识,是贯穿詹万生80年代教学科研工作中的一条主线。1987年,《人生哲学》出版后,他就设定了人生哲学深化研究三部曲的目标:第一步,进行中国传统人生哲学研究;第二步,进行西方人生哲学研究;第三步,进行中西人生哲学比较研究。1989年,詹万生写出了《中国人生哲学系列丛书》编写计划,并初拟了20本书的目录,即《人性论》、《人生理想论》、《人生信仰论》、《人生目的论》、《人生态度论》、《人生价值论》、《人生修养论》、《天人关系论》、《人我关系论》、《义利之争》、《理欲之辨》、《才性之辨》、《中庸之道》、《志功论》、《力命论》、《知行论》、《情爱论》、《荣辱论》、《幸福论》、《生死论》。这个计划得到了同行朋友们的赞同和支持,并以北京、上海、广州、长沙、沈阳等大学从事人生哲学或伦理学教学与科研的中青年学者为主体组建编写班子,决定由詹万生担任《中国传统人生哲学》主编。根据詹万生的已有编写计划,经研究提炼,《中国传统人生哲学》全书共分九篇:第一篇《人性论》,由中央教育科学研究所詹万生执笔;第二篇《天人论》,由安徽师范大学的戴家龙执笔;第三篇《义利论》,由湖南师范大学的王泽应执笔;第四篇《理欲论》,由广州高等金融专科学校的宋启林、傅柏松执笔;第五篇《中庸论》由兰州商学院的朱岚、甘肃省委宣传部的王维平执笔;第六篇《情爱论》,由辽宁大学的崔莉执笔;第七篇《价值论》由上海师范大学的周中之、鲍炳中、黄伟力、殷啸虎执笔;第八篇《原道论》,由中国人民大学的龚群执笔;第九篇《生死论》,由首都医科大学的王晓燕、杨淑玲、董平执笔。正当按照编写计划全力投入写作之时,詹万生被国家教委调入中央教育科学研究所担任德育研究中心主任。此时,他为完成国家教委的任务,把主要精力放在对我国各级各类学校德育现状调查研究上。因此,《中国传统人生哲学》推迟了出版时间,于1996年10月由中国工人出版社出版。全书共125万字,是国内首部大型中国传统人生哲学理论研究专著。

本书的编写特点充分体现了詹万生在制订编写计划时提出的编写要求:第一,科学性。坚持以马克思主义为指导,对中国人生哲学遗产进行批判继承,弘扬其民主性精华,摒弃其封建性糟粕,古为今用,发展创新。第二,理论性。要求以史带论,史论结合;持之有据,言之成理;通古今之变,究各派之说,成一家之言,具有一定的理论意义。第三,学术性。力求在理论观点上有独道见解,或在论述上有新意,或在选材上有新的发现,或在前人的基础上有新的突破,具有一定的学术价值。第四,知识性。中国哲学史资料浩如烟海,要求广泛收集有关资料,以儒道释为主,特别是要以儒家学派为主,兼顾道、墨、法、兵诸家的材料,做到旁征博引,纵论横谈,具有较强的知识性。第五,可读性。要求对所引古文进行翻译、诠释,做到准确、通俗、生动,适合当代人口味,具有较强的可读性。第六,实践性。要求坚持推陈出新、古为今用的原则,要把至今仍闪烁着哲理光辉的思想赋予新意,使之成为当代青年树立正确的人生观和建设社会主义精神文明的思想材料,以增强实践性和现实意义。

本书第一篇《人性论》是詹万生对中国传统人生哲学研究成果之一。在本篇的研究论述中,詹万生首先论述了人性论在人生哲学中的地位,即人性论是人生哲学的理论基石,研究中国人生哲学必须首先研究中国哲学史上的人性论。本篇重点研究的人性论思想有:(1)孔子的"性相近,习相远"论。分析论述了"性相近"的人性观是孔子仁学思想的基础,评析了孔子把"性"和"习"进行区分,并第一次阐明二者的辩证关系,认为孔子开辟了中国哲学史上人性论思想的先河,为中国人性论的建立与发展打下了根基。(2)老聃的"自然者性之谓"论。论述了老子的自然人性论决定了他无欲、无为、无争的人生哲学,其无为而无不为的思想充满了辩证法,对后世的处世和治世之道产生了一定影响。(3)墨翟的"赖其力者生"论。评析了墨子提出的人的本质是劳动的深刻见解,梳理了墨子关于人人平等、重视人的主观能动性、反对命定论、尚贤举能、崇尚功利,以及"兼相爱、交相利"、"合其志功而观焉"的人生哲学体系。(4)世硕的"性有善有恶"论。评析了世硕有善有恶的人性观点,既承认人的自然属性,又强调教育培养对自然属性的制约和决定作用,避免了善恶两端的绝对化。(5)告不害的"性无善无不善"论。分析了他的自然人性论混淆了人性和动物的界限,同时他认为人性善与不善在于社会向哪个方向引导具有朴素唯物主义因素,对反对先验论有积极意义。(6)孟子的"人性本善"论。深入分析了孟子的先验道德人性论特点,指出他坚持从人的社会属性方面探讨人性问题,并较系统地说明了人之性善的内涵,在中国哲学史上占有重要地位。(7)荀子的"人之性恶"论。分析了他的性恶论虽然是从人的自然属性出发的,但他看到了后天教育和环境影响在人性形成中的作用,提出了"化性起伪"的观点,试图从人的自然属性和社会属性的结合上说明问题,具有许多深刻见解。(8)庄子的"性者生之质"论。分析了他的无善恶、自然无为人性论的内涵及其对后世的影响。(9)韩非的"好利恶害"论。评述了他认为社会生活中各种人际关系都是以利害关系为纽带联系起来的人性论观点的深刻性,同时指出了他重法治、轻道德的极端片面性。

在重点研究分析了上述各家人性论思想基础上,詹万生对先秦时期的人性论作了归结性评述。他认为,先秦诸子的人性论可以概括为三种不同的观点,构成两对矛盾和一个共同点:三种不同的人性界说,即告子的"生之为性"、孟子的"人之所以异于禽兽者"、荀子的"生之所以然者谓之性"和"人之所以为人者"。由三种人性界说分别构成了孟、告之间的对立和荀、孟之间的分歧这样两对矛盾,即"人兽之辨"和"善恶之争"。先秦诸子的人性论的共同点是把人性看成是先天的、与生俱来的东西,他们又都重视后天环境、教育对人性"扩充"或改变的作用,就是性与伪、性与习的关系。作者指出,先期各家的人性论思想涉及到了人性概念的界说、人性兽性的辨析、人性善恶的争论、性与习的关系、性与伪的关系等一系列关于人性问题的基本理论,为以后各个历史时期关于人性问题的深入研究起到了发端和奠基的作用,为中国人生哲学的形成和发展奠定了比较坚实的理论基础,也为我们现在进一步研究人性论问题积累了十分丰富的资料。

詹万生在上世纪80年代对中国传统人生哲学的深入研究与他对国外人学理论的掌握和辨析成为两条相辅相成的治学主线。可以说，这两条主线是他坚持"贯通古今、融会中西、继承借鉴、发展创新"的亲身经历。这个领域的研究成果对新世纪进行社会主义核心价值体系教育，培养正确的世界观、人生观、价值观，践行社会主义荣辱观具有重要的启示和指导意义。

值得注意的是詹万生在研究中国传统人生哲学时，已经体悟到中国文化的"合理内核"、进步性和积极意义是"整体和谐"思想。他在《中国传统人生哲学》的"前言"中明确指出：中国传统哲学中的哲学家大都把建立和谐统一的社会作为自己的责任，儒家人生哲学的宗旨是"兼善天下"，是"济世利他"。"仁者爱人"的人生理想与"天下为公"的社会理想是一致的。他还总结归纳出中国传统人生哲学蕴含的"整体和谐"思想的三点重要意义：首先，中国人生哲学体现的是一种整体主义思想，它对于国家统一、社会和谐和民族团结是有进步意义的。其次，中国人生哲学蕴含着一定的辩证法思想，它对于调和阶级矛盾、维护社会稳定是有进步意义的。第三，中国人生哲学强调的是一种高尚的精神境界，它对于精神文明建设和理想人格塑造是有进步意义的。这为他后来研究并创立和谐德育论奠定了理论基础和思想方法。

第二篇

深入实践 调查研究
选准德育研究方向

——和谐德育研究的发端阶段(1991–1996)

1991年12月26日,中央教科所德育研究中心成立。詹万生从首都师大党委宣传部副部长、德育教研室副主任的岗位上调任中央教科所德育研究中心主任,领衔德育科研。为了选准德育科研的切入点,他主持了全国教育科学"八五"规划国家教委重点课题"我国各级各类学校德育现状调查研究",带领中央教科所德育研究中心同仁运用和谐的思想方法分析德育现状,针对德育实践中某些不和谐问题,提出了整体构建学校德育体系的建议,得到了时任中共中央政治局常委李岚清同志的肯定性的批示,他的建议被1994年颁布的《中共中央关于进一步加强和改进学校德育工作的若干意见》所采纳。从此,詹万生选定了整体构建学校德育体系的研究方向,并矢志不渝,执着追求,咬定青山不放松。

一、詹万生"八五"时期的论文选编

1. 论毛泽东对传统道德的批判继承思想[1]

毛泽东德育思想是毛泽东教育思想的一个重要组成部分,而毛泽东关于对传统道德的批判继承思想则是毛泽东德育思想的一个重要内容。重温毛泽东关于对传统道德的批判继承思想,对于在建立社会主义市场经济体制的新形势下,弘扬中华民族优秀传统道德,加强和改进学校德育工作,建立有中国特色的社会主义道德体系具有十分重要的现实意义和深远的历史意义。

(一)什么是对传统道德的批判继承

毛泽东站在辩证唯物主义哲学的高度,对于传统道德进行了辩证的、历史的分析,认为传统道德同世界其他任何事物一样,也是一分为二的,可以分为精华和糟粕两部分。他在《新民主主义论》中,在谈到清理文化遗产时说:"剔除其封建性的糟粕,吸收其民主性的精华,是发展民族新文化提高民族自信心的必要条件;但是决不能不加批判的兼收并蓄。"在谈到吸收外国的进步文化时,他还以形象生动的比喻写道:"如同我们对于食物一样,必须经过自己的口腔咀嚼和胃肠运动,送进唾液胃液肠液,把它分解为精华和糟粕两部分,然后排泄其糟粕,吸收其精华,才能对我们的身体有益,决不能生吞活剥地毫无批判地吸收。""取其精华,去其糟粕",这就是毛泽东所阐明的无产阶级对待传统道德进行批判继承的科学涵义。

毛泽东的如上论述与列宁评价马克思的学说时所讲的一段话是一致的。列宁说:"凡是人类社会所创造的一切,他都用批判的态度加以审查,任何一点也没有忽略过去。凡是人类思想所建树的一切,他都重新探讨过、批判过,根据工人运动的实践一一检验过,于是就得出了那些被资产阶级狭隘性所限制或被资产阶级偏见束缚住的人所不能得出的结论。"由此可见,毛泽东的取其精华,去其糟粕的观点,是对马克思列宁主义关于对人类文化遗产进行批判继承思想的继承和发展,是马克思主义基本原理与中国革命的实际相结合的又一光辉典范。

如同整个毛泽东思想一样,毛泽东的批判继承思想也是与形形色色的错误思想相比较存在,相斗争而发展的。在对待文化传统,包括道德传统的问题上历来存在着两种错误的倾向和态度:一是全盘否定,一概排斥;二是全盘继承,一概照搬。毛泽东坚决反对和批判了这两种错误的倾向和态度。他指出,第一种错误倾向把整个道德发展史看得一团漆黑,一无是处,

---

[1] 此文是为纪念毛泽东诞辰100周年而作。曾于1993年12月在中国教育学会、中央教科所、全国教育科学规划办联合主办的"学习毛泽东教育思想理论研讨会"宣读。后来发表在《中国青年政治学院学报》1995年第一期上,又被收入《中共领导科学文库》之中。

对道德遗产采取一概排斥,全部打倒的态度,这是"全盘否定"的民族虚无主义和历史虚无主义。其错误在于,形而上学地割断了历史,否定了道德遗产中存在着精华和糟粕这一客观历史事实;把道德的阶级性与时代性绝对化,忘记了道德内部的层次性和道德表现的复杂性,也忘记了历史本身的连续性和继承性。第二种错误倾向把所有的道德遗产都视为"国粹",因而对道德遗产采取良莠不分、兼收并蓄的态度,反对对道德遗产进行批判、改造和革新,这是"全盘照搬"的国粹主义。其错误在于,形而上学地强调历史的继承性,否定历史发展的辩证法,抹煞了道德遗产的阶级性,反对和破坏了无产阶级道德观的党性原则。

在社会主义现代化建设的今天,我们研究中华民族传统道德和对青少年学生进行传统美德教育时,必须坚持和发展毛泽东的批判继承思想。中国传统道德是一定时代的产物,同任何事物一样,它也具有两重性,既有进步性,又有局限性;既有精华,又有糟粕。一方面,我们要看到建立在小农生产基础和封建宗法制度之上的传统道德,必然有其狭隘性和保守性的一面,诸如鄙视劳动、宗法观念、家长作风、忠君思想、因循守旧、封建迷信、男尊女卑、平均主义等。这些消极的东西曾经是导致我国社会长期停滞的思想根源之一,必须坚决剔除。

另一方面,我们也必须看到,中华民族传统道德源远流长、博大精深、影响广远。中国素以"文明古国"和"礼仪之邦"著称于世。在中国悠久的文明史中,传统道德经过千百年的积淀,有些光辉思想已构成了我们的民族之魂。例如:"天下兴亡,匹夫有责"的爱国主义精神;"天下为公"、"济世利他"的整体主义精神;"刚健有为,自强不息"的积极进取精神;"先天下之忧而忧,后天下之乐而乐"的先人后己精神;"见利思义"、"先义后利"的价值取向;"富贵不能淫、贫贱不能移、威武不能屈"的浩然正气;"杀身成仁"、"舍生取义"的高风亮节;勤劳俭朴、诚实守信的求实精神;"仁者爱人"、"成人之美"的团结友爱思想;"推己及人"、"能近取譬"的修养方法,等等。这些民族之魂曾经哺育了中华民族亿万优秀儿女的健康成长,曾经激励过无数志士仁人和民族英雄为祖国的独立、统一、繁荣、富强而写下了人生的壮丽篇章。毫无疑问,这些传统道德的精华在社会主义现代化建设的今天也值得吸取、继承和发扬光大的。

(二)为什么要对传统道德进行批判继承

毛泽东做出了明确的回答:批判继承的"目的仍然是为了人民大众",使之"变成革命的为人民服务的东西"。对于"进步的外国文化",他主张"应当以中国人民的实际需要为基础,批判地吸收"。解放后,为繁荣和发展我国社会主义文艺,毛泽东把这一思想精辟地概括为"古为今用"、"洋为中用"。这是对批判继承的出发点和目的性所作的明确规定,表明了对批判继承的根本立场和态度。

按照"古为今用"、"洋为中用"的原则,对中国传统道德的批判继承和对外国进步道德的借鉴利用必须着眼于"为我所用"。用毛泽东的话说,就是吸收我们"今天用得着的东西",而不是古董鉴赏,更不是颂古非今和崇洋媚外。所谓今天用得着,就是人民用得着,社会主义用得着,能用来为人民、为社会主义服务。我们批判继承的目的,是为了解决当前的道德问题,培养和教育"有理想、有道德、有文化、有纪律"的一代新人,是为了推进社会主义和共产主义道德的发展,而不是让传统束缚我们前进的脚步。在这方面,毛泽东本人为我们作了成功的示范。民主革命时期,他用古代寓言中"愚公移山"的精神,鼓舞中国人民进行坚持不懈的革命斗争,以坚韧不拔的毅力去搬掉"三座大山"。社会主义时期,他曾用《西游记》的故事教育党员和干部。他说:"唐僧、孙悟空、猪八戒、沙和尚师徒四人去西天取经,虽然中途闹了点不团结,但是经过互相帮助,团结起来,终于克服了艰难险阻,战胜了妖魔鬼怪,到达了西天,取了经,成了佛。"他用这个故事教育党员和干部不要怕有不同意见,不要怕有争论,只要坚定信仰,目标一致,团结奋斗,最后总是会成功的。

今天,我们在对中华民族传统道德进行批判继承的时候,同样必须坚持"古为今用"的原则。对于中华民族传统道德,只有摒弃其封建主义的阶级内容,剥去其唯心主义的外衣,才能发现它的合理内核,看到它的进步性和现实意义。关于传统道德的合理内核和现实意义,我认为至少包括以下三点:

第一,中华民族传统道德的宗旨是:"兼善天下"和"济世利他",它主张的人生理想是"仁者爱人",社会理想是"天下为公"。这体现的是一种整体和谐思想。自秦汉以来,中国就形成了统一的多民族的国家,尽管历史上曾出现过暂时的分裂局面,但很快又获得了统一,这与整体和谐思想的影响是分不开的。整体和谐思想具有一种伟大的凝聚力和向心力,对于国家统一、社会和谐和民族团结是有进步意义的。在今天,它仍然可以成为对青少年学生进行爱国主义和集体主义教育的思想材料。

第二,中华民族传统道德追求"仁爱",崇尚道德,但并不否定刑罚;主张"德政",但不否定法治。然而,二者相比,儒家认为道德具有更根本、更重要的意义。孔子主张"为政以德",认为"道之以德,齐之以礼,有耻且格",贾谊认为"礼者,禁于将然之前;而法者,禁于已然之后。"儒家还特别重视道德修养在人际关系中的调节作用,在修养方法上主张"推己及人"、"能近取譬"、"设身处地"和"将心比心"。这些都蕴含着辩证法思想,对于维护社会和谐稳定、调节人际关系和形成良好的道德风尚仍具有重要的现实意义。

第三,中华民族传统道德的价值取向是重视精神境界,认为人的精神需要高于物质需要。这一思想在"义利观"上表现得尤为突出。儒家认为义重于利,强调要"见利思义"、"义以为质"、"义然后取"、"先义后利",认为"放于利而行,多怨","见小利则大事不成。"这种思想对于陶冶民族性格和建设精神文明,在历史上曾经起过进步作用。今天,在建立社会主义市场经济体制的过程中,对于抵制拜金主义思潮的影响,建设社会主义精神文明仍然具有重要的现实意义。

(三)如何对传统道德进行批判继承

毛泽东在《矛盾论》中指出:"新陈代谢是宇宙间普遍的永远不可抵抗的规律","世界上总是这样以新的代替旧的,总是这样新陈代谢、除旧布新或推陈出新。"这里,毛泽东站在唯物辩证法的高度为提出"推陈出新"这一文化方针,奠定了哲学基础。1951年4月,毛泽东应梅兰芳的要求,为即将成立的中国戏曲研究院题词,"推陈出新"就是其中的一句话。后来这句话被确定为我国文化的工作方针。然而,这一番真的意义远远超出了吸取和整个文艺的范围,而是对包括道德在内的一切进步文化发展规律的科学概括和总结,是对包括传统道德在内的一切传统文化如何进行批判继承的科学回答,是毛泽东本人在民主革命时期提粗的批判继承理论在新的历史条件下的发展。

"新陈代谢"、"推陈出新"生动地体现了批判继承和发展创新的辩证关系。在毛泽东看来，批判继承完全是为了革新创造，为了发展创新，而不是抱残守缺和因循守旧。毛泽东的批判继承思想同样体现了他的革命性、创造性的思想基调的个性特征。在"推陈出新"的观点中甚至主张"标新立异"。

道德领域的推陈出新，就是对传统道德进行马克思主义的改造，赋予传统道德以新的时代内容的新含义。在这方面，毛泽东同样是我们的光辉楷模。他对儒家伦理中被称为"三达德"的"智仁勇"所作的唯物论的批判和改造，就是"推陈出新"的杰出范例。"智仁勇"是孔子提出的唯心主义道德范畴，中国历代封建统治者都把它作为重要的道德训条，以蒋介石为代表的国名党反动派也把它作为独裁、专制统治的精神支柱。毛泽东对"智仁勇"作了历史唯物论的批判和革命的改造，他说："智是理论，是思想，是计划、方案、政策；仁勇是拿理论、政策等见之实践时候应取的一种态度。仁，就像现在说的'亲爱团结'；勇，是像现在说的'克服困难'（现在我们说亲爱团结，克服困难，都是唯物论的，而孔子的智仁勇则一概是主观的）。但还有别的更重要的态度如像'忠实'，如果做事不忠实，那'智'只是言而不信，仁只是假仁，勇只是白勇。"经过这番改造，不仅剔除了"智仁勇"的封建糟粕，克服了其唯心主义性质，而且赋予它以全新的含义：首先，智和仁勇是认识和实践的关系，使其在哲学上获得了唯物主义认识论的性质；其次，仁勇是在革命理论指导下形成的无产阶级革命品质，仁是亲爱团结的阶级情意，勇是克服困难的英雄气概，使其在道德上获得了新的生命；再次，智仁勇都与"忠实"即实事求是和坚持真理的马克思主义根本原则和科学态度相联系、相统一，使其在政治上获得了革命的意义。毛泽东以无产阶级革命家、理论家的博大胸怀和科学态度，对本来属于封建统治者服务的唯心主义道德范畴——"智仁勇"，进行了彻底的批判和改造，使其变成了可为无产阶级利用的范畴。

毛泽东对传统道德批判改造、推陈出新的理论与实践，为对青少年学生进行传统道德教育树立了光辉的榜样。我们在对中小学生进行爱国主义教育和行为规范养成教育的时候，完全可吸收、借鉴和利用中华民族的传统道德范畴，并且经过批判和改造使之赋予新的含义。例如，"忠"、"孝"两个道德范畴，封建时代的"忠"是忠君思想、是"君要臣死，臣不敢不死"；"孝"包含着"不孝有三，无后为大"、"父母在，不远游"等封建内容。而现在讲"忠"、"孝"，当然必须批判和摈弃封建主义的愚忠、愚孝，并赋予它们新的时代意义，"忠"是指忠于祖国，忠于人民，忠于社会主义事业；"孝"是指赡养父母，尊重父母，孝敬父母。

总之，毛泽东关于对传统道德的批判继承思想，包含着取其精华、去其糟粕、古为今用、推陈出新等基本观点。这些宝贵的思想和观点仍然是当前加强和改进学校德育工作的重要指导思想。中国传统道德，为我们留下了大量的可以借鉴和利用的宝贵财富，许多警句格言至今仍然闪烁着哲理的光辉，其中有些一旦赋予新意，便可成为社会主义精神文明的组成部分，便可成为建立社会主义新的道德体系的思想材料，便可成为社会主义学校德育的重要内容。对于中国传统道德的合理成分和积极因素，我们要以马列主义、毛泽东思想为指导，进行革命变革和改造利用，赋予新的内容和新的含义，在批判继承的基础上有所发展和创新。

2. 建设中国特色社会主义德育体系的指导思想[1]
——学习《邓小平文选》第三卷的体会

邓小平同志建设有中国特色的社会主义理论全面、系统、深刻地阐明了什么是社会主义和如何建设社会主义的问题。在这一理论体系中，不仅包括社会主义物质文明建设理论，而且包括社会主义精神文明建设的理论。在社会主义精神文明建设的理论中，包括了社会主义教育理论。邓小平同志一贯重视德育工作，他在不同的年代、不同的场合，从不同的角度反复多次科学地阐述了德育工作的地位和作用，明确地提出了德育的目标和内容，深刻地指出了德育原则和方法。这些内容构成了邓小平德育思想的完整体系。邓小平德育思想，与一般教育家、思想家、政治家的德育思想相比，有共性，更有鲜明的特色：一是以坚持政治路线为根本出发点的德育大思路；二是与重点转移后新形势相适应的德育新观念；三是求是务实，率先垂范的德育新风范。邓小平德育思想立意高远，内涵深邃，涵盖面广，具有鲜明的时代性、全面性、典范性和决策性，对于改进和加强学校德育工作，建设科学化、系统化、规范化的社会主义德育体系具有重要的指导意义。这里主要谈一谈学习《邓小平文选》第三卷的体会。

一、科学地阐述了德育工作的地位和作用

邓小平同志十分重视德育的地位和作用，他在这方面的论述很多，概括起来主要有以下三个方面。

1.根据马克思主义关于经济基础决定上层建筑辩证关系的原理，科学地阐明了德育工作的客观地位。 1984年10月，邓小平同志指出："物质是基础，人民的物质生活好起来，文化水平提高了，精神面貌会有很大变化。……当然，我们总还要做教育工作，人的工作，那是永远不能少的。但是经济发展是个基础，在这个基础上工作就做好了。"[2] 1990年3月，他指出："加强思想政治工作，讲艰苦奋斗，都很必要，但只靠这些也还不够。最根本的因素还是经济增长速度，而其要体现在人民的生活逐步地好起来。"[3] 这两段话讲的是物质与精神、经济工作与思想政治工作的辩证关系。笔者认为德育包括：政治教育、思想教育、道德教育、法纪教育和心理教育，因此，可以认为这两段话讲的是德育与经济工作的关系。德育的地位和作用有广狭之分，狭义是指教育内部诸因素的关系，即德育与智、体育、美育和劳动教育的关系。广义是讲德育与社会政治经济的关系问题。邓小平同志主要从广义上讲德育的地位和作用，这反映了总设计师的德育大思路的特点。他指出物质是基础，经济是最根本的因素；另一方面，思想政治工作又是"很必要"、"永远不能少的"。这些论述既指出了经济基础的决定性作用，又指

---

[1] 此文曾在1994年12月中央教育科学研究所举办的"学习邓小平教育思想学术研讨会"上宣读，1995年参加国家教委举办的"学习邓小平建设中国特色社会主义理论征文"，并获一等奖。后来收入作者个人文集《德育新论》，首都师范大学出版社1996年7月出版。

[2] 邓小平：《邓小平文选》第三卷，人民出版社，1994年，第89页。

[3] 邓小平：《邓小平文选》第三卷，人民出版社，1994年，第89页。

出了属于上层建筑范畴的德育工作的能动作用，闪烁着马克思主义辩证唯物主义光辉，为我们在实际工作中正确地把握德育工作的地位和作用，纠正德育工作"万能论"和"无用论"，防止"左""右"倾向，提供了强大的思想武器。在新时期德育工作的指导思想上，邓小平以"实事求是，解放思想"为武器，以极大的政治胆略和理论勇气，领导全党实现了"拨乱反正"，把德育为"以阶级斗争为纲"和"无产阶级专政下继续革命"服务转向为"以经济建设为中心"和社会主义现代化建设服务，从而端正了新时期德育工作的根本指导思想，把德育工作引上科学化的发展道路。

2. 在总结改革和建设的经验教训中强调重视和加强德育工作。1986年3月，邓小平同志指出："实行改革开放政策必然会带来一些坏的东西，影响我们的人民。要说有风险，这是最大的风险。我们用法律和教育这两个手段解决这个问题。"[1]1987年3月，他指出："在整个四个现代化建设过程中，都存在一个反对资产阶级自由化的问题。既然是长期的事，不可能搞运动，只有靠经常性的说服教育，必要时采取一些行政手段和法律手段。"[2]1989年3月，他指出："十年来我们最大的失误在教育方面，对青年的政治思想教育抓的不够，教育发展不够。""我们最近十年的发展是很好的。我们最大的失误是在教育方面，思想政治工作薄弱了，教育发展不够。我们经过冷静的考虑，认为这方面的失误比通货膨胀等问题更大。……所以要加强对人民进行思想政治工作，提倡艰苦奋斗。这是中国在几十年的建设中得出的经验。"[3]同年6月，他又说："四个坚持本身没有错；如果说有错的话，就是坚持四项基本原则还不够一贯，没有把它作为基本思想来教育人民，教育学生，教育全体干部和党员。"[4]邓小平同志从正反两个方面总结德育的经验和教训，提出文革时期"左"的错误决不能重演，而80年代中后期轻视德育、忽视德育、削弱德育的失误带来的教训，应当永远记取。

3. 从党和国家的命运和前途、社会主义事业的兴衰成败的高度论述加强德育工作的重要性。1983年1月，他指出："教育人民坚持四项基本原则，这就为我们事业的健康发展从根本上提供了保证。"[5]1983年10月，在论述加强思想理论建设，反对精神污染时，他指出："不要以为有一点精神污染不算什么，值不得大惊小怪。……从长远看，这个问题关系到我们的事业由什么样一代人来接班，关系到党和国家的命运和前途。"[6]1992年初，在视察南方时，他语重心长地说："中国的事情能不能办好，社会主义事业和改革开放能不能坚持，经济能不能快一点发展起来，国家能不能长治久安，从一定意义上说，关键在人。""帝国主义把和平演变寄托在我们以后的几代人身上。……我们这些老一辈的人在，有分量，敌对势力知道变不了。但我们这些老人呜呼哀哉之后，谁来保险？所以要把我们的军队教育好，把我们的专政机构教育好，把共产党教育好，把人民和青年教育好。"[7]"十一届三中全会确定的这条中国发展的路

---

[1] 邓小平：《邓小平文选》第三卷，人民出版社，1994年，第156页。
[2] 邓小平：《邓小平文选》第三卷，人民出版社，1994年，第208页。
[3] 邓小平：《邓小平文选》第三卷，人民出版社，1994年，第290页。
[4] 邓小平：《邓小平文选》第三卷，人民出版社，1994年，第305页。
[5] 邓小平：《邓小平文选》第三卷，人民出版社，1994年，第202页。
[6] 邓小平：《邓小平文选》第三卷，人民出版社，1994年，第45页。
[7] 邓小平：《邓小平文选》第三卷，人民出版社，1994年，第380页。

线,是否能够坚持得住,要靠大家努力,特别是要教育后代。"[1]

总之,邓小平同志运用马克思主义基本原理,从改革开放和社会主义现代化建设的实际出发,从党的前途和命运、国家的长治久安、社会主义事业的兴衰成败的高度反复强调了德育的地位和作用,可谓语重心长。

当前,在建设社会主义市场经济体制的过程中,学校德育工作面临着许多新情况和新问题,例如:在经济体制发生重大变化,以公有制和按劳分配为主体,其他多种经济成分和分配方式并存的条件下,如何坚持社会主义意识形态的主导地位;在进一步扩大开放,学习外国先进科学技术和管理经济的条件下,如何教育学生正确认识我国国情,继承和发扬中华民族优秀文化传统和党的革命传统树立民族自尊、自信、自强、自立的精神;在旧体制转化过程中还存在各种矛盾,社会生活中还有需要克服的消极现象的情况下,如何引导学生逐步树立正确的人生观、世界观、价值观,培养良好的道德品质;在科学技术迅速发展、社会主义市场经济逐步建立的情况下,如何指导学生在观念、知识、能力、心理素质方面尽快适应新的要求;在人民生活水平有了较大改善和提高的情况下,如何培养学生具有自力更生、艰苦奋斗的精神和坚强的意志品质;等等。这些情况说明德育的任务是加重了,而不是减轻了;德育的难度是增大了,而不是减小了。要从理论上和实践上很好解决这些新课题,必须以邓小平关于德育的地位和作用的思想为指导,更好地发挥德育工作对青少年学生健康成长和对学校工作的导向、动力和保证作用。

二、明确地提出了德育的目标和内容

在《邓小平文选》第三卷中,邓小平同志从改革开放和现代化建设的需要出发,多次提出要培养有理想、有道德、有文化、有纪律的社会主义新人,为我们明确了新时期德育的目标。在1985年3月之前,他多次指出,要教育人民"有理想、有道德、有文化、守纪律"。从1985年3月起,将"守纪律"改为"有纪律",从此将"有理想、有道德、有文化、有纪律"简称为"四有"。1987年2月,他指出:"文化大革命带坏了一代人。所以我们提出要教育人民成为'四有'人民,教育干部成为'四有'干部。'四有'就是有理想、有道德、有文化、有纪律。"[2]1989年9月,他明确提出"我们的目标是'四有'"。[3]

怎样才能实现培养"四有"新人的目标?从第三卷中可以看出,邓小平同志着重强调要加强一下几个方面的教育内容。

——理想和纪律教育。这是邓小平同志讲的最多的。他反复强调,在建设有中国特色社会主义社会时,要教育人民有理想、有道德、有文化、有纪律。"这四条里面,理想和纪律特别重要。"[4]"要特别教育我们的下一代下两代,一定要树立共产主义的远大理想。"[5]1986年11月,针对资产阶级自由化对青年的影响,他指出:"首先要向青年进行有理想有纪律的教育。没有理想和纪律,建设四化是不可能的。"[6]1987年3月,他又指出:"我们历来提倡有理想、有

---

[1] 邓小平:《邓小平文选》第三卷,人民出版社,1994年,第381页。
[2] 邓小平:《邓小平文选》第三卷,人民出版社,1994年,第205页。
[3] 邓小平:《邓小平文选》第三卷,人民出版社,1994年,第318页。
[4] 邓小平:《邓小平文选》第三卷,人民出版社,1994年,第110页。
[5] 邓小平:《邓小平文选》第三卷,人民出版社,1994年,第111页。
[6] 邓小平:《邓小平文选》第三卷,人民出版社,1994年,第191页。

道德、有文化、有纪律，其中最重要的是有理想、有纪律。"[1]同年6月，他再次提出："在强调发展民主的同时，要强调教育我们的人民特别是青年有理想、有纪律。"[2]

——坚持四项基本原则的教育。他多次强调要对人民特别是青年进行坚持四项基本原则，反对资产自由化的教育。例如，他在1987年三月提出："反对资产阶级自由化是一个长期教育的问题，同四个现代化建设将是并行的。"[3]

——艰苦奋斗优良传统教育。他从拒腐防变的高度反复强调要加强艰苦奋斗的教育。1989年3月，他在总结过去的经验教训时指出："在经济得到可喜发展、人民生活水平得到改善的情况下，没有告诉人民，包括共产党员在内，应该保持艰苦奋斗的传统，才能抗住腐败现象，所以要加强对人民进行思想政治工作，提倡艰苦奋斗。"[4]

——爱国主义教育。1983年4月，他在强调建设物质文明的同时还要建设社会主义精神文明时，指出："国际主义、爱国主义都属于精神文明范畴。"1992年初，他在南方视察时，殷切希望知识分子"对我们国家要爱，要让我们的国家把发达起来。"[5]——社会主义法制教育。1986年6月，他指出"……加强法制重要的是要进行教育，根本问题是教育人。法制教育要从娃娃开始，小学、中学都要进行这个教育，社会上也要进行这个教育。"[6]以上几个方面，从总体上说，都是党的基本路线教育的内容。党的基本路线是由党在现阶段的奋斗目标、中心任务、基本原则、方针政策、领导力量和依靠对象构成的一个有机整体。邓小平同志强调的理想教育实际上就是党在现阶段的奋斗目标的教育，纪律、法制教育也是为了实现党的奋斗目标，正如他在谈到理想纪律教育时指出的："理想就是社会主义现代化，要搞四个现代化，要使中国发展起来，就要有纪律、有秩序地进行建设。"[7]四项基本原则、艰苦奋斗都是基本路线的重要内容。而爱国主义则是凝聚全国人民建设富强、民主、文明的社会主义现代化国家的伟大动力。可见，在邓小平同志那里，培养"四有"新人的目标与坚持党的基本路线是有机地统一在一起的。这在他视察南方谈话中可以更清楚地看出来。他在谈到培养教育好"以后的几代人"、"选拔德才兼备的人进班子"时指出："我们说党的基本路线要管一百年，要长治久安，就要靠这一条。"[8]

总之，邓小平同志关于德育目标、德育内容的思想，是从党的基本路线的高度和一百年不动摇的战略出发的，是具有全局性、战略性的大思路，是高屋建瓴的，意义深远的。

三、深刻地指出了德育工作的原则和方法

邓小平同志指出：实事求是和群众路线是我们党一贯倡导的"最基本的思想方法、工作方法"，"实事求是、一切从实际出发、理论与实践相结合"是马克思主义的根本观点、根本方

---

(1) 邓小平：《邓小平文选》第三卷，人民出版社，1994年，第209页。
(2) 邓小平：《邓小平文选》第三卷，人民出版社，1994年，第245页。
(3) 邓小平：《邓小平文选》第三卷，人民出版社，1994年，第208页。
(4) 邓小平：《邓小平文选》第三卷，人民出版社，1994年，第290页。
(5) 邓小平：《邓小平文选》第三卷，人民出版社，1994年，第378页。
(6) 邓小平：《邓小平文选》第三卷，人民出版社，1994年，第163页。
(7) 邓小平：《邓小平文选》第三卷，人民出版社，1994年，第209页。
(8) 邓小平：《邓小平文选》第三卷，人民出版社，1994年，第380页。

法。他要求德育工作者必须做实事求是和调查研究的榜样,必须"做老实人、说老实话、办老实事"。

1985年9月,邓小平同志在中国共产党全国代表会议上的讲话中指出:"教育一定要联系实际。对一部分干部和群众中流行的影响社会风气的重要思想问题,要经过充分调查研究,由适当的人进行周到细致、有充分说服力的教育,简单片面武断的说法是不行的。群众关心的实际生活问题和时事政策问题,各级领导一定要经常据实讲解,告诉大家客观的情况以及党和政府所作的努力,并且对群众所反应的不合理现象及时纠正。群众从事实上感觉到党和社会主义好,这样,理想纪律教育,共产主义思想教育和爱国主义教育,才会有效。"[1] 1987年2月,在谈到坚持四项基本原则,反对资产阶级自由化教育时,他指出:"最终说服不相信社会主义的人要靠我们的发展,如果我们在本世纪内达到了小康水平,那就可以使他们清醒一点;到下世纪中叶我们建成中等发达的社会主义国家时就会大进一步说服他们,他们中的大多数人才会真正认识到自己错了。"[2] 在同一次讲话中,他在回顾鸦片战争以来的中国近、现代史后指出:"这个历史告诉我们,中国走资本主义道路不行,中国除了走社会主义道路没有别的道路可走,一旦中国抛弃社会主义,就要回到半殖民地半封建社会,不要说实现小康,就连温饱也没有保证。所以了解自己的历史很重要。青年人不了解这些历史,我们要用历史教育青年,教育人民。"[3] 在同年3月针对学生闹事的一次谈话中,他说:"这次闹事的学生多半是大学一二年级,20岁以下的青年,他们没有社会实践经验,今年放寒假回去后,几乎每个家庭都给学生上了课。他们看看左邻右舍,同时又跑了一些地方,这几年搞的事情对每个家庭都有好处。所以很多人回校后承认他们原来的认识和行动不对。"[4]

在上述这些讲话中,邓小平同志提出或者强调了新时期加强和改进德育工作的一些重要原则和方法:

1. 理论与实践相结合的原则。即德育一定要联系社会生活实际和学生的思想实际,要摆事实,讲道理,用事实说话。

2. 解决思想问题与解决实际问题相结合的原则,对群众反应的不合理现象要及时纠正,最终解决思想问题,要靠解决产生这些思想问题的实际问题。

3. 有效性原则。要运用各种适当的途径方法,使思想教育"有效"。反对弄虚作假和形式主义。

4. 周到细致、耐心说服的方法。防止"简单片面武断的说法",做好深入细致的思想工作。

5. 历史教育的方法。历史是生动的教科书,要学会用历史教育青少年,使他们了解中国的历史和国情。

总之,邓小平同志关于德育原则和方法的思想,同对待其他一切工作一样,一贯坚持实事求是的思想路线和干实事、求实效的作风,反对本本主义和形式主义;一贯坚持以身作则、

---

(1) 邓小平:《邓小平文选》第三卷,人民出版社,1994年,第144—145页。
(2) 邓小平:《邓小平文选》第三卷,人民出版社,1994年,第204页。
(3) 邓小平:《邓小平文选》第三卷,人民出版社,1994年,第206页。
(4) 邓小平:《邓小平文选》第三卷,人民出版社,1994年,第208页。

率先垂范，反对说一套、做一套。邓小平同志的这些思想特色是与他"三次被打到、又三次复出"的特殊经历是分不开的。在这极不平凡的人生历程中，邓小平同志那忠贞不渝的革命信念、无私无畏的英雄气概、百折不挠的坚强意志、柔中有刚的政治气质、举重若轻的大将风度、能上能下的公仆本色，都非常集中而凸显出来了。他的言教和身教具有极大的精神感召力，他的德育思想和他的伟大人格都是我们应当永远学习的。

3. 解放思想 更新观念 正确认识德育的十大关系[1]

邓小平同志的南巡谈话，像和煦春风吹遍了祖国大地。党的"十四大"再度奏响了建设有中国特色社会主义的时代交响乐。"一个中心、两个基本点"是这个交响乐的主旋律，"加快改革开放的步伐，集中精力把经济建设搞上去"是这个主旋律的最强音。所有关心国家前途的人，都在关心着改革开放；所有其它各项工作都在围绕着经济建设这个中心，服从并服务这个中心。那么学校德育工作怎样才能和上调子，跟上拍子，奏出雄浑壮阔、美妙动听的时代交响乐呢？如何适应加快改革步伐的新形势，更好地为经济建设服务呢？这个问题，是我最近思考较多的，也是我国广大德育管理干部、德育科研工作者和德育实际工作者所共同关心的问题。最近一个时期，常常听到德育界的同行们的一些议论，例如：如何认识和处理以经济建设为中心与以德育为首位的关系？如何认识和处理以德育为首与以教学为主的关系？如何认识和处理集中精力搞经济建设与反和平演变的关系？如何认识坚持四项基本原则与坚持改革开放的关系？如何认识要警惕右与主要是防止"左"的关系？如何认识弘扬中华民族传统文化与学习西方先进文化的关系？等等。在这些问题中，有时反映出某种疑虑和担忧，怀疑德育为首的地位，担心再度出现"一手硬、一手软"，忧虑德育工作者的前途和出路。那么，如何正确认识和处理这些问题呢？我认为关键的问题是解放思想，更新观念。

什么是解放思想？"所谓解放思想，就是用于冲破落后的传统观念的束缚，善于从实际出发，努力去开拓进取"[2]1978年，全国曾掀起了关于实践是检验真理的唯一标准的大讨论。它是一场有重大历史意义的解放思想的大讨论。那场讨论，冲破了长期以来个人迷信和"两个凡是"的思想束缚，重新恢复了调查研究，实事求是，一切从实际出发而不是从本本出发，在实践中不断纠正错误、发展真理的思想路线。这是思想路线的拨乱反正，它是政治路线拨乱反正的先导，是建设有中国特色的社会主义理论和"一个中心，两个基本点"基本路线的历史起点和逻辑起点。

时隔14年的今天，邓小平同志再次强调"思想再解放一点，胆子再大一点，步子再快一点"。我认为这是解放思想的再动员，基本路线的再教育，改革开放的再推进。而"思想再解放

---

[1] 此文是为学习贯彻邓小平同志南巡谈话而作，1992年暑假先后在北京、湖南、安徽、黑龙江等地举办的德育研讨会上作过演讲。发表在詹万生主编的论文集《德育在改革大潮中》，黑龙江人民出版社1993年7月出版。后收入《德育新论》，首都师范大学出版社1996年7月出版。

[2] 江泽民讲话，转自《人民日报》，1992年6月15日。

一点",则是"胆子再大一点,步子再快一点"的前提和先导。我们的德育工作要能更好地为改革开放和经济建设服务,也必须进一步解放思想,更新观念。那么,我们需要更新那些观念?我认为必须更新十个观念,正确认识和处理德育的十大关系。

更新十个观念,正确认识和处理德育的十大关系是:

(一)更新孤立地从政治和意识形态角度判断国际形势的观念,学会用经济观点分析国际形势,正确认识和处理集中精力搞经济建设与反和平演变的关系;

(二)更新认为四项基本原则与改革开放是主从关系的观念,坚持用辩证的观点看待两个基本点,正确认识和处理坚持四项基本原则与坚持改革开放的关系;

(三)更新"左比右好"宁左勿右的观念,清除"左"的思想影响,正确认识和处理警惕右与主要防止"左"的关系;

(四)更新从教育内部看德育的观念,把视野扩大到社会主义建设的全局来看德育,正确认识和处理以经济建设为中心与以德育为首位的关系;

(五)更新从德育自身看德育的观念,把眼界开放到教育改革的总体来看德育,正确认识和处理以德育为首与以教学为主的关系;

(六)更新把德育只看作上层建筑的观念,全面理解德育的本质和功能,正确认识和处理德育的上层建筑功能与生成力功能的关系;

(七)更新片面否定和抵制西方文化的观念,树立大胆向西方学习和借鉴有用东西的观念,正确认识和处理弘扬中华民族传统文化与学习借鉴西方先进文化的关系;

(八)更新德育成人化观念,根据学生不同年龄阶段的特点搞好大中小学德育衔接,正确认识和处理中小学德育与大学德育的关系;

(九)更新德育向社会单向求援的观念,树立双向服务、互相促进,面向经济主战场的观念,正确认识和处理学校德育与社区精神文明建设的关系;

(十)更新德育工作被动应付和消极防范的观念;抓住机遇建立有中国特色的社会主义德育体系,正确认识和处理德育的针对性、突出性与系统性、常规性的关系。

由于篇幅所限,这里只收入五大关系。

一、更新从教育内部看德育的观念,把视野扩大到社会主义建设的全局来看德育,正确认识和处理以经济建设为中心与以德育为首位的关系

江泽民同志在庆祝中华人民共和国成立40周年大会上的讲话指出:"各级各类学校不仅要建立完备的文化知识传授体系,而且要把德育放在首位,确立正确的政治方向"[1]党的十三届四中全会以来,在党中央国务院的领导下,"把德育放在首位"的思想正在全党和社会逐步取得共识,各级各类学校德育工作薄弱的状况开始改变,广大师生的德育面貌发生了可喜的变化,并且呈现出继续向好的方向发展的势头。然而,事物的发展总是不平衡的,对于"把德育放在首位"的涵义还有不同的理解和认识,在贯彻执行中还存在某种犹疑或偏激的现象。随着形势的发展和变化,邓小平同志在南巡谈话中进一步强调以经济建设为中心,强调加快

---

[1] 江泽民:在庆祝中华人民共和国成立40周年大会上的讲话,转自《人民日报》,1989年10月1日。

改革开放的步伐。这时,有的同志便对"德育首位"提出了质疑,德育工作者对此也感到困惑。那么,如何正确认识和处理以经济建设为中心与以德育为首的关系呢?

首先,以经济建设为中心是全局的,以德育为首位是局部。局部必须服从全局,德育作为局部的首位必须服从于经济建设这个全局的中心。德育是教育的一部分,德育是教育教学的分支学科。德育为首位,是就教育内部诸因素之间关系而言的,讲的是德育在教育内部的地位和作用问题。不能把德育理解为广义的全党全社会的思想政治工作。以德育为首位并不意味着全国各行各业都要以思想政治工作为首位。

其次,以德育为首位与经济建设为中心不是对立的,而是辩证统一的。教育必须为社会主义建设服务;社会主义建设必须依靠教育。人民教育人民办,办好教育为人民。这些提法,都适用于教育。那种把以德育为首位与以经济建设为中心对立起来的观点是错误的。

第三,以经济建设为中心,对德育的要求不是降低了,而是要求更高了。德育的任务不是减轻了,而是加重了;德育的难度不是减小了,而是增大了;德育不是可有可无,而是必须加强,当然不是在原有意义上的加强,而是在改革中加强,在为经济建设服务上加强,那种认为只有反自由化、反和平演变才重视德育(今日欢呼孙大圣,只因妖雾又重来),而以经济建设为中心德育就可有可无的观点是完全错误的。

关于"把德育放在首位"的提法,目前有种种疑虑,概括起来不外乎以下三种:

其一,把德育放在首位是权宜之计

纵观中外教育史,历代教育家对德育为首有着一致的认识。孔子讲学,开设了德行、语言、政事、文艺四门课程,置"德行"为首课。唐代韩愈说过:"师者,所以传道、授业、解惑也"。把"传道"视为教师三大任务之首。近代爱国主义教育家蔡元培说:"教育而至于公民道德,宜若可为最终之鹄的。"古希腊教育家苏格拉底十分重视德育,他提出了培养人生观和德育完善化的口号。16世纪捷克教育家夸美纽斯认为:"教育的目的中最重要的是德行"。19世纪俄国教育家乌申斯基认为德育应占首位,他说:"我们大胆地提出一个信念:道德的影响是教育的主要任务,这种任务比一般地发展儿童的智力和用知识去充实他们的头脑重要得多。"古今中外教育家对德育首位的共识,不是偶然的巧合,而是对教育客观实际的反映,是对教育规律的揭示。

可见,把德育放在首位,不仅是古今中外教育家的共识,而且是马克思主义教育学说中的一贯思想;它不仅是对1989年政治风波反思而得出的正确结论,而且是对教育普遍规律的科学概括。因此,把德育放在首位绝不是权宜之计,而是关系到培养社会主义事业建设者和接班人的百年大计。

其二,把德育放在首位是不是科学

教育的本质是教育者根据一定社会的要求,对受教育者身心发展有目的、有计划、有系统地施加影响,使受教育者形成一定思想品德,掌握一定的知识技能,发展健康的体魄,从而成为一定社会所需要的人的一种社会活动。教育从它产生时起,就同人类的生产活动和社会生活密切联系,适应和反映现存的生产方式。生产力和生产关系的矛盾推动着教育的发展。这种内在的联系,决定了教育从一开始就担负着两种主要社会职能,即传授生产经验和社会经验。使受教育者适应现有的生产力,也适应现有的生产关系,以便使新一代人有可能进行物质生产和精神生产,使人类社会得以延续和发展,一定社会的教育,必须以生产力发展的需要和它所提供的物质条件为基础。另一方面,生产关系总和构成社会经济基础又直接决定着教育的方向、目的和性质。生产关系的变化,社会形态的更替,社会制度的变革,必然带来教育性质的变化。从我国西周奴隶社会的"学在官府",到汉代以来历代封建王朝的"儒学独尊";从隋唐以后实行的"科举取士",到清代末年洋务运动的"中学为体";任何一个社会,都是利用国家政治权利的力量、经济的力量和意识形态上的优势来控制和影响教育,从而牢牢地掌握教育的领导权。

教育的双重职能中传授社会生活经验的职能就逐渐演变为维护和巩固一定社会的政治经济制度,灌输一定社会的意识形态和各种社会规范。与教育职能的这种发展变化相联系,作为以政治教育、思想教育、道德教育、法纪教育、心理素质教育的德育,在整个教育中占了主导地位,而被放在了教育诸要素的首位。这确乎成为教育的一条规律。

可见,把德育放在首位是教育科学中的应有之意。它反映了教育发展的客观规律。它的科学性是无容置疑的。

第三,把德育放在首位是不是"左"了

把德育放在首位与极"左"路线下的"突出政治"是根本不同的两回事。这是需要加以认真研究和严格区分的。

从德育首位的内涵来看,我们所说的德育首位,是指德育在学校教育工作中居于首位,它在坚持学校的社会主义性质,保证人才培养的正确方向,促进学生全面发展中,起着导向、动力保证作用。这绝不意味着学校在办学的人力、物力、财力和时间的分配上超过智育和体育,更不是只重视德育而轻视智育,或只要德育而不要智育。这与"文革"中极"左"路线下搞的那一套"白卷英雄"、"0分光荣"、"政治可以冲击业务"是根本不同的。

从德育内容来看。"文革"期间在极"左"路线的干扰下,德育的内容主要是"以阶级斗争为纲","阶级斗争是一门主课","造反有理","灵魂深处爆发革命","狠斗私字一闪念"等等,学习科学文化知识则成了副业。我们讲的德育包括政治教育(即政治立场、政治信念、政治态度的教育)、思想教育(即世界观、人生观、价值观教育)、道德教育(即道德规范、职业道德、行为规范教育)、法纪教育(法制观念、纪律观念、遵纪守法教育)和心理素质教育。德育正向着科学化、系统化、规范化的方向迈进。这与极"左"路线下的德育内容是根本不同的。

从德育的途径和方法来看。"文革"期间,知识分子被贬为"臭老九",是改造的对象。德育是通过工宣队、军宣队进驻学校,"工农兵上、管、改"和"学工、学农、学军"的途径进行的。采取的方式是"停课闹革命"。正常的教育教学秩序得不到保证。现在,知识分子已经成为工人阶级的一部分,是学校教育的依靠力量。德育主要是通过马列主义理论课、思想教育课、广大教师的"教书育人"、党团工作和社会实践的途径来进行,并且纳入了正常的教学计划。

总之,在办学指导思想上我们已经有过正反两方面的经验与教训。当我们遵循着否定之否定的认识规律,重新摆正德育的地位的时候,要看到每一次否定,都是一次"扬弃",舍弃了以前发展环节中的消极东西,保留和发扬了其中积极的成果;每一次否定,都不是对上一次否定前的简单"回复",而是都产生了新的东西,把事物推向了更高的发展水平。因此,那种担心把德育放在首位会回到"左"的老路上去的顾虑是没必要的,也是没有根据的。

二、更新"左比右好"、"宁左勿右"的观念,清除"左"的思想影响,正确认识和处理要警惕右与主要是防"左"的关系

　　正确开展反倾向斗争,是我们党的一条重要的历史经验,也是十一届三中全会以来邓小平同志十分关注的一个问题。这次南巡谈话,小平同志指出,现在有右的东西影响我们,也有"左"的东西影响我们,但根深蒂固的还是"左"的东西。他明确指出,中国要警惕右,但主要是防止"左"。如何正确认识和处理要警惕右与主要是防止"左"的关系呢?

　　首先,要明确"左"和右的含义。我们所说的"左"和右,一般是指共产党内部偏离正确路线的倾向,是党内的概念。毛泽东同志在1955年召开的中国共产党全国代表会议上的讲话中说:"超过时代,超过当前的情况,在方针政策上、在行动上冒进,在斗争的问题上、在发生争论的问题上乱斗,这是'左',这个不好。落在时代的后面,落在当前情况的后面,缺乏斗争性,这是右,这个也不好"。根据这个界定,"左"和右有两层意思:第一层意思是,超越时代、超越历史发展阶段、超越群众觉悟程度和实际可能,去定目标,提要求,这是"左",也就是通常所说的"左"倾冒进;落后于时代、落后于当前形势、落后于群众,目标太低,干劲不足,这是右,也就是通常所说的右倾保守。第二层意思是,在阶级斗争和各种政治活动中,混淆敌我,乱扣帽子,乱批乱斗,搞过火斗争,这就是"左";在阶级斗争问题和政治问题上,惧怕敌人,缺乏应有的警惕和斗争性,不敢斗争,放弃原则,这就是右。

　　其次,要认清"左"和右的表现。邓小平同志对于"左"的表现着重指出了两点。这就是:把改革开放说成是引进和发展资本主义;认为和平演变的主要危险来自经济领域。江泽民同志在中央党校的重要讲话中,对此作了具体说明。他说:"现实生活表明,'左'的表现主要是停留在过去对马克思主义的某些原则、某些本本的教条式理解上,或者停留在过去对社会主义的一些不科学的甚至完全扭曲了的认识上,或者停留在改革开放前那些超越社会主义初级阶段的不正确的思想政策上,而不是用马克思主义的立场、观点、方法分析变化了的客观实际,因此不容易接受改革开放的正确政策,甚至怀疑和否定改革开放,认为搞改革开放会走向资本主义道路,仍用过去那种'阶级斗争为纲'的思想来影响以致冲击经济建设为中心。"例如:在消灭私有制和消灭阶级的问题上,马克思和恩格斯在《共产党宣言》中说,可以用一句话概括他们的理论,就是"消灭私有制"。我们在社会主义改造中,照搬原理,从本本出发,忘记了在实际运用这一原理时要以当时的历史条件为转移,没有从我国尚处在社会主义初级阶段的实际情况出发,把个体经济、私营经济几乎百分之百地改造了。这就是"左"的表现。在改革开放的今天,有的同志仍然用"消灭私有制"的尺子去衡量引进外资、股份制、私营经济等改革开放的措施,并把这些说成是引进和发展资本主义。这同样是"左"的表现。再如:在商品经济价值规律上,马克思、恩格斯曾认为,在消灭了私有制以后,商品不存在了,价值规律也失去了作用。我们长期教条式地理解这一观点,没有从社会主义的实践经验和我国的实际情况出发,大力发展商品经济,充分发挥价值规律作用。今天,我们在大力发展商品经济的时候,有的同志仍然用传统观念束缚人们的思想,把商品经济与资本主义划等号,这又是一种"左"的表现。此外,在计划与市场、姓"社"与姓"资"等问题上都还存在着"左"的表现。

在当前条件下，右的表现主要是怀疑和否定四项基本原则，搞资产阶级自由化，甚至制造动乱，企图改变我们的社会主义制度和改革开放的正确方向。"左"和右都是背离党的基本路线的错误倾向，右可以葬送社会主义，"左"也可以葬送社会主义。我们要警惕右，但主要是防止"左"。

第三，为什么主要是防止"左"？邓小平同志和江泽民同志都对此作了深刻分析，概括起来主要有三条：一是因为"左"的错误在党的历史上泛滥时间最长，影响最深，危害最大。在新民主主义革命时期，我们党出现过三次"左"倾错误，特别是第三次"左"倾机会主义使南方根据地损失几乎100%，红军损失90%，几乎断送了革命。建国后，从1957年到1978年这22年间，主要的错误倾向也是"左"，特别是"文化大革命"十年动乱，几乎葬送了社会主义。我们党历史上"左"的教训应当永远记取。二是因为改革开放的阻力主要来自"左"的方面，当前根深蒂固的还是"左"的东西。比如：在开办经济特区、兴办"三资"企业、实行股份制、开设金融市场、国营大中型企业自主经营等问题上，都曾遇到过来自"左"的干扰。三是因为"左"带有革命色彩，容易给人以迷惑作用，所以特别值得注意。为什么说"左"带有革命是色彩？这要从国际共运史说起。国际共运史上曾出现过第二国际修正主义，在反对伯恩斯坦、考茨基修正主义的斗争中，革命队伍中分裂为左派和右派。当时所谓左派指坚持马克思主义、反对修正主义的革命派，而右派则指背离马克思主义的右倾机会主义，即投降派。这里的革命左派与我们今天讲的带引号的"左"是完全不同的，我们之所以把"左"倾错误的"左"加上引号，也就是为了区别共运史上的革命左派的左。然而在实际生活中，"左"倾错误往往打着革命左派的旗号，披着马克思主义外衣而推行错误主张。因此说，"左"带有革命色彩，具有迷惑作用。

从建国以后到十一届三中全会以前的30年间，"左"的错误使政治运动接连不断并且逐步升级。从1957年的反右斗争，到1964年的四清运动，再到长达十年之久的"文化大革命"运动，每一次运动都要整一批人，被整的人总是被戴上"右派"或"走资本主义"的帽子。于是，人们从运动中得出了经验——"趋左而避右"，"宁左而勿右"，形成了一种"左"安全，右危险，"左"比右好的观念。对有些人来说，"左"是轻车熟路，一有机会，便习惯成自然。这似乎也是主要防止"左"的原因之一。

第四，德育工作如何防止"左"？从根本上来说，要有效地防止"左"，必须铲除"左"产生大的根源。"左"和右产生的根源都是主观唯心主义，它们的特征都是主观与客观相分裂，认识和实践相脱离。所以，防止"左"的关键就是：实事求是，一切从实际出发，理论联系实际。实事求是是马克思主义的精髓，是我党一贯遵循的思想路线，也是邓小平同志提出建设由中国特色社会主义的理论出发点。德育工作要防止"左"的影响，也必须坚持实事求是。从德育的目标到德育的要求，从德育的内容到德育的方法，都应坚持实事求是的原则，不能脱离改革开放的实际、社会生活的实际和学生思想的实际。

德育目标不要"一刀切"，要有层次性。譬如理想教育，就分为最高理想（即共产主义理想）、共同理想（即实现社会主义现代化）和个人理想（包括个人生活理想、职业理想、道德理想、社会理想）三个层次。我们不能指望把所有学生培养成共产主义者，对大多数学生来说，只要他们树立了为实现社会主义现代化而努力奋斗的共同理想，就基本上达到了培养目标。

同时还要鼓励学生把个人的人生追求与社会主义现代化建设联系起来,架起从现实到理想境界的桥梁。

德育要求不要"高大全",而要有可行性。常常听到学生这样说:"老师,您对我们的要求很正确,也很崇高,很伟大,很全面,可是社会上大多数人都不是这样的,我也做不到。照您的要求去做,我们就成了傻瓜,在社会上根本行不通。"学生的议论当然不完全正确,但是它反映出我们教育有严重脱离实际的倾向。在德育工作中,我们一般要求学生"应该如何"、"必须如何"而很少讲社会生活的实际状况本来面目是什么,很少分析这种状况产生的原因和发展趋势。这就是所谓的"说教"。这种情况必须改变,既要讲"应然",又要讲"实然"和"必然",在教师指导下,让学生在比较鉴别中选择正确的东西。

德育内容必须更新,使之更好地为改革开放和经济建设服务。随着社会主义市场经济的建立和发展,人们的价值观念必然发生变化。面对这种情况,我们是因势利导,还是防范堵截?这是德育工作不可回避的问题。德育必须市场经济和经济建设服务,必须更新内容,教育和引导学生树立适应市场经济的"六大意识"和"八大观念",即改革意识、开放意识、民主意识、市场意识、环境意识、公关意识和信息观念、信誉观念、竞争观念、合作观念、时效观念、创新观念、求实观念、求知观念。

三、更新孤立地从政治和意识形态角度判断国际形势观念,学会用经济的眼光观察和分析国际形势,正确认识集中精力搞经济建设与反和平演变的关系

长期以来,我们总是习惯于孤立地从政治和意识形态的角度观察、分析、判断国际形势。第二次世界大战后,斯大林提出"两个阵营"理论,用这个理论观察国际社会,必然强调社会主义与资本主义矛盾的斗争性而忽视同一性,加上帝国主义对我国的武装干涉和经济封锁,我们不得不把国门关起来,主要与他们进行军事斗争和政治斗争,形成了用政治和意识形态的眼光观察和处理国际事务的习惯定势。70年代前苏联推行霸权主义,毛泽东同志提出了"三个世界"理论。这一理论在当时的历史条件下对于团结和利用"中间地带",孤立苏美两霸具有重大的战略意义。但是,这一理论同样是以政治的眼光把国际社会分成敌、友、我三个营垒,同样是以政治斗争和军事斗争来对付苏美两霸。应该看到,军事斗争是政治斗争的特殊或最高的手段,意识形态上的斗争是政治斗争的重要形式,而政治则是经济的集中表现。意识形态斗争、军事斗争和政治斗争,都不过是为了达到经济目的的手段,军事斗争、政治斗争、意识形态斗争的背后深藏着经济根源。其实,用经济的观点分析形势是马克思主义一贯的主张和做法。众所周知,马克思分析资本主义社会就是从解剖商品开始的,列宁在分析帝国主义时,是从分析垄断经济出发的,毛泽东在分析半封建、半殖民地的中国社会时,也是从分析各阶级、各阶层的经济地位入手的。然而,这一点我们恰恰忘记了,没有用经济的眼光观察和分析国际形势,没有集中精力发展经济和提高经济实力。不过,毛泽东同志晚年已看到了这一点,告诫人们警惕"被开除球籍"的危险。

党的十一届三中全会以来,邓小平同志以无产阶级革命家的胆略和气魄,果断地停止了"以阶级斗争为纲"的口号,把党的工作中心转移到社会主义经济建设上来,提出了一系列建设由中国特色社会主义的理论、路线、方针和政策,制定了"一个中心、两个基本点"的基本

路线。然而，要坚定不移地贯彻执行党的基本路线，必须排除各种干扰，其中包括摒弃孤立地从政治和意识形态角度判断国际形势的观念。1989年平息政治风波之后，西方资本主义国家对我国实行"制裁"，接着东欧剧变、苏联解体。这些事件发生之后，我们又自觉不自觉地沿用过去的习惯，从政治和意识形态的角度分析、判断国际形势，不适当地强调了和平演变的现实危险，甚至有人说"意识形态领域是反和平演变的主战场，高等学校是反和平演变的前沿阵地"。如果按照这个思路去理解，大学德育不就成了前沿阵地上的"尖刀连"了吗？同志们可以回忆一下，当时是不是有那么一点紧张氛围？

邓小平同志在这个关键时刻，就许多关系到我们国家前途和命运的重大问题，又一次发表极为重要谈话。要求我们思想再解放一点，胆子再大一点，步子再快一点，集中精力把经济搞上去。邓小平同志的讲话精神，是建立在对国际形势深刻洞察和科学分析的基础之上的。它不仅是建设有中国特色社会主义的根本指导思想，也是观察和分析国际形势的根本方法。

孤立地用政治和意识形态的眼光观察和分析国际形势，就得出了国际共产主义运动正处于低潮，我国面临着和平演变的现实危险的结论。用经济的眼光观察、分析形势，就得出了抓住有利时机，加快改革开放步伐，集中精力把经济建设搞上去的结论。两种不同的观念，两种不同的思路，得出两种根本不同的结论。德育，作为意识形态的一部分，德育工作者往往习惯于用意识形态的眼光观察分析形势，这种观念应当转变。成都武侯祠一副对联说得好："能攻心则反侧自消从古知兵非好战；不审势即宽严皆误后来治蜀要深思。"我们德育工作者必须解放思想，更新观念，审时度势。学会用经济的眼光观察、分析国际形势。

用经济的眼光观察国际形势，我们就会发现当今世界有这样几个特点：

第一，美国经济形势相对衰弱。从经济上看，美国具有两重性：一方面，至少在下个世纪初以前，仍不失为世界上经济规模最大、综合国力最强的国家，另一方面，它现已沦为世界上债务最大（1990年总债务达12.8万亿美元，其中外债达600亿美元）、寅吃卯粮、相对衰弱的国家。像人们熟知的，美国在海湾战争中花费的近600亿美元，是靠日本、德国、沙特和科威特资助的。德国事后要查账，怀疑美国贪污战争捐款，发了战难财；日本说没有它的资金与技术美国就打不赢海湾这一仗；国际舆论曾广为评述美国第一次当了"雇佣兵"（别人出钱他出兵）。可见美国虽然想一家主宰世界，希望出现"一极世界"、"一家独霸"、"一手遮天"，但却已力不从心了。

第二，前苏联解体以后，经济生活混乱，生产大幅度下跌。1991年，苏国民生产总值下降15%，工业生产下降9%，粮食减产5000多万吨，通货膨胀率超过300%，人民生活水平明显下降。解体后的一些原加盟共和国先后实行放开物价和私有化"改革"，造成商品供求矛盾空前尖锐，经济秩序更加混乱。虽然，俄罗斯的工业基础和综合国力仍然不能忽视，但它作为超级大国的一极已经不复存在。

第三，德、日经济迅速崛起。苏联东欧动荡解体，德国受益最大。统一的德国拥有8000万人口，国民生产总值相当于英法两国总和。如今，它崛起速度加快，外交上也锋芒渐露，一改以前的"低姿态"，积极向"独联体"与东欧渗透，以图重建其势力范围。它正在争取世界大国地位，争当联合国安理会常任理事国。西方舆论已经提到，到底是"欧洲的德国"，还是"德国的欧洲"？德国作为多极世界的一极不仅初具规模，而且已令它的欧洲伙伴"一觉醒来感到有些吃惊与颤抖"了。日本到2000年国民生产总值可能超过美国，跃居世界首位。随着经济实力的增长，它正加快实现政治大国的步伐，要在亚太地区"发挥中心作用"。

第四，欧共体经济增长缓慢。1991年欧共体经济增长1.3%，低于上年的2.8%，为1982年以来的最低水平。12个成员国开工率普遍下降，通常只有80%，失业率由1990年的8.4%升至1991年10月份的9.3%。各国投资额出现80年代以来首次下降，私人消费增幅为1984年以来最低水平。

第五，亚洲"四小龙"经济高速稳步增长，亚太地区经济合作趋势加强。东亚一些发展中国家和地区战后相当长时期保持高速增长。香港、新加坡、韩国和台湾已发展成为新兴工业化国家和地区。东盟紧跟其后，迅速崛起，正在努力成为第二批工业化地区。1990年香港和新加坡人均总产值超过12000美元。1991年11月亚太经济合作部长会议（APEC）第三届年会在汉城召开，会议通过《汉城宣言》，接纳中华人民共和国、中国台北和香港为正式会员。外电评论称汉城会议是亚太经济合作的里程碑，是在世界这一地区建立合作新阶段的开始。他将逐步成为亚太地区重要的政府间协商机构，亚太经济合作开始向有组织的实施阶段过渡。

第六，拉美和非洲发展中国家经济有所增长，但仍困难重重。总的来看，1991年发展中国家经济增长情况稍好于上年。拉美平均增长率超过2%，部分国家超过4%，开始走出低谷。但有些国家通货膨胀和外债负担仍很严重。巴西、秘鲁通货膨胀率分别高达366.5%和143.6%，巴西仍然是发展中国家最大债务国。非洲经济增长率为3.2%，与人口增长几乎持平，人均收入没有增加。

从上述世界经济形势来看，我们可以得出两条结论：一是世界旧格局已经终结，新格局正在形成过程中，世界向多极化发展进程加速。作为旧格局（即两极格局）之一的苏联彻底解体了，赫赫的超级大国分裂成15个"独立国家"，破镜不能重圆。作为另一极的美国则相对衰弱，它欲独霸世界，想对我国推行和平演变战略，但力不从心。二是在世界加速向多极化发展进程中，我国面临的经济环境是：希望与困难同在，机遇与挑战并存；希望大与困难，机遇多与挑战。国际社会的竞争，归根结底是经济实力和以经济实力为基础的综合国力的竞争与较量。经济实力决定在国际社会中的政治地位，能不能抓住有利时机，加快改革开放，集中精力把经济搞上去，不仅是重大的经济问题，也是重大的政治问题。

学会了用经济观点观察和分析国际形势，那么集中精力搞好经济建设与反和平演变的关系就不难理解了。在这样的国际形势下，我们必须抓住有利时机，迎接新的挑战，必须坚持以经济建设为中心。关于反和平演变问题，我认为只要世界上还存在着资本主义和社会主义两种制度，并且社会主义国家的经济实力尚未超过资本主义国家之前，这种演变与反演变的斗争就会客观存在。但是，在当前的形势下，它不是主要矛盾，我们不能片面夸大和平演变的现实危险性。在反和平演变的宣传和教育上必须服从于经济建设这个中心，要坚持内外有别、上下有别、分层次、有重点地进行，坚持正面教育的原则，只要我们党和国家掌握在马克思主义者手里，中国就不会变，只要我们把经济建设搞上去了，中国就变不了。只有把经济搞上去，提高综合国力，改善人民的物质和文化生活，才能赢得人心，赢得稳定，赢得国际地位，赢得反和平演变的最终胜利，社会主义制度才能立于不败之地。

四、更新片面地否定和抵制西方文化观念，树立大胆向西方学习和借鉴有用东西观念，正确处理弘扬中华民族传统文化与学习借鉴西方文化的关系。

在对待西方文化的问题上，我们具有正反两方面的经验和教训。过去我国长期处于封闭状态，过分强调社会主义与资本主义两种意识形态的对立和斗争，往往把西方文化视为洪水猛兽，采取一概否定、排斥的立场和态度。

改革开放以来，特别是80年代中期以来，社会上翻译出版和介绍西方哲学和社会科学的著作大量涌现，萨特的《存在与虚无》、弗洛伊德《梦的解析》、卡西尔的《人论》、科恩的《自我论》、瓦西列夫的《情爱论》、卡耐基的《人性的弱点》等西方哲学著作到处流传，几乎成为大学生课外的必读物。大学校园里出现了"西方哲学热"和"中西文化比较热"，资产阶级自由化思潮借机推波助澜，打出了"全盘西化"的旗号。这股思潮对大学生产生了强烈的影响。1987年北航学生刘勇杀人后自杀的恶性事件就是一个受西方思潮毒害的典型。他推崇萨特存在主义"以自我为中心"的观点，欣赏尼采"超人哲学"中"我即太阳"的思想，形成了一套"自我万岁"的人生哲学，最终醉心自我，走上了自我毁灭。这个反面典型虽然是极个别的，但当时不同程度地受西方思潮影响的大学生却不是少数。当时大学德育工作者都十分关注这个问题，开始研究西方哲学对大学生的影响及我们的对策。在思想教育课程《人生哲学》中增加了西方人生哲学批判的内容。教育、引导学生认清西方哲学本质，对西方哲学进行分析、鉴别、批判。应该说，这种教育在一定范围内起到了对西方思潮在大学生中泛滥的遏制作用。

然而，我们对西方文化的认识往往偏激。1989年政治风波之后，对西方文化出现了片面否定和抵制的做法。出版界不敢再出西方哲学和社会科学译著。理论界对西方哲学也不敢再问津，"文化比较热"也已大幅度降温，德育界论及西方哲学时也大都持批判态度。

邓小平同志南巡谈话指出思想再解放一点，胆子再大一点，步子再快一点。江泽民同志6月9日在中央党校的讲话中说，加快改革开放步伐，应包括大胆学习、吸收、借鉴和利用人类社会创造的一切优秀文明成果，吸收和借鉴当今世界包括资本主义发达国家的先进经营方式和管理方法。这个提法是空前的，可见中央对改革开放的决心。

在对待西方文化问题上，我们有过正反两方面的经验，现在可以清醒地认识到，采取闭关自守、全盘否定或崇洋媚外、全盘西化这两种极端的观点都是错误的。正确的态度应该是分析、鉴别、学习、吸收、利用。那么，如何学习、吸收、鉴别、利用呢？我认为对西方文化要分层次，区别对待。

第一个层次，是科学技术，它是先进的生产力。科学无国界，无阶级性，完全可以学习和利用。

第二个层次，是管理经验，它是组织社会化大生产的手段和方法，不管是X、Y、Z理论，都可以学习和借鉴。

第三个层次，是文化艺术，它的形式可以学习、借鉴，洋为中用；内容可以改造、利用。

第四个层次，是思想道德，它是意识形态的重要组成部分。我们要转变在意识形态上社会主义和资本主义全然对立的认识。树立既对立又统一的观念。对共同性的东西，如共同人性、共同心理、共同美感、共同道德等要大胆学习和借鉴；对商品经济条件下产生的思想道德观念,也要学习和接收。至于反映资本主义意识形态本质的个人主义,则不能学习、吸收,但也不能把它看做洪水猛兽,大加批判。不要只看到个人主义与集体主义的对立一面,还要看到二者辩证统一的一面。借鉴它的合理成分,丰富和发展集体主义思想体系。

第五个层次,是政治制度。其中反映资本主义本质的"三权分立"、"多党制",当然不能学习、吸收。至于某些政治管理制度则可以借鉴、改造、利用的。如公务员制度。

我们如何对待中国传统文化呢?

中国是一个具有悠久历史和优秀文化传统的国家,素以文明古国和礼仪之邦而著称于世。在对待中华民族传统文化问题上,"五四"以来就有着不同的态度和主张。中国的马克思主义者主张批判继承,这是唯一正确的主张,在社会主义现代化建设的今天,我们研究中国传统文化必须坚持这一主张,反对两种错误的态度:一种是毫无批判的兼收并蓄,食古不化;另一种是全盘否定的历史虚无主义,鼓吹"全盘西化"。

弘扬民族文化的优秀传统,并不是要搞复古主义。中国传统文化是一定时代的产物,同任何事物一样,它具有两重性,既有进步性,又有局限性;既有精华,又有糟粕。建立在小农生产基础和封建等级制度之上的中国传统文化,必然有狭隘性和保守性的一面,诸如鄙视劳动、宗法观念、家长作风、忠君思想、因循守旧、封建迷信、男尊女卑等等。这些消极的东西曾是导致我国长期停滞的思想根源之一。因此,对待中国传统文化绝不应不分良莠,兼收并蓄,而应当批判地继承,吸收其精华,剔除其糟粕。

在"四书五经"等古代典籍中,具有积极意义和真理性的东西,被当做格言、成语流传下来的有千百条,其中最能鼓舞人、激发人而为后世所传诵的,仅《论语》一书中就有近百条。例如:属于意志情操的有"杀身成仁"、"任重道远"、"匹夫不可夺志"、"知者不惑"、"仁者无忧"、"勇者不惧"等;属于思想品德修养的有:"己欲立而立人,己欲达而达人"、"己所不欲勿施于人"、"人而无信,不知其可"、"择善而从"、"成人之美"、"以直报怨"、"以德报德"等;属于求知好学的有"学而不厌"、"诲人不倦"、"不耻下问"、"发愤忘食"、"三人行必有我师"等。此外在待人处事、正己修身、交友之道等方面也有许多至理名言,这方面的例子是举不胜举的。

在中国悠久的文明史中,传统文化经过千年来的积淀,有些光辉的思想已构成了我们民族之魂。例如:我们民族历来强调那种刚健有为、自强不息、为民族献身的精神;那种"富贵不能淫、贫贱不能移、威武不能屈"的浩然正气;那种"先天下之忧而忧,后天下之乐而乐"的先人后己精神;那种"国家兴亡,匹夫有责"的以天下利益为己任的爱国主义精神;那种"杀身成仁,舍生取义"为正义而献身的高风亮节;那种"横眉冷对千夫指,俯首甘为孺子牛"的爱憎分明精神;那种勤劳俭朴、自力更生、诚实守信的求实精神;等等。这些格言都曾哺育了中华民族亿万优秀儿女的健康成长,都曾激励过无数志士仁人、英雄豪杰为民族的兴旺发达,为祖国的繁荣富强而写下了人生的壮丽篇章。

中国传统文化中的积极因素,也曾被我党老一辈无产阶级革命家毛泽东、刘少奇、周恩来等所批判吸收,应用于党内教育和指导党的事业的著作中。刘少奇同志在讲到共产党员应该为党、为阶级、为民族解放、为最大多数人民利益而牺牲的时候,就曾经引用中国人生格言来教育共产党员。他说:"'杀身成仁'、'舍生取义',在必要的时候,对大多数共产党员来说,是被视为当然的事情。"毛泽东同志的著作中引用孔子的话就有十多处,他在强调全党同志都应该努力学习的时候,就引用孔子的话说:"对自己'学而不厌',对人家'诲人不倦',我们应取这种态度。"可见,中国传统文化已经成为一种民族精神,深深地积淀在中国人民的生活意识里,至今仍在一定程度上影响着中国人民的人生观和道德观。

对于中国传统文化,如果我们摒弃其封建主义的阶级内容,剥去其唯心主义的外衣,就可以发现它合理内核,看到它的进步性和积极意义。

首先,中国传统文化体现的是一种整体和谐思想,它对于国家统一、民族团结、社会和谐是有进步意义的。

中国传统文化的哲学大家把建立和谐统一的社会作为自己的责任,儒家的宗旨是"兼善天下",是"济世利他"。"仁者爱人"的人生理想与"天下为公"的社会理想是一致的。《礼记》以孔子的名义说:"大道之行也,天下为公,选贤与能,讲信修睦。故人不独亲其亲,不独子其子;使老有所终,壮有所用,幼有所长,鳏寡孤独废疾者皆有所养。男有分,女有归。货恶其弃于地也,不必藏于己。力恶其不出于身也,不必为己。是故谋闭不兴,盗窃乱贼而不作,故外户而不闭。是谓大同"[1]"仁者爱人"的人生理想所要求的人与人之间互相爱护、互相关心、互相尊重与"天下为公"的社会理想所描绘的蓝图是一致的,二者互为条件,互为目的。儒家提出"修身、齐家、治国、平天下"把社会看成是一个整体,认为个人总是生活在群体之中,或为家族或为国家或为天下的一员,群体受到损坏,个人的生活也就失去了保障。因此,儒家总是置国家、民族的利益于第一位,要求个人服从整体,强调人际关系和谐、国家统一、社会太平。自秦汉以来,中国就形成了统一的多民族国家,尽管历史上也曾出现过暂时的分裂局面,但很快又获得了统一,这与儒家思想的影响是分不开的。在历史上还多次出现过少数民族执政的情况,然而每一次少数民族执政都进一步促进了民族融合,这与儒家思想的影响也是分不开的。可见,儒家学说所体现的整体主义思想对于国家统一、民族融合与社会和谐是有积极意义的。

其次,中国传统文化蕴含着一定的辩证法思想,它对于缓和阶级矛盾、维护社会稳定,是有积极意义的。

儒家追求"仁爱",崇尚道德,但并不否定刑罚;主张"德政",但并不否定法制。然而,二者相比,儒家认为道德具有更根本、更重要的意义。这里边蕴含着辩证法的因素。孔子说:"道之以政,齐之以刑,民免而无耻;道之以德,齐之以礼,有耻且格"[2]意思是说,统治者如果用政治的手段,施加刑罚,最多只能使老百姓不敢犯罪,但不能使他们感到羞耻。如果能用道德来教育和感化他们,用礼仪规范来约束他们,老百姓不会犯罪,还会感到犯罪是可耻的事。汉代贾谊在《过秦论》中也指出,法令"可以诛恶,非所以劝善","礼者,禁于将然前;而法者,禁于已然之后。"[3]历代统治者都运用"德威并重"、"宽猛相济"的统治术来治理国家,这与儒家思想的影响是分不开的。从历史上看,什么时候仁爱思想比较昌明,什么时候社会风气就相对好转;什么时候实行"仁政",什么时候社会就比较稳定。这说明仁爱思想与

---

(1)《礼记·礼运》。
(2)《论语·为政》。
(3) 贾谊:《过秦论》。

"仁政说"对于缓和阶级矛盾，促进社会稳定是有积极意义的。

儒家还特别注重个人道德修养在人际关系中的调节作用。正己修身的人生修养也具有辩证法的合理因素，这主要体现在它的修养方法上。儒家提出的修养方法是"推己及人"、"能近取譬"、"设身处地"和将心比心。儒家思想之所以在中国有如此精微、广播的发展，与这一方法论原则有主要关系。所谓"能近取譬"，就是能以自己作比，推及别人的意思。"推己及人"的方法，就是从自己的亲身需要、愿望和追求出发，推想到别人的需要、愿望和追求，从而体察和理解他人，自觉调节人我关系。这就是孔子说的"己欲立而立人，己欲达而达人"，"己所不欲，勿施于人"。这种修养方法对调节人际关系和谐，促进社会稳定和谐具有十分重要的意义。

第三，中国传统文化强调的是一种高尚的精神境界，它对于精神文明建设和理想人格的塑造，是有进步意义的。

儒家的价值取向，就是重视精神境界，认为人的精神需要高于物质需要。这一思想充分体现于人生理想、人生态度和人生修养之中。孔子说："民之于仁也，甚于水火，水火吾见蹈而死者矣，未见蹈仁而死者也。"[1]人在社会中必须依赖水火等物质条件而生活，但是水火有时还给人们带来危害。然而，作为精神境界的"仁"，却只能给人们带来利益，而不会有任何伤害。孔子说："志士仁人，无求生以害人有杀身而成仁"。[2]孟子也说过："生吾所欲也，义亦吾所欲也，二者不可得兼，舍生取义者也。"[3]物质需要和精神需要，是人类生活中不可缺少的。当二者不可得兼的时候，就只有牺牲自己的物质需要，去追求崇高的精神需要。儒家这种重视精神境界的思想，在"义利观"上表现得更为突出。儒家认为义重于利，强调要"见利思义"、"义以为质"、"义然后取"、"先义后利"，认为"放于利而行，多怨"，"见小利则大事不成"。儒家还十分推崇重视精神境界的理想人格，孟子说："居天下之广居，立天下之正位，行天下之大道。得志，与民由之；不得志，独行其道。富贵不能淫，贫贱不能移，威武不能屈，此之谓大丈夫。"[4]历代爱国志士和民族英雄层出不穷，这与儒家思想的影响是有直接关系的。可见，儒家这种重精神境界，对于塑造"志士仁人"、"大丈夫"这样的理想人格，对于陶冶民族性格和建设精神文明，在历史上曾经起过巨大的进步作用。

当前，我国正在建设有中国特色的社会主义，不但要建设中国特色的社会主义经济和政治，而且要建设中国特色社会主义文化。建设中国特色社会主义新文化，一定要根植于中华民族文化的深厚土壤之中，深入地研究中国的历史文化，弘扬中华民族的优秀传统。应该看到，文化遗产具有相对的稳定性，它的许多方面并不是为某一个阶级、某一个时代所独有的，也不只是为某一个阶级、某一个时代所利用的。我们既要看到中国传统文化的阶级性和时代性，又要重视它的继承性和借鉴性。中国传统文化，为我们留下了大量可资借鉴的宝贵经验，许多警句格言至今仍然闪烁着哲理的光辉，其中有些东西一旦赋予新意，便可成为社会主义精神文明建设的组成部分，便可以成为建立中国特色社会主义德育体系的思想材料。对于中国传

---

[1]《论语·卫灵公》。
[2]《论语·卫灵公》。
[3]《孟子·滕文公》。
[4]《孟子·滕文公》。

统文化的合理成分和积极因素，我们要以马克思主义为指导，进行革命变革和改造利用，使之赋予新的内容和新的含义，在继承的基础上有所发展和创新。

总之，我们要在马克思主义指导下，大胆学习、借鉴、利用和吸收西方优秀文明成果，批判、继承、弘扬和光大我国优秀传统文化，并使二者有机地结合起来，实现"山与海的拥抱"，创造出中国特色社会主义德育体系。

五、更新从德育自身看德育的观念，把眼界开放到教育改革的总体来看德育，正确认识和处理德育与智育、体育、美育的关系

党的十一届三中全会以后，党的工作重心转移到社会主义经济建设上来。与此相联系，教育界在拨乱反正过程中，提出了"以教学为主"和"以教学为中心"的口号。这对于建立正常而稳定的教学秩序，提高教育质量起到了积极的作用。然而，事情往往矫枉过正，一种倾向掩盖了另一种倾向。80年代末期，我们又出现了忽视或轻视思想政治教育的倾向，自由化思潮愈演愈烈，而教育则软弱无力，被动应付。针对这种情况，邓小平同志指出"最大失误是教育"，主要是指思想政治教育，江泽民同志代表党中央提出了"把德育放在首位"的要求。现在，我国政局稳定，社会稳定，经济稳步发展，有的同志又提出了"德育为首"与"教学为主"谁是谁非的问题。这种把德育与教学割裂开来，对立起来的认识是形而上学的观点。如果这样下去，总是"左"右摇摆，德育与智育"两张皮"的问题就永远得不到解决。我们认为必须历史地、辩证地看待这个问题，从事教务和教学工作的同志要跳出智育的圈子，从事德育工作同志要跳出德育的圈子，把眼界开放到教育改革的总体来看德育，只有这样才能正确认识和处理德育与智育、体育、美育的关系。

社会主义教育是德育、智育、体育、美育等诸方面教育因素的统一，德、智、体、美诸方面各有其独特的地位和作用。它们共同统一在同一个培养目标上，互相依存、互相渗透、互相制约、互为条件，形成不可分割的教育整体。

一方面，德育是智育、体育、美育的方向、动力和保证。

"把德育放在首位"，是指德育在学校教育工作中居于首要地位，它对坚持学校的社会主义性质，保证人才培养的正确政治方向，促进学生全面发展，起着方向、动力和保证的作用。具体来说有以下三点：

首先，德育是体现学校教育社会主义性质的根本标志。学校教育的性质最终决定因素是领导权和办学指导思想，但就德育和智育比较而言，体现学校教育性质的是德育，而不是智育。作为现代生产力所要求的智育，在社会主义和资本主义两种不同性质的学校中，教学的内容、方法和规律等方面有着明显的共同性，它可以为社会主义服务，也可以为资本主义服务。因此，智育不能成为区别两种教育性质的标志。而作为培养一定的政治观、世界观、人生观、价值观、道德观和个性心理品质的德育，在教育领域中则能更直接、更明显地为一定的经济基础和政治制度服务，具有鲜明的方向性。我们各级各类学校的德育是对学生进行以坚持党的基本路线为核心的政治观教育，以辩证唯物主义和历史唯物主义为内容的世界观教育、以为人民服务为宗旨的人生观教育、以集体主义为原则的道德观教育。这充分体现了社会主义教育的性质。

其次，德育是保证人才培养的正确政治方向。教育的根本目的是提高全民族的素质，培养社会主义事业的建设者和接班人。建设者和接班人不但要有较高的专业技术素质，而且还应具备优良的思想道德素质。毛泽东同志曾经指出："不论知识分子，还是青年学生，都应该努力学习，除了学习专业之外，在思想上要有所进步，政治上也要有所进步，这就需要学习马列主义、学习时事政治，没有正确的政治观点，就等于没有灵魂。"建国以来，许多优秀知识分子的成长道路，都说明了正确的政治方向在人才培养中的决定作用。《中共中央关于教育体制改革的决定》指出，新时代所需要的人才，"都应该有理想，有道德，有文化，有纪律，热爱社会主义祖国和社会主义事业，具有为国家富强和人民富裕而艰苦奋斗的献身精神；都应该不断追求新知，具有实事求是、独立思考、勇于创造的科学精神"。这种新型人才的标准，体现了教育要面向现代化、面向世界、面向未来的方向。

第三，德育在学校全面发展教育诸因素中起着动力和保证作用。德育的本质，就是要把反映社会主义生产关系、政治关系和其他社会关系的立场观点、思想意识、行为规范等社会意识形态的东西，传授到后代身上去，以保证社会主义的生产关系、政治关系和其他社会关系得以巩固和发展。德育本质决定了它的巨大的社会作用：一方面，在学生身上形成社会主义社会所需要的政治观念、思想观点、道德品质和行为习惯，从而调节他们的行为，维护社会主义的政治、经济和社会生活的秩序；另一方面德育在学生身上所造就的思想品德，能够成为一种精神力量和学习动力，推动智育和体育诸方面的发展。

另一方面，智育、体育是德育的条件、途径和手段。

强调把德育放在首位，绝不能忽视或轻视智育和体育，相反，在落实德育首位的同时，必须重视和加强智育、体育工作。因为智育、体育是德育的条件、途径和手段。

从智育对德育的作用来看。学生的主要任务是学习，包括学习自然科学和社会科学知识。学生获取了大量的科学文化知识，为他们形成科学的世界观奠定了良好的基础。正如列宁所说的："只有用人类创造的全部知识财富丰富自己的头脑，才能成为共产主义者"。因此，德育要寓于智育之中，把智育作为德育实施的重要渠道、途径和手段。然而，德育和智育是各不相同的教育过程，两者互相渗透，互相促进，但不能互相代替。用"政治冲击一切"的"左"倾错误不能重演，用智育代替德育的教训也应当永远记取。

关于体育与德育的关系，毛泽东同志早就深刻地说过："体育一道，配德育与智育，而德智育皆寄于体，无体是无德智也。……体者，为知识之载而为道德之寓者也，其载知识也，如车；其寓道德也，如舍"。1954年，中共中央"关于加强人民体育运动"的指示中提出："体育是培养人民勇敢、坚毅、集体主义精神，向劳动人民进行共产主义教育的重要手段"。可见，体育既有德育的内容，又是德育的手段。

总之，德育、智育、体育是学校教育的三个基本要素，它们相辅相成，缺一不可，三者相分离就各有所损，三者相配合则相得益彰。重视智育和体育而轻视德育，或重视德育而忽视智育和体育，都是片面的。我们的提法是：德育为首，全面发展。

4. 现代化建设、素质教育与德育工作的几点思考[1]

中国共产党第十四届五中全会，审议并通过了《中共中央关于制定国民经济和社会发展"九五"计划和2010年远景目标的建议》。这是一个跨世纪的、实现现代化的宏伟纲领。在这一历史性文献中，指出了社会主义现代化的远景目标和大政方针，同时也对教育在现代化建设中的地位和作用作了明确的规定，第一次在中央文件中提出了"科教兴国"的战略。如何贯彻落实中央这一精神？教育如何面向现代化、面向世界、面向未来，致力于提高国民素质，在各个领域培养一批跨世纪的优秀人才？教育在为社会主义现代化建设服务的过程中如何实现从应试教育向素质教育的转变？在这个转变的过程中如何加强和改进学校的德育工作？这些都是教育工作者共同关心的问题。本文仅就现代化建设对教育提出的任务和要求、从应试教育向素质教育的转变、加强和改进学校德育工作等方面谈几点思考。

一、现代化建设对教育提出的任务和要求

（一）什么是现代化

现代化概念是一个历史的范畴又是一个国际的范畴。在国际上，各国对现代化理解不同，标准不同，很难有一个国际公认的现代化定义。然而，国际上有一个区分贫富的社会指标体系，它是各国公认的国际标准。这个指标体系把世界各国或地区划分为五种类型：贫困型（最低收入）、温饱型（低收入）、小康型（下中等收入）、宽裕型（上中等收入）、富裕型（高收入）。区分这五种类型的标准分为四类21项指标。这四类是：经济发展水平、社会结构、人口素质、生活质量。这21项指标是：经济水平类1项，即人均国民生产总值；社会结构类5项，即农业在国民生产总值中的比重、第三产业在国民生产总值中的比重、城市人口占总人口的比重、非农业人口就业占总就业人口的比重、享受保健服务人口的比重；人口素质类6项，即成人识字率、中学生占12-17岁人口比重、大学生占20-24岁人口比重、人口净增率、平均预期寿命、婴儿死亡率；生活质量类9项，即平均多少人有一名医生、平均每日摄取热量、恩格尔系数（食品支出比例）、人均住宅面积、农村饮用清洁水人口比例、年劳动工时、人均能量消费量、通货膨胀率、贫富差距。在这21项指标中人均国民生产总值最为重要，这项指标的标准是：贫困型200美元，温饱型330美元，小康型1380美元，宽裕型3240美元，富裕型17080美元。我国1988年为330美元，1992年为470美元，属于温饱型，预计2000年达到1000美元，进入小康型。

根据世界银行1994年《世界发展报告》公布的数据，在世界132个人口超过100万人的国家和地区中，1992年人均国民生产总值在675美元以下的有42个国家，人口有31.91亿（这属于低收入国家，含贫困型和温饱型），我国也列在其中，排倒数第28位；人均国民生产总值在676-8356美元的有67个国家，人口有14.18亿（这属于中等收入国家，含小康型和富裕型）；人均国民生产总值在8356美元以上的有23个国家，人口有8.28亿（这属于高收入国家，为富裕型）。

---

[1] 此文是为了贯彻落实党的十四届五中全会精神而作，先后在全国各地德育教师培训班上做过多次演讲，后收入作者个人论文集《德育新论》中，首都师范大学出版社1996年出版。

国际上一般认为进入小康型社会就算初步实现现代化，进入宽裕型社会可以说基本实现现代化，进入富裕型社会就达到了完全现代化。按照这个标准，我国正在从温饱型向小康型迈进，处在现代化建设的进程之中。

在我国，对现代化的理解和确定的标准既考虑到国际通用的标准，又必须考虑中国的国情。中国国情的突出特点一是人口数量，二是社会制度。中国是一个拥有12亿人口的人口大国，因此在国民生产总值人均占有量上肯定不会太高，但是到2000年人均国民生产总值达到1000美元的时候，我们的综合国力将是很强大的了。所以在现代化的标准上，一方面要看人均国民生产总值，另一方面还要看重综合国力。从社会制度来看，中国是一个社会主义国家，在现代化建设的进程中一方面重视物质文明建设和经济发展指标，同时还强调精神文明的建设和社会全面进步。这就是邓小平同志所指出的建设中国特色社会主义现代化。

最近，刚刚结束的中国共产党第十四届五中全会，审议并通过的《中共中央关于制定国民经济和社会发展"九五"计划和2010年远景目标的建议》，是一个跨入21世纪，实现现代化的宏伟纲领。在这一历史性文献中，指出了现代化的远景目标和大政方针。但现代化的具体标准和实施方案还须在日后全国人民代表大会上审议通过的政府工作报告中才能确定。从中共中央的《建议》中，我们对现代化可以作如下的理解：（一）经过80年代以来三个五年计划时期的努力，原定到2000年国民生产总值比1980年翻两番的任务将于1995年提前完成。也就是说从1980年到1995年的15年内完成现代化建设的第一步战略部署。（二）"九五"国民经济和社会发展的主要奋斗目标是：全面完成现代化建设的第二步战略部署，即到2000年，在我国人口将比1980年增长3亿左右的情况下，实现人均国民生产总值比1980年翻两番；基本消除贫困现象，人民生活达到小康水平，初步建立社会主义市场经济体制。（三）下世纪初开始实施现代化建设的第三步战略部署，到2010年国民经济和社会发展的主要目标是：实现国民生产总值比2000年翻一番，使人民的小康生活更加宽裕，形成比较完善的社会主义市场经济体制。（四）经过15年的努力，我国社会生产力、综合国力、人民生活水平将再上一个大台阶，社会主义精神文明建设和民主法制建设将取得明显进展，为下世纪中叶实现第三步战略目标，基本实现现代化，开创新的局面。总之，现代化是一个历史的范畴，现代化建设是一个历史的过程，现代化的实现将在中国共产党的领导下，经过全国人民的共同奋斗，在下世纪中叶实现。

（二）现代化建设对教育提出的要求

现代化与教育的关系是什么呢？或者说，在现代化建设的进程中，教育处于什么地位，发挥什么作用呢？现代化建设对教育提出什么要求，赋予了什么任务呢？

首先，我们看党和政府的要求。在中共中央的《建议》中对这些问题已经做出了明确的、原则性的回答。关于教育在现代化建设中的地位和作用，《建议》中明确规定："科学技术是第一生产力，教育是基础"（10条），"振兴科技和繁荣经济，必须坚持教育为本"，"加速科技进步，优先发展教育"（20条），"实施科教兴国的战略，促进科技、教育与经济的紧密结合"（10条）。关于对教育的要求，《建议》中明确提出："教育必须面向现代化，面向世界，面向未来，致力于提高国民素质，在各个领域培养一批跨世纪的优秀人才"（10条）。"要认真贯彻党的教育方针，培养德、智、体等全面发展的社会主义事业建设者和接班人。"（37条）关于教育在现代化建设中的任务，《建议》中强调，精神文明建设（其中包括教育）的根本任务是："培养有理想、有道德、有文化、有纪律的社会主义公民；提高全民族的思想道德素质和科学文化素质，特别要把提高青少年素质作为工作重点。"

上述可见，中共中央对教育的地位和作用是十分重视的，同时也对教育提出了明确的任务和要求。这些要求和任务概括为一点，就是现代化建设必须依靠教育，教育必须为现代化建设服务，全面提高学生的素质。中央的最新精神与《中国教育改革和发展纲要》，与去年全国教育工作会议的精神，以及今年9月1日开始实行的《教育法》的精神是完全一致的。即教育改革的方向是从"应试教育"转向"素质教育"。

第二，我们看看亚洲"四小龙"的成功经验。根据《世界发展报告》提供的数据，人均国民生产总值达到1000美元的年份，新加坡是1970年，香港是1971年，台湾是1976年，韩国是1978年。如果我们把350美元作温饱线的话，那么从温饱到小康，"四小龙"大致都只用了10年的时间。当人均国民生产总值达到1000美元，进入小康水平之后，又都只用了13-15年时间，就由1000美元增长到宽裕型的上限水平7600美元。截止到1992年，人均国民生产总值新加坡达到15730美元，香港达到15360美元，台湾达到10566美元（1993年），韩国达到6790美元。"四小龙"从70年代进入小康到90年代初，仅仅20年间人均国民生产总值增长了10倍还多。人们不禁要问，如此惊人的经济奇迹，是如何创造出来的呢？原因是多方面的，也是很复杂的，但有一点是人们公认的，这就是优先发展教育，重视提高劳动者素质。

韩国近40年来一直实行优先发展教育的政策，借此来推动经济的高速增长。1960年，韩国政府将教育经费由原来占国民生产总值的2.6%猛增到15.6%，70年代以来一直保持在8.8%的高水平上。50年代普及六年义务教育，60年代发展高等教育，由1960年的12所猛增到1976年的106所。70年代改革中等教育结构，中等职业技术学校在校学生数与普通高中在校生比例为5:5，最高时为6:4。80年代再次增加教育投入，1985年政府教育支出占财政支出的比例高达28.2%，以后一直保持在21-22%的水平上。

新加坡也十分重视教育和人力资源的开发，早在50年代，新加坡政府就拨巨款实行小学免费教育。70年代末，新加坡开始进行经济结构调整，大力发展技术和资本密集型产业，由劳动密集型向高科技工业化方面发展。新加坡政府认识到，就业人员的素质是工业转型成败的关键，于是将发展教育和提高劳动者素质放到十分重要的地位。1984年教育经费比1959年增加了31.7倍，借此大力普及小学教育和成人教育。新加坡的治国方略是：以西方现代化科技发展经济，以中国儒家伦理治理国家。因此，十分重视培养公民的科学技术素质和伦理文化素质。凡是去过新加坡的人都为人家的环境优美、秩序井然而感慨。上海建平中学的冯恩洪校长告诉我，到新加坡一下飞机，导游小姐迎上来潇洒地说了三句话：第一，入境以后您如果在地上发现一张废纸，请举手告诉我；第二，新加坡最高尚的准则是诚实，入境后请不必担心上当受骗；第三，新加坡全国不收小费。这三句话反映了一个国家的道德素质。

总之，亚洲。"四小龙"经济飞速发展的经验给我们深刻的启示：实现现代化必须优先发展教育，重视提高公民的素质。

第三，我们再听听人民群众的呼声。在现实生活当中，不论是从高层的领导同志，还是到我们广大的群众，从来没有像现在这样对于人的素质问题如此关注。

在经济战线上，人们把许多指标的提高归功于人的素质提高，而把许多任务不能完成，都归功于人的素质不行。工程质量是如此,产品质量是如此,服务质量也是如此。我们到商场购买家用电器时都希望买进口原装的,光进口不行,还要加上一个原装;其实是原装还是国内组装,元件上没有任何差别,但是大家就要原装,不要国内组装。这是为什么?因为大家觉得国内组装,同样的元件而质量却不可靠。那么这个差异在哪?大家自然想到,是我们劳动者的工艺水平可能不如人家,责任心可能不如人家等等。归结起来说我们的人素质不行。

在社会生活领域,人们把许多不良现象也归结于人的素质问题。比如,社会治安状况明显存在许多问题,社会的文明程度存在的问题比较多,没有一个良好的秩序,没有一个友爱礼让的习惯。

学生的现状,大家也不很满意。去年由中国教育报开始引发的讨论"夏令营的较量"。引起了人们很多思考,北京去年组织一次长城夏令营,这次活动主要有两个部分,一个是在长城脚下组织野营活动,包括参观农村、野炊。另一部分在城里举行参观、旅游活动。来了许多国家的学生,一个外国学生有一个北京学生陪着。结果在长城脚下野炊后,日本、韩国的学生把吃剩下的东西装到塑料袋里,提过来问老师放在哪,我们北京的学生没有一个人关心这件事情,吃完站起来就走。去北海划船,水面上漂浮着一些废物,韩国的学生只要一遇见就捞起来,然后,上岸后扔到果皮箱里,而我们的学生(重点中学)没有一个人有这种习惯。这一比较后,我们的学生某些表现很不如人意。总之,在我们的学生和其他国家学生交往的时候,尽管我们在有些方面表现出一些优点,但相当一些方面我们表现出很大不足,大家也归结到学生素质问题。

当我们看到整个社会这些情况之后,大家越来越认识到我们这个社会想要进步不提高人的素质不行。特别当中央提出了实现现代化必须实行两个转变之后,更感到提高人的素质的重要性。这两个转变,一个是实现由计划经济体制向社会主义市场经济体制的转变;一个是经济增长方式由粗放型向集约型转变,而这一转变必须依靠科技进步和提高劳动者素质。科技进步要依靠科技工作者的素质,整个生产水平提高要依靠劳动者的素质。国际竞争,说到底是人才的竞争,是人的素质的竞争。实现现代化,关键是提高人的素质。因此,提高人的素质问题是摆在我们国家民族面前的一个十分重要的问题。

由于人口素质的重要性和迫切性,人们自然就提出了第二个问题:教育是否很好的完成提高民族素质的任务。大家看到这些素质问题的时候,觉得一些问题更多的是表现在我们年轻一代人的身上。因此,大家开始想到这些年轻人多半是从学校这些年培养出来的,也有一些是刚刚走出校门,他们身上所表现出来的一些素质缺陷,大家很容易联想到是不是同时反映了我们教育的缺陷,特别是学校教育缺陷。当然,构成当代社会青年所存在问题的原因是多方面的,但是我们的学校教育的责任是无论如何推卸不掉的。

总之,由应试教育向素质教育的转变,是党和国家的精神,是人民群众的呼声,是社会主义现代化建设的客观要求。

二、从应试教育向素质教育转变的几个问题

基础教育从应试教育向素质教育转变,是社会主义现代化建设提出的客观要求,是党和国家对教育提出的任务和要求,也是教育改革和发展的必然趋势。然而在教育实践中却难以

贯彻落实。这其中有政策导向的原因、有办学条件的原因，但更重要的原因是教育思想问题，是认识问题。这表现在对从应试教育向素质教育转变的提法上还有一些争议，主要有以下几个问题。

（一）关于素质概念的理解问题

素质本来是心理学的一个概念，是指人的先天的生理解剖特点，主要是指人的感觉器官和神经系统方面的特点。因此，有的同志认为素质既然是先天形成的，那么没法教育，提"素质教育"就是不科学的。但另外一些同志认为概念是可以发展的，人们对概念的理解不是一成不变的。现在我们讲的素质概念，已经不是简单的生理学上的概念了。素质不仅包括先天的生理解剖特点，而且还包括思想、道德、科学、文化、身体、心理、专业技术等比较稳定的品质。因此，素质是可以发展的，可以培养的，也是可以教育的。这是对素质概念内涵的丰富与深化。顾明远教授主编的《教育大辞典》对素质的定义就包含两个方面。第一，素质是先天的；第二，素质也可以是后天形成的。总之，经过大家的争论和专家的论证，"素质教育"的提法是科学的。

（二）关于素质教育和应试教育的提法问题

有的同志提出：应试教育是不是对我们现行教育的概括，因此要通过一场改革，把中国现行教育改为素质教育。很多同志认为不能这么理解，因为我们现行的教育为提高民族素质，提高学生素质做了许多贡献，也是有成效的，不能说我们现在的教育不是素质教育，而是应试教育，因此要做彻底改变，转变为另外一种素质教育。还有的同志提出：应试教育是不是就不好，应试教育是不是就不能提高素质。也有的同志讲我们要不要考试，要考试的话就是不是要应试，应试的过程本身是否能提高素质。总之，这些同志担心从应试教育向素质教育转变的提法，会不会全盘否定改革开放以来的教育成果，会不会打破原来的教育模式而重新

另搞一套，其实这种担心是不必要的。因为从应试教育向素质教育的转变是现行教育的改进或改革，而不是像文革初期对十七年教育的彻底批判和全盘否定。我们曾经有过"停课闹革命"、"零分光荣"的惨痛教训，也有过以课堂为中心片面追求升学率的失误，正反两方面的教训使我们清醒地认识到"停课闹革命"的悲剧不能重演，而片面追求升学率，忽视素质教育和全面发展的现象也不能再继续下去了。因此，我认为从应试教育向素质教育的转变，首先是教育思想的转变，是以邓小平的教育思想分析我们国家面临的形势和基础教育现状得出的必然的结论。它不是对基础教育现状的全盘否定，而是对基础教育迎接21世纪挑战的一个响亮的回答，是推动基础教育发展的一个建设性目标。

（三）关于什么是素质教育及其与应试教育的区别问题

到底什么是素质教育？我认为素质教育至少有以下几个特点：

第一个特点：教育对象的整体性。基础教育是为提高民族素质多出人才奠定基础，所以教育的对象是全体适龄公民。至于在未来的社会里这些人都是干什么，可能是政治家、科学家、企业家、文艺家还有其他类型的专门人才，也有的人是普通的劳动者；有的人有固定的职业，有的人也可能不断流动；有的人从事脑力劳动为主，有的也可能从事体力劳动为主。但是这些人的素质形成了我们整个民族的素质，决定整个民族素质的水平，也就是我们国家人力资源的水平。我们常讲，我们有12亿人口，这12亿人口是人口负担还是智力资源？这两个差别

不在于数量,而在于素质。素质高了就是优势,素质低了就是负担。各行各业人们的素质构成了我们整个民族的素质。所以,基础教育必须面向全体受教育者而不是单纯面向被高一级学校选拔而接受教育的少数学生。我觉得教师应该是伯乐,但是不能够只是伯乐。因为伯乐相马主要是把好马挑出来,他的任务主要是挑好马,而我们教师的任务,不仅是选拔,把其余的淘汰,而是要使每一个学生都要得到发展,对每一个学生负责。素质教育不是选拔适合教育的儿童,而是创造适合每个儿童的教育。这是素质教育的一个重要特点。

第二个特点:培养目标的全面性。毛泽东和邓小平同志多次强调全面发展,这些论述实际上充分体现马克思主义关于人的全面发展的理论。马克思曾经说:"我们把劳动力或劳动能力理解为人的身体及活的人中存在的,每当人生产某种使用价值时就运用的体力和智力的总和。"我觉得这个"总和"的概念非常重要。总和实际就指人的素质结构,我们把人的思想道德素质、科学文化素质、身体心理素质、劳动技术素质等方面,作为现代人的一些基础素质,也就是我们所说的德、智、体。我们培养的人有一个好的素质结构,最后由"总和"发挥出来。搞素质教育就不能只重视智育而忽视或轻视德育、体育和劳动技术教育,就不能单纯应付考试,片面追求升学率。因此,素质教育的第二个特征是强调培养目标的全面性与综合性。

第三个特点:教育内容和方法的因材性。世界上没有完全相同的两片树叶,也不存在完全相同的两个人。受教育者是存在个体差异的。这个个体差异的形成,有先天条件的不同,有环境影响的不同,也有原来教育史的不同。这些差异决定了我们教育工作不能只是要求有差异的个体都要达到统一的教育目标。而应该使每个受教育者能够在自己原有的基础上得到发展。我们要面向全体学生从每一个学生的实际出发,使他在自身的基础上有发展。这是素质教育又一个很重要的特点。我们认为社会对人的素质要求是应该有共性的。但是,还应该有多种类型、多种层次的不同要求。因为实际上社会各种不同的岗位也对人的素质提出了千差万别的要求,所以,基础教育应面向全体受教育者,从每一个人出发,使每个人得到发展而达到适应社会需要的目的。

《光明日报》10月13日报道了枣庄市第二十九中学"不求个个升学,但求人人成材"的经验。他们认为"得高分者未必个个成材,得低分者也未必是平庸无能之辈",这是一个很重要的教育思想。在这个思想指导下,强化教师的特长教育意识,从学生一入学就尽快发现他们的特长和个性,建立了特长生档案。如何发现学生的特长?他们做了大量的细致的工作,总结出5条经验:从分析学生的智能、观察学生细微的情感变化、开展丰富多彩的第二课堂活动、洞悉学生日常行为特点、总结学生阶段性学习成果等多渠道入手发现学生的特长。进而因材施教,使学生感到:你有你的发展优势,我有我的成材之路。人人都看到了自身的价值,找到了利于成材的最佳方位。1994年这所学校80%的学生升学深造,其余的都因为体育、音乐、美术、书法、武术、手工制作等特长而被用人单位录用。因此,该校一举成为不是重点中学的名校。邓小平同志讲过一段话说:"我们在帮助每个人勤奋努力的同时,仍然不能不承认每个人的成长过程中所表现的才能和品德差异,并且按照这些差异给予区别对待,尽可能使每个人向社会主义和共产主义总目标前进"。小平同志在这一段已经把承认人的差异,根据不同的差异区别对待作为我们教育的指导思想提出来。这就是素质教育的第三个特点:教育方法的因材性。

第四个特点：教育结果的实效性。教育能不能为社会主义现代化服务，是要由我们教育对象在步入社会以后他们发挥的社会功能的性质和水平决定的。我们现在对50年代和60年代初的教育评价，不是在当时得出的结论，而是在现在得出的结论。因为50年代和60年代所培养的人步入社会后表现出的共性的素质已经被大家所公认。大家认为这些品质是五、六十年代教育的结果。因此真正教育的评价应当是评价教育的后效，因为效益是事后表现出来的。我们要立足培养学生稳定的在他将来步入社会以后发挥的一些素质，这才是重视教育的实效。任何追求暂时的、表面的、片面的效果的教育都不可能经受社会和历史的考验。所以，实效性就决定素质教育必须高度重视教育过程。没有过程就没有教育，许多素质提高的实效并不反映在对学生现状的某一些测定指标上，包括分数。而潜藏在教育过程中的对学生的实际影响，那才是教育实效真正的所在之处。学校教育在一个人的一生中真正起作用的主要不是在考卷上曾经回答的东西，而是在整个受教育的活动当中积累起来并且最后形成的稳定素质。因此，重视教育过程，重视教育的实效是素质教育的又一个特征。总之，什么是素质教育？素质教育是全面提高全体受教育者的基础素质水平和个性发展水平为目的的教育。

那么，什么是"应试教育"？素质教育与应试教育有什么区别呢？"应试教育"不是对我们现行教育的概括，而是对我们现行教育中单纯为应付考试而产生的种种弊端的概括。"应试教育"与"素质教育"的区别在于：第一，在教育对象上不是着眼于全体学生，而是注重选拔尖子学生，把培养优秀人才与提高全体学生的素质对立起来。第二，在培养目标上不坚持德、智、体全面发展的方针，而是重视智育、重视分数，片面追求升学率。第三，在教育内容和方法上不坚持因材施教、扬长避短，而是用整齐化一的分数尺度衡量学生，淹没了学生的个性发展。第四，在教育结果上不强调教育过程和教育实效，而只重视表面的考试成绩。从上述对素质教育四个特征的分析以及对素质教育与应试教育的比较研究来看，应试教育必须改革，素质教育势在必行。由应试教育向素质教育转变关键是教育思想的转变，我们要在认识上实现三个统一：把培养优秀人才与培养劳动者素质统一起来；把群体培养目标与个体发展目标统一起来；把重视教育结果与重视教育过程统一起来。

三、加强和改进德育工作的几点思考

实现由应试教育向素质教育的转变，关键在于加强和改进学校德育工作。德育是素质教育的核心，要把加强和改进德育工作作为素质教育的突破口。这不仅因为德育工作重要，而且因为德育工作很难做。

思想品德素质在人的素质结构中占有重要地位，它在人的全面发展中发挥着导向、动力和保证作用。教育界的人士常说："我们培养出来的学生知识和能力素质不合格是次品，身体素质不合格是残品，思想品德素质不合格则是危险品。"我曾经不只一次地问过大学毕业生："你走上工作岗位之后感到最困难的是什么？是待人处世，还是专业技术？"他们几乎异口同声地回答："是待人处世，是如何做人。"著名教育家陶行知说："千教万教，教人学真；千学万学，学做真人。"一个人在社会上做事难，做人更难，要做一个追求真、善、美的人就难上加难。美国学者戴·卡耐基有一句名言："学会了待人处世的艺术比拿到名牌大学的文凭还要重要。"这些事实和名言从一定意义上说明了思想品德素质的重要，也说明了德育工作的重要。

在现代化建设的过程中,在建立社会主义市场经济体制的过程中,不仅为整个教育提出了新的任务和新的要求,而且对学校德育工作提出了许多新情况和新问题。中共中央的《建议》中指出:"实现'九五'和2010年的奋斗目标,关键是实行两个具有全局意义的根本性转变,一是经济体制从传统的计划经济体制向社会主义市场经济体制转变;二是经济增长方式从粗放型向集约型转变。"这两个根本性的转变必须带来人们的价值观念和生活方式的深刻变化。要知道,市场经济对经济发展和社会进步具有双重效应,一方面具有正效应,即有积极的推动作用;另一方面具有负效应,即消极的制约作用。特别是对精神文明建设其中包括学校德育工作,这种双重效应就更加明显。在市场经济条件下,德育工作面临着新的挑战与机遇,可以说是挑战与机遇并存,困难与希望同在。因此,新形势下德育工作的任务是加重了,而不是减轻了;德育工作的难度是增大了,而不是减小了。那么我们如何加强和改进学校德育工作呢?我谈几点不成熟的思考。

(一)在经济体制转轨、经济形式多元存在的情况下,如何坚持社会主义意识形态的一元导向

我们知道,在建立社会主义市场经济体制的过程中,经济形式(主要指所有制形式)是多元存在,其中有国营的大中型企业,有集体经营的乡镇企业,有中外合资企业和外国资本独资企业,还有私营工商企业等等。社会存在决定人们的社会意识,有多少经济形式就会有多少种意识形态。而这些形形色色的意识形态必然通过家庭和社会的各种渠道渗透到学校来,影响学生的思想品德。然而,我们的社会制度决定了学校德育工作必须坚持爱国主义、集体主义、社会主义主旋律的教育。那么在经济形式多元存在的情况下,如何坚持社会主义意识形态的一元导向呢?这是摆在学校德育工作面前的一个重点和难点问题。

我认为解决这个问题,必须转变我们的教育思想和教育方法,不要"一刀切",要分层次;不要讲"高大全",要讲实然、应然、必然。比如,在处理个人与他人、个人与集体、个人与社会的关系上,我们主张集体主义,这是一元导向。但在实际生活中人们处理这种关系的时候却表现为各种态度和做法,概括起来至少有四个层次,第一层次是大公无私、公而忘私、舍己为人、全心全意为人民服务;第二层次是公私兼顾,先公后私、先人后己;第三层次是主观为自己,客观为别人,也称为利己不损人;第四层次是损公肥私、损人利己。第一层次是共产主义的集体主义精神,是高尚的值得提倡的,是一元导向;第二层次是社会主义的集体主义,是现行的原则和规范;第三层次是合理利己主义,在现实生活中普遍存在,我们不能简单地批判它,但需要引导向高层次发展;第四层次是极端利己主义,必须坚决反对。

在教育学生正确处理个人与集体与社会的关系时,不能"一刀切",不能"高大全",不能只讲"应然",否则不符合社会生活实际,也不符合学生思想实际,容易出现"假大空",使学生产生逆反心理,达不到预期的教育效果。我们不但要讲"应然",要求学生应当怎样,而且还要讲"实然",告诉学生社会生活的实际情况怎样,让学生自己选择正确的答案。这里我们可以借鉴美国教育家科尔伯格关于道德教育的"价值澄清论",当面对一个问题时,学生可以有多种选择,老师可以指出多种解决问题的办法,让学生进行道德价值判断,从而选择自己认为是正确的切实可行的方案。当然,我们并不主张完全放任地让学生自由选择,老师的引导是很重要的。因此不仅讲"实然",而且还要讲"必然",告诉学生事物发展必然规律是什么,讲解"凡是现实的都是合理的,凡是合理的都是现实的"这个辩证法,引导学生按照社会生活的规律做事。

(二)在扩大对外开放,吸收外国先进经验的情况下,如何振奋民族精神,树立民族自信心和自豪感

随着改革开放的深入发展,在引进西方的先进科学技术和管理经验的同时,西方的哲学思潮、价值观念和生活方式也大量涌入。在这种情况下如何振奋民族精神,树立民族自信心和自豪感,成为学校德育的又一重点和难点问题。

针对这个问题,中央强调进行中华民族传统美德教育和爱国主义教育。关于中华民族传统美德教育,去年在海口会议上我已做过专题发言,今天我想重点讲讲爱国主义教育问题。

《爱国主义教育实施纲要》指出,爱国主义教育的重点是青少年,学校是爱国主义教育的主要场所,从幼儿园到研究生院都要进行爱国主义教育。那么,各级学校如何对不同年龄阶段的学生进行爱国主义教育呢?

我认为:爱国主义教育是一个系统工程,青少年爱国主义情感的形成,爱国主义信念的确立,爱国主义行为的养成,是一个通过教育逐步形成的过程;爱国主义教育的指导思想和基本原则要在各级各类学校一以贯之,而爱国主义教育的内容和方法则应针对学生不同年龄阶段的身心特点和理解接受能力的不同,由浅入深,由低到高,由近及远,由感性到理性,逐步提高,螺旋式上升,体现出大、中、小学爱国主义教育的层次性。

爱国主义教育内容十分丰富,从历史到现实,从自然风光到物质资源,从物质文明到精神文明,社会生活的各个领域都蕴藏着爱国主义教育资源。《爱国主义教育实施纲要》中就指出了八方面的教育内容,这八方面的教育内容从指向实体来划分大体可以分为三大实体:(1)祖国的自然实体;(2)祖国的人文实体;(3)国家的经济与政治实体。这三大实体中每一个实体又可分为三个层次,而这三个层次,恰好可以分别作为小学、中学、大学的教育内容。

首先,从祖国的自然实体来看。第一层次是个体的出生地、居住地。人的童年时代直接接触到和感受到的是生我养我的这块土地,是家乡的山水和物产,自然对乡土有一种依赖和眷恋之情。因此,对小学生的爱国主义教育要从热爱家乡的教育做起。第二层次是祖国广阔的自然环境和国土资源。中学已经开设了中国地理课,结合地理课进行热爱祖国大好河山的教育应是中学爱国主义教育的主要内容之一。第三层次是个人与祖国自然实体的关系。这一层次的特点是对祖国自然实体的理性认识,其中包括对自然资源优劣的分析、物质资源与人民生存发展的关系,以及保护、开发、利用资源的责任等。大学生已经有自己学习的特定专业,特别是学自然科学的大学生应该具有保护、开发、利用祖国自然资源造福人民的责任意识。因此,大学应该进行这一层次的爱国主义教育。

其次,从祖国的人文实体来看。第一层次是人际关系。小学生直接接触的人际关系主要是亲子关系和师生关系,小学应进行爱父母、爱老师、爱同学的教育,以此作为爱祖国、爱人民教育的基础和出发点。第二层次是祖国的传统文化。中学生已学过了历史课,对祖国的历史传统、文化艺术、科学技术、语言文字、道德风尚有了一定的了解,中学的爱国主义教育要通过中国历史,特别是近代史现代史教育来进行。第三层次是祖国发展中的现代文明,要教育学生正确认识传统文化与现代文明、现代文明与西方文明的关系;既反对食古不化的国粹主义,又反对历史虚无主义和"全盘西化";对中国传统文化要坚持批判继承、发展创新的原则,对西方文化采取借鉴、改造、利用的态度。对祖国现代文明做历史的和国际的辩证思考,这显然应成为对大学生进行爱国主义教育的内容。

再次,从国家经济和政治来看。第一层次是国家标志物,主要是国旗、国歌、国徽等,要教育学生热爱国旗、国徽,学会唱国歌,认真参加升国旗仪式。这一层次的教育应在小学里进行。第二层次是国家的经济制度和人民的经济生活,要运用改革开放以来经济建设的伟大成就和人民生活水平普遍提高的事实,对学生进行爱国主义教育。这一层次的教育应在中学里进行。第三层次是国家的政治制度和政治生活。要教育学生正确认识社会主义民主、自由、人权;正确认识社会主义民主、自由、人权与资本主义民主、自由、人权的本质区别;正确认识"和平统一,一国两制"的方针;正确履行公民的权利和义务,自觉维护政治稳定、社会安定、民族团结和祖国统一。这一层次的教育内容显然应在大学里进行。

(三)在社会生活中存在着"一切向钱看"的思想影响下,如何教育学生树立正确的金钱观

在建立社会主义市场经济体制的过程中,企业盯着的是效益和利润,人们盯着的是工资和奖金,"金钱"从来没有像现在这样引起国人的关注和追逐。在市场经济大潮的冲击下,人们卷入了金钱的漩涡。请看看社会上流行的顺口溜:"十亿人民九亿倒,还有一亿在思考","十亿人民九亿商,还有一亿待开张","摆个小摊,赛过县官,全家做生意,超过总书记","前途,前途,有钱就图;理想,理想,有利就想"。这些思想观念悄然渗透到青少年的心灵之中,大有"随风潜入夜,润物细无声"之功效。大学生在成才与发财的辩论中使成才之路发生了扭曲。一般来说,成才之路有三条,一是黑路成才,即做学问,考研究生、戴博士帽(黑色);二是红路成才,即到国家大机关去入党、做官;三是黄路成才,即"下海"、经商、赚大钞。80年代调查的结果是主张黑路成才的占75%,红路成才的占8.5%,黄路成才的占16.5%。1992年底我们又做了一次同样的调查,黑路成才的占26%,降低了49个百分点,红路成才的占8%,黄路成才的占66%,增加了49.5个百分点。这种情况说明在大学生的心目中学问的吸引力已经让位于金钱的诱惑力。在中学生中辍学经商的有之,在有些地区还相当严重;讲吃讲穿、比消费的有之,特别是有些学校的"集资生"穿衣讲名牌,花钱出手大方,已在同学中产生了不良影响。

1995年3月6日,《北京晚报》载文披露北京一所小学970名学生共得压岁钱约45万元,其中一位学生得了8000元。自改革开放以来,人民生活水平有了较大提高,许多中小学生把压岁钱、零花钱、奖励钱攒起来,也有了自己的"小金库",独立花钱已是司空见惯。在这种情况下,如何教育学生树立正确的金钱观,养成勤俭节约、艰苦朴素的好习惯,是学校德育工作面临的新问题。

问题不仅新,而且还难。大街上歌舞厅、娱乐宫、美容院等高消费广告随处可见,大款吃饭一掷千金,富婆买服装远渡重洋的小报新闻屡见不鲜,社会上超前消费、攀比消费、人情消费、负债消费的现象,使中小学生耳濡目染,就连有些家长也总想把自己"上山下乡"所受之苦在孩子们身上得到补偿,因此格外宠着"小皇帝",不惜在他们身上花钱。这时候,学校德育只靠传统的忆苦思甜式的勤俭节约和艰苦朴素教育已收效甚微。这就逼着我们换一个角度来思考这个既新又难的问题。

在一次国际研讨会上,我结识了台、港、澳的同行们。交谈中发现,我们面临的新问题恰是他们多年的老问题。既是老问题,人家就已经摸索到一套较为行之有效的教育内容和方法。内容是:对中小学生进行金钱观教育,概括起来有四句话:(1)金钱不是白来的;(2)金钱不是万能的;(3)花钱是要有节制的;(4)不义之财是不可取的。方法是:(1)要求学生访问家长,家里的钱是怎样来的;(2)提问学生:父母养育了你,你付钱了吗?(3)要求家长带孩子去商店买一样东西;(4)情境表演:不义之财不可取。四种方法对应四项内容,既具体实在又生动活泼。

他山之石,可以攻玉。我们何尝不实验一下这种金钱观教育灵不灵呢?当然,我们不仅要借鉴,而且要发展。我建议再加一句话:富余的钱可以支援别人。这样就与我们"高层次"的"手拉手献爱心"活动结合起来了。值得提醒的是"高层次"教育要建立在"低层次"的基础上。

(四)在社会生活中出现了"黄、毒、赌"泛滥的情况下,如何教育学生洁身自爱,预防犯罪

改革开放以来,由于出现了物质文明建设与精神文明建设一手硬、一手软的问题,在解放以后曾经绝迹的某些丑恶现象,再次沉渣泛起。黄色书刊、黄色音像制品、卖淫嫖娼、贩毒吸毒、赌博迷信等丑恶现象屡禁不止。这种现象极大地毒害和腐蚀着青少年的心灵。据公安部五局办公室的调查资料表明,80年代以来青少年犯罪具有五个特点。(1)青少年犯罪增多,并呈发展趋势。青少年犯罪占全部刑事犯罪的比重也是逐年上升,从1980年的61.7%发展到1989年的74.1%。(2)青少年侵财和图财犯罪增多。(3)青少年团伙犯罪增多。(4)青少年女性犯罪增多,卖淫嫖娼呈蔓延趋势。(5)青少年吸毒增多,且日趋严重。有些犯罪事实和犯罪情节是令人吃惊,触目惊心的。

这种情况给学校德育工作提出了新的问题。如何教育学生洁身自爱,预防犯罪?毫无疑问,我们不能等待学生犯罪之后,再绳之以法,进少管所。而必须在学校就加强法制教育和道德教育,使之防患于未然。古人说:"法者,禁于已然之后;礼者,禁于将然之前。"法制教育和道德教育如车之两轮,鸟之双翼,辩证统一,缺一不可,是学校德育的两项重要内容。这一点教育工作者都能取得共识,我不在此赘言。在这个问题中,我想谈一谈青春期性教育问题。因为这也是我们德育中的空白点。

前不久,国家教委组织一个代表团赴美国考察青春期性教育。他们回来谈体会时,概括为"不虚此行,大开眼界,大有收获。"他们的收获是什么呢?我把他们的考察报告摘录如下:

1. 进一步加深了对美国开放情况的了解。这对认识美国的性教育是十分必要的。我们了解到,美国的确是一个性开放、性自由的国家。据介绍,在美国一个16岁的女中学生可以和任何一个男人发生性关系而不受限制,包括自己的老师,只是不鼓励而已。8——9年级的学生有51%的学生有性交的体验,到了11-12年级,80%的学生有性交的体验。15岁的女孩子如果处女膜还没破,同学会问"怎么还没有性交"?从而形成同龄人的舆论压力。由此可见,美国性开放的程度。至于社会上各种各样有关性的信息、宣传、刊物、书籍、音像制品及红灯区的存在,都表明了美国性的开放和自由。

2. 加深了对进行性教育必要性的认识。在美国,性开放和性自由带来严重的社会问题,其一，非婚生孩子、单亲家庭数量增加，并出现了中学生带孩子上学的现象，进而出现了"孩子妈妈学校"。其二，性病蔓延。据介绍，美国有性病患者1300万，艾滋病病毒携带者250万，艾滋病患者17万。可见，在美国进行性教育是十分必要的。事实上，美国的性教育始于60年代，当时电影、电视、书刊、广告里充满了性的展示，性的刺激泛滥成灾，严重地影响了青少年。美国的性自由、性解放导致未婚少女怀孕人数猛增，离婚率日益增长，性病发生率居高不下，强奸犯罪不断发生，性开放所付出的代价是巨大的。于是引起人们的广泛的重视，学校性教育逐步开展起来。美国学者说，美国20年前同中国现在的情况差不多，再过20年中国会不会像现在的美国一样？尽管我们不能接受这样的论断，（因为我国的国情与美国有很大的不同。在美国机场候机厅、大街上到处有赤裸裸的展示性器官、性交的画报杂志，这在我国是不许可的。我国不仅不许未成年人同其他异性发生性关系，还要对学生早恋行为进行限制、教育。）但这不等于说中国没有性方面的社会问题，更不等于说中国不需要性教育。事实上，性是与生俱来的，并伴随人的一生，是人们生活、成长中的重要组成部分，对处于青春发育期的青少年，帮助他们了解性生理、性心理、性道德和性法律等知识，可以解除他们心中许多困惑，树立正确的道德与法制观念，顺利度过青春期。

3. 对美国性教育有了初步了解，并与我国青春期教育进行了比较。显然，存在较大差别。首先目的不同。如果说美国对青少年性教育的目的是避免怀孕和传染性病。那么，我国对青少年的性教育则是使中学生正确认识自身，正确处理男女生之间的关系，正确把握自己健康发展，避免早恋和越轨行为。其次，重点不同。美国性教育的重点是教会学生使用避孕工具。我们教育的重点是，了解性生理知识，树立正确的性道德观念和健康的性心理。再有，我国的青春期教育还包括理想、信念、心理健康等广泛的内容，而美国则主要是性教育。另外，美国的性教育方法多样，注意让学生参与教学，使学生在愉快的气氛中学到知识，对我们有启示。

总之，无论从借鉴美国的经验来看，还是从当前我国教育实践来看，对中学生进行青春期性教育势在必行，它应该成为德育的一个内容之一，把性知识、性道德、性法律教育结合起来，把生理健康、心理健康和伦理健康教育统一起来。

5. 加强和改进学校德育工作的对策性建议[1]

大、中、小学生的政治思想道德素质如何，是衡量各级各类学校德育工作最基本的标准。从调查数据分析来看，大学生中的深层次思想问题并未解决，中小学生的思想品德还有许多令人忧虑的地方，对青少年学生的政治思想道德素质不能盲目乐观和估计过高。因此，全面提

---

[1] 此文是全国教育科学"八五"规划国家教委重点课题"我国各级各类学校德育现状调查研究"总体报告的结论部分。曾发表在中央教科所内部参考《科研与决策》1994年第4期。又被收入《中国当代教育科研成果大典》第二卷。时任中共中央政治局常委、国务院副总理的李岚清同志看到后做了明确批示"教委：调查中的有些建议可以纳入加强和改善德育工作讨论稿"。他说的"讨论稿"就是1994年8月31日颁布的《中共中央关于进一步加强和改进学校德育工作的若干意见》，这个文件采纳了本文的建议，第五条规定要"整体规划大中小学的德育体系"。

高学生素质,特别是政治思想道德素质,是关系到21世纪中国的面貌,关系到我国社会主义现代化建设战略目标能否实现,关系到能否坚持党的基本路线一百年不动摇的具有战略意义的大事,是当前教育战线亟待解决的重大问题之一。

造成青少年学生政治思想道德素质下降的原因是多方面的,既有社会大气候的原因,又有教育小环境的原因,在社会原因中,既有社会政治思潮、思想道德氛围和大众传播媒介的影响,又有深藏在其背后的经济根源;在教育的原因中,既有教育指导思想和行政管理的原因,又有学校德育工作自身的原因。单就教育管理和学校德育工作自身来看,德育工作领导体制尚未理顺;德育地位问题还未落实;德育财力、物力投入严重不足;德育的内容、方法亟待改进;大、中、小学德育衔接问题亟待解决。据此,我们提出改革和加强学校德育工作的对策性建议如下:

一、理顺和健全德育管理体制

我国现行的教育行政部门德育领导体制是:中小学德育由国家教委基础教育司领导,德育处分管;大学德育由国家教委思想政治工作司领导,学生处分管。省一级则很不统一,有的省(市)教委设政教处或德育处,大中小学德育、由处长和副处长分管;有的省(市)中小学德育由教育厅政教处管,大学德育由高教局管;有的省(市)大学德育由省(市)委高校工委管。这种领导体制的弊端是:高等教育和基础教育分司或分局管理,彼此间缺乏沟通和联系,各自为战,政令不统一,不利于大中小学德育衔接,不利于形成系统化德育管理体系。

建议改革现行德育领导体制,国家教委设德育管理司,下设大学德育处、中学德育处、小学德育处、职教德育处;省教委设德育管理处,下设大学德育科、中学德育科、小学德育科和职教德育科。这样大中小学德育可以做到统筹规划,统一领导,分级管理,上下理顺,有利于大中小学德育衔接,形成科学化、系统化、规范化德育管理体制。在德育领导体制改革的时机或条件尚未成熟的情况下,国家教委和省教委可临时组成德育工作小组,以便协调大中小学的德育工作。

从学校基层的情况看,现行的学校德育领导体制是:中小学建立了校长负责德育、党支部发挥政治核心作用的德育领导体制,形成了分管德育的副校长——教导主任——班主任三级管理体制。大学的领导体制一般实行党委领导下的校长负责制,而德育则是由一名党委副书记主管,形成党委——系党总支——学生班级三级管理体制。这样,大学便形成了党委管德育,校长管智育的局面,似乎德育只是党的工作的组成部分而不是教育行政工作的一部分。因此,德育与智育"两张皮"的问题难以解决。鉴于此,建议改革大学德育领导体制,德育是学校教育的一部分,大学校长要对学校教育全面负责,必须亲自抓德育,在党委的统一部署下,建立和完善校长及行政系统为主实施的德育领导体制,形成校长——系主任——年级(班)主任三级德育管理体制。学校要有一名副校长协助校长负责德育实施,校一级要成立德育工作领导小组或委员会,建立校系两极党政联席会议,德育工作要纳入校系领导班子工作日程。

二、稳定和提高德育教师队伍

目前,德育教师队伍的状况是:流失严重,后继乏人,素质不高。据北京市调查,德育教师队伍年龄结构很不合理,青年、中年和老年教师的比例,小学是3:2:5,中学是2:3:5,大学是5.4:3.4:1.2。由此看出,中小学的问题是中青年教师数量不足,后继乏人;大学的问题青年教师多,且流失严重。有人把中学德育教师队伍的状况概括为:"人数少,年龄老,素质差,往外跑"。担任高中班主任的绝大多数是老教师,繁重的教学任务、社会工作和家务劳动使他们长期超负荷运转,体质普遍下降。多数青年教师只想教课,不愿当班主任或做团的工作,认为太累,没出路。有的一心想"跳槽",不安心工作。有的中学,政治课教师缺编,只好用"圣(剩)贤(闲)"人员来充数。

据北京一所大学反映,1982年从77级、78级选30名品学兼优的毕业生留校充实德育工作队伍。10年后除了下海的、改行的、出国的、转教学的、正常调动的只剩下5人,流失率为83%,大学德育教师队伍极不稳定,几乎是年年流失,年年靠留校生补充。这样造成两个结果:一是德育教师年龄偏低,据对北京48所大学的调查,在562人中,30岁以下的302人,占54%;二是素质较差,刚刚毕业的本科生,所学专业各异,缺乏马克思主义基本理论、人文社会科学知识和实际工作经验,上来就当辅导员就教德育课,这与高中经验丰富的班主任相比,在学生心目中形成鲜明的对比和落差。

德育教师队伍的状况必须改变,建议采取有力措施稳定和提高这支队伍。第一,优化结构,建设一支专兼结合、功能互补、信念坚定、业务精湛的德育教师队伍。第二,提高待遇,适当增加中小学班主任和大学辅导员津贴。第三,重奖有突出贡献的模范班主任和优秀辅导员,真正使其成为令人羡慕的职业。第四,优先考虑评定职称,至少不晚于同届毕业的专业课教师,培养和造就一批德育专家、教授、特级教师和理论家。第五,扩大思想政治教育研究生招生规模,使德育教师在学历上不低于专业课教师。第六,加强在职德育教师培训,经常开展德育课教学研讨、观摩活动,定期组织参观考察,全面提高这支队伍的素质。

三、设立和增加德育专项经费

目前德育经费投入太少。在调查中无论是小学、中学还是大学,负责德育工作的领导同志对此很有意见。有的同志说:"巧妇难为无米之炊,德育工作简直是无米下锅、等米下锅、借米下锅,这样怎能收到好效果?"有的同志说:"论地位,德育为首;比经费,还是老九。只让马儿跑,不让马儿吃草,这是啥道理?"难怪有人发牢骚,在学校的各项经费预算中,唯独没有德育专项经费。日常的德育活动开支完全是人为的、随机的,领导重视就多给点,领导不重视就少给或不给。

从大中小学德育经费投入比例来看是依次递减。据统计,北京市中小学德育经费年均开支800元左右的中学占85%,小学占78%。800元也就相当于组织学生看一场电影的门票钱。其他省市,尤其是老少边穷地区德育投入就更少得可怜。一方面德育手段需要更新,社会实践需要加强,教师需要参观、考察、进修;另一方面,军训要钱,社会实践要钱,参观博物馆、展览馆、名胜古迹都要钱。这是一个尖锐的矛盾。

解决这个矛盾的唯一办法是:设立和增加德育专项经费,使其不低于体育专项经费,约占学校总经费的5-10%。德育专项经费应当包括:德育日常活动经费、大型德育活动经费、德育教师培训经费、德育科研经费、德育奖励经费等。要明确制定关于德育专项经费的政策法规,确保各级各类学校贯彻实施。这是德育由软变硬,由虚变实的必不可少的条件。

四、整体规划和制定大中小学德育大纲

目前,大中小学德育目标和要求,缺乏系统性、连续性、和谐性和层次性。教育领导部门、第一线实际工作者和教育科研工作者虽然对德育总体目标的认识是趋于一致的,都认为德育目标应该包括政治素质、思想素质、道德素质、法纪素质和心理素质。但是,对小学、中学、大学各个阶段的具体目标是什么,看法却不一致,并且经常发生变动。《小学思想品德纲要》、《中学德育大纲》和《大学德育大纲》的制定,都是各定各的调,缺乏整体研究和设计,没有把它作为一个系统工程来统筹规划,在认识上、提法上、操作上存在很大差别,因此缺乏系统性、连续性、和谐性和层次性。这种情况说明,德育还远没有像智育那样形成一整套科学化的、系统化的、规范化的体系。因此在教育实践中不可避免地出现盲目性和随意性。过去在社会政治经常变动的情况下,难以解决这个问题,现在社会政治稳定,党的基本路线一百年不动摇,给我们研究解决这个问题提供了前所未有的大前提。建议由国家教委组织大中小学德育工作者形成三结合的工作班子,统一制定大中小学一体化德育大纲。

大中小学一体化德育大纲要以马列主义、毛泽东思想特别是邓小平同志建设有中国特色社会主义理论和党在社会主义现代化建设时期的基本路线为指导,坚持唯物辩证法的系统原则,运用中国文化的整体和谐思想,把大中小学校德育作为一个系统加以整体规划。从静态来看,学校德育是由德育目标、德育内容、德育途径、德育方法、德育管理、德育评价等子系统构成的一个统一的整体;从动态来看,学校德育是由小学德育、中学德育(含中等专业技术学校德育)、大学德育等子系统组成的一个统一整体。总体纲要的基本框架要以静态系统为纬,以动态系统为经构建而成。

学校德育是一个整体的动态的过程,学生健康的心理素质,文明的行为习惯,良好的道德品质,科学的世界观、人生观、价值观,崇高的理想信念,坚定正确的政治方向,是通过小学、中学、大学等各个阶段的教育逐步形成的。学校德育的总体目标要统一制定,一以贯之,以保证在整个德育过程中品德结构的完整性和连续性。各教育阶段的具体目标的高低,德育内容的深浅和侧重点,德育途径和方法的选择,德育管理方式的运用,要针对学生不同年龄阶段的身心特点和理解接受能力的不同,由浅入深,由低到高,由感性到理性,由认识到实践,再由实践到认识,逐步提高,螺旋式上升,以保证各个教育阶段德育工作的层次性和渐进性。各个阶段都应有德育整体意识,总揽全局,加强相邻阶段的和谐衔接,防止简单重复或脱节,不断提高德育的整体效果。

五、改革和重编大中小学德育课系列教学大纲和教材

目前,德育课程的设置和教学内容存在着简单重复和严重脱离实际的问题。一方面存在着同年级德育课与文化课的横向重复,如初中的《社会发展史》与《历史》课重复;另一方面存在着中学与大学的纵向重复,如初三的《中国社会主义建设常识》与大学的《中国社会主义建设问题》,高二的《人生观和世界观常识》与大学的《人生哲理》、《哲学原理》重复。有些课程的内容与学生思想实际和社会生活实际严重脱离,不能很好地回答学生所关心的实际问

题,因此收效甚微。据此,建议改革大中小学德育课的课程设置和教学内容。总的思路是:以邓小平建设有中国特色的社会主义理论为指导,以爱国主义、集体主义、社会主义教育为主旋律,培养健康的心理素质、文明的行为习惯、良好的道德品质、科学的人生观、价值观、世界观和坚定正确的政治方向。

课程的名称,大中小学统称"德育"课。课程的内容,则必须依据各年龄阶段学生的身心特点和知识水平,本着系统性、连续性、层次性的原则,由浅入深、由低到高、由感性到理性地进行科学的规划和设计。这如同体育课、美育课、语文课、数学课一样,课程的名称是不变的,但课程的内容则随着年级的升高而不断扩充、提高和深化。"德育"的名称不能回避,也不应该回避,它是党和国家教育方针的体现,有利于强化教师和学生的德育意识,有利于涵盖不同年级的教育内容,有利于建设科学化、系统化、规范化的德育体系。

小学德育课的内容以良好品德行为习惯的养成教育和"五爱"情感教育为重点。良好的品德行为习惯养成教育包括:自己的事情自己做的个人生活习惯的培养、文明礼貌用语和正确待人接物习惯的培养、自己动手动脑的学习习惯的培养和小学生日常行为规范的训练。"五爱"情感教育要从爱父母、爱老师、爱同学逐步上升到爱人民,从爱家乡、爱街道、爱国旗国歌上升到爱祖国,从爱学习上升到爱科学,从自己的事情自己做上升到爱劳动,从爱护文具爱护桌椅上升到爱护环境、爱护公共财物。教材要文字简洁(可用三字歌的形式)、图文并茂。教学方法要生动活泼,注重行为训练。

初中德育课的内容以良好的心理品质教育、道德品质教育、遵纪守法教育为主。心理品质教育包括自尊自爱、诚实正直、勇敢进取和青春期心理健康等内容;道德品质教育要在小学"五爱"教育的基础上进一步进行爱祖国、爱人民、爱劳动、爱科学、爱环境的教育,中华民族传统美德教育,青春期性道德教育;遵纪守法教育包括有关宪法、刑法、未成年人保护法等法律常识的教育,知法守法和运用法律武器自我保护的教育,遵守学校和公共场所的纪律和规章制度的教育。教材文字要优美(可用诗歌、散文、故事等形式)选材精当。教学方法要用启发式,注重情感陶冶和行为指导。

高中(职高和中专)德育课的内容以人生观教育、理想教育和职业道德教育为主。人生观教育包括人生目的、人生态度、人生价值的教育,引导学生立志成才,报效祖国;理想教育要进行社会主义共同理想和共产主义最高理想教育,普通高中要结合高考志愿进行升学指导教育,职业高中和中技要结合专业进行就业指导教育。教材要生动活泼,教法要注重案例教学,理论联系实际。

大学的德育课程(这里暂不包括马克思主义理论课)要向学科化的方向发展,开设一系列人文社会科学的必修课和选修课。这些课程应包括政治学、法学、伦理学、社会学、人生学,这些学科不应是原来专业意义上的纯理论学科,而应是德育意义上的应用学科,它旨在教育学生正确地认识社会,正确地认识人生,树立正确的法律意识、道德观念,树立科学的人生观、世界观、价值观,确立正确的政治方向。教材应由有关学科的专家教授和德育专家教授共同组成编写队伍,理论要少而精,联系实际要密切。教法要注重讨论式,调动学生的学习积极性。

六、重视和加强大中小学衔接薄弱点的德育管理工作

搞好大中小学德育衔接的关键在结合部,即小学、初中、高中的毕业班和初中、高中、大学的新生班。这个结合部是德育工作最薄弱的环节。而导致结合部薄弱的根本原因就是片面追求升学率严重冲击着德育工作。小学、初中、高中的升学考试主要是考书本知识,录取根本不考虑学生的思想品德如何。结果德育成了软指标,智育成了硬指标,升学率的高低事实上成了评价学校、教师和学生的唯一标准。毕业班压倒一切的中心任务是上课、背书、做题、模拟考试。许多学校德育时间被挤占,德育内容被减少甚至取消。这样就造成了小学六年级、初中三年级和高中三年级这三个关键阶段出现了德育空白点。

另一方面,由于升学的压力,各校在毕业班都配备了较强的业务教师和班主任,虽然正常的德育工作受到很大冲击,但在教学和管理上还是比较严的。一旦升入初一、高一和大一后,很多学生感到不适应。因为初一、高一、特别是大一的任课教师和班主任一般年龄较轻,教学经验和管理能力较弱,相对于原来毕业班的情况又出现了三个明显的落差。

鉴于上述情况,建议采取有力措施加强大中小学衔接结合部的德育工作。建立和完善学校德育评价的指标体系,加强对毕业班的德育督导工作;建立和完善对学生思想品德测评的指标体系,加强对毕业生思想品德鉴定的检查工作;德育工作不合格的学校不能评为先进校,思想品德不合格的学生如同体育不合格的学生一样中考和高考不能录取。必须加强新生班的德育管理工作,配备业务能力较强的任课教师和管理经验较丰富的班主任加强新生班的教学和管理工作。

6. 中国特色的社会主义德育体系的初步构想[1]

《中共中央关于进一步加强和改进学校德育工作若干意见》指出:要"整体规划学校的德育体系。要遵循青少年学生思想品德形成的规律和社会发展的要求,根据德育工作的总体目标,科学地规划各教育阶段的具体内容、实施途径和方法。"为贯彻落实中央文件这一精神,建立科学化、系统化、规范化的中国特色社会主义德育体系,我们提出了构建有中国特色的社会主义德育体系的初步想法。这个初步构想包括:正确地提出构建德育体系的基本思路,科学地界定"德"和"德育"的概念,正确认识德育在教育中的地位,整体规划德育目标,系统安排德育内容,正确运用德育途径和方法,建立健全德育管理体制。

一、构建学校德育体系的基本思路

构建学校的德育体系的目的,是为了搞好大、中、小学的德育衔接,建立科学化、系统化、

---

[1] 此文是为学习、贯彻、落实《中共中央关于进一步加强和改进学校德育工作的若干意见》的第五条"整体规划学校德育体系"而作。曾在北京、北戴河等地举办的德育研讨会上做过演讲。基本思路和框架由詹万生提出并撰写一、二、六节,三、四、五节分别由胡筠岩、于天龙、齐炘撰写,最后由詹万生统一修改定稿。收入本书时题目做了修改,内容有所删改。

规范化的中国特色社会主义德育体系，更好地发挥德育对青少年学生健康成长和对学校工作的导向、动力和保证作用，努力培养有理想、有道德、有文化、有纪律的中国特色社会主义事业的建设者和接班人。

当前，国际风云变幻，世界新格局正在形成，和平发展已成为国际局势的主流。在国内，各条战线正在抓住机遇，深化改革，扩大开放，促进发展，保持稳定，努力实现党的基本路线一百年不动摇。教育战线在全国教育工作会议精神的指引下，也出现了一派生机勃勃的大好形势。这些都为整体规划学校德育体系提供了前所未有的基础和条件。在加快改革开放和现代化建设步伐，建立社会主义市场经济体制的新形势下，学校德育工作面临着许多新情况和新问题，德育工作必须以改革为动力，在稳定中求发展。整体规划学校德育体系已成为教育改革和发展的必然趋势。

构建中国特色社会主义德育体系要以马克思主义、毛泽东思想特别是邓小平同志建设有中国特色社会主义理论和党在社会主义现代化建设时期的基本路线为指导，坚持唯物辩证法的系统论原则，运用中国文化的整体和谐思想，把学校德育作为一个系统加以整体规划。从静态来看，学校德育是由德育目标、德育内容、德育途径、德育管理等子系统构成的一个统一的整体；从动态来看，学校德育是由小学德育、中学德育（含中等专业技术学校德育）、大学德育等子系统组成的一个统一整体。德育体系的基本框架就是以静态系统为纬，以动态系统为经构建而成的。

德，是指一定社会的政治准则、思想观点、法纪规范、道德规范和心理要求，表现在个人思想言行中稳固的政治品质、思想品质、法纪品质、道德品质和心理品质的总和。德育，是指教育者按照一定社会的要求，有目的、有计划、有组织地对受教育者进行系统的影响，把一定的政治准则、思想观点、法纪规范、道德规范和心理要求，转化为受教育者个体的政治品质、思想品质、法纪品质、道德品质和心理品质的教育。德育作为一个系统，由德育目标、德育内容、德育途径、德育管理等子系统构成。德育目标是学校德育工作的出发点和归宿点，是整个德育系统的核心部分；德育内容是德育目标的具体体现，德育内容的确定要服从和服务于德育目标的实现；德育途径是德育工作的实施系统，各种德育途径都要贯穿德育内容，并互相配合，协调一致，形成全方位教育合力；德育管理是整个德育工作的保证系统，它保证德育途径的通畅、德育内容的实施和德育目标的实现。

学校德育是一个整体的动态的过程，学生健康的心理素质，文明的行为习惯，良好的道德品质，严格的法纪观念，科学的世界观、人生观、价值观，崇高的理想信念，坚定正确的政治方向，是通过小学、中学、大学等各个阶段的教育逐步形成的。学校德育的总体目标要统一制定，一以贯之，以保证在整个德育过程中品德结构的完整性和连续性。各教育阶段的具体目标的高低，德育内容的深浅和侧重点，德育途径和方法的选择，德育管理方式的运用，要针对学生不同年龄阶段的身心特点和理解接受能力的不同，由浅入深，由低到高，由感性到理性，由认识到实践，再由实践到认识，逐步提高，螺旋式上升，以保证各个教育阶段德育工作的层次性和渐进性。各个阶段都应有德育整体意识，总揽全局，加强相邻阶段的和谐衔接，防止简单重复或脱节，不断提高德育的整体效果。

二、"德"和"德育"概念的界定

"德"的本字书写为"悳"。"悳"字上面一半的"直",不是我们现今所指的曲直的直,而是"得"的假借字。汉代许慎在《说文解字》中说"悳,外得于人,内得于己。从'心','直'声"。清代段玉裁的《说文解字注》说:"内得于己,身心自得也;外得于人,谓惠泽使人得之也"。可见,"德"的本意包含着身和心、人和己、内与外等两个方面。用今天的话说,德就是内在的认识、情感和外在的行为(包括意志)等方面的统一,就是对内修养自己,对外恩泽他人的统一。那么,什么是德的内容呢?我国古代思想家、教育家有过多种的指谓。例如:《管子·心术》说:"化育万物谓之德";《庄子·天地》说:"通于天地者,德也";《易·爻辞》说:"阴阳交通谓之德";《左传·襄公二十四年》说:"爱民无私曰德";《礼记·礼运》说:"德,谓孝悌也";《韩非子·解老》说:"精神不乱之谓德也";等等。其中对德字讲得最多的要算孔子,《论语》中"德"出现了39次,涉及16篇31章。他对德的解释是:"中庸之为德也"(《雍也》)并且强调:"道之以德"、"为政以德"(《为政》)。上述可见,在我国古代传统文化中,教育、伦理与政治是融为一体的。对德的内含的理解主要是政治品质、思想品质、道德品质。同时,有的思想家认为德还包括心理品质,如韩非子。

新中国诞生以来,党和政府十分重视德育,并且对德育的内容做过明确的规定。早在1953年,当时的政务院在《关于改进和发展中学教育工作的指示》中对德育提出了三方面的要求:(1)树立社会主义的政治方向;(2)培养辩证唯物论世界观的基础;(3)具有共产主义的道德品质。这里实际上是对德的内含包括政治品质,思想品质、道德品质三个方面的高度概括,后来,随着国际国内政治经济形势的变化,党和国家对德育的目标和内容作过一定的调整、充实、丰富和发展,但总的来看仍然没有超过这三个方面。

党的十一届三中全会以后,教育进行了全面的拨乱反正,德育也回到正确的轨道上来,并且在新的形势下得到改进和加强。在邓小平同志"三个面向"和"四有"新人要求的指导下,《中共中央关于教育体制改革的决定》指出:新时代所需要的人才,"都应该有理想、有道德、有文化、有纪律,热爱社会主义祖国和社会主义事业,具有为国家富强和人民富裕而艰苦奋斗的献身精神;都应该不断追求新知,具有实事求是、独立思考、勇于创造的科学精神。"这里提出的"两个应该"、"两个具有",反映了新时期党和国家对青少年学生品德的要求。在今年召开的全国教育工作会议上,江泽民同志的重要讲话、李鹏同志的主题报告和李岚清同志的总结讲话,都分别强调了德育工作,并且对德的内含做了明确的规定,概括起来说是"四个进行"、"两个树立"、"一个培养"。"四个进行"是进行马列主义、毛泽东思想特别是邓小平建设有中国特色社会主义理论教育;进行爱国主义、集体主义、社会主义思想教育;进行中国历史特别是近代史、现代史和国情教育;进行中华民族传统美德、革命传统和法制教育。"两个树立"是树立为建设有中国特色的社会主义而奋斗的政治方向;树立科学的世界观、正确的人生观和高尚的道德情操,以及民族自尊、自信、自强的精神。"一个培养"是培养进取精神,创造精神和适应社会需要的良好心理素质。《中共中央关于进一步加强和改进学校德育工作的若干意见》则明确规定:"大力加强法制教育特别是宪法的教育";"要积极开展青春期卫生教育,通过多种方式对不同年龄层次的学生进行心理健康教育和指导,帮助学生提高心理素质,健全人格,增强承受挫折、适应环境的能力"。此时对德的内含的认识产生了一个飞跃,即从传统的"三要素"发展为"五要素",不仅包括了政治品质、思想品质、道德品质,而且还包括了遵纪守法和心理健康品质。

总之,从中国德育思想史的历史渊源到中国特色社会主义德育理论,可以清楚地说明德的概念。德是指一定社会的政治准则、思想观点、法纪规范、道德规范和心理要求,表现在个人思想言行中稳固的政治品质、思想品质、法纪品质、道德品质和心理品质的总和。

"德"的概念明确了,"德育"的概念就不难理解了。德育是教育学的分支科学,一般来说,"德育"是指教育者按照一定社会的要求,有目的、有计划、有组织地对受教育者进行系统的影响,把一定社会的政治准则、思想观点、法纪规范、道德规范和心理要求,转化为受教育者个体的政治品质、思想品质、法纪品质、道德品质和心理品质的教育。它包括政治教育(即政治立场、政治信念、政治态度、政治方向的教育)、思想教育(即世界观和方法论、人生观、价值观的教育)、法纪教育(法制观念、纪律观念、遵纪守法观念的教育)、道德教育(即道德认识、道德情感、道德意志和道德行为习惯的教育)、心理教育(即健康的性格、气质、兴趣和能力的教育)。

中国特色社会主义教育在德育方面的任务,就是把党和国家对年轻一代政治、思想、法纪、道德和心理等方面的规范或要求,转化为学生个体的品德,使他们成为"有理想、有道德、有文化、有纪律"的社会主义公民,成为社会主义事业的建设者和接班人。其中的政治教育,就是爱国主义教育、社会主义教育和党的路线、方针、政策教育,使他们确立为建设有中国特色社会主义而奋斗的政治方向。思想教育,就是对学生进行辩证唯物主义和历史唯物主义世界观和方法论的教育、为人民服务的人生观教育、集体主义的价值观教育,培养他们具有正确的思想观点。道德教育,就是对学生进行社会公德教育、中华民族传统美德教育、社会主义道德原则和道德规范的教育,培养他们具有正确的道德认识、高尚的道德情感、坚强的道德意志和良好的道德行为习惯。法纪教育,就是对学生进行社会主义法制和纪律教育,培养他们具有法律观念、纪律观念和遵纪守法的品质。心理教育,就是对学生进行健康的、积极向上的性格、气质、兴趣和能力的教育,培养他们具有适应改革开放和社会主义市场经济需要的心理素质。

政治教育、思想教育、法纪教育、道德教育和心理教育,各有自己的特定内涵,但又互相联系,互相渗透,互为条件,互相制约,构成了德育统一体。其中政治教育是根本,思想教育、道德教育是核心,法纪教育、心理教育是基础。这五者不可割裂,更不能互相取代。如果在理论上仅仅把德育视为"政治思想教育的同义语"或"道德教育的简称"。那么在德育实践上就会失之偏颇。"文革"期间,由于"突出政治"代替了一切,道德教育、法纪教育和心理教育被忽视乃至被取消,造成了一代人道德水准下降以至整个社会风气败坏。80年代中后期,由于"淡化政治",政治思想教育薄弱,至使资产阶级自由化思潮乘虚而入,泛滥成灾,最终酿成动乱和暴乱。这两方面的教训都是极其深刻的,必须永远记取。

三、德育目标体系的确定

德育目标是党和国家对青少年学生在政治品质、思想品质、法纪品质、道德品质、心理品质方面所要达到的规格要求,是我们德育工作的出发点和归宿点。

德育目标确定的依据,是从建设有中国特色社会主义的实际出发,坚持面向现代化、面向世界、面向未来的方向;是根据党和国家对青少年一代在"德"的方面的要求,遵循青少年学生品德形成和发展的规律。

学校德育的总体目标和各个阶段的具体目标包括政治品质、思想品质、法纪品质、道德品质、心理品质等方面,以保证德育过程品德结构的完整性和连续性;在各个教育阶段的具体要求上,则依据学生各个年龄阶段的身心特点和接受能力,由浅入深,由低到高,以保证各个教育阶段德育目标的层次性和渐进性。

我国各级各类学校德育的总体目标是:把全体学生培养成热爱祖国、具有社会公德、文明行为习惯、遵纪守法的好公民。在这个基础上,引导他们逐步树立科学的人生观、价值观、世界观,并不断提高社会主义思想觉悟,成为有理想、有道德、有文化、有纪律的社会主义现代化事业的建设者和接班人,并使他们中的优秀者成长为具有共产主义觉悟的先进分子。

(一) 小学德育目标

小学德育目标以具有良好的品德行为和文明习惯,具有"五爱"情感和生活自理能力为重点。具体要求有以下几点:

1. 了解家乡、热爱家乡。爱国旗、国徽、会唱国歌并懂得他们的含义。具有一定的民族自尊心、自豪感。
2. 具有初步的集体意识、关心热爱集体。懂得劳动光荣、懒惰可耻。知道学习是自己的主要任务并努力学习。相信科学,不迷信。
3. 尊重他人、乐于帮助别人、对人讲文明礼貌,初步掌握自己在家庭、学校、社会上待人接物的礼节规范。有基本的公德心。初步了解中华民族优秀传统道德。
4. 遵守校规校纪和小学生行为规范,有初步的纪律观念。
5. 具有活泼开朗的性格,有同情心,不任性,逐步具有生活自理能力。

(二) 初中德育目标

初中德育目标以具有良好的道德品质、遵纪守法和辨别是非能力为重点。具体要求有以下几点:

1. 热爱祖国,初步了解祖国的历史和现状,具有较强的民族自尊心、自信心,初步树立国家观念,初步了解党在社会主义初级阶段的基本路线。
2. 有为建设祖国而读书的理想志向。有一定的集体主义思想感情、肯于为集体服务,具有勤劳致富光荣的观点。
3. 具有良好的道德品质、劳动习惯和文明行为习惯,有公德心,做事有责任感,了解中华民族优秀传统道德。
4. 初步树立法制观念,遵纪守法,并懂得用法律保护自己。
5. 自尊、自爱,具有青春期青少年健康心理与情趣,有一定的分辨是非能力和自我约束、自我管理能力。

(三) 高中德育目标

高中德育目标以初步树立正确的人生观、价值观、世界观和社会主义理想信念以及道德上的自律能力为重点。具体要求是：

1. 热爱祖国，拥护党在社会主义初级阶段的基本路线。树立国家利益高于一切、个人利益服从国家利益的观念。

2. 初步树立正确的人生观、价值观、世界观，有为建设祖国而奋斗的理想志向和较强的社会责任感。

3. 自觉遵守社会公德和社会主义道德，养成良好的劳动习惯和文明行为习惯。中等职业技术学校的学生要具有良好的职业道德。

4. 自觉遵守宪法和有关法律，具有较强的遵纪守法观念。

5. 具有自立自强、开拓进取、坚强勇敢等心理品质和一定的承受挫折与自我教育能力。

（四）大学德育目标

大学德育目标以树立正确的政治方向和正确的人生观、价值观、世界观及具有较强的心理适应能力为重点。具体要求是：

1. 热爱祖国，有强烈的民族自尊心和自信心，自觉维护祖国的荣誉、独立和统一，具有报效祖国的志向，拥护共产党的领导，正确理解和维护党在社会主义初级阶段的基本路线。

2. 努力学习中国特色社会主义理论，树立辩证唯物主义和历史唯物主义世界观，树立集体主义价值观和为人民服务的人生观。自觉抵制拜金主义、享受主义、极端个人主义等思想的影响。

3. 继承和发扬中华民族优秀传统道德，具有社会主义道德品质，自觉养成健康文明的生活方式。

4. 具有社会主义民主法制观念，自觉遵守宪法和有关法律，正确行使法律所赋予的权利和义务。

5. 具有良好的个性心理品质和健全人格，具有开拓进取、勇于创新的精神，具有较强的辨别是非美丑能力和适应环境的能力。

四、德育内容序列的安排

德育内容是为完成特定的德育任务，实现德育目标而确定和安排的特定教育内容。德育内容的性质和构成由德育目标决定；德育内容的深度和广度为受教育者思想品德发展水平所制约；德育内容的针对性从学生思想品德存在的问题和现实社会的迫切要求出发。

各级各类学校都要对学生进行政治教育、思想教育、道德教育、法纪教育及心理教育。同时，政治教育、思想教育、道德教育、法纪教育、心理教育都有一个由浅入深，由低到高，由感性到理性，由认识到实践，再由实践到认识的过程。这个过程是由各个教育阶段彼此衔接共同完成的。每一个教育阶段都必须保证德育内容结构的序列性和完整性，同时又应该做到德育内容的渐进性和层次性。

（一）小学德育内容

小学德育以文明生活习惯和良好品德行为习惯的养成教育及五爱情感教育为重点内容。特别要重点进行文明行为习惯的养成教育。所有内容的教育都重在启蒙和奠基。

1. 热爱祖国的教育：进行国家标志——国旗、国徽及国歌的教育；热爱家乡的自然、历史、文化的教育；爱祖国、爱家乡的思想感情的培养和教育。

  2. **热爱人民的教育**：孝敬父母，尊敬师长，尊老爱幼，友爱同学的教育；同情心和助人为乐精神的教育；热爱人民的思想感情的培养和教育。

  3. **热爱劳动的教育**：劳动光荣的教育；简单的劳动技能和基本的劳动习惯的培养和训练；珍惜劳动成果，爱护公物，勤俭节约的教育。

  4. **热爱科学的教育**：科学的重要性和相信科学的教育；学习兴趣的培养和良好学习习惯的训练。

  5. **理想教育**：好好学习，天天向上的教育；树立学习榜样的教育；长大成为对祖国有用人才的教育。

  6. **热爱集体的教育**：初步的集体意识的教育；集体荣誉感和为集体争光的教育；热爱和参加集体活动的培养与训练。

  7. **基本道德教育**：尊重、关心和爱护他人的教育；文明礼貌教育，待人接物的礼节规范教育；基本的社会公德教育、中华民族优秀传统道德教育及初步的环境道德教育；良好的生活习惯和道德行为习惯的培养与训练。

  8. **纪律教育**：遵守学校纪律的教育；遵守公共秩序的教育；《小学生日常行为规范》的教育与训练。

  9. **心理健康教育**：初步的同情心、不说谎、不任性的教育；广泛的兴趣爱好和生活自理能力的培养和训练。

（二）初中德育内容

  初中德育重点进行系统的道德教育、遵纪守法教育、爱国主义教育、理想教育和良好个性心理品质教育。

  1. **爱国主义教育**：了解并热爱祖国的河山、语言文字、灿烂文化和民族英雄、爱国志士、革命先驱、文化名人的教育；中国近代史、现代历史和社会主义新中国伟大成就的教育；初步的国家观念——尊重国家标志，维护国家尊严和荣誉的教育；初步的民族团结、祖国统一及"一国两制"的教育。

  2. **集体主义教育**：尊重、关心他人，集体成员之间团结友爱的教育；爱班级、爱学校、关心集体、维护集体荣誉的教育；正确处理个人与集体、自由与纪律关系的教育。

  3. **社会主义教育**：初步的社会主义现代化建设常识和社会主义初级阶段党的基本路线的教育；初步的社会发展常识教育。

  4. **理想教育**：学习目的教育；树立远大理想和立志成才教育；初步社会主义共同理想教育。

  5. **道德教育**：中华民族优良道德传统教育；社会公德教育和环境道德教育；分辨是非能力的培养；《中学生日常行为规范》的教育与训练。

  6. **劳动教育**：热爱劳动，勤劳致富的教育；以校内生产劳动和社会公益劳动为主的劳动实践和劳动习惯的培养。

  7. **法制教育**：公民基本权利与义务的教育；有关宪法、刑法、未成年人保护法等法律常识的教育；遵守法律和运用法律自我保护的教育；遵守学校纪律和规章制度的教育。

8. 心理教育：自尊自爱、积极进取教育；青春期男女同学正常交往教育；健康的生活情趣和发展个性特长教育；坚强意志品格和自我约束能力的培养训练。

（三）高中德育内容

高中德育以进一步的道德教育、人生观、价值观和世界观教育为重点。

1. 爱国主义教育：继承发扬爱国主义光荣传统的教育；社会主义现代化建设和报效祖国的教育；进一步的国家观念、民族团结、祖国统一和"一国两制"的教育；热爱祖国、建设祖国、保卫祖国的教育。

2. 集体主义教育：正确处理个人利益与集体利益、国家利益关系的教育；以集体主义为导向的人生价值观教育。

3. 中国特色的社会主义理论教育：社会主义建设经济常识、政治常识的教育；初步的辩证唯物主义和历史唯物主义世界观和方法论教育。

4. 理想教育：勤奋学习、立志成材的教育；职业理想教育和升学就业指导；社会主义共同理想和共产主义崇高理想的教育。

5. 道德教育：中华民族优秀传统道德教育；自觉遵守社会公德的教育和道德评价能力的培养；进一步的职业道德教育和和现代交往礼仪的教育与训练。

6. 劳动和社会实践教育：艰苦奋斗、勤劳致富、用诚实劳动争取美好生活的教育；质量、效益观念的培养教育；社会公益劳动和志愿者服务为主的劳动实践教育。

7. 民主法治和遵纪守法教育：我国社会主义民主政治制度和公民权利与义务的教育；遵守法律，抵制违法乱纪行为的教育；自觉遵守学校纪律和规章制度的教育。

8. 个性心理品质教育：自尊自爱、自立自强教育；健康生活情趣和健全人格的培养教育；青春期心理健康教育；坚强意志品格和承受挫折能力的培养训练。

（四）大学德育内容

大学德育以思想政治教育、进一步的人生观、价值观和世界观教育为重点。

1. 中国特色社会主义理论教育：马克思主义基本原理教育；中国革命和社会主义现代化建设的理论与实践教育。

2. 爱国主义教育：中华民族爱国主义传统教育；中国近、现代史教育；中国国情教育；维护国家主权，发展国际友好合作关系的教育。

3. 形势政策教育：党的基本路线教育；国内外形势与政策教育；确立为建设有中国特色社会主义而奋斗的政治方向教育。

4. 民主法制教育：社会主义民主法制教育；社会主义人权观教育；遵守宪法、法律和学校规章制度的教育。

5. 世界观、人生观、价值观教育：辩证唯物主义和历史唯物主义的世界观教育；为人民服务的人生观教育；集体主义的价值观教育；自觉抵制享乐主义、拜金主义、极端个人主义以及各种错误思潮影响的教育。

6. 道德教育：中华民族优秀传统道德教育；社会公德、职业道德、家庭美德教育；道德自律能力的培养。

7. 心理健康教育：适应现代社会需要的良好心理素质的教育；文明健康生活方式的

教育。

五、德育途径方法的运用

德育途径是对学生实施德育影响的渠道，是实现学校德育目标、落实德育内容的组织形式。

德育途径体系是以完成德育任务，提高德育实效为目的，以我国的国情、各级学校的特点为出发点而提出的。学校德育主要途径包括：思想政治课、其他各科教学、班主任工作、党团队和学生会工作、劳动与社会实践、课外活动、校外教育、校园文化建设、心理咨询和职业指导、家庭与社会教育等。上述诸条途径在大、中、小学德育工作的运用应根据各年龄阶段学生身心发展的水平有不同的侧重点。同时，上述诸条途径均应发挥各自的独特功能，协调配合，密切联系，以求发挥德育途径的整体效益，提高学校德育的整体效果。

（一）小学德育途径

1. 思想品德课：思想品德课是向学生直接地进行比较系统的思想品德教育的一门重要课程。它着重培养学生初步的道德认识和道德情感，以指导他们的行为。任课教师要以品德课教学大纲和教材为依据，联系学生实际，在讲清道理的基础上，对学生提出适当的行为要求，并进行基本文明行为的训练。

2. 其他各科教学：其他各科教学对培养学生良好的思想品德素质具有重要作用。任课老师要从各学科特点出发，挖掘教材中的德育因素，自觉地有意识地在教学中渗透思想品德教育。

3. 班主任工作：班主任工作是小学德育工作的重要途径。班主任应根据"德育纲要"的内容要求，积极组织开展适应小学生年龄特点的活动，寓德育于丰富多彩的班级活动和日常班级工作之中。

4. 少先队工作：少先队工作是小学德育重要组成部分。要运用其特有的教育手段，充分发挥少先队组织的作用和少先队员的积极性、主动性和创造性，密切配合学校教育。

5. 家庭教育：家庭教育是学校思想品德教育的重要补充和扩展。学校要指导家庭教育，帮助家长提高家庭教育水平，促进家庭教育与学校教育协调一致。

6、校外教育：学校要积极主动与校外教育机构建立联系，开辟教育活动场所，组织学生参加各种活动，在活动中接受教育。

（二）中学德育途径

1. 思想政治课：思想政治课在诸途径中居特殊重要地位。它对帮助学生树立正确的政治方向，培养良好的思想品德起着奠基作用。思想政治课的教学方法要适合学生的年龄和心理特点，紧密联系学生实际和社会实际，避免空洞说教。

2. 其他各科教学：各科教学是教师向学生传授知识的同时进行德育的最经常的途径。对提高学生的政治思想道德素质具有重要作用。各科教师要结合本学科特点，教书育人，认真落实本学科德育任务和要求，寓德育于各科教学内容和教学过程之中。

3. 班主任工作：班主任工作是进行日常政治思想品德教育和指导学生健康成长的重要途径。班主任应根据"德育纲要"的内容要求，结合本班学生的实际，有计划地开展多种形式的主题班会教育活动。

4. 共青团、少先队、学生会工作：团、队、学生会是中学生自我教育的重要组织形式。团、队、学生会应根据各自的任务和工作特点，充分发挥组织作用，通过活动，把广大青少年吸引到自己周围，落实"德育纲要"的各项任务。

5. 劳动与社会实践：劳动与社会实践是德育的重要实践环节。在劳动与社会实践中，把理论与实际结合起来，有助于培养学生的实践能力。学校要精心策划，周密组织，落实实践点和德育基地。

6. 课外活动与校外教育：课外活动是促进学生身心健康发展的重要途径，校外教育是培养健康文明生活方式的重要阵地。学校要因地制宜，因材施教，创造条件，积极开展形式多样、内容丰富的教育活动，使学生在活动中获得全面发展。

7. 校园文化建设：校园环境是形成整体性教育氛围的不可缺少的条件，学校要重视和加强校园环境建设，充分利用学校一切文化及建筑设施，创造良好的教育环境，使学生随时随地受到良好的熏陶和影响。

8. 心理咨询和职业指导：心理咨询和职业指导是培养学生健康心理品质、指导升学就业的有效途径。应通过多种形式开展心理健康咨询和职业指导工作，以对学生进行有针对性的帮助和教育。

9. 家庭教育与社会教育：家庭对学生道德品质的形成有重要的潜移默化的作用，家庭教育是实施德育的重要渠道；社会教育对学生品德成长具有重要意义。学校要密切与家庭的联系，正确指导家庭教育；要充分依靠和积极争取社会各方面力量的支持，建立学校与社会相互协作、综合育人的教育网络，共同关心和保证下一代的健康成长。

（三）大学德育途径

1. 马克思主义理论课和思想政治教育课：马克思主义理论课和思想政治教育课是大学实施德育的主渠道。马克思主义理论课要有针对性地对学生进行马列主义、毛泽东思想、邓小平建设有中国特色社会主义理论教育。要不断改革"两课"的教学内容和方法，努力提高实效。

2. 教书育人、管理育人、服务育人：教师队伍是实施德育的主力军，教书育人在"三育人"中居于主体地位。学校各项管理工作和服务工作同样具有德育功能，学校的教职员工应做到言传身教，为人师表，共同提高"三育人"的积极性和自觉性。

3. 班主任和辅导员工作：班主任和辅导员是日常思想政治教育的直接组织者。要了解学生思想、生活和学习的实际，采取行之有效的方式，有针对性地做好深入细致的思想工作、心理健康教育和学习成才等方面的咨询指导工作。

4. 党团工作和学生会工作：党团活动是对学生进行社会主义理想教育和共产主义信仰教育的有效形式。要加强大学生中的党团建设，充分发挥学生党团组织在思想政治教育中的作用，办好业余党校、团校，认真组织大学生中的先进分子学习和掌握马克思主义理论和党的基本知识。要充分发挥学生会和团组织的自我教育、管理、服务的作用。

5. 社会实践：社会实践是促进大学生理论联系实际的重要途径，是他们接触社会、联系实际、健康成长的必由之路。学校要有计划、有组织地开展社会实践活动，在活动中加强对学生的思想政治教育。要努力争取和借助社会各种教育力量,与社会企事业、部队、农村、机关共建社会实践基地。

6. 校园文化建设:校园文化建设是环境育人功能的集中体现,要加强校风、教风、学风建设,开展各种健康向上的文化、体育和科技活动;加强广播、影视、报栏、专刊、网站等宣传舆论阵地的建设,丰富学生的精神生活;充分利用和借助社会文化设施及大众传播媒体对德育的积极作用。

六、德育管理体制的建立

德育管理是整个德育工作的保证系统。没有科学的管理,再好的德育内容也难以实施,再好的德育目标也难以实现。德育管理包括领导体制、队伍建设、政策制度、经费投入、督导检查和德育考评等项内容。

(一)理顺和健全德育领导体制

各级各类学校党组织都要加强对学校德育工作的领导。不管学校实行何种领导体制,校长都要对学生的德智体全面发展负责;在党委(总支、支部)的统一部署下,学校要建立和完善校长及行政系统为主实施的德育管理体制。

中小学要建立校长负责德育,党总支(支部)发挥政治核心作用的德育领导体制,形成分管德育的校长——德育主任——年级主任——班主任四级管理体制。

大学要建立在党委领导下的校长分工负责德育的领导体制,形成分管德育的校长——教务长(学生处长)——系主任——年级(班)主任四级德育管理体制。规模较大的学校要成立学校德育领导小组,或由分管副书记、校长负责组织协调学生工作处、马列教研部(社科部)、德育教研室、团委的工作。

(二)稳定和提高德育教师队伍

必须改变德育教师队伍流失严重,后继乏人的状况,采取有力措施稳定和提高这支队伍。

1. 提高待遇,适当增加中小学班主任和大学班主任辅导员津贴。

2. 重奖有突出贡献的德育教师、模范班主任和优秀辅导员,真正使其成为令人羡慕的职业。

3. 各级各类学校都要建立德育教师职称系列,德育教师评定职称至少不晚于同届毕业的文化课教师。

4. 配齐德育教师的定编人数,优化德育教师的年龄结构、职称结构。

5. 加强德育教师专业化建设,重视在职德育教师培训,经常开展德育课教学研讨、观摩活动,定期组织参观考察,全面提高这支队伍的素质。

6. 扩大思想政治教育专科生、本科生、研究生的招生规模,使各级各类学校的德育教师在学历上不低于文化课教师,并且要培养一批德育专家、教授、特级教师。

(三)建立和健全德育规章制度

各级教育行政部门和各级各类学校要依据国家教委有关规定,结合当地或学校的实际建立和健全德育规章制度。这些规章制度包括:

1. 大、中、小学德育大纲及其实施细则。
2. 各级各类学校德育工作条例。
3. 德育教师的培训制度、职务评聘办法、业绩考评和奖励制度。
4. 主管德育的校长、德育主任、系主任、年级主任、班主任的岗位职责及业绩考评和奖励制度。
5. 教书育人、管理育人、服务育人制度。
6. 中小学先进校、大学进入"211工程"在德育方面的具体标准。
7. 学生中考升学和高考升学在品德方面的具体标准。

（四）设立和增加德育专项经费

各级各类学校都必须设立德育工作专项经费，学校德育经费的使用范围，包括德育课（大学的马列理论课和思想教育课、中学的思想政治课、小学的思想品德课）教学，对学生日常思想教育与管理、军训、社会实践、参观考察、大型德育活动，德育教师的培训、进修、社会考察与调研、德育科研、图书音像资料，以及用于学生和德育教师的奖励等。

学校要把建设适应学生德智体全面发展的现代化德育设施、设备和活动场所纳入总体建设规划，并从基本建设费和设备费中划拨适当金额给予保证。

（五）制定和完善德育督导和考评制度

德育工作的质量是评价学校办学水平重要指标之一。各级教育行政部门都要建立和完善德育督导和考评制度，定期对各级各类学校的德育工作进行督促、检查、考核、评估。要制定一系列科学的督导和考评的标准、措施和方法，并把考评的结果与评价校长的业绩及奖励挂钩，与学校的评优及奖励挂钩。

对学生的品德考评，是全面了解和衡量学生的政治品质、思想品质、道德品质、心理品质发展水平的必要措施，也是实现德育目标的重要保证。各级各类学校都要建立和完善学生品德考评制度，依据德育目标和内容研究制定科学的品德考评指标体系，按照政治品质、思想品质、道德品质和心理品质的分项内容及其标准进行考评。每学年都要对学生写操行评语和评定操行等级。操行评语在学生个人小结、小组评议的基础上，由班主任写出。评语中要指出优点、缺点、努力方向，以表扬为主。对受过校级以上的奖励或处分的要如实写在评语中。操行等级可分为优秀、良好、及格、不及格四个等级。

品德考评要坚持实事求是、公平合理、民主评定的原则，采用科学的手段、技术和方法。要做到静态考评与动态考评相结合，定性考评与定量考评相结合，全面考评与重点考评相结合。在考评过程中要贯穿教育，注意实效。要激发学生参与考评的积极性，提高学生自我评价、自我教育的能力。

品德考评是一项十分严肃而细致的工作，学校党政领导要高度重视，精心组织。要把考评结果与执行有关奖惩制度挂钩，并且成为学生升学、就业的重要考察依据。

7. 正确认识个人与社会的关系[1]

个人与社会的关系,是摆在每个人面前的基本问题。它存在于人生活动的各个领域,贯穿于人的生命发展过程的始终。运用马克思主义观点正确认识个人与社会的关系,是思想道德修养的理论基础。什么是社会、什么是人、个人与社会的关系是什么这些都是大学生十分关注和经常思考的问题,探讨分析这些问题,以求得到科学的答案,使大学生在人生与社会的坐标系上找到自己的恰当位置,在社会发展的进程中实现个人发展。

一、什么是社会

我们每人都在一定形态的社会里生活着,天天接触社会。人们在日常生活中也不断地使用"社会"这个词。但是,若要回答"什么是社会",则不那么容易。要理解这个问题,就要先谈谈人类社会的起源,再介绍西方社会学家的两个观点,然后重点阐述历史唯物论的社会观,以期使我们在比较中正确认识社会。

(一) 人类社会的起源

自从自然界有了人,人类社会便出现了。人和人类社会是同步产生的。然而,关于人和人类社会的起源问题,却经历了漫长的、艰难的认识过程。虽然由于受生产力和科学技术水平的限制,人们对这一问题的认识开始是相当幼稚的,但总的来说是沿着逐步深化和逐步科学化的大道前进的。历史的车轮滚到了19世纪中叶,产生了马克思主义,人与人类社会的起源问题才得到了科学的回答。

1. 女娲造人说和上帝创世说

我国远古时代流传下来一个女娲造人的神话故事。有一个叫女娲的天神,她按照自己的形象用水和黄土捏造了一个个泥人,其中有男的,也有女的,吹了一口气,泥人就活了。从此之后,她便和好一大堆泥浆,折一把树枝在泥浆里搅拌,漫天挥舞甩出一块块泥巴,溅出一颗颗泥点,使这些泥点变成了更多的人。女娲又让男女成亲,传宗接代,形成了人类和人类社会。这就是最原始的"女娲造人说"。它反映了人们探求人与人类社会起源的美好愿望,但在今天看来未免太幼稚了。

在欧洲中世纪,由于宗教神学的禁锢,人们对人类与人类社会起源的思考,同样被罩上了神的灵光。据《圣经》"创世记"记载,太初之际,上帝开天辟地。在一星期里,上帝先后创造了光,创造了水,创造了陆地和植物,创造了日月星辰,创造了水中的游鱼和空中的飞鸟,又创造了牲畜、昆虫和野兽,最后按照自己的形象,用泥土造出一个男人亚当,又从亚当身上取下一根肋骨,造出一个女人夏娃。亚当和夏娃偷吃了伊甸园的禁果,结为夫妻,生育后代。这个"上帝造人"的故事,在漫长的欧洲历史上占有统治地位,成为科学不能入内的"禁区"。

2. 达尔文的"进化论"

英国生物学家达尔文于1831年至1836年以历时5年的环球航行,对动植物进行了科学考察。

---

[1] 此文是作者参加国家教委思想政治工作司组织编写的、罗国杰教授主编的全国高等学校思想政治教育课试用教材《思想道德修养》中的一章。高等教育出版社1993年8月出版。

他吸取了拉马克在《动物哲学》中的成果，于1859年出版了《物种起源》。达尔文论证了整个有机界，植物、动物、包括人在内，都经历了从简单到复杂、从低级到高级的进化过程。指出物种都是在"生存斗争"中经过"自然选择"、"优胜劣汰"实现进化的。由此提出人类是由古猿演化而来的观点，从而推翻了"上帝造人"说，使人类起源问题从宗教神学的桎梏中解放出来。

3. 劳动创造了人和人类社会

马克思和恩格斯高度评价了达尔文的进化论，认为它是19世纪自然科学的三大发现之一。但是，达尔文的进化论没有揭示人同猿的根本区别，没有回答人怎样从猿进化而来。1876年，恩格斯写了《劳动在从猿到人转变过程中的作用》，第一次科学地揭示了人类和人类社会的起源，阐明了劳动创造人类和人类社会的原理。

从猿进化到人是一个漫长的过程，第一个有决定意义的变化，是类人猿学会直立行走。上肢的解放意味着手可以越来越多地从事其他活动了，如采撷、使用天然石块或木棒等。"形成中的人"学会利用天然工具，获取生活资料，这就开始了一种动物式的本能的"劳动"。从使用天然工具到学会制造工具，即开始了真正的人类劳动。在劳动中，相互呼唤和交流信息，逐渐形成了语言。在劳动和语言的推动下，较为简单的猿脑，逐渐变成了发达的人脑，同时，和人脑髓最密切的感觉器官也进一步完善和发展起来。

在从猿到人的转变过程中，与人类形成的同时，也形成了人类社会。古猿是一种群居动物，猿群还不是社会。从"正在形成中的人"发展到"完全形成的人"，猿群也就发展成为人类社会。

恩格斯指出："由于随着完全形成的人的出现，而产生新的因素——社会"，"人类社会最后毕竟出现了"。[1]

上述可见，劳动创造了人，创造了人类社会。从"神创论"到"进化论"，把人类从上帝那里还原于动物界；从"进化论"到"劳动创造论"，又从物种关系方面把人从动物中提升出来，使人们看到人和人类社会的特殊本质。

（二）社会契约论和有机论

我们弄清了人类社会的起源。那么，究竟什么是社会呢？在我国的古籍中，"社"是指用来祭神的一块地方。《孝经·纬》记载："社，土地之主也。土地阔不可尽敬，故封土为社，以报功也。""会"就是集会。"社会"这个词早年的意义是指有许多人为了一个共同的目的聚集在一个地方进行某种活动。然而，由于我国的传统文化是以伦理道德为核心，社会学并没有形成完备的知识体系。

在西方国家，社会学者对社会一词有各种不同的理解。有的社会学家认为社会是许多人的集合；有的认为社会是一种包括人类行为习惯、情操、民俗在内的文化遗产；有的认为社会是人们交互作用的过程；有的认为社会是一种建立在个人意识之上的独立实体，等等。这些学者，虽然说到了社会一词内涵的一些主要方面，但并没有指出社会的最本质的内容。其中有代表性的是社会契约论和社会有机论。

---

[1] [德]马克思、恩格斯著，中共中央马恩列斯著作编译局编译：《马克思恩格斯选集》第3卷，人民出版社，1972年，第512-513页。

1. 社会契约论

这是资产阶级学者提出的颇有影响的学说。1762年,法国资产阶级启蒙思想家卢梭出版了《社会契约论》,在这部著作中,卢梭认为,人是生而自由的,但却无往不在枷锁之中。国家或社会是由许多具有平等权力的个人自由协议和通过契约结成的,也就是说,国家是"自由"的人民"自由协议"的产物。

卢梭设想人类最初生活在理想化的"自然状态"中。在这种状态下,人人都是平等的,道德上是洁白无瑕的,他称之为"高尚的野蛮人"。由于私有制的出现,人们就失去了"天赋的自由和平等"。要使人们挣脱身上的枷锁,恢复失去的平等和自由,只能通过人们相互订立契约,才会得到可靠的保证。卢梭的理论,为资产阶级反对封建制度提供了根据,对法国资产阶级革命产生很大的影响。卢梭的政治理想,就是人们根据社会契约建立一个"自由、平等"的理性国家。实际上,就是资产阶级共和国。

卢梭的社会契约论,把国家社会说成是某种社会契约的结果,把社会看成是抽象个人的机械的结合体。实际上是把国家和社会描绘成人们的理性和意志的产物,即观念的产物,没有探索在观念背后的"生产关系这样简单和这样原始的关系"。[1]因而不能正确的认识社会。

2. 社会有机论

"社会有机论"最早是19世纪法国实证主义哲学家孔德提出来的,是把社会或国家比做生物机体组织的学说。后来,由英国社会学家、哲学家斯宾塞系统地论述了"社会有机论",成为这一学说的主要代表人物。

斯宾塞用生物学概念解释社会现象,认为社会就是生物机体,用生物发展的规律取代社会发展规律。斯宾塞认为社会如同自然界的生物一样,两者的"规律没有什么不同"。在《社会学原理》一书中,他阐述了"社会有机论"的观点。

在斯宾塞看来,一切发达的社会就像生物机体一样,有三个器官系统:一是生物有机体的营养系统,这是向生物有机体提供营养的各个组织,而社会则是由生产必需品的工人担任这一营养职能的;二是生物机体的循环、分配系统,它保证有机体的各个部分在分工基础上的联系,而社会则由运输业、商业组成这一系统,商人从事分配或交换职能;三是生物的调节系统,它保证各个组成部分服从于整体,而社会则由工业资本家调节社会生产。政府相当于神经系统,这是社会的管制系统。

他还认为,生物个体之间相互竞争以维持其生存和发展的自然现象,也适用于社会人与人之间的关系。人们都具有生存竞争的能力,使个人有机体和社会有机体保持均衡状态。

斯宾塞的"社会有机论",是从动物机体来推论出社会结构的,用社会生活职能的分工,来掩盖社会分裂为不可调和的对立的阶级,企图证明资本主义社会制度的永恒存在。

(三)历史唯物论的社会观

19世纪40年代,马克思和恩格斯创立了辩证唯物主义和历史唯物主义学说。从此,社会学才在前人的基础上走上了科学的大道。历史唯物主义认为,社会是人类生活的共同体,是人们相互交往的产物,首先是物质生产过程中相互交往的产物。因为,无论是什么人,要维持

---

[1] [苏]列宁著,中共中央马恩列斯著作编译局编译:《列宁全集》第1卷,人民出版社,1972年,第7页。

自己的生存，都要以不同的方式从事物质生产活动，而要从事物质生产活动，就必然与他人交往，建立起一定的生产关系和相应的其他交互关系。所以，马克思在致巴维尔·瓦西里也维奇·安年柯夫的信中说："社会——不管其形式如何——究竟是什么呢？是人们交互作用的产物。"[1]他在《雇佣劳动与资本》中还说："生产关系总合起来就构成所谓社会关系，构成所谓社会，并且是构成为一个处于一定历史发展阶段上的社会，具有独特的特征的社会。"[2]因此，就实质而言，社会是人们以物质生产活动为基础的相互关系的总体。

社会是一个不同于生物的复杂的有机结构，它是作为一个大系统而存在的。社会这一系统，是由社会各种要素按照一定的方式和规律组成的。社会有三大系统，即生产力、生产关系和上层建筑。人们利用自然，改造自然，从自然界获得物质生活资料的力量，就叫生产力。任何社会都离不开一定的生产力，生产力是一切社会结构的第一系统。在社会生产过程中，不仅形成了人和自然的物质交换关系，也形成了人和人之间的相互关系。这种物质的社会关系就是生产关系。上层建筑系统，是一个比生产力和生产关系更为复杂和庞大的子系统。它是建立在社会经济基础之上的社会意志形态，以及与之相应的政治法律制度和设施。

社会是变化发展的自然历史过程。唯物史观揭示了社会变化发展的根本规律。生产力、生产关系和上层建筑之间的相互联系和相互作用，构成整个社会的基本矛盾，即生产力和生产关系的矛盾，经济基础和上层建筑的矛盾。构成社会基本矛盾中的生产关系是个中间环节，对下联系生产力，对上联系上层建筑，起中介作用。这两对基本矛盾也不是平起平坐的。生产力和生产关系的矛盾是最根本的，它决定和制约经济基础和上层建筑的矛盾的发展和变化。这是因为生产力决定生产关系，生产关系作为经济基础又决定上层建筑。社会基本矛盾贯穿整个人类社会发展过程的始终，推动人类社会由低级形态向高级形态发展，这是不依人的主观意志而转移的客观历史过程。

二、什么是人

人是什么？或者说人性、人的本质是什么？这是一个古老而常新的课题。自从人类诞生以后，人们就在认识自然、改造自然的同时，不断加深对人自身的认识。对"人是什么"的问题的求索，可以追溯到人类的童年时代。在我国古代思想史和西方近代思想史上，许多思想家在回答"人是什么"的问题上，确实不乏真知灼见，为最终科学地揭示人的本质提供了大量的思想资料。如有的认为人有智慧和理性，有的认为人的行为有自觉性和目的性，有的认为人能和群（有社会组织、人际关系），有的认为人有伦理道德，等等。这些观点都说明人之所以为人的一个方面，对于正确认识人的本质具有一定的积极意义。然而，只有到了19世纪中叶，马克思和恩格斯创立了辩证唯物主义和历史唯物主义，并运用它来观察人、分析人、认识人的时候，才在人类历史上第一次科学地揭示了人的本质问题。

（一）中国古代关于人的学说

在我国，远在传说中的炎帝、黄帝时代，就有人试图回答"人是什么"的问题。《列子·黄

---

[1] [德]马克思、恩格斯著，中共中央马恩列斯著作编译局编译：《马克思恩格斯选集》第4卷，人民出版社，1972年，第320页。
[2] [德]马克思、恩格斯著，中共中央马恩列斯著作编译局编译：《马克思恩格斯选集》第1卷，人民出版社，1972年，第363页。

帝》中写道:"有七尺之骸,手足之异,戴发含齿,倚而趣者,谓之人。"[1]这时,人们只能从人的身高、手足分工、头发牙齿和行走的姿势等外在的自然属性上说明人与动物的区别,这当然是十分幼稚的。

春秋战国时期,对"人是什么"的认识发生了飞跃性的发展。而这一飞跃的产生是围绕着人性与兽性的区别而展开的。在中国思想史上,孔子最早提出了"性相近、习相远"的看法,但并未提出人性的内容。第一个提出人性界说的告子说:"生之谓性,食色性也。"[2]他认为生而具有的叫做性,性的内容就是"食色"。孟子批评告子说:"生之谓性也,犹白之为白与?曰:然。白羽之白也,犹白雪之白,白雪之白犹白玉之白与?曰:然。然则犬之性犹牛之性,牛之性犹人之性与?"[3]孟子指出了告子的观点不能把"犬之性"、"牛之性"与"人之性"区别开来。这个诘问是十分有力的。

孟子在反驳告子的同时,提出了自己的人性界说是"人之所以异于禽兽者。"他说:"人之所以异于禽兽者几希,庶民去之,君子存之。"[4]又说:"人之有道也,饱食暖衣逸居而无教,则近于禽兽。"[5]那么,这种异于禽兽的人性是什么呢?孟子说:"人皆有不忍人之心。……所以谓人皆有不忍人之心者,今人乍见孺子将入于井,皆有怵惕恻隐之心。非所以内交于孺子之父母也,非所以要誉于乡党朋友也,非恶其声而然也。由是观之,无恻隐之心,非人也;无羞恶之心,非人也;无辞让之心,非人也;无是非之心,非人也。"[6]又说:"恻隐之心,人皆有之;羞恶之心,人皆有之;恭敬之心,人皆有之;是非之心,人皆有之。恻隐之心,仁也;羞恶之心,义也;恭敬之心,礼也;是非之心,智也。"[7]由此可见,孟子的人性界说是"人之所以异于禽兽者",其内容是仁、义、礼、智等伦理道德观念。

第三个提出人性界说的是荀子,荀子一方面倾向于告子"生之谓性"的观点,提出:"生之所以然者谓之性"[8],"凡性者,天之就也;"[9]另一方面,他也受孟子"人之所以异于禽兽者"的启发,也讲"人之所以为人者"。他说:"然则人之所以为人者,非特以二足而无毛也,以其有辩也。……夫禽兽有父子而无父子之亲,有牝牡而无男女之别。故人道莫不有辩,辩莫大于分,分莫大于礼。"[10]他认为"人之所以为人者"在于"有辩",即有认识"父子之亲"、"男女之别"的能力,而这个"辩"则是由作为伦理道德规范的"礼"所规定的。荀子还说:"水火有气而无生,草木有生而无知,禽兽有知而无义。人有气、有生、有知,亦且有义,故最为天下贵也。"[11]

孟子和荀子,一个主张人性善,一个主张人性恶,这是由于他们对人性概念理解的差异性所至,但在"人之所以异于禽兽者"或"人之所以为人者"的认识上却是基本一致的。孟子认为

---

(1) 杨伯峻:《列子集释》,中华书局,1979年,第83页。

(2)《孟子·告子上》。

(3)《孟子·告子上》。

(4)《孟子·离娄下》。

(5)《孟子·滕文公上》。

(6)《孟子·公孙丑上》。

(7)《孟子·告子上》。

(8)《荀子·正名》。

(9)《荀子·性恶》。

(10)《荀子·相非》。

(11)《荀子·王制》。

人有仁、义、礼、智，荀子认为人有义、礼、辩。正是因为他们对人性概念的不同理解，他们在道德教育和道德修养的主张上也有一定区别。孟子主要倾向于用"思"、"内省"的方法，使仁、义、礼、智这四端，"扩而充之"，从而达到"尽心"、"知性"的境地。荀子则主要倾向于用"起礼义"、"制法度"的方法，"化性起伪"，达到"性伪合而天下治"的目的。

（二）西方近代关于人的学说

古希腊神话中曾经提出这样一个问题：什么动物早上四条腿走路，中午两条腿走路，晚上三条腿走路？这就是以"人"为谜底的"斯芬克思之谜"。可见，在西方探讨"人是什么"的问题也是由来已久。

最早力图把人和动物区别开来的是古希腊哲学家苏格拉底，他把人定义为：人是一个对理性问题能给予理性回答的存在物。或者说，人是理性动物。亚里士多德进一步说：人是"陆栖两脚动物"，人是"政治动物"。然而，他们用属加种差的定义方法，仍然是把人和动物看作是一类，因此也不能把人和动物真正地区分开来。

对人作系统的和富有成果的研究的，是近代资产阶级思想家和科学家。文艺复兴运动以来，随着自然科学、社会科学和哲学的发展，人们对自身的认识有很大的发展。哥白尼的"日心说"，推翻了"地心说"的长期统治，从而也就震撼和动摇了"上帝造人说"。人们开始把人的本质问题从宗教神学的禁锢中解放出来，用人本身以及人赖以生存的环境来解释人的本质和人性。17世纪是自然科学和技术兴起发展的时期。英国的机械唯物主义哲学正是在这个基础上产生的。在认识自身的问题上，不可避免地带有浓厚的机械唯物论的色彩。现代实验科学的始祖培根就说过：人不过是自然的仆役和翻译员。霍布斯继承并发展了培根的思想，他同样从自然哲学出发来论述人性，认为"自我保存"是人的天性和行为的根本动力。他指出"人对人是狼"，为了"自我保存"，可以侵犯别人的利益，这是人的"自然权利"。18世纪是法国资产阶级革命的时代。启蒙思想家关于人的观点一般与他的社会政治思想相联系，反对封建专制，主张开明专制或民主共和，宣传人人都是平等的、自由的。它的主要代表卢梭的"社会契约论"，集中反映了"天赋人权"的思想。18世纪中叶，法国"百科全书派"的唯物论哲学家在反对封建专制的思想斗争中居于领导地位，但是在对人自身的认识上仍然没有跳出机械唯物论的圈子。比如，爱尔维修就把唯物论的感觉论运用到人身上，他认为物体的感受性在人身上表现为"趋乐避苦"的感情，并称之为"自爱原则"，他认为这是永恒不变的天性，是人的一切思想和行为的本源。他的主要著作《论人》（1773年）正是反映了机械唯物论的观点。

德国古典哲学是近代资产阶级哲学的最高峰。黑格尔的人性论同他的哲学体系一样是唯心主义的，他把人看成是"绝对精神"的外化。但当谈到人性善恶问题时却表现出丰富的辩证法思想。他说："恶同善一样，都是导源于意志的，而意志在它的概念中既是善的又是恶的。"[1] 费尔巴哈是德国古典哲学最后一位哲学家，他站在唯物主义立场上反对把神和"绝对精神"作为哲学研究的对象，主张把人作为哲学研究的对象。因此，他把自己的哲学称为人本主义哲学。人本主义哲学的任务是要揭示现实的、肉体的人的本性。人本主义打击了唯心主义和宗教神学，恢复了唯物主义和无神论的应有地位，无疑是一个巨大进步。然而，由于费尔巴

---

(1) [德]黑格尔著，范扬、张企泰译：《法哲学原理》，商务印书馆，1961年，第145页。

哈阶级和历史的局限性，他在历史观上仍然是唯心主义的，因此对人的本质的了解也是不彻底的。费尔巴哈认为人的本性是理性和道德。他说："理性是人类的人性。"[1]又说："道德不是别的，而只是人的真实的、完全健康的本性；因为错误、恶德、罪过不是别的，而只是人性的歪曲……真正有道德的人不是根据义务、根据意志……而是根据本性就是道德。"[2]他还说："在人的身上，真正的人的特点是什么呢？理智、爱情与意志的力量，这就是人的绝对的优越之点。人的本身最高的、绝对的本质及其生存的目的，是在于意志、思维和情感之中。人的生存就是为了认识、爱和希望。"[3]费尔巴哈对人的本质的了解有两个错误：第一，他不是把人当作社会的人，而是把人当作自然的人去考察人的本质。他只是在生物学的意义上，把人看成一种具有理智、意志、情感等理性的生物，他根本不了解社会存在对于人的理性或意识的决定作用，根本不了解社会关系对人的本质的决定作用。第二，他不是具体地、历史地，而是孤立地、抽象地考察人的本质。他假设出一个能够代表全人类本质的标本——"人类个体"来，这个人不属于哪个时代、哪个社会、哪个阶级，只具有人类的共同性——理智、意志和情感。这样费尔巴哈就陷入了一般的、抽象的人性论。

（三）马克思主义关于人的本质的理论

马克思和恩格斯吸取了人类思想史上的一切优秀文化成果，批判了在人的问题上的历史唯心论，特别是批判了费尔巴哈的人本主义，把对人的本质的理解建立在辩证唯物主义和历史唯物主义的基础上，实现了人的本质理论的变革。

马克思主义关于人的本质理论的形成与马克思主义科学世界观一样，经历了一个从唯心主义经过费尔巴哈的半截唯物主义，到彻底的唯物主义的逐步深化和科学化的过程。这个过程，从马克思在中学毕业时写的论文《青年在选择职业时的考虑》开始对有关人的问题发表议论算起，到标志着其唯物史观基本思想形成的《关于费尔巴哈的提纲》写出为止，大体经历了十年左右的时间。在这十年的科学研究和艰苦探索中，从认为人的本质是"自我意识"或"理性和自由"，到"类存在物"；从具有"人类天性"的抽象的人，到具有"社会特质"的"现实的人"，大体反映了马克思的人的本质观由唯心主义到一般唯物主义的转化过程。从探讨人的"类本质"，到研究作为人的本质的"自由自觉的活动"即人的劳动本质；从具有"社会特质"的"现实的人"，到"一切社会关系的总和"，大体反映了马克思的人的本质观从一般唯物主义到历史唯物主义转化的过程。

马克思在《关于费尔巴哈的提纲》中指出："人的本质并不是单个人所固有的抽象物。在其现实性上，它是一切社会关系的总和。"[4]这是对人的本质的科学论断，同时也为考察人的本质提供了科学思维方法。因此，它是马克思主义关于人的本质理论的核心内容。

那么，应该怎样理解这一论断的科学含义呢？

1. 人的本质是现实的、具体的。马克思在这里彻底否定了费尔巴哈把人的本质归结为

---

[1] [德]费尔巴哈著，涂纪亮译：《费尔巴哈哲学著作选》（上），商务印书馆，1978年，第255、590页。
[2] [德]费尔巴哈著，涂纪亮译：《费尔巴哈哲学著作选》（上），商务印书馆，1978年，第255、590页。
[3] 《费尔巴哈全集》第二卷，俄文本，第56页。
[4] [德]马克思、恩格斯著，中共中央马恩列斯著作编译局编译：《马克思恩格斯选集》第1卷，人民出版社，1972年，第18页。

"单个人所固有的抽象物"的错误观点。在费尔巴哈看来,人的本质不是表现在现实的、具体的人身上,而是抽象地存在于人的共同性、统一性之中,即人的"类本质"。费尔巴哈抽象出一个人类个体来,这个"人"是一种有意志、思维、情感的生物,至于这个"人"具有什么样的意志、思维和情感,则不必去考察了。这样,费尔巴哈就抽去了人的社会性、历史性、阶级性和个性,把人看成抽象的、一般的人了。马克思主义关于人的本质的理论,不是研究抽象的"类本质",而是研究现实的、具体的、活生生的人的本质。就是说,研究人的本质问题,必须把人放在特定的历史条件下和具体的社会关系中来考察。

2. 人的本质是由社会关系决定的。要正确理解马克思关于人的本质的科学论断,还必须把"社会关系"这一概念弄清楚。按照列宁的理解,社会关系可分为两类:物质的社会关系和思想的社会关系,这两类社会关系又是多层次、多方面的。物质的社会关系一般指生产关系即经济关系,生产关系又可分为生产、分配、交换、消费诸关系。思想的社会关系也是很复杂的,它包括政治的、法律的、道德的、宗教的关系等等。这两类社会关系一般是盘根错节、交叉纠缠在一起,互相渗透、互相影响的。如家庭关系、地缘关系、业缘关系、阶级关系、民族关系等。每一个人当他来到人世间那一天起,就置身于一定的社会关系之中。人最初接触的是家庭关系,随着年龄的增长,生活内容的丰富,他所接触的社会面逐渐扩大,进而置身于一定的地缘关系、业缘关系、生产关系、政治关系、法律关系、道德关系之中。正是在这些社会关系的长期影响、陶冶和制约下,才使一个自然人转变为一个能够掌握一定的社会文化,学会参与社会生活,扮演某种社会角色的社会人。这个过程就是人的社会化的过程,也是人的本质的形成过程。如果一个人从生下来就脱离人类各种社会关系,尽管他先天具有发达的大脑和健全的驱体,但他决不会具备人的本质。外国几起狼孩事件就是一个很好的说明。可见,人的本质是由社会关系决定的,"是一切社会关系的总和"。

3. 一切社会关系的"总和"是诸多社会关系的有机统一。以上讲到社会关系具有多样性和层次性,各种社会关系纵横交错构成了一个复杂的社会关系网,而每一个人就是这个庞大而复杂的社会关系网上的"纽结"。要了解一个人的本质,必须用系统论的方法,从总体上去把握,从层次上去分析,从横纵联系上去考察一个人在社会关系中所表现出来的属性。从横的方面来说,就要分析、考察与之相关的尽可能全面的社会关系,然后在此基础上再加以综合考察,而不能只依据他在某一种或几种社会关系中所表现出来的属性,就轻易给一个人的本质下结论。从纵的方面讲,就必须分析、考察与其人相关的一切关系的发展变化,分析了解他在这些变化发展的社会关系中所表现出来的属性,然后加以科学的综合,而决不把他在某一特定历史条件下、特定时间、地点下所表现出来的属性断定为他的本质。在对社会关系做了横纵多方面的考察之后,再进行去粗取精,去伪存真,由此及彼,由表及里的加工制作,即进行科学的综合,才能得出对一个人的本质认识的科学结论。这种分析综合的过程,就是对"一切"社会关系的"总和"的认识过程。因此,说一切社会关系的"总和",决不是一切社会关系的简单的机械的相加,而是诸多社会关系的有机的统一。

此外,在理解"一切社会关系的总和"问题上,还必须注意一点,这就是诸种社会关系不是平行的、并列的,它们在决定人的本质过程中不具有同等的意义。一般地说,在诸多社会关系中,物质关系,特别是生产关系是最基本的、主要的,它决定着、制约着其它一切思想关系。

总之,我们在理解"一切社会关系的总和",以及运用这一论断对人的本质进行分析、考察的时候,一是要坚持全面的观点,不要以偏概全;二是要有辩证的观点,"总和"不是机械相加;三是坚持重点论,不能主次不分,更不能主次颠倒。

4. 人的本质随着历史的发展而发展。人的本质"是一切社会关系的总和",而社会关系不是固定不变的。因此人的本质也不是永恒的,它是随着社会生产力和生产关系的矛盾运动不断发展变化的。正如马克思指出的,各个人借以进行生产的社会关系,即社会的生产关系,是随着物质生产资料、生产力的变化和发展而变化和改变的。生产关系总和起来就构成所谓社会关系,构成所谓社会,并且是构成为一个处于一定历史发展阶段上的社会,具有独特的特征的社会。根据人类社会每个阶段社会关系的不同特点,我们把迄今为止的人类历史划分为五个社会形态,这就是原始社会、奴隶社会、封建社会、资本主义社会和社会主义社会。不同社会形态下的社会关系不同,人的本质也就不同。因此马克思说:"人的本性"是"在每个时代历史地发生了变化的"[1],"整个历史也无非是人性的不断改变而已"[2]。由此可见,人的本质不是抽象的、永恒的,而是具体的、历史的,是随着生产力的发展,随着社会关系的发展而发展变化的。

5. 人的自然属性是人的社会属性的物质承担者,但不是人的本质属性。人性和人的本质是既有区别又有联系的两个不同的概念。人性是人的各种属性的总称。它相对于兽性和神性而言,是人类区别于动物的特性。人的本质不仅是人与动物相区别的本质特征,而且是一个阶级区别于其他阶级,一个人区别于其他人的本质特征。马克思主义认为人的本质是一切社会关系的总和。同时也承认人有多种属性,并且科学地说明了人的诸种属性与人的本质的关系。人的属性多种多样,但概括起来说可分为两大类,即自然属性和社会属性。

所谓自然属性,就是人的生理构造和自然本能。例如:发达的大脑,灵活的四肢,直立的躯干;饿了要吃食物,冷了要穿衣服,遇到危险要躲避,性成熟了要寻求配偶等等。自然本能,不是人类独有的,而是人与动物共有的,它不是人与动物相区别的标志,反倒是人类起源于动物的佐证。人的自然属性在生理意义上,与动物有着极大的共同点。因为任何生物个体都要不断地和周围的事物进行物质和能量交换,通过新陈代谢使得自身生长发育,并按照一定的遗传变异规律进行繁衍,使种族得以延续和进化。因此,自然属性是人类生存和延续的前提条件,但不是人与动物的根本区别。这种不能把人自身与其他事物区别开来的属性,不是人的本质属性。

然而,人的自然属性不是和人的本质毫不相干的,而是受人的本质制约的。因此,人的自然属性与动物的自然属性也是不同的,二者虽然都是由肉体器官引起的生理本能,但是,动物的自然属性是纯粹自然状态的,而人的自然属性则是社会化了的自然属性。例如:动物吃东西仅仅是为了生存,并且永远是茹毛饮血。而人吃东西除了维持生命以外,还有许多社会内容:美食是为了享受,食疗是为了治病,请客是为了交谊,有时为了达到某种目的还可能出现绝食。

---

(1) [德]马克思、恩格斯著,中共中央马恩列斯著作编译局编译:《马克思恩格斯全集》第23卷,人民出版社,1972年,第669页。

(2) [德]马克思、恩格斯著,中共中央马恩列斯著作编译局编译:《马克思恩格斯全集》第40卷,人民出版社,1982年,第174页。

再如，人和动物都有性本能，都需要发生两性关系和生育繁衍，动物的求偶、生育完全出自本能，而人类的两性之爱、生儿育女，则是爱情的结晶，包含着丰富的社会内容：人选择恋爱对象不仅要考虑对方生理功能是否健全，而且要考虑他（她）的文化修养和经济状况等等。再说人类的婚姻制度、生育政策也是随着社会的发展而不断变化的。这与动物的纯自然状态是不能相提并论的。所有这些说明，人的自然属性是受人的本质制约的，我们不能离开人的本质来理解人的自然属性，更不能把人的自然属性当作人的本质。

在人生观问题讨论中，有人提出"人的本质是自私的"的错误观点。概括起来有"动物本能论"和"普遍规律论"等。有人认为"人性就是动物性"，"生存竞争，弱肉强食是人的本性"，并进而推论"人的本质是自私的。"这种在人的本质问题上的"动物本能论"，混淆了事物运动的多样性，把社会运动等同于生物运动；他们不了解人的本质的社会性和历史性，把人的本质混同于动物的本能。因此是错误的。另一些人认为人的自私本质是"绝对的"、"永恒的"、"普天之下概莫能外"，这种"自私普遍规律论"也是错误的，它不仅违反了辩证法和人类社会的发展规律，而且也不符合历史上和现实社会中存在着许多大公无私，公而忘私，舍己为人，舍生取义等英雄人物这样一个历史事实。

三、个人与社会的关系

我们在了解了什么是人，什么是社会之后，再来讨论个人与社会的关系，这就顺理成章了。人是社会的人，社会是人的社会。这就决定了个人与社会的关系是辩证统一的关系。人与社会，二者不可分割，它们互相依存，互相制约，互相影响，共同发展。"人创造环境，同样环境也创造人"。[1]人作为社会的主体，形成社会关系，创造自己的社会生活；同时，人又是社会的产物。人的认识和实践活动，又受着社会的客观必然性的支配。那么，如何认识人对社会的依赖性和能动性？我们如何在社会中求得个人发展呢？

（一）个人对社会的依赖性

人类在对自然的认识和改造过程中，不是单个人孤立地进行的，也不是完全从头开始的，而是结成一定的社会关系，在前人的基础上进行的。马克思主义认为，"只有在社会中，自然界对人说来才是人与人联系的纽带，才是他为别人的存在和别人为他的存在，才是人的现实的生活要素；只有在社会中，自然界才是人自己的人的存在的基础。"因此，人从其本性来说是社会的人。人在社会之中生活，并从社会中获得自身发展和认识自然、改造自然所必须的一切手段。

在历史上，谁也不是完全从头开始的。每一代人进入生活时，都会遇到某些早已为他们的生存准备好了的起始条件，即社会文化环境。人不能脱离社会和文化生活，只能在这个基础上向前发展。正如马克思所指出的："人们自己创造自己的历史。但是他们并不是随心所欲地创造，并不是在他们自己选定的条件下创造，而是在直接碰到的、既定的、从过去承继下来的条件下创造。"[2]

---

[1] [德]马克思、恩格斯著，中共中央马恩列斯著作编译局编译：《马克思恩格斯选集》第1卷，人民出版社，1972年，第43页。
[2] [德]马克思、恩格斯著，中共中央马恩列斯著作编译局编译：《马克思恩格斯全集》第42卷，人民出版社，1979年，第122页。

毫不夸张地说，个人只有在社会中并通过社会才能生存和发展。个人对社会的这种依赖性可以从以下三个方面来说明。

1. 个人的生存依赖于社会生产

人生伊始，遇到的第一个矛盾就是生存本能弱与生存条件高的矛盾。人与动物相比，靠生物本能生存的能力比动物相差甚远，候鸟可以南飞，蟒蛇可以冬眠，而人既不会飞上天空，也不会潜入地下，一般动物所具有的本能的保护和生存能力，人们多不具备。不仅如此，一般动物大多在出生不久就能独立生存．而人却要经历十几、二十年的依赖生活期。从第一声啼哭到牙牙学语，从学习知识到成家立业，没有人能够计算，父母操了多少心，社会费了多少力。离开父母，离开家庭，离开社会，人是无法成长、生活的。

人的生存本能很弱，但生存条件却很高。就饥食渴饮而言，动物可以直接向自然索取，而人只有把自然物进行加工改造后才能享用，这个加工改造的过程则不是单纯个人的事情。衣、食、住、行对个人而言缺一不可。但离开他人的协助，那就会一无所得。因为，单个人，一是不可能同时具有多种能力满足自己的各种需要，二是即使有多种能力也不可能同时创造各种必需的物质和条件。人之所以为人，不仅因为他既不是神仙，也不是一般动物，而且是因为他创造了超越人寿的"社会"。正是靠了这个社会，每个人才能求得生存，才能继往开来。

2. 个人的生活依赖于社会规范

人类群体生活在于它有社会模式，这与动物根本不同。动物的群体生活都是遗传得来的生物模式，是固定不变的。以卵生动物为例，把卵生动物的两代隔开，下一代长大了，自然和上一代一模一样地生活。人则不同，它是在后天通过学习得来的符合于一定社会规范的行为进行社会生活的。这套社会规范，其中包括政治规范、法律规范、道德规范等，是在同一社会生活中的人们把一代代的经验有选择地积累而成的。社会强制个人学习规范，个人必须按照这些规范去生活。规范本身超越个人也先于个人，与社会共存。它既要通过一个个人的行为表现出来，又要依靠一代代人传递下去。每一个人学习规范，遵守规范的过程，就是人的社会化的过程。如果一个人生下来就脱离社会，没有经过社会化过程，那只能是一个自然人，根本无法参与社会生活。

3. 个人的发展也依赖于社会进步

社会的进步包含着个人的发展，个人的发展是社会进步的重要内容，个人的发展程度是社会进步的重要标志。但是，个人的发展程度最终依赖于社会的进步程度。生活中，每个人都在自觉不自觉的追求自身的发展，而这一理想目标的实现，需要社会提供条件。在历史上，给人们提供的社会条件不同，人们的生活状态和发展水平就不同。今天，看电视，坐飞机是人们生活中平常的事情。可是封建社会至高无上的皇帝也没有这个奢望。改革开放以来，几十万学生出国留学，实现了个人发展的愿望，可是在十年"文革"期间，这是人们可望而不可及，甚至连想也不敢想的事。可见，个人的发展依赖于社会，并且包含在社会每一次进步的过程中。社会进步，归根结底要靠生产力的发展，生产力发展到一定水平，必然要求经济基础和上层建筑进行调整、改革或变革。如果说现实生活中个人发展还受到某种限制的话，最根本的是加快生产力的发展，推动社会进步，以此来创造每个个人发展的社会条件。相反，不顾生产力的发展水平和社会进步的程度而片面强调和追求个人发展，那样只是无源之水，无本之木。

（二）个人对社会的能动性

马克思主义在充分肯定个人对社会的依赖性的同时，深刻地阐述了个人对社会的能动性。恩格斯曾指出："在社会历史领域内进行活动的，全是具有意识的、经过思虑或凭激情行动的、追求某种目的的人；任何事情都不是没有自觉的意图，没有预期的目的。"[1]人是社会实践的主体，是社会关系中所产生的能动的和创造的存在物。人们每日每时都在各种极不相同的情况下决定着做什么和怎么做，辨别真假、好坏、善恶、美丑，并决定是适应它还是改造它。个人并不是被动地由社会所决定，而是在能动地发挥作用。个人对社会的能动性主要表现在以下几个方面：

1. 个人通过参加社会劳动创造一定的社会生产力，推动社会的发展

人民群众其中包括人民群众中的每一个个人，是人类历史的创造者。这是因为人民群众是社会发展的最终决定力量——社会生产力的体现者；人类要生存，就要有吃、穿、住、行等必需的物质生活资料。而这一切都是劳动群众创造的。劳动群众在生产劳动中不断积累经验，改进生产工具和生产技术，进行科学研究和发明创造，推动了生产力的发展、生产方式的变化，以至整个社会历史的进步。这里所讲的劳动群众，包括体力劳动者和脑力劳动者两部分。生产工具的改进，新的科学成就的发明创造，就是这两部分人的共同贡献。没有体力劳动者创造的丰富经验，脑力劳动者的创造发明就失去了基础；没有脑力劳动者的总结和概括，生产经验也不能形成新的科学技术。大学生是未来的脑力劳动者，其中大部分人将从事科学技术工作，科学技术是第一生产力，对社会的发展起着直接的推动作用。大学生在校其间不仅要努力学好专业知识，而且要有良好的思想道德修养。这样，在走向工作岗位之后才能很好地与体力劳动者相结合，更好地发挥聪明才智，有所发明，有所创造，推动生产力发展和社会进步。

2. 个人通过参加变革生产关系的实践，推动社会的发展

生产关系一定要适合生产力状况的规律，是人类社会发展的普遍规律。社会生产力发展到一定水平，必然要求生产关系发生变革。生产关系落后于生产力状况需要变革，生产关系"超越"了生产力水平也需要变革。生产关系的变革一般有两种形式，一是根本变革，既用社会革命、阶级斗争的方式推翻旧的社会制度；二是局部变革，即用调整和改革的方式，改变不适合生产力状况的部分生产关系。这两种方式的变革都是通过人民群众的伟大实践来完成的。作为人民群众一分子的个人，只有投身到当时变革生产关系的伟大实践中，才能发挥自己的作用，推动社会发展。历代改革家、政治家之所以有历史作为，推动社会前进，主要是因为他们能够审时度势，顺应社会发展规律，顺乎民心所向。青年是社会的未来和希望，是整个社会力量中最积极、最有生气的一部分。在社会大变动中，青年往往起着先锋队的作用。但是，在历史的大潮中，有激流也有回流，有浪尖也有漩涡，要想认清方向，顺应历史潮流前进，往往是不容易的。这里的关键是审时度势。现在，我国正处在社会主义初级阶段，坚持党的"一个中心，两个基本点"的基本路线，建设中国特色社会主义，是这个历史阶段的根本任务。当

---

[1] [德]马克思、恩格斯著，中共中央马恩列斯著作编译局编译：《马克思恩格斯选集》第4卷，人民出版社，1972年，第243页。

代大学生只有认清社会主义初级阶段的国情,看准社会发展的大趋势,积极投身于改革的洪流之中,站在历史大潮的前面,才能认识社会,改造社会,推动社会前进。

3. 个人通过参与政治活动和精神生活,促进社会上层建筑和意识形态的发展和变化,推动社会发展

社会上层建筑和意识形态的发展和变化,最终决定于社会经济基础的发展和变化。但是,政治生活是离不开个人的活动的,国家、军队只有通过具体活动的个人,才能发生作用。至于社会意识,离开了个人的意识活动,就成为不可理解的东西。人类思维不是一般的抽象物,而是仅仅作为无数过去、现在和未来的人的个人思维而存在。人类思维的无限性,只能在完全有限的思维着的个人中实现。各种社会意识形态,必须通过作为阶级的或集团的代表的个人(思想家、政治家等)的自觉能动性,才能形成和发展。大学生作为知识分子队伍的新生力量,在社会政治生活和精神生活中具有较强的参与意识和进取精神,这是十分可贵的。然而,个人对社会发展究竟起何种影响和作用以及这种影响和作用的大小,是由许多主客观条件促成的。离开了一定的客观条件,个人将一事无成;而离开了一定的主观条件,个人也将无所作为。从主观条件上说,一个人的立场、才能、智慧、个性等,对他的活动都有直接影响。一个人只有自觉地站在人民的立场上,顺应社会发展的客观需要,而又有丰富的知识和杰出的才能,他的个人活动才能成为社会历史发展必然链条中的重要一环,对社会历史发展起促进作用。

总之,个人对社会的能动性可以从以上三个方面得到说明。必须指出,个人对社会具有能动性,个人的活动在社会历史发展中起着程度不同的影响和作用,但其性质是各不相同的。一般说来,凡是促进生产力发展、符合社会发展规律的个人活动,便是进步的、革命的;反之,凡是阻碍生产力发展,违背社会发展规律的个人活动,则是保守的、反动的。因此,衡量每个人的活动是否有益,归根到底,要看他的活动是否符合生产力发展的要求,是否顺应社会历史的发展规律。

(三)个人发展与社会发展的辩证关系

马克思和恩格斯在《共产党宣言》里对未来共产主义社会的预言是:"在那里,每个人的自由发展是一切人的自由发展的条件。"[1]但他们还曾经说过:"只有在集体中,个人才能获得全面发展其才能的手段,也就是说,只有在集体中才可能有个人自由。"[2]这两段话表明了马克思主义的一个基本观点:个人发展与社会发展是辩证统一的。

从历史发展过程的必然趋势和最终意义上看,个人发展与社会发展是一致的。这种一致性表现为人的发展是社会发展的手段,又是社会发展的目的;人的发展是社会发展的结果,又是社会发展的原因。这种手段与目的的统一,原因与结果的统一,根本在于人是历史的主体,又是历史的客体。

人是历史的主体。但是,人在变革自然,推动社会发展的同时,也把自身确立为客体,作为

---

[1] [德]马克思、恩格斯著,中共中央马恩列斯著作编译局编译:《马克思恩格斯选集》第1卷,人民出版社,1972年,第273页。
[2] [德]马克思、恩格斯著,中共中央马恩列斯著作编译局编译:《马克思恩格斯全集》第3卷,人民出版社,1960年,第84页。

自己认识和实践的对象,使自身不断被锤炼和发展。这是主体自身的双重规定。在社会与人的关系的范围内,当人作为主体时,社会就成了人的活动的指向对象,成为客体。人以自身的需要为内在动因,在变革社会的活动中不断地把人的本质或"本质力量"对象化为社会的发展,并通过发展的社会映现人的发展。相对于社会的发展,人的发展具有主动性,人的发展成为社会发展的手段。当人作为客体时,人便成为社会发展的手段。当人作为主体时,人便成为主体人的自我确立、自我改造的对象,被熔合到社会变革的过程之中。社会在其被变革的同时,也以自身的规定性影响、作用和改造着人,并通过人的发展实现和确立社会自身的发展。可见,主体对客体的作用,客体不断主体化的过程,与客体对主体的作用,主体不断客体化的过程是统一的。

在人类历史的一定阶段上,存在着个人发展与社会发展不一致的现象。而社会发展与个人发展不一致的现象中,仍然内在地运行着社会的发展与人的发展的一致性的规律,是这一规律的特殊的表现形式。

人的发展是人的个体的发展与人的"类"的发展的统一,但最终体现为人的个体的发展。在人类历史的一定阶段上,人的个体的发展与"类"的发展往往是对立的。社会发展直接表现为人的"类"的发展,而人的"类"的发展又以个体自身的完整性的牺牲为代价的。这种对立,在私有制社会中直接表现为阶级对抗。本来个人发展是社会发展的手段,又是社会发展的目的,资本主义却导致了手段与目的的相互脱节、颠倒。工人的发展只是当做榨取剩余价值的手段,资本家则是以追求价值的增值为唯一目的。这对于人的发展无疑具有根本的否定意义。然而,这种否定中又包含着肯定,它肯定了生产力所得到的巨大发展。因为资本家"狂热地追求价值的增值,肆无忌惮地迫使人类去为生产而生产,从而去发展社会生产力,去创造生产的物质条件;只有这样的条件,才能为一个更高级的、以每人的全面而自由的发展为基本原则的社会形式创造现实的基础。"[1]可见,在资本主义条件下,靠牺牲多数人来强制创造社会生产力是对工人乃至整个工人阶级发展的否定,而社会生产力的充分发展又是构成"自由人类社会"——共产主义社会的"物质基础"。所以,"这种对立的形式是必须经过的","它是人类社会发展的必经之点"。

在社会主义制度下,消除了阶级分裂,消除了个人和社会的对抗,就绝大多数社会成员而说,在根本上可以达到个人发展与社会发展的一致。我们党和国家十分重视人才,大力培养人才,而且是不拘一格使用人才。特别是改革开放以来,党和国家为个人的全面发展提供越来越充分和有利的条件。九年义务教育的实施,中等教育结构的调整,高校招生制度的改革,出国留学政策的放宽,都为有志青年创造了学习深造以求个人发展的机会。大学生毕业分配制度的改革,实行了"双向选择";国家劳动人事制度的改革,实行了"聘任制"、"合同制";为大学生就业和充分发挥自己的聪明才智创造了良好社会环境。祖国的"四化"大业需要数以千万计的各行各业的高级专门人才,同时也为青年提供了施展才华的天地。从这个意义上说,个人发展与社会发展是完全一致的。

但另一方面,个人和社会又还存在矛盾。社会主义现代化建设固然是整个社会的利益所

---

[1] [德]马克思著,郭大力、王亚南译:《资本论》第1卷,人民出版社,1953年,第649页。

在,也是每个人的根本利益所在,但它是在困难和复杂的条件下进行的。毛泽东说,社会主义制度的建立给我们开辟了一条达到理想境界的道路,而理想境界的实现还要靠我们的辛勤劳动。实现个人的充分的高度的发展,并且使每个人的自由发展成为一切人自由发展的条件,这是马克思所预言的理想境界即共产主义的理想社会状态。这个理想境界的实现依赖于经济、政治、思想文化等各方面的充分的条件,而这些条件的创造又只能依靠我们的辛勤劳动,而且是几代人的辛勤劳动。如果不顾客观的具体历史条件企图超越具体历史条件所规定的客观进程,把马克思所预言的理想境界看成现实的社会状态,以"自由王国"的公民自居,抽象地谈论个人的自由发展,那就是对马克思所阐述的共产主义原理的简单化理解。

此外,所谓"每个人自由发展是一切人的自由发展的条件",这在任何意义上也不能理解为个人的发展应当置于社会的发展之上。没有社会的发展就谈不上个人的发展,个人的发展总是受到社会本身发展状况的制约的。人总是社会的人,任何个人的生存和发展都有不可摆脱的社会制约性。脱离社会的个人发展是从来也不可能存在的。我们只有投身到社会主义现代化建设的伟大洪流之中,才能获得全面发展个人才能的手段,只有每个人的才能都充分发挥出来,从而推动社会进步,才能在社会发展中实现个人发展。

8. 培养良好的道德品质[1]

当代青年是跨世纪的一代,是国家的未来、民族的希望。党和人民对大学生寄予殷切的期望,希望大学生们成为身心健康、品学兼优的一代新人。大学生不仅应该掌握现代科学文化知识,同时还必须努力培养优秀的道德品质,使自己成为一名德才兼备的社会主义现代化事业的建设者和接班人。

一、道德和道德品质的基本概念

在提出大学生应当具备的道德品质之前,我们应当首先了解道德和道德品质的基本概念和基本理论。其中包括道德的本质、功能与评价,道德品质的构成、特征和作用。

(一)道德的本质、功能与评价

1. 道德的本质

马克思主义产生之前,伦理思想史上对于道德的本质一直争论不休。客观唯心主义认为,道德是从上帝的意志和神的启示中引伸出来的,是神、上帝指示圣人制定出来的行为规范。主观唯心主义认为道德是先天的、与生俱来的,是人头脑中固有的,它能够判断什么是恶、什么是善。此外,还有一种观点认为,人生来有一种追求幸福的欲望,能满足这种欲望的行为使人感觉快乐,就是善;不能满足这种欲望的行为使人感觉痛苦,就是恶。由于受生产力和科学发

---

[1] 此文是作者参加国家教委思想政治工作司组织编写的、罗国杰教授主编的全国高等学校通用教材《思想道德修养》中的一章。高等教育出版社1995年8月出版。

展水平的制约,受历史和阶级的局限,马克思主义以前的思想家都未能科学地揭示道德的本质。

马克思主义把辩证唯物主义和历史唯物主义的原理应用于道德研究,强调社会存在决定社会意识,经济基础决定上层建筑,认为道德作为上层建筑和意识形态,并不是孤立存在的,而是被社会存在、经济基础决定的。因此,马克思主义伦理学认为:道德是由一定的社会经济关系所决定的,通过社会舆论、内心信念和传统习惯来评价人们的行为,调整个人和个人、个人和社会之间关系的原则和规范的总和。道德是人类社会的特有现象,它是由一定的经济基础所决定的,并在其之上产生的一种特殊的社会意识形态。不同的阶级有其不同的道德。同时,道德是适应社会发展的需要而产生的,有些道德规范是人类不可缺少的共同的行为规范。马克思主义的创始人应用辩证唯物主义和历史唯物主义的基本原理,从对经济基础与上层建筑关系的考察中,第一次从本质上真正揭示了道德的涵义,给我们正确进行道德认识,选择道德行为,加强自我修养提供了强大的思想武器。

2. 道德的功能

马克思主义伦理学在考察道德与社会物质生活的关系时,既是唯物的,又是辩证的。在强调社会经济关系对道德的决定作用时,又明确地肯定和说明道德有相对独立性,有对社会生活的重大能动作用。这种能动作用具体体现在道德的功能上。道德的功能概括起来有三个方面:

第一,调节功能。它作为最基本和重要的社会功能,指的是运用道德行为规范去调整人们之间以及个人与社会之间的关系,告诉人们应当怎样,不应怎样。它既指导和纠正个人的行为,也指导和纠正集体的行为。其目标是使个人与他人,个人与社会之间的关系完善和谐。

第二,认识功能。它表现为人们通过掌握道德和不道德的界限,在社会生活中按照道德规范去处理与他人和社会的关系,对他人的社会行为作出评价。道德的认识功能,能使人明辨道德的是非、善恶,从而自觉崇善抑恶。

第三,教育功能。它通过社会舆论和道德评价来影响人们的道德意识和道德行为。不同的社会总是希望培养合乎其道德要求的人。我们的道德教育就是要通过规范引导、舆论评价、榜样激励等方式去指导人们的行为,提高人们的社会主义道德水准和精神境界。

3. 道德的评价

道德的作用是靠道德评价来实现的。一个社会的道德风貌如何,很大程度上决定于道德评价活动开展的深度和广度。道德评价是扬善抑恶的精神力量,是形成社会道德风尚和个人道德品质的重要道德活动。

所谓道德评价,就是人们依据一定的道德准则,通过社会舆论或个人心理活动等形式,对他人或自己的行为进行善恶判断,表明褒贬态度的一种活动。道德评价主要有三种形式:

第一,社会舆论。它指的是众人的议论,通常我们多指群众言论。形成社会舆论的手段主要有报刊、广播、电视、电影、文艺等宣传工具,也包括人们所在集体的评价和周围人们的议论。

社会舆论对影响人们的意识和行为具有强大的力量。我们经常说"舆论的谴责"、"舆论的压力"就是指它的力量而言。这种对人们善行的赞扬和恶行的谴责对个人是一种约束力。在许多情况下,人们之所以这样做而不是那样做,并非出于对法律的畏惧,而是出于对同伴的舆论的顾忌。

社会舆论可分为正确与错误或先进与落后两种。错误的、落后的舆论不利于我们实施正确的道德行为。因此,我们应该大力宣传和提倡社会主义道德,反对和谴责那种不顾社会、不顾他人的极端个人主义,扶正祛邪,形成正确舆论导向。而在正确的舆论面前,一个有良知的人,应该自觉反省自己的思想行为,近善远恶,树立正确荣辱观,增强自己对他人、对社会的道德责任感。

第二,传统习惯。它是指人类在社会生活中逐渐形成的习以为常的行为倾向和社会风俗。传统习惯是人们在长期的社会生活中形成的,它具有源远流长这一特点,加上它总是和民族文化、社会心理交织在一起,成为社会风俗。因此,比起一般的社会舆论来,它又具有稳定性的特点,且简洁明了,易于掌握,在道德评价中往往先声夺人,影响很大。事实上,传统习惯在道德评价中发挥了一种特殊作用,它用"合俗"与"不合俗"来评价人们的行为,判断人们的行为善恶,使人们感到它是一种生活常规,从而规范人们的行为,把人的行为纳入一定的生活轨道。

就其本质来说,传统习惯也具有积极和消极两方面的作用。其积极的方面是保持了道德评价上应有的那部分传统观点,消极的方面则是它往往不顾历史的发展和道德的发展而墨守陈规,阻碍变革。因此,在道德评价中对传统习惯必须具体分析,吸收其中适应历史发展的合理部分,刷除那些为历史证实确已陈旧、落后的部分,并在此基础上形成新的符合社会发展方向的传统习惯,促进社会主义精神文明建设;

第三,内心信念。它是人们发自内心的对某种道德义务的真诚信仰和强烈责任感,是人们对于自己的行为进行善恶判断的一种内在的精神力量。这种内在信念同人们的世界观、道德认识和道德情感等联系在一起,通过人们的良心来发挥作用,具体表现一个人道德水准的高低。人们是根据内心信念来评价自己行为的。一个人如果做了违背道德规范的事情,一经反省而认识到自己的错误,就会受到良心的责备,感到内疚和不安。反之,如果做了符合道德要求的事情,虽然别人不知道甚至被误解但行为者会觉得问心无愧,内心感到安慰,体验到自己人格的尊严。这种心灵上的快慰感或耻辱感是任何别的东西都无法代替的,只能是发自内心的坚定信念。

社会舆论、传统习惯是道德评价的社会能力,反映道德评价的群众性、广泛性,是个人道德行为选择的"外来压力"。内心信念是道德评价的自我能力,反映道德评价的自觉性、深刻性,是个人道德行为选择的内控力量。尽管三者有不同的性质和特点,但相互之间是有联系的,社会舆论、传统习俗的加强,能促进人的内心信念的增强;而人们内心信念的增强,又能为社会舆论和传统习惯的加强提供精神支柱。这两者的结合,才能产生英雄行为和坚贞品德,为我们的道德活动提供力量源泉。

(二)道德品质的构成、特征与作用

道德品质,亦称品德或德性。它是一定社会的道德原则、规范在个人身上的体现和凝结,是处理个人与他人、个人与社会之间关系的一系列行为中所表现出来的比较稳定的特征和倾向。那么,它由哪些因素构成,它有哪些特征呢?

1. 道德品质的构成

道德品质是综合性范畴，它由认识、情感、意志、信念、行为五个方面的要素构成。

第一，道德认识。它主要指行为者对个人与他人、个人与社会的关系以及调节这些关系的理论、原则和规范的了解与掌握。道德认识的形式一是感性认识，即道德生活中的感觉与经验；二是理性认识，即道德概念及运用概念作出的判断。道德品质形成的认识过程，是从感性认识上升到理性认识的过程。这一过程与道德实践紧密相联，通过道德生活实践，将获得的道德经验经过头脑的加工，形成概念与判断，从而去评价指导自己与他人的行为，使行为成为真正的道德行为。所以说，道德认识，是使社会的道德要求转化为个人内在品质的首要因素，是形成道德品质的思想基础。

第二，道德情感。它是人类诸种复杂情感之一，主要是指善善、恶恶的心理体验与态度倾向。在人的道德品质的形成过程中，道德情感有三种相互联系的作用。一是评价作用，即通过赞赏、鄙夷、愤怒等情绪表现对某种道德关系或行为的评价态度。二是调节作用，以某种情绪态度强化或弱化自己或他人的道德观念与道德行为。三是信息作用，即通过各种表情动作传递道德信息或示意行为的道德价值。总之，道德情感，可以使行为者有所为或有所不为。

第三，道德意志。它指行为者在具体的道德情境中，作出道德决断，使之付诸实践坚持下去的能力。在道德品质的形成过程中，道德意志的主要功能，是依据某种道德认识和道德情感，果断地确定道德行为的方向和方法，并克服和排除来自外部或内部的诸种障碍和干扰，使行为者长时间地专注于所确定的行为的完成。故此，没有道德意志的作用，道德认识、道德情感不会转化为道德行为，更不可能始终保持高尚的道德情操。

第四，道德信念。它是行为者对道德理想、道德人格、道德原则、道德规范的坚定不移的信仰。它同时又是道德认识、道德情感、道德意志的集中体现，具有恒久性。道德信念的功能是使行为者不折不扣地完成道德准则的要求，忠诚地履行自己的道德义务。道德信念是道德品质构成的核心要素，是道德行为发动与坚持下去的最深层次的根据与保证。

第五，道德行为。它是道德品质的外部状态，表现为道德活动和道德习惯。在道德品质的构成要素中，道德认识、道德意志、道德信念均属道德意识范畴，如果到此为止不去行动，不去履行道德义务，那么，还不能说已经形成了道德品质。人的道德品质的形成过程同人的认识过程相仿佛。人们在社会道德生活实践中形成道德意识，再回到社会道德生活实践中去，即践履社会道德要求，完成道德义务。如此日积月累，就变成了一种道德习惯即道德品质。

总之，道德行为是道德品质的载体，或者说，道德行为是道德品质的体现。某种道德行为反复多次，便形成相应的道德品质。

2. 道德品质的特征

第一，知行统一性。人的道德品质，一方面指个人内在的心理和意识上的特质，另一方面又指行为特质，即是说心理、意识与行为、行动的同一性。换言之，作为道德品质的客观内容的道德行为，必须是符合一定社会道德原则或规范的行为。这就要对道德原则或规范从内心深处有明确的认识与领会。就此而言，道德品质不是别的，正是一定社会的道德原则或规范的凝结。

第二，自觉意志性。人的道德品质是一种行为习惯，这是确定无疑的。然而，它不是随意养成的行为习惯,也不是自然形成的行为习惯。而是个人凭借意志的力量审慎选择之后逐步形成的习惯。这也就是说人们在每一个时期,每一个场合的行为都要有意的选择,并凭借意志顽强地坚持下去,需要排除种种妨碍实行道德行为的私心杂念或不良嗜好,才能形成好的行为习惯,进而铸成优秀的道德品质。

第三,综合体现性。道德品质是行为者道德行为的"总体"。所谓道德行为的总体,一是指行为者主观的动机、情感、意志与客观行为的结果、效益的有机统一;二是指行为者各个时期、各个场合下一系列行为的综合表现。这也就是说由行为构成的品质,不是某种行为或某个时期的行为表现,而是指各个领域、各个时期、各个方面的一系列行为综合起来的总体。

第四,稳定倾向性。道德品质之所以具有稳定的倾向和特征,是因为道德品质是在长期反复的道德行为中形成的习惯。这种行为习惯一经形成,往往具有相对的稳定性,不做大的努力,就很难改变。这就是通常说的"江山易改,禀性难移"的道理。

3. 道德品质的作用

道德品质对一个人的成长和成才、塑造完美人格乃至建功立业具有十分重要的作用。

第一,道德品质不仅是人才的基本构成条件,而且是人才成长的内在动力。古今中外,人们历来重视人才的品德素质。在我国,早在先秦时期的儒家、墨家就提出了"选贤任能"、"尚贤"的主张。此后在长期的历史发展过程中逐渐形成了"德才兼备"这个中华民族鉴别和选择人才的标准。宋代的司马光对德与才的关系做了分析,他说:才者,德之资也;德者,才之帅也。认为"德"不仅是人才构成的基本内容,而且在人才成长中具有统帅和导向的作用。在世界各国,同样十分重视人才的道德品质。爱因斯坦说,用专业知识教育人是不够的。通过专业教育,可以成为一种有用的机器,但是不能成为一个和谐发展的人。要使学生对社会道德准则有所理解并且产生热烈的情感,那是最基本的。他认为一切人类的价值的基础是道德。人才学研究表明,与一般的人比较,人才在社会责任感、献身精神、积极进取的精神、与人合作精神、自觉性和自制力等方面要强烈得多。这些精神都与人的道德品质有关。可见,高尚的道德品质是个人成才的内在动力,是促进人健康成长的精神力量。

第二,道德品质不仅是完美人格的构成要素,而且是塑造完美人格的必要条件。人格是一个较为抽象的概念,法学、美学、社会学、心理学、伦理学各有不同的解释。我们这里讲的人格是指人的地位和尊严、气质和风度、学识和才华、品质和品格的总和。其中的品质和品格主要是指道德品质。完美的人格在道德品质上表现为对己对人两个方面:对自己要自尊、自爱、自立、自强;对他人要尊重、友爱、关心、帮助。具有高尚的情操、优秀的品质、坚强的意志和文明的行为,这是完美人格不可缺少的构成要素。一个人完美人格的塑造,既受社会条件的制约和影响,又靠自己的锻炼和修养。一个人只有具备优秀的道德品质,才能受到他人的尊重,实现做人的尊严;一个人如果道德品质败坏,再好的气质和风度也会黯然失色,再多的学识和才华也会无用武之地。因此,道德品质不仅是完美人格的构成要素,而且在塑造完美人格的过程中发挥着重要作用。

第三,道德品质是一个人在社会主义现代化建设事业中建功立业的重要保证。今天的大学生是跨世纪的一代,是21世纪社会主义现代化建设事业的中坚力量。党和人民对大学生寄托着殷切的希望。每一个大学生都希望自己在将来为实现四化、振兴中华的伟大事业中建功立业。要实现这个抱负，除了要有真才实学和健康体魄之外，还必须具备良好的道德品质。

二、大学生应具备的道德品质

我们在了解了道德和道德品质的基本概念和基本理论之后，需要进一步探讨当代大学生应当具备怎样的道德品质。大学生应当具备的道德品质，是我国社会主义现代化建设时期社会主义道德原则和规范在大学生个人身上的体现和凝结，也是中华民族传统美德在新一代大学生身上的继承和弘扬。它是大学生在处理个人与他人、个人与社会之间关系时应当表现出来的品德或德性。

（一）孝敬父母

孝敬父母，即尊重、敬爱、赡养父母。作为子女应当感激父母的生育、养育、教育之恩，履行子女对父母双亲的责任和义务，这是做人的最基本的道德品质。

中华民族历来重视"孝道"，认为孝是"德之本"，是"百善之先"，"忠臣必出孝悌之家"，"夫孝，始于事亲，中于事君，终于立身。"[1]人生在世，首先形成的人际关系就是和父母的亲子关系。一个人如果对生身父母都不能尽孝，怎么可能处理好和兄弟、亲友、师长、同事、集体和国家的关系呢？

敬，是孝之要义。曾子说："孝有三，大孝尊亲，其次弗辱，其下能养。"[2]孔子说："今之孝者，是谓能养。至于犬马，皆能有养；不敬，何以别乎？"[3]古代强调孝，首先要求尊敬父母，贫富有差，奉养有别，是自然的，但关键是要在思想感情上去尊敬热爱双亲。仅仅"能养"是不够的。《礼记》中说："孝子之有深爱者必有和气，有和气者必有愉色，有愉色者必有婉容"，强调了对父母孝顺的发自内心的"爱"。

古代的孝，还强调要"推恩"。孟子说"古之人所以大过人者无他焉，善推其所为而已矣"。要求"老吾老以及人之老，幼吾幼以及人之幼。"[4]提倡"人不独亲其亲，不独子其子，使老有所终，壮有所用，幼有所长，鳏寡孤独废疾者皆有所养"[5]，把孝推及到人际关系的一切方面，使孝得到了升华。

在父母与子女的伦理关系中，古代也不是只讲子女对父母的单方面的尽孝，同时也强调"父慈子孝"、父与子各自承担人伦规范责任。主张"父母有过"，子女应"谏而不逆"；子女有错父母应"教而不弃"。

在中华民族传统道德中，有民族性的精华，也有封建性的糟粕。然而，尊亲、敬亲、养亲这一孝的普遍意义，在今天仍具有合理性和积极性，值得我们批判继承并赋予其新的含义，作为当代青年学生应具备的道德品质加以提倡。

中华人民共和国成立后，进一步继承发扬了"孝敬父母"的传统美德，共和国的宪法中不

---

(1)《孝经》。
(2)《艺文类聚·孝》。
(3)《论语·为政》。
(4)《孟子》。
(5)《礼记·礼运》。

仅将赡养父母列为儿女的义务,而且在公共福利事业中,建立、发展了社会主义的敬老事业,形成了良好、健康的社会道德环境。

孝敬父母,是做人的最基本的道德品质,不可想象一个不懂得孝敬父母的人却能够成为一个热爱祖国、热爱人民的人。可是,某些同学上大学之后反而忘记了父母的养育之恩,瞧不起在乡下辛勤劳动、文化水平不高的父母,甚至"一年土,二年洋,三年不认爹和娘"。这种情况说明,在高等学校中仍然需要重视孝敬父母的教育。大学生一般来说没有赡养的能力,但应当树立"孝敬父母光荣,不孝敬父母可耻"的观念;在行为上做到体贴、关心、尊敬、热爱父母。

(二)勤劳节俭

勤劳节俭就是不辞辛苦地劳动或工作,努力创造财富,节约资源,爱惜劳动成果。与勤劳节俭相对立的则是懒惰奢侈。

勤劳节俭,是我们的祖先在长期生产生活实践中总结出来的,成为中华民族最基本最突出的传统美德。早期的经典文献《周易》中,就有这种思想的总结,即"节以制度,不伤财,不害民";孔子也认为"礼,与其奢也宁俭"、"君子惠而不费"。各个历史时代的广大人民群众,乃至封建统治阶级的有识之士,无不以勤俭为做人的美德、持家的要诀、治国的法宝。

第一,"成由节俭,败由奢"这是安邦治国之大道。汉文帝、唐太宗、明太祖等开国明君,无不以勤俭治国,而使国富民强;隋炀帝的穷奢极侈、挥霍无度,终于导致覆灭的命运。纵观中华五千年的历史,勤俭兴邦,奢侈覆国,可以说是一条普遍的规律。

第二,"克勤克俭,开源节流"这是治家之法宝。勤俭是个人、家庭、民族、国家生存和发展的必要手段。一个人、一个家庭只有勤劳生产,才能得到生存所必需的生活用品。同时,如果对有限的财富无节制地消费,不能节俭,财富必然亏空。正如汉代贾谊指出的,"一夫不耕,或为之饥,一妇不织,或为之寒,生之有时,而用之无节,则物力必屈。"所以早在二千多年前的《礼记》中,就记载了"量入以为出"的施政方针。一个国家如此。一个家庭也如此。一方面要辛勤劳作,创造财富;另一方面要节衣缩食,减省开支,以丰补歉,这样才能使国家强盛,家庭富裕。

第三,"勤以立志,俭以养德"这是做人之美德。《左传》中说"俭,德之共也;侈,恶之大也。"这就是说,俭是道德要求,是道德根本,侈是万恶之首,是万恶之源。俭则无欲,无欲则刚。唯其廉洁,才能克己奉公。中华民族的优秀分子,无论居朝在野,不管士农工商,几千年来倡俭尚廉,鄙弃奢侈,而且把这一美德代代相传。

三国时期的诸葛亮曾说:"君子之行,静以修身,俭以养德。非淡泊无以明志,非宁静无以致远。"这是千古传颂的至理名言。

勤俭是中华民族的传家宝。在中国共产党领导的无产阶级革命斗争和社会主义建设中,这一传统得到进一步发扬光大,并且上升到一种新的思想境界。毛泽东视勤俭节约为社会主义建设的根本原则之一,他说,社会主义制度的建立给我们开辟了一条达到理想境界的道路,而理想境界的实现还要靠我们的辛勤劳动。要使全体干部和全体人民经常想到我国是一个社会主义大国,但又是一个经济落后的穷国,这是一个很大的矛盾。要使我国富强起来,需要几十年艰苦奋斗的时间,其中包括厉行节约,反对浪费这样一个勤俭建国的方针。革命年代的"延安精神"、"井冈山精神",建设年代的"雷锋精神"、"好八连精神"都是勤劳节俭美德的体现。

当代大学生所处的社会环境发生了深刻的变化，志向高远的大学生应当继承和发扬勤劳节俭的传统美德，自觉养成勤劳节俭的品质。可是，目前有的大学生追求"房间电器化、出门小车化、购物名牌化、吃饭小店化"，超前消费、人情消费、攀比消费、负债消费在大学生中屡见不鲜，这种现象当引以为戒。

"勤能补拙"，"俭以养德"。勤劳节俭是一切美德的基础，而懒惰奢侈则是一切罪恶的根源。过去曾有人对腐败分子产生、发展的规律做过概括，这就是"懒、馋、占、贪、变"。无数事实证明这不是没有根据的。今天的大学生是未来21世纪的国家栋梁，从现在起就应当严格要求，防微杜渐，树立勤劳节俭光荣，懒惰奢侈可耻的荣辱观；自觉参加校内外公益劳动，在家里应主动做家务劳动；在个人生活上不摆阔气，不图虚荣，不与他人攀比，不向父母提出超越家庭经济条件的要求；节约用水、用电、用粮、爱护公共财物，敢于向铺张浪费、破坏公物的现象做斗争；养成勤劳节俭，艰苦奋斗的好思想、好习惯、好品质。

（三）尊师敬长

尊师敬长，是中华民族传统美德，也是当代大学生应具备的道德品质。

中国古代的思想家、教育家孔子把"教"与"政"视为同等重要，主张实行礼义教化。墨子充分肯定教师在传播思想文化方面的贡献，他说："教天下以义者功亦多"。荀子将君师并称，认为"国将兴，必贵师而重傅"。唐代的韩愈说："举世不师，故道益离"，认为只有尊师敬业，整个社会才能按照"道统"的方向顺利发展。宋代的苏轼说："斯文有传，学者有师"，认为教育对于发展文化，培养人才具有重要作用。

尊师敬长在近现代更加得以发扬。毛泽东、李大钊、刘少奇、陈毅等都是尊师敬长的典范。他们身为领袖人物，对自己的老师仍执弟子之礼；他们博学多才，仍虚心好学；他们不仅重视学业上的进步，更重视自己品德和意志的修养。为确立人民教师在社会中的地位，国家决定从1985年起，每年的9月10日为教师节。经全国人大常委会通过的《中华人民共和国教师法》从1994年1月1日起正式实施。《教师法》以法律手段保障教师的合法权利，提高教师的待遇和社会地位，鼓励教师安心从教，它是加强教师队伍建设的根本大法，对中国牢固树立尊师重教、尊师敬长的社会风尚将起到重要的稳定的保障作用。

继承和发扬中华民族尊师敬长的传统美德，是人类生存、发展和社会文明、进步的需要。大学生尊师敬长应自觉做到：树立尊师敬长的观念，懂得"国将兴，必贵师而重傅"的道理；尊重老师的劳动，接受老师的教导，服从教职员工的管理；听从老师教导，刻苦学习，以优异的学习成绩和工作成果回报老师的辛勤教诲。

（四）团结和睦

团结和睦，是中华民族人际关系的重要伦理准则，是社会稳定和国家统一的精神力量，也是当代大学生在处理同学关系和各种人际关系时应当具备的道德品质。

团结和睦作为一种社会公德，在中华民族历史发展过程中已经形成了优良传统。在社会主义现代化建设新的历史时期，特别是在建立社会主义市场经济体制的过程中，竞争意识和竞争行为已经构成一种新的道德品质。然而社会主义道德原则主张竞争应当是公平的、公正的、合理的竞争，反对不正当的竞争。竞争与团结和睦是辩证统一的，不能因为竞争就破坏团结和睦的人际关系，也不能为了维护团结和睦就放弃正当的竞争。

当代大学生要具有团结和睦的道德品质，一般应做到：要关心人、团结人，遇事要为他人着想，不能只顾自己，不顾别人；要同情人、帮助人，对学习、生活有困难的人，特别是残疾人，要主动给予帮助；要尊重人、信任人，不侮辱人，不讥笑人，尊重少数民族风俗习惯；要容让人、原谅人，对别人误伤自己或者错怪了自己，要豁达大度，不要得理不饶人；要讲大团结，不搞小圈子。要坚持公平、公正、合理、合法的竞争，坚持团结协作，反对不正当竞争；要团结大多数人，不要讲哥们义气，要勇于开展批评与自我批评。

（五）立志勤学

立志勤学通过"立志"与"勤学"两者之间紧密相联，揭示了求知成才的方向和道德之间的辩证关系。只有立下宏伟坚定的志向，才会产生勤学苦练的决心；只有坚持不懈地勤学，才能真正实现宏伟坚定的志向。

中国古代立志勤学的名人很多，事迹很生动，其主要特点：一是自孔子始，逐步形成了读经研史的传统。特别是汉代"独尊儒术"之后，儒家经典便成了历代知识分子立志勤学的范本。二是治学严谨，攻读不辍，活到老学到老。三是艰苦勤奋，坚韧不拔。如"头悬梁"、"锥刺股"、"囊萤"、"映月"、"凿壁"，都生动地描述了读书人在极其艰难的条件下，坚持自学，不懈不怠，卓有造就的感人事迹。四是在民间形成了注重立志勤学的时尚，流传了许多勤学格言，如"铁杵磨成针，功到自然成"、"勤学如春起之苗，不见其增，日有所长；辍学如磨刀之石，不见其损，日有所亏"，等等。

立志勤学是求知启智的根本途径，也是育人成才的重要条件。当代大学生继承、弘扬立志勤学这一传统美德，首先，要向老一辈无产阶级革命家那样继承和弘扬古代传统美德，把"救国救民"、"为中华之崛起"作为自己人生奋斗目标。

在学习中，要讲求科学的学习方法，变苦学为乐学，有效地利用时间，提高学习效率。学习要持之以恒，要有一个"挤"劲、"钻"劲、"韧"劲，切忌浅尝辄止，不求甚解。要坚持理论联系实际的好学风，即不但向书本学习，更要向实践学习，学了就要用，在实践中增长才干。在学习中，不要弄虚作假，测验或考试一定要诚实，应向人民汇报真实成绩。

（六）谦虚礼让

谦虚礼让，指人的言行举止合乎一定的礼仪规范，待人接物，和蔼可亲，彬彬有礼，不目空一切，不盛气凌人。这是大学生应有的文化修养和道德品质。

谦虚是一种虚心好学的人生态度和永不自满的进取精神，与骄傲自大相对。谦虚的人能平等待人，善于解剖自己，对自己有一个切合实际的评价。谦虚的核心是善于发现自己的短处和别人的长处，能够乐于采人之长，补己之短。礼让指语言、动作谦逊、恭敬，与粗野蛮横相对。它包括友好诚恳与人为善的态度，亲切文雅的语言，和颜悦色的表情，以及各种文明进步的礼节等。礼让的关键是尊敬他人，是发自内心的对他人的尊敬的一种态度与表现，是真诚的，毫不做作的。

从某种意义上说，谦虚是礼让的内在根源，礼让是谦虚的行为表现，二者密切相关。其共同的思想基础是尊重他人，正确地认识和评价自己。谦虚礼让是维持人与人之间友好、协调、和睦相处的必不可少的条件。可以说，谦虚礼让是一个人的精神面貌和文化素养的突出标志。

谦虚礼让的美德在我国老一辈革命家身上得到了发扬光大。毛主席说，虚心使人进步，骄傲使人落后。陈毅说，九牛一毫莫自夸，骄傲自满必翻车；历览古今多少事，成由谦逊败由奢。周恩来说，不要不懂装懂，要老老实实地学，学到老，做到老，改造到老。徐特立说，一分钟一秒钟自满，在这一分一秒间就停止了自己吸收的生命和排泄的生命。只有接受批评才能排泄精神的一切渣滓。只有吸收他人的意见才能添加精神上新的滋养品。

大学生是受过高等教育的知识分子，理应在谦虚礼貌方面有较高的要求，与人交往要平等待人，友好相处；在公共场所要举止文雅，文明礼貌；待人接物要主动热情、落落大方；对外宾要以礼貌相待，不卑不亢，维护国格人格。

（七）严己宽人

严己宽人就是严以律己，宽以待人。严己指遵循一定的道德准则和行为规范来严格要求自己、约束自己。宽人指用宽宏大量的心胸、团结友爱的态度来对待他人，严己是宽人的基础，宽人是严己的延伸。宽人不是不坚持原则，不是丧失立场去迁就他人的过错，去求得一团和气，而是在维护大局和整体利益的前提下个人之间的友善礼让。

严己宽人一向是中华民族仁人志士所具有的优秀品质。孔子说："其身正，不令而行，其身不正，虽令不从。"[1]他强调"见贤思齐焉，见不贤而内自省也"[2]，这些都是关于律己的精辟论述。林则徐有个座右铭：海纳百川，有容乃大；壁立千仞，无欲则刚。这些名句，都寓含着宽人的深刻哲理。

在现实生活中，人与人之间发生矛盾冲突是常见的，被人误会，嫉妒的情况也是有的。因此，严己宽人的品质就显得很重要。常言说："人和万事兴"。如果每个人都能"以责人之心责己，以恕己之心恕人"，那么，就能化分裂为团结。严己宽人能使人格优化，品德升华，使人们心情舒畅，推进事业兴旺发达。

当代大学生如何在实践中严己宽人？具体讲要注意以下方面：要善于自我评价，"吾日三省吾身"，定期检查自己的言行，知道自己的缺点和不足，能找出原因和改正方法；要树立："成人之美"的友爱思想，遵守"仁义谦和"的待人原则，遇事设身处地为他人着想，摒弃虚伪、猜疑、嫉妒和偏见，与人为善，富有爱心和真情；当与他人发生矛盾冲突时，要严以解剖自己，反躬自省，在主观上找原因；"己所不欲，勿施于人"，自己不愿意做的事，不要强行让别人做；要心胸宽阔，当被人嫉妒、遭人诽谤时，要做到"卒然临之而不惊，无故加之而不怒"，要宽宏大量，善于团结与自己意见不同的人一起工作。

（八）诚实守信

诚实守信，就是言行跟思想一致，不伪装，不虚假，说话、办事实事求是，讲信用。诚实与守信二者有着密切的联系，诚实是守信的思想基础，守信是诚实的外在表现，只有内心诚实，待人诚恳真挚，做事才能讲信用，有信誉。

中华民族历来崇尚诚实守信这一做人的美德。孔子说："人而无信，不知其可也。"[3]讲信誉才能立身于社会。孔子的学生把"信"作为"每日三省"的内容，曾子说："吾日三省吾身——

---

[1]《论语·子路》。
[2]《论语·里仁》。
[3]《论语·为政》。

为人谋而不忠乎？与朋友交而不信乎？传不习乎？"[1] "言必信，行必果"一直是中华民族所推崇的优秀品质。

诚实守信这一传统美德，在我国老一辈革命家身上也得到了发扬光大。毛泽东指出，老实人，敢讲真话的人，归根到底，于人民事业有利，于自己也不吃亏。周恩来也历来倡导说老实话，干老实事，做老实人。他说，自以为聪明的人往往是没有好下场的。世界上最聪明的是最老实的人，因为只有老实人才能经得起事实和历史的考验。这些至理名言告诉我们诚实守信应当是做人最起码、最基本的品质。

大学生应当牢固树立诚实正直、实事求是、"言而有信，无信不立"的观念，自觉抵制，"老实人吃亏"、"不说谎话办不成大事"等错误思想的影响。自觉养成以下良好的行为习惯：表里如一，言行一致，老师在与不在同样遵守纪律，严格要求自己。襟怀坦白，光明磊落，不掩盖过失，做错了事要勇于承认并认真改正。开诚布公，襟怀坦白，不欺人，不自欺。刚正不阿，不说违心的话，不奉迎他人。君子一言，快马一鞭，与人交往要讲信用，不失信于人。惜时如金，一诺千金，行动要遵守时间，开会、办事、参加各项活动、赴约、作客不迟到。

（九）见义勇为

见义勇为是指为了真理和正义，无畏无惧、英勇斗争的品德。

什么是义？《礼记·中庸》中说："义者宜也。"韩愈在《原道》中说："行而宜之之为义"。宜，即相宜、适宜，指思想或行为适合一定社会的道德原则和规范的要求，亦即公正、正义、真理之意。什么是勇？孔子说"勇者不惧"，即不畏强暴，不避艰险，不辞劳苦，百折不挠，英勇不屈的意思。现代意义的勇，还有勇敢进取，敢做敢为，敢于冲破旧传统，打破旧秩序，提出新见解，建立新秩序，不断开拓，勇于创新之意。见义勇为，既有遇到邪恶或危险奋不顾身，无惧无畏，挺身而出，英勇斗争之意；又有为主持公道，申张正义，坚持真理而勇敢进取，敢做敢当，发展创新之意。与见义勇为相对立的是怯懦自卑，软弱无力，消极无为，畏缩不前。

在中华民族传统美德中，有所谓"三达德"，即知、仁、勇。孔子曰："知者不惑，仁者不忧，勇者不惧。"[2] 意思是说，聪明的人不疑惑，仁德的人不忧虑，勇敢的人不畏惧。孔子还说："见义不为，无勇也。"即见到违反社会道德的事，不敢挺身而出，就是没有勇敢精神，就是懦夫。可见，孔子非常重视见义勇为的品德。

在民主革命和社会主义建设时期，毛泽东特别推崇见义勇为的品质。他说，彻底的唯物主义者是无所畏惧的，他希望一切革命同志都能够勇敢地负起责任，克服困难，不怕挫折，英勇奋斗，前赴后继，百折不挠，将革命进行到底。他还经常教导青年一代要敢想、敢做、敢当，具有大无畏的革命精神。

在社会主义市场经济条件下，仍然需要见义勇为的优秀品质。对社会生活中那些腐败现象，经济生活中的假冒伪劣、坑蒙拐骗现象，文化生活中的黄、毒、赌现象，社会治安中的抢劫、偷盗、黑社会现象，仍然需要人们挺身而出，不畏强暴，不避艰险，英勇斗争。

大学生应当具有见义勇为的品质，努力做到：见到社会上的消极腐败现象要敢于揭发检

---

[1]《论语·学而》。
[2]《论语·子罕》。

举，主动向有关部门报案；见到老弱病残人遇到危险或困难，要挺身而出，上前救助或支援。

（十）公正无私

公正无私，是一种办事公平、公道，为人正直、正派，不偏邪、不自私的道德品质。

公正，意思是公平、公道、正直、正派。无私，意思是不偏邪自私，不徇私舞弊，不以权谋私。同公正无私相对立的是偏邪自私，办事不公平、不公道、偏心眼；对人欺软怕硬，对权势阿谀奉承，对人民趾高气扬；在对待权利与义务、责任与利益的关系上，有偏有向，甚至假公济私、损公肥私、以权谋私。

在中华民族传统美德中，公正无私历来是做人的美德之一。早在《尚书·洪范》中，就把"正直"作为一种基本的道德品质。鲁哀公问孔子：何为则民服？孔子回答说："举直错诸枉，则民服；举枉错诸直，则民不服。"[1]这就是说，只有推举和选拔正直、正派的官吏，罢黜偏私、邪恶的官吏，老百姓才可以服从统治，可见，起用官吏、选拔干部，公正无私是不可缺少的道德品质。

社会主义国家选拔领导干部、任命政府官员，同样十分重视公正无私的品质。社会主义的道德原则是集体主义，公正无私是集体主义道德原则在个人品质上的集中体现，是道德品质的最高层次。毛泽东指出："共产党员在政府工作中，应该是十分廉洁，不用私人，多做工作，少取报酬的模范。"[2]在社会主义现代化建设的今天，特别是在建立社会主义市场经济的过程中，由于市场经济的负面效应的影响，社会生活中滋生了急功近利、重利轻义、见利忘义的思想，甚至产生了拜金主义、享乐主义、个人主义。在这种情况下，选拔干部更要重视廉洁奉公，公而忘私，先公后私的品质。

党的教育方针规定，要把大学生培养成有理想、有道德、有文化、有纪律的社会主义事业的建设者和接班人。大学生中的一部分人将来成为我们党和政府的各级领导干部。他们不仅应该具备以上各项基本的道德品质，而且应当具有公正无私这一最高层次的道德品质。具备公正无私的品质应当做到：正确认识和处理个人与集体、与社会、与国家的关系，一事当前，应先公后私，公而忘私，大公无私；正确认识和处理个人与人民群众的关系，尊重人民，热爱人民，关心人民，树立为人民服务的思想；在日常生活中自觉养成公正无私的品质，办事公平、公道，为人正直、正派，不偏邪自私，不徇私舞弊，不以权谋私。

三、道德品质的形成与发展

道德品质的形成，从根本上说，是人的道德意识与道德实践互动的过程。同时也是社会占主导地位的道德原则、规范为行为者所认同，并具体化、个性化的结果。由于道德意识（认识）指导道德实践（行为），而道德实践又为道德意识的升华提供丰富的资料，两者互动接连不断，永无停息，故人的道德品质也在不断地发展变化。

（一）道德品质形成发展与道德认同

集体主义原则是社会主义道德的基本原则。社会主义道德的基本规范就是中华人民共和

---

[1]《论语·为政》。
[2] 毛泽东：《毛泽东选集》第2卷，人民出版社，1968年，第522页。

国宪法规定的"五爱",即"爱祖国、爱人民、爱劳动、爱科学、爱社会主义"。所谓"爱祖国",就是热爱祖国的山河与文化,愿为祖国的繁荣富强而工作;所谓"爱人民",就是关心人民的疾苦,愿意为人民谋利益、为人民服务;所谓"爱劳动",就是不仅视劳动为谋生的手段,而且视劳动为公民的权利与义务,诚实地劳动、勤奋地工作、刻苦地学习;所谓"爱科学",就是努力掌握现代文化科学知识,用之造福祖国与人类;所谓"爱社会主义",就是坚持社会主义道路,发展社会主义的经济与文化。此外,还有社会主义社会公共生活中的道德准则,诸如尊老爱幼、谦虚礼让、见义勇为、爱护公物等。这就是我们所说的社会主义道德。

社会主义道德的集体主义原则和"五爱"要求以及社会公共生活中的道德准则,经过学习和生活中的体验,必然内化在人们的意识中,并表现在行为上,久而久之,自觉或不自觉地就成为人们的道德品质。

道德品质形成发展首先需要道德认同,而道德认同离不开知识。无论社会道德的进步,还是个人道德品质的升华,都同科学文化知识水平联系在一起。知识不仅是征服自然、改造自然的巨大力量,也是陶冶人的心灵,推动道德进步的重要力量。人的知识越丰富,对道德的理解就越深刻、辨别善恶的能力就越强。我们常常看到,勇敢、诚实、正直、无私的美德总是与知识相联系,而粗暴、虚伪、偏狭、自私又常和愚昧分不开。这就是我们党和国家尊师重教、尊重知识、尊重人才、大办教育、提高全民族科学文化水平的重要原因之一。

然而,一个人要形成高尚的道德品质,光有一般的科学文化知识或掌握一般的道德知识是不够的,还必须通过日常的道德修养实践,把道德知识升华为道德情感和意志,形成坚定的道德信念,养成良好的道德习惯,如此循环往复,一次比一次发展提高。

(二)道德品质形成发展的心理机制

道德行为,一般地说,由道德意识与道德行动两个方面构成,前者是行为的内在方面,即心理方面;后者是行为的外在方面,即实践方面。道德的心理方面,主要表现为欲望、动机(包括目的与手段)、情感、意志四者的总和,即行为的内在机制。

欲望是形成人的活动的心理基础,是行为者接受外界的刺激与影响而产生的达到某种目的或取得某种事物的冲动与要求。欲望是人的意识活动的根源与动力,是人类的最基本的情感之一。人的欲望不同于动物的欲望,它是社会化的产物,尽管如此,欲望还是有一定的非理性成分,常常表现为本能的冲动,具有自发性、随机性和多向性的特点。所谓自发性,就是不受理智控制产生的行为倾向,缺乏明确的价值目标;所谓随机性就是只要引发欲望的条件存在,就会产生相应的行为,而不顾这种行为是否合理;所谓多向性,就是欲望多种多样,指向不同的对象。故此欲望必须以理智加以调节。欲望在人的心理中进一步发展,就构成动机。

动机是理性范畴,是人的行为的真正的内在动因。动机是激励人达到一定价值目标的思想意识。人的欲望只有转化为动机,才能使人真正地行动起来,就此而言,人的行为是从动机开始的。动机不仅具有多样性,而且具有自觉性。动机确立要经过人们的思虑,经过思想斗争,排除恶的动机,树立善的动机,或克服利己的动机,树立先人后己、先公后私或大公无私的动机。这就是说动机是一种自觉的意识。行为动机规定行为的目的,而目的又决定手段。目的是行为者欲达到的行为结果,手段则是行为者为达到目的的方法与途径。目的是行为的灵魂,贯穿行为的始终。

情感是构成人的行为的心理机制的重要因素。情感是感性范畴，也是理性范畴，可以说两者兼而有之。情感是行为者的一种心理体验，也是行动的动力之一。行为者对社会的道德准则有了认同，就会产生善恶感、正义感、荣辱感、义务责任感，从而去追求真理和正义。从这个意义上说，没有人的情感，便没有人的行为，同样没有人的道德情感，也就不会有人的道德行为。情感与情绪不同，其最大的特点是稳定性即执著。情感与信念理想结合，会给人的行为带来巨大的动力。

意志是人的行为心理机制的具有决定意义的环节。意志是行为者使自己的动机、目的付诸实践而自觉努力的心理状态。意志是一种内在的精神力量，具有果断性、坚韧性、自控性的特点。所谓果断性是指行为者依据意志的力量坚决把动机目的贯彻行为的全过程；坚韧性是指不怕挫折与排除万难的精神；自控性指随时调节行为的方向，保证行为不受外界的干扰。

行为的外在方面，主要表现为活动与效果。活动是内在心理机制的实行或实现，具有外显性的特点，即人们可以明显感受到、观察到一些现象或事实。此外行为的外在方面，还有过程性的特点，即行为从发生到终止，呈现若干阶段。各阶段既相互区别，又相互连结。效果则是行为的终结和完成，具有客观性、效应性的特点。行为终结了，效果如何自有公论，它是客观的，不是可以随意改变的。效果具有一定的价值，不是正面的价值，就是负面的价值。要想使我们的行为取得好的效果，实现它的正价值，还必须考查道德行为的选择问题。

（三）道德品质形成发展与行为选择

道德不单是认识或心理问题，更重要的是践履问题，即实实在在地做道德的事情。因此，必须把道德认识、情感、意志化为行动，进行道德选择，养成习惯，这样才能形成道德品质。

所谓道德选择，是指行为者在有许多可能选择的具体情境中，根据一定的道德行为准则，选择某种行为。客观环境一方面制约着道德行为的选择，同时也提供了选择的可能性。

人的行为的选择，总是受社会的客观条件和历史环境的制约。马克思恩格斯写道："如果他（指施米特——作者注）要进行选择，他也总是必须在他的生活范围里面、在绝不由他的独自性所造成的一定的事物中间去进行选择的。"[1]人生活在一定的具体历史环境中，当历史环境还没有提供选择某种行为的客观可能性时，此种行为的选择便不可能发生。制约人们道德行为选择的客观条件，包括社会性质、人们在社会关系体系中的地位、人们具体的生活环境以及当时社会的道德规范、习俗、风尚等等。

人虽然受社会环境的制约，但人在社会环境面前，又不是无能为力的。人的思想、认识、情感、意志是社会存在的反映。但又能够能动地反作用于社会存在。当面临几种可供选择的方案时，人总是可以凭自己的道德觉悟、道德良心、道德意志来确定自己的行为方案。这也就是说，在客观限定的范围内，人有选择行为的自由。

人有选择道德行为的自由，这就是通常所说的道德自由。道德自由是人的意志自由的一种表现。恩格斯在解释意志自由时说："自由不在于幻想中摆脱自然规律而独立，而在于认识这些规律……。无论对外部自然界的规律，或对支配人本身的肉体存在和精神存在的规

---

[1] [德]马克思、恩格斯著，中共中央马恩列斯著作编译局编译：《马克思恩格斯全集》第3卷，人民出版社，1960年，第355页。

律来说，都是一样的……。因此，意志自由只是借助于对事物的认识来作出决定的的那种能力。"[1]这就是说，意志自由是指人们在对客观必然性认识基础上的自主行为的能力。而道德自由，不是指人们随心所欲地选择行为的自由，而是指人们在对道德领域里必然性认识的基础上所获得的辨别和选择道德行为的能力，社会的道德关系和道德规范体系对行为主体来说，也是客观必然性的东西。人们只有深刻地认识社会道德关系和道德规范体系的内容、意义及发展的规律性，并把它变成个人内心信念，这时外在的道德要求才会变成内在的道德需要，社会的道德规范才会变成个人自觉自愿遵循的行为准则。只有这时，人们才具有选择道德行为的意志自由。

　　道德自由不单是人们对现行道德规范、社会道德要求的认同和使自己的行为符合道德性，它也包含有对现行社会道德关系、道德规范不合理性、或行将走向生活反面的深刻洞察，从而选择一种新的、虽为习惯势力所不容许，然而随着时间的推移，终究会被社会认同的道德行为。

　　道德自由是相对的，不断变化的，永远不会停留在一个水平上。人们在社会道德教育和自我道德修养过程中，不断地提高认识水平和道德觉悟，这样道德自由的能力就会不断地增长，越来越成为自己道德行为的主人。

　　道德自由意味着自主地决定道德行为。人们在现实道德生活中常常处于两难的境地，面临道德选择中的冲突或困惑，这就是所谓道德冲突情况下的选择。当这种选择不是在善与恶、是与非、道德与不道德间的选择，而是在善与善、是与是、"应当"与"应当"之间进行选择时，行为主体就会感到困惑。李存葆的著名小说《高山下的花环》，描写部队即将开赴前线，梁三喜和赵蒙生面临非此即彼的选择：是毅然奔赴前线，痛击侵略者，还是留下来照顾年迈的母亲呢？前者是作为革命军人应尽的义务，后者是作为儿子应尽的责任。两者都是应尽的道德义务，到底如何选择？梁三喜选择了奔赴前线，赵蒙生却做了相反的选择。这是两种不同道德义务间的冲突：选择一种道德义务，就要牺牲另一种道德义务，无论如何不能两全其美。在种种复杂的道德困惑面前作出正确恰当的选择，首先需要较高的道德觉悟、道德知识和道德经验，因此学习道德理论就成为不可缺少的条件之一，其次还要学会价值分析，明白道德价值等级次序，高一级的道德义务必须置于优先地位来考虑。

　　道德选择包括目的的确立、动机的形成、手段的采取、以及计划的制定与实施等一系列环节，其中目的与手段尤其重要。

　　目的是行为者预计所要达到的行为效果。手段是行为者为实现目的所采取的方法和措施。行为的目的一经确立之后，必须确定相应的手段，否则再好的目的也无法实现。目的规定并制约着手段，道德的目的，要求以道德的手段来达到；反之，手段也制约着目的，手段不正当，就会改变道德目的的性质。例如，以抢劫社会公共财物去救济生活困难的人，这种行为手段是不道德的，不仅不会受到赞扬，反而会遭到指责。使用不正当的手段，不但不能达到预期的目的，反而会歪曲甚至改变目的。手段的性质直接、间接地影响道德目的的性质和价值。基于这样的认识，行为者确定正确的道德目的，必须采取相应的道德手段，自觉地使目的与手段

---

[1] [德]马克思、恩格斯著，中共中央马恩列斯著作编译局编译：《马克思恩格斯全集》第20卷，人民出版社地，1971年，第125页。

达到统一，这样才能确保道德行为的价值。

人们在社会现实生活中有选择行为的自由，因此就有责任。正如古希腊哲学家伊壁鸠鲁所说，我们的行动是自由的，这种自由就形成了我们承受褒贬的责任。恩格斯也说："一个人只有在把握意志的完全自由去行动时，他才能对他的这些行为负完全的责任。"[1]道德选择中的意志自由与道德责任，亦应做如是观。

道德行为主体，有行为的自主权，即行为的选择与践履，完全是个人意志自由的体现，由此，必然引伸出道德的责任来。

依据马克思主义的科学观点，人既然有意志的自由，就必然有相应的责任。意志自由的程度决定责任的限度，有多少行为的自由就有多少责任，行为自由度大，责任就大；行为自由度小，责任就小。行为根本没有自由，自然无所谓责任问题。

总之，大学生在自身道德品质的形成与发展过程中，要自觉遵循道德品质形成和发展的规律，努力学习道德知识，实现对社会主义道德原则和规范的认同；在日常的道德实践中，把道德知识升华为道德情感和道德意志，形成坚定的道德信念；道德品质不单是道德认识和道德情感等心理过程，更重要的是必须把道德认识、情感、意志、信念化为行动，进行正确的道德选择，养成良好的习惯，这样才能形成并发展优秀的道德品质。

9. 青少年犯罪与道德教育[2]

一、道德现状的三大问题

70年代末，中国发生了历史性的伟大转折，改革开放的政策极大地解放了社会生产力，国民经济以每年递增10%以上的高速度向前发展，1990年已经实现了翻一番的目标。与此同时，还有一个我们不愿看到的数字也在迅速增长，1989年青少年犯罪率较10年前上升了13个百分点，犯罪绝对数增加了一倍多。我不同意"经济发展必然以牺牲道德为代价"的论点。但下面的事实毕竟是不容否定的：我们虽曾多次强调物质文明和精神文明要"两手抓"、"两手都要硬"，可是事实上总是"一手硬，一手软"。尽管在精神文明建设中也曾取得不少成绩，但我们不能不看到当前我国道德现状仍存在着三大突出的问题：青少年犯罪增多，道德水准滑坡，价值观念转变。

（一）犯罪增多

犯罪当然不是纯粹的道德问题，但它却是社会道德水准滑坡在少数极端分子身上的恶性反映。因此，犯罪问题是社会道德现象中少数道德败坏分子的特殊的极端的表现，是道德现状

---

(1) [德]马克思、恩格斯著，中共中央马恩列斯著作编译局编译：《马克思恩格斯选集》第4卷，人民出版社，1972年，第76页。

(2) 此文是为1993年8月中国当代社会研究中心召开的青少年犯罪与道德建设研讨会写的论文，后收入田森主编的《青少年犯罪与道德建设》论文集，中国人民大学出版社1993年11月出版。

三大问题的表层现象。据有关部门的调查资料证明,80年代以来的犯罪问题有以下4个特点。

1. 青少年犯罪增多,并呈发展趋势

根据我国有关部门的统计,80年代青少年犯罪大体呈持续增长趋势。青少年犯罪率1980年为万分之14.9,1981年为万分之19.5,1982年为万分之18.1,1983年为万分之17.5,1984年为万分之10.6,1985年为万分之11.6,1986年为万分之12.2,1987年为万分之13.6,1988年为万分之18.7,1989年为万分之27.4。

青少年犯罪占全部刑事犯罪的比重:1980年为61.2%,1981年为64%,1982年为65.9%,1983年为67%,1984年为63.3%,1985年为71.3%,1986年为72.5%,1987年为74.4%,1988年为75.7%,1989年为74.1%。

无论从青少年犯罪率,还是从青少年犯罪占全部刑事犯罪的比重来看,都说明80年代青少年犯罪大体呈持续增长趋势。由于1983年8月开始"严打",所以1984年犯罪明显减少。但1985年又开始回升,直到1989年上升势头始终不减。1989年青少年犯罪率达到历史峰顶,有的省份甚至超过万分之30,比10年前上升了13个百分点,青少年犯罪绝对数增加了一倍多。

2. 青少年侵财和图财犯罪增多

青少年犯罪在罪种分布上以盗窃、抢劫等直接涉及财产的犯罪为最多(见下表)盗窃和抢劫两项合计占总犯罪的比例,乌鲁木齐市为76%,贵阳市为74.8%,黑龙江省则高达81.1%。另据调查四川省以侵财和图财为目的犯罪,占整个刑事犯罪的90%以上。

1990年部分省市青少年犯罪情况统计表

犯罪类型	盗窃		抢劫		强奸		流氓		伤害		杀人		其他	
	人数	万分之	人数	万分之	人数	万分之	人数	万分之	人数	万分之	人数	万分之	人数	万分之
黑龙江省	16377	71.6	2403	10.5	1401	6.1			813	3.6				
乌鲁木齐市	221	60	59	16	55	14.9	6	1.6	13	3.5	8	2.2	6	1.6
贵阳市	285	32.8	365	42	97	11.2	38	4.4	58	6.7	14	2	5	0.6

3. 青少年团伙犯罪增多,且暴力性严重

近年来青少年拉帮结伙进行团伙犯罪情况明显加剧。1989年河南省查获的各类犯罪团伙成员中,青少年占73%。山东淄博市公安局对1988年、1989年全市抓获的各类刑事犯罪团伙分析,青少年占78.4%。在犯罪团伙中有些带有黑社会的性质。青少年团伙犯罪的突出情况是暴力性增强。他们凭借人多势众,称霸一方横行一线,作大案,连续作案。他们盗窃、抢劫、强奸、杀人、故意伤害,甚至劫机、劫船、劫车、绑票,手段残忍,无所顾忌。1983年沈阳的"二王"、1986年黑龙江的"三张"、1989年鞍山的"三李"、1990年河北的"九虎"、1992年吉林省浑江市的"曾市长"集团等几起恶性案件都是团伙犯罪。

4. 青少年女性犯罪增多,卖淫嫖娼呈蔓延趋势

80年代以来,卖淫嫖娼等丑恶现象沉渣泛起,屡禁不止,并且有从沿海开放城市向内地大城市和乡镇蔓延的趋势。女性犯罪增多则主要表现在卖淫活动中,从深圳市女收容教育所对943名卖淫妇女的调查中可以看到,这943名卖淫妇女从来源地域分布上看,她们来自全国

25个省(市、自治区);从年龄结构上看,最大的41岁,最小的14岁,其中18至25岁的居多;从文化结构上看,大专以上文化程度26人,小学、文盲18人,绝大多数都是高中文化程度以上的知识女青年;从卖淫的目的来看,为赚钱享乐的占30%,为淘金误入邪道的占15%,为打工被迫沦落的占40%,为逃避不满婚姻的占5%,为寻求"新鲜感"、"强刺激"的占10%。这种情况说明,当今妇女卖淫不是像旧社会为生活所迫,逼良为娼,而大部分是为赚钱享乐或寻找"新生活"而自愿为娼的。值得注意的是卖淫嫖娼这种丑恶现象已经像瘟疫一样从深圳等沿海城市蔓延到内地,甚至首都北京。1992年1至11月北京市公安机关共查获卖淫嫖娼者1980人。

5. 青少年吸毒增多,且日趋严重

80年代以来,世界毒品泛滥成灾。我国南边境毗邻世界著名毒品产地"金三角"。国内外贩毒分子互相勾结、串连贩毒,烟毒又在中国死灰复燃,泛滥之势迅猛。云南省近几年毒品泛滥最为严重,据云南省禁毒委员会新闻发言人公布,1989年云南省公安局查破贩毒案件328起,抓获贩毒分子449人。1990年共查破贩毒案件2143起,比上年增加近6倍,抓获贩毒分子3420人,比上年增加近8倍。目前,贩毒和吸毒活动正在向内地扩散,根据1990年对9个省份的不完全统计,吸毒者超过了40万人,其中90%以上是青少年。

(二)道德滑坡

道德滑坡与犯罪有着必然的联系,二者之间没有不可逾越的鸿沟。个人道德品质的堕落,必然滑向犯罪的边缘,如果道德滑坡超过一定的度,触犯了法律就变成了犯罪。整个社会道德水准的滑坡,就造成了少数犯罪分子的温床;少数犯罪分子的恶行,又会把整个社会的道德水准拉向后退。因此,我把道德滑坡认作道德现状三大问题的中间层次。当前,道德滑坡现象已为世人所瞩目,概括地说道德滑坡现象在政治道德生活、职业道德生活和社会公共道德生活三大领域无处不有。

1. 在政治道德生活领域中,党政机关的腐败现象滋长蔓延,令人深恶痛绝

拜金主义、享乐主义、极端个人主义在一部分党员干部中有所滋长,有些人不择手段地以权谋私,甚至贪污受贿、敲诈勒索,消极腐败现象变换形式在某些方面蔓延,严重损害了党和政府的形象和威信。他们有的大兴土木盖豪华楼堂馆所、购买高级小轿车供个人享用,这种例子不胜枚举;有的大肆请客送礼、挥霍浪费,据报载去年全国吃喝公款1000亿元;有的借考察之名用公款出国旅游,据北方一个省统计,半年期间该省就有66个公费出国旅游团,人数多达1771人;有的干部私自用公款安排子女进重点学校,四川省查处邻水县169名干部用公款送子女上学;有的甚至贪污受贿、敲诈勒索,如铁道部一原副部长前脚查处某铁路局一个贪污受贿案,后脚自己也踏入了受贿的泥潭;有的甚至私设公堂、非法管制、欺压百姓、致伤人命,如大邱庄的"庄主"禹作敏已被判刑20年。广大群众对此深恶痛绝、颇有怨言。"上梁不正下梁歪",党员干部这种腐败之风具有极大的破坏性和腐蚀性,既是社会风气败坏、道德滑坡集中表现,又是社会风气败坏、道德滑坡的直接原因。

2. 在职业道德生活领域中,行业不正之风和假冒伪劣产品触目惊心,令人愤慨

行业不正之风,特别是垄断性较强的行业和执法部门的不正之风的共同特点是利用职权和行业垄断地位巧立名目乱收费,加重企业和群众负担,为小团体和个人谋私利。行业不正之风无孔不入,渗透到社会生活的各个方面。工商、税务部门发证、发照,不给钱不办事;金融

部门发放贷款,大吃回扣;物资、土地管理、工程发包部门雁过拔毛;"电老虎"、"煤老虎"、"气老虎"张着虎口吃、拿、卡、要;甚至买火车票、装电话、住房、看病、生小孩……也要发"红包";新闻媒介也搞"有偿服务";行业不正之风到处可见,广大群众强烈不满。在职业道德领域还有另一种道德滑坡现象,就是假冒伪劣商品充斥市场。一些商品生产者和经营者为了牟取暴利,采取不正当手段,偷工减料、以次充好、以假乱真、哄抬物价,以至"坑、蒙、拐、骗"。假烟、假酒、假食品、假药品、假化肥、假农药猖獗一时,假车票、假发票、假证明时有发生,甚至假文凭、假教授、假主编、假专家等也常有耳闻。这种现象严重地败坏了社会风气,腐蚀着广大青少年的思想。

3. 在公共道德生活领域中,社会风气每况愈下,令人忧虑

我们历来倡导在公共场所要讲社会公德,如尊老爱幼、助人为乐、文明礼貌、廉虚礼让、爱护公物、遵纪守法、见义勇为。可是在现实生活中却出现了道德无序状态,社会公德被抛到了脑后。在公共场所,我们随时可以看到下列现象:公共汽车进站了,青年人蜂拥而上,老人小孩只好靠边站,名曰"挤"公共汽车,尊老爱幼被遗忘了;在公共汽车上,给老幼病残孕让座的人越来越少了,助人为乐被抛弃了;在自由市场里骂人、吵架、甚至大打出手时有发生,文明礼貌飞到了九霄云外;大街上的公共电话亭常有毁坏,电线、电缆、下水口铁箅子等公共财物常常被盗,爱护公物化为泡影;遇到歹徒行凶、拦路抢劫、打架斗殴,人们往往不敢上前阻拦,休管闲事,避之大吉,见义勇为的人越来越少了。这种道德滑坡现象引起了各界群众的关注和忧虑。

(三)价值观转变

价值观转变较比犯罪增多和道德滑坡是更为深层次的道德问题,尽管价值观不仅仅是道德层面上的东西。犯罪分子所以犯罪绝大多数是非理性的,道德滑坡是理性和非理性兼而有之,价值观转变则完全是理性的。理性的思考往往是非理性行为的直接或间接的思想根源。如上所述犯罪增多与道德滑坡有着密切的联系。

同样,价值观转变与道德滑坡乃至犯罪增多也不是没有关系的,虽然这三大问题不是表现在同一群体范围内。犯罪增多主要表现在无业青少年、农村青少年和城市流动人口这些群体之中,道德滑坡表现在包括青少年在内的社会各界人群中,而这里要论及的价值观转变则是限定在大学生这一特殊群体中。这不仅是因为其他群体尚无系统的关于价值观调查的资料,而且是因为大学生群体在理性思考上更具有典型性和代表性。大学生价值观转变主要表现在以下四个方面:

1. 在理想与现实的关系中,他们的价值取向趋于面向现实、讲求实际

理想是人生的精神支柱,青年人应该最富于理想,总是对未来充满美好的向往和追求。可是在调查中发现"理想渺茫论"在大学生中仍有很大市场,他们认为:"理想是天上的星星,现实是眼前的灯,我爱天上的星星,却离不开眼前的灯。""凡是现实的都是合理的,凡是合理的都是现实的。我愿做一个现实的人。"这种思想既是对过去理想教育中"假、大、空"的逆反,又是对现实分配不公、脑体收入倒挂的感叹。一名同学写道:"青年人应该有所追求,但我们不能一味沉醉于美好的理想之中,光喊那响亮、诱人的口号;我们应该勇敢地面对现实,从实际出发,科学地思考人生的意义和价值。"这可以说代表了当代大学生面向现实、讲求实际的价值取向。目前,社会上还流行着这样的顺口溜:"前途前途,有钱就图;理想理想,有利

就想。"人生精神支柱的倾倒,必然带来物欲横流。"讲实惠、向钱看"这种价值观一旦被社会上大多数所接受,那么道德滑坡和犯罪增多就是不可避免的了。

2. 在个人与社会的关系中,他们的价值取向是公私兼顾,公私结合

在调查中关于如何处理公私关系的回答,选择"大公无私、公而忘私"的占7.84%,"公私兼顾、公私结合"的占91.45%。"自私自利,损公肥私"的占0.71%。主张"公私兼顾、公私结合"的人数竟然占到了90%以上,这在若干年前是不可想象的。这说明大学生的价值观发生了深刻的变化。当然主张"公私兼顾、公私结合"的人思想境界也不完全一样,这里有一个以谁为本位,当二者发生矛盾时谁服从谁的问题。在公有制和计划经济条件下,"大河无水小河干"人们有切身体会,必然产生个人依赖集体,以社会为本位的价值观。在市场经济和个人承包的条件下,人们看到的是"小河无水大河干",自然产生了以个人为本位的价值观。主张"公私兼顾"的人中有相当一部分是以个人为本位的公私兼顾,或者是"主观为自己,客观为别人"。这种价值观一旦在社会上通行,就会导致道德滑坡。

3. 在道义与功利的关系中,他们的价值取向是义利并行,重利轻义

大学生义利观自我评价统计表

重视功利	7	6	5	4	3	2	1	重视道义
比例	12.9	12.5	14.1	31.1	11.7	10.1	7.5	比例

统计表中,4是重视功利和重视道义的中项,选择此项的占31.1%,趋向重视道义的1、2、3项相加占29.4%,趋向重视功利的5、6、7项相加占39.5%,趋向重视功利的比趋向重视道义的多10个百分点。而极端重视功利的12.5%比极端重视道义的7.5%多5个百分点。由此可见,当代大学生的义利价值观趋向重视功利,可以概括为义利并行,重利轻义。这与老一代知识分子羞于言利、耻于言利、不敢言利的价值观念形成强烈对比。他们不再信奉"君子喻于义,小人喻于利"(孔子语)、"何必曰利,亦有仁义而已矣"(孟子语)和"正其宜不谋其利,明其道不计其功"(董仲舒语)等传统格言,转而推崇"正其宜以谋其利,明其道而计其功"(清代颜元语)的思想。长于理性思考的大学生尚且在义利价值观上发生了如此重大的转变,更何况那些处于非理性状态的其他青年群体呢?有些人只知有利不知有义,唯利是图、见利忘义,甚至利令智昏,怎能不出现象道德滑坡和犯罪增多的现象呢?

4. 在贡献与索取的关系中,他们的价值取向是贡献与索取相结合,既要贡献又要索取

在调查中关于"你如何看待人生价值"的选择答案是:贡献越大价值越大占33.48%,索取越多价值越大占0.71%,贡献与索取相结合占65.81%。"人生的价值在于贡献",这是建国以来几代人形成的传统的价值观,可在当代大学生中只有1/3的人认同它,近2/3的同学则认为不能单方面强调贡献,贡献与索取相结合才是人生的价值所在。在人生价值观大讨论中,有的学生投书报端主张"既要贡献,又要索取;既不占便宜,也不吃亏;我们应取这样的价值观。"有的人认为在贡献与索取的天平上最好是平衡的,贡献大于索取不甘心,贡献小于索取不体面。这纯粹是市场经济等价交换的原则在价值观上的反映。还有人把"按劳取酬"颠倒为"按酬付劳",重复马克思曾经批评过的拉萨尔的"不折不扣"的按劳分配的论调。如果在全社会推崇这种价值观,道德不滑坡、犯罪不增多那才是怪事。

二、道德问题的三大原因

中国在社会主义现代化建设的过程中,出现了严重的道德问题,它直接延缓了精神文明建设的进程,,干扰和阻碍了改革开放的顺利进行和社会主义市场经济体制的建立,引起了全党和全国人民的极大关注。一些有识之士强烈呼吁加强社会主义道德建设。要有效地解决上述道德问题,搞好道德建设,就必须认真分析道德问题产生的原因。造成道德问题的原因当然是多方面的,概括起来说不外乎以下三大原因。

(一)经济转轨的失衡效应

经济是深藏在道德背后的使道德由之产生和发展变化的根本原因。在产品经济向商品经济、计划经济向市场经济转轨之际,旧的体制还未完全打破,新的体制还未真正建立起来之时,必然带来人们之间利益关系的尖锐矛盾,打破原有人际关系的平衡状态。利益失衡、生活失衡、心理失衡必然造成道德无序,产生道德问题。

首先,从所有制关系来看。产品经济和计划经济时期实行单一的社会主义全民所有制和劳动群众集体所有制,人们之间的利益矛盾较少。虽然也存在着国家、集体和个人三者之间的利益矛盾,但属于根本利益一致基础上在具体利益和差别的矛盾,范围小,表现形式并不尖锐。进入商品经济和市场经济时期所有制形式多元化,人们之间的利益矛盾大大增加。外资、合资、私营、个体、集体和全民经济之间,各种经济成分内部矛盾纷繁复杂,既有根本利益的冲突,也有大量具体利益的矛盾。新旧体制的转换过程,实际上就是权利的再分配和利益的再调整的过程。原来农村大队书记摇身一变成为乡镇企业的总经理或包工头;原来的人民公社社员由主人翁变成了雇工或伙计,甚至变成盲流或打工仔、打工妹;原来的城市职工停薪留职"下海"当了老板;原来的干部子弟变成了"国际倒儿爷";原来的国家职工变成外国资本家的代理商;等等。权力、地位的变化,必然带来利益的冲突。老板与伙计之间、雇主与雇员之间、包工头与打工仔之间等在某种意义上说必然存在着剥削与被剥削的矛盾,而这种矛盾从本质上说又是对抗性的。一旦这一矛盾激化到不可调和的地步,人们又不能够通过正当的手段打破这种不平等、不平衡的时候,就不得不用非正当甚至非法的手段来进行,这就必然导致犯罪。

其次,从分配方式来看。产品经济和计划经济时期采取平均主义的分配方式,使贫富差别缩小,共同的贫穷也有利于安定,这当然是一种落后的安定。商品经济和市场经济时期实行多种分配方式,有按资本分配、按承包经营效果分配、按劳分配,这就使人们之间的贫富差别拉大。在当前,个体经营者与全民、集体劳动者,体力劳动与脑力劳动,领导干部与普通干部、职工的收入差距都超过了正当的距离。特别是私营企业主与雇工、包工头与工人、老板与伙计的收入差距已大得惊人。尤其是那些千万富翁、亿万富翁的暴发户,有谁是靠诚实劳动发财的呢?有些人就是在新旧体制转换过程中钻了价格双轨制的空子。据统计仅钢材双轨差价就达3500亿元,其中官倒占80%,私倒占20%,就是说仅此一项私倒就牟取暴利700亿,如果每个私倒平均赚700万的话,那么仅此一项就培养了100万个百万富翁。面对着这些惊人的数字,哪一个诚实劳动的公民能够心理平衡呢?有钱的用钱买权,有权的用权换钱,于是就演出一幕幕"权钱交易"的丑剧,既无权又无钱的老百姓,又该怎办呢?于是道德滑坡、犯罪增多便一发不可收拾。

再次，从市场经济的特点来看。市场经济对社会进步具有双重效应，一方面它对发展生产力、繁荣经济具有积极作用，即正效应；另一方面它又具有诱发人们产生个人主义、拜金主义、享乐主义的消极作用，即负效应。市场经济这种双重效应可以从市场经济的主要特征中得到说明。一般地说，市场经济有以下4个特征：(1)凡是商品其交换和流通都必须通过市场。这一特征对调节供求、配置资源、引导经济发展无疑具有进步意义。但是市场主要反映眼前的、局部的利益，有一定的自发性和盲目性，它诱导人们追逐利润、急功近利、重利轻义，以致一切向钱看，产生拜金主义。(2)市场经济的一般法则是等价交换。市场是天生的平等派，市场交易是公开的、公平的、公正的，这对发展经济当然是有积极意义的。但是价格和价值往往是背离的，随着供求关系的变化而上下波动的，这就造成了市场交换中的可乘之机，容易诱发人们的投机思想。另外等价交换的原则往往被引申到社会生活的其他领域，使人际关系变成等价交换的金钱关系，以至出现"按酬付劳"和"权钱交易"。(3)市场经济的又一个特征是竞争。竞争是激励先进，鞭策落后，刺激效率的有效机制，这对改善经营管理，降低成本，提高生产率是有积极意义的。但是在法制不健全和转轨过程中容易诱发一些人采取不正当手段，如偷工减料、以次充好、以假乱真，甚至大搞假冒伪劣。(4)企业是市场的主体，这是市场经济的又一个特征。企业摆脱了行政的干预，自主经营、自负盈亏、自我发展，这对增强企业活力，发展生产具有积极意义。但是有些企业不是靠质量靠信誉求生存求发展，而是靠不正当手段如请客送礼、拉关系、走后门等，这就助长了社会不正之风的蔓延。

(二) 社会控制的弱化效应

社会控制是保证社会稳定，调节社会矛盾，建立社会道德风尚的有效机制。建国以来在社会控制问题上我们有许多成功的经验。然而在以经济建设为中心的今天，各级党政领导的注意力都集中在经济建设上，社会控制则相对减弱，这表现为社会组织程度的大大弱化，各种组织的作用也大为降低，基层政权组织的功能减弱，人口流动的失控，法制不够健全等方面。这是造成道德滑坡和犯罪增多的又一个重要原因。

首先，农村基层政权组织的功能减弱，作用范围缩小，影响力降低。农村家庭联产承包责任制的推广，广大农民成为一家一户独立生产的经济实体，人们再也不会被集中在生产队里从事集体劳动，他们有大量自由支配的闲散时间，这就使社会控制难度增大，犯罪的机会和条件增多。同时，农村的社会组织程度大大弱化，各种组织的作用也大为降低。本来每个乡村都有严密的组织，党、政、青、妇一应俱全，都可以发挥组织群众、教育群众、调解纠纷、疏导矛盾、维护治安的作用。但是，目前这些社会组织在相当多的地区已经瘫痪，或有名无实、名存实亡。过去曾经行之有效的措施，如评选"五好社员"、"五好家庭"、"优秀青年"、"妇女标兵"，已成为历史。党团组织生活也处于半瘫痪状态，甚至有的地方连党员大会、团员大会也开不起来了。农村社会控制的弱化给封建迷信、赌博、吸毒、黄毒和各种刑事犯罪造成了可乘之机。只有加强农村基层政权建设才能改变道德滑坡和犯罪增多的现象。

其次，城市基层政权组织功能弱化，对个体户、闲散人员、流动人口的社会控制减弱。城市的居民委员会、治保委员会、调解委员会在教育群众、调解纠纷、维护治安方面曾经发挥过重大作用。过去一旦发生犯罪，这些组织都能大力协助公安司法机关工作，有效地预防犯罪和打击犯罪。现在城市情况发生了很大的变化，工作量增大了，难度加重了，相对来说基层组织的能力和手段减弱了,与当前的情况很不适应,出现了"四多四难":(1)青少年人口增多。由于建国初期人口政策的失误,70年代后,青少年人口迅速增长。青少年生理和心理不成熟,处于人生中易于犯罪的危险期。在市场经济和改革大潮的冲击下,青少年的心理和行为易于冲动和走极端。而基层政权组织的工作人员趋于老龄化,恰恰缺乏做青少年工作的经验,这就给工作带来了困难。(2)闲散人员增多。过去实行低工资高就业的原则,几乎没有闲散人员,减少了不安定因素。现在国家开放就业政策,允许自谋职业,开发第三产业,但仍难以解决青年待业问题,社会闲散人员逐年增多。过去街道工作往往是与职工的工作单位相结合,可现在相当一部分人没有工作单位,这就加重了街道工作的难度。(3)个体户增多。据不完全统计,北京市登记注册的个体户已达50万。个体户经营范围广,工作无定点,生活无规律,对于个体户的管理出现了"工商税务可以管但不好管,居委会难以管且不愿管"的局面。(4)流动人口增多。农村的改革使得农民可以"离土又离乡",造成了全国几百万的流动人口大军,这些流动人员涌入大城市,是城市治安最难办的一个问题。总之,这"四多四难"造成城市社会控制的弱化,是道德滑坡和犯罪增多的隐患,必须强化城市基层政权组织,适应新形势的需要。

再次,法制不健全,无法可依,有法不依,执法不严的情况仍然存在。从反腐败斗争来看,虽然党中央、国务院和地方党政机关发布了大量的有关倡廉肃贪的文件,国家也制定了一些防治腐败的法律规定,并且建立了纪检监察系统和举报制度,然而目前腐败现象尚没有得到有效的控制,反而愈演愈烈。从法制上找原因有以下七点:(1)我国没有行政程序法、政府活动参与法、行政文件公开法等,因而政府工作的透明度低,群众难以监督;(2)没有新闻法,"腐败分子不怕通报,就怕见报",新闻监督的反腐败威力是很大的,由于没有新闻法,新闻机关揭发腐败分子的权利难以保障,许多腐败现象难以"曝光";(3)没有廉政法,腐败分子以及查处腐败分子不力者的法律责任难以追究;(4)腐败现象和反腐斗争没有受到严格而经常的检查和督促;(5)部分国家工作人员通过请客送礼、培植亲信等不正当手段在上下级之间、同级之间结成关系网,一人被查,多方庇护;(6)认为国家工作人员工资太低,因而对一些不大严重的腐败问题采取姑息迁就的态度;(7)对腐败分子的处理不坚决,经常出现以党纪政纪处分代替刑事处罚的现象。前三条属无法可依,中间二条属有法不依,后二条属执法不严。

从打击刑事犯罪来看,增多的犯罪分子与疲软的打击机制严重失衡。表现之一是警力匮乏,我们的全部警力不足人口的万分之10,而犯罪率则接近有的地区甚至超过万分之30,一个警察平均要对付三个罪犯,但实际情况绝非如此简单,对付一名罪犯作案要动用几名甚至十几名干警,花费数天或数十天的侦破时间;表现之二是公安技术装备落后,当前犯罪具有智能化特点,他们利用现代交通工具和通讯设备作案,而公安机关的技术装备和侦破手段则相对落后,跟不上形势需要;表现之三是法律不健全,比如在盗窃案中法律规定以数额为限而不考虑情节,在拐卖人口案中法律规定必须具备拐与卖双重情节,这就给办案、量刑和处罚带来困难,对打击罪犯十分不利;表现之四是群众防范和配合公安办案的传统减弱,在打击犯罪的斗争中,相当多的群众具有"事不关己"、"惧怕坏人"和"舍财保安"的心理。从"扫黄"斗争来看,往往是"雷阵雨",雷声大雨点小,雨过地皮湿,缺乏经常性的、常扫不懈的法规和措施;群众对黄毒已是见怪不怪,防范、打击、憎恨的心理减弱,甚至竟有人提出繁荣必然"娼"盛的怪论;有的地区正不压邪,致使犯罪分子气焰嚣张。两年前在我国中南某大城市的一条繁华大街上居然发生一场卖淫团伙"古城八秀"大示威的闹剧,这场闹剧竟有数十辆豪华小轿车和摩托车开路,鞭炮喧天,鼓乐齐鸣,围观者数以万计。试问警察何在?法律何在?正义何在?!

(三)文化开放的渗透效应

文化环境是道德风尚的土壤。优良的文化环境是滋润良好道德风尚的沃土;被污染的文化环境则是产生犯罪和道德滑坡的温床。我国素有"文明古国"和"礼仪之邦"的美称,它孕育了中华民族的优秀传统美德。人们至今仍怀念五六十年代良好的社会风气,但同时怀着摆脱贫穷向往富裕的期冀。人民要的是富裕加文明,于是改革开放的政策应运而生了。改革开放是强国富民之路,决不能动摇。然而,我们必须清醒地看到,国门大开、窗户大开使新鲜空气进来了,苍蝇蚊子也乘机涌入了。恶草与新笋一并出土,苍蝇与蝴蝶同时破蛹。西方的意识形态、价值观念和生活方式悄然渗透进来,它的消极和腐朽的方面污染了我们的文化环境,这是当今我国三大道德问题产生的又一重要原因。

首先,西方个人主义思潮的渗透对我国青年一代的价值观产生强烈冲击。80年代中期以来,社会上翻译出版和介绍外来哲学和社会科学的著作大量涌现,萨特的《存在与虚无》、弗洛伊德的《梦的解析》、卡西尔的《人论》、科恩的《自我论》、瓦西列夫的《情爱论》、卡耐基的《人性的弱点》、柏杨的《丑陋的中国人》等等,几乎成为大学生的课外必读物,大学校园里曾出现了"西方思潮热"和"中西文化比较热"。有些人不加分析和批判地"客观"介绍西方思潮;有的大肆吹捧、美化西方文化,甚至鼓吹"全盘西化";有的"挖祖坟"、"鞭古人",把中华民族的传统文化骂得一文不值,鼓吹民族虚无主义、历史虚无主义;有的甚至不加掩饰地说:"亚细亚的太阳陨落了","蓝色文明终将代替黄色文明"。这股思潮对正在成长的大学生和社会知识青年产生了强烈的冲击,西方奉行的个人主义价值观偷偷地嫁接到中国大地培植起来的幼树上。

其次,西方拜金主义思潮的渗透对我国社会道德滑坡产生了巨大影响。拜金主义是资本主义商品经济条件下的产物。这种拜金主义在刚刚实行商品经济的中国大地上滋长、蔓延着,使我们的文化环境充满了"铜臭气"。其表现形式至少有两种:(1)拜金主义者以金钱衡量自己,把人的价值归结于金钱。马克思在揭露拜金主义时指出:"金钱确定人的价值:这个人值一万英镑,就是说,他拥有这样一笔钱。谁有钱,谁就值得尊敬,。"[1]当今纵欲、斗富、显阔、挥霍、浪费成为一种时尚,一个体富豪点燃用2000元人民币卷成的四个爆竹,使之变为纸屑;两个大款为了斗富在众目睽睽之下比赛烧人民币;海南一家酒店两个款爷攀比订座,一桌酒席从5000元暴涨至3万元;一个肥得流油的老板为选"小秘",让三位应聘的小姐脱光了比美,许以重金;等等。这些人的逻辑是毁掉的、挥霍掉的、玩掉的人民币越多,他的"价值"越大。(2)拜金主义认为金钱可以买到一切,甚至可以改变人的一切。莎士比亚在《雅典的泰门》中这样讽刺拜金主义:"金子!黄黄的、发光的、宝贵的金子!……这东西只一点点,就可以使黑的变成白的,丑的变成美的;错的变成对的,卑贱变成尊贵;老人变成少年,懦夫变成勇士。"当前的中国这些现象不是已经发生了吗?通过"权钱交易",平头百姓使用处长局长;

---

[1] [德]马克思、恩格斯著,中共中央马恩列斯著作编译局编译:《马克思恩格斯全集》第42卷,人民出版社,1979年,第154页。

通过"有偿新闻",恶棍变成英雄等等。在拜金主义者眼里"有钱能使鬼推磨"。

再次,境外黄毒、烟毒等颓废、腐朽的生活方式的渗透是我国犯罪率上升的直接诱因。新中国成立后,经过党和政府的努力,旧社会遗留下来的卖淫嫖娼、贩毒吸毒等丑恶现象曾一度绝迹。30年后昔日的丑恶东西突然在社会主义中国的大地上再次沉渣泛起。尽管我国政府一再扫黄、禁毒,然而不法分子仍十分猖獗,把大量的黄毒、烟毒源源不断地偷带入境。国内不法分子进行内外勾结,致使黄毒、烟毒泛滥成灾,严重污染了我们的文化环境。广东省与香港澳门毗邻,是对外开放的前沿。卖淫嫖娼于70年代末最早在这里沉渣泛起。据调查1981年,包括当时海南在内的广东全省107个市县中,仅发现53个市县出现嫖娼卖淫活动,参与嫖娼卖淫的也仅仅是来自港澳的游客和早先暴发的个体户。到1987年底,已遍及广东各市县,1990年查获的卖淫嫖娼人员比1980年激增52.3倍,并且已经向内地扩散、蔓延。烟毒的死灰复燃始于80年代初的云南省。云南毗邻世界著名毒品产地"金三角"。境外毒品泛滥严重,侵入我国的毒品就容易增多。我国西南边界仅云南省就有4061公里的边境线,有13个民族跨境而居,又没有天然屏障,在一定程度上是"有边难防"。仅平远街这个弹丸之地就有贩毒团伙16个,吸毒卖淫十分普遍,仅政府登记注册的吸毒者就300多人,各种犯罪数以千计。犯罪分子还从境外贩入枪支,转手高价卖往全国各地。据统计全国有25个省市发现从平远贩出的枪支和毒品。由此可见,境外颓废、腐朽的生活方式是我国黄毒、烟毒犯罪的直接诱因。

三、道德教育的根本出路

我国道德现状的三大问题触目惊心,道德问题的三大原因发人深思。如何解决这些问题呢?这是摆在我们面前的重大课题。

一种观点认为:既然道德问题的根本原因是经济体制转轨的失衡效应,那么就应该从根本上抓起,加快经济体制改革的步伐,尽快实现并轨,建立起市场经济体制。毫无疑问这个观点是正确的,但是它离解决眼前的道德问题相去太远。"一个中心,两个基本点"是党的基本路线,一百年不动摇。集中精力加快经济建设是党的既定方针,不能犹豫彷徨。建立市场经济体制是我们的改革目标,不能偏离方向。本世纪末达到小康,下世纪中叶接近或赶上中等发达国家的水平,这是我们的目的。但是,不要说这些目标和目的的实现对于当前解决道德问题是远水解不了近渴,就是真的到了那时,人们的利益矛盾就消失了吗?难道经济上去了道德问题就自然而然地解决了吗?回答应该是否定的。因此,解决道德问题只靠发展经济是不行的,必须两手抓;两手都要硬。

另一种观点认为:既然社会控制的弱化效应是道德滑坡的原因之一,那么就应当加强基层政权组织的力量,加强法治建设,实行严刑重罚,严厉打击各种犯罪。这个观点虽也正确,但不全面。"严打"只能对犯罪起到一时的震慑和遏制作用,对道德滑坡和价值观问题则不能用"严打"的方法。即便是对犯罪问题只用"严打"一手也不能从根本上和长期上解决问题。孔子说:"道之以政,齐之以刑,民免而无耻;道之以德,齐之以礼,有耻且格。"[1]意思是说,统治者如果只用政治手段,施加刑罚,最多只能使老百姓不敢犯罪,但不能使他们感到羞耻。

---

(1)《论语·为政》。

如果能用道德教育和感化他们，用礼仪规范来约束他们，老百姓不但不会犯罪，还会感到犯罪是可耻的事。汉代贾谊也指出：法令"可以诛恶，非所以劝善"，"礼者，禁于将然之前；而法者，禁于已然之后"。历代统治者运用"德威并重"、"宽猛相济"的统治术来治理国家不是没有道理的。今天，我们扬弃其阶级局限性，运用它来解决道德问题不是不可借鉴的。因此，只强调用政治和法律手段解决道德问题也是不全面的。

笔者认为：对道德问题必须采取综合治理的方针，在加快经济建设的同时要抓好精神文明建设，做到"两手抓，两手都要硬"。在加强法制建设的同时要抓好道德建设，做到"德威并重"、"宽猛相济"。道德建设较比用发展经济的手段解决道德问题更直接，比加强法制的手段更长效。因此，本文的重点是论述道德建设的几个理论问题。

当前的道德建设面临着三大难题：一是中西方价值观念的冲突；二是传统道德与现代观念的冲突；三是道德理论与道德实践的冲突。我认为加强道德建设，解决三大难题的根本出路是：把道义论与功利论相结合，建立义利辩证统一的道德价值观。

伦理道德理论历来有两大流派：道义论和功利论。在中国伦理思想史上，这两种道德理论的争论由来已久，表现为"义利之辩"和"理欲之辩"。

儒家是道义论的代表，在道德价值观和行为价值取向上主张"义以为上"[1]、"义以为质"[2]、"先义后利"[3]、重义轻利。孔子曰："君子喻于义，小人喻于利。"[4]孟子曰："鸡鸣而起孳孳以为义者，舜之徒也；鸡鸣而起孳孳以为利者，跖之徒也。"[5]可见，孔孟把"义"作为道德价值的标准，把"行义"与"求利"作为划分君子与小人、善与恶的界限。因此，这是一种道义论的伦理价值观。当然，孔孟也不是完全不讲利，而是主张"勿见小利"，着眼"天下大利"，强调"见利思义"、"先义后利"。这同样反映了儒家重利轻义的道义论思想。汉代董仲舒把孔孟的思想神圣化、定型化，并且把道义与功利完全对立起来，主张"正其宜不谋其利，明其道不计其功。"[6]到了宋代，程朱理学把"义利之辩"演变为"理欲之辩"，朱熹曰："义者天理之所宜"，"利者，人情之所欲"，[7]并主张"存天理，灭人欲"，把道义论引向了极端。

功利论的代表是墨家和法家。管子说："百姓无宝，以利为宝，一上一下，唯利是处。"[8]商鞅说："礼乐，淫之徵也；仁慈，过之母也。"[9]韩非说："行仁义者非所誉，誉之则害功；工文学者非所用，用之则乱法"，并主张"以法为教"，"以吏为师"。[10]法家代表这些观点反映了他们"重利轻义"、"重法轻义"的功利论思想。墨家则主张把"爱"和"利"、"志"与"功"、

---

(1)《论语·阳货》
(2)《论语·述而》。
(3)《孟子·尽心上》。
(4)《论语·里仁》。
(5)《孟子·尽心上》
(6)《汉书·董仲舒传》。
(7)《朱子全书》卷五十七。
(8)《管子·侈靡》。
(9)《商君书·说民》。
(10)《韩非子·八说》。

"义"与"利"结合起来,提出"兼相爱、交相利"[1]、"合其志功而观焉"[2]、"义,利也"[3]的观点。这反映了墨家"义利并重"的又一种功利论思想。南宋时期的陈亮、叶适反对程朱理学空谈"天理",提出"功到成处,便是有德;事到济处,便是有理"[4]的功利论观点。清代的颜元针对董仲舒的观点反其道而用之,提出"正其宜以谋其利,明其道而计其功",表达了道义必须与功利相结合的思想。

在传统伦理思想中,虽然功利论也占有一席地位,但是占主导地位的、影响最大的、最深远的则是正统儒家的道义论。在社会主义道德理论中由于受传统道义论的影响,从某种意义上说占统治地位的仍然是一种道义论,或者说是社会主义的道义论。这种道义论的伦理价值观在市场经济的条件下遇到了严峻的挑战。首先,传统的道义论是在自然经济下宗法制度的产物,那么,在今天建立市场经济体制的条件下,作为一种伦理价值观的模式,道义论已经丧失了它赖以存在的基础。其次,道义论是从道德本体论出发,只是在道德领域本身之中确立道德原则和价值标准,道义本身即是目的,只是为了道义而道义,因而与经济相脱离,排除了功利目的。这与党和国家鼓励人们为四化大业建功立业的政策和生产力标准是相悖的。再次,道德的根源在于社会的经济关系,而每一个社会的经济关系首先是作为利益表现出来的,"在这个意义下,可以说,利益是道德的基础"[5]。道义论要求人们羞于言利、耻于言利、不敢言利,这在市场经济条件下是绝对办不到的,因此被人们讥为"空洞的道德说教"而丧失了道德威信。道义论在人们心目中逐渐贬值,相反,功利论却在生活中悄然升值。功利论主张从道德领域之外的经济世界和客观事实中去寻找、确定道德原则和价值标准,一般来说是以功利效果为价值尺度,因而在行为选择中,不是为道义而道义,而是以一定的功利为目的。正因为如此,功利论作为一种道德价值观的模式,更符合经济活动的需要,当然也更符合市场经济的需要。但是,功利论基于功利与道义的对立关系,认为要实现功利,就必须放弃道德,主张为功利目的而取消一切道德规范。这种非道德倾向容易从社会功利主义滑向利己功利主义。因此,为了弘扬道义论和功利论两种道德价值观各自的优点,克服二者各自的缺点,必须把道义论和功利论结合起来,建立义利辩证统一的道德价值观。这一新型道德价值观包括三层含义。

第一,承认"义利两有"、义利统一。荀子说:"饥而欲食,寒而欲暖,劳而欲息,好利而恶害,是人之所生而有也,是无待而然者也,是禹、桀之所同也。"[6]同时他又说:"义与利者,人之所两有也。虽尧舜不能去民之欲利,然而能使其欲利不克其好义也。"[7]荀子从朴素唯物主义出发尚可承认人的物质需要和精神需要"两有",难道我们辩证唯物主义者就不承认吗?其实不然,马克思早就说过"衣、食、住"等物质生活资料是人的"第一需要";"人们首先必须

---

[1]《墨子·兼爱下》。
[2]《墨子·兼爱上》。
[3]《墨子·经上》。
[4]《四乾学案》
[5] [苏]普列汉诺夫著:《普列汉诺夫哲学著作选集》第2卷,三联书店,1961年,第48页。
[6]《荀子·相非》。
[7]《荀子·大略》。

吃、喝、住、穿，然后才能从事政治、科学、艺术、宗教等等"[1]。马克思主义不但承认"义利两有"，而且认为作为物质利益的"利"是人的第一需要，而包含道义在内的精神需要则是第二位的。马克思主义主张道义与功利是辩证统一的，反对把道义与功利相割裂、相对立的观点。马克思在批评康德的道义论时指出："康德只谈'善良意志'，哪怕这种善良意志毫无效果他也心安理得，他把这个善良意志的实现以及它与个人的需要和欲望之间的协调都推到彼岸世界。"[2]同时，马克思又赞赏英国功利主义原则是"表明了社会的一切现存关系和经济基础之间的联系"，并称此是功利主义的"一个优点"。[3]马克思批评道义论的缺点也好，赞赏功利论的优点也罢，无非是想说明一个道理：道义和功利是互相联系、互相依存、互为目的、互为手段，它们之间是辩证统一的。如果只讲道义不讲功利，只能是脱离实际、脱离群众的虚伪的道德说教。这样不但道德教育的目的难以达到，就是道德理论自身也终将丧失威信。如果只讲功利不讲道义，就可能滑向狭隘的功利主义或利己主义。这样不但整体利益和长远利益得不到保障，就是个人利益也终将受到损害。因此，道义和功利是一损俱损、一荣俱荣，共而则进，分而则退，合而则生，离而则亡。

第二，主张"德得相通"、"正宜谋利"。中国道德价值观的真谛是"德得相通"。最先揭示这一真谛的是老子，他说："德者，得也。"故"德"便具有"内得于己，外施于人"之意。这里的"得"有两层含义：一是得"道"。就是说个体人获得了作为普遍生活准则的"道"，便内化为自己的"德性"，凝结为自己的信念，并见诸于道德行为。二是"得于人"。因为自己有德，便会得到社会和他人的尊重、爱戴，并得到相应的报应和利益。文王有惠，所以能得天下；纣王缺德，故而失天下。这就是此一理论的证明。儒家的"内圣外王"之道，同样是"德得相通"理论的体现。"外王"必先"内圣"，"内圣"为了"外王"；"外王"是"内圣"的目标，"内圣"是"外王"的条件。沿着这一逻辑，便推导出："王者必然为圣"和"王者必须为圣"的双重内涵。前者强调政治的道德价值，后者为政治作道德上的辩护。由此可见，"德"既是手段，又是目的。作为手段，它是为了实现"得"；作为目的，它与"得"融为一体。在中国伦理思想史上，"德""得"关系实际上表现为"义"与"利"的关系。"义"是"德"的内容，"利"是"得"的内容。董仲舒讲"正其宜不谋其利，明其道不计其功"，是因时而发，把"德""得"对立起来。朱熹讲"正其宜则利自在，明其道则功自在"，实际上说明了"得"在"德"中的道理，只要有"德"自然就会"得"到"功"和"利"。颜元讲"正其宜以谋其利，明其道而计其功"，则进一步从行为层面上强调了"德得相通"。

在社会主义市场经济条件下，"德得相通"应该成为全社会的道德价值观，成为各级政府的政策导向。应该确立这样一种舆论：有道德的人或道德高尚的人不但应受到尊重、获得荣誉，而且应得到奖励、得到利益；不道德的人或道德败坏的人不但应受到鄙视、受到谴责，而

---

[1] [德]马克思、恩格斯著，中共中央马恩列斯著作编译局编译：《马克思恩格斯选集》第3卷，人民出版社，1972年，第574页。

[2] [德]马克思、恩格斯著，中共中央马恩列斯著作编译局编译：《马克思恩格斯全集》第3卷，人民出版社，1960年，第211—212页。

[3] [德]马克思、恩格斯著，中共中央马恩列斯著作编译局编译：《马克思恩格斯全集》第3卷，人民出版社，1960年，第484页。

且应受到处罚,受到经济制裁。要像重奖有突出贡献的科技人员那样重奖在精神文明建设中有突出贡献的人。各级政府、各个部门和单位,都应设立精神文明奖励基金,像评选"十佳"运动员、评选"十佳"歌星那样,定期评选好公民、好市民、好村民、好职工,并给以物质奖励。同时要设立若干专项奖,如见义勇为奖、助人为乐奖、揭发举报奖等。另外,对道德败坏的人,不但要批评教育而且要施以经济制裁,从重处罚。只有这样道德疲软才能改变,道德威信才能高扬,道德滑坡才能回升,犯罪率才能下降。

第三,坚持"义以为上","以义制利"。孔子讲"义以为上"[1],荀子讲"以义制利"[2],"使其欲利不克其好义"[3],"先义而后利者荣,先利而后义者辱"[4]。这些思想对于树立道义论与功利论辩证统一的道德价值观都具有借鉴意义。在今天,我们提倡适应社会主义市场经济的功利主义,决不是利己功利主义,而是社会主义功利主义,这正是道义论与功利论统一的基础。社会主义功利主义的要义,或者说道义论与功利论相统一的本义,就是确立一种正确对待功利的原则。这个原则就是追求功利必须限定在法律、政策和道德范围之内,必须奉公守法,不能用行贿受贿、偷税漏税、走私贩私等违法的手段谋取暴利;必须执行政策,不能用"上有政策,下有对策"的做法从中渔利;必须遵守职业道德,不能靠假冒伪劣和坑蒙拐骗等不道德手段追逐利润。在确立社会主义"功利原则"的同时还要树立社会主义"道义原则"。社会主义"道义原则"就是坚持爱国主义、集体主义、社会主义,反对拜金主义、享乐主义和个人主义。在"道义原则"的指导下,人们才有可能做到忠于职守、积极进取、平等待人、自尊自爱、助人为乐、见义勇为。这样道德滑坡现象才能得到有效地控制,社会风气才能好转。社会主义的"功利原则"与"道德原则"是辩证统一的。在"道义"和"功利"的关系上,我们必须坚持"义以为上"、"以义制利"的观点,主张"以义谋利"、"见利思义",反对"见利忘义"、"唯利是图"。只有这样,道德滑坡才能控制,犯罪率才能下降,社会风气才能好转,社会主义精神文明建设才能上一个新的台阶。

10. 中华民族传统美德教育的兴起与展望[5]

中华民族传统美德教育在20世纪90年代勃然兴起,这是中国德育史上的一件大事。那么,在社会主义现代化建设的今天,为什么要进行中华民族传统美德教育呢?这是广大教师和所有关心教育人们都在关注和思考的问题。回答这一问题,有必要回顾中华民族传统道德教育的历史,分析中华民族传统美德教育提出的背景,展望中华民族传统美德教育的发展。以便把逻辑推理与历史考察相结合,发现传统美德教育与现代文明教育相结合的历史规律性,

---

[1]《论语·阳货》。
[2]《荀子·正论》。
[3]《荀子·大略》。
[4]《荀子·荣辱》。
[5] 此文是全国教育科学"八五"规划课题"中华民族传统美德教育"的成果——《中华民族传统美德教育概论》中的一章。吉林文史出版社1995年8月出版。

从而增强进行中华民族传统美德教育的自觉性。

一、中华民族传统道德教育的回顾

中华民族传统道德教育源远流长，历史悠久，从夏商周三代到清末，延续近5000年。随着中国社会的发展，中华民族传统道德教育的内容和形式也在不断地演化。这个历史过程，大体经历了夏商周、春秋战国、两汉隋唐、宋元明清、清末民初5个阶段。

（一）中华民族传统道德教育的萌芽

从夏到西周，是中华民族传统道德教育的萌芽阶段。古代的道德规范是与宗教习俗与帝王治世相联系的。夏代神巫祭天神、地神、社稷的活动，已经形成了等级名分，规定了各级人的行为方式，这就是"礼"的初型。"殷因于夏礼"，到了殷代已有了国家设立的"典则"、"法度"，用以"昭明德，惩无礼"。这里的"德"，主要指帝王和贵族之德，还不是指一般的国民之德和社会道德。

公元前11世纪，西周初期著名政治家、思想家周公（姬旦）以维护宗法等级秩序出发，以天命论为思想前提，提出了道德教育思想。他提出的道德教育原则是："以德配天"、"敬德保民"和"明德慎罚"；道德教育的内容是："孝"、"友"、"恭"、"信"、"惠"。《尚书》中的"五教"，即"父义、母慈、兄友、弟恭、子孝"，就是西周时期的道德规范。由此可见，周公提出的道德教育原则明显地把道德与政治紧密结合起来，而道德规范和道德教育的内容则进一步体现出宗法伦理的特点。可以说，以周公为代表的西周时期的道德教育是中华民族传统道德教育的萌芽或开端。

（二）中华民族传统道德教育的形成

春秋战国，是中国社会由奴隶制转变为封建制的时代，也是中华民族传统道德教育的形成阶段。随着社会性质的转变，思想道德领域异常活跃，出现了诸子蜂起、百家争鸣的局面。

儒家道德教育思想由孔子创立，孟子和荀子作了进一步发展和完善。孔子极为重视道德教育，他的教育理论和教育实践都把道德教育放在第一位。孔子思想体系的核心是"仁"，他的道德教育的核心也是"仁"。什么是"仁"？孔子说的"仁"，内容十分广泛，他对"仁"的解释也是多样的。但基本含义是4个方面：一是"仁者爱人"；二是"克己复礼为仁"；三是孝悌为仁之本；四是忠恕为仁之道。可见"仁"是众德之总。在"仁"的统摄下，孔子还提出一系列道德范畴，如恭、宽、信、敏、惠、刚、毅、木、讷、勇、敬、俭等。孔子把血缘关系、宗法关系结合起来。形成了从修身到齐家、从治国到天平下的伦理政治化、政治伦理化的道德教育特色。孟子以"人性善"论为理论基础，继承发展了孔子的思想，提出"四德"、"五伦"的道德教育思想。"四德"，即仁、义、礼、智（亦即：恻隐之心、羞恶之心、辞让之心、是非之心）；"五伦"，即父子有亲、君臣有义、夫妇有别、长幼有序、朋友有信五类人伦。他教育人们"明人伦"、"知仁义"，极大地丰富了孔子的思想。荀子则以"人性恶"论为理论基础，发挥了孔子"礼"的思想，提出"化性起伪"、"礼义教化"、"修身自强"的道德教育思想。

在春秋战国时期，影响较大的道德教育思想，除儒家外还有墨、道、法等学派。墨家的道德教育思想由墨子所创立，代表了小手工业者的利益，提倡"兼相爱，交相利"，既"贵义"，又"尚利"，并提出"合其志功而观焉"的道德评价思想。墨子的道德教育思想具有功利主义特色。道家以老、庄为代表,以"道"为核心,主张自然"无为"、"绝仁弃义",追求一种"无知无欲"的"素朴"的"至德"境界。道家的道德教育思想具有一种自然主义的超世俗的特点。法家以管仲、商鞅、韩非为代表,主张"不务德而务法",提出"以法为教"、"以吏为师",把教育仅视为政治驯化,是一种非道德主义的、实用主义的思想。

先秦诸子道德教育思想的对立和争论,说明各自对西周以来的道德传统("周礼")的不同立场和态度。道、法两家虽有本质之别,但对"传统"都持批判和否定态度;墨家也讲仁义,形式上似在继承"传统",但内容上却与"传统"相异;唯独儒家从形式到内容对"传统"持因革态度,继承了"周礼"的传统,创造了内容广泛、形式完备的道德教育体系。在奴隶社会向封建社会转变时期,儒家在一定程度上适应了各种势力的一定需要,从而缓和了当时复杂、尖锐、激烈的社会矛盾,为大一统的新秩序的建立和安定局面的形成奠定了思想道德基础。虽然当时秦国以法治国走向强大而统一了中国,然而大一统秩序的稳定、巩固和发展最终还必须依靠儒家思想的指导。这正是中华民族传统道德虽历经褒贬损益而却常盛不衰、流传远广的最重要的原因。

(三)中华民族传统道德教育的发展

汉唐时期,特别是西汉时期,是中华民族传统道德教育发展的关键阶段。秦王朝推行"以法为教,以吏为师"、"颁挟书令"以至"焚书坑儒",终于二世而亡。汉代统治者从中吸取了教训,重新认识德治与法治的关系,特别是汉武帝采纳了董仲舒的对策建议,提出"罢黜百家,独尊儒术",确立以儒学为正统思想,对中华民族传统道德教育继承和延续产生了极为深远的影响。

西汉初年,统治者吸取秦亡的教训,适应现实政治所需要,暂时采取了黄老之学的新道家思想作为"治国安民"的方针,取得了"文景之治"的实际效果。黄老学派顺应历史发展的需要,摒弃了先秦道家"绝仁弃义"的观点,改变了抨击儒家伦理学说的立场,将儒家的德治思想和道德教育思想与道家的"无为而治"的思想结合;同时,尽管他们猛烈抨击法家,却并不抛弃法治。力图把儒家和法家都纳入道学的体系,提出了"德以法辅"、"抱道推诚"的思想,倡导社会教化,主张"惠民"、"宁民"、"利民"。黄老学派还吸取了儒家的宗法观念,提出"主惠臣忠"、"父慈子孝"的道德规范,在君臣、父子关系上确立双方都尽义务的伦理观。

汉初推行"黄老之学",休养生息,经济发展,国力强盛,史称"文景之治"。然而,统治阶级和被统治阶级的矛盾,统治阶级内部中央政权与地方势力的矛盾在不断加剧。在这种情况下,"无为而治"的黄老之学就失去了它继续作为治国之策的根据,统治思想的演变已势在必然。于是公元前131年,汉武帝举贤良对策,采纳了董仲舒的建议,提出"罢黜百家,独尊儒术"的文教政策。从此,儒家被奉为封建统治思想的正统而定为一尊。

"独尊儒术",这是一个历史的选择,它对中华民族传统道德教育的发展起到了划时代的作用,具有深远的历史意义。儒家的德治论核心是"为政以德"、"道之以德,齐之以礼"。董仲舒发挥了孔子的思想,提出:"教,政之本也;狱,政之末也。"(《春秋繁露·精华》)主张道德教育是"为政之首"。进而,董仲舒把儒家的伦理规范概括为"三纲五常",即:君为臣纲,父为子纲,夫为妻纲等"三纲"和仁、义、礼、智、信等"五常"。"三纲五常"是对封建宗法等级体制下人伦关系的高度概括,是处理人际关系的道德规范。"三纲五常"的提出,使封建社会的道德教育系统化、定型化,适应了巩固封建"大一统"的需要。从而确立了董仲舒"为儒者宗"、"为群儒首"的历史地位。

魏晋南北朝时期,由于玄学、佛教和道教相继兴起,玄、佛、道、儒四家彼此争斗,儒学曾一度衰微。隋朝统一中国后,重新重视儒学,儒学又开始复兴。隋朝将儒学经典加以整理、分类。分为经、史、子、集4类,成为后来史籍分类的正统方法。到唐初,唐太宗诏孔颖达等撰《五经正义》,推动了儒学的传播。唐朝前期经济发展和文化繁荣的局面,使玄学的悲观主义和佛学的出世思想赖以存在的现实基础渐然失去,中唐以后儒学在比较和鉴别之中地位回升。而担此重任者当首推韩愈。韩愈以激烈的态度批判了佛老,以简明的语言叙述了儒家的道统。他主张罢黜佛老之学,独尊孔孟之道。韩愈指出:"师者,所以传道、授业、解惑也。"传道,即传授儒家道统,传儒家的修身、齐家、治国、平天下之道;授业,即讲授《诗》、《书》、《易》、《春秋》等儒家的经典;解惑,即解答学生在学习"道"与"业"两方面的疑难。他认为,立以传道为首,以授业为次;道统帅业,业体现道。在中华民族传统道德教育史上,韩愈是从两汉儒学过渡到宋明理学的不可缺少的中间环节,是承上启下的人物。

(四)中华民族传统道德教育的深化

统一的中央集权的宋王朝的建立,结束了唐朝以后五代十国的割据分裂、连年混战的局面。社会的分裂和混战,造成了伦常的破坏和道德的败坏。宋初的思想家们都极力提倡重整伦理纲常、道德名教。他们继承唐代韩愈批佛、道,兴儒学的传统,均以复兴儒学为职志。于是,一种既不同于前期儒家思想,又要吸收佛、道思想资料的新儒家学说——理学,便应运而生了。宋明理学把本体论与伦理学相统一,实现了哲学的伦理化和伦理的哲学化。其体系"致广大,尽精微,综罗百代",形成博大繁杂的逻辑结构,是前人所无可比拟的。因此,这一时期是中华民族传统道德教育的深化阶段。

北宋初期理学兴起,各个集团、阶层的思想家纷纷提出自己的救世方略,形成学派纷呈的局面。先后相继出现了以周敦颐为代表的"濂学",以张载为代表的"关学",以王安石为代表的"新学",以二程为代表的"洛学"和以二苏为代表的"蜀学",可谓学派聚奎,相得益彰。然而,由于政治斗争和党派之争,各派渐衰,唯二程的"洛学"独盛,成为理学的主流和正统。到了南宋时期,朱熹继承并发展了二程的学说,成为理学之集大成者。

朱熹为了论证封建伦理道德的合理性和永恒性,为了说明道德教育的必要性和可能性,在继承儒家传统思想的基础上,吸收、融合了佛道思想,构成了一套系统的、严密的、哲理化的道德教育思想,把中华民族传统道德教育推向一个新的阶段。在朱熹那里,"理"或"天理"是他的客观唯心主义哲学体系的最高范畴,也是道德教育的哲学基础。朱熹把"理"视为世界万事万物的本源,是在自然与社会产生之前就存在的精神本体。他认为君臣、父子等伦理关系,都是理的体现,"三纲五常"来源于永恒不变的先天地而存在的"天理"。因此,他把"明天理,灭人欲"作为道德教育的总目标。他说:"圣贤千言万语,只是教人明天理,灭人欲","学者须是革尽人欲,复尽天理,方始是学。"(《朱子语类》卷十二、十三)朱熹的道德教育的理论与实践十分丰富。在《白鹿洞书院学规》中,他把"父子有亲,君臣有义,夫妇有别,长幼有序,朋友有信"作为"五教之目";把"博学之,审问之,慎思之,明辨之,笃行之"作为"为学之序";并以"言忠信,行笃敬,惩忿窒欲,迁善改过"为"修身之要";以"己所不欲,勿施于人,行有不得,反求诸己"为"接物之要"。朱熹把学校教育分为小学(8—15岁)、大学(16岁以后）两个阶段，无论小学大学，都以"明人伦"为目的。他主张小学要学习"洒扫、应对、进退之节"，遵守"孝、悌、忠、信"等道德规范；大学要"明明德"，修身、齐家、治国、平天下。他还编辑"圣经贤传"中的"嘉言善行"为《小学》一书，作为小学教材；注《大学》、《中庸》、《论语》、《孟子》，即《四书集注》作为大学教材。这些著作后来成为元、明、清历代科举考试和知识分子的必读书目。清康熙皇帝称赞朱熹"绪千百年绝学之传，立亿万世一定之规"。可见朱熹对中国封建社会后期的道德教育产生了重要影响。

（五）中华民族传统道德教育的变革

1840年，爆发了震撼中外的鸦片战争，帝国主义列强的坚船利炮轰开了古老中国闭关锁国的大门。从此中国逐渐沦为半殖民地半封建社会。随着以反帝反封建为主题的资产阶级旧民主主义革命运动的兴起，中国的知识分子开始向西方寻求救国救民的良方。向西方学习已成为当时的一种时髦，西学日盛，西风东渐，使中国传统的封建伦理道德受到猛烈地冲击，中华民族传统道德教育经历着重大变革。

以龚自珍、魏源等人为代表的开明地主阶级改革派，开始用从西方资产阶级那里学来的武器揭露封建末世的道德危机，主张向西方学习。既要"师夷之长技"，富国强兵，又要政肃人心，整顿道德，"知耻兴邦"。太平天国革命运动的领袖洪秀全、洪仁玕等，在对封建纲常名教进行某种程度抨击的同时，提出了以平等、平均为中心的道德教育思想，为中国资产阶级道德的形成做了重要的思想准备。

随着中国民族资本主义经济的产生、发展以及西方资产阶级思想的影响，19世纪末兴起了资产阶级变法维新和资产阶级改良运动。在此过程中，资产阶级道德教育思想产生了。以康有为、梁启超、谭嗣同、严复为代表的资产阶级维新派，用资产阶级的"新学"、批判"旧学"，以"进化论"为武器，对封建伦理纲常进行尖锐的批判，提出了较完整的资产阶级道德教育思想。20世纪初，以孙中山、章太炎为代表的资产阶级革命派，进一步提出"道德革命"、"家庭革命"口号，更加广泛地批判封建道德。孙中山提出了"忠孝、仁爱、信义、和平"等道德规范，重新解释并赋予其民主主义的新内容。他赋予"忠"崭新的含义，即忠于国家，忠于人民，忠于事业；他对"仁爱"的解释是"博爱"，是救国救民；对"信义"的解释是对朋友、对邻国讲信义，并谴责帝国主义不守"信义"；对"和平"的解释是中国人民热爱和平，坚决反对帝国主义战争。孙中山道德教育思想是以爱国主义为主线，继承中华民族优秀道德传统，同时学习"欧美之法"，提倡与三民主义相一致的自由、平等、博爱的精神。

伟大的"五四"运动，标志着中国旧民主主义革命的结束和新民主主义革命的开始，中国道德教育思想也发生了历史性的革命变革。"五四"新文化运动，提出"打倒孔家店"的口号，高举科学与民主的旗帜，用革命的新文化对封建的旧文化、旧礼教、旧道德进行了不妥协的彻底批判。一些先进的知识分子，开始在中国传播马克思主义。以李大钊为代表的共产主义先驱，力图用马克思主义的唯物史观考察道德问题，提出用青春人生观教育青年的主张。陈独秀提出，伦理觉悟为"最根本的觉悟"，力主用科学与民主精神改造中国的传统道德教育。

二、中华民族传统美德教育的提出

中华民族传统美德教育是中华民族传统道德教育在当代发展的重要标志。"中华民族传统美德教育"的提出,是经过审时度势的分析和深思熟虑的思考的。它不是凭空想象和任意杜撰出来的,而是有着坚实的哲学依据,深刻的社会背景和广泛的文化背景的。

(一)中华民族传统美德教育提出的哲学依据

自"五四"运动以来,特别是新中国成立以来,我们对中华民族传统道德实际上是采取了批判和否定的态度,尽管在毛泽东等领导同志的著作中曾不止一次地提到要批判继承和古为今用。但是在建国以来的实践中并未贯彻实施,尤其是在十年"文革"期间,在极"左"思潮的影响下,反传统已经达到登峰造极的地步。造成这种情况的原因是多方面的,既有政治上的原因,也有意识形态上的原因,但最根本的原因是来自哲学上对唯物史观的机械认识。这种观点认为:当中国社会进入资产阶级革命时期,特别是进入社会主义革命和建设时期以后,作为在封建社会形成和发展起来的传统道德,就失去了它赖以存在的社会基础。这种观点只看到传统道德的阶级性而忽视了它的民族性,只看到社会存在对社会意识的决定作用而没有看到社会意识的相对独立性。

辩证唯物主义告诉我们:社会意识不是对社会存在消极反映和表现,它还有相对独立性的一面。所谓社会意识的相对独立性,就是指它在反映社会存在的同时,还具有遵循其自身独特的发展规律而存在和发展的性质。这种相对独立性,表现在以下几个方面:

1. 社会意识发展变化与社会存在发展变化的不完全同步性

社会意识对社会存在的反映,并不总是像照镜子那样同它所依赖的社会物质基础的变化完全一致,有时落后于社会存在,有时又预见到社会存在未来的发展趋势,有些社会意识作为一种文化现象则可以超越历史和阶级的局限而成为人类永恒的意识现象。这些情况在历史上都是大量存在的。因此,不能机械地认为传统美德产生于封建社会,在社会主义社会它就完全丧失了存在的价值。相反,我们应该看到传统与现代的历史继承性。正如毛泽东所说的:"中国现时的新政治新经济是从古代旧政治旧经济发展而来的,中国现时的新文化也是从古代的旧文化发展而来的,因此,我们必须尊重自己的历史,决不能割断历史。"并且指出"清理古代文化的发展过程,剔除其封建性的糟粕,吸收其民主性的精华,是发展民族新文化,提高民族自信心的必要条件。"根据这些科学分析,毛泽东明确主张对于中国历史上的文化其中包括传统道德,"从孔夫子到孙中山,我们应当给以总结,承继这一份珍贵的遗产。"[1]

2. 社会意识的发展具有历史继承性

每一历史时期的社会意识形态及其各种形式,都同它以前的成果有着继承关系。每一个社会都有其特定的意识形态。这种意识形态无论从内容上或形式上来说,都有个"源"和"流"的问题。从内容上说,任何社会意识形态都是对现实的社会存在、社会经济形态的反映,即社会存在决定社会意识,社会存在是社会意识的"源";同时,任何社会意识形态也都保留着历史上流传下来的对过去的社会存在的某些意识和材料,这就是社会意识的"流"。源和流有机地结合在一起,社会意识的内容才能发展。从形式上说,社会意识形态的形式主要是从过去流传下来的既有方式、方法和手段,这就是"流";同时又根据新的内容和条件对它们加以改造、补充和发展,而这个改造、补充和发展则来自现实生活中的"源"。"源"与

---

[1]毛泽东:《毛泽东选集》第2卷,人民出版社,1968年,第668页。

"流"的结合,才能使社会意识形态的形式得以继承和发展。没有"源"和"流"的结合,任何意识形态的发展都无从谈起。"源"固然对一种意识形态的性质起决定作用,但是如果没有"流",人类社会意识形态及其诸形式都必将中断而无以为继,各民族的文化传统也就失去了可以追溯的历史线索,人类借以思维的概念、范畴将会出现逻辑混乱,人类的社会生活必将难以进行。

总之,社会意识的相对独立性是中华民族传统美德教育提出的重要哲学依据。

(二)中华民族传统美德教育提出的社会背景

当前,中国已进入社会主义现代化建设新的历史时期。在这新的历史时期,中国面临着三大主题——改革开放、社会稳定和经济发展。这三大主题从不同的侧面呼唤着中华民族传统美德教育的提出。

1. 中华民族传统美德教育的提出是改革开放的需要

随着改革开放的深入发展,国门洞开,在引进西方的先进科学技术和管理经验的同时,西方的哲学思潮、价值观念、生活方式也大量涌入。自80年代中期以来,国内翻译出版和介绍了许多西方哲学和社会科学的著作,如萨特的《存在与虚无》、弗洛伊德的《梦的解析》、卡西尔的《人论》、科恩的《自我论》、瓦西列夫的《情爱论》、卡耐基的《人性的弱点》等等。此外,西方和港台的以流行歌曲为代表的通俗文化也都悄然渗透进来。与此同时,国内出现了《河殇》现象,一些人以挖祖坟、骂祖宗为荣,把中国的传统文化其中包括传统道德说得一无是处,说什么"亚细亚的太阳陨落了","中国只剩下四大发明这块遮羞布了",并且预言"蓝色文明终将战胜黄色文明"等等。这种民族虚无主义、历史虚无主义和"全盘西化"论,对青少年学生产生了很大影响,大学校园里出现了"西方思潮热"、"文化比较热"与"河殇热",中学生中出现了"追星族"。

针对这种情况国内各地的有识之士和德育界的专家、学者提出了要对青少年学生进行"两史一情"教育、爱国主义教育和中华民族传统美德教育,增强民族自豪感和自信心,抵制西方消极思想的影响,保证改革开放的健康发展。

2. 中华民族传统美德教育的提出是社会稳定的需要

当代中国已进入相对稳定的和平发展时期。传统道德一般都是在社会稳定时发挥作用,而社会剧烈变动时则缺少用武之地。正所谓"治平尚德行,有事赏功能"。纵观中国历史,每当社会稳定、太平盛世之时就"尊孔",每当社会动荡、剧烈变革之时则"反孔",这确乎是一个历史规律。例如:春秋战国,诸侯割据,战火四起,孔子虽周游列国,"说其仁,美其义",但终不能得志;而汉初"文景之治"之后,经济繁荣,社会稳定,汉武帝为了巩固封建大一统,才"罢黜百家,独尊儒术",把儒学奉为正统,定为一尊。再如:三国时期,群雄逐鹿,鼓角争鸣,曹操求贤"勿拘品行",只要有治军用兵之策,那怕有"偷金盗嫂"之劣迹,也委以重任;而唐代"贞观之治"之后,经济发展、文化繁荣、社会太平,唐太宗则广招天下贤士,崇尚道德,儒道释并用。再如:五代十国时期割据分裂,连年混战,至使伦常破损,道德败坏;宋朝统一后,为了巩固中央集权的封建制度,则提倡重整伦理纲常。重视道德名教,于是才有了理学的兴起。

古人说:"以史为镜,可以知兴衰"。历史证明,儒家伦理往往在太平盛世发挥它稳定社会、缓和矛盾、调节人际关系的社会功效。当前,社会稳定、政治稳定是中国的大局,适应这种形势的需要,中华民族传统美德教育应运而生了。

3. 中华民族传统美德教育的提出是经济发展的需要

自党的十一届三中全会以来,党和政府的工作中心转移到社会主义现代化经济建设上来,发展经济是当今中国的一大主题。经过十几年的探索,确立了建立社会主义市场经济体制的目标。应该看到,市场经济对经济发展和社会进步的正效应,即积极作用;又有制约经济发展和社会进步的负效应,即消极作用。正效应表现为,市场经济摆脱了行政干预,企业有了自主权,产生了活力,有利于调动生产者的积极性;市场经济尊重价值规律,鼓励竞争,增加了动力,有利提高劳动生产率。这样对经济发展和社会进步无疑是有推动作用的。同时,我们还必须看到它的负效应,市场经济主要是受价值规律这只"看不见的手"的支配,必带有自发性和盲目性,产生周期性经济危机,造成经济的恶性循环,制约经济发展,因此必须注意宏观调控。这是从经济角度来讲的。如果从社会进步特别是精神文明建设来看,市场经济的负效应则更加明显:它容易诱发人们急功近利、唯利是图、见利忘义,甚至产生拜金主义;它容易把等价交换原则引入社会生活其他领域,产生个人主义价值观和人生观;它容易使人们采取不正当手段去"竞争",至使社会道德滑坡,犯罪增多。

近年来,社会政治生活中的消极腐败现象,商品生产中的假冒伪劣现象,经济生活中的坑蒙拐骗现象,文化生活中的黄、毒、赌泛滥现象,严重地冲击着青少年学生的心灵。相当多的学生厌学逃学,甚至弃学经商;有的学生滋生了"向钱看"的思想,代同学抄笔记、为小同学搬桌椅也要钱;有的学生染上了偷窃的恶习,青少年犯罪率大幅度上升,这些触目惊心的事实令人深思。

要解决道德滑坡和犯罪增多的问题,必须在全社会范围内加强精神文明建设。一方面要加强法制建设,做到有法可依、有法必依、执法必严。但是,法制约束属于事后约束、被动约束、国家权力的强制性约束,有其局限性。另一方面必须加强道德建设,寻求事前约束、主动约束、内省约束。"礼者,禁于将然之前;而法者,禁于已然之后"。法制建设和道德建设二者如车之两轮、鸟之双翼,互为补充,辩证统一。而这两者都可以从中华民族传统文化中得到有价值的思想材料。因此,中华民族传统美德教育的提出就是十分自然的了。

(三)中华民族传统美德教育提出的文化背景

文化是与自然相对的一个概念,它包括人类所创造的一切物质文明与精神文明的总和。这是广义的文化概念。狭义的文化概念,特指精神文明。如教育、科学、文学、艺术、理论等。我们这里讲的文化背景,则专指"现代新儒学"的兴起与发展这样一种文化现象。因为中华民族传统美德教育的提出与现代新儒学的影响是分不开的。所以我们必须对现代新儒学的兴起发展及其对传统美德教育的影响做一个大概的分析。

1. 现代新儒学的兴起

现代新儒学,是指"五四"以来倡导儒学复兴运动,以弘扬儒学为己任,以融汇中西、实现儒学的现代转型为宗旨的学说和学派。现代新儒学把儒学的延续与发展分为先秦儒学(原始儒学)、宋明儒学和现代新儒学三个历史时期,故现代新儒学亦称"第三期儒学"。

要了解现代新儒学是如何兴起的,须把儒学在先秦、宋明和现代三个发展时期所面临的境遇和针对的问题作一个简要的说明。先秦儒学所面临的是由于社会大变革所带来的礼崩乐坏的局面，孔孟上承周文教化，并通过自己的损益创造，把道德规范转化为人的道德实践，从而奠定了儒学内圣之学的基调。宋明儒学所面临的是佛老泛滥，儒学衰微的局面，理学大师们通过对佛老的吸收和扬弃，重建孔孟道统，将传统儒学推进到一个新的阶段。现代新儒学所面临的是西风东渐，传统的道德体系不断解体的局面，新儒家学者试图上承宋明儒学，通过对西方文化的消化、吸收，实现儒学的现代发展。

现代新儒学的兴起是与二十世纪20年代的"中西文化论战"紧密联系在一起的。在这场论战中，现代新儒学是作为"全盘西化"理论的对立面而出现的。

在中西文化论战中，胡适明确主张"全盘西化"，他认为我们应当"死心塌地去学习人家。……不要怕丧失我们自己的民族文化。"[1]这样做的前提是承认我们自己"百事不如人"，"不但物质机械上不如人，不但政治制度不如人，并且道德不如人，知识不如人，文学不如人，音乐不如人，艺术不如人，身体不如人。"[2]在胡适看来，传统文化在实际生活中表现出种种的弊端："八股，小脚，太监，姨太太，五世同居的大家庭，贞节牌坊……"[3]他主张要改变这些民族痼疾，出路只有一条，这就是放弃本民族的文化传统，全面地拥抱西方的科学文化。

针对"全盘西化"论，新儒学站在维护民族文化的立场上予以坚决的反驳。他们认为近代以来中国文化所表现出来的是某种"病态"，是"病人"，而不是"死人"。要"肯定病人生命之存在"，并怀着"同情"和"敬意"去体悟历史传统内在的精神价值，发现我们民族绵延不绝的"文化慧命"。新儒家指出，全盘西化无异于使中国"陷于文化上的殖民地"，而民族首先是一个文化范畴，"民族复兴本质上应该是民族文化的复兴。"[4]他们认为牺牲民族文化非但不能换取民族的生存，反而会加速民族的灭亡。新儒家正是怀着这种"危机意识"，掀起了文化救亡运动和儒学复兴运动的。

2. 现代新儒学的发展

现代新儒学的发展大体经历了四个阶段：现代新儒学的第一阶段，代表人物是梁漱溟、张君劢、熊十力。现代新儒学发端于"五四"时期，产生的背景如前所述是"中西文化论战"。这一时期新儒学的特点是强调中西文化的差异和对立，与"全盘西化"论展开论战，维护儒学的尊严，倡导儒学的复兴。梁漱溟的代表作《东西文化及其哲学》，经过中西文化的比较研究，得出的结论是：儒学文化不会走向灭亡，相反它较之西方文化更富有现代意义和价值，更适应现代生活的需要，更合乎世界文化发展潮流。所以他预言："世界未来文化就是中国文化的复兴"。

现代新儒学的第二阶段，代表人物是冯友兰、贺麟、钱穆。三四十年代，文化思潮的主流由强调中西文化的对立转变为强调中西文化的融合。冯、贺不仅对中西文化相互融合的历史趋势具有清醒的认识，而且着手探讨中西文化、哲学相互融合的途径和方法。冯吸收西方哲学的逻辑分析方法改造程朱理学，贺则力图把新黑格尔主义与陆王心学相结合。但是，在一个根本点上他们仍然坚持新儒学的基本立场，这就是：中西文化的融合必须以中国文化所体现

---

(1) 胡适：《胡适论学近著》，商务印书馆，1937年，第640页。
(2) 胡适：《胡适论学近著》，商务印书馆，1937年，第639–640页。
(3) 胡适：《胡适论学近著》，商务印书馆，1937年，第483页。
(4) 贺麟：《儒家思想的新开展》，载《思想与时代》，1941年，第1期。

的民族精神为主导来"把握、吸收、融汇、转化西洋文化",来"儒化"、"华化"、"中国化"西洋文化。

现代新儒学的第三阶段,代表人物是牟宗三、唐君毅、徐复观。50年代以后,新儒学发展的重心移到港台地区。这一代对西方哲学、文化的了解超过了他们的前辈们,在他们的思想理论中体现了中西文化、哲学的更为全面的融合。1958年,牟、唐、徐和张君劢联名发表了《为中国文化敬告世界人士宣言》,明确提出了"返本开新"的思想纲领,把"开出新外王"(发展民主与科学)作为自己的重要理论任务,发掘传统儒学中所包含的民主思想的萌芽,以作为吸收西方民主的媒介。

现代新儒学的第四阶段,代表人物是杜维明、刘述先、蔡仁厚。进入80年代后,新一代新儒家学者开始活跃于国际学术舞台上。这一代比较他们前辈来说思想开放,视野开阔,更富有现实感。他们试图超越"五四"以来西化派与保守派的思想对立,在与西方现代学术思潮广泛对话的基础上,寻求中国文化的发展道路。

3. 现代新儒学对中华民族传统美德教育提出的影响

中国大陆学术界开展有关"五四"以后新儒学思潮研究是从80年代后半期开始的。这种研究的开展一方面固然与港台及海外学术界的影响不无关系,但主要是由80年代中期开始的"中西文化比较"问题和"传统文化与现代文化关系"问题的大讨论,激起了人们重新研究、认识和评价"五四"以来的文化、哲学和社会思潮,特别是新儒学思潮的浓厚兴趣。

在学术界把视野扩大到港台和海外新儒学领域的同时,教育界特别是德育界的专家和学者也把眼界开放到港台和国外(其中包括新加坡、日本、韩国等)的教育领域。人们惊奇地发现,这些国家和地区在现代新儒学的影响下在大中小学普遍地开设儒家伦理课。在新加坡,中学三四年级开设《儒家伦理》课(现在名称虽改为《好公民》,但其中的儒家伦理精神并未改变)。在台湾,龚宝善先生著的《德育原理》、黎建球先生著的《人生哲学》都是大学的必修课的教材,其中的主要内容都讲的是儒家伦理思想。

关于把儒家伦理思想引入学校课程的目的和意义,现代新儒学第四代代表人物之一的杜维明教授做了重要的论述和说明。他说:"把儒学思想引入学校课程,可以为学生提供一个机会,让他们理解他们和他们父母所遵循的适当的生活方式的内在逻辑"[1]"人,尤其是怀着无法满足的好奇心和浪漫主义的理想主义的年轻人,需要一个大体的纲领,有一个理论基础,以便他们信奉一种伦理体系,把他们自己培养成有道德的人,并且在复杂的现代世界处理艰难的价值问题。"[2]他认为"儒家伦理只要讲授得法,可以对新加坡人民有重大的影响,使他们增强公民意识,使他们认识到与权利相辅相成的责任感,……并且培养一种全民族的本色。"[3]他把儒家伦理的教育过程与个人成长过程结合起来,设计出一个"同心圆"式的教育过程和自我扩充过程图,并解释说:"自我扩展到家庭、邻里、社区、国家、世界和宇宙。这个扩充过程就是作为一个开放体系的自我充分开发其内在资源,把自己培养成一个关心他人、

---

(1) [美]杜维明:《新加坡的挑战》,三联书店,1989年,第9页。
(2) [美]杜维明:《新加坡的挑战》,三联书店,1989年,第10页。
(3) [美]杜维明:《新加坡的挑战》,三联书店,1989年,第267页。

有责任感、目光远大的人的过程。"[1]杜先生所设计的儒家伦理教育体系,把"修身、齐家、治国、平天下"这一儒家伦理精髓通俗化、具体化、现代化了,是对传统儒家"内圣"、"外王"理论的现代诠释和发展创新。同时,这一教育体系也符合现代社会学关于人的社会化过程的一般理论,因此它又是中西文化融合的典型之例,体现了现代新儒学的原则立场。

总之,现代新儒学的兴起和发展以及国内学术界、教育界对这一文化现象的关注;新加坡儒学伦理教育的实践和杜维明先生儒家伦理教育体系的理论及其给我们的启发,是中华民族传统美德教育提出的文化背景。

三、中华民族传统美德教育的展望

1990年,辽源市教科所提出中华民族传统美德教育课题,吉林省教委包括辽源市教委以课题组编写的中华民族传统美德故事丛书为教材,在全省中小学有组织有计划地大面积开展了中华民族传统美德教育活动,并收到了显著的成果。1993年,中央教科所德育研究中心与多省市协作研究课题组联合开展中华民族传统美德研究与教育活动,得到了国内教育界同行的理解和响应,得到了中央领导同志的关怀和支持,同时也得到海外学者的关注和评论。目前,中华民族传统美德教育已经在东北、华北、西北十几个省区进行大面积的实验,南方一些省市也在开始这方面的工作,可以说是出现了方兴未艾的局面。1995年北京东方道德研究所成立,他们组织国内一批学者对中华传统美德进行了深入系统的研究。那么,中华民族传统美德教育的发展前景怎样呢?回答这个问题,必须从国际国内的大背景着眼,从跨入21世纪的未来着想,做一个宏观性、战略性的展望。

(一)21世纪将是东方文明的时代

即将过去的20世纪,是西方文明征服东方、支配世界的时代。但是,它的征服与支配把人世推入了重重的危机。鉴于此,许多思想家、政治家预言:21世纪,将是东方的世纪,也是中国的世纪。

这一关系到世纪命运的重大命题,最早提出的不是东方人,而是欧洲学人。1970年罗素在临终之前预言:"21世纪为中国的时代"。1972年,罗马协会的报告《成长的极限》一书,诊断西方文明的弊病,而开出的治方恰与东方宇宙观基本一致。因此,西方学人自认为挽救西方文明危机的方略在东方。从而他们更加努力探究中国传统的文化类型及其古典哲学的思想模式。美国哈佛大学教授洛吉等著名学者指出,今后的世界将以东亚为中心,中、日、韩将成为东亚的轴心,把全世界统一成为一个地球村。他们认为,西方文化是个人主义文化,东亚文化是集体主义文化。在今后世界经济发展与竞争中,集体主义文化将比个人主义文化占优势。"现在世界正在进入欧洲共同体、北美自由贸易区等联盟性的集体主义时代,这意味着世界正迈入以儒教为基础的东亚集体主义时代。"[2]

东方学者对这一世人注目的跨世纪命题的反映来得比较迟缓、稳健和慎重。直到90年代初,他们才公开地表明了观点。然而,一旦他们涉足这一问题,便表现出东方学者特有的文化

---

[1] [美]杜维明:《新加坡的挑战》,三联书店,1989年版第267页。
[2] [美]洛吉著:《儒家文化与东亚经济的腾飞》,载《汉城经济新闻》,1993年11月25日。

"慧命"，同时由于他们本身就生长于东方文化的沃土中，自然对东方的体察和把握更为准确而具体。1992年10月，日本学者池田大佐在中国社会科学院的演讲《21世纪与东亚文明》中指出，在风云变幻的世界形势下，东亚地区正逐步变为21世纪的极其重要的区域。人们不仅关注东亚的经济发展，而且越来越关注其文化因素。他认为东亚地区的文化特征是"共生性道德气质"，具体表现为"取调和而舍对立，取结合而舍分裂，取大我而舍小我，人与人之间，人与自然之间共同生存，互相支撑，一道繁荣。"他指出："东亚这种气质的重要源头之一是儒教。"他预言："当21世纪宣告黎明之时，东亚不仅在经济层面，甚至深入至精神领域，定会为世人瞩目，成为引导人类历史的动力。"[1]

新加坡前驻美大使，现任国家政策研究院院长徐通美教授，于1993年12月在该国《联合早报》上撰文，概括了东亚地区成就的十大价值观：（1）东亚人民的个人主义表现形式与西方不同。在西方，个人利益高于一切。但在亚洲，个人则努力使其利益与家庭及社会利益取得平衡。（2）东亚人相信要有牢固的家庭组织。（3）东亚人的每一阶层都重视教育，社会精英尤然。（4）东亚人相信生活应该节俭，重视储蓄，不论个人、家庭、政府都应该量入而出。（5）东亚人认为勤劳是美德。这是东亚同欧洲在竞争中取胜的主要原因。（6）亚洲人实行举国一致的协作关系。雇主与工会视对方为伙伴，而不是敌人。（7）人民与政府之间的契约。政府的责任是维持法律治安，为人民提供基本的需要，比如职业、住房、教育、医疗照顾。政府也有责任公平、仁慈地对待人民，而人民则必须奉公守法，努力工作与增加储蓄，鼓励孩子认真学习，自食其力。大多数亚洲国家的政府并没有设立失业津贴制度，也没有付给"未婚妈妈"任何福利津贴。（8）在一些亚洲国家，政府努力使公民与国家共享繁荣。新加坡人90%以上拥有自己的房屋，拥有股票比例也居世界之冠。（9）东亚人民希望政府为他们的子女维持健康的精神环境。（10）有些东亚政府也维护新闻自由，与西方不同的是，它们不认为自由是绝对的权利。徐通美教授所列出的10个方面，集中反映了东亚人崇尚社会稳定、家庭牢固、人际和谐的价值观，这正是中国传统儒家伦理观念在现代的表现。他认为这是东方将战胜西方，领导21世纪国际潮流的主要原因。

在"孔子思想与21世纪"国际学术讨论会上，韩国高丽大学教授金忠烈先生指出："21世纪是东方的时代，其用意即在'由东方文化来拯救西方的物质文明危机，并能善导21世纪文化'，支配21世纪的内容是文化——东方的'中道文化'，而绝非西方的'物质文明'"。他认为东方传统文化与西方文化之不同，即在"包容一切，而不排斥他异；普遍开放，而不偏执独占。"他认为"尤其在中国，其历史命运之'长久之道'，不在民族国家之不替，而唯系文化传统之继开。中国命脉所系，不在狭隘的民族国家主义，而在普遍开放的文化主义。所以历史上谁来统治中国，并非严重问题，而主要的是必以华夏文化，来教化天下。"由此他推论"东西何方来主导21世纪，是不关重要的。重要的是必以东方传统文化——中道文化来设计21世纪的文化蓝图，照以建设中道文化，并善导人类生存。"他倡议东方文化学人共编一部深入浅出的《东方文化精华》丛书，以供西方研究东方之参考。他认为"这不但帮助了西方，更是实现'21

---

[1] [日]池田大佐：《21世纪与东亚文明》，载《中国社会科学》，1993年第1期。

世纪为东方时代的有效方法'。这是生在今日的东方学人迎接21世纪应负的使命。"[1]

中国当代东方学学者,北京大学教授季羡林先生1993年冬季预言:"30年河东,30年河西,21世纪将是东方的世纪,东方文化在世界文化中将再领风骚。"[2]

以上是当代思想家们对21世纪文化发展大趋势的预见和展望。它使人们看到了新世纪的希望,东亚的希望,中国的希望。随着东亚与中国经济的腾飞,东方文化与文明将再度辉煌!在这个大背景、大趋势下,中华民族传统美德教育作为东方文化的普及与传承工作,毫无疑问应该得到进一步的推广与发展。

(二)中华民族传统美德教育任重道远

加强中华民族传统美德教育和普及工作,在小学、中学、大学中增设关于优秀传统的课程,帮助学生了解传统文化的精神、思想、典籍和各方面的知识,提高青少年学生的文化素质,以期在此基础上涌现出一批能够贯通古今、融汇中西,担当起文化创造重任的英才来。从这个意义上说,中华民族传统美德教育更是任重而道远。

令人喜悦和振奋的是,经过几年的研究与实践,讨论和宣传,学术界和教育界在中华民族传统美德教育方面已经初步形成共识。党和国家领导人在不同场合的讲话中也曾多次强调重视和加强中华民族传统美德教育。1994年6月,在全国教育工作会议上,李岚清副总理在总结讲话中着重强调说:"要重视中华民族优良道德传统的教育。在中华民族源远流长、丰富多彩、博大精深的文化遗产中,很多优良的道德传统是极为丰富的思想宝库,其精华能够绵延数千年而不衰,成为中华民族的凝聚力所在,今天仍然显示出旺盛的生命力和积极的现实作用。我们现在提倡的热爱祖国、集体主义、勤奋节俭、尊师重教、团结友爱、尊老爱幼、谨严礼貌、诚实守信、见义勇为、严己宽人、先人后己、勤学不倦等等,都可以从我国浩如烟海的思想宝库中找到其渊源。社会主义的道德,只能建立在对民族道德传统的批判继承之上。应当取其精华,去其糟粕,把我国的优秀文化和传统美德集中起来,并与革命传统相结合,赋予新的时代内容,形成社会主义精神文明中具有中国特色的价值观、道德观和行为准则。这种价值观、道德观和行为准则不仅为群众所喜闻乐见和容易接受,并会成为反对和抵制个人主义、拜金主义、享乐主义等消极腐朽思想的强大力量。我已经请国家教委组织专家编写有关读物,从娃娃开始教,一直到小学、中学、大学,用我们民族的优良传统教育、熏陶青少年一代,使他们形成中华民族的道德人格,担当起振兴中华,建设有中国特色社会主义的历史重担。"[3]

李岚清同志的讲话代表了党中央和国务院的精神,对中华民族传统美德教育的目的和意义,任务和内容、原则和方法做了全面的、深刻的阐述。特别是在1994年中共中央、国务院颁发的《爱国主义教育实施纲要》、《中共中央关于进一步加强和改进学校德育工作的若干意见》等文件都明确要求进行中华民族传统美德和优秀传统文化的教育。可以预见,在党中央、国务院的重视与关怀下,中华民族传统美德教育活动,必将在全国各级各类学校蓬勃开展起来,深入地发展下去,为21世纪成为东方文明的世纪,做出应有的贡献。

---

(1) [韩]金忠烈:《21世纪与东方文化》,1994年"孔子思想与21世纪"国际学术讨论会所发材料。
(2) 季羡林:《迎接21世纪东方文化的复兴》,载《中国教育报》,1993年12月2日。
(3) 李岚清:《在全国教育工作会议上的总结讲话》,《光明日报》,1994年6月22日第4版。

11. 深入开展中华民族传统美德教育的几点思考[1]

中国是一个具有悠久历史和优秀文化传统的国家，素以"礼仪之邦"著称于世。在中国传统文化中，传统道德占有十分重要的地位。中国历代哲学家、思想家、教育家对道德教育的思考和论述源远流长，博大精深，影响广远。在社会主义现代化建设的新的历史时期，弘扬中华民族优秀传统道德，对青少年进行传统美德教育，对于改进和加强各级各类学校的德育工作，乃至整个社会主义精神文明建设，都具有重大的现实意义。那么，为什么要进行中华民族传统美德教育？进行传统美德教育应该坚持哪些原则？传统美德教育体系如何构建？这些都是理论工作者和广大德育教师共同关心的问题。本文仅就这几个问题谈一点粗浅的看法，就教于德育界的同行们。

一、中华民族传统美德的合理内核及其现实意义

在进行社会主义现代化建设的今天，为什么要对青少年学生进行中华民族传统美德教育呢？这是我们必须首先回答的问题。回答这个问题必须从两方面来思考：一是必要性，二是可能性。关于必要性，概括地说，我们讲的现代化是中国特色的社会主义现代化，它不能割断中国的历史，不能脱离中国的国情。传统美德，是我们赖以建立中国特色的社会主义道德的基础，是构建新的道德体系的思想材料。正如马克思所指出的："一切划时代的体系的真正的内容都是由产生这些体系的那个时期的需要而形成起来的。所有这些体系都是以本国过去的整个发展为基础，是以阶级关系的历史形式以及政治的、道德的、哲学的以及其他的成果为基础的。"[2]关于可能性，亦即中华民族传统美德有没有可能成为构建新道德体系的思想材料，或者说它在现实生活中还有没有合理性，对社会主义精神文明建设有没有现实意义。毫无疑问，回答应当是肯定的。对于中国传统道德，如果我们摒弃其封建主义的阶级内容，剥去其唯心主义的外衣，就可以发现它的合理内核，看到它的进步性和现实意义。那么，什么是它的合理内核和现实意义呢？学者们见仁见智各有各的说法，我认为至少包括以下三点。

（一）中华民族传统美德体现的是一种整体和谐思想

中国传统文化中的哲学家大都把建立和谐统一的社会作为自己的责任。儒家的宗旨是"兼善天下"、"济世利他"。人生理想是"仁者爱人"，社会理想是"天下为公"。《礼记》以孔子的名义说："大道之行也，天下为公，选贤与能，讲信修睦。故人不独亲其亲，不独子其子；使老有所终，壮有所用，幼有所长，鳏寡孤独废疾者皆有所养。男有分，女有归。货恶其弃于地也，不必藏于己。力恶其不出于身也，不必为己。是故谋闭而不兴，盗窃乱贼而不作，故外户而不闭。是谓大同。""仁者爱人"的人生理想所要求的人与人之间互相爱护、互相关心、

---

[1] 此文是作者于1993年7月在呼和浩特市举办的中华民族传统美德教育第三次研讨会上的报告，后来又在北京、海口、哈尔滨等地做过演讲，发表在《首都师范大学学报》1995年第2期上。又被收入《中国当代教育科研成果大典》第二卷。

[2] [德]马克思、恩格斯著，中共中央马恩列斯著作编译局编译：《马克思恩格斯全集》第3卷，人民出版社，1972年，第544页。

互相尊重与"天下为公"的社会理想所描绘的蓝图是一致的,二者互为条件,互为目的。儒家提出"修身、齐家、治国、平天下",把社会看成是一个整体,认为个人总是生活在群体之中,或为家族或为国家或为天下的一员,群体受到损坏,个人的生活也就失去了保障。因此,儒家总是置国家、民族的利益于第一位,要求个人服从整体,强调国家统一、社会太平。自秦汉以来,中国就形成了统一的多民族的国家,尽管历史上也曾出现过暂时的分裂局面,但很快又获得了统一。这与儒家思想的影响是分不开的。总之,儒家学说所体现的整体和谐思想是一种伟大的凝聚力和向心力,对于国家统一、民族团结、社会和谐和爱国主义、集体主义教育是有积极意义的。

(二)中华民族传统美德蕴含着一定的辩证法思想

儒家追求"仁爱",崇尚道德,但并不否定刑罚;主张"德政",但不否定法治。然而,二者相比,儒家认为道德具有更根本、更重要的意义。这里边蕴含着辩证法的因素。孔子说:"道之以政,齐之以刑,民免而无耻;道之以德,齐之以礼,有耻且格。"意思是说,统治者如果只用政治手段,施加刑罚,最多只能使老百姓不敢犯罪,但不能使他们感到羞耻。如果能用道德来教育和感化他们,用礼仪规范来约束他们,老百姓不但不会犯罪,还会感到犯罪是可耻的事。汉代贾谊在《过秦论》中也指出,法令"可以诛恶,非所以劝善","礼者,禁于将然之前,而法者,禁于已然之后。"从历史上看,什么时候仁爱思想比较昌明,什么时候社会风气就相对好转;什么时候实行"仁政",什么时候社会就比较稳定。这说明仁爱思想与"仁政说"对于缓和阶级矛盾、促进社会和谐是有积极意义的。儒家还特别注重个人道德修养在人际关系中的调节作用。正己修身的人生修养也具有辩证法的合理因素,这主要体现在它的修养方法上。儒家提出的修养方法是"推己及人"、"能近取譬"、"设身处地"和"将心比心"。儒家思想之所以在中国有如此精微、广博的发展,与这一方法论原则有主要关系。所谓"能近取譬",就是能以自己作比,推及别人的思想。"推己及人"的方法,就是从自己的亲身需要、愿望和追求出发,推想别人的需要、愿望和追求,从而体察和理解他人,自觉调节人我关系,促进人际和谐。这就是孔子说的"己欲立而立人,己欲达而达人""己所不欲,勿施于人"。这种修养方法对调节人际关系,促进社会和谐具有十分重要的意义。

(三)中华民族传统美德强调的是一种高尚的精神境界

儒家的价值取向,是重视精神境界,认为人的精神需要高于物质需要。这一思想充分体现于人生理想、人生态度和人生修养之中。孔子说:"民之于仁也,甚于水火,水火吾见蹈而死者矣,未见蹈仁而死者也。"[1]人在社会中必然依赖水火等物质条件而生活,但是水火有时还会给人们带来危害,而作为精神境界的"仁",却只能给人们带来利益,而不会有任何伤害。孔子还说:"志士仁人,无求生以害仁,有杀身以成仁。"孟子也说过:"生吾所欲也,义亦吾所欲也,二者不可得兼,舍生而取义者也。"物质需要和精神需要,是人类生活中不可缺少的。当二者不可兼得的时候,就只有牺牲自己的物质需要,去追求崇高的精神需要。儒家还十分推崇重视精神境界的理想人格,孟子说:"居天下之广居,立天下之正位,行天下之大道。得志,与民

---

[1]《论语·卫灵公》。

由之；不得志，独行其道。富贵不能淫，贫贱不能移，威武不能屈，此之谓大丈夫。"[1]历代爱国志士和民族英雄层出不穷，这是与儒家思想的影响有着直接关系的。可见，这种重视精神境界的思想，对塑造"志士仁人"、"大丈夫"这样的理想人格，对于陶冶民族性格和建设精神文明，在历史上曾起过巨大的进步作用。今天，在建立社会主义市场经济体制的过程中，由于市场经济的负面影响，社会上出现了重利轻义、唯利是图和拜金主义思想。假冒伪劣充斥市场，坑蒙拐骗随处可见。长此以往，就会如孟子所言"上下交争利，则国危矣。"一个人有了精神支柱，生活才有意义；一个国家有了精神支柱，才具有凝聚力和向心力。传统美德重视精神境界，因此，仍具有重要现实意义。

二、中华民族传统美德研究和教育的基本原则

进行中华民族传统美德研究和教育必然遇到三大矛盾，即精华与糟粕的矛盾、传统与现代的矛盾、中国传统与西方文化的矛盾。我们要正确地解决这三大矛盾，必须正确区分、认识和处理这三大矛盾关系，坚持三个基本原则。

（一）正确区分精华与糟粕，坚持批判继承、去糟取精的原则

在对待中华民族传统文化的问题上，"五四"以来有着两种不同的态度和主张：一种是毫无批判地兼收并蓄，食古不化；另一种是全盘否定的历史虚无主义，鼓吹"全盘西化"。中国的马克思主义者反对这两种错误的态度，主张批判继承，取其精华，去其糟粕。在社会主义现代化建设的今天，我们研究中国传统道德必须坚持这一正确的主张。中国传统道德是一定时代的产物，同任何事物一样，中国传统道德也具有两重性。既有进步性，又有局限性；既有精华，又有糟粕。建立在小农生产基础和封建宗法制度之上的传统道德，必然有狭隘性和保守性的一面，诸如鄙视劳动、宗法观念、家长作风、忠君思想、因循守旧、封建迷信、男尊女卑、平均主义等。这些消极的东西曾经是导致我国社会长期停滞的思想根源之一。因此，对待中国传统文化绝不应不分良莠，兼收并蓄，而应当批判地继承，吸收其精华，剔除其糟粕。

在中国悠久的文明史中，传统道德经过千百年的积淀，有些光辉的思想已构成了我们的民族之魂。例如"天下兴亡，匹夫有责"的爱国主义精神；"天下为公"、"修齐治平"的整体主义精神；刚健有为、自强不息的积极进取精神；"先天下之忧而忧、后天下之乐而乐"的先人后己精神；"见利思义"、"先义后利"的价值取向；"富贵不能淫、贫贱不能移、威武不能屈"的浩然正气；"杀身成仁"、"舍生取义"的高风亮节；勤劳简朴、诚实守信的求实精神；"仁者爱人"、"成人之美"的友爱思想；"推己及人"、"能近取譬"的修养方法；等等。这些民族之魂曾经哺育了中华民族亿万优秀儿女的健康成长，曾经激励过无数志士仁人、英雄豪杰为民族的兴旺发达，为祖国的繁荣富强而写下了人生的壮丽篇章。毫无疑问，这些中华民族传统道德的精华，在社会主义现代化建设的今天也是值得吸取、继承和发扬光大的。

（二）正确认识传统与现代的关系，坚持古为今用，发展创新的原则

马克思指出："任何真正的哲学都是自己时代精神的精华。"中华民族传统美德作为一定社会时代精神的精华，它的形成必然带有该时代的烙印。然而，中国5000年的文明史、近百年

---

[1]《孟子·滕文公》。

的革命斗争史和40年的社会主义建设已经为传统美德注入了各个历史时期的时代精神，赋予了新的内容。传统美德永恒的只是它所包容的道德范畴，而它的内容则由于不同时代的生产关系和生活方式的不同而历史地发生了变化。正因为如此，在传统和现代之间没有不可逾越的鸿沟。连接传统与现代的桥梁就是古为今用、发展创新，即在传统美德范畴中注入新的时代内容。比如："忠"、"孝"两个道德范畴，我们在讲政治伦理和家庭伦理中仍然可以沿用它们，但是它所包含的实际内容与封建时代的愚忠、愚孝就有了本质的不同。封建时代的"忠"是忠君思想，是"君要臣死，臣不敢不死"，并且还要"谢主龙恩"。而现在讲"忠"，是指忠于祖国、忠于人民、忠于社会主义事业。封建时代讲"孝"，包含着"不孝有三，无后为大"、"父母在、不远游"等封建内容。而现在讲"孝"则摒弃了这些东西，只包含赡养父母、尊重父母、孝敬父母之意。在这方面，我国老一辈无产阶级革命家毛泽东、周恩来、刘少奇、朱德等早已为我们树立了榜样。在他们的著作中曾多次引用传统美德中的格言警句，并且用来指导党的工作和教育党的干部，这是众所周知的。中国传统道德已经深深地积淀在中国人民的生活意识里，至今仍在一定程度上影响着中国人的人生观和道德观。这是对传统与现代接轨的最好说明。

应该看到传统美德具有相对的稳定性，它的许多方面并不是为某一个阶级、某一个时代所独有的，也不只是为某一个阶级、某一个时代所利用的。我们既要看它的阶级性和时代性，又要重视它的继承性和借鉴性。中国传统道德，为我们留下了大量可资借鉴的宝贵经验。许多警句格言至今闪烁着哲理的光辉，其中有些东西一旦赋予新意，便可成为社会主义精神文明的组成部分，便可成为建立社会主义新的道德体系的思想材料。对于中国传统道德的合理成分和积极因素，我们要以马克思主义为指导，进行革命变革和改造利用，赋予其新的内容和新的含义，在继承的基础上有所发展和创新。

（三）正确处理中国传统与西方文化的关系，坚持贯通古今，融汇中西的原则

进行中华民族传统美德教育并不是妄自尊大、固步自封、排斥外来文化。相反，中华民族传统美德具有包容性和开放性的特点，它可以在马克思主义指导下贯通古今，融汇中西，使传统与现代接轨，中国与世界沟通。

中华民族传统美德不仅源远流长、博大精深，而且影响广远，它已经跨越国界成为世界文化宝库中一颗璀灿的明珠。作为一种文化现象，它已经成为全人类的共同财富。特别是现代以来，日本、韩国、新加坡、港澳台等一些国家和地区为代表的"亚洲伦理工业区"的发展，为儒家伦理与西方先进的科技和管理相结合提供了成功的经验。中国传统的人生观和社会伦理观，将会领导21世纪的世界文明。日本学者井上靖先生在他的专著《孔子》书中说："孔子的确是永恒的人类导师。"在欧美，孔子的思想同样受到专家学者的尊崇。在纪念孔子诞辰2500周年的时候，法国专门出版了关于孔子的著作《圣人的四书》，以此来纪念世界伟大的思想家。几年前，美国出版了《人民年鉴手册》，列举了世界十大思想家，孔子被列为首位。由此可见，中国传统的儒家伦理越来越多地被世界人民所接受，并将与西方的现代文明相结合。

另一方面，我们在进行中华民族传统美德教育的时候，也需要学习、借鉴、利用、吸收包括西方文化在内的人类所创造的一切优秀文化成果。特别是那些适用于市场经济的道德观念，如改革开放观念、民主法制观念、公平竞争观念、效率效益观念、公关信息观念、商品市场观念等，更需要借鉴和吸收，使其与中国传统美德相融合，做到洋为中用。总之，我们要在马克思主义指导下，批判、继承、弘扬、光大我国传统美德，同时还要学习、借鉴、吸收西方优秀文化成果，并使二者有机结合起来，实现"山与海的拥抱"，创造出有中国特色的社会主义道德体系。

三、中华民族传统美德教育体系的构建

中华民族传统美德内容十分丰富。要从中概括、提炼出适合对中小学生进行教育的德目，并且能够得到理论界认可，经得起教育实践的检验，实属不易。在这方面，专家学者们提出了多种不同的概括方法，但无论如何也不能穷尽传统美德。因此，我想就中华民族传统美德体系的构建方面提三点建议。

（一）要适应改革开放和市场经济的需要，使之具有针对性

我们进行中华民族传统美德教育的主要目的，是为了解决学生面临的或存在的道德问题。而当前最突出的问题是市场经济负效应所造成的急功近利、唯利是图、见利忘义等拜金主义对学生的消极影响。社会政治生活中的消极腐败现象，商品生产中的假冒伪劣现象，经济生活中坑蒙拐骗现象，文化生活中黄毒泛滥现象，严重地冲击着学生的心灵。相当多的学生厌学逃学，甚至弃学经商；有的学生滋生了"向钱看"的思想，代同学抄笔记、为小同学搬桌椅也要钱；甚至有的学生染上了偷窃的恶习，青少年犯罪率大幅度上升。这些情况说明，对学生进行义利观教育已是值取向上主张"义以为上"、"义以为质"、"先义后利"、"见利思义"、"勿见小利"，着眼"天下大利"等观点，对今天的义利观教育仍具有十分重要的现实意义。当然，在义利之辨中有的思想家如董仲舒把孔孟的思想神圣化、极端化，提出"正其宜不谋其利，明其道不计其功"的观点，把道义与功利完全对立起来，这在现实生活中也是不可取的。不过，清代的颜元大胆地修正了董子的观点，提出"正其宜以谋其利，明其道而计其功"，表达了道义与功利相结合的思想。应该说这是很有价值的见解。总之，我们应该对"义利之辨"进行认真研究，从中概括、提炼出对学生进行义利观教育的有现实意义的观点，作为传统美德中不可缺少的一个重要德目。

在市场经济条件下，"等价交换"是经济生活中一个通行的原则。可是，有人把等价交换的原则引申到社会生活的其他领域，如政治生活中出现了"权钱交易"，职业生活中出现了行业不正之风，人际关系中也出现了"互利互惠"，甚至在价值观念中有的人主张把"既要奉献，又要索取；既不占便宜，也不吃亏"作为人生的座右铭。这种现象对青少年学生产生了强烈影响，奉献精神在滑坡在弱化。针对这种情况，我们应大力提倡奉献精神，使传统美德中的"先天下之忧而忧，后天下之乐而乐"的思想弘扬光大。为此建议在传统美德中增加诸如公而忘私、舍己为人、先人后己这样的德目。

坚持改革开放，是党的基本路线中的"两个基本点"之一。改革开放是强国之路。这是大家都明白的道理。然而在实际生活中因循守旧、墨守成规的陋习仍然是改革开放的一个思想障碍。我们培养的学生是跨世纪的一代，他们能否在21世纪的国际竞争中取胜，取决于他们这一代能否坚持实事求是、解放思想的路线，是否具有开拓、创造和积极进取精神。根据时代的要求，我们在传统美德教育中必须弘扬"天行健、君子以自强不息"的进取精神。江泽民同志

提出的"64字伟大创业精神"正是对这一传统美德的弘扬光大。为此,建议增加"刚健有为,自强不息"或"开拓创造,积极进取"作为传统美德的德目。

(二)要以伦理学的理论为依据,使之具有系统性

伦理学是关于道德的学说和理论体系。也称道德学、道德哲学或道德科学。道德是调整人们之间以及个人与社会之间的关系,处理个人利益与社会利益关系的行为准则和规范。伦理学分为理论伦理学和规范伦理学,规范伦理学研究善恶的标准和道德规范问题。中国传统的伦理学被称为道德哲学,是关于人伦关系的学问。它研究君臣、父子、夫妻、兄弟、朋友、师徒、长幼等各种人际关系的道德规范问题。现代伦理学的研究对象逐渐拓宽,不只讲人伦关系,而且也讲职业生活、政治生活中的道德问题,甚至发展到研究人对自然环境的道德问题,于是便出现了职业伦理学(如教师道德、商业道德、医生道德等)、政治伦理学、环境伦理学(也称生态伦理学)等。根据伦理学的理论和分类,中华民族传统美德的德目可按家庭伦理、学校伦理、社区伦理、环境伦理、职业伦理和政治伦理来归纳和分类。家庭伦理:孝敬父母;学校伦理:尊敬师长、团结友爱、立志勤学;社区伦理:谦虚礼貌、诚实守信、律己宽人、先人后己;环境伦理:整洁健身、保护环境;职业伦理:敬业尽责、开拓进取、勤劳节俭、见利思义等;政治伦理:爱国爱民、天下为公。

(三)要遵循教育规律,使之具有科学性

教育规律是指教育过程中诸种教育要素之间固有的、内在的、本质的、必然的联系。教育规律有若干条,这里主要指人的社会化规律和中小学生思想品德形成和发展的一般规律。

人生,从自然属性看,是人的生命的过程;从社会属性看,是人的社会化的过程;从人的主体意识上看,是人对自然和社会的认识、适应、利用和改造的过程,也是一个人在立身处世中自我认识和自我完善的过程。教育特别是基础教育在人的社会化过程中承担着重要的任务。用社会学的语言说,教育的过程是使一个自然人转变为能够掌握一定的社会文化,学会参与社会生活、履行某种社会角色行为的社会人的过程。因此,教育过程不仅要遵循教育规律,而且要遵循人的社会化的规律,或者说教育的规律本身就包含着社会化的规律。一个人从一诞生,就置身于一定的社会关系之中。婴儿和幼儿,开始牙牙学语,认识身边的人和物,最初接触的是社会关系中最简单的家庭关系。童年和少年,童蒙初开,读书求知,从家庭走向学校,接触的社会关系由原来的亲子关系,扩大到师生关系、同学关系,同时不同程度地接触其他社会关系(如社区关系、邻里关系)。青年时期,自我意识、参与意识和社会责任感普遍增加,接触到的地缘关系、业缘关系、生产关系、政治关系的次数和频率不断增多。由此可见,青少年学生在社会化的过程中所接触的社会关系的顺序依次是:家庭关系(主要是亲子关系)、学校关系(主要是师生关系和同学关系)、地缘关系(主要是邻里关系、社区关系)、环境关系(主要是校园环境、社区环境)、政治关系(主要是党团关系)、生产关系(主要是初中或高中毕业年级学生在选择职业时所能接触到的业缘关系问题)。

一般来说,教育过程应该是与学生身心发展过程和社会化过程同步的。中华民族传统美德教育就是要使学生在社会化的过程中逐步学会正确处理各种社会关系和人际关系,养成立身处世、待人接物的良好行为习惯。因此,传统美德教育的内容应该适应不同年龄段学生身心发展的特点和规律,并且与学生依次接触的社会关系相对应。用教育循序渐进的规律来说,就

是由浅入深、由近及远、由低到高、由具体到抽象、由感性到理性。据此,我认为传统美德体系的基本框架应是:家庭伦理——学校伦理——社区伦理——环境伦理——职业伦理——政治伦理。德目的排列顺序应是:孝敬父母、尊敬师长、团结友爱、立志勤学、谦虚礼貌、诚实守信、律己宽人、先人后己、整洁健身、爱护环境、敬业尽责、开拓进取、见利思义、勤劳节俭、爱国爱民、天下为公。

在中华民族传统美德教育实践中,要遵循教育规律,根据不同年级学生的身心特点和社会化特点,对上述德目体系分阶段、分层次地进行。小学以家庭伦理和学校伦理为主,以社区伦理和环境伦理为辅。初中以学校伦理和社区伦理为主,以家庭伦理和环境伦理以及政治伦理为辅。高中(包括职高和中专)则以职业伦理和政治伦理为主,以社区伦理和学校伦理为辅。在教育的方式方法上小学以讲故事为主,并配合以图文并茂的教材和声像并茂音像资料。初中以讲名言警句为主,并配合以音像资料和演讲参观等实践活动。高中以讲哲理为主,并配合以演讲、讨论、参观、考察等实践活动。

12. 二十一世纪的文化战略与价值观教育的借鉴承扬[1]

一、中国文化战略的提出及其历史思考

什么是中国思想文化战略? 1992年春,邓小平同志在巡视南方时的谈话中说:"广东20年赶上亚洲'四小龙',不仅经济要上去,社会秩序、社会风气也要搞好,两个文明都超过他们,这才是中国特色的社会主义。"[2]他还强调:"社会主义要赢得与资本主义相比较的优势,就必须大胆吸收借鉴人类社会创造的一切文明成果,吸收和借鉴当今世界各国包括资本主义发达国家的一切反映现代化社会化生产规律的先进经营方式、管理方法。"[3]以江泽民为核心的党中央在不断深入推进改革开放和经济发展的同时,一再强调继承和发展中华民族优秀文化传统,对青少年学生进行近、现代史和国情教育,进行中华民族传统美德教育,以不断培养和强化中国新一代的集体主义、爱国主义和社会主义意识。以中华民族优秀文化传统为根基,吸收和借鉴其他民族和国家的一切有价值的文明成果,整合出反映历史进程的有中国特色的社会主义的新文化,造就一代社会主义新人,这就是当今中国正在形成的一种思想文化战略。

1994年初,江泽民同志在全国宣传思想工作会议上,对这一思想文化战略,进行了完整而具体的阐述:"要用科学的态度对待我们民族的传统文化和外来的文化。我们民族历经沧桑,创造了人类发展史上灿烂的中华文明,形成了具有强大生命力的传统文化。我们要取其精华,去其糟粕,很好地继承这一珍贵的文化遗产。要认真研究和借鉴世界各国的文明成果,善于

---

[1] 此文作于1994年,先后在全国各地德育教师培训班上多次做过演讲。后收入作者个人论文集《德育新论》中,首都师范大学出版社1996年出版。
[2] 邓小平:《在武昌、深圳、珠海、上海等地的谈话要点》,《邓小平文选》第三卷,第378页。
[3] 邓小平:《在武昌、深圳、珠海、上海等地的谈话要点》,《邓小平文选》第三卷,第373页。

从其他国家和民族的文化中汲取营养，发展自己。我们讲继承，讲借鉴，目的是通过继承和借鉴，使民族传统文化、外来文化的精华，同我们党领导人民在长期革命和建设中形成的优良传统和革命精神有机地结合起来，并在新的实践基础上不断创新，建设和发展有中国特色的社会主义文化。"[1]

这个思想战略，不仅是当代中国共产党人面向21世纪所进行战略思考的成果，也是中国近代民主革命志士仁人经历整整一个世纪前赴后继艰苦求索的结晶。

100年前，也就是19世纪的最后10年，中国近代史上不少有民族气节的思想家、教育家和政治家们就力图设计中国的思想文化战略。康有为的《孔子改制考》和《新学伪经考》先后于1887年和1891年问世，这两部书成为变法维新的理论参照。1898年6月光绪皇帝下诏变法："……以圣贤义理之学，植其根本，又须博采西学之切实务者，实力讲求，以救空疏迂谬之弊。"表明了中西结合的态度。康有为在《大同书》中明确提出："合经子之奥言，操儒佛之微旨，参中西之新理。"可见他意欲通达古今，兼纳中西，再造中国文化之良苦用心。1889年7月，梁启超按光绪旨意，参照日本和西方学制，起草了《京师大学堂章程》，规定其办学方针是："中学为体，西学为用，中西并用，观其会通。"同年，张之洞发表《劝学篇》，主张："新旧兼学，旧学为体，新学为用。"虽然这一"中学为体，西学为用，新旧并存，中西杂糅"的思想文化战略，在百日维新失败之后未能付诸实现，但是，它毕竟引起了国人的思考，并引出了此后一系列有关中西文化比较的论战。[2]

在中西文化比较论战中，有两种截然不同、根本对立的态度和主张：一种是主张尊孔读经，食古不化的国粹主义；另一种是主张打倒孔家店，全盘西化的历史虚无主义和民族虚无主义。以毛泽东为代表的中国共产党人反对这两种错误的态度，主张对传统文化批判继承，去糟取精，古为今用，推陈出新。遗憾的是，这一对待中国传统文化的正确方针并未得到认真和全面的贯彻。从"五四"运动到"批林批孔"的50年间，中国传统文化的主流与核心——儒学，在中国这块古老的大地上的命运每况愈下。历史虚无主义和民族虚无主义几度得逞。直到80年代中期，中国知识界曾一度掀起了"中西文化比较热"，当《河殇》鼓吹用"蓝色文明"取代"黄色文明"受到批判时，才给那阵"全盘西化"风暂时画上了句号。

历史，尤其是中国近代史已经证明：固守旧有传统，不吸收和借鉴外来的先进文化与文明成果，即使是最优秀文化也难以继续和发扬光大；同样，任何外来文化，如果不与中华民族传统文化相融合，即是最先进的文化思想，也难免不走向僵化与教条。

历史，尤其是中国近代史还证明：提出和制定一个正确文化发展战略固然很难，坚持和实现这一正确的文化发展战略更难。

历史，还将证明：中国共产党提出的面向21世纪的文化战略是唯一正确的思想，坚持这一文化战略的重任，历史地落在了当今跨世纪的一代青少年特别是大学生的肩上！

回顾本世纪的发展，正是跨世纪的一代人对本世纪的学术、思想以至政治、社会发展起了极大的影响。而现在我们寄希望的跨世纪的一代人，与上世纪末跨世纪的一代有着不同的

---

[1] 江泽民：《在全国宣传思想工作会议上的讲话》。
[2] 王殿卿主编：《中华伦理·序言》，首都师大出版社，1994年。

情况。上世纪末跨世纪的一代,是在传统文化的熏陶下,接受传统教育成长的。在传统文化的知识修养方面,他们都有深厚的基础。在此基础上,有感于社会进步之需要,进而学习西方近代思想,寻求救国之道,最终接受了马克思主义,并把马克思主义与中国革命的具体实践和中国优秀文化传统相结合,形成了毛泽东思想和邓小平建设有中国特色的社会主义理论。而今天的跨世纪一代则不同,他们成长于传统文化经历了十年浩劫之后,又处于市场经济发展的大潮中,既没有受到传统文化的良好教育,又深受到社会西化风的熏染。他们的长处是对现代科技知识和世界的了解更多,突出的弱点则是对传统文化知之甚少。这种状况与我们的期望之间,显然有很大的差距。因此,对今天的跨世纪的一代青少年,特别是大学生进行中华民族优秀文化传统教育,特别是其中的价值观教育,就十分必要的了。

二、中国传统价值观的继承和弘扬

在中国共产党提出的面向21世纪的思想文化战略的指导下,大学生价值观教育在坚持邓小平有中国特色社会主义价值观一元导向的基础上,应当继承、弘扬中华民族传统文化的精华,以利丰富大学生价值观教育的内容和突出价值观教育的哲理性。

中国传统文化渊远流长,博大精深。它最基本的特征是关注人与社会的问题,儒、道、墨、法各派学说,虽然旨趣有异,但却殊途同归,都把治学的目标定在世界对人的意义这个共同点上。传统哲学的本体论并非以宇宙的本质为认识的根本目标,而是借"天道"以明"人道";传统哲学的认识论并非以认识的源泉和规律为探讨的最终目的,而是借"知行"以说"道德";传统哲学的辩证法并非以研究世界运动的规律为最后归宿,而是借"阴阳"以言"治平"。总之,自然与人伦合一,知识与道德融汇,宇宙法则与治世规范统一,是中国传统哲学的本质特征。就哲学形态而论,甚至可以说,它归根结底是价值哲学。因此,中国传统哲学包含着深刻而丰富的价值观。

首先,在价值本质观上,主要认为价值是客体与主体之间的和谐关系。传统哲学对价值本质的看法,有从主体经验方面理解的,也有从客体属性方面理解的,但更为成熟的看法是从主客体之间关系来理解,认为价值是客体与主体之间的和谐关系。儒家主张:"和为贵","贵"是一种价值词,认为"和"是价值的特征。孔子说:"礼之用,和为贵。先王之道斯为美。"[1]孟子说:"天时不如地利,地利不如人和"[2]。认为人际关系的和谐最有价值。《中庸》又说:"和也者,天下之达道也。"这里已经把"和"的价值意义普遍化了。根据这些思想,古代典籍中以"和"解释价值的例证很多,如"善,犹和也","利,和也","利,义之和也"等等。上述"贵"、"美"、"善"、"利"等在古代都是价值词,古代学人之所以把"和"与价值联系在一起,是因为"和"表明了主客体之间关系的一种状态或特征。中国传统文化强调物与物、物与人、人与人、人与社会关系的和谐,对于社会稳定和谐具有积极的意义。

其次,在价值分类说上,侧重以人为本位的价值分类方法。传统哲学认为天、地、人是宇宙万物的根本,故称其为"三材"。因此,价值分类基本上是按这三大系列进行的,其中有以

---

[1]《论语·学而》。
[2]《孟子·公孙丑下》。

"天"为本位的价值分类法,也有以"地"为本位的价值分类法,但以人为本位的价值分类法居于主要地位。传统儒家学说极重道德价值,关于道德价值的分类有"五常"说,即仁、义、礼、智、信;"四维"说,即礼、义、廉、耻;"三达德"说,即智、仁、勇;"四德"说,即孝、悌、忠、信。此外还有"三不朽"说和庄子的"三无"说。《左传·襄公二十四年》说:"太上有立德,其次有立功,其次有立言。虽久不废,此之谓不朽。"[1]以立德、立功、立言为人生的三种价值,其中以立德为最高价值,同时也肯定了功业和言论的价值。《庄子·逍遥游》说:"至人无己,神人无功,圣人无名。"[2]意思是说,忘掉自己是至人的人生目标;不求功业,是神人的人生取向;不立名望,是圣人的人生追求。自我、功业、名望是世俗人所关注的三种价值,庄子主张否定此三种价值,而代之以无己、无功、无名这三种超越性的人生价值。这正是道家不同于儒家的地方。儒家强调道德价值并肯定功业和言论价值的思想是有积极意义的。道家主张超越世俗观念的价值观点也是一种不可忽视的人生价值的境界。

第三,在价值评价标准上,多数主张绝对价值标准论。传统哲学的儒、墨、法等学派在价值评价的标准上都主张绝对性。在他们看来,评价事物的是与非、善与恶、美与丑是有绝对标准的。儒家以"仁义"为标准,墨家以"功利"为标准,法家以"法术"为标准,并视其为评价善恶、是非、美丑的至高无上的原则。儒家的"君子义以为上"、"义以为质"、"先义后利者荣,先利后义者辱"、"好仁者无以尚之";墨家的"万事莫贵于义";法家的"万物中身之至贵也"、"唯法为治"等命题,都是进行价值评价的例证。与儒、墨、法不同,道家提出了评价标准的相对性观点。老子认为:"善之与恶,相去几何",庄子进一步说:"以道观之,物无贵溅"。由于儒、道、墨、法各派的价值取向不同,在价值标准上也就不同。自从董仲舒提出"罢黜百家,独尊儒术"的建议被汉武帝采纳之后,儒家便取得了独尊的地位,成为中国历史上的正统思想。在价值评价标准上经过各派观点的碰撞便逐渐形成了以儒家思想为主导的"儒道互补"、"儒释相融"、"外儒内法"的基本格局。

第四,在价值目标上,儒家主张"天下为公"。《礼记》以孔子的名义说:"大道之行也,天下为公。选贤与能,讲信修睦。故人不独亲其亲,独子其子;使老有所终,壮有所用,幼有所长,鳏寡孤独废疾者皆有所养。男有分,女有归。货恶其弃于地也,不必藏于己。力恶其不出于身也,不必为己。是故谋闭不兴,盗窃乱贼而不作,故外户而不闭。是谓大同。"[3]这是中国历代学人的社会理想和价值目标。后世儒家将这一思想丰富完善,形成了一套"修身"、"齐家"、"治国"、"平天下"的价值目标体系。"天下兴亡,匹夫有责","先天下之忧而忧,后天下之乐而乐"的思想,对中国历代志士仁人、民族英雄价值观的形成产生了深远的影响。

第五,在价值取向上,儒家强调精神价值。儒家的价值取向,是重视精神境界,认为人的精神需要高于物质需要。孔子说:"民之于仁也,甚于水火,水火吾见蹈而死者矣,未见蹈仁而死者也。"[4]孟子也说过:"生吾所欲也,义亦吾所欲也,二者不可得兼,舍生而取义者也。"在"义利观"上主张义重于利,强调要"见利思义","义以为质"、"义然后取"、"先义后利"。儒

---

[1]《左传·襄公二十四年》。
[2]《庄子·逍遥游》。
[3]《礼记·大同》。
[4]《论语·卫灵公》。

家还十分推崇重视精神境界的理想人格,孟子说:"居天下之广居,立天下之正位,行天下之大道。得志,与民由之;不得志,独行其道。富贵不能淫,贫贱不能移,威武不能屈,此之谓丈夫。"[1] 历代爱国志士和民族英雄层出不穷,这与儒家思想的影响是有直接关系的。

上述可见,中国传统哲学在价值观方面有着十分丰富的内容。许多警句格言至今仍然闪烁着哲理的光辉,其中有些东西一旦赋予新意,便可成为社会主义精神文明的组成部分,便可以成为对大学生进行价值观教育的思想材料。对于中国传统文化的合理成分和积极因素,我们要以马克思主义为指导,进行革命变革和改造利用,使之赋予新的内容和新的含义,在继承的基础上有所发展和创新。

三、西方价值论研究成果的借鉴和利用

在中国共产党提出的面向21世纪的思想文化战略的指导下,我们不仅要继承和弘扬中国传统价值观的精华,而且还要借鉴和利用西方价值论研究的理论成果,使之对大学生价值观教育有所补益。

在对待西方文化的问题上,我们有过正反两方面的经验,现在可以清醒地认识到,采取闭关自守、全盘否定或崇洋媚外、全盘西化这两种极端的观点都是错误的。正确的态度应该是分析、鉴别、学习、借鉴、吸收和利用。在价值论和价值观研究方面,西方哲学家要比我们现在早100多年。19世纪后半叶,德国哲学家洛采把世界划分为事实、规律和价值三大领域,认为只有价值是目的,经验事实和因果规律都是手段。在洛采发表自己的观点不久以后,尼采提出了价值重估理论,并在西方掀起了一场重新反省自己的文化,反省自己的价值观、价值标准和价值理想的运动,从而突出了价值问题的社会影响。1889年奥地利哲学家布伦坦诺在他的著作《我们的正确和错误知识的起源》中,探讨了价值判断的源泉和价值评价的公理等问题。随后,他的两个追随者迈农和艾伦菲尔分别在1894年和1896年写下了《价值体系》,此后价值论研究才在欧洲大陆兴起。1966年美国哲学家乌尔班写了一本名为《评价:其性质和规则》的著作,从而把价值论研究引入英语世界。一时间,培里、杜威、鲁一士等一批美国哲学家都有专著大谈价值问题。其中,培里在1926年出版的《一般价值论》(又译《价值通论》),罗尔斯的《正义论》等著作再次推动了价值论的研究。

现代西方哲学家们的价值理论研究可以分为规范理论和元理论两个方面。规范理论旨在回答什么是有价值的、好的、美的、善的、正当的,并确定什么是价值判断、价值评价的标准和规则。虽然规范理论家们在什么是价值的问题上存在着快乐论和多元论两种倾向,但规范理论的研究毕竟做出了各自的贡献。

首先,对价值种类作了比较细致的区分。比如,鲁一士把价值种类分为:在有用性的意义上来看的价值;在手段的意义上来看的价值;在目的意义上来看的价值;在作为整体的一部分来看的价值。赖特则进一步区分为:工具的价值、技术的价值、快乐的价值、功利的价值、道德的价值。培里把价值分为道德、宗教、艺术、科学、经济、政治、法律和习俗八个领域。

其次,对价值评判的标准或规则提出了一些有意义的看法。比如,布伦坦诺在价值评判问

---
[1]《孟子·滕文公》。

题上提出三条优选公理：我们宁肯选择被认为是好的东西，而不愿选择被认为是坏的东西；我们宁愿被认为是好的东西存在，而不愿它不存在；我们宁愿一个好的东西存在，而不愿另一个虽然好，但其每一个方面都只与前者的一部分相等的东西存在。再如，培里提出了兴趣价值说，他认为当一件事物是某种兴趣的对象时，它就是有价值的。由此，在价值评判上，培里认为如果满足一种兴趣是好的，满足两种兴趣就比较好一些，而满足一切的兴趣就是最好的。同样，如果导致善的行动是正当的，导致较多善的行动就更为正当一些，而导致最多善的行动便是最正当的了。

第三，当规范理论的价值判断遇到逻辑证明挑战并陷入困境之后，一些人在试图重建规范理论。美国哲学家罗尔斯是突出代表，他在1971年出版的《正义论》一书中确定了个人行为和社会制度的评价和选择标准，这就是他所谓的正义原则。他探讨了正义和善这两个价值范畴的关系，从而在西方引起了强烈而又广泛的反响。

第四，西方哲学中的价值论较早地引入到教育学、心理学中来。60年代在美国兴起的关于道德教育的价值澄清理论就是一个典型代表。1966年拉塞思、哈明、西蒙合著的《价值观与教学》书中列出了价值澄清问答法、书面评价法和班组讨论法等多种方式的价值观教育方法。他们强调无论采取何种方法，都不能忽略和脱离基本的价值澄清过程。而这一价值澄清过程被概括为三部分七阶段。即（一）选择：①完全自由地选择；②在尽可能广泛的范围内自由选择；③对每一个可选择途径的后果加以充分考虑之后进行选择；（二）赞赏：④喜欢做出的选择并感到满足；⑤乐于向公众宣布自己的选择；（三）行动：⑥按做出的选择行事；⑦作为一种生活方式加以重复。他们认为只有这七个阶段完全被经历之后才算真正澄清并获得了价值观。

第五，继价值澄清学派之后，在价值观教育领域情有独钟并且卓有建树的西方教育家当推加拿大多伦多大学安大略教育研究院的教育哲学教授克里夫·贝克先生。贝克所倡导的价值教育方法是一种"反省的方法"，它是以"反省伦理学"为理论基础的。贝克对价值的本质、来源以及人类的基本价值如生存、健康、快乐、友谊、同情、助人、自尊、自由、审美体验等进行了理论探讨。然而，他更注重对价值教育方法的研究，70年代提出"理论讨论法"，80年代提出"问题中心法"，90年代提出"对话法"。关于"对话法"，贝克提出7条要求：(1)师生彼此尊重对方的观点，教师不要把自己的观点强加给学生；(2)师生彼此尊重对方的习惯，不要以自己的习惯要求对方；(3)要有言论、思想和行动的自由；(4)师生双方共同控制对话的内容和形式；(5)对话不能脱离学生的生活经验和兴趣；(6)通过行动检查价值学习的结果；(7)对话要有一定的知识内容作基础。由此可见，价值教育的对话法，主张师生共同学习，双向选择，而不是权威主义或控制式的。贝克的价值教育方法不仅反映了当代西方价值教育理论从分化到整合的趋势，而且反映了当代价值教育理论从"玄思"到"务实"的基本倾向。

上述可见，西方哲学家、教育家关于价值论的规范理论对价值分类、价值判断标准和价值观教育方法的研究做出了不懈的努力，其中不乏有价值的见解，对我们研究价值论和进行价值观教育有一定的借鉴意义。当然，他所谓的"好"、"善"、"正义"，并不具有全人类的永恒的意义，他们的"完全自由地选择"在我国也不具有普遍的意义，我们主要的是从方法论的意义上吸收和借鉴。

总之，我们要在马克思主义指导下，大胆学习、借鉴、吸收和利用世界各国的优秀文明成果，继承、弘扬我国的优秀传统文化，并使二者有机结合起来，实现"山与海的拥抱"，创造出有中国特色的社会主义文化，使之丰富和发展价值观教育的内容和方法。

二、詹万生"八五"时期的著作简介

1. 大型德育工具书《中国德育全书》

《中国德育全书》是中国教育史上第一部系统介绍和阐述德育基础理论、应用理论，全方位选辑德育工作参考资料的大型德育工具书。全书由詹万生担任主编，由德育界知名的专家、学者、教授、研究员和部分德育管理干部、一线德育教师共55人参加撰稿。本书研究编写历时两年多，全书200余万字，精装大16开1573页，于1994年由黑龙江人民出版社出版。

《中国德育全书》的编写构想和设计起步于1991年12月中央教育科学研究所德育研究中心于成立，詹万生由首都师范大学宣传部副部长调任中央教育科学研究所德育研究中心主任。中央教科所关于成立德育研究中心的报告和国家教委的批示明确规定了德育研究中心的任务、宗旨和目标："进行德育基础理论和应用理论研究，为国家教委和各级教育行政部门的德育决策提供理论依据，为各级各类学校德育工作提供指导和帮助，为建设有中国特色的社会主义德育体系而努力奋斗"。为扎实地完成任务、落实宗旨，达到目标，詹万生将德育基础理论和应用理论的研究内容列了一个详细的提纲，以便制定科研规划。这个提纲便是《中国德育全书》编写大纲的雏形。随后詹万生主持了"八五"规划教育部重点课题"我国各级各类学校德育现状调查研究"和"我国德育理论发展现状研究"。这两个课题为编写《中国德育全书》奠定了总体内容基础。

"我国各级各类学校德育现状调查研究"是首次全国性、系统性、全方位的大型德育现状调查。为了使调查样本最大限度地接近调查对象的总体，以增强调查结果的信度和效度，采取了分类随即抽样调查法，即把大学分为10类，以条条的形式伸向全国同类院校抽取样本；把中小学分为6大区，以块块的形式铺向全国各地中小学抽取样本。这样，调查样本涉及23个省（直辖市、自治区），205所学校，12255名学生。共回收"大中小学政治思想道德现状调查问卷"12255份，其中大学生问卷6617份，中学生问卷2919份，小学生问卷2719份；回收"大中小学校德育工作调查问卷"205份，其中大学61份，中小学144份。所有问卷全部经过计算机分析处理，得到了大量的第一手数据资料。在大面积问卷调查的基础上，各子课题组还分别召开了各种类型的座谈会进行典型调查，把定量分析与定性分析相结合，撰写出45份分门别类的调查报告，并在此基础上撰写了总体研究报告。通过这个课题的研究，在实际工作层面上了解了大中小学生政治思想道德素质的基本情况和大中小学校德育工作的基本情况，从而使《中国德育全书》的撰写工作建立在客观实际的基础之上。

通过"我国德育理论发展现状研究"，全面收集、系统整理、客观评价了自党的十一届三中全会以来我国德育科学研究的理论成果。为了尽可能全面地收集资料，研究中把本课题分为书籍、报纸、刊物、文件四个子系统。每一个子系统又分为若干类。如，书籍分为专著、教材、论文集三大类；报纸分为教育报、青年报、少年报三大类；刊物分为德育刊物、教育刊物、社科刊物、青少年刊物等四大类；文件分为中央文件、中宣部文件、国家教委文件、各省文件四大类。每一类又分为若干种，如，德育类刊物分为：《思想政治教育》、《中学政治课教学》、《大学德育》、《小学德育》等若干种；教育类刊物分为：《教育研究》、《人民教育》、《中国高等教育》、各省《教育》、各师范院校《学报》等若干种。每一种类都设专人负责，形成了一个庞大的收集资料的网络。经过30多位同志半年多的辛勤劳动，收集到德育著作目录约500条，德育论文目录约5000条。

在全面收集资料的基础上，经过认真筛选和系统整理，把全部条目分为基础理论、应用理论和参考资料三大部分。其中德育基础理论包含11类基本内容，德育应用理论包含9类基本内容，德育文献资料包含10类基本内容。经过对全部资料的整理和分类，总结归纳出了我国德育理论和德育实践工作的发展现状，从总体上建构起了《中国德育全书》的框架结构。

《中国德育全书》的指导思想是解放思想，实事求是，抓住机遇，迎接挑战，建立有中国特色的社会主义德育体系。这一指导思想的确立是在密切关注社会经济建设、思想文化、教育改革的发展动态和趋势的过程中形成的。

1992年初邓小平同志在南巡谈话中指出"思想再解放一点，胆子再大一点，步子再快一点"，强调"加快改革开放步伐，集中精力把经济建设搞上去"。那么，学校德育工作怎样才能适应加快改革开放的新形势，更好地为经济建设和社会发展服务呢？这是我国广大德育管理干部、德育科研工作者和德育实际工作者所共同关心的问题。甚至有的同志担心前一阶段的工作被否定，怀疑德育的地位要动摇，忧虑德育的前途和出路。为此詹万生写了《解放思想更新观念，正确认识德育的十大关系》的论文，提出德育工作者要解放思想，实事求是，勇于冲破落后的传统观念的束缚，善于从实际出发，努力去开拓进取。他讲的更新十个观念，正确认识和处理德育的十大关系是：（一）更新孤立地从政治和意识形态角度判断国际形势的观念，学会用经济观点分析国际形势，正确认识和处理集中精力搞经济建设与反和平演变的关系；（二）更新认为四项基本原则与改革开放是主从关系的观念，坚持用辩证的观点看待两个基本点，正确认识和处理坚持四项基本原则与坚持改革开放的关系；（三）更新"左比右好"宁左勿右的观念，清除"左"的思想影响，正确认识和处理警惕右与主要防止"左"的关系；（四）更新从教育内部看德育的观念，把视野扩大到社会主义建设的全局来看德育，正确认识和处理以经济建设为中心与以德育为首位的关系；（五）更新从德育自身看德育的观念，把眼界开放到教育改革的总体来看德育，正确认识和处理以德育为首与以教学为主的关系；（六）更新把德育只看做上层建筑的观念，全面理解德育的本质和功能，正确认识和处理德育的上层建筑功能与生成力功能的关系；（七）更新片面否定和抵制西方文化的观念，树立大胆向西方学习和借鉴有用东西的观念,正确认识和处理弘扬中华民族传统文化与学习借鉴西方先进文化的关系;(八)更新德育成人化观念,根据学生不同年龄阶段的特点搞好大中小学德育衔接,正确认识和处理中小学德育与大学德育的关系;(九)更新德育向社会单向求援的观念,树立双向服务、互相促进、面向经济主战场的观念,正确认识和处理学校德育与社区精神文明建设的关系;(十)更新德育工作被动应付和消极防范的观念;抓住机遇建立有中国特色的社会主义德育体系,正确认识和处理德育的针对性、突出性与系统性、常规性的关系。这篇论文后来收入詹万生主编的《德育在改革大潮中》一书中。这篇论文涉及到德育基础理论和应用理论的许多问题,从德育的指导思想,到如何看待形势与政策;从德育的本质和功能,到德育的地位和作用;从德育的目标和内容,到德育的原则和方法;从德育与政治经济的关系,到德育与社会精神文明的关系;从德育内部诸因素的关系,到德育与智育和其它诸育的关系;从大中小学的德育衔接,到建立有中国特色社会主义德育体系,都提出了一些新的见解。这些观点反映在《中国德育全书》的指导思想中。

党的十四大提出了建立社会主义市场经济体制的宏伟目标,经济领域十分活跃,商品市场、劳务市场、信息市场、金融市场出现了前所未有的繁荣景象。与此同时,商品生成中的假冒伪劣现象,经济生活中的坑蒙拐骗现象,社会政治生活中的贪污腐败现象,文化生活中"黄、毒、赌"现象也屡见不鲜,严重地冲击着青少年学生的心灵。学校德育工作在新的形势下面临着许多新问题。此时,社会上流行着两种论调,一是"代价论",认为经济搞上去必然以牺牲道德为代价;一是"自发论",认为经济搞上去之后,道德就会自然而然地好起来。针对这两种观点,詹万生写了一篇题为《市场经济的双重效应与加强和改进学校德育工作》的论文,认为市场经济对德育工作具有双重效应,一方面它对德育工作具有积极意义和推动作用,即正效应;另一方面它对德育工作具有消极影响和制约作用,即负效应。这种双重效应可以从市场经济的基本特征上加以证明。正效应表现为可以增强人们的效益观念、信誉观念、平等观念、竞争观念、创新观念等。负效应表现为容易诱发人们产生重利轻义、唯利是图、见利忘义思想,以至产生拜金主义、享乐主义和个人主义。市场经济的双重效益,客观上要求必须两个文明一起抓,两手都要硬。因此,对德育的要求不是降低了,而是更高了;德育的任务不是减轻了,而是加重了;德育的难度不是缩小了,而是增大了。在学校教育工作中,德育的地位不能动摇,德育的力度必须加强,但德育的内容和方法必须改进。在改进和加强学校德育工作中,挑战和机遇并存,困难和希望同在,但机遇多于挑战,希望大于困难。只要我们解放思想,实事求是,勤于思考,大胆实践,就一定能开创德育工作的新局面。这个观点是《中国德育全书》的又一指导思想。

1994年6月,全国教育工作会议在北京召开。江泽民总书记的重要讲话,李鹏总理的主题报告,李岚清副总理的总结讲话,都分别强调了德育工作,并且对德育内容提出了十分明确而具体的要求。詹万生在《学习和贯彻全国教育工作会议精神,建立有中国特色的社会主义德育体系》一文中把它概括为:四个进行、三个培养、三个抵制、二个纠正、三个树立、一个确立。

"四个进行"是:进行马列主义、毛泽东思想和邓小平建设有中国特色社会主义理论教育,进行爱国主义、集体主义、社会主义教育,进行"两史一情"教育,进行中华民族传统美德、革命传统和法制教育。"三个培养"是:培养进取精神、创造精神、适应社会需要的良好心理素质。

"三个抵制"是：抵制拜金主义、享乐主义、极端个人主义。"二个纠正"是：纠正单纯应付考试的倾向、同社会生活和生产实践相脱离的状况。"三个树立"是：树立正确的世界观、人生观、价值观。"一个确立"是：确立为建设有中国特色的社会主义而奋斗的政治方向。这篇文章的内容是《中国德育全书》指导思想的构成要素。

在全教会之前，中央教科所编的《科研与决策》第四期刊登了詹万生撰写的《改革和加强学校德育工作的对策性建议》一文，这是"我国各级各类学校德育现状调查研究"课题总体报告初稿的一部分。这篇报告在大量调查数据分析的基础上指出：造成青少年学生政治思想道德素质下降的原因是多方面的，既有社会大气候的原因，又有教育小环境的原因。在社会原因中，既有社会政治思潮、思想道德氛围和大众传播媒介的影响，又有深藏在其背后的经济根源；在教育的原因中，既有教育指导思想和行政管理的原因，又有学校德育自身的原因。单就教育管理和学校自身的原因来看，德育工作领导体制尚未理顺，德育地位问题还远未真正形成共识，德育教师队伍很不稳定，德育财力、物力投入严重不足，德育内容和方法亟待改进，大中小学德育衔接问题亟待解决。据此提出改进和加强学校德育工作的对策性建议四条：（一）理顺和健全德育领导体制；（二）稳定和提高德育教师队伍；（三）设立和增加德育专项经费；（四）建立和完善大中小学德育和谐衔接的有效机制，其中包括整体规划学校德育体系，制定大中小学一体化德育大纲，制定大中小学德育课系列教学大纲，加强大中小学衔接结合部薄弱点的德育管理工作等。报告中还特别指出：现行的大中小学德育大纲缺乏整体研究和设计，没有把它作为一个系统工程来统筹规划，在认识上、提法上、操作上存在很多差别，因此缺乏系统性、连续性、稳定性和层次性。这种情况说明，德育还远没有像智育那样形成一整套科学的、系统的、规范的体系。因此，在教育实践中不可避免地出现盲目性和随意性。过去在社会政治经济经常变动的情况下，难以解决这个问题，现在社会政治经济稳定，党的基本路线一百年不动摇，给我们研究解决这个问题提供了前所未有的大前提。建议由国家教委组成专门的工作班子，统一制定大中小学一体化德育大纲。这篇报告中提出的对策性建议得到了李岚清等有关领导同志的重视和肯定，并批示把报告中的一些建议写入正在起草的《中共中央关于进一步加强和改进学校德育工作的若干意见》之中。

中央文件公开发表后，我国教育界开始组织贯彻落实。国家教委党组成员、专职委员林炎志同志把文件中第（5）条提出来的"整体规划学校德育体系"的任务交给了德育研究中心。当时，詹万生正在组织一个课题组起草《学校德育总体纲要》。这个《纲要》以马列主义、毛泽东思想和邓小平同志建设有中国特色社会主义理论和党在社会主义现代化建设时期的基本路线为指导，坚持唯物辩证法的系统论原则，把学校德育作为一个系统加以整体规划。从横向来看，学校德育是由德育目标、德育内容、德育途径、德育管理等子系统构成的一个统一的整体；从纵向来看，学校德育是由小学德育、中学德育（含中等职业技术学校）、大学德育（含高等职业技术学校）等子系统组成的一个统一的整体。总体纲要的基本框架就是以横向系统为纬，以纵向系统为经构建而成的。学校德育是一个整体的动态的过程，学生健康的心理素质，文明的行为习惯，良好的道德品质，科学的世界观，人生观，价值观，崇高的理想信念，坚定正确的政治方向，是通过小学、中学、大学等各个阶段的教育逐步形成的。因此，学校德育的总目标要统一制定，一以贯之，以保证在整个德育过程中品德结构的完整性和连续性。各教育阶段具体目标的高低，德育内容的深浅和侧重点，德育途径和方法的选择，德育管理方式的运用，要针对学生不同年龄阶段的身心特点和理解接受能力的不同，由浅入深，由低到高，由感性到理性，由认识到实践，再由实践到认识，逐步提高，螺旋式上升，以保证各个教育阶段德育工作的层次性和渐进性。各个阶段都应有德育整体意识，总览全局，加强相临阶段的衔接，防止简单重复或脱节，不断提高德育的整体效果，努力培养有理想、有道德、有文化、有纪律的献身于中国特色社会主义事业的建设者和接班人。上述这些理论观点，是建立科学化、系统化、规范化的有中国特色的社会主义德育体系的基本思路，同时也是编写《中国德育全书》的指导思想。

《中国德育全书》分为上、中、下三篇，各篇的特点和主要内容是：

上篇：德育基础理论。全面、系统、翔实地介绍我国德育科研的理论成果，究各派之说，通沿革之变，综合评述，成一家之言，具有较强的科学性、学术性和理论性。

本篇共有11章，分别是：德育的概念、本质和功能；德育的地位和作用；德育与其他诸育的关系；德育目标；德育进程；德育方法；德育的原则；德育内容；德育管理；德育改革；德育的科学化、系统化、规范化。

中篇：德育工作务实。全面、系统、翔实地介绍我国各级各类学校德育工作的实践经验，横谈各渠道，纵论大中小，旁征博引，重在务实，具有较强的实用性和可操作性。

本篇共有9章，分别是：德育课程；德育对象与德育工作者；班主任工作；党、团、队和学生会工作；教书育人、管理育人、服务育人；课外活动与社会实践；家庭教育与社会教育；学生品德考评；德育督导与评估。

下篇：德育参考资料。全面、系统、翔实地介绍有关德育科研、教学和管理的参考资料，从马克思主义经典作家、党和国家领导人论德育，到古今中外教育家论德育；从我国德育的政策法规，到学校德育的成功经验；从德育科研机构、学术团体简介，到德育著作、德育论文目录索引；方方面面一应俱全，具有较强的知识性、资料性和实用性。

本篇共有8章，分别是：马克思主义经典作家、党和国家领导人论德育；德育政策及法规文件；德育调查研究资料；中国历史上的德育思想；外国德育；全国部分省级以上德育学术团体和科研机构简介；全国部分德育刊物简介；德育著作、论文和调查报告目录索引。

全书编写较好地体现了詹万生提出的三点基本要求。第一，要求一个"全"字。收集资料要全，不可挂一漏万；观点综述要全，不可以作者好恶而取舍；观点介绍要全，不可浅尝辄止，断章取义。第二，要求抓住一个"实"字。上篇的观点介绍和综述要实事求是，不可夸张和虚构；中篇的撰写要务实，具有实用性和可操作性；下篇的资料要翔实、实用。第三，要求做到一个"准"字。引文要准确无误，严格核对；出处要准，全部采用随文注；对观点的概括、分类、说明、评价力求准确。

《中国德育全书》创造性地实现了詹万生确立的编写目的：全面收集、系统整理、客观评价和广泛推广自党的十一届三中全会以来我国德育科学研究的理论成果和德育实际工作的新鲜经验，为我国各级德育管理干部、德育科研工作者和各级各类学校德育教师提供一部集科学性、学术性、理论性、知识性、实用性、可读性为一体的大型德育工具书，推动我国的德育工作向着科学化、系统化、规范化、现在化的大道前进，建立有中国特色的社会主义德育体系。

国家教委党组成员、专职委员林炎志在为《中国德育全书》所作的序中,结合全书编写特点论述了德育是一种最有普遍性的、跨行业、跨学校、跨省市,甚至跨国界的教育,德育对人的成长和社会发展具有动力、导向、保证的重要作用;德育很难,难在它具有最大的普遍性和特殊性,难在它有最大的社会性和历史性。指出"詹万生等同志热爱如此重要、如此困难的教育事业。他们既有基层第一线的工作经历,又有面对全国各教育层次的研究视野。在这样的基础上编著成这本书,使本书具有很大的理论价值和实用价值。新中国教育之'新'主要新在德育上。因为新,变化也大,波折也多,探索的任务更重。建国以来,新的人民教育的德育还一直缺少'成套'的、科学化的、系统化的、规范化的理论体系。詹万生等同志的这本书是这方面的重要建树。"

中央教科所所长卓晴君在为《中国德育全书》所作的序中说:"在建立社会主义市场经济体制的过程中,德育工作确实面临着许多新情况和新问题。这就需要对改革开放以来我国的德育理论与实践进行认真地研究,并提出在新形势下加强和改进学校德育工作的意见和建议。在这方面,《中国德育全书》的作者们做了大量的工作,他们对我国各级各类学校德育工作进行了广泛地深入地调查研究,对我国德育理论成果进行了全面地系统地收集和整理,在此基础上,他们进行了再研究和再创造,编写出这部德育全书。我相信,这部书的编辑出版必将有利于德育学科的建设和德育实践的发展.对于建立科学化、系统化、规范化的有中国特色的社会主义德育体系也是一个很有意义的探索。"

2. 和谐德育的发端之作《德育新论》

《德育新论》是詹万生教授自1992年到1995年撰写的部分德育研究论文和学术报告汇编的一部论文集。全书26万余字,1996年7月由首都师范大学出版社出版。全书篇目按研究内容分为五部分:

第一部分
建设有中国特色的社会主义德育体系的指导思想
——学习《邓小平文选》第三卷的体会
解放思想、更新观念、正确认识德育的五大关系
现代化建设、素质教育与德育工作的几点思考
加强和改进学校德育工作的对策性建议
有中国特色的社会主义德育体系的初步构想
第二部分
论毛泽东对传统道德的批判继承思想
中华民族传统美德教育的兴起与展望
深入开展中华民族传统美德教育的几点思考

中国传统人生哲学与当代青年人生观教育
中国古代思想史上的义利之辩

第三部分
价值论研究的兴起与发展
关于价值概念的定义
价值论研究的几个理论问题
价值观的涵义及其分类
80年代大学生价值观研究的回顾与反思
市场经济的双重效应及其对大学生价值观的影响
社会主义市场经济与大学生价值观教育的关系
经济形式的多元存在与价值观教育的一元导向
21世纪的文化战略与价值观教育的借鉴承扬
现代教育的大德育观与价值观教育的系统工程

第四部分
正确认识个人与社会的关系
培养良好的道德品质
爱国主义教育应注意层次性
应当重视对青少年的环境道德教育
青少年犯罪与道德教育

第五部分
教师是教育方针的执行者
关心集体、团结协作是教师职业道德的重要内容
中华民族传统美德教育对教师素质的要求

附一：构建大中小学德育体系
————访中央教科所德育研究中心主任詹万生（中国教育报记者 鲍东明）

附二：德育学：迎接它的诞生
————访中央教科所德育研究中心主任詹万生（中国教育学会秘书 晓 纪）

　　1991年12月26日中央教科所德育研究中心成立，1992年到1995年是詹万生从大学德育的人生观教学与研究转入全国大、中、小学德育整体研究新领域的最初四年。这个时期，詹万生以"进行德育基础理论和应用理论研究，为国家教委和各级教育行政部门的德育决策提供理论依据，为各级各类学校德育工作提供指导和帮助，为建设有中国特色的社会主义德育体系而努力奋斗"的任务、宗旨和目标为新起点，围绕建设中国特色社会主义德育体系这个中心，紧密结合学校德育工作面临的新形势和新情况，进行了多角度的创新性研究，提出了一系列新观点，回答了一系列新问题。最主要的是回答了中国德育向何处去这一根本问题。其解决现存问题的理论要点是整体思维、系统构建、讲究和谐、注重合力。从理论的发展历程看，《德育新论》可以称为和谐德育理论体系的发端之作。

1. 从社会整体运行过程中认识德育

在第一部分,作者沿着从指导思想到现象分析、从社会发展到教育改革的研究路线,将宏观把握与微观思考紧密结合,阐述了一系列从中国德育实际出发,进行德育改革创新的思想观点。在《解放思想、更新观念、正确认识德育的十大关系》一文中,作者运用整体性思想方法论述了德育与社会经济、政治、文化以及教育发展的关系。如在"更新从教育内部看德育的观念,把视野扩大到社会主义建设的全局来看德育,正确认识和处理以经济建设为中心与以德育为首位的关系"中,作者阐述了以下观点:首先,以经济建设为中心是全局的,以德育为首位是局部。局部必须服从全局,德育作为局部的首位必须服从于经济建设这个全局的中心。德育是教育的一部分,德育学是教育学的分支科学。德育为首位,是就教育内部诸因素之间关系而言的,讲的是德育在教育内部的地位和作用问题。其次,以德育为首位与经济建设为中心不是对立的,而是辨证统一的。教育必须为社会主义建设服务;社会主义建设必须依靠教育。第三,以经济建设为中心,对德育的要求不是降低了,而是要求更高了;德育的任务不是减轻了,而是加重了;德育的难度不是减小了,而是增大了;德育不是可有可无,而是必须加强,当然不是在原有意义上的加强,而是在改革中加强,在为经济建设服务上加强。从教育与人类社会的发展关系看,教育的本质是教育者根据一定社会或阶级的要求,对受教育者身心发展有目的、有计划、有系统地施加影响,使受教育者形成一定政治思想品德,掌握一定的知识技能,发展健康的体魄,从而成为一定社会或阶级所需要的人的一种社会活动。"教育从它产生时起,就同人类的生产活动和社会生活密切联系,适应和反映现存的生产方式。生产力和生产关系的矛盾推动着教育的发展。这种内在的联系,决定了教育从一开始就担负着两种主要社会职能,即传授生产经验和社会经验。使受教育者适应现有的生产力,也适应现有的生产关系,以便使新一代人有可能进行物质生产和精神生产,使人类社会得以延续和发展,一定社会的教育,必须以生产力发展的需要和它所提供的物质条件为基础。"把视野扩大到社会主义建设的全局来看德育,从教育与生产力、生产关系的内在联系和使新一代人有可能进行物质生产和精神生产,使人类社会得以延续和发展的角度看德育。这是詹万生整体地客观地认识德育的重要观点。于此紧密联系,他还用整体性思想方法论述了"更新孤立地从政治和意识形态角度判断国际形势的观念,学会用经济的眼光观察和分析国际形势,正确认识集中精力搞经济建设与反和平演变的关系"问题。书中有关从社会整体运行中认识德育的研究论述对当代德育研究仍然具有深刻的启示意义。

2. 全面阐述整体构建思想

《加强和改进学校德育工作的对策性建议》是全面阐述整体构建思想并在国内产生重要影响的一篇文章。此文是教育科学"八五"规划国家教委重点课题——"我国各级各类学校德育现状调查研究"总体报告的结论部分,曾发表在中央教科所主办的内部刊物《科研与决策》1994年第4期。这篇文章提出的"整体规划学校德育体系"的建议被《中共中央关于进一步加强和改进学校德育工作的若干意见》采纳。此文后又被收入《中国当代教育科研成果大典》第二卷。

《加强和改进学校德育工作的对策性建议》指出,大、中、小学生的政治思想道德素质如何,是衡量各级各类学校德育工作最基本的标准。从调查数据分析来看,大学生中的深层次思想问题并未解决，中小学生的思想品德还有许多令人忧虑的地方，对青少年学生的政治思想道德素质不能盲目乐观和估计过高。因此，全面提高学生素质，特别是政治思想道德素质，是关系到21世纪中国的面貌，关系到我国社会主义现代化建设战略目标能否实现，关系到能否坚持党的基本路线一百年不动摇的具有战略意义的大事，是当前教育战线亟待解决的重大问题之一。文章分析指出，造成青少年学生政治思想道德素质下降的原因是多方面的，既有社会大气候的原因，又有教育小环境的原因，在社会原因中，既有社会政治思潮、思想道德氛围和大众传播媒介的影响，又有深藏在其背后的经济根源；在教育的原因中，既有教育指导思想和行政管理的原因，又有学校德育工作自身的原因。单就教育管理和学校德育工作自身来看，德育工作领导体制尚未理顺；德育地位问题还未落实；德育财力、物力投入严重不足；德育的内容、方法亟待改进；大、中、小学德育衔接问题亟待解决。据此，文章从五个方面提出改革和加强学校德育工作的对策性建议：第一，理顺和健全德育管理体制；第二，稳定和提高德育教师队伍；第三，设立和增加德育专项经费；第四，规划和制定大中小学一体化德育大纲；第五，改革和重编大中小学德育课系列教学大纲和教材；第六，重视和加强大中小学衔接薄弱点的德育管理工作。

作者在"规划和制定大中小学一体化德育大纲"这部分指出，目前，大中小学德育目标和要求，缺乏系统性、连续性、稳定性和层次性。教育领导部门、第一线实际工作者和教育科研工作者虽然对德育总体目标的认识是趋于一致的，都认为德育目标应该包括政治素质、思想素质、道德素质、法纪素质和心理素质。但是，对小学、中学、大学各个阶段的具体目标是什么，看法却不一致，并且经常发生变动。《小学思想品德纲要》、《中学德育大纲》和《大学德育大纲》的制定，都是各定各的调，缺乏整体研究和设计，没有把它作为一个系统工程来统筹规划，在认识上、提法上、操作上存在很大差别，因此缺乏系统性、连续性、稳定性和层次性。这种情况说明，德育还远没有像智育那样形成一整套科学化的、系统化的、规范化的体系。因此在教育实践中不可避免地出现盲目性和随意性。建议由国家教委组织大中小学德育工作者形成三结合的工作班子，统一制定大中小学一体化德育大纲。

"大中小学一体化德育大纲要以马列主义、毛泽东思想特别是邓小平同志建设有中国特色社会主义理论和党在社会主义现代化建设时期的基本路线为指导，坚持唯物辩证法的系统原则，把学校德育作为一个系统加以整体规划。学校德育是一个整体的动态的过程，学生健康的心理素质，文明的行为习惯，良好的道德品质，科学的世界观、人生观、价值观，崇高的理想信念，坚定正确的政治方向，是通过小学、中学、大学等各个阶段的教育逐步形成的。学校德育的总体目标要统一制定，一以贯之，以保证在整个德育过程中品德结构的完整性和连续性。各教育阶段的具体目标的高低，德育内容的深浅和侧重点，德育途径和方法的选择，德育管理方式的运用，要针对学生不同年龄阶段的身心特点和理解接受能力的不同，由浅入深，由低到高，由感性到理性，由认识到实践，再由实践到认识，逐步提高，螺旋式上升，以保证各个教育阶段德育工作的层次性和渐进性。各个阶段都应有德育整体意识，总揽全局，加强相邻阶段的衔接，防止简单重复或脱节，不断提高德育的整体效果。"

《有中国特色的社会主义德育体系的初步构想》的主旨是为贯彻落实《中共中央关于进一步加强和改进学校德育工作若干意见》关于"整体规划学校的德育体系"的要求，提出构建有中国特色的社会主义德育体系的初步构想。这个初步构想包括：明确地提出构建德育体系的基本思路，科学地界定"德"和"德育"的概念，客观认识德育在教育中的地位，整体规划德育目标，系统安排德育内容，正确运用德育途径和方法，建立健全德育管理体制。

这两篇文章的理论和实践意义在于：客观总结了中国德育自建国以来的历史经验，将德育作为一门科学来认识；坚持唯物辩证法的系统原则，认为学校德育是一个整体的动态的过程，把学校德育作为一个系统加以整体规划；将德育的针对性、科学性、实效性问题提上日程，并提出了完整的系统的实施方案，为中央的德育决策提供了重要依据，为建立科学化、系统化、规范化的中国特色社会主义德育体系提供了思想理论参照。

3. 和谐德育的文化价值论

第二部分选录的侧重中国传统道德和德育思想史的研究文章，与第三部分多角度研究价值论和价值观教育的文章及各部分内在联系紧密，即在对传统文化的梳理、辨析和继承、弘扬方面构成一条贯通性主线。在《21世纪的文化战略与价值观教育的借鉴与承扬》一文中，詹万生研究论述了中国传统哲学的本质特征："中国传统文化源远流长，博大精深。它最基本的特征是关注人与社会的问题，儒、道、墨、法各派学说，虽然旨趣有异，但却殊途同归，都把治学的目标定在世界对人的意义这个共同点上。"传统哲学的本体论并非以宇宙的本质为认识的根本目标，而是借"天道"以明"人道"；传统哲学的认识论并非以认识的源泉和规律为探讨的最终目的，而是借"知行"以说"道德"；传统哲学的辩证法并非以研究世界运动的规律为最后归宿，而是借"阴阳"以言"治平"。"总之，自然与人伦合一，知识与道德融会，宇宙法则与治世规范统一，是中国传统哲学的本质特征。就哲学形态而论，甚至可以说，它归根结底是价值哲学。因此，中国传统哲学包含着深刻而丰富的价值观。"

在这篇文章中，作者将和谐作为中国传统哲学中最首要的价值观进行了研究论述："在价值本质观上，主要认为价值是客体与主体之间的和谐关系。传统哲学对价值本质的看法，有从主体经验方面理解的，也有从客体属性方面理解的，但更为成熟的看法是从主客体之间关系来理解，认为价值是客体与主体之间的和谐关系。"儒家主张："和为贵"，"贵"是一种价值词，认为"和"是价值的特征。孔子说：,"礼之用，和为贵。先王之道斯为美。"。孟子说："天时不如地利，地利不如人和"。认为人际关系的和谐最有价值。《中庸》又说："和也者，天下之达道也。"这里已经把"和"的价值意义普遍化了。根据这些思想，古代典籍中以"和"解释价值的例证很多，如"善，犹和也"，"利，和也"，"利，义之和也"等等。上述"贵"、"美"、"善"、"利"等在古代都是价值词，古代学人之所以把"和"与价值联系在一起，是因为"和"表明了主客体之间关系的一种状态或特征。中国传统文化强调物与物、物与人、人与人、人与社会关系的和谐，对于社会稳定具有积极意义的。

本文研究和谐问题的独到之处在于，将和谐放在中国传统哲学的本质特征及其价值观的角度即文化价值论的范畴进行论述，深化了和谐的文化内涵，归纳总结了和谐在人与社会共同发展中的普遍意义。在此基础上论证和谐在价值观教育即思想道德教育中的意义，并将其作为21世纪中国文化发展战略进行研究。在上世纪九十年代初，这样的专论在国内是独具视角的。书中有关这方面的论述，对新时期和谐文化建设以及构建社会主义和谐社会的理论与实践具有独到的启示意义。

詹万生对和谐的价值的研究是与对中国传统文化中的整体和谐思想和辩证法思想的深刻认识相互贯通的。作者在《解放思想、更新观念、正确认识德育的十大关系》中指出：中国传统文化体现的是一种整体和谐思想。中国传统文化的哲学家大都把建立和谐统一的社会作为自己的责任，儒家的宗旨是"兼善天下"，是"济世利他"。"仁者爱人"的人生理想与"天下为公"的社会理想是一致的。儒家提出"修身、齐家、治国、平天下"，把社会看成是一个整体，认为个人总是生活在群体之中，或为家族或为国家或为天下的一员，群体受到损坏，个人的生活也就失去了保障。因此，儒家总是置国家、民族的利益于第一位，要求个人服从整体，强调人际关系和谐、国家统一、社会太平。中国传统文化蕴含着一定的辩证法思想，它对于缓和阶级矛盾、维护社会稳定，是有积极意义的。儒家追求"仁爱"，崇尚道德，但并不否定刑罚；主张"德政"，但并不否定法制。儒家认为道德具有更根本、更重要的意义。这里边蕴含着辩证法的因素。儒家还特别注重个人道德修养在人际关系中的调节作用。正己修身的人生修养也具有辩证法的合理因素，这主要体现在它的修养方法上。儒家提出的修养方法是"推己及人"、"能近取譬"、"设身处地"和将心比心。儒家思想之所以在中国有如此精微、广播的发展，与这一方法论原则有主要关系。所谓"能近取譬"，就是能以自己作比，推及别人的意思。"推己及人"的方法，就是从自己的亲身需要、愿望和追求出发，推想到别人的需要、愿望和追求，从而体察和理解他人，自觉调节人我关系。这就是孔子说的"己欲立而立人，己欲达而达人"，"己所不欲，勿施于人"。这种道德修养方法可以说是和谐生活之源、整体发展之基。其文化价值与民族精神和民族思维方式融为一体。这方面的研究和认识成为后来确立和谐德育"整体和谐"、"以人为本"、"继承创新"等实践原则的思想基础。

4. 对德育过程中整体和谐问题的研究论述

书中对德育过程中的整体和谐的论述详细而具体，则其要点主要包含六个方面。

第一，大、中、小学和谐衔接。《加强和改进学校德育工作的对策性建议》第六部分"重视和加强大中小学衔接薄弱点的德育管理工作"提出，搞好大中小学德育衔接的关键在结合部，即小学、初中、高中的毕业班和初中、高中、大学的新生班。这个结合部是德育工作最薄弱的环节。建议采取有力措施加强大中小学衔接结合部的德育工作。

第二，德、智、体、美、劳五育整体和谐。在《解放思想、更新观念、正确认识德育的十大关系》中指出："社会主义教育是德育、智育、体育等诸方面教育因素的统一，德、智、体诸方面各有其独特的地位和作用。它们共同统一在同一个培养目标上，互相依存、互相渗透、互相制约、互为条件，形成不可分割的教育整体。"

第三，德育目标结构与递进层次整体和谐。《有中国特色的社会主义德育体系的初步构想》提出："学校德育的总体目标和各个阶段的具体目标包括政治品质、思想品质、法纪品质、道德品质、心理品质等方面，以保证德育过程品德结构的完整性和连续性；在各个教育阶段的具体要求上，则依据学生各个年龄阶段的身心特点和接受能力，由浅入深，由低到高，以保证各个教育阶段德育目标的层次性和渐进性。"

第四，德育内容结构与递进层次整体和谐。《有中国特色的社会主义德育体系的初步构想》指出："政治教育、思想教育、法纪教育、道德教育和心理教育，各有自己的特定内涵，但又互相联系，互相渗透，互为条件，互相制约，构成了德育统一体。" 各级各类学校都要对学生进行这五项内容教育,每项内容的教育都有一个由浅入深,由低到高,由感性到理性,由认识到实践,再由实践到认识的过程。这个过程是由各个教育阶段彼此衔接共同完成的。每一个教育阶段都必须保证德育内容结构的序列性和完整性,同时又应该做到德育内容的渐进性和层次性。

第五,德育途径的整体和谐。《有中国特色的社会主义德育体系的初步构想》指出:"德育途径体系是以完成德育任务,提高德育实效为目的,以我国的国情、各级学校的特点为出发点而提出的。学校德育主要途径包括:思想政治课、其他各科教学、班主任工作、党团队和学生会工作、劳动与社会实践、课外活动、校外教育、校园文化建设、心理咨询和职业指导、家庭与社会教育等。上述诸条途径在大、中、小学德育工作的运用应根据各年龄阶段学生身心发展的水平有不同的侧重点。同时,上述诸条途径均应发挥各自的独特功能,协调工作,密切配合,以求发挥德育途径的整体效益,提高学校德育的整体效果。"

第六,德育主体整体和谐。《关心集体、团结协作是教师职业道德的重要内容》一文结合教师职业道德修养专题阐述了教师自身、教师与集体、教师与教师群体以及教师与学生和谐问题。文章论述了教师关心集体维护集体利益、谦虚谨慎尊重每个同事、团结合作形成教育合力的道德意义,讲述了热爱教师集体关心集体建设、遵守集体纪律爱护集体荣誉、维护集体团结增强集体凝聚力、处理好同一学科教师之间的关系、处理好不同学科教师之间的关系、处理好新老教师之间的关系、处理好班主任与任课教师之间的关系、处理好先进教师与一般教师之间的关系、德智体美齐抓共育、立足本职照顾全局等问题。教师在这些方面的道德意识和道德行为方式是实现教师自身和谐,建立教师与教师群体、教师与学生、教师与教育事业的整体和谐关系的基础环节。

第七,中国文化战略整体和谐。在《中华民族传统美德教育的兴起与展望》一文中,詹万生论述了面向21世纪的中国文化战略问题,指出"中国是一个经济与文化都需要发展和建设的国家,实现社会主义现代化,需要社会主义物质文明与精神文明协调发展,面向21世纪的中国,需要有一个与经济发展战略相匹配的思想文化发展战略。"这个思想文化发展战略就是以马克思主义为指导,运用中国文化的整体和谐思想,"贯通古今,融会中西,继承借鉴,发展创新"。詹万生在《21世纪中国文化战略与价值观教育的借鉴承扬》一文中系统分析了如何继承与弘扬中国传统文化,如何学习和借鉴西方文明成果,最后指出:"我们要在马克思主义指导下,大胆学习、借鉴、吸收和利用世界各国的优秀文明成果,继承、弘扬我国的优秀传统文化,并使二者有机结合起来,实现"山与海的拥抱",创造出有中国特色的社会主义文化。" 中国文化战略的整体和谐,不仅为构建和谐社会,而且为倡导和谐世界提供了文化战略思考和思想理论支撑。

通观《德育新论》全书所论,可以看出围绕中国文化向何处去,中国德育向何处去的问题,詹万生在这个领域孜孜以求的探索轨迹。归纳其研究思考的理论要点,在总体战略上是"贯通古今,融会中西,继承借鉴,发展创新";在实践方略上是整体思维、系统构建、讲究和谐、注重合力。《德育新论》为和谐德育的思想理念和实践方式的形成与发展奠定了重要基础。

3. 综合性德育工作指导丛书《学校德育文库》

二十世纪九十年代以来，全国中小学德育在实践工作方面已取得一定的成效，在德育工作的理论研究方面也有许多新进展。为引导德育工作在思想性、科学性、系统性方面深化认识，以增强德育工作的实效性和可操作性，詹万生主编了综合性德育工作指导丛书《学校德育文库》。文库以近年来德育理论研究的最新成果和基层德育工作的大量实践经验为主体，分40册共343万余字，于1998年4月由中国民主法制出版社出版。文库分别按班级德育、团队德育、学科德育、环境德育、家庭德育、学校家庭社会网络德育六条德育途径和爱国主义教育、人生观价值观教育、行为规范养成教育、传统美德教育、心理健康教育、外国德育六类德育内容的结构体例编写，重点突出，系统完整。这套丛书体现了詹万生整体构建德育体系的初步设想，反映了詹万生面向实践、深入实践、指导实践的科研作风。

《班级德育》第一册内容：班级德育概述、班级德育规律、班主任的完美形象、班级德育原则、班级德育常规、后进生的转化。第二册内容：班级德育活动，侧重理论讲述；班集体的建设，侧重实践经验选辑。第三册内容：班级德育工作实例，班主任工作职责、条例，选辑典型经验；班主任工作考核、评价，选辑典型经验。第四册内容：班级量化管理条例、制度、细则选辑。第五册内容：小学主题班会设计。第六册内容：中学主题班会设计。

《团队德育》第一册内容：青年运动与共青团、团的基层组织、团的基层建设、团员队伍建设、共青团工作者的素质。第二册内容：团的基层组织活动、共青团的教育工作、少先队工作、少先队的德育与活动、少先队队日活动法、少先队工作方法论、少先队工作者的领导方法、共青团与少先队。第三册内容：团队干部职责类型选辑，学生会、班委会、团支部章程、条例类型选辑。第四册内容：团队活动经验选辑。

《学科德育》第一册内容：学科德育的意义及其理论基础，学科德育的地位、作用、功能与特点，学科德育的原则、途径和设计，小学思想品德课和中学思想政治课管理文件。第二册内容：语文课教学中的德育渗透实例选辑，数学、物理、化学课中的德育渗透实例选辑。第三册内容：历史、地理课教学中的德育渗透实例选辑，其他课程教学中的德育渗透实例选辑。

《环境德育》第一册内容：校园文化概述，学校环境管理，环境管理的制度、条例、规定实例选辑。第二册内容：校风概述，校训、校规、校风、校歌实例选辑。

《家庭德育》第一册内容：家庭德育的地位和作用、家庭德育的特点、家庭德育艺术。第二册内容：家庭德育方法。第三册内容：家庭德育内容之一，即养成教育、劳动教育、节俭教育、孝敬父母教育、现代观念教育。第四册内容：家庭德育内容之二，即非智力因素培养、青春期教育、心理健康教育。第五册内容：家庭德育内容之三，即人际交往指导、生活指导、学习指导、智力发展。

《学校家庭社会德育网络》全一册内容：学校、家庭、社会德育网络概述，学校、家庭、社会德育网络实例。

《爱国主义教育》第一册内容：新时期加强中小学生爱国主义教育和共产主义教育的战略

意义、从爱国主义教育入手进行共产主义启蒙教育、提高中小学生爱国主义教育和共产主义教育的效率和效果、中小学生爱国主义教育的基本任务和内容、中小学生的社会主义、共产主义理想启蒙教育、爱国主义教育主题班队会设计选。第二册内容：在集体中进行爱国主义教育和共产主义启蒙教育、农村中小学生的爱国主义教育和共产主义启蒙教育、对外开放地区中小学生的爱国主义教育和共产主义启蒙教育、少数民族地区中小学生的爱国主义教育和共产主义启蒙教育、升国旗仪式的计划和制度。第三册内容：学校爱国主义教育经验选辑、学校爱国主义教育案例。

《人生观价值观教育》第一册内容：什么是人生观、人生需要、人生目的、人生态度、人生理想、人生信念、人生价值、人的本质。第二册内容：城市、农村、边疆民族地区、侨乡、老区、特区等中学生价值取向调研报告及对策思考。

《行为规范养成教育》第一册内容：行为规范养成教育经验、中小学生守则及有关规定、行为规范养成教育实例。第二册内容：中小学行为规范养成教育制度、要求、细则实例选辑。第三册内容：行为规范养成教育实例。第四册内容：学生行为矫正理论、学生行为矫正方法、学生行为的评价。

《传统美德教育》第一册内容：传统美德教育的基本理论。第二册内容：传统美德教育的作用方法研究。第三册内容：传统美德教育经验选辑。第四册内容：传统美德教育教案设计。第五册内容：传统美德教育教案设计。

《心理健康教育》第一册内容：什么是心理健康，正确认识自身的心理发展，求职、升学与心理健康，交往与心理健康，心理障碍与诊断，青少年常见的行为失调，中学生常见心理障碍，挫折、紧张、疲劳及其消除，自卑、虚荣、嫉妒及其消除，学会心理调适，增进心理健康。第二册内容：自我意识的概念、青少年的心理特点、心理健康教育实例。第三册内容：早恋案例与教育方法选辑。

《外国德育》第一册内容：西方道德教育理论的历史回顾、道德符号理论、逻辑推理价值观教育理论、社会学习道德教育理论、人本主义道德教育理论、完善人格道德教育理论、体谅关心道德教育理论、对当代西方道德教育理论的综合分析。第二册内容：美国、英国、法国、德国、日本道德教育的历史、理论、内容介绍与评析，新加坡儒家伦理教育介绍。

这套丛书的主要特点是：第一，运用整体构建的思想理念设计全书编写体例，既突出了德育要素的内容重点，又体现各条途径各项内容各个分册之间的相互联系。第二，加强理论指导，注重吸纳德育理论研究的最新成果，以科学理论指导实践，增强了德育工作的科学性。第三，注重总结提炼实践经验，提供系统的可操作的实例参考，用以开拓工作思路，引导实践创新。第四，方便适用，全书分专题按分册编写，既可以为学校整体装备，又便于根据工作需求灵活选择使用。

第三篇

纵向衔接 横向贯通
整体构建德育体系

——和谐德育研究与实验阶段（1997-2001）

"九五"时期，詹万生主持全国教育科学国家重点课题"整体构建学校德育体系的研究与实验"，带领课题组运用整体和谐理念，整体构建学校德育体系，研究编写了纵向衔接的小学、初中、高中、中职、中师五个学段的《德育》读本18册、《成长册》18册，大学德育教材4册，并在实验区实验校进行实验；最终成果是《整体构建德育体系引论》《整体构建德育体系总论》《整体构建德育体系研究论文集》《整体构建德育体系实验报告集》四部理论著作。他提出了"贯通古今、融汇中西、继承借鉴、发展创新"和"横向贯通、纵向衔接、分层递进、螺旋上升"的研究思路，整体构建和谐德育体系在各级各类实验学校中全面展开。

一、詹万生"九五"时期历届年会主题报告

1. 1997年北京年会开题报告

为决策服务为实践服务 整体构建学校德育体系
——全国教育科学"九五"规划国家重点课题"整体构建学校德育体系的研究与实验"1997年开题会暨首届学术研讨会开题报告

"九五"规划国家级重点课题"整体构建学校德育体系的研究与实验",已于1997年1月2日由全国教育科学规划领导小组正式批准。经过5个月的筹备工作,今天正式开题了。我代表总课题组向课题组全体成员和实验区、实验校的代表作开题报告,请大家研究讨论。

(一)本课题的提出及其重要意义

全国教育科学"八五"规划期间,中央教科所德育研究中心承担了国家教委重点课题——我国各级各类学校德育现状调查研究。这项调查研究既包括大、中、小学校德育工作现状,又包括大、中、小学生政治、思想、道德素质现状。调查样本涉及23个省(直辖市、自治区),225所学校,12500名学生。这是首次全国性、系统性、全方位的大型德育现状调查研究。在工作方法上,把大面积问卷调查与典型调查结合起来,把定量分析与定性分析结合起来,撰写出45份分门别类的调查报告。在此基础上,撰写了总体研究报告,总报告对加强和改进学校德育工作提出六条建议,其中包括制定大、中、小学一体化德育大纲,制定大、中、小学德育课程系列教学大纲,整体构建大、中、小学德育体系,建立科学化、系统化、规范化的,相对稳定的,有中国特色的社会主义德育体系。这个建议初稿刊登在中央教科所编写的、供教委领导决策参考的内部刊物《科研与决策》1994年第4期上。李岚清副总理看到这个材料之后,于5月14日作了明确批示:"教委:调查中的有些建议,可以纳入'加强和改善德育工作'讨论稿。"国家教委有关领导也作了批示,要求"组织文件起草小组的同志仔细商量一下,与全教会主报告、中央常委讨论意见一并吸收有关精神,写入文件稿"。这里所说的"文件稿",就是后来(1994年8月31日)颁布的《中共中央关于进一步加强和改进学校德育工作的若干意见》,这个文件的第5条明确规定要"整体规划学校的德育体系"。[1]

为了贯彻落实中央文件关于"整体规划学校的德育体系"的精神,教育部(原国家教委)分管德育的领导把这个任务交给了德育研究中心。我们在对《小学德育纲要》《中学德育大

---

[1]《中共中央关于进一步加强和改进学校德育工作的若干意见》,转引自《中国教育报》,1994年8月31日。

纲》和《高校德育大纲》进行认真研究的基础上写出了涵盖大、中、小学的、系统的、一体化的《有中国特色的社会主义德育体系的初步构想》。[1]与此同时，还出版了《中国德育全书》，为本课题的提出奠定了良好的基础。

1995年下半年，全国教育科学规划领导小组组织专家制定"九五"规划课题指南，经过专家们的论证和领导小组的批准，"整体构建学校德育体系的研究与实验"这个选题列入了"九五"课题指南的国家级重点课题。在提出、论证和申报课题的过程中，我曾经多次在全国各地讲学中或研讨会上谈到整体构建学校德育体系的设想，都得到了基层同志特别是第一线德育工作者的积极反馈和热情支持。

总之，整体构建学校德育体系的研究与实验课题是在深入进行调查研究的基础上，经过科研工作者系统论证，得到了中央和教育部领导同志的肯定，得到了基层和第一线广大德育工作者的支持而提出的。认真完成这个课题的重要意义主要有以下几个方面。

1. 社会主义精神文明建设的需要

1996年10月10日，党的十四届六中全会作出了《关于加强社会主义精神文明建设若干重要问题的决议》。决议中对社会主义思想道德建设的地位、作用、任务和要求作了明确规定："社会主义思想道德集中体现着精神文明建设的性质和方向，对社会主义政治经济的发展具有巨大的能动作用。在改革开放和现代化建设的整个过程中，思想道德建设的基本任务是：坚持爱国主义、集体主义、社会主义教育，加强社会公德、职业道德、家庭美德建设，引导人们树立建设有中国特色社会主义的共同理想和正确的世界观、人生观、价值观。""社会主义道德建设要以为人民服务为核心，以集体主义为原则，以爱祖国、爱人民、爱劳动、爱科学、爱社会主义为基本要求"。[2]上述关于社会主义思想道德建设的基本任务和基本要求可以概括为：坚持"三个"主义，加强"三德"建设，引导树立"三观"，进行"五爱"教育。

《决议》还指出："加强青少年思想道德教育，是关系国家命运的大事。要帮助青少年树立远大理想，培育优良品德。各级各类学校都要全面贯彻党的教育方针，坚持社会主义办学方向，加强德育工作，努力培养德体智诸方面全面发展的社会主义建设者和接班人。"学校德育工作是全社会思想道德建设的奠基工程，是社会主义精神文明建设的重要组成部分。青少年学生是祖国的未来与希望，他们的思想道德素质如何，关系到国家的前途和命运。青少年学生正处在思想品德形成发展的过程中，比成人具有更大的可塑性，是进行思想道德教育的最佳时期。学校是有领导、有组织、有计划、有教师、有教材、有良好教育氛围的教育场所，比起社会上的思想道德教育更能得到保证，更易于操作，效益也会更好。因此，加强和改进学校德育工作对于社会主义精神文明建设具有十分重要的意义。

2. 全面实施素质教育的需要

面向21世纪，中国的基础教育向何处去？这是世纪之交中国教育改革和发展的一个重大问题。从这一重大问题的提出到"全面素质教育"思想的确立大体经过了10年左右的时间。1985年，《中共中央关于教育体制改革的决定》首次提出"教育改革的根本任务是提高国民素

---

[1] 詹万生：《德育新论》，首都师范大学出版社，1996年，第58、67页。
[2]《中共中央关于加强社会主义精神文明建设若干重要问题的决议》第11、13、14页。

质,多出人才,出好人才"。《中共中央关于教育体制改革的决定》。1993年,《中国教育改革和发展纲要》提出"中小学要由'应试教育'转向全面提高国民素质的轨道"。《中国教育改革和发展纲要》。1996年,《中华人民共和国国民经济和社会发展"九五"规划和2010年远景目标纲要》十分明确地提出了要"改革人才培养模式,由'应试教育'向全面素质教育转变"。《中华人民共和国国民经济和社会发展"九五"计划和2010年远景目标纲要》。从中共中央的决定到国家法律性文件的规定,确立了素质教育的地位。对于中小学教育改革和发展来说,如果讲大事,这是头等大事;如果讲重要,这是重中之重;如果讲紧迫性,这是当务之急。然而,在教育实践中如何实施素质教育确实还有许多问题需要解决,这里既有政策和制度的问题,也有认识上的问题,既有总体构建素质教育模式的问题,又有具体教育要素之间关系的问题。特别是对德育在素质教育中的地位和作用的认识很不一致。那么,德育在实施素质教育中的地位和作用是什么呢?

第一,德育是素质教育的首要任务。素质教育要求全面提高学生的素质,包括思想道德素质、科学文化素质、身体心理素质、审美艺术素质和劳动技术素质等方面。其中的思想道德素质在全面素质结构中占有首要地位。教育界的人士常说:我们培养的学生如果科学文化素质不合格就是次品,如果身体心理素质不合格就是残品,如果思想道德素质不合格就是危险品。这个比喻说明了思想道德素质在人的整体素质中的重要性。少年儿童时期是一个人成长的重要时期,基础教育阶段不仅要教会他们求知、办事、健体,更要教会他们做人,教会学生学会做人是素质教育的首要任务。"素质教育的要求从大的方向可以用两句话来概括:一是以德育人,二是因材施教。以德育人是大根本,因材施教是总法则"。[1]

第二,德育在素质教育中发挥着导向、动力和保证作用。只有树立了远大的理想,学习才会有强大而持久的动力;只有树立了正确的人生观、价值观、世界观,科学文化素质和身体心理素质才能沿着正确的方向发展;只有具备良好的道德品质,正确处理好各种人际关系,才能在学习、生活、工作中顺利前进;只有具备较强的法纪观念,才能在生活的道路上不失足;只有热爱祖国、热爱人民、热爱社会主义,才能更好地发挥聪明才智,在社会主义现代化建设中做出更大贡献。就一所学校而言,只有搞好了德育工作,端正办学思想,形成良好的校风和学风,教学工作和其他各方面工作才能顺利开展。

第三,德育到位是实施素质教育的重要标志。江泽民同志在建国40周年庆祝大会上的讲话指出:各级各类学校要把德育放在首位。几年来各级教育行政部门和各级各类学校为此做了大量的工作,但在有些学校德育并没有真正到位,尤其是大、中、小学德育的结合部,德育工作甚至还很薄弱。究其原因除了社会环境发生变化的外部原因之外,根本的原因就是"应试教育",片面追求升学率严重冲击着德育工作。中考和高考录取以分数为唯一标准,升学率的高低事实上成为驱动学校、校长、教师和学生的指挥棒。结果智育是硬任务、硬指标,德育成了软任务、软指标。要使德育由软变硬,由虚变实,必须变"应试教育"为素质教育。德育工作能否到位,能否落实是衡量"应试教育"和素质教育的一个重要标志。

---

[1] 柳斌:在小学思想品德课和初中思想政治课教材编写工作会议上的讲话,转引自《课程·教材·教法》,1997年第2期第1页。

第四，素质教育对德育提出了更高的要求。素质教育要求全面提高学生的素质,作为素质教育重要组成部分的德育同样应当全面提高学生的思想道德素质。思想道德素质应当包括政治素质、思想素质、道德素质、法纪素质、心理素质。因此,作为实施思想道德教育的德育就应当包括政治教育、思想教育、道德教育、法纪教育和心理教育。这些构成了德育内容的类型,而每一个类型还包括了许多具体内容,每一项具体内容还可以划分出不同的层次。要全面提高学生的思想道德素质,就必须把德育的类型结构和层次结构划分出来,根据不同年龄阶段学生的身心特点和知识水平确定具体的教育内容。因此需要整体构建学校德育体系。

3. 加强和改进学校德育工作的需要

在改革开放和建立社会主义市场经济体制的过程中,学校德育面临着许多新情况和新问题。例如:在经济体制转轨、经济形式多元存在的情况下如何坚持社会主义意识形态的一元导向? 在扩大对外开放,吸收外国先进经验的情况下,如何振奋民族精神,树立民族自信心和自豪感? 在社会生活中存在着"一切向钱看"的思想影响下,如何树立正确的人生观、价值观? 在社会生活中出现"黄毒赌"、"假冒伪劣"、"坑蒙拐骗"等消极影响的情况下,如何教育学生增强遵纪守法观念? 在升学考试、职业选择竞争日益激烈的情况下,如何教育学生具有承受挫折、适应环境、积极进取的健康的心理素质? 面对这些问题,德育工作者做了大量工作和坚持不懈的努力。但是从总体上来看,学校德育还有许多不适应的地方,还存在不少亟待解决的问题。

第一,德育还没有像智育那样形成一套科学化、系统化、规范化、相对稳定的传授体系。学校教育是以课堂教学为基本组织形式的。然而,长期以来德育内容没有完全纳入大、中、小学的课程体系。虽然,小学有思想品德课、中学有思想政治课、大学有马列理论课和思想政治教育课,但是这些课程并不能涵盖德育的全部内容。如"两史一情教育"、"中华民族传统美德教育"、"爱国主义教育"、"国防教育"、"民族教育"、"环境教育"、"法制教育"、"人口教育"、"心理健康教育"等等,尽管我们可以把这些德育内容放在学校的党团队工作、班主任工作、"三育人"、课外活动、社会实践中来实施,但是这些德育实施途径毕竟不像课程那样有科学的教学大纲和教材,有固定的教室和课时,有专门的教师,有一套检查评价的手段,因此在时间、空间、人力、物力上得不到保证,而成为"软"任务,容易落空或流于形式。

第二,大、中、小学校的德育内容不同程度地存在着"倒挂"、"脱节"、"简单重复"、"过频变动"和脱离学生身心特点和知识水平的实际,脱离社会生活实际的不和谐现象。有人说"小学讲共产主义,中学讲爱国主义,大学讲文明礼貌",这种说法虽然是极而言之,但不能不承认实际工作中存在着类似的问题。有的学生反映:"老师讲的都正确、很崇高、很伟大,但在实际生活中我用不上。"虽然这种意见不无片面性,但不能不说在德育实践中一定程度上存在着类似的问题。看过中学政治课复习题和考试卷的人恐怕都有同感。本来是一门思想教育课,却变成了单纯传授知识、片面追求升学率、推行"应试教育"的砝码。总之,学校德育不能很好地遵循学生不同年龄阶段的身心特点、思想品德形成和发展的规律,不能很好地贴近生活、贴近实际,回答学生所关心的实际问题,不能对学生思想品德的发展有直接的帮助,因此实效性较差。

针对这些问题，我们提出整体构建学校德育体系，这正是加强和改进学校德育工作的需要。

（二）指导思想和主要依据

本课题的指导思想是：以马列主义、毛泽东思想、邓小平理论和党的十五大报告为指导，坚持解放思想，实事求是的思想路线，坚持唯物辩证法的系统论原则，把小、中、大学德育作为一个系统加以统一规划，整体构建学校德育体系。

本课题研究以国家的法律、党的决议、有关教育政策法规和有关理论为依据。

1. 法律依据

法律依据是《中华人民共和国宪法》和《义务教育法》。《宪法》第二十四条规定："国家通过普及理想教育、道德教育、文化教育、纪律和法制教育，通过在城乡不同范围的群众中制定和执行各种守则、公约，加强社会主义精神文明建设。国家提倡爱祖国、爱人民、爱劳动、爱科学、爱社会主义的公德，在人民中进行爱国主义、集体主义和国际主义、共产主义的教育，进行辩证唯物主义和历史唯物主义的教育，反对资本主义的、封建主义的和其他的腐朽思想。"

《宪法》第四十六条规定："中华人民共和国公民有受教育的权利和义务。国家培养青年、少年、儿童在品德、智力、体质等方面全面发展。"

《义务教育法》第三条规定："义务教育必须贯彻国家的教育方针，努力提高教育质量，使儿童、少年在品德、智力、体质等方面全面发展，为提高全民族的素质，培养有理想、有道德、有文化、有纪律的社会主义建设人才奠定基础。"

2. 党的决议和意见的依据

党的决议和意见的依据是《中共中央关于加强社会主义精神文明建设若干重要问题的决议》和《中共中央关于进一步加强和改进学校德育工作的若干意见》。

十四届六中全会决议第7条指出："社会主义思想道德集中体现着精神文明建设的性质和方向，对社会政治经济的发展具有巨大的能动作用。在改革开放和现代化建设的整个过程中，思想道德建设的基本任务是：坚持爱国主义、集体主义、社会主义教育，加强社会公德、职业道德、家庭美德建设，引导人们树立建设有中国特色社会主义的共同理想和正确的世界观、人生观、价值观。我们现在建设和发展有中国特色的社会主义、共产主义思想道德，同时要把先进性要求同广泛性要求结合起来，鼓励支持一切有利于解放和发展社会主义社会生产力的思想道德，一切有利于国家统一、民族团结、社会进步的思想道德，一切有利于追求真善美、抵制假恶丑、弘扬正气的思想道德，一切有利于履行公民权利与义务、用诚实劳动争取美好生活的思想道德，团结和引导亿万人民积极向上，不断提高全民族的思想道德水平。"

第11条规定："社会主义道德建设要以为人民服务为核心，集体主义为原则，以爱祖国、爱人民、爱劳动、爱科学、爱社会主义为基本要求，开展社会公德、职业道德、家庭美德教育，在全社会形成团结互助、平等互爱、共同前进的人际关系。"

第12条指出："加强青少年思想道德教育，是关系国家命运的大事。要帮助青少年树立远大思想，培养优良品德。各级各类学校都要全面贯彻党的教育方针，坚持社会主义办学方向，加强德育工作，努力培养德智体等方面全面发展的社会主义建设者和接班人。根据大、中、小学的不同特点，切实加强和改进思想品德课程、政治理论课程，把传授知识同陶冶情操、养成良好的行为习惯结合起来，把个人成材同国家前途、社会需要结合起来，形成爱党爱国、关心集体、尊敬师长、勤奋好学、团结互助、遵纪守法的风气。"

3. 德育大纲的依据

教育部（原国家教委）颁布的现行德育大纲有三个。

《小学德育纲要》于1988年试行，1993年正式颁布。《中学德育大纲》1988年试行，1996年正式颁布。《高校德育大纲》也于"八五"规划期间研究制定出来。这三个大纲分别是小学、中学、大学德育工作的指导性文件。它是学校实施德育的依据，是家庭和社会配合学校对学生进行德育的依据，是各级教育行政部门对学校德育进行督导和评价的依据，同时也是本课题整体构建学校德育体系的依据。但是，本课题的研究要依据的是这三个大纲的基本精神，而不是拘泥于它们的具体内容。这是因为：第一，这三个大纲是针对小学、中学、大学的情况分别制定的，对大、中、小学德育的衔接没有给予充分的考虑，难免有脱节或重复的问题。而我们是整体构建大、中、小学的德育体系，必须从宏观上进行综合研究，既要考虑大、中、小学德育的特殊性，注意各个教育阶段的层次性和渐进性；又要考虑学校德育目标的统一性，注意各个教育阶段德育内容结构的完整性和连续性。第二，这三个大纲都是"八五"规划及其以前制定的，随着时间的推移和形势的发展，它们也需要不断地发展和完善。而我们的研究是面向21世纪的，科学研究本身就应具有超前性，不仅要依据现行德育大纲的要求，而且还要考虑到未来21世纪教育改革和发展的需要。第三，科学研究必须解放思想，实事求是。邓小平同志指出："解放思想，开动脑筋，实事求是，团结一致向前看，首先是解放思想。"我们讲解放思想，是指在马克思主义指导下打破习惯势力主观偏见的束缚，研究新情况，解决新问题。解放思想，就是使思想和实际相符合，使主观和客观相符合，就是实事求是。只有解放思想，才能达到实事求是；只有实事求是，才是真正的解放思想。解放思想，实事求是，必须与唯心论和机械唯物论划清界限，唯心论和机械唯物论，右的和"左"的错误思想，都是以主观和客观相分裂，以认识和实践相分离为特征的。必须坚持解放思想和实事求是的统一，注意克服主观主义、盲目性、片面性和绝对化，掌握唯物辩证论，按客观规律办事。作为德育科研工作者，必须坚持解放思想，实事求是的思想路线，善于深入实际调查研究，发现问题并提出解决问题的对策建议，为各级教育行政部门的德育决策服务，为各级各类学校改进和加强德育工作的实践服务。

4. 理论依据

整体建构现代德育体系，必须建立在科学的理论基础之上。这些理论是建立在马克思主义哲学基础之上的人的主体性理论、人的社会化理论和系统论理论。

第一，人的主体性理论。人的主体性是人与自然、社会、自我关系中所具有的主体地位和作用的哲学概括，是人在与客体的相互作用中得到发展的人的自觉能动性。具体表现在以下三个方面：一是自为性。表现在主体对自己的存在和与客体的关系有着明晰的意识，因而主体的活动就具有明确的目的和方向。二是自主性。表现在主体从自己的目的和愿望出发，主动地与客体发生关系和相互作用，通过支配和改造客体，使客体朝着有利于主体需要的方向发展。三是能动性。表现在主体对活动方式和手段的自由选择，对活动条件的自觉认识和积极创造，对活动价值的多重追求和利用等。[1]

人与自然的关系是人的主体性展开的最原始、最基本的方面。自然科学的发展是人对自然界这一客体认识、利用和改造的结晶。人与人的关系是一种特殊的主客体关系，无论是社会、集体或他人，都是人的一种存在形态或组织形式，都有其内在需要和含目的性的活动，因而都有主体和客体的两重属性，都是主客体的统一。人文社会科学特别是教育科学，是以人或社会为研究对象的科学，教育者和受教育者具有主体和客体的双重属性，都是主客体的统一。我主张德育"双主体论"，即教师是教育主体，学生是学习主体，教师和学生应当互相尊重对方的主体地位。在德育目标的确定上，不仅要考虑社会的要求，更要重视学生自身成长的需要。在德育内容的安排上，不仅要依据社会规范，更要遵循学生的年龄特征和品德形成发展规律。在德育途径和方法的运用上，不仅要发挥教师的主导作用，更要强调学生的主体参与。总之，在德育课程体系的建构上，要充分体现学生的主体性，"一切为了学生，为了一切学生，为了学生一切"。要改变传统德育课程的"以教师为中心，以教材为中心，以课堂为中心"的"旧三中心"，建构"以学生为中心，以活动为中心，以体验为中心"的现代德育"新三中心"。人与自己的关系是主体性表现的一个更为特殊的方面。在这里一个人集主体和客体于一身。对象性活动的内容是对自己的认识、改造和发展。这一点对于发展学生的主体意识更为重要，是学生自为性、自主性、能动性的集中表现。现代德育课程应当充分发挥学生的主体性，教育和激励学生自尊、自爱、自信、自立、自强，引导和培养学生自定成长目标，自析成长环境，自寻成长动力，自开成长渠道，自研成长方法和自评成长效果，使他们成为自身全面发展的主人。

第二，人的社会化理论。马克思主义认为，人是社会的人，社会是人的社会。人的本质是一切社会关系的总和。[2]人与社会互相联系，构成了一个辩证统一的整体。社会影响、制约、决定着人；人适应、利用、改造着社会。在社会中，人与人之间是由一定的社会关系为纽带联系起来的。人的社会关系可分为家庭关系、地缘关系、业缘关系、生产关系、政治关系、法律关系、道德关系、民族关系、阶级关系等。这些社会关系纵横交错构成了一个复杂的社会关系网，而每一个人就是这个无形的、庞大的社会关系网上的一个"纽结"。正是在这些社会关系的长期影响、陶冶和制约下，才使一个自然人转变为能够掌握一定的社会文化，学会参与社会生活，履行某种社会角色行为的社会人。这个过程就是人的社会化过程。人生，从自然角度看，是人的生命活动的历程；从社会角度看，是人的社会化的过程；从人的主体意识和自身发展来看，是人对自然与社会的认识、适应、利用、改造的过程，也是一个人在立身处世中自我认识和自我完善的过程。[3]而教育特别是其中的德育在人的社会化过程中发挥着十分重要的作用。

人，从一诞生就开始了人生的旅途，直到告别人世，这期间要经历几十年，甚至上百年。按照不同时期的身心特点，人们把人的生命历程划分为婴儿期、幼儿期、童年期、少年期、青年

---

[1] 詹万生主编：《人生哲理》，北京教育出版社，1998年，第33页。
[2] [德]马克思、恩格斯著，中共中央马恩列斯著作编译局编译：《马克思恩格斯选集》第1卷，人民出版社，1982年，第18页。
[3] 詹万生主编：《待人处世的艺术》，首都师范大学出版，1985年，第2页。

期、中年期、老年期。婴幼儿时期，开始呀呀学语，认识身边的人和物，接触的社会关系是简单的家庭关系。童年期，童蒙初开，上学读书，从家庭走向学校，原来的家庭关系扩大到师生关系、同学关系。从少年期到青年期，求知欲强、兴趣广泛、精力充沛、自信好动，自我意识、参与意识和社会责任感逐渐增强，对未来充满憧憬和幻想；另一方面，他们还涉世不深，对如何做人，如何待人接物、立身处世还处在启蒙和探索阶段。中老年时期，一般社会阅历比较丰富了，世态炎凉、人情冷暖都尝过了，社会角色也基本定型了，不会有更多的选择和变迁。虽然老年也有待人处世的问题，但毕竟不像青少年那样迫切和突出。由此可见，在人的一生中，青少年时期是人的社会化最关键的时期。因此，小学、中学、大学阶段教育学生学会做人、学会待人接物和立身处世是十分重要的，是能够使人受益一生的。做人，相对于求知、健体而言是德育的概念。做什么样的人，根据党和国家对新一代青少年的要求和学生成长的需要，我们确定了德育的目标和内容，概括起来说应当教育学生做一个文明礼貌、道德高尚的人；做一个忠于职守、遵纪守法的人；做一个不怕挫折、心理健康的人；做一个勇于进取、思想向上的人；做一个热爱祖国、政治合格的人。

　　第三，唯物辩证法的系统论理论。一般来说，系统论的基本理论原则有四个：其一，整体性原则。系统论始终把研究对象作为一个整体来对待，认为世界上的各种事物、过程都不是彼此孤立的杂乱无章的偶然堆积，而是一个合乎规律的、由各要素组成的有机整体。整体的性质和规律只存在于组成其各要素的相互联系、相互作用之中，而各组成部分孤立的特征和活动的总和不能反映整体的特征和活动方式。这一理论原则用通俗的语言来表达就是：整体大于组成它的各部分之和。其二，有序性原则。系统论认为各种系统都是按严格的等级组织起来的，系统是分层次的，组成要素的排列是有规则的，每一个要素都处于一定的层次，都有一定的地位和作用。系统有序性表现着要素之间的相互联系是有机联系，而不是偶然堆积。其三，和谐性原则。系统论与中国传统文化中的和谐思想有一个共同点，这就是系统内部各要素之间相互协调、相互配合，发挥事物的整体功能。如果和谐性被破坏了，事物的整体功能就会削弱以致完全丧失。其四，动态性原则。系统论认为任何系统都不是凝固不变的，而是运动变化的。而系统正是在不断运动变化之中调整自己的要素和层次，使它们从无序到有序，以保证系统整体功能的实现。如果运动停止了，有序性被打破了，作为整体的系统也就不复存在了。[1]

　　根据系统论的理论，我认为学校德育也是一个系统。从整体性原则来看，学校德育是由德育目标、德育内容、德育途径、德育管理、德育评价等子要素系统构成的一个统一的整体；从有序性原则来看，学校德育是由小学德育、中学德育（含中等专业技术学校德育）、大学德育等子层次系统组成的一个统一的整体。德育系统的整体就是以要素系统为纬，以层次系统为经，有序排列且有机组合而成的。从和谐性原则来看，学校德育应当师生双主体和谐互动，在教育过程中要做到知、情、意、信、行诸环节和谐衔接，在德育途径上应注重学校、家庭、社会和谐配合。从动态性原则来看，学生健康的心理素质，文明的行为习惯，良好的道德品质，科学的世界观、人生观、价值观，崇高的理想信念，坚定正确的政治方向，是通过小学、中学、

---

[1] 谢龙主编：《现代哲学观念》，北京大学出版社，1990年，第320页。

大学等各个阶段的教育逐步形成的。总之，根据唯物辩证法的系统论原则，我们必须整体构建学校德育体系，德育的总体目标要统一制定，一以贯之，以保证在整个德育过程中要素结构的完整性和连续性。各教育阶段的具体目标的高低，德育内容的深浅和侧重点，德育途径和方法的选择，德育管理方式的运用，要针对学生不同年龄阶段的身心特点和理解接受能力的不同，由浅入深，由低到高，由感性到理性，由具体到抽象，逐步提高，螺旋式上升，以保证各个教育阶段德育工作的层次性和渐进性。各个阶段都应有德育整体意识，总览全局，加强相邻阶段的和谐衔接，防止简单重复或脱节，以便发挥德育系统的整体功能，不断提高德育的整体效果。

（三）主要内容和基本方法

1. 本课题研究的主要内容

(1) 德育目标和内容体系的构建；
(2) 德育途径和方法体系的构建；
(3) 德育管理和评价体系的构建。

2. 本课题研究的基本方法

(1) 调查研究和理论联系实际的方法；
(2) 科研工作者、行政领导和第一线德育教师三结合的方法；
(3) 唯物辩证法的系统论方法；
(4) 实验研究方法。

3. 第一阶段研究的主要任务

本课题第一阶段（1997.6—1998.6）的主要任务是德育目标和内容体系的构建。在这里我重点讲德育概念的界定、德育内容构成等几个理论问题。

(1) 关于德育概念的界定问题

德育目标和内容体系的构建，首先遇到的一个问题就是德育概念的界定问题。我国德育理论界对这个问题的认识是不一致的，至少有以下五种观点。

第一种观点是"一要素说"。认为德育就是道德教育，或者说是"德育是道德教育的简称"。[1]这种观点对德育的界定失之过窄。德育是学校性质和办学方向的体现，学校德育必须按照党和国家的要求，坚持以马列主义、毛泽东思想和邓小平建设有中国特色的社会主义理论为指导，坚持社会主义意识形态的一元导向，坚持正确的政治方向。因此，只有道德教育而没有思想政治教育的德育不是完整的社会主义德育。有的同志认为道德教育可以与国际接轨。我认为这种观点是不正确的。诚然，德育应当而且必须坚持"三个面向"，但不能简单地谈"接轨"。因为西方的道德教育往往与宗教相联系，难道我们能与宗教"接轨"吗？德育在国际交流中，必须坚持求同存异的原则，在共同道德、社会公德、职业道德、环境道德等方面应当借鉴西方的有益成果，但在整个德育工作中必须坚持我们的社会主义意识形态，这一点是不能动摇的。

---

[1] 王逢贤：《德育原理纲要》，东北师大教育系编，1983年，第1页。

第二种观点是"二要素说"。认为德育就是"思想政治教育的同义语"。[1]这种观点对德育的界定也不全面。德育是教育学的分支科学，不能等同于党在各行各业的思想政治工作。把德育只理解为思想政治教育，容易忽略道德教育，这方面的教训是极其深刻的。"文革"期间搞突出政治，用政治代替一切、冲击一切，使道德教育被忽视甚至被取消，造成一代人道德水准下降以致整个社会风气滑坡。在理论上对德育内涵缺乏完整的理解，在德育实践中就会出现偏差，影响人才全面素质的提高，受到历史的惩罚。

第三种观点是"三要素说"。认为德育就是思想政治教育和道德品质教育，或者说是"政治教育、思想教育、道德教育"。政治教育是解决立场、方向、道路问题；思想教育是解决世界观、人生观、价值观等思想观念问题；道德教育是解决处理各种社会关系、人际关系的基本道德品质问题。有的学者把前者称为"大德"或"公德"，把后者称为"小德"或"私德"。这两方面的结合才是德育的完整内涵。这种观点在大多数学者中和德育实践中已得到认同。

第四种观点是"四要素说"。有的同志认为在政治教育、思想教育、道德教育之后还应加一项法纪教育。主要依据是邓小平同志提出"四有"新人，其中一条是"有纪律"。我们要建立民主法制的社会主义国家，应当对青少年一代加强法制纪律教育。在现实生活中青少年犯罪呈上升趋势，实践的发展也需要法纪教育。有的同志不同意把法纪教育纳入德育范畴，理由是法学是学科分类中独立的一大类，不好纳入德育学科。这种意见，我不敢赞同。因为德育是综合性的应用学科，它应当而且必须借助于各门基础理论学科的理论丰富和完善自己，这些学科有教育学、心理学、伦理学、法学、美学、社会学等。实际上，道德教育与法纪教育如车之两轮，鸟之双翼，是辩证统一的。古人曾说过：礼者禁于将然之前，法者禁于已然之后。两者对育人都有不可替代的作用，它们都应成为德育的内容。

第五种观点是"五要素说"。有的学者主张在上述四要素之后还应加上心理健康教育。这是因为随着改革开放和市场经济的发展，青少年学生在升学、择业和人际关系方面出现一些新的困惑，他们的心理承受能力和适应能力不足，往往出现悲观、失望、沮丧、怅惘、忧郁、自卑等不良心理状态，造成神经衰弱、精神分裂，甚至出现自杀现象。这些问题不是政治教育、思想教育、道德教育、法纪教育可以奏效的，因此有必要在德育中增加心理教育。有的同志不同意把心理教育纳入德育之中，理由是智育、体育也有心理问题。我认为智育、体育当然有心理问题，但德育也确有心理问题，我们把心理健康教育纳入德育范畴是指德育中的心理问题。这一点应是无可非议的。

我主张"五要素说"，不仅依据上述关于德育概念五种观点理论分析，同时还依据德育实践和中央文件的精神。在1994年全国教育工作会议上，江泽民同志的重要讲话、李鹏同志的主题报告和李岚清同志的总结讲话，都分别强调了德育工作。并且对德育的内容做了明确的规定，概括起来说是"四个进行"、"两个树立"、"一个培养"。"四个进行"是进行马列主义、毛泽东思想特别是邓小平建设有中国特色社会主义理论教育；进行爱国主义、集体主义、社会主义思想教育；进行中国历史特别是近代史、现代史和国情教育；进行中华民族传统美德、革命传统和法制教育。"两个树立"是树立为建设有中国特色的社会主义而奋斗的政治方向，树立

---

[1] 王逢贤：《德育原理纲要》，东北师大教育系编，1983年，第1页。

科学的世界观、正确的人生观和高尚的道德情操,以及民族自尊、自信、自强的精神。"一个培养"是培养进取精神,创造精神和适应社会需要的良好心理素质。《中共中央关于进一步加强和改进学校德育工作的若干意见》明确规定:"大力加强法制教育特别是宪法的教育","要积极开展青春期卫生教育,通过多种方式对不同年龄层次的学生进行心理健康教育和指导,帮助学生提高心理素质,健全人格,增强承受挫折、适应环境的能力"。[1]上述德育内容明确指出了德育应当包括政治教育、思想教育、道德教育、法纪教育和心理教育五个方面。

总之,"德育"是指教育者按照一定社会的要求,有目的、有计划、有组织地对受教育者进行系统的影响,通过教育者和受教育者双主体在实践活动中的互动,把一定社会的政治准则、思想观点、道德规范、法纪规范和心理需求,转化为受教育者个体的政治素质、思想素质、道德素质、法纪素质和心理素质的教育。

政治教育、思想教育、道德教育、法纪教育和心理教育,各有自己的特定内涵,但又互相联系,互相渗透,互为条件,互相制约,构成了德育统一体。其中政治教育是根本,思想教育和道德教育是核心,法纪教育、心理教育是基础。这五者不可割裂,更不能互相取代。如果在理论上仅仅把德育视为"政治思想教育的同义语"或"道德教育的简称",那么在德育实践上就会失之偏颇。"文革"期间,由于"突出政治"代替了一切,道德教育被忽视乃至被取消,造成了一代人道德水准下降以致整个社会风气败坏。80年代中后期,由于"淡化政治",政治思想教育薄弱,致使自由化思潮乘虚而入,泛滥成灾,最终酿成动乱。这两方面的教训是极其深刻的,必须永远记取。

(2)关于德育内容的要素结构

根据唯物辩证法的系统论原则,整体构建学校德育内容体系,就是把德育内容的要素结构和层次结构划分出来,以五大要素(即政治教育、思想教育、道德教育、法纪教育、心理教育)为纬,以各项要素的不同层次为经,按照整体性、有序性、和谐性、动态性的原则,把它们有机地组合起来,依据学生不同年龄阶段的身心特点和知识水平,由浅入深,由低到高,由近及远,由具体到抽象,由感性到理性,螺旋式上升,构建从小学一年级到大学毕业每个年级的德育内容,形成科学化、系统化、规范化、整体和谐的德育内容体系。

中国特色社会主义教育在德育方面的任务,就是把党和国家对年轻一代政治、思想、道德、法纪和心理等方面的规范要求,转化为学生个体的品德,使他们成为"有理想、有道德、有文化、有纪律"的社会主义公民,成为社会主义事业的建设者和接班人。其中的政治教育,就是对学生进行爱国主义教育、社会主义教育和党的路线、方针、政策教育,使他们确立为建设有中国特色的社会主义而奋斗的政治方向。思想教育,就是对学生进行辩证唯物主义和历史唯物主义的世界观和方法论的教育、为人民服务的人生观教育、集体主义的价值观教育及"五爱"教育,培养他们具有正确的思想观点。道德教育,就是对学生进行社会主义道德原则和道德规范的教育,进行传统美德、社会公德、家庭美德、职业道德、环境道德教育,培养他们具有正确的道德认识、高尚的道德情感、坚强的道德意志和良好的道德行为习惯。法纪教育就是对学生进行社会主义法制和纪律教育,培养他们具有法律观念和遵纪守法的品质,知

---

[1] 转引自詹万生主编:《中国德育全书》,黑龙江人民出版社,1996年,第993页。

法、懂法、守法，并且学会用法律武器保护自己的合法权益。心理教育，就是对学生进行健康的和积极向上的性格、气质、兴趣和能力的教育，培养他们具有适应改革开放和社会主义市场经济需要的心理素质。

3. 德育内容的层次结构

德育内容的五大要素，每一项要素都包含若干具体的教育内容，而每一个具体的教育内容都可以划分出不同的层次，我们把不同层次的教育内容适当分布到小学、中学、大学的各个年级里，并做到和谐衔接。下面以爱国主义教育为例，进一步说明德育内容的层次结构问题。

爱国主义教育内容十分丰富，从历史到现实，从自然风光到物质资源，从物质文明到精神文明，社会生活的各个领域都蕴藏着爱国主义教育资源。《爱国主义教育实施纲要》中就指出了八方面的教育内容，这八方面的教育内容从指向实体来划分，大体可分为三大实体：①祖国的自然实体；②祖国的人文实体；③国家的经济与政治实体。这三大实体中每一个实体又可分为三个层次，而这三个层次，恰好要以分别作为小学、中学、大学的教育内容。

首先，从祖国的自然实体来看。第一层次是个体的出生地、居住地。人的童年时代直接接触到和感受到的是生我养我的这块土地，是家乡的山水和物产，自然对乡土有一种依赖和眷恋之情。因此，对小学生的爱国主义教育要从热爱家乡的教育做起。第二层次是祖国广阔的自然环境和国土资源。中学已经开设了中国地理课，结合地理课进行热爱祖国大好河山的教育应是中学爱国主义教育的主要内容之一。第三层次是个人与祖国自然实体的关系。这一层次的特点是对祖国自然实体的理性认识，其中包括对自然资源优劣的分析、物质资源与人民生存发展的关系，以及保护、开发、利用资源的责任等。大学生已经有自己学习的特定专业，特别是学自然科学的大学生应该具有保护、开发、利用祖国自然资源造福人民的责任意识。因此，大学应该对学生进行这一层次的爱国主义教育。

其次，从祖国的人文实体来看。第一层次是人际关系。小学生直接接触的人际关系主要是亲子关系和师生关系。小学应进行爱父母、爱老师、爱同学的教育，以此作为爱祖国、爱人民教育的基础和出发点。第二层次是祖国的传统文化。中学生已学过了历史课，对祖国的历史传统、文化艺术、科学技术、语言文学、道德风尚有了一定的了解，中学的爱国主义教育要通过中国历史、特别是近代史、现代史教育来进行。第三层次是祖国发展中的现代文明。要教育学生正确认识传统文化与现代文明、现代文明与西方文明的关系；既反对食古不化的国粹主义，又反对历史虚无主义和"全盘西化"；对中国传统文化要坚持批判继承、发展创新的原则，对西方文化采取借鉴、改造、利用的态度。对祖国现代文明作历史的和国际的辩证思考，这显然应成为对大学生进行爱国主义教育的内容。

再次，从国家经济和政治实体来看。第一层次是国家标志物，主要是国旗、国歌、国徽等，这一层次的教育应在小学里进行。第二层次是国家的经济制度和人民的经济生活，这一层次的教育应在中学里进行。第三层次是国家政治制度和政治生活。要教育学生正确认识和理解我国的国体、政体、民主、自由、人权；正确认识社会主义民主、自由、人权与资本主义民主、自由、人权的本质区别；正确认识"和平统一，一国两制"的方针；正确履行公民的权利和义务，自觉维护政治稳定、社会安定、民族团结和祖国统一。这一层次的教育内容显然应在大学里进行。

爱国主义教育内容层次性的主要依据是遵循青少年心理需要的规律,适合青少年心理发展水平。

从青少年心理需要的层次性来看。管理心理学认为,人的需要分为物质性需要和精神性需要两大类,仅就精神需要亦称心理需要来看,又可分为三个层次:归属需要、自尊需要、成就需要。这三种需要在个体身上表现的先后、强弱虽然有一定的差异性,但就一般规律而言,童年时代侧重于归属需要为主,少年时代偏重于自尊需要为主,青年时代倾向于成就需要为主。与心理需要的层次性相联系,各年龄阶段的学生的爱国情感体验的形式就有所不同。小学生与归属需要相联系则主要表现为对祖国的亲切依恋感。因此,小学的爱国主义教育方法应侧重启发小学生对祖国的自然、人文和国家标志物的喜欢、亲近和眷恋的情感。中学生与自尊需要相联系则主要表现为对祖国的自豪感。因此中学的爱国主义教育方法着重于激发中学生对祖国的地理、历史、发展现状及国际地位的尊重、关注并引以为光荣和骄傲的情感。大学生与成就需要相联系则主要表现为对祖国的责任感和使命感。因此,大学的爱国主义教育方法应强调激励大学生对祖国的前途和命运、国家的利益和国际地位的关心,对祖国的建设事业的积极主动的参与意识和认真负责的态度,以及与祖国命运休戚相关的情感。

从青少年心理发展水平来看。普通心理学认为,随着年龄的增长,个体的认识机能特别是大脑机能逐渐发育成熟,个体的认识能力和思维能力在不同的年龄阶段表现为不同的发展水平。小学生的认知能力一般处于感性认识水平,思维能力处于形象思维水平,因此,小学的爱国主义教育方法要特别强调具体、直观、形象、生动。中学生的认知能力处于感性认识向理性认识的过渡水平,思维能力处于形象思维向抽象思维发展的水平,因此,中学的爱国主义教育方法可采取对史地知识、英雄事迹、建设成就的演讲会、知识竞赛和参观访问等方法,使学生受到感染产生共鸣。大学生的认知能力已发展到理性认知水平,思维能力已发展到抽象思维水平,一般表现为不满足于对事物现象的描述,而追求对事物本质的探究;不停留在对事物的感性体验,而期望对事物的理性思考。因此,大学的爱国主义教育方法应采用专题报告、辩论比赛、社会调查等方法,使大学生在主动参与中进行自我教育。

(四)成果形式和基本要求

构建德育目标和内容体系研究的成果形式是编写出版一套德育实验教材或读本。下面仅就第一阶段的任务——编写一套德育实验教材提几点要求。

1. 实验教材的名称

实验教材的名称,大、中、小学统称"德育",副标题注明:小学一年级实验用书、初中一年级实验用书等以此类推。课程的内容,则必须依据各年龄阶段学生的身心特点和知识水平,本着系统性、连续性、层次性的原则,由浅入深、由低到高、由感性到理性,进行科学的规划和设计。这如同体育课、美育课、语文课、数学课一样,课程的名称是不变的,但课程的内容则随着年级的升高而不断扩充、提高和深化。我不同意用"公民课"、"社会课"、"做人课"、"好少年"一类名称,因为它们都不能涵盖德育的内容。"德育"的名称不能回避,也不应该回避,它是党和国家教育方针的体现,有利于强化教师和学生的德育意识,有利于涵盖不同年级德育内容，有利于建设科学化、系统化、规范化的德育体系。

2. 编写原则和要求

（1）德育目标，一以贯之；德育内容，循序渐进

德育目标是党和国家对青少年儿童在政治素质、思想素质、道德素质、法纪素质、心理素质等方面所应达到的规格要求，是德育工作的出发点和归宿点。德育目标确定的依据，是从建设有中国特色社会主义的实际出发，坚持面向现代化、面向世界、面向未来的方向；是根据党和国家对青少年儿童一代在"德"的方面的要求，遵循青少年和儿童品德形成和发展的规律。

我国各级各类学校德育的总目标是：把全体学生培养成热爱祖国、具有社会公德、文明行为习惯、遵纪守法的好公民。在这个基础上，引导他们逐步树立科学的世界观、人生观、价值观，不断提高社会主义思想觉悟，成为有理想、有道德、有文化、有纪律的社会主义现代化事业的建设者和接班人，并使他们中的优秀者成长为具有共产主义觉悟的先进分子。

所谓"德育目标，一以贯之"，就是指各级各类学校都要始终如一地坚持德育的总目标。各个阶段的具体目标都应包括政治素质、思想素质、道德素质、法纪素质和心理素质等方面的要求，以保证德育要素在各个教育阶段的完整性和连续性。

德育内容是为实现德育目标而确定和安排的特定的教育内容。德育内容的性质和构成由德育目标决定；德育内容的深度和广度为受教育者思想品德发展水平所制约；德育内容的针对性从学生思想品德存在的问题和现实社会的迫切要求出发。

各级各类学校都要对学生进行政治教育、思想教育、道德教育、法纪教育、心理教育。同时，政治教育、思想教育、道德教育、法纪教育、心理教育都有一个由浅入深、由低到高、由感性到理性、由具体到抽象的过程。这个过程是由各个教育阶段彼此和谐衔接共同完成的。每个教育阶段都必须保证德育内容结构的序列性和完整性，同时又应该做到德育内容的渐进性和层次性。这就是"德育内容，循序渐进"的要求。

小学德育课的内容以良好的品德行为习惯养成教育和"五爱"教育为重点。良好的品德行为习惯养成教育包括：自己的事情自己做的个人生活习惯的培养、文明礼貌用语和正确待人接物习惯的培养、自己动手动脑的学习习惯的培养和小学生日常行为规范的训练。"五爱"教育要从爱父母、爱老师、爱同学逐步上升到爱人民，从爱家乡、爱街道、爱国旗国歌上升到爱祖国，从爱学习上升到爱科学，从自己的事情自己做上升到爱劳动，从爱护文具爱护桌椅上升到爱护环境、爱护公共财物。教材要文字简洁（可用三字歌的形式）、图文并茂。教学方法要生动活泼，注重行为训练。

初中德育课的内容以良好的心理品质教育、道德品质教育、遵纪守法教育为主。心理品质教育包括自尊自爱、诚实正直、勇敢进取和青春期心理健康等内容；道德品质教育要在小学"五爱"教育的基础上进一步进行爱祖国、爱人民、爱劳动、爱科学、爱环境的教育，中华民族传统美德教育，青春期性道德教育。遵纪守法教育包括有关宪法、刑法、未成年人保护法等法律常识的教育，知法守法和运用法律武器自我保护的教育，遵守学校和公共场所的纪律和规章制度的教育。教材文字要优美（可用诗歌、散文、故事等形式），选材要精当。教育方法要用启发式，注重情感陶冶和行为指导。

高中(职高和中专)德育课的内容以人生观教育、理想教育和职业道德教育为主。人生观教育包括人生目的、人生态度、人生价值的教育,引导学生立志成才,报效祖国;理想教育要进行社会主义共同理想和共产主义最高理想教育,普通高中要结合高考志愿进行升学指导教育,职业高中和中专技校要结合专业进行职业道德和就业指导教育。教材要有一定的理论深度,教法要注重理论联系实际。

大学的德育课程(这里暂不包括马克思主义理论课)要向学科化的方向发展,开设一系列人文社会科学的必修课和选修课。这些课程包括政治学、法学、伦理学、心理学、人生学。这些学科不应是原来专业意义上的纯理论学科,而应是德育意义上的应用学科。它旨在教育学生正确地认识社会,正确地认识人生,树立正确的法律意识、道德观念,树立科学的人生观、世界观、价值观,确立正确的政治方向。教材应由有关学科的专家、教授和德育专家、教授共同组成编写队伍,理论要少而精,联系实际要密切。教法要注重讨论式,调动学生的学习积极性。

(2)贯通古今,融会中西;继承借鉴,发展创新

当代中国教育改革和发展的指导思想是:面向现代化,面向世界,面向未来。德育作为整个教育的重要组成部分,同样要以"三个面向"为指针,贯通古今,融会中西;继承借鉴,发展创新。这是21世纪中国道德教育的大趋势,也是编写德育实验教材的一个原则。

中国是一个具有悠久历史和优秀文化传统的国家,素以"礼仪之邦"著称于世。在中国传统文化中,传统道德占有十分重要的地位。中国历代哲学家、思想家、教育家对道德教育的思考和论述源远流长,博大精深。虽然,中华民族的传统道德是在小农生产和封建宗法制度的基础上建立起来的,不可避免地带有保守性和局限性的一面。但是,只要我们正确地坚持批判继承,取其精华,去其糟粕,古为今用,发展创新的原则,就能够剥去它的封建性的外衣,发现它的合理内核,使其成为构建新的道德体系的思想材料。

在中国悠久的文明史中,传统道德经过千百年的积淀,有些光辉的思想已构成了我们的民族之魂。例如:"天下兴亡,匹夫有责"的爱国主义精神;"天下为公"、"修齐治平"的集体主义精神;"刚健有为、自强不息"的积极进取精神;"先天下之忧而忧,后天下之乐而乐"的先人后己的精神;"见利思义"、"先义后利"的价值取向;"富贵不能淫、贫贱不能移、威武不能屈"的浩然正气;"杀身成仁"、"舍生取义"的高风亮节;"勤劳简朴、诚实守信"的求实精神;"仁者爱人"、"成人之美"的友爱思想;"孝敬父母"、"尊老爱幼"的道德品质,等等。这些民族之魂曾经哺育了中华民族亿万儿女的健康成长,曾经激励过无数志士仁人、英雄豪杰为民族的兴旺发达,为祖国的繁荣富强写下人生的壮丽篇章。毫无疑问,这些中华民族传统道德的精华,在社会主义现代化建设的今天也是值得继承和发扬光大的。

在对待西方文化的问题上,我们有过正反两方面的经验。现在可以清醒地认识到,采取闭关自守、全盘否定,或崇洋媚外、全盘西化这两种极端的观点都是错误的。正确的态度应当是分析、鉴别、学习、借鉴、吸收、利用。对先进的科学技术和管理经验,要大胆地学习和引进;对文化艺术,它的形式可以学习、借鉴,内容可以改造、利用;对思想道德,属于人类共同心理、共同美感、共同道德方面的东西,也要大胆地学习和借鉴。特别是那些适用于市场经济的价值观念,如改革开放观念、民主法制观念、权利义务观念、公平竞争观念、效率效益观

念、互利互惠观念、公关信息观念、商品市场观念、文明消费观念、照章纳税观念等,更要借鉴和吸收,做到洋为中用。

总之,我们要在马克思主义指导下,批判、继承、弘扬、光大我国优良道德传统,同时还要学习、借鉴、吸收、利用西方优秀文明成果,并使二者有机结合起来,实现"山与海的拥抱",创造出有中国特色的社会主义道德教育体系。

(3)贴近生活,联系实际;主体参与,避免说教

在建立社会主义市场经济体制的过程中,经济形式(主要指所有制形式)是多元存在的,其中有国营的大中型企业,有集体经营的乡镇企业,有中外合资企业和外国资本独资企业,还有私营工商企业等。社会存在决定人们的社会意识,有多少经济形式就会有多少种意识形态。而这些形形色色的意识形态必然通过家庭和社会的各种渠道渗透到学校来,影响学生的思想品德。然而,我们的社会制度决定了学校德育工作必须坚持爱国主义、集体主义、社会主义主旋律的教育。那么在经济形式多元存在的情况下,如何坚持社会主义意识形态的一元导向呢?这是摆在学校德育工作面前的一个重点和难点问题。

我认为解决这个问题,必须转变我们的教育思想和教育方法,不要"一刀切",要分层次;不要讲"高、大、空",要讲"近、小、实";不要只讲"应然",要讲实然、应然、必然。

比如,在处理个人与他人、个人与集体、个人与社会的关系上,我们主张集体主义,这是一元导向。但在实际生活中,人们处理这种关系的时候却表现为各种态度和做法,概括起来至少有四个层次。第一层次是大公无私、公而忘私、舍己为人、全心全意为人民服务;第二层次是公私兼顾,先公后私、先人后己;第三层次是主观为自己,客观为别人,也称为利己不损人;第四层次是损公肥私、损人利己。第一层次是共产主义的集体主义精神,是高尚的,值得提倡的,是一元导向;第二层次是社会主义的集体主义,是现行的原则和规范;第三层次是合理利己主义,在现实生活中普遍存在,我们不能简单地批判它,但需要引导向高层次发展;第四层次是极端利己主义,必须坚决反对。

在教育学生正确处理个人与集体与社会的关系时,不能"一刀切",不能"高、大、空",不能只讲"应然",否则不符合社会生活实际,也不符合学生思想实际,容易出现"假、大、空",使学生产生逆反心理,达不到预期的教育效果。在中小学讲集体主义原则的时候,不要从概念和理论出发,要从实际出发,尽可能贴近生活,贴近实际,距离学生近一点,问题提出小一点,回答问题实一点。不但要讲"应然",要求学生应当怎样,而且还要讲"实然",告诉学生社会生活的实际情况怎样,让学生自己选择正确的答案。在教育思想上,我们主张"双主体"论,即教师是教育主体,学生是受教育主体。要发挥两个主体的积极性,让学生主动参与,而不是被动接受。老师可以指出多种解决问题的办法,让学生进行道德价值判断,从而选择自己认为是正确的切实可行的方案。当然,我们并不主张完全放任地让学生自由选择,老师的引导是很重要的。因此不仅讲"实然",而且还要讲"必然",告诉学生事物发展的必然规律是什么,引导学生按照社会生活的规律做事。

(4)授之以知,动之以情;晓之以理,导之以行

德育过程与智育过程是完全不同的教育过程。智育过程主要是传授知识,兼培养能力。而德育过程是由知到行的转化过程。语文教学讲究识字、修辞、阅读、作文,英语教学讲究

听、说、读、写,而德育过程则是知、情、意、行四个环节形成和发展的过程。因此,德育教材必须体现知、情、意、行四个环节,而不能单纯传授知识。

① 授之以知。德育教材必须有明确的知识点,要求学生对政治、思想、道德、法纪、心理的概念要认知、理解、掌握。同时要培养对社会现象是非善恶的评价和判断的能力。

② 动之以情。情感是人们对客观事物是非善恶、美丑荣辱作出判断而引起的内心体验,是人们对事物的好恶、爱憎、亲疏的态度。学生只有对政治、思想、道德、法纪、心理方面的知识有了充分的认识,同时又怀有炽热的情感,如热爱、崇敬、赞美、亲近、向往等情感时,才会产生信念和意志,随之转化为相应的行为习惯。青少年时期,心理发育还不成熟,情绪容易变化,情感极不稳定。因此,德育教材必须在动之以情上下功夫,培养学生积极、健康、丰富、深刻而又稳定的情感。

③ 晓之以理。意志是人们使自己的动机、目的付诸行为而自觉努力的心理状态。意志是一种内在的精神力量,具有果断性、坚韧性、自控性的特点。一个意志坚强的人,能经受住挫折和失败的考验,坚持正确方向去实现自己的目标;而意志薄弱者,则在困难和挫折面前畏缩不前。坚强的道德意志来源于对道德目标的理性认识,理念和信念对意志的形成和发展具有重要的作用。因此,在德育过程中要晓之以理,使学生对政治原则、思想观念、道德规范、法律规范形成理念和信念。

④ 导之以行。道德行为是德育过程的最后环节,也是德育的最终目的。这里所说的行为是指人们在一定的政治思想道德的认识、情感、意志的支配下有目的的自觉的行为。习惯则是在道德行为的反复实践中形成的自然而然的行为。道德行为习惯的养成不仅需要认识、情感、意志的支配,更需要训练和引导。因此,导之以行是德育过程不可缺少的重要环节。德育教材必须体现这一环节,设计出行为训练具体方案。

总之,在由知到行的转化过程中,认识、情感、意志和行为习惯各个环节都具有一定的地位和作用。它们既有一定发展顺序,又是相互联系、相互制约,相互促进的。在德育教材和德育实践中必须认真把握这四个环节。

(5) 精练优美,喜闻乐读;图文并茂,生动活泼

德育教材的文字一定要精练优美,使学生喜闻乐读。小学可采用三字歌、四字歌、寓言、故事等形式。中学可采用诗歌、散文、名言、警句等形式。大学也要讲究文字和语言的艺术,突出知识性、哲理性、可读性。

关于图文并茂,小学每一课都要有精美的彩色大幅插图,字号要大些、字型要求楷体。中学要有适量的彩色插页和漫画插页,要适当地运用图表,字型、字号要有变化,排版要有艺术性。大、中、小学均采用16开本,统一封面设计。

关于生动活泼,德育教材不能只是通篇阅读,满堂讲授,必须形式多样,生动活泼,体现授之以知、动之以情、晓之以理、导之以行四个环节。

2. 1998年深圳年会主题报告

认真总结坚定信心 深入研究不断前进
——全国教育科学"九五"规划国家级重点课题"整体构建学校德育体系的
研究与实验"1998年会暨第二届学术研讨会主题报告

我代表总课题组向大会作主题报告。报告共分两大部分：（一）1998年工作总结；（二）1999年研究任务。

（一）1998年工作总结

自1997年7月开题会暨首届研讨会以来，至今整整一年半的时间，在课题组和实验区、实验校全体同志的共同努力下，取得了丰硕的成果。概括起来说，我们做了两件大事：一是《德育》系列实验读本的编写；二是德育实验基地的建设。

1.《德育》系列实验读本的编写

（1）确立了正确的指导思想

编写《德育》系列实验读本的指导思想是：以邓小平理论和党的十五大报告为指导，贯彻落实《中共中央关于进一步加强和改进学校德育工作的若干意见》，坚持解放思想，实事求是的思想路线和唯物辩证法的系统论原则，整体构建小学、中学（中等职业学校）、大学的德育内容体系。德育内容体系的构建，就是把德育内容的要素结构和层次结构划分出来，以五大要素（即政治教育、思想教育、道德教育、法纪教育、心理教育）为纬，以各项要素的不同层次为经，按照整体性、有序性、动态性的原则，把它们有机地结合起来，依据学生不同年龄阶段的身心特点、知识水平和品德形成发展规律，由浅入深，由低到高，由近及远，由具体到抽象，由感性到理性，螺旋式上升，构建从小学一年级到大学毕业每个年级的德育内容，全面提高学生的思想道德素质，克服小学、中学、大学德育内容的倒挂、脱节、过频变动和不必要的重复，形成科学化、系统化、规范化、相对稳定的德育内容体系。《德育》系列实验读本就是德育内容体系在各级各类学校贯彻实施的一个载体。

（2）明确了编写目的

经过反复研究，这套读本定位在供德育活动课使用，是对思想品德课和思想政治课的有益补充。在小学、中学和中等职业学校主要是利用班会、团队会活动课进行实验，目的是使班主任、团队工作从经验型转向理论型，从随意性转向计划性，从盲目性转向科学性，从零散性转向系统性，以提高德育水平，增强德育实效。

当前基础教育的紧迫任务，是实现由"应试教育"向"素质教育"转轨。德育不仅是素质教育的重要组成部分，也是推动素质教育的重要措施。这套《德育》系列读本不但是落实德育内容体系的一个载体，而且是实施素质教育的一个渠道。《德育》系列读本的编写目的，从根本上说就是为建立21世纪素质教育的课程体系探索一条德育课程的路子，为培养新世纪的社会主义事业的建设者和接班人做出贡献。

（3）制定了科学的编写原则

《德育》系列读本力求编出特色，编出精品。为此贯彻了以下几条原则：

①德育目标，一以贯之；德育内容，循序渐进。

②贯通古今，融会中西；继承借鉴，发展创新。

③贴近生活，联系实际；启发引导，主体参与。

④授之以知，动之以情；晓之以理，导之以行。

⑤图文并茂，生动活泼；精练优美，喜闻乐读。

（4）组织了三结合的编写队伍

参加《德育》系列读本编写的人员有德育科研人员、德育行政领导和第一线的德育教师共100多人，形成了"三结合"的编写队伍。在编写队伍的组织管理上，形成了总编委会、学段编委会、分册编委会三级管理体制。分册主编在学段主编指导下开展编写工作并向学段主编负责，学段主编在总主编的指导下开展编写工作并向主编负责，形成了分级管理，层层负责，层层把关的编写程序，保证了编写指导思想和编写原则的贯彻，从而保证了书稿的质量。

（5）全力抓好编写过程

让我们回顾一下一年多的编写工作进程：1997年3月总课题组即总编委会成立，对德育目标和内容体系进行了认真的研究。在此基础上成立了小学组、初中组、高中组、中职组、大学组等五个子课题组，即五个学段编委会。各学段编委会按照总编委会提出的指导思想和编写原则，起草了各册读本的编写提纲，经过总编委会的反复研讨，打印提交开题会讨论。7月总课题组在北京召开了开题会议暨首届研讨会。与会100多名代表对开题报告和编写提纲进行了讨论，并进行了分工。8~10月各册主编在学段主编的指导下组织编写人员撰写初稿。11月总编委会在北京召开第一次审稿会，各学段主编组织各册主编通读书稿，并提出修改意见。经过两个月的修改，总编委会于今年1月下旬在北京昌平师范学校召开第二次审稿会，对书稿再次提出修改意见。又经过两个多月的修改，今年4月，总课题组在北京借国际研讨会之机召开了第三次审稿会，会上要求学段主编亲自编改、把关，于5月初将书稿交总编委会。总编委会在认真审阅的基础上多次召开不同层次座谈会。一是征求教育行政领导其中包括国家教育部有关司局和各省教委德育处长的意见；二是征求第一线校长和教师的意见；三是征求德育专家、学者的意见。这期间各学段主编反复修改，数易其稿，到8月份，《德育》系列读本陆续出版问世。

（6）认真组织专家鉴定

《德育》系列实验读本一经出版，我们就分别寄送给课题组顾问，请他们指导、评审和鉴定。11月20日，总课题组在北京召开了专家评审鉴定会。专家们对读本的优点、特色和成功之处，给予高度评价和充分肯定。例如，全国教育科学规划领导小组德育学科组顾问、东北师大博士生导师王逢贤教授说："《德育》读本是确有特色的精品。能分享此项成果是本人对德育实体化研究的期望之一，至感欣慰。"全国教育科学规划领导小组德育学科组组长、南京师大博士生导师鲁洁教授的评价是："它的最大优点是贴近学生生活，体现时代精神。应当感谢他们所付出的劳动。"全国教育科学规划领导小组德育学科组副组长、北京青年政治学院硕士生导师王殿卿教授说："《德育》读本对21世纪德育教材是一个很重要的参考和依据。应当成为思想政治课一纲多本中的一本。"全国伦理学会副会长、北京大学博士生导师魏英敏教授说："《德育》系列读本是当前德育工作的创举，具有深远意义，是对青少年健康成长做出的巨大贡献，可谓'功在当代，利在千秋'。"全国伦理学会副会长、中国人民大学博士生导师许启贤教授说："这是一部在体系上、内容上、方法上、操作上都有特色、有创新的《德育》系列读本。"全国中学德育研究会理事长、北京市人大常委会副主任陶西平同志说："这是一次有理论意义和实践意义的突破，相信会对德育的加强和改进起促进作用。"国家教育部副总督学王文湛同志说："这套书贯彻了中央关于加强和改进学校德育工作的精神，符合教育部关于全面实施素质教育的要求，对于增强德育实效，培养'四有'新人具有现实意义。"国家教育部基础教育司领导金学方同志说："德育读本体现了基础性、实践性、融和性、主体性、发展性五个原则。教育部基础教育司支持这项国家级课题的研究。"当然，各位专家还对《德育》读本的修改完善提出不少很好的建设性意见。我想在下一个问题里再讲。专家们的高度评价和充分肯定，教育部基教司领导的热情鼓励和大力支持，使我们增强了信心，明确了方向。

(7) 来自实验校的反馈意见

当《德育》实验读本在实验校进行一段时间的实验之后，我们陆续收到了各地来信、来电对德育读本的反馈意见。这里摘录几份读给大家。沈阳市91中学老师认为："《德育》读本给班主任老师和全体学生带来一个意想不到的惊喜。不必说这套教材在内容上贴近学生实际，更不必说一改政治课教材严肃的说教形式，单就它丰富多彩的活动设计和一幅幅精美插图，就足以使老师和学生们爱不释手，有的甚至一口气读完。"山西通宝育杰学校小学部五年级一位班主任老师说："看到《德育》读本，给人耳目一新的感觉。少理论式说教，注重从学生实际出发，贴近学生，形式多样，生动活泼，使学生喜闻乐见，吸引了学生主动参与，成为学习的主人。"成都市鼓楼小学三(3)班一位同学的家长说："德育读本内容丰富，形式多样，浅显易懂，对学生的思想品德教育是非常重要的，对学生树立自理、自立、自强精神，学会生存，学会做人是很有帮助的。"重庆市巴县中学高二班一位班主任老师说："《德育》读本最大的成功是使我国的德育终于科学化、序列化、规范化起来，走上宏观构建，微观操作，程序化管理的轨道。"该校高一一位学生说："读本对于我们这些刚步入高中学习生活的新生，无疑是一座醒目的路标。如我在学完'迈好高中第一步'后，才真正明白它的重要性，使自己真正在思想上跨入了高中的大门。"北京市大兴县教科所一位老师说："我拿到《德育》读本，有一种豁然开朗的感觉。当我开始组织实验校的时候，有三个没想到：一是没想到我们局长这么支持我们搞实验；二是没想到那么多学校都踊跃报名参加实验；三是没想到实验仅仅进行了两个月，教师们的反映竟那么好。"

总之，《德育》系列实验读本的编写和出版，得到了专家们的肯定和实验学校老师、家长、学生的欢迎。这些成绩的取得是在总课题组的指导下，经过100多名编写者历时一年半殚精竭虑、艰苦劳动的成果，是总编委员会、学段编委会和各分册编委会团结协作、倾力奉献的结果，是北京全品文化教育中心、人民出版社和专家顾问良好合作大力支持的结果。

2. 德育实验基地的建设

本课题作为决策性和应用性研究的课题，必须建立实验基地，根据课题研究的需要，总课题组计划在全国建立10个实验区100所实验校，总称实验基地。

关于德育实验基地的建设，我们坚持了五句话20字方针："严格审批、合理布局、加强管理、认真指导、多出成果。"

（1）严格审批。申请加入中央教科所"九五"国家级重点课题"整体构建学校德育体系"实验基地的基层教委或学校，必须具备三个条件并履行申报审批手续。这三个条件是：①教委（局）或学校应重视教育科研工作，具有"科研领先，科研兴校，科研治教"的办学思想；②具有一支较强的德育教师队伍和德育科研力量；③申请一项子课题并承担《德育》读本的实验任务。目前的实验基地有两种情况：一种是挂牌的，由中央教科所严格审批，除具备上述三个条件外，还必须执行中央教科所关于审批实验基地的有关规定。另一种是不挂牌的，由中央教科所德育研究中心总课题组批准，但必须具备上述三个条件。

（2）合理布局。为了增强实验的信度、效度、推广的价值和范围，实验基地的布局是从两方面考虑的。首先考虑全国的覆盖面，目前的实验区和实验校分布在东北、华北、华东、中南、西南、西北六大区域，包括北京、天津、河北、内蒙古、山西、黑龙江、吉林、辽宁、山东、江苏、上海、浙江、广东、广西、河南、湖北、湖南、重庆、四川、甘肃等20个省、市、自治区（西北地区还比较薄弱）。其次考虑大城市、小城镇和农村的代表性，比如北京市实验基地就有一个城区即东城区，一个近郊区即朝阳区，两个远郊区县即大兴区和密云县。目前其他省份一般是大城市实验区校较多，而农村较少。应当推广北京的经验。

（3）加强管理。1997年3月，当课题刚刚启动之时，我们就制定了《中央教育科学研究所德育研究中心"九五"国家级重点课题德育实验基地管理细则》，《细则》的第2条规定：根据本课题参加人员多，涉及范围广的特点，本课题的管理实行总课题组组长领导下的分级管理制度，总课题组下分二级子课题组、三级子课题组。总课题组分为小学组、初中组、高中组、中职组、大学组。实验区成立二级课题组，二级子课题指导组负责本实验区承担的子课题实验研究工作的管理和指导，如北京市东城区、天津市和平区及河西区、重庆市、赤峰市等都成立了二级子课题指导组。实验校成立三级子课题组，由二级子课题组进行管理和指导，天津市和平区、包头市东河区对所属实验校加强管理，建立了严格、详细的档案。北京市大兴区、内蒙古赤峰市、天津和平区及河西区、南开区、河南开封县等对实验教师进行了培训。少数直属实验校承担的子课题可直接由总课题组管理。

（4）认真指导。总课题组要求实验区和实验校把自己承担的已批准立项的子课题的开题报告、研究计划、研究成果和《德育》读本的实验方案、实验报告、实验成果及时报德育中心总课题组。总课题组建立实验区校的业务档案，以便及时了解情况，以利指导。一年来，总课题组先后到十几个实验区校进行巡回考察、指导，到目前为止，总课题组直接挂牌、考察指导的实验区校已占正式批准挂牌的实验区校的95%以上。只有少数独立、偏远的实验校，总课题组尚未直接到校指导。希望在一省一地独立的实验校能成为一颗种子，在本地区生根开花，由一枝独秀，引来百花齐放。希望你们积极争取当地教育行政部门领导的支持，并在当地发展成一个实验区，扩大实验校，形成实验规模，同时也便于总课题组指导。关于课题的理论指导、研究动态、阶段成果和实验经验，总课题组通过《德育信息》杂志发表文章进行指导，请大家注意接收这方面的意见。比如：我在《德育信息》第4期发表的《运用活动课对德育系列读本进行实验的理论与方法》一文，就是对实验的总的指导意见。许多实验区、实验校都认真地研读并进行积极的反馈。

（5）多出成果。课题研究与实验的目的是多出成果，多出人才，全面推动全国学校德育工作上一个新的台阶。本课题的实验目标是：①全面提高学生的思想道德素质，教育学生学会做人，做一个文明礼貌、道德高尚的人；做一个知法懂法，守法用法的人；做一个不怕挫折、心理健康的人；做一个勇于进取、思想向上的人；做一个热爱祖国、政治合格的人。②形成一套科学化、系统化、规范化的社会主义德育内容体系。它的载体是科学的、实用的一套德育教材，它的教学形式是学生主体参与的，贯彻知情意行诸环节的德育课程。③培养锻炼一支优秀的德育教师队伍，使班主任工作从经验型转向理论型，从随意性转向计划性，从盲目性转向科学性，从零散性转向系统性。而这一切都需要出成果，德育读本实验的成果包括实验报告、教案教参、活动方案、观察日记、修改意见等五个方面。总课题组已向各实验区、实验校广泛征集上述五项成果并进行评审，优秀成果将受到表彰和汇集出版《实验研究文集》。应当说总课题组向全体实验教师提供了广阔的研究领域和施展才华的机会。在这方面，许多实验区的领导和实验校的教师已经积极行动起来了。这次年会，总课题组组织专家对收到的各项参评成果进行评审，希望有更多的优秀成果受到表彰。应当承认，由于实验的时间还短，送审的只是初步成果。我们将征集成果的时间放宽到明年10月下届年会之前。各实验区可以组织实验校有计划有分工地进行，并且经过实验区领导小组筛选初评后报到总课题组。让我们共同努力，去迎接明年硕果累累的金秋时节。

（二）1999年研究任务

1999年是本课题研究的关键一年。主要有两大任务：一是《德育》系列实验读本的修订与实验；二是学校德育体系的研究与构建。

1.《德育》系列实验读本的修订与实验

《德育》系列读本得到了专家和领导的充分肯定和高度评价，也受到了实验校教师和学生的热情欢迎和积极反馈。我们要看到成绩，坚定信心，同时必须找出差距，深入研究，继续修订，不断前进。我认真研究了专家们的评审鉴定意见，发现他们提出了许多（共28条）修改意见。我相信在本届研讨会上，来自实验区、校的领导和教师们也一定会提出很多中肯的、有价值的修改意见。下面我对《德育》系列读本的修订提出10条意见，供同志们研究讨论。

（1）定位的准确性和正确性

目前，这套读本的定位是班会、团队会德育活动课使用的教材，是对小学思想品德课和中学思政课的有益补充。南京师大鲁洁教授指出："这套读本是供活动课使用的，它如何与思想品德与思政课相衔接，据我所知，目前上述两课的改革似还不尽如人意，仅用补充读物，增加某些内容的办法，而没有统一安排，不能从根本上解决问题。"王殿卿教授说："思想政治课不要一纲一本，而应一纲多本。教育部应当支持这项国家级课题使这套读本成为一纲多本中的一本。"陶西平同志、教育部基教司的领导以及有关省教委德育处的领导也都提出了这方面的建议。在读本的实验过程中，肯定也会遇到这样的问题。如小学教思想品德课的老师一般都是班主任，而我们的读本与思想品德课在内容上不可避免地存在着交叉重复的问题。根据专家和领导的意见和实验区校的反馈,《德育》读本修订时,必须从实际出发,准确、正确地把握定位问题。为此我们认为小学读本的修订要以思想品德课课程标准为依据,以整体构建的思想为指导,保持特色,变辅为主,走入课堂。目前中学思想政治课课程标准基本上还是学科化的,这与我们整体构建的思想是两种不同的逻辑体系。中学的《德育》读本很难与之并轨,况且还有中考、高考问题。因此中学德育读本的定位问题暂不改变。

(2) 德目的规范性和序列性

所谓德目,就是德育具体化的规范化的要求。如:热爱祖国、孝敬父母、遵纪守法、文明礼貌、助人为乐、团结友爱、关心集体、勤劳节俭、诚实守信、勇敢坚毅、热爱科学等。

目前德育读本每一课的标题不是以"德目"的形式出现的,而是"德目"进一步的具体化、形象化、生动化的表述。比如"热爱祖国":小一是"国旗、国旗、我爱你",小二是"我是中国人",小三是"我爱祖国山和水",小四是"祖国是个大家庭",小五是"不忘国耻",小六是"我是祖国小公民"。再如"孝敬父母":小一是"我爱爸爸妈妈",小二是"家里的事帮着做",小三是"关心父母"。又如"文明礼貌":小一是"学会礼貌用语",小二是"坐立行走要规范",小三是"举止大方",小四是"讲究礼节",小五是"对外礼节"。……我们这样做是经过认真研究,反复讨论的,体现了"近、小、实、亲"的原则,避免了"高、大、空、远";体现了"循序渐进,螺旋上升"的原则,避免了"一刀切"和"成人化";体现了"学生主体参与"的原则,避免了"板起面孔说教"。应当说这是《德育》读本的特色,也是它受到师生欢迎的地方。然而,作为教材,专家们提出了"德目的规范性"问题。那么,我们如何做到德目的规范性,又能坚持我们的特色呢?这就需要认真地研究。我认为,首先应当提出一套德目体系,并具有规范性和序列性。其次,把这些德目分布到小学、初中、高中各个学段,要体现"循序渐进和螺旋上升",有的部分交叉,但不是简单重复。再次,这些德目在各学段、各年级的教材中如何立题、如何表述,还要坚持我们的特色。

(3) 概念的科学性和准确性

《德育》系列读本不是从概念、理论和学科体系出发,而是从德育工作的实际和学生品德形成和发展的规律出发。因此,基本上没有解释概念或给概念下定义的问题。有的专家提出:"基本概念要不要解释?基本理论要不要讲?"我认为小学基本上没有概念、理论问题,也没有必要给小学生解释诸如"道德、法律、心理、政治"等基本概念。在初中,特别是在高中如遇到基本概念和基本理论问题,还是应当解释清楚,讲述明白的。到底有哪些概念和理论需要解释和讲解,我们要认真研究。放在哪里解释和讲解,也需要认真研究。我认为:首先不能一开始就讲概念、讲理论。这种演绎法是中国学者做学问的传统,但在德育这种应用学科不宜采用演绎法,而应采取归纳法。其次,概念的解释在教材中可作为"小资料"、"小辞典"或"小博士"等栏目出现,供学生学习参考和深入理解之用,而不能要求学生死记硬背。再次,有些概念的解释可在教师用的教参中出现,以备学生深入思考时提问,教师掌握就可以了。当然无论是教材、资料、教参,对概念的解释必须科学、准确。

(4) 内容的广泛性和层次性

《德育》读本是在大德育观和整体构建的思路下编写的。改革开放以来,随着形势的发展,党和国家对学校德育提出了许多新的内容和要求,如:"两史一情"教育、爱国主义教育、中华民族传统美德教育、心理健康教育、国防教育、人口教育、环境教育、预防艾滋病教育和禁毒教育等。这些教育不可能每一种教育内容都编一本书，那样中小学生的负担实在太重。《德育》读本具有内容上的广泛性，涵盖了五大要素，同时把这些内容都编排进来，分布到适合的学段和年级，体现出层次性。关于层次性有三种含义：其一，五大要素本身就具有层次性，心理教育是基础，道德教育和法纪教育是中小学的重点，思想教育和政治教育是方向。其二，每一项德育内容在深浅程度上具有层次性，从小学到初中再到高中要体现由浅入深的层次性。其三，每一项德育内容在境界要求上有层次性，从普遍性要求到学生个体品德发展水平的不同要求上也有层次性。

(5) 观念的时代性和继承性

《德育》读本必须体现时代观念。首先要坚持面向现代化，面向世界，面向未来。在当前应当树立知识经济、信息社会和全球一体化的观念，培养学生具有国际意识。其次，要树立适应市场经济需要的现代观念，如：改革开放观念、权利义务观念、公平竞争观念、效率效益观念、互利互惠观念、公关信息观念、服务质量观念、文明消费观念、照章纳税观念等。在体现时代观念的同时，还应当重视民族文化和中国德育的历史继承性。《德育》读本在第一版已经贯彻了"贯通古今，融会中西，继承借鉴，发展创新"的原则，在修订中还要进一步贯彻时代性和继承性的要求。

(6) 方法的多样性和灵活性

《德育》读本的编写已经努力贯彻了"图文并茂、生动活泼"的原则，增强了可读性。比如：小学本设有"说一说"、"练一练"、"比一比"、"学一学"、"评一评"、"做一做"、"请记住"等小栏目；中学本设计了"供你参考"、"自我测试"、"下马观花"、"读书悟道"、"豁然开朗"、"名言警句"、"各抒己见"、"说干就干"等栏目。在修订时，这些特色和优点要继续保持下去，同时要进一步开动脑筋，设计出更加丰富多彩的、灵活多样的、可操作性强的活动方案。

(7) 过程的完整性和多端性

德育过程与智育过程是完全不同的教育过程。智育过程主要是传授知识兼培养能力。而德育过程是由知到行的转化过程，它包括知、情、意（信）、行诸环节。只有认知系统而无情感陶冶和行为训练系统的德育，不是完整的德育。《德育》读本努力贯彻了"授之以知，动之以情，晓之以理，导之以行"的原则，但还有许多需要加强和改进的地方。首先，认知环节要简明精当，避免长篇大论；其次，情感陶冶或情感体验环节，意志和信念环节还应加强；再次，行为引导，行为训练环节应当在学生主体参与的活动中进行，活动方案的设计就特别重要；第四，德育过程的多端性问题，要深入研究每一课的切入点，有的应从情感陶冶入手，有的可从行为引导开始。切不可千篇一律，从传授知识做起。

(8) 选材的鲜活性和典型性（略）

(9) 文字的规范性和准确性（略）

(10) 插图的生动性和趣味性（略）

上述10条意见，供与会各位代表讨论，同时供各学段编委会修订时参考。希望各实验区和实验校的领导和教师对《德育》读本的修订多提宝贵意见。

2.《德育》读本修订的程序和进度

（1）征求实验教师的修订意见阶段（1999.1.15~3.15）

请各实验区组织实验校参与实验的教师，依据本届年会的主题报告的精神和实验中的体会，对《德育》读本提出修订意见。其中包括：①各册读本每一课题目的增加、删除、修改和排列顺序。②各册读本的正文、小标题、小栏目、选材、事例等的修改或补充。③各册读本的排版格式、字型、字号、插图等的修改意见。④打印出完整的修订样章。请各实验区的领导集中各实验教师的意见，并经领导小组研究筛选，于3月15日以前择优报到德育研究中心总课题组。与此同时各册编委会分别研讨修订问题。

（2）学段编委修订阶段（3.16~4.15）

各学段编委分别召开修订会议，研讨各实验区报来的修订意见，拿出修订方案，并进行修订工作。各学段编委会、各分册编委会名单原则上不变，但在征求意见和修订过程中要注意发现人才、培养人才，本着"有为才能有位"的原则，适当调整各级编委会和主编、副主编人选。

（3）总编委会审稿统稿阶段（4.16~5.15）

（4）出版社编审与出版阶段（5.16~6.30）

（5）各实验区、校征订发运阶段（7.1~8.30）

（6）各实验区、校开始第二轮实验（9.1~）

3. 学校德育体系的研究与构建

（1）德育目标体系的构建

第一，确定德育目标的依据

德育目标是党和国家对青少年儿童在政治素质、思想素质、道德素质、法纪素质、心理素质等方面所应达到的规格要求，是德育工作的出发点和归宿点。德育目标确定的依据，是从建设有中国特色社会主义的实际出发，坚持面向现代化、面向世界、面向未来的方向；是根据党和国家对青少年儿童一代在"德"的方面的要求，遵循青少年和儿童品德形成和发展的规律。这里包括四句话，并构成两对矛盾，我们要力求达到方向性与现实性的统一，党和国家的要求与青少年成长自身需要的统一。过去我们较多地强调方向性和党和国家的要求，因为方向总具有理想性和长远性的特点，要求总是原则性、高标准的，所以目标的确定往往是笼而统之、大而化之、"一刀切"、"齐步走"的。我们要把目标定得实事求是、切合实际，经过努力可以达到，就应当注意目标确定的现实性和可能性，充分考虑学生成长的自身需要，遵循品德形成发展的规律。

第二，构建目标体系的要求

构建目标体系的要求是：总体目标，一以贯之；学段目标，各有侧重；年级目标，具体明确；情意兼顾，知行统一。

我国各级各类学校德育的总目标是：把全体学生培养成热爱祖国、具有社会公德、文明行为习惯、遵纪守法的好公民。在这个基础上，引导他们逐步树立科学的世界观、人生观、价值观，不断提高社会主义思想觉悟，成为有理想、有道德、有文化、守纪律的社会主义现代化事业的建设者和接班人，并使他们中的优秀者成长为具有共产主义觉悟的先进分子。

所谓"总体目标，一以贯之"，就是指各级各类学校都要始终如一地坚持德育的总目标。各个阶段的具体目标都应包括政治素质、思想素质、道德素质、法纪素质和心理素质等方面的要求，以保证德育要素在各个教育阶段的完整性和连续性。小学、初中、高中各学段的德育目标，要根据学生的年龄特点、知识水平和成长规律有所侧重，不可求全。年级的德育目标，在小学两个年级合为一段，初中、高中则应每个年级分别制定，表述要具体明确。目标的要求应体现知、情、意（信）、行，必须有认知和行为方面的要求，也要适当考虑情感、意志和信念方面的规定。

(2) 德育内容体系的构建

第一，确定德育内容的依据

德育内容是为实现德育目标而确定和安排的特定的教育内容。德育内容的性质和构成由德育目标决定；德育内容的深度和广度为受教育者年龄特征和思想品德发展水平所制约；德育内容的针对性从学生成长的需要和现实社会的迫切要求出发。

第二，构建内容体系的要求

构建内容体系的要求是：德育内容，循序渐进；德目规范，形成序列；要素完整，层次清楚；注意衔接，螺旋上升。

各级各类学校都要对学生进行政治教育、思想教育、道德教育、法纪教育和心理教育。同时，政治教育、思想教育、道德教育、法纪教育、心理教育都有一个由浅入深、由低到高、由感性到理性、由具体到抽象的过程。这个过程是由各个教育阶段彼此衔接共同完成的。每个教育阶段都必须保证德育内容结构的序列性和完整性，同时又应做到德育内容的渐进性和层次性。必须注意小学、初中、高中、大学的衔接和螺旋式上升，克服倒挂、脱节、简单重复和脱离实际的问题，这是整体构建德育内容体系的关键。

(3) 德育途径体系的构建

第一，德育途径的内涵

德育途径是对学生实施德育影响的渠道，是实现学校德育目标，落实德育内容的组织形式。德育途径体系是以完成德育任务、提高德育实效为目的，以我国的国情和各级学校德育工作的实际情况为依据而提出的。学校德育主要途径包括：思想品德和思想政治课、其他各科教学、三育人（教书育人、管理育人、服务育人）、班主任工作、党团队和学生会工作、劳动与社会实践、课外活动、校外教育、校园文化建设、心理咨询和职业指导、家庭与社会教育等。上述诸条途径在大、中、小学德育工作中的运用应根据各年龄阶段学生身心发展的水平有不同的侧重点。同时，上述诸条途径应发挥各自的独特功能，协调工作，密切配合，形成合力，形成全员育人、全程育人的德育工作格局，以求发挥德育途径的整体效益，提高学校德育的整体效果。

第二，构建德育途径体系的要求

构建德育途径体系的要求是：德育途径，对应内容；一项内容，多条途径；有主有辅，协调配合；分工合作，形成合力。

德育途径应当对应每一项德育内容，使每一项德育内容都有贯彻落实的渠道。在多数情况下，往往某一项德育内容需要多条德育途径来贯彻实施。这就有一个以哪条途径为主，以哪条途径为辅的问题，也有一个如何协调配合的问题。长期以来，流行着一种观点："课堂教学是德育的主渠道"。我认为这个观点是值得商榷的。因为我们的课堂教学是以智育为主而设计的，它的主要任务是传授知识而不是培养品德。尽管我们有教书育人的要求，尽管课堂教学可以而且应当渗透德育，然而"渗透"不是"为主"。教学有教学的规律，德育有德育的规律，课堂教学不等于德育，德育必须有自己的实体，有自己的传授体系。整体构建德育途径体系，一方面要求各条途径都能发挥各自的独特功能，另一方面必须强调分工合作，形成合力，贯彻教育影响一致性的原则，建立全员育人和全程育人的德育工作格局。

(4) 德育方法体系的构建

第一，德育方法的内涵

德育方法是完成德育任务、实施德育内容的手段。德育方法与德育途径既有密切的联系又有根本的区别，是两个不同的范畴。打个比方说：途径好比路，而走路中是步行、骑车，还是开车、乘车，这是方法问题。同样是过河，用桥或船或游泳，这也是方法问题。途径和方法是互相影响，互相制约，互相促进的。途径决定方法，德育方法的选择依赖于德育途径。如课堂教学这条途径，决定了讲授法和说明法是基本方法；而在社会实践活动中，实践锻炼法、考察参观法则是基本方法。另一方面，方法的改进也会影响途径的发展。如飞机、轮船、火车推动了航空、航海、铁路事业的发展，计算机则开辟了新的信息产业。

在教育实践中，德育工作者创造出丰富多样的德育方法，理论工作者加以概括和分类，一般可以概括为四类18法：①以语言说理形式为主的方法，包括谈话法、讲授法、讨论法、辩论法、演讲法等；②以形象感染形式为主的方法，如典型示范法、情感陶冶法、影视音像法、小品表演法等；③以实际训练形式为主的方法，如社会实践法、调查访问法、参观考察法、常规训练法、大型活动法等；④以品德评价形式为主的方法，如奖惩激励法、表扬鼓励法、评比选优法、操行评定法等。

第二，构建德育方法体系的要求

构建德育方法体系的要求是：根据内容，对应途径；多种方法，优选组合；辩证思维，法无定法；留有余地，鼓励创新。

根据不同的德育内容选择不同的德育途径，对应不同的德育途径选择不同的德育方法。德育方法多种多样，要进行优选组合，正确处理系统教育与随机教育的关系，说理教育与社会实践的关系，集体教育与个别指导的关系，教育与自我教育的关系，显性教育与隐性教育的关系，严格管理与耐心疏导的关系，学校教育与家庭、社会教育的关系。德育实践是丰富多彩的，理论概括是原则的、抽象的，一切真知来源于第一线教师的伟大实践。德育方法体系的构建坚持辩证思维，主张法无定法，要给教师留有余地，鼓励他们在实践中开拓创新。

(5) 德育管理体系的构建

第一，德育管理的内涵

德育管理是协调实施德育的组织与组织、组织与德育工作者之间的关系，以保证增强德育实效，完成德育任务，实现德育目标。它是整个德育工作的指挥和保证系统，具有协调、组织、实施和评价的功能。

德育管理体系的构建，包括领导体制、法规政策、规章制度、队伍建设、督导检查、考核测评等项内容。

第二，构建德育管理体系的要求

构建德育管理体系的要求是：理顺健全领导体制；稳定提高教师队伍；建立健全规章制度；形成学校、家庭、社会德育网络。

德育管理体系和构建是一个政策性、实践性很强的问题。我们要在《中共中央关于进一步加强和改进学校德育工作的若干意见》指导下，深入调查研究各级各类学校德育管理的成功经验，以求构建出一个科学、实用、高效的德育管理体系。同时还应以大德育观为指导，建立学校、家庭、社会德育一体化、网络化的德育管理模式，以争取全社会对学校德育工作的关心和支持。

(6) 德育评价体系的构建

第一，德育评价的内涵

德育评价是学校德育管理工作的重要环节，也是保证学校德育目标实现的必要措施。德育评价体系的构建是学校德育工作中一项带有根本性的建设，对于督导检查学校德育工作的水平和质量，推动德育由虚变实、由软变硬发挥着不可替代的监督保证作用。

德育评价体系的构建，包括教育行政部门对学校德育工作的评价、校长对班级德育工作的评价和对任课教师教书育人的评价、班主任及教师集体对学生个体的品德评价三部分内容。

第二，构建德育评价体系的要求

构建德育评价体系的要求是：三级评价，体系健全；指标体系，科学简明；认真研究，评价原则；正确掌握，评价方法。

要求建立学校、班级、学生三级评价体系。德育评价的难点是量化的指标体系。指标体系一般包括一级指标、二级指标、三级指标（具体标准）、权重、评价方法等项内容。既要具有科学性和系统性，又要具体、简明，有可行性。

4. 整体构建德育体系的工作方式和工作进度

整体构建学校德育体系，包括上述6个子体系的研究和构建。这是一个庞大的系统工程，需要认真地运筹、科学地管理、缜密地计划和精心地施工。

(1) 工作方式

整体构建德育体系的工作方式可以这样概括：自下而上，总分结合；先块后条，条块结合。

所谓"自下而上，总分结合"，指的是实验校、实验区承担的子课题与总课题的关系。实验校先把本校的研究成果报到实验区，实验区汇总实验校的研究成果，拿出小学或中学的德育目标、内容、途径、方法、管理、评价某一方面的初步体系，报德育中心总课题组，总课题组根据各实验区的研究结果和自身条件，决定分别在三个实验区召开现场专题研讨会，共同研讨德育目标和内容体系、途径和方法体系及管理和评价体系。

所谓"先块后条，条块结合"，是指总课题组内部的分工合作问题。总课题组按学校分为小学组、初中组、高中组、中职组、大学组，我们称之为"块"。每一块先研究和构建各学段的德育体系。为了整体构建并搞好小、中、大学体系的衔接，总课题组又分为德育目标和内容体系小组、德育途径和方法体系小组、德育管理和评价体系小组,我们称之为"条"。每一条在各块研究的基础上,负责统揽小学、初中和高中。条与块二者的关系是:块为基础,条为指导。工作方式是:经常是块,集中是条。

(2)工作进度

第一阶段(1999.1.1~4.30):实验区、校研究并形成初步成果。实验区负责人于6.30以前把初步成果寄送到德育中心总课题组。

第二阶段(1999.5.1~6.30):总课题组分块研究并形成小学、初中、高中各学段的初步成果。

第三阶段(1999.7.1~8.31):总课题组分条研究并形成德育目标和内容、途径和方法、管理和评价三大体系的成果。

第四阶段(1999.9.1~12.31):实验校进行实验和反馈意见。

第五阶段(2000.1.1~3.31):总课题组审稿、统稿、定稿。

第六阶段(2000.4.1~6.30):出版最终成果《学校德育体系概论》《学校德育体系概览》和《整体构建学校德育体系实验研究论文集》。

第七阶段(2000.7.1~8.31):请专家和领导评审鉴定。

第八阶段(2000.9.1~10.30):向教育部和全国教育科学规划领导小组汇报。

第九阶段(2000.11~12):总课题组召开实验区校总结大会、评审表彰先进实验区、先进实验校、先进个人和优秀成果。

同志们!我们承担的"九五"规划国家级重点课题"整体构建学校德育体系的研究与实验"是一项跨世纪的系统工程。让我们团结起来,认真总结,坚定信心,深入研究,开拓前进,为建立科学化、系统化、规范化的有中国特色的社会主义德育体系做出贡献!

1998.12.15

3. 1999年开封年会主题报告

继续深化课题研究 全面推进素质教育
——全国教育科学"九五"规划国家级重点课题"整体构建学校德育体系的
研究与实验"1999年会暨第三届学术研讨会主题报告

我代表总课题组向会议作主题报告。报告内容分为五个部分:

(一)认真学习和深刻领会全教会精神;

(二)以全教会精神为指导深化课题研究;

(三)关于整体构建学校德育体系的研究与实验;

(四)关于《成长册》的研究与实验。

(一)认真学习和深刻领会全教会精神

新世纪即将来临,人类社会即将进入另一个千年。今日世界,科学技术突飞猛进,知识经济已见端倪,国力竞争日趋激烈。在这重要的历史发展阶段,党中央国务院于今年6月召开了改革开放以来第三次全国教育工作会议。江泽民同志在开幕式上的重要讲话,高瞻远瞩,深刻分析了国际国内形势以及在新形势下教育的先导性、全局性和基础性地位,对全面推进素质教育提出了明确的指导思想和要求,他特别强调思想政治素质是最重要的素质。李岚清副总理的报告,全面阐述了推进素质教育的战略意义和实施素质教育的重要措施。会议闭幕时,朱镕基总理作了重要的讲话,深刻分析了我国当前的经济形势,要求我们抓住机遇,加快教育改革和发展。这次全教会高举邓小平理论伟大旗帜,认真贯彻党的十五大精神,分析了教育战线面临的机遇与挑战,总结了改革开放以来我国教育工作的实践经验。在我国社会主义现代化建设的关键时期,党中央国务院作出了《深化教育改革,全面推进素质教育的决定》(以下简称《决定》),这对我国新世纪的社会主义现代化建设事业、对科教兴国战略方针的落实必将产生重大而深远的影响。

认真学习领会全教会文件内容,对深化我们的课题研究与实验具有十分重要的指导意义。下面就这次全教会的主要精神谈几点认识。

1. 素质教育的基本内涵

素质教育的基本内涵,集中体现为一个宗旨,即全面贯彻党的教育方针,以提高国民素质为根本宗旨。素质教育及其宗旨的确立,有助于我们加深理解教育的本质问题。教育的本质,主要是对教育—社会—人三者之间关系的认识。考察教育史,中国古代教育家对教育本质和功能的论述,大都偏重于教育的社会作用。西方教育家对教育本质的论述主要分为两个派别,即个体本位论与社会本位论。个体本位论者高举人性的旗帜,强调教育要尊重儿童个性的发展。社会本位论者从社会学角度出发,提出人的社会化问题。在社会本位论看来,不仅教育的目的要社会化,教育的组织和方法也应当是社会化的。我国教育界关于教育本质的讨论,基本上是依据马克思主义哲学原理来分析教育现象的。主要观点有:教育是上层建筑;教育是生产力;教育一部分是上层建筑,一部分是生产力;教育是一种特殊的社会实践。这些观点实际上是对教育的社会职能和归属的阐述,偏重于教育的政治功能和经济功能,而对教育的文化功能特别是教育与人的发展关系未能涉及。近年来理论研究关于教育本质的认识逐步深入了。如认为教育是人类特有的遗传和交往方式,是人类自身的再生产和再创造;教育是"生产力之母";教育的本质是社会主体和个人主体之间的精神文化和行为文化的相互传承等。综合上述观点,我们可以形成这样的认识:教育的本质简言之就是适应社会要求培育人或塑造人的社会活动。具体一点表述,教育就是由教育者根据社会要求和人的身心发展规律,对受教育者施加的一种系统的以提高人的素质为目的的培育和塑造活动。这样的认识,就在社会—教育—人之间建立起合乎规律的联系。我国的教育方针,科学地、具体地反映了教育的本质。以往那种或偏向人本或偏向社会的认识,都有合理成分,但都未能把握教育本质的完整内涵。用辩证的观点看,我国素质教育的宗旨,可以说是对个体本位论和社会本位论在综合其合理成分基础上的一种深化和回归。

2. 素质教育的两个重点

素质教育的两个重点是培养学生的创新精神和实践能力。江泽民同志在讲话中指出，面对世界科技飞速发展的挑战，我们必须把增强民族创新能力提到关系中华民族兴衰存亡的高度来认识。教育在培育民族创新精神和培养创造性人才方面肩负着特殊的使命。教育是知识创新、传播和应用的主要基地，也是培育创新精神和创新人才的摇篮。无论在培养高素质的劳动者和专业人才方面，还是在提高创新能力和提供知识、技术创新成果以及增强民族凝聚力方面，教育都具有独特的重要意义。我们的各级各类教育机构，我们的全体教育工作者，对增强包括民族凝聚力在内的综合国力，承担着庄严的职责。

教育是面向未来、负责未来的。知识经济反映出未来社会的发展特点。培养创新能力和创造性人才是知识经济社会向教育提出的突出要求。知识经济必然和已经引起教育思想与教育实践的重大变革，它使我们对教育的本质和德育的内涵获得更深层次的认识。

人的创造能力的形成，是人的思想道德素质和科学文化素质和谐统一的结果。人的良好的品德和个性对其创造能力的形成与发展具有决定性的作用。如人勤奋的学习态度，强烈的求知欲，对事物的好奇心，爱科学爱创造的情感，坚强的毅力和坚定的信念，进取创新意识与社会责任感，以及崇高的理想，科学的世界观等诸项品德素质，对人的智力和创造活动起着导向、动力、调节和支撑作用。

关于实践能力，我们都已注意到九届人大以来在对教育方针的表述中，将教育与生产劳动相结合改为与社会实践相结合。培养学生的实践能力在素质教育中具有多方面的意义。社会生活在本质上是实践的。实践是人的根本的存在方式。教育过程是内容极为丰富的实践过程。实践是知识和能力的源泉。学生的学习能力、创造能力本质上是实践能力。人的思想道德在其现实性上是以实践能力表现出来的。实践，是德育的根本特性。

3. "三个面向"的指导意义

面向现代化、面向世界、面向未来是一个相互统一的整体。其基础与核心是面向国家社会主义现代化建设。面向现代化就是通过教育提高劳动者素质，为现代化建设提供人才和知识保证。教育面向现代化的必要条件和表现方式是面向世界。我们是在一个开放的世界中进行现代化建设的。我们的现代化建设，需要继承和发扬中华民族的优秀文化传统，也需要学习吸收世界各国人民包括在资本主义制度下创造的优秀文明成果。在当今科学技术飞速发展的形势下，关注、了解、掌握世界政治、经济、文化发展的新情况，对教育改革与发展是十分重要的。只有面向世界，我们才能站在时代教育改革发展的前沿，进行科学的分析和选择，使教育与现代化建设相互适应。现代化作为一个朝着特定目标有序发展的过程，其本身就是指向未来的，而这一未来目标的实现，需要教育培养一代又一代能将现代化建设引向未来的人才。三个面向相互联系，互为条件，对建立21世纪有中国特色的教育改革与发展体系具有深刻的指导意义。

可以说，这次全教会所确定的各项工作内容都体现着三个面向的思想。仅就面向世界这一个维度看，它可以使我们了解面对新世纪剧烈竞争和知识经济的到来，世界各国教育改革的重要发展趋势。如培养创新能力问题，韩国1997年修订的《教育改革方案》指出，信息化、世界化时代的到来，意味着从产业文明进入一个新时代。在新时代，国民的学习能力、创造能力是决定性因素。他们的改革方案确定，中小学实行以知识记忆为主的教育向以培养创造力为重点的教育转移;大学由传授现有知识和外来知识的场所向成为科技、文化创造源的方向转移。日本1996年的《教育改革报告》要求,尊重每个孩子独特的个性,并使之获得自由的创造性的发展。这种尊重个性的思想包括自立、自重、自律、宽容和与他人协调相处等道德素养。美国"全美科学教育理事会"1989年制定的《普及科学—2061计划》着眼国民素质,实行教育的全面改革。例如在课程方面提出改变课程结构,减少时数,软化每门学科之间的界限,着眼培养科学的思维方法。在改革教学方法方面,要求教学应根据系统研究并认真验证和亲身体验的原则进行。科学知识的传授应与科学探索精神、科学价值观融为一体、鼓励学生的好奇心和创造性。

总之,"三个面向"无论从宏观教育发展战略上或教育改革的微观运作方式上都具有深刻的指导意义。

4."四个统一"与"四有"新人

江泽民同志在庆祝北京大学建校100周年大会上向各界青年提出了"坚持学习科学文化知识与加强思想修养的统一","坚持学习书本知识与投身社会实践的统一","坚持实现自身价值与服务祖国人民的统一","坚持树立远大理想与进行艰苦奋斗的统一"的希望。这次全教会将"四个统一"作为"培养适应21世纪现代化建设需要的社会主义新人"的要求写入《决定》,"四个统一"不但为当代青年健康成长指明了方向,也丰富和发展了邓小平的青年教育理论。

"有理想、有道德、有文化、有纪律"是邓小平对新一代社会主义建设者和接班人提出的殷切希望和要求,江泽民同志的"四个统一"是对"四有"人才标准所作的赋予时代特征的具体阐述。

有理想,是指对马克思主义、共产主义、党和人民事业的坚定信仰。我国现阶段的共同理想是建设有中国特色的社会主义,把我国建设成富强、民主、文明的社会主义现代化国家。理想具有指向性,是一个人成长发展的源点和动力,理想体现着人生价值。建设有中国特色的社会主义,实现中华民族的振兴,是非常艰巨的事业,只有把理想与现实的艰苦的建设工作结合起来,使理想与服务人民融为一体,才能实现自身价值。

有道德,就是具有良好的思想道德素质。我国现阶段共同的道德标准是爱祖国、爱人民、爱劳动、爱科学、爱社会主义。这是从我国社会主义初级阶段的经济关系、政治关系、社会关系中引申出来的共同行为规范。"四个统一"从四个角度阐述了现实生活中思想道德的体现形式。只有把学习知识与品德修养统一起来,树立正确的世界观、价值观、人生观,学习才能有方向和动力。没有高尚的思想品德,不参加现实的社会实践,不把学到的知识奉献给祖国和人民,就失去了自身价值,难以有所作为。为实现崇高理想而学习,做到有理想、有文化,这本身就是品德高尚、个性完善的表现。有纪律,本质上是有道德的一种表现。它反映的是一个人履行职责、维护秩序、遵守道德行为规范的自觉性。"四有"中的三有(有理想、有道德、有纪律)统属德育,是对思想道德素质的具体阐述,具有突出、强调德育的作用。"四有"的归结点是思想道德素质和科学文化素质的和谐统一。

"四个统一"和"四有"是一个联系紧密的整体。"坚持学习科学文化知识与加强思想修养的统一"是青年人成才的先决条件;"坚持学习书本知识与投身社会实践的统一"是青年人成才的有效途径;"坚持实现自身价值与服务祖国人民的统一"是青年人成才的目的;"坚持树立远大理想与进行艰苦奋斗的统一"是青年人成才的动力。"四个统一"和谐地统一于为现代化建设培养"四有"新人。

5. 五级教育与"五育"

《决定》指出,素质教育应当贯穿于幼儿教育、中小学教育、职业教育、成人教育和高等教育五级教育,这充分体现出素质教育面向全体的思想。在促进学生全面发展上,《决定》指出,实施素质教育必须把德育、智育、体育、美育和劳动技术教育这五育有机地统一在教育活动的各个环节中。《决定》非常明确地指出:"各级各类学校必须更加重视德育工作。"同时,对德育的内容、原则及方法都提出了明确的要求。

6. 素质教育的六大措施

①调整现有教育体系结构,扩大高中和高等教育规模,拓宽人才成长道路,减缓升学压力。②大力支持民办教育,将其视为经济增长点,以利于全面推进素质教育。③进行教育教学体系的整体改革,重点进行课程内容、结构、体系的改革。④搞好升学考试制度和教育评价体系和管理制度的改革。⑤优化结构,建设全面推进素质教育的高质量的教师队伍。⑥加强领导,全党全社会共同努力把素质教育落到实处。

全面推进素质教育,是我国教育事业的一场深刻变革,是一项事关全局、影响深远涉及诸多方面的系统工程。在实际工作中贯彻落实《决定》精神,把课题研究与素质教育紧密结合起来,是我们义不容辞的职责。

(二)以全教会精神为指导深化课题研究

我们承担的"整体构建学校德育体系的研究与实验"课题,是一项决策性、应用性研究项目,它旨在为建立21世纪科学化、系统化、规范化的有中国特色的社会主义德育体系提供理论依据和实践模式,必须始终坚持"为决策服务,为实践服务"的宗旨。在课题研究的过程中,每一个重要的关键环节,都应当密切关注国际国内政治、经济、文化形势的发展变化,特别是要关注教育改革和发展的形势,以保证课题研究沿着正确的方向前进。在当前和今后的工作中,我们必须以全教会精神为指导,继续深化课题研究。

1. 总体设计与中央《决定》的高度一致

在学习和领会全教会文件的过程中,我们越来越感到我们课题的总体设计、基本思路与中央的《决定》保持了高度的一致性。首先,在德育内容上,《决定》对政治教育、思想教育、道德教育、法纪教育、心理教育五个方面都提出了明确要求。本课题关于德育内容的"五要素说"与中央《决定》的精神是完全一致的。如心理教育,以往对其是不是属于德育范畴存在着争议。这次《决定》再一次十分明确地将其归于德育工作,指出"针对新形势下青少年成长的特点,加强学生的心理健康教育,培养学生坚忍不拔的意志、艰苦奋斗的精神,增强青少年适应社会生活的能力"。第二,在德育目标和内容体系的构建上,《决定》指出:"按照德育总体目标和学生成长规律,确定不同学龄阶段的德育内容和要求,在培养学生的思想品德和行为规范方面,要形成一定的目标递进层次。"本课题关于德育目标确立的依据,以及"德育目标一以贯之,德育内容划分层次,循序渐进,螺旋上升"的原则与中央《决定》的精神是完全一致的。第三，在德育的途径和方法上，《决定》指出"加强学校德育与学生生活和社会实践的联系，讲究实际效果，克服形式主义倾向"等。本课题在第一阶段成果《德育》读本的编写中强调"贴近生活，联系实际，主体参与，增强实效"的原则与中央《决定》的精神是完全一致的。第四，在德育的管理和评价上，《决定》指出："建立符合素质教育要求的对学校、教师和学生的评价机制。"在这方面总课题组不但提出了构建德育评价体系的思路和要求，而且还研究编写并推出了学生整体素质综合评价手册，即《成长册》。这与中央《决定》的精神是完全一致的。总之，本课题研究与全教会精神和中央《决定》的一致性，使我们进一步明确了课题研究的方向，增强了我们继续深化研究的信心。

2. 深化研究的重点与素质教育的重点相衔接

关于德育在素质教育中的地位和作用，我在1997年的开题报告中从四个方面作了阐述。第一，德育是素质教育的首要任务；第二，德育在素质教育中发挥着导向、动力和保证作用；第三，德育到位是实施素质教育的重要标志；第四，素质教育对德育提出了更高的要求（内容详见开题报告）。现在看来，这些观点还是基本正确的。如果以全教会精神为指导再做些修改和补充的话，我认为第一条应改为"德育是素质教育的灵魂"。"灵魂"比"首要任务"更准确地表述了德育在素质教育中的地位。

在全教会精神的指导下，本课题深化研究的重点与素质教育的重点相衔接。中央《决定》明确指出：素质教育"以培养学生的创新精神和实践能力为重点"。"创新精神"和"实践能力"是我们课题研究的固有内容。我在开题报告阐释"五要素说"中，已经把培养"进取精神"和"创造精神"列入了德育内容；在讲到德育过程时，把"知情意行"中的"行"即实践作为德育过程的重要环节加以强调。然而，这还不够。我们的课题应当把创新精神和实践能力放在更加重要的地位加以深入研究。如在德育体系构建中如何体现创新精神和实践能力，在《德育》读本的修订时各学段、各年级如何补充创新精神和实践能力，等等。为在课题中加大创新精神和实践能力的研究力度，我想我们应当确立以下两个教育理念。

第一，德育是塑造创新人格的教育。

我在开题报告中确立了人的主体性理论在本课题研究中的指导地位。人的本体性的基本表现是自为性、自主性、能动性和创造性。学生创新人格的形成正是其道德主体形成的表现。从这个意义上说，德育的本质是塑造创新人格的教育。创新人格包括创新精神（创新意识）和创新能力（创造思维能力）两个大的方面。创新精神的培养本来就是德育课题中应有之意。在此不必赘述。而创新能力的培养，则是德育与智育辩证统一的结果，德育是实现这种统一的关节点。创造能力是人类的一种普通的心理能力，每一个正常的人都具有不同程度的创造能力或创造的潜力。创造性的主要表现是创造性思维能力，思维能力是人的智力的集中表现。人的智力不是独立存在的，或者说，在人的心理过程中，纯粹的智力过程是不存在的。任何智力活动，如观察、记忆、思维、想像都是在对问题的兴趣、动机、情感、意志等心理因素的支撑下进行的。这些起着支撑作用的心理因素，在现实生活中，可以表现为对事物的好奇心，强烈的求知欲，勤奋的学习态度，爱科学、爱创造、爱事业、爱祖国的情感，崇高的理想，抵抗挫折、坚忍不拔的毅力和信念等等，这些被称为"非智力"的因素是人的品德和个性的体现。人的智力和"非智力"因素是一个相互依托、相互作用的整体，两个方面谐调发展，才形成人的健全个性。心理学也把人的智力活动和"非智力"因素概括为认识和意向。人的任何心理过程都由认识和意向两种能力共同作用构成，两个方面的和谐作用才能完成认识任务。人的科学的世界观、价值观、人生观既是人的认识，又是人的意向，是认识和意向的和谐统一，对人的成长发展和进取创造具有重要的导向和动力作用。这表明人的创造能力与人的品德素质是紧紧相连的。也就是说人的健全的个性是人的知识修养与品德修养的和谐统一，人的创造力实质是这种和谐统一结出的果实。

上述观念得到脑科学、神经生理学和思维科学等研究成果的支持。这个领域的研究表明，人脑两半球具有高度分工协作的结构功能，左半球是处理言语，进行抽象思维的中枢，主管着人的说话、阅读、书写、计算、分类、言语、回忆和时间知觉等，具有连续性、分析性等功能。右半球是处理表象，进行形象思维的中枢，主管着人的视觉、形象记忆、空间几何图形识别、想像、感受音响与动作、产生情感态度等，具有弥散性和整体性等功能。两半球之间由叫做胼胝体的神经束建立起息息相通的神经联系。个体在感受事物和信息时，无论是抽象型的还是形象型的，两半球都是协同活动，以大脑的整体性结构功能完成感知或思维过程的。人的创造性的思维能力是大脑两半球协同活动的结果。创造思维既有抽象思维的分析、综合和概括，也有形象思维的想像、联想和类比，无论哪种思维的发生，都伴随着情绪、情感的发生和影响。这是由大脑的物质机能决定的。"应试教育"只重所谓智育，这种智育偏重于知识的记忆和储存，忽视能力和德性培养，使大脑的一部分机能超负发展，而其他许多机能则被压抑，这种片面教育自然阻碍了创造思维和创造能力的形成与发展。创新能力是人的德智体美劳各项素质全面发展的结晶，研究创新能力，实质是对如何促进人自由、全面发展的深化研究。

哲学上将事物由量变到质变的临界线称为关节点。我们借用这一概念来指称人的创造力产生的前提条件。如上所述，人的思想道德素质与科学文化素质的和谐统一，是创造力产生的前提条件。在教育工作中，德育到位是实现这种和谐统一的根基，因此可以说，在智育的常态发展中，德育到位是培养创新能力的关节点。

第二，德育是培养实践能力的教育。

德育在培养学生实践能力方面承担着重要的任务。这是因为德育在本质上是实践的。德育实践活动观是德育首要的基本的观点。

（1）德育目标本质上是实践的

德育过程的起点是德育目标。德育目标既包括对学生道德认知、道德情感的培养，也有对学生道德心理、道德行为的锻炼，归根到底是道德信念和道德行为的统一，落脚点在学生的品德行为上。只有培养出来的学生践行、践言了，我们才说德育目标达到了，而这正说明德育目标从本质上是实践的。

（2）德育过程本身是实践活动，德育实践活动是学生品德形成的惟一基础

德育过程是教育者施教过程与学生品德形成过程的统一。教育者施教是教育者和受教育者共同活动的过程，而这只有在实践活动中才能统一；学生品德形成规律告诉我们，学生品德是在活动和交往中形成的，活动和交往是学生品德形成的基础，并且是惟一基础。而活动和交往的本质是实践的。

(3) 德育实践活动是检验学生品德素质高低的惟一标准

学生的品德素质必须在实践中才能表现出来，这是因为在实践中学生的主观意识、道德认识见之于客观行为，潜在品质变为显性品质，只有这样人们才能根据学生的具体表现分出谁好、谁一般、谁差。同时学生的品德只有在实践中才有价值、意义，这可以和智育中学生的活动相比较。在智育中，学生主要学习知识、技能并以此为中介发展能力，学生学到的知识技能既可马上运用，也可以储存起来以备后用，还可以作为一种乐趣、爱好搞知识游戏。这就是说，在智育中学生学到的知识不必一定拿去应用，付诸实践。而德育就不同了，学生如果不把学到的知识运用到实践中去，不仅自身品德素质难以提高，而且会出现"知行不一"的伪君子。只有把学生品德引向实践，教育效果才能够好，同时也是克服学生言行不一现象的最好途径，不引向实践的品德是毫无价值可言的。

(4) 所有德育途径和方法的实质都是为了德育实践的。

对德育来讲，无论是课堂内还是课堂外，无论是班级还是校园，无论是校内还是社会，都是学生品德实践的场所，其中的活动都是德育实践活动的过程。而方法更是直接为德育实践活动服务的，不利于实践的方法是不存在的。

（三）关于整体构建学校德育体系的研究与实验

1. 德育目标体系的构建

德育目标是党和国家对青少年儿童在政治素质、思想素质、道德素质、法纪素质、心理素质等方面所应达到的规格要求，是德育工作的出发点和归宿点。德育目标的依据，是从建设有中国特色社会主义的实际出发，坚持"三个面向"，根据党和国家对青少年在"德"方面的要求和品德形成与发展规律确定的。

（构建目标体系的要求见1998年会主题报告）

2. 德育内容体系的构建

德育内容是为实现德育目标而确定和安排的特定的教育内容。德育内容的性质和构成由德育目标决定；德育内容的深度和广度为受教育者的年龄特征和思想品德发展水平所制约；德育内容的针对性从学生成长的需要和现实社会的迫切要求出发。

（构建内容体系的要求见1998年会主题报告）

3. 德育途径体系的构建

德育途径是对学生实施德育影响的渠道，是实现学校德育目标，落实德育内容的组织形式。

（构建德育途径体系的要求见1998年会主题报告）

4. 德育方法体系的构建

德育方法是完成德育任务、实施德育内容的手段。德育方法与德育途径既有密切的联系又有根本的区别，是两个不同的范畴。

（构建德育方法体系的要求见1998年会主题报告）

5. 德育管理体系的构建

德育管理是协调实施教育的组织与组织、组织与德育工作之间的关系，以保证增强德育实效,完成德育任务,实现德育目标。
（构建德育管理体系的要求见1998年会主题报告）

6. 德育评价体系的构建

包括教育行政部门对学校德育工作的评价、校长对班级德育工作的评价和对任课教师教书育人的评价、班主任及教师集体对学生个体的品德评价三部分内容。
（构建德育评价体系的要求见1998年会报告）

下面我讲一下整体构建德育体系的工作方式和工作进度。

1. 工作方式

自下而上,总分结合;先块后条,条块结合。
（内容见1998年会主题报告）

2. 工作进度

第一阶段（1999.10.30~12.30）：实验区、校研究并形成初步成果。实验区负责人于12月30日以前把初步成果寄送到德育中心总课题组。

第二阶段（2000.1.1~3.31）：总课题组分块研究并形成小学、初中、高中各学段的初步成果。

第三阶段（2000.4.1~8.31）：总课题组分条研究并形成德育目标和内容、途径和方法、管理和评价三大体系的成果。

第四阶段（2000.9.1~11.30）：实验校进行实验和反馈意见。

第五阶段（2000.12.1~12.31）：总课题组审稿、统稿、定稿。

第六阶段（2001.1.1~4.30）：出版最终成果《学校德育体系概论》《学校德育体系概览》和《整体构建学校德育体系实验研究论文集》。

第七阶段（2001.5.1~5.30）：请专家和领导评审鉴定。

第八阶段（2001.6.1~6.30）：向教育部和全国教育科学规划领导小组汇报。

第九阶段（2001.7~8）：总课题组召开实验区、校总结大会,评审表彰先进实验区、先进实验校、先进个人和优秀成果。

（四）关于《成长册》的实验研究

1.《成长册》实验研究的目的

为探索适应素质教育的评价体系,创立新的素质教育评价模式,我们决定进行《中小学生（含中职生）整体素质评价手册》即《成长册》的实验研究。

《成长册》的实验研究也是整体构建学校德育体系研究与实验中的应有内容。整体构建学校德育体系不能只停留在体系构建和理论说明上,必须具体化、可操作化、必须有"载体"、有"抓手",即不仅要解决德育体系"是什么"和"为什么"的问题,还必须解决"怎么样"操作和贯彻落实的问题。因此研究编制《成长册》进行系统实验,正是本课题深化发展的必然结果。

2.《成长册》实验研究基本原则

（1）导向性和激励性原则

《成长册》的实验研究及编制在指导思想上要以《决定》为依据,以整体推进素质教育,全面提高学生整体素质和创新能力为目标。因此，必须坚持导向性和激励性的原则，以便充分发挥学生整体素质评价的导向性和激励性功能。在编写框架坐标系的设计上，要体现"全面、发展、创新"的精神。横坐标要体现"全面和创新"。应当包括思想道德、科学文化、身体心理、审美艺术、劳动技能和个性特征、创新能力、自育能力等八个方面；纵坐标要体现"发展和创新"，应当依据不同年龄阶段学生的身心特点和知识水平设计出学生全面发展的阶梯。总之，要体现整体素质，全面发展，循序渐进，螺旋上升，引导和激励学生全面提高自身素质。

（2）科学性和系统性原则

《成长册》在学生整体素质评价指标体系的设计上，要坚持科学性和系统性原则。评价指标体系应当是科学化、系统化的全面反映素质教育要求的，既相互关联又体现层次性和相对独立性的一系列指标的总和。一级指标包括上述八项，要把这八项抽象的一级指标分解为可观测性、可操作性、可量化的具体指标，就必须进行科学性、系统性的分类、分级和分层，形成三级指标。第三级指标即细目应当具有代表性、简明性、独立性、可行性、可测性的特点。

所谓代表性是指细目具有对二级和一级指标的代表性和典型性的特点。例如：代表性行为一般包括三个方面，即：习惯性行为（内化的稳定的重复出现的行为）、关键性行为（在学校重大活动中或突发事件中的行为）、角色行为（学生处在学校、家庭、社会不同角色应有的行为）。所谓简明性是指细目应简单、明确、优化、少而精，不能含糊和繁琐。所谓独立性是指细目之间不能相互重叠、包容，不能互为因果。所谓可测性是指细目规定的内容必须是学生素质的外在表现，能够直接或间接进行观察和测定。所谓可行性是指细目指标必须实事求是，符合学生素质的实际水平，不能随意降低或提高评价标准，这种指标才是可行的。

（3）形成性和阶梯性原则

学生整体素质评价一般分为三种方式，即起始性评价（即摸底性评价）、形成性评价（即过程性评价）和总结性评价（即鉴定性评价）。《中小学生（含中职生）整体素质评价手册》主要是进行形成性评价，在评价体系的纵向发展上，必须坚持形成性和阶梯性原则，着眼过程，注重发展，鼓励创新，引导前进。学生整体素质的形成和发展不可能是"一刀切"、"齐步走"的，它必然呈现出渐进性、动态性，总的趋势是螺旋式上升。但是从静态"定格"观察亦可表现为层次性、阶段性，我们可以把它划分为若干个阶梯，引导和激励学生沿着阶梯达到理想的境界。不同学段，不同年级评价体系的构建，要贯彻形成性和阶梯性原则，注意衔接，螺旋上升。在每一年级最后的总结性评价中也要贯彻这一原则，列出各项素质发展阶梯表，并给自己设定下一学年的发展目标。从整体构建和动态发展的角度看，每一学年的总结性评价既是下一学年的起始性评价，同时也是整个成长过程的形成性评价。

（4）主体性和个体性原则

《成长册》在评价主体上坚持学生主体性和个体性原则，以学生个体自评为主，充分发挥学生在整体素质评价中的主体性、自觉性和主观能动。同时辅之以学生群体互评、家长助评、教师导评、校长审评，体现整体素质评价的自觉性、民主性、群众性、监督性相结合，把整体素质评价作为学生、教师、家长三者之间联络感情、交流思想、传递友谊的桥梁和纽带，形成推动学生整体素质全面发展的合力。贯彻主体性和个体性的原则，关键是尊重学生的主体地位。《成长册》的编制在形式设计上要给学生留有充分的空间，引导和培养学生自定成长目标，自析成长环境，自寻成长动力，自开成长渠道，自研成长方法和自评成长效果，使学生成为自己整体素质全面发展的主人。

（5）操作性和趣味性原则

《成长册》的编制要坚持操作性和趣味性原则。根据不同年龄阶段学生的身心特点和知识水平，创造不同的形式。总的要求是图文并茂，生动活泼、富于时代气息，使学生喜欢使用。小学阶段设计得更卡通一些，插图更多一些。中学阶段还可插入名人名言，学习要诀，行为规范，趣闻轶事等。在版式设计、图文制作、表格设计、字体变化等方面都应更新颖、更活泼、更实用，增强可读性、可视性和可操作性。

3.《成长册》实验研究的进度

（1）1999年9月~2000年6月，启动实验，并进入第一轮实验。

（2）2000年7月，召开《成长册》实验研讨会，总结、交流实验经验，评价实验效果，安排修改工作。

（3）2000年9月~2001年7月，第二轮实验。

（4）2001年7月，总结交流会，结题。

同志们，我们的脚步正在走向新的世纪，我们的国家正在向富强、民主、文明的社会主义现代化强国的宏伟目标阔步前进。在社会主义经济、政治、文化建设的伟大事业中，教育继承和发展着人类的文明成果，传播、保存、创造和发展着民族的文化。德育在形成民族文化心理、铸造民族精神中发挥着不可替代的作用。德育是素质教育的灵魂。新的世纪呼唤着新的德育。整体构建学校德育体系研究与实验，在创建21世纪有中国特色的德育体系的历史进程中，将发挥特有的影响和作用。让我们团结起来，解放思想，实事求是，认真总结，坚定信心，深化研究，开拓前进，为建立科学化、系统化、规范化的有中国特色的德育体系，为全面推进素质教育而不懈努力!

4. 2000年重庆年会主题报告

继续深化课题研究　为圆满结题而努力奋斗
——全国教育科学"九五"规划国家级重点课题"整体构建学校德育体系的研究与实验"2000年会暨第四届学术研讨会主题报告

我们承担的"整体构建学校德育体系的研究与实验"课题，是一项决策性、应用性研究项目，旨在为建立21世纪科学化、系统化、规范化、现代化的有中国特色的社会主义德育体系提供理论依据和实践模式，必须始终坚持"为决策服务，为实践服务"的宗旨。在课题研究的过程中，每一个重要的关键环节，都应当密切关注国际国内政治、经济、文化形势的发展变化，特别是要关注教育改革和发展的形势，以保证课题研究沿着正确的方向前进。

今年2月1日，江泽民总书记发表了《关于教育问题的谈话》，6月，中央召开了思想政治工作会议，7月，教育部召开了全高校党建工作会议和全国中小学德育工作会议。在当前和今后的工作中，我们必须认真学习贯彻江总书记关于教育问题的谈话和中央思想政治工作会议精神，落实第三次全国教育工作会议和《中共中央国务院关于深化教育改革全面推进素质教育的决定》的要求，以全国高校党建工作会议和全国中小学德育工作会议为契机，继续深化课题研究。

下面仅就如何贯彻落实"两会"精神，继续深化课题研究谈五点意见。

（一）认清形势，增强德育工作紧迫感和责任感

（二）正视问题，改进和解决德育工作的薄弱环节

（三）遵循规律，加强德育内容的系统性和层次性

（四）适应特点，提高德育途径的针对性和实效性

（五）迎难而上，增强德育评价的科学性和可行性

（一）认清形势，增强德育工作紧迫感和责任感

1."两会"的基本精神之一

江泽民同志在中央思想政治工作会议上，从如何认识社会主义发展的历史进程、如何认识资本主义发展的历史进程、如何认识我国社会主义改革实践过程对人们思想的影响、如何认识当今的国际环境和国际斗争带来的影响等四个方面，深刻分析了我们党的思想政治工作面临的新形势和新情况，具有鲜明的时代特色和很强的现实针对性。根据陈至立部长和吕福源副部长在两会上的报告，我讲三点学习体会。

（1）国际局势——当今世界，国际局势总体上趋向缓和，由一两个超级大国主宰世界的单极化政治格局逐步向多极化发展。国际经济的联系与合作日益紧密，全球化的趋势不可阻挡。但天下仍不太平。冷战结束后，霸权主义、强权政治有新的发展。以美国为首的一些西方发达国家为了实现他们的政治企图和经济利益，随着形势的变化，交替使用武力的、遏制的与和平的、接触的两手，一直不遗余力地对社会主义国家发动各种攻势。西方敌对势力加紧以各种方式和手段施行"西化"、"分化"的政治战略，企图颠覆中国共产党的领导和中国的社会主义制度。我们与他们在渗透与反渗透、争夺与反争夺、颠覆与反颠覆方面的斗争将会是长期的、复杂的，有时甚至会是十分尖锐的。如何增强民族凝聚力和自信心，坚定社会主义的理想和信念，是德育工作面临的新形势，提出的新任务。

（2）科技发展——科学技术的迅猛发展，大大推动了社会生产力的发展，将引起社会的经济结构、运行方式、管理模式，以及社会成员生活方式和思想观念的深刻变化。信息技术特别是信息网络技术的迅速发展，使信息的传播手段得以拓展，信息的传播速度日益加快，人们的知识视野极大地扩大，也为德育工作增添了新的渠道和现代化手段。另一方面，互联网上的信息庞杂多样、精华与糟粕并存，大大增加了人们鉴别是非、真伪的复杂性。如何根据"趋利避害"的精神和"充分利用，积极建设，加强管理"的原则，用正确、积极、健康的思想文化信息占领网络阵地，这也是德育工作面临的一个新形势，提出的一项新任务。

（3）国内形势——当前，我国正处在改革的攻坚阶段和发展的关键时期，社会主义现代化

建设进入新的发展阶段,社会情况发生了复杂而深刻的变化。我们坚持和完善社会主义公有制为主体、多种所有制经济共同发展的基本经济制度,坚持和完善按劳分配为主体的多种分配方式,坚持和完善社会主义市场经济体制,深化改革,扩大开放,这些都是现阶段解放和发展生产力的必然要求。同时,由此形成了社会经济成分和经济利益、社会生活方式、社会组织形式、就业岗位和就业方式日益多样化等深刻变化,使人们思想活动的独立性、选择性、多变性、差异性明显增加。市场经济活动带来的消极影响容易诱发自由主义、分散主义和拜金主义、享乐主义、利己主义,必然对青少年学生特别是中职生和大学生产生极大影响。如何认真研究和引导青年学生正确认识国情和改革的长期性、复杂性、艰巨性,分清主流和支流,正确对待一些消极现象,树立正确的世界观、人生观、价值观,这是德育工作面临的又一个新形势,提出的又一项新任务。

2. 课题的研究任务

面对新形势、新情况,思想政治工作在继承和发扬优良传统的基础上,必须在内容、形式、方法、手段、机制等方面努力进行创新和改进,特别要在增强时代感,加强针对性、实效性、主动性上下功夫。我们要认真学习和深刻领会江总书记在中央思想政治工作会议上的重要讲话和关于教育问题的重要谈话精神,按照两会精神的要求,认清国际国内的形势,站在国运盛衰、民族兴亡的战略高度,增强德育工作的紧迫感和责任感。要深刻领会"思想政治素质是最重要的素质","不断增强学生和群众的爱国主义、集体主义、社会主义思想,是素质教育的灵魂","切实加强和改进对青少年学生的思想政治教育、品德教育、纪律教育、法制教育",把德育工作摆在素质教育的首要位置。进一步深化课题研究,为加强和改进德育工作献计献策。

(二)正视问题,改进和解决德育工作的薄弱环节

1."两会"的基本精神之二

全国高校党建工作会议和全国中小学德育工作会议的主题是:认真学习和深刻领会江总书记关于教育问题的谈话和中央思想政治工作会议精神,切实加强和改进学校德育工作。说"加强",是因为确实还存在着某些"薄弱"的问题;说"改进",是因为确实存在着某些"不适应"的问题;说"切实",是因为中央和教育部关于加强和改进德育工作的大政方针已经确立,关键在落实,重点在改变"说起来重要,干起来次要,忙起来不要"的局面。

两会文件和领导讲话在总结经验、肯定成绩的基础上,对德育工作存在的问题做出了实事求是的估计,总的提法是:"面对国内外形势发展的新变化、教育改革和发展的新任务和青少年思想教育工作的新情况,我们既有良好的机遇,又面临严峻的挑战,学校德育工作在不少方面还很不适应。"突出表现为"三重三轻"、"三个不适应"、"四个不能"。"三重三轻"是:重智育轻德育;重知识轻能力;重课堂教学轻社会实践;一手硬一手软的现象依然在一些地区和学校严重存在着。"三个不适应"是:德育工作不适应青少年身心发展的特点;不适应社会生活的新变化;不适应全面推进素质教育的要求。"四个不能"是:不能很好地根据青少年学生的身心特点和认识规律开展德育工作,存在着成人化倾向;不能很好地根据国内外形势的新变化、教育改革和发展的新任务和青少年思想教育工作的新情况,有针对性地对学生进

行教育；不能很好地将校内教育与社会实践和家庭教育密切结合起来；不能很好地将知识传授与行为养成密切结合起来。

2. 课题的研究任务

客观地指出问题，勇敢地正视问题，是党的解放思想、实事求是的思想路线的体现。指出问题、正视问题，是为解决问题。要解决问题，就需要研究问题。我们的课题正是针对这些问题而立项研究的。经过几年的努力，我们已经提出解决这些问题的一个理论体系和操作模式。这个理论体系就是整体构建德育体系的思路，其中包括小学、初中、高中、中等职业学校、大学的德育目标、德育内容、德育途径、德育方法、德育管理、德育评价六个子体系，建立科学化、系统化、规范化、现代化的有中国特色的社会主义德育体系。这个操作模式就是以《德育》读本（从小学到大学共22本）和《成长册》（从小学到中职共15册）为载体的德育活动课。这个理论体系和操作模式已经在实验区和实验校初见成效。我们要继续深化研究，继续深化实验，为改变德育工作的薄弱性和不适应，为进一步加强和改进德育工作做出贡献。

（三）遵循规律，加强德育内容的系统性和层次性

1."两会"的基本精神之三

全国中小学德育工作会议的主报告明确指出："在德育内容上，要适应青少年学生的特点，加强思想政治教育、品德教育、纪律教育、法制教育以及心理健康教育。要遵循由浅入深、循序渐进的原则，确定不同教育阶段的内容和要求，形成各教育阶段相互衔接、具有递进层次的德育内容和要求。"这一段文字科学、简明地提出了德育内容在横向、纵向两方面的要求。从横向上看，德育内容应当包括思想政治教育、道德品质教育、纪律教育、法制教育和心理教育五个方面的内容，这是对德育内容全面性、系统性、完整性的要求。避免了以往强调某一方面而忽视另一方面，一种倾向掩盖另一种倾向的某些片面性的做法。从纵向来看，德育内容要适应青少年学生的身体、心理和社会性特点，遵循青少年思想品德形成发展的规律和德育工作的规律，要遵循由浅入深、循序渐进的原则，形成各教育阶段相互衔接、具有递进层次的德育内容体系。这是对德育内容渐进性、层次性、衔接性的要求。避免了过去"一刀切"、"齐步走"、"大呼隆"等粗放式的做法。

2. 课题的研究思路

我们的课题研究的总体思路和德育内容体系构建的基本原则与两会精神保持了高度的一致性。同时，也体现了作为科学研究的理论性和超前性。德育目标和内容体系的构建，首先遇到的问题就是德育概念的界定问题。1997年，我在开题报告中对我国德育理论界对德育概念的五种不同观点进行了分析，提出了德育内容的"五要素说"。从德育实践中总结概括出德育的定义：德育是指教育者按照一定社会的要求，有目的、有计划、有组织地对受教育者进行系统的影响，把一定社会的政治准则、思想观点、道德规范、法纪规范和心理要求，转化为受教育者个体的政治素质、思想素质、道德素质、法纪素质和心理素质的教育。以德育概念的界定为理论基石，进一步明确提出了德育内容体系构建的总体思路："遵循青少年儿童品德形成发展规律和德育工作规律，根据唯物辩证法的系统论原则，整体构建学校德育内容体系，就是把德育内容的要素结构和层次结构划分出来，以五大要素为纬，以各项要素的不同层次为

经,按照整体性、有序性、动态性的原则,把它们有机的组合起来,依据学生不同年龄阶段的身心特点和知识水平,由浅入深、由低到高、由近及远、由具体到抽象、由感性到理性,螺旋式上升,构建从小学一年级到大学毕业每个年级的德育内容,形成科学化、系统化、规范化、相对稳定的德育内容体系。"在1998年第二届年会上,我又进一步把构建德育内容体系的原则概括为:"德育内容,循序渐进;德目规范,形成序列;要素完整,层次清楚;注意衔接,螺旋上升。"应当说这些研究思路和理论观点为教育行政部门的德育决策提供了科学依据,也为实验区和实验学校的研究与实验提供了理论指导。

3. 课题的研究成果

目前,我们实验区和实验校在德育内容体系的研究上取得了可喜的成果。其中天津市河西区已率先出版了《构建跨世纪小学德育体系》,沈阳市和平区已出版了《中小学德育体系的整体构建》,黑龙江科技学院已出版了《高校德育体系的整体构建与实践》,黑龙江省教科院已出版了《大中小学德育体系的整体构建》。有的实验区还出版了整体构建德育体系的研究报告和实验报告文集,如重庆市的《学校德育体系整体构建的研究与应用》,重庆市南岸区的《区域性整体优化中小学德育的研究与实践》,南京市当代教科所的《构建德育体系,推进素质教育》等。这些研究成果基本上贯彻了总课题组提出的指导思想、研究思路和基本原则,为整体构建学校德育体系做出了贡献。

4. 深化研究的任务

江泽民同志关于教育问题的谈话和两会精神给我们课题研究进一步指明了方向,使我们更加坚定了整体构建德育体系的信心和决心。我们要以两会精神为指导,在总结现有研究成果的基础上,进一步深化研究,使两会原则性的意见具体化,这样才能实现科学化和可操作性,将两会精神落到实处。关于德育目标、内容体系的构建,我提出以下几个问题,供同志们研究讨论。

(1)德育的总体目标如何表述?如何体现整体性和层次性的要求?

(2)德育"五要素"的分解目标如何表述?

(3)德育的分学段目标如何表述?如何体现一以贯之和分层递进的要求?

(4)德育内容"五要素"之间的相互关系怎样?它们各自在整体德育中的地位和作用是什么?

(5)德育内容"五要素"各自的具体内容、特点和规律是什么?

(6)德育内容如何具体概括为若干个"德目"?这些"德目"怎样形成序列,循序渐进地分布到各个学段?

研究和解决这些问题,需要以整体构建的思想为指导。各级各类学校都要对学生进行政治教育、思想教育、道德教育、法纪教育、心理教育。同时这五方面的教育都有一个由浅入深、由低到高、由感性到理性、由具体到抽象的过程。这个过程是由各个教育阶段彼此衔接共同完成的。每个教育阶段都必须保证德育内容结构的序列性和完整性,同时又应做到德育内容的渐进性和层次性。必须注意小学、初中、高中、中职、大学的衔接和螺旋式上升,克服倒挂、脱节、简单重复和脱离实际的问题,这是整体构建德育内容体系的关键。

(四)适应特点,提高德育途径的针对性和实效性

1. "两会"的基本精神之四

"两会"的主报告,对德育途径提出了十分具体和明确的要求。(1)加强中小学德育课程建设和高校两课建设。小学思想品德课、中学思想政治课、职业学校德育课和高等学校政治理论课、思想品德课是学校德育工作的主导渠道,承担着德育工作的主要任务。当前,中小学德育课程建设,一要加强,二要改革。改革的主要任务是从实际出发,深入研究学生思想品德特点,遵循学生品德形成规律和社会发展的要求,构建符合学生身心发展特点的,适应21世纪发展需要的德育课程体系。高校两课建设的主要任务是进一步深化邓小平理论"三进"工作。(2)必须把德育寓于各学科教学之中,贯穿于教育教学的各个环节。中华民族有5000年的文明史,有举世闻名的优秀文化遗产,有丰富的革命传统教育题材,这些都要有针对性地渗透到相关学科的教学中去。(3)学校的教学、管理、后勤工作都要重视德育工作,做到教书育人、管理育人、服务育人。(4)积极开展校园文化建设,创造良好的育人环境。(5)积极创造条件,让学生走向社会,参加社会公益劳动、学工学农、军事训练、科技发明等社会实践活动。两会关于德育途径的要求主要是上述五个方面,重点强调的是德育课程的改革和建设,学科德育的渗透和加强,社会实践的规定和要求。这些精神对我们深化课题研究具有重要的指导意义。

2. 课题的研究思路

我们的课题在德育途径的研究上与两会的精神保持了高度的一致性。然而,根据整体构建德育体系的总体思路,我们关于德育途径体系的研究更具有整体构建的全面性与系统性,与德育内容的对应性与针对性,各条途径相互配合的整合性与合力性,各教育阶段德育途径的层次性与阶段性。我在1998年会暨第二届学术研讨会上,提出了学校德育途径包括:(1)思想品德和思想政治课(中职德育课、高校"两课");(2)德育活动课;(3)学科德育;(4)三育人(教书育人、管理育人、服务育人);(5)班主任工作;(6)党团队和学生会工作;(7)校园文化建设;(8)校外基地建设;(9)心理咨询和职业指导;(10)学校教育与家庭教育、社会教育三结合等10条德育途径。整体构建德育途径体系的总体思路:从纵向来说,各条途径在小学、中学(含中职)、大学德育工作中的运用应根据各教育阶段学生身心特点有不同的侧重点;从横向来看,各条途径应发挥各自的功能,协调配合,形成全员育人、全程育人的德育工作格局,以求发挥德育途径的整体效益,提高学校德育的整体效果。根据这个思路进一步提出了构建德育途径体系的基本原则:(1)德育途径,对应内容;(2)一项内容,多条途径;(3)有主有辅,协调配合;(4)分工合作,形成合力。

3. 课题研究的成果

根据德育途径体系构建的总体思路和基本要求,经过总课题组、子课题组和实验区、实验校的共同努力,我们在德育途径的研究上已经取得了丰硕的成果。其中最重要的是:建立了德育活动课的理论框架和操作模式。

德育活动课的提出源于对两个问题的思考:一是对"课堂教学是德育主渠道"的思考,我认为这个曾经流行的观点是值得商榷的。因为我们的课堂教学是以智育为主设计的,智育的

主要任务是传授知识而不是培养品德。尽管智育也有育德性，尽管有教书育人的要求，尽管课堂教学可以而且应当渗透德育，然而"渗透"不是"为主"，渗透是点点滴滴的，不是全面系统的，渗透是时有时无的，不是经常不断的。智育的主要任务是传授知识、培养能力，主要解决学生知不知、会不会的问题。德育不仅解决学生知不知、会不会的问题，而且更要解决学生信不信、行不行的问题。不但要授之以知、晓之以理，而且还应动之以情、导之以行。教学有教学的规律，德育有德育的规律。课堂教学不等于德育，德育必须有自己的实体，有自己的传授体系。二是对"思想政治课是德育主渠道"的思考。思想政治课是惟一的一门德育性质的课程，在学校思想政治教育中发挥着重要的作用。然而它作为学科课程，有两个局限性：一是受学科体系的局限，它不可能涵盖德育"五要素"的全部内容；二是受中考、高考的局限，它的重点是传授知识和理论，在实践环节和行为引导上比较薄弱。德育的本质是实践的，实践的观点是德育首要的和基本的观点。缺少实践环节的德育不是完整的德育。

　　基于上述思考，我建议增设一门德育活动课，作为思想政治学科课的补充，二者结合起来，如同高校的两课一样，才是德育工作的主渠道和主阵地。为此，我们建立了德育活动课的理论框架和操作模式。

　　1997年，我在开题报告中提出了德育活动课的教材——《德育》系列实验读本的编写原则：(1)德育目标，一以贯之；德育内容，循序渐进。(2)贯通古今，融会中西；继承借鉴，发展创新。(3)贴近生活，联系实际；主体参与，避免说教。(4)授之以知，晓之以理；动之以情，导之以行。(5)精练优美，喜闻乐读；图文并茂，生动活泼。

　　1998年会暨第二届学术研讨会，我又把《德育》系列实验读本的特点概括为10条：(1)定位的准确性和正确性；(2)德目的规范性和序列性；(3)概念的科学性和准确性；(4)内容的系统性和层次性；(5)观念的时代性和继承性；(6)方法的多样性和灵活性；(7)过程的完整性和多端性；(8)选材的鲜活性和典型性；(9)文字的规范性和准确性；(10)插图的生动性和趣味性。

　　1999年会暨第三届学术研讨会上，我们又把《德育》系列实验读本的施教原则概括为德育活动课的"新三中心论"，即以学生为中心，以活动为中心，以体验为中心。

　　2000年，我们又在《德育系列实验读本修订意见》中提出：认真贯彻和落实第三次全教会精神和《中共中央国务院关于深化教育改革全面推进素质教育的决定》，以培养创新精神和实践能力为重点，加强德育活动课的综合性和实践性，实现《德育》读本的自我超越。修订后的《德育》读本在保持原版特色的基础上又有了新的突破，主要表现在两个方面。

　　一是在结构体例上有所创新。本次修订，各学段、各册的主编和全体编写人员认真研究了实验教师在第二届、第三届年会上参评的实验报告、修订意见、教案教参、活动方案、教学随笔等获奖成果，在修订过程中最大限度地采纳了他们的意见，浓缩了众多实验教师的创造。修订本在编写体例上进行了多方面的探索，根据德目序列和教学重点，在课题设置、创设情境、激发动机、讲授知识、道德思维、活动安排、行为训练和品德评价等环节都进行了精心的设计，强化了学生主体，具有鲜明的活动性、实用性和可操作性，将有助于进一步提高德育实效。

　　二是在内容体系上有了新的飞跃。本次修订在内容设计上突出了综合性和实践性。综合性体现在三个方面：一是德育内容的综合性，即把政治教育、思想教育、道德教育、法纪教育、心理教育五大要素融为一体；二是德育过程的综合性，即把知、情、意、行融为一体；三是德育体系的综合性，即把德育目标、内容、途径、方法、管理、评价融为一体。实践性体现在两个方面：一是读本内容不是单纯的知识体系，而是综合性的操作体系；二是教学过程不以认知为主，而以活动为主；进一步避免了单纯传授知识，空洞讲解理论，死记硬背概念等脱离实际的倾向。

至此，以《德育》系列实验读本为载体的德育活动课的理论框架和操作模式基本形成。

《德育》读本在两年半的实验中基本上实现了预期的目标：使实验区掀起了德育科研的热潮，德育工作走上了科学化、系统化、规范化、现代化的健康发展的轨道。使实验校确立了"科研兴校，科研治教，以科研为先导，推动教育教学工作"的办学思想，德育工作提高到一个新的水平。使实验校的班主任工作从经验型转向到理论型，从盲目性转向科学性，从零散性转向系统性，从随意性转向规范性。培养锻炼了一支优秀的德育教师队伍。达到了出经验、出人才、出成果的目的。

《德育》读本的研究与实验之所以取得成功，是总课题组坚持以邓小平理论和中央精神为指导，坚持为决策服务、为实践服务的宗旨，坚持走科研人员与行政领导和一线教师相结合的道路的结果；是总课题组、总编委会、各学段各分册主编和全体作者开拓创新、团结协作的结果；是实验区、实验校领导高度重视、大力支持和广大实验教师积极参与、无私奉献的结果。

此外，各实验区、实验校在德育途径和方法子课题研究方面，也取得了丰硕的成果。其中已经正式出版的著作有：山东淄博师范的《双主体合作德育论》，吉林白山师范的《中师班主任工作手册》等。关于学科德育、校园文化建设、校外基地建设、学校家庭社会三结合育人体系等方面都有一批高质量的研究论文获奖。这些成果都为总课题组整体构建德育途径方法体系提供了经验，积累了素材，做出了贡献。

4. 深化研究的任务

(1) 总结《德育》读本实验的经验，撰写《德育活动课程论》。

(2) 研究各科教学的德育渗透，撰写《学科德育论》。

(3) 研究校内外德育环境建设，撰写《环境德育论》。

(4) 研究德育途径方法的现代化，撰写《网络德育论》。

(5) 研究学校德育途径的横向统合，形成教育合力。

(6) 研究大中小学德育途径的纵向衔接，形成德育途径体系。

(7) 研究学校、家庭、社会德育途径的结合，形成大德育格局。

(五) 迎难而上，增强德育评价的科学性和可行性

1. "两会"的基本精神之五

关于德育评价问题，两会的主报告中只有一句话："要建立健全学生思想品德行为的综合考核制度，全面评价每个学生。"虽然两会没有把德育评价作为重点问题强调，但这不意味着德育评价不重要。其实，第三次全国教育工作会议的主文件《中共中央国务院关于深化

教育改革全面推进素质教育的决定》中已经明确决定"建立符合素质教育要求的对学校、教师和学生的评价机制"。中央的《决定》和两会精神,为我们进行德育评价研究指明了正确的方向。

2. 课题研究的思路

德育评价子课题,是本课题研究的重点和难点。说它是重点,是因为德育评价是德育管理工作中的重要环节,是检查、督导、评估德育质量的重要机制,是切实加强和改进学校德育工作,使德育由虚变实,由软变硬的不可缺少的重要措施。在德育管理工作中,加强德育评价的理论研究和实际运用,有利于全面贯彻党的教育方针,落实德育首位,全面推进素质教育;有利于促进学校的德育改革,把竞争机制引入学校德育领域,增强德育的实效;有利于调动校长和教师的积极性、主动性、创造性,提高德育工作水平;有利于提高学生自我评价、自我教育的能力,发扬优点,克服缺点,促进良好品德的形成和发展。因此,德育评价研究是加强和改进学校德育工作的一项根本性、关键性的建设。说它是难点,是因为德育评价难以量化,难以建立一套科学、有效、便于操作的评价指标体系。德育与智育不同,智育的任务主要是传授知识兼培养能力。智育也有育德性,但这不是它的主要任务。德育不仅是传授知识和培养能力,不仅解决学生知不知、会不会的问题,而且更要解决学生信不信、行不行的问题。德育过程是一个知、情、意、行相互联系、辩证统一的过程,不但要授之以知、晓之以理,而且还应动之以情、导之以行。因此,德育评价也就与智育评价不同,智育评价通过考试,就可以测量学生的知识和能力的水平,而德育评价只靠考知识、考能力是不够的,还需要对学生的情感、意志、行为进行评价,而这方面的评价是不太容易量化的,因此也就增加了德育评价的难度。

1998年,我在第二届学术研讨会主题报告中对构建德育评价体系提出了明确的要求:(1)三级评价,体系健全;(2)指标体系,科学简明;(3)认真研究,评价原则;(4)正确掌握,评价方法。要求建立学校、班级、学生三级评价体系,指标体系一般包括一级指标、二级指标、三级指标(具体指标)、权重、评价方法等项内容。既要有科学性和系统性,又要具体、简明,有可行性。

1998年第五期《德育信息》发表了我的一篇文章《学生品德评价的理论与方法》,对德育评价的原则与方法进行了具体的阐述。德育评价的原则概括为:(1)定性评价与定量评价相结合;(2)终结性评价与形成性评价相结合;(3)全面评价与特色评价相结合;(4)他人评价与自我评价相结合。评价方法概括为:(1)评语鉴定测评法;(2)等级评定测评法;(3)综合记分测评法;(4)评语、评分等综合测评法。

3. 课题研究的成果

总课题组为了贯彻落实第三次全教会精神和《中共中央国务院关于深化教育改革全面推进素质教育的决定》中关于"建立符合素质教育要求的对学校、教师和学生的评价机制"要求,于1999年上半年研究编写了学生整体素质综合评价手册——《成长册》。《成长册》从小学一年级到中等职业学校每学年一册,共15册。

《成长册》的编写原则是:(1)导向性和激励性原则;(2)科学性和系统性原则;(3)形成性和阶梯性原则;(4)主体性和个体性原则;(5)操作性和趣味性原则。

《成长册》内容结构分为:成长环境篇、成长目标篇、成长阶梯篇、成长交流篇、成长成果篇。

《成长册》的评价内容分为八个方面：(1)思想道德；(2)科学文化；(3)身体心理；(4)审美艺术；(5)劳动技能；(6)个性特长；(7)创新能力；(8)自育能力。小学和初中称为：(1)学会做人；(2)学会学习；(3)学会健体；(4)学会健心；(5)学会审美；(6)学会劳动；(7)学会创造；(8)学会自护。

《成长册》与过去普遍使用的《成绩册》只是一字之改，但确有本质之别。《成长册》是对学生进行全面素质评价，《成绩册》只是对学生学习成绩的评价；《成长册》是形成性评价，《成绩册》是终结性评价；《成长册》是学生自我评价和师生、家长双向评价，《成绩册》是教师对学生的单向评价；《成长册》的评价主体是学生，《成绩册》的评价主体是教师；《成长册》生动活泼，《成绩册》形式死板。

目前，《成长册》已经在部分实验区、实验校进行实验，受到教师、学生和家长的普遍欢迎和高度评价，收到了良好的实验效果。

《成长册》的研究与实验对建立符合素质教育要求的评价机制，对全面实施素质教育，对加强和改进德育工作具有重要意义。

在德育评价体系构建方面，实验区、实验校承担的子课题研究也取得了突破性进展。荆州区教委子课题组的同志们知难而进，迎难而上，组织力量，协作攻关，总结经验，开拓创新，经过两年多锲而不舍、坚持不懈的努力，终于在众多实验区中率先完成了德育评价体系构建这一艰巨任务，正式出版了《中小学德育评价的理论与实践》。此外，北京市、重庆市、黑龙江省、沈阳市在德育评价体系的研究上也取得了可喜的成果，为总课题组整体构建德育体系奠定了基础，做出了贡献。

4. 深化研究的任务

(1)继续进行《成长册》的实验，为明年修订提供实验依据。

(2)继续深化研究，构建小学德育三级评价体系。

(3)继续深化研究，构建中学德育三级评价体系。

(4)继续深化研究，构建中职德育三级评价体系。

(5)继续深化研究，构建大学德育三级评价体系。

(6)继续深化研究，整体构建学校德育评价体系。

同志们，整体构建学校德育体系，包括德育目标、内容、途径、方法、管理、评价6个子体系的研究和构建。这是一个庞大的系统工程。要完成这一艰巨的任务，需要认真的运筹、科学的管理、缜密的计划和精心的施工。总课题组制定的工作方式是：自下而上，总分结合；先块后条，条块结合。

目前，实验区、实验校承担的子课题研究任务和《德育》读本的实验任务已进入结题阶段。许多实验区和实验校的研究成果和实验报告为总课题组整体构建德育体系和最终结题奠定了良好的基础。总课题组的工作已经进入"条"、"块"结合，整体构建的阶段。预计今年年底完成最终成果——《整体构建学校德育体系总论》，编辑《德育实验报告集》和《德育研究论文集》。我们要认真贯彻两会精神，继续深化课题研究，为圆满结题而努力奋斗！

5. 2001年"九五"课题结题报告

贯通古今 继承借鉴 融会中西 发展创新
——全国教育科学"九五"规划国家重点课题"整体构建学校德育体系的研究与实验"总结报告

(一)整体构建学校德育体系课题的提出

关于本课题的提出,需要追溯到"八五"规划。"八五"规划期间,中央教科所德育研究中心承担了国家教委重点课题——我国各级各类学校德育现状调查研究。这项调查研究既包括大、中、小学校德育工作现状的调查研究,又包括大、中、小学生政治、思想、道德素质现状的调查研究。调查样本涉及23个省(直辖市、自治区),225所学校,12500名学生。这个课题可以说是首次全国性、系统性、全方位的大型德育现状调查研究。在大面积问卷调查的基础上,还分别召开了各种类型的座谈会进行典型调查,把定量分析与定性分析相结合,撰写出45份分门别类的调查报告。在此基础上,撰写了总体研究报告。

总报告指出:在改革开放和建立社会主义市场经济体制的过程中,学校德育面临着许多新情况和新问题。例如:在经济体制转轨、经济形式多元存在的情况下如何坚持社会主义意识形态的一元导向?在扩大对外开放,吸收外国先进经验的情况下,如何振奋民族精神,树立民族自信心和自豪感?在社会生活中存存着"一切向钱看"的思想影响,如何树立正确的人生观、价值观?在社会生活中出现"黄赌毒"、"假冒伪劣"、"坑蒙拐骗"等消极影响的情况下,如何教育学生增强遵纪守法观念?在人际交往日益频繁、复杂的情况下,如何培养学生具有待人接物和立身处世的良好的道德品质?在升学考试、职业选择竞争日益激烈的情况下,如何教育学生具有承受挫折、适应环境、积极进取的健康的心理素质?面对这些问题,德育工作者做了大量工作和坚持不懈的努力。但是从总体上来看,学校德育还有许多不和谐、不适应的地方,还存在不少亟待解决的问题。

首先,大、中、小学没有形成整体化德育大纲。现行的《小学德育纲要》、《中学德育大纲》和《高等学校德育大纲》是分别制定的,对大、中、小学德育的衔接没有给予充分的考虑,因此不同程度地存在着倒挂、脱节、不必要的重复、脱离学生身心发展特点和品德形成发展规律的问题。在德育目标上尚未做到分层递进,在德育内容上尚未做到循序渐进。这三个大纲都是"八五"规划以前制定的,随着时间的推移和形势的发展,它们也需要不断地发展和完善。

其次,大、中、小学的德育途径没有形成有效的教育合力。小学思想品德课、中学思想政治教育课、大学马克思主义理论课和思想品德课,是德育的主要实施途径。但是这些课程并不能涵盖德育的全部内容,有的甚至已经学科化、应试化,削弱了德育功能。尽管可以把其他德育内容放在学校的党团队工作、班主任工作、"三育人"、课外活动、社会实践中来实施,但是这些德育实施途径并没有整体规划、明确分工和形成合力，在时间、空间、人力、物力上得不到保证，容易落空或流于形式。

第三，大、中、小学没有建立起可行的德育评价机制。目前，学校德育工作没有建立起科学、简明、便于操作的评价体系。没有形成检查、督导、评估德育质量的有效机制。因此，智育一手硬，德育一手软的问题依然在一些地方和学校严重存在着，德育"说起来重要，干起来次要，忙起来不要"的情况难以得到根本转变。

总报告的结论部分是《加强和改进学校德育工作的对策性建议》共提出六条建议，其中包括制定大、中、小学整体化德育大纲，制定大、中、小学德育课程系列教学大纲，整体构建大、中、小学德育体系，建立科学化、系统化、规范化的，相对稳定的，有中国特色的社会主义德育体系。这个建议初稿刊登在中央教科所编写的、供教委领导决策参考的内部刊物《科研与决策》1994年第4期上。李岚清副总理看到这个材料之后，于5月14日作了明确批示："教委：调查中的有些建议，可以纳入'加强和改善德育工作'讨论稿。"国家教委有关领导也做了批示，要求"组织文件起草小组的同志仔细商量一下，与全教会主报告、中央常委讨论意见一并吸收有关精神，写入文件稿。"这里所说的"文件稿"，就是1994年8月31日颁布的《中共中央关于进一步加强和改进学校德育工作的若干意见》，这个文件的第5条明确规定要"整体规划学校的德育体系。"

为了贯彻落实中央文件关于"整体规划学校的德育体系"的精神，我们在对《小学德育纲要》、《中学德育大纲》和《高校德育大纲》进行认真研究的基础上写出了涵盖大、中、小学的、系统的、整体化的《有中国特色的社会主义德育体系的初步构想》。与此同时，还出版了《中国德育全书》（200万字），对大、中、小学校德育进行了系统的、全面的研究，为本课题的提出奠定了良好的基础。

1995年下半年，全国教育科学规划领导小组组织专家制定"九五"规划课题指南，经过德育学科组专家们的论证和领导小组的批准，"整体构建学校德育体系的研究与实验"这个选题列入了"九五"课题指南的国家级重点课题。在提出、论证和申报课题的过程中，得到了基层同志特别是第一线德育工作者的积极反馈和热情支持。

总之，整体构建学校德育体系的研究与实验课题是在深入进行调查研究的基础上，经过科研工作者系统论证，得到了中央和原国家教委领导同志的肯定，得到了基层和第一线广大德育工作者的支持。本课题的提出经过一个自下而上，自上而下的过程，经过了一个从实践中来，通过研究再到实践中去的过程。因此，本课题的提出是十分重要的，也是非常必要的。

（二）整体构建学校德育体系的研究内容

整体构建学校德育体系以德性论、德育论、系统论为理论基础，以贯通古今、融会中西、继承借鉴、发展创新为基本原则，以德育目标、德育内容、德育途径、德育方法、德育管理、德育评价等要素系统为纬，以小学德育、中学德育、中职德育、大学德育等层次系统为经，进行横向贯通，纵向衔接，分层递进，螺旋上升，整体构建21世纪有中国特色的、代表先进文化前进方向的、适应全面素质教育要求的学校德育体系。为增强学校德育工作的科学性、针对性和实效性提供理论参照和实践模式。下面分别介绍德育目标、德育内容、德育途径、德育方法、德育管理、德育评价等六项子体系的研究内容。

1. 德育目标体系的构建

(1) 确定德育目标的依据

德育目标是党和国家虽青少年儿童在政治素质、思想素质、道德素质、法纪素质、心理素质等方面所应达到的规格要求,是德育工作的出发点和归宿点。德育目标确定的依据,是从建设有中国特色社会主义的实际出发,坚持面向现代化、面向世界、面向未来的方向;是根据党和国家对青少年儿童一代在"德"的方面的要求,遵循青少年和儿童品德形成和发展的规律。这里包括四句话,并构成两对矛盾,我们要力求达到方向性与现实性的统一,党和国家的要求与青少年成长自身需要的统一。过去我们较多地强调方向性和党和国家的要求,因为方向总具有理想性和长远性的特点,要求总是原则性、高标准的,所以目标的确定往往是笼而统之、大而化之、"一刀切"、"齐步走"的,我们要把目标定得实事求是、切合实际,经过努力可以达到,就应当注意目标确定的现实性和可能性,充分考虑学生成长的自身需要,遵循品德形成发展的规律。

(2) 构建德育目标体系的要求

总体目标,一以贯之;学段目标,各有侧重;年级目标,具体明确;情意兼顾,知行统一。

我国各级各类学校德育的总目标是:把全体学生培养成热爱祖国、具有社会公德、文明行为习惯、遵纪守法的好公民。在这个基础上,引导他们逐步树立科学前世界观、人生观、价值观,不断提高社会主义思想觉悟,成为有理想、有道德、有文化、有纪律的社会主义现代化事业的建设者和接班人,并使他们中的优秀者在将来成长为具有共产主义觉悟的先进分子奠定基础。

所谓"总体目标,一以贯之"就是指各级各类学校都要始终如一地坚持德育的总目标。各个阶段的具体目标都应包括政治素质、思想素质、道德素质、法纪素质和心理素质等方面的要求,以保证德育要素在各个教育阶段的完整性和连续性。小学、初中、高中各学段的德育目标,要根据学生的年龄特点、知识水平和成长规律有所侧重,不可求全。年级的德育目标,在小学两个年级合为一段,初中、高中则应每个年级分别制定,表述要具体明确。目标的要求应体现知、情、意(信)、行,必须有认知和行为方面的要求,也要适当考虑情感、意志和信念方面的要求。

2. 德育内容体系的构建

(1) 确定德育内容的依据

德育内容是为实现德育目标而确定和安排的特定的教育内容。德育内容的性质和构成由德育目标所决定;德育内容的深度和广度为受教育者年龄特征和思想品德发展水平所制约;德育内容的针对性从学生成长的需要和现实社会的迫切要求出发。

(2) 构建内容体系的要求

德育内容,循序渐进;德目规范,形成序列;要素完整,层次清楚;注意衔接,螺旋上升。

各级各类学校都要对学生进行政治教育、思想教育、道德教育、法纪教育和心理教育。同时,政治教育、思想教育、道德教育、法纪教育、心理教育都有一个由浅入深、由低到高、由感性到理性、由具体到抽象的过程。这个过程是由各个教育阶段彼此衔接共同完成的。每个教育阶段都必须保证德育内容结构的序列性和完整性，同时又应做到德育内容的渐进性和层次性。必须注意小学、初中、高中、大学的衔接和螺旋式上升，克服倒挂、脱节、简单重复和脱离实际的问题，这是整体构建德育内容体系的关键。

3. 德育途径体系的构建

(1) 德育途径的涵义

德育途径是对学生实施德育影响的渠道，是实现学校德育目标，落实德育内容的组织形式。德育途径体系是以完成德育任务、提高德育实效为目的，以我国的国情和各级学校德育工作的实际情况为依据而提出的。学校德育主要途径包括：思想品德和思想政治课、其他各科教学、三育人（教书育人、管理育人、服务育人）、班主任工作、党团队和学生会工作、劳动与社会实践、课外活动、校外教育、校园文化建设、心理咨询和职业指导、家庭与社会教育等。

(2) 构建德育途径体系的要求

德育途径，对应内容；一项内容，多条途径；有主有辅，协调配合；分工合作，形成合力。

德育途径应当对应每一项德育内容，使每一项德育内容都有贯彻落实的渠道。在多数情况下，往往某一项德育内容需要多条德育途径来贯彻实施。这就有一个以哪条途径为主，以哪条途径为辅的问题，也有一个如何协调配合的问题。长期以来，流行着一种观点："课堂教学是德育的主渠道"。这个观点是值得商榷的。因为课堂教学是以智育为主而设计的，它的主要任务是传授知识而不是培养品德。尽管有教书育人的要求，尽管课堂教学可以而且应当渗透德育，然而"渗透"不是"为主"。教学有教学的规律，德育有德育的规律，课堂教学不等于德育，德育必须有自己的实体，有自己的传授体系。整体构建德育途径体系，一方面要求各条途径都能发挥各自的独特功能，另一方面必须强调分工合作，形成合力，贯彻教育影响一致性的原则。建立全员育人和全程育人的德育工作格局，以求发挥德育途径的整体效益，提高学校德育的整体效果。

4. 德育方法体系的构建

(1) 德育方法的涵义

德育方法是完成德育任务、实施德育内容的手段。德育方法与德育途径既有密切的联系又有根本的区别，是两个不同的范畴。打个比方说：途径好比路，而走路中是步行、骑车，还是开车、乘车，这是方法问题。同样是过河，用桥或船或游泳，这也是方法问题。途径和方法是互相影响，相互制约，互相促进的。途径决定方法，德育方法的选择依赖于德育途径，如课堂教学这条途径，决定了讲授法和说明法是基本方法；而在社会实践活动中，实践锻炼法、考察参观法则是基本方法。另一方面，方法的改进也会影响途径的发展。例如多媒体信息技术，开辟了网络德育途径。

在教育实践中，德育工作者创造出丰富多样的德育方法，理论工作者加以概括和分类，一般可以概括为四类18法：①以语言说理形式为主的方法，包括谈话法、讲授法、讨论法、辩论法、演讲法等；②以形象感染形式为主的方法，如典型示范法、情感陶冶法、影视音像法、小品表演法等；③以实际训练形式为主的方法，如社会实践法、调查访问法、参观考察法、常规训练法、大型活动法等；④以品德评价形式为主的方法，如奖惩激励法、表扬鼓励法、评比选优法、操行评定法等。

(2) 构建德育方法体系的要求

根据内容，对应途径；多种方法，优选组合；辩证思维，法无定法；留有余地，鼓励创新。

根据不同的德育内容选择不同的德育途径，对应不同的德育途径选择不同的德育方法。德育方法多种多样，要进行优选组合，正确处理系统教育与随机教育的关系，说理教育与社会实践的关系，集体教育与个别指导的关系，教育与自我教育的关系，显性教育与隐性教育的关系，严格管理与耐心疏导的关系，学校教育与家庭、社会教育的关系。德育实践是丰富多彩的，理论概括是原则的、抽象的，一切真知来源于第一线教师的伟大实践。德育方法体系的构建坚持辩证思维，主张法无定法，要给教师留有余地，鼓励他们在实践中开拓创新。

5. 德育管理体系的构建

(1) 德育管理的涵义

德育管理是协调实施德育的组织与组织、组织与德育工作者之间的关系，以保证增强德育实效，完成德育任务，实现德育目标。它是整个德育工作的指挥和保证系统，具有协调、组织、实施和评价的功能。

德育管理体系的构建，包括领导体制、法规政策、规章制度、队伍建设、督导检查、考核测评等项内容。

(2) 构建德育管理体系的要求

理顺健全领导体制；稳定提高教师队伍；建立健全规章制度；形成学校、家庭、社会德育网络。

德育管理体系的构建是一个政策性、实践性很强的问题。要在《中共中央关于进一步加强和改进学校德育工作的若干意见》指导下，深入调查研究各级各类学校德育管理的成功经验，以求构建出一个科学、实用、高效的德育管理体系。同时还应以大德育观为指导，建立学校、家庭、社会德育一体化、网络化的德育管理模式，以争取全社会对学校德育工作的关心和支持。

6. 德育评价体系的构建

(1) 德育评价的涵义

德育评价是学校德育管理工作的重要环节，也是保证学校德育目标实现的必要措施。德育评价体系的构建是学校德育工作中一项带有根本性的建设，对于督导检查学校德育工作的水平和质量，推动德育由虚变实、由软变硬发挥着不可替代的监督保证作用。

德育评价体系的构建，包括教育行政部门对学校德育工作的评价、校长对班级德育工作的评价和对任课教师教书育人的评价、班主任及教师集体对学生个体的品德评价三部分内容。

(2) 构建德育评价体系的要求

三级评价，体系健全；指标体系，科学简明；认真研究，评价原则；正确掌握，评价方法。

要求建立学校、班级、学生三级评价体系。德育评价的难点是量化的指标体系，指标体系一般包括一级指标、二级指标、三级指标（具体标准）、权重、评价方法等项内容。既要具有科学性和系统性，又要具体、简明，有可行性。

整体构建学校德育体系，包括上述6个子体系的研究和构建。这是一个庞大的系统工程，需要认真的运筹、科学的管理、缜密的计划和精心的施工。

（三）整体构建学校德育体系的研究过程

本课题自批准立项到最终成果完成大体经过了以下四个阶段：

1. 组织上、思想上的准备阶段

1997年1月2日，全国教育科学规划领导小组办公室下达"九五"规划国家级重点课题"整体构建学校德育体系的研究与实验"立项批准通知书。本课题组组长立即着手组建课题组，筹建实验区，确立指导思想，策划研究方案。到6月底撰写完《开题报告》，准备阶段结束。

（1）组建科研人员、行政领导和一线教师相结合的课题组

本课题是一项为决策服务、为实践服务的应用研究项目，旨在建立21世纪科学化、系统化、规范化、现代化的有中国特色的学校德育体系，为行政领导德育工作决策提供理论参照，为大、中、小学校德育工作提供实践模式。因此，在课题组组建过程中广泛征求了教育部有关司局领导和地方教育行政部门和一线校长、教师的意见，并得到了他们的大力支持与良好合作。经过2个月的准备，总课题组于2月28日正式成立。

总课题组组长： 詹万生负责课题的总体策划、理论研究、实验指导和组织管理的全面工作。

总课题组副组长： 刘芳（后因工作需要调离）

总课题组核心成员及其分工：

核心成员	分工和职责		工作单位
	块研究	条研究	
关鸿羽	小学组	德育目标、内容、途径方法、管理评价体系的构建	从小学到高中（含中职）的德育途径、方法体系的整体构建	北京教育学院
王宝祥			北京市教科院基教所
闵乐夫	初中组	德育目标、内容、途径、方法、管理、评价体系的构建	从小学到高中（含中职）的德育目标、内容体系的整体构建	北京市教委教学研究部
齐 炘			中央教科所德育研究中心
徐安德	高中组	德育目标内容、途径方法、管理评价体系的构建	从小学到高中（含中职）的德育管理、评价体系的整体构建	北京市教科院《丛书》办
李书华			中央教科所德育研究中心
李书华	中职中师组	中职、中师《德育》读本的实验与修订	中职中师学校德育目标、内容、途径、方法、管理评价体系的整体构建	中央教科所德育研究中心
高德胜			中央教科所德育研究中心
魏续臻	大学课题组	总纲、目标、内容、学生特点		北京青年政治学院
吴忠海		原则、途径、方法		中国矿业大学
姜树卿		体制、队伍、评估		黑龙江省教育科学研究院

（2）组建实验区、实验校两级实验基地

2月26日，根据《中央教科所关于教改实验基地的管理办法》，总课题组制定了《实验基地管理细则》和《子课题申请评审书》。关于实验基地的建设，坚持了四句话16字方针："严格审

批、合理布局、加强管理、认真指导。"

①严格审批。申请加入中央教科所"九五"国家级重点课题"整体构建学校德育体系"实验基地的基层教委或学校，必须具备三个条件并履行申报审批手续。这三个条件是：教委（局）或学校应重视德育科研工作，具有"科研领先，科研兴校，科研治教"的办学思想；具有一支较强的德育教师队伍和德育科研力量；申请一项子课题并承担总课题组研究成果的实验任务。

②合理布局。为了增强实验的信度、效度和推广的价值和范围，实验基地的布局是从两方面考虑的。首先考虑全国的覆盖面，目前的实验区和实验校分布在东北、华北、华东、中南、西南、西北六大区域。其次考虑大城市、小城镇和农村的代表性，比如北京市实验基地就分布在城区、近郊区和远郊县。

③加强管理。根据本课题参加人员多，涉及范围广的特点，本课题的管理实行总课题组组长领导下的分级管理制度，总课题组下分二级子课题组、三级子课题组。实验区成立二级课题组，实验校成立三级子课题组。三级子课题组由二级子课题组进行管理和指导。少数直属实验校承担的子课题可直接由总课题组管理。

④认真指导。总课题组建立实验区、实验校的业务档案，以便及时了解情况，以利指导。总课题组先后考察指导的实验区、实验校已占正式批的实验区、校的90%以上。只有少数独立、偏远的实验校，总课题组尚未直接到校指导。

(3) 确立课题研究的指导思想

本课题的指导思想是：以马列主义、毛泽东思想、邓小平理论和党的十五大报告为指导，坚持解放思想，实事求是的思想路线，坚持唯物辩证法的系统原则，把小学德育、中学德育、中等职业学校德育、大学德育作为一个系统加以统筹规划，整体构建大、中、小学校和谐衔接的德育体系。依据这一指导思想所构建出来的学校德育体系，应当是面向21世纪有中国特色的德育体系，应当是代表先进文化前进方向的德育体系，应当是适应全面推进素质教育的德育体系。这是本课题研究与指导思想相关连的奋斗目标。

①构建21世纪有中国特色的德育体系，必须坚持解放思想，实事求是的思想路线，坚持从市场经济建设的实际出发，坚持"三个面向"的发展方向。

解放思想，实事求是，是党的思想路线，是马列主义、毛泽东思想的精髓，也是邓小平理论的精髓。解放思想，实事求是，就是一切从实际出发，打破习惯势力和主观偏见的束缚，研究新情况，解决新问题。当前中国的最大实际就是市场经济建设。整体构建学校德育体系必须从这个实际出发。学校德育工作存在的一切问题都可以从市场经济中找到原因。同样，要解决这些问题也必须从市场经济中寻找答案。同样，要解决这些问题也都必须从市场经济中寻求答案。

随着我国社会主义市场经济的确立和逐步完善，中国的经济形成了多元化发展的格局。经济形式的多元存在带来了人的思想观念的转变，这些观念给人们的思想注入了新的生机，同时，市场经济是凸现个人利益的求利经济，凸现金钱地位的货币经济，凸现优胜劣汰的分化经济。利益主体的多元化必然导致人们思想的多样性、复杂化。因此，市场经济对学校德育工作具有双重效应：市场经济自主经营的原则激发了人的主体意识生成，同时诱发个人主义倾向；

市场经济所有制形式的多元化促进了生产力的发展,同时利益群体的多样化必然导致价值取向的多元性;市场经济的效益原则增强了效益观念和求实精神,同时诱发了拜金主义和重利轻义倾向。尤其是在我国社会主义初级阶段,在生产力尚不发达,法制尚不够健全,市场经济体系有待进一步完善的情况下,学校德育工作希望与困难同在,机遇与挑战并存。

面对这种情况,整体构建学校德育体系如何坚持解放思想实事求是的思想路线,既从市场经济的实际出发,又坚持"三个面向"的方向呢?我们认为应当处理好三个关系:一是德育的适应性与超越性的关系;二是教师主体性与学生主体性的关系;三是德育导向的一元化与道德实践的多元性的关系。

②构建代表先进文化前进方向的德育体系,就必须以马克思主义为指导,继承弘扬中华民族优秀传统文化,使德育体系具有鲜明的中国特色;借鉴吸收国外优秀文明成果,使德育体系具有鲜明的时代特点。

德育体系作为一种综合性的道德文化,它的民族特色源于其母体传统文化的民族特性。中国古代哲学是本体论、认识论、道德论的统一,以伦理道德、人生价值的探究为中心,是一种伦理型的哲学体系。作为传统文化精华的中国古代哲学,"究天人之际,通古今之变",认为宇宙的法则与道德的最高准则是一致的。中国原始儒家、原始道家、中国佛家和宋明理学这四大思想传统的一个共同点是,"它们的智慧都是人生的智慧"。其中儒家伦理成为中国传统道德文化的主流与核心。通观中国传统道德文化,我们可以总结归纳出最为典型的五个方面:a. 致思于整体精神,强调为社会、为民族、为国家的爱国主义思想;b. 推崇仁爱原则,强调"自强不息"、"厚德载物"及人际和谐;c. 提倡人伦价值,强调个人在人伦关系中的权利和义务;d. 追求精神境界,向往理想人格;e. 重视修养践履,强调道德主体的能动作用。

西方在漫长的历史演变过程中,形成了区别于其他文化的主导精神和价值取向,这就是个性精神、科学精神、民主精神、法制精神、功利精神。这五种精神凝聚着西方文化的精华。古希腊追求人的独立和权利,他们尊重人性,崇尚人的自主、自律和力量,把人看作是高于其他一切的实体。在文艺复兴运动中,思想家们主张从中世纪封建神学的禁锢中解放出来,恢复古希腊文化的人文精神,要求从神性转向人性,高扬人的理性,主张面向自然,解释自然,重新认识世界和人自身,提倡求索和创造文明。17世纪,随着资本主义生产方式的形成和发展,崇尚理性、发展科学成为资产阶级的迫切要求。科学精神在本质上是一种崇高的道德精神。从此以后,民主理论和民主政治、法律思想和法律制度、功利思想和求利原则得到进一步发展,并成为上升时期各国资产阶级革命的武器。

整体构建学校德育体系就是要在马克思主义指导下,贯通古今,融会中西,继承借鉴,发展创新。在德育思想、德育内容和方法领域中实践着古今文化的贯通和批判继承,同时,也在这几个方面实践着中外文化的选择和吸收借鉴。这是本课题研究的基本原则和努力探索的方向。

③构建适应全面推进素质教育的德育体系,就要以中央关于素质教育的精神为指导,突出提高国民素质的根本宗旨,致力于培养学生的创新精神和实践能力。

国民素质是指一个国家的人民在改造自然、改造社会的过程中所具有的体魄、智力和思想道德的总体水平。它是一个国家经济和社会发展的基础,是综合国力的主要体现,是国际竞争力的重要方面。提高国民素质，教育是基础。素质教育要求全面提高学生的整体素质，包括思想道德素质、科学文化素质、身体心理素质、审美艺术素质和劳动技能素质等方面。德育肩负着培养思想道德素质的重要任务，在素质教育中居于首要的地位，对全面素质教育发挥着导向、动力和保证作用。加强和改进学校德育工作，增强德育工作的科学性和实效性，是实施素质教育的一个重要标志。同时，素质教育对德育提出了更高的要求。素质教育要求全面提高学生的素质，作为素质教育重要组成部分的德育，同样应当全面提高学生的思想道德素质。思想道德素质是一个综性范畴，包括政治素质、思想素质、道德素质、法纪素质和心理素质等。整体构建学校德育体系，不再限于笼统的"德育"，而对德育的要素结构和层次结构进行分门别类的研究，一是按照儿童和青少年的年龄特征，分别研究小学德育、中学德育、大学德育以及各级各类学校德育的和谐衔接；二是将广义的德育分解为道德教育、政治教育、思想教育、法制纪律教育、心理教育等五个方面，分别研究各自的特点、规律、内在机制以及它们之间的相互关系。从而为全面提高学生的思想道德素质提供理论参照和实践操作的模式，为提高国民素质，培养学生的创新精神和实践能力奠定基础。

2.《德育》系列实验读本的研究与实验阶段

1997年月12~14日，本课题组在北京召开了"开题会议暨首届学术研讨会"。总课题组组长在《开题报告》中对课题研究做了全面部署，确定了第一阶段的研究任务是整体构建大、中、小学德育目标和内容体系。为了使德育目标和内容体系构建建立在实验区、实验校广泛而深入的实验基础之上，为了发动实验教师和实验区行政领导切实参与到课题研究中来，决定先研究和编写一套德育目标和内容可操作的载体——《德育》系列实验读本。

（1）确立了正确的指导思想

编写《德育》系列实验读本的指导思想是：以邓小平理论和党的十五大报告为指导，贯彻落实《中共中央关于进一步加强和改进学校德育工作的若干意见》，坚持解放思想，实事求是的思想路线和唯物辩证法的系统论原则，整体构建小学、中学（中等职业学校）、大学的德育内容体系。德育内容体系的构建，就是把德育内容的要素结构和层次结构划分出来，以五大要素（即政治教育、思想教育、道德教育、法纪教育、心理教育）为纬，以各项要素的不同层次为经，按照整体性、有序性、动态性的原则，把它们有机的结合起来，依据学生不同年龄阶段的身心特点，知识水平和品德形成发展规律，由浅入深，由低到高，由近及远，由具体到抽象，由感性到理性，螺旋式上升，构建从小学一年级到大学毕业每个年级的德育内容，全面提高学生的思想道德素质，克服小学、中学、大学德育内容的倒挂、脱节、过频变动和简单重复，形成科学化、系统化、规范化、相对稳定的德育内容体系。《德育》系列实验读本就是德育内容体系在各级各类学校贯彻实施的一个载体。

（2）明确了编写目的

经过反复研究，这套读本定位在供德育活动课使用，是对思想品德课和思想政治课的有益补充。在小学、中学和中等职业学校主要是利用班会、团队会活动课进行实验，目的是使班主任、团队工作从经验型转向理论型，从随意性转向计划性，从盲目性转向科学性，从零散性转向系统性，以提高德育水平，增强德育实效。

这套《德育》系列读本不但是落实德育内容体系的一个载体，而且是实施素质教育前一个渠道。素质教育的根本是以德育以德育人,教学生如何做人既是德育的根本任务,又是素质教育的首要任务。《德育》系列读本的编写目的,从根本上说就是为建立21世纪素质教育的课程体系探索一条德育活动课程的新路子,为培养新世纪的社会主义事业建设者和接班人做出贡献

(3) 制定了科学的编写原则

《德育》系列读本力求编出特色,编出精品。为此制定和贯彻了以下几条原则:

①德育目标,一以贯之;德育内容,循序渐进。学生健康的心理素质,文明的行为习惯,良好的道德品质,科学的世界观、人生观、价值观,崇高的理想信念,坚定正确的政治方向,是通过小学、中学、大学等各个学段的教育逐步形成的。这套读本既考虑到了德育目标的一贯性和完整性,又注意到了德育内容的渐进性和层次性。

②贯通古今,融会中西;继承借鉴,发展创新。中国是一个具有悠久历史和优秀文化传统的国家,素以"礼仪之邦"著称于世。新中国成立以来,特别是党的十一届三中全会以来,德育工作积累了许多成功的经验。这套读本力求做到继承和弘扬我国优良的德育传统,同时吸收和利用西方有益的文明成果,结合时代特点发展创新。

③贴近生活,联系实际;启发引导,主体参与。这套读本不是从概念和学科体系出发,而是从德育工作实际和学生成长的实际需要出发,尽可能贴近生活、贴近实际,距离学生近一点,问题提出小一点,回答问题实一点。避免"高、大、空、远",做到"近、小、实、亲",并努力在启发引导上下功夫,调动学生主体参与的积极性。

④授之以知,动之以情;晓之以理,导之以行。德育过程包括知、情、意、行诸环节。这套读本不是单纯传授知识的体系,而是把知、情、意、行有机地统一起来的德育体系。德育过程具有多端性,根据不同的德育内容,有的从导之以行开始,有的从动之以情入手。在这方面,对每一课都进行了认真的研究和精心的设计。字通俗易懂,避免枯燥晦涩,具有较强的可读性。小学每一课都有精美的大幅彩色画面、中学和中等职业学校也有适量的彩色插图,做到图文并茂。从封面到版式、字型、字号都进行了精心设计,使书的形式生动活泼,形成统一风格。

(4) 组织了三结合的编写队伍

参加《德育》系列读本编写的人员有德育科研人员、德育行政领导和第一线的德育教师共100多人,形成了"三结合"的编写队伍。成立了小学组、初中组、高中组、中职组、中师组、大学组等六个子课题组,即六个学段编委会。在编写队伍的组织管理上,形成了总编委会、学段编委会、分册编委会三级管理体制,分册主编在学段主编指导下开展编写工作并向学段主编负责,学段主编在总主编的指导下开展编写工作并向总主编负责,形成了分级管理,层层负责,层层把关的编写程序,保证了编写指导思想和编写原则的贯彻,从而保证了书稿的质量。

从1997年11月到1998年4月,总课题组在北京先后召开了三次审稿会,总编委会在认真审阅的基础上多次召开不同层次座谈会,一是征求教育行政领导其中包括国家教育部有关司局和各省教委德育处长的意见;二是征求第一线校长和教师的意见;三是征求德育专家、学者的意见。这期间总编委会反复修改,数易其稿,到8月份,《德育》系列读本陆续出版问世。

(5) 认真指导《德育》读本的实验

为了搞好《德育》读本的实验工作,总课题组组长撰写了《运用活动课对德育系列读本

进行实验的理论与方法》一文，对读本的实验目标、实验假说、实验方案、变量控制、效度评价及预期成果做了全面的阐述。各实验区相继举办了实验教师培训班，各实验校都制定了实验方案。总课题组成员先后到各实验区指导实验，各实验区之间开展了交流活动，各实验校组织了德育活动课观摩研讨。一个前所未有的德育实验活动热潮在全国各地实验区、实验校中掀起，涌现一批德育实验的先进学校、模范实验教师和优秀实验成果。德育读本实验的成果包括实验报告、教案教参、活动方案、观察日记、修改意见等五个方面。总课题组向各实验区、实验校广泛征集上述五项成果并进行评审，一批优秀成果受到表彰。由于指导到位，措施有力，《德育》读本实验受到了广大实验区领导和实验校师生广泛欢迎和好评，一直沿着科学、有序、健康、有效的方向发展，收到了良好的效果。

3.《成长册》研究与实验阶段

1999年5月1日，总课题组召开会议，对《德育》读本的研究与实验工作进行总结，对课题如何深化研究进行研讨。会议认为进一步深化课题研究要抓住德育评价这一重点和难点。说它是重点，是因为德育评价是德育管理工作中的重要环节，是检查、督导、评估德育质量的重要机制。说它是难点，是因为德育评价难以量化，难以建立一套科学、有效、便于操作的评价指标体系。为了抓住重点，攻克难点，会议决定研究和编写一套学生综合素质评价手册——《成长册》，并在实验学校中进行实验。自此，本课题研究进入《成长册》的研究与实验阶段。

（1）明确《成长册》的研究与实验的意义

首先，《成长册》对于研究和制订新的评价制度具有重要意义。长期以来，我国中小学普遍使用《成绩册》作为对学生评价的唯一形式。《成绩册》仅记录了学生文化课的考试成绩和班主任的操行评语，既不能反映学生"德、智、体、美"诸方面的发展状况，也不能反映学生的个性特长；它仅是对学生的单向评价，不能反映学生对教师的评价、要求和希望；它仅是一学年（或一学期）的总结性评价，不能反映学生成长过程中的经验、教训和成果。《成绩册》的弊端已为教师、学生和家长所认识。改革这种不合理的评价方式已成为中国教育改革的一个重要组成部分。

第二，《成长册》对于全面实施素质教育具有重要意义。全面实施素质教育，不仅要改革课程设置、课程体系、教学内容和教学方法，而且必须改革评价制度、评价体系、评价内容和评价方法。素质教育要求全面提高学生的素质，其中包括思想道德素质、科学文化素质、身体心理素质、审美艺术素质、劳动技术素质，以及个性特长、创新能力和实践能力。《成长册》的编制，涵盖了以上诸方面综合素质的评价，因此对引导学生、教师、家长都来关心学生的成长和整体素质的提高，对于全面实施素质教育必然发挥重要的推动作用。

第三，《成长册》对于加强和改进德育工作具有重要意义。长期以来，德育没有一个科学的、行之有效的评价标准，中考和高考录取以考试科目的分数为唯一标准，体育在中考中还占30分，而德育为"0"。这种导向的结果造成智育是硬任务，德育则成了软任务。《成长册》在全面评价学生的整体素质的同时重点突出思想道德素质。并按照不同年龄阶段学生的身心特点、知识水平和品德形成发展规律使之进一步具体化、典型化、细化、简化和量化，成为教师评价和学生自我评价中易操作的东西。这对于评价德育工作的水平和质量，推动德育由虚变实,由软变硬,加强和改进德育工作具有重要意义。

(2)制定《成长册》研究与实验的原则

第一,导向性和激励性原则。《成长册》的实验研究及编制以整体推进素质教育,全面提高学生整体素质和创新能力为目标。因此,必须坚持导向性和激励性的原则,以便充分发挥学生整体素质评价的导向性和激励性功能。在编写框架坐标系的设计上,要体现"全面、发展、创新"的精神。横坐标要包括思想道德、科学文化、身体心理、审美艺术、劳动技能和个性特征、创新能力、自育能力等八个方面;纵坐标要依据不同年龄阶段学生的身心特点和知识水平设计出学生全面发展的阶梯。总之,要体现整体素质,全面发展,循序渐进,螺旋上升,引导和激励学生全面提高自身素质。

第二,科学性和系统性原则。评价指标体系应当是科学化、系统化的全面反映素质教育要求的,既相互关联又体现层次性和相对独立性的一系列指标的总和。一级指标包括上述八项,要把这八项抽象的一级指标分解为可观测性、可操作性、可量化的具体指标,就必须进行科学性、系统性的分类、分级和分层,形成三级指标。第三级指标即细目应当具有代表性、简明性、独立性、可行性、可测性的特点。

第三,形成性和阶梯性原则。形成性评价,在评价体系的纵向发展上,必须坚持形成性和阶梯性原则,着眼过程,注重发展,鼓励创新,引导前进。学生整体素质的形成和发展不可能是"一刀切"、"齐步走"的,它必须呈现出渐进性、动态性,总的趋势是螺旋式上升。但是从静态"定格"观察,亦可表现为层次性、阶段性,我们可以把它划分为若干个阶梯,引导和激励学生沿着阶梯达到理想的境界。不同学段,不同年级评价体系的构建,要贯彻形成性和阶梯性原则,注意衔接,螺旋上升。

第四,主体性和个体性原则。《成长册》在评价主体上坚持学生主体性和个体性原则,以学生个体自评为主,充分发挥学生在整体素质评价中的主体性、自觉性和主观能动性。同时辅之以学生群体互评、家长助评、教师导评、校长审评。把整体素质评价作为学生、教师、家长三者之间联络感情、交流思想、传递友谊的桥梁和纽带,形成推动学生整体素质全面发展的合力。《成长册》在形式设计上要给学生留有充分的空间,引导和培养学生自订成长目标,自析成长环境,自寻成长动力,自开成长渠道,自研成长方法和自评成长效果,使学生成为自己整体素质全面发展的主人。

第五,操作性和趣味性原则。《成长册》的编制要求坚持操作性和趣味性原则。总的要求是图文并茂,生动活泼,富于时代气息,使学生喜欢使用。小学阶段设计得更;目甬鸡{番_图更多一些。中学阶段还可插入名人名言,学习要诀,行为规范,趣闻轶事等。在版式设计、图文制作、表格设计、字体变化等方面都应更新颖、更活泼、更实用,增强可读性、可视性和可操作性。

(3)认真指导《成长册》的实验

《成长册》出版后,总课题组核心成员撰写了指导实验的文章,《怎样认识成长册》、《谈成长册的实验实验操作》,对《成长册》的实验进行认真指导。

首先,指导认识《成长册》的功能。对学生而言,《成长册》是学生群体学习交往的名片,是双向交流增进了解的同心结,是相互激励发展个性的加速器。学生如果能认真使用的话,它将是学生经历成长的一行足迹,是启迪智慧的一把钥匙,是培养美德的一条渠道,是铺垫人生的一块基石。对教师和家长而言,《成长册》是成人观察孩子世界的窗口,是成人与孩子民主对话的热线,是成人和孩子共同呵护的一盆希望之火。

其次,指导使用《成长册》的方法。《成长册》设计的一系列评价指标,为学生主动地建构和完善自身的素质提供了路经和线索。引导学生沿着这个路径去思考,也就提供了学生成长交流的话题。那么如何有效地组织学生之间经常性的成长交流、研讨,就成了我们实验研究的一个主攻方向,实验教师在实验过程中,应创造性地提出自己的实施方案、技能方法,并写出实录,做出效果的评价。

第三,指导交互评价的技能。《成长册》为学生与学生、学生与教师、学生与家长之间提供了一个广阔的交互评价的空间。使学生在充分的交互评价中形成清晰正确的自我评价,这对一个孩子的健康成长是至关重要的。所以实验要求以学生自评为主,同时辅之以学生群体互评、家长助评、教师导评、校长审评,形成学生整体素质全面发展的合力。而要达到这一实验要求,也需要一系列的有效操作。实验教师应努力探讨这种科学的交互评价的技能、方法,并对实验效果有充分的说明。

《成长册》的实验,受到了实验区、实验校师生的的普遍欢迎和好评,收到了良好的实验效果。

4. 整体构建学校德育体系阶段

2000年6月23日—25日,总课题组召开实验区负责人工作会议,总课题组组长作了题为《深化课题研究,实现重心转移,为圆满结题而奋斗》的工作报告,对《德育》读本和《成长册》的研究与实验做了总结,在实验区、实验校子课题研究的基础上,提出工作重心转移到整体构建学校德育体系上来。从此,课题研究进入整体构建阶段。

(1)整体构建学校德育体系的本体论基础

本课题以德性论、德育论为本体论基础。

①德育的目的是培养和发展人的德性。人的德性具有整体性、主体性和实践性的特点。德性的整体性不仅表现在德性的整体性与生活的整体性的全面关联,还表现在德性的形式结构与内容结构、德性的理性维度与情感维度的辩证统一。德性的形式结构是个体德性借以存在的形式。一般将德性的形式结构的诸多要素分解为认识、情感和意志,也有将德性形式归之为认识和态度两大要素的。德性的内容结构指在个体意识中所形成的具有一定内容的道德规范体系,是个体对社会道德规范体系的内化。德性的内容结构就其纵向来看是由思想道德信念、原则和规范构成的;就其横向来看则是政治品质、思想品质、道德品质、法纪品质、心理品质等构成的。德性的形式和内容是不可分的,一定的内容总是寓于一定的形式之中,而一定的形式总是具体表现为具有某种内容的形式。德性的形式结构由认识、情感和意志等诸多要素构成,或者说有理性和非理性两个维度。理性的作用在于发现真伪,而善恶的问题不是用推理可以判断的,它恰恰需要用情感来调节。人不仅是理性的存在,而且是情感的存在。情感不仅是德性的构成部分,而且在德性结构中起着动力或动机的作用。

德性的主体性,从哲学意义上讲,主体是人,客体是自然。教师和学生都应是主体。作为道德的载体,师生又表现为道德主体。道德主体主要是个体以认识、肯定、发展和完善自己为己任的。德性的形成与发展是道德主体的一种实践活动过程，其实质是学生主体在教师主体帮助下，消化、吸收、实践德育内容的过程。在此过程中，学生处在一定社会和自身成长的发展阶段，受社会环境和自身道德发展规律的制约。然而，道德认识的发展，道德情感的变化，道德行为的展开都由学生自主完成，具有不可替代性。所以德性的自主性、自律性和主体性是第一性的，德性的受动性、他律性是第二性的。

德性的实践性主要表现在知与行的关系中。关于知与行的关系，中国古代哲学尤其是道德哲学有十分细致入微的考察。总的说来，知行统一的主张是一个基本的取向。任何以为只要解决了"知"的问题，"行"的问题就会自然解决的想法，都是不切实际的浪漫幻想。知与行的关系远非如此线性、简单。有学者详细分析了知与行，发现二者有八种关系，即知善之当行而行、知善之当行而不行、知不善之不当行而不行、知不善之不当行而行、不知善之当行而行、不知善之当行而不行、不知不善之不当行而行、不知不善之不当行而不行。由此可见，德性的本质不是知，而是行。

②德性的整体性、主体性和实践性，内在地规定了德育的整体性、主体性和实践性。德育的整体性首先表现为德育内容的整体性，德育内容是一个集合概念，它是政治教育、思想教育、道德教育、法纪教育、心理教育相互联系，互相渗透，互为条件，互相制约构成的统一体。其次表现为德育过程的整体性，德育过程是以形成受教育者一定思想品德为目标，教育者与受教育者共同参与的教育活动过程。德育过程不同于智育过程，一方面，体现了教育者的组织、教育、引导与受教育者能动地认识、体验和践行的双向互动关系；另一方面，体现在授之以知、动之以情、晓之以理、导之以行的全过程。只有知识传授，而无情感陶冶和行为引导不是完整的德育过程。再次表现为德育管理的整体性，学校德育管理是由管理者与被管理者、德育目标与内容、德育途径与方法、德育督导与评价等要素组成的整体。德育工作者要树立整体性德育观，着眼于德育系统的整体功能。

德育主体是指主体的人通过认识和把握道德的观念、法则，通过把握作为道德主体的现状，自觉推动道德主体向社会或个体要求的更高的品德标准迈进的行为承担者。德育活动中存在着教育主体和受教育主体，所以德育的主体是双主体。教师的主体性体现在对德育目标、内容的正确把握和对德育途径、方法的正确运用上；学生的主体性体现在对德性的形成和发展的自觉意识和对德育活动的主动参与上。在德育过程中，教师主体和学生主体双向互动，共同实现德育目标。学生道德认识的发展，道德情感的提升，道德行为习惯的养成是在教师的指导下由学生自主完成的，教师是不能替代的。因此，学生主体是第一性的，教师主体是第二的。

德育的本质是实践的，实践的观点是德育首要的基本观点。德育的实践性首先体现在德育目标在本质上是实践的，德育目标包括认知目标、情感目标和行为目标，归根到底要落实到学生的德行上，只有学生践行、践言了，德育目标才算最终实现了。其次，德育过程本身是实践活动。德育活动有多种形式，既有课堂德育活动，又有课外德育活动；既有校内德育活动，又有校外德育活动。这些德育活动主题明确、针对性强，内容丰富多彩，形式生动活泼，是学生品德形成和发展的有效途径。德育实践活动是品德形成的唯一基础。第三，德育实践活动是学生品德评价的基本标准。学生的道德认识、道德情感在实践活动中必然表现为道德行为，潜在的品性变为显性的品行。在品德评价中不仅要听其言，而且更要观其行。

（2）整体构建学校德育体系的方法论基础

把系统科学的理论与方法运用到整体构建学校德育体系的研究与实验中来，是建立在系统科学与马克思主义哲学的渊源关系的基础之上的。系统科学的思想方法是唯物辩证法普遍联系原理的具体化和深化。

①系统科学的基本理论原则。系统科学的思想原则和方法主要体现在整体性、有序性、和谐性、动态性、开放性和最优化等几个方面。整体性是指认识主体始终把研究对象视作一个整体对待，认为世界上的各种事物、过程都不是彼此孤立的杂乱无章的偶然堆积，而是一个合乎规律的，由各要素组成的有机整体。系统整体的性质和规律只存在于各要素的有机联系和相互作用之中，各要素的孤立活动的特征不能反映系统整体的功能和特征，即整体大于组成它的各部分之和。

系统的有序性、和谐性是指系统内部要素组织结构的层次性、等级性及其相互联系、相互作用的和谐性。所有的系统都由要素构成，系统和要素的区分是相对的，一个系统只有相对于构成它的要素而言才是系统，而相对于由其他事物构成的较大系统而言，它又是一个要素，也可称为一个子系统或分系统，因此，系统具有层次性和等级性，系统中要素的组织结构方式，相互联系、相互作用的和谐程度，决定着系统的功能。

系统的动态性和开放性是指任何系统都不是凝固不变、孤立存在的，系统总是在同外部环境的相互作用中调整着自己的要素和结构。系统是在从无序到有序、从不和谐到和谐、从有序又向无序、从和谐到不和谐的反复过程中，以整体性的运动方式得以形成、演化和发展的。有序、和谐、最优化是用系统科学方法研究问题的最终目标。

总括起来说，系统科学研究方法始终立足于从要素、结构、功能与所处环境的相互联系和制约的关系中，分析系统中各要素的结构功能，有意识、有目的的使系统内各要素达到最佳建构和配置，以求系统形成结构最优和功能最优的整体效应。

②学校德育系统的层级结构。根据德育系统的性质和特点，参考系统科学关于系统分类的研究方法，我们按照"子系统"和"分系统"这样两种方式来划分学校德育系统的层级结构。

子系统主要反映系统的等级性，即系统的每一等级包含有相对独立的多个子系统，系统可以视为在这些子系统的相互联系中产生的整体。我们可以把大、中、小三个学段的德育工作作为三个相对独立的子系统，三者的集合构成学校德育系统。三个学段是学校德育系统的第一级子系统，在每个学段中，各年级德育工作是学段德育系统的子系统，即第二级子系统。第三级子系统是班级德育工作。

所谓分系统，是指系统的各级子系统在某些方面具有意义关系或实体联系，由这些意义联系的方面或有贯通性质的要素以一定秩序组织起来的系统构成所属系统的分系统。就学校德育系统的构成要素来看，无论哪个学段的德育工作，都可以分成德育目标、内容、途径、方法、管理、评价六个方面，当我们把这六个方面作为各级子系统中的共有因素进行贯通性研究时，就形成学校德育系统的六个分系统。子系统与分系统的关系可以通俗地称为"条"与"块"的关系。

③学校德育体系的整体构建。整体构建学校德育体系就是以德性论、德育论、系统论为理论基础，以德育的目标、内容、途径、方法、管理、评价六个分系统为纬，以大、中、小学德育

工作三个子系统为经,横向贯通、纵向衔接、横纵交织,构建成一个整体性的德育实施体系。

为便于对这个体系整体构架的观念把握,这里用模型法图示如下:

	德育目标	德育内容	德育途径	德育方法	德育管理	德育评价
大学(高职)德育						
中学(中职)德育						
小学德育						

从纵向看,是小学、中学、大学三个子系统的纵向衔接。这种衔接要求每一个子系统的德育目标、内容、途径、方法、管理、评价都应遵循不同学段学生的年龄特点和品德形成发展的规律,建立分层递进、螺旋上升、和谐衔接的有机联系。

从横向看,是德育目标、德育内容、德育途径、德育方法、德育管理、德育评价六个分系统的横向贯通。这种贯通要求每个分系统都要落实到小学、中学、大学三个子系统之中去,遵循德育工作的规律,使德育目标、内容、途径、方法、管理、评价环环相扣、互相依存、和谐贯通。通过这种联系做到分系统自身构建的整体性。

整体构建学校德育体系就是运用系统科学的思想方法,将大、中、小学三个子系统和目标、内容、途径、方法、管理、评价六个分系统进行合理的配置,进而构成一个时间上具有全程性,空间上具有全面性的,能够产生更大整体效应的德育系统——学校德育体系。这是一项较大规模的系统工程。

(四)整体构建学校德育体系的研究方法

整体构建学校德育体系的研究方法,主要采用了系统研究法、实验研究法、文献研究法、历史研究法、比较研究法等。这里主要介绍前三种研究方法。

1. 系统研究法

系统科学研究方法是马克思主义的唯物辩证法普遍联系原理的具体化和深化,是研究事物整体联系和运动发展规律的科学。将系统科学的思想原则作为整体构建学校德育体系的方法论基础,具有重要的理论意义和实践价值。在本课题研究中,"德育体系"与"德育系统"是两个核心概念。从语义关系上看,"体系"与"系统"是两个涵义互通的名词。两者也可以作一些相对的区分:系统多用于系统科学理论本体及应用研究,体系多用于德育工作的部类;系统是体系的科学依据,体系是系统性的研究成果。

如前所述,系统论的基本理论原则有五个,即整体性原则、有序性原则、和谐性原则、开放性原则、动态性原则。根据系统论的理论,我们认为学校德育也是一个系统。从整体性原则来看,学校德育是由德育目标、德育内容、德育途径、德育方法、德育管理、德育评价等要素系统即分系统与小学德育、中学德育(中职、中师德育)、大学德育等层次系统即子系统构成的统一的整体;从有序性、和谐性原则来看,学校德育作为一个系统,具有自身体系的层级结构(如前所述)。整体构建德育体系就是以要素系统即分系统为纬,以层次系统即子系统为经,按照层级结构,有序排列,和谐衔接,有机组合而成。从开放性、动态性原则来看,学生健康的心理素质,文明的行为习惯,良好的道德品质,科学的世界观、人生观、价值观,崇高的理想信念,坚定正确的政治方向,是通过小学、中学、大学等各个阶段的教育逐步形成的。整体构建学校德育体系就是遵循学生品德形成发展规律，构建一个开放的、动态的、发展的德育体系。

总之，根据唯物辩证法的系统论方法，整体构建学校德育体系，德育的总体目标要统一制定，一以贯之，以保证在整个德育过程中要素结构的完整性和连续性。各教育阶段的具体目标的高低，德育内容的深浅和侧重点，德育途径和方法的选择，德育管理方式的运用，要针对学生不同年龄阶段的身心特点和理解接受能力的不同，由浅入深，由低到高，由感性到理性，由具体到抽象，分层递进，螺旋式上升，以保证各个教育阶段德育工作的层次性和渐进性。各个阶段都应有德育整体意识，总揽全局，加强相邻阶段的衔接，防止简单重复或脱节，以便发挥德育系统的整体功能，不断提高德育的整体效果。

根据系统科学的研究方法，总课题组制订了"自下而上，总分结合；先块后条，条块结合。"的工作方式。

所谓"自下而上，总分结合"，指的是实验校、实验区承担的子课题与总课题的关系。实验校先把本校的三级子课题的研究成果报到实验区，实验区汇总实验校的研究成果，拿出小学或中学的德育目标、内容、途径、方法、管理、评价某一方面的二级子课题的研究成果，报德育中心总课题组，总课题组根据各实验区的研究结果召开专题研讨会，共同研讨德育目标和内容体系、途径和方法体系、管理和评价体系。

所谓"先块后条，条块结合"，是指总课题组内部分工合作问题。总课题组按学段分为小学组、初中组、高中组、中职组、中师组、大学组，我们称之为"块"。每一块先研究和构建各学段的德育体系。为了整体构建并搞好大、中、小学德育体系的衔接，总课题组又分为德育目标和内容体系研究小组、德育途径和方法体系研究小组、德育管理和评价体系研究小组，我们称之为"条"。每一条在各块研究的基础上，负责统揽小学、初中、高中和大学。条与块二者关系是：块为基础，条为指导。工作方式是：经常是块，集中是条。

2. 实验研究法

德育实验是运用科学实验的原理和具体方法来研究德育现象和问题，以揭示德育活动规律或某些德育内容、方法的有效性，是一种综合性研究活动。

德育实验是教育实验的一个组成部分，而教育实验则是从自然科学实验中引申和移植过来的。因此，德育实验与科学实验有共同性，但也有特殊性。德育实验既要遵循科学实验的一般规律，但又不能照搬科学实验的具体操作方法。有人把科学实验称之为"人与自然的对话"，而德育实验则是"人与人的对话"。其复杂性远远超过了探索自然的活动，尤其是德育行为与德育结果之间的因果联系错综复杂，且德育外部环境对德育活动的干扰也极难控制，因而很难达到经典科学实验所要求的"封闭度"（如无法将实验环境与外部环境完全隔离），故人们一般认为德育实验是一种自然状态下的实验；而不是像自然科学实验那样在实验室里进行的"封闭式"实验。

德育实验活动的展开，可描述为一个从提出理论假说设计实验方案、控制实验变量、评价实验效度、形成实验报告的过程。

(1) 德育实验假说

德育实验假说所假定的是关于某类德育行为在某些人为控制的条件下，与某类道德结果之间的因果关系。

德育假说与自然科学假说的共同之处在于假定性和科学性。所谓假定性是说它带有推测的性质，即这种判断所陈述的事实或联系是现实中暂不存在或未被确认的，它对未知的构想是由已知推断而出，有可能被实践证实，也有可能被证伪。但是，假说又绝非臆断，它总是有一定的科学事实或经验事实做依据，并且经过了初步的科学论证，因而，假说又是具有科学性的。德育假说与自然科学假说的区别亦即它的特点主要有两点：其一，德育实验假说对结果的描述只能是概率描述。由于自然科学实验可以人为制造"纯化"状态，从而可能在实验结果与实验假说之间作出精确的相符性判断或因果判断，但在活生生的德育活动中显然做不到这一点。因为德育实验不能在完全隔绝的状态中进行，它对被试（学生）的先期经验上的差异，也不能像计算机程序一样完全清除掉。德育实验既然不能做高度精密的控制，也就无法保证在结果与假说之间精确地"归因"，故一般只能做出像"较大幅度提高"、"达到百分之几十"之类的概率性说明。其二，德育实验假说偏重于"有效性"假定。一切研究活动按其目的可分为"求真"与"求善"两类，前一类意在发现真理，其假说陈述的是真理性事实，后一类意在追求对人的有利和有效，其假说要推测价值事实。在自然科学实验中，两类可作严格区分，而在德育实验中，真与善总是统一在同一命题之中。德育实验难以精确控制，它在逼真度上要低于自然科学实验。

(2) 德育实验方案的设计

德育实验方案包括：总体方案、执行方案（也称实验工作计划）和评价方案。

总体方案是对实验课题的总体规划，是对实验假说、实验设计、实施进程和实验结果总体设想，也是执行方案和评价方案制定的基本依据，它的内容至少有如下方面：问题（课题）的提出，理论假说，变量控制，效度评价，组织管理和预期成果。

执行方案具体表现为工作计划。实验工作计划，一般有年度计划、项目计划、学校（班级）年度工作计划或学期工作计划、专项工作计划等多种形式，其基本内容有：指导思想、步骤及阶段要求，基本方法及检测手段，组织与管理等等。这一方面的计划主要是保证自变量的操纵，执行方案由实验区、实验校根据总体方案自行设计。

评价方案实际上是对实验因果预期变化的设想，由于德育实验的成果主要体现在教育对象身上，所以，评价方案首先应包括学生思想道德素质是否提高和提高的程度如何；其次还应检验自变量即德育读本的科学性和实用性，并作出客观评价，提出修改意见，使之不断完善。评价方案由总课题组制定，由实验人员提出初评意见，最后由总课题组组织有关专家进行评价。

(3) 德育实验的变量控制

变量，是实验设计理论的一个专用术语，某个与实验有关的因素或条件如果变成了可测量的、数量化的东西，则可称之为"变量"。

实验中需要考虑的变量可分为三大类，即自变量、因变量和无关变量。

自变量指的是呈现给被试的刺激变量，一种假定的原因变量，是由实验者主动操纵的变量。我们这个实验主要是德育读本这种教育内容和活动课这种教学形式。

因变量是指被试对所显现的刺激的反应，是一种结果变量，是在自变量作用下可能产生的结果。因变量通常与教育目的有关，例如知识的掌握、能力的增进、优良品质的形成等。我们这个实验主要是指学生思想道德素质的发展与变化。

无关变量泛指除自变量以外一切可能影响因变量而对实验有可能起干扰作用的因素。说它"无关",是指它与自变量无关,与实验目的无关。但由于它对实验有影响,所以应给予尽可能的控制。在我们的实验中主要有学校德育氛围,其他德育途径,社会家庭的影响等。

变量控制,从广义上讲,对无关变量的控制和对自变量的操纵都可叫作变量的控制。对无关变量的控制是指采用消除、恒定、抵消或平衡等方式限制乃至排除某些条件对实验进程及其结果的影响;对自变量的操纵是一种主动支配,即由实验者决定将自变量施加于何人、如何施加。从狭义上理解,控制仅指对无关变量的控制,而对自变量则使用"操纵"一词。

本课题在《德育》读本和《成长册》的实验过程中,充分发挥了广大实验教师的积极性、主动性和创造性,在对自变量的操纵方面,编写了大量的教案教参,设计了丰富的活动方案,组织了许多优秀的德育活动课,收到了良好的教育效果。

(4)德育实验的效度评价

要评价一项实验的效度,主要看它在内在效度和外在效度。

所谓内在效度是指因变量的变化在多大程度上来自自变量。如果一项实验研究能够提出充分的证据说明,因变量的变化确由自变量引起,而不是由其他变量引起,那么这一实验设计的内在效度就高。内在效度实质上反映了实验对变量间因果关系揭示的准确程度,它是一项实验功能发挥得如何的标志。

外在效度是指实验结果的可推广程度。实质上也就是实验研究结论对所研究领域的涵盖程度。德育实验研究不仅要关心变量间因果关系的探索,更要顾及实验结果在较大范围内的推广应用,否则,便将失去了实验的意义。如果说,内效度反映的是实验的认识论意义,那么,外效度则标志其价值论意义。

本课题在《德育》读本和《成长册》的实验中,达到了较高的内在效度和外在效度。从上千所实验校的实验报告中选编的《实验报告集》充分证明了这一点。

3. 文献研究法

任何科学研究都不是从零开始,而是必须站在"巨人的肩膀上",运用前人提供或留下的文献资料,吸收借鉴其中有价值的东西,不断进行深化研究。本课题运用文献研究法,从德育政策法规、中央文件和学者论著中汲取营养和材料,用以整体构建学校德育体系的大厦。

(1)法律、法规文献资料的研究

关于法律、法规文献资料研究,本课题的主要依据是《中华人民共和国宪法》和《义务教育法》。《宪法》第二十四条规定:"国家通过普及理想教育、道德教育、文化教育、纪律和法制教育,通过在城乡不同范围的群众中制定和执行各种守则、公约,加强社会主义精神文明建设。国家提倡爱祖国、爱人民、爱劳动、爱科学、爱社会主义的公德,在人民中进行爱国主义、集体主义和国际主义、共产主义的教育,进行辩证唯物主义和历史唯物主义的教育,反对资本主义的、封建主义的和其他的腐朽思想。"

《宪法》第四十六条规定:"中华人民共和国公民有受教育的权利和义务。国家培养青年、少年、儿童在品德、智力、体质等方面全面发展。"

《义务教育法》第三条规定:"义务教育必须贯彻国家的教育方针,努力提高教育质量,使儿童、少年在品德、智力、体质等方面全面发展，为提高全民族的素质，培养有理想、有道德、有文化、有纪律的社会主义建设人才奠定基础。"

（2）党的决议和意见文献资料的研究

党的决议和意见的依据是《中共中央关于加强社会主义精神文明建设若干重要问题的决议》和《中共中央关于进一步加强和改进学校德育工作的若干意见》。

十四届六中全会决议第七条指出："社会主义思想道德集中体现着精神文明建设的性质和方向，对社会政治经济的发展具有巨大的能动作用。在改革和现代化建设的整个过程中，思想道德建设的基本任务是：坚持爱国主义、集体主义、社会主义教育，加强社会公德、职业道德、家庭美德建设，引导人们树立建设有中国特色社会主义的共同理想和正确的世界观、人生观、价值观。我们现在建设和发展有中国特色的社会主义、共产主义思想道德，同时要把先进性要求同广泛性要求结合起来，鼓励支持一切有利于解放和发展社会主义社会生产力的思想道德，一切有利于国家统一、民族团结、社会进步的思想道德，一切有利于追求真善美、抵制假恶丑、弘扬正气的思想道德，一切有利于履行公民正气的思想道德，一切有利于履行公民权利与义务、用诚实劳动争取美好生活的思想道德，团结和引导亿万人民积极向上，不断提高全民族的思想道德水平。"

《中共中央关于进一步加强和改进学校德育工作的若干意见》的第5条指出："整体规划学校的德育体系，要遵循青少年思想品德形成的规律和社会发展的要求，根据德育工作的总体目标，科学地规划各教育阶段的具体内容、实施途径和方法。""各种教育内容的深浅和侧重点，要针对不同年龄及学习阶段的理解和接受能力有所不同，逐步提高。各教育阶段的德育课程、教学大纲、教材和读物，教育和管理方法，学生思想品德表现的评定标准及方式等，都要据此加强整体衔接，防止简单重复或脱节。"

在本课题研究过程中，中共中央和国务院又不断颁布一些新的文件，例如1999年6月第三次全国教育工作会议做出了《中共中央国务院关于深化教育改革，全面推进素质教育的决定》；2001年1月17日中共中央办公厅、国务院办公厅又提出了《适应新形势进一步加强和改进中小学德育工作的决定和意见》，为本课题研究指明了方向。

（3）德育大纲文献资料的研究

原国家教委颁布的现行德育大纲有三个。《小学德育纲要》于1988年试行，1993年正式颁布。《中学德育大纲》1988年试行，1996年正式颁布。《高校德育大纲》也于"八五"规划期间研究制定出来。这三个大纲分别是小学、中学、大学德育工作的指导性文件。它是学校实施德育的依据，是各级教育行政部门对学校德育进行督导和评价的依据，同时也是本课题整体构建学校德育体系的依据。然而，本课题的研究要依据这三个大纲的基本精神；但不能拘泥于它们的具体内容。这是因为，第一，这三个大纲是针对小学、中学、大学的情况分别制定的，对大、中、小学德育的衔接没有给予充分的考虑，难免有脱节或不必要重复的问题。而整体构建大、中、小学的德育体系，必须从宏观上，整体上进行综合研究，既要考虑大、中、小学德育特殊性，注意各个教育阶段的层次性和渐进性；又要考虑学校德育目标的统一性，注意各个教育阶段德育内容结构的完整性和连续性。第二，这三个大纲都是"八五"规划及其以前制定的，随着时间的推移和形势的发展，它们也需要不断地发展和完善。

(4) 德育学科理论文献资料的研究

近十年来德育科学研究十分繁荣,德育理论著作层出不穷,其中影响较大的有鲁洁的《德育社会学》,鲁洁、王逢贤的《德育新论》(1994)、林崇德的《品德发展心理学》(1989),班华的《现代德育论》,朱小蔓的《情感道德教育论纲》、檀传宝的《德育美学观》(1996),戚万学、杜时忠的《现代德育论》,詹万生的《德育新论》、《中国德育全书》(1996),曾欣然的《德性培育心理学》(1998)等,基本原理著作达几十部,对德育本质、德育功能、德育过程、德育目标、德育内容、德育管理、德育评价、德育途径、德育方法都有较深入的研究。这些成果具有时代性、前沿性、系统性特点,在德育理论界产生了较大的影响,对本课题的研究奠定了坚定的理论基础。

德育理论冲破了原来"封闭"状态,翻译了一批西方国家德育理论的译著,如陆有铨翻译了皮亚杰的《儿童的道德判断》(1984),陈欣银、李伯黍翻译了班杜拉的《社会学习论》(1989),傅维利翻译的美国哈什的《道德教育模式》(1989),瞿葆奎主编的《教育学文集》(1989)第二、第七卷均收入了一定数量的德育译著等。还有介绍西方德育思想的理论著作,如冯增俊的《当代西方学校道德教育》(1993),魏贤超的《现代德育原理》(1993)、《现代德育理论与实践》(1994),《道德心理学与道德教育学》(1995),戚万学的《冲突与整合——世纪西方道德教育理论》、袁桂林的《当代西方道德教育理论》(1995),詹万生等翻译了贝克的《学会过美好生活》(1997),钟启泉、黄志成编著的《西方德育原理》(1998),冯增俊等著《亚洲"四小龙"学校德育研究》(1998),这些研究成果比较系统地介绍了美国、英国、法国、德国、加拿大、日本、新加坡等国家的道德教育理论与实践。对本课题实现"融会中西"的思想起了积极的作用。

中国德育思想史和中华民族传统道德研究也涌现出一批研究成果,其中影响较大的有王殿卿主编的《东方道德研究》(1996—2000年先后出版了四辑),陈坚、栾传大、詹万生主编的《中华民族传统美德教育概论》(1995),于述胜、于建福的《中国传统教育哲学》,邵龙宝的《儒家伦理与道德教育》、陈谷嘉、朱汉民的《中国德育思想研究》(1998),还有先后出版的《中国德育思想史》、《中西德育史比较》等,对本课题实现"贯通古今"的思想起了积极的作用。

(五)整体构建学校德育体系的研究结论

本课题研究旨在整体构建21世纪有中国特色的、代表先进文化前进方向的、适应全面素质教育要求的学校德育体系,为增强学校德育工作的科学性、系统性、针对性和实效性提供理论参照和实践模式。经过四年的研究与实验得出如下结论。

1. 广义理解德育概念,提出了德育内容的"五要素说"

根据德育的整体性、主体性、实践性理论,依据中共中央、国务院关于加强和改进德育工作的决定和意见,总结各级各类学校德育工作的实践经验,我们认为德育是一门综合性的应用学科。

任何概念都有广义和狭义之分,整体构建德育体系的观点是对德育应作广义的理解。我们对德育概念的界定是:德育是指教育者按照一定社会的要求,有目的、有计划、有组织地对受教育者进行系统的影响,通过教育者和受教育者双主体在实践活动中的互动,把一定社会的政治准则、思想观点、道德规范、法纪规范和心理要求,内化为受教育者个体的政治素质、思想素质、道德素质、法纪素质和心理素质的教育。德育内容包括"五大要素",即政治教育、思想教育、道德教育、法纪教育和心理教育,这"五大要素"各有自己的特定内涵,但又互相联系,互相渗透,互为条件,互相制约,构成了德育统一体。其中思想教育和政治教育是灵魂,道德教育是核心,法纪教育是保障,心理教育是基础。要分别研究政治教育、思想教育、道德教育、法纪教育和心理教育各自的特点和规律以及它们之间的相互关系。这五者不可割裂,更不能互相取代。如果在理论上仅仅把德育视为"政治思想教育的同义语"或"道德教育的简称",那么在德育实践上就会失之偏颇。

2. 系统研究德育体系,提出了"整体构建德育体系"的理论

根据系统论的理论,我们认为学校德育也是一个系统。系统科学的基本原则是系统具有整体性、有序性、和谐性、开放性和动态性。从整体性原则来看,学校德育是由德育目标、德育内容、德育途径、德育方法、德育管理、德育评价等子要素系统构成的一个统一的整体;从有序性、和谐性原则来看,学校德育是由小学德育、中学德育(中职、中师德育)、大学德育等子层次系统组成的一个统一的整体。整体构建学校德育体系就是以要素系统为纬,以层次系统为经有序排列,和谐衔接,有机组合而成。从开放性、动态性的原则来看,学生健康的心理素质,文明的行为习惯,良好的道德品质,正确的民主、法制、纪律观念、科学的世界观、人生观、价值观,崇高的理想信念,坚定正确的政治方向,是通过小学、中学、大学等各个阶段的教育逐步形成的。各教育阶段的德育目标的高低,德育内容的深浅和侧重点,德育途径和方法的选择,德育管理和评价方式的运用,要针对学生不同年龄阶段的身心特点和理解接受能力的不同,由浅入深,由低到高,由感性到理性,由具体到抽象,循序渐进,逐步提高。

总之,整体构建学校德育体系,就是要使德育目标、德育内容、德育途径、德育方法、德育管理、德育评价等要素系统横向贯通,环环相扣,形成合力,以保证在整个德育过程中要素结构的完整性和连续性。同时,使小学德育、中学德育(中职德育)、大学德育(高职德育)等层次系统纵向衔接,分层递进,螺旋上升,以保证各个教育阶段德育工作的层次性和渐进性。各个教育阶段都应有德育整体意识,总揽全局,加强相邻阶段的和谐衔接,防止简单重复或脱节,以发挥德育系统的整体功能,提高德育工作的整体效果。

3. 主张德育文化融合,提出"贯通古今,融会中西,继承借鉴,发展创新"的思想

中国思想文化的发展战略是:以马克思主义为指导,以中华民族优秀传统文化为根基,吸收和借鉴世界各国一切有价值的文明成果,整合出代表先进文化前进方向的有中国特色的社会主义新文化。德育文化作为中国文化的一部分,我们主张中西文化的融合,构建"贯通古今,融会中西,继承借鉴,发展创新"的21世纪有中国特色的社会主义学校德育体系。

中国是一个具有悠久历史和优秀文化传统的国家,素以"礼仪之邦"著称于世。在中国传统文化中,传统道德占有十分重要的地位。中国历代哲学家、思想家、教育家对德育的思考和论述源远流长,博大精深,且影响广远。那种"究天人之际,通古今之变"、"整体和谐"、"自强不息"、"厚德载物"的人生智慧具有强大的生命力和包容性,形成了中华瑰宝和民族精神。德育体系作为一种综合性的道德文化,必须而且必然植根于母体传统文化的沃土之中。要坚持批判继承、去糟取精、古为今用的原则,使其成为构建德育体系的思想材料。

在对待西方文化的问题上,我们有过正反两方面的经验。现在可以清醒地认识到,采取闭关自守、全盘否定,或崇洋媚外、全盘西化这两种极端的观点都是错误的。正确的态度应当是分析、鉴别、学习、借鉴、吸收、利用。自欧洲文艺复兴运动以来,形成的尊重人性,弘扬个性、崇高科学、强调民主、强化法制的精神,成为缓解社会矛盾,推动社会进步的力量。要吸收、借鉴其中有价值的教育理念、教育内容和教育方法,做到洋为中用,使其成为构建德育体系的有益补充。

通过中西方文化的冲突与整合、碰撞与融合,实现两种文化的优势互补和发展创新,使整体构建的德育体系既有民族特色,又具时代精神,代表着先进文化的前进方向。

4. 重视德育实践环节,提出建立"德育活动课"的观点

德育的本质是实践的。实践的观点是德育首要的、基本的观点。德育不同于智育,智育的任务是传授知识兼培养能力,它主要解决知不知、会不会的问题;而德育只到此并没有完结,它不仅要解决知不知、会不会的问题,而且更要解决信不信、行不行的问题,即不但要授之以知、晓之以理,而且还要动之以情、导之以行。德育过程是知、情、意(信)、行诸环节构成的,只有知识传授,而无情感陶冶、意志磨炼和行为引导不是完整的德育。这就如同体育与智育不同的道理一样,体育如果只在课堂上讲授体育知识和理论,不让学生到体育场上去实际锻炼,怎能培养学生强健的体魄?同理,德育如果只重视知识传授,而忽视或轻视德育实践活动,怎能培养学生良好的思想品德?德育活动有多种形式,既有课堂德育活动,又有课外德育活动;既有校内德育活动,又有校外德育活动。其中主题班会、主题团队会是最直接的、最经常、最普遍的德育活动。它主题明确,针对性强,内容丰富多彩,形式生动活泼,是对学生进行思想品德教育的有效途径。主题班会、主题团队会应当形成制度,列入课程表,作为德育活动课的基本形式。从而避免单纯传授知识、空洞讲授理论、死记硬背概念等脱离实际的倾向,增强德育的科学性、针对性和实效性。

5. 尊重学生的主体地位,提出德育"新三中心论"

现代德育主张"双主体论",即教师是教育主体,学生是学习主体,教师和学生应当互相尊重对方的主体地位。在德育目标的确定上,不仅要考虑社会的要求,更要重视学生自身成长的需要。在德育内容的安排上,不仅要依据社会规范,更要遵循学生的年龄特征和品德形成发展规律。在德育途径和方法的运用上,不仅要发挥教师的主导作用,更要强调学生的主体参与。在德育管理和评价上,要激励学生自尊、自爱、自信、自立、自强,引导和培养学生自订成长目标,自析成长环境,自寻成长动力,自开成长渠道,自研成长方法和自评成长效果,使他们成为自身全面发展的主人。在德育过程中要改变传统的"以教师为中心,以教材为中心,以课堂为中心"的"旧三中心论",建构"以学生为中心,以活动为中心,以体验为中心"的"新三中心"。这一点对于发展学生的主体意识更为重要,是学生自为性、自主性、能动性的集中表现。

上述五项研究结论,体现在本课题最终研究成果《整体构建德育体系引论》、《整体构建德育体系总论》之中,表现在阶段研究成果《德育》系列读本和《成长册》之中,也反映在从实验教师撰写的实验报告和研究论文中精选汇编而成的《整体构建德育体系研究论文集》和《整体构建德育体系实验报告集》中。经过几十个实验区、千所实验学校、万名实验教师和百万实验学生的两年多的实验,初步证明这些研究结论的理论价值和实践意义。然而,整体

构建学校德育体系不是一个五年规划就可以圆满完成的,其中有些研究内容,如大、中、小学的德育和谐衔接问题,德育评价体系的量化问题,德育体系的实施问题,《德育》读本和《成长册》的实验问题等,还需要在"十五"规划期间进一步深化研究与实验,使之不断完善。

二、詹万生"九五"时期的论文选编

1. 建设中国特色社会主义德育体系的行动纲领[1]
——学习党的十五大报告的体会

中国共产党第十五次全国代表大会的主题是:高举邓小平理论伟大旗帜,把建设有中国特色社会主义事业全面推向21世纪。江总书记在报告的第七部分:有中国特色社会主义的文化建设中多次讲到德育问题,对德育的地位和作用、目标和内容、原则和方法等方面都有十分精辟的阐述,可以说十五大报告是建设有中国特色社会主义德育体系的伟大纲领。

一、科学地阐述了德育的地位和作用

德育的地位和作用有广狭之分,狭义是指教育内部诸因素的关系,即德育与智育、体育、美育、劳动教育的关系;广义是讲德育与经济、政治、文化的关系问题。狭义的德育地位和作用问题,江泽民同志在1989年建国40周年大会上的讲话中就已经有过明确的表述,他指出:"各级各类学校不仅要建立完备的文化知识传授体系,而且要把德育放在首位,确立正确的政治方向。"这次在十五大报告中当然不可能具体讲教育内部德育的地位和作用问题,而是从宏观角度、高屋建瓴地从广义上讲德育的地位和作用问题。这里包括德育与经济、政治,德育与文化两个方面。

首先,从德育与经济、政治的关系上讲德育的地位和作用。十五大报告指出:"有中国特色社会主义的文化,是凝聚和激励全国各族人民的重要力量,是综合国力的重要标志。""它反映我国社会主义经济和政治的基本特征,又对经济和政治的发展起巨大促进作用。"这里的第一句话指出了文化其中包括教育以及教育中的德育在有中国特色社会主义事业中的地位:既是凝聚和激励全国各族人民的"重要力量",又是综合国力的"重要标志"。这个提法在党的文献中尚属首次,反映了中央对包括德育在内的文化的高度重视。这里的第二句话揭示了文化包括德育与经济、政治的辩证关系。既指出了德育是对社会主义经济和政治的反映,又指出

---

[1] 本文是作者在中央教科所德育研究中心学习十五大报告座谈会上的发言稿,曾发表在《中国德育》杂志,后来收入到《整体构建德育体系引论》,教育科学出版社2001年4月出版。

了作为上层建筑领域文化范畴中的德育对经济、政治的能动作用,即"巨大促进作用。"这里闪烁着马克思主义辩证唯物主义的光辉,为我们在实际工作中正确地理解和把握德育的地位和作用指明了方向。

其次,从德育与文化建设的关系上讲德育的地位和作用。十五大报告中指出:"在全社会形成共同理想和精神支柱,是有中国特色社会主义文化建设的根本。"有中国特色社会主义的文化,就其主要内容来说,同改革开放以来我们一贯倡导的社会主义精神文明是一致的。文化相对于经济、政治而言。精神文明相对于物质文明而言。社会主义精神文明或者说社会主义文化历来包括两个方面:一是思想道德建设;一是科学文化建设。思想道德建设是精神动力,科学文化建设是智力支持,这两个方面相互作用,辩证统一。就二者关系而论,思想道德是解决方向、动力问题,因此思想道德建设在社会主义精神文明或者中国特色社会主义文化中是最为"根本"的东西。在教育内部,德育承担着思想道德教育的任务,是解决学校和学生的方向和动力问题,因此德育在教育内部同样具有"根本"的或"首要"的地位。面向21世纪,中国的基础教育向何处去? 这是世纪之交中国教育改革和发展的一个重大问题。《中华人民共和国经济和社会发展"九五"计划和2010年远景目标纲要》指出要"改革人才培养模式,由'应试教育'向全面素质教育转变。"素质教育要求面向全体学生,全面提高学生的素质,包括思想道德素质,科学文化素质、身体心理素质、审美艺术素质和劳动技术素质。其中的思想道德素质在全面素质结构中占有首要地位。青少年学生只有树立了远大的理想,学习才会有强大而持久的动力;只有树立了正确的世界观、人生观、价值观,科学文化素质才能沿着正确的方向发展;只有具备良好的道德品质,正确处理好各种人际关系,才能在生活和工作中顺利前进;只有具备较强的法纪观念,才能在人生的道路上不失足;只有热爱祖国、热爱人民、热爱社会主义,才能更好地发挥聪明才智,在社会主义现代化建设中做出更大贡献。因此,十五大报告强调指出:"青少年是祖国的未来,民族的希望,要十分重视青少年思想道德建设"。

二、明确地指出了德育的目标和内容

十五大报告明确指出:"建设有中国特色社会主义,必须着力提高全民族的思想道德素质和科学文化素质,为经济发展和社会全面进步提供强大的精神动力和智力支持,培育适应社会主义现代化要求的一代又一代有理想、有道德、有文化、有纪律的公民。"报告中指出:"培养同现代化要求相适应的数以亿计高素质的劳动者和数以千万计的专门人才,发挥我国巨大人力资源的优势,关系到21世纪社会主义事业的全局。""认真贯彻党的教育方针,重视受教育者素质的提高,培养德、智、体等全面发展的社会主义事业的建设者和接班人。"这三句话层层深入地提出了教育的根本任务和培养目标,其中也包含了德育的目标,这就是"四有"公民、高素质的劳动者和专门人才、社会主义事业的建设者和接班人。

德育目标是党和国家对青少年儿童在"德"的方面的规格要求,是各级各类学校德育工作的出发点和归宿点。十五大提出的德育目标以邓小平理论为指导,坚持面向现代化、面向世界、面向未来,并且从建设有中国特色社会主义的实际出发,遵循儿童青少年品德形成和发展的规律。这个目标既体现出各级各类学校德育目标的一致性和连续性,又反映出各个教育阶段德育目标的层次性和渐进性,为我们在实际工作中进一步明确和坚持德育目标指明了方向。

十五大报告不仅指明了德育目标,而且还提出了一系列德育内容:
——"始终不渝地用邓小平理论教育干部和群众"。十五大把邓小平理论确立为党的指导思想,这是把建设有中国特色社会主义事业全面推向21世纪的根本保证。要用邓小平理论教育全党全国的干部和群众,这其中也包括青少年学生。把邓小平理论教育作为学校德育的最重要的根本内容,这是学校坚持有中国特色社会主义办学方向的根本标志,是坚持十一届三中全会以来的路线不动摇,高举邓小平理论不动摇的根本保证。

——"深入持久地开展以为人民服务为核心、集体主义为原则的社会主义道德教育",这是学校德育的基本内容,其中包括社会主义道德原则和规范的教育、文明礼貌和行为规范养成教育、中华民族传统美德教育和社会公德、职业道德、家庭美德和环境道德教育。

——"加强民主法制教育和纪律教育。"这是学校德育的又一个基本内容。十五大报告指出:"我们要在坚持四项基本原则的前提下,继续推进政治体制改革,进一步扩大社会主义民主、健全社会主义法制,依法治国,建设社会主义法制国家。"要实现这个目标,必须从青少年儿童抓起,培养他们具有正确的法律观念、民主观念、自由观念、人权观念、纪律观念和自觉遵纪守法的品质,以及用法律的武器保护自身合法权益的意识。

——"引导人们树立正确的世界观、人生观、价值观。"这是学校德育内容较为深层次的思想理论教育。青少年时期是世界观、人生观、价值观形成的重要阶段,在改革开放和建立社会主义市场经济体制的过程中,在国内外各种思潮的冲击下,教育和引导学生树立辩证唯物主义和历史唯物主义的世界观、为人民服务的人生观和集体主义价值观,树立共同理想和精神支柱,这是学校德育的重要内容,也是德育的热点和难点问题。

——"大力弘扬爱国主义、集体主义、社会主义和艰苦创业精神"。这是学校德育的主要内容。主旋律要大力弘扬、常抓不懈,使青少年学生确立为建设有中国特色社会主义而奋斗的政治方向。

上述德育内容是为实现德育目标而确定和提出的,各级各类学校都必须贯彻执行。然而这些德育内容的实施是由各个教育阶段彼此衔接共同完成的。学生健康的心理素质,文明的行动习惯,良好的道德品质,科学的世界观,人生观、价值观、崇高的理想信念,坚定正确的政治方向,是通过小学、中学、大学等各个阶段的教育逐步形成的。各个教育阶段具体德育内容的深浅和侧重点,要针对学生不同年龄阶段的身心特点,知识水平和品德形成发展规律,由浅入深,由低到高,由近及远,由感性到理性,由具体到抽象,螺旋式上升,以保证各阶段德育内容的层次性和渐进性。同时,每个教育阶段都必须保证德育内容的序列性和完整性,为完成德育任务,实现德育目标而共同努力。

三、深刻地指出了德育的原则和方法

德育的原则和方法也有广狭之分,狭义的德育原则和方法是指依据德育过程的规律而制定的施教原则和方法,或根据德育实践经验而总结概括出的具体原则和方法。广义的德育原则和方法是指在更大的时间、空间范围内德育发展战略和宏观指导上的原则和方法。江泽民总书记在十五大报告中是就现实与未来、国内与国外的关系上,高瞻远瞩地从更大的时空范围提出的广义的、宏观的德育原则和方法,因此对德育实践具有更广泛、更长远的

指导意义。

首先，从现实和未来的关系上，提出了把先进性要求和广泛性要求结合起来的原则和方法。十五大报告指出："提倡共产主义思想道德，同时把先进性要求和广泛性要求结合起来，鼓励一切有利于国家统一、民族团结、经济发展、社会进步的思想道德"。党的最终目标是实现共产主义的社会制度。德育是上层建筑中意识形态的一部分，必须体现共产主义的方向性先进性，提倡共产主义思想道德。当前我国正处于社会主义初级阶段，德育工作必须从我国的国情出发，针对社会生活实际和学生的思想实际，具有社会主义初级阶段的现实性和广泛性，鼓励一切有利于国家统一、民族团结、经济发展、社会进步的思想道德。这种把先进性要求和广泛性要求相结合的原则和方法，体现了马克思主义普遍性和特殊性相统一的原理。根据这个原则，在德育实践中德育的内容和方法不要"一刀切"，要分层次。不要"高、大、空，"要"近、小、实"，不要从概念和理论出发，要从实际出发，尽可能贴近生活，贴近实际，距离学生近一点，问题提出小一点，回答问题实一点，不要只讲"应然"，要把应然与实然、必然结合起来。

其次，从国内与国外的关系上，提出了要坚持以我为主、为我所用的原则和方法。十五大报告指出："我国文化的发展。不能离开人类文明的共同成果。要坚持以我为主、为我所用的原则，开展多种形式的对外交流，博采各国文化之长，向世界展示中国文化建设的成就。坚决抵制各种腐朽思想文化的侵蚀。"当代中国教育改革和发展的指导思想是：面向现代化，面向世界，面向未来。德育作为整个教育的重要组成部分，同样要以"三个面向"为指针，贯通古今，融汇中西，以我为主，为我所用，继承借鉴，发展创新。这是21世纪中国德育的大趋势。

"中国文化有着辉煌的历史"，在中国文化中传统美德占有十分重要的地位。中国历代政治家、思想家、教育家对德育的思考和论述源远流长，博大精深，只要我们正确地坚持批判继承、去糟取精、古为今用、发展创新的原则，就能吸取它的合理内核，使其成为构建有中国特色社会主义道德体系的思想材料。在中国悠久的文明史中，传统道德经过千百年的积淀，有些光辉的思想已构成了我们的民族之魂。例如："天下兴亡，匹夫有责"的爱国主义精神；"天下为公"、"修齐治平"的整体主义精神；"刚健有为、自强不息"的积极进取精神；"见利思义、先义后利"的价值取向；"先天下之忧而忧，后天下之乐而乐"的先人后己精神；"勤劳俭朴、诚实守信"的求实精神；"仁者爱人"、"成人之美"的友爱思想；"孝敬父母"、"尊老爱幼"的道德品质等等。这些民族之魂曾经哺育了中华亿万儿女的健康成长。毫无疑问，这些中华民族的优良道德传统，在今天仍然值得继承和发扬光大。在对待西方文化的问题上，我们曾有过正反两方面的经验。现在已经清醒地认识到，采取闭关自守、全盘否定，或崇洋媚外、全盘西化这两种极端的观点都是错误的。正确的态度应当是分析、鉴别、学习、借鉴、吸收和利用。对于那些腐朽的思想文化必须加以抵制。对于那些适用于市场经济的道德观念，如公平竞争观念、效率观念、互利互惠观念、公关信息观念、文明消费观念、照章纳税观念、保护环境观念、质量和服务观念等，我们应当吸收利用，使其与社会主义道德相融合，做到以我为主、为我所用。

2. 坚持"三个面向",开创人才培养的新局面[1]

江泽民同志在庆祝北京大学建校100周年大会上的重要讲话中高举邓小平理论的伟大旗帜,站在世纪之交和中华民族前途命运的高度,号召我们要"继续解放思想,深化改革,面向现代化,面向世界,面向未来,在教育和科研战线上努力开创人才培养、知识创新的生机勃勃的新局面。"这个讲话进一步丰富和发展了邓小平教育理论中关于"三个面向"的思想,为跨世纪的教育改革和发展指明了战略目标和发展方向。同时也表明了以江泽民同志为核心的党中央对教育战线的高度重视和殷切期望。当前,深入学习和认真贯彻落实江泽民同志这一重要讲话精神是教育战线的重要任务。

(一)教育要面向现代化,为社会主义现代化建设提供各类人才支持和知识贡献。

江泽民同志指出:"教育应与经济社会发展紧密结合,为现代化建设提供各类人才支持和知识贡献。"这句话精辟而深刻地揭示了教育与社会主义现代化建设的关系,指明了面向21世纪教育改革和发展的方向,提出了教育战线的根本任务。

当前,社会主义现代化建设正处在世纪之交、承前启后、继往开来的重要历史时期。从现在起到下世纪的前10年,是我国实现第二步战略目标、向第三步战略目标迈进的关键时期。这一时期现代化建设的根本任务是积极推进经济体制由计划经济向市场经济转变,经济增长方式由粗放式经营向集约化经营转变,实现"九五"计划和2010年远景目标,为下世纪中叶基本实现现代化打下坚实基础。实现"两个根本转变"的关键是实施科教兴国战略。科学技术是第一生产力,科技进步是经济发展的决定性因素。要充分估量未来科学技术特别是高科技发展对综合国力、社会经济结构和人民生活的巨大影响,把加速科技进步放在经济社会发展的关键地位,使经济建设真正转到依靠科技进步和提高劳动者素质的轨道上来。

教育必须适应新形势下跨世纪社会主义现代化建设的新的需要,与"九五"计划和2010年远景目标所指出的经济社会发展规划紧密结合,承担起科教兴国的历史重任,为提高整个国民素质,培养社会主义事业建设者和接班人做出贡献。教育是培养人的社会活动。教育为社会主义现代化建设服务,主要是通过提高全体劳动者的素质,培养大批合格的各级各类的专门人才来实现的。培养同现代化要求相适应的数以亿计高素质的劳动者和数以千万计的专门人才,发挥我国巨大人力资源的优势,关系21世纪社会主义事业的全局。

提高国民素质,培养各类人才,是各级各类教育的共同任务。我们要大力普及九年义务教育、扫除青壮年文盲,深化基础教育改革,为提高国民素质奠定基础。目前,"基本普及九年义务教育、基本扫除青壮年文盲"的阶段目标得到较好完成,基础教育取得长足发展。实现"两基"是科教兴国战略的奠基工程,是本世纪末教育工作的一项重要历史任务。面向21世纪基

---

[1] 本文是作者在中央教科所德育研究中心学术研讨会上的演讲稿,曾发表在《中国德育》杂志,后来收入到《整体构建德育体系引论》,教育科学出版社2001年4月出版。

础教育改革的根本任务是"改革人才培养模式由'应试教育'向全面素质教育转变"。素质教育的要义有二：一是面向全体学生，而不是只偏爱少数升学有望的学生；一是全面提高学生的素质，其中包括思想道德素质、科学文化素质、身体心理素质、审美艺术素质和劳动技术素质，而不是只重视考试和分数，片面追求升学率。中小学要通过加强薄弱校建设、加强改进德育工作、改革课程教材体系、改革升学考试制度和教育评价制度等全面推进素质教育的实质。只有认真贯彻党的教育方针，全面实施素质教育，才能真正担当起提高国民素质，培养社会主义事业建设者和接班人的重任。

要积极发展各种形式的职业教育和成人教育，充分体现职业教育、成人教育与经济建设联系最密切的特点，更直接、更现实地为现代化建设服务。随着教育体制改革的深入，职业教育有了较大的发展。截止到1997年底，全国已有中等职业学校17180所，在校生近1090万人，占高中阶段的56.02%，基本扭转了过去中等职业教育与普通高中教育结构不合理的状况。今后要根据产业结构调整和区域经济发展的需要，不断推进教育体制和教育结构的改革，积极发展中等职业教育和高等职业教育。成人教育是为现代化建设服务更直接更现实的教育领域，改革开放以来，成人教育得到迅速发展，到1997年，各级各类成人学校共62万所，在校学生人数达1400万人。今后成人教育的改革和发展要向着下岗职工再就业培训、岗位培训、继续教育和终身教育方向迈进，不断提高城市职工和干部的整体素质。要加大力度继续实施农村基础教育、职业教育和成人教育"三教统筹"，继续推进"燎原计划百千万工程"（即在全国上千个乡、上万个村推广百项农业新技术），继续深入开展教育、文化、科技三下乡活动，不断提高广大农民的科学文化素质。社会力量举办的各级各类教育机构约5万余所，在校生约1066万人。社会力量办学是对国家办学的有益补充。今后应采取更加灵活多样的形式为社会主义现代化建设服务。

要稳步发展高等教育，充分发挥大学作为科教兴国强大生力军的作用，推动高新技术产业的发展。江泽民同志指出："为了实现现代化，我们要有若干所具有世界先进水平的一流大学。这样的大学，应该是培养和造就高素质的创造性人才的摇篮，应该是认识未知世界、探求客观真理、为人类解决面临的重大课题提供科学依据的前沿，应该是知识创新、推动科学技术成果向现实生产力转化的重要力量，应该是民族优秀文化与世界先进文明成果交流借鉴的桥梁。"改革开放20年来，高等教育得到稳步健康发展，高等教育管理体制改革和招生并轨改革取得了突破性进展，教育质量和办学效益有了提高。全国现有普通高校本专科学生317万人，研究生18万人，成人高校本专科生273万人，三者相加，全国高等教育在校生总数为608万人。这是一个巨大的人力资源，应当为现代化建设做出巨大的贡献。我国高等院校在为现代化建设服务方面已经取得了一些可喜的成绩，全国普通高校凝聚了科技人员60万人，建立各类国家级科研基地130多个，承担各级各类科研课题年均万余项，取得了各级各类科研成果年均数千项，推广转化了一批有明显经济社会效益的科技成果，自主发展了一批高技术产业，如北大方正、清华同方、东大阿尔派、上交大昂立等。我们要继续解放思想，深化改革，集中力量，合理布局，优化资源配置，以更崭新的观念、更宽阔的视野、更深入的思考、更长远的规划、更积极的姿态，认真研究和解决高校在科教兴国中如何适应"两个根本转变"问题。要主动深入经济建设主战场，深入企业，深入生产实际，围绕经济建设的中心任务，根据国家和区域经济发展需求,以市场为导向,把科技链与产业链结合起来,多层次、多规模开展产学研联合体,共同进行技术开发,共同孵化科技成果,共建校企联合体。要大胆支持和鼓励高等院校以不同的形式进入企业,或同企业合作,或自己创办高新技术企业,走产学研结合的道路,促进科技成果转化,支持企业的结构调整和传统产业的改造,促进高技术产业的形成和发展,为现代化建设做出更大贡献。

(二)教育要面向世界,为迎接国际竞争的挑战,努力培养善于进行国际竞争的人才

教育要面向世界是坚持对外开放,加强国际往来与交流的一个重要组成部分,是社会主义现代化建设的客观需要。教育要面向世界,也是教育顺乎时代潮流立足本国,放眼世界的明智之举。

教育要面向世界,首先要对世界局势有一个清醒的、正确的认识。从政治上看,当前国际形势总体上继续趋向缓和,和平与发展是当今时代的主题。多极化趋势在全球或地区范围内都有新的发展。多极化趋势的发展有利于世界和平、稳定和繁荣。但是,冷战思维依然存在,霸权主义和强权政治仍然是威胁世界和平与稳定的主要根源。从经济上看,各种区域性、洲际性的合作组织空前活跃。欧洲共同体、北美自由贸易区、亚太经济合作圈等国际合作组织的合作日趋频繁,竞争日益激烈。从科技上看,"当今世界,科学技术突飞猛进,知识经济已见端倪,国力竞争日趋激烈"。总之,挑战和机遇并存,压力与动力同在。我们要抓住机遇,深化改革,扩大开放,面向世界,迎接挑战,积极参与国际竞争。

教育要面向世界,就必须为社会主义现代化建设培养具有开放意识,熟悉世界各国情况,能够参与国际事务,在政治、经济、文化、外交、国防,尤其是科学技术方面敢于并善于进行国际竞争的各种专门人才。当今世界是一个充满激烈竞争的世界。经济竞争、综合国力的竞争,实质上是科学技术和民族素质的竞争,集中到一点,就是人才的竞争。教育改革的根本任务是提高全民族素质,多出人才,出好人才。尤其要注重培养具有世界一流水平的科学技术专家。只有这样,我们才能立于世界民族之林的前列,在国际竞争中立于不败之地。教育要为现代化建设提供各类人才支持和知识贡献,关键在于自身要有一支高素质的教育、科研和开发的队伍。高等学校除了要有一支精干高效的基础性研究和高技术研究队伍外,特别要组织好一支面向和深入经济建设主战场的科技开发和科技创新队伍。要充分调动科技人才的积极性和创造性,充分发挥他们的聪明才智和创造力,使人尽其才。要制定一个能吸引、稳定高级人才的计划,建立科研基金,重奖有突出贡献的科技人员。要制定相应的政策,允许他们在创造的经济效益中获得应有的个人利益。要在一些关键岗位,包括教学、科研领域培养一批学术带头人。

教育要面向世界,必须坚持"以我为主,为我所用"的原则。一方面要从我国国情出发,博采各国之长,大胆地学习、借鉴、吸收和利用人类所创造的一切文明成果,尤其是对我国现代化建设有益的先进科学技术、经营管理知识和教育经验。另一方面,要向世界展示中国改革开放吸引人才、技术和资金的优惠政策、伟大成就和成功经验,让世界了解中国,让中国走向世界。教育面向世界,必须防止两种倾向:一种是闭目塞听,盲目排外;另一种是妄自菲薄,盲

目崇外。改革开放以来,前一种倾向虽然得到了极大的克服,但由于传统的力量根深蒂固和对国外教育了解甚少的缘故,我们的教育在学习、借鉴外国经验方面仍显得步履蹒跚。例如,中小学往往津津乐道于我们学生的基础知识如何扎实,应试成绩如何比外国的好,但对外国中小学生的个性发展、创造思维和动手能力方面的长处,我们研究、学习、借鉴的还很不够。大学教师往往习惯于艰苦笔耕,发表论文,著书立说,但对自己的研究成果(包括哲学、社会科学和自然科学的成果)如何被社会采用,如何转化为现实的生产力则关心不够或无能为力。后一种倾向则表现为觉得外国似乎什么都好,对外国的哲学社会思潮、价值观念、教育思想、教育制度等不加鉴别,不分良莠,无视国情,盲目引进,盲目介绍,盲目宣传。这两种倾向必须得到防止和克服。正确的态度应当是:贯通古今,融会中西,以我为主,为我所用,继承借鉴,发展创新。

教育要面向世界,就是要求我们办教育必须打破封闭性、保守性,立足本国,放眼世界,加强教育方面的国际交流与合作。在这方面,当务之急是要做好以下几方面的工作:一是加强外语教学与训练,大量培养外语教师,为小学开设英语课创造条件,要改革外语教学方法,从应试外语变为应用外语;二是加快因特网的建设,所有的大学和有条件的中学都应加入国际互联网,以便在信息高速公路上获取国际教育和科技方面的最新信息;三是吸收和借鉴世界各国优秀教育科研成果,以及与教育密切相关的其他学科的优秀科研成果,丰富我们的教育理论和教学内涵;四是吸收和借鉴外国在教育管理、教学内容和教学方法改革方面的成功经验,以推动我国教育改革的深化;五是了解外国教育现代化的进程,以及教育应用现代科学技术的情况,作为提高我国教育现代化水平的借鉴;六是采取各种积极有效的措施加强国际交流与合作,如互派留学生和访问学者,举办教育热点问题国际研讨会,共同进行教育科学研究和联合办学等。教育特别是高等教育"应该是民族优秀文化与世界先进文明成果交流借鉴的桥梁"。只有这样我们才能培养出能够参与国际竞争的外向型、国际型的人才。

(三)教育要面向未来,为迎接知识经济时代的到来,积极开展知识创新和科技创新

教育要面向未来,这也是社会主义现代化建设的客观需要。因为现代化建设是一个不断向前运行和发展的过程。教育要面向未来,也是教育自身特色和规律的客观反映。因为教育从本质上说是面向未来的事业。这就是所谓"十年树木,百年树人","今天的教育,明天的人才"的道理。

教育要面向未来,首先必须对未来社会的发展有一个科学的预测和充分的估计。江泽民同志在讲话中审时度势、高瞻远瞩地指出:"当今世界,科学技术突飞猛进,知识经济已见端倪,国力竞争日趋激烈。"伴随着世界经济的发展和科学技术的飞跃,未来将出现一个知识经济时代和信息化社会。在知识经济时代,知识的重要性将日益突出,知识将成为最主要的经济资源,知识创新、科技创新将成为最主要的经济增长点,知识资本将成为比金融资本还要重要的第一大资本,知识密集型产业将成为最重要的支柱产业。在信息化社会,计算机多媒体和网络技术等现代化通信手段将打破时间和地域的限制,信息高速公路将把世界各国连接成为一个"地球村"。未来总是和目标与期望联系在一起的。党和政府已经为我们规划出"九五"

计划和2010年远景目标,在本世纪末和下世纪中叶要实现经济发展战略的第二步和第三步目标。现在我们正处在世纪之交的关键时期,为迎接知识经济时代的到来,为实现跨世纪的宏伟目标,我们的教育必须高度重视和积极开展知识创新和科技创新。

"创新是一个民族的灵魂,是国家兴旺发达的不竭动力"。教育特别是高等教育,"应该是认识未知世界、探求客观真理、为人类解决面临的重大课题提供科学依据的前沿,应该是知识创新、推动科学技术成果向现实生产力转化的重要力量"。高等院校要以未来知识经济时代和信息化社会为目标,以市场和社会需求为导向开展知识创新和科技创新。只有创新,科学技术才有不竭的动力源泉,也只有创新,才能提高科学技术对经济社会的贡献。创新包括观念创新、管理创新和机制创新。所谓观念创新就是要改变科研工作思路。以往的科研工作往往是从文献中寻找题目,然后再寻找市场,走了许多弯路。我们一定要转变观念,以市场为导向,以开发为后盾,使科研更具有针对性,直接转化为现实生产力。所谓管理创新就是要采取切实有效措施,拓宽视野,广开渠道,建立创新体系,营造一个创新意识浓厚,便于人才脱颖而出的良好环境,鼓励开展具有创造性素质的教育,努力培养创新人才和发展高技术产业,使科教兴国真正落到实处,使高校真正成为企业的成果之源、效益之源、创新之源。所谓机制创新就是加大改革力度,深化科技体制改革,建立有效的竞争和激励机制,使科技人员能够在为经济建设和社会服务中实现自身的价值。还要建立好人才培养与使用机制,培养一支能攻坚,善"打仗"的科技队伍。

要清醒地认识知识经济初见端倪的形势,积极迎接知识经济的挑战。我国是处于社会主义初级阶段的发展中国家,面对当今世界潮流,我们要抓住机遇,要用比较短的时间走完发达国家很长时间走的路。要在某些领域、某些方面处于和发达国家同时起步的阶段。要有重点、有计划地挑选一批特殊项目,在条件许可的高校,直接将其转化,实现产业化。国有大中型企业的改革要经历一个过程,对高新技术的需求也要有一个过程。在与企业结合方面,高校不能等,要自己主动搞一些高技术的知识密集型企业。要注重知识和生产要素结合、与金融资本结合,走在知识经济形成和发展的前列。据统计1997年高校科技企业当年经营在亿元以上的有11个,总经营额为69.23亿元。这说明高校在向知识经济进军方面大有实力、大有潜力。要进一步解放思想,深刻地认识高等学校,特别是一些重点院校的使命,它们应该是高级专门人才培养的基地,知识探索、知识创新的基地,高科技创新与发展的基地,精神文明建设的基地,还应该是高科技产业化的重要方面军,应该是经济社会发展的重要力量。高等学校还有一批人文科学、社会科学的高级人才,应该把这支力量组织起来,研究知识经济时代的特点,研究人文社会科学各个领域、各个学科的发展问题。有条件的高校应设立研究院所,形成面向未来的资料库、思想库和人才库。我们不仅要注视高校与企业的合作,还应该进行校院之间的合作,发挥高校联合攻关的整体优势。不久前,清华大学、北京大学、上海交通大学、西安交通大学、复旦大学、南京大学和浙江大学发起建立科技协作网活动,至今网员已发展到30所高校。这是迎接知识经济到来的一个有远见的举措。我们要树雄心,立壮志,为我国高新技术产业做出更大贡献,为迎接知识经济时代的到来做出更大贡献。

教育要面向未来,集中地体现在人才培养的超前性、预见性和发展性上。正如邓小平同志所指出的,我们培养专门人才和劳动后备军,不但要看到近期的需要,而且必须预见到远期的需要；不但要依据生产建设发展的要求，而且必须充分估计到现代科学技术的发展趋势。教育要面向未来，必须培养知识经济时代所需要的人才。在这方面，除了高等学校外其他各级各类学校也是可以大有作为的。从现在起必须做好以下几方面的工作：一是进行知识经济发展的预测，了解知识经济对教育的要求。不仅了解对教育规模、结构、布局等方面的要求，更要了解对所需人才的知识结构、人才数量和质量的要求，并根据这些要求来实施教育。二是广泛了解现代科学技术的最新成果及发展趋势，充分估计未来社会的发展情况，设立适应未来知识经济和信息社会需要的新专业、新课程，教给学生适应未来社会生活的知识和本领。如计算机要从娃娃抓起，小学应普遍开设计算机课程。三是在学习方法上要让学生学会自学，注重培养学生的自学习惯和研究精神，以便在未来社会能独立获取知识，探求新知识，进行发明创造。四是要注重因材施教和发展个性，使学生能够适应未来社会多方面、多层次的人才需求。五是要全面提高学生的素质，克服"应试教育"片面追求升学率，加重学生课业负担的做法，让学生生动活泼主动地发展，为培养高素质的创造性人才打好基础。

"三个面向"是邓小平同志在我国社会主义现代化建设新的历史时期，对教育改革和发展作出的精辟论断和纲领性指示。它是邓小平教育思想的精髓，也是深化教育改革，推动教育发展的指导方针。我们要完整准确地理解"三个面向"的精神实质，在邓小平理论的指导下，紧密团结在以江泽民同志为核心的党中央周围，抓住机遇，深化改革，开拓进取，真抓实干，坚持"三个面向"，开创人才培养和知识创新的新局面，把一个充满生机与活力的有中国特色的社会主义教育事业带入21世纪。

3. 构建价值观教育的系统工程[1]

在深化改革、扩大开放的形势下，大学生面对的是一个"全天候"、"多媒体"、"多渠道"的信息场。经济、政治、文化领域的各种信息，国际、国内、社会、家庭的各种信息，都在这个信息场里汇集、传播和扩散。这种复杂多元的现象反映在校园生活中，大学生的思想行为、价值取向呈现出复杂性和多元性的特点。在这种情况下，如何加强和改进学校的德育工作，坚持社会主义价值观的一元导向呢？笔者认为必须构建价值观教育的系统工程。这个系统工程应当包括价值观教育的理论系统和价值观教育的操作系统。

一、价值观教育的理论系统

价值观教育是一个深层次的思想理论问题。解决这个问题，必须坚持以邓小平建设有中国特色的社会主义理论为指导，构建有中国特色的社会主义价值观的理论系统。这个理系统应当包括：价值主体的确立、价值目标的选择、价值评价的标准、价值创造的途径等一系列范畴体系。

（一）价值主体的确立——应以人民群众为最高价值主体，实现人民主体与个人主体相

---

[1] 本文发表在《教育研究》（核心期刊），1996年第11期。

统一。人民群众是社会的主人，是历史的创造者，是社会发展的动力。没有人民的价值主体地位，就没有社会主义。有中国特色的社会主义价值观继承和发展了毛泽东"为人民服务"的价值思想。以人民作为最高的价值主体，以人民的利益作为最高的评价标准。建设有中国特色的社会主义目的就是要实现全国人民的共同富裕，就是要为全体人民的物质利益而奋斗。这充分体现了人民群众的价值主体地位。人民，是一个集合概念，在我国它是由亿万拥护和参加社会主义现代化建设事业的个人所组成的巨大的社会群体。人民的利益与每一个成员的个人利益从根本上讲是一致的。因此人民的价值主体地位就包含了人民中每个人的价值主体地位；人民价值的实现从根本上说也就包含了每个人价值的实现。当然，水滴不等于大海，细胞不等于整个肌体，个人价值毕竟不能等同于人民价值。人民主体与个人主体从根本上是一致的，并不排除他们在一定条件下可能发生对立和冲突。要把握人民主体与个人主体的统一，关键在于弄清不同层次上的主体及其价值关系，具体问题具体分析。这就是人民价值主体与个人价值主体相统一，价值多元性与一元导向相统一的理论基础。

（二）价值目标的选择——应以实现四化，共同富裕作为共同价值目标，实现个人理想与共同理想的统一。人民的价值主体地位决定了有中国特色的社会主义价值观在价值目标上，只能是实现我国人民的最大利益，也就是人民的共同理想——实现社会主义现代化，达到全体人民共同富裕，把我国建设成富强、民主、文明的社会主义现代化国家。这是一个全面体现人民的物质追求、政治追求和精神追求的综合的价值目标。"社会主义的本质是解放生产力、发展生产力，消灭剥削，消除两级分化，最终达到共同富裕"。这是当代中国人民的最大的价值选择，也是每一个社会成员的最大的价值选择。当然，每一个社会成员除了应该树立全社会的共同理论之外，还可以有自己的个人追求和个人理想。在价值目标的选择上，有中国特色的社会主义价值观既坚持共同理想的一元导向，又允许个人理想的多元存在。价值目标的一元导向，不仅不淹没个人的价值目标，而且为个人价值目标的确立和实现奠定了基础，指明了方向。它要求全国人民在实现共同富裕的价值目标的指引下，正确选择个人价值目标的准确方位、具体内容和特殊形式，在实现共同价值目标的奋斗中实现个人价值目标。

（三）价值评价的标准——应以"三个有利于"和"三大主题"作为根本的评价标准，实现个人需要与社会需要的统一。有中国特色的社会主义价值观以反映人民根本利益的共同理想为价值目标，从而它所定位的价值评价标准就是："是否有利于发展社会主义社会的生产力，是否有利于增强社会主义国家的综合国力，是否有利于提高人民的生活水平"。"三个有利于"是唯物史观与人民价值观相统一的根本标准。社会主义的本质是解放生产力，发展生产力。发展生产力，可以增强综合国力，最终目的是满足人民日益增长的物质文化需要，提高人民的生活水平。实行和坚持"三个有利于"的评价标准，还涉及到当今中国的"三大主题"，即改革、发展和稳定。改革是动力，发展是目的，稳定是条件。"三个有利于"和"三大主题"是评价政治、经济、文化、道德等各个领域的价值标准，是贯穿和渗透在各行业、各部门、各单位乃至每个个人价值评价的标准之中。它体现了中国人民和社会的最大利益和最大需要，是有中国特色的社会主义价值观在价值评价标准上的一元导向。当然，在社会生活中，每个个人还有自己的具体需要和特殊需要，"三个有利于"和"三大主题"不但不否定个人的具体需要和特殊需要，而且为个人的具体需要和特殊需要提供了前提和条件。试想，如果没有生产力的发展,没有综合国力的增强,没有全体人民生活水平的提高,没有改革开放政策,没有社会发展,没有政治稳定和社会稳定,每一个人的需要又将如何实现呢?

(四)价值实现的途径——应以"64字创业精神"为根本实现途径,实现艰苦创业与安居乐业的统一。有中国特色的社会主义价值观,不主张单纯地享受价值,而是强调创造价值和享受价值的统一。在市场经济条件下,经营主体追求的直接价值目标是利润、效益和作为一般等价物的金钱。这是一个客观事实,问题在于追逐的方式和手段。那种投机取巧、弄虚作假,甚至坑蒙拐骗的手段是必须反对的。通过勤奋劳动、发明创造、合法经营的正当途径追求和获取是值得提倡和鼓励的。中国特色的社会主义是一个相当长的历史阶段,要实现它的目标需要几代人为之奋斗。有中国特色的社会主义价值观在价值实现途径上应当提倡邓小平同志一再强调的艰苦奋斗精神和江泽民同志提出的"64字创业精神",即"解放思想、实事求是、积极探索、勇于创新、艰苦奋斗、知难而进、学习外国、自强不息、谦虚谨慎、不骄不躁、同心同德、顾全大局、勤俭节约、清正廉洁、励精图治、无私奉献"。提倡艰苦奋斗的价值创造精神,并不反对安居乐业和价值享受。社会主义价值目标是共同富裕,这就包含了人民安居乐业、享受价值之意。但享受价值必须创造价值,而创造价值必须靠艰苦奋斗。在现实生活中存在的那种不顾国家贫困和人民疾苦,依靠巧取豪夺一掷千金、花天酒地、穷奢极欲的享乐主义是必须反对的。

总之,有中国特色的社会主义价值观是一个完整的理论体系,它是全党、全国人民树立正确的价值观的一元导向,对大学生进行价值观教育必须坚持这个一元导向。

二、价值观教育的操作系统

价值观教育不仅是一个深层的理论问题,而且是一个复杂的实践问题。在教育实践中,如何用科学的理论武装人,还必须解决"桥"或"船"的问题。因此,在构建价值观教育的理论系统之后,还必须构建价值观教育的操作系统。这个操作系统包括:决策指挥系统、执行指挥系统、参谋咨询系统、督导检查系统、主要实施系统、协调配合系统、社会实践系统和环境影响系统等八个子系统(如图所示)。

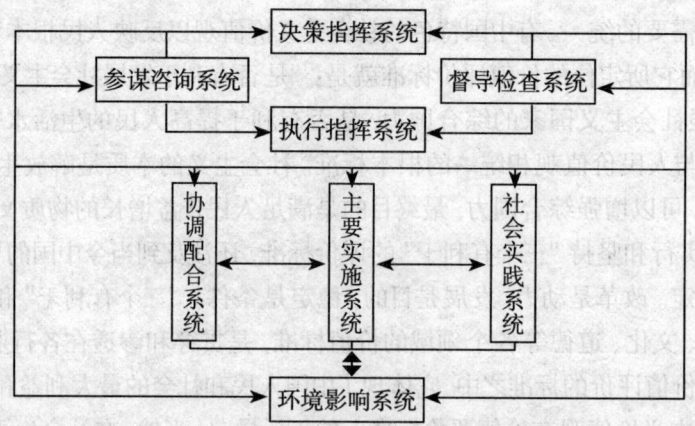

决策指挥系统,是指主管高校德育工作的上级教育行政部门。对全国来讲就是国家教委思想政治工作司,就北京市而言就是北京市教委政教处(或德育处)。目前,北京市的实际决策指挥系统是市委教育工委。决策指挥系统应当在督导检查系统提供的督导检查报告和参谋咨询系统提供的调研报告和决策建议的基础上,科学地制定出大学生价值观教育指导方针。应当象重视爱国主义教育那样,同样重视大学生的价值观教育;应当像制定《爱国主义教育实施纲要》那样,制定出一个《价值观教育实施纲要》。决策指挥系统直接指挥的是执行指挥系统。

执行指挥系统,是指高校德育工作的第一线指挥系统。各高校应当成立以主管校长或书记为首的有学生工作部(处)、团委、马列教研部、德育教研室和各系主管德育工作的副系主任或党总支副书记参加的德育工作领导小组。这个领导小组就是第一线的执行指挥系统。这个执行指挥系统应当根据决策指挥系统制定的《价值观教育实施纲要》,结合本校实际制定出《价值观教育实施细则》,并认真抓好贯彻落实。目前,北京各高校的执行指挥系统比较健全,大部分学校也有德育工作大纲,但价值观教育的内容和要求一般较粗,急需制定价值观教育的实施细则。在贯彻落实中要重点抓好主要实施系统和协调配合系统、社会实践系统。

主要实施系统,是指直接进行价值观教育的马列主义理论课和思想政治教育课。"两课"是高校德育的主阵地和主渠道,对价值观教育来讲尤其是这样。价值观教育是深层次的思想理论问题,只靠日常德育工作是远远不够的,必须进行科学性、理论性和系统性的教育。"两课"正是承担了这样一种任务,因此是主要实施系统。然而,目前"两课"在价值观教育方面,无论是从容量上还是从力度上都是不够的。建议在马克思主义原理课中增加价值论的内容,在思想教育课中增加价值观教育的内容,特别是应当把有中国特色的社会主义价值观引入"两课",作为大学生必修的内容。

协调配合系统,是指"两课"以外的其他德育实施渠道,如党团工作、班主任辅导员工作、学生会和社团工作、"三育人"工作等。这些工作都是德育工作的一个方面军,都在各自的领域以各自的特点承担着德育某一方面的重要任务。但就价值观教育而言,并不能承担主要责任,而是发挥着对"两课"的协调配合作用。然而,在实际工作中这种协调配合作用在多数情况下发挥得不很理想。党团工作主要是在政治层面上开展活动,班主任、辅导员是在日常管理上开展工作,学生会、社团工作是在活动层面上开展工作。而这些工作很少也很难涉及深层次的价值观问题。在价值观教育上,如何坚持教育影响的一致性原则,形成统一的教育合力呢?一方面,"两课"要主动争取协调配合系统的支持和配合;另一方面,协调配合系统要主动了解、支持、协调、配合"两课"的教育内容。如共同开展价值观研讨会、演讲会、辩论会等。这样可以使各渠道的教育活动融入价值观,具有思想性;同时"两课"教学也会更加生动活泼。而要做到这一点,学校的执行指挥系统的统一指挥则是关键。

社会实践系统,是指学校有计划、有组织的教育实践活动,如军训、社会调查、社会服务等。"两课"主要实施系统所传授的价值观理论,必须在社会实践中,也只有在社会实践中得到内化和外化。内化,即把外在的价值观理论转化为大学生主观世界的价值观念;外化,即大学生的价值观转化为改造客观世界的实践。只有在社会实践中,大学生才能亲身感受到社会主义现代化建设的伟大成就,才能体察到工人、农民、知识分子、解放军官兵的思想感情,才能理解有中国特色社会主义理论的实践意义,从而才能真正树立有中国特色的社会主义价值观，并且以这样的价值观指导自己的行动。几年来，各高校在组织学生社会实践方面，取得了许多成功的经验。随着形势的发展，社会实践又遇到了一些新的问题，如社会实践基地建设问题，社会实践经费问题，社会支持和接纳大学生社会实践问题等。这些都是需要向社会呼吁，必须引起全社会重视的问题。

环境影响系统，是指影响大学生价值观的环境因素，其中包括学校环境、家庭环境和社会环境。学校本身就是育人的环境，各高校普遍重视校园环境建设，其中包括校风、学风等软环境，也包括校舍、校园等硬环境，努力建设文明校园使学校真正成为精神文明建设的阵地。现在的问题是如何优化校园环境，在绿化、美化的基础上，进一步增加思想文化内涵，建设良好的育人环境。与学校环境相比，家庭环境和社会环境存在的问题较多。由于市场经济的双重效应，必然导致家庭环境尤其是社会环境对学校德育其中包括价值观教育造成正负两方面的影响。学校德育的正面教育与社会环境的负面影响之间存在着"反差"，容易使学生对学校教育产生"逆反"，这种"抵消"使学校教育的效果达不到预期的目的。因此，必须加强全社会的精神文明建设，特别是大众传播媒介和公共场所的精神文建设。在加强道德建设的同时，必须加强法制建设，严厉打击和清除社会环境的污染源。要下大力量净化、美化、优化社会环境，使环境影响系统与其他系统协调一致，形成价值观教育的良性循环。

督导检查系统，是指在国家权力机关专门设置的德育督导检查的组织或部门。各级人大常委会的教育委员会应该设立德育督导机关，它负责督导检查学校对国家制定的《德育大纲》和《价值观教育实施纲要》的贯彻落实情况和社会环境对教育影响的情况，并把督导检查的结果通知决策指挥系统，以便尽快解决学校教育和社会影响中存在的问题。

参谋咨询系统，是指专门为决策系统和实施系统提供教育咨询服务的组织。它包括各级教育科学研究机构和教育科学研究群众团体，如中央教科所和各级地方教科所、全国教育学会和各级地方教育学会等。各级教育科研所和教育学会都应设立德育科研部门或团体。它的职责是专门进行德育基础理论研究和应用理论研究，为各级教育行政部门的德育决策提供理论依据，为各级各类学校德育工作提供理论指导。科学技术是第一生产力，教育科研是教育改革和发展的第一生产力。教育科研要为教育改革和发展服务，教育改革和发展要依靠教育科研。国家和各级教育行政部门应当积极组织、支持和鼓励教育科研事业，其中包括德育科研事业，并且认真听取他们的教育对策建议，以保证决策的科学性和正确性。

建立大学生价值观教育的系统工程，是一项长期而艰巨的任务。只要我们坚持不懈地努力，一定会使大学生价值观教育上一个新台阶，出现一个新局面，为21世纪培养出一代社会主义事业的建设者和接班人做出贡献。

4. 贯通古今 融汇中西 继承借鉴 发展创新[1]
——21世纪中国道德教育的大趋势

当代中国教育改革和发展的指导思想是：面向现代化，面向世界，面向未来。道德教育，作为整个教育的重要组成部分，同样要以"三个面向"为指针。贯通古今，融会中西，继承借鉴，发展创新，这是21世纪中国道德教育的大趋势。

本文拟从近百年来古今中西之争、当今世界道德复兴与互补、当代中国改革开放的客观需要几方面对这一问题加以分析。

（一）近百年来古今中西之争的反思

100年前，也就是19世纪的最后10年，中国近代的思想家、教育家、政治家们就力图设计中国的思想文化战略和道德教育模式。康有为的《孔子改制考》和《新学伪经考》先后于1887年和1891年问世，这两部书成为变法维新的理论参照。1889年7月，梁启超按光绪旨意，参照日本和西方学制，起草了《京师大学堂章程》，规定其办学方针是："中学为体，西学为用，中西并用，观其会通"。同年，张之洞发表《劝学篇》，主张："新旧兼学，旧学为体，新学为用。"1898年6月，光绪皇帝下诏变法："……以圣贤义理之学，植其根本，又须博采西学之切于实务者，实力讲求，以救空疏迂谬之弊。"表明了中西结合的态度。康有为在《大同书》中明确提出："合经子之奥言，操儒佛之微旨，参中西之新理。"可见他意欲通达古今，兼纳中西，再造中国文化之良苦用心。虽然这一"中学为体，西学为用，新旧并存，中西杂糅"的思想文化战略和道德教育模式，在百日维新失败之后未能付诸实施，但是，它毕竟引起了国人的思考，并引出了此后一系列有关古今中西文化比较的论战。

在古今中西文化比较论战中，有两种截然不同、根本对立的态度和主张。一种是以胡适为代表的"西化派"，认为我们自己"百事不如人"，主张"死心塌地去学习人家。……不要怕丧失我们自己的民族文化"。[2]随着中华民族解放运动的发展与胜利，这种民族虚无主义和历史虚无主义的"全盘西化"论丧失了它赖以存在的社会基础，不得不偃旗息鼓。另一种是以梁漱溟为代表的"保守派"，他们站在维护民族文化的立场上，坚决反对"全盘西化"论，呼吁国人怀着"同情"和"敬意"去体悟传统文化，主张"尊孔读经"，维护儒学尊严，倡导儒学复兴。[3]

以毛泽东为代表的中国马克思主义者反对上述两种极端的态度，主张对传统文化批判继承，去粗取精，古为今用，推陈出新。遗憾的是，在过去相当长一个时期内，这一对待中国传统文化的正确方针并未得到认真和全面的贯彻。

回顾本世纪的发展，正是跨世纪的一代人对本世纪的思想、道德以至政治、社会发展起了极大的影响。影响着中国本世纪发展的几大思潮，包括新儒家思潮、全盘西化思潮以及马

---

[1] 本文是作者1996年出席在美国召开的价值观与道德教育国际学术研讨会提交的论文并发表演讲，发表在《教育研究》（核心期刊），1997年第12期。后来被人大报刊资料和南京师大《道德教育论丛》转载。
[2] 胡适：《胡适论学近著》，商务印书馆，1937年，第640页。
[3] 梁漱溟：《东西方文化及其哲学》。

克思主义思潮，都形成于本世纪初期，而这几大思潮的第一批倡导者和代表人物，正是一批生于上世纪末、跨世纪的人物。

　　他们出生于旧的专制社会的末期，是在传统文化的熏陶下，接受传统教育成长的。在传统文化的知识修养方面，他们都有深厚的基础。在此基础上，有感于社会进步之需要，进而学习西方近代思想，寻求救国之道，提出自己的学说、主张。尽管他们对待传统文化的态度有着很大不同，但他们在对传统文化的了解方面都有深厚基础这一点确是共同的。而今天的跨世纪一代则不同，他们成长于传统文化经历了十年大批判之后，又处于市场经济发展的大潮中，他们的长处是对现代科技知识和世界的了解更多，突出的弱点则是对传统文化知之甚少。这种状况与我们的期望之间，显然有很大的差距。这种差距，呼唤着21世纪道德教育新思路的提出。

　　历史，尤其是近百年的历史已经证明：固守旧有传统，不吸收和借鉴外来的先进文化与文明成果，即使是最优秀的文化传统也难以继承和发扬光大；同样，吸收外来文化，如果不与中华民族传统文化相融合，即使是最先进的文化思想，也难以被国人所接受。因此，我们在文化建设和道德教育中，要在"三个面向"的思想指导下，贯通古今，融会中西，继承借鉴，发展创新。

（二）当今世界道德复兴与互补的启示

　　和平与发展是当今世界局势的主流，发展经济渐渐变成国际关系的主要内容，各国经济之间存在的互补性，必然带来跨国界、跨洲界以至跨文化的世界经济关系网络，如"欧洲共同体"、"北美自由贸易区"、"亚太地区经济合作圈"等。道德现象是经济关系的集中反映。各国之间经济利益互相补偿的需要，必然呼吁有一些被世界公认的符合时代特征的共同道德规范的产生。20世纪末，国际间在政治、经济、文化、教育上的交流日益频繁。在国际交流与合作中，道德教育出现了世界性复兴和国际间互补的现象。

　　随着中国改革开放的深入发展，在中国的北京和曲阜等地已经多次举办过"孔子学术研讨会"。中国传统道德的核心——儒家伦理，已经跨越国界成为世界文化宝库中一颗璀璨的明珠。作为一种文化现象，它已经成为全人类的共同财富。特别是现代以来，日本、韩国、新加坡等一些国家和我国的香港、澳门和台湾等地区为代表的"亚洲伦理工业区"的发展，为儒家伦理与西方先进的科技和管理相结合提供了成功的经验。在新加坡，中学三、四年级开设《儒家伦理》课（现在名称虽改为《好公民》，但其中儒家伦理精神并未改变）。现代新儒学第四代代表人物之一的杜维明教授认为："把儒学思想引入学校课程，可以为学生提供一个机会，让他们理解他们和他们父母所遵循的适当的生活方式的内在逻辑"，并且可以"把他们自己培养成有道德的人，在复杂的现代世界处理很难的价值问题。"[1]他把儒家伦理的教育过程与个人成长过程结合起来，设计出一个"同心圆"式的教育模式，并解释说："自我扩展到家庭、邻里、社区、国家、世界和宇宙。这个扩充过程是作为一个开放体系的自我充分开发其内在资源，把自己培养成为一个关心他人、有责任感、目光远大的人的过程。"[2]杜先生所设计的儒家伦理教育体系，把"修身、齐家、治国、平天下"这一儒家伦理精髓通俗化、具体化、现代化了，是对传统儒家"内圣"、"外王"理论的现代诠释和发展创新。同时，这一教育体系也符合

---

(1) [美]杜维明：《新加坡的挑战》，三联书店，1989年，第267页。
(2) [美]杜维明：《新加坡的挑战》，三联书店，1989年，第267页。

现代社会学关于人的社会化过程的一般理论,因此它是中西文化融合的典型之例。

日本学者井上靖先生在他的专著《孔子》一书中说:"孔子的确是永恒的人类导师"。另一位日本学者池田大作在中国社会科学院的演讲《21世纪与东亚文明》中指出,东亚地区的文化特征是"共生性道德气质",具体表现为"取调和而舍对立,取结合而舍分裂,取大我而舍小我,人与人之间、人与自然之间共同生存,互相支撑,一道繁荣。"他认为:"东亚这种气质的重要源头之一是儒教。"他预言:"当21世纪宣告黎明之时,东亚不仅在经济层面,甚至深入至精神领域,定会为世人瞩目,成为引导人类历史的动力。"[1]

在"孔子思想与21世纪"国际学术讨论会上,韩国高丽大学教授金忠烈先生指出:"21世纪是东方的时代",他认为东方传统文化与西方文化不同,即在于它"包容一切,而不排斥他异;普遍开放,而不偏执独占"。他认为,"尤其在中国,其历史命运之'长久之道',不在民族国家之不替,而维系文化传统之继开"。[2]

在欧美,孔子的思想同样受到专家学者尊崇。在纪念孔子诞辰2500周年的时候,法国出版发行了关于孔子的著作《圣人的四书》,以此来纪念这位伟大的思想家。几年前,美国出版了《人民年鉴手册》,列举了世界十大思想家,孔子被列为首位。由此可见,中国传统的儒家伦理越来越多地被世界人民所接受,并将与西方的现代文明相结合。

中国学者在继承和弘扬中华民族优良道德传统的同时,十分关注东南亚和西方道德教育的发展,注意借鉴和吸收人类所创造的一切优秀文明成果和道德教育的先进经验。

近年来中国出版了几部翻译和介绍西方道德教育的著作,主要的有戚万学博士的《冲突与整合——20世纪西方道德教育理论》(山东教育出版社1995年3月出版),袁桂林博士的《当代西方道德教育理论》(福建教育出版社1995年3月出版),魏贤超博士的《道德心理学与道德教育学——柯尔伯格研究》(浙江大学出版社1995年6月出版)。这些著作系统地介绍了20世纪西方道德教育理论的各个流派,如柯尔伯格道德教育的认知——发展理论,价值澄清学派的道德教育理论,人本主义的道德教育理论,行为主义的道德教育理论,威尔逊理性功利主义的道德教育理论,贝克的反省道德教育理论等。另外,我本人主编的《中国德育全书》也比较系统地介绍了美国、英国、法国、德国、日本、新加坡等国家的道德教育的理论与实践。

当代西方道德教育理论有许多可资借鉴之处。首先,在思维方式上,西方学者注重归纳和实证,沿着从具体到抽象的思维逻辑,从道德现象、具体事例、个案分析入手总结归纳各自的教育理论,实用性、可操作性强;中国学者则注重演绎,沿着从抽象到具体的思维逻辑,从概念出发,说明或指导实际。这两种思维方式恰好可以互相借鉴,互相补充。其次,在教育方法上,西方学者主张尊重学生的人格和个性,鼓励学生自由选择,师生平等对话;而我们则强调教师的主导作用、理论讲授和教育导向。这方面同样可以互相借鉴,互相补充。再次,在教育内容上,适应市场经济需要的守法、守信、责任、公平竞争、文明消费、照章纳税、平等互利等道德观念,也是中国在建立社会主义市场经济体制过程中,需要向西方学习和借鉴的东西。

---

(1) [日]池田大作:《21世纪与东亚文明》,载《中国社会科学》,1993年第1期。
(2) [韩]金忠烈:《21世纪与东方文化》,1994年"孔子思想与21世纪"国际讨论会发言材料。

总之，20世纪末的道德教育出现了世界性复兴和东西方互补的态势。21世纪中国道德教育"贯通古今，融会中西，继承借鉴，发展创新"的大趋势初见端倪。

（三）当代中国改革开放的客观要求

改革开放以来，特别是建立社会主义市场经济体制以来，中国的经济形式是一种多元存在，既有国营大中型企业和乡镇集体企业，又有中外合资、外国独资和私营工商企业。经济形式的多元存在，必然带来价值观念和道德观念的变化。市场经济体制的建立对社会发展和道德教育具有双重效应，既有积极的、起推动作用的正效应，又有消极的、起制约作用的负效应。在这种新形势下，道德教育面临着许多新情况和新问题。解决这些新问题的根本出路是：在邓小平理论指导下，一方面继承和弘扬中华民族的优良道德传统，一方面借鉴和吸收西方现代文明的有益成果，并使二者有机地结合起来，创造出有中国特色的社会主义新的道德教育体系。

中国是一个具有悠久历史和优秀文化传统的国家，素以"礼仪之邦"著称于世。在中国传统文化中，传统道德占有十分重要的地位。中国历代哲学家、思想家、教育家对道德教育的思想和论述源远流长，博大精深，影响广远。虽然，中华民族的传统道德是在小农生产和封建宗法制度的基础上建立起来的，不可避免地带有保守性和局限性的一面，但是，只要我们正确地坚持批判继承，古为今用，发展创新的原则，就能取其精华，去其糟粕，使其成为构建新的道德体系的思想材料。

在中国悠久的文明史中，传统道德经过千百年的积淀，其中光辉的思想已构成了我们的民族之魂。例如"天下兴亡，匹夫有责"的爱国主义精神；"天下为公"、"修齐治平"的集体主义精神；"刚健有为、自强不息"的积极进取精神；"先天下之忧而忧，后天下之乐而乐"的先人后己精神；"见利思义"、"先义后利"的价值取向；"富贵不能淫、贫贱不能移、威武不能屈"的浩然正气；"杀身成仁"、"舍生取义"的高风亮节；"勤劳简朴、诚实守信"的求实精神；"仁者爱人"、"成人之美"的友爱思想；"孝敬父母"、"尊老爱幼"的道德品质，等等。这些民族之魂曾经哺育了中华民族亿万儿女，曾经激励过无数志士仁人、英雄豪杰为民族的兴旺发达，为祖国的繁荣富强而写下了人生的壮丽篇章。毫无疑问，这些中华民族传统道德的精华，在社会主义现代化建设的今天也是值得继承和发扬光大的。

在对待西方文化的问题上，我们有过正反两方面的经验。现在可以清醒地认识到，采取闭关自守、全盘否定，或崇洋媚外、全盘西化这两种极端的态度都是错误的。正确的态度应当是分析、鉴别、学习、借鉴、吸收、利用。对先进的科学技术和管理经验，要大胆地学习和引进；对文学艺术，它的形式可以学习、借鉴，内容可以改造、利用；对思想道德，属于人类共同心理、共同美感、共同道德方面的成果，也要大胆地学习和借鉴。特别是那些适用于市场经济的价值观念，如改革开放观念、民主法制观念、权利义务观念、公平竞争观念、效率效益观念、互利互惠观念、公关信息观念、商品市场观念、文明消费观念、照章纳税观念等，更需要借鉴和吸收，使其与中国传统美德相融合。江泽民同志在党的十五大报告中指出："我国文化的发展，不能离开人类文明的共同成果。要坚持以我为主、为我所用的原则，开展多种形式的对外文化交流，博采各国文化之长，向世界展示中国文化建设的成就。坚决抵制各种腐朽思想文化的侵蚀。"我们要在这个精神指导下,继承、弘扬、光大我国优良道德传统,同时还要学习、借鉴、吸收、利用西方优秀文明成果,并使二者有机结合起来,创造出有中国特色的社会主义道德教育体系。

5. 全面实施素质教育 加强改进德育工作[1]

素质教育已经不是理论探讨的问题,它已经成为国家的意志和政府的行为了。对于中小学教育改革和发展来说,如果讲大事,这是头等大事;如果讲重要,这是重中之重;如果讲紧迫性,这是当务之急。然而,在教育实践中如何实施素质教育确实还有许多问题需要解决,这里既有政策和制度上的问题,也有认识和操作上的问题;既有总体构建素质教育模式的问题,又有具体教育要素之间关系的问题。那么,德育在实施素质教育中的地位和作用是什么呢?在全面实施素质教育的过程中如何加强和改进德育工作呢?本文仅就这些问题,谈一些粗浅的看法。

(一)德育在素质教育中的地位和作用

首先,德育是素质教育的首要任务。教育界的人士常说:我们培养的学生如果科学文化素质不合格就是次品,如果身体心理素质不合格就是残品,如果思想道德素质不合格则是危险品。这个比喻说明了思想道德素质在人的整体素质中的重要性。原国家教委副主任柳斌同志曾多次谈到,少年儿童时期是一个人成长的重要时期,基础教育阶段不仅要教会他们求知、办事、健体,更要教会他们做人。教学生学会做人是素质教育的首要任务。他说:"素质教育的要求从大的方面可以用两句话来概括:一是以德育人,二是因材施教。以德育人是大根本,因材施教是总法则。"

其次,德育在素质教育中发挥着导向、动力和保证作用。在人的全面发展中,各方面的素质应是协同发展的,而思想道德素质则是其它各种素质的灵魂与统帅。只有树立了正确的人生观、价值观、世界观,科学文化素质和身体心理素质才能沿着正确的方向发展;只有具备良好的道德品质,正确处理好各种人际关系,才能在学习、生活、工作中顺利前进;只有具备较强的法纪观念,才能在生活的道路上不失足;只有热爱祖国、热爱人民、热爱社会主义,才能更好地发挥聪明才智,在社会主义现代化建设中作出更大贡献。就一所学校而言,只有搞好了德育工作,端正办学思想,形成良好的校风和学风,教学工作和其它各方面工作才能顺利开展。

第三,德育到位是实施素质教育的重要标志。江泽民同志在建国40周年庆祝大会上的讲话指出:各级各类学校要把德育放在首位。几年来各级教育行政部门和各级各类学校为此做了大量的工作,但在有些学校里德育并没有真正到位,尤其是大、中、小学德育的结合部,德育工作甚至还很薄弱。究其原因除了社会环境发生变化等外部原因之外,根本的原因就是"应

---

[1] 本文曾发表在《湖南教育》,1998年第15期。

试教育"、片面追求升学率严重冲击着德育工作。中考和高考录取以分数为唯一标准,升学率的高低事实上成为驱动学校、校长、教师和学生的指挥棒。结果智育是硬任务、硬指标,德育成了软任务、软指标。要使德育由软变硬,由虚变实,必须变"应试教育"为素质教育;德育工作能否到位、能否落实,是衡量"应试教育"向素质教育转轨的一个重要标志。

(二)德育工作面临的情况和存在的问题

在改革开放和建立社会主义市场经济体制的过程中,学校德育面临着许多新情况和新问题。例如:在经济体制转轨、经济形式多元存在的情况下如何坚持社会主义意识形态的一元导向?在扩大对外开放,吸收外国先进经验的情况下,如何振奋民族精神,树立民族自信心和自豪感?在社会生活中存在着"一切向钱看"的思想影响下,如何树立正确的人生观、价值观?在社会生活中出现"黄毒赌"、"假冒伪劣"、"坑蒙拐骗"等消极影响的情况下,如何教育学生增强遵纪守法观念?在升学考试、职业选择竞争日益激烈的情况下,如何教育学生具有承受挫折、适应环境、积极进取的健康的心理素质?面对这些问题,德育工作者做了大量工作和坚持不懈的努力,并且取得了一些成功的经验,涌现出一批德育先进地区和先进学校。但是从总体上来看,学校德育还有许多不适应的地方,还存在不少亟待解决的问题。

首先,德育还没有像智育那样形成一套科学化、系统化、规范化、相对稳定的传授体系。"文革"及其以前相当长的一个时期,学校德育工作是以政治运动为核心,实行的是"运动战";在社会主义现代化建设新的历史时期,由于形势发展的需要,我们不断提出或强调一些新的的德育内容和要求,如"两史一情教育"、"中华民族传统美德教育"、"爱国主义教育"、"国防教育"、"民族教育"、"环境教育"、"法制教育"、"人口教育"、"禁毒教育"等,实行的是"游击战"。基层学校负责德育工作的同志们说"上边千条线,下边一根针,学校的德育工作难以落实。"

其次,长期以来德育内容没有完全纳入大中小学的课程体系。虽然,小学有思想品德课、中学有思想政治课、大学有马列理论和思想政治教育课,但是这些课程都不能涵盖德育的全部内容。虽然这些课程也是德育,但不是完整的德育课。尽管我们可以把其它德育内容放在学校的党团队工作、班主任工作、"三育人"、课外活动、社会实践来实施,但是这些德育实践途径毕竟不像课程那样有科学的教学大纲和教材,有固定的教室和课时,有专门的教师,有一套检查评价手段,因此在时间、空间、人力、物力上得不到保证,因而成为"软任务",容易落空或流于形式。

第三,大中小学的德育内容不同程度地存在着脱离学生身心特点和知识水平的实际,脱离社会生活实际的现象。具体表现在三个方面,一是大中小学"倒挂",有人说"小学讲共产主义,中学讲爱国主义,大学讲文明礼貌",这种说法虽然是极而言之的,但不能不承认实际工作中存在着类似的问题;二是"高、大、空",有的学生反映"老师讲的都正确、很崇高、很伟大,但在实际生活中我用不上",虽然这种意见不无片面性,但不能不说在德育实践中一定程度上存在着类似的问题;三是"死记硬背",这在中学思想政治课中尤其突出,看过中学思想政治课复习题和试卷的人恐怕都有同感,本来是一门思想教育课,却变成了单纯传授知识、片面追求升学率、推行"应试教育"的砝码。总之,学校德育,特别是思想政治课存在着脱离学生实际、脱离社会生活的问题,不能很好地遵循学生思想品德形成和发展规律,不能贴近生活、贴近实际,不能很好地回答学生所关心的实际问题,不能对学生思想品德的发展有直接的帮助,因此实效性较差。

总的来看,大、中、小学德育存在着"倒挂"、"脱节"、"不必要的重复"、"过频变动"和脱离实际的问题。针对这些问题,我们提出要整体构建学校德育体系,加强和改进德育工作必须整体构建德育体系,其理论依据是人的社会化理论和唯物辩证法的系统理论。

(三)整体构建德育体系的基本原则

第一,德育目标,一以贯之;德育内容,循序渐进。

我国各级各类学校德育的总目标是:把全体学生培养成热爱祖国,具有社会公德、文明行为习惯和遵纪守法的好公民,在这个基础上,引导他们逐步树立科学的世界观、人生观、价值观,不断提高社会主义思想觉悟,成为有理想、有道德、有文化、有机氯的社会主义事业的建设者和接班人,并使他们中的优秀者成长为具有共产主义觉悟的先进分子。

所谓"德育目标一以贯之",就是指各级各类学校都要始终如一地坚持德育的总目标。各个阶段的具体目标应包括政治素质、思想素质、道德素质、法纪素质和心理素质等方面的要求,以保证德育要素在各个教育阶段的完整性和连续性。

德育内容是为实现德育目标而确定和安排的特定教育内容。德育内容的性质和构成有德育目标决定;德育内容的深度和广度为受教育者思想品德发展水平所制约;德育内容针对性从学生思想品德存在的问题和现实社会的迫切要求出发。

各级各类学习掉都要对学生进行政治教育、思想教育、道德教育、法纪教育和心理教育。同时,政治教育、思想教育、道德教育、法纪教育、心理教育都有一个由浅入深、由低到高、由感性到理性、有具体到抽象的过程。这个过程是由各个教育阶段被彼此衔接共同完成的。每个教育阶段都必须保证德育内容结构的序列性和完整性,同时又应该做到德育内容的渐进性和层次性,这就是"德育内容,循序渐进"的要求。

小学德育课的内容以良好品德行为习惯的养成教育和"五爱"教育为重点。初中德育课的内容以良好的心理品质教育、道德品质教育、遵纪守法教育为主。高中(职高和中专)德育课的内容以人生观教育、理想教育和职业道德教育为主。

第二,贯通古今,融会中西;继承借鉴,发展创新。

当代中国教育改革和发展的指导思想是:面向现代化、面向世界、面向未来。德育作为整个教育的重要组成部分,同样要以"三个面向"为指针,贯通古今,融会中西,继承借鉴,发展创新。这是21世纪中国道德教育的大趋势。

中国是一个具有悠久历史和优秀文化传统的国家,素以"礼仪之邦"著称于世。在中国一传统文化中,传统道德占有十分重要的地位。中国历代哲学家、思想家、教育家对道德教育的思考和论述源远流长,博大精深。虽然,中华民族的传统道德是在小农生产和封建宗法制度的基础上建立起来的,不可避免地带有保守性和局限性的一面,但是,只要我们正确地坚持批判继承,取其精华,去其糟粕,古为今用,发展创新的原则,就能够剥去它的封建性的外衣,发现它的合理内核,使其成为构建新的道德体系的思想材料。

对待西方文化，正确的态度应当是分析、鉴别、吸收、利用。特别是那些适用于市场经济的价值观念，如改革开放观念、民主法制观念、权利义务观念、公平竞争观念、效率效益观念、互利互惠观念、公关信息观念、商品市场观念、文明消费观念、照章纳税观念、服务质量观念等，需要借鉴和吸收，使其与中国传统美德相融合。做到以我为主，博采众长，为我所用。

第三，贴近生活，联系实际；启发引导，主体参与。

在建立社会主义市场经济体制的过程中，经济形式（主要指所有制形式）是多元存在。社会存在决定人们的社会意识，有多少经济形式就会有多少种意识形态。而这些形形色色的意识形态必然通过家庭和社会的各种渠道渗透到学校来，影响学生的思想品德。然而，我们的社会制度决定了学校德育工作必须坚持爱国主义、集体主义、社会主义主旋律的教育。那么在经济形式多元存在的情况下，如何坚持社会主义意识形态的一元导向呢？这是摆在学校德育工作面前的一个重点和难点问题。

我认为解决这个问题，必须转变我们的教育思想和教育方法，不要"一刀切"，要分层次；不要讲"高、大、空"，要讲"近、小、实"；不要只讲"应然"，要讲实然、应然、必然的统一。

第四，授之以知，动之以情；晓之以理，导之以行。

德育过程与智育过程是完全不同的教育过程，智育过程主要是传授知识，兼培养能力。而德育过程是由知到行的转化过程。因此，德育教材必须体现知、情、意、行诸环节，而不能单纯传授知识。要授之以知。德育教材必须有确的知识点，要求学生对政治、思想、道德、法纪、心理的概念要认、理解、掌握。同时要培养对社会象是非善恶的评价和判断的能力。

要动之以情。情感是人们对客鍪物是非善恶、美丑荣辱作出判断时引起的内心体验，是人们对事物的好恶、爱憎、亲疏的态度。学生只有对政治、思想、道德、法纪、心理方面的知识有了充分的认识，同时又怀有炽热的情感，如热爱、崇敬、赞美、亲近、向往等情感时，才会产生信念和意志，随之转化为相应的行为习惯。

要晓之以理。意志是人们使自己的动机、目的付诸行动而自觉努力的心理状态。坚强的道德意志来源于对道德目标的理性认识，理念和信念对意志的形成和发展具有重要的作用。因此，在德育过程中要晓之以理，以理服人，使学生对政治原则、思想观念、道德规范、法律规范形成理念和信念，自觉实践，这是正义的行动，是一种责任和义务。

要导之以行。道德行为是德育过程的最后环节，也是德育的最终目的。这里所说的行为是指人们在一定的政治忍忿道德的认识、情感、意志的支配下盲目的自觉的行为。习惯则是在道德行为的反复实践中形成的自然而然的行为。道德行为习惯不仅需要认识、情感、意志的支配，更需要训练和引导。因此，导之以行是德育过程不可缺少的重要环节。

总之，在由知到行的转化过程中，认识、情感、意志和行为习惯各个环节都具有一定的地位和作用。它们既有一定的发展顺序，又在操作过程中具有"多端性"。在德育实践中必须根据不同的德育内容，寻找不同的切入点，有的可以从动之以情入手，有的可以从导之以行开始。

6. 试论青少年思想政治教育[1]

把青少年思想政治教育工作作为一门科学来研究,是教育理论工作者和大学教师面临的一项十分紧迫而重要的任务。本文选择青少年思想政治教育的重要地位、内容特点和教育原则三问题作尝试性讨论,以增益于这个领域研究与实践的深入发展。

(一)青少年思想政治教育的重要地位

与思想政治教育最邻近的概念是思想政治工作,这个概念最早是刘少奇于1951年在第一次全国宣传工作会议上提出来的。1957年毛泽东在《正确处理人民内部矛盾的问题》中使用并阐述了这一概念。从中国共产党成立到现在,思想政治教育概念的形成,大致经历了政治工作——思想工作——政治思想工作——思想政治工作——思想政治教育这样几个阶段。

由政治工作和思想工作的分提到将两者合并为政治思想工作,表现出政治工作的深化,但在实际使用中也显示出不完善之处,这是因为把政治和思想按前后顺序组构成一个新的词组后,其含义变为比政治和思想更狭窄的政治思想工作;因为政治思想工作只表示政治工作中的思想工作,不能表示政治工作之中的非思想工作,更不能表示政治工作之外的思想工作。后来逐步使用的思想政治的提法,将词序变换了一下,由政治思想这种意思偏向一个方面的词组,变成了一个包含两个内容相对独立又相互联系的词组,由此,思想政治工作被作为一个科学的概念确定下来。思想政治教育概念的形成,体现出在理论认识上的深化和实践操作上的深入。思想政治工作是党的工作系统,表明它与党的各项工作的关系。而思想政治教育的概念更侧重和突出的是学科体系和科学理论的建设方面。[2]

面对即将进入21世纪的国际国内经济、政治、文化发展的深刻背景,青少年的思想政治教育已经处在关系国家和民族前途命运的地位上。从国际上看,一方面科学技术突飞猛进,知识经济已见端倪,国力竞争日趋激烈;另一方面,国际反社会主义势力对我国青少年一代进行分化和西化的图谋一天也没有放弃,西方个人主义思潮、价值观念和生活方式在扩大着传播和影响。国家综合实力的持续发展和社会主义事业的胜利越来越体现在青年一代的整体素质上。从国内看,随着改革开放和市场经济的深入发展,社会各层面出现了许多新情况、新问题。突出的问题是市场经济负效应带来的急功近利、唯利是图、见利忘义等拜金主义和极端个人主义对青少年的消极影响。社会政治生活中的消极腐败现象,商品生产中的假冒伪劣现象,经济生活中的坑蒙拐骗现象,文化生活中黄赌毒泛滥等现象,严重冲击着青少年的心灵。相当一部分人对马克思主义和共产主义理想的信仰,对建设有中国特色社会主义的信念,对改革开放和国家现代化建设的信心发生动摇。事实十分严峻地把人们的焦点集中到青少年的整体素质,特别是思想政治素质上。

如何培养具有坚定的民族品格和创新能力,面向21世纪的国际竞争性人才,使我们民族

---

[1] 本文曾发表在《中国青年政治学院学报》(核心期刊),2000年第4期
[2] 许启贤:《中国共产党思想政治教育史》,中国人民大学出版社,1999年。

永远立于不败之地,其根本途径在于全面推进素质教育。德育在素质教育中发挥着导向、动力和保证作用,德育是素质教育的首要任务。德育的内容包括政治教育、思想教育、道德教育、法纪教育、心理教育五大要素,其中思想政治教育是学校德育的核心和灵魂。江泽民同志指出:"思想政治教育,在各级各类学校都要摆在重要地位,任何时候都不能放松和削弱。要说素质,思想政治素质是最重要的素质。不断增强学生和群众的爱国主义、集体主义、社会主义思想,是素质教育的灵魂。""如果轻视思想政治教育、历史知识教育和人格培养,那就会产生很大的片面性,而这种片面性往往会影响人的一生的轨迹。"[1]

在国家和民族的发展中,思想政治教育是民族精神、民族凝聚力的根基。江泽民同志曾深刻指出:民族凝聚力"来自中华民族的优良传统,来自我们共产党人的崇高理想和社会主义制度的优越性,来自爱国主义、集体主义、社会主义和马克思主义教育。正确的世界观、人生观、价值观的确立,民族优良传统的发扬,共同理想和精神支柱的形成与巩固,科学文化水平的提高,都离不开教育工作,而这些都是我们民族凝聚力的重要基础和内容。"[2]江总书记在这里讲到的各项内容除科学文化知识外,都是思想政治教育的基本内容。

思想政治教育包括思想教育和政治教育两个方面。思想教育,就是对青少年进行辩证唯物主义和历史唯物主义的世界观和方法论教育,为人民服务的人生观、集体主义的价值观教育;政治教育主要是进行爱国主义、集体主义、社会主义教育和党的基本理论、基本路线和方针政策教育,以及时事政治教育。思想政治教育的结果,是培养青年一代正确认识世界、认识社会、认识人生,坚定对马克思主义的信仰,树立建设有中国特色社会主义,为把我国建设成为富强、民主、文明的社会主义现代化国家,为实现共产主义而奋斗的理想和信念。理想信念教育是思想政治教育的核心内容。科学有效的思想政治教育赋予个体的素质,是崇高的思想境界和完善的人格,是人生的动力源泉和精神支柱,这种素质扩充到一个国家、一个民族,则凝聚为伟大的民族精神和强盛的综合国力。

思想政治教育是我们党的优良传统和政治优势。从历史唯物主义和社会学、文化学、伦理学、教育学的视界中看,思想政治教育的科学价值在于:对在世界上构建一种代表无产阶级利益的先进的社会意识形态,促进经济基础和生产力的和谐发展,对优化人的社会化机制,对民族文化的继承借鉴与发展创新,对建立新型社会道德体系,塑造高尚人格,促进人的全面发展诸方面都具有深远的意义。

(二)青少年思想政治教育的内容特点

理想信念教育是思想政治教育的核心内容,认识思想政治教育的内容特点,要从理想信念与思想政治教育的关系中认识。二者关系概括起来说就是,理想信念是思想政治教育的结果,思想政治教育是理想信念形成的条件和基础。

第一,我们一般所讲的"理想信念教育",并非只是理想和信念两项教育内容,而应合乎逻辑地包含信仰教育。没有信仰教育的思想政治教育,可以说是没有灵魂的教育。第二,信念、信仰、理想都是人成长发展的精神动力,对于青少年来说,最现实、最切近的精神动力是理

---

[1] 《深化教育改革 全面推进素质教育》,高等教育出版社,1999年。
[2] 《深化教育改革 全面推进素质教育》,高等教育出版社,1999年。

想,因为理想既包含着信念、信仰,又是形象化、个性化的思想形式,最容易引起学生的动机、兴趣、愿望等心理活动。理想是个体成长的精神需求,理想以其稳定性和持久性指向人生的终极价值。

理想信念既是教育的内容,又是教育的结果。作为教育结果,其心理发生与形成机制并不是信念、信仰、理想的并列或简单相加,而是一种实现了三者高度融合、互为映现的精神状态。

说思想政治教育是理想信念形成的条件和基础,主要是指思想教育和政治教育的内容,在教育过程中从不同方面和谐地"内化"到人的思想意识中,形成信念、信仰、理想的思想形式和心理意象。

以政治教育中的爱国主义、社会主义教育为例。学生通过爱国主义教育,祖国的壮丽山河,勤劳勇敢的中华民族世代创造的物质文明和精神文明成果,以及我们民族反对民族和国家分裂,维护民族团结和祖国统一的不屈不挠的斗争精神等内容,就会以物质实体和心理表象等形式内化到学生的认知和情感世界,产生民族的自豪感、自尊心和自信心。我们民族在近代进行的前赴后继的反帝反封建斗争和经历的民族屈辱史,会激发学生热爱祖国、振兴民族的责任感和使命感。社会主义教育,在当代中国,爱国主义和社会主义,在本质上是统一的。社会主义制度为我国人民到达理想境界开辟了广阔道路。建国50年来,我国社会主义建设取得了伟大成就。近百年来无数爱国之士振兴中华的爱国理想,正在社会主义制度下成为现实。爱国主义和社会主义教育的内容纵贯历史和未来,真实、生动、具体、丰富,对学生爱国之情和报国之志的形成,并将报国之志化为报国之行确定了奋斗的内容和方向。

思想教育的内容特点,是从整体上提升人的精神境界。辩证唯物主义和历史唯物主义科学地揭示了宇宙、社会、人及其思维的本质和发展规律,是指导无产阶级和劳动人民改造自然、改造社会,完善自身,解放全人类,最终实现共产主义的理论体系,是科学的、系统的世界观。人生观是人们对人生目的、人生理想、人生意义的根本观点和认识。在科学的世界观指导下的人生观,是科学的最有意义的人生观。价值观是人们对各种价值现象比较系统的、稳定的、深层的观点或看法,价值观是包括价值关系的整合、价值评价的标准、价值取向选择在内的观念系统。除人生价值观外,一般还有政治价值观、经济价值观、道德价值观和职业价值观等。信念、信仰、理想都属价值观,理想集中体现了人生价值观。信念、信仰、理想是人的生命活动的精神支柱和动力源泉。

如果说政治教育为理想确立了人生奋斗的内容和方向,那么思想教育则通过科学的世界观、人生观和价值观牢固地确立了人生的信念和信仰,以科学的根据和强烈的意向支持了理想的内容,或者说,思想教育以其科学的思想理论,解释、支撑、强化和巩固了信念、信仰和理想。

明确了理想信念与思想政治教育的关系,还应该明确理想信念教育是一种"知行统一"的教育。完整的理想信念教育或思想政治教育还应统摄道德、法律、纪律和心理素质方面的教育。我们在"九五"规划国家级重点课题"整体构建学校德育体系"的研究与实验中,确定了由思想教育、政治教育、道德教育、法纪教育和心理教育这五要素构成的学校德育内容体系,就是在德育内容的完整性、规范性、系统性和科学性方面进行的探索。

围绕理想信念这个教育核心,来看德育内容五要素的特点及相互之间的关系,政治教育重点解决理想信念的内容方向问题,思想教育为政治教育提供理念支撑。思想教育和政治教育虽然各自都包含知、情、意、信、行的因素，但在总体特征上教育的重心在"信"。道德教育以培养自律的道德行为方式为重点，是实践理想信念的常态活动。法纪教育以"法"和"纪"的形式，通过他律保证思想、政治、道德教育内容的贯彻实施。道德、法纪教育各自都包含着知、情、意、信、行的要素，但在总体特征上重点在"行"。心理素质贯穿于思想、政治、道德、法纪教育各环节之中，起着调节、维持和统合的作用。德育内容的五项要素互相联系、互为基础，是一个知行协调统一的整体。

（三）青少年思想政治教育的基本原则

思想政治教育的原则属于在一般教育原则指导下的学科教育原则。思想政治教育原则的确定，是建立在两个层面的基础之上的。第一个层面是德育实践经验。德育经验是对德育实践活动的条理化、概括化总结，经验一般都包含着理性认识，是理论与实践相结合的思维结果。经验对实践活动具有一定的指导意义。第二个层面是德育规律。德育规律是在德育经验基础上的进一步抽象概括，是对德育过程中的客观的、必然的、稳定的联系和现象的揭示，是对德育活动的一种本质性的认识，因此，德育规律对德育活动具有普遍的指导意义。为了引导教师遵循和掌握德育规律，提高教育质量，实现教育目标，根据学科特点，德育理论对思想政治教育活动提出不同方面的要求，即思想政治教育原则或教学原则。教育原则的内容是客观的，其表达形式是主观的。思想政治教育原则对思想政治教育活动具有直接的指导意义。根据我们对本课题的研究与实践情况，这里归纳总结出五条青少年思想政治教育的基本原则。

1. 正面教育与自我修养相结合原则

正面教育是思想政治教育的基础和前提，其基本涵义是通过建立科学、系统的思想政治教育的目标内容体系，以学校德育课程为主导，以校内外其他教育渠道相配合，持续地对学生进行思想政治教育。其重点是解决学生对思想政治教育内容的认知。载负着国家意志的德育内容，只有通过自觉地、持续地"灌输"，才能从无到有，逐步印记在学生头脑中，成为培养思想道德素质的必要基础。"灌输"是一种教育意识，并非"填鸭式"的教育方式和空洞的政治说教。世界各国为强化本国意识形态，培育民族精神，无不重视国家思想观念的灌输。"以科学的理论武装人，以正确的舆论引导人，以高尚的精神塑造人，以优秀的作品鼓舞人"的主要特点，就是坚持正面教育。正面教育既是历史经验的总结，也蕴含着德育规律。《钢铁是怎样炼成的》对人超越时空的塑造和激励作用，中国革命战争时期的斗争与牺牲精神，伟大的"两弹"精神和"抗洪"精神的形成，都是正面教育的结果。榜样教育是正面教育的重要方法。其心理基础是道德思想和人格精神的现实化、情境化，因而最有助于移情和模仿心理的发生。榜样的类型主要有历史人物、先进典型和身边人物，教师榜样属身边人物。教师榜样的教育作用，取决于教师身教与言教的统一程度。

自我修养是正面教育的目的和自然结果。通过正面教育，德育内容内化为学生的道德意识。在这个环节中，教育的重点是引导学生将德育内容转化为自觉意识和自觉行为，以促进学生道德主体性的形成。传统德育方法中的"内省"、"慎独"所强调的就是德性的自我修养，是德育的至高境界。我们所说的自我修养，是个人在现实生活中知、情、意、行高度统一的自律能力。坚持正面教育与自我修养相结合原则，应体现授之以知、动之以情、晓之以理与导之以行相结合，统一要求与因材施教相结合。

2. 理论与实践相结合原则

这一原则是上一原则的细化。理论与实践相结合，强调处理好思想政治教育中理论学习与实践锻炼的关系，这一原则也称为理论联系实际的原则。理论联系实际包含几个不同的层面。一是理论与理论创立之初作为理论形成源泉的实际（如剩余价值理论与马克思选用的社会资料），在这个层面上，理论与实际的联系是不可分割的，具有规律性。与此相联系的是在学习理论时，仍需联系当时的实际，否则理论就难以被理解。二是学习理论时的当前实际，包括个人思想与生活实际，社会政治、经济、文化生活实际，国家民族发展实际，世界政治、经济、科技、文化发展实际。思想政治教育和道德、法纪、心理教育都要密切联系实际，才能在理论与实际之间，必然、实然、应然之间，理想与现实之间建立起意义联系，从而深化道德认知，强化信念、信仰，增强教育效果。江泽民同志向青年学生提出的"学习科学文化知识与加强思想修养的统一"、"坚持学习书本知识与投身社会实践的统一"、"坚持实现自身价值与服务祖国人民的统一"、"坚持树立远大理想与进行艰苦奋斗的统一"的希望，可以作为理论与实践相结合原则的指导性要求。

3. 继承与创新相结合原则

我国学校德育的内容，可以说是对人类社会最先进、最科学的思想体系的精选和浓缩。作为一种社会意识，其形成、存在、发展有其自身的规律。第一，社会意识发展变化与社会存在的不完全同步性。社会意识对社会存在的反映并不是完全一致的，有时落后于社会存在，有时又超前于社会存在，预见到社会未来发展趋势，如马列主义、毛泽东思想、邓小平理论；有些社会意识作为一种文化现象则可以超越历史和阶级的局限而成为人类永恒的意识现象，如中国传统道德中处理人与人、人与社会、人与自然关系中的合理思想。第二，社会意识发展具有历史继承性。每一历史时期的社会意识形态，都与前代人的思维成果有着继承关系。这种继承是在"源"和"流"的不断结合中进行的。从内容上说，社会存在是社会意识的"源"；同时，社会意识形态都保留着历史上流传下来的反映过去社会存在的意识材料，这就是社会意识的"流"。只有源和流有机结合在一起，社会意识的内容才能发展。社会意识的表现形态也是在源和流的结合中延续发展的。根据社会意识存在与发展规律，一方面，我们要珍视"厚德载物"、"自强不息"的传统道德和民族精神，经过科学整理和继承，构建新世纪思想道德和民族精神教育的内容方法体系；另一方面，面向世界，海纳百川，吸收借鉴，发展创新，实现"源"与"流"在新的历史阶段的和谐结合。这种在继承基础上的创新主要体现在三个方面：第一是观念创新，青少年的思想政治教育，既是一种规范教育，又是一种创新教育。创新教育即在思想政治教育中建立起培养学生创新精神和创新能力的教育活动内容，使创新成为理想信念的有机成分。第二是内容创新，思想政治教育内容要吸收人类创造的一切优秀文明成果，经过继承借鉴，创构出一个新的德育内容体系。第三是方法创新，青少年思想政治教育既要运用传统的行之有效的德育方法，又要注意使用现代信息技术，创作多媒体课程等现代化教育手段，使教育方法和教育过程律动着时代气息，富有新意。

4. 循序渐进原则

循序渐进原则根源于事物存在与发展的阶段性、层次性和整体联系的规律，是我国传统教育原则之一。循序渐进原则要求，根据青少年年龄和心理不同阶段发展特点、合理设计思想政治教育的内容和方法，体现出一个由浅入深、由低到高、由感性到理性、由具体到抽象的层次性。如爱国主义教育的内容可以分为三大实体：（1）祖国的自然实体；（2）祖国的人文实体；（3）国家的经济与政治实体。这三大实体中每一个实体又可分为三个层次，根据这三个层次的特点，可以分别作为小学、中学、大学的教育内容。以祖国自然实体包含的三个层次为例，第一个层次是个体的出生地，是儿童最早产生依赖和眷恋的处所，因此，小学生的爱国主义要从热爱家乡、热爱自己居住的村、镇和城市的教育入手。第二个层次是祖国的自然环境和国土资源，可以结合中学开设的地理课进行热爱祖国河山教育。第三个层次是个人与祖国自然实体的关系。这一层次的特点是对祖国自然实体的理性认识，可以结合大学生学习特点，对大学生进行保护、开发、利用祖国自然资源的责任意识教育。在爱国主义教育的方法上，要选择使用与不同阶段学生心理和教育内容相适应的方法，在各学段各年级形成科学有效的教育方法的层次序列。在理想信念教育中，将先进性要求与广泛性要求相结合，是循序渐进原则的一种体现。

循序渐进教育原则在我国传统教育理论中已有详细的阐述，而我国建国后学校德育的一个突出误区，就在于忽略甚至无视这一原则。在构建学校德育目标内容和途径方法体系中，循序渐进是体系科学化、规范化的重要依据和衡量尺度，因此，我们要进一步开展对这个问题的研究与实验。

5. 形式多样化原则

科学、丰富的思想政治教育内容，需要有丰富多样的教育形式为之服务。根据辩证唯物主义内容与形式辩证统一规律，青少年思想政治教育要努力研究教育形式问题。思想政治教育形式多样化包括：（1）教育内容载体多样化，如德育教材、各科教材、多媒体教材、图书资料、校园文化等，还包括每种载体在设计与表达方式上的多样化；（2）教育渠道多样化，如课堂教学、活动课、社会活动、家庭教育等；（3）教育方法多样化，如常用的讲授法、情感陶冶法、榜样示范法、说理疏导法、行为实践法、自我教育法、讨论法、谈话法、表演法等等。形式多样化原则追求有利于内容表达与理解的各种完美形式，但又不搞形式主义；提倡教师掌握、认识、创造多种教育模式，又不搞模式化。只有这样，青少年思想政治教育才能充满生机，不断发展。

7. 21世纪中国德育课程体系之建构[1]

在改革开放和建立社会主义市场经济体制的过程中，学校德育还有许多不适应的地方，还存在不少亟待解决的问题。如德育还没有形成一套科学化、系统化、规范化、相对稳定的传授体系；德育内容没有完全纳入大中小学的课程体系；大中小学的德育内容不同程度地存在着脱离学生实际，脱离社会生活实际的现象。

---

[1] 本文曾发表在《教育研究》（核心期刊），2000年第12期。

笔者认为，欲达到加强和改进学校德育工作、增强德育实效、提高德育水平之目的，必须整体建构现代德育课程体系，这是21世纪中国德育的大趋势。

一、理论的奠基

整体建构现代德育课程体系，必须建立在科学的理论基础之上。

（一）人的主体性理论

人的主体性是人与自然、社会、自我关系中所具有的主体地位和作用的哲学概括，是人在与客体的相互作用中得到发展的人的自觉能动性。具体表现在以下三个方面：（1）自为性。表现在主体对自己的存在和与客体的关系有明晰的意识，因而主体的活动具有明确的目的和方向。（2）自主性。表现在主体从自己的目的和愿望出发，主动地与客体发生关系和相互作用，通过支配和改造客体，使客体朝着有利于主体需要的方向发展。（3）能动性。表现在主体对活动方式和手段的自由选择，对活动条件的自觉认识和积极创造，对活动价值的多重追求和利用等。[1]人与自然的关系是人的主体性展开的最原始、最基本的方面。自然科学的发展是人对自然界这一客体认识、利用和改造的结晶。人与人的关系是一种特殊的主客体关系。无论是社会、集体或他人，都是人的一种存在形态或组织形式，都有其内在需要和合目的性的活动，因而都有主体和客体的两重属性，都是主客体的统一。人文社会科学特别是教育科学，是以人或社会为研究对象的科学，教育者和受教育者都具有主体和客体的双重属性，都是主客体的统一。教师是教育主体，学生是受教育主体，教师和学生应当互相尊重对方的主体地位。

在德育目标的确定上，不仅要考虑社会的要求，更要重视学生自身成长的需要。在德育内容的安排上，不仅要依据社会规范，更要遵循学生的年龄特征和品德形成发展规律。在德育途径和方法的运用上，不仅要发挥教师的主导作用，更要强调学生的主体参与。总之，在德育课程体系的建构上，要充分体现学生的主体性，"一切为了学生，为了一切学生，为了学生一切"。要改变传统德育课程的"以教师为中心，以教材为中心，以课堂为中心"的"旧三中心"，建构"以学生为中心，以活动为中心，以情境为中心"的现代德育"新三中心"。人与自己的关系是主体性表现的一个更为特殊的方面。在这里，一个人集主体和客体于一身，对象性活动的内容是对自己的认识、改造和发展。这一点对于发展学生的主体意识更为重要，是学生自为性、自主性、能动性的集中表现。现代德育课程应当充分发挥学生的主体性，教育和激励学生自尊、自爱、自信、自立、自强，引导和培养学生自订成长目标，自析成长环境，自寻成长动力，自开成长渠道，自研成长方法和自评成长效果，使他们成为自身全面发展的主人。

（二）人的社会化理论

人是社会的人，社会是人的社会。人的本质是一切社会关系的总和。[2]人与社会的互相联系，构成了一个辩证统一的整体，社会影响、制约、决定着人；人适应、利用、改造着社会。在社会中，人与人之间是以一定的社会关系为纽带联系起来的。人的社会关系可分为家庭关

---

(1) 吴灿华、詹万生主编：《人生哲理》，北京教育出版社，1998年。
(2) [德]马克思、恩格斯著，中共中央马恩列斯著作编译局编译：《马克思恩格斯选集》第1卷，人民出版社，1982年。

系、地缘关系、业缘关系、生产关系、政治关系、法律关系、道德关系、民族关系、阶级关系等。这些社会关系纵横交错构成了一个复杂的社会关系网，而每一个人就是这个无形的、庞大的社会关系之网上的一个"纽结"。正是在这些社会关系的长期影响、陶冶和制约下，才使一个自然人转变为能够掌握一定的社会文化，学会参与社会生活，履行某种社会角色行为的社会人。这个过程就是人的社会化过程。人生，从自然角度看，是人的生命活动的历程；从社会角度看，是人的社会化的过程；从人的主体意识和自身发展来看，是人对自然与社会的认识、适应、利用、改造的过程，也是一个人在立身处世中自我认识和自我完善的过程。[1]而教育特别是其中的德育在人的社会化过程中发挥着十分重要的作用。

在人的一生中，青少年时期是人的社会化最关键的时期。因此，小学、中学、大学阶段教育学生学会做人，学会待人接物和立身处世是十分重要的，是能够使人受益一生的。做人，相对于求知、健体而言是德育的概念。做什么样的人，根据社会对一代青少年的要求和学生成长的需要，我们确定了德育的目标和内容，概括起来说应当教育学生做一个文明礼貌、道德高尚的人；做一个知法懂法、守法用法的人；做一个不怕挫折，心理健康的人；做一个勇于进取，思想向上的人；做一个热爱祖国，有益社会的人。

（三）唯物辩证法的系统论理论

一般来说，系统论的基本理论原则有三个：其一，整体性原则，系统论始终把研究对象作为一个整体来对待，认为世界上的各种事物、过程都不是彼此孤立的杂乱无章的偶然堆积。整体的性质和规律只存在于各组成要素的相互联系、相互作用之中，而各组成部分孤立的特征和活动不能反映整体的特征和活动方式。这一理论原则用通俗的语言来表达就是：整体大于组成它的各部分之和。其二，有序性原则，系统论认为各种系统都是按严格的等级组织起来的，系统是分层次的，组成要素的排列是有规则的，每一个要素都处于一定的层次，都有一定的地位和作用。系统有序性表现着要素之间的相互联系是有机联系，而不是偶然堆积。其三，动态性原则，系统论认为任何系统都不是凝固不变的，而是运动变化的。系统正是在不断运动变化之中调整自己的要素和层次，使它们从无序到有序，以保证系统整体功能的实现。[2]

学校德育也是一个系统。从整体性原则来看，学校德育是由德育目标、德育内容、德育途径、德育方法、德育管理、德育评价等子要素系统构成的一个统一的整体。从有序性原则来看，学校德育是由小学德育、中学德育（含中等专业学校德育）、大学德育等子层次系统组成的一个统一整体。德育系统的整体就是以要素系统为纬，以层次系统为经有序排列、有机组成。从动态性原则来看，学生健康的心理素质，文明的行为习惯，良好的道德品质，科学的世界观、人生观、价值观，崇高的理想信念，坚定正确的政治方向，是通过小学、中学、大学等各个阶段的教育逐步形成的。总之，根据唯物辩证法的系统论原则，我们必须整体建构学校德育体系，德育的总体目标要统一制定，一以贯之，以保证在整个德育过程中要素结构的完整性和连续性。各教育阶段的具体目标的高低，德育内容的深浅和侧重点，德育途径和方法的选择，德育管理方式的运用，要针对学生不同年龄阶段的身心特点和理解接受能力的不同，由

---

[1] 詹万生主编：《待人处世艺术》，首都师范大学出版社，1985年。
[2] 谢龙主编：《现代哲学观念》，北京大学出版社，1990年。

浅入深，由低到高，由感性到理性，由具体到抽象，逐步提高，螺旋式上升，以保证各个教育阶段德育工作的层次性和渐进性。各个阶段都应有德育整体意识，总揽全局，加强相邻阶段的衔接，防止简单重复或脱节，以便发挥德育系统的整体功能，不断提高德育的整体效果。

二、建构的原则

（一）德育目标一以贯之，德育内容循序渐进

德育目标是国家对青少年儿童在政治素质、思想素质、道德素质、法纪素质、心理素质等方面所应达到的规格要求，是德育工作的出发点和归宿点。德育目标确定的依据，是从社会生活的实际出发，坚持面向现代化，面向世界，面向未来的方向；是根据国家对青少年儿童一代"德"的方面的要求，遵循青少年儿童自身成长的需要和品德形成发展的规律。

我国各级各类学校德育的总目标是：把全体学生培养成热爱祖国，具有社会公德、文明行为习惯，遵纪守法的好公民。在这个基础上，引导他们逐步树立科学的世界观、人生观、价值观，不断提高思想觉悟，成为"有理想、有道德、有文化、有纪律"的社会主义现代化事业的建设者和接班人。所谓"德育目标一以贯之"，就是指各级各类学校都要始终如一地坚持德育的总目标。

德育内容是为实现德育目标而确定和安排的特定的教育内容。德育内容的性质和构成由德育目标决定；德育内容的深度和广度为受教育者思想品德发展水平所制约；德育内容的针对性从学生思想品德存在的问题和现实社会的迫切要求出发。每个教育阶段都必须保证德育内容结构的序列性和完整性，同时又应该做到德育内容的渐进性和层次性。这就是"德育内容循序渐进"的要求。

小学德育课的内容以良好品德行为习惯的养成教育和"五爱"教育为重点。良好的品德行为习惯养成教育包括"自己的事情自己做"的个人生活习惯的培养、自己动手动脑的学习习惯的培养和小学生日常行为规范的训练。"五爱"教育要从爱父母、爱老师、爱同学逐步上升到爱人民，从爱家乡、爱街道、爱国旗国歌上升到爱祖国，从爱学习上升到爱科学，从自己的事情自己做上升到爱劳动，从爱护文具爱护桌椅上升到爱护环境、爱护公共财物。

初中德育课的内容以良好的心理品质教育、道德品质教育、遵纪守法教育为主。心理品质教育包括自尊自爱、诚实正直、勇敢进取和青春期心理健康等内容；道德品质教育要在小学"五爱"教育的基础上进一步进行爱祖国、爱人民、爱劳动、爱科学、爱环境的教育，中华民族传统美德教育，青春期性道德教育；遵纪守法教育，包括有关宪法、刑法、未成年人保护法等法律常识的教育，知法守法和运用法律武器保护自己合法权益的教育，遵守学校和公共场所的纪律和规章制度的教育。

高中（职高和中专）德育课的内容以人生观教育、理想教育和职业道德教育为主。人生观教育包括人生目的、人生态度、人生价值的教育，引导学生立志成才，报效祖国；理想教育要进行共同理想和最高理想教育，同时进行道德理想和成才理想、职业理想教育；普通高中要结合高考志愿进行升学指导教育，职业高中和中专技校要结合专业进行就业指导教育。

大学的德育课程除了要改革和加强马克思主义理论课和邓小平理论课之外，还要开设一系列人文社会科学的必修课和选修课。这些课程应包括政治学、法学、伦理学、心理学、人生

学。这些学科不应是原来专业意义上的纯理论学科,而应是德育意义上的应用学科,它旨在教育学生正确地认识社会,正确地认识人生,树立正确的法律意识、道德观念,树立科学的人生观、世界观、价值观,确立正确的政治方向。

(二)贯通古今,融会中西;继承借鉴,发展创新

当代中国教育改革和发展的指导思想是:面向现代化,面向世界,面向未来。德育作为整个教育的重要组成部分,同样要以"三个面向"为指针,贯通古今,融会中西,继承借鉴,发展创新。

中国是一个具有悠久历史和优秀文化传统的国家,素以"礼仪之邦"著称于世。在中国传统文化中,传统道德占有十分重要的地位。中国历代哲学家、思想家、教育家对道德教育的思考和论述源远流长,博大精深。虽然中华民族传统道德是在小农生产和封建宗法制度的基础上建立起来的,不可避免地带有保守性和局限性的一面。但是,只要我们坚持批判继承,取其精华,弃其糟粕,古为今用,发展创新的原则,就能剥去它的封建性的外衣,发现它的合理内核,使其成为建构新的德育体系的思想材料。

在中国悠久的文明史中,传统道德经过千百年的积淀,有些光辉的思想已构成了我们的民族之魂。例如"天下兴亡,匹夫有责"的爱国主义精神;"天下为公"、"修齐治平"的整体主义精神;"刚健有为、自强不息"的积极进取精神;"见利思义"、"先义后利"的价值取向;"富贵不能淫、贫贱不能移、威武不能屈"的浩然正气;"杀身成仁、舍生取义"的高风亮节;"勤劳简朴、诚实守信"的求实精神;"仁者爱人"、"成人之美"的友爱思想;"孝敬父母"、"尊老爱幼"的道德品质等等。这些民族之魂曾经哺育了中华民族亿万儿女的健康成长,曾经激励过无数志士仁人、英雄豪杰为民族的兴旺发达,为祖国的繁荣富强而写下了人生的壮丽篇章。毫无疑问,这些中华民族传统道德的精华,在社会主义现代化建设的今天也是值得继承和发扬光大的。在对待西方文化的问题上,我们有过正反两方面的经验。现在可以清醒地认识到,采取闭关自守、全盘否定,或崇洋媚外、全盘西化这两种极端的观点都是错误的。正确的态度应当是分析、鉴别、学习、借鉴、吸收、利用。对先进的科学技术和管理经验,要大胆地学习和引进;对文化艺术,它的形式可以学习、借鉴,内容可以改造、利用;对思想道德,属于人类共同心理、共同美感、共同道德方面的成果,也要大胆地学习和借鉴。特别是那些适用于市场经济的价值观念,如改革开放观念、民主法制观念、权利义务观念、公平竞争观念、效率效益观念、互利互惠观念、公关信息观念、商品市场观念、文明消费观念、照章纳税观念、服务质量观念等,更需要借鉴和吸收,使其与中国传统美德相融合。做到以我为主,博采众长,为我所用。总之,我们要批判、继承、弘扬、光大我国优良道德传统,同时还要学习、借鉴、吸收、利用西方优秀文明成果,并使二者有机结合起来,实现"山与海的拥抱",创造出有中国特色的社会主义德育体系。

(三)贴近生活,联系实际;启发引导,主体参与

我们的社会制度决定了学校德育工作必须坚持爱国主义、集体主义、社会主义主旋律的教育。在经济形式(主要指所有制形式)多元存在的情况下,如何支持社会主义意识形态的一元导向呢?这是摆在学校德育工作面前一个重点和难点问题。解决这个问题,必须转变教育思想和教育方法,不要"一刀切",要分层次;不要讲"高、大、空",要讲"近、小、实";不要只

讲"应然",要讲"实然、应然、必然"的统一。

比如,在处理个人与他人、个人与集体、个人与社会的关系上,我们主张集体主义,这是一元导向。但在实际生活中人们处理这种关系的时候却表现出各种态度和做法,概括起来至少有四个层次。第一层次是大公无私、公而忘私、舍己为人;第二层次是公私兼顾,先公后私、先人后己;第三层次是主观为自己,客观为别人;第四层次是损公肥私、损人利己。第一层次是高尚的,值得提倡的,是一元导向;第二层次是现行的道德原则和规范;第三层次是合理利己主义,在现实生活中普遍存在,我们不能简单地批判它,但需要引导向高层次发展;第四层次是极端利己主义,必须坚决反对。

在教育学生正确处理个人与集体、与社会的关系时,不能"一刀切",不能"高、大、空",不能只讲"应然",否则不符合社会生活实际,也不符合学生思想实际,容易使学生产生逆反心理,达不到预期的教育效果。德育工作不要从概念和理论出发,要从实际出发,尽可能贴近生活、贴近实际,离学生近一点,提出问题小一点,回答问题实一点。不但要讲"应然",要求学生应当怎样,而且还要讲"实然",告诉学生社会生活的实际情况怎样,让学生自己选择正确的答案。在教育思想上,我们主张"双主体"论,教师是教育主体,学生是受教育主体。应该发挥两个主体的积极性,让学生主动参与,而不是被动接受。当然,我们并不主张完全放任地让学生自由选择,老师的引导是很重要的。因此不仅讲"实然",而且还要讲"必然",告诉学生事物发展的必然规律是什么,引导学生按照社会生活的规律做事。

(四)授之以知,动之以情;晓之以理,导之以行

德育过程是知、情、意、行诸环节形成和发展的过程。只有知识传授系统,而无情感陶冶、意志磨炼、行为训练系统,不是完整的德育。因此,德育课程必须体现知、情、意、行诸环节,而不能单纯传授知识。

1. 授之以知。德育教材必须有明确的知识点,要求学生对政治、思想、道德、法纪、心理的概念要认知、理解、掌握。同时要培养对社会现象是非善恶的评价和判断的能力。

2. 动之以情。情感是人们对客体事物是非、善恶、美丑、荣辱作出判断时引起的内心体验,是人们对事物的好恶、爱憎、亲疏的态度。学生只有对政治、思想、道德、法纪、心理方面的知识有了充分的认识,同时又怀有炽热的情感,如热爱、崇敬、赞美、亲近、向往等情感时,才会产生信念和意志,随之转化为相应的行为习惯。青少年时期,心理发育还不成熟,情绪容易变化,情感极不稳定。因此,德育必须在动之以情上下功夫,培养学生积极、健康、丰富、深刻而又稳定的情感。

3. 晓之以理。意志是人们使自己的动机、目的付诸行为而自觉努力的心理状态。意志是一种内在的精神力量,具有果断性、坚韧性、自控性的特点。一个意志坚强的人,能经受住挫折和失败的考验,坚持正确方向去实现自己的目标;而意志薄弱者,则在困难和挫折面前畏缩不前。坚强的道德意志来源于对道德目标的理性认识,理念和信念对意志的形成和发展具有重要的作用。因此,在德育过程中要晓之以理,以理服人,使学生对政治原则、思想观念、道德规范、法律规范形成理念和信念,认识到自觉实践之是正义的行动,是一种责任和义务。

4. 导之以行。道德行为是德育过程的最后环节,也是德育的最终目的。这里所说的行为是指人们在一定的政治思想道德的认识、情感、意志的支配下有目的的自觉的行为。习惯则是

在道德行为的反复实践中形成的自然而然的行为。道德行为习惯不仅需要认识、情感、意志的支配，更需要训练和引导。因此，导之以行是德育过程不可缺少的重要环节。

总之，在由知到行的转化过程中，认识、情感、意志和行为习惯各个环节都具有一定的地位和作用。它们既有一定的发展顺序，又在操作过程中具有"多端性"。在德育实际中必须根据不同的德育内容，寻找不同的切入点，有的可以从动之以情入手，有的可以从导之以行开始。

8. 应建立德育活动课[1]

如何改变中小学德育工作存在的"薄弱"和"不适应"的状况呢？我认为必须加强德育工作的实践环节，建立一门德育活动课。

建立德育活动课是由德育的本质、特点和规律决定的。德育的本质是实践的。实践的观点是德育首要的、基本的观点。德育不同于智育，智育的任务是传授知识兼培养能力，它主要解决知不知、会不会的问题；而德育只到此并没有完结，它不仅要解决知不知、会不会的问题，而且更要解决信不信、行不行的问题，即不但要授之以知、晓之以理，而且还要动之以情、导之以行。德育过程是知、情、意（信）、行诸环节构成的，只有知识传授，而无情感陶冶、意志磨炼和行为引不是完整的德育。这就如同体育与智育不同的道理一样，体育如果只在课堂上讲授体育知识和理论，不让学生到体育场上去实际锻炼，怎能培养学生强健的体魄？同理，德育如果只重视知识传授，而忽视或轻视德育实践活动，怎能培养学生良好的思想品德？德育活动有多种形式，既有课堂德育活动，又有课外德育活动；既有校内德育活动，又有校外德育活动。其中主题班会、主题团队会是最直接的、最经常、最普遍的德育活动。它主题明确，针对性强，内容丰富多彩，形式生动活泼，是对学生进行思想品德教育的有效途径。主题班会、主题团队会应当形成制度，列入课程表，作为德育活动课的基本形式。

德育活动课要改变以教师为中心、以教材为中心、以课堂为中心的"旧三中心论"，树立以学生为中心、以情境为中心、以活动为中心的"新三中心论"。要充分尊重学生在德育活动中的主体地位，发挥学生的自主性和能动性，激励学生自尊、自爱、自信、自立、自强，使他们成为德育活动课的主角和全面发展的主人。教师则是幕后的策划和导演。比如小学一年级教学生学会礼貌用语"您好、谢谢、再见、对不起"时，不是老师在课堂上讲解这些内容，而是由老师创设情境，让学生在情境中演练，达到掌握运用。再比如在新疆等少数民族地区，讲到民族大团结时，也不是由老师在课堂上讲，而是由各族学生穿上各自的民族服装，在班会、团队活动中表演各民族的歌舞，讲各民族风情习俗。德育活动课的教材在编写体例上确立了设题、激发动机、创设情境、设计活动和导入评价等5层结构，并设置若干小栏目，小学有"说一说"、"议一议"、"做一做"、"想一想"等，中学有"自我测试"、"名言警句"、"各抒己见"、"说干就干"等，让学生设身处地，主动参与。从而避免了单纯传授知识、空洞讲授理论、死记硬背概念等脱离实际的倾向，增强了德育的科学性、针对性和实效性。

---

[1] 本文曾发表在《光明日报》2001年2月22日。

9. 心理健康教育的三个观点[1]

心理健康教育在中小学越来越受到重视。它的理论价值和实践意义也越来越得到证实。为此,我对心理健康教育的地位和和作用提出三个观点,就教于理论工作者和实际工作者。

首先,心理健康教育是素质教育的基本点。在第三次全国教育工作会议上,中共中央国务院作出了《关于深化教育改革全面推进素质教育的决定》。素质教育的根本宗旨是全面提高国民素质,核心是加强和改进德育工作,重点是培养创新精神和实践能力,基础是健康教育,其中包括身体健康和心理健康。毛泽东早年曾写过一篇文章,强调身体健康的重要性,他把身体比喻为"载智之舟"和"寓德之舍",进而得出结论:"无体即无德智也。"由此引申开来,我们有理由认为"无心即无德智也"。如果有一个人心理不健康,再好的德性,再高的智慧,也难以实现其应有的价值。国内外专家学者的研究都证明了这个结论。例如联合国世界卫生组织(WHO)关于健康的定义是:"健康不仅是没有疾病的表现,而是一种个体在身体上、精神上、社会上完全安好的状态。"哈佛大学教授丹尼尔·戈尔曼博士关于EQ(情商)的研究证明:"一个人的成功,IQ(智商)只占20%,而EQ(情商)占80%。"而情商(情感智慧)高低的关键是心理健康。

其次,心理健康教育是德育的生长点。随着改革开放和市场经济的发展,人们的心理压力越来越重,心理问题凸显出来。经济发展的不平衡造成人们收入差距的扩大,离婚率的上升造成单亲家庭子女的增多,升学择业的竞争造成了心理负担过重,使得青少年特别是高中生出现一系列心理问题,诸如自卑、孤独、紧张、恐惧、猜疑、忧郁、嫉妒、报复等不良心理状态,造成神经衰弱,精神分裂,甚至出现离家出走、杀人自杀等恶性事件。实践证明,解决这些问题,不是政治教育、思想教育、法纪教育、道德教育可以完全奏效的,因此需要在德育工作中增加和充实心理教育内容,这是新时期面临新问题德育内容的新拓展。心理教育不是要系统开设一门心理学课程,而是针对不同年龄阶段学生的心理特点和心理问题进行有针对性和实效性的心理健康和心理发展教育。重点是增强学生的心理适应能力、心里承受能力和心理调节能力,以一种健康的心理、良好的心境、积极的心态面对学习和生活。

第三,心理健康教育是德育与智育的结合点。过去,德育与智育往往存在"两张皮"现象,德育工作者曾经试图解决这个问题,把德育只局限在思想政治教育和道德品质教育范畴内,不能说没有进展,但总是收效甚微。现在把心理教育纳入德育范畴,就找到了解决这一问题的突破口。这是因为,心理教育既有德育心理又有智育心理,这二者相互依存,相互转化,互为条件,互相补充,辩证统一,相得益彰。我们知道智力活动的过程无非是观察、注意、记忆、想象、思维的过程。而这一过程必然伴以兴趣、爱好、情感、意志,乃至理想、信念、价值观。前者是智力因素,后者是非智力因素,二者的结合才是心理活动的全过程。健康的心理有助于智力因素和非智力因素的共同发展。可以认为,德育中的思想教育、政治教育、道德教育

---

[1] 本文是作者应《中小学心理健康教育》杂志之邀而作,曾发表于《中小学心理健康教育》,《中国德育》2003第6期转载。

和法纪教育对智力的发展虽然有关系，但不具有完全正相关的关系，而德育中的心理健康教育则对智力的发展具有完全的正相关关系。因此心理教育是德育与智育最好的结合点。

10. 中等职业学校德育课程教学大纲编写意见[1]

（一）德育课程教学大纲的性质、任务和意义

中等职业学校德育课程是对中等职业学校学生进行的政治教育、思想教育、法制教育、职业道德教育和职业指导的必修课程，是中等职业学校德育工作的主要途径和重要阵地。德育课程的设置，是我国学校社会主义性质的重要标志之一。

中等职业学校德育课程教学大纲，以邓小平理论为指导，对《职业道德与职业指导》《法律基础知识》《经济与政治基础知识》《哲学基础知识》等四门课的教育目标、基本要求、教学内容和课时分配做出科学、明确、扼要的规定。它对于规范德育课程的教学，帮助学生确立正确的政治方向，树立科学的世界观、人生观、价值观，增强遵纪守法意识，形成正确的职业观念和良好的职业道德品质，培养21世纪社会主义建设事业的高素质劳动者和初中级人才起着重要的导向作用。

中等职业教育德育课程教学大纲，是国家制定的指导中等职业学校德育课程教学的纲领性文件。它是教材编写与审查的基本依据，是教学内容与过程的基本依据，是教学督导与评估的基本依据，是学习考核与评价的基本依据。编写制定教学大纲对于中等职业学校德育课程建设具有重要意义。

（二）制定德育课程教学大纲的原则

1. 方向性与现实性相结合的原则

德育课程必须体现国家意志，坚持有中国特色的社会主义方向。实事求是，一切从实际出发，是马克思主义的精髓。德育课程教学大纲的编订必须从社会主义初级阶段和市场经济、改革开放的实际出发，坚持"三个面向"的方向，把方向性与现实性紧密结合起来。这一原则具体表现在教学内容上，不要"高、大、空、远"，而要"近、小、实、亲"；在命题方式上不要"大题小作"，而要"小题大作"；在叙述方式上不要"空洞说教"，而要"摆事实，讲道理"，从而增强德育课教学的针对性和实效性。

2. 学科性与综合性相结合的原则

人类的知识体系是以学科来划分的，德育课程的名称不可能完全摆脱学科性。然而，德育课程是一门综合性的应用学科，在教学内容上不能"过分强调学科体系，脱离时代性和社会发展以及学生的实际状况"，而应当强调和体现德育内容的综合性，把学科性与综合性紧

---

[1] 本文是作者担任教育部中等职业学校德育课程指导委员会副主任时向教育部职业教育与成人教育司提出的建议，其中的基本观点被教育部颁发的《中等职业学校德育课程教学大纲》所采纳。

密结合起来。这一原则表现在四门德育课应当是经济学、政治学、法学、伦理学与教育学、心理学的有机结合。即根据中职生的心理特点，运用教育学的基本原理对学生进行政治教育、思想教育、法制教育、道德教育和职业教育。

3. 理论性与实践性相结合的原则

用科学的理论武装人，是德育课的基本任务。没有理论，德育课就没有学科地位。然而，德育的本质是实践的，实践的观点是德育的首要的、基本的观点。当然，德育课不能等同于日常德育工作或德育活动，基本知识、基本理论是必须讲的。然而，德育课毕竟不能等同于智育课或文化课，这种不同点在于德育课不仅要像智育课那样解决学生知不知、会不会的问题，而且还要解决学生信不信、行不行的问题，即不但要授之以知，晓之以理而且还要动之以情、导之以行。因此必须把理论性与实践性紧密结合起来。这一原则首先体现在教学内容上，要适当降低理论的深度和难度，强调讲"基础"知识和"基本"理论；其次体现在教学要求上，不仅有"认知"或"识记"的要求，还应有"运用"或"行为"的要求；第三体现在课时分配上，不仅有课堂讲授和讨论的时间，还应有社会调查、参观考察等社会实践的时间。

4. 普遍性与特殊性相结合的原则

这里所谓的普遍性，是指作为高中学段对学生在德育课程教学内容上的共性要求。所谓特殊性，是指中等职业教育的特色，即职业特点和生源特点。把普遍性和特殊性紧密结合起来这一原则首先体现在四门课的教学内容上都要突出或增加职教特色；其次在教学内容的深度、广度上相对普通高中应适当简化和浅化；第三要考虑与初中思想政治课以及大学思想品德课、政治理论课相互衔接，避免脱节、倒挂和简单重复。

5. 继承性和创新性相结合的原则

德育课程是在以往政治课的基础上改革和发展而成的。我们要继承原政治课的成功经验和有益成果。适应社会主义现代化建设事业发展的新形势，适应国际政治、经济、文化发展的新变化，适应教育改革和发展的新要求，新的德育课程教学大纲要在原有的基础上有所前进，有所创新，把继承性和创新性紧密结合起来。这一原则首先体现在德育课对政治课的改革与发展上。新大纲不是修订、修补，而是改革，是重新制定。其次体现在课程改革的基本指导思想，即综合性和实践性上；第三体现在思想、政治、法律、道德建设最新精神和最新成果的运用上。

（三）编写德育课程教学大纲的范式

根据课程论的理论，教学大纲的编写有多种范式。依据德育课程的性质，结合我国教学大纲编写的经验，德育课程教学大纲编写应当包括教学目标、教学要求、教学内容、课时分配等项内容。

1. 教学目标

根据课程论的理论，教学目标从抽象到具体可分为宏观目标（一门课的总目标）、中观目标（每一章的分目标）、微观目标（每一节的具体目标）。根据我们的工作进程，考虑到可行性和现实性，建议本大纲暂制定宏观和中观两级教学目标，即每一门课制定一个总体教学目标；每一章制定一个分解教学目标。

2. 教学要求

教学要求是教学目标的具体体现。根据德育课的性质和德育课教学过程的一般规律以及课程论的基本理论，考虑到大纲编写的实际情况和需要，本大纲的教学要求可在每一章"教学目标"之后分别列出认知和运用两个方面的基本要求。"认知"可分为了解、识记、理解三个层次；"运用"可分为举例说明、分析判断、行为表现三个层次。

3. 教学内容

教学内容是为实现教学目标而确定和安排的特定的教育内容。教学内容的性质和构成由教学目标决定；教学内容的深度和广度为学生的年龄特征和思想品德发展水平所制约；教学内容的针对性从学生成长的需要和现实社会的迫切要求出发。本大纲的教学内容要求各门课程制定出章、节、目三级标题，第三级标题下列出若干基础知识和基本理论要点。

4. 课时分配

课时分配是达到教学目标、落实教学内容、实现教学要求的时间保障。根据《中等职业学校德育课程设置与教学安排的意见》，各门课的总学时分别为：《职业道德与职业指导》32~36学时；《法律基础知识》32~36学时；《经济与政治基础知识》64~72学时；《哲学基础知识》48~54学时。本大纲课时分配要求落实到每一章；每一章课时量的大小依据教学内容的多少而定。

11. 整体构建学校德育体系研究报告[1]

一、整体构建学校德育体系研究与实验的指导思想

本实验力求以马列主义、毛泽东思想、邓小平理论和党的十五大报告为指导，坚持解放思想、实事求是的思想路线，坚持唯物辩证法的系统原则，把小学德育、中学德育、中等职业学校德育、大学德育作为一个系统加以统筹规划，整体构建学校德育体系。这一德育体系，应当是面向21世纪有中国特色的德育体系，应当是代表先进文化前进方向的德育体系，应当是适应全面推进素质教育的德育体系。

（一）构建21世纪有中国特色的德育体系，必须坚持解放思想、实事求是的思想路线，坚持从市场经济建设的实际出发，坚持"三个面向"的发展方向

市场经济对学校德育工作具有双重效应：市场经济自主经营的原则激发了人的主体意识生成，同时诱发个人主义倾向；市场经济所有制形式的多元化促进了生产力的发展，同时利益群体的多样化必然导致价值取向的多元性；市场经济的效益原则增强了效益观念和求实精神，同时诱发了拜金主义和重利轻义倾向。尤其是在我国社会主义初级阶段，在生产力尚不发达，法制尚不够健全，市场经济体系有待进一步完善的情况下，学校德育工作希望与困难同

---

[1] 本文是全国教育科学"九五"规划国家重点课题"整体构建学校德育体系的研究与实验"结题报告的一部分。曾发表在《教育研究》（核心期刊），2001年第10期。

在,机遇与挑战并存。

面对这种情况,整体构建学校德育体系应当处理好德育的适应性与超越性的关系,教师主体性与学生主体性的关系,德育导向的一元化与道德实践的多元性的关系。

(二)构建代表先进文化前进方向的德育体系,必须坚持以马克思主义为指导,继承弘扬中华民族优秀传统文化,借鉴吸收国外优秀文明成果

德育体系作为一种综合性的道德文化,它的民族特色源于其母体传统文化的民族特性。中国古代哲学是本体论、认识论、道德论的统一,以伦理道德、人生价值的探究为中心,是一种伦理型的哲学体系。通观中国传统道德文化,我们可以总结归纳出最为典型的五个方面:(1)注重整体精神,强调为社会、为民族、为国家的爱国主义思想;(2)推崇仁爱原则,强调"自强不息"、"厚德载物"及人际和谐;(3)提倡人伦价值,强调个人在人伦关系中的权利和义务;(4)追求精神境界,向往理想人格;(5)重视修养践履,强调道德主体的能动作用。

西方社会在漫长的历史演变过程中,形成了区别于其他文化的主导精神和价值取向,这就是个性精神、科学精神、民主精神、法制精神、功利精神。这五种精神凝聚着西方文化的精华。

当代中国的先进文化就是以马列主义为指导,以培育有理想、有道德、有文化、有纪律的公民为目标,面向现代化、面向世界、面向未来的,具有鲜明民族特色和时代特点的社会主义文化。这种文化包括先进的思想道德和先进的科学文化两个基本组成部分,两者相辅相成。其中先进的思想道德作为社会主义意识形态,决定着整个文化的性质,支配着整个文化的前进方向。整体构建学校德育体系就是根据中国先进文化建设的整体内涵,继承弘扬中华民族优秀传统文化和革命道德传统,借鉴吸收国外优秀文明成果,做到"贯通古今,融会中西,继承借鉴,发展创新",构建适应我国先进思想道德建设的体现21世纪中国先进文化内容特点和前进方向的学校德育体系。

(三)构建适应全面推进素质教育的德育体系,就要以中央关于素质教育的精神为指导,突出提高国民素质的根本宗旨,致力于培养学生的创新精神和实践能力

素质教育要求全面提高学生的整体素质,包括思想道德素质、科学文化素质、身体心理素质、审美艺术素质和劳动技能素质等方面。德育肩负着培养思想道德素质的重要任务,在素质教育中居于首要的地位,对全面实施素质教育发挥着导向、动力和保证作用。加强和改进学校德育工作,增强德育工作的科学性和实效性,是实施素质教育的一个重要标志。整体构建学校德育体系,一是按照儿童和青少年的年龄特征,分别研究小学德育、中学德育、大学德育以及各级各类学校德育的衔接;二是将广义的德育分解为道德教育、政治教育、思想教育、法制纪律教育、心理教育等五个方面,分别研究各自的特点、规律、内在机制以及它们之间的相互关系,从而为全面提高学生的思想道德素质提供理论参照和实践操作的模式,为提高国民素质,培养学生的创新精神和实践能力奠定基础。

二、整体构建学校德育体系的理论基础

(一)德性论、德育论是整体构建学校德育体系的本体论基础

1. 德育的目的是培养和发展人的德性,人的德性具有整体性、主体性、实践性的特点。

德性的整体性不仅表现在德性的整体性与生活的整体性的全面关联,还表现在德性的形式结构与内容结构、德性的理性维度与情感维度的辩证统一。德性的形式结构是个体德性借以存在的形式。一般将德性的形式结构的诸多要素分解为认识、情感、意志和行为。德性的内容结构指在个体意识中所形成的具有一定内容的道德规范体系,是个体对社会道德规范体系的内化。德性的内容结构就其纵向来看是由思想道德信念、原则和规范构成的;就其横向来看则是政治品质、思想品质、道德品质、法纪品质、心理品质等构成的。德性的形式和内容是不可分的,一定的内容总是寓于一定的形式之中,而一定的形式总是具体表现为具有某种内容的形式。

德性的主体性,从哲学意义上讲,主体是人,客体是实践对象。作为道德的载体,教师和学生都应是道德主体。道德主体主要是个体以认识、肯定、发展和完善自己为己任的。德性的形成与发展是道德主体的一种实践活动过程,其实质是学生主体在教师主体帮助下,消化、吸收、实践德育内容的过程。在此过程中,学生处在一定社会和自身成长的发展阶段,受社会环境和自身道德发展规律的制约。然而,道德认识的发展,道德情感的提升,道德行为习惯的养成都由学生自主完成,具有不可替代性。

德性的实践性主要表现在知与行的关系中。关于知与行的关系,中国古代哲学尤其是德哲学对此有十分深入的思考与论述。总的说来,知行统一的主张是一个基本的取向。

2. 德性的整体性、主体性和实践性,内在地规定了德育的整体性、主体性和实践性。

德育的整体性首先表现为德育内容的整体性,德育内容是一个集合概念,它是政治教育、思想教育、道德教育、法纪教育、心理教育相互联系,互相渗透,互为条件,互相制约构成的统一体。其次表现为德育过程的整体性,德育过程是以形成受教育者一定思想品德为目标,由教育者与受教育者共同参与的教育活动过程。德育过程不同于智育过程,一是体现在教育者的组织、教育、引导与受教育者能动地认识、体验和践行的双向互动关系。二是体现在授之以知、动之以情、晓之以理、导之以行的全过程。只有知识传授,而无情感陶冶和行为引导不是完整的德育过程。三是表现为德育管理的整体性,学校德育管理是由管理者与被管理者、德育目标与内容、德育途径与方法、德育督导与评价等要素组成的整体。德育工作者要树立整体性德育观,着眼于德育系统的整体功能。

德育活动中存在着教育主体和受教育主体,所以德育的主体是双主体。教师的主体性体现在对德育目标、内容的正确把握和对德育途径、方法的正确运用上;学生的主体性体现在对德性的形成和发展的自觉意识和对德育活动的主动参与上。在德育过程中,教师主体和学生主体双向互动,共同实现德育目标。

德育的本质是实践的,实践的观点是德育首要的基本的观点。德育的实践性首先体现在德育目标在本质上是实践的,德育目标包括认知目标、情感目标和行为目标,归根到底要落实到学生的德行上,只有学生践行、践言了,德育目标才算最终实现了。其次,德育过程本身是实践活动。德育活动有多种形式,既有课堂德育活动,又有课外德育活动;既有校内德育活动,又有校外德育活动。这些德育活动是学生品德形成和发展的有效途径。再次,德育实践活动及学生在活动中形成的道德实践能力是学生品德评价的根本标准。

(二)系统科学是整体构建学校德育体系的方法论基础

1. 系统科学的基本理论原则

系统科学的思想原则和方法主要体现在整体性、有序性、动态性、开放性和最优化等几个方面。整体性是指认识主体始终把研究对象视作一个整体对待,认为世界上的各种事物、过程都不是彼此孤立的杂乱无章的偶然堆积,而是一个合乎规律的、由各要素组成的有机整体。系统整体的性质和规律只存在于各要素的有机联系和相互作用之中,各要素的孤立活动的特征不能反映系统整体的功能和特征,整体大于组成它的各部分之和。

系统的有序性、和谐性是指系统内部要素组织结构的层次性、等级性及其相互联系、相互作用的和谐性。所有的系统都由要素构成,系统和要素的区分是相对的,一个系统只有相对于构成它的要素而言才是系统,而相对于由其他事物构成的较大系统而言,它又是一个要素,也可称为一个子系统或分系统,因此,系统具有层次性和等级性,系统中要素的组织结构方式,相互联系、相互作用的和谐程度,决定着系统的功能。

系统的动态性和开放性是相互联系的,任何系统都不是凝固不变、孤立存在的,系统总是在同外部环境的相互作用中调整着自己的要素和结构,系统是在从无序到有序、低序向高序和从有序又向无序的反复过程中,以整体性的运动方式得以形成、演化和发展的。最优化是用系统科学方法研究问题的最终目标。

总括起来说,系统科学研究方法始终立足于从要素、结构、功能与所处环境的相互联系和制约的关系中,分析系统中各要素的结构功能,有意识、有目的地使系统内各要素达到最佳建构和配置,以求系统形成结构最优和功能最优的整体效应。

2. 学校德育系统的层级结构

根据德育系统的性质和特点,参考系统科学关于系统分类的研究方法,我们按照"子系统"和"分系统"这样两种方式来划分学校德育系统的层级结构。子系统主要反映系统的等级性,即系统的每一等级包含有相对独立的多个子系统,系统可以视为在这些子系统的相互联系中产生的整体。我们可以把大、中、小三个学段的德育工作作为三个相对独立的子系统,三者的集合构成学校德育系统。三个学段是学校德育系统的第一级子系统,在每个学段中,各年级德育工作是学段德育系统的子系统,即第二级子系统。第三级子系统是班级德育工作。

所谓分系统,是指系统的各级子系统在某些方面具有意义关系或实体联系,由这些意义联系的方面或有贯通性质的要素以一定秩序组织起来的系统构成所属系统的分系统。就学校德育系统的构成要素来看,无论哪个学段的德育工作,都可以分成德育目标、内容、途径、方法、管理、评价六个方面,当我们把这六个方面作为各级子系统中的共有因素进行贯通性研究时,就形成学校德育系统的六个分系统。子系统与分系统的关系可以通俗地称为"块"与"条"的关系。

3. 学校德育体系的整体构建

整体构建学校德育体系就是以德性论、德育论、系统论为理论基础,以德育的目标、内容、途径、方法、管理、评价六个分系统为纬,以大、中、小学德育工作三个子系统为经,横向贯通、纵向衔接、横纵交织,进而构成一个时间上具有全程性,空间上具有全面性,能够产生更大整体效应的德育系统——学校德育体系。这是一项较大规模的系统工程。

为便于对这个体系整体构架的观念把握，这里用模型法图示如下：

	德育目标	德育内容	德育途径	德育方法	德育管理	德育评价
大学德育						
中学（中职）德育						
小学德育						

三、整体构建学校德育体系的研究内容和方法

整体构建学校德育体系的研究内容，是根据本课题研究的指导思想和德性论、德育论、系统论的原理，研究德育目标、德育内容、德育途径、德育方法、德育管理、教育评价六个子体系的纵横两个方向的整体构建。

（一）德育目标体系的构建

1. 确定德育目标的依据

德育目标是党和国家对青少年儿童在政治素质、思想素质、道德素质、法纪素质、心理素质等方面所应达到的规格要求，是德育工作的出发点和归宿点。德育目标确定的依据，是从建设有中国特色社会主义的实际出发，坚持面向现代化、面向世界、面向未来的方向；是根据党和国家对青少年儿童在"德"的方面的要求，遵循青少年和儿童品德形成和发展的规律。德育目标要力求达到方向性与现实性的统一，党和国家的要求与青少年成长自身需要的统一。

我国各级各类学校德育的总目标是：把全体学生培养成热爱祖国、具有社会公德和文明行为习惯、遵纪守法的好公民，在这个基础上，引导他们逐步树立科学的世界观、人生观、价值观，不断提高社会主义思想觉悟，成为有理想、有道德、有文化、有纪律的社会主义现代化事业的建设者和接班人，并为使他们中的优秀者在将来成长为具有共产主义觉悟的先进分子奠定基础。

2. 构建德育目标体系的要求

(1)总体目标，一以贯之；(2)学段目标，各有侧重；(3)年级目标，具体明确；(4)情意兼顾，知行统一。

（二）德育内容体系的构建

1. 确定德育内容的依据

德育内容是为实现德育目标而确定和安排的特定的教育内容。德育内容的性质和构成由德育目标所决定；德育内容的深度和广度为受教育者年龄特征和思想品德发展水平所制约；德育内容的针对性从学生成长的需要和现实社会的迫切要求出发。

2. 构建德育内容体系的要求

(1)德育内容；循序渐进；(2)德目规范，形成序列；(3)要素完整，层次清楚；(4)注意衔接，螺旋上升。

（三）德育途径体系的构建

1. 德育途径的涵义

德育途径是对学生实施德育影响的渠道，是实现学校德育目标，落实德育内容的组织形式。德育途径体系是以完成德育任务、提高德育实效为目的，以我国的国情和各级学校德育工

作的实际情况为依据而提出的。学校德育主要途径包括：思想品德和思想政治课、其他各科教学、三育人（教书育人、管理育人、服务育人）、班主任工作、党团队和学生会工作、劳动与社会实践、课外活动、校外教育、校园文化建设、心理咨询和职业指导、家庭与社会教育等。

2. 构建德育途径体系的要求

(1)德育途径，对应内容；(2)一项内容，多条途径；(3)有主有辅，协调配合；(4)分工合作，形成合力。

(四)德育方法体系的构建

1. 德育方法的涵义

德育方法是完成德育任务的手段。

在课题研究与实验中，德育工作者总结和创造出丰富多样的德育方法，概括起来分为四类18法：(1)以语言说理形式为主的方法，包括谈话法、讲授法、讨论法、辩论法、演讲法等；(2)以形象感染形式为主的方法，如典型示范法、情感陶冶法、影视音像法、小品表演法等；(3)以实际训练形式为主的方法，如社会实践法、调查访问法、参观考察法、常规训练法、大型活动法等；(4)以品德评价形式为主的方法，如奖惩激励法、表扬鼓励法、评比选优法、操行评定法等。

2. 构建德育方法体系的要求

(1)根据内容，对应途径；(2)多种方法，优选组合；(3)辩证思维，法无定法；(4)留有余地，鼓励创新。

(五)德育管理体系的构建

1. 德育管理的涵义

德育管理是协调实施德育的组织之间、组织与德育工作者之间的关系，以保证增强德育实效，完成德育任务，实现德育目标。它是整个德育工作的指挥和保证系统，具有协调、组织、实施和评价的功能。

德育管理体系的构建，包括领导体制、法规政策、规章制度、队伍建设、督导检查、考核测评等项内容。

2. 构建德育管理体系的要求

(1)理顺健全领导体制；(2)稳定提高教师队伍；(3)建立健全规章制度；(4)形成学校、家庭、社会德育网络。

(六)德育评价体系的构建

1. 德育评价的涵义

德育评价是根据国家对于学校德育的政策、法规、文件、德育大纲等的要求对学校德育工作的条件、过程和绩效进行的价值判断。德育评价对德育工作起着重要的导向作用。

德育评价体系的构建，包括教育行政部门对学校德育工作的评价、校长对班级德育工作和任课教师教书育人的评价、班主任及教师集体对学生个体的品德评价三部分内容。

2. 构建德育评价体系的要求

(1)三级评价，体系健全；(2)指标体系，科学简明；(3)认真研究评价原则；(4)正确掌握评价方法。

德育评价的难点是量化的指标体系，指标体系一般包括一级指标、二级指标、三级指标（具体标准）、权重、评价方法等项内容。既要具有科学性和系统性，又要具体、简明，具有可行性和可操作性。

四、整体构建学校德育体系的研究结论

（一）广义理解德育概念，提出了德育内容的"五要素说"

我们对德育概念的界定是：德育是指教育者按照一定社会的要求，有目的、有计划、有组织地对受教育者进行系统的影响，通过教育者和受教育者双主体在实践活动中的互动，把一定社会的政治准则、思想观点、道德规范、法纪规范和心理要求，内化为受教育者个体的政治素质、思想素质、道德素质、法纪素质和心理素质的教育。德育内容包括"五大要素"，即政治教育、思想教育、道德教育、法纪教育和心理教育。这"五大要素"各有自己的特定内涵，但又互相联系，互相渗透，互为条件，互相制约，构成了德育内容的统一体。

（二）系统研究德育体系，提出了"整体构建德育体系"的理论

根据系统论，我们认为学校德育也是一个系统。整体构建学校德育体系，就是要使德育目标、德育内容、德育途径、德育方法、德育管理、德育评价等要素系统横向贯通，环环相扣，形成合力，以保证在整个德育过程中要素结构的完整性和连续性。同时，使小学德育、中学德育（中职德育）、大学德育等层次系统纵向衔接，分层递进，螺旋上升，以保证各个教育阶段德育工作的层次性和渐进性。各个教育阶段都应有德育整体意识，总揽全局，加强相邻阶段的衔接，防止简单重复或脱节，以发挥德育系统的整体功能，提高德育工作的整体效果。

（三）主张德育文化融合，提出"贯通古今，融会中西，继承借鉴，发展创新"的思想

中国思想文化的发展战略是：以马克思主义为指导，以中华民族优秀传统文化为根基，吸收和借鉴世界各国一切有价值的文明成果，整合出代表先进文化前进方向的有中国特色的社会主义新文化。德育文化作为中国文化的一部分，我们主张通过中西文化的融合，构建"贯通古今，融会中西，继承借鉴，发展创新"的21世纪有中国特色的社会主义学校德育体系。

（四）重视德育实践环节，提出建立"德育活动课"的观点

德育的本质是实践的。实践的观点是德育首要的、基本的观点。德育不仅要解决知不知、会不会的问题，而且更要解决信不信、行不行的问题，即不但要授之以知、晓之以理，而且还要动之以情、导之以行。德育过程是知、情、意（信）、行诸环节构成的，只有知识传授，而无情感陶冶、意志磨炼和道德践行不是完整的德育。德育活动有多种形式，既有课堂德育活动，又有课外德育活动；既有校内德育活动，又有校外德育活动。其中主题班会、主题团队会是最直接、最经常、最普遍的德育活动。它主题明确，针对性强，内容丰富多彩，形式生动活泼，是对学生进行思想品德教育的有效途径。主题班会、主题团队会应当形成制度，列入课程表，作为德育活动课的基本形式。

（五）尊重学生的主体地位，提出德育"新三中心论"

现代德育主张"双主体论"，即教师是教育主体，学生是受教育主体，教师和学生应当互相尊重对方的主体地位。在德育目标的确定上，不仅要考虑社会的要求，更要重视学生自身成长的需要。在德育内容的安排上，不仅要依据社会规范，更要遵循学生的年龄特征和品德形成

发展规律。在德育途径和方法的运用上,不仅要发挥教师的主导地位,更要强调学生的主体参与。在德育管理和评价上,要激励学生自尊、自爱、自信、自立、自强,引导和培养学生自订成长目标,自析成长环境,自寻成长动力,自开成长渠道,自研成长方法,自评成长效果,使他们成为自己全面发展的主人。在德育过程中要改变传统的"以教师为中心,以教材为中心,以课堂为中心"的"旧三中心论",建构"以学生为中心,以情境为中心,以活动为中心"的"新三中心论"。这一点对于发展学生的主体意识更为重要,是学生自为性、自主性、能动性的集中表现。

三、"九五"时期课题研究成果简介

1.《德育》系列实验读本

《德育》系列实验读本共19册,从小学入学到大学毕业每个学年一册。其中小学6册,初中3册,高中3册,中等职业学校3册,大学4册。它是"九五"教育科学规划国家级重点课题——"整体构建学校德育体系的研究与实验"的阶段性成果。参加《德育》系列读本研究编写的人员,是由10余个省市(自治区)实验区的德育科研人员、德育行政领导和第一线的德育教师共100多人组成的"三结合"编写队伍。总课题组组长詹万生任总主编,总课题组核心成员、各学段负责人王宝祥、关鸿羽、宁武杰、闵乐夫、齐欣、徐安德、李书华、魏续臻等分别担任小学、初中、高中、中职、大学的主编,有关实验区、实验校负责人分别担任各分册主编。1998年由人民出版社出版,此后曾三次修订再版。《德育》系列实验读本经过"九五"、"十五"历时近十年的广泛而深入的实验,取得了明显的效果,受到了实验区和实验校广大师生的普遍欢迎和高度评价,它不仅为新课程改革提供了理论参考和实践模式,也为"十一五"规划编写《和谐成长》奠定了基础,是和谐德育实践模式的奠基之作。

(一)《德育》读本研究实验的背景

研究编写《德育》系列实验读本是詹万生1997年7月在全国教育科学"九五"规划国家重点课题"整体构建学校德育体系"开题报告提出的一项研究内容。整体构建学校德育体系的总任务是整体构建小学、中学、大学一体化的德育目标和内容体系、德育途径和方法体系、德育管理和评价体系。关于德育目标和内容体系的构建,基本思路是根据系统论的原理把德育的要素结构和层次结构划分出来,依据各个年龄阶段学生的心理特点及品德形成发展规律,由低到高、由浅入深、由近及远,由具体到抽象,由感性到理性,螺旋式上升,规划出从小学一年级到大学毕业每一个年级的德育内容。在此基础上编写一套德育实验教材在实验区和实验学校进行实验。构建体系和实验教材的关系:(1)教材是体系的一个载体,是体系的具体化和体系的实施。如果只有体系,没有教材,只是一个空架子,难以落实,难以操作。本课题不是纯理论研究，而是决策性、实践性研究。为使课题实验落到实处，便于实验校操作，需要先编教材。(2)教材是体系的主要实施途径，不是惟一途径。但只有有了主要实施途径之后，才能谈得上其他途径的协调配合，形成合力，实现教育影响一致性的原则，避免各唱各的调，削弱教育的整体功能。

编写这套德育实验教材是构建学校德育内容体系的需要，同时也是针对当时思想政治课存在的问题而提出的。1997年前后学校开设的思想政治课基本上是政治理论教育，它不能涵盖德育的全部内容，存在着脱离学生思想实际的问题，不能很好遵循学生思想品德形成和发展的规律，不能贴近生活、贴近实际，不能很好地回答学生所关心的实际问题，不能对学生思想品德的发展有直接的帮助。因此，根据德育课程存在的问题和构建学校德育体系的需要，詹万生提出设立一门德育活动课，编一套德育实验教材，使它成为思想政治课的有益补充，并且与思想政治课共同成为德育内容实施的一个主要渠道，一个主要载体。关于由谁来教，什么时间教问题，经过研究大家认为可以把授课主体定为班主任，授课时间定为班会，或活动课的时间。这个定位得到了绝大多数实验区校的认同。北京市朝阳区教育局李观正局长介绍了全区班主任工作经验，认为课题研究对班主任工作要从经验型转向理论型，从随意性转向计划性，从盲目性转向科学性，从零散性转向系统性，会有很大的支持和帮助。这不是给班主任和学生增加负担，而是减轻了负担，因为给他们提供了一个教材、资料、活动方案，解决了班主任的一大难题。

(二)《德育》系列实验读本的编写与修订

编写《德育》系列实验读本的指导思想是：以邓小平理论和党的十五大报告为指导，贯彻落实《中共中央关于进一步加强和改进学校德育工作的若干意见》，坚持解放思想，实事求是的思想路线和唯物辩证法的系统论原则，整体构建小学、中学(中等职业学校)、大学的德育内容体系。德育内容体系的构建，就是把德育内容的要素结构和层次结构划分出来，以五大要素（即政治教育、思想教育、道德教育、法纪教育、心理教育）为纬，以各项要素的不同层次为经，按照整体性、有序性、动态性的原则，把它们有机地结合起来，依据学生不同年龄阶段的身心特点，知识水平和品德形成发展规律，由浅入深，由低到高，由近及远，由具体到抽象，由感性到理性，螺旋式上升，构建从小学一年级到大学毕业每个年级的德育内容，全面提高学生的思想道德素质，克服小学、中学、大学德育内容的倒挂、脱节、过频变动和不必要的重复，形成科学化、系统化、规范化、相对稳定的德育内容体系。《德育》系列实验读本就是德育内容体系在各级各类学校贯彻实施的一个载体。

经过反复研究，这套读本定位在供德育活动课使用，是对思想品德课和思想政治课的有益补充。在小学、中学和中等职业学校主要是利用班会、团队会活动课进行实验，目的是使班主任、团队工作从经验型转向理论型，从随意性转向计划性，从盲目性转向科学性，从零散性转向系统性，以提高德育水平，增强德育实效。当前基础教育的紧迫任务，是实现由"应试教育"向"素质教育"转轨。德育不仅是素质教育的重要组成部分，也是推动素质教育的重要措施。这套《德育》系列读本不但是落实德育内容体系的一个载体，而且是实施素质教育的一个渠道。《德育》系列读本的编写目的，从根本上说就是为建立21世纪素质教育的课程体系探索一条德育课程的路子，为培养新世纪的社会主义事业的建设者和接班人做出贡献。

1997年，詹万生在开题报告中提出了德育活动课的教材——《德育》系列实验读本的编写原则：(1)德育目标，一以贯之；德育内容，循序渐进。(2)贯通古今，融会中西；继承借鉴，发展创新。(3)贴近生活，联系实际；主体参与，避免说教。(4)授之以知，晓之以理；动之以情，导之以行。(5)精练优美，喜闻乐读；图文并茂，生动活泼。

1998年会暨第二届学术研讨会，詹万生又把《德育》系列实验读本的特点概括为10条：(1)定位的准确性和正确性；(2)德目的规范性和序列性；(3)概念的科学性和准确性；(4)内容的系统性和层次性；(5)观念的时代性和继承性；(6)方法的多样性和灵活性；(7)过程的完整性和多端性；(8)选材的鲜活性和典型性；(9)文字的规范性和准确性；(10)插图的生动性和趣味性。

1999年会暨第三届学术研讨会上，詹万生把《德育》系列实验读本的施教原则概括为德育活动课的"新三中心论"，即以学生为中心，以活动为中心，以体验为中心。

2000年，《德育》读本进行修订。詹万生在《德育系列实验读本修订意见》中提出：认真贯彻和落实第三次全教会精神和《中共中央国务院关于深化教育改革全面推进素质教育的决定》，以培养创新精神和实践能力为重点，加强德育活动课的综合性和实践性，实现《德育》读本的自我超越。修订后的《德育》读本在保持原版特色的基础上又有了新的突破，主要表现在两个方面。

第一，在结构体例上的再创新。本次修订，各学段、各册的主编和全体编写人员认真研究了实验教师在第二届、第三届年会上参评的实验报告、修订意见、教案教参、活动方案、教学随笔等获奖成果，在修订过程中最大限度地采纳了他们的意见，浓缩了众多实验教师的创造。修订本在编写体例上进行了多方面的探索，根据德目序列和教学重点，在课题设置、创设情境、激发动机、讲授知识、道德思维、活动安排、行为训练和品德评价等环节都进行了精心的设计，强化了学生主体，具有鲜明的活动性、实用性和可操作性，将有助于进一步提高德育实效。

第二，在内容体系上的新飞跃。本次修订在内容设计上突出了综合性和实践性。综合性体现在三个方面：一是德育内容的综合性，即把政治教育、思想教育、道德教育、法纪教育、心理教育五大要素融为一体；二是德育过程的综合性，即把知、情、意、行融为一体；三是德育体系的综合性，即把德育目标、内容、途径、方法、管理、评价融为一体。实践性体现在两个方面：一是读本内容不是单纯的知识体系，而是综合性的操作体系；二是教学过程不以认知为主，而以活动为主；进一步避免了单纯传授知识，空洞讲解理论，死记硬背概念等脱离实际的倾向。

(三)《德育》读本对新课程理念的影响

《德育》读本自1997年至2001年的研究实验在活动理念和实践模式等方面产生了多方面的研究成果，在全国产生了广泛的影响，也为新课程改革提供了理论参考。教育部于2002年4月颁布了小学《品德与生活》、《品德与社会》新课程标准，于2003年5月颁布了初中《思想品德》新课程标准。新课程标准在课程性质和教育理念方面的表述与《德育》读本的研究理念是基本一致的。《品德与生活课程标准》提出："必须充分关注低年级课程在形态、内容及教与学的方法等方面与中、高年级及幼儿园阶段的区别与衔接，构建符合本阶段儿童身心发展特点和素质教育精神的课程。"其中对低年级德育内容和教学方法与中、高年级及幼儿园阶段的"区别"与"衔接"的论述，《品德与社会课程标准》关于"综合交叉、螺旋上升"的课程设计思路,与整体构建学校德育体系提出的"横向贯通、纵向衔接、分层递进、螺旋上升"的思想是一致的。《品德与生活课程标准》和《思想品德课程标准》提出的生活性、开放性、活动性、实践性的课程性质与《德育》读本实验提出的"以学生为中心、以情境为中心、以活动为中心"的"新三中心","贴近生活、联系实际、启发引导、主体参与","近、小、实、亲"等德育活动课理念都存在着相互吻合的一致性。

(四)《德育》读本对德育新教材编写的影响

《德育》读本成书于1997年,经过几年的实验在全国一定范围产生了很大影响。新教改制订的《思想品德》课程标准出台于2002年。两者在教学内容、设计思路、体例结构、呈现方式上有许多相似之处,应当说《德育》读本的研究与实验为新教改制订的《思想品德》课程标准提供了可资借鉴之处。

在课程的教学内容方面,整体构建德育体系研究根据德性论原理认为人的思想品德由思想素质、政治素质、道德素质、法纪素质、心理素质"五要素"构成,五种素质紧密联系、互为基础,共同构成人的完整的德性。与此相对应,德育的内容应由思想、政治、道德、法纪、心理五项要素构成。新课程标准关于德育内容的确定,如初中《思想品德》课程标准确定的道德、心理健康、法律和国情等方面的学习内容与"五要素说"是一种会通一致的关系。

在课程的设计思路方面,《德育》读本的设计思路是:以道德、法纪、心理、思想、政治五要素为纬线,以小学、初中、高中、中职(师)、大学为经线,依据学生不同年龄阶段的身心特点、知识水平和品德形成发展规律,由浅入深、由低到高,由具体到抽象,由感性到理性,横向贯通,纵向衔接,分层递进,螺旋上升,整体构建德育内容体系。新课程标准采取以道德、心理、法律、国情等相关内容为横坐标,以成长中的我、我与他人、我与集体、国家和社会等关系为纵坐标,形成组织内容的逻辑网络。两者存在可借鉴点。

在课程的体例结构方面,《德育》读本根据学生不同的生活时空组合教学内容,如小学读本采用中心扩散式的"五环结构"按自我修养、我与家庭、我与学校、我与社会、我与自然的顺序组合教学内容。新课程标准小学《品德与社会》按我在成长、我与家庭、我与学校、我的家乡(社区)、我是中国人、走近世界的顺序;初中《思想品德》采用成长中的我,我与他人,我与集体、国家和社会的关系组合教学内容。两者存在可借鉴点。

在教材的呈现方式上,《德育》读本注意适合儿童青少年的思维特点和审美习惯,教材呈现方式生动活泼,图文并茂,富于时代感,有利于激发学生的学习兴趣和学习愿望。新课标对教材呈现方式提出的要求与《德育》读本特色相同。《德育》读本创设的许多情境化、生活化的活动栏目和版式设计,为新一轮教材编写提供了参用模式。

(五)《德育》读本实验对新教材教学活动形式的影响

根据詹万生对德育活动课与和谐德育的论述,各实验区的实验教师在《德育》读本教学实验中进行了多种创新实践,积累了大量的教案、教学活动实例和研究论文。各实验区在《德育》读本研究实验中探索总结出丰富多样的主题班队会的活动形式,经过归纳提炼形成了一系列具有和谐德育特点的主题教育实践模式,如讨论探究式、辩论明理式、情感体验式、情景模拟式、角色扮演式、演讲报告式、审美鉴赏式、文艺演出式、知识竞赛式、网上互动式、展示交流式、评价激励式、调查访谈式、参观考察式、社会实践式、综合活动式等等自1999年至2001年,这些研究成果得到广泛传播。新课程标准提出的教学活动形式与《德育》读本中许多活动设计的类型是相同的,如小学《品德与生活》课程标准提出了讨论、资料调查、现场调查、情景模拟与角色扮演、操作性和实践性活动、教学游戏、参观访问、欣赏作品、行为练习、讲故事、讲授等活动形式,这些活动形式在各实验区的实验教师的教学过程中都有了深入的研究和实践。

(六)《德育》读本实验对新课改中的活动课程的影响

詹万生提出德育活动课的研究实践源于对两个问题的思考:一是对"课堂教学是德育主渠道"的思考,认为这个流行的观点是需要具体分析的。一直以来的课堂教学是以智育为主设计的,智育的主要任务是传授知识而不是培养品德。尽管智育也有育德性,尽管有教书育人的要求,尽管课堂教学可以而且应当渗透德育,然而"渗透"不是"为主",渗透是点点滴滴的,不是全面系统的,渗透是时有时无的,不是经常不断的。智育的主要任务是传授知识、培养能力,主要解决学生知不知、会不会的问题。德育不仅解决学生知不知、会不会的问题,而且更要解决学生信不信、行不行的问题。不但要授之以知、晓之以理,而且还应动之以情、导之以行。教学有教学的规律,德育有德育的规律。课堂教学不等于德育,德育必须有自己的实体,有自己的传授体系。二是对"思想政治课是德育主渠道"的思考。指出思想政治课是惟一的一门德育性质的课程,在学校思想政治教育中发挥着重要的作用。然而它作为学科课程,有两个局限性:一是受学科体系的局限,它不可能涵盖德育"五要素"的全部内容;二是受中考、高考的局限,它的重点是传授知识和理论,在实践环节和行为引导上比较薄弱。德育的本质是实践的,实践的观点是德育首要的和基本的观点。缺少实践环节的德育不是完整的德育。基于上述思考,詹万生建议增设一门德育活动课,作为思想政治学科课的补充,二者结合起来,才是完整的德育工作的主渠道和主阵地。为此,在课题实验中建立了德育活动课的理论框架和操作模式。这方面的研究实践对新课体系中的教学理念和课程类型也产生建设性影响。

(七)《德育》读本研究实验为和谐德育创立了实践模式

《德育》读本研究实验引发了对和谐德育实践模式的探索和实践。第一类是主题班队会实践模式。根据詹万生对德育活动课与和谐德育的论述,各实验区在《德育》读本研究实验中探索总结出丰富多样的主题班队会的活动形式,经过归纳提炼形成了一系列具有和谐德育特点的主题教育实践模式,如讨论探究式、辩论明理式、情感体验式、情景模拟式、角色扮演式、演讲报告式、审美鉴赏式、文艺演出式、知识竞赛式、网上互动式、展示交流式、评价激励式、调查访谈式、参观考察式、社会实践式、综合活动式等等。第二类是和谐班集体建设实践模式。如运用《德育》读本对学生进行团结友爱、关心集体教育,培养学生良好的学习、生活和品德习惯,营造和谐班级文化,建设和谐班集体。第三类是学校、家庭、社会和谐育人实践模式。参照《德育》读本的内容设计,组织家长参与班级或学校开展的主题活动,引导家长了解学校教育要求和科学育人的原理;参照《德育》读本的内容设计,引导学生走进社区,融入社会,使社会教育资源与学校教育内容协调配合,形成合力,实现整体育人。这些实践模式以不同的活动形式共同体现出和谐德育的基本特点:一是双主体和谐。教师发挥在活动过程中的引导和指导作用,学生在教师的指导下积极参加到活动的设计、组织实施等实践环节之中,充分发挥其学习主体性,实现了双主体和谐互动,共同成长。二是教育过程充分体现以学生为中心、以活动为中心、以体验为中心。三是注重教育内容和教育方式的"近、小、实、亲",注重知、情、意、行品德四环节整体和谐。伴随《德育》读本实验形成的和谐德育实践模式也同时成为整体构建班级、学校以及学校与家庭、社会和谐德育体系的重要实践模式。

2. 综合素质评价实验用书《成长册》

《成长册》(小学、初中、高中、中师、中职每学年一册,共18册)是在"整体构建学校德育体系"实验中为贯彻《中共中央国务院关于深化教育改革全面推进素质教育的决定》,建立以思想品德为核心的综合素质评价体系而研究编写的实验用书。参加《成长册》研究编写的人员,是由10余个省市(自治区)实验区的德育科研人员、德育行政领导和第一线的德育教师近百人组成的"三结合"编写队伍。总课题组组长詹万生任总主编,总课题组核心成员、各学段负责人王宝祥、关鸿羽、宁武杰、闵乐夫、齐欣、徐安德、李书华等分别担任小学、初中、高中、中职的主编,有关实验区、实验校负责人分别担任各分册主编。这套实验用书2001年由科学出版社和龙门书局出版,2004年修订再版。《成长册》自进入实验以来,受到教师、学生和家长的普遍欢迎和高度评价,收到了明显的实验效果。《成长册》的研究与实验对建立符合素质教育要求的综合素质评价机制,引导学校全面实施素质教育,加强和改进德育工作具有重要意义。

(一)《成长册》研究编写的背景

长期以来,我国中小学普遍使用《成绩册》作为对学生评价的唯一形式。《成绩册》仅记录了学生文化课的考试成绩和班主任的操行评语,既不能反映学生"德、智、体、美"诸方面的发展状况,也不能反映学生的个性特长;它仅是对学生的单向评价,不能反映学生对教师的评价、要求和希望;它仅是一学年(或一学期)的总结性评价,不能反映学生成长过程中的经验、教训和成果。《成绩册》的弊端已为教师、学生和家长所认识。改革这种不合理的评价方式已成为中国教育改革的一个重要组成部分。

1999年5月1日,总课题组召开会议,对课题如何深化研究进行研讨。《中共中央国务院关于深化教育改革全面推进素质教育的决定》中已经明确决定"建立符合素质教育要求的对学校、教师和学生的评价机制"。会议认为进一步深化课题研究要抓住德育评价这一重点和难点。将其作为重点进行研究,是因为德育评价是德育管理工作中的重要环节,是检查、督导、评估德育质量的重要机制。在德育管理工作中,加强德育评价的理论研究和实际运用,有利于全面贯彻党的教育方针,落实德育首位,全面推进素质教育;有利于促进学校的德育改革,把竞争机制引入学校德育领域,增强德育的实效;有利于调动校长和教师的积极性、主动性、创造性,提高德育工作水平;有利于提高学生自我评价、自我教育的能力,发扬优点,克服缺点,促进良好品德的形成和发展。因此,德育评价研究是加强和改进学校德育工作的一项根本性、关键性的建设。将其作为难点进行研究,是因为德育评价与智育评价不同,智育评价通过考试，就可以测量学生的知识和能力的水平，而德育评价只靠考知识、考能力是不够的，还需要对学生的情感、意志、行为进行评价，而这方面的评价是不太容易量化的，难以建立一套科学、有效、便于操作的评价指标体系。为了抓住重点，攻克难点，会议决定研究和编写一套学生综合素质评价手册——《成长册》，并在实验学校中进行实验。

（二）《成长册》的研究编写与实验原则

詹万生在《成长册》的研究与编写工作方案中明确提出了内容结构和编写原则。

《成长册》每册的内容结构分为：(1)成长环境篇；(2)思想道德篇；(3)科学文化篇；(4)身体心理篇；(5)审美艺术篇；(6)个性特长篇；(7)生活实践篇；(8)成长成果篇。

《成长册》编写和实验坚持的基本原则：

(1)导向性和激励性原则。《成长册》的实验研究及编写以整体推进素质教育，全面提高学生整体素质和创新能力为目标。因此，必须坚持导向性和激励性的原则，以便充分发挥学生整体素质评价的导向性和激励性功能。在编写框架坐标系的设计上，要体现"全面、发展、创新"的精神。横坐标要包括思想道德、科学文化、身体心理、审美艺术、劳动技能和个性特征、创新能力、自育能力等八个方面；纵坐标要依据不同年龄阶段学生的身心特点和知识水平设计出学生全面发展的阶梯，循序渐进，螺旋上升，引导和激励学生全面提高自身素质。

(2)科学性和系统性原则。评价指标体系以科学化、系统化的内容全面反映素质教育要求，既相互关联又体现层次性和相对的独立性。一级指标包括上述八项内容，要把这八项抽象的一级指标分解为可观测性、可操作性、可量化的具体指标，进行科学性、系统性的分类、分级和分层，形成三级指标。第三级指标即细目具有代表性、简明性、独立性、可行性、可测性的特点。

(3)形成性和阶梯性原则。形成性评价，在评价体系的纵向发展上，必须坚持形成性和阶梯性原则，着眼过程，注重发展，鼓励创新，引导前进。学生整体素质的形成和发展不可能是"一刀切"、"齐步走"的，它必须呈现出渐进性、动态性，总的趋势是螺旋式上升。但是从静态"定格"观察，亦可表现为层次性、阶段性，实验中可以把它划分为若干个阶梯，引导和激励学生沿着阶梯达到理想的境界。不同学段，不同年级评价体系的构建，要贯彻形成性和阶梯性原则，注重衔接，螺旋上升。

(4)主体性和个体性原则。《成长册》在评价主体上坚持学生主体性和个体性原则，以学生个体自评为主，充分发挥学生在整体素质评价中的主体性、自觉性和主观能动性。同时辅之以学生群体互评、家长助评、教师导评、校长审评。把整体素质评价作为学生、教师、家长三者之间联络感情、交流思想、传递友谊的桥梁和纽带，形成推动学生整体素质全面发展的合力。《成长册》在形式设计上要给学生留有充分的空间，引导和培养学生自订成长目标，自析成长环境，自寻成长动力，自开成长渠道，自研成长方法和自评成长效果，使学生成为自身整体素质全面发展的主人。

(5)操作性和趣味性原则。《成长册》的编写要求坚持操作性和趣味性原则。总的要求是图文并茂，生动活泼，富于时代气息，使学生喜欢使用。小学阶段设计得更卡通化，插图更多一些。中学阶段还可插入名人名言，学习要诀，行为规范，趣闻轶事等。在版式设计、图文制作、表格设计、字体变化等方面都应更新颖、更活泼、更实用，增强可读性、可视性和可操作性。

(三)《成长册》研究实验的影响及意义

《成长册》与过去普遍使用的《成绩册》只是一字之改,但确有本质之别。《成长册》是对学生进行全面素质评价,《成绩册》只是对学生学习成绩的评价;《成长册》是形成性评价,《成绩册》是终结性评价;《成长册》是学生自我评价和师生、家长双向评价,《成绩册》是教师对学生的单向评价;《成长册》的评价主体是学生,《成绩册》的评价主体是教师;《成长册》生动活泼,《成绩册》形式死板。因此,《成长册》的实验,受到了实验区、实验校师生的的普遍欢迎和好评,收到了良好的实验效果。

除本课题实验区、校广泛深入推进《成长册》的实验外,《成长册》的教育理念,编写原则及内容也在许多省市教育行政部门产生影响,一个时期,冠以《成长册》、《成长本》、《成长袋》、《成长日记》书名的学生用书如雨后春笋般的出现,一些教育行政部门对半个世纪一贯制的《成绩册》也进行了修改。这说明《成长册》的实验已取得了明显的效果,产生了广泛的影响。也说明《成长册》的实验,在理论依据和实践模式上为教育决策服务做出了贡献。《中国教育报》于2002年专门介绍了《成长册》并发表了学生使用后的收获和体会文章。《中国教育电视台》于2002年也播放了关于《成长册》的介绍。

《成长册》研究实验的意义主要体现在四个方面。

第一,《成长册》对于落实中央和教育部文件要求,研究和制订新的评价制度具有重要意义。中央〔2004〕8号文件指出:要"建立科学的学生思想道德行为综合考评制度"。《教育部关于积极推进中小学评价与考试制度改革的通知》指出:中小学评价与考试制度改革的根本目的为了更好地提高学生的综合素质和教师的教育水平,为学校实施素质教育提供保障,充分发挥评价的促进发展的功能,使评价的过程成为促进教学发展与提高的过程。"教师要在教育教学的全过程中采用多样的、开放式的评价方法(如行为观察、情景测验、学生成长记录等)了解每个学生的优点、潜能、不足以及发展的需要,建立每个学生的成长记录。成长记录应收集能够反映学生学习过程和结果的资料,包括学生的自我评价、最佳作品(成绩记录及各种作品)、社会实践和社会公益活动记录、体育与文艺活动记录,教师、同学的观察和评价,来自家长的信息,考试和测验的信息等。学生是成长记录的主要记录者,成长记录要始终体现诚信的原则,要有教师、同学、家长开放性的参与,使记录的情况典型、客观、真实。"可以看出,《成长册》的评价理念、评价内容、评价方法,与中央和教育部的文件要求是一致的。《成长册》的实验为中小学在基础教育课程改革背景下落实对学生综合素质评价的理念和政策,研究和制订新的评价制度提供了可操作的模式。继续进行《成长册》的推广实验是贯彻落实中央〔2004〕8号文件和教育部通知精神的重要措施。

第二,《成长册》对于全面实施素质教育具有重要意义。全面实施素质教育,不仅要改革课程设置、课程体系、教学内容和教学方法,而且必须改革评价制度、评价体系、评价内容和评价方法。素质教育要求全面提高学生的素质,其中包括思想道德素质、科学文化素质、身体心理素质、审美艺术素质、劳动技术素质,以及个性特长、创新能力和实践能力。《成长册》的编制,涵盖了以上诸方面综合素质的评价,因此对引导学生、教师、家长都来关心学生的和谐成长和整体素质的提高,对于全面实施素质教育必然发挥重要的推动作用。

第三,《成长册》对于加强和改进德育工作具有重要意义。长期以来,德育没有一个科学的、行之有效的评价标准,中考和高考录取以考试科目的分数为唯一标准,体育在中考中还占30分,而德育为"0"。这种导向的结果造成智育是硬任务,德育则成了软任务。《成长册》在全面评价学生的整体素质的同时重点突出思想道德素质,并按照不同年龄阶段学生的身心特点、知识水平和品德形成发展规律使之进一步具体化、典型化、细化、简化和量化,成为教师评价和学生自我评价中易操作的实施载体。这对于评价德育工作的水平和质量,推动德育由虚变实,由软变硬,加强和改进德育工作具有重要意义。

第四,《成长册》对引导学生健康成长,探索和谐育人规律,建立和谐德育实践模式具有重要意义。《成长册》以其可亲、可感、好用的内容形式引导学生思考记录自己的成长历程,对于启迪智慧,培养美德,完善自我发挥了独特的作用。《成长册》促进了师生之间和学生群体之间的学习交往,增进了情感交流,是相互激励、发展个性的良师益友。《成长册》将教师、家长与学生成长协调地联接起来,成为观察孩子、民主对话、互相激励、共同成长的园地。教师在《成长册》实验过程中,围绕如何有效地组织学生积极参与评价活动,创造性地设计自己的实施方案,探索活动方法,并结合实验写出实验笔记、经验总结和研究论文,这对于探索和谐育人规律,建立和谐德育实践模式具有重要意义。

3. 课题研究指导专著《整体构建德育体系引论》

《整体构建德育体系引论》,詹万生著。全书33万余字,教育科学出版社2001年出版。本书共分七部分。第一部分是詹万生在1997、1998、1999、2000课题年会暨学术研讨会上的主题报告。第二部分是詹万生在这四届年会的开幕词和总结讲话。第三部分是詹万生为"九五"时期总课题组研究成果撰写的编写意见。第四部分是詹万生为实验区、实验校和研究人员出版的15部子课题研究成果撰写的序言。第五部分是詹万生这一时期撰写的11篇德育研究论文。第六部分是詹万生起草撰写的课题管理文件。第七部分是课题研究大事记。书后附录收录了《德育报》、《中国教育报》、《师范教育》等媒体记者对詹万生关于德育如何面对新世纪等问题的访谈录。

一、主题报告引领课题科学发展

第一部分第一篇是全国教育科学"九五"规划国家级重点课题"整体构建学校德育体系的研究与实验"1997年开题会暨首届学术研讨会的开题报告,题目是《为决策服务为实践服务 整体构建学校德育体系》。报告论述了本课题的提出及其重要意义。一是社会主义精神文明建设的需要;二是全面实施素质教育的需要,重点论述德育是素质教育的首要任务,德育在素质教育中发挥着导向、动力和保证作用,德育到位是实施素质教育的重要标志,素质教育对德育提出了更高的要求。三是加强和改进学校德育工作的需要,突出问题是德育还没有像智育那样形成一套科学化、系统化、规范化、相对稳定的传授体系,大、中、小学校的德育内容不同程度地存在着"倒挂"、"脱节"、"简单重复"、"过频变动"和脱离学生身心特点和知识水平的实际,脱离社会生活实际的现象。

报告论述了课题研究的指导思想是："以马列主义、毛泽东思想、邓小平理论和党的十五大报告为指导，坚持解放思想，实事求是的思想路线，坚持唯物辩证法的系统论原则，把小、中、大学德育作为一个系统加以统一规划，整体构建学校德育体系。"课题研究的主要文件依据是国家的法律、党的决议、有关教育政策法规和德育大纲。理论依据是建立在马克思主义哲学基础之上的人的主体性理论、人的社会化理论和系统论理论。报告论述了课题研究的主要内容即德育目标和内容体系的构建、德育途径和方法体系的构建、德育管理和评价体系的构建。课题研究的基本方法是：调查研究和理论联系实际的方法；科研工作者、行政领导和第一线德育教师三结合的方法；唯物辩证法的系统论方法；实验研究方法。根据第一阶段（1997.6—1998.6）的主要任务是德育目标和内容体系的构建。所以报告重点讲了德育内容的"五要素说"。深刻论述了政治教育、思想教育、道德教育、法纪教育和心理教育，各有自己的特定内涵，但又互相联系，互相渗透，互为条件，互相制约，构成了德育统一体。其中政治教育是根本，思想教育和道德教育是核心，法纪教育、心理教育是基础。这五者不可割裂，更不能互相取代。如果在理论上仅仅把德育视为"政治思想教育的同义语"或"道德教育的简称"，那么在德育实践上就会失之偏颇。"文革"期间，由于"突出政治"代替了一切，道德教育被忽视乃至被取消，造成了一代人道德水准下降以致整个社会风气败坏。80年代中后期，由于"淡化政治"，政治思想教育薄弱，致使自由化思潮乘虚而入，泛滥成灾，最终酿成动乱。这两方面的教训是极其深刻的，必须永远记取。

报告论述了德育内容的要素结构，即根据唯物辩证法的系统论原则，整体构建学校德育内容体系，就是把德育内容的要素结构和层次结构划分出来，以五大要素（即政治教育、思想教育、道德教育、法纪教育、心理教育）为纬，以各项要素的不同层次为经，按照整体性、有序性、动态性的原则，把它们有机的组合起来，依据学生不同年龄阶段的身心特点和知识水平，由浅入深，由低到高，由近及远，由具体到抽象，由感性到理性，螺旋式上升，构建从小学一年级到大学毕业每个年级的德育内容，形成科学化、系统化、规范化、相对稳定的德育内容体系。德育内容的层次结构是，德育内容五要素，每一项要素都包含若干具体的教育内容，每一个具体的教育内容都可以划分出不同的层次，把不同层次的教育内容适当分布到小学、中学、大学的各个年级。报告以爱国主义教育为例，具体说明德育内容的层次结构问题。并论述德育内容层次性的主要依据是遵循青少年心理需要的规律，适合青少年心理发展水平。报告对构建德育目标和内容体系研究的成果形式，即编写出版《德育》实验读本进行了总体设计，提出了具体工作要求。

1998年会暨第二届学术研讨会主题报告以《认真总结 坚定信心 深入研究 不断前进》为题，对1997年7月开题会暨首届学术研讨会一年以来的课题研究工作，重点是是《德育》系列实验读本的研究编写和德育实验基地的建设进行了总结。报告提出了1999年课题研究任务：一是《德育》系列实验读本的修订与实验；二是学校德育体系的研究与构建。报告对构建德育目标、内容、途径、方法、管理、评价体系提出了具体要求。确立了"自下而上，总分结合；先块后条，条块结合"的工作方式，制定了研究工作进度。

1999年会暨第三届学术研讨会主题报告以《认真贯彻落实全教会精神 继续深化课题研究 全面推进素质教育》为题，对课题如何深化研究作了全面论述。报告内容分为五个部分：

（一）认真学习和深刻领会全教会精神；（二）以全教会精神为指导深化课题研究；（三）关于整体构建学校德育体系的研究与实验；（四）关于《德育》系列实验读本的修订与实验；（五）关于《成长册》的研究与实验。为认真贯彻落实全教会精神，本届年的主题报告对在课题实验中加大创新精神和实践能力的研究力度进行了重点论述。

2000年会暨第四届学术研讨会主题报告的题目是《认真贯彻两会精神 继续深化课题研究 为圆满结题而努力奋斗》，这届年会的主题是认真学习和深刻领会江泽民总书记关于教育问题的重要谈话和中央思想政治工作会议精神，贯彻和落实全国高校党建会议和全国中小学德育工作会议的精神，总结课题研究的经验，展示课题研究的成果，持续深化课题研究，为全面推进素质教育，整体构建学校德育体系而不懈努力。报告就如何贯彻落实"两会"精神，继续深化课题研究从五个方面阐述了主导意见：（一）认清形势，增强德育工作的紧迫感和责任感。（二）正视问题，解决德育工作的薄弱环节。（三）遵循规律，加强德育内容的系统性和层次性。（四）适应特点，提高德育途径的针对性和实效性。（五）迎难而上，增强德育评价的科学性和可行性。

二、编写意见指导课题实验方法

《引论》第三部分选录了7篇詹万生为总课题组研究成果撰写的编写意见和实验方法文章。主要包括《<德育>系列实验读本研究与编写意见》、《<德育>系列实验读本修订意见》、《运用活动课对<德育>系列读本进行实验的几个问题》、《<成长册>的研究与编写意见》、《学生品德评价的理论与方法》、《<整体构建德育体系总论>的研究与编写意见》、《中等职业学校德育课程教学大纲编写意见》等。

这部分内容专题性强，讲述具体，注重创新，对课题研究实验的操作方法具有直接的指导作用。如《<德育>系列实验读本修订意见》，作者首先从7个方面讲述修订工作的指导思想：(1)高度认识和理解德育工作在增强民族凝聚力中的重要意义；(2)深刻认识和理解德育在素质教育中的地位和作用；(3)认真贯彻和落实素质教育的两个重点即培养创新精神和实践能力；(4)认真总结和吸纳《德育》读本实验研究的成果和经验；(5)深入研究和开创德育活动课程的原理与方法；(6)密切关注和研究现行德育课程标准和教材；(7)认真贯彻和落实中央《决定》中关于课程改革的意见和要求。然后具体讲述读本修订的结构体例。指出"结构决定功能"，德育内容的组织形式对德育实效具有直接的决定作用。在读本修订的结构体例上，要深入贯彻"授之以知、晓之以理、动之以情、导之以行"的原则，特别要在活动设计上下功夫，强化活动过程，体现综合性和实践性，使学生的道德成长自始至终建立在道德认知、道德判断、道德情感、道德行为综合发展基础上。文中具体论述了"设题"、"激发动机"、"创设情境""设计活动""导入评价"的五环节体例结构。例如创设情境，要求编者"深入学生生活，从大量鲜活而典型的道德事件中提取浓缩，力求让学生感到真实贴近，既能拓宽学生个人的道德经验，又能帮助学生超越已有的道德观念，将德目落实到情境中进行实际的思考，使学生在具体的生活实例中直觉地体验道德情感。"这样的讲述，将德育规律与教材教法设计紧密结合，对教材研制和教学活动过程的主体参与具有双重指导意义。

《运用活动课对<德育>系列读本进行实验的几个问题》论述了德育实验的特点和复杂性。讲解了德育实验方案设计和撰写实验报告的基本方法。结合《德育》读本实验的目的、特点讲述实验变量的划分和控制。对实验中遇到的重点问题运用教育学和心理学原理提出指导意见,如实验中的"霍桑效应"和"期望效应"问题,作者首先讲述"霍桑效应"是指参加实验的被试得知自己参与实验、受到关注而提高了活动积极性,有较之平时更佳的表现或发挥。"期望效应"亦称"皮格马利翁效应"或"罗森塔尔效应",是指实验主试因被告知某些或全部被试具有潜在能力或发展的可能性而不自觉地表现出特别的关注。然后针对认为这种效应干扰了教育行为与教育效果之间的归因,也因推广后该效应消失而影响实验的外在效度的观点,指出"我们认为在德育实验中为调动主试(教师)和被试(学生)的积极性,不应该也不必要进行'盲试',所以'霍桑效应'和'期望效应'是不应该被消除的。"这样,既阐明了自己的学术观点,也为实验教师解疑释惑,引导实验持续开展。

《学生品德评价的理论与方法》讲述了品德评价的意义:(1)品德考评是学校德育工作中一项带有根本性的建设;(2)品德评价是检查、督导、评价学校质量的重要机制的组成部分;(3)品德评价的最终目的是增强德育的实效,促进学生良好品德的形成和发展,全面提高学生的素质。对于品德评价的指标体系,作者认为一个科学的、实用的、具有可操作性的指标体系,必须体系8个特点:(1)指标体系的科学性;(2)指标体系的系统性;(3)指标体系的层次性;(4)指标体系的可观测性;(5)指标体系的代表性;(6)指标体系的简明性;(7)指标体系的相互独立性;(8)指标体系的可行性性。作者在研究了国内60多项关于品德评价原则和方法基础上,重点介绍讲解了四种品德评价方法,即评语鉴定测评法、等第测评法、积分测评法、评等评分评语综合测评法。这篇文章对《成长册》研究编写和教育实验发挥了具体的指导作用。

三、撰写序言与实验人员真情对话

第四部分收录詹万生为15部课题研究成果撰写的序言。这些成果包括天津市河西区教委的《构建跨世纪小学德育体系》、沈阳市和平区《中小学德育体系的整体构建》、哈尔滨市庞伟《主题班会理论与实践》、重庆市曾欣然、钟必伟《学校德育体系整体构建的研究与应用》、重庆市南岸区教委《区域性整体优化中小学德育的研究与实践》、湖北省荆门市《中小学德育评价的理论与实践》、淄博师范学校《双主体合作德育论》、吉林省白山师范《中师班主任工作手册》、刘希明《健康心理与创新人格》、黑龙江科技学院《高校德育体系的整体构建与实践》、江苏省实验区《构建德育体系推进素质教育》、符运杰《小学德育途径和方法》、哈尔滨市第六中学《新时期德育途径与方法研究》、新疆农业学校《<德育>活动课教材》、山西省忻州教委《教师修身十讲》。詹万生为这些研究成果撰写的序言,生动地反映了他悉心了解掌握课题研究进展和德育工作的发展动态,深入思考课题研究内容和发展方向的心路历程。在认真阅读思考每一项研究成果的过程中,都倾注着浓重的情感,以自己的研究经历和体会与作者们真诚对话。可以说,每一篇序言都是一篇德育研究和课题指导文章,通过撰写序言,对该项研究进行总结概括,提炼出研究的特点和创新点,归纳其理论和实践价值,指出继续深化研究的方向,这对于该项目的承担者和著作出版后的广大读者都具有提示和指导意义。

四、专题论文拓展课题研究视野

第五部分收录詹万生这一时期撰写的11篇德育研究论文:《建设有中国特色的社会主义德育体系》、《贯通古今 融会中西 继承借鉴 发展创新——21世纪中国道德教育的大趋势》、

《坚持"三个面向",开创人才培养和知识创新的新局面》、《解放思想 实事求是 改进和加强德育工作》、《构建价值观教育的系统工程》、《21世纪的文化战略与价值观教育》、《市场经济的双重效应及其对价值观教育的影响》、《雷锋精神永存》、《努力加强社会主义道德建设》、《试论青少年思想政治教育》、《21世纪中国德育课程体系之建构》。

  从内容侧重点划分,一类是学习党和国家领导人讲话的体会,并结合德育工作阐述自己思想观点的文章。《解放思想 实事求是 改进和加强德育工作》是作者学习邓小平理论的体会文章。本文第一部分论述了解放思想,实事求是,是邓小平建设有中国特色社会主义理论的精髓。指出之所以说"解放思想,实事求是"是邓小平理论的精髓,因为它贯穿于这一理论形成和发展的全过程,贯穿在这一理论体系所包含的方方面面。第二部分论述了解放思想,实事求是,是改进和加强德育工作的指导思想。文章提出,在社会主义现代化建设新的历史时期,在改革开放和建立社会主义市场经济体制新的形势下,学校德育工作面临着许多新情况和新问题。作为德育科研工作者,必须坚持解放思想,实事求是的思想路线,善于深入实际调查研究,发现问题并提出解决问题的对策建议,为各级教育行政部门的德育决策服务,为各级各类学校改进和加强德育工作的实践服务。根据调查研究和认真思考,我们认为目前学校德育工作存在着三个问题,一是长期以来没有形成一套科学化、系统化、规范化的相对稳定的德育体系;二是在一定程度上存在着脱离学生思想实际和社会生活实际的现象;三是大中小学德育衔接薄弱点的问题未能得到解决。据此,文章提出了以整体构建德育体系为重点的工作建议。《建设有中国特色的社会主义德育体系》是作者学习江泽民十五大报告的体会。指出报告的第七部分"有中国特色社会主义的文化建设"中多次讲到德育问题,作者从德育的地位和作用、目标和内容、原则和方法等方面进行了分类讲析,充实了整体构建中国特色的社会主义德育体系的理论基础。《坚持"三个面向",开创人才培养和知识创新的新局面》是根据江泽民同志在庆祝北京大学建校100周年大会上的重要讲话撰写的研究体会文章。文章指出,江泽民同志站在世纪之交和中华民族前途命运的高度,号召我们要"继续解放思想,深化改革,面向现代化,面向世界,面向未来,在教育和科研战线上努力开创人才培养、知识创新的生机勃勃的新局面。"这个讲话进一步丰富和发展了邓小平教育理论中关于"三个面向"的思想,为跨世纪的教育改革和发展指明了战略目标和发展方向。文章论述的主要内容包括:
  (一)教育要面向现代化,为社会主义现代化建设提供各类人才支持和知识贡献;(二)教育要面向世界,为迎接国际竞争的挑战,努力培养善于进行国际竞争的人才;(三)教育要面向未来,为迎接知识经济时代的到来,积极开展知识创新和科技创新。文章指出,教育要面向未来,是社会主义现代化建设的客观需要。因为现代化建设是一个不断向前运行和发展的过程。教育要面向未来,也是教育自身特色和规律的客观反映。因为教育从本质上说是面向未来的事业。这就是所谓"十年树木,百年树人","今天的教育,明天的人才"的道理。"创新是一个民族的灵魂,是国家兴旺发达的不竭动力"。教育特别是高等教育,"应该是认识未知世界、探求客观真理、为人类解决面临的重大课题提供科学依据的前沿,应该是知识创新、推动科学技术成果向现实生产力转化的重要力量"。高等院校要以未来知识经济时代和信息化社会为目标,以市场和社会需求为导向开展知识创新和科技创新。只有创新,科学技术才有不竭的动力源泉,也只有创新,才能提高科学技术对经济社会的贡献。创新包括观念创新、管理创新和机制创新。教育要面向未来,集中地体现在人才培养的超前性、预见性和发展性上。

另一类是不同专题的德育研究文章。作者在《贯通古今 融会中西 继承借鉴 发展创新——21世纪中国道德教育的大趋势》中提出,当代中国道德教育要以"面向现代化,面向世界,面向未来"为指针,贯通古今,融会中西,继承借鉴,发展创新,是21世纪中国道德教育的大趋势。文章从近百年来古今中西之争的反思、当今世界道德复兴与互补的启示、当代中国改革开放的客观要求几个角度指出,改革开放以来特别是建立社会主义市场经济体制以来,道德教育面临着许多新情况和新问题。解决这些新问题的根本出路是:在邓小平理论指导下,一方面继承和弘扬中华民族的优良道德传统,一方面借鉴和吸收西方现代文明的有益成果,并使二者有机地结合起来,创造出有中国特色的社会主义新的道德教育体系。《构建价值观教育的系统工程》是一篇研究大学生价值观教育的文章。文章指出,在深化改革、扩大开放的形势下,大学生面对的是一个"全天候"、"多媒体"、"多渠道"的信息场。经济、政治、文化领域的各种信息,国际、国内、社会、家庭的各种信息,都在这个信息场里汇集、传播和扩散。这种复杂多元的现象反映在校园生活中,大学生的思想行为、价值取向呈现出复杂性和多元性的特点。在这种情况下,如何加强和改进学校的德育工作,坚持社会主义价值观的一元导向?作者认为必须构建价值观教育的系统工程。这个系统工程应当包括价值观教育的理论系统和价值观教育的操作系统。作者对构建有中国特色的社会主义价值观的理论系统所包括的价值主体的确立、价值目标的选择、价值评价的标准、价值创造的途径等一系列范畴体系,价值观教育的操作系统所包括的决策指挥系统、执行指挥系统、参谋咨询系统、督导检查系统、主要实施系统、协调配合系统、社会实践系统和环境影响系统等八个子系统(配合图示)进行了专题论证。《试论青少年思想政治教育》选择青少年思想政治教育的地位、内容、特点和教育原则问题进行研究论述。在论述青少年思想政治教育的地位中,对从中国共产党成立到现在思想政治教育概念的形成所经历的政治工作——思想工作——政治思想工作——思想政治工作——思想政治教育几个阶段进行了考查分析。文章指出,面对即将进入21世纪的国际国内经济、政治、文化发展的深刻背景,青少年的思想政治教育已经处在关系国家和民族前途命运的地位上。在国家和民族的发展中,思想政治教育是民族精神、民族凝聚力的根基。思想政治教育是我们党的优良传统和政治优势。从历史唯物主义和社会学、文化学、伦理学、教育学的视界中看,思想政治教育的科学价值在于:对在世界上构建一种先进的社会意识形态,促进经济基础和生产力的和谐发展,对优化人的社会化机制,对民族文化的继承借鉴与发展创新,对建立新型社会道德体系,塑造高尚人格,促进人的全面发展诸方面都具有深远的意义。关于青少年思想政治教育的内容特点,文章论述了理想信念教育是思想政治教育的核心内容,理想信念是思想政治教育的结果,思想政治教育是理想信念形成的条件和基础。论述了理想信念教育是一种"知行统一"的教育,德育内容五项要素互相联系、互为基础,是一个知行协调统一的整体。对青少年思想政治教育的原则,文章重点论述了正面教育与自我修养相结合原则、理论与实践相结合原则、继承与创新相结合原则、循序渐进原则、形式多样化原则。

《21世纪中国德育课程体系之建构》针对在改革开放和建立社会主义市场经济体制的过程中,学校德育还没有形成一套科学化、系统化、规范化、相对稳定的传授体系,德育内容没有完全纳入大中小学的课程体系,大中小学的德育内容不同程度地存在着脱离学生实际、脱离社会生活实际的现象,认为欲达到加强和改进学校德育工作、增强德育实效、提高德育水平之目的,必须整体建构现代德育课程体系。整体建构现代德育课程体系,必须建立在科学的理论基础之上。一是人的主体性理论。在德育目标的确定上,不仅要考虑社会的要求,更要重视学生自身成长的需要。在德育内容的安排上,不仅要依据社会规范,更要遵循学生的年龄特征和品德形成发展规律。在德育途径和方法的运用上,不仅要发挥教师的主导作用,更要强调学生的主体参与。二是人的社会化理论。教育特别是其中的德育在人的社会化过程中发挥着十分重要的作用。青少年时期是人的社会化最关键的时期。因此,小学、中学、大学阶段教育学生学会做人、学会待人接物和立身处世能够使人受益一生。做人,相对于求知、健体而言是德育的概念。做什么样的人,根据社会对一代青少年的要求和学生成长的需要,应当教育学生做一个文明礼貌、道德高尚的人; 做一个知法懂法、守法用法的人;做一个不怕挫折,心理健康的人; 做一个勇于进取,思想向上的人; 做一个热爱祖国,有益社会的人。三是唯物辩证法的系统论理论,认为学校德育也是一个系统。从系统论整体性原则来看,学校德育是由德育目标、德育内容、德育途径、德育方法、德育管理、德育评价等子要素系统构成的一个统一的整体。从系统论有序性原则来看,学校德育是由小学德育、中学(中职)德育、大学德育等子层次系统组成的一个统一整体。德育系统的整体就是以要素系统为纬,以层次系统为经有序排列、有机组成。从系统论动态性原则来看,学生健康的心理素质,文明的行为习惯,良好的道德品质,科学的世界观、人生观、价值观,崇高的理想信念,坚定正确的政治方向,是通过小学、中学、大学等各个阶段的教育逐步形成的。总之,根据唯物辩证法的系统论原则,我们必须整体建构学校德育体系,德育的总体目标要统一制定,一以贯之,以保证在整个德育过程中要素结构的完整性和连续性。各教育阶段的具体目标的高低,德育内容的深浅和侧重点,德育途径和方法的选择,德育管理方式的运用,要针对学生不同年龄阶段的身心特点和理解接受能力的不同,由浅入深,由低到高,由感性到理性,由具体到抽象,逐步提高,螺旋式上升,以保证各个教育阶段德育工作的层次性和渐进性。各个阶段都应有德育整体意识,总揽全局,加强相邻阶段的衔接,防止简单重复或脱节,以便发挥德育系统的整体功能,不断提高德育的整体效果。对建构的原则,文章从"德育目标一以贯之,德育内容循序渐进";"贯通古今,融会中西;继承借鉴,发展创新";"贴近生活,联系实际;启发引导,主体参与";"授之以知,动之以情;晓之以理,导之以行"四个方面进行了论述。

纵观全书,作者研究论述的内容包含了整体构建学校德育体系的指导思想、理论基础、实践依据、研究内容、研究方法和管理措施等各个方面,真实记录了自1997年开题到2000年最终成果完成的全过程,客观反映了本课题是怎样坚持为教育决策服务、为德育改革实践服务、为广大师生服务的研究宗旨,怎样走科研工作者与行政领导、一线教师相结合的科研道路的。全书完整地记录了詹万生作为课题主持人和总课题组组长在课题持续深化研究中所发挥的主体性的引导作用。

收入本书的各类文章,其贯穿始终的突出特点是坚持解放思想、实事求是、与时俱进的思想路线,按德育的客观规律研究德育,积极探索中国特色德育科研和教育改革发展道路。自改革开放至89政治风波,说明我国学校德育无论是在遵循德育规律还是在德育的目标内容、途径方法、管理评价等全方面都存在历史性问题。1990年以来,我国学校德育研究逐步发展起来，但研究的方式和格局尚存在明显的局限性。理论研究的主导面多在高校，这些研究对自身所处德育实践特别是中小学德育实践关注不够。而广大中小学由于应试教育等原因使德育研究更显薄弱。德育的本质及其规律，德育的根本归结点在于德育实践。詹万生的研究论述以对我国大中小学德育的现状调查和客观分析为基础，从德育的主要症结和突出问题入手，既注重理论的系统研究和运用，更注重用理论认识实践，引导实践，努力在课题实验中解决实际问题。尽管德育乃至整个教育的问题不可能在短期内解决，但在课题研究中有这样的意识和努力与不下功夫于此反映了不同的德育理念，不同的科研宗旨。这既是解放思想，也是实事求是。要实事求是，必须与时俱进。詹万生的研究论述不仅密切关注德育理论和实践的发展实际，同时注意紧密配合党和国家、教育部对德育工作下发的新文件、提出的新要求，将这些新要求作为课题的研究内容进行研究和实践。这就能够使德育研究跟上社会发展和教育改革的现实需求，也才能使德育研究更符合德育自身的发展规律。本书文章的这些基本特点，是其能够引导课题持续深化发展的建构基础。

4. 综合性理论研究专著《整体构建德育体系总论》

《整体构建德育体系总论》，詹万生主编。全书48万字，教育科学出版社2001年出版。本书是全国教育科学"九五"规划国家重点课题"整体构建学校德育体系的研究与实验"的最终成果之一。《整体构建德育体系总论》从总体上论述了整体构建学校德育体系的指导思想、理论基础、实践依据和实施体系；从总体上阐述了小学德育、中学德育（含中职德育）、大学德育的德育目标、德育内容、德育途径、德育方法、德育管理、德育评价的横向贯通和纵向衔接；整体构建了21世纪有中国特色的、代表先进文化前进方向的、适应素质教育要求的学校德育体系，为增强学校德育工作的科学性、针对性和实效性提供了理论参照和实践模式。全书共分10章，各章内容如下：导论，阐述整体构建学校德育体系课题的提出、研究内容、研究过程、主要方法、研究结论。第一章 整体构建德育体系的指导思想；第二章 整体构建德育体系的理论基础；第三章 整体构建德育体系的实践依据；第四章 德育目标体系的整体构建；第五章 德育内容体系的整体构建；第六章 德育途径体系的整体构建；第七章 德育方法体系的整体构建；第八章 德育管理体系的整体构建；第九章 德育评价体系的整体构建；第十章 整体构建德育体系的实施。

本书的设计理念和框架结构体现了整体和谐思想和系统科学原理，本书的核心概念"整体构建"从此成为教育研究特别是德育研究的专用术语。

第一章内容重点与研究特点

第一章内容重点是论述整体构建学校德育体系研究的指导思想。本课题确立的指导思想是：以马列主义、毛泽东思想、邓小平理论和党的十五大报告为指导，坚持解放思想，实事求是的思想路线，坚持唯物辩证法的系统原则，把小学德育、中学德育、中等职业学校德育、大学德育作为一个系统加以统筹规划，整体构建学校德育体系。依据这一指导思想所构建出来的学校德育体系，应当是面向21世纪有中国特色的德育体系，应当是代表先进文化前进方向的德育体系，应当是适应全面推进素质教育的德育体系。

本章的研究特点是紧密结合中国社会发展实际和教育改革实际，从三个方面阐述课题研究的指导思想。

第一，构建21世纪有中国特色的德育体系，必须坚持解放思想，实事求是的思想路线，坚持从市场经济建设的实际出发，坚持"三个面向"的发展方向。解放思想，实事求是，就是一切从实际出发，打破习惯势力和主观偏见的束缚，研究新情况，解决新问题。当前中国的最大实际就是市场经济建设。整体构建学校德育体系必须从这个实际出发。学校德育工作存在的一切问题都可以从市场经济中找到原因。同样，要解决这些问题也都必须从市场经济中寻求答案。市场经济对学校德育工作具有双重效应：市场经济自主经营的原则激发了人的主体意识生成，同时诱发个人主义倾向；市场经济所有制形式的多元化促进了生产力的发展，同时利益群体的多样化必然导致价值取向的多元性；市场经济的效益原则增强了效益观念和求实精神，同时诱发了拜金主义和重利轻义倾向。尤其是在我国社会主义初级阶段，在生产力尚不发达，法制尚不够健全，市场经济体系有待进一步完善的情况下，学校德育工作希望与困难同在，机遇与挑战并存。面对这种情况，整体构建学校德育体系如何坚持解放思想实事求是的思想路线，既从市场经济的实际出发，又坚持"三个面向"的方向呢？本章在研究论述中认为应当重点处理好三个关系：一是德育的适应性与超越性的关系；二是教师主体性与学生主体性的关系；三是德育导向的一元化与道德实践的多元性的关系。

第二，构建代表先进文化前进方向的德育体系，必须以马克思主义为指导，继承弘扬中华民族优秀传统文化，使德育体系具有鲜明的中国特色；借鉴吸收国外优秀文明成果，使德育体系具有鲜明的时代特点。德育体系作为一种综合性的道德文化，它的民族特色源于其母体传统文化的民族特性。中国古代哲学是本体论、认识论、道德论的统一，以伦理道德、人生价值的探究为中心，是一种伦理型的哲学体系。作为传统文化精华的中国古代哲学，"究天人之际，通古今之变"，认为宇宙的法则与道德的最高准则是一致的。中国原始儒家、原始道家、中国佛家和宋明理学这四大思想传统的一个共同点是，"它们的智慧都是人生的智慧"。其中儒家伦理成为中国传统道德文化的主流与核心。通观中国传统道德文化，可以总结归纳出最为典型的五个方面：（1）致思于整体精神，强调为社会、为民族、为国家的爱国主义思想；（2）推崇仁爱原则，强调"自强不息"、"厚德载物"及人际和谐；（3）提倡人伦价值，强调个人在人伦关系中的权利和义务；（4）追求精神境界，向往理想人格；（5）重视修养践履，强调道德主体的能动作用。西方在漫长的历史演变过程中，形成了区别于其他文化的主导精神和价值取向，这就是个性精神、科学精神、民主精神、法制精神、功利精神。这五种精神凝聚着西方文化的精华。古希腊追求人的独立和权利，他们尊重人性，崇尚人的自主、自律和力量，把人看作是高于其他一切的实体。在文艺复兴运动中，思想家们主张从中世纪封建神学的禁锢中解放出来，恢复古希腊文化的人文精神，要求从神性转向人性，高扬人的理性，主张面向自然，解释自然，重新认识世界和人自身，提倡求索和创造文明。17世纪，随着资本主义生产方式的形成和发展，崇尚理性、发展科学成为资产阶级的迫切要求。科学精神在本质上是一种崇高的道德精神。从此以后，民主理论和民主政治、法律思想和法律制度、功利思想和求利原则得到进一步发展，并成为上升时期各国资产阶级革命的武器。整体构建学校德育体系就是要在马克思主义指导下，贯通古今，融会中西，继承借鉴，发展创新。在德育思想、德育内容和方法领域中实践着古今文化的贯通和批判继承，同时，也在这几个方面实践着中外文化的选择和吸收借鉴。这是本课题研究的基本原则和努力探索的方向。

第三，构建适应全面推进素质教育的德育体系，就要以中央关于素质教育的精神为指导，突出提高国民素质的根本宗旨，致力于培养学生的创新精神和实践能力。国民素质是指一个国家的人民在改造自然、改造社会的过程中所具有的体魄、智力和思想道德的总体水平。它是一个国家经济和社会发展的基础，是综合国力的主要体现，是国际竞争力的重要方面。提高国民素质，教育是基础。素质教育要求全面提高学生的整体素质，包括思想道德素质、科学文化素质、身体心理素质、审美艺术素质和劳动技能素质等方面。德育肩负着培养思想道德素质的重要任务，在素质教育中居于首要的地位，对全面素质教育发挥着导向、动力和保证作用。加强和改进学校德育工作，增强德育工作的科学性和实效性，是实施素质教育的一个重要标志。同时，素质教育对德育提出了更高的要求。素质教育要求全面提高学生的素质，作为素质教育重要组成部分的德育，同样应当全面提高学生的思想道德素质。思想道德素质是一个综合性范畴，包括政治素质、思想素质、道德素质、法纪素质和心理素质等。整体构建学校德育体系，不再限于笼统的"德育"，而对德育的要素结构和层次结构进行分门别类的研究，一是按照儿童和青少年的年龄特征，分别研究小学德育、中学德育、大学德育以及各级各类学校德育的衔接；二是将广义的德育分解为道德教育、政治教育、思想教育、法制纪律教育、心理教育等五个方面，分别研究各自的特点、规律、内在机制以及它们之间的相互关系。从而为全面提高学生的思想道德素质提供理论参照和实践操作的模式，为提高国民素质，培养学生的创新精神和实践能力，奠定基础。

第二章内容重点与研究特点

第二章的内容重点是论述整体构建学校德育体系的理论基础。整体构建德育体系的理论基础由德性论原理、德育论原理和系统论原理构成。德性论、德育论原理融会了人的主体性理论和人的社会化理论，重在论述整体构建德育体系的理论和实践依据，说明"为什么"要整体构建德育体系；系统论原理作为科学方法论，重在论述德育体系的性质特点、结构层次和运作机制，说明整体构建德育体系"是什么"和"怎么样"。

本章的研究特点是对整体构建学校德育体系的德性论基础、德育论基础和系统论基础进行应用性的创新研究。

1. 整体构建学校德育体系的德性论基础

整体构建学校德育体系的德性论原理从德性的整体性、建构性、发展性三个方面进行研究。

（1）德性的整体性。从人的知、情、意、行的和谐统一认识德性的整体性。考察德性整体性的根本点，是一个人内在的知、情、意和外在行为的和谐统一，归结点是一个人德行的真实性。从德性的社会性内容的完整性认识德性的整体性。从人的社会化过程看，德性具有社会意义，体现个体的社会存在。离开社会活动和社会规范，就无法认识德性。道德意义上的完整德性不仅要成就自我，而且要通过成就自我影响社会，成就他人。真正完美的德性，不仅要实现自我价值，还要实现其社会价值。德性的社会性是德性整体性重要标志。德性整体性的形成过程与人的社会化过程是一种辩证统一关系，即个体德性的整体性越强，就越能适应社会要求，促进社会发展进步，而个体德性与社会的适应和促进关系越和谐，其社会化程度就越深。

（2）德性的建构性。德性的建构性是规范性与主体性的动态统一过程。其一自为性。人对自身的存在和与客体的关系有着明晰的意识，人既能把外部世界包容于意识中，以观念的形式把握世界，又能反观自身，把握自身的主观世界，因而人的活动具有明确的目的性和方向性。其二自主性。从人的主体性的自主性来看，人在目的性和方向性的活动中，具有自由选择行为方式和自我调控情感意志的能力。其三能动性。人的主体性的能动性，不仅体现在活动的目的性、自觉性和自主性上，还表现在对活动的条件、环境的自觉认识和积极创造上，对活动价值的多重追求和积极实践上。道德的生命和价值在于促进人和社会的全面发展与进步，完整的德性应是他律与自律，规范性与创造性、适应性与超越性的完美统一。

（3）德性的发展性。德性的整体性和建构性都在说明着德性的动态发展性。德性的发展性可以从德性的历史传承、个体德性的培养过程、德性发展的动力、德性发展的现代特点四个方面来认识。德性的历史传承性要求现代德育解决好德育文化的继承借鉴和发展创新问题；个体德性的培养过程要求现代德育整体构建循序渐进、螺旋上升、前后衔接、协调一致、形成合力的德育目标内容、途径方法和管理评价体系；德性发展的动力要求现代德育深入研究人的"道德需要"的发生机制，研究各种教育因素与道德需要之间的和谐关系，研究道德需要与道德主体性的和谐关系；德性发展的现代特点要求学校德育要与时俱进、更新观念，坚持"三个面向"的发展方向，从人与社会全面和谐发展的广阔背景上进行德育研究和实践。

2. 整体构建学校德育体系的德育论基础

德性的整体性、建构性、发展性内在地规定了德育的整体性、主体性和实践性。

（1）德育的整体性。德育的整体性包括德育目标内容的整体性、德育途径方法的整体性和德育管理评价的整体性。其一，德育目标内容的整体性。课题研究认为完整的德育目标内容应由政治教育、思想教育、道德教育、法纪教育、心理教育五项要素构成。五要素之间的联系越紧密，越和谐，其整体性——对受教育者德性的整体塑造作用就越强。在现实的德育过程中，德育内容的整体性并非五要素的等量施教，而是要根据受教育者的年龄、心理和品德形成发展规律，从小学一年级（可前延至幼教阶段）到大学四年级（可顺延至研究生阶段）进行整体规划和科学设计。其研究重点是五项内容在各学段各年级的合理比重和五项内容在各学段各年级之间的和谐衔接。德育内容的整体性，不仅指横向要素结构的整体性，还包括德育内容在纵向衔接中体现出来的整体性。其二，德育途径方法的整体性。在德育体系中德育途径是物质的实体存在，是德育内容、德育方法及整个德育过程的承载体。德育途径的整体性是由各条途径的客观存在形式决定的。整体构建德育途径体系就是在深入研究和认识德育途径之间的联系以及德育内容与德育途径的整体联系的基础上，将各条德育途径横向贯通，纵向衔接，使其形成教育合力，增强育人效果。德育途径的选择、利用、创设又体现为德育方法的选择和使用，德育途径与德育方法具有紧密的联系。德育方法的整体性一方面体现在德育途径的整体性中，同时，德育方法的整体性也有自身特点，如同一途径中有不同的方法，不同的途径又有相同的方法，因此，德育方法的整体性的内在机制，是不同的德育方法在德育内容和学生接受心理之间的协调性。德育内容是持续发展的，学生的个性心理是动态多样的，所以，构建德育方法体系要坚持辩证思维，鼓励创新。其三，德育管理评价的整体性。学校德育管理是由管理者与被管理者、德育目标与内容、德育途径与方法、德育管理与评价等要素构成的整体，德育管理是贯通德育各要素和德育全过程的一种主导要素。首先，德育管理的整体性体现在学校德育工作有整体的规划和统一的工作目标、各项规章制度协调配合，具有整体联系；其次，围绕学校德育工作整体目标，各德育职能机构分工明确，协调配合，德育管理具有整体效益。德育评价是德育管理的重要手段，德育管理的整体性体现为德育评价的整体性。德育评价的整体性主要表现在德育评价指标体系的整体性上。整体性的德育评价指标体系，在学段层次上包括小学、初中、高中、大学各学段各年级相互衔接的评价体系；在评价的对象和人员上，包括对学校德育评价、班级德育评价、学生品德评价诸方面具有整体联系的评价体系；在评价的内容上，包括对学校德育规划、德育组织、德育环境、德育经费等德育条件的评价，对德育常规、德育活动、德育科研等德育过程的评价和对德育整体效果的评价。德育评价的整体性还体现在评价的方式上，如定性评价与定量评价相结合、阶段性评价与终结性评价相结合、静态评价与动态评价相结合、外部评价与自我评价相结合等评价方式。

（2）德育的主体性。课题研究认为，在德育过程中，"教育者与受教育者具有主体和客体的双重属性，都是主客体的统一。"德育的主体是双主体。

（3）德育的实践性。道德来源于社会生活，社会生活是实践的，因而实践是道德的发生基础，也是道德的存在形态。离开人的实践活动孤立地研究道德的本质、特性、结构是不能真正认识道德以及德性培养的。本课题研究认为，德育的实践观是德育首要的基本的观点。其一，德育目标在本质上是实践的。德育目标是对德育结果的预期规定，因而其制定的依据和标准，是品德的整体形成状态。德育目标既包括对学生道德认知、道德情感的培养，也包括对学生道德意志、道德行为的锻炼，归根到底是道德信念（知、情、意）和道德行为的统一，落脚点在学生的道德行为上。只有培养出来的学生在实践中践行、践言了，才标志德育目标的实现了，这说明德育目标在本质上是实践的。其二，德育过程是实践活动。德育实践活动是学生品德形成的基本形式。教育者和受教育者双方互为主客体关系只有在实践活动中才能确立和形成，双主体只有在实践活动中才能达到辩证的统一。学生的道德认知、道德情感、道德意志是在德育实践活动中发生发展的，并通过道德行为表现出来。活动和交往是学生经常性的德育实践活动。其三，道德实践能力是学生品德评价的根本标准。

德育的整体性是整体构建德育体系的实践依据，德育的主体性和实践性从德育活动的特点、德育过程的本质角度说明德育体系的运作主体和运作性质。德性论原理和德育论原理共同说明整体构建德育体系的必要性和必然性。

3. 整体构建学校德育体系的系统论基础

系统是由相互联系的要素通过有层次的组织结构形成的具有系统功能的整体。根据德性的整体性和德育的整体性原理，课题研究认为可以把学校德育工作做为一个系统进行研究和实践。

(1) 系统科学的基本理论原则

系统科学的思想原则和方法主要体现在整体性、有序性、动态性、开放性和最优化等几个方面。系统科学研究方法始终立足于从要素、结构、功能与所处环境的相互联系和制约的关系中,分析系统中各要素的结构功能,有意识、有目的的使系统内各要素达到最佳建构和配置,以求系统形成结构最优和功能最优的整体效应。

(2) 学校德育系统的层级结构

根据德育系统的性质和特点,参考系统科学关于系统分类的研究方法,课题研究按照"子系统"和"分系统"这样两种方式来划分学校德育系统的层级结构。子系统主要反映系统的等级性,即系统的每一等级包含有相对独立的多个子系统,系统可以视为在这些子系统的相互联系中产生的整体。因此可以把大、中、小三个学段的德育工作做为三个相对独立的子系统,三者的集合构成学校德育系统。三个学段是学校德育系统的第一级子系统,在每个学段中,各年级德育工作是学段德育系统的子系统,即第二级子系统。第三级子系统是班级德育工作。分系统是指系统的各级子系统在某些方面具有意义关系或实体联系,由这些意义联系的方面或有贯通性质的要素以一定秩序组织起来的系统构成所属系统的分系统。就学校德育系统的构成要素来看,无论哪个学段的德育工作,都可以分成德育目标、内容、途径、方法、管理、评价六个方面,当我们把这六个方面作为各级子系统中的共有因素进行贯通性研究时,就形成学校德育系统的六个分系统。子系统与分系统的关系可以通俗地称为"块"与"条"的关系。

(3) 德育体系中的和谐问题

本章从三个方面论述了德育体系中的和谐问题。其一,和谐与德育体系诸要素的整体联系。根据系统科学整体性、有序性原理,课题研究提出了将德育工作的有序性视作德育系统之要素间的"和谐的关系"的认识方法。指出"学校德育体系的整体性是由方方面面的'序'(和谐关系)的组织作用而形成的"。以政治、思想、道德、法纪、心理德育目标内容五要素的关系而论,五要素之间的联系越紧密,"其整体性——对学生思想品德的整体塑造作用就越强。"这种整体性"以要素间的和谐联系为基本特征。"在一个学段或一所学校的德育系统中,其有序性的"常态表现"为教育者、受教育者和德育目标内容、途径方法、管理评价等要素的"和谐联系"。"这种联系越强、越和谐,其有序性就越强。"这种和谐的整体的联系,"发生在德育主体参与的德育实践活动——德育情境之中。"其二,和谐与德育体系的"合力"及其生成机制。课题研究提出:"合力来自于德育系统、德育过程中各要素的和谐联系",由于合力是一种系统的整体效应,处在局部实践岗位上的教育主体往往不能直接感受到,因此"通过'和谐'来把握合力是比较切近实际的操作方式。""和谐反映着事物之间联系的状态和程度,如校内与校外德育工作之间的和谐、各科教学在德育内容和方法上的和谐、德育方法与学生品德发展心理的和谐、德育常规管理与德育专题活动之间的和谐等等。和谐既是方法、过程,也是结果,和谐可以发生于德育体系的所有联系之中,是教育主体能直接感受和把握的教育要求。当教育者在观念把握德育体系的基础上自觉地去达成现实德育实践中的和谐的时候,合力就在体系中产生了。因此,可以把和谐看作是合力的一种生成机制。"其三,和谐是整体构建德育体系的本质和目的。根据和谐反映德育过程各要素的相互联系的观念,课题研究认为,事物的相互联系直接指向事物的发展规律——教育规律。"而认识、掌握、运用教育规律正是教育研究的本质和目的。掌握规律的直接结果,就德育而言,就是促进受教育者德性的整体的和谐的发展,促进德育工作整体的、和谐的发展。""整体构建学校德育体系研究与实验的本质和目的,就是探索掌握德育规律,通过构建科学化、系统化的德育目标内容、途径方法和管理评价体系,全面提高德育实效。""从观念上把握教育规律,是教育者的一种哲学观念。教育者形成的教育的哲学观念越全面、越深刻,其在教育中自由自觉的程度就越高,因而其教育的主体性就越强。以'观念形态'把握学校德育体系的构建原理和应用价值的过程,就是从一个切近现实的角度认识和把握教育规律的过程。通过实验提高教育者对教育规律的自觉意识和自觉实践的能力,是本课题研究的一个深层环节。"

(4)学校德育体系的整体构建

整体构建学校德育体系就是以德性论、德育论、系统论为理论基础,以德育的目标、内容、途径、方法、管理、评价六个分系统为纬,以大、中、小学德育工作三个子系统为经,横向贯通、纵向衔接、横纵交织,进而构成一个时间上具有全程性,空间上具有全面性的,能够产生更大整体效应的德育系统——学校德育体系。这是一项较大规模的系统工程。

第三章内容重点与研究特点

第三章的内容重点是阐述整体构建德育体系的实践依据。包括中小学德育工作的基本情况、大学德育工作的基本经验、大中小学学生思想道德素质现状、国内德育科研基本情况。

本章内容的研究特点是以对学校德育工作现状调查为基础,按学段分类研究与论述。

在中小学德育工作的基本情况部分,论述了中小学德育工作的重要成绩和经验及其存在的问题。主要成绩和经验包括党和国家各级领导重视德育工作,整体构建学校德育体系的思想越来越明确;全员育人格局已基本形成;重视校外教育,初步建立起了学校、家庭、社会一体化的德育网络。中小学德育工作的主要问题是"三重三轻"即重智育轻德育,重知识轻能力,重课堂教学轻社会实践;"三个不适应"即德育工作不适应青少年身心发展特点,不适应社会生活的新变化,不适应推进素质教育的要求;"四个不能"即不能很好地根据青少年学生身心特点和认识规律开展德育工作,存在成人化倾向;不能根据国内外形势的新变化,教育改革和发展的新任务和青少年思想教育工作新情况,有针对性地对学生进行教育;不能很好地将校内教育与社会实践和家庭教育密切结合起来;不能很好地将知识传授与行为养成密切结合起来。关于大学德育工作的基本经验,论述了依靠党的领导,在马克思主义、毛泽东思想、邓小平理论指导下开展德育工作;确认德育是一门科学,全面进行学科建设;思想品德课从无到有,"两课"成为德育主渠道、主阵地;建立起党委领导、行政为主的德育新体制和相应组织机构;建设一支"双肩挑"、具有"两种身份、三种职能"的又红又专的德育队伍;大力推进教书育人、管理育人、服务育人,从理论和实践结合上找到了加强德育的根本途径。大学德育工作存在的主要问题,一是德育工作者的教育思想往往跟不上形势发展要求,观念比较陈旧落后的现象经常发生;二是大学教育系统内部各方面教育不协调的现象还较普遍;三是没解决好与中小学纵向衔接问题。

在学生思想道德素质现状部分,首先从四个方面研究论述了学生思想道德素质的时代特点:一是社会主义市场经济对学生思想道德素质既产生了冲击又带来了发展。如传统思想道德观念被不同程度疏远；思想道德倾向"务实"化；竞争意识平等观念在思想道德中占重要地位；凸显不同程度的主体意识，寻找思想道德新定位；存在或多或少的思想困惑和道德认识黑洞。二是多元文化的交汇对学生思想道德既造成了紊乱又拓展了发展空间。三是科学技术对学生的思想道德素质带来的影响既强劲迅猛又模糊不定。四是主导思想道德教育体系既承认了学生思想道德素质的多样又把它们归结到了一元。这部分内容的另一个特点是对小学生、初中生、大学生思想品德发展特点进行了分学段、分年级的研究和阐释，对了解和深入研究学生思想品德形成发展规律，进行有针对性的教育具有独到的参考价值。由于德育科研对德育实践具有解释和引领的作用，本章对我国德育科学研究情况重点从科研队伍、基础理论、德育实践研究等方面进行了总结介绍。

第四章—第九章内容重点与研究特点

第四章至第九章的内容重点，是依序研究论述德育目标体系、德育内容体系、德育途径体系、德育方法体系、德育管理体系、德育评价体系的整体构建。主要包括：德育目标、内容体系的涵义，构建德育目标、内容体系的意义、依据和原则；对道德教育、法纪教育、心理教育、思想教育、政治教育五项德育目标、内容的分项阐释；小学德育目标、内容体系，初中德育目标、内容体系，高中（中职）德育目标、内容体系，大学德育目标、内容体系的分层递进和大中小学德育目标、内容的衔接。德育途径体系的涵义、构建德育途径体系的意义、原则；德育途径的分类与应用；德育途径的横纵整合。德育方法体系的涵义、构建德育方法体系的意义、原则；德育方法分类阐释；德育方法的整合。德育管理体系的涵义、构建德育管理体系的意义、依据、原则；学校德育管理体系的分项阐释；德育管理体系的学段整合。德育评价体系的涵义、构建德育评价体系的意义、依据、原则；德育评价的分类阐释；德育评价的学段整合。

第四章至第九章内容研究的第一个特点是"系统整体——要素联系——整体和谐"。"系统整体"是指本书第四章至第九章在内容排序上按德育目标、内容、途径、方法、管理、评体系构建分别研究论述，在研究观念和研究方法上始终注意相互之间的内在联系，将六章内容作为学校德育工作的一个系统整体来把握；同样，在每一章里，把本章内容作为一个系统整体来研究。如德育目标，根据德性的整体性和德育的整体性原理，首先把道德、法纪、心理、思想、政治教育目标作为人的品德素质整体来认识，然后再进行分项研究；把这五项内容在一个年级、一个学段、几个学段的教育作为一个互相联系的系统整体来认识，然后再将其放在一个年级或一个学段进行研究和阐释。"要素联系"就是上述系统整体研究方法中建构联系的思维过程，如研究德育内容五要素的内在联系，五要素在小学、初中、高中、大学之间怎样衔接，各条德育途径如何配合。"整体和谐"是在系统整体和要素联系的研究中所达成的结果。

第四章至第九章内容研究的第二个特点是"经验总结——理论阐释——建构模式"。"经验总结"是指第四章至第九章内容作为一个紧密联系的整体，每一章都是建立在对改革开放以来我国大、中、小学校德育工作正反两方面实践经验的考察总结基础之上，建立在四年来各实验区、实验校课题研究和工作实践成果的基础上。"理论阐释"是指整体构建德育目标、内容、途径、方法、管理、评价体系都是在已有实践经验和研究成果基础上进行理论创新研究与论述，建构出一种以应用性为主要特点的、便于广大教育工作者学习参考的理论体系。"建构模式"指整体构建德育体系本质上是一种对德育基本规律的研究，其研究结果是通过《整体构建德育体系总论》的著作形式,将研究成果归纳概括,建构成一种切近德育改革实际的、可应用的、整体化的教育模式。科学意义上的教育模式,具有理论建构和实践概括的双重属性。

本书第十章"整体构建德育体系的实施"从整体构建德育体系实施过程、德育过程的要素及基本运行程序、德育过程的主要矛盾、德育体系实施的原则与方法等方面,引导教育者将这一教育模式运用到实际工作之中。

5.《整体构建德育体系研究论文集》

《整体构建德育体系研究论文集》,詹万生主编,全书41万余字,教育科学出版社2001年出版。本书是全国教育科学"九五"规划国家重点课题——"整体构建学校德育体系的研究与实验"的最终成果之一。全书收集了本课题实验区、实验校承担的子课题研究论文74篇。这些论文是在历届年会暨学术研讨会评审的优秀成果基础上精选出来的,内容涉及小学、中学、中职、中师、大学的德育目标、内容、途径、方法、管理、评价的研究。它是全国几十个实验区、千所实验校、万名实验教师研究成果的精华。

詹万生不仅重视德育基础理论研究,而且重视德育研究方法和和工作方式。他在课题开题之初就制定了"自下而上,总分结合;先块后条,条块结合"的工作方式。这一工作方式体现了整体和谐思想和系统科学原理,在实践中证明这是一种科学的工作方式,起到了事半功倍的效果。

所谓"自下而上,总分结合",指的是实验校、实验区承担的子课题与总课题的关系。实验校先把本校的三级子课题的研究成果报到实验区,实验区汇总实验校的研究成果,综合构建出小学或中学的德育目标、内容、途径、方法、管理、评价某一方面的二级子课题的研究成果,报德育中心总课题组,总课题组根据各实验区的研究结果召开专题研讨会,从整体上建构德育目标、内容、途径、方法、管理、评价体系。

所谓"先块后条,条块结合",是指总课题组内部分工合作问题。总课题组按学段分为小学组、初中组、高中组、中职组、中师组、大学组,我们称之为"块"。每一块先研究和构建各学段的德育体系。为了整体构建并有利于大、中、小学德育体系的衔接,总课题组又分为德育目标和内容体系研究小组、德育途径和方法体系研究小组、德育管理和评价体系研究小组,我们称之为"条"。每一条在各块研究的基础上,负责统揽小学、初中、高中和大学。条与块二者关系是:块为基础,条为指导。工作方式是:平常是块,集中是条。

这样,本课题走出了一条科研工作者与教育行政领导、一线教师相结合的正确的、宽广的、光明的科研道路。课题研究着眼于研究的结果,但更重视课题研究的过程。在课题研究过程中,就推动了实验区、实验校的德育工作,培养锻炼了一批优秀的德育教师,使实验区、实验校出了经验,出了成果,出了人才。同时实验区、实验校的微观层次、中观层次的研究成果,为总课题组从宏观上整体构建学校德育体系提供了可靠的实践依据,奠定了坚实的研究基础。

6.《整体构建德育体系实验报告集》

《整体构建德育体系实验报告集》詹万生主编,全书43万字,教育科学出版社2001年出版。本书是全国教育科学"九五"规划国家重点课题——"整体构建学校德育体系的研究与实验的最终成果之一。全书收集了整体构建学校德育体系实验和《德育》系列实验读本、学生综合素质评价手册《成长册》及子课题研究的84篇实验报告。这些实验报告是在历届年会暨学术研讨会评审的优秀成果的基础上精选出来的,是全国几十个实验区、千所实验校、万名实验教师实验成果的精华。它真实记录、客观反映了本课题研究在增强实验学校德育工作的科学性、针对性和实效性。提高实验教师德育科研能力,培养学生思想道德素质等方面取得的可喜成果。

詹万生不仅重视整体构建德育体系的理论研究,而且十分重视实验研究。他专门写了《德育实验的理论与方法》一文用以指导实验教师的实验工作。这本实验报告集就是实验研究法结出的丰硕果实。

德育实验是运用科学实验的原理和具体方法来研究德育现象和问题,以揭示德育活动规律或某些德育内容、方法的有效性,是一种综合性研究活动。德育实验是教育实验的一个组成部分,而教育实验则是从自然科学实验中引申和移植过来的。因此,德育实验与科学实验有共同性,但也有特殊性。德育实验既要遵循科学实验的一般规律,但又不能照搬科学实验的具体操作方法。有人把科学实验称之为"人与自然的对话",而德育实验则是"人与人的对话",其复杂性远远超过了探索自然的活动。德育行为与德育结果之间的因果联系错综复杂,且德育外部环境对德育活动的干扰也极难控制,因而很难达到经典科学实验所要求的"封闭度"(如无法将实验环境与外部环境完全隔离),故人们一般认为德育实验是一种自然状态下的实验,而不是像自然科学实验那样在实验室里进行的"封闭式"实验。因此,本书所收集的实验报告不可能做到实验结果与假说之间精确的"归因",只能做出诸如"较大幅度提高"、"达到百分之几十"之类的概率性说明。

德育实验活动的展开,可描述为一个从提出理论假说、设计实验方案、控制实验变量、评价实验效度、形成实验报告的过程。

本课题在《德育》读本和《成长册》实验过程中,各实验区相继举办了实验教师培训班,学习了德育实验的理论与方法,各实验校都制定了实验方案。总课题组成员先后到各实验区指导实验,各实验区之间开展了交流活动,充分调动了广大实验教师的积极性、主动性和创造性。在对自变量的操纵方面,编写了大量的教参教案,设计了丰富多彩的活动方案,组织观摩了许多优秀的德育活动课。前所未有的德育实验活动在全国各地实验区、实验校中蓬勃发展,涌现一批德育实验的先进学校、模范实验教师和优秀实验成果。实验达到了较高的内在效度和外在效度,收到了良好的教育效果。

本课题走出了一条科研工作者与教育行政领导、一线教师相结合的、正确的、宽广的、光明的科研道路。课题研究着眼于课题研究的结果,但更重视课题实验的过程。在课题实验过程中,有力地推动了实验区、实验校的德育工作,培养锻炼了一批优秀的德育教师,使实验区、实验校出了经验,出了成果,出了人才。同时,实验区、实验校的实验成果,为总课题组提出建立德育活动课的实践操作模式提供了可靠的实践依据,奠定了坚实的研究基础。

7.《二十一世纪中国德育改革与创新》

《二十一世纪中国德育改革与创新》,詹万生主编,全书30万字,学苑出版社、宁夏少年儿童出版社2002年出版。2001年12月26日,迎来中央教育科学研究所德育研究中心成立十周年。为了总结以往的工作,共同分析德育面临的形势与任务,研讨中国德育走向未来的发展方略,德育研究中心在北京召开了"21世纪中国德育改革与创新学术研讨会"。全国人大常委会副委员长彭佩云、许嘉璐和教育部有关领导为德育中心题词,原教育部领导何东昌、柳斌、王明达等同志出席了会议。中国伦理学会、中国高校思想政治教育研究会、中国教育学会德育专业委员会和全国教育科学领导小组德育学科组等各界知名学者应邀参加了会议。中央教育科学研究所德育研究中心主任詹万生作德育研究中心十年来学术研究总结报告,与会各方专家学者就我国德育改革与创新的理论和实践问题发表自己的研究观点,学术气氛浓重而热烈。因事未能到会的学界专家也把他们的论文寄给德育中心,体现了学者们心系改革,严谨治学的科学精神。本次会议具有很高的学术水平,会议研讨涉及的十几个方面的内容对我国德育的未来发展具有重要的指导意义。为了给广大教育工作者提供学习、切磋和借鉴的文献资料,德育中心将这次会议的演讲稿和论文汇编出版,书名为《二十一世纪中国德育改革与创新》。

根据各方论文的研究重点,本书分十个部分按类编辑。编入各部分的专家学者与论文题目如下:

第一部分:人的全面发展与中国德育改革与创新
鲁洁:关系中的人:当代道德教育的一种人学探寻
陈志尚:深入研究人的全面发展问题
吴忠海:人的全面发展与人类道德理想——兼论21世纪德育改革与创新
薛晓阳:教育:人格现代化的三种选择
张君、王彩霞、迟明珠:崇高的使命:培养全面发展的人
第二部分:思想道德教育研究与中国德育改革与创新
罗国杰:关于修订《思想道德修养》课教材的一点意见
戚万学:活动道德教育模式的理论构想
檀传宝:对德育过程的改造——论德育形式美
欧阳林:对学校素质教育中思想道德素质培养的再思考
齐炘:对德育活动课的认识与实践探索
第三部分:德育现代化研究与中国德育改革与创新
朱小蔓:关于学校道德教育的思考

班华：创造性的培养与现代德育
郑永廷：高校德育发展的理性思考
杜时忠：制度德性与德育创新
詹万生、许建争：社会转型时期学校德育的反思与构建

第四部分："三个代表"重要思想与中国德育改革与创新
魏续臻："三个代表"深系教育，改革创新与时俱进
王滨有：人生价值观教育贯彻"三个代表"思想的研究和探讨
季铁军："三个代表"重要思想与中国德育的改革创新
路琳：在文化建构中改革和加强学校德育

第五部分："以德治国"重要思想与中国德育改革与创新
魏英敏："以德治国"与提高全民道德素质
詹万生：论"以德治国"与"以德育人"
骆郁廷："以德治国"与德育创新
赵军华：加强法制教育，弘扬道德精神

第六部分：《公民道德建设实施纲要》与中国德育改革与创新
许启贤：《公民道德建设实施纲要》制定的背景及讨论的一些重要问题
陈升：思想道德建设要关注自身的基础——兼论理想信念的规范性基础与德性基础
李春秋、王彩霞：公民道德教育的若干理性思考
李树青、薛德合、甘玲：应把礼仪教育作为大学德育的重要内容

第七部分：中华民族传统美德教育与中国德育改革与创新
王殿卿：寻求中国学校德育之根——全国教育科学"九五"规划教育部重点课题"大中小学中华民族优秀传统道德教育实验研究"研究报告
栾传大：中国德育的重大改革——中华民族传统美德教育实验研究10年报告
高天极：美国道德教育与中国传统道德教育之比较

第八部分：整体构建学校德育体系与中国德育改革与创新
詹万生：贯通古今 融会中西 继承借鉴 发展创新——"九五"规划国家重点课题"整体构建学校德育体系研究与实验"总结报告
宋长生：关于整体构建高校德育体系的思考
宁武杰：由现实通向未来的德育系统工程——全国教育科学"九五"规划国家重点课题"整体构建学校德育体系研究与实验"要点述评

第九部分：社会网络化趋势与中国德育改革与创新
刘书林：社会网络化趋势与高校德育改革与创新
李书华：学校德育跟进社会网络化趋势的研究与实践
王经涛：青少年网络道德教育的研究与实践

第十部分：性道德教育与中国德育改革与创新
安云凤：论性道德的发生机制
闵乐夫："早恋"不是一个科学的概念

"21世纪中国德育改革与创新学术研讨会"和本书编辑出版的重要意义,是尝试了一次中国德育理论研究上的和谐会通。长期以来,我国学界与德育有关的理论研究如哲学、文化学、社会学、伦理学、人学、政治学、教育学及德育学、高校思想政治教育、心理学、美学等各学科研究都习惯于从本学科的视角范围去谈论德育问题,很少或基本没有坐在一起共同研究学校德育工作和教学问题。这种学术研究格局对发展各学科领域的学术研究具有一定的积极意义,但由于这样的研究缺少合力,对于发展适用于中国学校的德育理论是存在相应的缺憾的。文化和学术发展的规律表明,"和而不同"是学术繁荣发展的活力机制。既有"和"又有"不同",才有利于相同专题和不同领域的相互促进、共同发展。由于历史的原因,我国学界与德育有关的理论研究,"不同"的为常态多见,"和"的则艰难欠缺。要建立中国特色学校德育理论,就要在可能的情况下改变这种研究格局。自中央教育科学研究所德育研究中心成立,詹万生就十分注重德育研究各家各派的交流对话,建立多学科德育研究的和谐联系。《21世纪中国德育改革与创新》的出版,是一种德育研究的深层和谐的体现。从发展创新中国特色德育理论的眼光看,学界需要这种和谐。这种为了同一事业的交流对话,对探索我国多领域、多学科德育研究的和谐会通,发挥各学科、各领域的学术优势,共同为繁荣德育学术研究,发展德育科研事业,建立中国特色学校德育理论都具有重要的理论和实践价值。

第四篇

整体和谐 有效衔接
构建和谐德育体系

——和谐德育思想的形成阶段（2002-2006）

"十五"时期，詹万生主持全国教育科学国家重点课题"整体构建学校德育体系深化研究与推广实验"，带领和谐德育学术团队运用整体和谐理念，研究编写了《好孩子好习惯》8册幼儿园教材和4册高职教材，实现了从幼儿园到大学的整体构建与和谐衔接。同时与家庭教育相结合，研究编写了四个学段的《当代家长》教材34册，并在实验区实验校进行推广实验；最终成果是《整体构建德育体系导论》和小学、初中、高中、中职、高职、师范、大学《整体构建德育体系实践导引》8部著作。和谐德育思想、理念和方法被《教育部整体规划大中小学德育体系的意见》所采纳。2005年，詹万生在伊宁年会的主题报告中明确提出了和谐德育的基本概念、理论基础、主要内容、社会价值和实践方法，此后在光明日报和中国德育杂志发表，标志着和谐德育思想初步形成。

一、詹万生"十五"时期历届年会主题报告

1. 2002年株洲年会主题报告

与时俱进 开拓创新 深化研究 推广实验
——全国教育科学"十五"规划国家重点课题"整体构建学校德育体系深化研究与推广实验"2002年会暨第五届学术研讨会开题报告

同志们,我代表中央教育科学研究所德育研究中心总课题组作开题报告,请各位代表研究讨论。报告共分为四部分:

（一）整体构建学校德育体系的指导思想
（二）整体构建学校德育体系的基本原理
（三）整体构建学校德育体系深化研究的内容
（四）整体构建学校德育体系推广实验的方法

（一）整体构建学校德育体系的指导思想

本课题的指导思想是：以马列主义、毛泽东思想、邓小平理论、"三个代表"重要思想为指导,贯彻落实"以德治国"重要方略和《公民道德建设实施纲要》,坚持解放思想、实事求是的思想路线,坚持系统科学的理论原则,把各级各类学校德育作为一个系统加以统筹规划,整体构建学校德育体系。为建立科学化、系统化、规范化、现代化的具有中国特色社会主义的、代表先进文化前进方向的、贯彻"以德治国"方略的、适应素质教育要求的学校德育体系提供理论参照和实践模式。

1. 坚持解放思想、实事求是的思想路线,整体构建21世纪有中国特色的学校德育体系

解放思想,实事求是,是党的思想路线,是马列主义、毛泽东思想的精髓,也是邓小平理论的精髓,同时也是"三个代表"的要求。江泽民同志指出："贯彻'三个代表'要求,我们必须坚持党的解放思想、实事求是的思想路线,大力发扬求真务实、勇于创新的精神,创造性地推进党和国家的各项工作,在实践中不断丰富和发展马克思主义。"[1]解放思想、实事求是,就是一切从实际出发,打破习惯势力和主观偏见的束缚。研究新情况,解决新问题。马克思主义具有与时俱进的理论品质。与时俱进,开拓创新,就是一切从实际出发,自觉地把思想认识从那些不合时宜的观念、做法和体制中解放出来,从对马克思主义的错误和教条式的理解中解

---

[1] 江泽民：《在庆祝中国共产党成立八十周年大会上的讲话》,第26页。

放出来，从主观主义和形而上学的桎梏中解放出来。坚持科学态度，大胆进行探索，使我们的思想和行动更加符合客观实际，更加符合社会主义初级阶段的国情和时代发展的要求。

当前中国的最大实际就是市场经济建设。整体构建学校德育体系必须从这个实际出发。学校德育工作存在的一切问题都可以从市场经济中找到原因。同样，要解决这些问题也必须从市场经济中寻找答案。

随着我国社会主义市场经济的确立和逐步完善，中国的经济形成了多元化发展的格局。经济形式的多元存在带来了人的思想观念的转变，这些观念给人们的思想注入了新的生机。同时，市场经济是凸现个人利益的求利经济，凸现金钱地位的货币经济，凸现优胜劣汰的分化经济。利益主体的多元化必然导致人们思想的多样性、复杂化。因此，市场经济对学校德育工作具有双重效应：市场经济自主经营的原则激发了人的主体意识生成，同时诱发个人主义倾向；市场经济所有制形式的多元化促进了生产力的发展，同时利益群体的多样化必然导致价值取向的多元性；市场经济的效益原则增强了效益观念和求实精神，同时诱发了拜金主义和重利轻义倾向，尤其是在我国社会主义级阶段，在生产力尚不发达，法制尚不够健全，市场经济体系有待进一步完善的情况下，学校德育工作希望与困难同在，机遇与挑战并存。

在解放思想、实事求是、与时俱进、开拓创新的思想指导下，整体构建21世纪有中国特色的学校德育体系，应当处理好三个关系：一是德育的适应性与超越性的关系；二是教师主体性与学生主体性的关系；三是德育导向的一元化与道德实践的多元性的关系。

2. 认真学习"三个代表"重要思想，整体构建代表先进文化前进方向的学校德育体系

"三个代表"思想是以江泽民同志为核心的党中央坚持解放思想、实事求是的思想路线，站在历史和时代高度进行理论创新的具体体现，"三个代表"思想对各项工作具有普遍的指导意义。深入学习领会"三个代表"思想，我们要把握两个重点。一是"三个代表"的内在联系。代表中国先进生产力的发展要求，代表中国先进文化的前进方向，代表中国最广大人民的根本利益，是一个相互联系、相互促进的整体。发展先进的生产力，是发展先进文化，实现最广大人民根本利益的基础条件。人民群众是先进生产力和先进文化的创造主体，也是实现自身利益的根本力量。不断发展先进生产力和先进文化，归根到底是为了满足人民群众日益增长的物质文化需要，不断实现最广大人民的根本利益。二是"三个代表"对整体构建德育体系研究的指导意义。江泽民同志指出："发展社会主义文化的根本任务，是培养一代又一代有理想、有道德、有文化、有纪律的公民。""加强社会主义思想道德建设，是发展先进文化的重要内容和中心环节。""发展社会主义文化，必须继承和发扬一切优秀的文化，必须充分体现时代精神和创造精神，必须具有世界眼光，增强感召力。中华民族的优秀文化传统，党和人民从五四运动以来形成的革命文化传统，人类社会创造的一切先进文明成果，我们都要积极继承和发扬。"[1]一个"根本任务"、一个"中心环节"，确立了德育在发展先进文化中的核心地位。德育主要通过在发展先进文化中的特有功能，作用于社会主义的经济建设和政治建设，进而促进人和社会的全面发展。

---

(1) 江泽民：《在庆祝中国共产党成立八十周年大会上的讲话》，第19-21页。

整体构建代表先进文化前进方向的德育体系,就必须以"三个代表"思想为指导,继承弘扬中华民族优秀传统文化,使德育体系具有鲜明的中国特色;借鉴吸收国外优秀文明成果,使德育体系具有鲜明的时代特点。

德育体系作为一种综合性的道德文化,它的民族特色源于其母体传统文化的民族特性。中国古代哲学是本体论、认识论、道德论的统一,以伦理道德、人生价值的探究为中心,是一种伦理型的哲学体系。作为传统文化精华的中国古代哲学,"究天人之际,通古今之变",认为宇宙的法则与道德的最高准则是一致的。中国原始儒家、原始道家、中国佛家和宋明理学这四大思想传统的一个共同点是,"它们的智慧都是人生的智慧"。其中儒家伦理成为中国传统道德文化的主流与核心。通观中国传统道德文化,我们可以总结归纳出最为典型的五个方面:(1)致思于整体精神,强调为社会、为民族、为国家的爱国主义思想;(2)推崇仁爱原则,强调"自强不息"、"厚德载物"及人际和谐;(3)提倡人伦价值,强调个人在人伦关系中的权利和义务;(4)追求精神境界,向往理想人格;(5)重视修养践履,强调道德主体的能动作用。

西方在漫长的历史演变过程中,形成了区别于其他文化的主导精神和价值取向,这就是个性精神、科学精神、民主精神、法制精神、功利精神。这五种精神凝聚着西方文化的精华。古希腊追求人的独立和权利,他们尊重人性,崇尚人的自主、自律和力量,把人看作是高于其他一切的实体。在文艺复兴运动中,思想家们主张从中世纪封建神学的禁锢中解放出来,恢复古希腊文化的人文精神,要求从神性转向人性,高扬人的理性,主张面向自然,解释自然,重新认识世界和人自身,提倡求索和创造文明。十七世纪,随着资本主义生产方式的形成和发展,崇尚理性、发展科学成为资产阶级的迫切要求。科学精神在本质上是一种崇高的道德精神。从此以后,民主理论和民主政治、法律思想和法律制度、功利思想和求利原则得到进一步发展,并成为上升时期各国资产阶级革命的武器。

整体构建学校德育体系就是要在"在三个代表"思想指导下,贯通古今,融会中西,继承借鉴,发展创新。在德育思想、德育内容和方法领域中实践古今文化的贯通和批判继承,同时,也在这几个方面实践中外文化的选择和吸收借鉴。这是本课题研究的基本原则和努力探索的方向。

3. 深刻领会"以德治国"重要方略,整体构建贯彻治国方略要求的学校德育体系

党的十五大提出了"依法治国"和把我国建设成为社会主义法制国家的基本治国方略,九届人大在修改《宪法》时,将这一治国方略写进了新《宪法》。以《宪法》为核心的有中国特色社会主义法律体系的框架已基本形成。然而,相比较而言,道德建设则比较软弱。针对我国社会主义现代化建设面临的新情况和新问题,思考古今中外治国安邦的经验教训,以江泽民同志为核心的党中央自2000年6月28日至2001年7月1日,在一年之内先后四次讲到"以德治国"。形成了以德治国与依法治国相结合的治国方略。

江泽民同志中指出:"要把依法治国同以德治国结合起来,为社会保持良好的秩序和风尚营造高尚的思想道德基础。"[1]在教育系统贯彻"依法治国"和"以德治国"相结合的治国方

---

[1] 江泽民:《在中国共产党成立八十周年大会上的讲话》,人民出版社,2001年,第20页。

略,需要我们认识依法治国和以德治国的辩证关系。从整体上看,"依法治国"与"以德治国"相结合,是对治国方略更加深刻、更加完整的认识和表述,是治国理论的发展,是政治上成熟的表现。德治与法治,互相补充,相得益彰,共同构成完善的治国方略。首先是功能互补,法治是靠法律的权威性和强制性来规范人的行为,调节人际关系的;而德治是靠道德的说服力、劝导力、内心信念和社会舆论的力量来规范人的行为,调节人际关系的;道德是立法和执法的基础,遵纪守法是基本的道德规范,德治为法治创设良好的思想和社会条件。法律主要靠他律,道德主要靠自律,二者互为补充。其次是范围互补,法律只是对违法的行为进行惩处,而对"缺德"不违法的行为是不干涉的;道德则是通过社会舆论对"缺德"的行为进行批评教育,弘扬正气,抵制歪风,减少犯罪;法律制定的再多,也不可能包罗人们社会生活、家庭生活特别是私生活的全部内容。而道德则比法律作用的范围要宽泛得多。第三是时间先后互补,汉代思想家贾谊曾说:"礼者禁于将然之前,而法者禁于已然之后。"德治的作用在事先,法治的作用在事后,形成了时间先后作用的互补性。法律和道德,法治和德治,如车之两轮、鸟之双翼,相辅相成,相互促进相互补充,缺一不可。

　　以德治国方略在教育领域的贯彻实施,对于各级教育行政部门来说,就是要"以德治教";对于各级各类学校来说,就是要"以德治校";对于广大教师来说,就是要"以德育人"。这是贯彻以德治国方略的内在要求。

　　整体构建贯彻治国方略要求的学校德育体系,首先要以德治教。要切实把德育放在学校各项工作中的首要地位,树立育人为本的观念,将"思想政治素质是最重要的素质"的要求落实到教育工作的各个环节,使德育在整个教育工作和人的整体素质发展中真正发挥导向、动力和保证作用。以德治校要求教育管理者不仅要牢固树立德育首位观念,而且要以身立德,率先垂范,作师德建设的力行者。以德治校是一种重要的学校管理方式,也是构建德育管理评价体系的应有内涵,要遵循德育工作的客观规律进行德育管理和评价,增强德育管理评价的科学性和实效性。以德育人是构建贯彻治国方略的学校德育体系的根本落脚点。在构建德育目标内容体系中,继续深化道德、法纪、心理、思想、政治教育内容五要素的整体性研究。在构建德育途径方法体系中,教师要以德育德、以情育情,这是以德育人的前提,也是增强德育实效性的保证。以德育人是德育管理评价的重要内容。以德治教、以德治校、以德育人既是贯彻治国方略的教育理念,也是整体构建贯彻治国方略要求的学校德育体系的实践环节。

4. 贯彻落实《公民道德建设实施纲要》,整体构建适应素质教育的学校德育体系

　　2001年10月,中共中央颁布了《公民道德建设实施纲要》。《纲要》总结历史,高瞻远瞩,创造性地构建了社会主义道德建设实施体系的框架。这一体系包括公民道德建设的指导思想、方针原则、主要内容、途径形式、方法手段、领导管理机制等方面。整体构建德育体系的思想原则和内容范围与《纲要》的内容要求存在着多方面的整体联系。《纲要》在第20条指出:"学校是进行系统道德教育的重要阵地。各级各类学校必须认真贯彻党的教育方针,全面推进素质教育,把教书与育人紧密结合起来。要科学规划不同年龄学生及各学习阶段道德教育的具体内容,坚持贯彻学生日常行为规范,加强校纪校风建设。要发挥教师为人师表的作用,把道德教育渗透到学校教育的各个环节。要组织学生参加适应的生产劳动和社会践活动,帮助他们认识社会、了解国情,增强社会责任感。"第23条指出:"家庭、学校、机关、企事业单位和社会在公民道德教育方面各有侧重、各有特点,是相互衔接、密不可分的统一整体。必须把家庭教育、学校教育、单位教育和社会教育紧密结合起来,相互配合,相互促进。"[1]在课题的深化研究中,要把《纲要》的内容要求自然和谐地融入德育的目标内容、途径方法和管理评价体系的构建之中,努力构建适应全面推进素质教育的学校德育体系。

整体构建适应全面推进素质教育的德育体系,就要以中央关于素质教育的精神和《纲要》要求为指导,突出提高国民素质的根本宗旨,致力于培养学生的创新精神和实践能力。

国民素质是指一个国家的人民在改造自然、改造社会的过程中所具有的体魄、智力和思想道德的总体水平。它是一个国家经济和社会发展的基础,是综合国力的主要体现,是国际竞争力的重要方面。提高国民素质,教育是基础。素质教育要求全面提高学生的整体素质,包括思想道德素质、科学文化素质、身体心理素质、审美艺术素质和劳动技能素质等方面。德育肩负着培养思想道德素质的重要任务,在素质教育中居于首要的地位,对全面素质教育发挥着导向、动力和保证作用。加强和改进学校德育工作,增强德育工作的科学性和实效性,是实施素质教育的一个重要标志。同时,素质教育对德育提出了更高的要求。素质教育要求全面提高学生的素质,作为素质教育重要组成部分的德育,同样应当全面提高学生的思想道德素质。思想道德素质是一个综合性范畴,包括政治素质、思想素质、道德素质、法纪素质和心理素质等。整体构建学校德育体系,不再限于笼统的"德育",而对德育的要素结构和层次结构进行分门别类的研究,一是按照儿童和青少年的年龄特征,分别研究小学德育、中学德育、大学德育以及各级各类学校德育的衔接;二是将广义的德育分解为道德教育、政治教育、思想教育、法制纪律教育、心理教育等五个方面,分别研究各自的特点、规律、内在机制以及它们之间的相互关系。从而为全面提高学生的思想道德素质提供理论参照和实践操作的模式,为提高国民素质,培养学生的创新精神和实践能力奠定基础。

(二)整体构建学校德育体系的基本原理

本课题经过"九五"期间历时四年的研究与实验,在整体构建德育体系总体思路的指导下,在各实验区、校各个子课题的研究基础上,经总课题组的归纳整理和总结概括,形成了"九五"课题研究的最终成果——《整体构建德育体系总论》。《总论》是整体构建学校德育体系的系统化的理论体系,它全面论述了学校德育体系的构建原理。标志着在德育实践基础上的理论形态的学校德育体系基本构建定型。

这一构建原理主要由三部分内容构成,即整体构建德育体系的德性论原理、德育论原理和系统论原理。德性论、德育论原理融会了人的主体性理论和人的社会化理论,重在论述整体构建德育体系的理论和实践依据,说明"为什么"要整体构建德育体系;系统论原理作为科学方法论,重在论述德育体系的性质特点、结构层次和运作机制,说明整体构建德育体系"是什么"和"怎么样"。

因此,全面掌握整体构建学校德育体系的基本原理,是"十五"课题深化研究和推广实验的基础和前提。

---
[1]《公民道德建设实施纲要》,第11—12页。

1. 整体构建学校德育体系的德性论原理

德性就是品德。德性是人社会化的结果，是人的社会本质的主要表现。在现实生活中，德性决定着人参与社会生活的价值取向，标志着个体存在的意义。德性以人格或个性的形式反映个体的存在和发展。培养人完整的德性是德育的本质和目的。

德性存在发展的特性主要表现在整体性、建构性、发展性三个方面。

（1）德性的整体性

德性的整体性指人的知、情、意、行品德结构的统一性和德性的社会性内容的完整性。

①从人的知、情、意、行的和谐统一认识德性的整体性。考察德性整体性的根本点，是一个人内在的知、情、意和外在行为的和谐统一，归结点是一个人德行的真实性。同样是做一件事，有的人出于自然，有的人出于自愿，而有的人出于对外在规范和社会舆论的压力。那种不是出于自然的德行，表明其知、情、意、行之间尚未达到和谐统一，即完整的德性尚未形成。德性体现了人的真情实感，是人性的自然流露，充分体现一个人真实的存在及其存在的意义。中国传统德育思想中关于"诚"是德行之本的观点，反映着对德性整体性的体验和认识。德性的整体性表现在德性的形式结构（知、情、意、行）和内容结构（道德规范）、理性因素与情感因素的辩证统一。理性的作用在于发现真伪，而善恶问题不仅需要道德判断，还需要情感的调节。人不仅是理性存在，而且是情感存在。情感不仅是德性的构成要素，而且在德性整体结构中起着动力或动机的作用。

②从德性的社会性内容的完整性认识德性的整体性。从人的社会化过程看，德性具有社会意义，体现个体的社会存在。离开社会活动和社会规范，就无法认识德性。道德意义上的完整德性不仅要成就自我，而且要通过成就自我影响社会，成就他人。真正完美的德性，不仅要实现自我价值，还要实现其社会价值。德性的社会性是德性整体性重要标志。德性整体性的形成过程与人的社会化过程是一种辩证统一关系，即个体德性的整体性越强，就越能适应社会要求，促进社会发展进步，而个体德性与社会的适应和促进关系越和谐，其社会化程度就越深。

德性整体性给学校德育提出的课题是：如何促进学生德性的形式结构的整体化，即知、情、意、行的和谐统一；如何培养学生德性的形式结构与内容结构、理性因素与情感因素的和谐统一；在德性培养中如何实现个性发展与社会要求的和谐统一。

（2）德性的建构性

德性的建构性是规范性与主体性的动态统一过程。道德规范从人们对社会生活发展秩序的认识和实践中概括出来，它以规则性的行为要求引导和塑造着人的德性。规范虽然是外在的，但它内涵着应当。它以善的认定为根据，不仅指出何者当为，何者不当为，而且还告诉人们何者是善，何者是恶。因此，它虽然相对于个体来说是外在的，但是，其内容和精神却与人的先天的善的倾向是一致的。正是这种一致，使对规范的学习、遵守和实践成为培养德性的必要手段。规范的作用在于规定了德性的内容和范型，规范教育只有同主体性培养融为一体，才能使德性成为人所特有的生命形态。人的生命形态显现于人的知、情、意、行，人的主体性就是人的知、情、意、行的活动方式和特点。德性的建构性是在规范性和人的道德主体性相互作用的动态过程中发生的。人的主体性是人在对象性活动中表现出来的自为性、自主性、能动性。

①自为性。从人的主体性的自为性来看,人的活动是包含着自觉意识的活动,人对自身的存在和与客体的关系有着明晰的意识,人既能把外部世界包容于意识中,以观念的形式把握世界,又能反观自身,把握自身的主观世界,因而人的活动具有明确的目的性和方向性。

②自主性。从人的主体性的自主性来看,人在目的性和方向性的活动中,具有自由选择行为方式和自我调控情感意志的能力。人的行为要受社会法律制度和道德规范的约束,在客观社会环境提供的道德冲突的几种可能性中,人可以根据自己所掌握的道德准则去作出相应的选择,在这个范围内,人可以独立自由地没有外在强制地自行决定行为方式,并以自己的个性心理自行调控情感意志,如个体在社会生活中遇到处于危困环境中需要帮助的人的时候,个体会产生同情、着急一类的情感,并根据自己的道德意识决定自己的行为。当人为实现自己的理想(目的)而努力学习时,人能自觉抵制外界的干扰,克服遇到的各种困难而持续努力,这就是自我意志,其所体现的就是活动主体的自主性。

③能动性。人的主体性的能动性,不仅体现在活动的目的性、自觉性和自主性上,做到"从心所欲不逾矩",还表现在对活动的条件、环境的自觉认识和积极创造上,对活动价值的多重追求和积极实践上。道德的生命和价值在于促进人和社会的全面发展与进步,完整的德性应是他律与自律、规范性与创造性、适应性与超越性的完美统一。

德性的建构性给学校德育提出的课题有:一是如何建构有利于完整德性培养的道德规范体系,即完整的德育内容体系;二是如何在德育过程中培养学生的道德主体性。

(3) 德性的发展性

德性的整体性和建构性都在说明着德性的动态发展性。德性的发展性可以从德性的历史传承、个体德性的培养过程、德性发展的动力、德性发展的现代特点四个方面来认识。

①从德性的历史传承过程看德性的发展性。思想道德作为一种社会意识有其自身的发展演变规律。一方面,由于不同时代不同社会对社会成员的德性有不同的要求,因而使德性的培养方法和培养结果也有所不同,德性具有时代性。另一方面,德性随时代发生变化并不是完全抛弃前代德性,而一般是在历史和时代更替中将那些具有普遍价值的德性原则保留传承下来,并弃除那些不合时代的成分。这种具有普遍价值的德性品质,如中国传统道德中的仁、义、礼、智、信、勤、俭、勇、廉、耻,在历史传承上具有一定程度的超时空性。这是许多历史人物的思想、情操和行为仍然能够感动现代人,并受到人们的认同和敬仰的内在原因。

②从个体德性的培养过程看德性的发展。根据中外关于品德形成发展过程的研究,人的德性随人的年龄的增长有一个由低水平向高水平发展的过程,如科尔伯格等人关于道德发展的"三个水平六个阶段"的研究,大致反映出德性发展的一般规律。另一方面,社会存在决定社会意识。在当代我国主流文化与非主流文化并存的社会环境中,受教育者的德性发展并不是节节提高、日生日成的。以世界观教育为例,世界观是人的德性中的一个稳定的观念要素,世界观的稳定性决定德性也具有稳定性。但科学的世界观的形成是要经历一个较长的建构过程的,如果在这个过程中遇到与正在形成中的世界观相冲突的思想影响,就可能导致受原世界观统摄的价值取向的中断或改变,以至动摇其世界观。从个体的年龄与心理发展的一般过程看,个体于3~12岁期间养成的德性或习惯,常常在13~15岁或者更晚些经历一个重新定位

的过程。这时,个体要对已有德性或习惯付诸于实践,让社会对他们的德行予以承认。在这个过程中,如果社会的反馈是积极的,他们对已有德性则信之弥笃,如果社会的反馈是消极的,他们就要反思自己的德性或信仰是不是错了。这个反思常常对已有德性或习惯具有"促退"的作用。这说明在德性培养过程中存在着反复性问题。

③从德性发展的动力看德性的发展。道德活动的根本动力来源于客观的社会实践,这种实践形成并不断丰富着道德活动的条件和环境,造就并发展着活动主体的自觉性和能动性,使道德活动的领域不断扩展,形式日益多样,水平逐渐提高。但对具体的道德活动而言,主体的道德需要及其同社会要求的差距和矛盾,往往对发展道德活动具有推动作用;在人与人的相互交往过程中,客观的交往关系和社会关系会不断向人们提出新的要求,这些要求与人们目前所达到的道德水平、道德境界之间的矛盾,就成为推动人们去进行自觉道德活动的动力,这表明,德性的发展,既有外部的动力,也有内部动力,主体的道德需要是主体德性发展内部动力的心理活动形态。外部动力是社会实践的要求,反映着社会发展的必然性,这种要求和必然性只有通过道德活动主体转化为自身的道德需要,才能推动道德活动的发展。

④从德性发展的现代特点看德性的发展。德性发展的现代特点主要体现在三个方面。一是道德主体性越来越强。我国社会主义制度的建立,全社会物质文明和精神文明建设的日益发展,创造了比以往各历史时期都适合人的主体性发展的优越条件。正是在这样的社会背景下,人的主体性,特别是人的创新意识、创新精神得到了更充分的发挥。二是人的道德素质对人和社会的完善作用日益增大。德育活动和德性修养是人类完善自身的活动,完整的德性提升了人的思想境界,促进了人的全面发展;人的全面发展直接促进了社会的全面发展,而社会的全面发展又为人的德性完善创造了更适宜的环境和条件。三是道德活动和德性培养的领域日益扩展。当代伦理学不仅研究人与人、人与社会之间的道德关系,而且关注人与自然的道德关系和人与电脑的道德关系,把环境道德和网络道德作为人的德性的组成部分。随着社会不断发展,道德活动的范围不断扩大,德性的内涵也逐渐丰富。

德性的发展性给学校德育提出的课题是:德性的历史传承性要求现代德育解决好德文化的继承借鉴和发展创新问题;个体德性的培养过程要求现代德育整体构建循序渐进、螺旋上升、前后衔接、协调一致、形成合力的德育目标内容、途径方法和管理评价体系;德性发展的动力要求现代德育深入研究人的"道德需要"的发生机制,研究各种教育因素与道德需要之间的作用关系,研究道德需要与道德主体性的形成与发展关系;德性发展的现代特点要求学校德育要与时俱进、更新观念,坚持"三个面向"的发展方向,从人与社会全面发展的广阔背景上进行德育研究和实践。

2. 整体构建学校德育体系的德育论原理

德育是教育者按照一定的社会要求,有目的、有计划、有组织地运用整体性的德育内容,通过教育者和受教育者双主体对象化的实践活动,培养受教育者完整德性的教育过程。德性的整体性、建构性、发展性内在地规定了德育的整体性、主体性和实践性。

(1) 德育的整体性

德育的整体性包括德育目标内容的整体性、德育途径方法的整体性和德育管理评价的整体性。

①德育目标内容的整体性。德育目标内容的整体性体现在人与社会全面发展的整体联系上。根据我国当代先进文化和社会主义经济、政治建设对受教育者思想道德素质提出的要求，遵循青少年品德形成发展规律和品德发展需要，我们认为完整的德育目标内容应由政治教育、思想教育、道德教育、法纪教育、心理教育五项要素构成。结合德性的整体性分析五要素之间的结构关系，政治教育确立了为把祖国建设成为富强、民主、文明、和谐的社会主义现代化国家而努力学习的奋斗方向，思想教育通过对人类社会发展规律的认识和理解，为政治教育提供理念支撑，使学生形成科学的世界观、人生观、价值观，树立起理想信念。道德教育通过培养个体的道德认知、道德情感、道德意志、道德信念和道德行为，形成良好的道德品质是实现理想信念的常态活动方式。法纪教育以"法"和"纪"的形式，充实和保证政治、思想、道德教育的进行。在政治、思想、道德、法纪教育过程中，人的心理素质始终起着维持、调节和统合个体的知、情、意、行的作用，心理教育是德育不可缺少的要素。德育内容的五项要素相互联系、相互作用，是一个知行协调统一的整体。五要素之间的联系越紧密，越和谐，其整体性——对受教育者德性的整体塑造作用就越强。

在现实的德育过程中，德育内容的整体性并非五要素的等量施教，而是要根据受教育者的年龄、心理和品德形成发展规律，从小学一年级（可前延至幼教阶段）到大学四年级（可顺延至研究生阶段）进行整体规划和科学设计。其研究重点是五项内容在各学段各年级的合理比重和五项内容在各学段各年级之间的和谐衔接。德育内容的整体性，不仅指横向要素结构的整体性，还包括德育内容在纵向衔接中体现出来的整体性。

②德育途径方法的整体性。德育途径是教育者从事德育工作、开展德育活动所凭借或创设的空间、领域或载体，是实施德育的渠道。在德育体系中德育途径是物质的实体存在，是德育内容、德育方法及整个德育过程的承载体。德育途径的整体性是由各条途径的客观存在形式决定的。从德育途径的总体空间特点看，可以分为学校、家庭、社会三个领域，这三个领域在空间建构上自然连接，是一个客观存在的整体；就人的日常活动范围来看，这三个领域是教育者和受教育者生活、工作、学习的整体处所和空间。从德育途径的具体类别看，有课程类，如专门德育课程和各科教学；实践类，如学校、家庭、社会生活中的各种实践活动；组织类，如党、团、队、学生会、社团等；环境类，如学校、家庭、社区的文化氛围；管理类，如学校、科系、年级、班级德育管理、家长学校和社区教育委员会等；传媒类，如广播影视、报刊书籍、电脑网络等。德育途径与德育内容存在着对应性，在许多情况下，同一德育内容需要多条德育途径来贯彻实施，因此，各条途径的协调配合是德育途径整体性的重要发生机制。整体构建德育途径体系就是在深入研究和认识德育途径之间的联系以及德育内容与德育途径的整体联系的基础上，将各条德育途径横向贯通，纵向衔接，使其形成教育合力，增强育人效果。

德育途径的选择、利用、创设又体现为德育方法的选择和使用，德育途径与德育方法具有紧密的联系。德育方法的整体性一方面体现在德育途径的整体性中，同时，德育方法的整体性也有自身特点，如同一途径中有不同的方法，不同的途径又有相同的方法，因此，德育方法的整体性的内在机制，是不同的德育方法在德育内容和学生接受心理之间的协调性。如果不同的教育者使用不同的德育方法能够适合学生理解掌握德育内容，并能促进学生将道德认识和谐地转化为道德实践能力，那么这些德育方法就具有整体性。德育内容是持续发展的，学生的个性心理是动态多样的，所以，构建德育方法体系要坚持辩证思维，鼓励创新。

③德育管理评价的整体性。学校德育管理是由管理者与被管理者、德育目标与内容、德育途径与方法、德育管理与评价等要素构成的整体，德育管理是贯通德育各要素和德育全过程的一种主导要素。首先，德育管理的整体性体现在学校德育工作有整体的规划和统一的工作目标、各项规章制度协调配合，具有整体联系；其次，围绕学校德育工作整体目标，各德育职能机构分工明确，协调配合，德育管理具有整体效益。

德育评价是德育管理的重要手段，德育管理的整体性体现为德育评价的整体性。德育评价的整体性主要表现在德育评价指标体系的整体性上。整体性的德评价指标体系，在学段层次上包括小学、初中、高中、大学各学段各年级相互衔接的评价体系；在评价的对象和人员上，包括对学校德育评价、班级德育评价、学生品德评价诸方面具有整体联系的评价体系；在评价的内容上，包括对学校德育规划、德育组织、德育环境、德育经费等德育条件的评价，对德育常规、德育活动、德育科研等德育过程的评价和对德育整体效果的评价。德育评价的整体性还体现在评价的方式上，如定性评价与定量评价相结合、阶段性评价与终结性评价相结合、静态评价与动态评价相结合、外部评价与自我评价相结合等评价方式。

(2) 德育的主体性

课题研究认为，在德育过程中，"教育者与受教育者具有主体和客体的双重属性，都是主客体的统一。"德育的主体是双主体。经过四年来的研究与实践，课题深化了对教育者主体和受教育者主体的整体认识。其基本认识角度，是从双方主体性形成的基础、形成的过程和表现特点、各自主体形成的结果的全过程来考察，即认识和把握双主体互动关系的产生和发展过程。

①双主体形成的基础。教育者主体性的形成基础主要指教育者参加教育实践时的工作素质基础，教育者是作为社会主体的代表先于德育过程而存在的，教育者的工作素质（包括主体性意识）相对于受教育者的素质水平而言，具有先行社会化的实践基础，是相对成熟的道德主体，其社会职责和实践目的是育德育人。受教育者主体性的形成基础主要体现在他们作为独立的生命个体，自身具有成长发展的需要，在学习过程中表现出积极性、自觉性、主动性、创造性和"我要学"等主体意识，从其社会化水平来看，受教育者是未成熟的社会个体，他们的主体性，包括学习主体性、道德主体性都处在形成发展状态。因此，在德育过程中，教育者要尊重和培养受教育者的主体性。

②双主体的形成过程和表现特点。教育者主体性表现在对受教育者素质能力的培养规划，对教学内容（社会主体的"物化"形式）的改造、调整与活化，对教育途径的创设和方法的设计运用等主体意识和主体活动。"主导"是教育者主体性的总体特征。教育者主体的实践过程具有重复性，受教育者主体性的主要特点是主动性和发展性，其发展过程一般是不可重复的。在二者的对象性关系中，受教育者的整体素质状态（包括其主体性程度）对教育者的主体意识和主体性活动具有规定性，教育者的实践活动要以此为根据，这是双主体整体联系的内在动因；受教育者在教育者组织的教育活动中不断发展着自身的主体性，其主体性的形成既是自身素质发展的阶段标志，又是教育者主体性的对象化体现。培养受教育者的主体性是教育者的一种主体意识，这种主体意识主导着教育者的实践活动。在以班级授课为基本形式的学

校教育中,教育者与受教育者的主体际关系有群体——群体;群体——个体;个体——群体;个体——个体等联系形式。在现实的教育生活中,德育双主体的对象关联非都是师生双边活动,更多是学生自主活动。在师生共同参与的实践活动中,双方互为主客体,教育者与受教育者是直接的对象性关系,这是受教育者主体性的基本生长点,在学生自主性的实践活动中,教育者与受教育者是间接的对象性关系,所谓"间接"对象关系是指教育者虽然"不在场",但教育者的主体性仍在起作用,表现为受教育者自觉把教育者的要求内化为自己的主体意识,并外化为主体行为,如文化课中的自学和道德生活中的自律等;整体认识受教育者主体性的形成过程和表现特点,应包含师生共同活动和学生自主活动两种情境,学生在自主性活动中的主体性更具根本性和目的性。

③双主体的形成和发展结果。教育者和受教育者主体性形成于不同的基础,因而其形成的目的和结果也是不尽相同的。教育者通过自身的主体性以培养受教育者的主体性,是践行自己的社会职责,为社会培养合格人才;教育者对主体性的研究和实践既包含着科学育人的观念和目的,又具有探索教育规律,提高教育者群体主体素质的手段意义,其归结点是为了更有效地参与教育实践。受教育者在教育者的引导、指导和培养下发展自身的主体性,是为了提高自身的素质能力,以利更有效地继续学习和参与社会生活,实现人生理想。

(3)德育的实践性

道德来源于社会生活,社会生活是实践的,因而实践是道德的发生基础,也是道德的存在形态。离开人的实践活动孤立地研究道德的本质、特性、结构是不能真正认识道德以及德性培养的。本课题研究认为,德育的实践观是德育首要的基本的观点。

①德育目标在本质上是实践的。德育目标是德育过程的起点。德育目标是对德育结果的预期规定,因而其制定的依据和标准,是品德的整体形成状态。德育目标既包括对学生道德认知、道德情感的培养,也包括对学生道德意志、道德行为的锻炼,归根到底是道德信念(知、情、意)和道德行为的统一,落脚点在学生的道德行为上。只有培养出来的学生在实践中践行、践言了,才标志德育目标的实现了,这说明德育目标在本质上是实践的。

②德育过程是实践活动。德育实践活动是学生品德形成的基本形式,德育实践活动贯穿德育全过程。德育过程是教育者和受教育者共同参与的活动过程,双方互为主客体关系只有在实践活动中才能确立和形成,双主体只有在实践活动中才能达到辩证的统一。学生的道德认知、道德情感、道德意志是在德育实践活动中发生发展的,并通过道德行为表现出来。活动和交往是学生经常性的德育实践活动。德育实践活动有多种形式,既有课堂德育活动,又有课外德育活动;既有校内德育活动,又有校外德育活动。这些德育活动主题明确、针对性强,内容丰富多彩,形式生动活泼,是学生品德形成和发展的有效途径。德育实践活动是品德形成的根本基础。

③道德实践能力是学生品德评价的根本标准。学生的品德素质只有在现实的生活实践中才能表现出来,这是因为学生在面临的生活情境中,其道德认识,道德情感转化为道德行为,潜在的品性变为显性的德行,只有在这种状态中才能根据学生的具体行为表现来认识和评定其品德素质水平。同时,只有在生活实践中才能认识个体品德对人、对社会的价值和意义。在德育过程中,学生如果不把认识理解的道德知识运用到道德实践中,不仅自身品德素质不能

得到切实提高，而且会出现"知行不一"的情况。只有把品德培养引向道德实践，德育才能取得实效，同时，德育实践也是克服学生言行不一现象的最好途径。因此，真实的道德实践能力是品德形成和品德评价的根本标准。

德育的整体性是整体构建德育体系的实践依据，德育的主体性和实践性从德育活动的特点、德育过程的本质角度说明德育体系的运作主体和运作性质。

德性论原理和德育论原理共同说明整体构建德育体系的必要性和必然性。

3. 整体构建学校德育体系的系统论原理

系统是由相互联系的要素通过有层次的组织结构形成的具有系统功能的整体。根据德性的整体性和德育的整体性原理，我们认为可以把学校德育工作作为一个系统进行研究和实践。

(1) 系统科学的基本理论原则

系统科学的思想原则和方法主要体现在整体性、有序性、和谐性、动态性、开放性和最优化等几个方面。整体性是指认识主体始终把研究对象视作一个整体对待，认为世界上的各种事物、过程都不是彼此孤立的杂乱无章的偶然堆积，而是一个合乎规律的，由各要素组成的有机整体。系统整体的性质和规律只存在于各要素的有机联系和相互作用之中，各要素的孤立活动的特征不能反映系统整体的功能和特征，即整体大于组成它的各部分之和。

系统的有序性、和谐性是指系统内部要素组织结构的层次性、等级性及其相互联系、相互作用的和谐性。所有的系统都由要素构成，系统和要素的区分是相对的，一个系统只有相对于构成它的要素而言才是系统，而相对于由其他事物构成的较大系统而言，它又是一个要素，也可称为一个子系统或分系统，因此，系统具有层次性和等级性，系统中要素的组织结构方式，相互联系、相互作用的和谐程度，决定着系统的功能。

系统的动态性和开放性是相互联系的，任何系统都不是凝固不变、孤立存在的，系统总是在同外部环境的相互作用中调整着自己的要素和结构，系统是在从无序到有序、低序向高序和从有序又向无序的反复过程中，以整体性的运动方式得以形成、演化和发展的。最优化是用系统科学方法研究问题的最终目标。

总括起来说，系统科学研究方法始终立足于从要素、结构、功能与所处环境的相互联系和制约的关系中，分析系统中各要素的结构功能，有意识、有目的的使系统内各要素达到最佳建构和配置，以求系统形成结构最优和功能最优的整体效应。

(2) 学校德育系统的层级结构

根据德育系统的性质和特点，参考系统科学关于系统分类的研究方法，我们按照"子系统"和"分系统"这样两种方式来划分学校德育系统的层级结构。

子系统主要反映系统的等级性，即系统的每一等级包含有相对独立的多个子系统，系统可以视为在这些子系统的相互联系中产生的整体。我们可以把大、中、小三个学段的德育工作作为三个相对独立的子系统，三者的集合构成学校德育系统。三个学段是学校德育系统的第一级子系统。在每个学段中，各年级德育工作是学段德育系统的子系统，即第二级子系统。第三级子系统是班级德育工作。

所谓分系统，是指系统的各级子系统在某些方面具有意义关系或实体联系，由这些意义联系的方面或有贯通性质的要素以一定秩序组织起来的系统构成所属系统的分系统。就学校德育系统的构成要素来看,无论哪个学段的德育工作,都可以分成德育目标、内容、途径、方法、管理、评价六个方面,当我们把这六个方面作为各级子系统中的共有因素进行贯通性研究时,就形成学校德育系统的六个分系统。子系统与分系统的关系可以通俗地称为"块"与"条"的关系。

(3)学校德育体系的整体构建

整体构建学校德育体系就是以德性论、德育论、系统论为理论基础,以德育的目标、内容、途径、方法、管理、评价六个分系统为纬,以大、中、小学德育工作三个子系统为经,横向贯通、纵向衔接、横纵交织,构建成一个整体和谐的德育实施体系。

从纵向看,是小学、中学、大学三个子系统的纵向衔接。这种衔接要求每一个子系统的德育目标、内容、途径、方法、管理、评价都应遵循不同学段学生的年龄特点和品德形成发展的规律,建立分层递进、螺旋上升、和谐衔接的有机联系。

从横向看,是德育目标、德育内容、德育途径、德育方法、德育管理、德育评价六个分系统的横向贯通。这种贯通要求每个分系统都要落实到小学、中学、大学三个子系统之中去,遵循德育工作的规律,使德育目标、内容、途径、方法、管理、评价环环相扣、互相依存、和谐贯通。通过这种联系做到分系统自身构建的整体性。

整体构建学校德育体系就是运用系统科学的思想方法,将大、中、小学三个子系统和目标、内容、途径、方法、管理、评价六个分系统进行合理的配置,进而构成一个时间上具有全程性,空间上具有全面性的,能够产生更大整体效应的德育系统——学校德育体系。这是一项较大规模的系统工程。

《整体构建德育体系总论》第四章至第九章分项对这一体系进行了较全面的阐述。

根据教育模式构建原理,《整体构建德育体系总论》可以看作是一种以"整体构建"为主要特征的德育模式。科学意义上的教育模式,具有理论建构和实践概括的双重属性。从理论建构的属性来看,《总论》综合运用了马克思主义哲学、系统科学、伦理学、社会学、文化学、教育学、心理学、美学、法学等基础理论和德育思想史、品德发展心理学、德育原理等学科理论,在这些理论基础上结合德育改革实践进行应用性研究,建构成整体构建德育体系的理论体系。从实践概括的属性看,《总论》建立在对古今中外德育实践经验特别是改革开放以来我国大、中、小学校德育工作正反两方面实践经验的考察总结基础之上,建立在四年来各实验区、校课题研究和工作实践成果的基础上,从中研究德育基本规律,选择提炼出体现德育规律的具有典型性的实践方式,经归纳概括建构成切近德育改革实际的、可操作的、整体化的德育实践体系。《总论》的这种德育模式的建构属性,为"十五"期间的深化研究和推广实验奠定了重要基础。

(三)整体构建学校德育体系深化研究的内容

本课题的研究内容是在"九五"的基础上进行"深化研究"。要在"深化"上下功夫,在"深化"上做文章,在"深化"上出成果,在"深化"上要实效。深化研究的内容包括德育体系的深化研究、《德育》读本的深化研究和《成长册》的深化研究三个方面。

1. 德育体系的深化研究

(1) 德育体系深化研究的基础

"九五"期间，我们以德性论、德育论、系统论为理论基础，以贯通古今、融会中西、继承借鉴、发展创新为基本原则，以系统研究法、实验研究法、文献研究法为基本方法，以德育目标、德育内容、德育途径、德育方法，德育管理、德育评价等要素系统为纬，以小学德育、中学德育（含中职德育）、大学德育等层次系统为经，进行横向贯通、纵向衔接、分层递进、螺旋上升，整体构建出学校德育体系。这个德育体系集中表现在总课题组"九五"课题的最终成果《整体构建德育体系总论》中。《整体构建德育体系总论》等4部著作，以及各实验区关于小学、中学、大学德育体系构建的研究成果，是"十五"深化研究的基础和参照。

(2) 德育体系深化研究的总体思路

以《整体构建德育体系总论》等"九五"成果为基础，进行分年级德育的科学化、系统化、规范化研究，分别构建小学、初中、高中、中等职业学校、高等职业学校、普通高等学校的德育体系。为教育部制定或修订德育大纲提供决策依据，为各级各类学校德育工作从盲目性走向科学性、从零散性走向系统性、从随意性走向规范性提供理论参照和实践模式。

(3) 德育体系深化研究的重点内容

"九五"期间，整体构建学校德育体系对德育目标、内容、途径、方法、管理、评价进行了全面的、系统的研究，取得了一批重要成果。随着时间的推移，面对一些新问题需要与时俱进，也发现一些薄弱环节需要加强，一些面上的问题需要深入，一些粗糙的问题需要精细化。这些问题构成了深化研究的主要内容。

①关于德育目标和内容。江泽民同志《在庆祝中国共产党成立八十周年大会上的讲话》指出："改革开放以来，我国的社会阶层构成发生了新的变化，出现了民营科技企业的创业人员和技术人员、受聘于外资企业的管理技术人员、个体户、私营企业主、中介组织的从业人员、自由职业人员等社会阶层。……他们与工人、农民、知识分子、干部和解放军指战员团结在一起，他们也是有中国特色社会主义事业的建设者。"如何与时俱进，深刻理解德育总目标"培养社会主义事业的建设者和接班人"的时代内涵？这是德育目标深化研究的首要问题。其次，德育的分学段目标和分年级目标如何表述？如何体现年龄特点和德性形成和发展规律？这是德育目标深化研究的难点。第三，德育内容——思想教育、政治教育、道德教育、法纪教育、心理教育"五要素"各自的具体内容、特点和规律是什么？如同智育的各门学科：数学、物理、化学、生物、语文、外语有着不同的教学内容、特点和规律一样，德育中的道德教育、思想教育、政治教育、法纪教育、心理教育也有不同的内容、特点和规律。如果不能正确划分其内容，不能正确认识其特点，不能正确遵循其规律，就难以实现德育的科学性，也就难以收到实效性。因此，这是德育内容深化研究的难点。第四，中共中央颁布的《公民道德建设实施纲要》把"爱国守法、明礼诚信、团结友善、勤俭自强、敬业奉献"确定为基本道德规范。如何把基本道德规范具体化为若干个"德目"？这些德目怎样形成序列、循序渐进地分布到各个学段？每个年级又如何把这些德目化为教师可操作、学生可接受的具体内容？这是德育内容深化研究的重点。第五，随着科学技术的迅猛发展，环境污染的日趋严重，网上垃圾的令人忧虑，全世界普遍关注和呼唤"科技道德、环境道德和网络道德"。如何对青少年学生加强科技道德，环境

道德和网络道德教育?这是德育内容深化研究的又一个重点。

②关于德育途径和方法。学校的德育途径包括思想品德和思想政治课(中职德育课、高校"两课")、德育活动课、学科德育、三育人(教书育人、管理育人、服务育人)、班主任工作、党团队工作、校园文化建设、校外基地建设、心理咨询和职业指导、学校教育与家庭教育及社会教育三结合等。各条途径如何发挥各自的功能,协调配合,形成全员育人、全程育人、全方位育人的德育工作格局?这是德育途径深化研究的难点。德育的本质是实践的,实践的观点是德育首要的和基本的观点。在改革思想政治课的同时,建设一门德育活动课,并使二者互为补充,互相结合,如同高校"两课"一样才是德育工作的主渠道和主阵地。如何加强德育的实践环节?如何建设德育活动课?这是德育途径深化研究的重点。班主任和任课教师是学校德育工作的主力军。如何深化研究班主任工作?如何加强学科德育和任课教师的教书育人?这是德育途径深化研究的又一个重点。家长是孩子的第一任教师,家庭是青少年的第一所学校。在社会生活和家庭生活发生很大变化的今天,在面对独生子女教育的特殊年代,如何加强家庭教育?如何搞好学校教育与家庭教育的结合?如何办好家长学校?这是学校德育途径深化研究向家庭教育的延伸。

③关于德育管理和评价。德育评价的深化研究是本课题的重点和难点。说它是重点,是因为德育评价是德育管理工作中的重要环节,是检查、督导、评估德育质量的重要机制,是切实加强和改进学校德育工作,使德育由虚变实、由软变硬、由弱变强的不可缺少的重要措施。说它是难点,是因为德育评价难以量化,难以建立一套科学、有效、便于操作的评价指标体系。德育评价与智育评价不同,智育评价通过考试,就可以测量学生的知识和能力的水平,而德育评价只靠考知识、考能力是不够的,还需要对学生的情感、意志、信念、行为进行评价,而这方面的评价是不太容易量化的。因此,增加了德育评价的难度。"九五"期间,我们已经总结出德育评价的原则和方法。德育评价的原则是:①定性评价与定量评价相结合;②终结性评价与形成性评价相结合;③全面评价与特色评价相结合;④他人评价与自我评价相结合。评价方法是:①评语鉴定测评法;②等级评定测评法;③综合记分测评法;④评语、评分、评等综合测评法。德育评价深化研究的任务是:如何建立健全学校、班级、学生三级评价体系?如何运用德育评价的原则和方法构建一套科学、实用、有效的德育评价指标体系?如何运用现代信息技术手段研制德育评价电脑软件?

(4) 德育体系深化研究的基本要求

①各学段要分别构建小学德育体系、初中德育体系、高中德育体系、中等职业学校德育体系、高等职业学校德育体系、普通高等学校德育体系。各学段德育体系要包括德育目标、内容、途径、方法、管理、评价六项子体系。每一项子体系原则上要具体化到年级,小学可分为低年级、中年级、高年级三段,初中以上每学年分为一段。做到具体化、可操作化。

②各学段德育体系的构建要坚持科学性、系统性、规范性的原则。根据系统论的理论,我们认为学校德育也是一个系统。系统科学的基本原则是系统具有整体性、有序性和动态性。从整体性原则来看,学校德育是由德育目标、德育内容、德育途径、德育方法、德育管理、德育评价等子要素系统构成的一个统一的整体。从有序性原则来看,学校德育是由小学德育、中学德育(中职德育)、大学德育等子层次系统组成的一个统一的整体。整体构建学校德育

体系就是以要素系统为纬，以层次系统为经有序排列，有机组合而成。从动态性的原则来看，学生健康的心理素质，文明的行为习惯，良好的道德品质，正确的民主、法制、纪律观念，科学的世界观、人生观、价值观，崇高的理想信念，坚定正确的政治方向，是通过小学、中学、大学等各个阶段的教育逐步形成的。就某一学段而言，是通过各个年级的教育逐步形成的。各教育阶段，其中包括各个年级的德育目标的高低，德育内容的深浅和侧重点，德育途径和方法的选择，德育管理和评价方式的运用，要针对学生不同年龄阶段的身心特点和理解接受能力的不同，由浅入深，由低到高，由感性到理性，由具体到抽象，循序渐进，逐步提高。

整体构建学校德育体系，就是要使德育目标、德育内容、德育途径、德育方法、德育管理、德育评价等要素系统横向贯通，环环相扣，形成合力，以保证在整个德育过程中要素结构的完整性和连续性。同时，使小学德育、中学德育、中职德育、高职德育、大学德育等层次系统，特别是分年级德育的二级层次系统纵向衔接，分层递进，螺旋上升，以保证各个教育阶段和各个年级德育工作的层次性和渐进性。各个教育阶段和各个年级都应有德育整体意识，总览全局，加强相邻阶段的衔接，防止简单重复或脱节，以发挥德育系统的整体功能，提高德育工作的整体效果。

③各学段德育体系的构建要求在2002年底完成，2003年3月出成果，2003年4月召开年会暨第六届学术研讨会上交流研究成果，研讨实验方案，2003年秋季新学年开始在实验学校中进行实验。2004年年底总课题组向实验区、实验校征集实验报告，2005年第八届年会进行总结评审表彰。会后将各学段德育体系实验总结报告报教育部和全国教育科学领导小组办公室，为制定德育大纲或德育规程提供决策依据。

2.《德育》读本的深化研究

(1)《德育》读本深化研究的基础

"九五"期间，我们编写了一套《德育》系列实验读本（其中包括小学、初中、高中、中师、中职每学年一册共18册）。总体思路是：遵循青少年儿童品德形成发展规律和德育工作规律，坚持解放思想，实事求是的思想路线和唯物辩证法的系统论原则，整体构建小学、中学（中等职业学校）、大学的德育内容体系。德育内容体系的构建，就是把德育内容的要素结构和层次结构划分出来，以五大要素（即政治教育、思想教育、道德教育、法纪教育、心理教育）为纬，以各项要素的不同层次为经，按照整体性、有序性、动态性的原则，把它们有机地结合起来，依据学生不同年龄阶段的身心特点、知识水平和品德形成发展规律，由浅入深，由低到高，由近及远，由具体到抽象，由感性到理性，螺旋式上升，构建从小学一年级到大学毕业每个年级的德育内容，全面提高学生的思想道德素质，克服小学、中学、大学德育内容的倒挂、脱节、过频变动和不必要重复，形成科学化、系统化、规范化的德育内容体系。《德育》系列实验读本就是德育内容体系在各级各类学校贯彻实施的一个载体，是建立德育活动课的一种模式，是对思想品德课和思想政治课的一个补充，是推进各级各类学校德育课程改革的一种探索。

《德育》系列实验读本的研究与实验得到了有关领导和专家的高度评价，受到了实验区、实验校领导和师生们的普遍欢迎和积极反馈。广大实验教师在《德育》读本实验过程中撰写出一大批优秀的实验报告、教案教参、活动方案，录制了一批优秀的活动课录像带或光盘。这些为《德育》读本的深化研究奠定了坚实理论基础和实践基础。

(2)《德育》读本深化研究的总体思路

以《德育》系列实验读本为基础,以"整体构建"为基本思路,以国家新课程标准为基本依据,以"新三中心论"为基本原则,以德育活动课为基本形式,研究编写新的德育实验教材,研究制作与之配套的德育课教学软件,为教育部德育课程改革提供决策依据,为各级各类学校德育课程建设提供理论指导和实践操作模式。

(3)《德育》读本深化研究的重点内容

①认真贯彻和落实素质教育的两个重点即培养创新精神和实践能力。创新是一个民族进步的灵魂,是一个国家兴旺发达的永恒的动力。德育在培养创新精神和创新人才方面肩负着特殊的使命。德育不仅有规范性的内容和要求,更应有创新性的内容和要求。我们应教育学生解放思想、实事求是、开拓创新、锐意进取,而不能使学生思想僵化、因循守旧、故步自封。学生的观察、记忆、注意、想像、思维等智力活动,必须而且必然以兴趣、动机、情感、意志、理想、信念等非智力因素为前提。培养创新精神和创新能力是德育的生长点,是德育与智育的结合点。《德育》读本的深化研究必须突出创新精神,培养学生的好奇心、求知欲,帮助学生自主学习、独立思考。鼓励学生探索创新,营造崇尚科学、追求真理的氛围,开发学生潜在的创新能力。《德育》读本的深化研究还必须突出实践能力的培养,在活动设计上狠下工夫,引导学生自觉、主动地参与德育活动的全过程,包括活动设计、活动准备、活动组织、活动评价等,增强他们的道德实践能力。

②认真贯彻和落实中央关于课程改革的意见即加强课程的综合性和实践性。中共中央和国务院在深化教育改革,全面推进素质教育的《决定》中指出:"改革课程中过分强调学科体系、脱离时代和社会发展以及学生实际的情况",要"加强课程的综合性和实践性"。课程改革所要求的综合性和实践性,正是《德育》读本的基本思路和主要特色,德育课程是一门综合性的应用学科,它应当而且必须依靠和借助于哲学、政治学、经济学、法学、教育学、心理学、伦理学、社会学、美学等相关学科的基本理论来整体构建德育体系和活动内容。德育课程不是上述各门学科的简单相加,而是运用这些学科的基本理论和基本知识对学生进行政治教育、思想教育、道德教育、法纪教育和心理教育。《德育》读本的深化研究必须实现自身的超越,在综合性上应体现三个方面:一是德育内容的综合性,即把政治教育、思想教育、道德教育、法纪教育、心理教育五大要素融为一体;二是德育过程的综合性,即把知、情、意、行融为一体;三是德育体系的综合性,即把德育目标、内容、途径、方法、管理、评价融为一体。《德育》读本的深化研究必须突出实践性,不以认知为主,而是以活动为主,以实践为主。德行的本质是实践的,实践的观点是德育首要的、基本的观点。德育课不同于智育课或文化课,它不仅要解决学生知不知、会不会的问题,而且更重要的是解决学生信不信、行不行的问题。即不但要授之以知,晓之以理,而且更要动之以情,导之以行。德育课必须避免单纯传授知识、空洞讲解理论、死记硬背概念等脱离实际的倾向。

③深入研究和开创德育活动课程的原理与方法。为了提高增强《德育》读本的科研含量和理论依据,我们必须下气力学习和研究普通课程论的原理和方法(因为目前无成熟的德育课程论的专著问世),从中吸收和借鉴课程设计和教材编写的一般理论,以创建有特色的德育活动课程论。德育活动课程与学科课程相对,它是打破学科逻辑体系,以学生成长的需要

为基础。在教师的指导下,通过学生自己组织的一系列活动而实施的课程。德育活动课不同于学科课或文化课,必须坚持"双主体论"(即教师主体和学生主体)。教师主体性表现在活动的策划、设计和导演上;学生主体性则体现在活动的参与,在活动中认知,在活动中体验,在活动中锻炼,在活动中自我评价。德育活动课还应当坚持"新三中心论",即以学生为中心,以活动为中心,以体验为中心;不搞以教师为中心,以教材为中心,以课堂为中心的"旧三中心"。

④深入研究和开发德育活动课教学软件。随着信息网络技术的迅猛发展,我国大中小学的教学系统,正进一步朝着网络化、远程化的方向发展,网络走进平民百姓,闯入中小学生的学习生活已成现实、然而,德育在运用信息网络技术方面则相对滞后,引发和正在引发社会、家庭、学校的诸多焦虑。传统德育向互联网转型已成为不可逆转的趋势。为此,德育研究中心在成立十周年之际(2001年12月26日)正式开通了"中国德育网"(http://www.chinamoraledu.com)。无论什么样的网络,都要在其上面跑软件。软件是网络建设中首先要解决的大问题。而网络德育,也毫不例外地要从软件开发做起。因此,《德育》读本深化研究的一个重点内容就是研究和开发德育活动课教学软件。其中包括:德育活动课方案设计文字软盘、德育活动课优秀课例实录、德育活动实录集锦、德育活动课教学软件等。德育软件的开发研制要遵循育德性、系统性、交互性、生动性、仿真性的原则。目前正在向实验区、实验校征集(详见通知)。经过德育专家和网络技术专家评审后择优制成光盘,供实验区、实验校使用,并通过中国德育网向全国乃至全世界播出。为中国德育的现代化、网络化做出贡献。

(4)《德育》读本深化研究的基本要求

总的要求是:要密切关注教育部正在制定的新的课程标准,并以此为基本依据,研究编写新的德育实验教材

①小学的课程标准已经把思想品德课与自然生活、社会等课程综合起来,小学一、二年级定名为《品德与生活》、小学三、四、五、六年级定名为《品德与社会》。新的课程标准提出的编写理念和原则是综合性、实践性、创新性和生活化,这与我们《德育》读本的德育理念和编写原则基本一致。这说明"九五"课题的研究成果在一定程度上影响了教育部关于德育课程改革的决策。同时也说明德育课程的特点和规律逐渐被大家所认识并形成共识。这种情况使小学《德育》读本与《品德与生活》、《品德与社会》实现"并轨"成为可能。因此,我们才提出《德育》读本的深化研究要"以国家新课程标准为依据",编写新的德育实验教材。以国家新课程标准为依据,以整体构建为特色的新编实验教材要争取通过国家教材审定委员会的审定。这样将为总课题组和实验区、实验校的长远目标开辟更广阔的前景。

②初中、高中的新课题标准正在招标。我们要密切关注,积极参与,抓住机遇,争取使初中、高中《德育》读本与未来的新课程标准实现"对接"和"并轨"。中等职业学校改革后的德育教学大纲和教材已经出台,我们为此已经做出了贡献。中职的《德育》读本的深化研究要在与之"配套"和"补充"上下功夫。

③高等职业学校(其中包括高等专科学校、重点大学的高职学院、优秀中专学校升格、民办高等学校四部分)是近几年教育结构调整出现的新生事物。它的"两课"建设尚未定型。我们要抓住机遇,填补空白,深化研究,努力编写出适合高等职业学校特点的"两课"实验教材,

为教育部决策提供依据，为高等职业学校德育课程建设提供理论支持和实践模式。普通高等学校的"两课"教材，经过几年努力已经比较完善。我们要在教学方法改革和配套读物上下功夫，为增强"两课"教学的现代化和实效性做出贡献。

④各学段新编德育实验教材的起动时间和编写。进度要以教育部新制定的课程标准的颁布时间为依据。幼儿阶段是个空白，可提前操作；小学可能在今年底起动；中学可能推迟到明年才能开始，高职可参考普通高校"两课"教学大纲，结合高职特点，尽快启动。

3.《成长册》的深化研究

(1)《成长册》深化研究的基础

"九五"期间，我们以中共中央、国务院《深化教育改革，全面推进素质教育的决定》为指导，以建立以思想品德为核心的综合素质评价体系为目标，以思想道德、科学文化、身体心理、审美艺术、劳动技能和个性特征、创新能力、自育能力（亦即学会做人、学会求知、学会健体、学会健心、学会审美、学会劳动、学会创新、学会自护）等八个方面为评价内容，以培养学生自订成长目标、自析成长环境、自寻成长动力、自研成长方法和自评成长效果为基本理念，研究编写了《成长册》（小学、初中、高中、中师、中职每学年一册，共18册）。《成长册》在部分实验学校进行了1~2轮实验，受到了实验学校师生的普遍欢迎和高度评价，对引导和激励学生全面发展，推进素质教育的实施，发挥了积极的推动作用。为"十五"深化研究奠定了良好的基础。

(2)《成长册》深化研究的总体思路

以《成长册》为基础，以建立和完善以思想品德为核心的综合素质评价体系为目标，以《公民道德建设实施纲要》提出的20字公民道德基本规范为新的生长点，对《成长册》进行修订，研究制作与之配套的学生综合素质评价电脑软件，为教育部建立学生综合素质评价体系提供决策依据，为各级各类学校建立学生综合素质评价手册提供理论指导和实践操作模式。

(3)《成长册》深化研究的基本原则

①导向性和激励性原则。《成长册》的实验研究及编写以整体推进素质教育，全面提高学生整体素质和创新能力为目标。因此，必须坚持导向性和激励性的原则，以便充分发挥学生整体素质评价的导向性和激励性功能。在编写框架坐标系的设计上，要体现"全面、发展、创新"的精神。横坐标要包括思想道德、科学文化、身体心理、审美艺术、劳动技能和个性特征、创新能力、自育能力等八个方面；纵坐标要依据不同年龄阶段学生的身心特点和知识水平设计出学生全面发展的阶梯。总之，要体现整体素质，全面发展，循序渐进，螺旋上升，引导和激励学生全面提高自身素质。

②科学性和系统性原则。评价指标体系应当是科学化、系统化的全面反映素质教育要求的，既相互关联又体现层次性和相对独立性的一系列指标的总和。一级指标包括上述八项内容，要把这八项抽象的一级指标分解为可观测性、可操作性、可量化的具体指标，就必须进行科学性、系统性的分类、分级和分层，形成三级指标。第三级指标即细目应当具有代表性、简明性、独立性、可行性、可测性的特点。

③形成性和阶梯性原则。形成性评价，在评价体系的纵向发展上，必须坚持形成性和阶

梯性原则，着眼过程，注重发展，鼓励创新，引导前进。学生整体素质的形成和发展不可能是"一刀切"、"齐步走"的，它必须呈现出渐进性、动态性，总的趋势是螺旋式上升。但是从静态"定格"观察，亦可表现为层次性、阶段性，我们可以把它划分为若干个阶梯，引导和激励学生沿着阶梯达到理想的境界。不同学段，不同年级评价体系的构建，要贯彻形成性和阶梯性原则，注重衔接，螺旋上升。

④主体性和个体性原则。《成长册》在评价主体上坚持学生主体性和个体性原则，以学生个体自评为主，充分发挥学生在整体素质评价中的主体性、自觉性和主观能动性。同时辅之以学生群体互评、家长助评、教师导评、校长审评。把整体素质评价作为学生、教师、家长三者之间联络感情、交流思想、传递友谊的桥梁和纽带，形成推动学生整体素质全面发展的合力。《成长册》在形式设计上要给学生留有充分的空间，引导和培养学生自订成长目标，自析成长环境，自寻成长动力，自开成长渠道，自研成长方法和自评成长效果，使学生成为自身整体素质全面发展的主人。

⑤操作性和趣味性原则。《成长册》的编写要求坚持操作性和趣味性原则。总的要求是图文并茂，生动活泼、富于时代气息，使学生喜欢使用。小学阶段设计得更卡通化，插图更多一些。中学阶段还可插入名人名言，学习要诀，行为规范，趣闻轶事等。在版式设计、图文制作、表格设计、字体变化等方面都应更新颖、更活泼、更实用，增强可读性、可视性和可操作性。

(4)《成长册》深化研究的基本要求

①贯彻落实《公民道德建设实施纲要》，加强道德素质评价的比重。依据不同年龄阶段学生的身心特点和品德形成发展规律，把"20字基本道德规范"具体化为若干德目，遵循分层递进，螺旋上升的原则，分布到各个年级，并列出可操作、可量化的具体评价指标。评价指标应包括认知、情感、行为三个层次。其他各项素质的评价指标同样应遵循具体化、层次化的要求。

②认真研究学生综合素质评价电脑软件。学生综合素质评价软件分为两种：一种是学生成长档案，真实记录每一个学生思想道德、科学文化、身体心理、审美艺术、劳动技能、个性特长、创新能力、自育能力等8个方面在每学年的成长状况。另一种是8个方面素质发展水平的评价指标，每项指标都设优秀、合格、不合格三个等级。指标体系具有系统性和交互性，每一个学生都可以在此软件系统中看到自我成长的真实记录，并能进行自我评价，也可看到同学、老师对自己的评价的综合平均值。

③2002年重点进行《成长册》实验，总课题组将在2002年底征集实验区（校）对《成长册》的实验报告、修订意见和评价软件，作为2003年4月第六届年会评审表彰的重点内容。第六届年会后开始启动《成长册》修订工作，总课题组将从获奖作品中择优选拔《成长册》修订的作者。修订工作计划于2003年底完成，2004年3月正式出版。2004年4月第七届年会交流研究成果，研讨实验方案。2004年9月新学年开始进行《成长册》修订版的实验。2005年第八届年会进行修订版《成长册》实验的总结表彰。会后将实验总结报告报教育部和全国教育科学规划领导小组，为建立学生综合素质评价体系提供决策依据。

(四)整体构建学校德育体系推广实验的方法

1. 实验研究的基本方法

德育实验是运用科学实验的原理和具体方法来研究德育现象和问题,以揭示德育活动规律或某些德育内容、方法的有效性,是一种综合性研究活动。

德育实验是教育实验的一个组成部分,而教育实验则是从自然科学实验中引申和移植过来的。因此,德育实验与科学实验有共同性,但也有特殊性。德育实验既要遵循科学实验的一般规律,但又不能照搬科学实验的具体操作方法。有人把科学实验称之为"人与自然的对话",而德育实验则是"人与人的对话"。其复杂性远远超过了探索自然的活动,尤其是德育行为与德育结果之间的因果联系错综复杂,且德育外部环境对德育活动的干扰也极难控制,因而很难达到经典科学实验所要求的"封闭度"(如无法将实验环境与外部环境完全隔离),故人们一般认为德育实验是一种自然状态下的实验,而不是像自然科学实验那样在实验室里进行的"封闭式"实验。

德育实验活动的展开,可描述为一个从提出理论假说、设计实验方案、控制实验变量、评价实验效度、形成实验报告的过程。

(1) 德育实验假说

德育实验假说所假定的是关于某类德育行为在某些人为控制的条件下,与某类道德结果之间的因果关系。

德育假说与自然科学假说的共同之处在于假定性和科学性。所谓假定性是说它带有推测的性质,即这种判断所陈述的事实或联系是现实中暂不存在或未被确认的,它对未知的构想是由已知推断而出,有可能被实践证实,也有可能被证伪。但是,假说又绝非臆断,它总是有一定的科学事实或经验事实做依据,并且经过了初步的科学论证,因而,假说又是具有科学性的。

德育假说与自然科学假说的区别亦即它的特点主要有两点:其一,德育实验假说对结果的描述只能是概率描述。由于自然科学实验可以人为制造"纯化"状态,从而可能在实验结果与实验假说之间作出精确的相符性判断或因果判断,但在活生生的德育活动中显然做不到这一点。因为德育实验不能在完全隔绝的状态中进行,它对被试(学生)的先期经验上的差异,也不能像计算机程序一样完全清除掉。德育实验既然不能作高度精密的控制,也就无法保证在结果与假说之间精确地"归因",故一般只能作出像"较大幅度提高"、"达到百分之几十"之类的概率性说明。其二,德育实验假说偏重于"有效性"假定。一切研究活动按其目的可分为"求真"与"求善"两类,前一类意在发现真理,其假说陈述的是真理性事实,后一类意在追求对人的有利和有效,其假说要推测价值事实。在自然科学实验中,两类可作严格区分,而在德育实验中,真与善总是统一在同一命题之中。德育实验难以精确控制,它在逼真度上要低于自然科学实验。

(2) 德育实验方案的设计

德育实验方案包括:总体方案、执行方案(也称实验工作计划)和评价方案。总体方案是对实验课题的总规划,是对实验假说、实验设计、实施进程和实验结果总体设想,也是执行方案和评价方案制订的基本依据,它的内容至少有如下方面:问题(课题)的提出,理论假说,变量控制,效度评价,组织管理和预期成果。执行方案具体表现为工作计划。实验工作计划一般有年度计划、项目计划、学校(班级)年度工作计划或学期工作计划、专项工作计划等多种形式,其基本内容有:指导思想、步骤及阶段要求,基本方法及检测手段,组织与管理等等。这一方面的计划主要是保证自变量的操纵。执行方案由实验区、实验校根据总体方案自行设计。

评价方案实际上是对实验因果预期变化的设想,由于德育实验的成果主要体现在教育对象身上,所以,评价方案首先应包括学生思想道德素质是否提高和提高的程度如何;其次应包括教师科研能力和德育工作水平是否提高和提高的程度如何;第三应包括学校德育工作科学性、系统性、规范性是否提高和提高的程度如何;第四还应检验自变量即《德育》读本、《成长册》、各学段德育体系的科学性和实用性,并作出客观评价,提出修改意见,使之不断完善。

(3)德育实验的变量控制

变量,是实验设计理论的一个专用术语,某个与实验有关的因素或条件如果变成了可测量的、数量化的东西,则可称之为"变量"。

实验中需要考虑的变量可分为三大类,即自变量、因变量和无关变量。

自变量指的是呈现给被试的刺激变量,一种原因变量,是由实验者主动操纵的变量。我们这个实验主要是以《德育》读本、《成长册》、为教育内容的德育活动课教学形式,以构建各学段德育体系。

因变量是指被试对所显现的刺激的反应,是一种结果变量,是在自变量作用下可能产生的结果。因变量通常与教育目的有关,例如知识的掌握、能力的增进、优良品质的形成等。我们这个实验主要是指学生思想道德素质的发展与变化。

无关变量泛指除自变量以外一切可能影响因变量而对实验有可能起干扰作用的因素。说它"无关",是指它与自变量无关,与实验目的无关。但由于它对实验有影响,所以应给予尽可能的控制。在我们的实验中主要有学校德育氛围、社会家庭及其他德育途径的影响等。

变量控制从广义上讲,对无关变量的控制和对自变量的操纵都可叫作变量的控制。对无关变量的控制是指采用消除、恒定、抵消或平衡等方式限制乃至排除某些条件对实验进程及其结果的影响;对自变量的操纵是一种主动支配,即由实验者决定将自变量施加于何人、如何施加。从狭义上理解,控制仅指对无关变量的控制,而对自变量则使用"操纵"一词。

本课题在《德育》读本、《成长册》和各学段德育体系的实验过程中,充分发挥了广大实验教师的积极性、主动性和创造性,在对自变量的操纵方面,编写了大量的教案教参,设计了丰富的活动方案,组织了许多优秀的德育活动课,收到了良好的教育效果。

(4)德育实验的效度评价

要评价一项实验的效度,主要看它在内在效度和外在效度。

所谓内在效度是指因变量的变化在多大程度上来自自变量。如果一项实验研究能够提出充分的证据说明,因变量的变化确由自变量引起,而不是由其他变量引起,那么这一实验设计的内在效度就高。内在效度实质上反映了实验对变量间因果关系揭示的准确程度,它是一项实验功能发挥得如何的标志。

外在效度是指实验结果的可推广程度。实质上也就是实验研究结论对所研究领域的涵盖程度。德育实验研究不仅要关心变量间因果关系的探索，更要顾及实验结果在较大范围内的推广应用，否则，便将失去了实验的意义。如果说，内在效度反映的是实验的认识论意义，那么，外在效度则标志其价值论意义。

(5) 德育的实验报告

撰写实验报告是实验研究的最后一个程序，也是科研工作的总结。它概括实验研究的进程，反映科研成果，体现科研的水平和价值，反映研究者的治学态度，同时也便于科研成果的推广和交流。因此，实验研究人员应当实事求是认真负责地写好实验报告。

实验报告主要包括下列内容：

①题目。题目实际上是实验报告的主题思想。它必须准确地概括报告所要阐述的内容，一般应体现出自变量与因变量的因果关系。实验报告的题目可根据实验范围的大小分为宏观、中观、微观三个层次。宏观层次的题目适合实验学校的负责人撰写，如：《小学德育体系整体构建与德育科学性、系统性、实效性研究》、《中学德育活动课对提高学生思想道德素质的意义》等。中观层次的题目适合年级组负责人撰写，如《小学二年级德育读本对学生文明礼貌教育的作用》、《初中一年级成长册激励学生健康成长》等。微观层次的题目适合实验教师撰写，如《我教"关心父母"一课的体会》、《"成功的等式"主题班会总结》等。

②基本情况。概要叙述实验的过程、内容、方法等。

③变量分析。分析自变量即《德育》读本的内容和形式的优点或缺点；分析自变量即活动课的形式和方法的优点或不足；分析因变量即学生思想品德和行为习惯的进步和变化，最好有具体事例。或分析自变量小学（或中学、中职、高职、大学）德育体系对学校德育工作科学化、系统化、规范化的影响；或分析自变量《成长册》对学生综合素质全面发展的作用和意义。

④理论探讨。对德育读本编写的思路、原则、结构、体系等做理论探讨；对活动课的理论、原则、方法进行探讨，并提出自己的观点、意见、建议或对《成长册》的内容、原则、方法进行讨论，并提出自己的观点、意见、建议。或对某学段德育体系的内容、原则、方法进行讨论，提出自己的观点、意见、建议。

⑤结论。对自变量和因变量之间的因果关系的事实判断和价值判断。即通过《德育》读本、或《成长册》、或德育体系的实验对增强学校德育工作的科学性、系统性、规范性和实效性，对提高教师科研能力和德育水平，对提高学生思想道德素质某方面或几方面的事实判断和价值判断。

2. 推广实验的主要措施

(1) 建立实验区，实验校两级实验基地

"十五"期间，本课题将在"九五"实验研究的基础上进行推广实验。推广实验的主要措施是建立实验区、实验校两级实验基地。实验基地的建设继续坚持16字方针："严格审批、合理布局、加强管理、认真指导。"

①严格审批。申请加入中央教科所"十五"国家重点课题"整体构建学校德育体系"实

验基地的基层教委或学校，必须具备三个条件并履行申报审批手续。这三个条件是：教委（局）或学校应重视德育科研工作，具有"科研领先，科研兴校，科研治教"的办学思想；具有一支较强的德育教师队伍和德育科研力量；申请一项子课题并承担总课题组研究成果的实验任务。

②合理布局。为了增强实验的信度、效度和推广的价值和范围，实验基地的布局是从两方面考虑的。首先考虑全国的覆盖面，实验区和实验校的分布要覆盖东北、华北、华东、中南、西南、西北六大区域。特别要配合"西部大开发战略"，适当向西部地区发展。其次考虑大城市、小城镇和农村的代表性，比如北京市实验基地就分布在城区、近郊区和远郊县。

③加强管理。根据本课题参加人员多，涉及范围广的特点，本课题的管理实行总课题组组长领导下的分级管理制度，总课题组下分一级子课题组、二级子课题组、三级子课题组。总课题组下设的幼儿组、小学组、初中组、高中组、中职组、高职组、大学组为一级子课题组，实验区成立二级子课题组，实验校成立三级子课题组。一级子课题组和二级子课题组由总课题组直接管理和指导。三级子课题组由二级子课题组进行管理和指导。

④认真指导。总课题组建立实验区、实验校的业务档案，以便了解情况，加强指导。总课题组对实验区、实验校的指导主要通过现场考察指导、通讯（书信、电话、电传）指导、召开研讨会交流指导、《中国德育》杂志指导、中国德育网指导等五种渠道进行。实验区成立由当地教育行政领导和教育专家组成的指导组，负责对所辖实验校进行课题研究与实验的管理和指导。

（2）制订课题研究与实验的管理制度

在扩大实验的情况下，我们必须加强对实验区、实验校的管理，以保证课题的研究与实验沿着科学、规范的轨道运行。

本课题研究与实验的管理制度包括：关于子课题申报的若干规定；实验区、实验校管理细则；关于实验研究成果的申报评审和表彰的规定；关于子课题结题鉴定验收的规定；关于评选表彰课题实验研究先进实验区、先进实验学校和先进工作者的规定等五部分。（详见《课题实施指南》"管理文件"部分）

（3）确立课题研究与实验的工作方式

根据系统科学的研究方法，总课题组确立了"自下而上，总分结合；先块后条，条块结合"的工作方式。

①"自下而上，总分结合"，指的是实验校、实验区承担的子课题与总课题的关系。实验校先把本校的三级子课题的研究成果报到实验区。实验区汇总实验校的研究成果，拿出小学或中学的德育目标、内容、途径、方法、管理、评价某一方面的二级子课题的研究成果，报德育中心总课题组，总课题组根据各实验区的研究结果召开专题研讨会，共同研讨德育目标和内容体系、途径和方法体系、管理和评价体系。上下之间的关系是：下为基础，上为指导。工作程序是：先分后总，总分结合。

②"先块后条，条块结合"，是指总课题组内部分工合作问题。总课题组按学段分为幼儿组、小学组、初中组、高中组、中职组、高职组、大学组，我们称之为"块"。每一块先研究和构建各学段的德育体系。为了整体构建并搞好大、中、小学德育体系的衔接，总课题组又分为德

育目标和内容体系研究小组、德育途径和方法体系研究小组、德育管理和评价体系研究小组，我们称之为"条"。每一条在各块研究的基础上，负责统揽幼儿、小学、初中、高中、中职、高职和大学。条与块二者关系是：块为基础，条为指导。工作方式是：经常是块，集中是条。

同志们，我们承担的这个课题是一项复杂而艰巨的系统工程，我们要坚持为决策服务、为实践服务的宗旨，走科研工作者与行政领导和一线教师相结合的道路。我相信，只要总课题组与实验区、实验校之间保持密切联系，团结协作，与时俱进，开拓创新，深化研究，推广实验，我们就一定能够完成预定的研究任务，为建立21世纪的科学化、系统化、规范化、现代化的有中国特色的社会主义德育体系做出贡献！

2. 2003年无锡年会的主题报告

求真务实 开拓创新 深化研究 推广实验
——全国教育科学"十五"规划国家重点课题"整体构建学校德育体系深化研究与推广实验"2003年会暨第六届学术研讨会主题报告

同志们：

我代表中央教育科学研究所德育研究中心总课题组作主题报告，请各位代表研究讨论。报告包括四部分：（一）《德育》读本的深化研究与推广实验。（二）《成长册》的深化研究与推广实验。（三）《当代家长》的创新研究与启动实验。（四）各学段德育体系整体构建（学段分论）的研究与编写工作。

本课题的指导思想是以马列主义、毛泽东思想、邓小平理论和"三个代表"重要思想为指导。全面贯彻十六大精神，坚持解放思想、实事求是、与时俱进、开拓创新的思想路线，坚持为教育决策服务、为素质教育和课程改革实践服务、为德育科研服务的宗旨，坚持系统科学的理论原则，把各级各类学校德育作为一个系统加以统筹规划，整体构建学校德育体系。在此基础上进行深化研究和推广实验，为建立科学化、系统化、规范化、现代化的具有中国特色社会主义的、代表先进文化前进方向的、适应素质教育的学校德育体系提供理论参照和实践模式。

（一）《德育》读本的深化研究与推广实验

1.《德育》读本研究与实验的成绩与贡献

《德育》读本自1998年开始进行实验，至今已经走过了五年的历程。五年之间我们不断总结经验，与时俱进，进行了两次修订。总课题组成员与实验区、校的领导和老师为此付出了艰苦的劳动，取得了可喜的成果，积累了丰富的经验。实验校的德育工作因此走上了科学化、系统化、规范化的轨道，出了成果，出了经验，出了人才。同时，也为教育部的课程改革和新课程标准的制定提供了理论依据和实践模式。

教育部于2002年4月颁布了小学《品德与生活》、《品德与社会》新课程标准,于2003年5月颁布了初中《思想品德》新课程标准。经过认真学习和研究新课标,我们发现《德育》读本与新课标在教育理念、编写思路、编写原则、内容体系、呈现方式等方面是基本一致的,同时我们也要研究《德育》读本在新形势下的创新点和生长点。

2.《德育》读本与新课程标准的比较分析

(1) 关于课程的性质

新课程标准提出了本门课程具有思想性、人文性、实践性、综合性等主要特点。

①思想性。新课程标准关于思想性的基本内容,已经包含在整体构建学校德育体系研究的指导思想之中,其内容要点是以马列主义、毛泽东思想、邓小平理论和"三个代表"重要思想为指导,紧密联系社会生活和学生思想实际,帮助学生逐步形成良好的道德品质和心理素质,养成遵纪守法和文明礼貌的行为习惯,增强爱国主义、集体主义的思想情感,逐步树立中国特色社会主义的共同理想,为学生逐步形成正确的世界观、人生观和价值观奠定基础。

②人文性。本课题研究和《德育》读本教学实验主要在两个方面进行了研究和实践。一是对人自身的关注,包括对人的德性、人生、人格和人自身成长发展需要的关注。二是注重以优秀文化陶冶学生,把培育和弘扬民族精神作为学校德育的核心目标。"将构建学校德育体系放在社会主义先进文化建设的视野中认识和实践,植根于中外优秀文化的深厚沃土中,贯通古今、融会中西、继承借鉴、发展创新,是本课题研究的基本原则和努力探索的方向。"

初中《思想品德》课程标准关于人文性提出的内容包括:"注重以民族精神和优秀文化培养学生,关注学生的成长需要与生活体验,尊重学生学习与发展规律,不断丰富学生的思想情感,引导学生确立积极进取的人生态度,培养坚强的意志和团结合作的精神,促进学生人格健康发展。"

③实践性。本课题研究提出的基本观点是:"实践活动观是德育首要的基本的观点。""学生品德是在活动和交往中形成的,活动和交往是学生品德形成的基础"。提出了"双主体互动"、"新三中心"和"四环节"的观点。

初中《思想品德》课程标准对实践性的阐述是:"注重与学生生活经验和社会实践的联系,通过学生自主参与的、丰富多样的活动,扩展知识技能,完善知识结构,提升生活经验,促进正确思想观念和良好道德品质的形成和发展。"

④综合性。《德育》读本在综合性上进行了三个方面的研究与实践,一是德育内容的综合,即把道德、法纪、心理、思想,政治教育五项要素融为一体;二是品德要素的综合,即把知、情、意、行融为一体;三是德育过程要素的综合,即把德育目标、内容、途径、方法、管理、评价融为一体。

初中《思想品德》课程标准所作的阐述是:"从学生适应社会公共生活和思想品德形成与发展的实际出发,以成长中的我,我与他人的关系,我与集体、国家和社会的关系为主线,对道德、心理健康、法律和国情等方面的学习内容进行有机整合。"

(2) 关于课程的基本理念

本课题研究认为;"道德是社会生活的规范和准则,真正的道德学习必须在社会生活过程中进行。"《德育》读本编写的一个重要特点。就是"贴近生活,联系实际,启发引导,主体参与"，教学内容的选择设计和活动方式体现"近、小、实、亲"，切忌"高、大、空、远"。

综合小学、初中新课程标准提出的本门课程的基本理念的要点是：道德存在于儿童的生活中，学生逐步扩展的生活是本课程建构的基础，要引导学生积极参与社会生活，做负责任的公民，通过独立思考，体验探究和道德践行促进思想品德的形成与发展。

（3）关于课程目标的分类

本课题在整体构建德育目标体系的研究中论述了由"认知目标、情感目标和行为目标群"构成的"三维德育目标体系"。这个目标体系的横向结构由道德、法纪、心理、思想、政治五项德育目标群构成，其每一项都含有认知目标，情感目标和行为目标。纵向结构的每一学段都含有认知目标、情感目标和行为目标。

新课程标准把课程目标分为三类：一是情感，态度，价值观目标；二是能力目标；三是知识目标。

（4）关于课程的教学内容

本课题研究根据德性论和德育论原理，认为人的完整的思想品德素质应由思想素质、政治素质、道德素质、法纪素质、心理素质构成，五种素质紧密联系、互为基础，共同构成人的完整的德性。与此相对应，德育的内容应由思想、政治、道德、法纪、心理五项要素构成。本课题提出的德育内容五要素的思想，已经先后在党和国家领导人的讲话和国家关于德育的各种专门文件中得到确认。

新课程标准关于德育内容的确定，如初中《思想品德》课程标准确定的道德、心理健康、法律和国情等方面的学习内容也已同"五要素说"会通一致了。

（5）关于课程的设计思路

《德育》读本的设计思路是：以道德、法纪、心理、思想、政治五要素为纬线，以小学、初中、高中、中职（师）、大学为经线，依据学生不同年龄阶段的身心特点、知识水平和品德形成发展规律，由浅入深、由低到高，由具体到抽象，由感性到理性，横向贯通，纵向衔接，分层递进，螺旋上升，整体构建德育内容体系。

"课程标准采取以道德、心理、法律、国情等相关内容为横坐标，以成长中的我、我与他人的关系、我与社会和国家的关系为纵坐标，形成组织内容的逻辑网络。"

（6）关于课程的体例结构

《德育》读本根据学生不同的生活时空组合教学内容，如小学读本采用中心扩散式的"五环结构"按自我修养、我与家庭、我与学校、我与社会、我与自然的顺序组合教学内容。

新课程标准小学《品德与社会》按我在成长、我与家庭、我与学校、我的家乡（社区）、我是中国人、走近世界的顺序；初中《思想品德》采用成长中的我，我与他人，我与集体、国家和社会的关系组合教学内容。

（7）关于教学活动形式

新课程标准提出的活动形式与《德育》读本中的活动设计的类型是相同的，如小学《品德与生活》课程标准提出了讨论、资料调查、现场调查、情景模拟与角色扮演、操作性和实践性活动、教学游戏、参观访问、欣赏作品、行为练习、讲故事、讲授等活动形式，这些活动形式在《德育》读本教学实验中已成为实验教师常用的教学方法。

(8) 关于教材的呈现方式

《德育》读本注意适合儿童青少年的思维特点和审美习惯，教材呈现方式生动活泼，图文并茂，富于时代感，有利于激发学生的学习兴趣和学习愿望。新课标对教材呈现方式提出的要求与读本特色相同。《德育》读本创设的许多情境化、生活化的活动栏目和版式设计，为新一轮教材编写提供了参用模式。

(9) 关于课程的评价

《德育》读本和《成长册》对德育评价进行了多角度的研究和实践，《成长册》运用的导向性和激励性、科学性和系统性、形成性和阶梯性、主体性和个体性、操作性和趣味性等评价原则，家校结合、亲子互动、师生互动、生生互动等评价方法，以及"五自目标"，在新课程标准中得到了确认和使用。新课程标准提出的"成长足迹袋"，与《成长册》可以说是异曲同工。

3.《德育》读本推广实验的任务

(1) 根据新一轮教材研制和进入使用的周期，基础教育由原课程体系过渡到完全使用新教材，大致需要二至三年时间。因此在今后2-3年内，《德育》读本作为体现新课标理念的实验教材或过渡性教材仍可继续使用。

(2) 依据新课程标准编写的新教材，是由品德与生活、品德与社会、思想品德专任教师使用，占用的是学科教学的课时。它不可能取代班主任工作，也不可能占用班会和团队活动时间。因此，作为以主题班会、团队活动为基本组织形式的德育活动课的载体——《德育》读本仍然有其生存和发展的空间和时间。即使是2-3年以后新教材普遍被使用，《德育》读本仍然可以作为校本课程的教材继续发挥作用。

(3) 总课题组要求各实验区要继续做好《德育》读本的推广实验工作。为了使《德育》读本的征订工作健康、有序、规范地进行，总课题组决定与实验区签订协议，以维护双方的共同利益与合法权益。为了使实验工作科学、规范、有效地开展，总课题组和实验区指导组要加大实验指导的力度，扩大实验的范围，各实验区都要适当增加实验学校和实验班级的数量，进一步提高社会效益和社会影响。

4.《德育》读本深化研究的任务

《德育》读本深化研究向两个方面发展，一是以新课程标准为依据，编写国家审定教材；二是以整体构建德育体系的基本理念为依据，编写主题班会校本教材。

(1) 关于国家教材

德育中心已经开始进行研究，并把它概括为"六个特色"，欢迎实验教师参加编写。

①价值导向正确，思想性与科学性相结合。遵循编写目的和指导思想，以马列主义、毛泽东思想、邓小平理论和"三个代表"重要思想为指导，为使学生成为有理想、有道德、有文化、有纪律的好公民奠定基础。但同时切忌"高、大、空、远"和"空洞说教"。既要符合课程理论的内在逻辑，又要符合学生的年龄及心理特征，遵循思想品德的发展规律。做到思想性与科学性相结合。

②主题确立鲜活，主体性与生活化相结合。学生是自身思想品德发展的主体，生活是思想品德发展的源泉，思想品德发展水平的高低最终要在生活中体现。因此，教材要回归生活，按生活逻辑而不是按知识的逻辑来编写教材，将正确的价值引导蕴涵在鲜活的生活主题当中，

以初中学生生活为主线，选取学生自身成长，自我与他人，自我与集体、国家、社会之间关系中所遇到的重点、难点、热点、焦点问题确立每一课鲜活、鲜明的主题，引导学生负责任的、积极健康地生活，使学生主体性与生活化相结合。

③内容编排合理，综合性与层次性相结合。学生思想品德的发展具有整体性。因此教材的编写要打破不同学科的分割，打破学科内部的知识体系，不追求学科知识的逻辑线索，不以传授各学科的知识体系为教材内容和教学目标。而应当把心理健康、道德、法律、国情等方面的内容有机整合，在每一册、每一课都要体现综合性。学生思想品德的发展还具有层次性，不同年龄阶段的学生心理特点不同，面对的学习生活问题也不同，因此不能"一刀切"、"齐步走"，而应当分层递进，螺旋上升，把综合性与层次性紧密结合起来。

④体系结构清晰，模块式与栏目化相结合。教材遵循课程标准的设计思路，以道德、心理、法律、国情等相关内容为横坐标，以成长中的我，我与他人的关系，我与集体、社会和国家的关系为纵坐标，形成教材体系结构。每册教材设四个单元（九年级全一册设五个单元），每个单元设两课。单元下设"成长主题"，每课设"时空点击"、"开放平台"、"尝试体验"三个栏目，每单元两课后设"成长足迹"。这样使生活主题模块与栏目化相结合，既符合学生认识规律，又符合一般教学规律，既有利于学生学，又有利于教师教。

⑤素材选取精当，继承性与创新性相结合。价值导向是教材的灵魂，体系结构是教材的骨架，内容素材则是教材的血肉。教材要做到有血有肉，必须在选材上下功夫。素材的选取要突出时代感和创新性，努力选取学生生活中的鲜活事例、学生关心的具有教育意义的现实生活和社会问题，以及先进人物的感人事迹作为主要素材。同时适当选取历史上爱国志士、民族英雄，圣人贤者的典型事例和人生格言，努力弘扬和培育民族精神，把继承性与创新性结合起来。

⑥呈现方式活泼，实践性与开放性相结合。教材的呈现方式力求生动活泼、丰富多彩。既有文字描述，又适当配以图片；既有文本教材，还要开发相应的音像资料；做到文图并茂、音像配套。体现教材的生动性和多样性。每课中的三个栏目，"时空点击"，展现了学生丰富多彩的生活画卷；"开放平台"，引导学生独立思考，通过讨论、辨析、调查等活动使学生体会教学内容中的知识和道理，主动探索社会生活和自我成长的问题："尝试体验"，通过丰富多样的主题活动，激发学生健康向上的情绪、情感，深化道德认识，巩固、扩展或延伸教学内容，将课程的价值引导转化为学生的内在需求和自主选择，从而使教材的实践性与开放性相结合。

(2) 关于校本教材

以《品德与生活》、《品德与社会》、《思想品德》新课程标准为指导，以新编国家审定教材为依据，以"新三中心论"为理念，以主题班会、团队会为基本形式，编写校本教材，继续在实验学校推广实验。把《德育》读本的编写理念与新课程标准相融合，把校本教材与国家教材相配套，实现"九五"开题报告中所预见的"互补"、"并行"的理想目标。

（二）《成长册》的深化研究与推广实验

1.《成长册》研究与实验的成绩与贡献

"九五"期间，我们以《中共中央国务院关于深化教育改革全面推进素质教育的决定》为指导，以建立思想品德为核心的综合素质评价体系为目标，以思想道德、科学文化、身体心理、审美艺术、劳动技能和个性特长、创新能力、自育能力等八个方面为评价内容,以培养学生自订成长目标、自析成长环境、自寻成长动力、自开成长渠道、自研成长方法和自评成长效果为基本理念,研究编写了《成长册》(小学、初中、高中、中职每学年一册,共15册)。

从1999年10月起进行了实验,当时正处全国"减负"的形势,发行、实验受到较大的影响。但从2002年4月"十五"课题开题后,实验《成长册》的学校、班级明显增加。许多实验校都是全校使用,如中职全国重点校"北京财经学校""北京经济技术开发区实验学校"等,许多实验区、校在使用《成长册》推进实验方面取得明显成果,如:《将外部规范内化为学生的个体素质》小学低年级《成长册》实验报告(重庆);在活动中评价,在评价中活动,小学《成长册》实验报告(北京);《结合〈德育〉读本进行的〈成长册〉实验实效明显》(天津);《个性化自我教育方式尝试》(哈尔滨)。

《中国教育报》于2002年专门介绍了《成长册》并发表了学生使用后的收获。《中国教育电视台》于2002年也播放了关于《成长册》的介绍。

除本课题实验区、校广泛深入推进《成长册》的实验外,《成长册》的教育理念,编写原则及内容也在许多省市教育行政部门产生影响,一个时期,冠以《成长册》、《成长本》、《成长袋》、《成长日记》书名的学生用书如雨后春笋般的出现,一些教育行政部门对半个世纪一贯制的《成绩册》也进行了修改。这说明《成长册》的实验已取得了明显的效果,产生了广泛的影响。也说明《成长册》的实验,在理论依据和实践模式上为决策服务做出了贡献。

2.《成长册》深化研究的任务

(1) 依据中央的有关精神进行修订

从《成长册》第一版实验以来,中央发布了一系列重要文件,这都与《成长册》的修订有密切关系。除了以党的"十六大报告"精神作为指导思想外,江泽民同志的《关于教育问题的谈话》(2000.2)、《在北师大建校百年大会上的讲话》(2002.9)、中共中央《公民道德建设实施纲要》(2001.9)、《国务院关于基础教育改革与发展的决定》(2001.6)、《学术艺术教育工作规程》教育部13号令(2002.9),特别是2002年12月颁布的《教育部关于推进中小学评价与考试制度改革的通知》等都是修订的理论政策依据。

①对照文件中的六条原则,研究《成长册》修订方案。中小学评价与考试制度改革,要全面贯彻党的教育方针,从德、智、体、美等方面综合评价学生的发展,培养学生热爱党、热爱社会主义、热爱祖国、诚实守信、助人为乐的高尚道德品质、终身学习愿望和能力、健壮的体魄、良好的心理素质以及健康的审美情趣。

中小学评价与考试制度改革的根本目的为了更好地提高学生的综合素质和教师的教育水平,为学校实施素质教育提供保障,充分发挥评价的促进发展的功能,使评价的过程成为促进教学发展与提高的过程。

对学生、教师与学校的评价的内容要多元,既要重视学生的学习成绩,也要重视学生的思想品德以及多方面潜能的发展,注重学生的创新能力和实践能力;既要重视教师业务水平的提高,也要重视教师的职业道德修养;既要重视学校整体教学质量,也要重视在学校的课程管理、教学实施等管理环节中落实素质教育思想,形成生动、活泼、开放的教育氛围。评价标准既应注意对学生、教师和学校的统一要求,也要关注个体差异以及对发展的不同需求,为学生、教师和学校有个性、有特色发展提供一定的空间。

评价方法要多样,除考试或测验外,还要研究制定便于评价者普通使用的科学、简便易行的评价方法,探索有利于引导学生、教师和学校进行积极的自评与他评的评价方法。

对学生、教师和学校的评价不仅要注重结果,更要注重发展和变化过程。要把形成性评价与终结性评价结合起来,使发展变化的过程成为评价的组成部分。

重视学生、教师和学校在评价过程中的作用,使评价成为教育行政部门、学校、教师、学生和家长共同参与的交互活动。

②对照文件中的发展目标研究《成长册》八项目标的修订。道德品质。爱祖国、爱人民、爱劳动、爱科学、爱社会主义;遵纪守法、诚实守信、维护公德、关心集体、保护环境。

公共素养。自信、自尊、自强、自律、勤奋;对个人的行为负责;积极参加公益活动;具有社会责任感。

学习能力。有学习的愿望与兴趣,能运用各种学习方式来提高学习水平,有对自己的学习过程和学习结果进行反思的习惯;能够结合所学不同学科的知识,运用已有的经验和技能,独立分析并解决问题;具有初步的研究与创新能力。

交流与合作能力。能与他人一起确立目标并努力去实现目标,尊重并理解他人的观点与处境,能评价和约束自己的行为;能综合地运用各种交流和沟通的方法进行合作。

运动与健康。热爱体育运动,养成体育锻炼的习惯,具备锻炼健身的能力、一定的运动技能和强健的体魄,形成健康的生活方式。

审美与表现。能感受并欣赏生活、自然、艺术和科学中的美,具有健康的审美情趣;积极参加艺术活动,用多种方式进行艺术表现。

学科学习。各学科课程标准已经列出本学科学习的目标和各个学段学生应达到的目标,并对评价方式提出了建议。

③对照文件中的评价措施与方法,研究《成长册》实验措施。教师要在教育教学的全过程中采用多样的、开放的评价方式(如行为观察、情感测验、学生成长记录等)了解每个学生的优点、潜能、不足以及发展的需要。

建立每个学生的成长记录。成长记录应收集能够反映学生学习过程和结果的资料。包括学生的自我评价、最佳作品(成长记录及各种作品),社会实践和社会公益活动记录,体育与文艺活动记录,教师、同学的观察和评价,来自家长的信息,考试和测验的信息等。

学生是成长记录的主要记录者,成长记录要始终体现诚信的原则,要有教师、同学,家长开放性的参与,使记录的情况典型、客观、真实。

考试是评价的主要方式之一,考试应与其他评价方式相结合,要根据考试的目的、性质、内容和对象,选择相应的考试方法。要充分利用考试促进每个学生的进步。

每学期、学年结束时学校要对每个学生进行阶段性的评价。评价内容应包括各学科的学业状况和教师的评语。评语应在教师对搜集到的学生资料进行分析,并与同学、家长交流、沟通的基础上产生。评语应多采用激励性的语言,客观的描述学生的进步、潜能以及不足。同时要制定明确、简要的促进学生发展的改进计划,帮助学生认识自我、树立自信。

小学生的学习成绩评定应采用等级制,不得将学生的成绩排队、公布。

(2) 依据实验区、校对《成长册》实验研究成果进行修订

从1999年10月至2003年10月《成长册》已经历四年的实验，参加实验的有数十万名学生、数千名教师，其中还有众多的家长。大家在肯定《成长册》这一重要创新研究成果的同时，也提出许多宝贵的意见、建议，有不少学校、教师已着手修改。总课题组将吸纳实验区、校的经验、意见、建议，作为修订《成长册》的重要参考。

《成长册》的修订，从2002年4月株洲开题会后，不少实验区、实验校已经启动，并作为本届年会参评研究成果之一。本届年会后总课题组将全面启动《成长册》修订工作，届时不仅要吸纳实验区、校研究成果的精华，而且要吸收部分优秀成果作者参与修订。修订工作设计2004年7月完成，9月实验修订后的《成长册》。

在株洲开题报告中，曾提出研制开发与《成长册》配套的学生综合素质评价软件，这在中职《职业道德与职业指导》德育课助学测评软件已进行尝试、出版，效果良好。总课题组曾考虑研制《成长册》学生助评光盘，以充分发挥现代教育手段在素质教育评价上不可取代的优势。但大家意见不一致，主要考虑到难度大，可操作性如何，实验校教师、学生需求如何，是否会增加学生经济负担，学生的家长能否承受，尚需在各实验区校广泛征求意见。

3.《成长册》推广实验的任务

我们要乘教育部《关于推进中小学评价与考试制度改革的通知》的东风，加大《成长册》实验的力度、广度和深度。

(1) 加大实验指导的力度

《成长册》的实验起步较晚，又受"减负"的限制，因此不少实验区、实验校没有专门组织过《成长册》的培训，许多实验教师对《成长册》实验的意义、内容、方法，还不十分理解、了解和掌握。总课题组和实验区指导组要加大实验指导的力度，组织培训、研讨和交流，评审实验研究成果，表彰优秀实验教师。

(2) 扩大实验推广的范围

从《成长册》实验学校、实验教师和实验学生的数量来看，还远远落后于《德育》读本。要借教育部文件的东风，推广《成长册》的实验范围。实验区要扩大实验校，实验校要扩增实验班。同时要扩大实验区，向没有实验区的省份，特别是西部地区发展，使《成长册》充分发挥对中小学生综合素质评价的导向、动力和保障作用。

(3) 加大实验研究的深度

加大实验指导的力度，关键在实验研究的深度。扩大实验推广的范围，关键也在实验研究的深度。加大实验研究的深度，就要认真学习《教育部关于推进中小学评价与考试制度改革的通知》，认真学习《中共中央国务院关于深化教育改革全面推进素质教育的决定》，认真研究整体构建德育体系的理论，认真研究中小学生成长的规律，认真研究家校互动、师生互动、亲子互动、生生互动的方法，认真研究《成长册》与《当代家长》的结合点、生长点和创新点。

(三)《当代家长》的创新研究与启动实验

1. 目的意义

(1) 贯彻党和国家方针政策及领导人讲话精神

2000年2月1日，江泽民同志在《关于教育问题的谈话》中指出："现在，大多数家庭都是独生子女，生活条件也好了，家长有'望子成龙'的心情，希望子女都能够受到更好的教育，也是自然的，我们的学校，教育部门以及党和国家的其他部门，都要注意做工作，把家长希望子女成才的迫切愿望，教师教书育人的心情和学生学习的积极性，引导到正确的方向上来，全面提高青少年的素质。"

李岚清同志在谈到家庭教育时指出："家庭教育应当由经验育人向科学育人转变，由片面注重书本知识向注重教孩子怎样正确做人转变，由简单命令向平等转变……家长必须学点教育学、心理学知识，了解现代教育的特点、规律和发展趋势。"

2002年5月20日，全国妇联、教育部联合下发了《全国家庭教育工作"十五"计划》，提出了家庭教育的总体目标、具体目标、分期要求、实施措施、检查评估办法。

(2) 指导家庭教育实践

当代家长在育儿教子上遇到许多新情况、新问题。从孩子角度说，由于绝大多数是独生子女，孩子生活条件越来越好了；由于大众传媒的发展，孩子可以从电视、电影、互联网、报刊、图书中获得的信息越来越多了；由于社会价值观呈现多元化的趋势，孩子受到的影响越来越复杂了。

从家长的角度看，由于绝大多数父母只有一个孩子，所以他们无法亲身积累养育子女的经验；由于希望在孩子身上弥补自己童年时期在那特殊年代失去的一切，因此对孩子有着很高的期望值；孩子升学、就业的竞争压力和带有片面性的人才观在社会上还有相当的影响，使家长在如何帮助孩子成人、成才方面产生许多困惑。

从学校角度看，不少学校把家长会办成了情况通报会甚至"批判会"，打击了家长配合学校教育的积极性。从社会角度看，当前市场上五花八门的教育书籍，使家长们眼花缭乱、无所适从。所以，迫切需要对其进行科学化、规范化、系统化、现代化的指导。

(3) 深化课题研究

"九五"期间，在总课题组专家和全国各地实验区、实验校德育科研人员及实验教师的共同努力下，我们初步整体构建了学校德育体系，画好了学校教育这"一竖"；但在实践中，我们越来越深切地感到，由于家庭教育、社区教育比学校教育相对滞后，甚至存在着较大反差，从而致使学校德育的实效性大打折扣，不少老师甚至痛心地提出了"5+2=0"的说法。

"十五"期间，我们在深化、细化研究的同时，决定将学校德育与家庭教育、社区教育紧密结合起来，画好"一横"，使三者自然衔接。所以，"十五"开题伊始，我在开题报告中就提出："家长是孩子的第一任'教师'，家庭是青少年儿童的第一所'学校'。在社会生活和家庭生活发生很大变化的今天，在面对独生子女教育的特殊年代，如何加强和改进家庭教育？如何搞好学校教育与家庭教育的结合，如何办好家长学校？这是学校德育途径深化研究向家庭教育的延伸。"

我们研究编写《当代家长》丛书、启动家庭教育研究，就是为了使学校教育中《德育》读本和《成长册》的实验与家长学校运用《当代家长》对家长的培训融为一体，使学校教育与家庭教育价值取向一致，教育理念趋同，教育过程同步，教育途径互补，进一步拓展德育时空，提高德育实效，这对于整体构建学校德育体系的深化研究具有重要的理论意义，对于全面推进以德育为核心的素质教育具有重要的实践意义。

2. 总体思路

《当代家长》丛书的研究与编写，以党的十六大报告中关于"大力发展社会主义文化，建设社会主义精神文明"的思想和《中共中央国务院关于深化教育改革全面推进素质教育的决定》，以及教育创新的思想为指导，以整体构建德育体系的理论基础、基本原则和德育理念为基础，以提高每一个家庭和中华民族的整体素质为目标，以指导孩子学会做人、学会求知、学会健身、学会健心、学会审美、学会劳动（实践）、学会创新、学会生活等家庭教育的八大内容为纬线，以婴幼儿、小学生、初中生、高中生、中职生、大学生六个成长阶段为经线，针对不同年龄阶段学生的身心特点、知识水平和成长中遇到的问题，由低到高，由浅入深，分层递进，螺旋上升，整体构建家庭教育体系。

3. 内容特色（以小学学段为例）

（1）《当代家长》各学段通用：《当代家庭教育新理念》上册；
（2）《当代家长》各学段通用：《当代家庭教育新理念》下册；
（3）《当代家长》小学版之一：《指导孩子学会做人》；
（4）《当代家长》小学版之二：《指导孩子学会求知》；
（5）《当代家长》小学版之三：《指导孩子学会健体》；
（6）《当代家长》小学版之四：《指导孩子学会健心》；
（7）《当代家长》小学版之五：《指导孩子学会审美》；
（8）《当代家长》小学版之六：《指导孩子学会实践》；
（9）《当代家长》小学版之七：《指导孩子学会创新》；
（10）《当代家长》小学版之八：《指导孩子学会生活》。

为了编好这套书，我们在北京、天津、河北、辽宁、吉林、黑龙江、河南、山东、湖北、四川、广西等十几个省（市、区）的17个实验区进行了调查。共发放问卷2000份，回收1945份，统计结果表明：家长最关心的排在前三位的是求知（85.95%）、做人（83.67%）、健体（41.35%），最忽视的排在前三位的是实践（40.88%）、创新（39.24%）、审美（36.80%），最困惑的是"孩子的逆反心理"、"与孩子心灵上的沟通"、"面对孩子，感到束手无策"。

《当代家长》"之一"到"之八"，按小学、初中、高中、中职四个学段分别编写，幼儿学段拟根据幼儿身心特点和幼儿家教特点，作适当调整修改，如：《呵护宝贝的安全》、《关注宝贝的睡眠》……中职学段以《指导孩子学会择业》取代《指导孩子学会生活》。大学阶段比较特殊，大学生的自我意识、自主性、独立性普遍增强，家庭教育相对不再重要，但家长仍然关注、牵挂、期冀孩子的学业、健康、交友、恋爱、就业、考研、出国等人生重大问题。因此，大学阶段各本书的书名和内容目前尚未最后确定，学段主编和编著者仍在调查研究。

4. 结构体例

（1）标题：每本书列出约10个家教观点为标题。标题所揭示的内容都是孩子成长亟须解决的、家长感到困惑的、社会发展需要的，标题所表达的家教观点都是符合家教新理念的。标题的形式具有可读性，艺术性，感染力。

（2）典型案例：每篇课文都有1—2条典型案例。一条是成功家教的启示录。一条是失误家教的警示录。有利于家长对比分析，掌握正确的家教理念和方法。案例以当代的、典型的、鲜活的、生动的，实际的为主，有故事情节，生动感人，具有震撼作用。

（3）交流研讨：在讲述1—2个典型案例之后，教材列出了1—3个思考题，引导家长们思考、交流、研讨。列举了几种常见的不同观点引导家长分析思辨，进一步充实典型案例，使其内容更加丰满。

（4）专家点评：根据典型案例的启示或警示，针对交流研讨中列举的正确、错误、模糊、极端的家教观点进行点评，提出科学、现代的家教理念，进行明确的正面引导。

（5）家教名言：紧扣标题内容给出1—2条家教名言。其中既有古今中外教育家的，也有成功家长的，但都具有引导、启发、警戒作用。

（6）答疑解难：对家教实践中具体的、特殊的疑难问题具体分析，一把钥匙开一把锁，使家教主题观点得到深化和应用。

（7）家庭自测：这实际上是给家长留的作业。自测题紧紧围绕本课题所表达的家教观点，留有答案空格，评分标准和方法，便于统计考核。

（8）供您参考：给家长提供了一些家教应了解的常用规则、指标、数据、信息、标志等多方面的参考资料，有利于丰富家长的知识。如：小学生日常行为规范、礼仪常规、名人家训、中国7—12岁孩子体格指标、智商测量表、心理测量表、交通安全常识，交通信号标志等等。

5. 实验启动

（1）《当代家长》实验研究的界定

《当代家长》的实验研究是总课题组和实验区、实验校在"十五"期间的一项重要任务。这项研究与实验以提高家长素质和家教水平为目标，以整体构建德育体系的理论、原则和理念为理论基础，以《当代家长》丛书为教材，以家长学校和家长委员会为主要途径，以培训家长（面授或函授）为主要形式，以家校结合、亲子互动为主要方法进行实验研究。

（2）实验研究的目标

通过《当代家长》的实验研究，使学校教育与家庭教育价值取向一致，教育理念趋同，教育过程同步，教育途径互补。引导家庭教育走上科学化、系统化、规范化、现代化的轨道，从而提高家长素质和家教水平。

（3）实验研究的任务

①实验《当代家长》。各实验区、校，凡学生使用《德育》读本、《成长册》者，其家长也应实验《当代家长》，要将《德育》读本、《成长册》、《当代家长》三者融为一体，同步使用，发挥整体教育的作用。以期增强家校结合、家校共育效果。

②制定计划，加强管理。各实验校要制定家长培训计划，在使用《当代家长》丛书时，也像函大、夜大那样采用学分制，进行学科结业和学段毕业考试，使家长学校切实成为家长们提高素质和水平的学校，发挥名副其实的作用。

③跟踪调查，总结经验。各实验单位应对家长的家教理念、方法等进行跟踪调查，对学生的变化情况进行跟踪调查；既可通过家长会、家长问卷、家访等形式调查，又可通过学生反映、反馈情况调查。各实验校每年撰写一份实验报告，参加年会的成果评奖。

④设立子课题开展研究。各实验区、校可根据本地、本校实际，结合《当代家长》的内容

设立子课题，就家庭教育的目标、内容、方法、管理、评价诸方面进行深化研究，撰写研究论文，参加年会的成果评奖。

（四）各学段德育体系整体构建（学段分论）研究编写工作

1. 研究编写的指导思想和基本思路

（1）研究编写的指导思想

（见本报告开头部分所述本课题指导思想）

（2）研究编写的基本思路

以《整体构建德育体系总论》等"九五"成果为基础，进行分年级德育的科学化、系统化、规范化、现代化研究，分别构建小学、初中、高中、中等职业学校、高等职业学校、普通高等学校的德育体系。为各级教育行政部门教育决策提供依据，为各级各类学校德育工作从盲目性走向科学性、从零散性走向系统性、从随意性走向规范性提供理论参照和实践模式。

各学段德育体系应包括德育目标、内容、途径、方法、管理、评价六项子体系。每一项子体系原则上要具体化到年级，小学可分为低年级、中年级、高年级三段，初中以上每学年分为一段。做到具体化、可操作化。

各学段德育体系要做到横向贯通，纵向衔接，分层递进，螺旋上升，以保证各个教育阶段和各个年级德育工作的层次性和渐进性。同时，各学段都应有德育整体意识，总揽全局，加强相邻阶段的衔接，防止倒挂、脱节和简单重复，以保证各个教育阶段和各个年级德育工作的完整性和连续性，更好地发挥德育系统的整体功能，提高德育工作的整体效果。

2. 研究编写要正确处理的五大关系

根据本课题研究的指导思想和宗旨，学段分论编写要处理好以下五大关系。

（1）分论与《引论》和《总论》的关系

分论是《引论》、《总论》从理论到实践的中介和桥梁。分论是将《总论》所构建的理论形态的德育体系转化为实践形态的德育体系的文本形式，《总论》是分论的理论指导和综合概述，分论是《总论》分段分项的细化研究和具体实施。因此，分论的编写要注意以下四点：①在内容结构上要包括德育目标、内容、途径、方法、管理，评价六项子体系，②在功能上要提供具体的操作模式，对学校教育实践有明确的引导和示范作用。③所构建的六项子体系要具体化到年级。④德育体系的科学化、系统化、规范化、现代化作为贯穿全书的着力点，突出课题自身特色。⑤要与学校德育工作的实践形态相对应，立足于调动教师学生两个主体的主动性，最大限度地保证体系实施的实效性。

（2）分论与"九五"、"十五"子课题成果的关系

"九五"和"十五"开题以来，实验区、实验校出了一批子课题研究成果，其中正式出版的著作和文集就有近50部，内容涉及诸方面，一是小学、中学的德育目标、内容、途径、方法、管理、评价子体系的研究；二是关于德育活动课、主题班（团、队）会活动方案、班主任工作、学科德育、心理健康教育、校园文化建设、学校家庭社会三结合教育等专题研究。其中"九五"成果已由各学段负责人筛选、分类、加工整合后发布在中国德育网上。随着课题实验研究的深入进行，还会有新的成果被不断地纳入。这些成果，直接来源于第一线德育工作者的创造

和实践经验,针对性、实用性、可操作性强,是分论编写的基本素材和实践基础。因此分论的编写要注意以下三点:①要系统收集和分类整理这些研究成果,把它们作为基本素材加以归纳和提炼,作为各学段德育体系构建的基础材料。②要注意发现这些成果中的闪光点,吸收、借鉴、运用其中有价值的东西为体系构建服务。③要注意发现这些成果中的优秀作者,选拔他们作为体系构建的作者,形成专家学者和一线教师相结合的作者队伍。

(3) 分论与分论的关系

学段德育系统是学校德育系统的第一级子系统,分论之间的关系为"块"与"块"的关系。因此各学段分论在结构体例上应基本一致;分论与分论之间要有层次性,体现"横向贯通、纵向衔接、分层递进,螺旋上升",避免倒挂、脱节、简单重复。尤其要解决好相邻学段的衔接问题。

(4) 分论与学段德育论、普通德育论的关系

在我国目前的德育理论研究中,有影响的普通德育论或学段德育论已不少见。如鲁洁教授的《德育新论》、班华教授的《现代德育论》、戚万学教授的《现代德育论》、朱小蔓教授的《中小学德育专题》,此外还有《小学德育论》、《中学德育论》、《高校德育新论》等。这些专著应当成为各学段德育体系构建的重要参考书。分论的编写要认真学习和研究上述普通德育论和学段德育论的著作,以它们为理论指导,同时也要避免照抄照搬,注意突出我们的特色。我们的特色,一是"整体构建",二是"具体化到年级",三是"实践操作"。

(5) 分论与新课程体系的关系

教育部于2001年6月印发了《基础教育课程改革纲要(试行)》。随后陆续印发了小学、初中德育学科新课程标准。新课程体系适应素质教育要求,在课程的性质、理念,目标,内容结构、教学方式、课程评价管理等方面都体现出创新性,开展对新课程体系的学习培训、掌握使用新课程和课程资源的开发研制将成为今后基础教育的一个工作重点。因此,处理好分论与新课程体系的关系是课题研究坚持与时俱进、发展创新的一个重要环节。分论与新课程体系的关系具体表现为新课程体系与德育的目标、内容、途径、方法、管理、评价各子体系的融合关系。学段分论要把新课程体系纳入德育目标、内容、途径、方法、管理、评价各子系统中进行专项和相互贯通的综合研究。本报告已对《德育》读本与新课程标准的关系做了初步研究,分论可以此为参照进行更具体的研究。

同志们,整体构建学校德育体系是一项复杂而艰巨的系统工程。要完成课题预定的上述四项研究任务,还有许多繁重的工作需要我们去努力完成。本次会议,我们特别强调要进一步深化学习过程,要深入学习整体构建学校德育体系的基本原理和德育基础理论,学习本课题"九五"和"十五"的研究成果,同时,加强教育基础理论和教育文件政策的学习。通过深入的学习,切实提高教育者的理论素养和参与改革实验的能力。加强学习环节,是本课题深化研究与推广实验的前提和基础,也是深化研究与推广实验的一个基本特点。我们正站在一个新的起点上,我们对既定的工作目标充满信心。让我们密切地团结起来,加强联系,加强协作,在深化研究中出成果,在推广实验中创业绩,为建立21世纪科学化、系统化、规范化、现代化的有中国特色的社会主义德育体系,为发展创新中国的教育事业做出新的贡献!

3. 2004年信阳年会主题报告

抓住机遇 开拓创新 深化研究 推广实验
——全国教育科学"十五"规划国家重点课题"整体构建学校德育体系深化研究与推广实验"2004年会暨第七届学术研讨会主题报告

同志们,我代表中央教育科学研究所学校教育研究部、德育研究中心和总课题组作主题报告,请各位代表研究讨论。报告包括四个部分:(一)抓住机遇,完善具有时代性、规律性、实效性的德育体系。(二)深化研究,构建具体化、个性化、可操作的学段德育模式。(三)推广实验,建立全面的、和谐的、可持续的成果实验机制。(四)开拓创新,建设出成果、出经验、出人才的"六个一百工程"。

(一)抓住机遇,完善具有时代性、规律性、实效性的德育体系

中共中央国务院发布了《关于进一步加强和改进未成年人思想道德建设的若干意见》、《关于进一步加强和改进大学生思想政治教育的意见》,胡锦涛总书记对此发表了重要讲话。总书记从国运兴衰、民族振兴以及现代化建设全局的高度,对我国思想道德建设的重大问题做了深刻思考和精辟阐述,他指出:"全党同志要以对党和国家前途命运高度负责的态度,充分认识新形势下进一步加强和改进青少年思想道德建设的重要性、紧迫性,增强做好青少年思想道德建设各项工作的自觉性、坚定性","大力推动思想道德建设的改进创新,重点在体现时代性、准确把握规律性、大力增强实效性三个方面下工夫"。中央文件和总书记的谈话,体现了党中央对德育工作的高度重视,是我们全面贯彻党的教育方针、坚持正确的教育方向、改进和加强德育科研与德育工作的思想武器和行动指南,是指导我们今后进行深化课题研究的重要历史文献。这标志着我国青少年思想道德建设进入了统一思想、全面实施的新的历史发展阶段,也标志着我们的研究课题迎来了千载难逢的发展契机。

抓好青少年思想教育是学校坚持社会主义办学方向、培养社会主义事业建设者和接班人的根本任务。在当前,能不能抓住机遇加快发展,是一个地区、一所学校,也是我们课题能否赢得主动、赢得优势的关键所在。我们要抓住机遇,开拓创新,在继承前面研究的"科学化、系统化、规范化、现代化的整体构建学校德育体系"成果的基础上,充分体现时代性,准确把握规律性,大力增强实效性,进一步完善"具有中国特色社会主义的、代表先进文化前进方向的、贯彻依法治国与以德治国相辅相成方略的、适应素质教育要求的学校德育体系"。

1. 与时俱进,充分体现时代性

学校德育是一个永恒的课题。不同的时代应赋予不同的内容以适应时代发展的需要。因此,学校德育具有鲜明的时代性。所谓时代性,就是指一个事物发展的历史必然性、现实选择性和动态生成性。就学校德育而言,时代性可以从三个层面来认识:其一,当代社会生活的总体特点,主要包括经济生活、政治生活和文化生活的时代特点;其二,青少年在社会生活影响

下所形成的思想道德素质的时代特点;其三,针对社会生活的特点和青少年思想道德素质的特点所形成的学校德育工作的时代特点。这三个层次是相互联系、相互影响、相互作用的。社会生活的时代特点决定着青少年的思想道德素质的时代特点,制约着学校德育的时代特点。学校德育要适应社会生活的时代特点,在适应中超越,在超越中促进社会生活的发展,还要适应青少年思想道德素质的特点,同时对青少年思想道德素质的发展起着导向、动力和保证作用。加强和改进青少年的思想道德教育,必须与时俱进,充分体现时代性。

(1) 充分体现与市场经济相适应的时代特点

时代性的第一个特点是市场经济的建立及其对思想道德建设的影响。当前,随着我国社会主义市场经济体制的逐步建立和完善,社会成员思想观念多元化、价值取向多样化日趋明显。市场经济就像一把双刃剑,既激发了人们主体意识的生成,同时也诱发了个人主义倾向;既增强了效益观念和求实精神,同时也诱发了拜金主义和重利轻义思想,造成一些领域道德失范、诚信缺失、假冒伪劣、欺骗欺诈活动蔓延,甚至某些地方封建迷信、邪教和黄赌毒黑等社会丑恶现象沉渣泛起,这一切都给青少年的成长带来不可忽视的负面影响。在观念多元化的社会,如果没有一个先进的主导意识来统率全局,必将造成人们思想的混乱,行为的失范,生活的无序。对于青少年来说,在他们的意识形态还没有定型,世界观、人生观、价值观尚未完全形成的时候,对他们的思想道德教育必须始终坚持把马列主义、毛泽东思想、邓小平理论和"三个代表"重要思想作为根本指针,整体建构与培育"四有"新人目标一致、与社会主义市场经济相适应、与社会主义法律规范相协调、与中华民族传统美德相承接的思想道德教育体系,正确处理好适应性和超越性的关系,处理好思想观念一元导向与多元存在的矛盾。一方面立足于市场经济自主经营、平等互利的实际,引导学生增强主体意识,树立平等互利、公平公正、诚实守信的道德观念;另一方面立足市场经济的竞争性、求利性的实际,引导学生树立开拓、进取、创新的观念和功利、信息等功效性价值观念,并基于市场经济的风险性、不确定性,培养学生适应市场经济的良好心理素质。

(2) 充分体现与对外开放相适应的时代特点

时代性的第二个特征是对外开放的扩大及其对思想道德建设的影响。进一步扩大对外开放是我国的一项基本政策,由此引进的西方科学技术、信息技术和管理经验,为广大青少年了解世界、增长知识、开阔视野提供了更加有利的条件。同时,我们也应该看到,国际敌对势力与我们争夺接班人的斗争也日趋尖锐和复杂,西方的思想文化、价值观念、生活方式也以各种形式渗透进来。青少年对中国历史、民族文化、民族精神了解甚少,多数学生懂得ABCD,却不懂诗、词、歌、赋;知道XYZ,却不知道《四书》、《五经》,国学基础令人忧虑。

面对这种新情况和新问题,思想道德建设必须紧跟时代和社会发展的步伐,在马克思主义指导下实现中西文化的碰撞、互补与融合。整体构建学校德育体系要进一步贯彻"贯通古今,融会中西,继承借鉴,发展创新"十六字原则。一方面,根据不同学段学生身心发展特点、规律和认知水平分阶段、分层次、有针对性地把民族精神教育纳入学校教育的全过程,弘扬和培育以爱国主义为核心的团结统一、爱好和平、勤劳勇敢、自强不息的伟大民族精神,加强中国近代史、现代史和国情教育,加强中华民族传统美德和革命传统道德教育,使"天下兴亡,匹夫有责"的爱国主义精神,"天下为公"、"修齐治平"的集体主义精神,"刚健有为,自强不息"的开拓进取精神,"先天下之忧而忧,后天下之乐而乐"的无私奉献精神等等,在改革开放的今天放射出时代的光芒;另一方面,采取分析、鉴别、学习、借鉴、吸收、利用的策略,正确对待西方文化,将西方的崇尚民主、维护法律、尊重人权、公平竞争、讲求效率等观念融入我国改革开放的时代潮流中,使之成为我国社会主义思想道德建设的思想素材。

(3) 充分体现与网络化社会相适应的时代特点

时代性的第三个特征是网络化迅猛发展及其对思想道德建设的影响。互联网等信息媒体的快速发展,给青少年学习和获得信息开辟了新的渠道,为他们的交往提供了方便、快捷、高效的工具。但由于网络立法的滞后性、网络技术的欠完善性,给"黄、赌、毒、邪"等腐朽落后文化和有害信息的网络传播以及不法分子不择手段引诱青少年痴迷网吧牟取暴利以可乘之机,致使少数青少年精神空虚、行为失范,有的甚至走上违法犯罪的歧途。

面对这些新兴信息传播渠道带来的挑战,思想道德建设必须跟进时代网络化趋势,迅速更新德育观念,积极抢占"网络思想道德教育阵地",增强信息传播渠道的可控性,做好学校德育工作。第一,化被动为主动,调整德育方法,努力"建设融思想性、知识性、趣味性、服务性于一体的主题教育网站或网页",变德育内容静态化、抽象化为动态化、形象化,增强德育工作的主动性。第二,开发新的德育资源,发挥"中国德育网"、"校园网"等主阵地的效能,建立思想道德教育网络平台,形成正确的校园信息导向。第三,德育工作方式科学化、现代化,充分利用现代信息技术,延伸德育时间,拓展德育空间,使德育学科小课堂、学校中课堂、社会大课堂融合成一个有机的整体,形成网上网下思想道德教育合力。第四,开发和研制德育软件,加强对不良信息、有害信息进行有效监控和屏蔽,使网络德育具有可操作的运行载体。第五,提高网络思想道德工作队伍的信息素养,全面提高网络思想道德教育水平。

2. 不断探索,准确把握规律性

任何事物的发展都会遵循一定的规律,德育也有其自身发展的规律。准确把握德育的规律性,是增强青少年思想道德建设的科学性和实效性的关键环节。思想道德建设的规律包括青少年思想道德形成发展规律、学校德育工作规律、社会思想道德建设规律以及教育发展规律等等,这些规律都对学校德育效能产生深刻的影响,我们必须正确把握它们之间的辩证关系,使之发挥1+1>2的"合力"功能。

(1) 遵循青少年思想道德形成发展规律,正确处理知情意行的关系

青少年的思想道德形成发展都有其自然规律,都要经过从道德认知——道德情感——道德意志——道德行动这样一个发展过程。这四个方面既相对独立,又相互联系、相互渗透、相互促进。一般来说,学生的道德认识是思想道德形成的基础,学生道德认知的全面性、深刻性决定他们道德情感的明确性、道德意志的坚定性、道德行为的正确性。道德情感是在道德认识的基础上产生和发展起来的,同时对道德行为起着巨大的调节作用。道德意志与道德行为关系密切,并体现在道德行为之中,但是它又与道德行为有区别,是调节道德行为的精神力量。意志薄弱的学生在道德行为上缺乏毅力,一遇困难便动摇不前,在品德修养上进步慢而且易反复;而意志坚强的学生则往往能经受考验,坚持践履道德规范,对缺点改正更快。道德行为是实现道德动机的行为意向及外部表现,是衡量品德的重要标志。道德行为受道德观念、道德情感和道德意志调节,同时道德行为对道德观念的巩固和发展,对道德情感的加深

和丰富,以及对意志的锻炼又有很大的作用。

在实施德育工作的过程中,我们必须遵循青少年思想品德形成发展规律,把知、情、意、行四个方面有效整合在一起,既不可片面强调一方,忽视其他任何一方,也不能把它们简单堆积,必须有目的、有计划、多方式地向学生传授道德规范,把社会意识转化为学生的个人意识;采取"以心发现心,以心交换心"的工作方式,灵活运用"目标激励、榜样示范、情境感染"等方法,让学生在自主体验的生活情境里激发、涵养道德情感,形成正确的道德观点和人文信念,实践道德行为。

(2)遵循学校德育工作规律,正确处理整体规划与分层实施的关系

按照系统论的观点,学校德育是一个由多种要素相互联系构成的系统,具有整体性、层次性、有序性和动态性等特征。一个和谐的系统,离不开系统要素的有机整合与层次要素的有机排序。首先,要素必须服从系统的安排。世界上一切事物、现象和过程几乎都是一个有机联系的系统,既自成系统,又相互关联,部分在目标上、功能上、效果上都必须服从整体的要求,部分若失去整体控制,也就失去了自己存在的全部价值。学校德育课程的目标、内容、途径、方法、管理、评价等子要素只有构成一个统一的整体,才会在相互关联、相互作用的关系中获得最佳德育效果。其次,要素的组合与安排必须层次分明而秩序井然。学校德育的整体规划有一个从小学、中学(中职)到大学(高职)发展变化的过程,也有一个德育目标、内容、途径、方法、管理、评价等子要素分层递进、螺旋上升、和谐统一的过程。

学生身心发展特点以及德育规律要求各教育阶段的德育目标有高低之分,德育内容有深浅之别,德育途径和方法有不同选择。这就要求我们依照青少年学生不同人生阶段的不同发展需要,遵循其全面素质和谐发展的规律与特点,整体规划大中小学德育。一方面要提供符合其身心发展水平和需要的内容,另一方面,也要考虑其品德发展的目标,保持德育要求与现有发展水平之间的张力。整体构建学校德育体系以要素系统为横坐标,以层次系统为纵坐标,进行横向贯通,纵向衔接,有序排列,有机组合,既保证了整个德育过程中要素结构的完整性和连续性,也保证了各个教育阶段德育工作的层次性和渐进性。

(3)遵循德育过程规律,正确处理师生双主体互动的辩证关系

德育过程是教师根据一定的德育目标在具体的德育情境里和学生共同参与、协同互动的过程。把握德育过程规律,主要就是把握师生双主体的辩证关系。所谓"主体"是相对于客体而言的,是指人在与周围环境相互作用过程中是社会实践者、行为主动发起者、改造者、控制者和活动承担者。学校德育过程包含教师的施教过程和学生的受教过程。教师是施教活动中的主体,学生是受教过程的主体。在施教过程中,教师以主体面目出现,学生作为教育的对象,是教育的客体;而在学生受教活动中,学生成为了教育的主体,教师就成为了客体。这两个主体所主导的活动各有其相对的独立性,并按照主体性产生与发展规律,主导两个活动的方向、性质、深度和广度。但这两个活动又是彼此联系、相互制约、相互依存的。

正确把握师生双主体的辩证关系,首先,必须改变学生在道德教育过程中处于接受者、被塑者的地位,培养学生的主体意识,涵养学生的主体情意,发展学生的主体能力,从而确立学生在德育中的主体地位,真正调动起他们作为自身道德发展主体的自主性、创造性和独特性。其次,要建立充分民主的新型师生关系,在德育过程中师生平等交往、积极互动、共同发

展。最后,教育者必须加强自身修养,以开放、宽容的教育胸怀和为人师表的人格魅力给学生以榜样激励。

(4)遵循社会思想道德建设规律,正确处理学校德育与家庭德育、社区德育的关系

社会思想道德建设是全党全社会的共同责任。遵循社会思想道德建设规律,就是要用全局观念做指导,有机地整合各种德育资源,发挥全社会各级部门齐抓共管、协调统一的德育功效。学校德育与家庭德育、社区德育之间始终是相互联系、相互渗透、相互作用、相互影响的。我们在实际工作中必须注意处理学校德育与家庭德育、社区德育建设的关系;充分发挥各自思想道德建设的独特功能,使学校德育与家庭德育、社区德育价值取向一致,教育理念趋同,教育过程同步,教育途径互补,形成教育合力。在学校教育与家庭教育的关系上,要加强对家庭教育的研究和指导,发挥学校德育主渠道的作用,开办家长学校,举办家庭教育讲座,提高家长素质,同时注意加强与家长的联系与沟通,使家庭教育与学校教育紧密结合起来。在学校德育与社区德育的关系上,要充分利用各地的爱国主义教育基地、博物馆、文物古迹等教育资源以及各种有益的影视、网络、社区、企业、乡村等文化资源,协调社会各方面力量,将社会公德、民族精神的培育融入社区文化建设之中,使中小学道德的培育与社区精神文明建设紧密结合起来。

3. 求真务实,大力增强实效性

德育实效性的根本基础是对时代性和规律性的把握和实践运用。实效性是德育工作体现时代性、把握规律性的目的和结果。在现实的教育工作中,时代性、规律性、实效性是同步体现的。就德育实效性的发生特点来看,可以包括长时实效性和即时实效性。长时实效性是指在一个阶段、一个时期德育工作体现出持续、稳定的实效性。即时实效性具有情境性,如一堂课、一次参观活动、一次谈话的德育效果,这种效果是个体的现场经历和真实感受。长时实效具有全局性、整体性,即时实效表现为局部性、个体性。长时实效性以即时实效性为基础,即时实效性以长时实效性为归结。我们要在实效性问题上求真务实,必须同时注重两种实效的会通一致。

(1)尊重学生是增强德育实效性的前提

每一个学生都有渴望关爱、得到鼓励、学习新知、表达自我的成长需要。尊重学生的人格,有效地满足学生合理的需要,发挥学生自我教育的主动性,是开展德育工作的前提条件。发挥学生自我教育的主动性,就是要求广大德育工作者尊重学生的主体地位,承认学生是学习的主体、认识的主体、发展的主体。在德育活动中充分调动学生的学习积极性、主动性和创造性,让"师本"观念让位于"生本"观念,坚持"以学生为中心、以活动为中心、以体验为中心"的新三中心,淡化"以教师为中心、以教材为中心、以课堂为中心"的旧三中心,使学生最大限度地参与整个德育过程,让学生把外在的德育学习活动逐步内化为自身需要的实践活动,促进学生在德育实践过程中体验生活、感悟道德、养成良好的行为习惯。

(2)回归生活是增强德育实效性的基础

道德是调整人与人之间关系的行为规范的总和。人与人之间的关系无非是人们之间的活动关系、交往关系,即生活关系。生活世界是道德产生和道德发展的基础,也是道德内容的现实来源。因此,道德总是生活的道德,生活也是离不开道德的生活;生活需要并产生道德,道

德适应并满足生活的需要。"回归生活"，其要义就在于使德育的内容、途径和方法"近、小、实、亲"。近，就是贴近生活，贴近学生，贴近实际；小，就是从小处着眼，从小处入手，从小事做起；实，就是倾注真情实感，讲述真实情形，做诚实守信的人；亲，就是亲切融洽，可亲可信，亲身践行。

(3) 知行统一是增强德育工作实效性的关键

道德是知与行的统一。知是行的基础，行是知的体现。"知行统一，身体力行"是中华民族传统美德，是成就事业的基本原则。德育作为一种培养人的思想品德活动，它应在实践中进行，实践的观点是德育首要的观点。学生的思想品德不仅是教师在课堂上"教"出来的，也不仅是学生在课堂上"学"出来的，更重要的是学生在生活实践中形成的。我们在德育课程体系建设实践中，不仅要开好德育学科课程，而且还要建设德育活动课程；在德育方法上，要变教师主导的"独角戏"为双主体互动的"协奏曲"；在学习方式上，变单一的"结果——验证"式学习为"过程——探索"式学习；在德育评价上，将静态的结果定量评价和动态的过程定性评价和谐地统一起来，促使学生在德育活动中"自致其知、自导其行"，达到"自健其德"的理想效果。

(4) 德育科研是增强德育工作实效性的保障

德育科研是探索和把握学校德育规律，增强学校德育工作实效性的重要一环。将学校德育工作与德育科研结合起来，是进一步加强学校思想道德建设工作的必然选择。实践证明，从分析现状入手，经由学习理论、小范围试验、总结提炼、逐步推广的过程，是一种增强学校德育实效性的工作方式；实践证明，校长重视德育科研，具有科研兴校、科研治教，以科研为先导推动教育教学工作的办学理念，学校的德育工作就能提高水平，增强实效；实践也证明，一线教师参与德育科研，就能增强科研意识，提高科研能力，成为科研型、学者型、专家型的教师，从而增强德育工作实效。

新的形势，给我们课题带来了新的机遇，同时也提出了新的挑战。机遇与挑战同在，我们要抓住机遇，迎接挑战，开拓创新，在体现时代性，把握规律性，增强实效性上狠下工夫，进一步深化研究，推广实验，发挥德育科研的诊断、校正和辐射功能，为中国学校德育的科学化、系统化、规范化、现代化做出新的贡献。

(二) 深化研究，构建具体化、个性化、可操作的学段德育模式

整体构建各学段德育体系《分论》是本课题深化研究的重点，也是本届年会学术研讨的重点。我在2003年年会的主题报告中已对各学段分论研究编写工作提出了实施意见，一年来的深化研究证明，这些意见是符合教育发展实际的。下一步主要任务是在中共中央、国务院两个《意见》的指导下抓好落实，并在落实的过程中开拓思路，把握实际，与时俱进，深化研究，高质量地完成《分论》的编写任务。

1. 准确把握三个要点，建构具有课题研究特色的德育模式

"整体构建"是我们这个课题一以贯之的突出特色。怎样把握这一主体特色？根据《引论》、《总论》的研究结论，主要包括三个方面，这三个方面的研究特色，各学段《分论》要一以贯之。

(1) 整体构建德育体系研究的目标指向非常明确

这个目标是通过课题研究构建科学化、系统化、规范化、现代化的社会主义学校德育体系。科学化、系统化、规范化的核心是引导教育者探索、掌握和运用德育规律。现代化即德育工作的时代性,主要指德育的思想理念和内容方法是"三个面向"的、代表先进文化前进方向的、适应素质教育要求的。掌握规律和体现时代性的目的与结果是增强德育的实效性。时代性、规律性、实效性要求是与"整体构建"同步展现的课题研究特色。

(2) 整体构建德育体系的思维路向非常明确

这个思路是:运用系统科学的整体性、层次性、有序性、动态性和相互联系的理论设计德育体系,优化德育的要素和结构,追求整体效应。通过德育目标、内容、途径、方法、管理、评价各要素的横向贯通和小学、初中、高中(含中职)、大学(含高职)各学段纵向衔接,增强教育合力和教育过程的系统性,促进学生品德及整体素质和谐发展,促进学校德育工作整体地、和谐地发展。

(3) 整体构建德育体系的基本原则非常明确

这个原则是:贯通古今,融会中西,继承借鉴,发展创新。整体构建德育体系是对德育理论和实践的一种创新性研究,同时也是一种德育文化建设的创新研究。构建代表先进文化前进方向的德育体系,要继承中华民族优秀传统文化,传承民族精神,同时也要吸收借鉴国外优秀文明成果,建构时代精神。在文化的融会和整合中发展创新中国特色德育文化。民族精神是文化建设的精神支撑,要把弘扬和培育民族精神贯穿到整体构建德育体系的各项研究之中。

2. 正确处理五种关系,建构从宏观研究到微观指导的德育模式

(1) 正确处理五种关系

五种关系是:①《分论》与《引论》、《总论》的关系,强调《分论》是将《引论》、《总论》所建构的理论形态的德育体系转化为实践形态的具体化的德育体系;②《分论》与"九五"、"十五"研究成果的关系,强调要系统整理课题已有成果,作为各学段德育体系构建的基础材料,选拔这些成果中的优秀作者参加《分论》的研究编写工作;③《分论》与《分论》的关系,强调各学段《分论》之间纵向衔接、分层递进的关系;④《分论》与普通德育论、学段德育论的关系,强调《分论》编写要以德育基础理论为指导,同时要避免照搬理论,注意突出课题自身特色;⑤《分论》与新课程体系的关系,强调《分论》与新课程体系是相互融合、相互促进的关系(具体内容见2003年会主题报告)。这五种关系的和谐建构,反映着课题研究的与时俱进和深化发展。处理好这五种关系,首先给我们提出了深入学习的任务。要深入学习一年来中央下发的一系列有关德育工作的文件,深入学习研究《总论》及"九五"、"十五"课题研究成果,深入学习研究中外德育基础理论,深入学习研究新课程体系。要把学习作为分论研究的前提和必备基础。

(2) 德育模式的宏观研究

在构建具有课题自身特色的德育模式的研究过程中,《总论》已经进行了一次集中探索。根据教育模式构建原理,《整体构建德育体系总论》涵盖了小学、初中、高中、中职、高职、大学六个学段的纵向衔接和德育目标、内容、途径、方法、管理、评价六项要素的横向贯通,可以看作是一种以"整体构建"为主要特征的宏观德育模式。科学意义上的教育模式,具有理论建构和实践概括的双重属性。从理论建构的属性来看,《总论》综合运用了马克思主义哲学、系统科学、伦理学、社会学、文化学、教育学、心理学、美学、法学等基础理论和德育思想史、品德发展心理学、德育原理等学科理论,在这些理论基础上结合德育改革实践进行应用性研究,建构成整体构建德育体系的理论体系。从实践概括的属性看,《总论》建立在对古今中外德育实践经验特别是改革开放以来我国大、中、小学校德育工作正反两方面实践经验的考察总结基础之上,建立在七年来各实验区、校课题研究和工作实践成果的基础上,从中研究德育基本规律,选择提炼出体现德育规律的具有典型性的实践方式,经归纳概括建构成切近德育改革实际的、整体化的学校德育体系。《总论》的研究与编写,具有开创性、原创性的意义和价值,为"十五"期间的深化研究和推广实验奠定了重要基础,对各学段德育体系《分论》的研究与编写具有重要的指导意义。

(3) 德育模式的微观研究

根据素质教育和德育工作的实践需要,我们要通过《分论》的编写进行微观德育模式的具体研究与实践。微观德育模式的研究要以《总论》为指导,把德育目标、内容、途径、方法、管理、评价进一步贯彻落实到小学、初中、高中、中职、高职、大学各个学段的各个年级,构建各学段各年级的德育模式,与学校一线教育教学实际相对应,以实现科研成果对教育实践的直接指导价值。

3. 明确三个编写要求,构建具体化、个性化、可操作的学段德育模式

各学段《分论》编写的要求十分明确,就是建立具体化、个性化、可操作的学段德育模式。

(1) 具体化是《分论》在呈现方式上的要求

主要体现在三个方面:第一,各学段德育体系应包括德育目标、内容、途径、方法、管理、评价六项子体系,每一项子体系原则上要具体化到年级,小学可分为低年级、中年级、高年级三段,初中以上每学年分为一段。每段要按层次列出目标内容和评价指标的细目,各学段在把握时代性、规律性和实效性基础上制定出德育管理实施细则,为学校构建德育体系提供基本参考模式。第二,具体化即生活化,分论编写也要体现"近、小、实、亲"的原则,各章节都应有来自教学一线的工作实例,以具体形象的语言说明整体构建德育体系的生活形态,运用鲜活可感的教育实例阐释课题实验研究提出的新理念。第三,分论要把"整体构建"的理论内容贯穿始终,这种理论阐述应是具体的、平实的、易于广大教育者理解和运用的。

(2) 个性化是《分论》在学段特点上的要求

个性与共性的关系普遍存在于生活之中。相对于《总论》来说,《分论》具有一定的个性;相对于各学校的德育工作来说,《分论》具有一定的共性,每个学校的德育工作具有自己的个性。各学段《分论》在确定德育目标、选择德育内容、运用德育途径、设计德育方法等方面都要从具体的教育实际出发,以学段或年级序列目标内容为参考构建方案,形成体系,充分体现德育工作的针对性、主动性和科学性,增强德育的实效性。《分论》要处理好个性与共性的关系,构建具有个性特色的德育模式,同时,又要引导教育者从不同的德育模式中把握其中的共性因素,认识和掌握规律。

《分论》的个性特点主要体现在三个方面：第一，每个学段分论要体现本学段学生年龄、心理和品德教育的特点。要全面深入地研究本学段学生身体、心理和品德在成长发展中的特点、成因和规律，为学校和教师开展德育工作提供科学依据和实践依据。第二，每个学段分论要体现本学段学校德育工作的特点。大、中、小学的德育工作都有各自的特点，各学段分论在德育目标、内容、途径、方法、管理、评价的研究中都要充分体现本学段德育工作的特点。第三，各学段要解决好与相邻学段的和谐衔接，避免倒挂、脱节、简单重复和脱离实际，把分层递进、螺旋上升的研究理念具体落实到年级、学段的体系构建之中。

(3) 可操作是《分论》在实施上的要求

具体化、个性化是德育模式可操作的重要基础，可操作是教育科研成果能否转化为教育生产力的关键环节。可操作是在"是什么"的基础上重点解决"怎么样"的问题。分论各章节都要在"怎么样"上下功夫。第一，在学校德育体系整体构建的层面上，从基本原则到实施方法都要具有可操作性；第二，每个子体系的实施要有可操作性，如怎样制定德育目标，怎样选择德育内容，怎样运用德育途径，怎样设计德育方法等都要便于实际操作；第三，对教师的德育过程、德育方法、德育科研要给予具体的实例引导，利于教师参考借鉴，使分论成为学校制定校本德育体系实施细则和教师开展德育工作更直接的理论指导和实践参考模式。

将具体化、个性化和可操作性分项表述是为了更清楚地认识《分论》应具备的这几个最基本的特点，在现实的教育生活和德育过程中，这三个特点是融为一体、相互体现、不可分割的。同时，这三个特点在"整体构建"的研究实践过程中，以更切近学段和年级教育现实的形式同步体现着德育工作的时代性、规律性和实效性，也同步体现着德育体系的科学化、系统化、规范化、现代化。《分论》应在引导教育者认识德育规律、掌握教育规律、推进素质教育和社会精神文明建设方面做出特有的贡献。

4. 分论研究及编写工作进度

(1) 2004年11月—2004年12月，实验区、校申报参编内容，确定参编单位及人员。

(2) 2005年1月—2005年4月，召开编委会议，主编组织分论编写。2005年5月，各学段主编统稿，交总课题组。

(3) 2005年6月—7月，总课题组统稿、定稿、交出版社。

(4) 2005年8月，出版。

(5) 2005年10月，第八届年会介绍分论研究成果，进入推广实验。

(6) 2005年10月—12月，实验区、校负责人及骨干教师培训。

(7) 2005年12月—2006年7月，实验区、校进行实验，并在《总论》和《分论》的指导下制定校本德育大纲及实施细则，作为实验学校结题验收的重要标准。

(8) 2006年7月—8月，实验区、校撰写实验报告。

(9) 2006年10月，结题，报全国规划办评审、鉴定、验收。

(三) 推广实验，建立全面的、和谐的、可持续的成果实验机制

1. 课题研究取得的成果及课题实验取得的成效

本课题研究的一项重要任务就是做好研究成果的推广实验。自"九五"规划以来，本课

题组在科研专家、行政领导、一线教师的共同努力下，先后研制开发出了供德育活动课使用的《德育》读本，供学生综合素质评价使用的《成长册》，供家长学校使用的《当代家长》，供幼儿园使用的《好孩子好习惯》系列成果。

(1)《德育》读本的推广实验成绩与效果

《德育》读本自1998年开始实验，至今已经走过了6年的历程。6年间我们不断总结经验，与时俱进，进行了三次修订，完善出版了幼儿、小学、初中、高中、中职、中师、高职、大学8个学段的系列《德育》读本（幼儿、高职、大学另有别的书名）。同时，广大实验教师撰写了一大批优秀的实验报告、教案教参、活动方案，录制了一大批优秀的活动课录像或光盘。总课题组成员与实验区、校的领导和广大实验老师为此付出了艰苦的劳动，取得了可喜的成果，积累了丰富的经验。通过几年的实验，我们提出的德育活动课基本理念已经在实验区和实验校深入人心，操作方法已经被广大实验教师所掌握。广大实验教师的德育理论水平、德育科研水平明显提高，实验学校德育工作的实效性明显提高，德育工作走上了科学化、系统化、规范化的轨道。同时，为课程改革和新课程标准的制定提供了理论基础和实践模式。

(2)《成长册》的推广实验成绩与效果

《成长册》自1999年10月实验以来，受到了实验教师、学生和家长的普遍欢迎，取得了明显效果。实验教师掌握了《成长册》的实验研究方法，提高了工作水平；实验学生基本学会了"六自"，增强了全面发展的意识和能力；实验学校对全面推进素质教育做出了贡献。由《成长册》的研究与实验所形成的"成长记录评价法"已经被教育部有关文件所吸纳和肯定，被许多中小学采纳和运用。《成长册》的教育理念、编写原则及内容体系对许多省市的教育科研及行政部门产生了重要影响，在理论依据和实践模式上为教育决策做出了贡献。今年上半年，总课题组对《成长册》进行了全面修订，使其更加新颖、富有时代气息，更适合学校的实际，有利于学生成长。

(3)《当代家长》的推广实验成绩与效果

2002年，基于画好大、中、小学德育体系纵向衔接"一竖"的基础，为画出学校德育与家庭教育相结合的"一横"，总课题组针对当前家庭教育存在的主要问题，研制编写了《当代家长》系列教材。这套教材以提高每一个家庭和中华民族的整体素质为目标，以指导孩子学会做人、学会求知、学会健体、学会健心、学会审美、学会实践（劳动）、学会创新、学会生活等家庭教育的八大内容为横坐标，以婴幼儿至大学生六个成长阶段为纵坐标，针对不同年龄阶段学生的身心特点、知识水平和成长中遇到的问题，在整体构建学校德育体系思想、理论的指导下，整体构建出了家庭教育体系。通过两年的实验与应用，实验学校的家庭教育水平有了明显提高，家庭教育资源得到了有效整合，学校教育与家庭教育价值取向趋于一致，教育理念趋于统一，教育过程趋于同步，教育途径得到互补，正在引导家庭教育走上科学化、系统化、规范化、现代化的轨道。

(4)《好孩子 好习惯》的启动实验与初步成效

《好孩子 好习惯》是总课题组经过几年的深入研究，研制开发的又一新的成果。它以情感教育和培养良好的行为习惯为主线，以幼儿的生活习惯、健体习惯、交往习惯、学习习惯、安全习惯为横坐标，以托班、小班、中班、大班为纵坐标，根据不同年龄幼儿身心发展规律，以本课题的理念为指导，吸纳了国内外最新的幼儿道德教育成果，提出了系统的幼儿良好行为习惯培养和教育的方法、步骤、措施，为幼儿园老师设计《好孩子 好习惯》主题教育活动方案，指导实验幼儿园的老师撰写观察日记、教育随笔和实验报告等，为幼儿园老师及幼儿家长培养幼儿良好行为习惯提供了系列教材。这套教材既有适合幼儿学习的"宝宝的歌"、"宝宝能做到"、"宝宝自己说"等栏目，又有适合老师和家长学习的"专家提示"、"活动建议"等栏目，是一套可供师生共读、亲子共读的综合教材，是引导和促进幼儿全面发展、健康成长的指导性读物。一些幼儿园已经先期加入了这项实验并初见成效，为这套教材的推广实验打下了坚实的基础。

2. 继续进行推广实验的政策依据

（1）《德育》读本推广实验的依据

中央[2004]8号文件指出："未成年人思想道德建设要坚持贴近实际、贴近生活、贴近未成年人的原则。既要遵循思想道德建设的普遍规律，又要适应未成年人身心成长的特点和接受能力，从他们的思想实际和生活实际出发，深入浅出，寓教于乐，循序渐进。多用鲜活通俗的语言，多用生动典型的事例，多用喜闻乐见的形式，多用疏导的方法、参与的方法、讨论的方法，进一步增强工作的针对性和实效性，增强吸引力和感染力；坚持知与行相统一的原则。既要重视课堂教育，更要注重实践教育、体验教育、养成教育，注重自觉实践、自主参与，引导未成年人在学习道德知识的同时，自觉遵循道德规范。"这些原则和我们课题关于《德育》读本、德育活动课的实验原则是完全一致的；关于中小学思想品德课、思想政治课教学方法的改革也与我们课题关于《德育》读本、德育活动课的理念是一致的。《德育》读本理念、体例、内容等已经被中央文件肯定，被中小学的思想品德的新教材所吸纳。因此，做好《德育》读本的推广实验既是课题研究的需要，也是贯彻中央8号文件、中央16号文件的具体体现。

中央[2004]8号文件还指出："努力构建适应21世纪发展需要的中小学德育课程体系，积极改进中小学思想品德、思想政治课教学方法和形式，采用未成年人喜闻乐见、生动活泼的方式进行教学，把传授知识同陶冶情操、养成良好的行为习惯结合起来。"德育课程体系包括国家课程、地方课程和校本课程；包括学科课程和活动课程。《德育》读本的研究与实验，是德育课程体系建设的重要组成部分。今后，《德育》读本推广实验的重要任务是：贯彻落实中央[2004]8号文件精神，坚持整体构建德育体系的基本理论，完善《德育》读本的编写理念，与实验区、实验校所属的教育行政部门合作，联合编写德育活动课的地方教材或校本教材。

（2）《成长册》推广实验的依据

中央[2004]8号文件指出：要"建立科学的学生思想道德行为综合考评制度。"《教育部关于积极推进中小学评价与考试制度改革的通知》指出："教师要在教育教学的全过程中采用多样的、开放式的评价方法（如行为观察、情景测验、学生成长记录等）了解每个学生的优点、潜能、不足以及发展的需要，建立每个学生的成长记录。成长记录应收集能够反映学生学习过程和结果的资料，包括学生的自我评价、最佳作品（成绩记录及各种作品）、社会实践和社会公益活动记录、体育与文艺活动记录，教师、同学的观察和评价，来自家长的信息，考试和测验的信息等。学生是成长记录的主要记录者，成长记录要始终体现诚信的原则，要有教师、同学、家长开放性的参与，使记录的情况典型、客观、真实。"

可以看出，《成长册》的评价理念、评价内容、评价方法，与中央和教育部的文件要求是一致的。《成长册》的实验为中小学在基础教育课程改革背景下落实对学生综合素质评价的理念和政策提供了可操作的模式。继续进行《成长册》的推广实验是贯彻落实中央[2004]8号文件和教育部通知精神的重要措施。今后，《成长册》推广实验的重要任务是：贯彻落实中央[2004]8号文件的精神，加大实验指导的力度，扩大实验推广的范围，加大实验研究的深度，与实验区、实验校所属的上级主管教育行政部门合作，以《成长册》的编写理念为依据，联合编写学生思想道德行为综合考评手册。

(3)《当代家长》推广实验的依据

中央[2004]8号文件指出："家庭教育在未成年人思想道德建设中具有特殊重要的作用。要把家庭教育与社会教育、学校教育紧密结合起来。各级妇联组织、教育行政部门和中小学校要切实担负起指导和推进家庭教育的责任。要与社区密切合作，办好家长学校、家庭教育指导中心，并积极运用新闻媒体和互联网，面向社会广泛开展家庭教育宣传，普及家庭教育知识，推广家庭教育的成功经验，帮助和引导家长树立正确的家庭教育观念，掌握科学的家庭教育方法，提高科学教育子女的能力。充分发挥各类家庭教育学术团体的作用，针对家庭教育中存在的突出问题，积极开展科学研究，为指导家庭教育工作提供理论支持和决策依据。"国务院颁布的《九十年代中国儿童发展规划纲要》提出："在城市以社区为依托，举办婴幼儿、小学生、中学生的家长学校，向不同年龄阶段儿童的家长提供较全面的家庭教育知识和方法；在农村，通过广播父母学校与县、乡、村的家长学校、家庭教育辅导站、辅导员相结合的方式，推广正确的保育、教育方法。""有关学术机构和学术团体要开展家庭教育的理论研究，为改善儿童成长的家庭、社会环境提供理论支持。"

《当代家长》系列研究成果的编写理念与实验宗旨与中央文件精神是一致的。全面推广《当代家长》的实验与培训，是贯彻落实中央文件的重要举措。今后，《当代家长》推广实验的任务是：以中央[2004]8号文件为指导，积极支持与配合全国妇联的工作，各实验学校要积极开办家长学校，做好《当代家长》的实验。实验区要建立《当代家长》函授站和培训点，认真组织家长培训工作，举办读书活动和知识竞赛活动。

(4)《好孩子 好习惯》的实验依据

《教育部幼儿园工作规程》指出："幼儿园应当保障幼儿的身体健康，培养幼儿的良好生活、卫生习惯；促进幼儿的智力发展；培养幼儿热爱祖国的情感以及良好的品德行为。"《好孩子 好习惯》系列教材的实验是整体构建学校德育体系研究与实验的重要组成部分，是本课题在"十五"期间深化研究的一个创新点和增长点，也是落实《幼儿园工作规程》的重要举措。这项实验的开展将为新时期幼儿良好行为习惯和品德行为的培养，为幼儿热爱祖国的情感培养，为幼儿园深入贯彻中央[2004]8号文件精神提供重要的理论依据和实践模式。各实验区要把培养和发展实验幼儿园，推广《好孩子 好习惯》的实验，加强幼儿学段德育研究作为今后的一项重要工作任务和重要评价指标抓紧抓好，抓出成效。

总之，我们要在中央[2004]8号文件指导下，进一步扩大实验的范围，加大实验指导的力度。在推广实验的同时，积极主动地与地方教育行政部门合作，联合编写地方教材或校本教材，使《德育》读本、《成长册》、《当代家长》、《好孩子 好习惯》的推广实验全面地、和谐地可持续地发展。

3. 进一步加强对实验的管理和指导

通过总课题组专家到实验学校的检查指导和每年的科研成果申报可以看出，各学校的实验工作发展很不平衡，北京、天津、重庆、南京、哈尔滨等一些大中城市和高中、中职学校的实验工作开展得比较扎实，这些学校的实验教师的研究成果水平普遍较高。而一些农村学校和一些刚加入的学校，对本课题的理念、研究的方法还没有很好地把握，研究的水平相对较低，德育科研对学校工作的促进也不够突出，这些问题严重阻碍着课题实验的健康发展。针对这些问题，总课题组准备采取如下措施：

（1）加强对实验工作的管理

为促进本课题研究的健康发展，总课题组制定了一系列课题管理的文件，主要有：《实验区、实验校子课题研究实验管理细则》、《实验区指导组工作制度》、《总课题组"十五"期间研究实验工作规划》、《总课题组"十五"期间各届年会规划》、《关于子课题结题验收的若干规定及结题评审》等。这些文件全部收集在总课题组编辑的《课题实施指南》之中，既有课题研究的目标任务，也有课题研究管理规章制度，是课题研究得以顺利开展的组织保证和制度保证。各实验区、实验校要按照总课题组课题管理的有关规定，切实做好对实验工作的管理。此外，各实验区也要制定一套本实验区的课题管理制度，如年会制度、评审制度、研讨制度、下校指导制度、聘请当地德育专家的制度等等。要定期召开现场会、学术研讨会等，为每个实验学校、实验教师提供展示科研成果的平台，促进实验工作的开展，保证课题研究与实验达到预期的目标。

（2）加强对实验工作的指导

为了加大实验指导的力度和效度，总课题组决定聘请部分大专院校和科研院所的德育专家、学者组成实验指导组，同时发挥伴随本课题成长起来的百所德育科研名校、百名德育科研专家、百名德育科研名师的指导和示范作用，满足各实验区、实验校对实验指导的需要。各实验区要加强对各实验校的指导，要组织指导组的有关成员，聘请本地的德育专家，定期到学校听取实验工作的汇报，开展专题讲座，帮助学校解决实验工作中存在的问题，提高广大教师的理论水平和研究水平。

（3）促进课题研究全面、和谐、可持续发展

总课题组将建立实验学校黄牌警告制度。凡是不按照总课题组的要求认真开展有关实验的，不申报研究成果的，总课题组将对其提出警告，连续两次被警告的，将报中央教育科学研究所科研管理处取消其实验学校的资格。与此同时，总课题组已经启动了课题研究的"六个一百"工程建设，鼓励各实验区、实验校出经验、出人才、出成果，促进课题研究全面、和谐、可持续发展。

（四）开拓创新，建设出成果、出经验、出人才的"六个一百工程"

本课题研究的根本目的是出成果、出经验、出人才，从而推动各级各类学校的德育工作沿着科学化、系统化、规范化、现代化的轨道前进，努力培育有理想、有道德、有文化、有纪律的，德、智、体、美全面发展的中国特色社会主义事业建设者和接班人。今年，是本课题进入

攻坚阶段的关键一年。为了达到上述目的，总课题组决定建设"六个一百工程"，即"百项德育科研优秀成果、百所德育科研名校、百名德育科研专家、百名德育科研名师、百名德育科研优秀学生、百名德育科研优秀家长"。

1. 建设"六个一百工程"的重要意义

(1) 认真贯彻中央两个《意见》的重要举措

两个《意见》明确指出："要加强对未成年人成长规律的科学研究，为做好未成年人思想道德建设工作提供科学依据。"要"建立专项评优奖励制度，定期评比表彰思想道德教育工作先进集体和个人，树立、宣传、推广一批先进典型。"教育部在学习贯彻两个《意见》的实施意见中还明确提出要"大力表彰优秀班主任和德育先进工作者"。这对于我们课题的发展来说，是难得的机遇和强大的动力。我们建设"六个一百工程"就是抓住机遇，乘势而上，认真落实中央两个《意见》精神的具体行动。我们要站在对党的事业、国家前途和民族命运极端负责的高度，进一步增强德育科研的责任感和使命感，弘扬求真务实、开拓创新的科研精神，让才华创造业绩，让业绩推进发展，不断推进整体构建学校德育体系的建设，为贯彻落实中央两个《意见》做出积极的贡献。

(2) 全面推进课题研究上水平的重要决策

科研上水平，人才是关键。谁拥有人才，谁就能赢得胜利；谁能够培养人才，谁就能赢得未来。总课题组早在"九五"伊始就制定了课题研究"出成果、出经验、出人才"的任务和目标。科研成果是检验课题成功与否的标志，实践经验是科研成果转化为现实教育生产力的标准，优秀人才是课题研究出成果、出经验的关键。基于这样的科研理念，我们始终坚持以人为本、"人才资源是第一资源"的指导思想，走科研工作者与行政领导和一线教师相结合的道路，努力创造一个民主、宽松的德育科研环境，着力发现、培养、爱护和扶持各种科研人才。在过去表彰大批先进实验区、先进实验校、先进工作者的基础上，从现在开始，全力打造"六个一百"工程，其主要目的就在于培养一批德育专家、德育名校、德育名师、德育名生、德育名家长，期待他们成为开辟德育理论前沿的先锋，成为攀登德育实践高峰的勇士，成为发挥课题辐射功能的将帅，使德育科研事业兴旺发达，继往开来，使我们的课题走上全面的、和谐的、可持续的发展道路。

(3) 切实促进德育科研兴旺发达的重要保证

本课题坚持走出一条科研工作者与教育行政领导、一线教师相结合的科研道路。实践证明这是一条正确的、宽广的、光明的、兴旺发达的德育科研之路。在课题不断深化研究和推广实验过程中，前所未有的群众性德育研究和实验活动在全国各地实验区、实验校中蓬勃开展，涌现出一大批德育科研的先进学校，培养、锻炼和造就了一大批优秀德育科研专家、名师、名学生和名家长，使实验区、实验校出了成果、出了经验、出了人才。同时，实验区、实验校的研究成果又为总课题组提供了可靠的实践依据，奠定了坚实的研究基础。一切真知来源于第一线的伟大实践。广大研究人员和实验教师是整体构建德育体系真正的探索者和实践者，是这一宏伟工程的中坚力量。他们理应受到褒奖，得到荣誉，受到尊重。推介、宣传我们的德育科研名校、专家、名师、名学生和名家长，必将有力促进德育科研事业的兴旺发达和德育实效的不断增强。

建设"六个一百工程"旨在把精品的优秀成果向全国推广，以便相互学习和借鉴；把在课题研究中涌现出的德育科研名校的资源和理念在全国共享并起到应有的先导作用；把在伴随着课题研究成长起来的德育科研名师和专家的开拓创新的科研精神和求真务实的科研作风发扬光大；把受到课题研究的德育理念熏陶和滋养成长起来的优秀中小学生树立为全国的青少年学生可亲、可信的学习榜样；把关心、支持、参与到课题研究实验中来的优秀家长的经验向全国推广，帮助和引导千万家庭树立科学的家庭教育新理念；从而更好地保证我们课题既定目标的实现，促进德育科研的兴旺发达。

同志们，建设"六个一百工程"是一项复杂而艰巨的系统工程。它需要科学的、实事求是的精神，需要认真严肃、不求虚荣的态度，需要严格、过硬的有说服力的评审条件，需要科学、规范、严谨的评审程序。为了保证"六个一百"的权威性、可信性，保证其立得住、叫得响，并且能够经得起实践的检验和时间的考验，真正发挥导向功能和示范作用，总课题组成立了评委会，制定了评审条件和评审程序，并且严格按照这些条件和程序认真、严肃、慎重地进行评审，今年评审出50%，明年再评审出50%的名额作为提名奖，会后还要一一指导、帮助他们总结、提高、完善，到2006年结题时正式命名、颁奖、出书。我相信，各实验区和实验校的领导和老师在对建设"六个一百工程"给予热情欢迎、高度重视、大力支持的同时，也能够给予充分的理解和积极的配合，让我们团结协作，共同努力，实现预期目的。

2. 建设"六个一百工程"的评选条件

(1) 百项德育科研优秀成果的评选条件

①在往届和本届年会一等奖的基础上产生"百项德育科研优秀成果"。

②申报成果必须是总课题组批准立项的子课题成果，包括以下类别：紧紧围绕德育的目标内容、途径方法、管理评价三大体系构建的成果；《德育》读本实验研究成果；《成长册》实验研究成果；《当代家长》实验研究成果；《好孩子好习惯》实验研究成果；按照总课题组要求进行研究开发的音像软件资源成果；德育活动方案设计研究成果；在总课题组管理指导下的两项教育部重点课题"德育跟进网络"和"休闲德育"课题研究成果。

③申报成果应体现正确的政治思想观点和科学的学术理念。

④申报成果应对我国或本地区、本学校现实的德育体系构建问题提出切实、合理的新思路、新对策，论证在观点、角度或引用材料方面有一定新意，研究方法科学，力戒低水平重复研究。

⑤应用性成果应对本地区本学校和实验班级的德育决策提出具有一定价值的意见和改革方案；经验性成果应有进一步从理论上深入研究的价值，有较强的可操作性，对于推动本地区本学校的德育工作、大面积提高德育实效方面做出较充分的说明。

(2) 百所德育科研名校评选条件

①充分认识本课题实验研究在本实验区、实验校德育改革与发展中的先导作用和推广应用价值。

②遵守总课题组制定的《实验区指导组工作制度》，按照总课题组要求申报子课题并进行研究实验，认真做好所承担子课题的组织实施与管理，组织制定研究方案并进行经常性的指导、检查、评估，保证课题研究始终在科学、规范、有效的轨道上开展。

③坚持理论联系实际、求真务实、开拓创新的科研作风，对总课题组提出的德育理念有深刻的理解，并紧密联系本实验区、实验校教育改革与发展实际展开课题研究。

④对本实验校教师的课题研究有到位的培训、指导，并积极创造条件促进实验教师取得有推广、交流价值的研究成果，在历届年会上有获得一、二等奖的优秀成果，有学校集体的课题研究专集，有校长或教师的专著等研究成果。

⑤重视德育科研信息交流和先进经验的推广，积极通过《中国德育》杂志和中国德育网等多种有效媒体加强和总课题组、全国各实验区、校的联系沟通。及时了解和掌握德育改革和发展的新动向，始终站在德育科研的前沿。

(3) 百名德育科研专家评选条件

①积极承担本实验区指导组组长、副组长或学术秘书等工作，充分认识本课题深化研究的重要意义和推广价值，并努力工作。

②深刻理解总课题组提出的德育理念，充分运用总课题组的研究成果，认真指导所属实验校实验教师的课题研究，成为实验教师实验研究的良师益友。

③重视德育理论学习，有求真务实、开拓创新的科研作风，认真调查研究，能够围绕本地区本学校德育的热点、难点问题给予到位的研究指导，为群众性德育科研做出积极的引领和贡献。

④所指导的实验校或实验教师取得较高水平、有明显实效的德育理论成果，并在《中国德育》杂志发表、在中国德育网交流、在年会上申报优秀成果。

⑤在《德育》读本、《成长册》、《当代家长》、《好孩子 好习惯》等系列研究成果中曾担任分册主编，或本人出版过与本课题有关的专著，或主编过本地区的论文集，或主编过总课题组管理指导下的"休闲德育"和"网络德育"两项教育部重点课题的研究成果。

(4) 百名德育科研名师评选条件

①重视德育理论学习，有求真务实、开拓创新的科研作风。

②深刻理解总课题组提出的德育理念，充分运用总课题组的研究成果进行实验研究并取得突出成绩。

③能够围绕本地区德育的热点、难点问题认真调查研究，创造性地开展学校德育工作，进行德育活动课的教学尝试，取得明显德育实效。

④在历届年会上曾有过两次以上获得一、二等奖的成果或有专著出版。所取得的研究成果在《中国德育》杂志发表、在中国德育网交流。

⑤在参加本课题研究实验过程中曾获得本学校、本区县、本市乃至全国"优秀教师"、"优秀教育工作者"等荣誉称号。

(5) 百名德育科研优秀学生评审条件

①在本课题实验研究成果《德育》读本、《成长册》的实验研究中或在总课题组管理指导下的两项教育部重点课题实验研究中有明显的进步。

②在日常的行为表现中被公认为品学兼优，在学生中有良好的表率作用。

③在参加本课题实验过程中被评为三好学生、优秀学生干部，或获得其他奖励、荣誉。

(6) 百名德育科研优秀家长评选条件。

①积极参加学校组织的家长学校活动，积极配合学校教育，树立家校共育、亲子互动的教育理念。

②积极运用本课题实验研究成果《当代家长》、《德育》读本、《成长册》、《好孩子 好习惯》或在总课题组管理指导下的两项教育部重点课题研究成果等更新教子观念，改进教子方法，围绕家庭中的教子难点问题创造性地设计行动方案并进行积极的尝试。

③孩子有明显的成长进步。

3. 建设"六个一百工程"的评审规则

（1）制订评审方案

评审方案的制订必须严格按照课题性、科学性、创新性、实效性和规范性的标准，为此，总课题组在制订"六个一百"评选条件的基础上专门研究成立了优秀成果评审委员会和"三先"及"六个一百"评审委员会，对主任委员、副主任委员、委员和工作人员进行明确分工。既制订了严格而又科学的评审原则，又确立了严密而又规范的评审工作程序，还研究制订了"六个一百"推荐材料的审核参数，确定了评审"先进示范实验区（校）"、"德育科研管理专家"和"德育科研先进实验教师"意见。这对建设"六个一百工程"无疑起到了组织保证作用，使评审工作得以有条不紊、健康规范的开展。

（2）成立评审委员会

（3）确定评审原则

不论成果和各类先进评选，还是初审、复审及终审均坚持三条评审原则。

①正确的政治导向原则。必须以马列主义、毛泽东思想、邓小平理论、"三个代表"重要思想和十六大精神为指导。

②实事求是原则。必须坚持解放思想、实事求是、与时俱进的思想路线，坚持理论联系实际的原则。

③客观公正原则。必须认真负责，公正无私，严禁学术腐败。

（4）制定审核参数

"六个一百"推荐材料审核参数具体有十个方面。

①2003、2004年研究成果获奖情况；②2003年被评为本课题先进校（工作者）；③曾接待过年会观摩和实验区之间的交流；④承担总课题组《德育》读本、《成长册》、《当代家长》、《好孩子好习惯》、《乘"e"高翔》的研究编写任务；⑤实验的学生数100人以上；⑥实验课题研究成果100本以上，是《中国德育》、《中国德育网》用户；⑦在历届年会上介绍过经验；⑧在报纸杂志刊登过德育方面的文章，出版过德育专著，在理论和实践方面有创造性成果；⑨所在实验区、校同意推荐；⑩网上投票得票情况。

（5）规定评审程序

①申报。先进实验区、先进实验校通过自我评价决定是否申报；先进工作者仅限在各实验区指导组组长、副组长、学术秘书及各实验校主管德育校长、子课题负责人及学术秘书范围内申报。评选比例为每一实验区指导组限报2人，每一实验校限报1人。"百所德育科研名校"、"百名德育科研专家"、"百位德育科研名师"、"百名德育科研优秀学生"、"百名德育科研优秀家长"符合评选条件推荐申报，已被推荐为本课题实验研究的先进工作者、全国优秀教

师、全国优秀教育工作者、国家级示范校的单位、个人可优先申报。优秀成果由各实验区组织所辖实验校申报，直属实验校由学校子课题组组织实验教师申报。百项德育科研优秀成果在年会成果一等奖中评选。

②初审。各实验区指导组或直属实验校子课题组根据"六个一百"评选条件对申报材料进行初审，严格把好第一关。

③上报。各实验区指导组或直属实验校子课题组根据评选条件对申报材料进行初审后，确定出推荐名单，按照统一的规格要求准备的推荐资料寄达总课题组，同时发出A4纸小四号字word文档至专用邮箱：dy2626@126.com。

④资料接收有电子版和纸介质两种形式。

电子版接收由总课题组在接收到邮件三日内通知发件人。

纸介质接收由总课题组责成专人负责由收发室接收成果原件在电脑上登记。然后，对申报资料进行分类，登记后的申报原件由专人按学段不同项别分类，向各学段负责人提交"六个一百"的申报名录及申报材料原件。

我们还充分利用现代网络技术手段，在中国德育网上制作申报资料的网页并组织网上投票。在评选办法上，首先，进入登陆界面，输入你的投票号码及验证号码，并选择相应的类别，进入投票系统。此投票系统共设有6大类别，每位投票者只有6次投票机会，一次投不完可累计，在每个类别中只能投一票。每位参与者的投票都是推荐"六个一百"的重要依据。

⑤复审。各学段负责人集中对申报材料进行复审。复审内容包括：对申报署名进行确认；对题目进行规范；审读申报材料；提交签署了复审结果的候选名录及申报材料原件。

⑥终审。评审委员会召开会议，各学段负责人汇报"三先"及"六个一百"复审情况，评委会集体讨论候选名单，评委会主任审定签字盖章，最后，提交年会进行表彰。

同志们，整体构建学校德育体系是一项复杂而艰巨的系统工程，任重而道远。我们要在中央两个《意见》精神的指引下，抓住机遇，完善具有时代性、规律性、实效性的德育体系；深化研究，构建具体化、个性化、可操作的学段德育模式；推广实验，建立全面的、和谐的、可持续的成果实验机制；开拓创新，建设出成果、出经验、出人才的"六个一百"精品工程。让我们乘借这次德育科研盛会的东风，紧密地团结起来，加强联系、密切协作，在深化研究中出成果，在推广实验中创业绩。为建立21世纪科学化、系统化、规范化、现代化的中国特色社会主义德育体系，为发展创新中国的教育事业做出新的更大的贡献。

4. 2005年伊宁年会主题报告

服务决策 指导实践 深化研究 推广实验

——全国教育科学"十五"规划国家重点课题"整体构建学校德育体系深化研究与推广实验"2005年会（第八届学术研讨会）暨中国伦理学会德育专业委员会成立大会主题报告

同志们，我代表中央教育科学研究所学校教育研究部、德育研究中心总课题组，同时代表中国伦理学会德育专业委员会，向大会作主题报告。报告分为四个部分。

第一部分：服务决策，为整体构建科学化、系统化、规范化的学校德育体系做出贡献
第二部分：指导实践，为整体构建具体化、特色化、可操作的校本德育体系提供指导
第三部分：推广实验，为课题研究出成果、出经验、出人才圆满结题做好充分准备
第四部分：深化研究，为整体构建学校、家庭、社会三维和谐德育体系再立新功

（一）服务决策，为整体构建科学化、系统化、规范化的学校德育体系做出贡献

本课题研究始终坚持为决策服务，为实践服务的科研宗旨。"八五"规划我们在调查报告中提出"整体构建学校德育体系"的建议，得到了中央领导肯定性的批示，并被《中共中央关于进一步加强和改进学校德育工作的若干意见》所采纳。经过"九五"、"十五"两个五年规划的研究，整体构建学校德育体系的研究思路、基本理念、主要成果已经被今年4月颁布的《教育部关于整体规划大中小学德育体系的意见》所吸纳。我们可以欣慰地说，整体构建学校德育体系的研究与实验为中央和教育部的科学决策做出了贡献。

1. 课题德育理念对决策的贡献

本课题自1997年开题以来，提出了一系列德育新理念。例如："双主体说"、"五要素说"、"三中心说"、"四原则说"、"四环节说"等。这些德育新理念，基本上被中共中央、国务院、教育部有关德育文件所采纳。我们的课题研究为党和国家的科学决策做出了贡献。

（1）"双主体说"对决策的贡献

1997年，"九五"开题报告中运用人的主体性理论，明确提出了"德育双主体说"。"双主体说"，即教师是教育主体，学生是受教育主体，教师和学生应当互相尊重对方的主体地位，在德育目标的确定上，不仅要考虑社会的要求，更要重视学生自身成长的需要；在德育内容的安排上，不仅要依据社会规范，更要遵循学生的年龄特征和品德形成发展规律；在德育途径和方法的运用上，不仅要发挥教师的主导作用，更要强调学生的主体参与；在德育活动课的实施上，教师的主体性表现在活动的策划、设计和导演上，教师的教育理念、师德风范和人格魅力则蕴含其中；学生的主体性则体现在活动的"主角"地位上，学生积极主动地在活动中认知，在活动中体验，在活动中锻炼，在活动中自我评价。师生双主体在德育活动中平等交往、积极互动、共同发展。总之，在德育体系的构建上，要充分体现学生的主体性，以学生为

本,"一切为了学生,为了一切学生,为了学生一切。"[1]人的主体性理论和"双主体说"德育新理念,为"以人为本"教育思想的确立奠定了理念基础,为中央的科学决策提供了理论依据。2001年中共中央宣传部颁布了《公民道德建设实施纲要》,首次把"以人为本"写入了中央文件中。[2]中共中央宣传部:《公民道德建设实施纲要》,人民出版社,2001年。2004年中共中央国务院颁布了《关于进一步加强和改进未成年人思想道德建设的若干意见》再次把"以人为本"写入了文件中。"以人为本"教育思想的确立,是过去曾经奉行的"教育必须为无产阶级政治服务"、"教育要为社会主义经济建设服务"这种"以社会为本"的传统教育思想的重大变革,在中国教育史上具有划时代的意义。

(2)"五要素说"对决策的贡献

德育概念的界定是整体构建德育体系的逻辑起点。然而,我国德育学界对德育概念的理解却众说纷纭,莫衷一是。概括起来至少有五种不同的观点:"一要素说"认为"德育是道德教育的简称";"二要素说"认为"德育是思想政治教育的同义语";"三要素说"认为"德育是思想教育、政治教育、道德教育的总称";"四要素说"认为"在思想、政治、道德之后还应加上法制纪律教育";"五要素说"认为"德育应当包括道德教育、思想教育、政治教育、法纪教育和心理教育"。

德育"五要素说",是德育研究中心成立之初首先提出来的。我认为德育是一门综合性的应用学科,它要运用哲学、经济学、伦理学、社会学、法学、教育学、心理学等学科的理论和知识,对学生进行思想品德教育,引导学生正确做人的教育。道德教育、思想教育、政治教育、法纪教育、心理教育,各有自己的特定内涵,但又互相联系,互相渗透,互为条件,互相制约,构成了德育统一体。这五要素不可割裂,更不能互相取代。如果在理论上仅仅把德育视为"思想政治教育的同义语"或"道德教育的简称",那么在德育实践上就会失之偏颇。这两方面的教训是极其深刻的,必须永远汲取。[3]1997年,"九五"开题报告对德育概念进一步做了明确的界定:德育是教育者按照一定社会的要求,有目的、有计划、有组织地对受教育者进行系统的影响,通过教育者和受教育者双主体在实践活动中的互动,把一定社会的政治准则、思想观点、道德规范、法纪规范和心理要求,转化为受教育者个体的政治素质、思想素质、道德素质、法纪素质和心理素质的教育。[4]德育"五要素说"的提出及其层次结构的划分,为整体构建小学、初中、高中、大学德育内容体系奠定了基础,同时也为中央和教育部科学决策提供了理论依据。2000年,江泽民同志发表了《关于教育问题的谈话》,他明确指出:要对青少年学生进行思想政治教育、品德教育、纪律教育、法制教育,以及心理健康教育。2000年6月教育部召开中小学德育工作会议,会议的主报告对德育内容的概括也是这个提法。2001年1月中共中央办公厅和国务院办公厅颁布的《关于适应新形势进一步加强和改进中小学德育工作的意见》,同样坚持了这个提法。[5]至此,德育"五要素说"得到了中央和教育部的肯定,并写入了党中央

---

(1) 詹万生:《整体构建德育体系引论》,教育科学出版社,2001年,第16页。
(2)《中共中央国务院关于进一步加强和改进未成年人思想道德建设的若干意见》,人民出版社,2004年。
(3) 詹万生:《德育新论》,首都师范大学出版社,1996年,第69-73页。
(4) 詹万生:《整体构建德育体系引论》,教育科学出版社,2001年,第20-24页。
(5)《关于适应新形势进一步加强和改进中小学德育工作的意见》,载《中国教育报》,2001年1月17日。

和国务院的文件之中。

(3)"三中心说"对决策的贡献

1997年,"九五"开题报告中明确指出:要改变传统德育课程的"以教师为中心,以教材为中心,以课堂为中心"的"旧三中心",建构"以学生为中心,以活动为中心,以体验为中心"的现代德育"新三中心"。使学生在自主参与的德育活动中体验生活,感悟道德养成,良好的行为习惯。"新三中心"是学生自为性、自主性、能动性的集中表现。现代德育应当充分发挥学生的主体性,教育和激励学生自尊、自爱、自信、自立、自强,引导和培养学生自定成长目标,自析成长环境,自寻成长动力,自开成长渠道,自研成长方法和自评成长效果,使他们成为自身全面发展的主人。[1]德育"新三中心说"把"师本"观念让位于"生本"观念,增强了学生的主体参与;使单纯的传授知识转变为既重视知识,更重视实践,突出了德育的实践环节。为体验教育和加强德育实践提供了理论依据。2001年中共中央办公厅、国务院办公厅《关于适应新形势进一步加强和改进中小学德育工作的意见》强调了德育的实践环节,对小学、初中生、高中生参加社会实践的天数做了明确规定。2001年5月团中央提出少先队工作要加强"体验教育",我出席了会议并为"体验教育"进行了论证。我提出"新三中心"是体验教育的核心的观点,被团中央所采纳。

(4)"四原则说"对决策的贡献

1997年,"九五"开题报告依据"八五"调查报告指出了学校德育不同程度地存在着"倒挂"、"脱节"、"简单重复"、"过频变动"和"脱离实际"问题。并把这些问题概括为"三个不能",即不能很好地遵循学生不同年龄阶段的身心特点;不能很好地贴近生活、贴近实际;不能对学生思想品德的发展产生直接的帮助,因此实效性较差。针对这些问题提出了转变德育观念的"三要三不要"原则,即不要"一刀切",要分层次;不要"高、大、空",要"近、小、实";不要只讲"应然",要讲实然、应然、必然。[2]这些观点逐渐形成了"近、小、实、亲四原则说",并且赋予了明确的规定性。近,就是贴近生活,贴近学生,贴近实际;小,就是从小处着眼,从小处入手,从小事做起;实,就是倾注真情实感,讲述真实情形,做诚实守信的人;亲,就是亲切融洽,可亲可信,亲身践行。

"四原则说"通俗地回答了当前德育工作应当"怎样做"的问题,对于解决德育曾经存在过"高、大、空、远"的问题,使德育从"天上"落到"人间",从空洞说教回归生活具有重要意义,同时也为科学决策提供了依据。2004年《中共中央国务院关于进一步加强和改进未成年人思想道德建设的若干意见》把"贴近实际、贴近生活、贴近未成年人"作为思想道德建设的一个重要原则写入了文件。[3]

(5)"四环节说"对决策的贡献

1997年,"九五"开题报告明确提出:德育过程是知、情、意(信)、行诸环节构成的。实践的观点是德育首要的、基本的观点。德育不同于智育,智育的任务是传授知识兼培养能力,它主要解决知不知、会不会的问题;而德育只到此并没有完结,它不仅要解决知不知、会不会的

---

[1] 詹万生:《整体构建德育体系引论》,教育科学出版社,2001年,第16页。
[2] 詹万生:《整体构建德育体系引论》,教育科学出版社,2001年,第10、34页。
[3]《中共中央国务院关于进一步加强和改进未成年人思想道德建设的若干意见》,人民出版社,2004年。

问题，而且更要解决信不信、行不行的问题，即不但要授之以知、晓之以理，而且更要动之以情、导之以行，只有知识传授，而无情感陶冶、意志磨炼和行为引导不是完整的德育。[1]

"四环节说"揭示了德育过程与智育过程的区别与联系，强调了德育的情感陶冶和行为引导环节，避免了单纯传授知识的倾向，有利于增强德育的实效性。它不仅有效地指导了实验学校的德育工作，同时为科学决策提供了理念依据。2004年《中共中央国务院关于进一步加强和改进未成年人思想道德建设的若干意见》强调了知行统一的原则，明确指出"既要重视课堂教育，更要注重实践教育、体验教育、养成教育，注重自觉实践、自主参与，引导未成年人在学习道德知识的同时，自学遵守道德规范。"[2]

综上所述，我们课题研究所创立的"双主体说"、"三中心说"、"四环节说"、"四原则说"、"五要素说"等德育新理念，为中央和教育部的科学决策做出了贡献。

2. 课题研究思路对决策的贡献

本课题在开题之初就提出了整体构建德育体系的目标指向、研究思路和基本原则。经过几年来的不断深化研究，其中的研究成果已被中共中央、国务院或教育部的文件所采纳，为科学决策做出了贡献。

（1）课题目标指向对决策的贡献

这个目标指向是：中国特色、先进文化、素质教育、德育首位，即整体构建中国特色的代表先进文化前进方向的，适应素质教育要求的，落实德育首位的学校德育体系。

1997年"九五"开题报告从本课题研究的重要意义的角度，把整体构建学校德育体系的目标指向概括为：社会主义精神文明建设的需要，全面实施素质教育的需要，加强和改建学校德育工作的需要。[3]经过几年的研究，在"九五"结题报告中对本课题研究的指导思想和目标指向做了进一步的总结和概括：整体构建出来的学校德育体系，应当是面向21世纪有中国特色的德育体系，应当是代表先进文化前进方向的德育体系，应当是适应全面推进素质教育的德育体系。构建21世纪有中国特色的德育体系，必须坚持解放思想，实事求是的思想路线，坚持从市场经济建设的实际出发，坚持"三个面向"的发展方向。构建代表先进文化前进方向的德育体系，就必须以马克思主义为指导，继承弘扬中华民族优秀传统文化，使德育体系具有鲜明的中国特色；借鉴吸收国外优秀文明成果，使德育体系具有鲜明的时代特点。构建适应全面推进素质教育的德育体系，就要以中央关于素质教育的精神为指导，突出提高国民素质的根本宗旨，致力于培养学生的创新精神和实践能力。[4]这个目标是通过课题研究构建科学化、系统化、规范化、现代化的社会主义学校德育体系。科学化、系统化、规范化的核心是引导教育者探索、掌握和运用德育规律。现代化即德育工作的时代性，主要指德育的思想理念和内容方法是"三个面向"的、代表先进文化前进方向的、适应素质教育要求的。掌握规律和体现时代性的目的与结果是增强德育的实效性。2004年5月，胡锦涛同志在全国加强和改进未成年人思想道德建设工作会议上的讲话，提出的体现时代性、把握规律性、增强实效性的要求，正是本

---

[1] 詹万生：《整体构建德育体系引论》教育科学出版社，2001年，第16页。
[2] 《中共中央国务院关于进一步加强和改进未成年人思想道德建设的若干意见》，人民出版社，2004年。
[3] 詹万生：《整体构建德育体系引论》，教育科学出版社，2001年，第16页。
[4] 詹万生：《整体构建德育体系总论》，教育科学出版社，2001年，第12-16页。

课题研究所追求的价值目标。

(2) 课题思维路向对决策的贡献

这个思维路向是：横向贯通，纵向衔接，分层递进，螺旋上升。1997年"九五"开题报告明确指出：根据系统论的理念，我认为学校德育也是一个系统。从整体性原则来看，学校德育是由德育目标、德育内容、德育途径、德育方法、德育管理、德育评价等子要素系统构成的一个统一的整体；从有序性原则来看，学校德育是由小学德育、中学德育、中职德育、高职德育、大学德育等子层次系统组成的一个统一的整体。整体构建学校德育体系，就是以要素系统为横坐标，以层次系统为纵坐标，进行横向贯通，纵向衔接，分层递进，螺旋上升。德育的总体目标要统一制定，一以贯之，以保证在整个德育过程中要素结构的完整性和连续性。各教育阶段的具体目标的高低，德育内容的深浅和侧重点，德育途径和方法的选择，德育管理方式的运用，要针对学生不同年龄阶段的身心特点和理解接受能力的不同，由浅入深，由低到高，由感性到理性，由具体到抽象，逐步提高，以保证各个教育阶段德育工作的层次性和渐进性。各个阶段都应有德育整体意识，总揽全局，加强相邻阶段的衔接，防止简单重复或脱节，以便发挥德育系统的整体功能，不断提高德育的整体效果。[1]经过几年的研究与实验。在"九五"结题报告中，对整体构建德育体系的总体研究思路进一步进行了概括和总结：以德性论、德育论、系统论为基础，以贯通古今、融会中西、继承借鉴、发展创新为基本原则，以德育目标、德育内容、德育途径、德育方法、德育管理、德育评价等要素系统为横坐标，以幼儿园、小学、初中、高中、中职、高职、大学等层次系统为纵坐标，进行横向贯通、纵向衔接、分层递进、螺旋上升，整体构建21世纪中国特色的、代表先进文化前进方向的、适应素质教育要求的学校德育体系，为增强学校德育工作的科学性、系统性、规范性和实效性提供理论参照和实践模式。[2]2004年下半年，为了贯彻落实中共中央国务院颁布的［2004］8号文件和16号文件，教育部开始制订《整体规划大中小学德育体系的意见》，教育部委托我作为文件起草小组的牵头人，自始至终参与了起草工作，先后修改20稿，我们课题组的其他同志也参与了部分起草工作。今年5月11日《教育部关于整体规划大中小学德育体系的意见》终于正式颁布了。我们课题组关于整体构建德育体系的总体思路和主要观点被教育部的文件所采纳，我们的课题研究为教育部的科学决策做出了贡献。

(3) 课题基本原则对决策的贡献

这个基本原则是：贯通古今，融会中西，继承借鉴，发展创新。这个16字原则是我于1996年出席在美国召开的国际学术研讨会上发表论文的题目，副标题是：21世纪中国德育发展的大趋势。这篇论文发表在《教育研究》上，先后被各大报刊资料和有关杂志转载。1997年我又把它写入"九五"开题报告，作为课题研究的基本原则。

中国是一个具有悠久历史和优秀文化传统的国家，素以"礼仪之邦"著称于世。在中国传统文化中，传统道德占有十分重要的地位。中国历代哲学家、思想家、教育家对道德教育的思考和论述源远流长，博大精深。虽然，中华民族的传统道德是在小农生产和封建宗法制度的

---

[1] 詹万生：《整体构建德育体系引论》，教育科学出版社，2001年，第18–19页。
[2] 詹万生：《整体构建德育体系总论》，教育科学出版社，2001年，第27–30页。

基础上建立起来的，不可避免地带有保守性和局限性的一面。但是，只要我们正确地坚持批判继承，取其精华，去其糟粕，古为今用，发展创新的原则，就能够剥去它的封建性外衣，发现它的合理内核，使其成为构建新的德育体系的思想材料。

在中国悠久的文明史中，传统道德经过千百年的积淀，有些光辉的思想已构成了我们的民族之魂。例如："天下兴亡，匹夫有责"的爱国主义精神；"天下为公"、"修齐治平"的集体主义精神；"刚健有为、自强不息"的积极进取精神；"先天下之忧而忧，后天下之乐而乐"的先人后己的精神；"见利思义"、"先义后利"的价值取向；"富贵不能淫、贫贱不能移、威武不能屈"的浩然正气；"杀身成仁"、"舍生取义"的高风亮节；"勤劳简朴、诚实守信"的求实精神；"仁者爱人"、"成人之美"的友爱思想；"孝敬父母"、"尊老爱幼"的道德品质，等等。这些民族之魂曾经哺育了中华民族亿万儿女的健康成长，曾经激励过无数志士仁人、英雄豪杰为民族的兴旺发达，为祖国的繁荣富强写下了人生的壮丽篇章。毫无疑问，这些中华民族传统道德的精华，在社会主义现代化建设的今天也是值得继承和发扬光大的。

以对待西方文化的问题上，我们有过正反两方面的经验。现在可以清醒地认识到，采取闭关自守、全盘否定，或崇洋媚外、全盘西化这两种极端的观点都是错误的。正确的态度应当是分析、鉴别、学习、借鉴、吸收、利用。对先进的科学技术和管理经验，要大胆地学习和引进；对文化艺术，它的形式可以学习、借鉴，内容可以改造、利用；对思想道德，属于共同心理、共同美感、共同道德方面的东西，也要大胆地学习和借鉴。特别是那些适用于市场经济的价值观念，如改革开放观念、民主法制观念、权利义务观念、公平竞争观念、效率效益观念、互利互惠的观念、公关信息观念、商品市场观念、文明消费观念、照章纳税观念等，更要借鉴和吸收，做到洋为中用。[1]这些思想观点不同程度地被有关文件所采纳，2003年我参加了教育部关于弘扬培育民族精神教育实施纲要的起草工作，我们课题组关于弘扬中华民族传统文化和培育民族精神的一些具体建议，已被教育部《中小学弘扬和培育民族精神教育实施纲要》所采纳。

总之，整体构建学校德育体系的目标指向、总体思路和基本原则为中央和教育部的科学决策做出了贡献。

3.课题研究成果对决策的贡献

本课题自"九五"开题以来，先后推出了《德育》读本（18册）、《成长册》（18册）、《当代家长》（34册）等系列研究成果。这些成果为中央和教育部的科学决策做出了贡献。

(1)《德育》读本对决策的贡献

"九五"期间，我们编写了一套《德育》系列实验读本（其中包括小学、初中、高中、中师、中职每学年一册共18册）。总体思路是：把德育内容的要素结构和层次结构划分出来，以五大要素（即政治教育、思想教育、道德教育、法纪教育、心理教育）为纬，以各项要素的不同层次为经，按照整体性、有序性、动态性的原则，把它们有机地结合起来，依据学生不同年龄阶段的身心特点、知识水平和品德形成发展规律，由浅入深，由低到高，由近及远，由具体到抽象，由感性到理性，螺旋式上升，构建从小学一年级到大学毕业每个年级的德育内容，形成科学

---

[1] 詹万生：《整体构建德育体系引论》，教育科学出版社，2001年，第32—33页。

化、系统化、规范化的德育内容体系。《德育》系列实验读本就是德育内容体系在各级各类学校贯彻实施的一个载体，是建立德育活动课的一种模式，是对思想品德课和思想政治课的一个补充，是推进各级各类学校德育课程改革的一种探索。

《德育》读本自1998年开始实验，至今已经走过了7年历程。七年间我们不断总结经验，与进俱进，进行了四次修订。得到了有关领导和专家的高度评价，受到了实验区、实验校领导和师生们的普遍欢迎和积极反馈。广大实验教师在《德育》读本实验过程中付出了艰苦的劳动，取得了可喜的成果，积累了丰富的经验。经过几年的实验，我们提出的德育活动课基本理念已经在实验区和实验校深入人心，操作方法已经被广大实验教师所掌握。广大实验教师的德育理论水平、德育科研水平明显提高，实验学校德育工作的实效性明显增强，德育工作走上了科学化、系统化、规范化的轨道。

《德育》读本的研究与实验为课程改革和新课程标准制定提供了理论基础和实践模式。教育部于2002年4月颁布了小学《品德与生活》、《品德与社会》新课程标准，于2003年5月颁了初中《思想品德》新课程标准，于2004年颁了高中《思想政治》新课程标准。经过认真学习和研究新课标，我们发现《德育》读本与新课标在教育理念、编写思路、编写原则、内容体系、呈现方式等方面是基本一致的。我们有理由说，《德育》读本的研究与实验为教育部德育课程改革的科学决策做出了贡献。

中央［2004］8号文件指出："努力构建适应21世纪发展需要的中小学德育课程体系，积极改进中小学思想品德、思想政治课教学方法和形式。采用未成年人喜闻乐见、生动活泼的方式进行教学，把传授知识同陶冶情操、养成良好的行为习惯结合起来。"德育课程体系包括国家课程、地方课程和校本课程；包括学科课程和活动课程。《德育》读本的研究与实验，是德育课程体系的建设的重要组成部分。为德育课程体系建设做出了贡献。

（2）《成长册》对决策的贡献

"九五"期间，我们以中共中央、国务院《深化教育改革，全面推进素质教育的决定》为指导，以建立以思想品德为核心的综合素质评价体系为目标，以思想道德、科学文化、身体心理、审美艺术、劳动技能和个性特长、创新能力、自育能力（亦即学会做人、学会求知、学会健体、学会健心、学会审美、学会劳动、学会创新、学会自护）等八个方面为评价内容，以培养学生自订成长目标，自析成长环境，自寻成长动力、自研成长方法和自评成长效果为基本理念，研究编写了《成长册》（小学、初中、高中、中职每学年一册共18册）。

《成长册》自1999年10月实验以来，受到了实验教师、学生和家长的普遍欢迎，取得了明显效果。实验教师掌握了《成长册》的实验研究方法，提高了工作水平；实验学生基本学会了"六自"，增强了全面发展的意识和能力；实验学校对全面推进素质教育做出了贡献。由《成长册》的研究与实验所形成的"成长记录评价法"已经被教育部有关文件所吸纳和肯定，被许多中小学采纳和运用。《成长册》的教育理念、编写原则及内容体系对许多省市的教育科研及行政部门产生了重要影响。

中央［2004］8号文件指出：要"建立科学的学生思想道德行为综合考评制度。"《教育部关于积极推进中小学评价与考试制度改革的通知》指出："教师要在教育教学的全过程中采用多样的、开放式的评价方法（如行为观察、情景测验、学生成长记录等）了解每个学生的优点、潜能、不足以及发展的需要，建立每个学生的成长记录。"由些可见，《成长册》的研究与实验为中央和教育部关于学生思想道德综合考评制度的建立做出了贡献。

(3)《当代家长》对决策的贡献

2002年，基于画好大、中、小学德育体系纵向衔接"一竖"的基础，为画出学校德育与家庭教育相结合的"一横"，总课题组针对当前家庭教育存在的主要问题，研制编写了《当代家长》系列教材。《当代家长》以提高每一个家庭和中华民族的整体素质为目标，以指导孩子学会做人、学会求知、学会健体、学会健心、学会审美、学会实践（劳动）、学会创新、学会生活等家庭教育的八大内容为横坐标，以婴幼儿至大学生六个成长阶段为纵坐标，针对不同年龄阶段学生的身心特点、知识水平和成长中遇到的问题，在整体构建学校德育体系思想理论的指导下，整体构建出了家庭教育体系。

通过两年的实验与应用，实验学校的家庭教育水平有了明显提高，家庭教育资源得到了有效整合，学校教育与家庭教育价值取向趋于一致，教育理念趋于统一，教育过程趋于同步，教育途径得到互补，正在引导家庭教育走上科学化、系统化、规范化、现代化的轨道。

中央[2004]8号文件指出："家庭教育在未成年人思想道德建设中具有特殊重要的作用。要把家庭教育与社会教育、学校教育紧密结合起来。各级妇联组织、教育行政部门和中小学校要切实担负起指导和推进家庭教育的责任。要与社区密切合作办好家长学校、家庭教育指导中心，并积极运用新闻媒体和互联网，面向社会广泛开展家庭教育宣传，普及家庭教育知识，推广家庭教育的成功经验，帮助和引导家长树立正确的家庭教育观念，掌握科学的家庭教育方法，提高科学教育子女的能力。充分发挥各类家庭教育学术团体的作用，针对家庭教育中存在的突出问题，积极开发科学研究，为指导家庭教育工作提供理论支持和决策依据。"可见，《当代家长》的研究与实验为中央的科学决策做出了贡献。

（二）指导实践，为整体构建具体化、特色化、可操作的校本德育体系提供指导

整体构建全国大中小学德育体系，决定了它只能忽略差异性而寻求共同性与统一性。这种普通的、共同的、统一的德育体系对地方德育体系和校本德育体系的构建具有宏观指导作用，然而它不能取代地方性德育体系，更不能取代校本德育体系。因此，构建具体化、特色化、可操作的校本德育体系，是本课题今后深化研究的重要任务，也是实验学校结题验收的必备条件。

校本德育体系，是指为了增强学校德育工作的针对性和实效性，各级各类学校以中共中央、国务院[2004]8号和16号文件为指导，贯彻教育部《整体规划大中小学德育的意见》，按照总课题组整体构建学校德育体系《引论》、《导论》、《总论》和各学段《分论》的研究思路，依靠本校教师集体而构建的具有特色化、具体化、可操作的学校德育系统。

构建校本德育体系的原则与要求体现在如下几个方面：

1. 校本德育体系具体化

所谓校本德育体系具体化，指的是构成校本德育体系的德育目标、内容、途径、方法、管理、评价等要素的细化、优化与科学化。细化是指将构成校本德育体系各要素分解到细微的程度；优化是各要素之间组合的关系以及整体发挥作用的效度；科学化是校本德育体系的构

建适应学生年龄特征和品德发展规律。

(1) 目标内容具体化

校本德育目标，是指学生在德育方面所要达到的要求和水平。它对构建整个校本德育体系具有导向、激励、调节、控制等作用，是选择、构建德育内容的前提和基础，也是提高整个校本德育科学性与实效性的关键。因此，校本德育目标要具体化，要"近、小、实、亲"，不要"高、大、空、远"。

校本德育目标体系分为总体目标、层次目标和阶段目标。按照"总体目标，一以贯之；学段目标，各有侧重；年级目标，具体明确；情意兼顾，知行统一"。[1]的原则，整体构建德育目标体系应由"认知目标、情感目标和行为目标"构成"三维德育目标体系"。其横向结构由道德、法纪、心理、思想、政治五项德育目标群构成，每一项都含有认知目标、情感目标和行为目标；纵向结构是学生成长的各个年级，要根据循序渐进的规律，对不同年级的学生分步要求，螺旋上升。

德育内容体系的具体化，就是指根据学生的年龄特点和思想品德的发展规律，以道德、心理、法律、思想、政治等相关内容为横坐标，以低年级、中年级到高年级为纵坐标，理顺德育内容自身的逻辑关系，将生活中的鲜活事例、学生关心的具有教育意义的现实生活和社会问题，爱国志士、民族英雄、圣人贤者的典型事例和人生格言以及各地、各校的德育资源等内容由浅入深、由低到高、由感性到理性、从现实到理想进行合理部署与安排，这样就保证了"德育内容，循序渐进；德目规范，形成序列；要素完整，层次清楚；注意衔接，螺旋上升"，[2]做到思想性与科学性相结合，继承性与时代性相结合。

(2) 途径方法具体化

德育途径是开展学校德育工作的渠道。构建具体化的校本德育途径体系，指的是把七大类德育途径：课程类、实践类、组织类、环境类、管理类、咨询类、传媒类具体化为可操作的实施途径，主要根据"德育途径，对应内容；一项内容，多条途径；有主有辅，协调配合；分工合作，形成合力"的原则，把它们运用到各年级的德育工作中去。其一，课程类德育途径的具体化，就是要构建各个年级的学科课程与活动课程相结合、必修课程与选修课程相结合、显性课程与隐性课程相结合的课程类德育途径体系，并且找准各门各课的寓德点。要改革学科德育课程，在新课程标准中增加诸如《论语今译》、《三字经新编》等传承民族精神的校本德育课程融入到学科教学中去。其二，管理类德育途径的具体化，就是要使德育校长、德育主任、班主任的管理职能具体化。比如班主任工作具体化就是要建立以主题班会为基本形式，贯彻落实"双主体"、"三中心"、"四环节"等德育新理念的班主任工作规程。其三，环境类德育途径具体化，充分发挥校园环境的育人功能，精心设计校园物质文化和精神文化，使校园里每一堵墙，每一片绿，每一棵树都会说话，使整个校园成为一部立体的、多彩的、富有吸引力的生活教科书。

与德育途径紧相关联的是校本德育方法体系的构建。所谓德育方法，指的是为了实现德

---

[1] 詹万生：《整体构建德育体系引论》，教育科学出版社，2001年，第54页。
[2] 詹万生：《整体构建德育体系引论》，教育科学出版社，2001年，第55页。

育目标，完成德育任务所采取的手段与方式。校本德育方法体系具体化，就是把语言说理类、榜样示范类、修养指导类、实践锻炼类、行为训练类、规范制约类、评价激励类等方法具体化，按照"根据内容，对应途径；多种方法，优选组合；辨证思维，法无定法；留有余地，鼓励创新"的原则分布到各年级的德育工作中去。[1]比如，运用语言说理的德育方法时，有的学校就把班主任教师与学生谈话的方式细化为商讨式谈话、谈心式谈话、点拨式谈话、触动式谈话、渐进式谈话、突击式谈话等多种方式，针对不同年级的学生灵活运用；在运用评价激励的德育方法时，坚信"好学生是夸出来的"，根据不同的对象采取登榜表彰法、上报表彰法、写信表扬法、大拇指称赞法、微笑点头法、背后夸奖法等，收到良好育人效果。

(3) 管理评价具体化

校本德育管理，是以学校德育为本位或以学校德育为基础的管理。建立具体化的校本德育管理体系，就是按照"理顺健全领导机制，稳定提高教师队伍，建立健全规章制度"的要求，把学校领导体制、规章制度、队伍建设、督导检查、考核测评等要素进行优化组合。就学校领导体制构建而言，其具体化主要表现在如下几个方面：①依据国家对学校领导体系的规定，确定校长的职责和学校党组织的职责；②成立由党政主要领导、德育骨干各方面责任人、社区、家长代表参加的校本德育领导小组，具体组织领导校本德育工作；③建立相应的校本德育工作机构，确立各机构的职责、任务、工作制度。学校德育队伍建设具体化主要指的是按照德才兼备的原则，聘任、组织学校德育骨干队伍，建立优化德育队伍的机制，培养与选拔班主任、团（队）干部、心理咨询教师以及科任教师的培训的要求与办法应制度化。总之，校本德育管理体系构建应处理好如下几种关系。一是发挥学生自我管理的自主性与教师示范管理的主导性；二是整体规划、周密设计的预设管理与创新生成、灵活安排的开放管理相结合；三是一致性的、刚性的制度管理与多样性的、柔性的情感交流相辅相成，和谐互动。营造一种相互信任、相互支持、宽松民主的人际关系，既保证校本德育的创造力，又增强校本德育的凝聚力。

校本德育评价，是校本德育的监督保障机制，具有导向和激励功能。校本德育评价体系具体化即要求按照导向性和激励性、科学性和系统性、形成性和阶梯性、主体性和个体性、操作性和趣味性等评价原则，运用评分、评等、评语相结合的方法，从知识与能力、过程与方法、情感态度与价值观等角度，制定科学简明的学校德育、班级德育和学生品德三级评价指标体系。对学生思想品德的评价要通过家校结合、亲子互动、师生互动、生生互动等评价方法，对学生的思想道德素养进行评价，既要注意评价的客观性，也应注意评价的发展性，学校领导、教师和家长要从各方面观察、记录、分析和帮助学生了解自己的优势和弱点，不断强化学生的成功意识，有效地引导学生从小成功走向大成功。

2. 校本德育体系特色化

特色，就是事物表现出来的独特色彩和风格。校本德育体系特色化，主要是指学校所处的地区特色、层次特色和办学特色在学校德育工作中表现出来的独特风格。特色化是校本德育体系的显著特征，也是校本德育体系构建的出发点。

---

[1] 詹万生：《整体构建德育体系引论》，教育科学出版社，2001年，第56—57页

(1) 地方特色化

我国幅员辽阔，人口众多，不同的地区，如东部和西部、城市和农村存在着很大的经济、文化差异，城区与农村的校本德育资源互不相同；山区与沿海学校的德育资源也是各有千秋。校本德育体系构建与学校的区域优势有密切的关系。所谓校本德育体系地方特色化就是要求各级各类学校立足地方经济文化建设的需要，努力挖掘地方德育资源，建设富有各地风土民情的、具有地域独特性的校本德育体系。比如新疆伊宁市针对多民族的现状，构建了《民族之花常开》、《我的中国心》等具有浓郁的边疆地方特色的校本德育体系，突出了民族团结，建设边疆、保卫边疆的主题；河南信阳市发挥鄂豫皖革命根据地的德育资源优势，构建了《将军哺育我成长》、《我为家乡添光彩》等具有革命老区特色的校本德育体系，培养青少年继承革命传统，热爱家乡、建设家乡，热爱祖国、建设祖国的真挚情感。在社会生活日趋多元和发展变化日益迅速的当今时代，地方特色化的校本德育能够及时反映各地科技进步的成果、各地社会生活和社会发展需求的实际变化，充分尊重和满足广大师生以及学校教育环境的独特性和差异性，有利于调动地方和学校教师、学生的积极性，使学校德育更有地方特色、教师的教学更有特点、学生的发展更有特长。

(2) 层次特色化

所谓层次，顾名思义，就是构成系统各要素的等级与顺序。构建层次特色化的德育体系，指的是根据各级各类学校办学层次上的区别，结合学生各年龄段的特点、个性差异和学校德育本身的发展规律，将德育目标内容、途径方法以及管理评价进行分层处理，力求凸现层次的特征与个性。针对各个层次学校的不同办学目标、不同的文化背景、不同的办学条件，将德育目标、内容、途径、方法等进行分层处理，尊重了各个年龄阶段学生发展的需要，同时也照应了处在同一阶段的不同类型学生个性发展的需求。比如道德教育，小学校本德育体系建设应从一般的文明礼貌、行为规范做起，强调道德行为习惯的养成；中学则应当对道德原则、规范进行系统教育，使学生对传统道德与社会主义道德有较深刻的认识；到了大学阶段，则应进行伦理学和道德基本理论教育，使学生对道德的起源、本质、功能有深刻的理解。校本德育体系层次特色化，适应不同年龄阶段学生的身心特点、知识水平和品德形成发展规律，避免了大、中、小学德育的倒挂、脱节、简单重复和脱离实际的问题，使校本德育体系能够贴近实际，贴近生活，贴近学生，从而增强德育的实效性。

(3) 办学特色化

所谓校本德育体系的办学特色化，就是学校在构建校本德育体系的过程中根据本校的文化传统、办学优势、师生特点、德育资源和学校环境以及教育者的办学追求和情趣，努力形成独特的德育风格，确立学校德育工作独特的发展方向。简言之，就是在具有一般校本德育体系的共性基础上，突出与众不同的个性，即："人无我有，人有我优，人优我精"。一个合理的、富有生命力的校本德育体系必然有其特色所在、优势所在、风格所在。如果没有特色，就没有强大的生命力，也就没有优势。过去单一的国家德育大纲统辖之下，造成了学校德育体系千篇一律、千校一面的现象，不利于实事求是地贯彻落实国家的教育方针，有效地促进学生个体和社会的持续、健康发展。因此，学生的发展、学校的发展乃至社会的发展需要构建富有特色的校本德育体系。反过来，富有特色的校本德育体系的构建也能够满足学校发展的需要，提高学校的教育质量,最终形成个性鲜明的学校德育特色。

3. 校本德育体系可操作

校本德育体系可操作是指把理论形态的德育体系转化为实践形态的、可以适合本校实践运用的德育体系。校本德育体系是否有可操作性,主要从全程可操作、全面可操作、全员可操作三个方面来衡量与检验。具体分析,它由如下几个要素组成。

(1) 全程可操作

全程是一个时间概念,指学生从入学到毕业的时间过程。所谓校本德育全程可操作,是指德育工作贯穿于学生从入学到毕业的整个过程之中,德育无时不在,环环相扣,贯穿始终。整个校本德育体系的构建过程如同一个生产流程,学生从低年级发展到高年级,每一个成长阶段、每一节课、每一个教学环节都是生产流程上的一道道工序。如初中校本德育体系从操作体系构建而言,根据初中生从童年向少年的身心发展的特点、品德的发展特点可以将三年六个学期分成12个阶段处理。第一学年主要构建"迈好中学第一步、法律保护我成长、学会交往,创造和谐的成长环境、登上知识之船,扬起理想的风帆"等内容;目的在于帮助学生了解、熟悉进而热爱新学校、新集体、新老师,热爱集体,遵规守纪、知法守法、热爱学习。第二学年主要构建"花季困惑指南、塑造健全人格、不断完善自我、讴歌民族精神"等专题,帮助学生正确认识自己的身体与心理的变化,初步学会自我控制、自我调节、自我评价的技巧;形成自尊、自爱、自信、自强的心理品质,养成热爱家乡,热爱祖国的情怀,形成强烈的有民族自尊心,自豪感。第三学年考虑到学生初中毕业在即,面临升学压力,可以构建"鼓起勇气,迎接挑战;调整自我,增强自信;脚踏实地,自强不息;找准定位,确定理想坐标"等内容,帮助他们鼓起勇气,树立理想,迎接挑战。操作性贯穿整个校本德育活动全过程,有利于把德育理论成果变成实践,有利于从整体上对处在不同阶段学生因势利导,扬长避短,实施具有针对性的指导,保证校本德育的序列性与完整性。

(2) 全面可操作

全面是一个空间概念,是指学生生活、学习的全部环境。校本德育全面可操作,是指学校德育工作全方位地深入到学生学习、生活活动的全部领域。学校是一典型的场环境,在学校里,教师的德育信息、学生的德育信息、管理者的德育信息以及学校物质形态所包含的信息相互作用,形成一定的张力作用,构成一种立体的德育空间。构建全面可操作的校本德育的要义在于营造像电场、磁场、引力场一样的校本德育场,使德育主体与客体、德育对象与德育环境、德育情感与德育情景相契合。工作的着力点主要体现在如下两个方面,其一,要把构成校本德育体系较为抽象或理论性较强的德育原理、原则、规范,分解为使人容易接受的、较为具体的、个人的行动纲领或条例分布到学校教学楼、餐厅、宿舍、文化广场,使德育信息无处不在,使学生触目可见;其二,通过场景设置、示范引导、巧妙训练等手段,使受教育者在德育实践过程中,亲身体验或感受,了解自己的行为对他人、对团体的影响,从而把德育原理、原则、规范,深入到心里,落实到具体行为中去。全面可操作的校本德育能够让学生"风声雨声读书声声声入耳,家事国事天下事事事关心"。

(3) 全员可操作

全员是指学校领导和全体教职员工所组成的教育集体。所谓全员可操作的校本德育体系，是在"人人都是教育者"的观念指导下，通过强化全员意识，建立全员机制，开辟全员渠道等手段，使每一个教职员工均能根据自己的职责分工做到"教书育人、管理育人、服务育人"。所谓全员意识，就是强化党、政、工、团齐抓共管，班主任、科任教师和职工通力合作、学校、家庭、社会相结合的德育意识；全员机制可操作主要指在建立学校德育管理机制的基础上逐步健全完善年级校本德育负责制，搭建以年级组为基础单元的德育平台：年级长主持全面工作，负责全级组班主任及学生思想工作，着力打造以班集体为核心的校本德育实体；开辟全员渠道，即针对每一阶段的校本德育主题将"学校、政教处德育工作，年级组长、班主任德育工作，学科德育工作方面、共青团、学生会德育工作，心理辅导工作，学校、家庭、社会德育工作"的工作要点、工作方法与工作方式予以细化。

具体化、特色化是校本德育体系可操作的重要基础，可操作是教育科研成果能否转化为教育生产力的关键环节。在"整体构建校本德育体系"的研究与实践过程中，这三个特点是融为一体、相互体现、不可分割的。

（三）推广实验，为课题研究出成果、出经验、出人才圆满结题做好充分准备

总课题组早在"九五"伊始就制定了课题研究"出成果、出经验、出人才"的任务和目标。科研成果是检验课题成功与否的标志，实践经验是科研成果转化为现实教育生产力的标准，优秀人才是课题研究出成果、出经验的关键。基于这样的科研理念，我们在大力表彰课题研究先进实验区、先进实验校、先进工作者的基础上，从2004年开始启动，全力打造的"六个一百工程"，作为认真贯彻中央两个《意见》的重要举措，是全面推进课题研究上水平的重要决策，切实促进德育科研兴旺发达的重要保证。我们将大力推出原创性、继创性、精品性成果，大力推出时代性、规律性、实效性经验，大力推出管理型、理论型、实践型人才，为课题研究2006年圆满结题作好充分准备。

1. 大力推出原创性、继创性、精品性成果

科学研究的本质是创新。创新的结果是研究者用心血和智慧凝结而成的成果。成果的形式和类别有多种多样，但从成果创新性上划分大体可分为原创性成果和继创性成果；从成果质量上划分可分为一般性成果和精品性成果。我希望广大实验教师要开阔学术视野，强化科研意识，明确质量追求，勇于超越自己，继续开拓创新，力争多出原创性、继创性、精品性成果。

（1）原创性成果

原创即原始性创新，原创性是学术研究的生命。"原创性是学术研究必须遵循的基本原则"，[1] "原创性是学术评价的最高准则"，[2] 并日益成为学术界的共识。我们的德育科研应该致力于提高自己的原创性水平。

原创性成果，是指科研人员和实际工作者为解决理论与实践中的原发性问题，通过各种有效的途径获取原始性素材，进行独立或合作的研究和实验，得出具有创造性的研究成果，并产生引导性的影响，成为推动后续研究和实验的源泉和基础。

德育是一个永恒的主题，整体构建德育体系是一个极广大和致精微的系统工程。横向包

---

(1) 陆敏、胡梅娜：《原创性——学术研究的基本准则》，载《政法论坛》，2002年，第1期。
(2) 何凯：《原创性：学术研究的最高准则》，载《四川行政学院学报》，2002年，第2期。

括德育目标、内容、途径、方法、管理、评价六个分系统;纵向包括幼儿、小学、初中、高中、中职(师)、高职、大学七个子系统。从框架结构到"内部装修",从宏观研究到微观研究,从基本理论到实际应用,都需要我们去发现原发性问题,寻找原始性素材,推出原创性成果。

首先,要善于发现原发性问题,"发现问题是解决问题的一半",原创性成果源于原发性问题。原创性研究要以实践过程中所遇到的问题为研究的本原。整体构建德育体系中的德育生长点、发展点和关结点等一些原发性问题,还有待于科研人员、实验教师在德育实践中去发现。只有善于观察和思考,才能触及德育的前沿性和关键性问题;只有善于沉潜在热衷的德育事业之中,才能发现德育的魅力和德育问题的症结;只有对学生付出真挚的爱心,才能发现学生心灵世界的美好和德育不适应的一面。只有善于发现原发性问题,才能开辟德育泉水的源头,推出原创性德育研究成果。

其次,要善于寻找原始性素材,德育素材不外乎教育者、受教育者和教育环境三大要素。寻找原始性素材是原创性成果形成进行整理加工前的关键因素,否则,将是"巧妇难为无米之炊"。德育对象是活生生的人。[1]每个学生都有不同的家庭背景、年龄特征、身心特点和个性差异;每位教师都有不一样的教育经历、知识水平、教育观念和心路历程;教育环境有学校、家庭、社会和多媒体等多种资源。对教师来说,只有正确处理好共性和个性的关系,才能获得研究的第一手资料和真实信息;只有通过各种有效途径亲自探究学生的实际问题,才能得到一个个鲜活的德育案例。

第三,要善于提出独特的研究思路。研究思路包括研究视角、思维方式和研究方法。研究问题虽有共性,但也可以独辟蹊径,去探索和实验。我们鼓励广大的实验教师研究问题的视角要新颖,要善于捕捉"灵感",它来自于对德育的注意力完全集中到所关注的事业和关怀对象上。研究思维方式和方法要科学。做到分析思维和直觉思维的统一,辐合思维和发散思维的统一;[2]既要有思辨,又要有实证;既要有定性分析,又要有定量研究。我们希望课题的德育新理念能够转化和运用到具体的德育实践中去,改变德育实践者常规的思维和行为方式,激发德育创新意识和欲望;拓展已有研究对象的范围,超越德育领域某一问题的已有认识,达到一个新的认识高度,去丰富德育理论,真正地实现原创性德育成果春天的到来。在研究影响的引导上能够有效地影响和改变德育工作,推动德育实践。

(2)继创性成果

继创性是学术研究继承借鉴中的发展创新性。继创性成果是课题研究和实验在凭借和传承前人成果研究的基础上,面对不断出现的新情况、新问题作出新的理性分析、科学论证和理论解答,并提出新思路、新对策和新观点,是研究内容上的纵向深化和发展,形式上的横向引申和拓宽,整体上的全面综合和提升。

首先是在研究内容上纵向深化和发展,进行整合与融会。要把培育和弘扬民族精神作为学校德育的核心目标。民族精神是激发民族自尊心、自信心和自豪感的力量源泉。从德育的内容构成上看,民族精神与爱国意识、爱国情感是相互映现的统一体。作为一个民族的文化传

---

[1] 詹万生:《整体构建德育体系总论》,教育科学出版社,2001年,第24页。
[2] 林崇德:《教育与发展》,北京师范大学出版社,2004年。

统,民族精神是历史的发展着的。根据不同时代民族所面临的共同追求,民族精神的内容需要进行时代的充实和更新,以使民族精神更加适应时代的要求。在当代,我们可以根据时代的需要,将西方文化的个性精神、科学精神可以融入自强不息精神,自强不息本身就内在地包含着并可以生发出这两种精神。同样,西方的民主精神、法制精神、功利精神可以和谐地融入厚德载物精神。经过文化的整合与融会,使民族精神现代化又归根于民族文化,民族精神就更富有凝聚力和先进性。把培育民族精神作为学校德育的核心目标,明确意义而力行,是学校德育的历史责任,也是建设继创性成果的内容之一。

其次是在形式上横向引申和拓宽,进行吸收与改进。要把改进民族思维方式作为学校德育的实体要素。民族思维方式是民族文化的深层本质,在社会生活中民族思维方式表现为人的道德思维方式。道德思维方式对道德思维具有制约作用。中西方民族思维方式各有短长,对中国传统文化的发展创新,要求我们在中西方文化的比较中改进传统的民族思维方式。着眼21世纪先进文化建设,我们要在保留传统思维方式的合理因素的基础上,吸收西方思维方式的优秀方面,实现东西方思维方式的优势互补。学校德育要把改进民族思维方式作为教育过程的一个实体要素,使文化的发展具有先进的内在机制,是建设继创性成果的内容之二。

第三是在整体上全面综合与提升,进行构建和培育。要构建对学生进行世界观、人生观、价值观教育的学校德育体系。科学的世界观、人生观、价值观教育是培育"四有"人才的主导内容。培育"四有"人才是先进文化建设的首要目标,因此,科学的世界观、人生观、价值观对文化建设的先进性具有决定性的意义。科学的世界观是先进文化建设的根本保证,科学的人生观是文化主体的精神动力,科学的价值观是决定文化先进性的重要标志。民族精神的先进性,民族思维方式的先进性,世界观、人生观、价值观的先进性共同聚合为社会主义文化先进性的主导要素。我们始终把建设社会主义先进文化作为课题研究与实验的核心领域,这是我国学校德育肩负的历史任务和赋予我们的时代重任,也是我们的课题在这个领域将要永远进行的系统研究与实践,这是建设继创性成果的内容之三。

构建21世纪学校德育体系是一种社会文化的创造实践。贯通古今,融会中西,继承借鉴是这种文化创造的实践方式和创造过程,是一种文化的"整合",它使我们能够站在人类已有文明的高度上来建构思维的视野;发展创新是在这种高度上的文化传承、引申和创造,是我们课题研究与实验建设继创性成果所追求的目标。[1]

（3）精品性成果

精品性成果是原创性成果和继创性成果在内容和形式上高标准、高质量的成果。不论是研究论文,还是实验报告,其研究与实验的内容、过程、方法、结论都体现创造性的本质,具有科学和实事求是的精神。做到精益求精,至善至美,而不是浅尝辄止,粗制滥造。这样的精品性成果具有权威性、可信性,并且能够经得起实践的检验和时间的考验,在课题研究和实验中真正发挥导向功能和示范作用。

学术研究重视课题研究的结果,但更重视课题实验的过程。我们课题要求建设的精品性成果不仅可以是高屋建瓴、博大精深、茹古涵今的理论成果,而且可以是贴近学生、贴近生

---

[1] 詹万生:《整体构建德育体系总论》,教育科学出版社,2001年,第96–100页。

活、贴近实际,解决了长期困惑学校德育工作的某一个实际问题。也可能是未完全解决问题,但却找到了解决问题的思路,能够启迪大家共同走向解决问题的有效途径。

学术规范虽然是标准化的,但学术上的精品成果可以是多姿多彩的。因此,各实验区、实验校建设精品性成果,需要根据当地工作实际,实事求是制定科研计划,不要盲目攀比;需要尊重广大实验教师的个性,努力营造宽松自由的研究和实验氛围;需要实验教师潜心研究,埋头耕耘,尽情发展自己的创造性才华,以期推出更好的精品成果,不要追求数量和存有浮躁思想;需要争取当地教育行政部门在科研管理方面加大行政支持力度,在人力、物力、财力等方面都要给予保证,才能使广大实验教师聚精会神搞科研,力求多出精品性成果,不要说起来重要,忙起来次要,做起来不要。建设精品性成果是我们每一个实验区、实验校和每一位德育科研人员孜孜追求的目标,也是课题研究2006年圆满结题的基本要求。

2. 大力推出时代性、规律性、实效性经验

德育的时代性与规律性是新时期德育工作的战略思想。它要解决的是我们如何使德育工作满足21世纪的时代要求,创造能够符合21世纪需要的新德育问题,而增强德育的实效性是当前德育工作的一个突出问题。德育实效性的根本基础是对时代性和规律性的把握和实践运用。实效性是德育工作体现时代性、把握规律性的目的和结果。在现实的德育工作中,时代性、规律性、实效性是同步体现的。因此,在当前和今后一个时期,必须大力推出具有时代性、规律性、实效性经验,并与时俱进进行认真总结提升,以便更具有针对性,进行有效指导我们的德育工作实践。

(1) 时代性经验

所谓时代性,就是指一个事物发展的历史必然性、现实选择性和动态生成性。不同的时代应赋予不同的内容以适应时代发展的需要。

学校德育具有鲜明的时代性。就学校德育而言,时代性经验可以从三个层面来认识和总结:其一,当代社会生活的总体特点,主要包括经济生活、政治生活和文化生活的时代特点;其二,青少年在社会生活影响下所形成的思想道德素质的时代特点;其三,针对社会生活的特点和青少年思想道德素质的特点所形成的学校德育工作的时代特点。这三个层次是相互联系、相互影响、相互作用的。社会生活的时代特点决定着青少年的思想道德素质的时代特点,制约着学校德育的时代特点。学校德育要适应社会生活的时代特点,在适应中超越,在超越中促进社会生活的发展,还要适应青少年思想道德素质的特点,同时对青少年思想道德素质的发展起着导向、动力和保证作用。加强和改进青少年的思想道德教育,必须认真总结提炼时代性的经验。

(2) 规律性经验

任何事物的发展都要遵循一定的规律,德育也有其自身发展的规律。准确把握德育的规律性经验,是增强青少年思想道德建设的科学性和实效性的关键环节。思想道德建设的规律性经验包括青少年思想道德形成发展规律、学校德育工作规律、社会思想道德建设规律以及教育发展规律性经验等等,这些规律性经验都对学校德育效能产生深刻的影响,我们必须正确把握它们之间的辩证关系,使之发挥1+1>2的"合力"功能。

在具体工作实践中,我们要认真总结遵循青少年思想道德形成发展规律,正确处理知情意行关系的经验；认真总结遵循学校德育工作规律，正确处理整体规划与分层实施关系的经验，认真总结遵循德育过程规律，正确处理师生双主体互动辩证关系的经验；认真总结遵循社会思想道德建设规律，正确处理学校德育与家庭德育、社区德育关系的经验。只有把规律性经验运用到德育实践中去，并接受实践的检验，才能推动德育工作实践的开展。

(3) 实效性经验

实效性可以包括长时实效性和即时实效性。长时实效具有全局性、整体性，即时实效表现为局部性、个体性。长时实效性以即时实效性为基础，即时实效性以长时实效性为归结。在德育工作中，长时实效性是指在一个阶段、一个时期德育工作体现出持续、稳定的实效性。即时实效性具有情境性，如一堂课、一次参观活动、一次谈话的德育效果，这种效果是个体的现场经历和真实感受。

我们总结德育实效性经验，要求真务实，并同时注重两种实效的会通一致。充分认识到尊重学生是增强德育实效性的前提；回归生活是增强德育实效性的基础；知行统一是增强德育工作实效性的关键；德育科研是增强德育工作实效性的保障。经验证明，从分析现状入手，经由学习理论、小范围试验、总结提炼、逐步推广的过程，是一种增强学校德育实效性的工作方式；经验证明，校长重视德育科研，具有科研兴校、科研治教，以科研为先导推动教育教学工作的办学理念，学校的德育工作就能提高水平，增强实效；经验也证明，一线教师参与德育科研，就能增强科研意识，提高科研能力，成为科研型、学者型、专家型的教师，从而增强德育工作实效。

新的形势，给我们课题带来了新的机遇，同时也提出了新的挑战。机遇与挑战同在，我们要抓住机遇，迎接挑战，开拓创新，大力推出时代性、规律性、实效性的好经验和好办法。并进一步发挥辐射功能，深化研究，推广实验，为中国学校德育的科学化、系统化、规范化、现代化做出新的贡献。

3. 大力推出管理型、理论型、实践型人才

学校德育工作不可能也不会是一个自发的过程，它需要德育管理体系的构建和实施，需要广大德育工作者的理论和实践。德育管理体系是一个和谐的系统。在这个系统中，既有理论形态的系统，又有实践形态的系统。理论形态系统主导、支持实践形态系统，而实践形态系统是对理论形态系统的具体落实，并且丰富着理论形态系统的内容，联结两个系统的中介则是管理形态系统。在实际工作中，德育管理和德育理论的程度越高，内容越丰富和完善，它的实践方向、作用及可检验性才会越明确和具体。我们的德育事业繁荣发展和德育队伍建设，既需要管理型人才，又需要理论型人才，更需要实践型人才。

(1) 管理型人才

德育管理是学校管理的重要组成部分，是依据党和国家有关要求，按照学生身心发展的基本规律和思想品德形成的规律，组织、协调德育的组织与组织、组织与德育工作者之间的关系，使德育组织保持良好的机能状态，使德育工作者具有良好的精神状态，从而合理组织各种力量，提高德育实效，完成德育目标和任务的有效手段。[1]由此可见，德育管理型人才必

---

[1] 詹万生：《整体构建德育体系总论》，教育科学出版社，2001年，第486页。

须始终把坚定正确的政治方向放在首位,全面贯彻党和国家的教育方针,做到"六个坚持"。首先,坚持培养德智体美等全面发展的中国特色社会主义事业的建设者和接班人的目标;其次,坚持学校德育管理工作必须有整体的规划和计划,统一的奋斗目标,用以统一协调德育管理内部各要素之间相互联系和工作;第三,坚持理论联系实际、求真务实、开拓创新的科研作风,遵循德育规律、科学管理规律和学生成长的规律;第四,坚持树立学校的教职工和学生既是管理的客体又是管理的主体,是学校主人的意识,不断提高民主精神和民主作风;第五,坚持创新,必须使管理者与被管理者在实现德育管理的过程中潜在的创造性品质都得到发现与开发;第六,坚持做到用最少的投入取得最好的效果,增强德育的实效性。在实际工作中,完善德育领导体制,有机整合德育管理诸要素之间的关系,加强德育队伍和谐管理,健全德育制度人本管理,实施德育环境优化管理和强化德育评价激励机制。

我们的课题要求推出的管理型人才,具体来说,就是能够充分认识本课题研究和实验在德育改革与发展中的先导作用和推广应用价值,及时了解和掌握德育改革和发展的新动向,始终站在德育科研的前沿;认真做好所承担子课题的组织实施与管理,组织制定研究方案并进行经常性的指导、检查、评估,保证课题研究始终在科学、规范、有效的轨道上开展;对总课题组提出的德育理念有深刻的理解,并紧密联系本实验区、实验校教育改革与发展实际展开课题研究;对实验教师的课题研究有到位的培训、指导,成为实验教师研究实验的良师益友,并积极创造条件促进实验校、实验教师取得较高水平、具有推广交流价值和有明显实效的德育研究成果;重视德育科研信息交流和先进经验的推广,积极通过《中国德育》杂志和《中国德育网》等多种有效媒体加强和总课题组、全国各实验区、校的联系沟通,为群众性德育科研做出积极的引领和贡献。

(2)理论型人才

21世纪是人类社会发生深刻变化的时代,也是中华民族实现伟大复兴的时代,伟大的时代需要与时俱进的理论。同样,我们的德育科研事业也需要德育理论,更需要德育理论型人才的具体指导。

所谓理论型人才是指在意识上能够准确把握整体构建德育体系的思想,深刻理解德育规律,对某些德育现象有真知灼见;专业上能够通晓中外德育思想及发展趋势,理论基础扎实,精专某一研究领域;学术上能够驾驭和创新德育原理和方法,具有科研精神和推动课题发展的意识,不断探索德育实践新领域。

理论型人才在德育原理上对学生德性的整体性认识能从本体论、道德论、品德心理结构的角度去加以考察;对学生德性的建构性能从外在规范的制约、内在德性的自觉性和人的主体性及其相互关系来把握;对学生德性的发展性能从宏观上整体把握,从微观上具体分析,认识到客观的社会实践和主体道德需要是德性发展的动力;深刻理解德育论是以德育的本质、德育的构成要素及其发展规律为研究对象;能用系统科学的理论和方法去作为整体构建德育体系的理论基础。[1]

---

[1] 詹万生:《整体构建德育体系总论》,教育科学出版社,2001年,第120–187页。

具体来说,能充分认识本课题深化研究和推广实验的重要意义和价值,深刻理解总课题组提出的德育新理念;充分运用总课题组的研究成果,开展课题研究,进行科学实验;能够围绕本地区、本学校德育的热点、难点问题给予实验教师到位的研究指导,成为实验教师研究与实验的良师益友,所指导的实验校或实验教师取得较高水平、有明显实效的德育理论成果。

(3) 实践型人才

一切真知来源于第一线的伟大实践。广大实验教师和一线德育工作者是整体构建学校德育体系真正的研究者、探索者和实践者,是推进德育工作和提高德育实效的中坚力量。在课题研究和实验的过程中,涌现出了一大批优秀的德育工作实践型人才。

实践型人才是指在实际工作中能将德育理论指导生活实践,并通过反复实践验证和丰富理论的德育工作者。实践型人才要正确把握师生双主体的辩证关系,善于发现问题,解决问题,创新工作。首先,改变学生在道德教育过程中处于接受者、被塑者的地位,培养学生的主体意识,涵养学生的主体精神,发展学生的主体能力,从而确立学生在德育中的主体地位,真正调动起他们作为自身道德发展主体的自主性、主动性和创造性。其次,建立充分民主的新型师生关系,在德育过程中师生平等交往、积极互动、共同发展。加强自身修养,以开放、宽容的教育胸怀和为人师表的人格魅力给学生以榜样激励。

具体来说,实践型人才在德育科研上,重视德育理论学习,求真务实,开拓创新,能够围绕本地区、本学校德育的热点、难点问题进行认真调查研究,创造性地开展学校德育工作,取得明显德育实效;在教学实践上,深刻理解总课题组提出的德育新理念,充分运用总课题组的研究成果进行实验研究,开展德育活动课和教学公开课,并取得突出成绩;在工作方式上,充分利用科学化、现代化的信息技术,延伸德育时间,拓展德育空间,使德育学科小课堂、学校中课堂、社会大课堂融合成一个有机的整体,形成思想道德教育合力;在工作方法上,灵活运用"目标激励、榜样示范、情境感染"等方法,让学生在自主体验的生活情境里激发、涵养道德情感,形成正确的道德观点和人文信念,实践道德行为。

同志们,我们建设"六个一百工程",大力推出原创性、继创性、精品性成果,大力推出时代性、规律性、实效性经验,大力推出管理型、理论型、实践型人才,就是抓住机遇,乘势而上,认真落实中央[2004]8号和16号文件精神的具体行动。我们要站在对党的事业、国家前途和民族命运极端负责的高度,进一步增强德育科研的责任感和使命感,弘扬求真务实、开拓创新的科研精神,让才华创造业绩,让业绩推进发展,不断把整体规划大中小学德育体系的建设向前推进。

(四) 深化研究,为整体构建学校、家庭、社区三维和谐德育体系再立新功

1. 和谐德育的历史渊源

(1) 中国教育史上的和谐德育观

在中国传统文化中,"和"是一个含意极为丰富、深邃的范畴。按照《说文解字》的解释:"和,相应也。"而"谐"是"配合得当"。"和谐"就是"相应"并且"配合得当"。早在原始社

会,"和"的思想就已萌芽,其基本含义即"调"之义。《周易》提出了"太和"的观念:"乾道变化,各正性命,保合太和,乃利贞。"意思是,天道的大化流行,万物各得其正,保持完满的和谐,万物就能顺利发展。西周末年,幽王的史官史伯提出了著名的"和同论"。他说:"夫和实生物,同则不继。以他平他谓之和,故能丰长而物归之,若以同裨同,尽乃弃矣。"《国语·郑语》。辨证地说明了事物多样性与统一性的关系,赋予了"和""以他平他"的深刻内涵。"五行说"与"阴阳说"都是"和"的思想的具体运用。

孔子是和谐德育思想的奠基人。他提出"礼之用,和为贵。先王之道,斯为美……知和而和,不以礼节之,亦不可行也"。《论语·雍也》。这其实就是说任何矛盾,都可以充分发挥道德教育的作用,力争以"礼"调和与解决。其价值指向的是天人、群我、他我关系,即人与自然、人与社会、人与人三重生态的和谐统一;其主旨在于使人格完善和谐。孔子所追求的和谐人格就是"仁"与"礼"。在孔子看来,人之为人,就在于懂"礼"识"仁",人只有具备"爱人"的高尚道德品质,才会很好地处理人与人之间的关系,才能摆正人与自然、人与社会的关系,将个人纳入群体之中,获得自我价值。《中庸》认为:"喜怒哀乐之未发,谓之中;发而皆中节,谓之和。致中和,天地位焉,万物育焉。"《大学》对和谐人格的养成进行高度概括——"大学之道,在明明德,在亲民,在止于至善"。孟子更进一步提出"尽其心者,知其性也;知其性,则知天矣。"《孟子·尽心上》。孟子指的"性"就是天赋的道德,本然的善性;"尽心"就是把仁、义、礼、智等人的本性发挥出来,通过人的道德品质去"知天",从而达到天道与人道和谐发展,天人合德的最高目标。[1]荀子主张培养"成人"应做到知识、才智、品质全面、完美地的融合。[2]随后,各个朝代均有和谐德育思想涌现。

(2) 西方教育史上的和谐德育观

在西方,"和谐德育"的实践及理论早在古希腊时期雅典城邦的学校教育中出现。"和谐发展"一词最早出现于希腊语"calocagatia",其义是表示健美体格与高尚道德的结合。在雅典的教育中,"和谐"的思想贯穿德育的始终,身心的和谐发展是德育的重要内容。他们认为德育塑造的最伟大的艺术品是人,这种人是内在美与外在美的和谐统一。其主要措施是通过文法、音乐、体操、舞蹈等内容,培养学生在德、智、体、美诸方面的全面发展。古希腊教育家柏拉图认为,如果"一个儿童从小受到好的教育,节奏和谐浸入了他的心灵深处,在那里牢牢地生了根,他就会变得温文有礼,如果受了坏教育,结果就会相反"。[3]亚里士多德强调德育要与人的自然发展相适应,与人的心理活动相适应。[4]

人文主义思想家维多里诺、洛克、卢梭等人均强调培养多方面和谐发展、人格完美的人,使"和谐德育"思想具有承前启后作用。17世纪,捷克教育家夸美纽斯强调人的身心和谐发展的必要性。认为"人不过身心两方面和谐而已"。[5]在其后的裴斯太洛齐也提出同样的主张。他说:"为人在世,可贵者在于发展,在于发展各人的天赋的内在力量,使其经过锻炼,使人各

---
[1] 詹万生:《中国传统人生哲学》,中国工人出版社,1996年,第368-369页。
[2] 王柄照等:《中国教育思想通史》,第一卷,第279-292页。
[3] 曹孚:《外国教育史》,人民教育出版社,1998年,第26页。
[4] 单中惠:《西方教育思想史》,山西人民出版社,1995年,第22页。
[5] 单中惠:《西方教育思想史》,山西人民出版社,1995年,第22页。

尽其才，能在社会上达到他应有的地位。"[1]并提出了体育、劳动教育、德育、智育的和谐教育思想。现代，和谐德育思想集大成者就是前苏联伟大的教育家苏霍姆林斯基。他说，人的和谐发展，意味着他有能力担当多方面的任务，他应该是社会物质生产和精神生活整个领域中的创造者、享用者、鉴赏者和保护者，是有文化素养和道德风貌的人，是积极参加社会活动的公民和具有道德基础的新家庭的建立者。

（3）中西德育和谐观的比较与反思

比较中西德育和谐观，他们的目标都是指向和谐人格的培养，均认为人格形成与发展是有序的、协调的、和谐的。但是，中西和谐德育思想产生的经济基础、凭借的哲学依据以及达成和谐人格的方式与途径各不相同，决定了他们的差异性。中国教育史上的和谐德育思想，产生于以自给自足的小农经济为基础的农业社会。封闭自足的环境使汉民族感悟到个体的命运与家族、国家的命运浑成一体，天地人圆融互摄。"天人合一论"、"和合论"的哲学思想使汉民族形成"整体"、"统一"的意识，因而中国的和谐德育思想在很大程度上更多地具有综合性特征，但综合性特征凸现的同时自然少不了封闭性的弊端。

至于达成和谐人格的途径与方式不外乎"内圣外王"。所谓"内圣"就是追求自身完美、自我完善的自我修养；"外王"就是为国家建功立业，为社会做贡献，为他人谋幸福，二者是水乳交融的。以修身为本，从格物、致知、诚意、正心等"整体"修养做起，去实现齐家、治国、平天下和谐"统一"的人生理想目标，这就是中国传统和谐德育的核心内容。当然，这一理想和谐人格的描画表现了中国传统教育家、政治家和思想家善良、诚挚和美好的愿望，体现了中华民族"整体思维、散点透视、综合知解"[2]。伦理型文化的精华，但同时存在着空想的成分。

西方和谐德育思想的形成与发展是从以游牧民族手工业、商品经济为主要特征的工业社会基础上产生的。其民族性格具有扩张性、冒险性。因此，个体自由的思索代替了统一的意识。这就使得西方教育家、思想家提出的和谐德育思想渗透着功利主义的价值取向和民主与法治的政治倾向，具有明显的开放性特征。其哲学基础深源于"自然适应论"。一方面，把人的身心发展看作自然的一部分；一方面，主张一切顺应自然，遵照儿童本性，因势利导地实施自然教育，坚决反对压制儿童天性来束缚儿童自由。达成和谐人格的方式只能是顺性而为。由于没有显现影响个体人格和谐发展外部关系的复杂性，没有充分认识社会发展与人的发展和谐性、整体性，个体德育的和谐发展事实上也难以实现。如同李约瑟在《东方与西方的对话》所言：从欧洲思想史肇始之时起，欧洲人的世界观就不断从一个极端走向另外一个极端，从来没有能够综合起来。

总之，"和谐是事物要素与要素、要素与系统、系统与环境之多样的统一，关系的协调，力量的平衡，功能的互补"[3]。尽管中西方提出的和谐德育思想存在各自的局限性，也从来没有真正能够变为现实，但是，从中外教育史中，我们可以披沙拣金，吸取前人有益的思想和经验去发现规律，开拓创新，寻求一条实现当代和谐德育的途径。

---

(1) 曹孚：《外国教育史》，人民教育出版社，1998年，第56—57页。
(2) 申小龙：《语言与文化的现代思考》，河南人民出版社，2000年，第46页。
(3) 黄志斌：《绿色和谐管理论》，中国社会科学出版社，2004年，第63页。

2. 和谐德育的现实价值

从和谐德育思想在国内外的发展历史来看,实施和谐德育对我国建设和谐社会、推进和谐教育以及学校德育工作改革均具有十分重要的现实意义。

(1) 对建设和谐社会的价值

党的十六届四中全会第一次在党的文献中提出了构建社会主义和谐社会(以下简称"和谐社会")的战略任务。所谓和谐社会,我们认为是指物质文明、精神文明、政治文明共同发展,公平、合理和有序的社会,是以人为本,全面、协调可持续发展的新型社会。而和谐社会能够可持续发展,取决于经济、科技、社会与环境、资源、生态以及人的发展相互作用、相互影响、综合与协调发展的程度与水平,特别是人本身的发展进步程度与思想道德水平,这是整个社会可持续发展的核心和目的。

当前,我国社会的发展正处于关键时期。2003年,我国人均国民生产总值已突破1000美元,正在向人均3000美元的新目标跨越。[1]许多国家的发展进程表明,人均GDP在1000美元到3000美元之间的发展阶段,往往既是一个国家经济发展的黄金期,也是矛盾凸显期。随着改革开放和社会主义市场经济的深入发展,我国经济社会生活也发生了深刻变化,社会经济成分、组织形式、就业方式、利益关系和分配方式日益多样化,社会利益关系更为复杂,出现了许多新情况、新问题。现代物质文明的非和谐发展,不仅造成了"自然和谐"的破坏,而且也造成了"人和自然"、"人与人"之间和谐的破坏。市场经济就象一把双刃剑。它激发了人们主体意识的生成,同时诱发个人主义倾向;增强了效益观念和求实精神,同时诱发了拜金主义和重利轻义思想;也造成一些领域道德失范,诚信缺失、假冒伪劣、欺骗欺诈活动的蔓延,甚至某些地方封建迷信、邪教和黄赌毒等社会丑恶现象沉渣泛起,这一切都给社会的和谐发展造成不可忽视的负面影响。建构和谐德育,以提高个体的道德水平为起点,推及社会道德水平的提升,能够纾解社会矛盾,促进社会稳定。这就为社会的和谐发展创造有利条件。

(2) 对推进和谐教育的价值

所谓和谐教育,就是以全面贯彻党和国家的教育方针为指导,通过建立民主和谐的师生关系、和谐有序的教学过程以及优化教育教学环境等措施,有效地消除教育系统中各子系统及其要素之间因不和谐而产生的内耗,使学校教育系统中各子系统及其各要素之间协同作用,产生教育合力,从而促使学生在德育、智育、体育、美育和劳动教育等方面全面而和谐地发展。作为承载教育理想的大中小学校,勿庸质疑,经过几十年的跋涉探索,办学业绩卓有成效。但不可否认的是在复杂多变的社会形势面前,在教育健康发展的主流上也附着很多深层次的情况和问题,需要我们德育工作者去正视它、分析它、解决它。特别是近年来,随着市场经济日益快速发展,我国学校教育实践过程中出现的诸多不和谐因素,如学生与老师、学生与管理者、学生与社会在学习、思想、生活观念的不和谐等等。有的学校重"智"轻"德",有的老师只"教"不"育",导致学生道德、心理、思维方式以及非智力因素的非平衡发展,造成部分学生人格的裂变和人与人冲突的加剧。

在以知识和信息生产、分配和使用为基础,以人力资源及其创造性为支柱,以市场为依

---

[1] 严书翰:《构建社会主义和谐社会的立论依据和基本思路》,载《山东社会科学》,2005年,第3期。

托的知识经济浪潮扑面而来的今天,人们对培养具有完善人格和综合素质和谐发展人才的呼声,成为时代的最强音。我们的德育工作者只有从切实关心学生身心健康入手,大力提倡并建立"和谐德育"作为制衡机制,才会推进教育和谐化。从教育学意义看,"和谐德育"的主要功能指促进人的身体与心灵、智力与德性、知识与能力、理性与审美的普遍的、和谐的发展。其价值在于发挥德育的灵魂统帅作用,将构成教育系统的要素予以优化,形成教育合力,提升教育者和受教育者的主体地位,增进教育效益,促使学生在知识与技能、过程与方法、情感态度与价值观等方面素质的和谐并进,从而保证"整体性人"的生成与发展。

(3) 对发展学校德育的价值

在改革开放和建立社会主义市场经济体制的过程中,我国学校德育工作,同样受到功利主义价值取向的影响,同样凸显出越来越多的新情况和新问题。德育还没有像智育那样形成一套科学化、系统化、规范化、相对稳定的传授系统;大中小学的德育内容不同程度地存在着"倒挂"、"脱节"、"简单重复"、"过频变动"和脱离学生身心特点和知识水平实际,脱离社会生活实际的现象;学校德育工作习惯采用灌输禁戒的传输方式,致使知德分离、智德脱节,造成德育对象、德育目标、德育内容、德育方法、德育评价等方面应然与实然的二元对立,学校德育变得苍白而乏味。

培养学生做什么样的人,怎样做人?无论哪一个国家的教育也回避不了这个问题。知识是力量,道德更是力量。人们越来越具有这样的共识:智育不合格者是次品,体育不合格者是残品,而德育不合格者则是危险品。虽然世界各国道德教育的目的、内容、标准、方法不尽相同,但有一点是相同的,就是都越来越重视和谐德育,重视和谐德育的价值。和谐德育不是将道德行为简单地、片面地归因于道德认识,完全忽视了道德需要、情感、意志的基础地位。坚持以和谐的方式促使"知情意行"高度融合,既直接面向实然的"生活世界",也指向应然的"理想世界",既注重编码化明示性德育信息的言语表达,也注重非编码化隐含德育缄默信息的内在体悟。这使得德育更多地充满张力,富于跳跃性、亲缘性、亲和力。

3. 和谐德育的基本内涵

所谓和谐德育,指的是德育以满足社会发展需要和受教育者个体发展需要的统一为出发点,在遵循受教育者身心发展规律的基础上,调控构成德育体系诸要素之间的关系,使之发生和谐共振效应,从而促进学生思想品德全面而和谐发展的一种德育模式。和谐德育是对全面发展教育理论的继承与创新,它的内涵主要包括如下几个方面。

(1) 民主融合的师生观:教师、学生"双主体"和谐

师生关系是学校教育中最基本的人际关系。和谐融洽的师生关系不仅是有效进行教育活动、完成教育任务的重要条件,而且本身也是一种重要的教育力量,能够对学生思想品德的发展产生极大的教育效应。学生由生物人向社会人的发展,并不是简单地被动地接受先天条件和外部刺激的结果,学生的思想品格、人格精神不是"教"出来的,而是学生在良好、健康的人际环境中耳濡目染,逐渐养成的。德育过程主要是教师与学生之间、学生与学生之间的多元互动过程,这一过程是一个链条式的循环往返过程,其互动的效果决定了学生思想品德发展的方向与程度,其效应是由师生关系和谐程度决定的。在德育活动中,教师与学生如果能够平等相处,诚恳相待,学生人格就会得到充分尊重,个性潜能得以展示。教师自己的高尚

道德情操，优良的个性品质就能够潜移默化地影响和感染学生。反之，在传统的"师道尊严"师生关系影响下，师生间由于缺乏双向的情感交流和平等的合作沟通，往往造成不和谐的师生关系，就会严重地削弱德育效益。

(2) 整体优化的大德育观：学校、家庭、社会"三教"和谐

学校德育与社区环境、家庭环境以及校园环境之间始终是相互联系、相互渗透、相互作用、相互影响的。实践证明，家庭、学校、社会在教育主体、内容、方式、方法上各有优势，只有在学校、家庭、社会三方面教育力量和谐一致的时候，学生的品德发展才是健康的积极的。所谓整体化大德育观，指的是从学校、家庭和社会三个方面同时采取强有力的措施，使"三教"相互协调，取长补短，充分发挥各自的优势，产生多渠道、多方位教育和谐整体的德育效应。首先，"三教"和谐，有利于实现德育目标一致，德育观念趋同，德育过程同步，德育途径方法互补，德育资源共享。其次，有利于把学校德育工作置身于社区大环境中来运作，为建立学习型家庭、学习型社区、学习型学校的和谐社会作出贡献；再次，"三教"和谐，有利于建立广泛的社会联系，发挥学校、社区、家庭各方面德育功能，使学生成为学校的好学生、家庭的好孩子、社会的好公民，保证德育工作的连续性与整体性。

(3) 和谐有序的德育过程观：知情意行"四环节"和谐

和谐有序的德育过程观就是指教育者根据一定社会的德育要求，遵循受教育者的思想品德形成、发展规律，对受教育者有意识地传授道德知识、陶冶道德情感、培养道德意志，引导道德行为的过程。简言之，就是"知情意行"的过程。所谓"知"，即认知，指教育者引导受教育者对客观世界和主观世界进行感知和理解；所谓"情"，即情感，是指在教育者影响下，学生对"人与自然"、"人与社会"以及"人与自我"关系的态度；所谓"意"，即意志，指学生为了达到一定的目的而形成的主观能动性；所谓"行"指的是道德行为与实践。"知"是学生道德品质形成发展的基础，"情"是在认知的基础上产生的，但它又是"知、意、行"内在动力，"意"对"知、情、行"具有促进作用，"行"以道德认知为指导，受道德情感与意志的支配，同时它又对道德认知、情感与意志起到检验作用。"知情意行"是德育工作的四个相辅相成的环节。它们各司其责，又相互融合。学校德育工作要取得较大的成功，取决于四个环节的和谐统一的程度。因此，提倡和谐德育观，应遵循青少年思想品德形成发展规律，将"知、情、意、行"巧妙地整合在一起，不能片面强调一方，忽视其他任何一方，而应以传授道德认知作基础，涵养道德情感为关键，培养道德意志作保证，把社会意识巧妙转化为学生的个人意识，实践道德行为，获得"和谐互动，相互促进"的理想实效。

(4) 全面发展的教育质量观：德智体美劳"五育"和谐

所谓全面发展的教育质量观，就是指学生思想道德素质、科学文化素质、身体心理素质、审美艺术素质、劳动技能素质的全面而和谐的发展。根据马克思人的全面发展理论，人的全面发展是人的劳动能力、人的社会生活能力、人的精神生活能力与个性自由发展辩证统一的过程。就本质而言，人是一切"社会关系的总和"。[1]这就是说，人在社会生活中，必然要受

---

[1] [德]马克思、恩格斯著，中共中央马恩列斯著作编译局编译：《马克思恩格斯选集》(第1卷)，人民出版社，1995年，第60页。

到政治、经济、文化等社会关系的制约。人生的真谛就是要正确处理各种社会关系,这正是德育的本质所在。我们提倡的全面发展的教育质量观其实质在于从人的全面发展视角出发,全面实施素质教育。和谐德育就是要正确处理"五育"之间的关系。一方面,强调德育首要地位,充分发挥德育对智育、体育、美育、劳动教育的导向、动力和保证作用;另一方面使德育寓于"智育、体育、美育、劳动教育"之中,充分发挥"智育、体育、美育、劳动教育"对德育的传输、内化和巩固功能。"五育"相互交织、相互渗透、相互融合。

(5) 整体构建的德育体系观:横向系统"六要素"和谐

现代系统科学认为,任何事物都是作为系统而存在的。德育无论就其内容还是作为行为过程,都是一个系统。所谓"整体构建德育体系观",就是指学校德育理论和德育实践的各种元素按其内在规律相互联系、相互制约、相辅相成、辩证统一而构成的一个有机整体。这个有机的整体主要由德育目标、内容、途径、方法、管理、评价"六要素"构成的横向系统与幼儿园、小学、初中、高中(中职)、高职、大学、研究生教育"七学段"构成的纵向系统组成。这与我们课题组多年来的研究成果是一脉相传的。就学校德育体系的横向系统而言。德育目标是学校德育工作的价值导向系统,是其他要素发挥作用的出发点和归宿;德育内容是德育工作的媒介系统,它是其他德育要素发挥作用凭借与依托;德育途径与方法是德育工作的实施系统,决定了德育工作的效率与业绩,而管理与评价则是德育工作的监督保障系统。"六要素"职责分明,环环相扣,它们只有构成一个统一的整体,才会在相互关联、相互制约、相互作用的关系中获得最佳德育效果,保证了在整个德育过程的完整性和连续性。

(6) 整体构建的德育体系观:纵向系统"七学段"和谐

学生身心发展特点以及德育规律既要求各教育阶段的德育目标有高低之分,德育内容有深浅的侧重,德育途径和方法有不同选择,又要求随着学生年龄的增长,"德育目标、内容、方法、途径、管理、评价"能够保证教育的连续性和继承性。因此,就构成和谐德育体系的纵向系统而言,幼儿园、小学、初中、高中(中职)、高职、大学、研究生教育"七学段"在保证学段特色的前提下,应做到分层递进,螺旋上升,而不能条块分割,倒挂脱节,简单重复。

和谐德育,就体系而论,以要素系统为横坐标,以层次系统为纵坐标。在两维坐标轴规定的教育目标平面里,灵活地兼顾整体性和层次性的原则。不但使系统要素和层次要素进行由浅入深,由低到高,由感性到理性,由具体到抽象,循序渐进地整合与建构,而且使时间维度的层次系统纵向衔接,分层递进,螺旋上升,保证了各个教育阶段德育工作的层次性和渐进性,发挥德育系统的整体功能,提高德育工作的整体效果。

总之,探索并建构和谐德育,是当前建设和谐社会的客观要求,是现代德育科学理论在学校德育工作中的具体运用,是推进教育和谐发展的必然选择。当然,它也将成为我们课题必须认真思考并深化研究的重大理论与实践问题。随着人们对建构和谐德育价值认识的深入和运用能力的提升,它将在社会主义现代化建设和社会主义教育改革以及学校德育工作的实践中焕发无穷的魅力。

同志们,本届年会结束后,我们的课题将进入结题阶段。课题研究有结束,但德育科研无止境。"十一五"规划期间,我们将承担与"九五"、"十五"前后相继、一脉相承的德育课题:整体构建学校、家庭、社会三维和谐德育体系的研究与实验。中国伦理学会德育专业委员会的成立,为德育科研的深入发展搭建了更为广阔而持久的平台。我们的实验学校和实验教师可以自愿申请转入研究会的单位会员和个人会员。德育科研是永恒的,我们因德育科研结下的深厚友谊也是永恒的。让我们更加紧密地团结起来,不断深化研究,发展创新,拓展领域,为整体构建学校、家庭、社会三维和谐德育体系再立新功!

5. 2006年"十五"课题结题报告

一、课题提出的背景与缘由

本课题是对全国教育科学"九五"规划国家重点课题"整体构建学校德育体系的研究与实验"的延续性的纵深研究,因而课题提出的缘由由两个时间段的背景情况构成。

(一)"九五"立项研究的发端与背景

"整体构建学校德育体系的研究与实验"发端于"八五"规划。"八五"期间,中央教科所德育研究中心承担了国家教委重点课题——"我国各级各类学校德育现状调查研究"。这项调查研究既包括大、中、小学德育工作现状的调查研究,又包括大、中、小学生思想道德素质现状的调查研究。调查样本涉及23个省(直辖市、自治区),225所学校,12500名学生。这个课题可以说是首次全国性、系统性、全方位的大型德育现状调查研究。在大面积问卷调查研究的基础上,还分别召开了各种类型的座谈会进行典型调查,把定量分析与定性分析相结合,撰写了45份分门别类的调查报告。在此基础上,撰写了总体研究报告。

总报告指出:在改革开放和建立社会主义市场经济体制的过程中,学校德育面临着许多新情况和新问题。例如:在经济体制转轨、经济形式多元存在的情况下,如何坚持社会主义意识形态的一元导向?在扩大对外开放,吸收国外先进技术、经验的情况下,如何振奋民族精神,树立民族自信心和自豪感?在社会生活中存在着"一切向钱看"思想的影响下,如何树立正确的人生观、价值观?在社会生活中出现"黄毒赌"、"假冒伪劣"、"坑蒙拐骗"等消极影响的情况下,如何教育学生增强遵纪守法观念和诚信意识?在人际交往日益频繁、复杂的情况下,如何培养学生具有待人接物和立身处世的良好道德品质?在升学考试、就业竞争激烈的情况下,如何培养学生承受挫折、适应环境、积极进取的健康心理素质?面对这些问题,德育工作者做了大量工作和坚持不懈的努力。但是,从总体上来看,学校德育还有许多不和谐、不适应的地方,还存在不少亟待解决的问题。

首先,大、中、小学没有形成整体化德育大纲。现行的《小学德育纲要》、《中学德育大纲》和《高等学校德育大纲》是分别制定的,对大、中、小学德育的衔接没有给予充分的考虑,因此不同程度地存在着倒挂、脱节、不必要的重复、脱离学生身心发展特点和品德形成发展规律的问题。这三个大纲都是"八五"规划以前制定的,随着时间的推移和形势的发展,它们也需要不断地发展和完善。

其次,大、中、小学的德育途径没有形成有效的教育合力。小学思想品德课、中学思想教育课、大学马克思主义理论课和思想品德课,是德育的主要实施途径。但是这些课程并不能涵盖德育的全部内容,有的甚至已经学科化、应试化,削弱了德育功能。尽管可以把其他德育内容放在学校的党团工作、班主任工作、"三育人"、课外活动、社会实践中来实施,但是这些德育实施途径并没有整体规划、明确分工和形成合力,在时间、空间、人力、物力上得不到保证,容易落空或流于形式。

再次,大、中、小学没有建立起可行的德育评价机制。目前,学校德育工作没有建立起科学、简明、便于操作的评价体系。没有形成检查、督导、评估德育质量的有效机制。因此,智育一手硬,德育一手软的问题依然在一些地方和学校严重存在着,德育"说起来重要,干起来次要,忙起来不要"的情况难以得到根本转变。

总报告的结论部分是《加强和改进学校德育工作的对策性建议》,共提出六项建议,其中包括制定大、中、小学整体化德育大纲,制定大、中、小学德育课程系列教学大纲,整体构建大、中、小学德育体系,建立科学化、系统化、规范化的,整体和谐的,有中国特色的社会主义德育体系。这个建议初稿刊登在中央教科所的内部刊物《科研与决策》1994年第4期上。李岚清副总理看到这个材料之后,于5月14日做了明确批示:"教委:调查中的有些建议,可以纳入'加强和改善德育工作'讨论稿。"国家教委有关领导也做了批示,要求"组织文件起草小组的同志仔细商量一下,与全教会主报告、中央常委讨论意见一并吸收有关精神,写入文件稿。"这里所说的"文件稿"就是1994年8月31日颁布的《中共中央关于进一步加强和改进学校德育工作的若干意见》,这个文件的第5条明确规定要"整体规划学校的德育体系。"

为了贯彻落实中央文件关于"整体规划学校的德育体系"的精神,在对《小学德育纲要》、《中学德育大纲》和《高校德育大纲》进行认真研究的基础上,我们写出了涵盖大、中、小学的、系统的、整体化的《有中国特色的社会主义德育体系的初步构想》。与此同时,还出版了《中国德育全书》(200万字),对大、中、小学校德育进行了系统的、全面的研究,为本课题的提出奠定了良好的基础。

本课题的提出经过了一个自下而上、自上而下的过程,经过了一个从实践中来、通过研究再到实践中去的过程。

(二)"十五"深化研究的背景与基础

1. 新世纪新时期社会发展对学校德育提出的新要求

(1) 全面推进素质教育对学校德育提出的新要求

1999年6月,党中央国务院作出了《深化教育改革,全面推进素质教育的决定》(以下简称《决定》),为我国新世纪教育改革明确了方向和任务。《决定》把培养学生的创新精神和实践能力确定为素质教育的重点内容。人的创造能力的形成是人的思想道德素质和科学文化素质和谐统一的结果。人的实践能力与人的创新精神和创新能力紧密相连,都是人的道德品质的构成要素。素质教育的这两个重点在新世纪我国社会发展特别是在知识经济社会背景下意义重大。在全面实施素质教育的过程中,怎样科学地认识和落实德育的首要地位,充分发挥德育对智育、体育、美育、劳动教育的导向、动力和保证作用;怎样改变"应试教育"重智轻德的倾向,建立德育与其他各育整体和谐的联系;怎样把握培养学生的创新精神和实践能力与德育的关系,形成长效教育机制;需要运用整体构建的思维方式和工作方式来解决。《决定》对德育要进行思想、政治、道德、法纪、心理五个方面的教育进行了阐述，对德育的目标内容体系构建，提出了"按德育总目标和学生成长规律，确定不同学龄阶段的德育内容和要求，在培养学生的思想品德和行为规范方面，要形成一定的目标递进层次"的要求；在德育途径方法上，提出了"加强学校德育与学生生活和社会实践的联系，讲究实际效果"的要求；同时《决定》还提出了"建立符合素质教育要求的对学校、教师和学生的评价机制"的要求。这些要求均需通过整体构建德育体系才能得到落实。

(2) 公民道德建设对学校德育提出的新要求

2001年10月，中共中央颁发了《公民道德建设实施纲要》(以下简称《纲要》)，首次构建了社会主义道德建设实施体系的总体框架，这一体系包括公民道德建设的指导思想、主要内容、途径形式、方法手段、管理机制等方面。《纲要》在指导思想中提出了"以人为本"的观点。对学校教育，《纲要》指出："学校是进行系统道德教育的重要阵地。各级各类学校必须认真贯彻党的教育方针，全面推进素质教育，把教书与育人紧密结合起来。要科学规划不同年龄学生及各学习阶段道德教育的具体内容，坚持贯彻学生日常行为规范，加强校纪校风建设。要发挥教师为人师表的作用，把道德教育渗透到学校教育的各个环节。要组织学生参加适当的生产劳动和社会实践活动，帮助他们认识社会、了解国情，增强社会责任感。"《纲要》还指出："家庭、学校、机关、企事业单位和社会在公民道德建设教育方面各有侧重、各有特点，是相互衔接、密不可分的统一整体。必须把家庭教育、学校教育、单位教育和社会教育紧密结合起来，相互配合，相互促进。"

(3) 社会主义先进文化建设对学校德育提出的新要求

2001年7月1日江泽民同志在建党八十周年大会的讲话中指出："加强社会主义思想道德建设，是发展先进文化的重要内容和中心环节。" 2002年11月，党的"十六大"报告关于文化建设的任务中指出："切实加强思想道德建设。依法治国和以德治国相辅相成。要建立与社会主义市场经济相适应、与社会主义法律规范相协调、与中华民族传统美德相承接的社会主义思想道德体系。""必须把弘扬和培育民族精神作为文化建设极为重要的任务，纳入国民教育全过程，纳入精神文明建设全过程。""深入进行党的基本理论、基本路线、基本纲领和'三个代表'重要思想的宣传教育，引导人们树立中国特色社会主义共同理想，树立正确的世界观、人生观和价值观。认真贯彻公民道德建设实施纲要，弘扬爱国主义精神，以为人民服务为核心、以集体主义为原则、以诚实守信为重点，加强社会公德、职业道德和家庭美德教育，特别要加强青少年的思想道德建设，引导人们在遵守基本行为准则的基础上，追求更高的思想道德目标。加强和改进思想政治工作，广泛开展群众性精神文明创建活动。"

上述中央文件的精神，为本课题研究提供了前所未有的宏观背景、政策导向和思想理论基础，对整体构建学校德育体系的深化研究和推广实验具有重要的指导意义。

2. 新世纪新时期学校德育工作面临的新情况新问题

进入新世纪后，教育界对学校德育工作的认识和采取的措施呈持续加强态势。同时，学校德育工作存在的问题仍然比较严峻。中共中央办公厅、国务院办公厅于2001年初下发的《关于适应新形势进一步加强和改进中小学德育工作的意见》在肯定学校德育工作成绩的同时,全面客观地分析了当前学校德育工作存在的问题:"面对国内外形势的新变化,教育改革与发展的新任务和青少年思想工作的新情况,中小学德育工作还很不适应。突出表现在:"重智育轻德育"、"一手硬一手软"的现象依然在一些地方和学校严重存在;德育工作不适应青少年学生身心发展的特点,不适应社会生活的新变化,不适应全面推进素质教育的要求,方法与手段滞后,针对性和实效性不强;重课堂教学轻社会实践,重校内教育轻校外教育的倾向比较严重;全社会关心和支持教育的风气尚未全面形成,一些地区的社会环境不利于青少年学生健康成长;一些教师的思想道德素质与教书育人、为人师表的要求存在较大差距,教师职业道德建设亟待加强;德育工作的保障措施不够有力,体制、机制、队伍建设和经费投入等政策措施不到位。"这些问题形成于上世纪80年代发展于90年代,并且是现在和今后德育工作仍然面对的严峻问题和真实情况。在"九五"课题研究过程中,学校和教师已经形成了"问题就是课题"的科研意识,实验校确立的子课题一般都是以学校德育存在的突出问题为切入点的。事实上,学校和教师正是在解决面临的问题中感受德育科研的价值和作用的。就是通过德育科研认识问题形成的原因,又通过德育科研探索解决问题的方法,从中把握德育的规律性。学校德育存在的现实问题,增强了学校和教师的教育责任感;"九五"课题研究与实验的成效,坚定了教师通过德育科研解决现实问题的信心。

上述几个方面的背景情况表明,学校德育面临的任务和要解决的问题是整体性的、全方位的,某些方面的专题研究和单项改革是不能从根本上完成和解决我国学校德育工作面临的任务和问题的。本课题"九五"期间对上述社会发展要求和学校德育工作中的问题已经运用整体构建德育体系的方式进行了初步研究和实验,在一定程度上体现了理论思维对社会发展要求和教育实践的分析、概括和预见的作用。整体构建学校德育体系的研究要略就是把大、中、小学德育工作视为一个由德育的目标、内容、途径、方法、管理、评价六个子体系构成的整体,整体构建德育体系就是研究如何使六个子体系在各学段横向贯通,纵向衔接,分层递进,螺旋上升。上述德育工作面临的任务和存在的问题都可以归结到德育的目标、内容、途径、方法、管理、评价上来。我们认为:整体构建学校德育体系的思想方法和工作方式是符合实际的,需要继续深化研究和推广实验。通过研究,能够从整体上推进学校德育问题的解决。本课题"九五"研究成果《整体构建德育体系引论》、《整体构建德育体系总论》和《整体构建德育体系实验报告集》、《整体构建德育体系研究论文集》,从思想理论和实践模式上为"十五"时期的深化研究与推广实验建构了研究基础和实验参照。

二、深化研究的内容与过程

本课题的指导思想和总体目标是:以马列主义、毛泽东思想、邓小平理论、"三个代表"重要思想和科学发展观为指导,坚持解放思想、实事求是、与时俱进、开拓创新的思想路线,坚持系统科学的理论原则,把各级各类学校德育作为一个系统加以统筹规划,整体构建学校德育体系。为建立科学化、系统化、规范化、现代化的具有中国特色社会主义的、代表先进文化前进方向的、适应素质教育要求的学校德育体系提供理论参照和实践模式。

整体构建学校德育体系深化研究以本课题"九五"成果为基础,以各个学段学校德育工作的实践形态为中心，依序分层整体构建各学段德育体系实践导引和校本德育体系。整体深化研究的内容与过程如下图示：

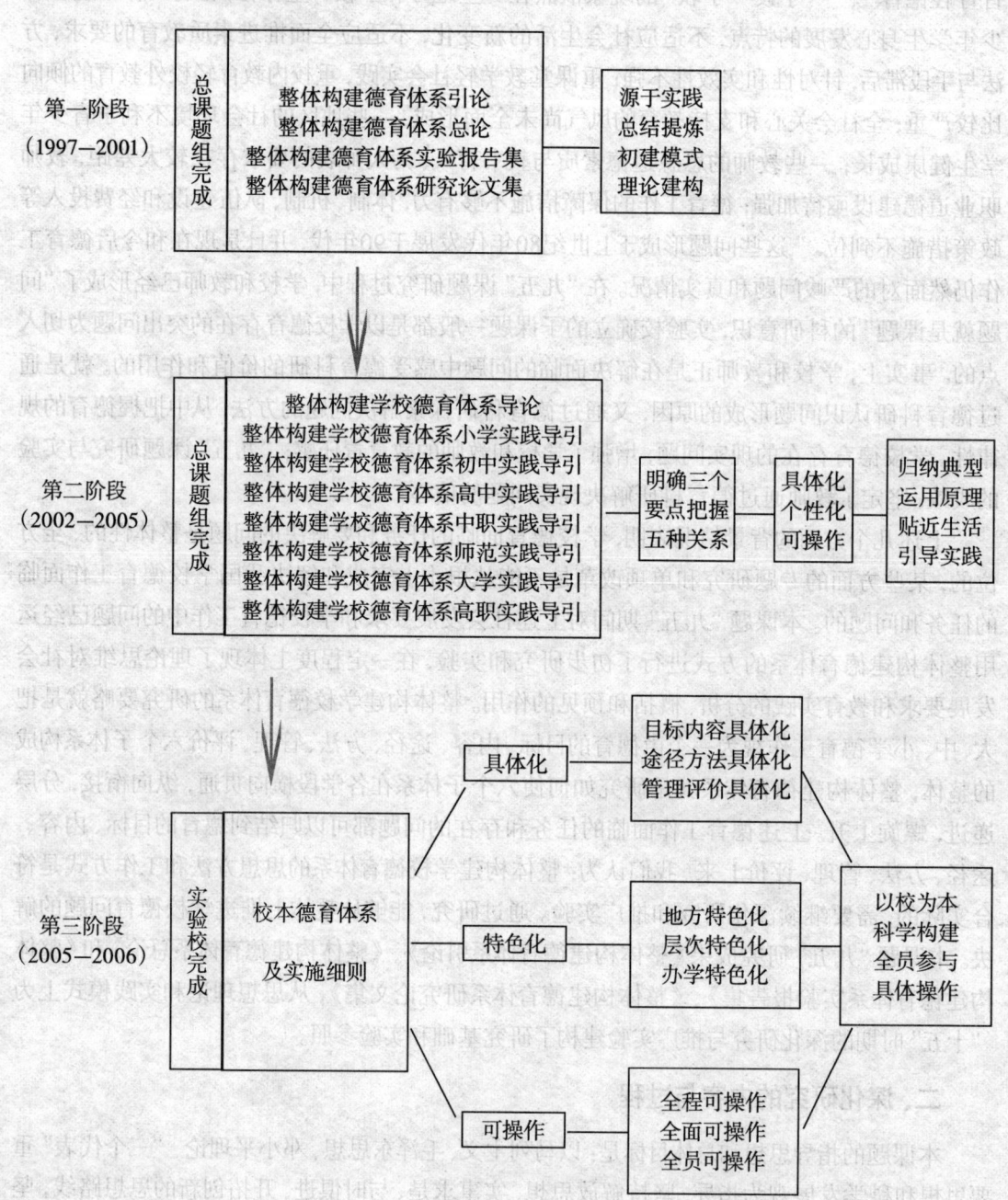

上面图示反映了本课题从"九五"（1997—2001）到"十五"（2002—2006）研究的主体内容及深化发展过程，全部过程可以分为三个阶段。这三个阶段紧密联系，逐步深化，体现了从宏观到微观、从抽象到具体、从理论到实践的总体研究思路。

(一) 整体构建大中小学德育体系总论的研究

第一阶段,"九五"时期在对学校德育工作现状调查研究基础上,组织指导实验区、实验校进行整体构建学校德育体系的分学段、分专题的研究与实验。最后,由总课题组全面总结提炼实验区、实验校的研究成果,形成《整体构建德育体系总论》等"九五"四部最终成果。《整体构建德育体系总论》以德性论、德育论、系统论为理论基础,以贯通古今、融会中西、继承借鉴、发展创新为基本原则,以德育目标、德育内容、德育途径、德育方法、德育管理、德育评价等要素系统为横坐标,以小学德育、中学德育(中职德育)、大学德育等层次系统为纵坐标,进行横向贯通、纵向衔接、分层递进、螺旋上升,整体构建21世纪有中国特色的、代表先进文化前进方向的、适应素质教育要求的学校德育体系,为增强学校德育工作的科学性、针对性和实效性提供了理论参照和实践模式。

《整体构建德育体系总论》首次整体构建了总括大中小学各学段的理论形态学校德育体系,初步归纳出部分创新性实践模式。进入新世纪,学校德育工作面临着新形势和新问题,我们必须与时俱进,不断开拓创新。《整体构建德育体系总论》是认识的发展阶段,而不是认识发展的终结,理论形态德育体系仍是动态发展中的理论体系。理论形态德育体系的发展应继续坚持开放的观点、实践的观点、继承借鉴和发展创新的观点。密切关注实践形态德育体系的动态发展情况,注意发现和总结其中的规律性问题,进行深入研究和实验,在新的认识基础上充实和完善理论形态德育体系,做到在实践中检验理论,在理论的运用中发展理论。

(二) 整体构建各学段德育体系分论的研究

第二阶段是"十五"承接"九五"深化研究的开端。其重点研究内容是整体构建各学段德育体系(因是《总论》的分学段具体展开,故简称《分论》)。

1. 整体构建各学段德育体系深化研究的重点内容

以《整体构建德育体系总论》等"九五"成果为基础,进行分年级德育的科学化、系统化、规范化、精细化研究,分别构建小学、初中、高中、中等职业学校、高等职业学校、普通高等学校的学段德育体系。为教育部制定或修订德育大纲提供决策依据,为各级各类学校德育工作从盲目性走向科学性、从零散性走向系统性、从随意性走向规范性提供理论参照和实践模式。

(1) 关于德育目标和内容

首先,深入研究怎样落实德育的总目标,即教育和引导学生树立中国特色社会主义的理想信念和正确的世界观、人生观、价值观,养成高尚的思想品质和良好的道德情操,努力培育有理想、有道德、有文化、有纪律的,德、智、体、美全面发展的中国特色社会主义事业建设者和接班人。其次,研究德育的分学段目标和分年级目标如何表述,如何体现年龄特点和德性形成的发展规律,这是德育目标深化研究的重点。第三,研究德育内容——思想教育、政治教育、道德教育、法纪教育、心理教育"五要素"各自的具体内容、特点和规律,如同智育学科的数学、物理、化学、生物、语文、外语有着不同的教学内容、特点和规律一样,德育中的道德教育、思想教育、政治教育、法纪教育、心理教育也有不同的内容、特点和规律。如果不能正确划分其内容,不能正确认识其特点,不能正确遵循其规律,就难以实现德育的科学性,也就不能收到实效性。因此,这是德育内容深化研究的难点。第四,中共中央颁布的《公民道德建设实施纲要》把"爱国守法、明礼诚信、团结友善,勤俭自强、敬业奉献"确定为公民基本道德规范。如何把基本道德规范具体化为若干个"德目",怎样构建与培育"四有"新人目标相一致、与社会主义市场经济相适应、与社会主义法律规范相协调、与中华民族传统美德相承接的德育内容体系,这些内容怎样形成序列、循序渐进地分布到各个学段,每个年级又如何把这些内容化为教师可操作、学生可接受的具体内容,这是德育内容深化研究的重点。第五,随着科学技术的迅猛发展,环境污染的日趋严重,网上垃圾的令人忧虑,全世界普遍关注和呼唤"科技道德、环境道德和网络道德"。如何对青少年学生加强科技道德,环境道德和网络道德教育,这是德育内容深化研究的又一个重点。

(2) 关于德育途径和方法

学校的德育途径包括思想品德和思想政治课(中职德育课、高校"两课")、德育活动课、学科德育、三育人(教书育人、管理育人、服务育人)、班主任工作、党团队工作、校园文化建设、校外基地建设、心理咨询和职业指导、学校教育与家庭教育及社会教育三结合等。各条途径如何发挥各自的功能,协调配合,形成全员育人、全程育人、全方位育人的德育工作格局,这是德育途径深化研究的难点。德育的本质是实践的,实践的观点是德育首要的和基本的观点。在改革思想政治课的同时,建设一门德育活动课,并使二者互为补充,互相结合,如同高校"两课"一样使之共同成为德育工作的主渠道和主阵地。如何加强德育的实践环节,如何建设德育活动课,如何使学校德育贴近实际、贴近生活、贴近学生,这是德育途径深化研究的重点。班主任和任课教师是学校德育工作的主力军。如何深化研究班主任工作,如何加强学科德育和任课教师的教书育人,这是德育途径深化研究的又一个重点。家长是孩子的第一任教师,家庭是青少年的第一所学校。在社会生活和家庭生活发生很大变化的今天,在面对独生子女教育的特殊年代,如何加强家庭教育,如何搞好学校教育与家庭教育的结合,如何办好家长学校,这是学校德育途径深化研究向家庭教育的延伸。

(3) 关于德育管理和评价

德育管理深化研究的重点是,坚持以人为本,构建具有时代特点的、体现德育规律的、有利于增强德育实效性的学校德育体制、机制、德育队伍、德育环境管理体系。德育评价的深化研究是本课题的重点和难点。说它是重点,是因为德育评价是德育管理工作中的重要环节,是检查、督导、评估德育质量的重要机制,是切实加强和改进学校德育工作,使德育由虚变实、由软变硬、由弱变强的不可缺少的重要措施。说它是难点是因为德育评价难以量化,难以建立一套科学、有效、便于操作的评价指标体系。德育评价与智育评价不同,智育评价通过考试,就可以测量学生的知识和能力的水平,而德育评价只靠考知识、考能力是不够的,还需要对学生的情感、意志、行为进行评价,而这方面的评价是不太容易量化的。因此,增加了德育评价的难度。经过研究,我们已经总结出德育评价的原则和方法。德育评价的原则是:①定性评价与定量评价相结合;②终结性评价与形成性评价相结合;③全面评价与特色评价相结合;④他人评价与自我评价相结合。评价的主要方法有:①评语鉴定测评法;②等级评定测评法;③综合记分测评法;④评语、评分、评等综合测评法。德育评价深化研究的任务是:如何建立健全学校、班级、学生三级评价体系,如何运用德育评价的原则和方法构建一套科学、实用、有效的德育评价指标体系,如何运用现代信息技术手段研制德育评价电脑软件。

2. 各学段《分论》研究把握的三个重点

（1）整体构建学校德育体系研究的目标指向

这个目标是：通过课题研究构建科学化、系统化、规范化、现代化的社会主义学校德育体系。科学化、系统化、规范化的核心是引导教育者探索、掌握和运用德育规律。现代化即德育工作的时代性，主要指德育的思想理念和内容方法是"三个面向"的、代表先进文化前进方向的、适应素质教育要求的。掌握规律和体现时代性的目的与结果是增强德育的实效性。时代性、规律性、实效性是与"整体构建"同步展现的课题研究特色。

（2）整体构建学校德育体系的思维路向

这个思路是：运用系统科学的整体性、层次性、有序性、动态性和相互联系的理论设计德育体系，优化德育的要素和结构，追求整体效应。通过德育目标、内容、途径、方法、管理、评价各要素的横向贯通和小学、初中、高中（含中职）、大学（含高职）各学段纵向衔接，增强教育合力和教育过程的系统性，促进学生品德及整体素质和谐发展，促进学校德育工作整体和谐地发展。

（3）整体构建学校德育体系的基本原则

这个原则是：贯通古今，融会中西、继承借鉴、发展创新。整体构建学校德育体系是对德育理论和实践的一种创新性研究，同时也是一种德育文化建设的创新研究。构建代表先进文化前进方向的德育体系，要继承中华民族优秀传统文化，传承民族精神，同时也要吸收借鉴国外优秀文明成果，建构时代精神。在文化的融会和整合中发展创新中国特色德育文化。民族精神是文化建设的精神支撑，要把弘扬和培育民族精神贯穿到整体构建德育体系的各项研究之中。

3. 各学段《分论》把握的五种关系

五种关系是：①《分论》与《引论》、《总论》的关系，强调《分论》是将《引论》、《总论》所建构的理论形态的德育体系转化为实践形态的具体化的德育体系；②《分论》与试验区、实验校研究成果的关系，强调要系统整理课题已有成果，作为各学段德育体系构建的基础材料，选拔这些成果中的优秀作者参加《分论》的研究撰写工作；③《分论》与《分论》的关系，强调各学段《分论》之间纵向衔接、分层递进的关系；④《分论》与普通德育论、学段德育论的关系，强调《分论》编写要以德育基础理论为指导，同时要避免照搬理论，注意突出课题自身特色；⑤《分论》与新课程体系的关系，强调《分论》与新课程体系相互融合、相互促进的关系。

4. 各学段《分论》编写的重点要求

各学段《分论》编写的重点要求，就是建立具体化、个性化、可操作的学段德育模式。

（1）具体化是《分论》在呈现方式上的要求

主要体现在三个方面：第一，各学段德育体系应包括德育目标、内容、途径、方法、管理、评价六项子体系。每一项子体系原则上要具体化到年级，小学可分为低年级、中年级、高年级三段，初中以上每学年分为一段。每段要按层次列出目标内容和评价指标的细目，各学段在把握时代性、规律性和实效性基础上制定出德育管理实施细则，为学校构建校本德育体系提供基本参考模式。第二，具体化即生活化，分论编写要体现"近、小、实、亲"的原则，各章节都应有来自教学第一线的工作实例,以具体形象的语言说明整体构建德育体系的生活形态,运用鲜活可感的教育实例阐释课题实验研究提出的新理念。第三,分论要把"整体构建"的理论要点贯穿始终,这种理论阐述应是具体的、平实的、易于广大教育者理解和运用的。

(2) 个性化是《分论》在学段特点上的要求

个性与共性的关系普遍存在于社会生活之中。相对于《总论》来说,《分论》具有一定的个性;相对于各学校德育工作来说,《分论》具有一定的共性,每个学段的德育工作具有自己的个性。各学段《分论》在确定德育目标、选择德育内容、运用德育途径、设计德育方法等方面都要从具体的教育实际出发,以学段或年级序列目标内容为参考构建方案,形成体系,充分体现德育工作的针对性、主动性和科学性,增强德育的实效性。《分论》要处理好个性与共性的关系,构建具有个性特色的德育模式,同时,又要引导教育者从不同的德育模式中把握其中的共性因素,认识和掌握德育规律。

《分论》的个性特点主要体现在三个方面:第一,每个学段分论要体现本学段学生年龄、心理和品德教育的特点。要全面深入地研究本学段学生身体、心理和品德在成长发展中的特点、成因和规律,为学校和教师开展德育工作提供科学依据和实践依据。第二,每个学段要体现本学段学校德育工作的特点。大、中、小学的德育工作都有各自的特点,各学段分论在德育目标、内容、途径、方法、管理、评价的研究中都要充分体现本学段德育工作的特点。第三,各学段要解决好与相邻学段的和谐衔接,避免倒挂、脱节、简单重复和脱离实际,把分层递进、螺旋上升的研究理念具体落实到年级、学段的体系构建之中。

(3) 可操作是《分论》在实施上的要求

具体化、个性化是德育模式可操作的重要基础,可操作是教育科研成果能否转化为教育生产力的关键环节。可操作要在"是什么"的基础上重点解决"怎么样"的问题。分论各章节都要在"怎么样"上下功夫。第一,在学校德育体系整体构建的层面上,从基本原则到实施方法都要具有可操作性;第二,每个子体系的实施要有可操作性,如怎样制定德育目标,怎样选择德育内容,怎样运用德育途径,怎样设计德育方法等都要便于实际操作;第三,对教师的德育过程、德育方法、德育科研要给予具体的实例引导,利于教师参考借鉴,使分论成为学校制定校本德育体系及实施细则和教师开展德育工作的理论指导和实践参考模式。

(三) 整体构建校本德育体系及实施细则的研究

第三阶段的主要研究内容就是在第二阶段已经构建各学段德育体系基础上,深化到学校现实的德育工作层面——即校本德育体系的研究与构建。校本德育体系及其实施细则的研究与构建是在总课题组和实验区指导组的指导下由各实验校自主完成。

整体构建校本德育体系,是指为了增强学校德育工作的针对性和实效性,各级各类学校以《中共中央国务院关于进一步加强和改进未成年人思想道德建设的若干意见》和《中共中央国务院关于进一步加强和改进大学生思想政治教育的意见》为指导,贯彻教育部《整体规划大中小学德育的意见》,按照总课题组整体构建学校德育体系《引论》、《导论》、《总论》和各学段《分论》的研究思路,依靠本校教师集体研究而构建的具体化、特色化、可操作的学校德育实施系统。

构建校本德育体系的原则与要求体现在如下几个方面:

1. 校本德育体系具体化

所谓校本德育体系具体化，指的是构成校本德育体系的德育目标、内容、途径、方法、管理、评价等要素的细化、优化与科学化。细化是指将构成校本德育体系各要素分解到细微的程度；优化是各要素之间组合的关系以及整体发挥作用的效度；科学化是校本德育体系的构建适应学生年龄特征和品德发展规律。

（1）目标内容具体化

校本德育目标，是指学生在德育方面所要达到的要求和水平。它对构建整个校本德育体系具有导向、激励、调节、控制等作用，是选择、构建德育内容的前提和基础，也是提高整个校本德育科学性与实效性的关键。因此，校本德育目标要具体化，要"近、小、实、亲"，不要"高、大、空、远"。

校本德育目标体系分为总体目标、层次目标和阶段目标。按照"总体目标，一以贯之；学段目标，各有侧重；年级目标，具体明确；情意兼顾，知行统一"的原则，整体构建德育目标体系应由"认知目标、情感目标和行为目标"构成"三维德育目标体系"。其横向结构由道德、法纪、心理、思想、政治五项德育目标群构成，每一项都含有认知目标、情感目标和行为目标；纵向结构是学生成长的各个年级，要根据循序渐进的规律，对不同年级的学生分步要求，螺旋上升。

德育内容体系的具体化，就是指根据学生的年龄特点和思想品德的发展规律，以道德、心理、法律、思想、政治等相关内容为横坐标，以低年级、中年级到高年级为纵坐标，理顺德育内容自身的逻辑关系，由浅入深、由低到高、由感性到理性、由具体到抽象进行合理部署与安排，做到"德育内容，循序渐进；德目规范，形成序列；要素完整，层次清楚；注意衔接，螺旋上升"。

（2）途径方法具体化

德育途径是开展学校德育工作的渠道。构建具体化的校本德育途径体系，指的是把七大类德育途径：课程类、实践类、组织类、环境类、管理类、咨询类、传媒类具体化为可操作的实施途径，主要根据"德育途径，对应内容；一项内容，多条途径；有主有辅，协调配合；分工合作，形成合力"的原则，把它们运用到各年级的德育工作中去。其一，课程类德育途径的具体化，就是要构建各个年级的学科课程与活动课程相结合、必修课程与选修课程相结合、显性课程与隐性课程相结合的课程类德育途径体系，并且找准各门各课的寓德点。其二，管理类德育途径的具体化，就是要使德育校长、德育主任、班主任的管理职能具体化。比如班主任工作具体化就是要建立以主题班会为基本形式，贯彻落实"双主体"、"三中心"、"四环节"等德育新理念的班主任工作规程。其三，环境类德育途径具体化，充分发挥校园环境的育人功能，精心设计校园物质文化和精神文化，使校园里每一堵墙，每一片绿，每一棵树都会说话，使整个校园成为一部立体的、多彩的、富有吸引力的生活教科书。

德育方法是为了实现德育目标，完成德育任务所采取的手段与方式。校本德育方法体系具体化，就是把语言说理类、榜样示范类、修养指导类、实践锻炼类、行为训练类、规范制约类、评价激励类等方法具体化，按照"根据内容，对应途径；多种方法，优选组合；辨证思维，法无定法；留有余地，鼓励创新"的原则分布到各年级的德育工作中去。比如，语言说理的德育方法还可以细化为商讨式谈话、谈心式谈话、点拨式谈话、触动式谈话、渐进式谈话、突击式谈话等多种方式,可针对不同的学生、不同的情况灵活运用;在运用评价激励的德育方法时,坚信"好学生是夸出来的",根据不同的对象采取登榜表彰法、上报表彰法、写信表扬法、大拇指称赞法、微笑点头法、背后夸奖法等,可收到良好育人效果。

(3) 管理评价具体化

建立具体化的校本德育管理体系,就是按照"理顺健全领导机制,稳定提高教师队伍,建立健全规章制度"的要求,把学校领导体制、规章制度、队伍建设、督导检查、考核测评等要素进行优化组合。主要表现在如下几个方面:① 确定校长的职责和学校党组织的职责;② 成立由学校党政主要领导、德育骨干、社区和家长代表参加的德育领导小组;③ 建立相应的德育工作机构,确立各机构的职责、任务、工作制度;④ 建立优化德育队伍的机制,培养与选拔班主任、团(队)干部、心理咨询教师。总之,校本德育管理体系构建要营造一种团结、民主的、和谐的校园人际关系,形成齐抓共管的学校德育工作格局。

校本德育评价,是校本德育的监督保障机制,具有导向和激励功能。校本德育评价体系具体化即要求按照导向性和激励性、科学性和系统性、形成性和阶梯性、主体性和个体性、操作性和趣味性等评价原则,运用评分、评等、评语相结合的方法,制定科学简明的学校德育、班级德育和学生品德三级评价指标体系。对学生思想品德的评价要通过家校结合、亲子互动、师生互动、生生互动等评价方法,对学生的思想道德素质进行评价,既要注意评价的客观性,又要应注意评价的导向性,学校领导、教师和家长要从各方面观察、记录、分析学生的优势和弱点,特别要注意发现每一个学生的特点和闪光点,引导和激励学生健康成长。

2. 校本德育体系特色化

特色,就是事物表现出来的独特色彩和风格。校本德育体系特色化,主要是指学校所处的地区特色、层次特色和办学特色在学校德育工作中表现出来的独特风格。特色化是校本德育体系的显著特征,也是校本德育体系构建的出发点。

(1) 地方特色化

校本德育体系地方特色化就是要求各级各类学校立足地方经济文化建设的需要,努力挖掘地方德育资源,建设富有各地风土民情的、具有地域独特性的校本德育体系。比如新疆伊宁市针对多民族的现状,构建了《民族之花常开》、《我的中国心》等具有浓郁的边疆地方特色的校本德育体系,突出了民族团结,建设边疆、保卫边疆的主题;河南信阳市发挥鄂豫皖革命根据地的德育资源优势,构建了《将军哺育我成长》、《我为家乡添光彩》等具有革命老区特色的校本德育体系,培养青少年继承革命传统,热爱家乡,建设家乡,热爱祖国、建设祖国的真挚情感。校本德育体系地方特色化充分体现学校教育环境的独特性,有利于调动学校教师、学生的积极性,使学校德育更有地方特色、教师的教学更有特点、学生的发展更有特长。

(2) 层次特色化

校本德育体系层次特色化,指的是根据各级各类学校办学层次上的区别,结合学生各年龄段的特点,针对各个层次学校的不同办学目标、不同的文化背景、不同的办学条件,制定校本德育目标、内容、途径、方法、管理、评价的具体内容。比如道德教育,小学应从一般的文明礼貌、行为规范做起，强调道德行为习惯的养成；中学则应当对道德原则、规范进行系统教育，使学生对传统道德与社会主义道德有较深刻的认识；到了大学阶段，则应进行伦理学和道德基本理论教育，使学生对道德的起源、本质、功能有深刻的理解。校本德育体系层次特色化，适应不同年龄阶段学生的身心特点、知识水平和品德形成发展规律，避免了大、中、小学德育的倒挂、脱节、简单重复和脱离实际的问题，使校本德育体系能够贴近实际、贴近生活、贴近学生，从而增强德育的实效性。

（3）办学特色化

校本德育体系的办学特色化，就是学校在构建校本德育体系的过程中根据本校的文化传统、办学优势、师生特点、德育资源和学校环境以及教育者的办学追求和情趣，努力形成独特的德育风格，确立学校德育工作独特的发展方向。简言之，就是在具有一般校本德育体系的共性基础上，突出与众不同的个性，即："人无我有，人有我优，人优我精"。一个富有生命力的校本德育体系必然有其独特的优势和风格。学校德育千篇一律、千校一面的现象，不利于学生的发展、学校的发展乃至社会的发展需要。富有特色的校本德育体系则能够满足学校发展的需要，提高学校的教育质量，为培养个性鲜明、特长突出的优秀学生搭建成长平台。

3. 校本德育体系可操作

校本德育体系可操作是指把理论形态的德育体系转化为实践形态的、可以适合本校实践运用的德育体系。校本德育体系是否有可操作性，主要从以下三个方面来衡量与检验：

（1）全程可操作

全程是一个时间概念，指学生从入学到毕业的时间过程。全程可操作，是指学校德育工作贯穿于学生从入学到毕业的整个过程之中，德育无时不在，环环相扣，贯穿始终。校本德育体系如同一个生产流程，学生从低年级发展到高年级，每一个成长阶段都是生产流程上的一道道工序。如初中校本德育体系可以将三年六个学期分成12个阶段，每一个阶段设计一个德育主体活动。第一学年主要有"迈好中学第一步、法律保护我成长、学会交往、创造和谐的成长环境、登上知识之船、扬起理想的风帆"等内容；第二学年主要有"花季困惑指南、塑造健全人格、不断完善自我、讴歌民族精神"等专题；第三学年考虑到学生初中毕业在即，面临升学压力，可以构建"鼓起勇气，迎接挑战；调整自我，增强自信；脚踏实地，自强不息；找准定位，确定理想坐标"等内容。德育贯穿学校教育的全过程，针对学生成长的每一个阶段的需要开展主题教育活动，有利于增强德育的针对性和实效性。

（2）全面可操作

全面是一个空间概念，是指学生生活、学习的全部环境。全面可操作，是指学校德育工作全方位地深入到学生学习、生活活动的全部领域。学校是一个德育信息场，教师的德育信息、学生的德育信息、管理者的德育信息以及学校物质形态所包含的德育信息相互作用，形成一定的张力作用，构成一种立体的德育空间。构建全面可操作的校本德育的要义在于营造像电场、磁场、引力场一样的校本德育场。全面可操作的工作的着力点主要体现在如下两个方面，其一，要把德育内容具体化为学生喜闻乐见、易于接受的名言警句、温馨提示等形式，分布到学校教学楼、餐厅、宿舍、文化广场，使德育信息无处不在；其二，通过情景感染、榜样示范等手段，使学生耳濡目染、亲身体验，养成良好的行为习惯；其三，通过检查督导、评比竞赛等手段,引导和激励学生自觉遵守学校的规章制度,树立社会主义荣辱观。

(3) 全员可操作

全员是指学校领导和全体教职员工所组成的教师集体。全员可操作是在"人人都是教育者"的观念指导下,通过强化全员意识,建立全员机制,开辟全员渠道等措施,使每一个教职员工均能根据自己的职责分工做到"教书育人、管理育人、服务育人"。所谓全员意识,就是强化党、政、工、团齐抓共管,班主任、科任教师和职工通力合作,学校、家庭、社会互相结合的德育意识;全员机制主要指在建立学校德育管理机制的基础上,逐步建立年级组长负责本年级德育工作,班主任负责本班德育工作,全体教职工责任到人的全员德育工作机制;开辟全员渠道即针对每一阶段的德育主题,分别确定"学校、政教处德育工作,年级组长、班主任德育工作,学科德育工作,共青团、学生会德育工作,心理辅导工作,学校、家庭、社会德育工作"的工作要点、工作方法,使德育工作真正落到实处。

三、推广实验的内容与过程

整体构建学校德育体系深化研究与推广实验各有侧重,相辅相成。深化研究侧重于体系构建,推广实验侧重于研究成果中实践载体的实验。德育体系实施载体推广实验的重点是:以《德育》读本为载体的德育内容体系的实验;以《当代家长》为载体的德育途径方法体系的实验;以《成长册》为载体的德育评价体系的实验。在推广实验的发展阶段上,与德育体系深化研究共同分为相互融合、协调一致的三个阶段。

推广实验的内容与过程如下图示:

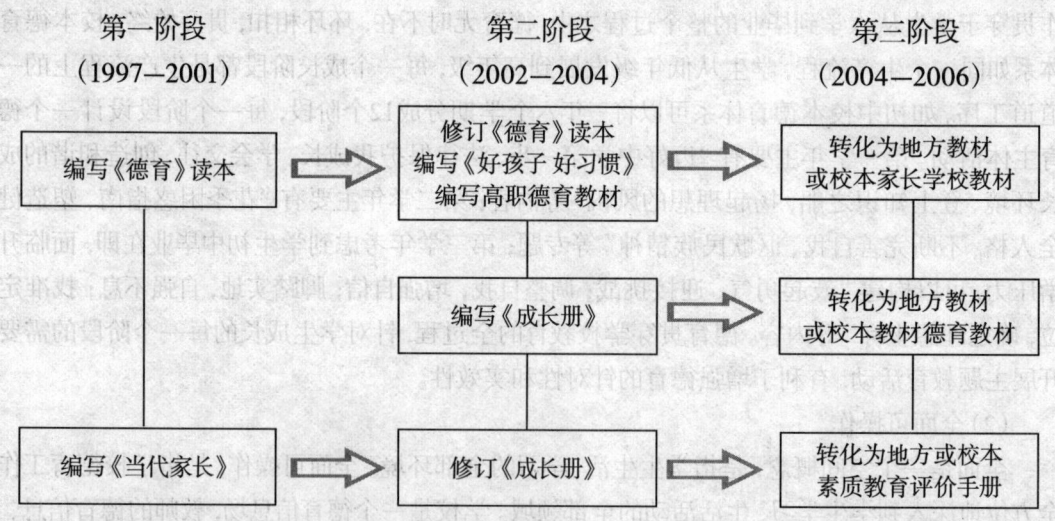

(一)《德育》读本等的深化研究与推广实验

1.《德育》读本的深化研究与推广实验

《德育》系列实验读本(其中包括小学、初中、高中、中师、中职,每学年一册共18册)的深化研究与推广实验的总体思路是:把德育内容的要素结构和层次结构划分出来,以五大要素(即道德教育、法纪教育、心理教育、思想教育、政治教育)为横坐标,以各项要素的不同层次为纵坐标,按照整体性、有序性、动态性的原则,把它们有机地结合起来,依据学生不同年龄阶段的身心特点、知识水平和品德形成发展规律，由浅入深，由低到高，由近及远，由具体到抽象，由感性到理性，螺旋上升，构建从小学一年级到大学毕业每个年级的德育内容，形成科学化、系统化、规范化的德育内容体系。《德育》系列实验读本就是德育内容体系在各级各类学校贯彻实施的一个载体，是建立德育活动课的一种模式，是对思想品德课和思想政治课的一个补充，是推进各级各类学校德育课程改革的一种探索。

《德育》读本深化研究与推广实验的重点内容是：

(1) 培养学生的创新精神和实践能力

为了贯彻落实中共中央、国务院《深化教育改革，全面推进素质教育的决定》精神，我们把培养学生的创新精神和实践能力作为深化研究的重点内容，激发学生的好奇心、求知欲，帮助学生自主学习、独立思考。鼓励学生探索创新，营造崇尚科学、追求真理的氛围，开发学生潜在的创新能力。在活动设计上狠下功夫，引导学生自觉、主动地参与德育活动的全过程，包括活动设计、活动准备、活动组织、活动评价等，增强他们的道德实践能力。

(2) 加强课程的综合性和实践性

坚持课程的综合性和实践性，是《德育》读本的基本思路和主要特色。《德育》读本的深化研究始终坚持综合性，首先是德育内容的综合性，把道德教育、法纪教育、心理教育、思想教育、政治教育五大要素融为一体；其次，坚持德育过程的综合性，把知、情、意、行融为一体；第三，坚持德育体系的综合性，把德育目标、内容、途径、方法、管理、评价融为一体。《德育》读本的深化研究始终突出实践性，不仅着眼于解决学生知不知、会不会的问题，而且着力于解决学生信不信、行不行的问题。即不仅授之以知，晓之以理，而且更注重动之以情，导之以行。避免了单纯传授知识、空洞讲解理论、死记硬背概念等脱离实际的倾向。

(3) 深入研究和开创德育活动课程的新理念

在《德育》读本深化研究与推广实验中，我们提出了德育活动课程的新理念。

一是"双主体论"，即教师是教育主体，学生是受教育主体，教师和学生应当互相尊重对方的主体地位。在德育目标的确定上，不仅要考虑社会的要求，更要重视学生自身成长的需要。在德育内容的安排上，不仅要依据社会规范，更要遵循学生的年龄特征和品德形成发展规律。在德育途径和方法的运用上，不仅要发挥教师的主导作用，更要强调学生的主体参与。在德育活动课的实施上，教师的主体性表现在活动的策划、设计和导演上，教师的教育理念、师德风范和人格魅力则蕴含其中；学生的主体性则体现在活动的"主角"地位上，学生积极主动地在活动中认知，在活动中体验，在活动中锻炼，在活动中自我评价。师生双主体在德育活动中平等交往、积极互动、共同发展。

二是"新三中心论"，在德育活动中充分调动学生的积极性、主动性和创造性，把"师本"观念让位于"生本"观念，建构"以学生为中心、以活动为中心、以体验为中心"的"新三中心论"。淡化传统的"以教师为中心，以教材为中心，以课堂为中心"的"旧三中心论"。使学生在自主参与的德育活动中体验生活，感悟道德，养成良好的行为习惯。

三是"四环节论"，德育过程是知、情、意(信)、行诸环节构成的。实践的观点是德育首要的、基本的观点。德育不同于智育，智育的任务是传授知识兼培养能力，它主要解决知不知、会不会的问题；而德育只到此并没有完结，它不仅要解决知不知、会不会的问题，而且更要解决信不信、行不行的问题,即不但要授之以知、晓之以理,而且更要动之以情、导之以行。只有知识传授,而无情感陶冶、意志磨炼和行为引导不是完整的德育。

四是"四原则论",在德育活动中,要坚持"近、小、实、亲"四原则。近,就是贴近生活、贴近学生、贴近实际;小,就是从小处着眼,从小处入手,从小事做起;实,就是倾注真情实感,讲述真实情形,做诚实守信的人;亲,就是亲切融洽,可亲可信,亲身践行。

(4)深入研究和开发德育活动课教学软件

随着信息网络技术的迅猛发展,我国大中小学的教学系统,正进一步朝着网络化、远程化的方向发展,网络走进平民百姓,闯入中小学生的学习生活已成现实。然而,德育在运用信息网络技术方面则相对滞后,引发和正在引发社会、家庭、学校的诸多焦虑。传统德育向互联网转型已成为不可逆转的趋势。2001年12月26日,德育研究中心在成立十周年之际正式开通了"中国德育网",(http://www.chinamoraledu.com)搭建了德育走向信息化的平台。从此,我们把研究和开发德育活动课教学软件作为《德育》读本深化研究的重点之一,遵循育德性、系统性、交互性、生动性、仿真性的原则,开发了德育活动课方案设计文字软盘、德育活动课优秀课例实录、德育活动课教学软件等,丰富了中国德育网的内容,为中国德育的现代化、网络化做出了贡献。

2. 幼儿园《好孩子 好习惯》的研究与推广实验

"十五"期间,我们对"九五"期间已经整体构建的小学、初中、高中(中职)高职、大学德育内容体系向幼儿教育阶段进行了纵向延伸,研究编写了幼儿系列德育读本《好孩子 好习惯》。以情感教育和培养良好的行为习惯为主线,以幼儿应该养成的生活习惯、健体习惯、交往习惯、学习习惯、安全习惯等为横坐标,以托班、小班、中班、大班等幼儿成长的轨迹为纵坐标,根据不同年龄幼儿身心发展规律,以本课题的理论为指导,吸纳了国内外最新的幼儿道德教育成果,提出了系统的幼儿良好行为习惯培养和教育的方法、步骤、措施,为幼儿园老师设计《好孩子 好习惯》主题教育活动方案,指导实验幼儿园的老师撰写观察日记、教育随笔和实验报告等,为幼儿园老师及幼儿家长培养幼儿良好行为习惯提供了系列教材。这套教材既有适合幼儿学习的"宝宝的歌"、"宝宝能做到"、"宝宝自己说"等栏目,又有适合老师和家长学习的"专家提示"、"活动建议"等栏目,是一套可供师生共读、亲子共读的综合教材,是引导和促进幼儿全面发展、健康成长的指导性读物。《好孩子 好习惯》的研究实验使幼儿园的德育工作更符合儿童成长实际。

3. 高等职业学校《思想道德修养》等教材的研究与实验

近年来,我国高等职业教育作为一种新的办学类型发展很快。高等职业教育大发展的形势,对其思想政治理论课程的建设提出了新的艰巨任务和较高要求。然而,该课程的建设却相对滞后,还不能适应我国高等职业教育快速、健康、持续发展的要求。随着高等职业教育的发展,高职院校思想政治理论课的教学环境、对象和实际要求均发生了较大变化,迫切要求根据新的形势和客观需要对该课程的教学模式和方法进行新的思考和探索,运用教学设计的理论和方法构建教学新模式。在整体构建德育体系的过程中,我们根据德育目标和高职生思想品德发展的基本规律,针对高职生的特点和高等职业学校的办学模式编写了《思想道德修养》、《法律基础》、《就业指导》教材,编写了《思想道德修养教学参考书》、《德育活动》

读本等教学辅导用书和《思想道德修养》课程多媒体教学课件。其中,《思想道德修养》以人生观、价值观、道德观、职业观教育为主线,以提高高职生思想道德素质为主要内容,将"三个代表"重要思想、依法治国与以德治国思想、《公民道德建设实施纲要》有关精神、教育部《"思想道德修养"教学基本要求》、中华民族优良传统道德、职业道德基本理论渗透到教材中去;《法律基础》以教育部《"法律基础"教学基本要求》为依据,以提高高职生法律意识和法律素质为主线,充实了与世贸组织相关的法律常识的有关内容,增加了诉讼维权、案例说明等内容,突出了职业教育的特点;《就业指导》紧密结合高等职业教育的特点和就业新形势,帮助高职生树立正确的就业观,了解高校毕业生的就业政策、就业形势与就业市场,明确求职择业的方法和技巧,为高职生顺利就业、适应社会、走向成功提供必要的指导。教材中设计有"篇首辨析"、"典型事例"、"自我测试"、"案例分析"、"交流研讨"、"道德活动"、"资料参考"等板块,将情境化的教学环节引入教学过程中,使德育过程的知、情、信、意、行,理论教学与实践教学,师生之间的"双主体互动"等教学环节和谐地统一起来。情境化的教学方案设计具体明确,有可操作性,有助于增强教学的针对性、实用性和有效性。

(二)《当代家长》的深化研究与推广实验

1.《当代家长》深化研究与推广实验的总体思路

2002年,基于画好大、中、小学德育体系纵向衔接"一竖"的基础,为画出学校德育与家庭教育相结合的"一横",总课题组针对当前家庭教育存在的主要问题,研制编写了《当代家长》系列教材。这套教材以提高每一个家庭和中华民族的整体素质为目标,以指导孩子学会做人、学会求知、学会健体、学会健心、学会审美、学会实践(劳动)、学会创新、学会生活等家庭教育的八大内容为横坐标,以幼儿至大学生六个成长阶段为纵坐标,针对不同年龄阶段学生的身心特点、知识水平和成长中遇到的问题,在整体构建学校德育体系思想、理论的指导下,整体构建家庭教育体系。我们将实验的目标定位为"通过《当代家长》的实验研究,使学校教育与家庭教育价值取向一致,教育理念趋同,教育过程同步,教育途径互补。引导家庭教育走上科学化、系统化、规范化、现代化的轨道,从而提高家长素质和家教水平"。

2.《当代家长》教材的主要内容

在内容设计方面,我们针对当前家庭教育存在的误区和家长最关心的问题确定从"指导孩子学会做人、指导孩子学会求知、指导孩子学会健体、指导孩子学会健心、指导孩子学会审美、指导孩子学会实践、指导孩子学会创新、指导孩子学会生活"八个方面编写。每一个方面均有10个左右的选题,根据孩子成长的需要和家长亟待解决的问题设计。例如初中"指导孩子学会健心"就包括"警惕心灵荒漠化、成长的烦恼、学习中的无形杀手、自信无价、让孩子心里充满阳光、意志力是健心的'钙'、交往伴随孩子成长、孩子当自强、尊重是一首无言的诗、学会倾听"十项内容。

3.《当代家长》教材的编写特色和实验情况

根据家庭教育的特质,按照科学性、时代性、系统性、实用性原则革新了编写体例:每本书列出约10个家教观点作为标题。每篇课文都精选了1—2条典型案例。根据案例的内容附上两条家教名言,一条是成功家教的启示录,一条是失误家教的警示录。然后列出1—3个思考题,引导家长们思考、交流、研讨。根据典型案例的启示或警示,针对交流研讨中列举的正确、错误、模糊、极端的家教观点进行点评,提出科学、现代的家教理念,进行明确的正面引导。对家教实践中具体的、特殊的疑难问题具体分析,一把钥匙开一把锁,使家教主题观点得到深化和应用。围绕本课题所表达的家教观点配备相关自测题,留有答案空格、评分标准和方法,便于统计考核。最后给家长提供了一些家教应了解的常用规则、指标、数据、信息、标识等多方面的参考资料,有利于丰富家长的知识。如小学生日常行为规范、礼仪常规、名人家训、中国7—12岁孩子体格指标、智商测量表、心理测量表、交通安全常识、交通信号标识,等等。这项研究与实验以提高家长素质和家教水平为目标,以整体构建德育体系的理论、原则和理念为理论基础,以《当代家长》丛书为教材,以家长学校和家长委员会为主要途径,以培训家长为主要形式,以家校结合、师生互动、亲子互动为主要方法进行实验研究。

(三)《成长册》的深化研究与推广实验

"九五"期间,我们以中共中央、国务院《深化教育改革,全面推进素质教育的决定》为指导,以建立综合素质评价体系为目标,以思想道德、科学文化、身体心理、审美艺术、劳动技能和个性特长、创新能力、自育能力(亦即学会做人、学会求知、学会健体、学会健心、学会审美、学会劳动、学会创新、学会自护)等八个方面为评价内容,以培养学生自订成长目标,自析成长环境、自寻成长动力、自开成长渠道、自研成长方法和自评成长效果为基本理念,研究编写了《成长册》(小学、初中、高中、中职每学年一册,共18册)。"十五"期间,我们坚持与时俱进,对《成长册》进行了深化研究与推广实验。

1. 依据中央文件精神,研究《成长册》修订原则

首先,要全面贯彻党的教育方针。《成长册》作为学生综合素质评价手册,要从德、智、体、美、劳等方面综合评价学生的发展,培养学生热爱党、热爱社会主义、热爱祖国、诚实守信、助人为乐的高尚品质,终身学习的愿望和能力、健壮的体魄、良好的心理素质以及健康的审美情趣。

第二,要全面推进素质教育。中小学评价与考试制度改革的根本目的是为了更好地提高学生的综合素质和教师的教育水平,为学校实施素质教育提供保障,充分发挥评价的促进发展的功能,使评价的过程成为促进教学发展与提高的过程。对学生、教师与学校的评价的内容要多元,既重视学生的学习成绩,也注重学生的创新能力和实践能力;既重视教师业务水平的提高,也重视教师的职业道德修养;既重视学校整体教学质量,也重视在学校的课程管理、教学实施等管理环节中落实素质教育思想,形成生动、活泼、开放的教育氛围。评价标准既注意对学生、教师和学校的统一要求,也关注个体差异以及对发展的不同需求,为学生、教师和学校有个性、有特色的发展提供一定的空间。

第三,要全面探讨评价方法。评价方法要多样,除考试或测验外,还要研究制定便于评价者普遍使用的科学、简单易行的评价方法,探索有利于引导学生、教师和学校进行积极的自评与他评的评价方法。

对学生、教师和学校的评价不仅要注重结果,更要注重发展和变化过程。要把形成性评价与终结性评价结合起来,使发展变化的过程成为评价的组成部分。重视学生、教师和学校在评价过程中的作用,使评价成为教育行政部门、学校、教师、学生和家长共同参与的交互活动。

2. 研究学生成长目标，修订《成长册》七项内容

根据素质教育的要求，我们深入地研究了学生的成长目标，确立了《成长册》修订的八项主要内容。(1)道德品质方面：爱祖国、爱人民、爱劳动、爱科学、爱社会主义；遵纪守法、诚实守信、维护公德、关心集体、保护环境。(2)公共素养方面：自信、自尊、自强、自律、勤奋；对个人的行为负责；积极参加公益活动；具有社会责任感。(3)学习能力方面：有学习的愿望和兴趣，能运用各种学习方式来提高学习水平，有对自己的学习过程和学习结果进行反思的习惯；能够结合所学不同学科的知识，运用已有的经验和技能，独立分析解决问题；具有初步的研究与创新能力。(4)交流与合作能力方面：能与他人一起确立目标并努力去实现目标，尊重并理解他人的观点与处境，能评价和约束自己的行为；能综合运用各种交流和沟通的方法进行合作。(5)运动与健康方面：热爱体育运动，养成体育锻炼的习惯，具有锻炼健身的能力。一定的运动技能和强健的体魄，形成健康的生活方式。(6)审美与表现方面：能感受并欣赏生活、自然、艺术和科学中的美，具有健康的审美情趣；积极参加艺术活动，用多种方式进行艺术表现。(7)学科学习方面：各学科课程标准已经列出本学科学习的目标和各个学段学生应达到的目标，并对评价方式提出了建议。

3. 研究评价措施与方法，指导《成长册》推广实验

采用多样的、开放的评价方式。教师要在教育教学的全过程中进行行为观察、情感测验、学生成长记录等，了解每个学生的优点、潜能、不足以及发展的需要。

建立每个学生的成长记录。成长记录应收集能够反映学生学习过程和结果的资料。包括学生的自我评价、最佳作品(成长记录及各种作品)、社会实践和社会公益活动记录、体育与文艺活动记录、师生的观察和评价、来自家长的信息、考试和测验的信息等。学生是成长记录的主要记录者，成长记录要始终体现诚信的原则，要有教师、同学、家长开放性的参与，使记录的情况典型、客观、真实。

考试与其他评价方式相结合。考试是评价的主要方式之一，要根据考试的目的、性质、内容和对象，选择相应的考试方法，充分利用考试促进每个学生的进步。

每学期、学年结束时学校要对每个学生进行阶段性的评价。评价内容应包括各学科的学业状况和教师的评语。评语应在对搜集到的学生资料进行分析，并与同学、家长交流、沟通的基础上产生。评语应多采用激励性的语言，客观的描述学生的进步、潜能以及不足。同时要制定明确、简要的促进学生发展的改进计划，帮助学生认识自我、树立自信。

四、深化研究与推广实验的方法与范式

(一)研究方法的创新

本课题研究主要运用了系统研究法、实验研究法和行动研究法。

1. 系统研究法的运用与创新

系统科学研究方法是马克思主义的唯物辩证法普遍联系原理的具体化和深化，是研究事物整体联系和运动发展规律的科学。将系统科学理论原则作为整体构建学校德育体系的方法论基础，在德育研究中尚属首次，是本课题在研究方法上的创新。系统论的基本理论原则是整体性、层次性、有序性、动态性。根据系统论原理，我们把学校德育作为一个系统进行

整体性研究,并按照"子系统"和"分系统"这样两种方式来划分学校德育系统的层级结构。把小学、初中、高中、中职、高职、大学六个学段作为六个相对独立的子系统;把德育目标、内容、途径、方法、管理、评价作为学校德育的六个分系统,形成"块"与"条"的关系,以六个分系统为横坐标,以六个子系统为纵坐标,进行横向贯通、纵向衔接、分层递进、螺旋上升,以纵横坐标的关系建构起来,使整体构建学校德育体系具有较强的科学性。

系统研究法的操作要点是:整体、联系、和谐、合力。在构建学段德育体系和校本德育体系的研究中,面向现实的学校生活,系统研究法得到深化发展,出现了许多创新模式。例如在构建小学养成教育目标内容体系研究中,结合小学生品德形成发展规律和特点,首先制定小学学段养成教育"共性"系列目标:做人——明礼诚信、有爱心;做事——讲效益、守规则;学习——会学、乐学、创新。与"共性"目标内容相配合,制定出每个年级的养成教育"个性"培养系列标准,年级之间既相互连接,又逐步加深。与年级"个性"相配合,制定出家庭养成教育系列标准。由这三方面的相互承接和对应关系,构建成一个既有统一要求,又利于个性发展;既按年级分层递进,又与家庭教育相互配合的德育目标内容体系。又如"螺旋式行为习惯训练法"实验,提炼出小学品德教育的四个重点习惯,即礼貌习惯、秩序习惯、环保习惯、学习习惯,每个习惯分成四个层次的行为要求,每周重点培养一种习惯,一个月一循环。每个月四种习惯在原基础上有所丰富提升。每周的教育主题编成童谣,供学生诵读,班级引导学生自主训练自主评价。这种教育模式把整体规划、和谐联系、分层递进、螺旋上升的系统构建原则情境化、生活化,既有即时实效,又有长时实效,富于创新性。

2. 实验研究法的运用与创新

本课题在《德育》读本和《成长册》实验中,实验研究法得到广泛使用。

首先,认真学习实验研究的基本方法。德育实验是运用科学实验的原理和具体方法来研究德育现象和问题,以揭示德育活动规律或某些德育内容、方法的有效性,是一种综合性研究活动。德育实验活动的展开,可描述为一个从提出理论假说、设计实验方案、控制实验变量、评价实验效度、形成实验报告的过程。德育实验是一种自然状态下的实验,而不是像自然科学实验那样在实验室里进行的"封闭式"实验。德育实验假说所设定的是关于某类德育行为在某些人为控制的条件下,与某类德育结果之间的因果关系。通过学习,广大实验教师基本掌握了实验研究的基本方法,学会了实验方案的设计,明确了本课题这项实验的理论假说是:运用活动课对德育系列读本进行教学试验,可以增强德育实效,提高学生的思想道德素质。

第二,操纵自变量是实验的关键。我们这项实验的自变量有两个,一是德育读本,二是活动课。德育读本是按照每学年全一册编写的,每两周一课,一周师生做准备,一周使用读本上活动课。德育读本不是按照学科体系编写的,而是根据德育工作的实际需要和学生品德形成发展的规律而设计编写的。在使用过程中可以打破编写的顺序,经过实验小组的认真研究重新排序。德育活动课是以德育读本为载体,以主体班会、团队会为基本组织形式的活动课程。德育活动课必须贯彻"师生双主体互动"、"新三中心"、"知、情、意、行四环节"、"近、小、实、亲四原则"等德育新理念,不能单纯传授知识,让学生死记硬背,必须让学生主体参与,充分调动学生的主观能动性。这是能否提高德育实效的关键,也是本次实验成败的关键。广大实验教师认真操纵自变量,设计出了丰富多彩、行之有效的德育活动课方案,德育新理念已经在实验学校深入人心。

第三，认真做好实验效度评价。要评价一项实验的效度，主要看它的内在效度和外在效度。评价内在效度的方法，实验学校主要运用了前侧后侧评价法。这是一种自身纵向比较的方法，可以判断被试在参与实验前后思想道德素质的发展变化，是一种有效的评价方法。结果显示，实验学校参加实验的学生思想道德素质有了明显的提高。实验教师主要采用了观察法，它的主要优点是简便易行，获得资料可靠性高。广大实验教师普遍建立了实验笔记，把学生在活动课中的表现、教师自身的印象和体会如实记录下来，获得了实验效度的第一手资料。从教师们的实验报告来看，说明参加实验的学生思想道德素质有了不同程度的提高。评价外在效度的方法，我们主要运用了在不同地区进行重复性实验的方法。这种方法不仅有助于完善实验方案、增进实验效益，而且可以验证实验的外在效度。十年来，实验区、实验校不断滚动发展，从最初的十个实验区、百所实验校，发展到现在的百个实验区、千所实验校，分布在二十八个省（自治区、直辖市）。实验规模之大，持续时间之长，在以往的教育科研中是罕见的。由此证明，这项实验的外在效度是良好的，具有广泛的推广价值。

3. 行动研究法的运用与创新

"行动"和"研究"，在西方社会科学工作者那里，是两个用以说明由不同的人从事的不同性质的活动的概念。"行动"主要指实践者、实际工作者的实践活动和实际工作；"研究"则主要指受过专门训练的专业工作者、学者专家对人的社会活动和社会科学的探索。人们把这两个词结合起来，表述为"行动研究（action research）"是20世纪三四十年代的事情。

行动研究法在本课题的研究实践中得到最充分的运用。因为它是适用于本课题的研究主体和行动主体——德育科研工作者与教育行政领导、一线教师、学生家长、广大学生相结合的一种研究方法。本课题运用行动研究法，边研究边行动，边行动边研究；在研究中行动，在行动中研究；注重研究结果，更强调研究过程；探索出一条德育科研工作者与教育行政领导、一线教师相结合的德育科研之路。

行动研究的主要特点是：其一，行动研究以提高行动质量，改进实际工作为首要目标。其二，行动研究强调研究过程与行动过程的结合。注重研究者与行动者之间的合作。其三，行动研究要求行动者参与研究，对自己从事的实际工作进行反思。本课题在研究方法上的一个突出特点，就是实验学校的校长和教师根据本校德育工作存在的问题，进行调研，制定实验方案，并亲身参加研究实验的全过程。教师的责任心和师德行为是培养学生思想品德的必要条件，即教师的行为是实验的自变量的构成要素。同时教师的教书育人能力和师德素质也是实验的因变量，即在实验中提高教师整体育人能力和师德素质也是实验的目的之一。教师在实验中撰写的实验随笔、专题论文、实验报告都是教师进行"反思"的物化形式。本课题对行动研究法综合运用的主导因素体现在：第一，课题实验研究的重心和归结在校本，学校是课题研究实践操作的实体。第二，课题研究始终坚持行政领导、科研人员和一线教师相结合的研究方式。第三，课题研究的实质层面在班级和教师个体，其常态研究对象是教师和学生在班级的组织结构中的心理和行动。第四，课题研究的理念与行动研究相对应，如"双主体"、"新三中心"、"四环节"和"四原则"这四个理念决定了行动研究成为课题研究深化发展的主体研究方法和"行动"方式。

(二)研究范式的创新

本课题研究坚持德育科研为决策服务、为实践服务的宗旨,组建了科研人员、地方行政领导、一线教师相结合的研究队伍,形成了总课题组、实验区、实验学校相结合的科研管理体系,创新了德育科研范式。

1. 确立了理论研究、政策研究、实践研究相结合的研究方针

本课题研究始终坚持为德育决策服务,在党和国家有关方针政策的指导下进行研究的指导思想。每当党和国家有新的德育政策出台时,我们不但组织总课题组的全体成员认真学习,将其纳入研究的范围,保证研究方向始终沿着正确的轨道发展,而且还及时组织相关培训,帮助地方行政领导、一线教师更好地理解这些政策,促进这些政策的贯彻落实。在学习政策和指导实践的过程中,我们不断深入研究德育基础理论,进行国内外学术交流,把理论研究、政策研究、实践研究紧密结合起来,架起了理论指导实践,实践丰富和检验理论的立交桥。实践证明,这是一种受到地方行政领导和广大教师普遍欢迎的德育科研范式。

2. 组建了专职研究人员、地方行政领导、一线教师相结合的研究队伍

德育科研的根本目的在于提高德育工作的实效性,而德育实效性的提高最终要依赖于一线教师教育能力的提高,让一线教师参加德育科研是提高他们教育能力的最佳途径。通过德育科研,唤醒了实验教师的科研意识,普及了实验教师的科研知识,提高了实验教师的科研能力和德育工作水平。就目前我国的教育管理体制来看,要让学校、一线教师积极参加德育科研,就必须要取得地方教育行政领导的支持和参与。实验区指导组一般由地方教育局分管德育的局长任组长,教科所所长或进修校校长任副组长,德育教研员任学术秘书。有的教育局局长亲自担任实验区指导组组长,把参加本课题研究作为"一把手工程"。我们认为,本课题研究之所以能够健康发展,与我们研究队伍的这种组建模式是密不可分的。

3. 形成了总课题组、实验区、实验学校相结合的管理体系

为规范课题研究,我们相继下发了关于课题研究、课题管理的文件十几个。明确了总课题组、实验区指导组、实验学校指导组的任务和职责。每年,总课题组都要召开一次实验区负责人工作会议,对一年来的研究工作进行总结,对下一年的研究工作进行部署,引领课题不断深入发展。每年,总课题组还要召开一次学术年会,邀请中宣部、教育部的领导和德育学界的专家到会作学术报告,并举行学段分论坛给实验教师搭建零距离对话和学术交流的平台。历届学术年会都是由地方政府承办,得到了有关地方党委、政府、人大、政协和军分区领导的大力支持和良好合作。各实验区指导组经常深入到实验学校进行实验工作指导、实验教师培训、优秀德育活动课评比等项工作。各实验校组织实验教师开展了丰富多彩的实验研究活动,大多数实验学校还建立了课题研究档案。十年来,总课题组的专家先后多次深入各个实验区、部分实验校进行课题研究和实验指导。这些有效的管理和指导工作,保证了课题深化研究与推广试验的顺利开展。

五、深化研究与推广实验的成效

(一)为党和国家的德育决策提供了理论参照和实践模式

"十五"期间,本课题组成员先后参与了党和国家几个文件的起草和几种文件配套普及教

育读本的编写工作，既为党和国家的德育决策提供了理论参照和实践模式，又将党和国家的德育政策具体化、可操作化，贯彻落实到德育实践中去。

2001年，受中宣部、教育部、团中央三部委委托，编写了与《公民道德建设实施纲要》配套的大、中、小学生读本《青少年道德修养读本》（3册）；

2003年，参与了中宣部、教育部《中小学开展弘扬和培育民族精神教育实施纲要》的起草工作，并编写了贯彻该文件的中小学生普及教育读本《民族精神代代传》（2册）；

2004年，受全国妇联、教育部等9部委委托，编写了《怎样做父母》家庭教育读本（3本）；受中央综治委委托，编辑制作了《为了母亲的微笑》法制教育系列光盘（10集）；为贯彻实施教育部颁布的新的《中小学生守则》和《中学生日常行为规范》、《小学生日常行为规范》，编写了《中小学生日常行为规范解读》（2册）；

2005年，为认真贯彻《中共中央国务院关于进一步加强和改进未成年人思想道德建设的若干意见》，受教育部委托，起草了《教育部关于整体规划大中小学德育体系的意见》；

2006年，受中宣部委托，参与了《大学思想道德修养与法律基础》教材的修改工作。

现仅以《教育部关于整体规划大中小学德育体系的意见》为例简述课题组的工作成效。

《教育部关于整体规划大中小学德育体系的意见》指出，"整体规划大中小学德育体系，充分发挥学校教育的主渠道、主阵地、主课堂的作用，是一项极为紧迫和重要的任务，是加强和改进大学生思想政治教育和中小学生思想道德教育的重要举措，是贯彻党的教育方针的必然要求。"这个文件提出的整体规划大中小学德育体系的总体要求是："以邓小平理论和'三个代表'重要思想为指导，全面贯彻党的教育方针，坚持以人为本，遵循学校德育工作规律和青少年学生成长规律，适应社会发展要求，贴近实际、贴近生活、贴近学生，把理想信念教育、爱国主义教育、公民道德教育和基本素质教育贯穿始终，使大中小学德育纵向衔接、横向贯通、螺旋上升，不断提高针对性、实效性和吸引力、感染力，更好地促进青少年学生健康成长。"文件要求"推动整体规划大中小学德育体系研究"，指出"整体规划大中小学德育体系的科学性、政策性很强，有其自身规律。要组织力量深入研究，为增强整体规划大中小学德育体系的系统性、前瞻性和创造性提供理论支持和决策依据。"

本课题经过十年的研究与实验，分三个阶段整体构建了侧重于理论形态的大中小学德育体系，侧重各个学段的整体构建德育体系实践导引，侧重与学校德育工作和学生生活实际紧密相连的校本德育体系及实施细则。整体构建学校德育体系的基本思路："纵向衔接、横向贯通、分层递进、螺旋上升"，基本原则："贯通古今、融会中西、继承借鉴、发展创新"，以及"整体构建、和谐有序、分层实施、动态发展"的系统科学方法，为教育部关于整体规划大中小学德育体系的意见提供了较为系统的理论参照。整体构建学校德育体系小学、初中、高中、中职、高职、大学等各学段实践导引的研究，以及校本德育体系及其实施细则的研究，为贯彻落实教育部整体规划大中小学德育体系提供了丰富多样的实践模式。

（二）对区域性推进素质教育提供了理论指导和工作思路

在整体构建各学段德育体系和校本德育体系过程中，我们重点在市、县两级实验区进行了以综合素质评价为重点的区域性推进素质教育的研究。各实验区结合本地实际，适应地方教育改革和社会发展需求，在总体设计和方式方法上多有创新。由本课题带动的区域性教育改革成效明显,并产生了积极的社会影响。

吉林省四平市自2002年加入"整体构建学校德育体系"实验以来,根据总课题研究的科研成果以及指导思想,结合本市教育改革的实际情况,求真务实、开拓创新,探索出了具有四平特色同时具有推广价值的"经历教育"行动研究,通过有计划的"主体经历的德育活动",引导学生作为德育的主体、活动的主角,在教育活动和各种实践中获得各种经历,引导学生在经历中体验生活、感悟人生、追求成功、学会发展。其本质是实践育人,核心是体验感悟,关键是教师的科学引导和学生主体作用的发挥。该项研究已在该实验区全面铺开,初显了其特有的理论价值和应用价值,有力的促进了四平市德育工作的改革与发展。课题实验促使各级教育行政部门不断转变观念,加大对德育工作领导力度,树立"以德治教"观念,切实把德育放在学校各项工作的首位;促使实验校校长从管理型向专家型转变,树立"以德治校"观念,增强学校管理的针对性、科学性和实效性;促使广大实验教师向科研型教师转变,树立"以德育人"观念,做到以德育德、以情育情,促进了实验区中小学生思想道德素质的提高。本课题组于2006年1月在四平市召开了实验区负责人会议,推广了他们的经验。

浙江省湖州市南浔区于2003年5月加入本课题,申报了"区域性推行学生成长导师制的实践与研究"子课题。他们在全区范围尝试新的育人机制,让教育更适合学生成长发展的需要,为每一个学生的健康成长导航。通过试行家长导师制、创设法制教育导师制、建立社区青少年导师制、创新"导育"模式以及形式多样的主题活动,坚持对学生思想上引导、学业上辅导、心理上疏导、生活上指导,有效地转变了教育观念,融洽了师生关系,提高了学生的综合素质,有机地整合了教育资源,构建并形成了"区域性推行学生成长导师制"的运行机制和操作模式,取得了很好的教育效果。"区域性推行学生成长导师制"体现了一切为了学生、为了一切学生、为了学生一切的以学生为本的教育理念,适应了个性化教育的时代特点,是对班集体教育的有效补充。本课题组于2006年5月在南浔区召开了学生成长导师制经验交流与学术研讨会议,他们的经验受到了与会代表的好评。

除此以外,在总课题的直接指导下,各实验区结合地方需要,相继构建了和谐德育十几种模式并切实地进行区域性深化研究与推广实验。如:(1)北京市朝阳区的"三礼教育"(2)北京市平谷区的"家校共育";(3)天津市河西区的"网络德育";(4)天津和平区的"社区教育";(5)天津市红桥区的"班集体教育";(6)新疆伊宁市的"民族团结教育";(7)黑龙江省哈尔滨市南岗区的"主题活动教育";(8)贵州省仁怀市的"校本德育体系";(9)河南省新县的"红色文化"教育;(10)重庆市渝中区的"荣辱观教育";(11)江苏省无锡市的"心理健康教育";(12)江西省定南县的"感恩教育";(13)内蒙古赤峰市的"养成教育";(14)深圳市的"学科德育"……这些模式各具特点,针对性强,对推进区域性教育改革,加强改进德育工作和实施素质教育发挥了积极的引导和带动作用。

(三)指导实验学校整体构建了校本德育体系及实施细则

在《整体构建学校德育体系总论》和各学段《整体构建学校德育体系实践导引》的指导下,实验学校构建了具体化、特色化、可操作的校本德育体系。这是一项具有根本意义的进展和突破。它使实验学校的德育工作开始走向科学化、系统化、规范化、现代化的发展轨道。为全面落实《中共中央国务院关于进一步加强和改进未成年人思想道德建设的若干意见》和

《教育部关于整体规划大中小学德育体系的意见》提供了不同类型的实践模式。

北京景山学校依据总课题组"整体构建学校德育体系"的理念，认真总结了本校长期以来德育工作经验，于2004年形成指导全校德育工作的《北京景山学校德育序列纲要及实施细则》（初稿）。此研究成果在逐一分析从小学一年级至高中三年级共12个年级学生的生理、心理、思想品德发展特点的基础上，依据"德育目标，一以贯之；德育内容，循序渐进"的原则，从道德、思想、法纪、政治、心理五个方面构建了十二个年级德育目标及内容，各年级又分两个学期四个阶段构建了学校、年级、班主任、学科、团队组织工作要点，内容具体，可操作性强，形成了景山学校全程育人、全员育人的实施蓝图。许多实验学校已经或正在构建自己的校本德育体系，例如贵州省仁怀市56所实验学校结合长征文化和国酒文化全部构建了校本德育体系。

新疆自治区伊宁市于2003年加入本课题后，把整体构建学校德育体系的基本理念与本地、本校实际有机的结合起来，在保证德育内容渐进性和层次性的同时，体现边疆特色、民族特色，创设地方特色浓郁的校本德育课程体系，如《讲究礼节》，教育学生了解新疆各民族的礼仪和风俗，尊重少数民族的生活习惯，为民族交往奠定了良好的基础；《走进林则徐》，通过创设情景、收集史料，了解民族英雄林则徐对祖国、对伊犁人民所做的贡献及他的爱国主义精神和伟大民族气节；《走进西迁》可以让学生了解锡伯族的民俗及西迁的历史，领会锡伯人的爱国主义精神和团结奉献的精神；《天山好卫士—悠悠屯垦情》，让学生了解新疆生产建设兵团，感知兵团精神，学习兵团精神，发扬兵团精神等等。伊宁市实验区遵循总课题组的要求，将地方实际与《德育》读本有机结合起来，有效地开发地方德育资源，营造一个特色化、地域化的德育环境，既弥补国家统编教材地域性不足的缺陷，又实现与国家课程"互补"、"并行"的目标。

校本德育体系的构建，提高了德育工作的实效性，促进了德育工作水平的显著提高。例如：2004年10月北京德育大会表彰的106个德育先进集体中，有52校是本课题的实验校，占49%，而实验校仅占全市学校的10%。北京市示范高中评比时，密云二中、日坛中学、大峪中学、平谷中学、北京17中、北京55中、北京166中、北京171中学等学校参加本课题的研究成果得到了北京市教委的高度赞扬，成为北京市高中示范校认定的重要条件之一。

（四）促进实验教师提高了德育科研能力和师德素养

十年来，特别是"十五"以来，实验教师结合自己的研究实践撰写了大量的实验随笔、活动方案、研究论文和实验报告，客观地反映了教师们教书育人及科研能力逐步提高的发展过程。在德育课教学领域，教师们在本课题提出的德育活动课的理念指导下，运用《德育》读本和转化的校本教材，不断探索，反复体验，大胆创新，总结出了适应不同地区、不同年级的风格多样化的德育课实践模式。这个领域的教学理念和实践模式与新课程标准的理念及教学要求相辅相成。课题研究引导教师在理论及素质能力上为进入新课改准备了良好的实践基础。在各学科教学中的思想品德教育、班主任和团队工作、心理健康教育等领域，在深化研究中产生了一大批创新性成果。在本课题研究发展过程中，实验教师个人也与课题一起成长，取得了丰富的研究成果，教书育人水平、科研能力和师德素养普遍提高，一大批科研型教师成长起来，成为各地教育改革持续发展的带头人。

如：2004年10月北京市两委召开的德育大会上表彰的优秀德育工作者中有近60名是本课题实验教师，占17%左右，其中22人是本课题实验校负责人，而表彰的德育工作者占全市教师总数的比例仅有0.3%。北京史家胡同小学，参加本课题42名实验教师，5人被评为北京市优秀班主任（紫金杯），2人区级优秀班主任；景山学校，参加本课题实验教师32名，4人评为市级优秀班主任，10人区级优秀班主任；平谷一职，67人参加实验，2人评为市级优秀班主任，24人区级优秀班主任；财经学校实验教师中有5名成为全区骨干教师。"科研伴我成长"已成为参加本课题实验教师的心声。

又如辽宁省本溪市卫生学校王荣媛老师，2002年初以"中职学校分年级德育目标内容体系的深化研究"为子课题，被总课题组批准立项。从此，她就成了学校德育科研的设计者和学校工作最忙的人。她抱定了"要么不做，要做就做的最好"的做事原则，提出了"解放思想，更新观念，以科研为龙头，全面推进学校德育工作"课题实施方略，带领课题组全体成员，连续四年进行了《德育》读本、《职业道德与职业指导》、《成长册》深化研究与推广实验，努力打造一所德育理念先进，德育氛围清新，德育实效显见的品牌学校。四年实验的过程中，她与学生一起活动，阅览室里钻研、实验室中训练、课堂上授课、医院中实践、办公室里培训、家中挑灯夜战，她以一种强烈的责任心，把辛苦和欢乐都融入了德育科研工作之中。成为辽宁省职教界的"教育科研能手"、"德育专家"、"心理咨询专家"和深受学生爱戴的知心朋友。各个实验区都有一批像王荣媛老师这样的科研骨干。

（五）促进实验学生提高了思想品德与综合素质

根据各实验区、实验校研究报告的统计数据，经过本课题的研究与实验，学生的思想品德如爱国、爱党、爱家乡、爱集体、爱科学、团结友爱、孝亲敬长、遵守公德、诚实守信、文明礼貌、勤劳节俭、勇于创新、遵纪守法、自我保护等均有明显提高。其中，一大批"问题"学生得到成功转化。实验学校学生的整体素质，特别是创新精神和实践能力得到了发展和提高。例如本课题实验学校重庆西藏中学一直为汉藏学生和谐相处的问题所困扰。由于生长环境、风俗特点、生活习惯的差异，独生子女自私、任性的普遍问题，两地孩子相处时经常发生矛盾。该校申报"内地西藏班（校）育德环境建设的研究"子课题后，在总课题整体构建德育体系的思想指导下，通过建设和谐校园，达到了建立和谐人际关系的目的。以前不爱洗衣洗澡的藏族学生开始勤换衣服勤洗澡了；以前随口乱吐的毛病得到了纠正；以前乱扔乱丢成习惯，如今果皮纸屑进垃圾桶成为自觉行为。汉藏学生加强了了解，增进了友谊，和谐相处，综合素质普遍提高。

为客观、公正评定经过课题实验学生品德素质的提高情况，实验校按总课题组关于实验方法规范化的要求，运用定性、定量相结合的测试方法在实验的前期和后期实施测评，获得了第一手实验资料。如河北省石家庄市长安东路小学通过开展"培养小学生责任心的深化研究"与实验，低年级实验班学生自己穿衣、自己洗脸、自己洗袜子等"对自己的生活负责"的做到率，分别由实验前的24%、28%、18%提高到62%、66%、44%；中年级实验班在"对家庭负责、对自己负责"方面的做到率，由实验前的25%提高到70%；高年级在"对集体负责、对自己负责"的做到率由实验前的20.6%提高到57%。高年级实验班学生"对自己的学习负责，坚持写阅读笔记"的做到率由实验前的8.5%提高到100%，学生的责任感、意志品格明显增强。

北京市2005年、2006年两年全市推出了优秀学生代表共12名，在全市巡回报告，其中本课题实验学校学生5名，占41%，"身残志不残"17中的王帅就是实验班的学生，他不仅德智体全面发展，而且在2004年残疾人运动会上为国争光。

（六）引导学校德育与家庭教育互相结合与共同发展

经过《当代家长》和构建学校、家庭、社会整体育人体系的研究与实验，实验学校的家庭教育水平有了明显提高，家庭教育资源得到了有效整合，学校教育与家庭教育价值取向趋于一致，教育理念趋于统一，教育过程趋于同步，教育途径得到互补，家庭教育开始走上科学化、系统化、规范化、现代化的轨道。例如哈尔滨市第十七中学的一位学生家长向学校反映，他从前望子成龙心切，总是用挑剔的眼光审视孩子的一切，责备孩子成绩不够理想，一家人整天生活在不和谐的气氛之中。自从看到《当代家长》中"好孩子是夸出来的"这篇文章后，他眼里发现的渐渐都成了孩子的优点，家长和孩子能够和睦相处了，不但孩子的学业成绩、思想品德进步明显，而且家长的生活态度也得到了彻底的改变。

在其他实验区，许多实验校把《当代家长》与《成长册》结合起来进行实验，做到师生互动、亲子互动、生生互动，使学校和家庭相互沟通、相互配合，活动的内容丰富多彩，活动的方式活泼有趣，在和谐的氛围中，促进了家长和孩子的共同成长。实验校还把学校与家庭相结合教育与构建德育管理评价体系融为一体，为家长编制了与学校品德评价指标相一致的家庭品德评价指标，对促进学校与家庭教育的和谐互动，培养学生良好的道德品质产生了明显的效果。课题实验促进了许多家庭向学习型家庭转变，出现了许多研究型的家长。家长们以主人翁的姿态积极地与老师沟通教育情况，探讨教育方法，为学校工作献计献策。通过家校合作、共同发展的研究与实验，家庭教育正在发生着喜人的变化。

六、深化研究与推广实验的结论

（一）和谐德育应成为德育理论与实践继续发展的一种基本理念

和谐德育，指的是德育以满足社会发展需要和受教育者个体发展需要为出发点，在遵循受教育者身心发展规律的基础上，调控构成德育体系诸要素之间的关系，使之发生和谐共振效应，从而促进学生思想品德和谐发展的一种德育模式。和谐德育是对全面发展教育理论的继承与创新，是本课题整体构建学校德育体系深化研究与推广实验得出的重要结论。它的内涵主要包括如下几个方面。

1. 民主融合的师生观：教师、学生"双主体"和谐

师生关系是学校教育中最基本的人际关系。和谐融洽的师生关系不仅是有效进行教育活动、完成教育任务的重要条件，而且本身也是一种重要的教育力量。在德育活动中，教师与学生如果能够平等相处，诚恳相待，学生人格就会得到尊重，个性潜能就能得以激发；教师的高尚道德情操、优良个性品质就能够潜移默化地影响和感染学生。

2. 整体优化的大德育观：学校、家庭、社会"三教"和谐

学校、社会和家庭是学生成长的基本环境，三者之间始终是相互联系、相互渗透、相互作用、相互影响的。学校、家庭、社会在教育主体、内容、方式、方法上各有优势，只有在学校、家庭、社会三方面教育力量和谐一致的时候，学生的品德发展才是顺利的和健康的。所谓整体化的大德育观，指的是充分发挥学校、家庭和社会三个方面教育力量各自的优势，使之合而不同、相互配合、相互补充、形成合力，推动学校、家庭、社会德育目标一致，德育理念趋同，德育过程同步，德育方法互补，德育资源共享、德育作用相长，从而产生综合的德育效应，使学生成为学校的好学生、家庭的好孩子、社会的好公民。

3. 和谐有序的德育过程观：知、情、意、行"四环节"和谐

和谐有序的德育过程是对受教育者传授道德知识、陶冶道德情感、培养道德意志，引导道德行为的过程。简言之，就是"知、情、意、行"相互作用的过程。学校德育工作要取得实效，取决于四个环节的和谐统一的程度。和谐德育将"知、情、意、行"和谐地整合在一起，以传授道德知识作基础，涵养道德情感为关键，培养道德意志作保证，以养成良好的道德行为习惯为归结，取得真正意义上的德育实效。

4. 全面发展的教育质量观：德、智、体、美、劳"五育"和谐

人的全面发展是人的劳动能力、社会生活能力、精神生活能力与个性发展辩证统一的过程。我们提倡的全面发展的教育质量观其实质在于从人的全面发展出发，全面实施素质教育。和谐德育就是要正确处理德、智、体、美、劳"五育"之间的关系。一方面，强调德育首要地位，充分发挥德育对智育、体育、美育、劳动教育的导向、动力和保证作用；另一方面使德育寓于智育、体育、美育、劳动教育之中，充分发挥智育、体育、美育、劳动教育对德育的传输、渗透、内化和巩固功能。"五育"相互交织、相互渗透、相互融合，共同促进人的全面发展。

5. 整体构建的德育体系观：横向系统"六要素"与纵向系统"六学段"和谐

现代系统科学认为，任何事物都是作为系统而存在的。所谓"整体构建德育体系观"，就是把学校德育工作的各个要素视为一个相互联系、辩证统一的整体。这个整体主要由德育目标、内容、途径、方法、管理、评价"六要素"构成的横向系统与幼儿园、小学、初中、高中（中职）、高职、大学"六学段"构成的纵向系统构成。就学校德育体系的横向系统而言，德育目标、内容、途径、方法、管理与评价"六要素"只有构成一个统一的整体，才会在相互关联、相互制约、相互作用的关系中获得最佳德育效果。横向"六要素"和谐，其工作形态是整体化德育、系统化德育，是教育的合力；纵向"六学段"和谐，其工作形态是有机衔接，分层递进，螺旋上升，是体现德育过程完整性和连续性的全程德育。

总之，探索并构建和谐德育体系，是建设和谐社会的客观要求，是现代德育科学理论和学校德育工作创新与发展的客观要求，是推进教育和谐发展的必然选择，应成为德育理论与实践继续发展的一种基本理念。

（二）整体构建学校德育体系是建设社会主义先进文化的基础工程

文化的实质是"人化"。人的思想道德素质是发展先进文化的主导因素。整体构建学校德育体系是社会主义思想道德建设的重要组成部分，社会主义思想道德建设是发展先进文化的重要内容和中心环节。从这个意义上说，整体构建学校德育体系是建设社会主义先进文化的基础工程。

本课题坚持"贯通古今、融会中西、继承借鉴、发展创新"的德育体系构建原则，主张德育内容由道德、法纪、心理、思想、政治教育构成的"五要素说"。这些观点同建立"与培育'四有'新人目标相一致、与社会主义市场经济相适应、与社会主义法律规范相协调、与中华民族

传统美德相承接的社会主义道德思想体系"的未成年人思想道德建设原则是吻合一致的。本课题的研究实践证明,整体构建学校德育体系坚持的"横向贯通、纵向衔接、分层递进、螺旋上升"的整体时空观念,是落实把弘扬和培育民族精神纳入国民教育全过程的一种具有可行性的实践模式。

道德建设要回归生活。同样,文化建设也要回归生活。学校德育体系的实施就是由教师和学生在学校生活、家庭生活、社会生活中开展的。教师、学生、家长共同参与道德生活,构成了一种生活形态的文化建设行动。人在生活中建设文化,又在生活中感受文化建设,享受文化建设的成果,从而促进自身健康发展。从文化建设的广域中审视,整体构建学校德育体系是以整体性的德育工作方式及其对社会精神文明建设的影响,为促进社会主义先进文化建设进行的一种实践探索。

(三)整体构建校本德育体系是加强和改进德育工作的根本途径

现代学校教育是以课堂教学为基本组织形式的,而课堂教学的主要任务是智育。各科教学都有严格的大纲、教材和课程标准,都有专门的教师、教室和任课教师,还有中考、高考这个强有力的指挥棒在指挥督导,形成了一套完整的智育工作体系。而德育却没有形成校本德育工作体系。虽然在观念上,校长和教师都认为德育很重要,应当放在学校工作的首位。但在实践中,往往是"说起来重要,干起来次要,忙起来不要",德育时间经常被挤占,德育活动经常被冲掉。"重智育轻德育、重分数轻能力、重课堂教学轻社会实践"的现象依然在一些地方和学校严重地存在着。要改变这种情况,使德育由轻变重,由虚变实,由弱变强,真正成为素质教育的首要地位,充分发挥德育对学校教育的导向、动力、保证作用,必须整体构建校本德育体系。

校本德育体系是根据整体构建学校德育体系的基本理念与研究成果,将德育政策、德育理论与学校实际和学生特点紧密结合起来,而构建的具体化、特色化、可操作性的学校德育体系,是本课题深化研究的一项重要成果。

校本德育体系具体化是指构成校本德育体系的德育目标、内容、途径、方法、管理、评价等要素的细化、深化与优化。具体化的校本德育体系,以"近、小、实、亲"的特点,将德育要素转化为每个学段、每个年级、每个学期、甚至每个月的德育实效方案,做到了目标明确、内容清晰、途径完备、方法具体、管理有效、评价科学。

校本德育体系的特色化是指校本德育体系体现了学校所处的地区特色、层次特色和办学特色。特色化的校本德育体系以理论联系实际为特征,使德育要素紧密结合了学校所处的地区经济、文化、民族等方面的实际,结合了不同层次、不同类别的学校、不同年级、年龄学生的实际,结合了本校的文化传统、办学优势、师生特点、德育资源与环境的实际,实现了德育的地方化、生活化。

校本德育体系的可操作是指学校实施的全程可操作、全面可操作、全员可操作。可操作的校本德育体系体现了很强的实践性和规范性,使德育伴随着学生从入学到毕业的成长过程。循序渐进地深入到学生的学习与生活各方面,便于学校、社会、家庭和谐一致对学生施加教育影响。

校本德育体系的构建过程是实现德育政策、德育科研、德育管理、德育活动一体化的过程。首先，校本德育体系体现了国家及有关部门的德育政策，融合了各种文件的精神和要求，是德育政策的具体化；第二，校本德育体系吸收了德育研究的最新成果，将德育理论成果应用于德育实践，实现了德育科研成果的转化；第三校本德育体系运用德育管理与评价手段，将德育诸要素整合统一，是德育管理的制度化和规范化；第四，校本德育体系将德育政策、理念、理论、管理与德育工作实际紧密结合起来，实现了德育活动的具体化与生活化。

校本德育体系构建作为本课题研究的一个重要内容，充分调动了德育科研人员、德育管理人员、一线教师的积极性和创造性，将学校德育融社会要求、地方特色、学校定位、组织职能、人员角色、学生特点于一体，使德育诸要素形成了和谐互动、相辅相成、相得益彰的关系。校本德育体系的构建使德育渗透到了学生生活与学习的各个领域，真正使德育回归生活成为现实。这种可操作的贴近生活、贴近实际、贴近学生德育的体系符合品德教育的规律，从整体上增强了学校德育工作的科学性、针对性和实效性。

（四）建设德育活动课是增强德育实效性的有效途径

德育不同于智育，它不仅要解决知不知、会不会的问题，而且更要解决信不信、行不行的问题，即不但要授之以知、晓之以理，而且还要动之以情、导之以行。德育过程是知、情、意（信）、行诸环节构成的，学生的道德认知、道德情感、道德意志、道德行为不是靠德育工作者"讲"出来的，而是学生在道德实践活动中通过体验、辨别、选择而逐渐形成的。只有知识传授，而无情感陶冶、意志磨炼和行为引导不是完整的德育。本课题研究与实验证明，德育活动课是把握德育规律性、增强德育实效性的有效途径。德育活动课的开展有多种形式，既有课堂德育活动课，又有课外德育活动课；既有校内德育活动，又有校外德育活动。其中主题班会、主题团队会是最直接、最经常、最普通的德育活动，其主题明确，针对性强，内容丰富多彩，形式生动活泼，是对学生进行思想品德教育的有效途径。主题班会、主题团队会应当形成制度，列入课程表，作为德育活动课的基本形式。

广大实验学校、实验教师在实践中探索出富有个性化、特色化、可操作的德育活动模式，其中比较典型的有：（1）讨论探究式、（2）辩论明理式、（3）情感体验式、（4）情景模拟式、（5）角色扮演式、（6）演讲报告式、（7）审美鉴赏式、（8）文艺表演式、（9）知识竞赛式、（10）展示交流式、（11）网上互动式、（12）调查访谈式、（13）参观考察式、（14）社会实践式、（15）综合活动式。除此以外，各学科教学也应适当开展校内外德育综合性活动，避免单纯传授知识、空洞讲授理论、死记硬背概念等脱离实际的倾向，尽可能把时间让给学生，让学生作为行为主体自己去实践，去体验，将教学过程变为学生活动的过程，从而增强德育的科学性、针对性和实效性。

（五）理论与实践相结合是德育科研生命力的根本所在

德育科学研究最突出的特点是应用性和实践性，德育实践是德育科学最深厚的源泉和最强大的动力。德育科学研究要发扬理论联系实际的优良传统，坚持为德育改革和发展的实践服务，为教育决策服务的科研方向。

德育理论研究不能只停留在抽象、思辨的层次上，要把理论层次化、具体化，转变为可操作的程序、方法、手段和实施细则等环节，加强德育理论的应用性研究。德育科研人员只有把理论与实践相结合，提高科研工作的服务意识，为广大中小学德育改革提供服务，研究成果才有生命力和推广价值。

本课题的研究在为领导部门提供决策服务的同时,注重面向基层教育教学第一线。一方面,根据基层教学第一线的需要,确定研究方向和专题,注意解决学校德育面临的实际问题,并把研究成果应用于实践,接受实践的检验。另一方面吸收教育管理工作者和广大教师参与德育科研。管理者在科学研究中加深了对德育规律的认识,可以使管理与决策更科学,同时可以为德育科研成果的推广提供支持与保障;广大教师把教学活动与德育科研结合起来,可以在实践中反思,在实践中发展,在实践中超越。各实验区实验学校的实践充分证明,德育理论工作者、管理工作者和一线教师三结合的德育科研模式,是理论与实践相结合的根本途径,三者之间的良性互动促进了德育理论与实践的密切结合,提高了德育工作的科学性、针对性和实效性。实践证明,理论与实践相结合是德育科研生命力的根本所在。

七、存在的问题与未来展望

(一)整体构建学校德育体系研究历经十年的探索,总体思路和理论框架已经基本形成。然而,有些问题还需要进一步深化研究。其一,各学段纵向衔接问题,还需要更具体细致的研究与实验,特别是衔接的机制上还有待于科研工作者与行政管理者进一步探索。其二,德育目标内容体系怎样把弘扬和培育民族精神贯穿教育全过程,还需进行更深入系统的研究。其三,根据教育部党组关于《学习贯彻胡锦涛总书记讲话精神,切实加强社会主义荣辱观教育的通知》提出的"针对大、中、小学生的特点,科学设计教学内容,在中小学德育课程和高校思想政治理论课中重点突出社会主义荣辱观的内容"的要求,需要从整体上研究怎样将荣辱观教育与上述德育内容和谐建构,形成与时俱进的中国特色的德育内容体系。

(二)整体构建学校德育体系理念已经得到教育界和教育行政部门接受和肯定,教育部已于2005年5月正式下发《关于整体规划大中小学德育体系的意见》,对加强和改进学校德育工作提出了明确的任务和具体的要求。然而,在基础教育阶段特别是在高中阶段,受应试教育的影响仍然存在"重智育,轻德育"的现象。在一些地方和学校,德育的首要地位尚未完全确立,德育科研与学科教研的发展还很不平衡,德育科研成果往往不能得到推广应用。这已成为整体构建学校德育体系的薄弱环节。今后,随着高考制度的改革要把高中阶段作为德育研究与实践的重点来抓。

(三)整体构建学校德育体系的理念在广大实验学校已经深入人心。然而,从总体上看,家庭教育、社会教育与学校教育还有一些不和谐的地方。有的家庭教育价值观念错位,把培养子女成功理解为获得博士硕士高学历;有的学校仍然把升学率放在首位,重智育轻德育;有的社区和社会组织重经济效益轻社会效益;相当数量的学校、社区、家庭缺乏三种教育的和谐共建意识,不能形成德育的整体合力,等等。建设和谐校园、和谐家庭、和谐社区以及三个方面的整体和谐是建设和谐社会的基础性工程,在今后的教育科学研究中,要根据和谐社会建设的新要求,继续进行整体构建学校、家庭、社会和谐德育体系的研究,在画好大、中、小、幼纵向衔接这"一竖"的基础上,进一步画好学校、家庭、社会横向结合的"一横",为建设社会主义思想道德体系,建设和谐社会做出新的贡献。

二、詹万生"十五"时期的论文选编

1. 贯彻落实十六大精神推进德育体系创新[1]

（一）体认和培育民族精神

江泽民同志在党的十六大报告中指出："民族精神是一个民族赖以生存和发展的精神支撑。一个民族，没有振奋的精神和高尚的品格，不可能自立于世界民族之林。在五千多年的发展中，中华民族形成了以爱国主义为核心的团结统一、爱好和平、勤劳勇敢、自强不息的伟大民族精神。我们党领导人民在长期实践中不断结合时代和社会的发展要求，丰富着这个民族精神。面对世界范围各种思想文化的相互激荡，必须把弘扬和培育民族精神作为文化建设极为重要的任务，纳入国民教育全过程，纳入精神文明建设全过程，使全体人民始终保持昂扬向上的精神状态。"认识民族精神的形成及其传承发展规律，把弘扬和培育民族精神纳入国民教育全过程，是教育系统贯彻落实十六大精神担负的重大历史任务。

民族精神是一个民族在生存发展过程中形成的具有主导作用的基本精神。民族精神集中体现了一个民族的思维方式、情感意志和价值取向，是民族文化的精髓和本质特征。

在五千多年的历史演进中，中华民族形成了以爱国主义为核心的团结统一、爱好和平、勤劳勇敢、自强不息的伟大民族精神。这一民族精神的核心是爱国主义。爱国主义反映的是社会成员对其生活的社会、国家、民族的一种强烈的责任意识和依恋眷爱的深厚情感。这种爱国意识和情感与中国传统文化中的整体主义思维方式具有密切的渊源关系。如《礼记》中"天下为公"思想，《大学》提出的"修身、齐家、治国、平天下"的教育条目，顾炎武"天下兴亡，匹夫有责"的社会论说，都把个人的存在发展与国家民族的存在和发展联系起来，认为国家民族的安危与个人的安危息息相关，从与社会整体的依存关系中树立个人的处世态度。这种整体主义的一个重要的思想基础是孔子的"仁爱"思想。"仁"是一个由近及远的做人准则，由对他人的关爱，推及到对人民、对国家的关注和热爱。以这样的准则对待国家和民族关系，就是爱好和平，维护团结统一。为仁首先要"力行"，要自立自强，进取有为，是为"君子"。《周易》概括出"君子"的两个基本品格，即"天行健，君子以自强不息；地势坤，君子以厚德载物。"自强不息、勤劳勇敢表现为奋斗进取精神；厚德载物、团结统一、爱好和平表现为敦厚宽容品格。

---

[1] 本文是作者学习党的十六大报告的体会文章，与宁武杰合作撰写，以社论的形式分别发表在《中国德育》，2003年第1—4期。

民族精神作为一种文化现象通过文化典籍、风俗习惯、社会舆论和社会教化绵延传承。在文化传承过程中，那些有害于社会进步、有悖人们意愿的品质，如卖国、分裂、战争、暴政、懒惰、懦弱、享乐、侈靡等被否定、鞭挞；那些有利于社会进步，反映了人们普遍意愿的基本精神和优秀品质，如爱国、团结、和平、勤劳、勇敢、自强等，超越时代、阶层和具体的历史内容，而抽象积淀起来，凝结为民族精神。民族精神在特定历史时期表现为民族性格，在具体的社会生活中表现为个人的道德人格。考察历代爱国人物，如屈原、司马迁、苏武、诸葛亮、范仲淹、文天祥、林则徐、邓世昌、谭嗣同、吉鸿昌及无数共产党人和现代爱国人士，尽管其时代、阶层、爱国的具体内容不同甚至有很大差异，但都以其个人品格显示着民族精神。民族精神是抽象与具体、普遍与特殊、群体与个体的辩证统一。

民族精神的传承与发展植根于社会实践。从根本上说，民族精神是一种实践精神、实践品格。实践活动是人最根本的存在方式，人的认识、情感、意志、理想、信念等精神品质都是实践的产物。人类社会及其历史发展在本质上是人们实践活动的发展。实践是历史的、灵动的、发展着的，因而民族精神也是历史的、灵动的、发展着的。民族精神的传承发展是历史传统和时代特点的有机结合。江泽民同志在十六大报告中说："我们党领导人民在长期实践中不断结合时代和社会发展要求，丰富着这个民族精神。"在中国共产党成立以来的奋斗历程中，民族精神在继承历史传统基础上被赋予了鲜明的时代内涵。其中红军长征精神可以称为民族精神的一个里程碑。长征精神包含着把中华民族的根本利益看得高于一切，以坚定的革命理想和信念，不怕任何艰难险阻，不怕付出一切的牺牲精神；包含着顾全大局、严守纪律、紧密团结的精神和同人民群众患难与共、艰苦奋斗精神。长征精神是中华民族勤劳勇敢、百折不挠、自强不息的民族精神在革命战争年代的最高展现。新中国成立后，在社会主义建设的实践中，面对国际敌对势力的经济封锁和武装挑衅，我国人民独立自主、自力更生、奋发图强，取得社会主义建设的伟大胜利。其中以"两弹精神"、"铁人精神"为代表，反映着民族精神在这个历史阶段的时代特点。改革开放以来，在现代化建设的探索攻坚、开拓创新中，在香港、澳门回归祖国的过程中，在战胜政治、经济、文化和自然界出现的困难、风险和应对一系列关系我国主权和安全的突发事件中，以爱国主义为核心的团结统一、爱好和平、勤劳勇敢、自强不息的民族精神得到空前弘扬与升华。

纵观中国历史，可以看出，尽管社会形态在更替，意识形态在变迁，但民族精神却前后相继，世代传承，与时俱进，丰富发展，绵延数千年而不衰，显示出旺盛的生命力。民族精神是一个民族赖以生存和发展的精神支撑，是一个民族自立于世界民族之林的文化力量，具有强大的凝聚力、感召力。

弘扬和培育民族精神是国民教育的重要任务。要切实把弘扬和培育民族精神纳入国民教育全过程，现阶段要着力从以下几个方面予以实施。

实施民族精神培育工程。组织全国教育学、伦理学、德育学、文化学、社会学、历史学的专家学者，研究制订《民族精神培育工程实施方案》。这个方案应当成为《21世纪中国教育改革和发展纲要》的一个重要组成部分。《民族精神培育工程实施方案》主要部分应当包括：1.民族精神的基本内容及其主要载体。对古代典籍、文物古迹、诗词散文、楹联、碑文的代表作品，中国革命和社会主义建设典范人物史迹、文物进行收集梳理，遴选精华，列出纲目，整合编纂，建构出民族精神培育的内容体系。2.民族精神的培育内容在各学段的分布。要依据不同年龄阶段学生的身心特点和知识水平，规划出小学、初中、高中（含中职）、大学（含高职）、成人教育等各级各类学校的民族精神培育内容。切不可"一刀切"、"齐步走"，大而化之、笼而统之，更不可"倒挂"、"脱节"、"简单重复"。3.民族精神培育的途径和方法。要规划出小学、初中、高中（含中职）、大学（含高职）、成人教育各级各类学校民族精神培育的途径和方法。实施途径如：德育课程、学科渗透、校园文化、校外德育基地等各承担哪些培育内容。培养方法如：课程教学、古诗文诵读、参观考察、知识竞赛、情感体验等。不设计和规定途径方法，再好的内容也会落空。4.民族精神培育的管理和评价。管理和评价是监督保证机制，如果没有严格的管理、有效的评价，还会成为软而虚的东西。要从管理和评价上规定民族精神培育在人力、物力、财力和时间、空间上的保障。

实施相关科研成果推广工程。"八五"、"九五"规划期间，教育系统有三项课题与培育民族精神直接相关：一是国家重点课题"整体构建学校德育体系的研究与实验"；二是教育部重点课题"大中小学中华民族传统美德教育实验研究"；三是教育部重点课题"中华民族传统美德实验研究"。这三个课题分别进行了5—10年的研究，都有较大规模，都取得了一批研究成果，不同程度地得到了专家的好评，受到实验师生的普遍欢迎，产生了良好的教育效果。建议教育行政部门重视并推广他们的研究成果，使这方面的科研成果转化为现实的教育生产力。可整合这三个课题的研究成果向全国部分省推广，也可批准三个或某个课题在部分省或几个省推广。这样会对民族精神的培育起到重要的拉动作用。

实施课程改革补充工程。课堂教学是学校教育的基本组织形式，学科渗透是民族精神培育的重要途径。目前中小学课程改革已取得很大成绩，但总的来看弘扬和培育民族精神的内容还显不够。要组织各学科课改专家认真研究在新课程标准中确定如何弘扬和培育民族精神问题。建议德育课增加民族精神的内容，使之成为培育民族精神的主要途径。语文课应适当增加体现民族精神的内容，适当增强古诗文选读。历史课在讲经济史、政治史、社会发展史的同时应适当增加文化发展史的内容，突出弘扬和培育民族精神。数学、物理、化学、生物等理科课程也应适当增补中国科学家的科学精神和民族精神的内容。音乐课应适量增加经典民乐、民歌和京剧欣赏的内容。美术课应适量增加中国画、书法艺术欣赏的内容。体育课应适量增加中国武术的内容。

实施民族精神家庭培育工程。家庭是孩子的第一所"学校"，家长是孩子的第一个"教师"。在特殊家庭（单亲家庭、出国人员家庭、富裕家庭）不断增加的今天，在面对独生子女教育的特殊年代，家庭教育问题凸显出来。尤其是关系到民族精神培育基础环节的行为习惯的养成教育，家庭教育更有其不可替代的作用。然而，当前学生家长的素质和家教理念不容乐观。各级各类学校要把学校德育与家庭教育紧密结合起来，编写家长培训教材，办好家长学校，使家庭教育与学校德育和民族精神的培育价值取向趋同，教育理念一致，教育过程同步，教育途径互补。

实施民族精神社区教育工程。社区是青少年成长的直接环境，社区精神文明建设是影响青少年健康成长的重要因素。学校德育和民族精神的培育要与社区精神文明建设紧密结合起来。要努力营造民族精神培育的良好社会氛围，在影视文化、网络文化、社区文化、企业文化、乡村文化建设中实施民族精神培育工程，把民族精神的弘扬与培育纳入精神文明建设全过程。

民族精神的培育是一项系统工程，民族精神的形成是教育的整体效应。只有上下同力、科学务实、系统运作、持之以恒，方能见其成效。

（二）牢牢把握先进文化前进方向

江泽民同志在党的十六大报告中指出，要牢牢把握先进文化的前进方向，"必须坚持马克思列宁主义、毛泽东思想和邓小平理论在意识形态领域的指导地位，用'三个代表'重要思想统领社会主义文化建设。"这一思想是社会主义文化建设的指导方针，更是教育工作特别是德育工作的指导方针。

马克思主义是人类文化的结晶，是科学的理论体系，其所创立的辩证唯物主义和历史唯物主义科学地揭示了宇宙、人类社会、人及其思维的本质和发展规律，是指导人和社会全面发展的科学的、系统的世界观。"三个代表"重要思想是对马克思列宁主义、毛泽东思想和邓小平理论的继承和发展，反映了当代世界和中国的发展变化对党和国家工作的新要求，是社会主义现代化建设的强大理论武器，是经济、政治、文化建设必须长期坚持的指导思想。

牢牢把握先进文化的前进方向，就要"坚持以科学的理论武装人，以正确的舆论引导人，以高尚的精神塑造人，以优秀的作品鼓舞人。"坚持和巩固马克思主义的指导地位，帮助人们树立正确的世界观、人生观和价值观，坚定对马克思主义的信仰、坚定对社会主义的信念、增强对改革开放和现代化建设的信心、增强对党和政府的信任，增强自立意识、竞争意识、效率意识、民主法识意识和开拓创新精神。使公民具有丰富充实、昂扬向上的思想境界和精神状态。这一归结点是社会主义文化建设区别于其他文化建设的一个重要特点和根本优势。

发展社会主义文化的根本任务，是培养一代又一代有理想、有道德、有文化、有纪律的公民。人是创造文化的主体。一种文化的先进性，其主导要素是由文化主体所具有的科学的世界观、人生观、价值观决定的。把培养"四有"公民规定为发展社会主义文化的根本任务，这就把培养人作为发展文化的根本立脚点。这既是对文化与"人"辩证统一关系的正确运用，同时也是对马克思关于人的全面发展的思想的继承和发展。从文化与人的辩证统一关系来看，一方面，人创造着文化，从一种文化中，可以透视到文化创造者的思维方式、价值观念和审美情趣，可以感受到人的本质力量；另一方面，文化也以其特有的内容和形式熏陶、引导、感召着人的思想、情感和行为，对人发生着塑造作用。在这个辩证统一过程中，"三观"始终起着主导作用。"四有"中的"有理想、有道德、有纪律"共属思想道德素质，"有文化"既指科学文化素质，也包含属于精神文化的"三观"。思想道德建设解决的是人的政治方向、精神支柱和力量源泉问题，因而将培养"四有"公民规定为发展社会主义文化的根本任务，就是抓住了文化先进性的"中心环节"。

发展社会主义先进文化，是一个复杂的历史过程。先进文化始终是同腐朽落后文化的比较、斗争中发展的。这种腐朽落后文化主要有两个来源，一是我国历史上遗留下来的封建主义残余精神文化，其主要特点是迷信、愚昧、颓废、庸俗；二是资产阶级的拜金主义、享乐主义和极端个人主义等腐朽思想文化。这两类文化以其各自的内容形式腐蚀着人的精神世界，危害着人和社会的全面发展。各种腐朽落后文化与先进文化最根本的区别,就在于世界观、人生观、价值观的不同,各种思想领域内的斗争、文化的渗透与反渗透,其实质是不同的世界观、人生观、价值观的斗争。只有加强思想道德建设,努力发展社会主义先进文化,引导人们认清历史发展基本规律,不断丰富人的思想境界,在全社会形成共同理想和精神支柱,才能抵制和清除腐朽落后文化的侵蚀和影响。

紧紧抓住文化先进性的主导要素,是对文化本质和发展规律的认识和把握,体现出文化发展的战略思维。从这样的基点出发,江泽民同志在十六大报告中提出,要立足改革开放和现代化建设的实践,着眼世界文化发展的前沿,发扬民族文化的优秀传统,汲取世界各民族的有益成果,在内容和形式上积极创新;必须把弘扬和培育民族精神作为文化建设极为重要的任务,纳入国民教育全过程,纳入精神文明建设全过程;要切实加强思想道德建设,特别要加强青少年的思想道德建设。

(三)依法治国与以德治国相辅相成

十六大报告从文化建设的层面上提出了"依法治国和以德治国相辅相成"的科学论断和"切实加强思想道德建设","建立社会主义市场经济相适应、与社会主义法律规范相协调、与中华民族传统美德相承接的社会主义思想道德体系"的实施要求。这是江泽民同志从经济、政治、文化建设的整体联系上,对思想道德建设提出的总体战略任务。这一论述,大大拓展了德育的社会文化内涵。进一步明确了德育的社会意义,一定的文化是一定社会的政治和经济的反映,又影响和作用于一定社会的政治和经济;经济是基础,政治则是经济的集中表现。依法治国与以德治国共属政治建设。依法治国和以德治国相辅相成的论断反映了社会主义文化建设与经济政治建设具有内在统一性。依法治国就是广大人民群众在党的领导下,各项工作都依法进行,逐步实现社会主义民主的制度化、法律化,使这种制度和法律不因领导人的改变而改变,不因领导人看法和注意力的改变而改变。以德治国,就是以马列主义、毛泽东思想、邓小平理论为指导,以为人民服务为核心,以集体主义为原则,以爱祖国、爱人民、爱劳动、爱科学、爱社会主义为基本要求,以诚实守信为重点,加强职业道德、社会公德、家庭美德教育,建立与社会主义市场经济相适应、与社会主义法律体系相协调、与中华民族传统美德相承接的社会主义思想道德体系,使公民以良好的思想道德素质参与经济、政治、文化建设。政治是经济的集中体现又服务作用于经济。社会主义的经济是一种法治经济,同时又是一种德治经济。社会主义经济既要按照公平、公正、竞争、效益、纳税等市场规则依法运行,又要求经济主体具有爱国、诚信、敬业、协作、创新、自强等道德品质。依法治国与以德治国贯穿于经济、政治、文化建设的全过程之中。德育与经济、政治、文化建设的关系,在本质上是教育与社会发展的关系。教育的最基本的规律,是社会—教育—人三者之间相互制约、相互作用和相互适应的联系。社会主义的经济、政治、文化建设与依法治国和以德治国的整体联系,共同对经济、政治、文化建设的主体素质提出了时代的要求,这就是培养公民具有良好的法律素质和道德素质。公民的法律素质和道德素质成为依法治国和以德治国的一个基础条件和决定因素。从教育的内容上看,社会主义民主政治教育、法制纪律教育、道德品质教育均为思想道德教育的基本内容,这样,思想道德教育就成为实施依法治国和以德治国的共同基础。思想道德建设决定着文化建设的前进方向，同时也决定着社会主义经济建设和政治建设的发展方向。

贯彻十六大报告提出的工作要求，教育特别是学校德育要深入研究德育与依法治国和以德治国的思想，充分发挥德育在实施依法治国和以德治国中的基础作用。要根据学校教育的工作特点，在坚持依法治教、依法治校的同时，加强以德治教、以德治校的力度，把提高教师的职业道德素质作为贯彻十六大精神的一个重要落脚点，增强教师的法制观念和以德育人的自觉性。要对青少年的法制教育和道德教育的现状进行调查研究，深化德育目标、内容、途径、方法、管理和评价体系的研究与实验，为构建现代化、科学化、规范化、系统化的社会主义思想道德体系而努力实践。

（四）努力推进德育体系创新

江泽民同志在十六大报告中提出："要建立与社会主义市场经济相适应、与社会主义法律规范相协调、与中华民族传统美德相承接的社会主义思想道德体系。"对社会主义思想道德体系的这种系统的表述，在我们党和国家的历史上是第一次。这一思想植根于我国改革开放以来社会主义经济、政治、文化建设的伟大实践，是在实践中对社会主义经济、政治、文化建设的经验及发展规律的科学总结，是一个重大的理论创新。这一科学论述为深化教育改革，推进德育体系创新确立了重要的指导方针。

德育体系创新要认真贯彻《公民道德建设实施纲要》。《纲要》以江泽民同志提出的依法治国与以德治国相结合和加强思想道德建设的思想为指导，创造性地提出了公民道德建设的指导思想、方针原则、主要内容、形式方法、手段和机制，论述了建立与社会主义市场经济相适应的道德体系的重要意义及其内容要点，论述了坚持继承优良传统与弘扬时代精神相结合以及道德建设与民主法制的统一关系，构建了覆盖社会各层面的道德建设实施系统，提出了"积极探索新形势下道德建设的特点和规律，在内容、形式、方法、手段、机制等方面努力改进和创新"，为德育体系创新提供了理论依据，营造了全社会性的政策环境。因此，认真学习领会和全面落实《纲要》要求，是创新德育体系的首要环节。

德育体系创新要坚持科学性和整体性的基本原则。江泽民同志对建立社会主义思想道德体系的论述的突出创新点，是科学性和整体性。在科学性上，江泽民同志的论述反映出对思想道德体系与市场经济、法律规范和中华民族传统美德的内在联系的整体认识，包含着对社会主义文化建设与经济、政治建设发展规律的把握和运用。整体性是科学性的综合展现。整体构建学校德育体系要注重对教育规律及德育规律的全面把握和运用，要从社会主义物质文明、政治文明、精神文明建设和发展的整体联系中认识学校德育工作，从坚持"三个面向"，全面推进素质教育的整体教育改革中认识德育工作，从德育的目标、内容、途径、方法、管理、评价各要素系统的整体联系中认识德育的科学内涵和实施特点。坚持科学性和整体性的基本原则，有助于促进德育思想理论的创新，是德育体系创新的一个必要的科学基础。

德育体系创新要深化德育目标内容体系研究。主要包括：第一，把弘扬和培育民族精神纳入德育的目标内容。落实江泽民同志在十六大报告中提出的"必须把弘扬和培育民族精神作为文化建设极为重要的任务，纳入国民教育全过程"的要求，研究制定各学段各年级民族精神教育的目标内容，构建全程性民族精神教育的实施体系，要把民族精神与传统美德和现代道德融为一体，与现代意识和时代精神融为一体，使民族精神成为世界观、人生观、价值观教育的重要内容要素。第二，对如何构建与社会主义市场经济相适应、与社会主义法律规范相协调、与中华民族传统美德相承接的德育目标内容体系进行综合性研究，为构建科学、系统的社会主义思想道德体系奠定基础。第三，深入研究在我国社会经济成分、组织形式、就业方式、利益关系和分配方式多样化的发展过程中出现的各类社会阶层的思想道德状况及培养需求，深化认识"社会主义事业建设者"的时代内涵，坚持与时俱进，进行德育目标内容的创新性研究。第四，密切结合新课程改革的理论与实践，对德育内容及其载体进行发展性研究，使德育在素质教育中更好地发挥导向、动力和保证作用。第五，按照年龄和品德形成发展规律，对德育目标内容进行分学段分年级的层次化研究，对思想、政治、道德、法纪、心理教育各自的具体内容、特点和教育规律进行深化研究。第六，对科技道德、环境道德和网络道德教育内容进行应用性专题研究。

德育体系创新要继续深化对德育途径、方法、管理和评价等德育实施体系的研究与实践。要加强德育途径和方法的现代化研究，深化德育活动课研究；探索和总结班主任工作与心理健康教育工作相结合的经验和规律，深化学科德育研究。要适应信息化社会特点，加强德育资源的开发建设，加强校园文化和校外德育基地建设，开展多种形式的社会实践活动，深化德育实践环节。加强对家庭教育的研究和指导，以建立学习型社会的现代观念，构建学校、家庭、社会立体化、全程性的教育网络体系。德育管理和评价要把提高教师的职业道德素质和学生思想品德素质，增强德育的科学性、实效性作为重要归结点，构建党、政、工、教、团、队协调统一的、具有育人合力的德育工作体系，研究制定科学的德育评价指标体系，研发和运用现代化德育评价手段。

德育体系创新是德育工作贯彻落实十六大精神，坚持解放思想、实事求是、与时俱进的具体体现。德育体系创新是一种综合性的教育创新，它必将促进德育的思想理论和内容方法等各领域全面创新和发展。

2. 论以德治国与以德育人[1]

以德治国，是以江泽民同志为核心的党中央第三代领导集体在我国社会经济步入新的发展时期提出的重要治国方略，是在深刻总结历史与当代、国内与国外治国经验的基础上作出的科学论断。以德治国思想的提出，在客观上把国家的道德建设，把对全体人民尤其是青年一代的道德教育摆到了治国安邦大计的重要战略地位，为新时期学校德育工作指明了方向。

---

[1] 本文是作者在教育部"依法治国与以德治国"学术研讨会上的演讲稿，收入中央教科所德育研究中心成立十周年学术研讨会论文集《二十一世纪中国德育改革与创新》，学苑出版社2002年4月出版。后发表在《大教育导刊》，2002年5月12日。

(一)"以德治国"是新世纪我国社会全面发展的必然要求

1."以德治国"方略提出的背景

党的十五大提出了"依法治国"和把我国建设成为社会主义法制国家的基本治国方略,九届人大在修改《宪法》时,将这一治国方略写进了新《宪法》。以宪法为核心的有中国特色社会主义法律体系的框架已基本形成。

然而,相比较而言,道德建设则比较软弱,其成就也显得相形见绌。举例来说,现在违法犯罪一个特别值得关注的现象,是执法人员的违法犯罪案例明显上升,海关、公安、法院、检察院等部门,近几年都有震动全国的大案要案发生。有法不依、执法不严、寻私枉法、寻情枉法、以权代法、以钱买法的现象依然严重存在。如厦门特大走私案是新中国成立以来查处的最大的一起经济犯罪案件。涉案金额之大、人员之多,案情之复杂,经济犯罪和腐败问题之严重,触目惊心。走私犯罪与腐败行为密不可分。走私滋生腐败,腐败助长走私;走私支撑腐败,腐败加剧走私。这些执法人员违法犯罪,不是因为不懂法,而是因为丧失了德。

针对我国社会主义现代化建设面临的新情况和新问题,思考古今中外治国安邦的经验教训,以江泽民同志为核心的党中央自2000年6月28日至2001年7月1日,在一年之内先后四次讲到"以德治国"。形成了以德治国与依法治国相结合的治国方略。

江泽民同志在2000年6月28日召开的全国思想政治工作会议上提出,法律和道德作为上层建筑的组成部分,都是维护、规范人们思想和行为的重要手段,它们相互联系、相互补充,法治以其权威性和强制手段规范社会成员的行为,德治以其说服力和劝导力提高社会成员的思想认识和道德觉悟,道德规范和法律规范应该相互结合,统一发挥作用。

在2001年初召开的全国宣传部长会议上,江泽民同志又进一步强调要把"法治"和"德治"、把"依法治国"和"以德治国"紧密结合起来,指出:"我们在建设有中国特色社会主义,发展社会主义市场经济的过程中,要坚持不懈地加强社会主义法制建设,依法治国,同时也要坚持不懈地加强社会主义道德建设,以德治国。对一个国家的治理来说,法治与德治,从来都是相辅相成、相互促进的。二者缺一不可,也不可偏废。"

在2001年3月召开的九届人大四次会议上,这一思想被正式写入了朱镕基总理所作的政府工作报告以及《中华人民共和国国民经济和社会发展第十个五年计划纲要》两个重要的国家文献中,从而表明,"以德治国"像"依法治国"一样,作为"治国方略"的重要方面,得到了全国人民代表的普遍认同。

2001年7月1日,江泽民同志在《庆祝中国共产党成立八十周年大会上的讲话》中进一步指出:"加强社会主义思想道德建设,是发展先进文化的重要内容和中心环节。……要把依法治国同以德治国结合起来,为社会保持良好的秩序和风尚营造高尚的思想道德基础。"

"以德治国"方略的提出,正是从经济社会发展新的形势、新的任务和新的要求出发,针对当前社会存在的腐败现象和思想道德方面带倾向性的问题而提出的战略部署。既是对我们党重视思想道德建设光荣传统的继承,又是结合新的历史条件,从治国安邦的战略高度作出的理论创新,是对马克思主义国家学说的发展,是对毛泽东思想、邓小平理论在治国方略方面的丰富和完善。

2. "以德治国"与"依法治国"的关系

在学术界，有人对"以德治国"提出质疑，担心强调"以德治国"会削弱甚至淡化"依法治国"。笔者认为这种担心是不必要的。理由有三：

首先，提出"以德治国"，是对依法治国的进一步肯定和强有力支持。

一般而言，道德是立法和执法的基础。从一定意义上讲，法律规范也是道德规范。在大多数情况下，法律规范是道德的"底线"，是一个社会所能允许的最低的行为标准，超出了这个标准或"底线"，就会妨碍甚至危害社会和他人的利益，因而必须用国家机器的强制手段，来防止社会成员越过这条"底线"，社会成员一旦越过了这条底线，就将受到国家机器的制裁。强调"以德治国"，从法律规范和道德规范相互关系的角度看，本身就是对法律规范的一种强化，是通过加强道德建设特别是加强道德教育的功能，巩固法律的基础，以道德的正当性保证法律的正当性，尤其是保证立法和执法的正当性。其中，道德教育，在立法和执法的领域，主要的是针对立法和执法人员的道德素质的教育。立法和执法人员在道德教育的感染下提高了道德觉悟和道德境界，本身就是提高了执法守法的觉悟和境界，从而为他们自觉遵循"有法可依，有法必依，违法必究，执法必严"的方针，创设了最良好的道德前提。

其二，提出"以德治国"，是在施行社会主义法制的同时加强道德建设。

总体上说，法律规范是相对确定的，具有较严格的含义，可以用刚性的尺度来衡量人们是遵守还是违犯了法律规范。法治以其权威性和强制手段规范社会成员的行为。相对于法律规范而言，德治以其说服力和劝导力，靠提高社会成员的思想认识和道德觉悟来调节社会成员的行为。道德规范既有确定的方面，也有不太确定的方面，往往具有比较宽泛的解释余地。因此，一般来说法治是第一位的，德治是第二位的，特别是在社会大变革的时期尤其是这样。在社会相对稳定时期，德治才能发挥更大的作用。"以德治国"是在"依法治国"的同时加强道德建设，并不是离开法治的孤立的道德建设。道德是法治的基础，法律是德治的保障。

其三，提出"以德治国"，是对"依法治国"的补充和完善。

"依法治国"与"以德治国"相结合，是对治国方略更加深刻、更加完整的认识和表述，是治国理论的发展，是政治上成熟的表现。德治与法治，互相补充，相得益彰，共同构成完善的治国方略。首先是功能互补，法治是靠法律的权威性和强制性来规范人的行为，调节人际关系的；而德治是靠道德的说服力、劝导力、内心信念和社会舆论的力量来规范人的行为，调节人际关系的；前者主要靠他律，后者主要靠自律，二者互为补充。其次是范围互补，法律只是对违法的行为进行惩处，而对"缺德"不违法的行为是不干涉的；道德则是通过社会舆论对"缺德"的行为进行批评教育，弘扬正气，抵制歪风，减少犯罪。法律制定的再多，也不可能包罗人们社会生活、家庭生活特别是私生活的全部内容。而道德则比法律作用的范围要宽泛得多。第三是时间先后互补，汉代思想家贾谊曾说："礼者禁于将然之前，而法者禁于已然之后。"德治的作用在事先，法治的作用在事后，形成了时间先后作用的互补性。总之，法律和道德，法治和德治，如车之两轮、鸟之双翼，相辅相成，相互促进，相互补充，缺一不可。

3. 当代德治与古代德治的联系与区别

在学术界，还有一种观点，担心提出"以德治国"会导致"人治"。笔者认为这种观点混淆了当代德治与古代德治的界限。今天我们强调以德治国，既要看到与中国古代儒家德治思想的联系，又要看到二者之间的本质区别。应当采取历史唯物主义的态度，对儒家的德治思想进行批判继承，取其精华，去其糟粕，古为今用，推陈出新。

春秋战国时期，是诸子百家争鸣的时代。儒家、法家、墨家等各执一端，争论不休，谁也没有成为统治阶级正统思想。战国末期秦始皇任用法家李斯为相，发展经济，壮大军事，富国强兵，先后灭六国建立第一个中央集权的封建王朝。秦朝的统一，应当说是法家思想的胜利。然而，秦朝是短命的，二世而亡。汉朝统治者为了长治久安，吸取了秦朝过早灭亡的教训，意欲从严刑峻法的法治思路中走出来，寻找一种治国安邦的更好的"药方"。从西汉初期到汉武帝时期，经过陆贾、贾谊、董仲舒等儒家代表人物的提倡，儒家的"德治"思想，正式为统治者所接受。汉武帝"举贤良对策"，董仲舒对了一策"罢黜百家，独尊儒术"，被汉武帝采纳。从此儒家的德治思想被定为一尊，成为封建社会的正统思想。儒家在批判法家思想的同时，也进一步吸收了法家思想的一些内容，主张德治，但不否定法治；强调德治，但未忽视法治。从而提出了"刑者德之辅"的思想，由此确立了儒家"德主刑辅"的治国方略。儒家的"德治"，包括"德政"和"德教"两个重要的方面，既重视统治者的道德垂范，也重视老百姓的道德教化。儒家主张"修身、齐家、治国、平天下"，把"内圣"与"外王"统一起来，在强调德治的同时，尤其重视德教，提倡"克己"、"修身"、"自省"、"内讼"、"慎独"，力求使这些道德原则和道德规范内化为人们的内心信念，以达到他们所理想的"德治"的目的。儒家的德治思想在中国古代是有一定的合理性和积极意义的，对于国家的统一，民族的融合，社会的稳定，曾经发挥过重要作用。

然而，古代儒家的德治，是人治的一种具体实施形式。导致儒家的德治归结为人治的是皇帝一人家天下之治的封建专制制度，而不是德治思想本身。中国古代社会一人之治的现实社会制度，决定了君主和皇帝无论采用什么办法来治理国家，都只能是"人治"的不同手段而已。秦始皇实行的是"人治"，汉武帝实行的也是"人治"，一个是法治的"人治"，一个是德治的"人治"。法治和德治都是"人治"的手段，因此，不能说德治与人治有必然的因果关系。

社会主义现代化建设的今天，我们强调的依法治国与以德治国，是建立在社会主义经济基础和政治制度之上的治国方略，是社会主义民主政治的一个有机组成部分，是与社会主义法治不可分割的治国方略的一个重要手段。今天的德治不是人治，也不会导向人治；今天的德治是社会主义制度条件下的德治。不能与封建专制制度下的"法治"、"德治"混为一谈。不能认为现在提出的以德治国是与依法治国对立的，更不能认为提出以德治国必然导向人治。

（二）"以德育人"是"以德治国"在教育领域的贯彻和实施

以德治国方略在教育领域的贯彻实施，对于各级教育行政部门来说，就是要"以德治教"；对于各级各类学校来说，就是要"以德治校"；对于广大教师来说，就是要"以德育人"。总的来说，就是要切实加强改进学校德育工作，这是贯彻以德治国方略的内在要求。

1. 推进"以德育人"要充分认识德育工作的重要性

世纪之交，中央确定了深化教育改革、全面推进素质教育的战略任务，对中小学德育工作提出了新的要求。同时，当前我国正处在改革的攻坚阶段和发展的关键时期，社会情况发生了复杂而深刻的变化，影响着青少年学生的价值取向；国际国内意识形态领域的矛盾和斗争更加复杂，尤其是国际敌对势力加紧对我国青少年一代进行思想文化渗透，个人主义、拜金主义、享乐主义等消极腐朽思想给青少年学生带来了消极影响。

值得注意的是面对国内外形势的新变化、教育改革与发展的新任务和青少年思想教育工作的新情况，中小学德育工作还很不适应。突出表现为"三重三轻"、"三个不适应"：重智育轻德育、重课堂教学轻社会实践、重校内教育轻校外教育的倾向比较严重；德育工作不适应青少年学生身心发展的特点，不适应社会生活的新变化，不适应全面推进素质教育的要求，方法与手段滞后，针对性和实效性不强；全社会关心和支持教育的风气尚未全面形成，一些地区的社会环境不利于青少年学生健康成长；一些教师的思想道德素质与教书育人、为人师表的要求存在着较大差距，教师职业道德建设亟待加强；德育工作的保障措施不够有力，体制、机制、队伍建设和经费投入等政策措施不到位。

中共中央办公厅、国务院办公厅《关于适应新形势进一步加强和改进中小学德育工作的意见》明确指出，各级党委和政府，各有关部门和社会各界，各级教育行政部门和广大教师都要从战略的高度，充分认识加强和改进中小学德育工作的重要意义，深刻认识当前做好青少年思想教育工作的必要性和紧迫性，千方百计把这项工作抓紧、抓实、抓出成效。

2. 推进"以德育人"要全面理解德育概念的内涵

任何概念都有广义和狭义之分，狭义的德育是指道德教育。学校德育作为一门综合性的应用学科，其概念的内涵应该取其广义。德育是指教育者按照一定社会的要求，有目的、有计划、有组织地对受教育者进行系统的影响，通过教育者和受教育者双主体在实践活动中的互动，把一定社会的政治准则、思想观点、道德规范、法纪规范和心理要求，转化为受教育者个体的政治素质、思想素质、道德素质、法纪素质和心理素质的教育。所以德育不仅仅是道德教育的简称，不仅仅是思想政治教育的同义语，而应是思想教育、政治教育、道德教育、法纪教育和心理教育五要素的有机统一。它们各有自己的特定内涵，但又互相联系，互相渗透，互为条件，互相制约，构成了德育统一体。其中政治思想教育是灵魂，道德教育是重点，法纪教育是保障，心理教育是基础。这五者不可割裂，更不能互相取代。如果在理论上仅仅把德育视为"政治思想教育的同义语"或"道德教育的简称"，那么在德育实践上就会失去之偏颇。"文革"期间，由于"突出政治"，政治教育代替一切，道德教育被忽视乃至被取消，造成了一代人道德水准下降以至整个社会风气败坏。八十年代后期，由于"淡化政治"，政治思想教育薄弱，致使自由化思潮乘虚而入，泛滥成灾，最终酿成动乱。这两方面的教训是极其深刻的，必须永远记取。

3. 推进"以德育人"要科学确立德育目标层次

德育目标是党和国家对青少年儿童在政治素质、思想素质、道德素质、法纪素质、心理素质等方面所达到的规格要求，是德育工作的出发点和归宿点。

德育目标确立的依据是从建设有中国特色的社会主义实际出发，坚持面向现代化、面向世界、面向未来的方向；是根据党和国家对青少年儿童一代在"德"方面的要求，遵循青少年和儿童品德形成和发展的规律。坚持方向性和现实性的统一，党和国家的要求与青少年成长规律的辩证统一。

德育总体目标是：教育学生学会做人，做一个文明礼貌，人际和谐的人；知法懂法，守法用法的人；不怕挫折，心理健康的人；辩证唯物，进取创新的人；热爱祖国，政治合格的人。

构建德育目标体系的要求是：总体目标，一以贯之；学段目标，各有侧重；年级目标，具体明确；情意兼顾，知行统一。按这样的要求实施德育，把全体学生培养成热爱祖国，遵纪守法，具有文明行为习惯的好公民；在此基础上，引导他们树立正确的世界观、人生观、价值观，培养成为社会主义事业的建设者和接班人；为使他们中的优秀者在将来成为具有共产主义觉悟的先进分子奠定基础。

4. 推进"以德育人"要整体构建德育内容体系

德育内容是为实现德育目标而确定和安排的特定的教育内容。德育内容的性质和构成由德育目标决定；德育内容的深度和广度为受教育者年龄特征和思想品德发展水平所制约；德育内容的针对性从学生成长的需要和现实社会的迫切要求出发。

整体构建德育内容体系要坚持贯通古今，融会中西；继承借鉴，发展创新的原则。

中国思想文化的发展战略是以马克思主义为指导，以中华民族优秀传统文化为根基，吸收和借鉴世界各国一切有价值的文明成果，整合出代表先进文化前进方向的有中国特色的社会主义新文化。德育文化作为中国文化的一部分，我们主张中西文化的融合，构建"贯通古今，融会中西，继承借鉴，发展创新"的21世纪有中国特色的社会主义学校德育体系。中国历代哲学家、思想家、教育家对德育的思考和论述源远流长，博大精深，且影响广远。那种"究天人之际，通古今之变"、"自强不息"、"厚德载物"的人生智慧具有强大的生命力和包容性，以及"天下兴亡，匹夫有责"的爱国主义精神；"天下为公"、"修齐治平"的整体主义精神；"刚健有为、自强不息"的积极进取精神；"先天下之忧而忧，后天下之乐而乐"的先人后己的精神；"见利思义"、"先义后利"的价值取向；"富贵不能淫、贫贱不能移、威武不能屈"的浩然正气；"杀身成仁"、"舍生取义"的高风亮节；"勤劳简朴、诚实守信"的求实精神；"仁者爱人"、"成人之美"的友爱思想；"孝敬父母"、"尊老爱幼"的道德品质等等形成了中华民族之魂和民族精神。德育体系作为一种综合性的道德文化，必须而且必然植根于母体传统文化的沃土之中。要坚持批判继承、去糟取精、古为今用的原则，使其成为构建德育体系的思想材料。

在对待西方文化的问题上，采取闭关自守、全盘否定，或崇洋媚外、全盘西化这两种极端的观点都是错误的。而应当分析、鉴别、学习、借鉴、吸收、利用。自欧洲文艺复兴运动以来形成的尊重人性、弘扬个性、崇尚科学、强调民主、强化法制的精神，已成为缓解社会矛盾，推动社会进步的力量。要吸收、借鉴其中有价值的教育理念、教育内容和教育方法，做到洋为中用，使其成为构建德育体系的有益补充。

通过中西方文化的冲突与整合、碰撞与融合，实现两种文化的优势互补和发展创新，形成适用于市场经济的民主法制、权利义务、公平竞争、互利互惠、公关信息、效率效益、文明消费、依法纳税、服务质量、开拓创新等观念，使整体构建的德育内容体系既有民族特色，又具时代精神，代表着先进文化的前进方向。

整体构建德育体系的思路以系统论为理论依据，整体构建德育内容体系，把德育内容的要素结构和层次结构划分出来，以五大要素为纬，以各要素的不同层次为经，按照整体性、有序性、动态性的原则，把它们有机组合起来，依据不同年龄阶段学生的身心特点、知识水平和成长规律，由浅入深，由低到高，由具体到抽象，由感性到理性，分层递进、螺旋上升，构建从小学到大学各个年级的德育内容，克服倒挂、脱节、简单重复、过频变动和脱离实际的问题，使德育内容循序渐进；德目规范，形成序列；要素完整，层次清楚；注意衔接，螺旋上升，形成科学化、系统化、规范化、现代化的德育内容体系。

5. 推进"以德育人"要切实加强德育实践环节

德育的本质是实践的，它不仅要解决学生知不知、会不会的问题，更要解决学生信不信、行不行的问题，即不但要授之以知、晓之以理，而且还要动之以情、导之以行。德育过程是知、情、意（信）、行诸环节构成的，只有知识传授，而无情感陶冶、意志磨炼和行为引导是不完整的德育。而德育活动是德育的有效途径，既有课堂德育活动，又有课外德育活动；既有校内德育活动，又有校外德育活动。其中主题班会、主题团队会是最直接、最经常、最普遍的德育活动。它主题明确，针对性强，内容丰富多彩，形式生动活泼，是对学生进行思想品德教育的有效途径。主题班会、主题团队会应当形成制度，列入课程表，作为德育活动课的基本形式。从而避免单纯传授知识、空洞讲授理论、死记硬背概念等脱离实际的倾向，增强德育的科学性、针对性和实效性。在德育活动中，要尊重学生的主体地位，坚持德育"双主体论"理念。教师是教育主体，学生是受教育主体，教师和学生应当互相尊重对方的主体地位。在德育目标的确定上，不仅要考虑社会的要求，更要重视学生自身成长的需要。在德育内容的安排上，不仅要依据社会规范，更要遵循学生的年龄特征和品德形成发展规律。在德育途径和方法的运用上，不仅要发挥教师的主导作用，更要强调学生的主体参与。从而改变传统的"以教师为中心，以教材为中心，以课堂为中心"的"旧三中心论"，建构"以学生为中心，以活动为中心，以体验为中心"的"新三中心"。使学生在活动中去体验、感悟生活，内化为道德信念，外化为道德行为，这是学生自为性、自主性、能动性的集中表现。

6. 推进"以德育人"要逐步建立德育评价机制

德育评价是学校德育管理工作的重要环节，也是保证学校德育目标实现的必要措施。德育评价是加强和改进学校德育工作的重点和难点。德育评价体系的构建遵循三级评价，体系健全；指标体系，科学简明；评价原则，科学规范；评价方法，适用可行的原则。德育评价体系的构建是学校德育工作中一项带有根本性的建设，对于督导检查学校德育工作的水平和质量，推动德育由虚变实、由弱变强、由软变硬发挥着不可替代的监督保证作用。

为此，德育研究中心编写了学生整体素质综合评价手册——《成长册》，与《成绩册》虽然只是一字之差，却有着本质之别。《成长册》是对学生进行全面素质评价，《成绩册》只是对学生学习成绩的评价；《成长册》是形成性评价，《成绩册》是终结性评价；《成长册》是学生自我评价和师生、家长双向评价，《成绩册》是教师对学生的单向评价；《成长册》的评价主体是学生，《成绩册》的评价主体是教师；《成长册》生动活泼，《成绩册》形式死板。

《成长册》的编写坚持导向性和激励性、科学性和系统性、形成性和阶梯性、主体性和个体性、操作性和趣味性的原则。《成长册》篇章有：成长环境篇、成长目标篇、成长过程篇、成长交流篇、成长成果篇。《成长册》评价内容，小学段是：学会做人，学会求知；学会健身，学会健心；学会审美，学会劳动。中学段是：思想道德篇、科学文化篇；身体心理篇、审美艺术篇；劳动技能篇、个性特长篇；创新精神篇、自育能力篇。通过这些方面的内容激励学生自尊、自爱、自信、自立、自强，引导和培养学生自订成长目标，自析成长环境，自寻成长动力，自开成长渠道，自研成长方法和自评成长效果，使他们成为自身全面发展的主人。

3. 社会转型时期学校德育的反思与构建[1]

当前,我国正处于由计划经济体制向市场经济体制的转型时期,与西方市场经济百年发展、完善的过程相比,我国的社会转型是以历史浓缩的形式,把社会转型中的各种社会问题几乎同时呈现出来。如何应对社会转型时期人们思想观念的变化,加强和改进学校德育是一个重大的理论与实践课题。

(一)社会转型对学校德育的双重效应

随着社会主义市场经济的确立和发展,我国的经济形成了多元化发展的格局。经济形式的多元存在带来了人的思想观念的转变,这些观念给人们的思想注入了新的生机。同时,市场经济是凸现个人利益的求利经济,凸现金钱地位的货币经济,优胜劣汰的分化经济,利益主体的多元化必然导致人们思想的多样性、复杂化。尤其在我国社会主义初级阶段,在生产力尚不够发达,法制尚不够健全,市场经济体制有待进一步完善的情况下,学校德育工作希望与困难同在,机遇与挑战并存。

1. 市场经济自主经营的原则激发了人主体意识的生成,同时诱发了个人主义倾向

理性经济人原理表明,在以市场经济为基础的社会,人们经济活动的根本动机是追求自身利益,但是人们的行为又是理性的,也就是能够根据市场处境,判断自身利益,并凭借已有的知识和经验,尽可能追求效用的最大化。在市场经济条件下,无论是企业还是事业单位或个人,只要进入市场,行为必然受市场机制的制约。经济人的行为和动机决定在交易或交换中,人们会采取那些被认为将给自己带来最大净收益的行为,并在取得收益时规避风险。理性经济人假说表明,市场主体是独立的存在体,但是基于独立存在的行为是有风险意识的,在追求个人利益的同时是处于理性思考的。基于存在的独立性,权衡的主体性,选择的自主性,对风险的规避性,使市场在"自由"交换中有着合理的理性内核,从而使市场经济在无形手的支配下,处在一种自发的良性运转之中。市场经济理性经济人所遵循的自主性原则要求经营主体具有充分的自主权,实行自我约束、自主经营、自负盈亏。市场经济这种特质赋予人们主体意识,讲求等价交换,公平竞争,唤醒了人们的巨大积极性、能动性。人们的风险意识、使命感和责任心也随之加强,有利于人的独立性、创造意识的形成。这有助于促进学生主体意识的觉醒,以独立的人格关注现实、思考未来,为推进学生主体精神的发挥和自我价值的实现,为道德的主体性发挥奠定了基础。

从另一方面看,市场经济自身存在着盲目性、自发性、滞后性以及"市场失灵"的情况,在社会主义初级阶段,各项制度还不完善,在个人主体意识与利益的驱使下,有可能诱发极端利己主义、极端个人主义。对青少年学生而言,其主体意识的增强,只是表明他们社会化过程的加速,并不等于他们已具有良好的主体意识,不等于他们已具有行为的自控性和自主性。相

---

[1] 本文与许建争合作,曾发表在《教育研究》(核心期刊)2002年第9期,并转载于中国人民大学书报资料中心《教育学》,2003年第3期。

反,在缺乏积极正确引导的情况下,容易助长他们的个人主义,表现在思想和行为上不关心国家、集体和他人利益,唯我独尊,我行我素。

2. 市场经济所有制形式的多元化促进了社会生产力的发展,同时利益群体的多样化相应导致思想价值取向的多元性

公有制为主体、多种所有制经济共同发展,是我国社会主义初级阶段的一项基本经济制度。党的十一届三中全会以来,遵循以公有制为主体,多种经济成分共同发展的方针,逐步消除了所有制结构的不合理因素对生产力的羁绊,出现了公有制实现形式多样化和多种经济成分共同发展的局面。作为社会主义经济重要组成部分的非公有经济,呈现出兴旺发达的态势,体现了市场经济的开放性,实现了市场经济与社会主义所有制的完美契合。在社会主义市场经济体制中,市场竞争机制、价格机制、价值规律等整合为有机的统一体,促进了多种经济成分共同发展,解放了生产力、发展了生产力,促进了物质文明的进步,推动了精神文明的发展。社会宏观环境的良性运行为学校德育工作的改进和加强提供了坚实的社会基础。

从另一方面看,所有制经济形式的多元存在,形成了多种利益群体,相应地表现为多种意识形态。在现实生活中,既有反映社会主义市场经济积极的、健康的意识,也有反映小商品生产封闭、保守的意识;既有反映过去计划经济统筹过死的产品经济意识,也有反映资本主义市场经济初期原始积累的意识。在价值观方面,无私奉献,公私兼顾,合理利己和极端利己主义价值观并存。在外来文化和民族传统文化的传播中,积极因素和消极因素并存,精华与糟粕同在等等。这种复杂多元的社会现象通过家庭和社会种种渠道渗透到学校中来,使学生的思想行为、价值取向呈现出复杂性和多元性,使其理想信念、价值取向、道德观念等方面面临多种选择,而其中消极因素必然对青少年学生产生负面影响。

3. 市场经济的效益原则增强了效益观念和求实精神,同时诱发了拜金主义和重利轻义倾向

市场经济的效益原则、利益驱动原则,是市场经济生命力的支撑点,促使市场主体在追求经济效益过程中,遵循"低成本、高效率","少投入、多产出"的法则,遵循优胜劣汰、适者生存的规律。在目前我国物质生活条件还不够高,生产力尚不够发达的社会主义初级阶段,这些原则对提高经济效益,推动社会发展、科技进步具有积极的意义。市场经济优胜劣汰、适者生存的竞争机制有利于培养学生的效益观念和务实求实精神,有助于培养学生的进取拼搏精神。

从另一方面看,在目前我国社会主义初级阶段,市场机制、法制建设有待进一步完善的情况下,某些人钻法律的空子,谋取个人私利。市场经济竞争的严酷性会引发少数人采取不正当的手段达到求利目的心理倾向。诱发拜金主义、利己主义,偏好于追逐短期利益,忽视长期利益,致使道德滑坡等。社会上的种种消极因素通过各种途径传播到学校,对正在成长中的青少年学生的行为习惯必然产生不利影响。

4. 市场经济的完善发展与全球化趋势同步进行,促进了国人开放进取意识的生成,同时在东西文化的融合与冲突中,价值观念的多样化使青少年学生面临多元选择的困惑

当前,全球化已成为势不可挡的时代潮流,并全方位地影响着国人的生活方式和思维方式。随着市场经济的完善发展,我国不可避免地被全面卷入全球化浪潮。入世更强化了这一进程，使国人不仅要面对国内竞争的压力，而且要面对国际竞争的压力，求生存、求发展，成为每一个中国人内在的驱动力，计划经济条件下形成的依赖性、保守性、封闭性和僵化性等思想观念受到了前所未有的挑战，与时俱进，开放进取成为时代潮流。

另一方面，全球化浪潮的推进和科学技术的迅猛发展，形成了一个新思想文化阵地，各种思想得以迅速在网上传播，对于优秀文化成果的吸收有利于社会主义新文化的建设，而其中的文化垃圾，没落的道德价值观念、生活方式，个人主义、享乐主义等思潮的传播，使一些人自私自利的贪欲不断膨胀，给青少年的价值选择带来了新的挑战。如何引导青少年正确地休闲、娱乐、消费，避免不良社会风气、生活方式的侵蚀，成为现实生活中值得注意的问题，也对新时期德育提出了新的要求。

（二）构建德育体系应处理好的几个关系

1. 德育的适应性与超越性的关系

社会主义市场经济体制的确立是符合我国社会发展规律和人民根本利益的抉择，市场经济建设的成效在根本上取决于人的素质。德育作为素质教育的灵魂，市场经济的确立对其提出了更高的要求：一方面，道德作为上层建筑，必然受与之相对应的经济基础的制约，道德必须适应而不可回避、排斥市场经济；另一方面，道德作为意识形态，对与之相对应的经济基础具有能动作用，道德必须超越而不能仅囿于适应市场经济。只有在适应中超越，在超越中适应，螺旋上升，层递发展，德育才能在培养与造就我国现代化事业的人才中发挥应有的作用。

德育作为一种教育活动，属于精神活动，要受物质的、现实的生活制约。德育对市场经济的适应性要求立足市场经济的实际，适应社会，贴近生活。但德育的适应性不是消极的适应，而是积极的适应。一方面立足于市场经济自主经营、平等互利、自负盈亏的实际，引导学生树立主体性、协调性等观念，尊重学生的独立人格，充分挖掘、发挥个体的创造力，使学生确立平等互利、公平诚信的原则，促进社会的和谐有序发展。另一方面立足于市场经济的竞争性，引导学生树立进取、开拓、创新精神和时效、信息等功效性价值观念，并基于市场经济的风险性、不确定性培养学生适应市场经济的良好心理素质，促进学生实现与市场经济的契合，在市场经济的大潮中能够成为弄潮儿。

德育仅停留在适应市场经济的层面，还不足以发挥其对经济的能动作用。思想道德作为一种精神活动，它是对可能的未来世界的一种把握与向往。德育对市场经济的超越是在能动适应中的超越，是在扬弃中的超越，更是在可能的条件下的超越。[1]一方面，引导学生积极克服、消解市场经济的负面影响，促使思想意识、行为规范合理化，避免急功近利、见利忘义的思想行为。另一方面，引导学生形成更高层次的思想品德、价值观念，提升他们的道德境界，形成高尚、完美的人格，从而在适应中实现超越，体现主动适应、积极作为的特征。德育正是"按照某种超越于现实的道德理想去培养和塑造人，促使人去追求一种理想精神境界与行为方式，以此实现对现实的否定"。[2]也正是由此，德育通过为未来培养具有主体性的人的现实

---

[1] 兰刚：《关于21世纪德育的前瞻性思考》，载《江苏高教》，1999年第1期。
[2] 鲁洁：《道德教育：一种超越》，载《中国教育学刊》，1994年第4期。

活动,来超越现时代而不是停留在复制现有规范上,从而实现对人的全面发展、社会进步的拉动作用,最终发挥其对客观世界的改造作用,推动社会文明的发展进程。

2. 教师的主体性与学生主体性的关系

社会主义市场经济体制的确立激发了人的主体意识,为德育过程中人的主体意识的实现提供了现实的外在社会环境。按照马克思主义经典作家的观点,主体是人,客体是自然,教师和学生都具有能动性,都应是主体。作为道德的载体,师生又表现为道德主体。道德主体主要是个体以认识、肯定、发展和完善自己为己任的。而且作为道德主体,师生又表现为德育主体。德育主体不仅要尽相应的道德义务,更要求个体和群体道德认识、道德情感、道德修养向较高层次迈进。

德育作为德育主体的一种实践活动过程,其实质是学生主体在教师主体帮助下,消化、吸收、实践德育内容的过程,在此过程中,学生处在一定社会和自身成长的发展阶段,受社会环境和自身道德发展规律的制约。因此在德育目标的确定上,不仅要考虑社会的要求,更要重视学生自身成长的需要;在德育内容的安排上,不仅要依据社会规范,更要遵循学生的年龄特征和品德形成发展规律;在德育途径和方法的运用上,不仅要充分发挥教师的主导作用,更要强调学生的主体参与。教师的主体作用体现在保证学生的自觉主动性的充分发挥方面。在德育过程中,教师的活动是可以变化的,学生的品德发展规律是不可替代的,道德认识的发展,道德情意的感化,道德行为的展开都由学生自主完成,具有不可替代性。所以从德育起点、过程、终点三方面看,学生主体是第一性的,教师主体是第二性的。

在实践过程中,近、现代西方教育思想偏重于学生主体作用,夸大为学生中心论,导致学生的放任、放纵。中国传统教育思想侧重于教师的主导作用,忽视了学生主体性培养,使学生缺乏主动性、创造性。因此,在德育过程中,树立教师主体与学生主体双主体合作关系的理念,使教师主体和学生主体双向互补,发挥双方的积极性,形成合力。经由这一过程,学生主体性逐渐成长,最终促进学生自我教育,达到各个具体的德育目标,从而发展和完善个体道德人格,成为适应市场经济、推动市场经济建设的主体。

3. 德育导向的一元化与道德实践的多元性的关系

社会主义市场经济建设中确立的以公有制经济为主体,多种经济形式共同发展是符合我国社会主义初级阶段基本国情的抉择。多种经济形式主要指所有制形式的多元存在。经济形式的多样性决定了道德实践主体的多元存在,由于所处的经济所有制性质的不同,个人生活背景、教育程度、思想观念的差异性,在现实生活中必然呈现出多元化的意识形态。

从另一方面看,社会主义市场经济遵循共同富裕原则为德育一元化导向提供了物质基础和道德基准,以公有制为主体为德育一元化导向提供了道德实践主体。

市场经济通过竞争机制、市场机制,强化了人们的时效观念,提高了社会生产力,并且社会主义市场经济通过对一般市场经济的扬弃,高扬了社会主义集体所有制原则,更能充分保障社会主义生产目的,即为满足广大人民不断增长的物质和文化需要的实现。正是由此,社会主义市场经济的确立和发展,解放了生产力,发展了生产力,极大地丰富了人们的物质文化生活,"仓廪实则知礼节、衣食足而知荣辱"[1],为新时期德育一元化导向奠定了物质基础。同时,共同富裕作为社会主义市场经济的目标,充分体现了社会主义社会的基本理想。以其可行的实践性和可求的理想性,随着改革开放越来越深入人心,成为人与人之间、人与社会之间新型关系的规范和尺度,有机地整合了义与利的两极目标,使义与利取得了一致性和合理化。共同富裕已成为我国社会主义市场经济的道德目标和基准。

以公有制为主体的经济所有制形式决定了在道德实践主体多元化的社会中,国有大中型企业职工以及其他所有制经济成分中,国有经济成分职工道德实践群体的主体地位。共同富裕的理想使国有经济道德实践主体与非国有经济道德实践主体形成良性整合,为德育一元化导向奠定了社会基础。构建与社会主义市场经济相适应的德育体系就要加强世界观、人生观、价值观教育,加强爱国主义、集体主义、社会主义主旋律教育,在全社会确立占主导地位的共同目标、理想、信仰、意志、行为准则和精神动力。

(三)整体构建中国特色学校德育体系的基本思路

整体构建中国特色学校德育体系就是以"三个代表"重要思想为指导,坚持解放思想、实事求是的思想路线,坚持系统科学的理论原则,以德性论、德育论、系统论为理论基础,以德育的目标、内容、途径、方法、管理、评价六个分系统为纬,以大、中、小学德育工作三个子系统为经,横向贯通、纵向衔接、横纵交织,构成一个时间上具有全程性,空间上具有全面性,具有中国特色,代表先进文化前进方向,贯彻"以德治国"方略要求,适应全面推进素质教育的学校德育体系。

具体而言,从纵向看,是小学、中学、大学三个子系统的纵向衔接,使每一个子系统的德育目标、内容、途径、方法、管理、评价都应遵循不同学段学生的年龄特点和品德形成发展的规律,建立分层递进、螺旋上升、和谐衔接的有机联系。从横向看,是德育目标、德育内容、德育途径、德育方法、德育管理、德育评价六个分系统的横向贯通。使每个分系统都要落实到小学、中学、大学三个子系统之中去,遵循德育工作的规律,使德育目标、内容、途径、方法、管理、评价环环相扣、互相依存、和谐贯通,通过这种联系做到分系统自身构建的整体性。

1. 认真学习"三个代表"重要思想,整体构建代表先进文化前进方向的学校德育体系

"三个代表"对整体构建德育体系研究具有指导意义。江泽民同志指出:"发展社会主义文化的根本任务,是培养一代又一代有理想、有道德、有文化、有纪律的公民。""加强社会主义思想道德建设,是发展先进文化的重要内容和中心环节。""发展社会主义文化,必须继承和发扬一切优秀的文化,必须充分体现时代精神和创造精神,必须具有世界眼光,增强感召力。中华民族的优秀文化传统,党和人民从五四运动以来形成的革命文化传统,人类社会创造的一切先进文明成果,我们都要积极继承和发扬。"[2]一个"根本任务"、一个"中心环节",确立了德育在发展先进文化中的核心地位。德育主要通过在发展先进文化中的特有功能,作用于社会主义的经济建设和政治建设,进而促进人和社会的全面发展。

德育体系作为一种综合性的道德文化,它的民族特色源于其母体传统文化的民族特性。

---

[1]《管子·牧民》。
[2] 江泽民:《在庆祝中国共产党成立八十周年大会上的讲话》,人民出版社,2001年,第19—21页。

我国古代哲学是本体论、认识论、道德论的统一，以伦理道德、人生价值的探究为中心，是一种伦理型的哲学体系。作为传统文化精华的古代哲学，"究天人之际，通古今之变"，认为宇宙的法则与道德的最高准则是一致的。通过我国传统道德文化，我们可以总结归纳出最为典型的五个方面：(1) 注重整体精神，强调为社会、为民族、为国家的爱国主义思想；(2) 推崇仁爱原则，强调自强不息、厚德载物及人际和谐；(3) 提倡人伦价值，强调个人在人伦关系中的权利和义务；(4) 追求精神境界，向往理想人格；(5) 重视修养践履，强调道德主体的能动作用。

西方在漫长的历史演变过程中，形成了区别于其他文化的主导精神和价值取向，这就是个性精神、科学精神、民主精神、法制精神、功利精神。古希腊追求人的独立和权利，他们尊重人性，崇尚人的自主、自律和力量，把人看作是高于一切的实体。在文艺复兴运动中，思想家们主张从中世纪封建神学的禁锢中解放出来，恢复古希腊文化的人文精神，要求从神性转向人性，高扬人的理性，主张面向自然，解释自然，重新认识世界和人自身，提倡求索和创造文明。17世纪，随着资本主义生产方式的形成和发展，崇尚理性、发展科学成为资产阶级的迫切要求。科学精神在本质上是一种崇高的道德精神。从此以后，民主理论和民主政治、法律思想和法律制度、功利思想和求利原则得到进一步发展，并成为上升时期各国资产阶级革命的武器。

整体构建学校德育体系就是要在"三个代表"思想指导下，贯通古今，融会中西，继承借鉴，发展创新，在德育思想、内容和方法领域中实践古今文化的贯通和批判继承，同时，也在这几个方面实践中外文化的选择和吸收借鉴。

2. 深刻领会"以德治国"重要方略，整体构建贯彻"以德治国"方略要求的学校德育体系

江泽民同志指出："要把依法治国同以德治国结合起来，为社会保持良好的秩序和风尚营造高尚的思想道德基础。"[1]从整体上看，"依法治国"与"以德治国"相结合，是对治国方略更加深刻、更加完整的认识和表述，是治国理论的发展，是政治上成熟的表现。德治与法治互相补充，相得益彰，共同构成完善的治国方略。首先是功能互补，法治是靠法律的权威性和强制性来规范人的行为，调节人际关系的；而德治是靠道德的说服力、劝导力、内心信念和社会舆论的力量来规范人的行为，调节人际关系的，道德是立法和执法的基础，遵纪守法是基本的道德规范，德治为法治创设良好的思想和社会条件。法律主要靠他律，道德主要靠自律，二者互为补充。其次是范围互补，法律只是对违法的行为进行惩处，而对"缺德"不违法的行为是不干涉的；道德则是通过社会舆论对"缺德"的行为进行批评教育，弘扬正气，抵制歪风，减少犯罪。法律制定的再多，也不可能包罗人们社会生活、家庭生活的全部内容；而道德则比法律作用的范围要宽泛得多。再次是功效先后互补，汉代思想家贾谊曾说："礼者禁于将然之前，而法者禁于已然之后。"（《汉书》卷四十八，《贾谊传》）德治的作用在事先，法治的作用在事后，形成了功效先后作用的互补性。法律和道德，法治和德治，如车之两轮，鸟之双翼，相辅相成。

"以德治国"方略在教育领域的贯彻实施，对于各级教育行政部门来说，就是要"以德治

---

[1] 江泽民：《在庆祝中国共产党成立八十周年大会上的讲话》，人民出版社，2001年，第20页。

教"；对于各级各类学校来说，就是要"以德治校"；对于广大教师来说，就是要"以德育人"。这是贯彻"以德治国"方略的内在要求。

整体构建贯彻治国方略要求的学校德育体系，首先要"以德治教"。要切实把德育放在学校各项工作的首位，树立育人为本的观念，将"思想政治素质是最重要的素质"的要求落实到教育工作的各个环节，使德育在整个教育工作和人的整体素质发展中真正发挥导向、动力和保证作用。以德治校要求教育管理者不仅要牢固树立德育为首观念，而且要以身立德，率先垂范，做师德建设的力行者。"以德治校"是一种重要的学校管理方式，也是构建德育管理评价体系的应有内涵，要遵循德育工作的客观规律进行德育管理和评价，增强德育管理评价的科学性和实效性。"以德育人"是构建学校德育体系的根本落脚点。在构建德育目标内容体系中，继续深化道德、法纪、心理、思想、政治德育内容五要素的整体性研究。在构建德育途径方法体系中，教师要以德育德、以情育情，这是"以德育人"的前提，也是增强德育实效性的保证。"以德育人"是德育管理评价的重要内容。"以德治教"、"以德治校"、"以德育人"既是贯彻治国方略的教育理念，也是整体构建学校德育体系的实践环节。

3. 贯彻落实《公民道德建设实施纲要》，整体构建适应全面推进素质教育的学校德育体系

2001年10月，中共中央颁布了《公民道德建设实施纲要》（以下简称《纲要》）。《纲要》总结历史，高瞻远瞩，创造性地构建了社会主义道德建设实施体系的框架。学校整体构建德育体系的思想原则和内容范围与《纲要》的内容要求存在着多方面的整体联系。《纲要》在第二十条指出："学校是进行系统道德教育的重要阵地。各级各类学校必须认真贯彻党的教育方针，全面推进素质教育，把教书与育人紧密结合起来。要科学规划不同年龄学生及各学习阶段道德教育的具体内容。坚持贯彻学生日常行为规范，加强校纪校风建设。要发挥教师为人师表的作用，把道德教育渗透到学校教育的各个环节。要组织学生参加适当的生产劳动和社会实践活动，帮助他们认识社会、了解国情，增强社会责任感。"[1]第二十三条指出："家庭、学校、机关、企事业单位和社会在公民道德教育方面各有侧重、各有特点，是相互衔接、密不可分的统一整体。必须把家庭教育、学校教育、单位教育和社会教育紧密结合起来，相互配合，相互促进。"

整体构建适应全面推进素质教育的德育体系，就要以中央关于素质教育的精神和《纲要》要求为指导，突出提高国民素质的根本宗旨，致力于培养学生的创新精神和实践能力。

提高国民素质，教育是基础。德育肩负着培养思想道德素质的重要任务，在素质教育中居于首要的地位，对全面素质教育发挥着导向、动力和保证作用。加强和改进学校德育工作，增强德育工作的科学性和实效性，是实施素质教育的一个重要任务。同时，素质教育对德育提出了更高的要求。素质教育要求全面提高学生的素质，作为素质教育重要组成部分的德育，同样应当全面提高学生的思想道德素质。思想道德素质是一个综合性范畴，包括政治素质、思想素质、道德素质、法纪素质和心理素质等。整体构建学校德育体系，要对德育的要素结构和层次结构进行分门别类的研究，一是按照儿童和青少年的年龄特征，分别研究小学德育、中学德育、大学德育以及各级各类学校德育的衔接；二是将广义的德育分解为道德教育、政治

---

[1]《公民道德建设实施纲要》，人民出版社，2001年，第11–12页。

教育、思想教育、法制纪律教育、心理教育等方面，分别研究各自的特点、规律、内在机制以及它们之间的相互关系。从而为全面提高学生的思想道德素质提供理论参照和实践操作的模式，为提高国民素质，培养学生的创新精神和实践能力奠定基础。

4. 入世对学校德育的双重效应与对策思考[1]

加入WTO将推动我国改革开放步入新阶段，使我国经济社会进一步融入世界一体化格局。WTO所包含的最惠国待遇、国民待遇、公平互惠、市场准入、公平竞争、透明度以及权利义务平衡等原则[2]，给人们的思想注入了新的生机，给学校德育创新提供了良好的机遇。同时，加入WTO带来了前所未有的中西文化碰撞，使道德主体面临着多元文化的困惑与选择，WTO的各项原则对国民素质提出了更高的要求，对学校德育工作带来了新的挑战。如何认识和应对加入WTO对学校德育工作的影响，是一个亟待解决的重大理论与实践课题。

（一）加入WTO对学校德育的双重效应

1. 加入WTO进一步激发了国人的主体意识，同时诱发个人主义、自由主义倾向

WTO的前身（关贸总协定）是由典型市场经济国家英国和美国倡议签订的。其中逐步贸易自由化原则、最惠国待遇原则、互惠原则、国民待遇原则、公平竞争等原则作为国际商务关系的基本准则仍被保存下来。WTO的运行机制与市场经济紧密地联系在一起，要求市场中的个人或组织作为市场主体能够根据市场处境，凭借权衡的主体性、选择的自主性、对风险的规避性，使市场经济处在一种自发的良性运转之中，并能从某区域、某行业推而广之到某国，乃至整个国际市场。以市场经济为基础的WTO运行机制中所遵循的自我约束、自主经营、自负盈亏等运行特质赋予人们必须具有主体意识，非歧视、开放市场、公平竞争三大原则更进一步唤醒了人们的积极性、能动性。目前我国处于加入WTO与社会转型的双重磨合之中，市场经济与WTO的基本准则有利于学生的独立性、创造性意识的形成，有助于促进学生主体意识的觉醒，以独立的人格关注现实，思考未来，为推进学生主体精神的发挥和自我价值的实现，造就高素质人才奠定了基石。

从另一方面看，WTO的自由性原则、竞争性原则及市场经济运行机制自身存在的盲目性、自发性、滞后性以及"市场失灵"等情况，在各项制度尚不完善，在个人主体意识与利益驱使的情况下，有可能诱发极端利己主义、极端个人主义倾向。对青少年学生而言，其主体意识的增强，只是表明他们社会化过程的加速，并不等于他们已具有良好的主体意识，不等于他们已具有行为的自控性和自主性。相反，在缺乏积极正确引导的情况下，容易助长他们的个人主义倾向，表现在思想与行为上不关心国家、集体和他人利益，崇尚自我，唯我独尊，我行我素，在

---

[1] 本文与许建争合作，曾发表在上海《思想理论教育》（核心期刊）2002年第12期。后收入詹万生著《整体构建学校德育体系导论》，光明日报出版社，2005年7月出版。

[2] 白光主编：《WTO简明读本》，中国物资出版社，2002年。

WTO的浪潮中迷失了方向，迷失自我。

2. 加入WTO，进一步促进了国人开放进取意识，同时价值观念的多样化使青少年面临多元选择的困惑

当前，全球化已成为势不可挡的时代潮流，并全方位地影响着我国社会的生活方式和思维方式。而我国正是在全球化的浪潮中成功加入WTO的。从某种程度上说，全球化是西方发达国家的全球化，是以市场经济体制为载体的全球化。随着加入WTO，我国不可避免地被全面卷入全球化浪潮，使国人不仅要面对国内竞争的压力。而且要面对国际竞争的压力，计划经济条件下形成的依赖性、保守性、封闭性和僵化性等思想观念受到了前所未有的挑战。在对外交往中，积极利用WTO成员国的身份，在国际上，寻求我国的最惠国待遇、国民待遇，充分利用互惠原则、公平竞争原则、透明度原则等非歧视性原则，融入全球化浪潮，促进我国经贸发展成为时代潮流。这有利于新时期青少年正确的权利、义务、开放进取意识的培养。

另一方面，WTO和全球化浪潮的推进，形成了一个新的思想文化阵地，并形成东西融合、多元发展之势，强有力地冲击着国人的文化生活。其中的文化垃圾，没落的道德价值观念、生活方式，个人主义、享乐主义等思潮的传播，使一些人自私自利的贪欲不断膨胀。尤其是西方国家通过借助文化、价值观的传播散布腐朽的思想观念，对青少年的价值选择带来了新的挑战。如何引导青少年正确地休闲、娱乐、消费，避免不良社会风气、生活方式的侵蚀，成为现实生活中值得注意的问题，对新时期德育提出了新的要求。

3. 加入WTO促进了新的价值观念和伦理精神，同时青少年面临互联网的多方冲击

WTO的基本精神与网络信息技术的发展形成了新的价值观念和伦理精神，为新时期德育工作注入了新的活力。首先，由于网络是基于资源共享建立起来的，信息和文化共享已成为网络社会基本的道德精神，它必将推动人类社会进入共享文明的新时代。奉献精神、共享观念作为网络社会基本价值导向，从某种意义上也体现了WTO互惠原则、非歧视原则、国民待遇等原则。其次，网络化使人类处理天人关系、主客关系、物我关系更加理智和自觉，众多网友通过网络实现信息共享和道德情感交流，在相互学习、相互启发中实现认识和思维的及时性、全面性，在交互的环境中实现着人的思维的创造性、创新性的提升。作为虚拟和真实的相互依存、相互补充、相互促进的广阔空间，它为我国加入WTO后的道德认识、道德评价、道德活动、道德教育提供了有力的辅助工具和信息处理手段。其三，权利、平等意识和自由、民主精神。因特网将世界上数万计以至千万计的计算机、网络互联在一起，既互通信息，共享资源，又相互独立，各自分散管理。网络的核心是自由、开放性。权力、阶级、阶层甚至地理位置、国家、民族在网络中都淡化了，在虚拟网络化社会里，人与人之间趋于平等，不再受等级制度的控制。个体平等意识和权利意识的加强，有利于形成健全的人格和独立的个性，提高道德主体的创造性，实现WTO的公平竞争及透明度等原则。

另一方面，加入WTO与国际互联网对德育也有一些不可忽视的负面影响。主要表现在以下几个方面：第一，网络犯罪。包括非法窃取机密情报、非法破坏他人的数据、非法使用他人的信息及资源，利用网络散布谣言或进行恶意诽谤等。第二，网络文化侵略。国际互联网络信息环境的开放性，使多元文化、多元价值在网上交汇，特别是一些西方国家凭借网上优势，西方的文化意识、伦理道德、价值观念如同潮水扑面而来，对某些，心灵空虚、迷惘的青少年的人生观、价值观造成了极大的冲击。第三,传播色情信息。据统计,国际互联网络上的色情信息有相当高的访问度,我国也发现许多通过国际互联网络传来的色情信息。第四,破坏国家安全。一些国家通过国际互联网络发布反动信息,利用信息"炸弹"攻击他国,侵犯国家主权,破坏国家安全。有些人出于一定的政治目的,想出各种办法,突破层层保密网,直接进入极核心的计算机系统的"神经中枢",进行无声无息的破坏,并与WTO同步进行,对新时期德育提出了新的挑战。

(二)加入WTO学校德育的对策思考

面对加入WTO新形势,加强德育工作,要从国家强盛、民族发展、社会进步的高度,认识学校德育工作的重要地位和作用。立足学校德育的综合性与实践性,构建代表先进文化前进方向、适应全面推进素质教育、具有中国特色的德育体系。

1. 认真学习"三个代表"重要思想,构建代表先进文化前进方向的学校德育体系

"三个代表"对新时期学校德育具有重要的指导意义。"加强社会主义思想道德建设,是发展先进文化的重要内容和中心环节。""发展社会主义文化,必须继承和发扬一切优秀的文化。必须充分体现时代精神和创造精神,必须具有世界眼光,增强感召力。"[1]通观中国传统道德文化,我们可以总结归纳出最为典型的几个方面,作为对传统道德文化的传承与发展,对加入WTO后青少年新的精神风貌的塑造都是有益的给养。(1)致力于整体精神,强调为社会、为民族、为国家的爱国主义思想,有助于激励新时期的青少年从民族利益出发参与国际分工,寻求我国的国民待遇和公平竞争、互惠地位,为祖国多做贡献。(2)推崇仁爱原则,强调"自强不息"、"厚德载物"及人际和谐,有助于引导青少年学生在目前全球化的浪潮中推而广之,从一人、一家、一国到与全球各国和谐交往、平等互利、和平共处、自立自强。(3)提倡人伦价值,强调个人在人伦关系中的权利与义务,有助于实践WTO的互惠原则。(4)重视修养践履,强调道德主体的能动作用,体现在加入WTO后。如何切实针对我国国情、充分发挥主观能动性、寻找符合我国国情的游戏规则。

西方在漫长的历史演变过程中,形成了区别于其他文化的主导精神和价值取向,这就是个性精神、科学精神、民主精神、法制精神、功利精神。这五种精神凝聚着西方文化的精华,并随着资本主义生产方式的形成和发展,崇尚理性、发展科学成为资产阶级的迫切要求。民主理论和民主政治、法律思想和法律制度、功利思想和求利原则得到进一步发展,并成为上升时期各国资产阶级革命的武器,其中优秀的思想观念为世界各国所公认,并作为国际商务准则吸收为WTO的基本原则。

构建学校德育体系就是要在"三个代表"思想指导下,贯通古今,融会中西,继承借鉴,发展创新,在德育思想、德育内容与方法领域中实践古今文化的贯通和批判继承,同时,也在这几个方面实践中西文化的选择和吸收借鉴。

2. 深刻领会"以德治国"重要方略,构建贯彻"以德治国"方略要求的学校德育体系

以德治国思想的提出,在客观上把国家的道德建设,把对全体人民尤其是青年一代的道

---

[1] 江泽民:《在庆祝中国共产党成立八十周年大会上的讲话》,人民出版社,2001年,第20—21页。

德教育摆到了治国安邦大计的重要战略地位。"要把依法治国与以德治国结合起来,为社会保持良好的秩序和风尚营造高尚的思想道德基础"[1]。这里的"德"即社会主义道德,是融传统美德与现代美德为一体的现代道德,是充分体现了时代性与历史继承性相统一的新道德,充分体现了与"依法治国"的相辅相成关系。在某种程度上,市场经济是道德经济,WTO的各项原则是以社会公德、商业道德、职业道德为后盾的。加强道德建设关系到我国在国际上的形象。

我国加入WTO后学校德育践履"以德治国"思想,对于各级教育行政部门来说,就是要"以德治教",对于各级各类学校来说,就是要"以德治校",对于广大教师来说,就是要"以德育人"。这是贯彻以德治国方略、迎接入世新挑战的内在要求。

构建贯彻治国方略的学校德育体系,首先要以德治教,要切实把德育放在学校各项工作的首要地位,树立育人为本的观念,将"思想政治素质是最重要的素质"的要求落实到教育工作的各个环节,使德育在整个教育工作和人的整体素质发展中真正发挥导向、动力和保证作用。以德治校要求教育管理者不仅要牢固树立德育首位观念,而且要以身立德,率先垂范,作师德建设的力行者。以德治校是一种重要的学校管理方式,也是构建德育管理评价体系的应有内涵,要遵循德育工作的客观规律进行德育管理和评价,增强德育管理评价的科学性和实效性。以德育人是构建贯彻治国方略的学校德育体系的根本落脚点。在构建德育目标内容体系中,继续深化道德、法纪、心理、思想,政治德育内容五要素的整体性研究。在构建德育途径方法体系中,教师要以德育德、以情育情,这是以德育人的前提,也是增强德育实效性的保证。以德育人是德育管理评价的重要内容。以德治教,以德治校、以德育人既是贯彻治国方略的教育理念,也是构建贯彻"以德治国"方略要求的学校德育体系的实践环节。

3. 贯彻落实《公民道德建设实施纲要》,构建适应全面推进素质教育的学校德育体系

面对加入WTO和全球化浪潮,面对市场经济强国的竞争和互联网的冲击,对国民素质提出了更多的要求。素质教育要求全面提高学生的整体素质,包括思想道德素质、科学文化素质、身体心理素质、审美艺术素质和劳动技能素质等方面。德育肩负着培养思想道德素质的重要任务,在素质教育中居于首要的地位,对全面推进素质教育发挥着导向、动力和保证作用。

构建适应WTO新形势要求,适应全面推进素质教育的德育体系,就要以中央关于素质教育的精神和《公民道德建设实施纲要》要求为指导,突出提高国民素质的根本宗旨,致力于培养学生的创新精神和实践能力。

从横向看,作为素质教育重要组成部分的德育,应当全面提高学生的思想道德素质,包括政治素质、思想素质、道德素质、法纪素质和心理素质等。相应地分解为政治教育、思想教育、道德教育、法制纪律教育、心理教育五个方面。

政治教育即对学生进行爱国主义、社会主义及党的路线、方针、政策教育,使学生确立为建设中国特色社会主义而奋斗的方向,使学生在当前政治,经济、网络的冲击下,自觉抵制不良因素的侵扰,能把握自己,不迷失方向。

思想教育即人生价值观教育、集体主义与团队精神教育。在当前世界一体化的形势下,还要树立全球观念、市场观念、竞争观念以及危机意识与创新观念,引导学生正确认识我国的

---

[1] 江泽民:《在庆祝中国共产党成立八十周年大会上的讲话》,人民出版社,2001年,第20页。

国情，树立自立、自信、自强的意识。尤其在现代网络技术广泛运用的情况下，更要加强民族传统教育，培养学生的价值判断力和文化鉴别力，以自觉抵制国外不良思想的侵扰。

道德情操教育即社会公德、职业道德和家庭美德教育以及传统美德教育、环境道德教育，培养他们具有正确的道德认识、高尚的道德情操、坚强的道德意志和良好的道德行为习惯。在对外经济活动中，更应该讲求人格、国格，讲究民族尊严。

法纪教育是对学生进行社会主义法制和纪律教育，培养他们具有法律观念和遵纪守法的品质。WTO所有的规则、协议、协定是经过所有成员方谈判一致达成的国际贸易的准则，WTO更具有法律性，其精神实质也就是法治。在对外交往中，要树立法制观念，知法、懂法、守法，并学会用法律武器保护自己的合法权益以及国家的经济利益。

心理教育要求培养学生良好的心理素质，提高他们的身心健康水平，促进他们全面、和谐发展。面对世界一体化的形势，要引导他们善于自我调节，增强心理承受力、抗挫能力，具有自尊心、自信心，具有勇敢、坚韧、乐观、豁达、积极进取的心理品质，善于审时度势，富有挑战精神，具有风险意识，能迅速适应新环境和新变化。

从纵向上看，要按照儿童和青少年的年龄特征，分别研究小学德育、中学德育、大学德育以及各级各类学校德育的衔接，从而为全面提高学生的思想道德素质提供理论参照和实践操作的模式，为提高国民素质，培养学生的创新精神和实践能力，迎接加入WTO后，我国面临的市场化、国际化、现代化挑战奠定基础。

5. 中小学道德教育课程改革与创新[1]

（一）道德文化的传承与创新应成为德育课程改革的主导要素

课程是文化传承与创新的聚集点。中小学德育课程在德育文化的传承和创新中将发挥越来越重要的作用。

进入21世纪，中小学德育课程仍面临如何批判继承传统文化，如何借鉴国外优秀文明成果，如何整合中西方文化，以发展和创造具有民族特色的德育文化的历史性课题。对中西方文化的整合，以对两种文化主导要素的把握为前提。这种主导要素以民族思维方式和民族精神为标志。

1. 民族思维方式和民族精神的体认

文化哲学和文化人类学研究表明，一个民族在其历史演进和文化行为中积淀形成的长久地起作用的思维方法、思维习惯，对待事物的审视趋向和众所公认的观点，就是这个民族的思维方式。思维方式是人类文化现象的深层本质，是对人类文化行为起支配作用的稳定因

---

[1] 本文曾发表在《教育研究》（核心期刊）2003年第1期，中国人民大学书报资料中心《中小学教育》2003年第5期转载。

素。了解了一个民族的思维方式，在一定意义上就把握了该民族文化演进的纲要。中华民族传统思维方式的总体特点是整体和谐、辩证综合。中国古代哲人观察宇宙、人生运用整体思维，把人放在与天地、社会的动态联系中认识。中国古代哲学是本体论、认识论、道德论的统一，以伦理道德、人生价值的探究为中心。正如张岱年先生所言："中国哲学家所思所议三分之二都是关于人生问题的。世界上关于人生哲学的思想，实以中国为最富，其所接触的问题既多，其所达到的境界亦深。"[1]中国传统道德的核心及其主导思想，就是国家统一、民族团结、社会稳定和家庭和睦。所有传统美德都与这种整体精神相联系。传统价值观总是置国家、民族的利益于第一位，要求个人服从整体，强调国家统一、社会太平。自秦汉以来，中国就形成了统一的多民族国家，尽管历史上也曾出现过暂时的分裂局面，但很快又获得了统一，这与民族精神的影响是分不开的。这些内容完全可以成为爱国主义和集体主义教育的思想材料。这种思维方式及其传统道德对维护国家统一，增进民族团结，调解人际关系，保持生态平衡等方面具有重要作用。

中华民族的思维方式，不仅重视整体和谐，而且强调辩证综合。例如：儒家追求"仁爱"，崇尚道德，但并不否定刑罚；主张"德政"，但不否定法治，从而形成了"德主刑辅"的治国方略。这里边蕴含着辩证综合的思想。儒家还特别注重个人道德修养在人际关系中的调节作用。正己修身的人生修养也具有辩证法的合理因素，这种修养方法对调节人际关系，促进社会稳定具有十分重要的意义。

2. 中西方文化的整合与互补

中国传统道德是一定时代的产物，同任何事物一样，中国传统道德也具有两重性，既有进步性，又有局限性；既有精华，又有糟粕。建立在小农生产基础和封建宗法制度之上的传统道德，必然有封闭性和保守性的一面。因此，对待中国传统文化应当批判地继承，吸收其精华，剔除其糟粕，与时俱进，开拓创新。当今世界，科学技术迅猛发展，经济全球化、文化多元化趋势不可逆转。我们要顺应时代潮流，在弘扬民族文化、振奋民族精神的同时，还要有世界眼光，实现中西文化的整合与互补。

在对待西方文化问题上，我们有过正反两方面的经验。现在可以清醒地认识到，采取闭关自守、全盘否定，或崇洋媚外、全盘西化这两种极端的态度都是错误的。正确的态度应当是分析、鉴别、学习、借鉴、吸收、利用，在马克思主义的指导下，实现中西方文化的互补与整合。首先，在思维方式上，西方学者注重归纳和实证，沿着从具体到抽象的思维逻辑，从道德现象、具体事例、个案分析入手，总结归纳各自的教育理论，实用性、可操作性强；中国学者则注重演绎，沿着从抽象到具体的思维逻辑，从概念出发，说明或指导实践。这两种思维方式恰好可以互相借鉴、互相补充。其实，在教育方法上，西方主张尊重学生的人格和个性，鼓励学生自由选择，师生平等对话；而我们则强调教师的主导作用、理论讲授和教育导向。这方面同样可以互相借鉴，互相补充。再次，在教育内容上，特别是西方文化中那些适用于市场经济的价值观念，如改革开放观念、民主法制观念、权利义务观念、公平竞争观念、效率效益观念、互利互惠观念、公关信息观念、商品市场观念、文明消费观念等，更需要借鉴和吸收，使其与

---

[1] 张岱年：《中国哲学大纲》，中国社会科学出版社，1982年，第16页。

中国传统美德相融合。江泽民同志指出:"发展社会主义文化,必须继承和发扬一切优秀的文化,必须充分体现时代精神和创造精神,必须具有世界眼光,增强感召力。中华民族的优秀文化传统,党和人民从五四运动以来形成的革命文化传统,人类社会创造的一切先进文明成果,我们都要积极继承和发扬。"[1]

(二)综合性与实践性应成为德育课程改革与创新的主要特点

德育是教育者按照一定的社会要求,有目的、有计划、有组织地运用整体性的德育内容,通过教育者和受教育者双主体互动的实践活动,培养受教育者完整德性的教育过程。德育课程是实现这种教育过程的最重要的活动载体。要培养学生完整的德性,必须加强德育课程教学目标和教学内容的综合性和实践性,全国教育科学"九五"、"十五"规划国家重点课题"整体构建学校德育体系的研究与实验",经过几年的研究与实验初步构建出德育的目标内容体系和实践活动体系,为中小学德育课程的改革与创新提供了决策依据。

1. 整体构建德育课程的目标内容体系

整体构建德育目标体系的做法是:总体目标,一以贯之;学段目标,各有侧重;年级目标,具体明确;情意兼顾,知行统一。我国各级各类学校德育总目标是:把全体学生培养成热爱祖国,具有社会公德、文明行为习惯,遵纪守法的公民。在这个基础上,引导他们逐步树立科学的世界观、人生观、价值观,不断提高社会主义思想觉悟,成为有理想、有道德、有文化、有纪律的社会主义现代化事业的建设者和接班人。这一总目标内在包含了《公民道德建设实施纲要》提出的"爱国守法、明礼诚信、团结友善、勤俭自强、敬业奉献"的基本道德规范。中小学德育目标要根据学生年龄身心特点、知识水平和品德形成发展规律,将总目标转化为小学、初中、高中不同阶段、具有年级梯度的具体目标,并体现知、情、意、行的协调统一。

整体构建德育内容体系就是依据总目标,从广义上认识德育,确定德育内容由政治教育、思想教育、道德教育、法纪教育、心理教育五项要素构成。政治教育主要对学生进行爱国主义、社会主义和党的路线、方针、政策教育,使他们确立为建设有中国特色的社会主义而奋斗的政治方向。思想教育主要是对学生进行辩证唯物主义和历史唯物主义的世界观方法论教育、为人民服务的人生观教育、集体主义的价值观教育及"五爱"教育,培养他们具有正确的思想观点。道德教育就是对学生进行社会主义道德原则和道德规范教育,进行传统美德、社会公德、家庭美德、职业道德、环境道德、网络道德教育。培养他们具有正确的道德认识、高尚的道德情感、坚强的道德意志和良好的道德行为习惯。法纪教育就是对学生进行社会主义法制和纪律教育,培养他们具有法律观念和遵纪守法的品质。心理教育就是对学生进行健康的积极向上的性格、气质、兴趣和能力的教育,培养他们具有适应环境、承受挫折、自我调控的心理素质。德育内容五项要素各有自己的特定内涵,但又互相联系,互相渗透,互为条件,互相制约,构成了德育统一体。其中思想教育是灵魂,政治教育是方向,道德教育是核心,法纪教育是保障,心理教育是基础。要分别研究政治教育、思想教育、道德教育、法纪教育和心理教育各自的特点和规律以及它们之间的相互关系。这五者不可割裂,更不能互相取代。如果在

---

[1] 江泽民:《在庆祝中国共产党成立八十周年大会上的讲话》,人民出版社,2001年。

理论上仅仅把德育视为"政治思想教育的同义语"或"道德教育的简称",那么在德育实践上就会失之偏颇。整体构建德育内容体系就是以五项要素为纬,以各项要素的不同层次为经,依据不同年龄阶段学生的身心特点、知识水平和品德形成发展规律,由浅入深,由低到高,由具体到抽象,由感性到理性,横向贯通、纵向衔接、分层递进、螺旋上升,从而解决不同学段、不同年级德育内容的倒挂、脱节、简单重复、脱离实际的问题。中小学德育内容的整体性,不仅指五要素横向结构的整体性,还包括五要素在年级与学段纵向衔接中体现出来的整体性。经过德育实践活动的"内化"与"外化"过程,五要素促进着学生德性的整体化发展。

2. 整体构建德育课程的实践活动体系

德育课程不仅是德育目标内容的知识体系,同时还是德育实践活动体系,这是由道德的本质属性决定的。道德来源于社会生活,社会生活是实践的,因而实践是道德的发展基础,也是道德的存在形态。实践体现着道德的本质,反映着德育的基本规律。

首先,德育目标在本质上是实践的。德育目标是对德育结果的预期规定,因而其制定的依据和标准是品德的整体形成状态。德育目标既包括对学生道德认知、道德行为的锻炼,归根到底是道德信念(知、情、意)和道德行为的统一,落脚点在学生的道德行为上。只有培养出来的学生在实践中践行、践言了,才标志德育目标实现了。

其次,德育过程是实践活动。德育的本质是实践的,实践的观点是德育首要的、基本的观点。德育不同于智育,智育的任务是传授知识兼培养能力,它主要解决知不知、会不会的问题;而德育只到此并没有完结,它不仅要解决知不知、会不会的问题,而且更要解决信不信、行不行的问题,即不但要授之以知、晓之以理,而且还要动之以情、导之以行。德育过程是由知、情、意(信)、行诸环节构成的,只有知识传授,而无情感陶冶、意志磨炼和行为引导不是完整的德育。这就如同体育与智育不同的道理一样,体育如果只在课堂上讲授体育知识和理论,不让学生到体育场上去实际锻炼,怎能培养学生强健的体魄?同理,德育如果只重视知识传授,而忽视或轻视德育实践活动,怎能培养学生良好的思想品德?德育活动有多种形式,既有课堂德育活动,又有课外德育活动;既有校内德育活动,又有校外德育活动。其中主题班会、主题团队会是最直接、最经常、最普遍的德育活动。它主题明确,针对性强,内容丰富多彩,形式生动活泼,是对学生进行思想品德教育的有效途径。主题班会、主题团队会应当形成制度,列入课程表,作为德育活动课的基本形式,从而避免单纯传授知识、空洞讲授理论、死记硬背概念等脱离实际的倾向,增强德育的科学性、针对性和实效性。

再次,道德实践能力是学生品德评价的根本标准。学生的品德素质只有在现实的生活实践中才能表现出来,这是因为学生在面临的生活情境中,其道德认识、道德情感转化为道德行为,潜在的品性变为显性的德行,只有在这种状态中才能根据学生的具体行为表现来认识和评定其品德发展水平。同时,只有在生活实践中才能认识个体品德对人、对社会的价值和意义。在德育过程中,学生如果不把认识理解的道德知识运用到道德实践中,不仅自身品德不能得到切实提高,而且会出现"知行不一"的情况。只有把品德培养引向道德实践,德育才能取得实效,同时,德育实践也是克服学生言行不一现象的最好途径。所以,真实的道德实践能力是品德形成和品德评价的根本标准。

因此,中小学德育课程在整体构建德育目标内容基础上,要树立"新三中心"(以学生为中心,以活动为中心,以体验为中心)的德育理念,整体构建本课程的实践活动体系。这一实践活动体系包含德育的途径、方法、管理、评价四个紧密联系的要素。

(三)回归生活应成为德育课程改革与创新的主要形态

1. 回归生活是德育课程形态的一种改革趋向

回归生活的趋向一方面拓展了德育课程理论的研究视野,另一方面促进了德育课程类型的变革和发展。其表现为原来占一统地位的德育学科课程开始由理论体系向生活体系转移,同时,一些新的德育课程类型在实践中逐步发展,如德育活动课程、德育综合实践课程和德育校本课程等,德育隐性课程(校园文化、人际关系、精神环境等)也纳入德育课程范围。在近年来的德育课程改革实验中,"整体构建学校德育体系"课题组研究编写的《德育》系列实验读本在德育回归生活上进行了多方面的探索和实践。在生活的范围上,该套读本从个人精神生活、家庭生活、学校生活、社区生活、自然界生活、国家民族生活六个层面上设计活动内容。内容的选择坚持"近、小、实、亲"的原则,即贴近社会生活和学生思想情感实际,提出问题小一点,回答问题实一点,使学生感到亲切一点。2002年6月,教育部颁发的《品德与生活课程标准》所持的德育理念充分体现了以上要求,即"我们在品德教育方面所持的基本理念是一种生活德育的理念。我们认为道德始终存在于人的整体生活之中,没有脱离生活的道德。人们是为了生活而培养个体的品德,改善、提升社会的道德的,并不是为了道德而道德。同样,个体品德和社会道德的提高与发展也只有通过人们自己的生活。脱离生活的道德和品德必将导致道德和品德的抽象化、客体化,脱离了生活去培养人的品德也必将使这种培养因为失去了生活的依托和生活的确证而流于虚空、形式、无效。"[1]新课程标准设计了健康安全地生活、愉快积极地生活、负责任有爱心地生活、动脑筋有创意地生活等四个生活维度,提出了我在成长、我与家庭、我与学校、我的家乡(社区)、我是中国人、走进世界六大生活主题,充分体现了生活德育的理念。

2. 回归生活是学生道德主体性形成的源泉

德育课程回归生活的重大意义在于更加切近德育的客观规律。第一,生活是德性发展的动力源泉。道德是人的"生活规则"和实践结果,人的道德素质所体现的是对生活规则的运用能力。社会实践不断丰富着道德活动的条件和环境,使道德活动的领域不断扩大,水平逐渐提高,随着人参与社会实践程度的加深,社会实践不断对人的道德水平提出新的要求,这种要求与人目前道德水平之间形成一种不平衡状态,产生道德需要。这种道德需要包含着人的认识、情感和意志,是人参与道德实践、发展自身德性的动力。德育活动课形式和途径灵活多样,与社会生活建立起多种联系,为学生的道德成长引进了源头活水,增强了动力。第二,促进德性的整体性发展。传统德育课程偏重于道德知识体系和道德认知,现代认知派又将认知引向单纯的道德判断和思维技巧,造成德性发展的片面性。完整的德性应是知、情、意、行的协调统一,个体只有置身道德实践之中才能达成这种统一。同时,道德意义上的完整德性不仅要成就自我,还要通过成就自我影响社会,成就他人,即完整的德性是自我价值与社会价值的

---

[1] 鲁洁、高德胜:《道德教育研究》,2002年第4期。

完美统一。同样，只有参与生活实践，才能实现这种统一。这两种统一表现为人在现实的道德情境中的自觉性、主动性和能动性，即道德主体性。《德育》读本坚持教育者与受教育者都是主体的"双主体"理念，教育者的主体性体现在根据教育目的和学生身心发展特点，对德育环境、德育内容和德育方法进行选择、加工和设计，对学生的主体性进行引导和培养；受教育者的主体性体现在在教育者指导下，积极主动地参与德育活动、发展道德能力，在教育者的引导下，学生逐步做到自定成长目标，自析成长环境，自寻成长动力，自开成长渠道，自研成长方法和自评成长效果，道德主体性能得到充分的发挥和提高。

社会生活具有整体性和开放性，德性发展应有整体性和开放性，这就给德育课程提出了如何具有与之相应的整体性和开放性问题。《德育》读本在德育课程的整体性和开放性上进行了多角度探索。如在内容体系上把德育内容五要素融为一体；在德性结构上把知、情、意、行融为一体；在德育过程上把德育目标、内容、途径、方法、管理、评价融为一体；通过德育活动课，在综合实践课程、校本课程、社会实践活动、德育基地和隐性课程之间建立起有机联系，建构了一个既有开放性，又有整体性的德育课程体系。

上述三个方面反映着现阶段中小学德育课程的发展趋势，在这种趋势中，尚隐含着需要深化研究的课题，如德育回归生活、注重实践并不意味排斥知识的系统性，如何适应中小学阶段德育的规律性，如何在道德的"认知课程"、"经验课程"、"体验课程"之间找到合理的结合点，仍有待继续探索。

6. 初中道德教育课程改革述要[1]

教育部于2003年5月发布《全日制义务教育初中思想品德课程标准》（实验稿），新课程标准集中反映了中国中学道德教育课程改革的重要进展。本文就这次课程改革的背景、目标、过程及新道德教育课程的基本性质和基本理念作概要介绍。

（一）道德教育课程改革的背景

中国道德教育课程改革的背景，可以从中国社会发展、国际形势的变化、全面推进素质教育等方面加以认识。

1. 中国社会发展对道德教育提出的要求

经过20多年的改革开放，中国社会已经发生了极其深刻的变化。中国特色社会主义建设取得了举世瞩目的成就。21世纪以来，中国已经进入全面建设小康社会、加快推进社会主义现代化建设的新的发展阶段。其总体发展目标，是建设更高水平的社会主义物质文明、政治文明和精神文明。建设三种文明的决定性因素，是作为社会文明主体的人的整体素质。人的道德素

---

(1) 本文曾发表在《中国德育》2004年第2期，修改后发表于英国《道德教育》2004年第12期，后收入詹万生著《整体构建学校德育体系导论》，光明日报出版社，2005年7月出版。

质是人的整体素质的主导要素,对人和社会的全面发展具有导向、动力和保证作用。三个文明建设要求建立与社会主义市场经济相适应、与社会主义法律规范相协调、与中华民族传统美德相承接的社会主义思想道德体系,大力提高青少年的思想道德素质,丰富青少年的精神世界,把弘扬和培育民族精神作为文化建设极为重要的任务纳入国民教育和精神文明建设全过程。这就对道德教育的目标内容及道德教育课程的性质、理念等方面提出一系列新的要求。为适应这一要求,道德教育课程必须进行全面而深入的改革。

2. 国际形势的发展变化对道德教育提出的课题

人类社会发展到今天,世界要和平,国家要发展,社会要进步已经成为历史潮流。国际形势正在发生着深刻变化。和平与发展是当今时代的主题。经济全球化趋势在曲折中发展,世界多极化不可阻挡,文化多元化方兴未艾,现代科学技术突飞猛进,综合国力的竞争日趋激烈。世界的基本格局总体稳定,局部动荡。各国之间的竞争与较量从冷战时期的军事为主转为以经济、政治、文化在内的综合国力的竞争与较量。综合国力竞争,归根结底是人力资源的竞争。这就要求教育要培养具有国际意识和国际竞争力的人。这样的人应具备的许多优秀品质都是道德教育承担的,如熟悉传统文化、热爱祖国、爱好和平、尊重生命和权利、民主正义、开拓创新、诚信与合作、开放与平等参与、团结与宽容、可持续发展意识等等。中国已经加入WTO,中国的国际影响正在不断扩大。为使教育实现民族性和国际性的有机结合,以适应中国和世界的共同发展,对道德教育课程进行相应的改革势在必行。

3. 素质教育给道德教育提出的任务

素质教育是国际性教育改革的总体流向。中国素质教育启动于1985年左右,形成气候于1990年以来,1995年以后出现热潮。1999年第三次全国教育工作会议作出《深化教育改革,全面推进素质教育的决定》,素质教育纳入政府工作范围。素质教育的主要特点,是着眼于受教育者群体和社会长远发展的要求,以面向全体学生、全面提高学生的基本素质为根本目的,注重开发受教育者的潜能,发展个性,促进受教育者德智体美等全方面发展。培养受教育者的创新精神和实践能力是素质教育的两个着力点。由于历史的原因,中国教育至今仍存在诸多不适应素质教育的问题。比较突出的如重智育轻德育,重课堂教学轻社会实践,重教师教轻培养学生的主体性等等。轻德育不仅表现在忽视思想道德素质对人的整体素质的导向、动力和保证作用,还具体表现在德育内容的不完整,德育途径与社会生活相脱离,德育方法压抑学生的主动性、创造性和道德实践能力,德育评估偏于认知等等。要真正实施素质教育,必须系统地解决这一系列问题,对道德教育课程进行全面的改革。

(二) 初中道德教育课程改革的目标

初中道德教育的总目标是,以加强初中学生思想品德教育为主要任务,帮助学生提高道德素质,形成健康的心理品质,树立法律意识,增强社会责任感和社会实践能力,引导学生在遵守基本行为准则的基础上,追求更高的思想道德目标,弘扬民族精神,树立中国特色社会主义共同理想,逐步形成正确的世界观、人生观和价值观,为使学生成为有理想、有道德、有文化、有纪律的好公民奠定基础。

为达成这一总目标,本次课程改革在确立分类目标中进行了三个方面的设计与重构。

1. 建构"情感、态度、价值观"目标

改变以往道德教育课程过于注重知识讲授的倾向,强调培养健康向上的情感和态度,使获得知识和发展能力的过程同时成为形成正确价值观的过程。初中道德教育课程建构的情感、态度、价值观目标包括七项内容。

(1) 热爱生命,自尊自信,乐观向上,意志坚强。
(2) 亲近自然,爱护环境,勤俭节约,珍惜资源。
(3) 孝敬父母,尊重他人,乐于助人,诚实守信。
(4) 热爱劳动,注重实践,热爱科学,勇于创新。
(5) 尊重规则,尊重权利,尊重法律,追求公正。
(6) 热爱集体,具有责任感、竞争意识、团结合作和奉献精神。
(7) 热爱社会主义祖国,热爱和平,具有世界眼光。

2. 建构道德教育的"能力"目标

改变以往道德教育课程过于重知识、重课堂教学的倾向,专门提出了道德实践能力的分类目标,体现了对道德的实践本质和德育规律的把握和应用。本次初中道德教育课程改革列出了六项能力目标:

(1) 培养爱护自然、鉴赏自然、保护环境的能力。
(2) 发展观察、感受、体验、参与社会公共生活的能力,初步培养交往与沟通的能力。
(3) 初步认识和理解社会生活的复杂性,具有基本的道德判断和辨别是非的能力,能够负责任地做出选择。
(4) 增强自我调适、自我控制的能力,学会理智地调控自己的情绪。
(5) 能够逐步掌握和不断提高搜集、处理、运用社会信息的方法和技能,学会独立思考、提出疑问进行反思。
(6) 能够理解法律的规定及其意义,理解社会生活中的必要规则,能遵纪守法,增强寻求法律保护的能力。

3. 建构道德教育的"知识"目标

本次道德教育课程的知识内容的建构特点,是将以往把知识分项依年级进行线性讲授的方式,改变为将心理健康、道德、法律、国情等四方面内容进行有机整合,在各年级进行综合的、一以贯之的思想道德教育。四个方面的内容各有侧重又相互联系,使道德教育更切合受教育者品德形成与发展的实际。

(1) 心理健康教育

要求根据初中学生的思想品德和认知水平的发展规律,促进学生不断正确认识自我,悦纳生理变化,认识青春期心理。帮助他们学习调节情绪,增强调控自我、承受挫折、适应环境的能力,形成乐观向上的精神状态。帮助他们学会客观地评价自己,培养健全人格和良好个性品质。结合初中学生的人际交往和社会性发展的特点,提出了掌握基本的交往礼仪,学会人际交流与沟通,善于与人合作;努力建立良好的人际关系等基本要求。在正确理解竞争与合作的关系的基础上,提高学生团结合作、乐于助人的意识,养成团结合作、乐于助人的品质。结合初中学生在积极适应社会发展和进步方面所面临的问题,提出了认识自己成长的社会环境,提

高生活适应能力的要求，希望他们养成勇于克服困难和开拓进取的优良品质，增进对集体、国家和人类社会重大问题的关注和兴趣，正确认识个人与集体的关系，能够自觉地把自己的成长与祖国的发展联系起来，增强民族自豪感和认同感。

(2) 道德教育

这个学习领域，总体上要实现三个基本目标：自尊自强，交往的品德，承担社会责任。在自尊自强部分，要使学生体会生命的可贵，热爱生活；养成自尊、自立、自强精神；能够分辨是非，学会对自己的行为负责。在交往的品德部分，要使学生知道孝敬父母和诚实守信是做人的根本，能够孝敬父母，做一个诚实的人；学会尊重、宽容他人，能够平等待人，与人为善。在承担社会责任部分，要使学生知道公平有利于社会稳定，树立公平意识；懂得公平需要正义，激发社会正义感，理解自己负有的社会责任。总之，随着学生交往领域和生活空间的扩大，要使他们逐步树立起自尊自强的品质，形成良好的交往品德，并能够积极地承担社会责任。

(3) 法律教育

法律内容安排的基本思路是：在个人的成长、实现个体社会化过程中，逐步适应社会、不断加强品格修养，必然涉及遵守社会公共生活准则的问题；要遵守规则就要了解规则，特别是法律规范的特征和作用；法律就在学生身边，中学生作为未成年人受到法律的特殊保护；为了学生的健康成长，就要避免违法犯罪，由此需要了解有关"违法与犯罪"的知识，抵御不良诱惑；法律是青少年自我保护的有力武器，帮助他们初步学会寻求法律帮助、同违法犯罪作斗争。

(4) 国情教育

将国情作为初中思想品德课程的重要教学内容，不仅是国家意志的体现，而且是学生成长的需要，是本课程所要达成的教育目标决定的。学生的思想品德修养，不是脱离社会的修身养性；增强学生的公民意识，离不开生活于其中的国度；提高学生思想品德素质的目的，在于推进中国特色社会主义建设事业，实现民族的伟大复兴。具有良好的思想道德品质，必然要从关注社会、关心国家的前途和人类的命运，升华到爱党、爱国、承担社会责任、肩负历史使命的高度。加强国情教育，有助于增强学生的爱国主义情感，认识到只有在中国共产党的领导下走中国特色社会主义道路，人民的生活才会越来越好，才有个人的前途；有助于学生逐步树立中国特色社会主义共同理想，形成正确的世界观、人生观和价值观，把个人的理想与共同理想结合起来，实现自己的人生抱负；有助于全面提高学生素质特别是思想政治素质，坚定社会主义信念，培养学生集体主义精神、乐于奉献和自我牺牲的精神、艰苦奋斗精神，以及鉴赏自然、爱护自然、保护环境的能力。这个领域主要包括基本国情、基本国策、小康奋斗目标、中华民族精神以及中国在国际社会中的地位等内容。

(三) 道德教育课程标准的研制过程

1. 历史参考点

自建国以来，初中思想道德教育积累了许多经验。这些经验，是本次课程改革的历史参考点。建国以来初中思想道德课程设置情况如表一所示。

表一

时间		初一	初二	初三
1950年		毛泽东青少年时代青年修养革命故事	中苏关系、土地改革、五四运动	中国革命读本政治常识
1951~1956年		时事政策	时事政策中国革命常识	时事政策中国革命常识
1957~1958年		青年修养		政治常识
1959~1966年	按1959年大纲规定开设	共产主义道德	社会发展简史	社会主义革命和建设
	实际教学情况 1959~1960年	共产主义道德	社会发展简史	三面红旗
	1961~1962年	道德品质教育	社会发展简史	中国革命和中国共产党
	1963年	道德品质教育	社会发展简史	中国革命和建设
	1964~1966年	做革命接班人	社会发展简史	我国社会主义革命和建设
1977~1979年		社会发展简史	科学社会主义	
1980~1985年		青少年修养	社会发展简史	法律常识
1986~1992年		公民	社会发展简史	中国社会主义建设常识
1992年		初中思想政治（一）	初中思想政治（二）	初中思想政治（三）

初中思想政治课程的现行标准是教育部2001年10月印发的《九年义务教育小学思想品德和初中思想政治课程标准（修订）》。这个标准调整了1992年思想政治课的部分教学内容，删除了某些"繁、难、偏、旧"的内容，充实了具有时代感的相关内容，力求体现以学生发展为本、培养创新精神、加强实践环节等推进素质教育的理念，增强了思想政治课教学的针对性、实效性和主动性。在使用过程中体现出较好的效果。但是，随着改革开放的深入、社会的发展变化和人们认识水平的提高，课程标准需要做进一步的调整。

2. 文件依据和社会调查

新的初中思想品德课程标准研制工作依据的文件有：中共中央印发的《公民道德建设实施纲要》、国务院印发的《国务院关于基础教育改革与发展的决定》、教育部印发的《基础教育课程改革指导纲要（试行）》。

在总结历史经验和把握文件精神的基础上，课题组从2002年8月底到10月初，在北京、重庆、广东、宁夏四省、市、自治区，就现行初中思想政治课教材使用的情况开展了问卷调查。调查共发放问卷2000份，其中学生问卷1800份，教师问卷200份。调查显示，大多数教师和学生认为，思想政治课"非常必要"或"有必要"。

调查发现，影响学生对思想政治课态度的主要因素依次是："内容是否吸引人"、"对生活是否有用"、"教师的教学水平"等等。大多数教师和学生对心理健康教育和法律知识教育感兴趣，认为这对学生的成长和未来发展"很有用"。对法律教育，学生明确表示更关注"法律对青少年的保护"、"如何远离违法犯罪"等内容，对离学生较远的法律规定兴趣较弱。很多教师认为，应该把"人类社会发展简史"的内容融入到历史、历史与社会课程中去。

调查表明，初中学生处于身心迅速发展和学习参与社会公共生活的重要阶段，处于思想品德和价值观念形成的关键时期，迫切需要在思想品德的发展上得到有效帮助和正确指导。

调查还表明，对学生进行有效的思想政治教育，必须提高课程的吸引力和针对性。只有不引起孩子反感和拒绝的内容，才能打动他们的心灵。必须改变成年化的语言和灌输式的方式，把正确的精神食粮做成色香味俱全的营养餐。

调查还表明，对学生进行有效的思想政治教育，必须贴近学生的实际生活，要把思想品德教育渗透在青春期教育之中，把思想品德教育渗透在日常生活和公共生活的规则意识教育之中。

调查还表明，对学生进行有效的思想政治教育，必须把正确的理论和思想引导与学生自主探讨和独立思考结合起来，只有这样才能把外部的社会规则和要求内化为心理和思想品质。既不能把教育变成说教，不能板着面孔教训人，也不能放任自流。学生的自主思考需要正确的引导，而有效的引导必须借助学生的自主思考。

调查还表明，对学生进行有效的思想政治教育，必须把国家、社会命运与个人理想教育结合起来，要把社会问题分析与每个人的发展前景联系起来，使他们感受到祖国命运与个人前途之间的内在联系。

3. 理论成果的运用及国际比较研究

1980—2000年的20年间，中国教育理论特别是道德教育理论研究进入一个空前活跃期，出现了一大批各具特色的研究成果。如对中国传统道德及其现代转化的研究，对德育的社会学和文化学研究，对德育的生活和实践本质的研究，对德育内容构成要素及整体构建德育体系的研究，对德育过程基本规律的研究，对活动性、情感性、体验性、探究性等德育教学模式的研究，等等。这些研究成果为新的道德教育课程改革准备了思想理论和实践操作的基础。

对国外相关课程的比较研究，是这次思想品德课程标准研制的一个重要环节。这项研究主要包括三个层面。

第一个层面是对联合国教科文组织提出的教育理念和教育目标的研究。其考察重点，如该组织1994年召开的第44届国际教育大会提出的"和平文化"的理念和培养"世界公民"的目标，1989年和1996年该组织提出的"学会关心"、"学会共处"的教育主题，联合国环境与发展大会提出的"可持续发展"战略等。课题组对道德教育在促进人和社会可持续发展，增进人与人之间及种族、文化、宗教和主权国家之间的理解、团结和宽容，促进对人权的尊重、维护世界和平的作用进行了总结，并将公民教育的国际发展趋势反映到课程设计的思想之中。

第二个层面是对发达国家思想品德课程的研究。如美国的品德教育、公民学教育、生活指导课程及其培养"美利坚精神"的特点；英国的德育教材及其1990年以来流行的综合性课程；法国的公民道德教育课及其培养"法国人"精神的特点；日本的德育改革目标、德育课和有关课程及其培养"日本人"的特点。对主要发达国家道德或公民教育课程实施的共同点、各自的特色及存在的问题等方面都进行了专题研究。

第三个层面包括两个重点，一是对前苏联学校德育经验教训的研究。二是对新加坡中学道德和公民教育的研究，如新加坡倡导国家、社会、个人三者利益兼顾的德育方针，以儒家伦理价值为基本精神，强调正直、忠诚、诚实、信任、同情心和责任感这些人类的核心价值，同时吸取西方的科学精神和其他民族的精神气质,形成视野开阔、立足国情、求同存异、强调特色的总体特征等等。对其道德和公民教育取得的成绩和存在的不足也进行了分析研究。

(四)道德教育课程的基本性质

新研制的初中思想品德课程标准从思想性、人文性、实践性、综合性四个方面阐述了本门课程的基本性质。

1. 思想性

以马列主义、毛泽东思想、邓小平理论和"三个代表"重要思想为指导,紧密联系社会生活和学生思想实际,帮助学生逐步形成良好的心理和道德品质,养成遵纪守法和文明礼貌的行为习惯,增强爱国主义、集体主义的思想情感,逐步树立中国特色社会主义的共同理想,为学生形成正确的世界观、人生观和价值观奠定基础。

思想性是思想品德课的根本性质,它决定着课程的方向,规定着课程的基本特征,是社会主义教育性质最突出的表现。思想品德课程的其他性质,都是围绕着"思想性"这个方向性的规定产生的,它决定着人们对其他性质的理解。比如说,人文性、实践性和综合性,在许多课程中都有呈现,但是在思想品德课中它们的呈现方式受其思想性的制约。

具体说,理解品德课程思想性规定的作用有这样几个方面:第一,规定了思想品德教育的科学性——正确的世界观基础和正确的理论指导,即马列主义、毛泽东思想、邓小平理论和"三个代表"重要思想的指导;第二,规定了思想品德教育甚至全部基础教育的社会主义性质;第三,规定了思想品德教育的民族形式,如爱国主义和中国特色社会主义的共同理想;第四,规定了初中进行思想品德教育的基本任务,如品德和习惯养成教育,把全体学生培养成为爱国的、遵纪守法的和具有社会公德与文明习惯的好公民,并且为逐步形成正确的世界观、人生观和价值观奠定基础。

2. 人文性

注重以中华民族的优秀文化和民族精神培养学生,关注学生成长需要与生活体验,尊重学生学习与发展规律,不断丰富学生的思想情感,引导学生确立积极进取的人生态度,培养坚强的意志和团结合作的精神,促进学生人格健康发展。

人是有意识、有情感、有内心世界的。塑造青少年美好的心灵,陶冶他们的高尚情操,是思想品德课程的最重要的使命之一。没有深厚的人文精神和人格基础,正确的思想就没有基础,良好的行为就缺乏价值目标。没有坚强的意志和高尚的情感,一个人就很难成为尊重他人和社会规则、不怕困难和挫折、能够积极进取的人。一个有自己精神家园的人,往往就是有崇高社会理想的人。进行思想品德教育,必须借助思想文化传统,弘扬人文精神。

从培育人文精神的根源看,应该立足改革开放和现代化建设的实践,着眼于世界先进文化发展的前沿,弘扬中华民族的优秀文化传统,吸取世界各民族的长处,培育新时代的民族精神。中华民族精神是以爱国主义为核心的团结统一、爱好和平、勤劳勇敢、自强不息的精神。它是在中华民族悠久历史中逐渐发展形成的,并随着时代和社会前进的要求,不断得到丰富。现在的民族精神,既包括中国共产党领导的革命斗争时期的井冈山精神、延安精神等,还包括社会主义建设时期的大庆精神、抗洪精神等。在鸦片战争以后大约一百年的时间里,中国一直处于落后挨打境地。正是中国共产党的领导，振奋了民族精神，使民族精神发扬光大，从而走向了民族振兴之路。

从学生自主成长的角度看，必须尊重学生的个性，为他们全面发展提供帮助，人文精神就是以人为本，而以人为本就是以人的全面发展为最高追求。培养人文精神必须尊重一切学生的个性，关心一切学生的社会性发展。应该以开放的眼光看待学生的思想品德的养成，承认学生思想品德发展的过程性和差异性。无论学生之间先天资质差异多大，要欣赏他们的优点，尊重他们的个性特点，鼓励他们的自主发展。

从社会发展与学生自主成长相统一看，进行思想品德教育，必须加强思想引导。引导学生在遵守基本行为准则的基础上，追求更高的思想道德目标。

3. 实践性

注重与学生生活经验和社会实践的联系，通过学生自主参与的、丰富多样的活动，扩展知识技能，完善知识结构，提升生活经验，促进正确思想观念和良好道德品质的形成和发展。

实践性是很多课程的追求，但是本课程更加关注这一点。因为思想品德本质上不是一套知识体系，而是致力于道德品质和人文精神的习得和养成的课程。思想品德必须做到言行一致。

实践能够增强思想品德教育的实效性和针对性，也可以加强和巩固思想品德教育的成果。思想品德教育必须从身边的生活点滴做起，从日常行为的养成做起，从具体小事做起。力求近小实亲，力戒高大空远。思想品德教育不是一时就能够完成的，必须常抓不懈。

倡导思想品德教育的实践性，应该提倡让学生通过自己的自主活动，通过某些形式参与公共生活，体验社会生活，达到思想的升华和品德的内化。要创设一定的形式和情景，让学生逐步了解社会，扩大人际交往，参与公共生活。许多品德，特别是公德，必须在公共生活的环境中，通过公共交往才能得到体验和内化。

思想品德教育的实践性应该与课程改革的探究性学习的追求相结合。教师应该使每一个学生都积极行动起来，参与教学活动，让学生的思维真正处于活跃状态，产生思想意识的创造体验，体会到行动和创造的愉悦，达到在实践活动中内化思想品德的目的。必须尽可能地创造条件，让学生能够积极主动地去尝试、探索和抉择，更好地发展个体的创造潜能，成为课堂学习和社会成长的主人。研究性和探究性学习必须是开放的，即尊重每一个学生的独特个性、兴趣、爱好和知识结构，学生自主地进行生成性品德养成的活动。学生可以在独立思考、自主选择中提高发现问题、分析问题和解决问题的能力，学会过负责任的生活，并且得到成长的体验。倡导研究性学习，不仅可以为学生创造更加人性化和开放的学习环境，而且可以拓宽学生的生活视野，为学生多渠道获取知识和运用知识提供机会。

4. 综合性

从学生适应社会公共生活和思想品德形成与发展的实际出发，以成长中的我、我与他人的关系、我与集体、国家和社会的关系为主线，对心理健康、道德、法律和国情等方面的学习内容进行有机整合。综合的课程形态是思想品德课程构建方式，这种构建方式是以对社会公共生活本身的综合性的理解为基础的。依据生活的逻辑，即成长中的我，我与他人的关系，我与集体、国家和社会的关系为主线，将学理上分开的心理健康、道德、法律和国情等方面的学习内容，进行新的逻辑构建，实现了有关知识在生活主题上的有机整合。

这一逻辑建构图示如下：

	心理健康	道德	法律	国情教育
成长中的我	认识自我	自尊自强	学法用法	文化认同（中国心）
我与他人的关系	交往与沟通	交往的品德	权利与义务	共同理想
我与集体、国家和社会的关系	积极适应社会的发展和进步	承担对祖国自然环境的责任	法律与社会秩序	知国情、爱中华

（五）道德教育课程的基本理念

道德教育课程的基本理念就是构建这门课程的哲学基础和理论追求。课程标准的内容和实施必须符合这个理念或追求。新的道德教育课程确立了三点基本理念。

1. 初中学生逐步扩展的生活是本课程建构的基础

人的思想品德是通过对生活的认识和实践逐步形成的。本课程正是在学生逐步扩展的生活经验的基础上，为他们正确认识自我，处理好与他人，与集体、国家和社会的关系，思想品德获得健康发展，提供必要的帮助。

青春期是由儿童成长发育到成年的过渡期，是以性成熟为标志的一系列的形态、生理、内分泌及心理行为的突变阶段。青春期的教育和顺利过渡，对个人或群体的身心健康、人格健全起着极其重要的作用。

初中学生生活范围逐渐扩展，需要处理的各种关系日益增多。必须让他们积极参与公共生活，达到养成教育的目的。(1) 日常生活和学习的行为规范的养成：培养良好的生活习惯，促进学生自觉性、独立性、自制力等良好品质的形成；(2) 社会交往中的行为规范和公德意识的养成；(3) 遵纪守法的习惯养成；(4) 关注社会的积极态度的养成。

在课程的内容取舍方面，调整了一些与青春期成长关系不太密切的内容，加强了人格平等、社会责任和社会公正方面的内容，目的就是在青春期这个关键时期加大品德培养的力度。在课程设计顺序上，也尽量做到按照学生生活扩展的逻辑安排。

2. 帮助学生学习做负责任的公民、过积极健康的生活是本课程的追求

初中学生正处于青春期，并向成年人过渡，自我意识和独立性逐步增强。在初中阶段帮助学生形成良好品德，树立责任意识和积极的生活态度，对学生的成长具有基础性的作用。本课程的任务是引领学生感悟人生的意义，逐步形成正确的世界观、人生观、价值观和基本的善恶是非观念，学做负责任的公民，过积极健康的生活。

具体来讲，每一所学校都要通过思想品德课程这一主渠道，并且在其他课程和教育环节中，运用言语和行动的方法来对学生进行爱国主义、集体主义和社会主义思想教育，进行诚实、尊重他人、负责、同情、自律、坚忍和奉献等传统美德的教育，进行进取、乐观和开放的现代美德教育。在当今经济全球化和科学技术突飞猛进的时代，只有具备这些美德的人才能称得上是一个受过教育的人。

面向全体学生是现代教育的理念，思想品德课程尤其强调这一点。孩子的认知能力、思维敏锐度和接受能力是有差异的，但是培育优良的思想品德的要求是一致的。应该保护学生的自信心、自尊心,引导学生正确地理解和把握自己与他人、集体、国家和社会的关系,使他们学会生活、学会学习,为将来走向社会,做负责任的公民打下良好的思想品德基础。

3. 坚持正确价值观念的引导与启发学生独立思考、积极实践相统一是本课程遵循的基本原则

思想品德的形成与发展,需要学生独立思考和生活体验;社会规范也只有通过学生自身的实践才能真正内化。本课程将正确的价值引导蕴涵在鲜活的生活主题之中,注重课内课外相结合,鼓励学生在实践的矛盾冲突中积极探究和体验,通过道德践行促进思想品德的形成与发展。

思想品德不是纯粹的客观知识,而是世界观、人生观和价值观,是人们对国家、社会、集体、他人、自己的理解,反映的是人们深层的内心世界。这样的精神层面的培养,必须在平等、开放的和安全的气氛下才能逐渐让学生在知识和生活的体味中,生成自己的思想观念、行为原则和品德。因此,在教学过程中,应该营造民主的教学氛围,课堂上尽量给学生留有自由支配、自主发挥的时间和空间,创造情景使学生生动活泼地锻炼和展示自己的才华,发展自己的个性品质。教师应该把学生学习、探索和活动的主动权交给学生。做到知识教育与实践教育并举,引导教育与自我教育并重,说理教育与体验教育结合。

7. 未成年人思想道德建设的行动纲领[1]

《中共中央国务院关于进一步加强和改进未成年人思想道德建设的若干意见》(以下简称《意见》)以马列主义、毛泽东思想、邓小平理论和"三个代表"重要思想为指导,深刻分析了我国未成年人思想道德建设面临的形势,全面阐述了加强和改进未成年人思想道德建设的指导思想、基本原则和主要任务,科学系统地提出了加强和改进未成年人思想道德建设的实施要求。《意见》解放思想、实事求是、与时俱进,是新世纪新时期青少年思想道德建设的行动纲领。

(一)充分认识加强和改进未成年人思想道德建设的重要性和紧迫性

《意见》用数字说明,目前我国18岁以下的未成年人约有3.67亿。未成年人是祖国未来的建设者,是中国特色社会主义事业的接班人,他们的思想道德状况如何,直接关系到中华民族的整体素质,关系到国家前途和民族命运。《意见》在总结十三届四中全会以来我国未成年人思想道德建设工作的重要进展,肯定当代中国未成年人热爱祖国、积极向上、团结友爱、文明礼貌的主流精神世界的同时,从三个层面客观而深刻地分析了未成年人思想道德建设面临的机遇和严峻挑战:第一个层面放在世界背景上,我国对外开放的进一步扩大,为广大未成年人了解世界、增长知识、开阔视野提供了更加有利的条件、与此同时,国际敌对势力与我争夺接

---

[1] 本文与宁武杰合作,发表在《中国德育》2004年第5-6期,后收入詹万生著《整体构建学校德育体系导论》,光明日报出版社,2005年7月出版。

班人的斗争也日趋尖锐和复杂,他们利用各种途径对我未成年人进行思想文化渗透,一些腐朽没落的生活方式、价值观念正在影响着未成年人的健康成长。第二个层面从我国社会发展现实中分析。随着社会主义市场经济的深入发展,社会经济成分、组织形式、就业方式、利益关系和分配方式日益多样化,为未成年人发展创造了更加广阔的空间,与社会进步相适应的新思想新观念正在丰富着未成年人的精神世界。与此同时,一些领域道德失范、诚信缺失、假冒伪劣、欺骗欺诈活动有所蔓延;一些地方封建迷信、邪教和黄赌毒等社会丑恶现象沉渣泛起,成为社会公害;一些成年人价值观发生扭曲,拜金主义、享乐主义、极端个人主义滋长,以权谋私等消极腐败现象屡禁不止等等,给未成年人成长带来较为严重的影响。第三个层面,互联网等新兴媒体的快速发展,给未成年人学习和娱乐开辟了新的渠道,与此同时,一些腐朽落后文化和有害信息也通过网络传播,腐蚀着未成年人的心灵。这几个层面构成一个立体的持续的影响源,少数未成年人在其消极因素影响下,精神空虚、行为失范,有的甚至走上违法犯罪的歧途。这些新情况新问题的出现,使未成年人思想道德建设面临一系列新课题。

《意见》以求真务实精神对未成年人思想道德建设工作的薄弱环节和不适应的地方进行了深入分析。第一,一些地方和部门的领导对这项工作认识不足,重视不够,没有真正担负起领导责任;第二,全社会关心和支持未成年人思想道德建设的风气尚未全面形成,还存在种种不利于未成年人健康成长的社会环境和消极因素;第三,学校教育中重智育轻德育、重课堂教学轻社会实践的现象依然存在,推进素质教育任务艰巨,教师职业道德建设有待进一步加强;第四,随着社会人员流动性加大,一些家庭放松了对子女的教育,一些家长在教育子女尤其是独生子女的观念和方法上存在误区;第五,未成年人思想道德建设在体制机制、思想观念、内容形式、方法手段、队伍建设、经费投入、政策措施等方面还有许多与时代要求不相适应的地方。

《意见》指出,从未成年人抓起,培养和造就千千万万具有高尚思想品质和良好道德修养的合格建设者和接班人,既是一项长远的战略任务,又是一项紧迫的现实任务。我们要从确保党和国家的事业后继有人和社会主义事业兴旺发达的战略高度,从全面建设小康社会和实现中华民族伟大复兴的全局高度,从树立科学发展观,坚持以人为本、执政为民的高度,充分认识加强和改进未成年人思想道德建设的重要性和紧迫性,适应新任务新形势的要求,积极应对挑战,加强薄弱环节,在巩固已有成果基础上,采取扎实措施,努力开创未成年人思想道德建设工作的新局面。

(二)以科学的实践观念做好未成年人思想道德建设工作

《意见》的突出特点是对青少年思想道德建设规律的全面总结和系统运用,体现了理论概括与实践操作的密切结合;为增强思想道德建设工作的科学性和实效性奠定了坚实基础。

坚持以人为本,紧密结合全面建设小康社会的实际,针对未成年人身心发展特点,积极探索新世纪新阶段未成年人思想道德建设的规律,是《意见》确立的一个重要的指导思想。《意见》提出的"四个坚持"的未成年人思想道德建设原则,是引导我们认识规律、运用规律的实施要求。第一,坚持与培育"四有"新人的目标相一致,与社会主义市场经济相适应、与社会主义法律规范相协调、与中华民族传统美德相承接的原则。既要体现优良传统,又要反映时代特点,使未成年人思想道德建设始终保持生机与活力。第二,坚持贴近实际、贴近生活、贴近未成年人的原则。既要遵循思想道德建设的普遍规律,又要适应未成年人身心成长的特点和接受能力,从他们的思想实际和生活实际出发,深入浅出,寓教于乐,循序渐进。多用鲜活通俗的语言,多用生动典型的事例,多用喜闻乐见的形式,多用疏导的方法、参与的方法、讨论的方法,进一步增强工作的针对性和实效性,增强吸引力和感染力。第三,坚持知与行相统一的原则。既要重视课堂教育,更要注重实践教育、体验教育、养成教育,注重自觉实践、自主参与,引导未成年人在学习道德知识的同时,自觉遵循道德规范。第四,坚持教育与管理相结合的原则。不断完善思想道德教育与管理、自律与他律相互补充和促进的运行机制,综合运用教育、法律、行政、舆论等手段,更有效地引导未成年人的思想,规范他们的行为。

《意见》遵循思想道德建设的基本规律提出的未成年人思想道德建设的主要任务,确立了四个实践起点,逐层展开,引导成长,具有很强的可操作性。第一,从增强爱国情感做起,弘扬和培育以爱国主义为核心的伟大民族精神。主要内容是深入进行中华民族优良传统教育和中国革命传统教育、中国历史特别是近现代史教育,引导广大未成年人认识中华民族的历史和传统,了解近代以来中华民族的深重灾难和中国人民进行的英勇斗争,从小树立民族自尊心、自信心和自豪感。第二,从确立远大志向做起,树立和培育正确的理想信念。主要内容是进行中国革命、建设和改革开放的历史教育和国情教育,引导广大未成年人正确认识社会发展规律,正确认识国家的前途和命运,把个人的成长进步同中国特色社会主义建设伟大事业、同祖国的繁荣富强紧密联系在一起,为担负起建设祖国、振兴中华的光荣使命做好准备。第三,从规范行为习惯做起,培养良好的品质和文明行为。主要内容是大力普及"爱国守法、明礼诚信、团结友善、勤俭自强、敬业奉献"的基本道德规范,积极倡导集体主义精神和社会主义人道主义精神,引导广大未成年人牢固树立心中有祖国、心中有集体、心中有他人的意识,懂得为人做事的基本道理,具备文明生活的基本素养,学会处理人与人、人与社会及自然等基本关系。第四,从提高基本素质做起,促进未成年人的全面发展。主要内容是培育未成年人的劳动意识、创造意识、效率意识、环境意识和进取精神、科学精神及民主法制观念,增强他们的动手能力、自主能力和自我保护能力,引导未成年人保持蓬勃朝气、旺盛活力和昂扬向上的精神状态,激励他们勤奋学习、大胆实践、勇于创造,使他们的思想道德素质、科学文化素质和健康素质得到全面提高。

《意见》确立的未成年人思想道德建设原则和任务具体明晰,其科学系统性和实践操作性必将引导未成年人思想道德建设工作进入一个新的历史发展阶段。

(三)未成年人思想道德建设的系统工程

《意见》站在国家前途、民族命运和全面建设小康社会,促进人与社会全面发展,实现中华民族伟大复兴的时代背景上认识未成年人思想道德建设,总结经验,面对现实,对影响未成年人思想道德形成和发展的各种要素都提出了具体的加强和改进措施,建构起一个从宏观到微观相互照应,从时间到空间全面覆盖的青少年思想道德建设系统工程体系。

在学校教育领域,《意见》明确指出必须按照党的教育方针,把德育工作摆在素质教育的首要位置,贯穿于教育教学的各个环节。要把弘扬和培育民族精神作为思想道德建设极为重要的任务,纳入中小学教育的全过程。要加快中小学思想品德、思想政治课的改进和建设,充分利用和整合各种德育资源,深入研究中小学生思想品德形成的规律和特点,把爱国主义教育、革命传统教育、中华传统美德教育有机统一于教材之中,并保证占有适当分量,努力构建适应21世纪发展需要的中小学德育课程体系。要根据新修订的中小学生守则和日常行为规范,进行良好习惯养成教育和"五爱"教育,引导他们树立正确的理想信念和世界观、人生观、价值观。要切实加强教师职业道德建设,高度重视班主任工作,学校全体教职员工要树立育人为本思想,认真贯彻《中华人民共和国教育法》、《中华人民共和国教师法》和《中小学教师职业道德规范》,热爱学生,言传身教,为人师表,教书育人,管理育人,服务育人。要充分发挥共青团和少先队在未成年人思想道德建设中的重要作用。要广泛深入地开展道德实践活动,使未成年人在内容丰富、形式多样的实践活动中思想情感得到熏陶,精神生活得到充实,道德境界得到升华。运用各种方式向未成年人宣传介绍古今中外杰出人物、道德楷模及先进典型,激励他们崇尚先进、学习先进。为学生树立身边的榜样,让他们从榜样的优秀品质中受到鼓舞、汲取力量。

对家庭教育在未成年人思想道德建设中的特殊重要作用的深刻认识和细化要求是《意见》的一个突出特点。《意见》要求把家庭教育与社会教育、学校教育紧密结合起来。各级妇联组织、教育行政部门和中小学校要切实担负起指导和推进家庭教育的责任。要与社区密切合作,办好家长学校、家庭教育指导中心,积极运用新闻媒体和互联网,面向社会广泛开展家庭教育宣传,普及家庭教育知识,推广家庭教育的成功经验,帮助和指导家长树立正确的家庭教育观念,掌握科学的家庭教育方法,提高科学教育子女的能力。充分发挥各类家庭教育学术团体的作用,针对家庭教育中存在的突出问题,积极开展科学研究,为指导家庭教育工作提供理论支持和决策依据。党政机关、企事业单位和社区、村镇等城乡基层单位,要关心职工、居民的家庭教育问题,加强家长的思想道德修养,引导家长做好子女的道德品质培养。

根据《意见》要求,在社会生活领域,继续加强以爱国主义教育基地为重点的未成年人活动场所建设、使用和管理,充分发挥爱国主义教育基地对未成年人的教育作用。各类博物馆、纪念馆、展览馆、烈士陵园等爱国主义教育基地要创造条件对全社会开放,对中小学生集体参观一律实行免票,对学生个人参观可实行半票。加强青少年宫、儿童活动中心等未成年人专门活动场所建设和管理。对公益性文化事业的未成年人校外活动场所建设和运行所需资金,地方各级人民政府要予以保证。积极营造有利于未成年人思想道德建设的社会氛围,各级电台、电视台要开设和办好少儿专栏或专题节目。各类报刊、读物要成为未成年人开阔眼界、提高素质的良师益友和陶冶情操、愉悦身心的精神园地。加强具有民族特色、展示民族优良传统的儿童影视片的创作生产,净化未成年人的成长环境。各类互联网站要遵循网络特点和信息传播规律,充分发挥其思想道德教育的功能,为广大未成年人创造良好的网络文化氛围。

《意见》对未成年人思想道德建设工作的领导职责作了明确规定。各级党委和政府要把加强和改进未成年人思想道德建设作为一项事关全局的战略任务,纳入经济社会发展总体规划,列入重要议事日程,形成党委统一领导、党政群齐抓共管、文明委组织协调、有关部门各负其责、全社会积极参与的领导体制和工作机制。各级政府要狠抓措施落实,给予必要的财力支持,并随着财政收入的增长逐步加大支持力度。

可以相信,随着《意见》的贯彻实施,全社会对未成年人思想道德建设的认识会不断深化,各项工作也将逐步展开,未成年人的精神品质及全社会的精神文明程度一定会提高到一个新的水平。

8. 弘扬与培育民族精神的思考与建议[1]

坚持弘扬和培育民族精神,是教育战线特别是德育工作领域学习贯彻党的十六大精神的重要任务。本文就弘扬和培育民族精神问题谈一点粗浅的学习体会,谨供有关部门决策参考。

(一)民族精神传承与发展的历史考察

在五千多年的历史演进中,中华民族形成了以爱国主义为核心的团结统一、爱好和平、勤劳勇敢、自强不息的伟大民族精神。这一民族精神的核心是爱国主义。爱国主义反映的是社会成员对其生活的社会、国家、民族的一种强烈的责任意识和依恋眷爱的深厚情感。这种爱国意识和情感与中国传统文化中的整体主义思想具有密切的渊源关系。如《礼记》中"天下为公"思想,《大学》提出的"修身、齐家、治国、平天下"的教育条目,顾炎武"天下兴亡,匹夫有责"的社会论说,都把个人的存在发展与国家民族的存在和发展联系起来,认为国家民族的安危与个人的安危息息相关,从社会整体中树立个人的处世态度。

这种整体主义的一个重要的思想基础是孔子的"仁爱"思想。"仁"是一个由近及远的做人准则,仁是对他人有情感上的关爱,由此扩充到对人民、对国家的关注和热爱。以这样的准则对待国家和民族关系,就是爱好和平,维护团结统一。为仁首先要自立自强,进取有为,是为"君子"。

《周易》概括出"君子"的两个基本品格,即"天行健,君子以自强不息;地势坤,君子以厚德载物。"自强不息、勤劳勇敢表现为奋斗进取精神;厚德载物、团结统一、爱好和平表现为敦厚宽容品格。

自秦汉以来,中国就形成了统一的多民族国家。尽管历史上也曾出现过暂时的分裂局面,但很快又获得了统一。这与中华民族精神是分不开的。19世纪中后期,不少有民族气节的思想家、教育家和政治家们力图设计中国的思想文化战略。例如:康有为的《孔子改制考》和《新学伪经考》先后于1887年和1891年问世,这两部书成为变法维新的理论参照。康有为在《大同书》中明确提出:"合经子之奥言,操儒佛之微旨,参中西之新理。"可见他意欲通达古今,兼纳中西,再造中国文化之良苦用心。1889年7月,梁启超按光绪旨意,参照日本和西方学制,起草了《京师大学堂章程》,规定其办学方针是:"中学为体,西学为用,中西并用,观其会通。"虽然这一思想文化战略,在百日维新失败之后未能付诸实现,但是它毕竟引起了国人的思考,并引出了此后一系列有关中西文化比较的论战。

---

[1] 本文是作者为了贯彻落实党的十六大精神而提出的建议,曾刊登于中央教育科学研究所《科研与决策》总第100期,2002年12月23日。并分别转载于《教育科学研究》2003年第3期和《河北教育资讯》2003年3月26日。

在中西文化比较论战中,有两种截然不同、根本对立的态度和主张:一种是主张尊孔读经、食古不化的国粹主义;另一种是主张打倒孔家店、全盘西化的历史虚无主义和民族虚无主义。以毛泽东为代表的中国共产党人反对这两种错误的态度,主张对传统文化批判继承,去糟取精,古为今用,推陈出新。遗憾的是,这一对待中国传统文化的正确方针并未得到认真和全面的贯彻。

十年"文革",特别是"批林批孔"运动,使中国传统文化的主流与核心——儒学,在中国这块古老大地上的命运每况愈下,历史虚无主义和民族虚无主义几度抬头,民族精神的弘扬艰难曲折。直到80年代中期,中国曾一度掀起了"中西文化比较热",当《河殇》鼓吹用"蓝色文明"取代"黄色文明"受到批判时,才给那阵"全盘西化"风画上了句号。

中国共产党成立以来,站在拯救民族危亡的前沿,领导中国人民浴血奋斗,取得抗日战争和解放战争的伟大胜利。新中国成立后战胜国际敌对势力的经济封锁和武装挑衅,自力更生,奋发图强,取得社会主义建设的伟大胜利。改革开放以来,在现代化建设,在香港、澳门回归祖国,在从容应对一系列关系我国主权和安全的突发事件,在战胜政治、经济、文化和自然界出现的困难和风险的斗争中,以爱国主义为核心的团结统一、爱好和平、勤劳勇敢、自强不息的民族精神得到空前弘扬与升华。

纵观中国历史,可以证明:尽管社会形态在更替,意识形态在变迁,但作为民族精神却前后相继,世代传承,与时俱进,丰富发展,绵延数千年而不衰,显示出旺盛的生命力。

纵观中国历史,也可以证明:民族精神什么时候得到弘扬,什么时候就经济繁荣,社会稳定;反之,什么时候民族精神遭到破坏,什么时候就经济萧条,社会动荡。

纵观中国历史,还可以证明:民族精神是一个民族赖以生存和发展的精神支撑,是一个民族自立于世界民族之林的文化力量,具有强大的凝聚力、感召力。

(二)民族精神在国外的影响与评论

已经过去的20世纪,是西方文明征服东方、支配世界的时代。但是,它的征服与支配把世界推入了重重的危机。鉴于此,许多思想家、政治家预言:21世纪,将是东方的世纪,也是中国的世纪。

1970年罗素在临终之前预言:"21世纪为中国的时代"。1972年,罗马协会的报告《成长的极限》一书,诊断西方文明的弊病,而开出的治方恰与东方宇宙观和中国古典哲学的思想模式基本一致。美国哈佛大学教授洛吉等著名学者指出,今后的世界将以东亚为中心,中、日、韩将成为东亚的轴心,把全世界统一成为一个地球村。他们认为,西方文化是个人主义文化,东亚文化是集体主义文化。"现在世界正在进入欧洲共同体、北美自由贸易区等联盟性的集体主义时代,这意味着世界正迈入以儒教为基础的东亚集体主义时代。"([美]洛吉:《儒家文化与东亚经济的腾飞》,载《汉城经济新闻》,1993年11月25日。)

1992年10月,日本学者池田大佐在中国社会科学院的演讲《21世纪与东亚文明》中指出东亚地区的文化特征是"共生性道德气质",具体表现为"取调和而舍对立,取结合而舍分裂,取大我而舍小我,人与人之间,人与自然之间共同生存,互相支撑,一道繁荣。"他指出:"东亚这种气质的重要源头之一是儒教。"他预言:"当21世纪宣告黎明之时,东亚不仅在经济层面,甚至深入至精神领域,定会为世人瞩目,成为引导人类历史的动力。"([日]池田大佐:《21世纪与东亚文明》,载《中国社会科学》,1993年第1期。)

新加坡前驻美大使,现任国家政策研究院院长徐通美教授,于1993年12月在该国《联合早报》上撰文,概括了东亚地区成就的十大价值观:(1)东亚人民努力使其利益与家庭及社会利益取得平衡。(2)东亚人相信要有牢固的家庭组织。(3)东亚人的每一阶层都重视教育,社会精英尤然。(4)东亚人相信生活应该节俭,重视储蓄。(5)东亚人认为勤劳是美德。(6)亚洲人实行举国一致的协作关系。(7)人民与政府之间的契约。(8)在一些亚洲国家,政府努力使公民与国家共享繁荣。(9)东亚人民希望政府为他们的子女维持健康的精神环境。(10)有些东亚政府也维护新闻自由,与西方不同的是,它们不认为自由是绝对的权利。

在"孔子思想与21世纪"国际学术讨论会上,韩国高丽大学教授金忠烈先生认为东方传统文化与西方文化之不同,即在"包容一切,而不排斥他异;普遍开放,而不偏执独占。"他认为"尤其在中国,其历史命运之'长久之道',不在民族国家之不替,而唯系文化传统之继开"。中国命脉所系,不在狭隘的民族国家主义,而在普遍开放的文化主义。所以历史上谁来统治中国,并非严重问题,而主要的是必以"华夏文化,来教化天下。"他倡议东方文化学人共编一部深入浅出的《东方文化精华》丛书,以供西方研究东方之参考。

上述情况说明:中国传统文化和民族精神已经跨越国界,成为世界文化宝库中一颗璀璨的明珠。作为一种文化现象,它已经成为全人类的共同财富。

上述情况也说明:外国学者,无论是东方的还是西方的,他们对中国传统文化和民族精神的体认和评论,应当而且必须引起国人的深思。

上述情况还说明:随着中国经济的腾飞,世界将越来越关注中国,其中包括关注中国文化。中国文化与民族精神将更加辉煌!

(三)民族精神弘扬与培育的现状分析

20世纪80年代中后期那场中西文化论战,以及由此引发的1989年的那场政治风波,给中国人民敲响了警钟。中国的有识之士,其中包括中央领导人和专家学者开始关注、重视和强调弘扬中华民族传统文化和对青少年学生进行中华民族传统美德教育。

1994年初,江泽民同志在全国宣传思想工作会议上指出:"要用科学的态度对待我们的民族的传统文化和外来的文化。我们民族历史沧桑,创造了人类发展史上灿烂的中华文明,形成了具有强大生命力的传统文化。我们要取其精华,去其糟粕,很好地继承这一珍贵的文化遗产。"(江泽民:《在全国宣传思想工作会议上的讲话》,1994年1月。)

1994年6月,在全国教育工作会议上,李岚清同志在总结讲话中着重强调说:"要重视中华民族优良道德传统的教育。在中华民族源远流长、丰富多彩、博大精深的文化遗产中,很多优良的道德传统是极为丰富的思想宝库,其精华能够绵延数千年而不衰,成为中华民族的凝聚力所在,今天仍然显示出旺盛的生命力和积极的现实作用。"(李岚清:《在全国教育工作会议上的总结讲话》,1994年6月。)

1994年8月,中共中央颁布了《爱国主义教育实施纲要》和《关于进一步加强和改进学校德育工作的若干意见》,两个文件都强调了对青少年学生的中华民族传统美德教育。

1995年年底,由李岚清同志主持,罗国杰教授主编的《中国传统道德》一书正式出版。这是建国以来第一次集中国内一流学者,对中华民族传统道德资源所进行的大规模开发。

1993年,中央教科所德育研究中心与吉林省教科院合作,经历"八五"、"九五"规划,历时10年,进行中华民族传统美德教育的研究与实验。

北京东方道德研究所王殿卿教授从1994年至今连续9年在北京和山东等7个省市的部分地、市、县,开展了"大中小学中华传统美德教育实验研究"和"学校中华美德教育与社区道德建设互动研究"。先后连续被批准立项为"八五"、"九五"、"十五"北京市和全国教育科学规划教育部重点课题。

中央教科所德育研究中心承担了全国教育科学规划"九五"国家重点课题"整体构建学校德育体系的研究与实验",该课题提出了"贯通古今、融会中西、继承借鉴、发展创新"的基本原则,确立"把培育和弘扬民族精神作为学校德育的核心目标。"该课题以这10条传统美德为思想材料,结合时代特点、现代文明和学校德育工作实际、学生年龄特点概括为18个德目:热爱祖国、遵纪守法、关心集体、遵守公德、热爱科学、立志勤学、勇于创新、孝亲敬长、团结友爱、文明礼貌、公道正直、诚实守信、勇敢坚毅、热爱劳动、节约爱物、保护环境、自尊自爱、自立自强。

该课题以德性论、德育论、系统论为理论基础,以这18个德目组成的要素系统为纬,以小学、初中、高中、中职、大学等层次系统为经,依据不同年龄阶段学生的身心特点、知识水平和品德形成发展规律,由低到高,由浅入深,由具体到抽象,由感性到理性,进行横向贯通,纵向衔接,分层递进,螺旋上升,构建出各级各类学校德育内容体系。

在此基础上,研究编写出一套《德育》系列实验读本(从小学到大学,每个年级一本,共22本),在全国20多个省(市、区)、百个实验区、千所实验校、万名教师和百万学生中进行5年实验,创建了以《德育》系列实验读本为载体,以主题班会、团队会为基本形式的德育活动课。

为了推动民族精神的弘扬与培育,中央教科所德育研究中心还组织有关专家学者编写了《道德箴言集锦》、《道德箴言选译》、《道德箴言600问》;与中国青少年发展服务中心合作举办少年儿童中国经典文化诗文诵读活动。

上述情况表明:自20世纪90年代以来,党中央高度重视、反复强调民族精神的弘扬和培育。

上述情况也表明:我国伦理学界、德育学界的专家学者为弘扬和培育民族精神做了深入的研究,做好了充分的理论准备。

上述情况还表明:我国德育科研工作者与基层教育行政领导和广大一线教师相结合,为弘扬和培育民族精神做了大量的长期的实验,积累了丰富的经验。

总之,把弘扬和培育民族精神纳入国民教育全过程,纳入精神文明建设全过程,势在必行,切实可行。

(四)民族精神弘扬与培育的实施建议

弘扬和培育民族精神是教育界特别是德育工作者义不容辞的重要任务。要切实把弘扬和培育民族精神纳入国民教育全过程。为此提出以下建议：

1.实施民族精神培育工程。请教育部领导挂帅，由中央教科所牵头组织全国教育学、伦理学、德育学、文化学、历史学的专家学者组成工作班子，研究制订《民族精神培育工程实施方案》。这个方案应当成为《21世纪中国教育改革和发展纲要》的一个重要组成部分，由教育部审定报中共中央、国务院批准颁发文件。

2.实施相关科研成果推广工程。"八五"、"九五"规划期间，有三项课题与培育民族精神直接相关。建议教育行政部门重视并推广他们的研究成果，使这方面的科研成果转化为现实的教育生产力。可整合这三个课题的研究成果向全国部分省推广，也可批准三个或某个课题在部分省或几个省市推广。这样会对民族精神的培育起到重要的拉动作用。

3.实施课程改革补充工程。要组织各学科课改专家认真研究在新课程标准中确定如何弘扬和培育民族精问题。建议德育课增加民族精神的内容，使之成为培育民族精神的主要答案径。语文课应适当增加体现民族精神的内容，适当增强古诗文选读。历史课在讲经济史、政治史、社会发展史的同时应适当增加文化发展史的内容，突出弘扬和培育民族精神。数学、物理、化学、生物等理科课程也应适当增补中国科学家的科学精神和民族精神的内容。音乐课应适量增加经典民乐、民歌和京剧欣赏的内容。美术课应适量增加中国画、书法艺术欣赏的内容。体育课应适量增加中国武术的内容。

4.实施民族精神家庭培育工程。各级各类学校要把学校德育与家庭教育紧密结合起来，编写家长培训教材，办好家长学校，使家庭教育与学校德育和民族精神的培育价值取向趋同，教育理念一致，教育过程同步，教育途径互补。

5.实施民族精神社区教育工程。学校德育和民族精神的培育要与社区精神文明建设紧密结合起来。要努力营造民族精神培育的良好社会氛围，在影视文化、网络文化、社区文化、企业文化、乡村文化建设中实施民族精神培育工程，把民族精神的弘扬与培育纳入精神文明建设全过程。

9. 德育应植根于民族文化的沃土上[1]

（一）绿洲缘何有荒漠

刚刚结束的第十一届青年歌手大奖赛给我们留下了诸多回忆，同时也留下了诸多思考：歌手们优美的歌声、精湛的演技令观众赏心悦目、喝彩不已；然而，当考查选手的综合素质，尤其是问及有关人文社科知识、民族文化知识时，许多选手一派茫然，令人颇感失望与遗憾；正如有的点评专家所说：由于历史知识的欠缺，综合文化素质的贫乏，有些选手对歌词曲谱不能深刻理解、准确把握，唱歌时机械模仿，有形而无神，缺乏厚重深刻，让人感到他们是在用

---

[1] 本文曾载于《中国德育》2004年第8期，后收入詹万生著《整体构建学校德育体系导论》，光明日报出版社2005年7月出版。

"喉咙"挤歌而不是用"心"在唱歌,缺乏感染力,难以引起观众共鸣。

青年歌手们民族文化知识的缺乏,表现在舞台上,根子在教育上。近年来,由于应试教育思想观念的惯性作用,多数学校师生重自然科学知识,轻人文社科知识;重应试能力培养,轻综合素质提高。多数学生懂得ABCD,却不懂诗、词、歌、赋;知道XYZ,却不知道《四书》、《五经》、四大名著。有的师生思想上甚至走入误区,盲目崇尚西方文化,模仿西方人的生活方式,不知不觉地产生了民族虚无主义思想。这是非常危险的,必须引起全社会的高度重视。

(二)问渠哪得清如许

中国传统文化源远流长、博大精深、影响广远。她孕育了伟大的中华民族精神,激励着炎黄子孙的心,滋养着华夏儿女的魂。

我国古代的文化典籍《尚书》中最早提出了"父义、母慈、兄友、弟恭、子孝"的人伦关系和道德规范。而《周易》则概括了"君子"的两个基本品格:"天行健,君子以自强不息;地势坤,君子以厚德载物"。"厚德载物"是一种宽宏大量、忠厚实在、敦厚宽容的品格;"自强不息"是一种开拓进取、顽强拼搏、永不懈怠的品格。春秋时期,孔子创立了儒家学派,以"仁"为核心,提出了"恭、宽、信、敏、惠、刚、毅、木、讷、勇、敬、俭"等一系列道德规范;孟子以"性善"论为理论基础,继承和发展了孔子的思想,提出了"四德":仁、义、礼、智(恻隐之心、羞恶之心、辞让之心、是非之心)、"五伦":父子有亲、君臣有义、夫妇有别、长幼有序、朋友有信;而荀子则以"性恶"论为理论基础,丰富和发展了孔子"义"的思想,提出了"化性起伪"、"礼义教化"、"修身自强"的思想。与此同时,墨、道、法等学派也为中华民族传统文化的丰富与发展奠定了雄厚的基础。汉武帝时期,由于采纳了董仲舒提出的"罢黜百家,独尊儒术"的建议,从此儒家伦理成为中国传统文化的主流与核心。唐太宗时期,孔颖达等编撰了《五经正义》,将《诗经》、《书经》、《礼记》、《易经》、《春秋》定为"五经",推动了儒学的传播。南宋时期的朱熹作《四书集注》,把《大学》、《中庸》、《论语》、《孟子》合称为"四书"。"四书五经"是中国古代知识分子的必读书目,也是科举取士的必考科目,对中国文化的传播与发展产生了深远的影响。激励着无数民族英雄、志士仁人为国家的统一、民族的团结、事业的发达、人民的幸福谱写出人生的壮丽篇章。

自中国共产党成立以来,在长期的革命和建设实践中,本着批判继承、去糟取精、古为今用、推陈出新的原则,在各个不同的历史时期形成了"井冈山精神"、"长征精神"、"延安精神"、"红岩精神"、"西柏坡精神"、"抗美援朝精神"、"大庆精神"、"雷锋精神"、"焦裕禄精神"、"两弹一星精神"、"改革创业精神"、"抗洪精神"、"抗击'非典'精神"、"载人航天精神",使伟大的民族精神得到弘扬与升华。

纵观中国历史,我们就会发现,不管社会形态怎样更替,意识形态如何变迁,中国优秀传统文化和中华民族精神总是前后相继,世代传承,与时俱进,丰富发展,绵延数千年而不衰,显示出旺盛的生命力、强大的凝聚力和伟大的创造力。

(三)正是春风化雨时

党的十六大报告指出:"在五千多年的发展中,中华民族形成了以爱国主义为核心的团结统一、爱好和平、勤劳勇敢、自强不息的伟大民族精神。""必须把弘扬和培育民族精神作为文化建设极为重要的任务，纳入国民教育的全过程，纳入精神文明建设的全过程。使全体人民始终保持昂扬向上的精神状态"。《中共中央国务院关于进一步加强和改进未成年人思想道德建设的若干意见》把弘扬和培育民族精神放在未成年人思想道德建设的四项重要任务的首位，为我们弘扬民族文化、培育民族精神营造了一个阳光明媚、雨露滋润的明天。我们要抓住机遇，把中小学德育工作植根于民族文化的沃土之中。

第一，要通过各学科教学有机渗透民族精神教育。要把弘扬民族文化、培育民族精神纳入中小学教育全过程，贯穿在学校教育教学的各个环节、各个方面。中小学德育课程和语文、历史等人文社会科学课程，要充分体现民族精神的丰富内涵。数学、物理、化学、生物、科学等理科课程应结合教学内容，丰富中国科学家的科学成就和民族精神的内容。艺术（音乐、美术）课应增加经典民乐、民歌、民族戏剧欣赏和中国画、书法艺术欣赏的内容。体育课应适量增加中国武术等内容。

第二，重视开展主题教育活动。充分利用春节、清明节、中秋节等民族传统节日，"五一"、"五四"、"六一"、"七一"、"八一"、"十一"等重要节日，"七七事变"、"九一八事变"、"一二·九运动"等重要事件和重要人物纪念日，开展主题校（班）会、团（队）会，请革命先辈和各行业的英雄模范作报告、讲故事，组织学生观看反映伟大民族精神的影视片等。通过晨会、课堂教学、课外活动等多种途径，组织开展集中体现中华传统美德和革命传统的经典格言、诗词的诵读活动；教唱以爱国主义为主旋律的歌曲，定期进行学生歌咏比赛和文艺演出活动。

第三，积极开展社会实践活动。定期组织参观爱国主义教育基地，瞻仰革命圣地和遗址，祭扫烈士墓，缅怀民族英雄、仁人志士、革命先烈，学习他们的高尚品德和感人事迹，进行革命传统教育；参观城市、农村和名胜古迹，了解改革开放的成就和祖国悠久的历史文化；结合参观、瞻仰，组织开展征文、演讲、讲座、知识竞赛等教育活动。充分发挥学生校外活动场所、社会实践基地的育人作用。

第四，加强校园文化环境建设。坚持升降国旗制度，每周一以及重要节日、纪念日、大型集体活动必须举行庄严、隆重的升旗仪式，每天坚持升降国旗，每周举行国旗下讲话，全体中小学生都应会唱国歌。学校要结合实际，充分利用校园广播、电视、校园网、橱窗、板报和文化长廊等宣传阵地，大力宣传和弘扬民族精神；校园内张贴悬挂革命领袖和中华民族杰出人物画像，制作体现民族精神的灯箱、语录牌等，营造弘扬和培育民族精神的浓厚校园氛围。

第五，开展"民族精神代代传"弘扬和培育民族精神知识竞赛活动。2003年10月9日，中宣部、中央文明办、教育部、团中央、全国少工委联合发文，要求在少年儿童中开展"民族精神代代传"教育活动。根据五部委文件精神，中央教科所、中国教育报、中国教育电视台联合举办了这次教育活动，这次教育活动以爱国主义、团结统一、爱好和平、勤劳勇敢、自强不息为基本内容，以中华传统美德教育、优良革命传统教育、良好行为习惯养成教育为教育重点，以《民族精神代代传—中华民族精神教育读本》（中、小学生版）为主要参考。竞赛活动有书面知识竞赛和电视知识竞赛两种形式，辅助活动有学术研讨活动、读书活动、文艺作品（故事、散文、诗歌、摄影、绘画、书法等）征集活动。这些活动，对于未成年人传承民族文化与民族精神都具有积极意义和重要作用。

体认中国优秀传统文化，弘扬培育民族精神，是全体中国人的使命，我们应该沐浴着《意见》的春风，让民族文化的春花开遍祖国大地，开在未成年人的心坎上。

10. 荣辱观教育要从中国传统文化中汲取营养[1]

深入开展以"八荣八耻"为主要内容的社会主义荣辱观教育，为社会主义思想道德建设打开了广阔的视野。在这个领域，中国传统文化积淀了丰厚的精神遗产。系统地疏理传统文化有关荣辱观的思想内容，对深化荣辱观教育的思想内涵，弘扬和培育民族精神，构建与中华民族传统美德相承接的社会主义思想道德体系具有十分重要的意义。

（一）传统荣辱观的基本内容

在中华民族漫长的形成发展过程中，社会的道德范畴和人的道德意识、道德情感基本上是与古代社会的组织形态的演进而同步形成发展的。中华民族的社会组织形态经历夏商周三代，特别到西周时期，开始走向完备。随着社会的刑罚和礼仪制度对社会成员的规范作用不断强化，人的羞耻感作为控制和调整个人行为的情感意识，逐渐成为人们一种普遍的心灵体验。人的羞耻感的产生，是社会文明趋向成熟的一种标志。经过先秦时期历代思想家、政治家的概括和总结，就形成了中国传统文化中的荣辱观。

1. 管子提出"礼仪廉耻，国之四维"

春秋初期的政治家管仲首先提出"礼义廉耻，国之四维"，"四维不张，国乃灭亡"（《管子·牧民》）的观点。管子把知耻与明礼、重义、尚廉并列为四个道德规范，并强调它们是国家发达、长治久安的四大纲纪。《左传》上说："礼者，理也。"，礼，就是人与人交往时，和于道理的行为准则。社会要走向和谐，就要克服混乱无序的状态，人人懂得互相尊重、彼此谦让、以礼相待。《贾谊传》中说："义者，宜也。"，义，就是在待人处事中适宜、合宜、适合社会道德要求的行为方式。如现代生活中的见义勇为、见利思义、义卖、义演等。廉，就是廉洁。官员负有领导的责任，如果不能廉洁奉公成为贪官污吏，就会成为社会的蛀虫。耻，就是知耻心，知道耻辱，做了坏事有羞耻感。管仲还提出了"仓廪实，则知礼节；衣食足，则知荣辱"（《管子·牧民》）的著名观点。这反映了管子在物质生活与精神生活相互关系上的朴素唯物主义思想。管子的这些思想对后代人具有重要影响。明末清初唯物主义思想家顾炎武评论"礼、义、廉、耻"的作用时认为："礼义，治人之大法；廉耻，立人之大节，盖不廉则无所不取，不耻则无所不为。"认为不廉则欲望无边，什么财物都会攫取；不知耻就会什么坏事都敢做。因此"四者之中，耻尤为要"（《日知录·廉耻》）。

2. 孔子提出"仁者爱人"、"行己有耻"

春秋末期，孔子是对做人的荣辱问题论述更全面而深刻的人。孔子的荣辱观十分鲜明，

---

[1] 本文与宁武杰合作，曾发表在《中国青年政治学院学报》（核心期刊），2006年第5期。

他的伦理思想的核心是"仁"。孔子对"仁"的解释有多种,但最本质的是"仁者爱人"。以"仁"为人生价值准则,对当时社会生活中的是非、善恶、美丑现象都表达了明确而深刻的观点。孔子提出,做人要"行己有耻"(《论语·子路》),即做人要对自己的行为保有羞耻之心。孔子论述了多种可耻的品行。包括:第一,言行不一为耻。如"古者言之不出,耻躬之不逮也。"(《论语·里仁》)即先人言语不轻意出口,是耻于自己的行动赶不上所说的话。"君子耻其言而过其行。"(《论语·宪问》)即君子以说得多,做得少为耻。第二,表里不一为耻。如"巧言、令色、足恭,左丘明耻之,丘亦耻之。匿怨而友其人,左丘明耻之,丘亦耻之。"(《论语·公冶长》)即花言巧语、容貌伪善,十足的恭顺,是可耻的;内心藏着怨恨,表面却表示友善,是可耻的。第三,无理想追求是可耻的。如"士志于道,而耻于恶衣恶食者,未足与议也。"(《论语·里仁》)即读书人有志于追求真理,但又以自己吃粗粮穿破衣而羞耻,这种人是不值得同他讨论理想与追求的。第四,"邦有道,贫且贱焉,耻也;邦无道,富且贵焉,耻也。"(《论语·泰伯》)即国家政治清明,自己贫贱,是耻辱;国家政治黑暗,自己却富贵,也是耻辱。第五,诚信恭敬为荣,反之为耻。《论语·学而》说"信近于义,言可复也;恭近于礼,远耻辱也"。

除以上所述外,《论语》中多用"君子"和"小人"的两个称谓,对品格高尚和品质低劣两种人或两种品德进行褒扬和斥责,这也从一个侧面反映了孔子的荣辱观,如"君子喻于义,小人喻于利","君子成人之美,不成人之恶。小人反是","君子和而不同,小人同而不和","君子泰之不骄,小人骄而不泰","君子坦荡荡,小人长戚戚"等等。受时代和阶级的局限,孔子所说"小人",有时也含普通平民,对此可给予辩证的鉴别。

3. 孟子提出"仁则荣,不仁则辱"

战国时期的孟子继承并发展了孔子的思想。在荣辱观上,他明确提出:"仁则荣,不仁则辱"(《孟子·公孙丑上》)的观点。孟子认为荣辱观与人性有着密切的关联。在人性论上,孟子提出"人性善说",认为"人之所以异于禽兽者"是因为人有仁、义、礼、智四个善端。他提出:"恻隐之心仁也,羞恶之心义也,辞让之心礼也,是非之心智也"。这里说的"羞恶之心"是"义","义"是人应该遵守的行为规范,对那些背离规范的行为保有羞耻憎恶便是"羞恶之心",这样就会防止去做不道德的事。孟子还认为,"无羞恶之心,非人也"(《孟子·公孙丑上》),即知耻是人性的标志,如果失去此心,就如同禽兽一般。因而孟子说"耻之于人大矣"(《孟子·尽心上》),即羞耻心对于怎样做人,真是关系太大了。

4. 荀子提出"先义而后利者荣,先利而后义者辱"

在义利观上,先秦时期的思想家也给后代留下丰富的思想文化遗产,其中儒家的重义轻利思想内容十分丰富。如孔子说"君子喻于义,小人喻于利",要"见利思义"、"见得思义"、"义以为上"、"勿见小利,见小利则大事不成"。孟子说:"鸡鸣而起,孳孳以为义者,舜之徒也;孳孳以为利者,跖之徒也。""何必曰利,亦有仁义而已矣。"(《孟子·见梁惠王》)而荀子把义利观与荣辱观结合起来,提出"先义后利者荣,先利后义者辱"(《荀子·荣辱》)的观点。他并不完全贬斥利,只是把义与利在谁先谁后的区别上作为判断荣辱的价值尺度。

先秦时期思想家关于荣与辱的深刻见解,对后世产生了深远的影响。宋代思想家陆九渊指出:"人惟知所贵,然后知所耻。""人不善之不可为,非有所甚难知也。""而至于甘为不善而不改之者,是无耻也。""人之患莫大乎无耻,人而无耻,果何以为人哉?"(《陆九渊集》卷三十二）顾炎武针对明中叶以后学者空谈心性而不计国计民生的空虚学风和许多士大夫不讲操守、投机钻营的行为，把孔子"博学于文"、"行己有耻"两个主张合并，号召人们务实治学，坚守气节。（《亭林文集·与友人论学书》）他结合社会实际论述人之所以不廉，以至于做出"悖理犯义"的事，都源自于不知耻，如果身居官职的人不知羞耻，就是"国耻"（《日知录·廉耻》）论理深刻而警喻。近代戊戌变法的倡导者康有为提出的"四耻"之说也富于启示性："一耻无志"，做人只志于求富贵，而不致力于实行仁义，是可耻的；"二耻循俗"，做人因循守旧，跟着不良风气走，不能卓然独立，是可耻的；"三耻鄙吝"，即为人性格鄙吝刻薄，为富不仁，是可耻的；"四耻懦弱"，胆小怕事，见义不为，是可耻的。（《长兴学记·学记》）

在对什么是荣，什么是耻的内涵的认识上，历代思想家阐发的观点，不仅是他们对道德问题的理解思考和个人道德情感的秉意抒发，从中也映现出我们民族的精神品格。

（二）传统荣辱观的修养方法

在中国传统道德思想中，"知耻"是作为"国之四维"中的"一维"，就是作为道德修养的一个底线环节来认识的。因此研究荣辱观教育应将其放到人的道德修养，即"修身"的整体原则中加以把握。

1. "慎独"是传统修养方法的核心

"慎独"是我国古代哲人所倡导的一个十分突出的道德修养方法。《中庸》中说："道者，不可须臾离也，可离非道也。是故君子戒慎乎其所不睹，恐惧乎其所不闻。莫见乎隐，莫显乎微，故君子慎其独也。"即做人的正道是不能片刻离开的，如果离开就不是正道了，所以君子在他人看不见，听不到自己言行的环境中，要警戒谨慎，注意约束自己。越是隐秘细微的事情越容易被发现，因此君子要特别谨慎自己独处的时候。慎独即道德自律，其核心是"自省"，即自我省察、自我约束、自我革新。"知耻"、"改过"、"自新"是自省的主体内容。

怎样才能使人知耻呢？孔子提出"道之以政，齐之以刑，民免而无耻；道之以德，齐之以礼，有耻且格。"（《论语·为政》）就是说用政令训导，用刑罚整治，百姓虽能避免犯罪但不知犯罪是羞耻；用道德进行引导，用礼义来规范，百姓就会有羞耻心并能自觉端正自己的言行。宋元之际学者许衡认为："教人，使人必先知有耻，无耻则无所不为。既知耻，又须养护知耻之心，督责之使有所畏，荣耀之使有所慕。"（《许文正公遗书》）即把知耻作为育人的先行内容，并时时督察责罚使他警戒畏惧，时时以荣耀的事例和榜样进行激励使他仰慕，以此养护其知耻之心。知耻是自省的一种心灵体验。在生活中，知耻与知过、改过常常是紧密联系的。儒家强调人有过要"反求诸己"，从自己身上找原因，不要"文过饰非"，而要闻过则喜，改过迁善。"知耻近乎勇"（《中庸》），有过改之为勇、为荣；知过不改为过、为耻。平日要能做到"见贤思齐"、"见不贤而内自省"（《论语·里仁》）。儒家认为自省改过是人不断进步而"日新"的过程。《大学》中说："苟日新，日日新，又日新……作新民。"是说假如今天把污垢洗净了，以后便要天天把污垢洗净，继续不断地洗除污垢，身心就日日清新。因此要鼓励人民做有改过自新精神的人。《大学》还引孔子语提出，要做诚实有德之人，就要博学、审问、慎思、明辨、笃行，"人一能之，己百之；人十能之，己千之。"这样就会"虽愚必明，虽柔必强。"这就是说，慎独、自省、改过并不全是着眼已经做过的事情，还要心向未来，人要随着时间的推移，通过慎独、自省、改过,时时更新,与时俱进,与世俱进,自强不息。"日新"既是慎独的方法过程,也是慎独的必然结果。慎独的主旨是充分发挥人的道德主体性。

2. "诚"是"慎独"的根本

诚就是诚实,在《大学》提出的"诚意、正心、格物、致知、修身、齐家、治国、平天下"的道德修养八条目中,诚是列在首位并贯穿整个修身过程中的根本要求。《大学》中说:"所谓诚其意者,毋自欺也。如恶恶臭,如好好色,此之谓自谦。故君子必慎其独也。小人闲居为不善,无所不至,见君子然后厌然,掩其不善而著其善,人之视己,如见其肺肝然,则何益矣?此谓诚于中,形于外,故君子必慎其独也。"是说诚就是不欺骗自己,要像厌恶腐坏的气味和喜好美丽的颜色那样自然真切,这才叫适合自己的物用,所以君子一定要谨防一个人独处的时候。小人平常独自呆着就会做不好的事,无所不至,看见君子便掩藏自己的坏处而显示他故意做的虚假的好事,却不知别人对他的行为就像看见自己的肺肝一样清清楚楚,这样做又有什么益处呢?这就是说只有内心诚实,才能自然地表现在外面。所以君子一定要谨防一人独处时候的品行。这说明"不诚则不独"(《荀子·不苟》)诚实是主导慎独的根本因素。慎独是由诚实支配的自觉的道德意识、道德情感和道德行为。北宋思想家周敦颐认为诚是"五常之本"(《通书·诚下》),即诚是"仁、义、礼、智、信"的根基。"诚"在人的道德品质中的基础作用,是传统德育思想中的一个共识。归结起来,就是人只有内心诚实,才能做到自省无欺,知耻改过,成为品德高尚的人。诚实与慎独的这种必然联系反映出道德教育和道德修养的一些基本特征和规律。这一点,对研究荣辱观教育的原则是有借鉴价值的。诚实是"八荣八耻"中的一项内容,借鉴传统德育思想关于诚实与所有道德规范的内在联系的论述,应把诚实的品质教育贯穿于整个荣辱观教育之中。从人的羞耻感产生的心理过程看,所有羞耻感的产生大都以诚实为基础,可以说,无诚则无耻。

3. "中和"是"慎独"的最高境界

《中庸》在论述慎独时提出"喜怒哀乐之未发,谓之中;发而皆中节,谓之和。中也者,天下之大本也;和也者,天下之达道也。"即人的喜悦、愤怒、悲哀、快乐的情感,在没发出来的时候没有一点偏向,叫做中;发出来都合宜,便叫做和。中的性情,是天下人最主要的本性和能力,和的境界是天下一切事物最通达的法则。这段话包含的论理是,喜悦(或喜爱)是人的自然情感,但喜悦出现偏向,如为了满足个人喜爱而不择手段去获取财物,这就背离了"中";愤怒是人的正常情感,但该怒的不怒,如见义不为,见恶不恨,就是违"中";同样,该同情的不同情,如不坚持正义、冷漠不助人;该快乐的不快乐,如嫉妒、闻过则怒,这都是背离了"中","未发"就是情感未出现这类偏向,而是保持道德的自然品性去做事。"发而皆中节,谓之和"就是如果喜、怒、哀、乐的情感发出来都合乎道义,就是和谐。这种和谐是个人的道德认识、道德情感、道德意志和道德行为的自然一致,是人的自然本性与社会本性的一体展现。个人道德知、情、意、行的和谐,是人在实际的社会生活中道德品性的真实展现,它不仅展现个人的品格特点,同时也展现其存在的社会意义。所以这样真实的社会个体是达成人与人之间及人与家庭、人与集体乃至整个社会和谐的前提和基础。因此《中庸》说:"致中和,天地位焉。万物育焉。"即如果达到和谐的地步,天地间的一切物体就都安排顺适,并富有活力地生长发育了。

总体来看,"致中和"集中了人应具备的道德自律能力,即慎独水平。这种能力体现于个体在现实的社会生活和道德情境中对是非、善恶、美丑现象的辨别和认识的能力,体现于对自己情感意志的调控能力,体现于个体知行统一及对自己道德行为的选择和付诸实践的能力。对个人来说,"致中和"可以称是道德修养的最高境界。从德育论角度看,"致中和"所体现的不仅是人的品质、能力和素质,还是道德教育的目标、原则和方法,也是道德教育的过程和结果。因此,"慎独"、"诚意"、"致中和"这些中华民族传统的修养方法,应当在今天社会主义荣辱观教育中得到继承和弘扬。

11. 高校思想道德修养课存在的问题与对策建议[1]

思想道德修养课,隶属于"两课"中的思想品德课,是以马克思主义为指导,以人生观、价值观和道德观教育为主线,综合运用相关学科知识,依据大学生成长的基本规律,教育引导大学生加强自身道德修养的一门课程。从上个世纪80年代初至今,这门课已走过了20多年的发展道路。在教育改革日益深化,素质教育全面推进的今天,面对复杂多变的形势和与时俱进的时代要求,思想道德修养课也需要根据新的形势与任务,进行认真总结与反思,以便于我们肯定成绩,找出不足,明确方向,开拓新局面。

(一)思想道德修养课存的主要问题

从总体上说,思想道德修养课在20多年的建设中,紧密结合社会需要和大学生成长需要进行了富有成效的探索和实践,产生了较好的效果。但同"两课"其他课程一样,思想道德修养课也存在着针对性和实效性差的问题,影响着教学效果的进一步发挥,需要引起我们的高度重视。

1. 教学目标定位尚需明确

一是横向目标定位不太明确。在高校公共理论课体系中,思想道德修养课与马克思主义理论课所确定的目标和承担的任务之间没有明确的界限,存在着目标上的交叉和各自目标定位的不明确。如这两类课都规定有帮助学生树立正确的世界观,人生观和价值观的目的,没有明确目标的侧重点或界限。

二是阶段性目标定位不明确。在大学德育体系中,没有切实搞好与中小学德育课的衔接,甚至出现"小学讲共产主义、中学讲爱国主义,大学讲文明礼貌"的"倒挂"现象。思想道德修养课从小学就开始开设,那么与大学阶段有什么不同,没有明确的定位。

2. 教学内容组织尚需合理

一是教学内容与大学生成长与成才的实际结合不紧密。现在的教学内容主要是从社会发展对人才的要求出发的,这对于保证人才培养的方向无疑是必要的。但另一方面却存在着与

---

[1] 本文与郁树廷合作,发表在中央教科所内部刊物《科研与决策》总第165期,2003年6月17日,并转载于《中国德育》2004年第5期。

大学生成长与成才实际结合不紧密的问题,难以与当代大学生主流追求产生"共鸣"。

二是教学内容缺乏主线。现在的教学内容比较广泛全面,基本上把大学生遇到的各种非智力因素全包括了,如入学适应问题、心理素质问题、恋爱问题、爱国问题、理想信念问题等,没有形成一个主旨明确的内容体系。这就会造成教学上的面面俱到,使思想道德修养课成为缺乏彼此联系的散论课。不是说这些问题不重要,但不能把所有重要的问题都依靠一门课来解决。我们总想把什么都告诉学生,结果什么也没有深入到学生的头脑中。

三是教学内容缺乏理论联系实际。时代发展了,教育环境变化了,教育对象有了新的特点,但我们的教学内容却跟不上这一变化了的实际。如市场经济发展中的道德环境与道德界限问题,独生子女与家庭多层次化中的学生思想背景问题,网络道德问题等,我们的教学内容中没有及时反映。

3. 教学模式存在说教化倾向

思想道德修养课一开始就固守课堂教学的一般模式,重视说理与说理的方法。殊不知思想道德修养课不是一般的课程,其教学目的不仅仅局限于让学生明白几个道理,学会几个名词或理论概念。这门课的关键点应在于引导学生体验他们所处的道德环境,增强道德判断与选择能力,培养道德实践能力,养成道德习惯。尽管有些有识之士已经意识到了这一问题,并尝试进行改革,但总体上说这门课的说教化倾向依然很明显。许多教师按照教学大纲,准备了教学内容,在课堂上一讲就算完成了任务。一些方法或手段上的改进,也是立足于更好地讲清这些道理。

4. 管理欠规范

思想道德修养课建设一直得到上级部门及时指导,并下发了一系列文件,加强了管理,但仍然存在着管理混乱的问题。

一是编制管理不规范,不少学校因校设编、因人设编,致使编制没有保证。这门课专职与兼职的比例是多少,缺乏一个明确的规定,有的学校一个专职编制都没有。

二是课程安排混乱,思想道德修养课课时得不到相应的保证,有的学校直接把文件规定的51学时削减到18学时甚至更少;有的没有在专科学生层次中开设这门课。

三是机构设置混乱,缺乏统一的归属与管理。目前,思想道德修养课的机构设置主要存在三种情况:一是自立门户;二是挂靠在学生处(部)或宣传部等部门下面;三是与马克思主义理论课合并在一起。这就造成了不同的管理部门有不同的管理办法,尽管也有各自的长处,但无疑为学校间教学交流和纵向的工作指导和推动造成了一定的障碍。

5. 教学方法欠科学

一是课堂教学组织不力。有的学校由于缺乏教师,思想道德修养课只能采取上大课的办法,一个课堂往往有一百多人、两百多人,甚至七八百人。老师既不能和学生交流,更无法了解学生的思想情况。

二是教学思路不连贯。目前很多高校的思想道德修养课采取了一种讲座的方式,也就是由许多教师共同讲授同一门课,这虽然也有其可取之处,但是却存在教学思路不连贯、教学内容缺乏逻辑性的严重问题,而且也使大学生与授课教师之间缺少必要的了解与沟通。

三是教学手段单一。目前各高校仍然主要采取单一的课堂灌输的形式,其他丰富多彩的方式，如演讲、辩论、讨论、社会实践以及其他现代化教学手段等，由于受到课时安排、人力资源、经费等条件的限制，很少能够付诸实施。

6. 师资队伍建设亟待加强

1984年以来，全国一些重点院校开设思想政治教育专业，为高校培养了一批思想道德修养课的专职教师。但是，由于思想政治教育专业的课程设置与思想道德修养课的教学要求之间存在着较大的差异，因而这批专职教师的理论基础及综合素质不能够完全适应思想道德修养课的要求。另外，由于政策导向和教师的实际生活待遇等方面的原因，使很多人转向其他工作。即使留下的少数专职教师也存在不稳定现象，不能全身心地投入到教学与科研中。

7. 教学保障不力

一是轻视学科建设。很多高校没有把思想道德修养课列入学科建设计划，上面提到的缺少专职教师队伍、教学与科研长期停滞不前，都与各级领导或主管部门在思想上不重视密切相关。

二是经费严重不足。各高校中普遍存在着专业课与思想道德修养课在经费投入上反差很大的现象，从而造成经费极为紧张，所急需的资料无法购置，必要的社会实践与调查无法展开，甚至连最起码的科研工作都无法正常进行，严重制约了该课程的总体建设。另外，还有考评方法不科学、科研水平低等问题。这些问题的存在严重制约了思想道德修养课的教学效果。

（二）加强和改进思想道德修养课教学对策建议

思想道德修养课作为高校育人工程的重要组成部分，承担培养社会主义现代化建设者和接班人的重要任务。为了使这门课程发挥出应有的作用，达到较理想的教育教学效果，需要认真研究它所面临的问题，积极探索这门课独特的教育教学规律，以与时俱进的创新态度，开拓思想道德修养课建设的新局面。

1. 准确定位思想道德修养课的教学目标

第一，明确修养课在"两课"教学体系中的目标定位。从"两课"体系上说，思想道德修养是运用马克思主义立场观点和方法，帮助大学生提高其思想道德修养水平的一门理论应用课，教学目标重点应定位于解决大学生人生观和价值观问题。

第二，明确修养课的阶段性目标定位。大学生已经学习了比较系统的道德知识，形成了一定的道德知识结构，此阶段的教学目标不应是讲一些他们已经熟知的大道理，而是侧重于培养大学生的道德判断力和提高其在现实生活中的道德践行能力。

2. 调整修养课教学内容体系

第一，教学内容紧紧围绕大学生发展与成才这一中心。当代大学生关注的热点主要集中在如何发展自己，使自己尽快成才上。这一内在需要已成为广大青年学生奋发学习、积极进取、报效祖国的强劲动力。思想道德修养课教学应从这个实际出发，从为大学生健康成长和顺利成才服务的角度，进一步调整和优化内容。

第二，学内容要贯穿人生观、价值观两条主线。人生观和价值观教育作为修养课主要教学目标，是帮助大学生明确怎样做人，如何成才的问题。只有树立科学的正确的人生观、价值观，大学生才能在市场经济大潮中，在各种利益冲突和各种价值取向问题上不会困惑、迷惘，才能正确处理国家、集体和个人之间的利益关系。

第三，内容要理论联系实际。一是要联系国际国内的社会现实。社会现实问题对大学生的影响具有双重效应，有正面效应和负面效应，教学内容不能回避现实，不应脱离实际。比如，我们要弘扬乐于奉献乃至大公无私的精神，但又要确认市场经济活动中合理利用正当权利，勤劳致富，公平竞争等原则的合理性。二要联系大学生发展实际。当代大学生大部分是独生子女，有自身适应性差的弱点，同时他们又面临着极为复杂的生活环境（如家庭多层次背景）和人际关系，学会积极适应环境并处理好相应的人际关系，是他们人生发展基本需要。因此，修养课教学内容要密切联系这一实际，为大学生提供切实有效的引导和帮助。"在很大程度上，该课的吸引力、影响力和生命力，都依赖于该课贴近学生实际，真正体现'以学生为本'的教育理念。"[1]

以上内容要综合体现在教材上或教学大纲上，可考虑教师用书与学生用书分开调整教学内容。就目前教材的实际使用情况而言，师生共用一本教材的效果并不理想。因此在以后的教材编写中，建议专门为学生编写一本简明扼要，通俗易懂的教材，从大学生普遍关心的道德需要，道德困惑和思想难题入手，用有理有力的典型事例，引导学生思考、辩论，从而培养学生学习的兴趣和创造能力，实现自我教育的目的。同时，应当专门为教师编写一本既有一定理论深度，突出教学内容难点、重点、热点，同时又密切联系时代特色与大学生实际情况的教材。

3. 建立理论与实践相结合的教学模式

修养课不同于一般的课程，它的教学目的不仅仅是要求学生掌握一些正确理论和行为规范，而是让学生在掌握正确理论和知识的同时，将正确的理论和知识内化为自己的思想观念，并以此指导其现实的行为。修身是人生的实践，修养道理只有经过现实的体验才能转化自己的行动指南，实践性是它的本质特征。"在整个学校大德育课程中，其主要部分与主要性质或主要的德育课程是实践性的，是实践性课程或实践性活动。"[2]德育途径的实践性原则可以表述为："以活动为中心，在活动中认知，在活动中体验，在活动中养成习惯。"[3]要保证该课的教育教学效果，必须彻底改变传统的以课堂讲授为主的教学模式，构建理论与实践相结合的教学模式。

4. 改进教学方法，强化大学生主体参与

学习的过程是学习者主动的信息加工过程。学生的品德的形成，更不是靠简单的理论说教就能奏效的。一个人道德品质的形成是个人将一定社会的道德规范内化成为自身的道德需要，并最终外化成个人的道德行为的过程，是知和行的统一。学生品德的提高与完善不仅需要学生不断主动的接受道德教育，而且更需要学生能够从环境对自己的行为的反馈信息中主动选择、提高与修正自己的认识，决定行动，对自己的行为负责，最终成为一个道德自律的人。所有这些，都离不开学生主体意识与主体作用的发挥。在教育活动中要给学生多创造当"主

---

[1] 方益权：《提高思想道德修养课教学实效性的探索与实践》，载《中国高教研究》，2002年第3期。
[2] 魏贤超：《现代德育原理》，浙江大学出版社，1993年，第131页。
[3] 詹万生、张国建：《整体构建学校德育途径体系，全面提高德育工作实效》，载《中小学管理》，2002年第2期。

角"的机会,充分发挥大学生自我教育的作用,如可采取演讲式,案例式、问答式、讨论式、辩论式、调查式、社会实践活动形式组织教学活动,以充分体现大学生的主体性。

5. 修养课要开辟网络思想道德教育渠道

目前,互联网日益普及,越来越多的大学生已将之作为获取知识,传递信息、交流情感、沟通思想的重要手段。修养课教师也要将教育教学活动延伸扩展到网络领域,主动地开展网络思想道德教育。修养课教师可借助校园网这一阵地,开辟有关主题网页或专栏(如思想论坛、道德与文明、校园真情、人生论坛、热点透析等栏目或网页),给学生提供一个自由表达思想和交流观点的空间,届时可聘请有关专家学者作为兼职老师一起讨论并加以正确引导。

6. 严格教学管理,改革成绩考评制度

教学考评既是检验手段也是导向指南。建立科学、严谨、客观的指标体系,是思想道德修养课考试的基本前提,它直接影响到成绩考评的准确性和价值导向。因此,在考评过程中,要尽量做到三个结合:一全面考评与重点考评相结合。为弥补定量考评的不足,有必要在对学生的课程内容掌握和日常行为实践进行重点考评的基础上,充分考虑学生在其他方面的表现,给予一定的加减分。二是阶段性考评与综合性考评相结合。把每个学生平时的学习态度、作业情况、活动参与及出勤率等同课程结束时的考察与考核结合起来。三是教师考评与学生考评相结合。考评中,既有教师的测评,又要有学生的自测,还要有学生之间的互测,把三者的测评结合起来,然后给出综合得分,作为学生的实际考评成绩。

7. 加强思想道德修养课的管理,重视教师队伍建设

思想道德修养课的建设必须引起各级领导的充分重视,真正把它落到实处。思想道德修养课的机构设置与归属必须要有统一的规定,以便有关的方针政策上传下达和学校间的教学交流与合作。学科建设应纳入各高校学科建设总体规划之中。经费投入和专职教师的编制在有关"思想道德修养"课建设的文件中要有明确的比例划分,而且弹性不能太大,以保证教学、科研的正常进行。

要重视教师队伍建设。一要配齐编制,确定数量适当的修养课专职教师,这是改进和加强思想品德课的一个基本条件。二要努力提高教师的教学水平。实践证明,思想道德修养课的教学效果与任课教师自身素质的高低紧密相连。要创造条件鼓励教师进修以提高业务水平或提高学历层次,并通过建立和完善教师教学按劳取酬的激励机制,对热心从教、精心执教、教学质量高的教师,给予多层次和多种形式的奖励,并对思想品德课教师的学习提高和科研提供必要的经费和物质保证。

12. 整体规划大中小学德育体系的建议[1]

（一）整体规划大中小学德育势在必行

1. 整体规划大中小学德育是进一步加强和改进大中小学德育工作的内在要求

建国以来，特别是改革开放以来，我国各级学校的德育工作积累了一定的经验，取得了一定的成效。但是，在实际工作中大中小学德育之间的相互脱节、目标倒挂、内容简单重复、管理和评价体系不健全等问题始终未能得到彻底解决。大中小学德育的衔接问题，已经成为德育改革与发展的瓶颈。目前，新课程改革不断向纵深推进，课堂教学组织形式发生着巨大变化，各级学校和师生之间的互动需求明显增长。我们必须适应德育改革发展的需要，整体规划大中小学德育工作，使之纵向衔接、横向贯通，既有较为明晰的层次性和针对性，又有统一的规划设计，体现出系统性、规范性、科学性、实效性。

2. 整体规划大中小学德育是青少年学生品德形成与发展规律的必然要求

青少年学生品德的形成与发展有其必然规律和要求。随着年龄的增长和年级的升高，学生的品德要经历一个逐步形成与发展的过程，遵循由近及远，由浅入深，由感性到理性，循序渐进，螺旋式上升的规律。每个阶段学生世界观、人生观、价值观的健康和谐发展都要以各阶段德育工作之间的相互衔接、可持续发展为前提。依照青少年学生不同人生阶段的不同发展需要，遵循其全面素质和谐发展的规律和特点，整体规划大中小学德育，一方面要提供符合其身心发展水平和需要的内容，另一方面，也要考虑其品德发展的目标，保持德育要求与学生现有发展水平之间的张力。这既有助于提高德育的针对性、层次性，也有助于实现德育的发展性、人文性。

3. 整体规划大中小学德育是近年来国内外德育改革的新鲜经验和德育研究的重要成

随着国际国内形势的发展，德育工作面临着许多新情况和新问题，其中大中小学德育的衔接问题尤为突出。国内外德育科学研究的发展在总体上体现出综合化、系统化的趋势，这就为我们整体规划大中小学德育工作提供了必要的理论依据。近年来，国内外德育改革实践和实验探索的经验也证明，在大中小学德育得到整体规划的地方，德育的效果相对较好，而缺乏整体规划的学校，德育效果相对较差。全国教育科学规划国家重点德育课题的一些实验学校已经探索和积累了有益的经验，并且在理论上做出了概括和总结。要及时吸收德育研究的新成果，认真总结各地和各级学校德育改革的实践经验，科学合理地整体规划大中小学德育体系，使之既具有理论上的前瞻性、先进性，又能在实践中照顾到不同地区、不同学校的差异和特点，达到整体规划目标明确，创新探索讲求实效的效果。

---

[1] 为了贯彻落实中共中央、国务院1994年8号、16号文件精神，教育部组织专家起草《关于整体规划大中小学德育体系的意见》，詹万生作为首席专家参与起草工作。本文是詹万生、齐炘、李书华、徐安德、宁武杰合作撰写，是为起草文件提出的建议。发表在中央教科所内部刊物《科研与决策》总第177期，2004年9月28日。

(二)健全德育管理体制,加大德育管理力度

1.各级教育行政部门成立德育工作领导小组

教育部成立以部长为组长的全国学校德育工作领导小组,各省(直辖市、自治区)教委(教育厅、局)、地(市)、县教委(教育局)参照成立相应的组织,加强对大中小学德育工作的整体规划、组织协调、宏观指导和督导检查。

2.各级教育行政部门成立德育管理机构

教育部成立德育管理司,下设大学、中学、小学、职教、师范德育处;各省(直辖市、自治区)教委(教育厅、局)成立德育处,下设大学、中学、小学、职教,师范德育科;各地(市)、县(区)教委(教育局)设立德育科,确定专职德育工作人员。各级教育科研院所要建立健全德育科研机构,使其积极主动地为各级德育行政机构决策服务;各级德育行政部门要主动吸收德育科研人员参与研究和决策,保证德育决策的科学性和针对性。各级德育机构人员要从精通党和国家的方针政策,具有德育专业理论知识和德育工作经验的人员中选聘。在岗期间应继续提高工作素质并深入一线兼职实践调研,各机构应保证足够的职数和任职的相对稳定性。

3.各级教育行政部门要把德育工作放在首位

各级教育行政部门主要负责人要对本地区的德育工作负总责。要认真研究,整体规划,使德育工作真正由软变硬、由弱变强、由虚变实。要重视、支持并参与德育科研,积极探索德育工作规律;要深入基层,为基层德育工作者排忧解难。

4.各级各类学校要完善德育领导体制和工作机制

中小学校长要认真担负起在学校德育工作中的领导责任,学校党组织要充分发挥政治核心作用。大学要建立和完善党委统一领导、党政齐抓共管、专兼职队伍相结合、各部门紧密配合的领导体制和工作机制。各省(直辖市,自治区)教委和教工委要联合制定相应的《实施细则》并贯彻执行。

5.建立大中小学校间的联系沟通制度

生源有联系的大中小学校之间,要经常进行互访、反馈,及时改进工作,增强相互衔接;建立区域内大中小学之间互相开放的制度,整合、优化德育资源;建立区域内大中小学德育骨干队伍间的经验交流制度,促进相互学习、相互借鉴;建立中学业余党校与高等院校党组织的联系制度,密切关注学生思想动态和组织发展工作;建立学生成长记录制度,作为学生成长历程的原始记录,为升学、就业提供重要依据;建立德育工作责任追究制度,对于提供不实档案材料的责任人要视情节轻重追究行政或法律责任。要完善大中小学德育工作衔接制度,重视和加强衔接中的薄弱点和空白点。要抓住大中小学德育衔接的关键,做好小学、初中、高中的毕业班和初中、高中、大学的新生班学生的衔接教育工作。要特别注意研究小学六年级、初中三年级和高中三年级的德育空白点,真正解决重智轻德、片面追求升学率的问题。

6.抓好德育骨干队伍的建设和管理

学校中层以上党政领导选拔、任命必须把师德及德育理论水平、德育实践工作能力作为首要条件;思想品德、思想政治、政治理论课教师必须经受过专业教育,教学能力强,学生评

价高；班主任必须由具有三年以上教育工作经验的优秀教师担任。专门设立班主任职称系列和专职德育工作者职称系列，职数比例不少于学科教学系列的比例。要充分发挥教书育人、管理育人、服务育人的作用，形成全员育人、全方位育人、全程育人的德育工作管理格局。教职员工年度考评要把德育工作作为重要指标，学科教师评定职称，要把德育研究成果和德育渗透工作作为必要条件。教育行政干部考评要把开展德育工作作为检验和衡量各级教育行政领导执政能力与能否办好人民满意的教育的重要尺度和标准。

7.建立大中小学德育经费和物质保障机制

要不断改善德育工作条件，加强德育工作场所、设施、设备建设；建立德育资料库，建设德育基地；保证德育专项经费投入，约占学校总经费的5%～10%，确保德育活动、培训、科研、奖励经费支出。

（三）整体规划德育目标内容，加强大中小学德育衔接

1. 统筹规划大中小学德育目标内容

依据学生不同年龄阶段身心发展特点和品德发展规律，由浅入深、由低到高、由近及远、由感性到理性、由具体到抽象，纵向衔接，横向贯通，分层递进 螺旋上升，建立引导青少年学生健康成长的科学化、系统化、规范化的德育目标内容体系。

2. 整体规划、分层实施理想信念教育

小学阶段理想信念教育的重点是从学习目的教育入手，引导学生用身边的榜样、名人名言和先进模范人物的事迹激励自己，初步形成为国家富强而学习的志向，为树立社会主义共同理想打好基础。

中学阶段理想信念教育的重点是引导学生了解人类社会发展历史，了解中国近、现代史，进行中国革命、建设和改革开放的历史教育与国情教育，引导学生正确认识社会发展规律，正确认识国家的前途和命运，把个人的成长进步同中国特色社会主义伟大事业，同祖国的繁荣富强紧密联系在一起，为担负起全面建设小康社会，振兴中华的光荣使命做好准备。

大学阶段理想信念教育的重点是坚持不懈地用马克思列宁主义、毛泽东思想、邓小平理论和"三个代表"重要思想武装大学生，深入进行正确的世界观、人生观和价值观教育。深入开展党的基本理论、基本路线、基本纲领和基本经验教育，开展中国革命、建设和改革开放的历史教育，开展基本国情和形势政策教育，开展科学发展观教育，使大学生正确认识社会发展规律，认识国家的前途命运，认识自己的社会责任，确立在中国共产党领导下走中国特色社会主义道路、全面建设小康社会，实现中华民族伟大复兴的共同理想和坚定信念。

3. 整体规划，分层实施民族精神教育

小学阶段民族精神教育的重点是要教育小学生尊敬国旗、国徽，知道其基本含义；会唱国歌，知道自己是中国人；认识祖国的版图，知道我国有56个民族。各民族要团结、平等、相互尊重，知道香港和澳门两个特区的由来，知道台湾自古就是我国领土的一部分；初步了解中国传统文化的代表人物，知道一些革命传统和英雄人物事迹；初步了解祖国悠久的历史，灿烂的文化，为自己是中国人而自豪。

中学阶段民族精神教育的重点是教育中学生了解中华民族优秀文化传统、文化成就和典型人物事迹；认识中华民族近代以来的屈辱史和抗争史，增强民族自尊心；了解我国社会主义建设取得的伟大成就和在国际社会中的地位，感受民族精神的伟大力量，体验民族精神的时代内涵。树立民族自信心、自豪感，增强为振兴中华而努力学习的责任感和为社会主义事业做贡献的使命感。

大学阶段民族精神教育的重点是教育大学生进一步了解和认识中华民族以爱国主义为核心的团结统一、爱好和平、勤劳勇敢、自强不息伟大民族精神的发展历程，把民族精神与以改革创新为核心的时代精神教育结合起来，树立民族自尊心、自信心和自豪感。引导大学生在中国特色社会主义事业的伟大实践中，在时代和社会的发展进步中汲取营养，培养爱国情怀、改革精神和创新能力，始终保持艰苦奋斗的作风和昂扬向上的精神状态。

4. 整体规划、分层实施行为规范教育

要把《小学生日常行为规范》、《中学生日常行为规范》、《大学生日常行为规范》（待制订）和学生守则，作为学校常规性教育内容。小学阶段重点进行讲文明、讲礼貌、爱学习、爱劳动、爱集体教育，培养小学生良好的行为习惯，引导小学生珍爱生命，养成健康的生活方式，做到与邻居、同学、老师友好相处。教育小学生在学校努力学习，专心踏实，爱班爱校，遵守纪律；在家勤劳俭朴，尊敬父母长辈；在社会维护公共秩序，爱护公共设施，保护环境，养成良好的社会公德意识和文明行为习惯。

中学阶段重点进行自尊自爱、注重仪表、诚实守信、礼貌待人、遵规守纪、勤奋学习、勤劳俭朴、孝敬父母、严于律己、遵守公德五个方面的教育，引导学生从规范行为习惯做起，培养良好的道德品质和文明行为。教育中学生努力做到心中有祖国、心中有集体、心中有他人，逐步学会处理人与人、人与社会、人与自然等关系，具备文明生活的基本素养。

大学阶段重点进行以为人民服务为核心、以集体主义为原则、以诚实守信为重点的社会主义道德教育，引导和教育学生努力做到热爱集体、诚实守信、勤奋敬业、谦虚谨慎、言行一致、乐于助人、见义勇为、朴素大方、廉洁奉公、尊重他人劳动、爱护公共财物、维护公共秩序、抵制不良风气，努力做到诚信为学、诚实做人、文明修身、知行统一。自觉参加道德实践活动，养成良好的道德品质和文明行为习惯。

5. 整体规划、分层实施综合素质教育

统筹设计大中小学综合素质教育的内容体系，促进学生思想道德素质、科学文化素质、身心健康素质、审美艺术素质、实践技能素质全面、和谐发展。小学阶段综合素质教育要注重培养学生的科学精神、进取精神、创新精神；注重培养学生的动手能力、自理能力和自我保护能力；形成初步的审美观念；促进学生以思想道德素质为核心的综合素质全面提高。

中学阶段综合素质教育要注重培养学生的劳动意识、创造意识、效率意识、环境意识和进取精神、科学精神、民主法制观念，增强他们的实践能力、自主能力和自我教育能力；引导学生保持蓬勃朝气、旺盛活力和积极向上、自立自强的精神品质，形成基本的审美观念；促进学生以思想道德素质为核心的综合素质全面发展。

大学阶段综合素质教育要以各项素质全面、自主发展为目标，加强民主法制教育、人文素

质教育和科学精神教育;加强集体主义和团结合作精神教育;引导大学生把学习科学文化知识与加强思想道德修养统一起来,把学习书本知识与投身社会实践统一起来,把实现自身价值与服务祖国人民统一起来,把树立远大理想与进行艰苦奋斗统一起来,形成健康正确的审美观念;促进大学生以思想道德素质为核心的综合素质协调发展。

6. 制订大中小学一体化德育大纲,确保德育任务的有效实施

统一修订现行大中小学德育大纲,加强德育目标内容的整体衔接,保证各学段德育任务的针对性、层次性、系统性。进一步修订和完善大中小学德育工作规程,实现德育工作机制的协调一致,保证德育目标内容的顺利实施,增强德育的整体合力。各地还要根据国家课程标准的统一要求,结合本地区德育工作需要和本地区特色,编写区域性德育大纲,并制定出具体实施意见和实施细则,增强地方德育的针对性和实效性。

(四)整合德育途径方法,增强德育工作合力

1. 加强校内德育途径方法的整合衔接

学校要成立德育工作领导小组,把校内各种德育组织、人员、途径有机整合,使各种德育活动、各项德育工作有序衔接。学校的党、团组织,少先队、工会、学生会、德育处、年级组等组织,主管德育的校长、书记、德育主任、政治辅导员、少先队辅导员、班主任等专职德育工作人员,科任教师、后勤管理人员,必须分工协作,密切配合。每项活动必须由一个部门牵头,其余部门积极配合,保证活动时间不冲突,活动内容不重复、不脱节,重点突出,效果明显。学校党组织要做好师生员工的思想政治工作、时事政治教育、国情国策教育,办好教师党校和学生党校;团组织、学生会、少先队要组织开展主题教育、文体比赛、影视评论、参观游览、社会实践、志愿者服务等丰富多彩的活动;德育处要做好德育工作计划总结,各项德育工作和活动的协调组织、考核评价、课题研究实验等工作;年级组要依据本年级学生的身心特点、学习生活特点、品德形成发展规律、学校的统一安排确定本年级的德育工作重点,研究并采取具体的方法措施;班主任要加强对学生的日常行为规范教育,强化养成训练,培养学生的优良品德和良好习惯,同时,要加强与家庭的联系沟通,正确引导家庭教育;科任教师要重视学科渗透、密切配合班主任开展工作;后勤管理人员要创设文明高雅的校园环境,营造良好的育人氛围,同时要加强自身修养,为人师表,以身作则,为学生树立榜样,对学生产生潜移默化的积极影响。

德育课教学、学科渗透、专题活动、图书阅览、心理咨询、课外兴趣活动等渠道,必须统筹安排,相辅相成。德育课程要安排在较好的时段,任何学科课程不得挤占挪用。各年级组就德育渗透专题要组织各科教师集体备课,把德育点分解到各科教学中。学校每学期要举办一次德育教学观摩评比活动,把教书育人、德育渗透情况作为评定职称、评选先进工作者的重要指标。学校要着力办好校园网和图书馆,大力开发研制健康有益的德育软件,有力抵制不良网站与不健康网络内容。要密切关注社会文化潮流与文化现象,及时开展影视评论与书刊评论,推介好作品,批判坏作品,要充分采用疏导法、讨论法、参与法、体验法等德育方法,充分发挥学生的主体作用,引导学生自我教育、自主教育、自觉教育、自觉践行。

2. 加强学校与家庭德育途径方法的整合衔接

学校要办好家长学校,对家长进行系统科学的教育培训,使家长掌握先进的教育思想和科学的教育方法,使家庭教育与学校教育价值取向一致,教育理念趋同,教育过程同步,教育途径互补,有力地支持与配合学校教育。家长学校要制定教学计划,精心选用教材,配备优秀教师,保证教学效果。要建立家访制度和家校联系制度,保持家校经常沟通。要建立健全家长委员会,让家长代表参与学校决策与管理,协助学校开展家校联系工作。要设立学校教育咨询机构,吸收家长代表参与教育监督管理,提供咨询建议。

3. 加强教育系统与社会德育途径方法的整合衔接

各级教育行政部门和学校要积极主动地争取当地精神文明委员会的支持,根据德育工作实际需要提出合理建议。要积极协调与当地宣传、文化、体育、科技、广播影视、新闻出版、信息产业、民政、公安、海关、财政、税务等部门和共青团、工会、妇联等群团组织的关系,使其各负其责,发挥优势,密切配合,形成合力。要加强与各类博物馆、纪念馆、展览馆、烈士陵园、青少年宫、青少年活动中心、图书馆、科技馆、体育场、影剧院等德育活动基地、场所的联系,合理安排,充分发挥其德育功能。要积极筹建学校教育协调委员会和社区德育工作委员会,广泛吸纳社区、机关等单位的人和教师、家长、学生加入,加强社区德育环境建设,创造良好的德育工作环境氛围。要定期研究德育工作,广泛听取各方面的意见、建议,科学确定各时期、各阶段的中心活动和教育主题。要积极呼吁和督促社区建立青少年活动中心,为青少年提供健康有益的活动场所,有效抵制不良活动场所的诱惑。要严厉打击黄、赌、毒、邪等社会公害,清理文化垃圾,为青少年创设良好的成长环境。要充分发挥当地关工委及老干部、老战士、老专家、老教师、老劳模的作用,使其在对学生的革命传统教育和传统美德教育中发挥特殊作用。要采用参观法、访问法、调查法、体验法等多种方法,激发和引导学生参与公益活动、社会实践活动、生产劳动,让学生自己体验生活,感悟道理,养成良好的行为习惯。小学要有计划地组织参观、访问、调查活动,让学生参与力所能及的公益活动;中学要有计划地组织社会实践活动,让学生在实践中感知道理,激发情感,培养兴趣,形成习惯;大学要定期组织生产实践活动,让学生了解社会,感悟人生,升华情操,提升理想,增强社会责任感,提高道德践行能力。

4. 加强大中小学德育途径方法的整合衔接

教育部德育工作领导组及德育司要协调相关司局及中央教育科学研究所搞好大中小学德育工作整体研究与规划,制定一套大、中、小学纵向衔接的德育大纲和德育课程标准,编写一标多本的德育教材。各层次、各学科的课标研制组及教材编写组人员必须包含大、中、小学各学段的德育研究者和优秀德育教师。要建立大、中、小学德育教师和班主任工作交流研讨制度,定期开展相关活动。要科学规划并统一部署大、中、小学的社会实践活动和各类专题活动,形成系统,避免重复。大、中、小学要建立德育工作联系制度,相互咨询,加强沟通,在德育工作计划制订、党团队工作、班主任工作、专题活动、德育课教学、德育科研等方面加强交流与合作。大学与中学、中学与大学及小学、小学与中学之间每学期必须交叉观摩一次教学,开展一次活动,交流一次经验,研讨一次课题。上一级学校党、团、队组织的工作人员要做下一级学校党、团、队工作的兼职辅导员,进行理论和科研指导,并进行实践调研;下一级学校德育部门的人员要到上一级学校德育部门观摩见习,了解上一级学校对下一级学校的希望与要求,并对学生进行跟踪调查教育。大、中、小学的学生组织要定期联合开展活动,定期互访,力争以大带小,以小促大。

(五)建立德育评价制度,加强德育督导评估

1.建立和完善德育工作督导评估体系,加强上级教育行政部门对下级教育行政部门德育工作的督导评估

中央、省、市(地)、县四级政府教育督导机构要以党和国家关于大中小学德育工作的有关文件为依据,代表同级人民政府对下级政府、教育行政部门的德育工作进行全面的监督、检查、评估、指导。督导评估的重点内容是依据本地区实际制定切实可行的德育工作规划;建立健全德育工作机构和德育制度;德育队伍建设;德育经费和物质保障;德育科研工作;德育效果;地区社会环境和学校周边环境的综合治理和精神文明建设。德育工作的督导评估结果作为政府和教育行政部门教育决策、考察干部和评价学校工作的重要依据。

2.加强和完善教育行政部门对学校德育工作的督导评估制度

县级教育行政部门和教育督导部门要制定出对本地区学校德育工作督导评估的指标体系和操作体系,对学校德育工作的指导思想、工作计划、规章制度、德育机构及工作效能、队伍建设、德育环境和物质保障、德育实施情况和实效性给予全面评价。倡导"会诊式"评估方法,在检查评估结束之后,要向社会、家长公布检查学校德育工作情况,向被评估学校提出德育工作的改进意见,并定期检查改进情况。

3.加大学校对班级德育工作的评价指导力度

由德育科研部门牵头,制定全国统一实施的《大中小学班集体思想道德建设的综合评价方案》,对学校班集体思想道德建设的全过程给予全面的科学评估和正确导向。依据评价方案,学校领导和德育干部对班级德育工作的指导思想、工作计划、具体措施、实施情况和班级德育活动、班风变化、学生思想品德水平的提高及其质量给予全面评价。评价的结果作为班主任晋升职称和评选优秀班集体的重要依据。

4.加强和改进学校对教职员工德育工作的考核评估

学校要对全体教职工在依法执教、爱岗敬业、热爱学生、严谨治学、团结协作、为人师表等方面的职业道德情况作出全面的考核评价。根据工作岗位的不同性质,把德育工作的开展情况和工作效果作为考核工作业绩的重要内容。学校对全体教职工的考核可采取自评,互评和学校考评相结合的形式进行。考核评估的结果作为评职称、评先进的重要依据。

5.加强和改进对学生的品德评价

学校要定时对学生的思想道德素质作出全面评价。积极推行成长记录评价法等形成性评价,同时辅之以评语、评等、评分等传统有效的评价方式,形成以学生自评为主、同学互评、教师、家长、社会共同参与的学生品德评价机制。注重通过即时、动态、灵活的评价,全面深入地了解学生的学习与发展状况,并在此基础上给学生提出有针对性的建议,促进学生良好道

德品质的形成。学生品德评价的结果作为升学的重要依据纳入中考、高考的录取标准之中。

6.建立大中小学系统衔接的学生品德行为评价体系

在小学、初中学段要以学生自己建立成长记录为主,记录行为习惯的养成过程。同时也要将学校对学生行为规范的评价检查进行记录。学生升入高一级学校,要将日常记录的品德行为档案呈交录取学校。高中学段,由学校、教师对学生的品行表现进行综合等级(A、B、C、D四等)评价。每学年结束之后,学校要以适当的方式反馈学生本人,并上传至县级教育行政部门和省级招生部门。高校招生录取时,直接从省级招生部门调取每个考生每学期的品德行为档案,作为录取的重要依据之一。大学学段要把每学期每个学生的情况进行综合评价和记录,耐心帮助每一个同学科学分析成长中存在的问题,激励他们不断提升自己的思想道德境界。学生的品德行为档案作为学生升学或就业时有关部门的参考。

13. 和谐德育论[1]

党的十六届四中全会第一次提出了构建社会主义和谐社会(以下简称"和谐社会")的战略任务。构建和谐社会,是一项系统工程。从教育与社会发展相互作用的规律性联系中研究和谐德育问题,对构建和谐社会及德育理论和实践的发展创新具有重要意义。

(一)和谐德育的现实价值

1. 对建设和谐社会的价值

我们所要建设的和谐社会,是民主法制、公平正义、诚信友爱、充满活力、安定有序、人与自然和谐相处的社会。和谐社会的这些基本特征与作为社会主体的人的思想道德素质是紧密联系、相互对应的。人是建设和谐社会的主体和主导,只有工作在各个社会岗位上的公民具备热爱祖国、遵纪守法、诚信友爱、自主创新、保护环境的思想道德品质,才能建设具有与之对应特征的和谐社会。当前,我国社会的发展正处于关键时期。市场经济就像一把双刃剑,它激发了人们主体意识的生成,同时诱发个人主义倾向;增强了效益观念和求实精神,同时诱发了拜金主义和重利轻义思想。某些领域道德失范、诚信缺失,某些商业活动假冒伪劣、欺骗欺诈活动屡禁不止,甚至某些地方封建迷信、邪教和黄赌毒黑等社会丑恶现象沉渣泛起,这一切都给社会的和谐发展造成不可忽视的负面影响。建构和谐德育,以提高未成年人思想道德素质为起点,推及全体公民思想道德水平的提升,能够加固依法治国的内在基础,缓解社会矛盾,促进社会稳定。这就为社会的和谐发展创造了必要条件。

2. 对推进素质教育的价值

德育是素质教育的核心。建构和谐德育,就是以全面贯彻党和国家的教育方针为指导,通过建立民主和谐的师生关系、和谐有序的教学过程以及优化教育教学环境等措施,使学校教育

---

[1] 本文是2005年新疆伊宁年会主题报告的一部分,发表在《光明日报》2006年3月22日。

系统中各子系统及其各要素之间协同作用,产生教育合力,从而促使学生在德育、智育、体育、美育和劳动教育等方面全面而和谐地发展。近年来,由于我国正处在受教育人口的高峰期,人民群众对教育的需求与日俱增,而我们的优质教育资源则相对不足,同时由于片面的人才观和劳动人事制度的不完善,我国学校教育出现了诸多不和谐因素,如"重智育轻德育、重分数轻能力、重课堂教学轻社会实践"等等。为了有效调节教育中的不和谐因素,除了在政策和制度上进行改革之外,还必须进一步加强和改进学校德育工作,把建立学校、家庭、社会和谐德育体系作为推进素质教育的首要任务。和谐德育的主要功能是促进人的身体与心灵、智力与德性、知识与能力、理性与审美的和谐发展。其价值在于发挥德育的灵魂统帅作用,促进学生在思想道德、科学文化、身体心理、审美艺术、劳动技能等方面素质的全面发展。

3. 对发展学校德育的价值

在改革开放和建立社会主义市场经济体制的过程中,家庭生活和社会生活发生了巨大的变化,学校德育工作出现了许多新情况和新问题。例如:独生子女现象、单亲家庭现象、追星族现象、痴迷网吧现象、拇指文化现象、口袋书现象等等。面对这些新情况和新问题,各级各类学校之间的彼此衔接,以及学校与家庭、社会的相互配合都不同程度地存在不和谐问题。无论从大、中、小、幼德育的纵向衔接来看,还是从学校、家庭、社会的互相配合来看,一般表现为少沟通、难互动、不和谐。这种情况是制约德育工作整体效果的关键。要解决德育工作这一关键问题,就必须整体构建和谐德育体系。要遵循青少年儿童思想品德形成发展规律,按照系统科学的整体性、层次性、有序性、动态性、开放性原理,进行横向贯通,纵向衔接,分层递进,螺旋上升,推进大、中、小、幼德育的纵向衔接;促进学校、家庭、社会横向贯通,互相配合,相互补充,形成合力。从而促进教育者、受教育者和教育环境之间的和谐发展。

(二)和谐德育的基本内涵

所谓和谐德育,指的是德育以满足社会发展需要和受教育者个体发展需要的和谐统一为出发点,在遵循受教育者身心发展规律的基础上,调控构成德育体系诸要素之间的关系,使之发生和谐互动效应,从而促进学生思想品德和谐发展的一种德育模式。和谐德育是对全面发展教育理论的继承与创新,它的内涵主要包括如下几个方面。

1. 民主融合的师生观:教师、学生"双主体"和谐

师生关系是学校教育中最基本的人际关系。和谐融洽的师生关系不仅是有效进行教育活动、完成教育任务的重要条件,而且本身也是一种重要的教育力量。学生的思想品德是在良好、健康的人际环境中耳濡目染,逐渐养成的。德育过程主要是教师与学生之间、学生与学生之间的多元互动过程,其互动的效果决定了学生思想品德发展的水平,而师生互动的效果则是由师生关系和谐程度决定的。在德育活动中,教师与学生如果能够平等相处,诚恳相待,学生人格就会得到尊重,个性潜能就能得以展示;教师的高尚道德情操、优良个性品质就能够潜移默化地影响和感染学生。

2. 整体优化的大德育观:学校、家庭、社会"三教"和谐

学校德育与社会环境、家庭环境以及校园环境之间始终是相互联系、相互渗透、相互作

用、相互影响的。学校、家庭、社会在教育主体、内容、方式、方法上各有优势,只有在学校、家庭、社会三方面教育力量和谐一致的时候,学生的品德发展才是健康的积极的。所谓整体化的大德育观,指的是充分发挥学校、家庭和社会三个方面教育力量各自的优势,使之相互协调、相互配合、相互补充、形成合力,推动学校、家庭、社会德育目标一致,德育理念趋同,德育过程同步,德育内容方法互补,德育资源共享,德育评价一致。从而产生多渠道、多方位的和谐德育效应,使学生成为学校的好学生、家庭的好孩子、社会的好公民。

3. 和谐有序的德育过程观：知情意行"四环节"和谐

和谐有序的德育过程是对受教育者传授道德知识、陶冶道德情感、培养道德意志,引导道德行为的过程。简言之,就是"知情意行"的过程。"知"是学生道德品质形成发展的基础,"情"是在认知的基础上产生的,但它又是"知、意、行"的内在动力,"意"对"知、情、行"具有促进作用,"行"以道德认知为指导,受道德情感与意志的支配,同时它又对道德认知、情感与意志起到检验作用。学校德育工作要取得实效,取决于四个环节的和谐统一的程度。和谐德育将"知、情、意、行"和谐地整合在一起,以传授道德知识作基础,涵养道德情感为关键,培养道德意志作保证,以养成良好的道德行为习惯为归结,取得真正意义上的德育实效。

4. 整体构建的德育体系观：横向系统"六要素"与纵向系统"六学段"和谐

现代系统科学认为,任何事物都是作为系统而存在的。所谓"整体构建德育体系观",就是把学校德育工作的各个要素视为一个相互联系、辩证统一的整体。这个整体主要由德育目标、内容、途径、方法、管理、评价"六要素"构成的横向系统与幼儿园、小学、初中、高中(中职)、高职、大学"六学段"构成的纵向系统构成。就学校德育体系的横向系统而言,德育目标是学校德育工作的价值导向系统,是其它要素发挥作用的出发点和归宿;德育内容是德育工作的媒介系统,它是其他德育要素发挥作用的凭借与依托;德育途径与方法是德育工作的时空领域与实施系统,决定了德育工作的效率与合力;德育管理与评价则是德育工作的机制保障系统。"六要素"只有构成一个统一的整体,才会在相互关联、相互制约、相互作用的关系中获得最佳德育效果。横向"六要素"和谐,其工作形态是全员德育、全面德育,是教育的合力;纵向"六学段"和谐,其工作形态是有机衔接,分层递进,螺旋上升,是体现德育过程完整性和连续性的全程德育。总之,探索并构建和谐德育体系,是建设和谐社会的客观要求,是现代德育科学理论和学校德育工作创新发展的客观要求,是推进教育和谐发展的必然选择。

三、"十五"课题研究成果简介

1. 家长学校系列教材《当代家长》

2002年,基于画好大、中、小学德育体系纵向衔接"一竖"的基础,为画出学校德育与家庭教育相结合的"一横",总课题组针对当前家庭教育存在的主要问题,研制编写了《当代家长》系列教材。《当代家长》丛书的研究与编写的总体思路,是以党的十六大报告中关于"大力发展社会主义文化,建设社会主义精神文明"的思想和《中共中央国务院关于深化教育改革全面推进素质教育的决定》,以及教育创新的思想为指导,以整体构建德育体系的理论基础、基本原则和德育理念为基础,以提高每一个家庭和中华民族的整体素质为目标,以指导孩子学会做人、学会求知、学会健身、学会健心、学会审美、学会劳动(实践)、学会创新、学会生活等家庭教育的八大内容为纬线,以学生成长阶段为经线,针对不同年龄阶段学生的身心特点、知识水平和成长中遇到的问题,由低到高,由浅入深,分层递进,螺旋上升,整体构建家庭教育体系。此项实验的目标定位为"通过《当代家长》的实验研究,使学校教育与家庭教育价值取向一致,教育理念趋同,教育过程同步,教育途径互补。引导家庭教育走上科学化、系统化、规范化、现代化的轨道,从而提高家长素质和家教水平"。

《当代家长》丛书,总主编詹万生,光明日报出版社2003年出版。全套书包括《当代家庭教育新理念》(各学段通用)上册(主编关鸿羽、王宝祥);《当代家庭教育新理念》(各学段通用)下册(主编关鸿羽、王宝祥);(1)《指导孩子学会做人》;(2)《指导孩子学会求知》;(3)《指导孩子学会健体》;(4)《指导孩子学会健心》;(5)《指导孩子学会审美》;(6)《指导孩子学会实践》;(7)《指导孩子学会创新》;(8)《指导孩子学会生活》。(1)至(8)册按小学、初中、高中、中职四个学段分别编写,由总课题组学段负责人和实验区负责人分别担任学段和分册主编。

詹万生在《当代家长系列丛书编写意见》中明确提出各学段8册统一结构体例如下:

(1)标题:每本书列出约10个家教观点为标题。标题所揭示的内容都是孩子成长亟须解决的、家长感到困惑的、社会发展需要的,标题所表达的家教观点都是符合家教新理念的。标题的形式具有可读性,艺术性,感染力。

(2)典型案例,每篇课文都有1—2条典型案例。一条是成功家教的启示录。一条是失误家教的警示录。有利于家长对比分析,掌握正确的家教理念和方法。案例以当代的、典型的、鲜活的、生动的,实际的为主,有故事情节,生动感人,具有震撼作用。

(3)交流研讨:在讲述1—2个典型案例之后,教材列出了1—3个思考题,引导家长们思考、交流、研讨。列举了几种常见的不同观点引导家长分析思辨,进一步充实典型案例,使其内容更加丰满。

(4) 专家点评:根据典型案例的启示或警示,针对交流研讨中列举的正确、错误、模糊、极端的家教观点进行点评,提出科学、现代的家教理念,进行明确的正面引导。

(5) 家教名言:紧扣标题内容给出1—2条家教名言。其中既有古今中外教育家的,也有成功家长的,但都具有引导、启发、警戒作用。

(6) 答疑解难:对家教实践中具体的、特殊的疑难问题具体分析,一把钥匙开一把锁,使家教主题观点得到深化和应用。

(7) 家庭自测:这实际上是给家长留的作业。自测题紧紧围绕本课题所表达的家教观点,留有答案空格,评分标准和方法,便于统计考核。

(8) 供您参考:给家长提供了一些家教应了解的常用规则、指标、数据、信息、标志等多方面的参考资料,有利于丰富家长的知识。如:小学生日常行为规范、礼仪常规、名人家训、中国7—12岁孩子体格指标、智商测量表、心理测量表、交通安全常识,交通信号标志等等。

这一编写内容和结构体例遵循不同年龄阶段学生的成长规律和家庭教育规律,同时把家庭教育和学校教育紧密结合,使学校教育与家庭教育价值取向一致,教育理念趋同,教育过程同步,教育途径互补,引导家庭教育走上科学化、系统化、规范化、现代化的轨道,从而提高家长素质和家教水平,体现了整体和谐思想。各个学段在编写过程中遵循了这样的教育理念和设计思路,在家长培训中产生了良好的教育效果。后来由于这套丛书册数较多,使用起来不太方便,在修订时综合成为一大本,书名改为《一切为了孩子》。

2. 幼儿园系列教材《好孩子 好习惯》

《好孩子 好习惯》幼儿园实验教材,按托班、小班、中班、大班顺序每段2册,共8册,总主编詹万生。光明日报出版社2004年出版。这套教材是配合整体构建学校德育体系深化研究与推广实验,尝试在德育目标内容上从小学学段向幼儿学段延伸,实现幼小衔接而研究编写的实验教材。詹万生在编写意见中明确提出了设计理念与编写原则、框架结构与主要内容、栏目设计与操作方法,体现了幼小衔接和家园共育的整体和谐思想。

1. 设计理念与编写原则。《好孩子 好习惯》依据幼儿身心特点和品德习惯形成发展规律,坚持"近、小、实、亲"和"分层递进、螺旋上升"的原则。整套教材图文并茂,简洁明快,生动活泼,受到幼儿、教师和家长的喜爱。

2. 框架结构与主要内容。以幼儿阶段托班、小班、中班、大班为纵坐标,以生活习惯、卫生习惯、学习习惯、自理习惯、文明礼貌习惯、交往合作习惯等为横坐标,把德育内容融入幼儿一点一滴的日常言行之中,突出了德育的主体性、生活化、实效性、易操作的特点。

3. 栏目设计与操作方法。《好孩子 好习惯》教材每课包含五个栏目:(1) "宝宝的歌":以儿歌形式简述好习惯内容;(2) "宝宝能做到":提出养成教育目标;(3) "专家点拨":由教育专家指出这种习惯的意义、要点、培养方法等；（4）"宝宝自己说"：讲述与这种习惯相关的故事，以利幼儿模仿；（5）"活动建议"：为幼儿园老师及幼儿家长提出师生互动、亲子互动、宝宝互动，强化良好习惯养成的相关活动建议。

这套教材对引导和促进幼儿全面发展、健康成长，指导和谐家庭建设，促进幼儿教育改革具有实验和使用价值。

3. 课题研究指导专著《整体构建学校德育体系导论》

《整体构建学校德育体系导论》，詹万生著。全书40万余字，光明日报出版社2005年出版。本书是全国教育科学"十五"规划国家重点课题"整体构建学校德育体系深化研究与推广实验"的研究成果之一。本书全景式记录了詹万生自2002年课题开题以来，带领总课题组深化研究和引导实验区、实验校推广实验的全过程，从"九五"到"十五"课题研究的承接关系看，本书可以称为《整体构建德育体系引论》的姊妹篇。全书按六部分内容和两个附录的体例编辑：第一部分，收录2002年至2005年四届年会主题报告。第二部分，收录8篇课题研究工作会议讲话。第三部分，收录19篇课题研究相关论文。第四部分，收录10份课题管理文件。第五部分，收录6篇为决策服务参考文献。第六部分，收录为子课题研究成果撰写的12篇序言。附录一，收录人民日报、光明日报、中国教育报、中国青年报等媒体记者有关德育议题访谈录；附录二为课题研究大事记。《导论》承续《引论》的四个基本特点，即主题报告引领课题科学发展，编写意见指导课题实验方法，撰写序言与实验人员真情对话，专题论文拓展课题研究视野。在此基础上，《导论》的创新发展主要体现在三个方面。

1. 年会主题报告持续创新引导

2002年年会主题报告是"十五"课题"整体构建学校德育体系深化研究与推广实验"的开题报告。报告承接"九五"研究成果，论述整体构建学校德育体系的指导思想，阐述整体构建学校德育体系的基本原理，提出整体构建学校德育体系深化研究的内容和推广实验的方法。在这篇报告论述的整体构建学校德育体系的指导思想中，增加了以"以德治国"重要方略和《公民道德建设实施纲要》为指导的内容。指出以德治国方略在教育领域的贯彻实施，对于各级教育行政部门来说，就是要"以德治教"；对于各级各类学校来说，就是要"以德治校"；对于广大教师来说，就是要"以德育人"。在讲述整体构建学校德育体系的基本原理中，系统运用和谐德育的思想提出研究内容，如"德性整体性给学校德育提出的课题是：如何促进学生德性的形式结构的整体化，即知、情、意、行的和谐统一；如何培养学生德性的形式结构与内容结构、理性因素与情感因素的和谐统一；在德性培养中如何实现个性发展与社会要求的和谐统一。""在现实的德育过程中，德育内容的整体性并非五要素的等量施教，而是要根据受教育者的年龄、心理和品德形成发展规律，从小学一年级（可前延至幼教阶段）到大学四年级（可顺延至研究生阶段）进行整体规划和科学设计。其研究重点是五项内容在各学段各年级的合理比重和五项内容在各学段各年级之间的和谐衔接。德育内容的整体性，不仅指横向要素结构的整体性，还包括德育内容在纵向衔接中体现出来的整体性。"这篇报告提出了以《整体构建德育体系总论》等"九五"成果为基础，进行分年级德育的科学化、系统化、规范化研究，分别构建小学、初中、高中、中等职业学校、高等职业学校、普通高等学校的德育体系深化研究的总体思路和基本要求。

2003年年会主题报告在论述《德育》读本《成长册》深化研究与推广实验基础上，提出了启动《当代家长》创新研究与实验的目标任务，即通过《当代家长》的实验研究，使学校教育与家庭教育价值取向一致，教育理念趋同，教育过程同步，教育途径互补，引导家庭教育走上科学化、系统化、规范化、现代化的轨道，从而提高家长素质和家教水平。进一步拓展德育时空，提高德育实效。报告对各学段德育体系整体构建（学段分论）的研究与编写工作提出具体指导意见，重点论述了分论与《引论》和《总论》的关系；分论与"九五"、"十五"子课题成果的关系；分论与分论的关系；分论与学段德育论、普通德育论的关系；分论与新课程体系的关系。

2004年年会主题报告包括四个部分：（一）抓住机遇，完善具有时代性、规律性、实效性的德育体系；（二）深化研究，构建具体化、个性化、可操作的学段德育模式；（三）推广实验，建立全面的、和谐的、可持续的成果实验机制；（四）开拓创新，建设出成果、出经验、出人才的"六个一百工程"。在第一部分结合中共中央国务院新发布的《关于进一步加强和改进未成年人思想道德建设的若干意见》、《关于进一步加强和改进大学生思想政治教育的意见》，胡锦涛总书记 "大力推动思想道德建设的改进创新，重点在体现时代性、准确把握规律性、大力增强实效性三个方面下工夫"的精神，对课题研究和德育工作如何体现时代性、准确把握规律性、大力增强实效性问题进行了深入论述。如对实效性报告作了新的阐发："德育实效性的根本基础是对时代性和规律性的把握和实践运用。实效性是德育工作体现时代性、把握规律性的目的和结果。在现实的教育工作中，时代性、规律性、实效性是同步体现的。就德育实效性的发生特点来看，可以包括长时实效性和即时实效性。长时实效性是指在一个阶段、一个时期德育工作体现出持续、稳定的实效性。即时实效性具有情境性，如一堂课、一次参观活动、一次谈话的德育效果，这种效果是个体的现场经历和真实感受。长时实效具有全局性、整体性，即时实效表现为局部性、个体性。长时实效性以即时实效性为基础，即时实效性以长时实效性为归结。我们要在实效性问题上求真务实，必须同时注重两种实效的会通一致。"报告对构建具体化、个性化、可操作的学段德育模式，《好孩子好习惯》的启动实验，建设出成果、出经验、出人才的"六个一百工程"等工作都作了创新性阐述。

2005年年会主题报告分为四个部分。第一部分：服务决策，为整体构建科学化、系统化、规范化的学校德育体系做出贡献；第二部分：指导实践，为整体构建具体化、特色化、可操作的校本德育体系提供指导；第三部分：推广实验，为课题研究出成果、出经验、出人才圆满结题做好充分准备；第四部分：深化研究，为整体构建学校、家庭、社会三维和谐德育体系再立新功。在第三部分中，对课题研究出成果、出经验、出人才问题提出许多新的见解，如对原创性、继创性、精品性成果，时代性、规律性、实效性经验，管理型、理论型、实践型人才的论述富于新意。这篇报告首次全面提出和阐述了和谐德育的基本理论。包括和谐德育的历史渊源，从中国教育史上的和谐德育观、西方教育史上的和谐德育观、中西德育和谐观的比较与反思三个角度进行了研究论述。和谐德育的现实价值,论述了实施和谐德育对我国建设和谐社会、推进和谐教育以及学校德育工作改革等方面的重要现实意义。对和谐德育的定义进行了首次阐述,指出"所谓和谐德育,指的是德育以满足社会发展需要和受教育者个体发展需要的统一为出发点,在遵循受教育者身心发展规律的基础上,调控构成德育体系诸要素之间的关系,使之发生和谐共振效应,从而促进学生思想品德全面而和谐发展的一种德育模式。"对和谐德育的内涵从六个方面进行了阐述,即(1)民主融合的师生观:教师、学生"双主体"和谐;(2)整体优化的大德育观:学校、家庭、社会"三教"和谐;(3)和谐有序的德育过程观:知情意行"四环节"和谐;(4)全面发展的教育质量观:德智体美劳"五育"和谐;(5)整体构建的德育体系观:横向系统"六要素"和谐;(6)整体构建的德育体系观:纵向系统"七学段"和谐。

2. 专题论文持续深化课题理论研究

《贯彻落实<公民道德建设实施纲要>,加强和改进学校德育工作的几点思考》从"用系统的、相互联系的观点研究德育工作,整体构建学校德育体系"、"21世纪文化发展战略"、"重视德育实践环节,建立德育活动课"、"尊重受教育者的道德主体性,建构现代德育'新三中心'"几个方面论述了学校德育工作与公民道德建设问题。《论以德治国与以德育人》对"以德治国"是新世纪我国社会全面发展的必然要求和"以德育人"是"以德治国"在教育领域的贯彻和实施问题进行了论述。《社会转型时期学校德育的反思与构建》论述了社会转型对学校德育的双重效应,构建德育体系应处理好的几个关系即德育的适应性与超越性的关系、教师的主体性与学生主体性的关系、德育导向的一元化与道德实践的多元性的关系。《中小学道德教育课程改革与创新》论述了道德文化的传承与创新应成为德育课程改革的主导要素、综合性与实践性应成为德育课程改革与创新的主要特点、回归生活应成为德育课程改革与创新的主要形态的观点。《中华民族精神的传承发展及对世界文化的影响》谈了教育战线特别是德育工作领域学习贯彻党的十六大精神,弘扬和培育民族精神问题。《贯彻落实十六大精神推进德育体系创新》论述了体认和培育民族精神、牢牢把握先进文化前进方向、依法治国与以德治国相辅相成、努力推进德育体系创新问题。《初中道德教育课程改革述要》是应英国《道德教育》杂志之约,介绍了中国中学道德教育课程改革的背景、目标、过程及新道德教育课程的基本性质和基本理念。文章还对中国自建国以来中学思想道德课程设置情况进行了历史考察,对德育课程的理论研究成果作了国际性的比较研究。《青少年思想道德建设的行动纲领》是学习《中共中央国务院关于进一步加强和改进未成年人思想道德建设的若干意见》的体会,文章从充分认识加强和改进未成年人思想道德建设的重要性和紧迫性、以科学的实践观念做好未成年人思想道德建设工作、青少年思想道德建设的系统工程几个方面进行了论述。《弘扬和培育民族精神是应对全球化的必然选择》根据党的十六大报告提出:"面对世界范围各种思想文化的相互激荡,必须把弘扬和培育民族精神作为文化建设极为重要的任务,纳入国民教育全过程,纳入精神文明建设全过程,使全体人民始终保持昂扬向上的精神状态。"的工作要求,指出这既是新时期中国文化建设的战略任务,也是应对全球化的必然选择。文章论述了"人类中心主义"严重威胁着人类的生存与发展、全球化严重威胁着民族文化的生存、全球化为弘扬培育中华民族精神提供了良好机遇问题。

3.新编内容增加科研指导方式

《导论》承接《引论》构架体系,在编辑内容上增加了"课题工作会议讲话"和"为决策服务参考文献"两部分内容。课题工作会议讲话包括:在庆祝中央教科所德育研究中心成立十周年学术研讨会上的工作汇报,题目《为德育决策服务 为德育实践服务》;2002年实验区工作会议讲话,题目《深化课题研究 推进德育创新》;2003年实验区工作会议讲话,题目《深化研究,完善"一竖",画好"一横"》;2004年实验区工作会议讲话,题目《理思路,抓重点,促深化,出成果,出经验,出人才》;2005年实验区工作会议讲话,题目《深化研究,推广实验,为结题奠定坚实基础》;高职学段子课题2002年开题会暨学术研讨会讲话,题目《与时俱进 开拓创新 深化研究 填补空白》;幼儿学段《好孩子 好习惯》研究与实验2003年开题报告,题目《一切为了孩子 为了一切孩子 为了孩子一切》;在学校德育跟进社会网络化趋势论坛上的讲话等。为决策服务参考文献包括:弘扬与培育民族精神的思考与建议、中小学弘扬与培育民族精神的建议、未成年人思想道德建设的思考与建议、中小学弘扬与培育民族精神的途径、高校《思想道德修养》课存在的问题与对策建议、关于整体规划大中小学德育工作的建议等。这两部分内容的特点是重点突出,意见具体,紧密配合课题研究内容,专题性、针对性强,对已经和即将开展的实际工作具有直接的指导作用。

4.《整体构建学校德育体系实践导引》(分学段共七册)

《整体构建学校德育体系实践导引》,包括《整体构建学校德育体系小学实践导引》、《整体构建学校德育体系初中实践导引》、《整体构建学校德育体系高中实践导引》、《整体构建学校德育体系中职实践导引》、《整体构建学校德育体系师范实践导引》、《整体构建学校德育体系高职实践导引》、《整体构建学校德育体系大学实践导引》共7册,是《整体构建德育体系总论》分学段分项目的细化研究和具体实施,因而简称《分论》。这套书是全国教育科学"十五"规划国家重点课题"整体构建学校德育体系深化研究与推广实验"的系列研究成果,总主编詹万生,总课题组学段负责人宁武杰(小学)、齐炘(初中)、徐安德(高中)、李书华(中职)、梁周清(师范)、王滨有(高职)、魏续臻(大学)分别担任各册主编。《分论》全书245万余字,光明日报出版社2005年出版。

在《分论》开始进入研究阶段时,詹万生在2003年年会主题报告中明确提出《分论》编写要处理好五种关系:

1.《分论》与《引论》和《总论》的关系

《分论》是《引论》、《总论》从理论到实践的中介和桥梁。分论是将《总论》所构建的理论形态的德育体系转化为实践形态的德育体系的文本形式,《总论》是《分论》的理论指导和综合概述,《分论》是《总论》分学段分项的细化研究和具体实施。《分论》的编写注意了以下五点:(1)在内容结构上要包括德育目标、内容、途径、方法、管理,评价六项子体系,(2)在功能上要提供具体的操作模式,对学校教育实践有明确的引导和示范作用。(3)所构建的六项子体系要具体化到年级。(4)德育体系的科学化、系统化、规范化、现代化作为贯穿全书的着力点，突出课题自身特色。(5)与学校德育工作的实践形态相对应，立足于调动教师学生两个主体的主动性，最大限度地保证体系实施的实效性。

  2.《分论》与"九五"、"十五"子课题成果的关系

"九五"、"十五"开题以来，实验区、实验校出了一批子课题研究成果，其中正式出版的著作和文集就有近50部，内容涉及诸方面，一是小学、中学的德育目标、内容、途径、方法、管理、评价子体系的研究；二是关于德育活动课、主题班（团、队）会活动方案、班主任工作、学科德育、心理健康教育、校园文化建设、学校家庭社会三结合教育等专题研究。其中"九五"成果已由各学段负责人筛选、分类、加工整合后发布在中国德育网上。这些成果，直接来源于第一线德育工作者的创造和实践经验，针对性、实效性、可操作性强，是《分论》编写的基本素材和实践基础。因此分论的编写要注意以下三点：(1)要系统收集和分类整理这些研究成果，把它们作为基本素材加以归纳和提炼，作为各学段德育体系构建的基础材料。(2)要注意发现这些成果中的闪光点，吸收、借鉴、运用其中有价值的东西为体系构建服务。(3)要注意发现这些成果中的优秀作者，选拔他们作为体系构建的作者，形成专家学者和一线老师相结合的作者队伍。

  3.《分论》与《分论》的关系

学段德育系统是学校德育系统的第一级子系统，《分论》之间的关系为"块"与"块"的关系。因此各学段《分论》在结构体例上应基本一致；《分论》与《分论》之间有层次性，体现"横向贯通、纵向衔接、分层递进、螺旋上升"，避免倒挂、脱节、简单重复。尤其要解决好相邻学段的衔接问题。

  4.《分论》与学段德育论、普通德育论的关系

在我国目前的德育理论研究中，有影响的普通德育论或学段德育论已不少见。如鲁洁和王逢贤的《德育新论》、班华的《现代德育论》、戚万学的《现代德育论》等，此外还有《小学德育论》、《中学德育论》、《高校德育新论》等。这些专著应当成为各学段德育体系构建的重要参考书。《分论》的编写要认真学习和研究上述普通德育论和学段德育论的著作，同时要避免照抄照搬，注意突出我们的特色。我们的特色，一是"整体构建"，二是"具体化到年级"，三是"实践可操作"。

  5. 分论与新课程体系的关系

教育部2001年6月印发了《基础教育课程改革纲要（试行）》。随后陆续印发了小学、初中德育学科新课程标准。新课程体系适应素质教育要求，在课程的性质、理念、目标、内容结构、教学方式、课程评价管理等方面都体现出创新性。因此，处理好《分论》与新课程体系的关系是课题研究坚持与时俱进、发展创新的一个重要环节。学段《分论》要把新课程体系纳入德育目标、内容、途径、方法、管理、评价各子系统中进行专项和相互贯通的综合研究。

在各学段《分论》进入编写阶段时，詹万生在2004年年会主题报告中明确提出编写要求，就是建立具体化、个性化、可操作的学段德育模式：

  1. 具体化是《分论》在呈现方式上的要求

主要体现在三个方面：第一，各学段德育体系应包括德育目标、内容、途径、方法、管理、

评价六项子体系,每一项子体系原则上要具体化到年级,小学可分为低年级、中年级、高年级三段,初中以上每学年分为一段。每段要按层次列出目标内容和评价指标的细目,各学段在把握时代性、规律性和实效性基础上制定出德育管理实施细则,为学校构建德育体系提供基本参考模式。第二,具体化即生活化,分论编写也要体现"近、小、实、亲"的原则,各章节都应有来自教学一线的工作实例,以具体形象的语言说明整体构建德育体系的生活形态,运用鲜活可感的教育实例阐释课题实验研究提出的新理念。第三,分论要把"整体构建"的理论内容贯穿始终,这种理论阐述应是具体的、平实的、易于广大教育者理解和运用的。

2. 个性化是《分论》在学段特点上的要求

个性与共性的关系普遍存在于生活之中。相对于《总论》来说,《分论》具有一定的个性;相对于各学校的德育工作来说,《分论》具有一定的共性,每个学校的德育工作具有自己的个性。各学段《分论》在确定德育目标、选择德育内容、运用德育途径、设计德育方法等方面都要从具体的教育实际出发,以学段或年级序列目标内容为参考构建方案,形成体系,充分体现德育工作的针对性、主动性和科学性,增强德育的实效性。《分论》要处理好个性与共性的关系,构建具有个性特色的德育模式,同时,又要引导教育者从不同的德育模式中把握其中的共性因素,认识和掌握规律。

《分论》的个性特点主要体现在三个方面:第一,每个学段分论要体现本学段学生年龄、心理和品德教育的特点。要全面深入地研究本学段学生身体、心理和品德在成长发展中的特点、成因和规律,为学校和教师开展德育工作提供科学依据和实践依据。第二,每个学段分论要体现本学段学校德育工作的特点。大、中、小学的德育工作都有各自的特点,各学段分论在德育目标、内容、途径、方法、管理、评价的研究中都要充分体现本学段德育工作的特点。第三,各学段要解决好与相邻学段的和谐衔接,避免倒挂、脱节、简单重复和脱离实际,把分层递进、螺旋上升的研究理念具体落实到年级、学段的体系构建之中。

3. 可操作是《分论》在实施上的要求

具体化、个性化是德育模式可操作的重要基础,可操作是教育科研成果能否转化为教育生产力的关键环节。可操作是在"是什么"的基础上重点解决"怎么样"的问题。分论各章节都要在"怎么样"上下功夫。第一,在学校德育体系整体构建的层面上,从基本原则到实施方法都要具有可操作性;第二,每个子体系的实施要有可操作性,如怎样制定德育目标,怎样选择德育内容,怎样运用德育途径,怎样设计德育方法等都要便于实际操作;第三,对教师的德育过程、德育方法、德育科研要给予具体的实例引导,利于教师参考借鉴,使分论成为学校制定校本德育体系实施细则和教师开展德育工作更直接的理论指导和实践参考模式。

参照上述编写要求,各册《分论》的体例结构分为绪论和上、下两篇。

绪论:(1)讲述整体构建学段德育体系的理论依据,重点是把握德性论、德育论、系统论的理论要点及其对整体构建学校德育体系的指导关系;(2)讲述整体构建学段德育体系的实践依据,主要讲述本学段学生生理、心理、品德发展的主要特点和学校德育工作的基本特点;(3)列举整体构建学校德育体系的政策法规依据。

上篇:德育体系整体构建。结合实例对本学段的德育目标、内容、途径、方法、管理、评价六个子体系进行具体化整体构建。德育目标,一以贯之,分层递进;德育内容,要素完整,螺旋上升；德育途径，分工明确，讲求和谐，形成合力；德育方法，灵活多样，注重规律，引导创新；德育管理体系以德育体制、制度、队伍和环境管理为重点系统构建，注重实效；德育评价体系由学校、班级、学生三级评价构成，便于操作。为学校制订校本德育体系提供了理论方法框架。

下篇：德育体系实践导引。结合大量实例对学校全程德育、全面德育、全员德育进行实践导引。全程德育将每学段每个年级、六个学期分为几个阶段，每阶段设计一个德育主题活动，按工作要点、实例启迪、交流研讨的形式引导；全面德育将德育工作全方位地深入到学生学习、生活的全部领域；全员德育引导全体教职工分工合作，做到"教书育人、管理育人、服务育人"，构成各个阶段相互贯通的全程育人和学校、家庭、社会共同参与的和谐育人体系。为学校德育工作提供了具体化、特色化、可操作的和谐德育实践模式。

各个学段在参照上述要求基础上，注重体现本学段教育教学特点，以使学段德育体系更符合实际需求，如中职、师范、高职和大学的实践导引都注意处理好共性和个性的辨证关系，因而增强了《分论》的科学性和使用价值。

第五篇

深化研究 建立模式
构建和谐 德育体系

——和谐德育研究的发展阶段（2007-2010）

"十一五"时期，詹万生主持全国教育科学规划课题、中国教育学会和中国伦理学会课题"和谐德育的研究与实验"，带领和谐德育学术团队继续深化研究。2007年编写了小学、初中、高中、中职四个学段的《和谐成长》实验教材。这套教材以和谐学校、和谐家庭、和谐社区为横坐标，以不同年龄阶段学生的和谐成长为纵坐标整体构建而成，完成了大、中、小、幼德育的纵向和谐衔接，实现了学校德育、家庭教育、社区教育横向和谐贯通。2008年正式出版了综合性理论成果《和谐德育论》，标志着和谐德育的理论体系和实践模式完全建成。2009年编写出版了《和谐德育研究》论文集，和谐德育研究进入发展阶段。

一、詹万生"十一五"时期历届年会主题报告

1. 2006年北京年会主题报告

纵向衔接 横向贯通 整体构建学校、家庭、社会和谐德育体系
——"十一五"规划中国教育学会重点课题"整体构建学校、家庭、社会和谐德育体系研究与实验"开题报告、2006年会暨第九届和谐德育学术研讨会、中国伦理学会德育专业委员会第二届学术研讨会主题报告
（2006年10月28日于北京）

同志们：

我代表中国伦理学会德育专业委员会和"十一五"规划中国教育学会重点课题"整体构建学校、家庭、社会和谐德育体系研究与实验"总课题组作开题报告，请各位代表研究讨论。

报告共分六部分：

一、课题研究的背景和法律政策依据
二、课题研究的理论价值和实践价值
三、课题研究的理论基础与实践基础
四、课题研究的总体目标和主要内容
五、课题研究的基本原则、范式和方法
六、课题研究的实施步骤和预期成果

一、课题研究的背景和法律政策依据

（一）课题研究的背景

进入21世纪以来，和平、发展、合作已成为时代的潮流。国家之间超越意识形态、社会制度、发展模式的差异，各种文明相互交流的趋势在增强。中华民族以人为本、自强不息、团结统一、爱好和平、注重和谐的文化传统，我国政府倡导"和谐世界"的主张，正在逐步为更多的国家和民族所认识。

党的十六届四中全会提出了构建社会主义和谐社会的战略任务。十六届六中全会审议通过了《中共中央关于构建社会主义和谐社会若干重大问题的决定》，《决定》提出："建设和谐文化是构建社会主义和谐社会的重要任务。社会主义核心价值体系是建设和谐文化的根本。" 和谐文化建设是和谐社会建设的先导性环节。和谐文化建设与社会主义经济建设、政

治建设有机统一于和谐社会建设之中。构建和谐社会与建设和谐文化是本课题研究最根本、最现实的社会背景。

当前，我国社会总体上是和谐的。但是，也存在着不少影响社会和谐的矛盾和问题，主要是：城乡、区域、经济社会发展很不平衡，人口资源环境压力加大；就业、社会保障、收入分配、教育、医疗、住房、安全生产、社会治安等方面关系群众切身利益的问题比较突出；体制机制尚不完善，民主法制还不健全；一些社会成员诚信缺失、道德失范，一些领导干部的素质、能力、作风与新形势新任务的要求还不适应；一些领域的腐败现象仍然比较严重；敌对势力的渗透破坏活动危机国家安全和社会稳定。社会的种种不和谐问题，也在制约着学校德育工作的和谐发展。一些地方和部门的领导对德育工作认识不足，重视不够，没有真正担负起领导责任；全社会关心和支持未成年人思想道德建设的风气尚未全面形成，还存在种种不利于未成年人健康成长的社会环境和消极因素。

在新的社会条件下，我国城乡家庭教育也出现了许多新情况、新问题。第一，流动型家庭问题。随着进城务工人员的增多，务工家庭的父母忙于工作和生计，无暇顾及对孩子的指导教育；人员和家庭的流动还带来了"留守儿童"的问题，这类孩子的家庭教育成为空白点，严重影响到孩子的健康成长。第二，稳定型家庭问题。在生活安定的家庭特别是独生子女家庭，相当数量的家长只重孩子的学习，忽视品德和人格培养，有的则放任娇惯，父母在教育子女的观念和方法上存在许多误区。第三，特殊家庭问题。主要是离婚和再婚家庭的孩子，他们的心理和性格发展存在较复杂的问题。这些问题直接影响着孩子的品德和身心素质的和谐发展，影响着家庭的和谐与幸福，给社会的稳定和谐带来不同程度的消极影响。

从教育系统的实际情况看，多年来教育改革虽然取得重要成就，但根据构建和谐社会对教育提出的要求，还存在突出的问题。第一，教育发展不均衡，优质教育资源不能满足社会日益增长的教育需求。由此带来的社会问题和矛盾，影响着社会和谐发展的进程。第二，应试教育持续升温，重智育轻德育、重课堂教学轻社会实践的现象依然存在，推进素质教育的任务十分艰巨。第三，德育体系尚未形成，思想道德建设在体制机制、思想观念、内容形式、方法手段、队伍建设、经费投入、政策措施等方面还有许多与和谐社会建设不相适应的地方。

总之，社会、学校、家庭存在的不同层面的问题及其对和谐社会的呼唤，是本课题研究最基本、最直接的社会背景。

（二）课题研究的法律政策依据

整体构建学校、家庭、社会和谐德育体系研究与实验的法律政策依据主要有：

1.《公民道德建设实施纲要》

"学校是进行系统道德教育的重要阵地。各级各类学校必须认真贯彻党的教育方针，全面推进素质教育，把教书与育人紧密结合起来。要科学规划不同年龄及各学习阶段道德教育的具体内容，坚持贯彻学生日常行为规范，加强校风校纪建设。要发挥教师为人师表的作用，把道德教育渗透到学校教育的各个环节。要组织学生参加适当的生产劳动和社会实践活动，帮助他们认识社会、了解国情，增强社会责任感。"

"家庭、学校、机关、企事业单位和社会在公民道德教育方面各有侧重、各有特点，是相互衔接、密不可分的统一整体。必须把家庭教育、学校教育、单位教育和社会教育紧密结合起来,相互配合,相互促进。"

2. 党的"十六大"报告

"依法治国和以德治国相辅相成。要建立与社会主义市场经济相适应、与社会主义法律规范相协调、与中华民族传统美德相承接的社会主义思想道德体系。深入进行党的基本理论、基本路线、基本纲领和"三个代表"重要思想的宣传教育,引导人们树立中国特色社会主义共同理想,树立正确的世界观、人生观和价值观。认真贯彻公民道德建设实施纲要,弘扬爱国主义精神,以为人民服务为核心、以集体主义为原则、以诚实守信为重点,加强社会公德、职业道德和家庭美德教育,特别要加强青少年的思想道德建设,引导人们在遵守基本行为准则的基础上,追求更高的思想道德目标。加强和改进思想政治工作,广泛开展群众性精神文明创建活动。"

3.《中共中央国务院关于进一步加强和改进未成年人思想道德建设的若干意见》

"家庭教育在未成年人思想道德建设中具有特殊重要的作用。要把家庭教育与社会教育、学校教育紧密结合起来。各级妇联组织、教育行政部门和中小学校要切实担负起指导和推进家庭教育的责任。要与社区密切合作,办好家长学校、家庭教育指导中心,并积极运用新闻媒体和互联网,面向社会广泛开展家庭教育宣传,普及家庭教育知识,推广家庭教育的成功经验,帮助和引导家长树立正确的家庭教育观念,掌握科学的家庭教育方法,提高科学教育子女的能力。充分发挥各类家庭教育学术团体的作用,针对家庭教育中存在的突出问题,积极开展科学研究,为指导家庭教育工作提供理论支持和决策依据。"

"要建立健全学校、家庭、社会相结合的未成年人思想道德教育体系,使学校教育、家庭教育和社会教育相互配合,相互促进。城市社区、农村乡镇和村民委员会,以及其他一切基层组织要切实担负起加强未成年人思想道德建设的社会责任,整合利用各种教育资源和活动场所,开展富有吸引力的思想教育和文体活动,真正把教育引导未成年人的工作落实到基层。要把为未成年人健康成长创造良好社会环境作为创建文明城市、文明社区、文明村镇、文明单位的重要内容。"

4.《中华人民共和国义务教育法》

"学校应当把德育放在首位,寓德育于教育教学之中,开展与学生年龄相适应的社会实践活动,形成学校、家庭、社会相互配合的思想道德教育体系,促进学生养成良好的思想品德和行为习惯。"

5.《国家"十一五"时期文化发展规划纲要》

"充分调动各方面力量,健全学校、家庭、社会'三结合'的教育网络。"

6.《中共中央关于构建社会主义和谐社会若干重大问题的决定》

"建设和谐文化是构建社会主义和谐社会的重要任务,社会主义核心价值体系是建设和谐文化的根本,必须坚持马克思主义在意识形态领域的指导地位,牢牢把握社会主义先进文化的前进方向,倡导和谐理念,培育和谐精神,进一步形成全社会共同的理想信念和道德规范,打牢全党全国各族人民团结奋斗的思想道德基础。"

"要建设和谐文化、巩固社会和谐的思想道德基础,建设社会主义核心价值体系,树立社会主义荣辱观,培育文明道德风尚,营造积极健康的思想舆论氛围,广泛开展和谐创建活动。"

7.《教育部关于整体规划大中小学德育体系的意见》

"构建学校、家庭、社会紧密配合的德育网络，使德育工作由学校向家庭辐射，向社会延伸。学校要主动和学生家长及社会各方面加强沟通与合作，使三方教育互为补充、形成合力。要正确引导家庭教育，通过家长学校、家庭教育指导中心、家访等多种形式，引导家长树立正确的人才观、质量观和择业观，掌握科学教育子女的方法。要高度重视并充分发挥校外教育基地、爱国主义教育基地和社区教育的作用，依托社会的各种活动阵地，组织开展富有吸引力的德育活动。"

二、课题研究的理论和实践价值

(一)对构建社会主义思想道德教育体系的理论价值和实践价值

本课题综合运用中外文化中的和谐思想与社会学、教育学等原理，整体构建学校、家庭、社会和谐德育体系，推动学校、家庭、社会德育目标一致，德育理念趋同，德育过程同步，德育方法互补，德育资源共享，对于建立与"四有"目标相一致、与社会主义市场经济相适应、与社会主义法律规范相协调、与中华民族传统美德相承接的社会主义思想道德体系，对于探索德育过程的规律，发展创新中国特色德育理论具有重要的理论价值。本课题运用系统研究法、实验研究法、行动研究法和文献研究法，引导广大教育工作者、家长和社会有关部门掌握和谐德育的基本原则和实践方法，把《中共中央国务院关于进一步加强和改进未成年人思想道德建设的若干意见》提出的工作要求转化为学校、家庭、社会的共同教育实践，以形成德育过程的和谐与合力，切实增强德育的实效性具有重要的实践价值。

(二)对全面实施素质教育的理论价值和实践价值

整体构建学校、家庭、社会和谐德育体系的本质是全面贯彻党和国家的教育方针，全面推进素质教育。本课题通过建立民主和谐的师生关系、和谐有序的德育过程、和谐优化的学校、家庭、社会德育环境等措施，有效清除各教育途径中因内容和方法的不和谐而产生的内耗，从而促进学生在德育、智育、体育、美育和劳动教育等方面和谐发展；本课题坚持整体和谐的大德育观，从更广阔的领域中探索德育规律，对于倡导和谐理念，培育和谐精神，促进教育哲学、教育学、教育社会学和素质教育理论的发展创新具有重要的理论价值。当前我国基础教育中"应试教育"愈演愈烈的趋势尚未根本扭转，全面推进素质教育的任务十分艰巨。本课题研究的一个重要目的就是通过整体构建学校、家庭、社会和谐德育体系，引领全社会都来关注未成年人的思想道德建设，纠正"重智育轻德育、重分数轻能力、重课堂教学轻社会实践"的不和谐现象。这对于全面推进素质教育，落实德育首要地位具有重要的实践价值。

(三)对建设社会主义和谐社会的理论价值和实践价值

建设社会主义和谐社会是对社会主义建设理论和实践的丰富和发展。我们所要建设的和谐社会，是民主法制、公平正义、诚信友爱、充满活力、安定有序、人与自然和谐相处的社会。和谐社会的这些基本特征与作为社会主体的人的思想道德素质是紧密联系、相互对应的。和谐德育的理论研究以探索新的社会条件下的思想道德教育规律为重点，将为和谐文化建设提供基础理论参照。整体建构学校、家庭、社会和谐德育体系，以提高个体的道德水平为起点，推及社会道德水平的提升，能够加固依法治国的内在基础，缓解社会矛盾，促进社会稳定和谐。构建和谐社会,是社会各领域共同参与的群众性实践过程。构建和谐学校、和谐家庭、和谐社区是构建和谐社会的实施基础。本课题研究将为探索怎样构建和谐学校、和谐家庭、和谐社区以及三个领域的整体和谐,提供适合城乡不同地区的特色化、具体化、可操作的实践模式。这对于构建和谐社会具有重要的实践价值。

三、课题研究的理论基础与实践基础

(一)课题研究的理论基础

1. 中国传统文化中的和谐思想

在中国传统文化中,"和"是一个含意极为丰富、深邃的范畴。按照《说文解字》的解释:"和,相应也。"而"谐"是"配合得当","和谐"就是"相应"并且"配合得当"。中国传统文化产生于以小农经济为基础的农业社会和"家国同构"的社会政治结构,是一种伦理型文化。以儒家伦理为主流的传统文化认为宇宙的法则与道德的最高准则是一致的,把人放在与天地、社会的整体联系中加以认识,和谐是这种整体联系中的一个支撑点。传统文化中的和谐思想,可以从三个方面去认识。

第一,天人合一。天人合一在传统文化中有多种含义。儒家对"天"的一种理解是自然之天。孔子说:"天何言哉?四时行焉,百物生焉",[1]认为天就是四季的交替运行,万物的生长发育。孟子讲:"天油然作云,沛然下雨"[2]中的"天",指自然现象。荀子认为"天"是"列星随旋,日月递照,四时代御,阴阳大化,风雨博施",[3]"天"就是列星、日月、四时、阴阳这些自然物体和现象的总称。儒家天人合一思想中的一种观念是强调天人和谐。《易传》提出:"损益盈虚,与时偕行","时止则止,时行则行",指出人要依循自然规律做事,与自然保持和谐联系。儒家认为人们经过道德修养,可以掌握自然界的运行规律,并且顺应自然规律,从事生产和生活。

第二,整体和谐。《周礼》提出"以和邦国,以统百官,以谐万民"的思想。把个体德性(知、情、意、行)和谐与家庭和谐、社会和谐联系起来做整体性认识,是儒家和谐思想的主要特点。孔子提出"礼之用,和为贵。"[4]强调礼的作用贵在使事物和谐。他教育弟子"入则孝,出则悌,谨而信,泛爱众,而亲仁。"[5]即回到家里要孝顺父母,在外面要尊敬长上,做事谨慎有规矩,诚实守信,博爱民众,亲近有仁德的人。《大学》要求个人要从格物、致知、诚意、正心的"修身"做起,然后实现齐家、治国、平天下的人生理想。由个体道德推及社会责任,由家庭和谐扩展到社会和谐。《中庸》提出:"喜怒哀乐之未发,谓之中;发而皆中节,谓之和。……致中和,天地位焉,万物育焉。"即能自觉控制偏离道德准则的喜怒哀乐的情感,叫作中;表达出来的情感都合乎道德规范,叫作和谐。如果能做到"中和",社会上和自然界的一切事物就会安排得当、健康发育了。这里的和谐所体现的是个体的道德自律精神和道德主体能力。把个人

---

[1]《论语·阳货》。
[2]《孟子·梁惠王上》。
[3]《荀子·天论》。
[4]《论语·学而》。
[5]《论语·学而》。

的道德自律精神和主体能力与社会及自然的整体和谐作为条件和结果关系来建构，是儒家和谐德育思想的深刻内涵之一。

第三，和而不同。"和而不同"是孔子倡导的一种道德品质，指与人和谐相处又不盲目附和。这种思想所体现的是传统文化中对和谐的另一种认识和把握，即强调主体间事物间协调、相应、配合得当会促进主体和事物的发展，同时也要保持主体的个性和事物自身特色，以利于主体和事物在和谐的联系中按自身规律持续发展。西周末的史伯把"和"与"同"作为既有联系而又有区别的一对范畴提出，认为"和实生物，同则不继。以他平他谓之和，故能丰长而物归之；若以同裨同，尽乃弃矣。"[1]意思是不同事物的协调平顺就是和谐，和谐能使事物有所归依而建立联系，所以能促进事物的丰富与发展；如果把相同的事物简单相加，则事将无成。春秋时晏婴进一步发挥了史伯的这一思想，他用喻体论述："五味"相加，才能成为美羹；"若以水济水，谁能食之？若琴瑟之专一，谁能听之？"[2]强调不同品质的物项协调配合能产生新的效应。值得注意的是，这里不仅从主体方面提出应当怎样把握和谐，还从客体的感受角度提出了和谐的效能及其检验标准问题。

2. 西方文化中的和谐思想

在西方文化中，和谐主要有三种含义。最早提到的和谐的是数的和谐，主要代表是毕达哥拉斯学派。毕达哥拉斯学派中，甚至提出了"和谐学"的说法。和谐的第二种含义当属音乐中不同音符之间的合成与流动。当音节之间的音程具有同样的（数的）比例关系时便产生和谐之美。"毕达哥拉斯是千古第一人表现声音与数字比例相对应，比任何人更早把一种看来好像是质的现象——声音的和谐——量化，从而率先建立了日后成为西方音乐基础的数学学说。"[3]和谐的第三种含义是上述两种含义向社会事物的延伸，即社会和谐。政治也像音乐，追求社会的和谐。柏拉图提出"公正即和谐"，社会和谐的根本在于社会的公正。

教育和社会之间是相互促进，相互制约的关系。在西方，和谐思想是教育思想的主流之一。"和谐德育"的实践及理论早在古希腊时期雅典城邦的学校教育中就出现了。"和谐发展"一词最早出现于希腊语"calocagatia"，其义是表示健美体格与高尚道德的结合。在雅典的教育中，"和谐"的思想贯穿德育的始终，身心的和谐发展是德育的重要内容。他们认为德育塑造的最伟大的艺术品是人，这种人是内在美与外在美的和谐统一。其主要措施是通过文法、音乐、体操、舞蹈等内容，培养学生在德、智、体、美诸方面的全面发展。古希腊教育家柏拉图认为，如果"一个儿童从小受到好的教育，节奏和谐浸入了他的心灵深处，在那里牢牢地生了根，他就会变得温文有礼；如果受了坏教育，结果就会相反"。[4]亚里士多德强调德育要与人的自然发展相适应，与人的心理活动相适应。[5]人文主义思想家维多里诺、洛克、卢梭等人均强调培养多方面和谐发展、人格完美的人，对和谐教育思想的承前启后发挥了作用。十七世纪捷克教育家夸美纽斯强调人的身心和谐发展的必要性，认为"人不过身心两方面和谐而

---

[1]《国语·郑语》。
[2]《左传·昭公二十年》。
[3] [法]马泰伊著，管震湖译：《毕达哥拉斯和毕达哥拉斯学派》，商务印书馆，1977年，第91页。
[4] 曹孚：《外国教育史》，人民教育出版社，1998年，第26、56、57页。
[5] 单中惠：《西方教育思想史》，山西人民出版社，1995年，第22页。

已"。在其后的裴斯泰洛齐也提出同样的主张。他说:"为人在世,可贵者在于发展,在于发展各人的天赋的内在力量,使其经过锻炼,使人各尽其才,能在社会上达到他应有的地位。"并提出了体育、劳动教育、德育、智育的和谐教育思想。前苏联教育家苏霍姆林斯基说,人的和谐发展,意味着他有能力担当多方面的任务,他应该是社会物质生产和精神生活整个领域中的创造者、享用者、鉴赏者和保护者,是有文化素养和道德风貌的人,是积极参加社会活动的公民和具有道德基础的新家庭的建立者。

3. 马克思主义关于社会和谐与人的全面发展的思想

马克思、恩格斯在继承前人的思想成果基础上,创立了科学社会主义理论。1848年,马克思、恩格斯在《共产党宣言》中对圣西门、傅立叶、欧文等空想社会主义者的著作和有关主张给予了肯定,明确提出:"提倡社会和谐"是"它们关于未来社会的积极主张"。[1]马克思、恩格斯在批判继承前人和谐社会思想基础上,提出了自己的社会和谐思想和未来社会发展方向的科学设想。他们在《共产党宣言》中明确指出:"代替那存在着阶级和阶级对立的资产阶级旧社会的,将是这样一个联合体,在那里,每个人的自由发展是一切人的自由发展的条件。"[2]马克思关于"自由人联合体"、"人的全面发展"和"人的自由发展"的表述,都是指未来高级的和谐社会的目标模式。马克思、恩格斯从对人与社会发展规律的思考中提出了人的全面而自由发展的观点,指出:"根据共产主义原理组织起来的社会,将使自己的成员能够全面发挥他们的得到全面发展的才能"。[3]根据马克思主义观点,只有充分具备使人自由发展的条件,才可能实现人的全面发展,即和谐发展;只有个人得到和谐发展,人才能与自然界和社会发展和谐共生。马克思主义关于社会和谐与人的全面自由发展的思想,是我们理解和坚持科学发展观,建设和谐文化,构建和谐社会的基本指导理论。

4. 教育哲学、教育学中的和谐思想

教育哲学和教育学研究表明,教育的基本发展规律是"社会——人——教育"三者之间的相互制约、相互作用的稳定联系。即社会发展对人的素质提出需求,教育根据社会对人的素质需求进行教育改革,以使人的素质适应社会需求;在这样的相互联系中,人的素质作用于社会,促进社会发展,而社会的继续发展,又对人的素质提出新的需求,教育就要根据这一新需求,继续进行改革。如果"社会——人——教育"之间的联系是一种积极的健康的相互促进状态,就体现为社会发展的整体和谐;如果三者之间的联系出现了非积极健康的作用联系,就说明社会发展存在整体联系的不和谐因素。造成"社会——人——教育"不和谐的因素是多方面的,本课题是从学校、家庭、社会三教和谐的层面探索促进"社会——人——教育"和谐发展的规律与方法,因此教育发展规律是研究和谐德育的基础理论依据。教育哲学中关于怎样认识人的和谐发展以及对教育主体等问题的研究,对构建和谐德育体系也具有指导意义。

---

[1] [德]马克思、恩格斯著,中共中央马恩列斯著作编译局编译:《马克思恩格斯选集》第1卷,人民出版社,1995年,第304页。

[2] [德]马克思、恩格斯著,中共中央马恩列斯著作编译局编译:《马克思恩格斯选集》第1卷,人民出版社,1995年,第294、304页。

[3] [德]马克思、恩格斯著,中共中央马恩列斯著作编译局编译:《马克思恩格斯选集》第42卷,人民出版社,1979年,第373页;《马克思恩格斯选集》第1卷,人民出版社,1995年,第243页。

教育学中关于怎样建立教育者、受教育者和环境之间的和谐关系的论述对和谐德育研究提供了理论原则。根据教育学原理，教学过程的动力和掌握运用教学原则是实现教育者与受教育者和谐关系的两个紧密联系的环节。教学过程的动力是教师提出的教学任务与学生完成这些任务的需要及实际水平之间的矛盾。教学原则是在总结教学实践经验基础上根据对教学规律的认识制定的教学准则。教育者根据教学动力原理使学生保持和增强学习的内在动力，并能综合运用教学原则组织教学，师生双主体的作用就能得到发挥，师生之间就会建立和谐的充满活力的互动关系。教育学对教育环境的研究对构建学校、家庭、社会和谐德育环境有直接的指导意义。古代教育家就十分重视环境的教育作用，荀子说："蓬生麻中，不扶而直；白沙在涅，与之俱黑。"[1]教育学研究了学校、家庭、社会教育环境中有组织的环境和自发环境的特点，一般情况下学校有组织的环境的影响力大于家庭和社会自发环境的影响力。有组织的环境要靠教育者根据新的教育理念精心设计和构建；对自发环境要进行有意识的发掘和利用；对学生的发展无益或有害、与教育目标不一致的自发环境要加以调节、控制或消除。参考教育学这方面的论述，经过整体构建学校、家庭、社会和谐德育体系的实践，使三个领域的环境不断优化，教育者、受教育者和环境便可以形成和谐的育人关系。

5. 社会学中的和谐思想

社会学中关于人的社会化的理论，对在建设和谐社会背景下构建学校、家庭、社会和谐德育体系研究具有多方面的指导意义。社会化是个体在社会环境影响下由自然人发展成为社会人的过程。社会化是通过个体的学习使社会文化逐步内化实现的。人的社会化过程是人个性化的过程。同时，人的个性化中也有共性的成分，如共同的理想信念、民族情感和风俗习惯等等。人的社会化是通过人的整个一生完成的。人在社会化中形成自己的社会角色，人的社会角色是一个"角色丛"，同一个人在学校、家庭、社会的不同生活情境中，承担着不同的社会角色。人在学校、家庭、社会中承担的角色是否自然和谐，是人的道德素质是否完整和谐的基本标志。这个问题是构建学校、家庭、社会和谐德育体系研究的一项重要内容。从学生社会化过程看，儿童首先在家庭接受教育的影响而逐步成长，形成基本的品质和个性，这种基本的品质和个性在后续的教育过程中，往往会成为极为重要的发展基础。儿童入学后，在接受学校教育和社会环境影响下，家庭教育继续发挥着教育影响作用。根据人的社会化的这一过程特点，研究怎样使学生在三方面所接受的教育和环境影响是一种和谐建构状态，并促进学生的个性及身心素质和谐发展，可以结合社会学理论进行深入研究。从人的社会化内容看，各科教材是其基本实施载体，其中德育教材在使学生成为"道德人"的过程中起着十分重要的作用。因此，研究社会化内容体系的和谐建构，也是和谐德育研究的重要议题。社会学理论为这些方面的研究提供了理论基础。

（二）课题研究的实践基础

1. 总课题组的研究基础

"九五"、"十五"期间，总课题组以德性论、德育论、系统论为理论基础，以贯通古今、融会中西、继承借鉴、发展创新为指导思想，以纵向衔接、横向贯通、分层递进、螺旋上升为基

---

[1]《荀子·劝学》。

本思路,以整体构建、和谐有序、分层实施、动态发展为基本方法,整体构建了侧重于理论形态的大中小学德育体系,侧重于各个学段的整体构建德育体系实践导引,侧重与学校德育工作和学生生活实际紧密相连的校本德育体系及实施细则。为教育部关于整体规划大中小学德育体系的意见提供了较为系统的理论参照。同时,也为大、中、小学贯彻落实教育部整体规划大中小学德育体系提供了丰富多样的实践模式。同时,还相继开发出了一系列供学生和家长使用的系列实验教材,如:《德育》读本、《成长册》、《当代家长》、《好孩子 好习惯》、《民族精神教育》、《文明礼仪》等。这些教材使参加实验的教师、学生、家长有了一个可靠的抓手和操作的依据。正是这些教材的开发和应用,使课题研究能够深入学生、教师、家长,能够落实到课堂,使课题研究得以健康深入地开展。今年6-9月份,受中央政法委委托,我们课题组又编写出了供小学3年级至高中一年级使用的《法制教育》教材。这是课题组课的又一项重要研究成果。

这些研究为我们"十一五"的课题研究,提供了可供借鉴和参照的实践模式,推广和使用这些成果,不但是我们"十一五"课题研究的重要内容,也是课题研究开展的重要基础。

2. 区域性研究基础

在整体构建各学段德育体系和校本德育体系过程中,部分市、县实验区进行了区域性推进素质教育的研究。这些实验区在总课题组的指导下,结合本地实际,适应地方教育改革和社会发展需求,在总体设计和方式方法上进行创新,进行了区域性教育改革,取得了明显的成效,产生了积极的社会影响。

吉林省四平市根据总课题组的研究成果以及指导思想,结合本市教育改革的实际情况,求真务实、开拓创新,探索出了具有四平特色同时具有推广价值的"经历教育"模式。通过有计划的"主体经历的德育活动",引导学生成为德育的主体、活动的主角,在教育活动和各种实践中获得各种经历,引导学生在经历中体验生活、感悟人生、追求成功、学会发展。浙江省湖州市南浔区开展的区域性推行学生成长导师制的实践与研究,在全区范围尝试了新的育人机制,让教育更适合学生成长发展的需要,为每一个学生的健康成长导航。通过试行家长导师制、创设法制教育导师制、建立社区青少年导师制、创新"导育"模式以及形式多样的主题活动,坚持对学生思想上引导、学业上辅导、心理上疏导、生活上指导,有效地转变了教育观念,融洽了师生关系,提高了学生的综合素质,有机地整合了教育资源,构建并形成了"区域性推行学生成长导师制"的运行机制和操作模式,取得了很好的教育效果。在总课题组的直接指导下,各实验区结合地方需要,相继构建了多种德育模式,并切实进行区域性深化研究与推广实验。如:(1)北京市朝阳区的"教育单元";(2)北京市平谷区的"家校共育";(3)天津市河西区的"网络德育";(4)天津市和平区的"社区教育";(5)新疆伊宁市的"民族团结教育";(6)河南省新县的"红色文化"教育;……这些模式各具特点,针对性强,对推进区域性教育改革,加强改进德育工作和实施素质教育发挥了积极的引导和带动作用。

区域性德育模式的构建为社区德育体系的构建以及如何使学校德育与家庭德育、社区德育和谐共振提供了实践参照。

3. 校本德育体系研究基础

"十五"期间,实验学校在《整体构建学校德育体系总论》和各学段《整体构建学校德育体系实践导引》的指导下，构建了具体化、特色化、可操作的校本德育体系，使实验学校的德育工作开始走向科学化、系统化、规范化、现代化的发展轨道，为全面落实《中共中央国务院关于进一步加强和改进未成年人思想道德建设的若干意见》和《教育部关于整体规划大中小学德育体系的意见》提供了不同类型的实践模式。

北京景山学校依据总课题组"整体构建学校德育体系"的理念，认真总结了本校长期以来德育工作经验，于2004年，形成了指导全校德育工作的《北京景山学校德育序列纲要及实施细则》（初稿）；贵州省仁怀市56所实验学校结合长征文化和国酒文化构建了校本德育体系；新疆伊宁市的实验学校，构建了体现边疆特色、民族特色的校本德育课程体系。许多实验学校遵循总课题组的要求，将地方实际与《德育》读本有机结合起来，编写出了校本德育教材，既弥补了国家统编教材地域性不足的缺陷，又实现了与国家课程"互补"、"并行"的目标。

校本德育体系的构建，为"十一五"构建具体化、特色化、可操作的学校、家庭、社会和谐德育体系提供了实践参照。

四、课题研究的总体目标和主要内容

（一）研究总体目标

以科学发展观和构建社会主义和谐社会的理论为指导，深化校本德育体系研究，深入进行法制教育研究，加强德育环境优化和德育实效性研究，总结推广区域性和谐德育典型经验，整体构建适应社会主义和谐社会的学校、家庭、社会和谐德育体系。

（二）课题研究的主要内容

1. 整体构建校本德育体系的深化研究

整体构建校本德育体系，是指为了增强学校德育工作的针对性和实效性，各级各类学校以《中共中央国务院关于进一步加强和改进未成年人思想道德建设的若干意见》和《中共中央国务院关于进一步加强和改进大学生思想政治教育的意见》为指导，贯彻《教育部关于整体规划大中小学德育体系的意见》，按照总课题组整体构建学校德育体系《引论》、《导论》、《总论》和各学段《实践导引》的研究思路，依靠本校教师集体研究而构建的具体化、特色化、可操作的学校德育实施系统。

所谓校本德育体系具体化，指的是构成校本德育体系的德育目标、内容、途径、方法、管理、评价等要素的细化、优化与科学化。细化是指将构成校本德育体系各要素分解到细微的程度；优化是各要素之间组合的关系以及整体发挥作用的效度；科学化是校本德育体系的构建适应学生年龄特征和品德发展规律。

校本德育体系特色化，主要是指学校所处的地区特色、层次特色和办学特色在学校德育工作中表现出来的独特风格。特色化是校本德育体系的显著特征，也是校本德育体系构建的出发点。

校本德育体系的可操作，是指把理论形态的德育体系转化为实践形态的、可以适合本校实践运用的德育体系。校本德育体系的可操作性，主要从全程可操作、全面可操作、全员可操作来衡量与检验。

在"十五"期间，我们已经开始对整体构建校本德育体系进行了研究和实验，但是，由于时间紧迫,许多实验学校尚未构建出校本德育体系,即使一些学校构建出了校本德育体系,但还未进行完整的实验,需要检验和完善。因此,在"十一五"期间,我们要开展整体构建校本德育体系的深化研究。

2. 区域性德育体系构建及典型经验研究

《教育部关于整体规划大中小学德育体系的意见》指出:"各级教育部门要从'培养什么人、如何培养人'的战略高度,切实加强对整体规划大中小学德育体系的领导"。"各地教育部门要研究制定本地区整体规划大中小学德育体系工作的具体实施方案,把工作要求具体化。""整合社会德育资源,加大投入,努力形成全员、全过程、全方位育人的格局,促进学校德育全面、协调、可持续发展"。

"十五"期间,不少实验区在总课题组的指导下,积极开展区域性德育体系构建的研究,取得了丰硕的成果。"十一五"期间,我们要对各实验区取得的经验进行总结和推广,为整体构建和谐德育体系提供实践参照。各实验区要认真总结自己的经验,及时将自己的成果报总课题组,以便于我们进行梳理和研究,使各地的先进经验能够在全国得到推广和使用。

3. 德育环境优化研究

(1)学校德育环境优化研究。①学校精神环境研究。包括:学校的育人理念和价值取向;校风及人文环境;教风及教师的职业信念、责任意识、创新意识、荣誉感和相应的行为方式;学风,学生的价值观及相应的行为方式。②学校制度环境研究。包括:学校德育管理评价体系的整体构建;德育制度怎样体现以人为本,引导教育者和受教育者和谐全面发展;德育制度怎样维护和保障学校和个人的合法权益。③学校物质环境研究。包括:自然环境;建筑设计的形式、结构、色彩等体现的文化风格和教育理念;校园装饰的育人功能;现代化的教学设备。④学校精神环境、制度环境、物质环境整体和谐研究。

(2)家庭德育环境优化研究。① 家庭精神环境研究。包括家庭成员文化程度、教育理念和教育方法、家庭伦理关系状况、家庭文化审美特点及休闲方式、家庭育人氛围等;②家庭制度环境研究。包括当代大中小城市、农村各类家庭的家庭规范(家规)、家庭潜规则等;③ 家庭物质环境研究。包括家庭建筑、装修、室内陈设、庭院布局体现的生活理念等。④家庭精神环境、制度环境、物质环境整体和谐研究。

(3)社会(社区)德育环境优化研究。①社会精神环境研究。包括地区历史文化及革命传统、公民道德状况及风俗习惯等;②社会制度环境研究。包括在建设和谐社会、和谐社区和社会主义新农村背景下的街道、社区、村镇精神文明建设的各类规范、公约、规章、条例,学校与社会有关单位、部队联系挂靠制度等;③社会物质环境研究。包括德育基地基础设施建设,地区经济社会发展状况、城市、村镇、社区居住条件及生活水平、文化体育娱乐设施建设等。④社会(社区)精神环境、制度环境、物质环境整体和谐研究。

(4)学校德育环境与家庭德育环境的和谐研究,学校德育环境与社区德育环境的和谐研究,家庭德育环境与社区德育环境的和谐研究。

(5)学校德育、家庭德育、社会德育环境整体和谐研究。

4. 深入进行法制教育研究

今年三月,中共中央、国务院转发了中宣部、司法部《关于在公民中开展法制宣传教育的第五个五年规划的通知》（中发[2006]7号文件），《通知》要求，法制宣传教育工作，要坚持法制教育与法治实践相结合，坚持法制教育与道德教育相结合，为构建社会主义和谐社会和全面建设小康社会营造良好的法治环境。要开展"法律进学校"活动，推进青少年学生法律素质教育。要发挥第一课堂的主渠道作用，坚持品德教育与法制教育并重，将法制教育列入课程，落实法制教育教材、课时和师资；积极开辟第二课堂，推进学法用法实践活动；开展法制教育师资培训，推动法制副校长、法制辅导员工作规范化；组织和引导学校开展依法治理活动。

为贯彻落实中央文件的精神和胡锦涛总书记关于"八荣八耻"社会主义荣辱观讲话中"以遵纪守法为荣，以违法乱纪为耻"的精神，受中央政法委委托，总课题组按照科学性、系统性、生本性、活动性、可读性、实效性原则编写出了系统的中小学法制教育教材。这套教材共8册，供小学三年级到高中一年级学生使用。小学各册，设法律基础知识、依法维护权利、杜绝不良行为、预防违法行为四个单元；中学各册，设法律基础知识、依法维护权利、预防违法行为、抵制犯罪行为四个单元。各实验学校要积极认真开展这套教材的实验，通过实验，使中小学生能够自觉维护法律尊严，增强法制意识，形成法制观念，提高法律素质，为建设社会主义法制社会做出贡献。通过实验，为全国中小学校全面开展法制教育工作，提供理论依据和实践参照。

5. 德育环境优化的德育实效性评价研究

（1）学校德育环境优化的德育实效性评价研究。

（2）家庭德育环境优化的德育实效性评价研究。

（3）社会德育环境优化的德育实效性评价研究。

（4）学校、家庭、社会德育环境整体优化的德育实效性评价研究。

6. 整体构建学校、家庭、社会和谐德育体系研究

（1）学校、家庭、社会在德育目标、德育内容、德育途径、德育方法、德育管理、德育评价诸要素横向贯通上和谐的研究

本课题在科学发展观的指导下，强调学校德育、家庭德育、社会德育三者整体优化，和而不同，相互补充，形成合力，推动学校、家庭、社会德育目标一致，德育理念趋同，德育管理统一，德育过程同步，德育内容方法互补，德育资源共享。

学校、家庭、社会在德育过程中只有做到"六要素"和谐，才会在相互关联、相互制约、相互作用的关系中获得最佳德育效果。

（2）学校、家庭、社会在幼儿园德育、小学德育、初中德育、高中（中职）德育、高职德育、大学德育各学段纵向衔接上和谐的研究

本课题遵循青少年儿童思想品德形成发展规律，按照系统科学的整体性、层次性、有序性、动态性、开放性原理，进行横向贯通，纵向衔接，分层递进，螺旋上升，推进大、中、小、幼德育的纵向衔接，避免倒挂、脱节和简单重复，整体构建学校、家庭、社会和谐德育体系，促进学校、家庭、社会德育的和谐发展，为进一步加强和改进青少年儿童的思想道德建设，建设社会主义思想道德体系，进而实现和谐社会提供理论参照和实践模式。

五、课题研究的原则、范式与方法

(一)课题研究的基本原则

本课题研究,继续贯彻"贯通古今,融会中西、继承借鉴、发展创新"的方针,坚持以下基本原则。

1. 科学性原则。科学性是德育科研的生命所在,也是本课题研究的首要原则。本课题是在科学理论指导下,采用科学的方法进行的系统研究。实验区、实验学校、实验教师在开展子课题研究时,要坚守科学性这个基本原则。认真阅读本课题子课题的选题指南,通过严密科学论证确定子课题,要加强对党和国家的有关政策和德育理论著作的学习和研究,用科学的理论指导我们的研究,确保课题研究始终沿着科学的轨道发展。

2. 创新性原则。创新是一个民族进步的灵魂,是一个国家兴旺发达的动力。创新是科学研究的本质特征,同样也是教育科研的本质特征。学校、家庭、社会和谐德育体系是我们首先提出来的,是一项原创性研究。实验学校和实验教师在确定"十一五"的子课题时,要有创见、有新意、有特色,力争进行原创性研究,也可以在"十五"研究基础上,进行继创性研究,一定要避免重复性低效研究。

3. 人本性原则。人本性原则就是以人为本的原则。其实质就是促进教育者和受教育者全面主动发展。"九五"、"十五"期间,我们开创了德育活动课程的新理念,提出了德育活动课的"师生双主体论"、"新三中心论"、"四原则论",使教育者和受教育者的主体地位得到了落实,提高了教育者和受教育者的积极性和创造性,创建了和谐德育新模式。在本课题的研究中,不但要继续对德育活动课进行深化和推广,还要把这种理念、这种模式在家庭教育和社区教育中进行研究和实验。

4. 实践性原则。道德来源于社会生活,社会生活是实践的,因而实践是道德发生的基础,也是道德的存在形态。实践的观点是德育首要的、基本的观点。学生的道德认知、道德情感、道德意志、道德行为是在德育实践活动中发生发展的。德育实践活动,既有课堂德育活动,又有课外德育活动,既有学校德育活动,又有家庭德育活动,还有社会德育活动。只有把这些活动有效组织,形成合力,才能促进学生良好品德的形成。

5. 实效性原则。提高德育实效性,是本课题研究的根本出发点。德育的实效性既是指德育的内在效果,即德育的要求能够顺利地转化为学生个体的思想道德素质;同时也指德育的外在效益,即德育通过提升学生的思想道德素质促进社会的物质文明和精神文明的建设。学生良好的思想道德素质,是在学校、家庭、社会各方面综合影响下形成和发展的。只有整体构建学校、家庭、社会和谐德育体系,整体优化学校、家庭、社会和谐德育环境,联合开展学校、家庭、社会相结合的丰富多彩的德育实践活动,德育的实效性才能有显著的提高。

(二)课题研究的范式

本课题组经过"九五"、"十五"的研究,形成了为决策服务、为实践服务的德育科研宗旨,组建了科研人员、地方行政领导、一线教师相结合的研究队伍,形成了总课题组、实验区、实验学校相结合的科研管理体系,创新了德育科研范式。在"十一五"研究中,我们将坚持这种科研范式,使我们的研究有坚实的实践基础,有明显的实践效果,形成可以推广的实践模式。

1. 坚持理论研究、政策研究、实践研究相结合的研究方针

本课题研究将坚持为德育决策服务,在党和国家方针政策的指导下进行研究的指导思想。认真研究党和国家有关的德育政策,及时将其纳入课题研究的内容,保证研究方向始终沿着正确的方向前进。及时组织相关培训,帮助地方行政领导、一线教师更好地理解有关政策,促进这些政策贯彻落实。与此同时,还要不断深入地开展德育基础理论研究,进行国内外学术交流,把理论研究、政策研究、实践研究紧密结合起来,架起理论指导实践,实践丰富和检验理论的立交桥。

2. 组建专职研究人员、地方行政领导、一线教师相结合的研究队伍

德育科研的根本目的在于提高德育工作的实效性,而德育实效性的提高最终要依赖于一线教师教育能力的提高,吸收一线教师参加德育科研是提高教师教育能力的最佳途径。通过德育科研,将唤醒实验教师的科研意识,普及实验教师的科研知识,提高实验教师的科研能力和德育工作水平。积极争取地方教育行政领导对课题研究的支持和参与。形成专职研究人员、地方行政领导、一线教师相结合的课题研究队伍。

3. 坚持总课题组、实验区、实验学校相结合的管理体系

本课题继续实行总课题组、实验区指导组、实验学校分层管理的体制。进一步明确总课题组、实验区指导组、实验学校的任务和职责。每年,总课题组召开一次实验区负责人工作会议和学术年会,对一年来的研究工作进行总结,对优秀科研成果、先进实验区、先进工作者、先进实验教师进行表彰和奖励,对下一年的研究工作进行部署,邀请领导和专家进行学术报告,积极开展学术交流,引领课题不断深入发展。各实验区指导组要经常深入到实验学校进行工作指导、教师培训、优秀德育活动课评比等项工作。各实验校要组织实验教师开展丰富多彩的实验研究活动,建立健全课题研究档案。总课题组的专家将继续深入各实验区、部分实验校进行课题研究和实验指导。确保课题研究健康开展。

(三)课题研究的主要方法

1. 系统研究法

系统科学研究方法是马克思主义唯物辩证法普遍联系原理的具体化和深化,是研究事物整体联系和运动发展规律的科学。将系统科学理论原则作为研究方法,我们已经在"九五""十五"的研究中得到了运用,取得了良好的效果。在本课题研究中将继续采用这种研究方法。系统论的基本理论原则是整体性、层次性、有序性、动态性。根据系统论原理,我们把德育作为一个系统进行整体性研究,按照"分系统"来划分德育系统的层级结构。从德育空间划分,可以把它分为学校、家庭、社会三个分系统,按年龄和学段划分,又可以分为幼儿、小学、初中、高中(中职)、大学(高职)五个相对独立的分系统;按德育的要素来划分,还可以划分为目标、内容、途径、方法、管理、评价六个分系统。构建学校、家庭、社会和谐德育体系,就是使以上三个分系统形成横向贯通、纵向衔接、分层递进、螺旋上升的立体德育关系结构。系统研究法的操作要点是:整体、联系、和谐、合力。

2. 实验研究法

德育实验是运用科学实验的原理和具体方法来研究德育现象和问题,以揭示德育活动

规律或某些德育内容、方法的有效性，是一种综合性研究活动。德育实验包括提出理论假说、设计实验方案、控制实验变量、评价实验效度、形成实验报告等过程。本课题实验的理论假说是：构建学校、家庭、社会和谐德育体系，可以增强德育实效。

这项实验的自变量有五个。一是《德育》读本，二是活动课，三是《成长册》，四是《一切为了孩子》家长学校教材，五是《法制教育》教材。对于《德育》读本、德育活动课、《成长册》、《当代家长》的实验，虽然在"九五"、"十五"期间已经开展，取得了显著的效果，但是，在本课题研究中，有不少学校是新加入的，没有开展过这项实验；还有不少学校参加这项实验的时间不太长，还没有真正掌握实验的理念和操作方法，因此，还需要继续深化这些实验研究。通过《法制教育》教材的实验，将会使实验学校的法制教育工作科学化、系统化、规范化，将会使实验学生的纪律观念、法制观念明显提高。

要认真做好实验效度评价。在实验过程中，实验教师要做好观察，写好实验笔记，把学生在活动课中的表现、教师自身的印象和体会如实记录下来，获得实验效度的第一手资料，以此作为评价参加实验的学生变化的重要依据。

3. 行动研究法

行动研究法是本课题研究的一种主要方法。因为它适合本课题的研究主体和行动主体——德育科研工作者与教育行政领导、一线教师、学生家长、广大学生。运用行动研究法，就是要边研究边行动，边行动边研究；在研究中行动，在行动中研究；注重研究结果，更强调研究过程。通过行动研究，探索出一条德育科研工作者与教育行政领导、一线教师相结合的德育科研之路。

实验学校的校长和教师要根据本校德育工作存在的问题，进行调研，制定实验方案，并亲身参加研究实验的全过程。通过实验，不但要提高学生的思想道德素质，同时，还要提高教师整体育人能力和师德素养。实验的过程，既是家长对孩子教育的过程也是家长素质不断提高的过程。如何有效整合社区教育资源对学生进行教育，需要经过不断的探索和完善，也是本课题研究的追求目标。这些特点决定了本课题对行动研究法的特殊需要。

4. 文献研究法

文献研究是指根据一定的目的，通过搜集和分析文献资料而进行的研究。文献研究在本课题研究中是作为辅助性的研究方法进行运用，但仍然是非常重要的研究方法。一般来说，科学研究都离不开文献研究。研究文献，可以从前人的研究中获得某种启示，少走弯路，减少盲目性；可以利用前人的权威的观点为自己佐证，使自己的研究增强说服力；当然，还可以从别人的研究中发现问题和不足，引起新的研究和讨论，从而纠正别人的错误，提出自己创新的观点。

本课题是在"整体构建学校德育体系"的研究基础上进行的拓展性研究。"九五"、"十五"期间，总课题组相继出版了《整体构建学校德育体系总论》、《引论》、《导论》、《实践导引》等一批研究成果，这些成果是我们开展本项课题研究的重要的理论依据，需要我们认真学习研究。同时，也要对《德育心理学》、《德育社会学》、《家庭教育学》等德育理论著作进行认真学习和研究，使课题研究工作始终在正确的理论指导下健康开展。

六、课题研究的步骤和预期成果

2006年,召开开题会议,对课题研究进行全面部署。对实验区负责人、实验教师进行系统培训。编辑出版《德苑群星——六个一百成果集》(暂定名)。

2007年,在"九五"、"十五"国家重点课题"整体构建学校德育体系"思想理论与实践经验基础上,实验校构建校本德育体系,实验区构建区域性德育体系,开展法制教育研究及法制教育教材实验,进行学校、家庭、社会德育环境优化研究。编辑出版《优秀校本德育体系选集》(暂定名)、《区域性德育体系选集》(暂定名),编写整体构建学校、家庭、社会和谐德育体系实践指导用书。

2008年,进行整体构建学校、家庭、社会和谐德育体系研究。编写出版《和谐德育论》。

2009年,进行《和谐德育论》推广实验研究,进行德育环境优化研究,编辑出版《德育环境优化研究》。

2010年,建设和评选命名"百所和谐德育示范学校"、"百个和谐德育示范家庭"、"百个和谐德育示范社区"、"百个文明和谐示范企业",为构建社会主义和谐社会做出贡献。

同志们,我们承担的这项课题是一项复杂而艰巨的系统工程,我们要坚持为决策服务、为实践服务的宗旨,以科学发展观和构建社会主义和谐社会的理论为指导,深化校本德育体系研究,深入进行法制教育研究,加强德育环境优化和德育实效性研究,总结推广区域性和谐德育典型经验,为整体构建适应社会主义和谐社会的学校、家庭、社会和谐德育体系做出贡献!

2. 2007年长春年会主题报告

深化研究 推广实验 整体构建学校、家庭、社区和谐德育体系

——中央教科所"整体构建和谐德育体系"课题2007年会暨第十届学术研讨会
中国伦理学会德育专业委员会第三届学术研讨会主题报告

(2007年8月8日于长春)

同志们、朋友们:

中央教科所"整体构建和谐德育体系"课题2007年会暨第十届学术研讨会、中国伦理学会德育专业委员会第三届学术研讨会,在迎接党的十七大的喜庆日子里,在美丽的北国春城长春市胜利召开了。我代表总课题组和研究会向大会作主题报告,请各位代表研究讨论。

整体构建学校、家庭、社区和谐德育体系的研究与实验,是在"九五"、"十五"课题研究的基础上,以和谐德育的理念为指导,把已经构建起来的小学、初中、高中、中职、高职、大学的德育体系与家庭德育、社区德育相结合,进一步整体构建学校、家庭、社区和谐德育体系。去年,我在北京人民大会堂召开的"十一五"开题大会上,已经对本课题研究与实验的背景和

法律政策依据、理论价值和实践价值、理论基础和实践基础、总体目标和主要内容等方面进行了详细的阐述。本次报告主要对学校、家庭、社区和谐德育体系如何在实验学校中进行实验操作问题作研究报告。

报告分为以下三部分：

一、全面推进《和谐成长》的研究与实验

二、深入进行《法制教育》的研究与实验

三、深化研究与推广实验的方法与范式

一、全面推进《和谐成长》的研究与实验

《和谐成长》是整体构建学校、家庭、社区和谐德育体系的具体化、可操作的系列实验用书（小学、初中、高中、中职每学年一册，共15册）。它是由中央教育科学研究所和谐德育课题组、中国伦理学会德育专业委员会组织全国百余名德育专家历时八个月，为引导和帮助中小学生和谐成长而研究编写的。

（一）《和谐成长》实验的根本目的

《和谐成长》研究与实验的目的，是根据构建社会主义和谐社会的实践要求，为建设和谐学校、和谐家庭、和谐社区以及学校、家庭、社区和谐德育体系提供理论指导和实践模式，引导学校、家庭、社区实施和谐德育，创造和谐氛围，共建和谐生活，促进学生和谐成长。

1. 通过研究与实验，把《中共中央关于构建社会主义和谐社会若干重大问题的决定》、《中共中央国务院关于进一步加强和改进未成年人思想道德建设的若干意见》以及《教育部关于整体规划大中小学德育体系的意见》等文件精神落到实处，进一步实现"为决策服务、为实践服务"的目的。

2. 通过研究与实验，对"九五"、"十五"已有科研成果（《整体构建德育体系总论》、《整体构建德育体系各学段实践导引》、《校本德育体系及实施细则》、《德育读本》、《成长册》、《当代家长》等）进行再研究、再创造，进一步实现"出成果、出经验、出人才"的目的。

3. 通过研究与实验，为实验学校提供和谐德育的实践模式，为班主任提供和谐德育主题班会的实践经验，为学生家长提供和谐家庭的生活体验，为社区干部提供和谐社区的建设平台，为广大学生提供和谐成长的发展时空，争取实现"学校、家庭、社区共创和谐德育"的目的。

（二）《和谐成长》编写的设计思路

1. 框架结构

和谐成长，是在时间和空间的普遍联系中进行的。本书以时间为纵坐标，以空间为横坐标，整体构建而成。时间坐标，是以一年12个月中的节日、纪念日和主题日为主线贯穿起来，内容涉及生命健康、孝敬父母、尊老爱幼、环境保护、文化传承、民主法制、科学探索、热爱祖国、世界和平等人类生活的各个方面，使德育内容和形式更加富于文化特色。空间坐标，是以学校、家庭、社区三个生活领域为德育场贯通起来，根据每月节日、纪念日、主题日所蕴含的德育主题，通过"和谐校园"、"和谐家庭"、"和谐社区"三个栏目，设计亲子互动、师生互动、校区共建等德育活动，使德育内容和形式更加突出生活化特色。

2. 主要功能

本书有五大功能，一是亲子共读，在"和谐家庭"栏目中介绍和谐家庭建设的知识经验和典型案例，设计"亲子互动"的具体内容和方法，使其成为和谐家庭的生活导师；二是师生共用，在"和谐校园"栏目中介绍和谐校园建设的先进经验和典型事例，设计可操作的主题活动方案，使其成为和谐校园的活动指南；三是校区共建，在"和谐社区"栏目中，介绍和谐社区建设的成功经验和先进事迹，提出共建活动的参考方案，使其成为和谐社区的建设平台；四是经典诵读，在不同年级插编了《弟子规》、《三字经》、《论语》精读等内容，以提高学生的国学素养；五是和谐成长，在每月的最后部分，给学生设计了开放式的子栏目"体验感悟"、"交流互动"、"成长在线"，为学生的和谐成长导航。

3. 使用方法

本书是按照每年一至十二月的时间顺序编排的。在使用时，可以从每学年第一学期开学的九月份或第二学期的三月份开始使用，也可以根据需要选取任意一个月份使用。为实现出成果、出经验、出人才的科研目的，总课题组将在每学期末通过实验区、实验校向广大实验教师征集实验报告、典型案例、活动方案，并予以评审表彰。

（三）《和谐成长》编写的基本原则

1. 和谐性原则

和谐是本课题研究的核心概念。《和谐成长》研究与实验的和谐性原则，主要是坚持学校、家庭、社会德育理念融通、德育目标趋同、德育内容互补、德育过程互动、德育管理协调、德育评价一致，运用这样的理念和方法，构建具有课题研究特色的学校、家庭、社会和谐德育体系的实施载体，促进和谐学校、和谐家庭、和谐社会建设，从而促进学生思想品德及整体素质和谐发展。

2. 人文性原则

人文性是21世纪德育发展的大趋势。《和谐成长》研究与实验的人文性原则，主要体现在节日纪念日的文化内涵和人文价值上。中国的节日纪念日，历史积淀久远，文化内涵深厚，蕴含着中华民族的价值观念、伦理道德、民族情感和审美情趣。在节日风俗和纪念活动中贯穿着扬美德、树正义、显智慧、鉴善恶、展愿景的思想情感脉络，是民族精神和民族文化的独特凝聚点。国际的和西方的节日纪念日，伴随着改革开放的不断深入，也逐渐融入到国人的生活之中。节日纪念日作为一种文化现象和文化活动，具有社会性和团体性，学校、家庭、社区可以共同参与。将节日纪念日这一独特文化资源纳入《和谐成长》研究与实验之中，使学校、家庭、社会和谐德育体系更加富于文化特色。

3. 创新性原则

创新是科学研究的本质特征。《和谐成长》研究与实验的创新性主要体现在以下几个方面。其一，以节日纪念日为线索设计主题活动，以主题活动引导和谐家庭、和谐校园、和谐社区建设是本书的主要特色；其二，以月份为单元，根据每个月节日纪念日的内容和学生的年龄特点，设计本月事典、和谐校园、和谐家庭、和谐社区与和谐成长五个栏目，这是本书的又一个创新特色；其三，每个栏目除了知识性、经验性的内容之外，还分别设计了主题活动、亲子互动、共建活动、体验感悟、互动交流、成长在线等子栏目，为教师、家长、社区干部与学生的互动交流搭建了平台,这是构建和谐德育体系的生长点和创新点。

4. 实践性原则

实践性是德育的根本属性,也是本课题研究的突出特点。《和谐成长》研究与实验的主要任务是引导学生、家长、班主任、社区干部的和谐德育实践。实践性原则就是要贴近实际、贴近生活、贴近学生,体现"近、小、实、亲、活",注重以生活化的丰富多彩的知识、案例和实践活动引发学生、家长、班主任、社区干部的参与热情。

(四)《和谐成长》实验的主要内容

月份	小学一年级	小学二年级	小学三年级
1	过新年了 元旦(1月1日)	又长一岁 元旦(1月1日)	迈好新年第一步 元旦(1月1日)
2	爆竹声里过除夕 春节	元宵汤圆亲兄弟 元宵节	天气变化早知道 气象日(2月10日)
3	童谣伴我成长 世界儿歌日(3月21日)	珍惜每一滴水 世界水日(3月22日)	我与小树一起长大 植树节(3月12日)
4	干干净净上学去 世界卫生日(4月7日)	献上一朵小白花 清明节(4月5日)	"红绿灯" 交通安全日(4月30日)
5	多吃点 少吃点 学生营养日(5月20日)	自己的事情自己做 国际劳动节(5月1日)	给妈妈洗脚 母亲节(5月第二周日)
6	胸前飘起红领巾 国际儿童节(6月1日)	我有一个好爸爸 父亲节(6月第三周日)	我爱自己的节日 国际儿童节(6月1日)
7	庆祝上学一周年 开学典礼	美丽的校园 国际建筑日(7月1日)	我们捧回紫荆花 香港回归(7月1日)
8	军旗 军徽我知道 建军节(8月1日)	艺术家	科学家
9	我是一名小学生 教师节(9月10日)	牙齿好 身体棒 爱牙日(9月20日)	老师,我爱你 教师节(9月10日)
10	与小动物交朋友 动物日(10月4日)	点燃祖国生日的蜡烛 国庆节(10月1日)	粒粒皆辛苦 世界勤俭日(10月31日)
11	文学家	消防安全知多少 消防日(11月9日)	世界——您好 世界问候(11月21日)
12	没病也要打针吗 世界强化免疫日(12月15日)	伸出你的手 世界残疾人日(12月3日)	冬天在哪里 冬至日(12月22日)

月份	小学四年级	小学五年级	小学六年级
1	我是小哥哥小姐姐 元旦(1月1日)	新年钟声敲响时 元旦(1月1日)	精致的贺卡 元旦(1月1日)
2	欢天喜地过大年 春节	让地球的肺更健康 湿地日(2月2日)	春联 民俗 文化 春节

月份	小学四年级	小学五年级	小学六年级
3	我为妈妈做件事 国际劳动妇女节（3月8日）	明明白白"3·15" 消费者权益日（3月15日）	给地球披上绿衣裳 植树节（3月12日）
4	小手拉大手 世界地球日（4月22日）	踏着英烈足迹走 清明节（4月5日）	朗朗读书声 国际儿童图书日（4月2日）
5	碘是我们的朋友 碘缺乏病防治日（5月5日）	我有一双勤劳的手 国际劳动节（5月1日）	我们都有一个家 国际家庭日（5月15日）
6	追寻屈原 端午节（五月初五）	我是祖国一朵花 国际儿童节（6月1日）	感恩母校 国际儿童节（6月1日）
7	人类大家庭 世界人口日（7月11日）	五星红旗，我为你骄傲 申奥成功纪念日（7月13日）	奏响义勇军进行曲 抗日战争爆发纪念日（7月7日）
8	我的快乐假期	英雄伴为成长 建军节（8月1日）	告别童年 设计未来
9	我听奶奶讲中秋 中秋节（八月十五）	师恩难忘 教师节（9月10日）	异口同声话普通 推广普通话周（9月第三周）
10	献给祖国一首歌 国庆节（10月1日）	爷爷（奶奶）白发有几根 重阳节（九月初九）	我自豪，我是中国人 国庆节（10月1日）
11	历史人物	我是校园小记者 中国记者日（11月18日）	荧屏里的大世界 世界电视日（11月21日）
12	少年毛泽东	圣诞老人的礼物 圣诞节（12月25日）	科学精神

月份	初一年级	初二年级	初三年级
1	新年新起点 元旦	元旦与绿色消费 元旦	辞旧迎新 元旦
2	欢欢喜喜过大年 春节	我给亲朋送春联 春节	习俗中的传承与创新 春节
3	我与小树共成长 植树节（3月12日）	雷锋—我青春的坐标 学雷锋日（3月5日）	尊重妇女 关爱女性 国际妇女节（3月8日）
4	风筝是我 家是线 潍坊国际风筝节（4月20日）	清明踏春雨丝长 清明节	可爱的地球我的家 世界地球日（4月22日）
5	我和妈妈进厨房 国际劳动节（5月1日）	扬起青春的风帆 "五四"青年节	微笑与健康 世界微笑日（5月8日）
6	学当环保小卫士 世界环境保护日（6月5日）	深沉的父爱伴我行 父亲节（6月第三个星期日）	看清世界看清人生 全国爱眼日（6月6日）
7	我把党来比母亲 七一建党纪念日	泪洒卢沟桥 七七事变	学会合作 共同生活 国际合作节 （7月第一个星期六）

月份	初一年级	初二年级	初三年级
8	爱我钢铁长城 建军节	我也有奇思妙想 爱迪生发明有声电影纪念日 （8月27日）	放飞梦想 北京奥运会（8月8日）
9	新环境新朋友 开学典礼	桃李芬芳九月天 教师节（9月10日）	理想与职业 冯如第一次试飞成功 （9月21日）
10	祖国在我心中 国庆节	秋日重阳话孝心 重阳节	知识改变命运 国际消除贫困日（10月17日）
11	滴水之恩涌泉相报 感恩节（11月第四个星期日）	"防"字当头警钟鸣 全民消防活动日（11月9日）	感恩的心 感恩节
12	同享一片蓝天 国际残疾人日（12月3日）	法律保护我成长 全国法制宣传日（12月4日）	相互关爱　共享生命 世界艾滋病日（12月1日）

月份	高一年级	高二年级主题	高三年级主题
1	时代呼唤开拓创新 ——新年共话新使命	良好的开端 ——元旦感想	十年之后再相会 ——新年联欢会的畅想
2	感受时代发展的历程 ——三代人话童年春节	走进民族文化百花园 ——春节民俗文化采风	家中新生的一个顶梁柱 ——成年后的第一个春节
3	学会尊重 文明修身 ——从三八妇女节、向雷锋学习 纪念日谈起	乘"e"飞翔，健康成长 ——献给全国青少年网络文明 行动日的礼物	领取二十一世纪的通行证 ——周恩来诞辰日的启迪
4	地球只有一个，生命只有一次 ——与世界地球日与世界卫生日 对话	共建学习型班级和家庭 ——世界读书日告诉我们什么	志存高远，学会选择 ——詹天佑诞辰日的思考
5	劳动使青春永驻 ——纪念五一劳动节和青年节	人人都献出一点爱 ——全国助残日行动进行时	调整心态，笑迎考验 ——与大中学生心理健康日 对话
6	远离黄赌毒，筑起新长城 ——从世界禁毒日说起	从端午节到奥林匹克日 ——从世界文化遗产日谈传承 人类文化	今日我以母校为荣 明日母校为 我骄傲 ——毕业典礼的承诺
7	走访身边的共产党员 ——党的生日与党员零距离接 触	友好相处，学会合作 ——从国际合作节谈教育的四 大支柱	安度过渡期，向社会学习
8	体验军旅生活 ——纪念八一建军节	健康休闲，丰富情趣 ——从国际电影节谈起	笑对人生 路在脚下 ——说说国际微笑行动
9	迈好和谐成长第一步 ——开学典礼寄语	民族精神铸我人生路 ——民族精神弘扬月节日纪念日 聚焦	奏响命运交响曲 ——成人宣誓仪式的启迪

10	感悟共和国成长 ——国庆节漫步	做具有国际意识的现代中国人 ——从联合国日谈我们的责任	做好迎考的心理准备 ——献给世界精神卫生日的礼物
11	实现学习方式的变革 ——纪念华罗庚诞辰日谈学习	崇尚科学，务实创新 ——从居里夫人诞辰日谈科学素养	追抚成长史，感恩师长情 ——感恩节的师长生三心互动
12	志愿者的人生足迹 ——向国际志愿者日汇报	法律伴随我成长 ——全国法制宣传日告诉我们什么	点亮人生旅程的灯塔 ——纪念毛泽东诞辰日

月份	中职一年级	中职二年级	中职三年级
1	新的憧憬 ——为自己树根标杆 元旦	展示自我 ——书写自强自立的人生 校本科技节	十指相扣的力量 ——团结协作新里程 元旦
2	一年之计在于春 ——计划未来，新的一年步步高 春节	快乐家庭 ——感受亲情 传承文化 元宵节	特别的"爱"给特别的你 ——亲情友情和爱情 除夕、春节、元宵节、腊八节
3	尊重异性 ——团结友爱，感恩回报 3·8妇女节	维护权益 ——我的权益要维护 3·15权益日	做颗"时代"螺丝钉 ——雷锋精神岗位再现 "向雷锋同志学习"题词
4	关爱健康 ——健康使一切皆有可能 世界卫生日	共护家园 ——远离生存危机 世界地球日	阳光总在风雨后 ——挫折是块磨刀石 海伦凯乐逝世纪念日 端午节（屈原精神）
5	劳动与生存 ——劳动最光荣 劳动节	大显身手 ——谱写"五四"精神新篇章 青年节	做个快乐的劳动者 ——劳动没有贵贱之分 国际劳动节
6	我们只有一个地球 ——世界环境日向我们发出了警示 世界环境日	爱心奉献 共同成长 ——学会尊老爱幼 父亲节	敢问路在何方 ——千里之行始于脚下 校本、毕业典礼
7	党旗飘飘 ——党在我心中 建党纪念日	铁肩担道义 ——继承传统 捍卫和平 抗战胜利	十八岁，我举手宣誓 ——与自己签一份成人约 成人仪式
8	爱好和平 ——青春与美好家园 八一节、国防日	让青春闪光 ——在实践中磨砺自己 建军节、国防教育日	有梦就会有未来 ——绘制人生蓝图 国际微笑行动
9	新的成长道路 ——条条道路通"成功" 教师节	学会交往 ——青年人必备的生存本领 世界旅游日	拜"师"学"技" "德"为先 ——上好岗前第一课 教师节、公民道德宣传日

月份	中职一年级	中职二年级	中职三年级
10	爱国爱家 ——我们的温馨家园 国庆节	科技强国 健康生活 ——科技文化伴我成长 国庆节	我和我的"第一桶"金 ——用好第一份工资 国庆节、国际老人节、 重阳节中秋节
11	学会感恩 ——让感恩的心伴随我们成长 感恩节	职业防护 ——关注健康,珍爱生命 消防宣传日、糖尿病日、记者日	感恩,滋润生命树 ——过好人生每一天 感恩节
12	懂得关爱 ——在爱中快乐地生活 国际残疾人日	与法同行 ——学法、知法、守法 法制宣传日	责任,为生命打伞 ——岗位责任在我心 中国法制宣传日

二、深入进行《法制教育》的研究与实验

(一)《法制教育》研究与实验的背景

近年来,未成年人犯罪的数量逐年攀升,占全部刑事犯罪人数的比例越来越大,而且日益呈现出暴力化、团伙化趋势,严重危害了社会治安。犯罪类型集中为抢劫、强奸和盗窃,在押未成年犯中上述犯罪类型人数比例分别为64.4%、11.3%、10.5%,占全部犯罪类型的八成以上,明显高于其他人群。

表一:青少年犯罪情况

年度	1995	1996	1997	1998	1999	2000	2001	2002
全国青少年人数(万人)	24598.5	24234.5	23237.5	22557.5	27454.7	—	21695.6	22614.4
青少年犯罪人数(人)	247391	269749	199212	208076	221153	220981	253465	217909
青少年犯罪率(万分之一)	10.06	11.03	8.57	9.22	8.06	—	11.68	9.64

表二:1995-2002年全国青少年犯罪人数占刑事犯罪人数的百分比

年度	1995	1996	1997	1998	1999	2000	2001	2002
刑事罪犯	543276	665556	526312	528301	602380	6339814	746328	710858
青少年罪犯	247391	269749	199212	208076	221153	220981	253465	217909
百分比%	45.54	40.33	37.85	39.39	36.37	34.54	33.96	31.05

表三:1995-2002年全国青少年犯罪人数分年龄段统计数据

年度	1995	1996	1997	1998	1999	2000	2001	2002
青少年犯罪人数	247391	269749	199212	208076	221153	220981	253465	217909
其中未满18周岁人数	35832	40220	30446	33612	40014	41709	49883	50030
其中18-25周岁人数	211559	229529	168776	174464	181139	179272	203582	167879

表四：青少年犯罪主体文化程度状况（抽样调查）

年度 \ 学历	文盲或不识字	小学	初中	高中及其以上	无效答案	合计
1990	163　6.2%	868　33.1%	1303　49.7%	263　10.0%	23　0.9%	2620　100%
1993	145　6.7%	835　38.4%	1010　46.5%	172　7.9%	12　0.6%	2175　100%
1996	119　5.5%	805　37.0%	1010　46.5	224　10.3%	15　0.7%	2175　100%
1999	40　2.9%	502　36.2%	669　48.3%	155　11.2%	20　1.4%	1387　100%

表五：青少年犯罪类型统计（抽样调查）

犯罪类型	抢劫	性犯罪	故意伤害	其他
占犯罪总人数的比例	53～70%	21～22%	4～5%	3～24%

（二）《法制教育》研究与实验的意义

1. 有利于贯彻依法治国与以德治国相辅相成的治国方略

党的十六大报告指出："依法治国与以德治国相辅相成"。按照这一基本方略的要求，应当深入开展法制宣传教育，大力推进依法治理，坚持法制教育与法治实践相结合，坚持法制教育与道德教育相结合，为构建社会主义和谐社会和全面建设小康社会营造良好的法治环境。我们坚持德育五要素说，主张德育内容应当包括思想教育、政治教育、道德教育、法治教育、心理教育。但在德育实践中，法制教育则相对薄弱。通过《法制教育》课本的研究与实验，可以增强法制教育的科学性、系统性、规范性、实效性，对贯彻落实"依法治国与以德治国相辅相成"的治国方略具有重要意义。

2. 有利于落实"法律进学校"的要求

二〇〇六年三月十七日，中共中央、国务院转发了中宣部、司法部《关于在公民中开展法制宣传教育的第五个五年规划的通知》（中发[2006]7号文件），《通知》指出：要开展"法律进学校"活动，推进青少年学生法律素质教育。要发挥第一课堂的主渠道作用，坚持品德教育与法制教育并重，将法制教育列入课程，落实法制教育教材、课时和师资；积极开辟第二课堂，推进学法用法实践活动；开展法制教育师资培训，推动法制副校长、法制辅导员工作规范化；组织和引导学校开展依法治理活动。通过《法制教育》课本的研究与实验，可以使中央文件关于"法律进学校"的要求落到实处。

3. 有利于保护未成年人的健康成长

胡锦涛总书记关于"八荣八耻"社会主义荣辱观讲话中提出"以遵纪守法为荣，以违法乱纪为耻"，《中共中央国务院关于进一步加强和改进未成年人思想道德建设的若干意见》指出全社会都要关心未成年人的健康成长。通过《法制教育》课本的研究与实验，使全国中小学生认真学习法律基础知识，依法维护权利、杜绝不良行为，预防违法行为，抵制犯罪行为，自觉地维护法律尊严，增强法制意识，形成法制观念，提高法律素质。这对于促进未成年人的健康成长具有重要意义。

（三）《法制教育》研究与实验的原则

1. 科学性原则。法是建立在一定经济基础上，由国家制定或认可，并以国家强制力保证实施的表现掌握国家政权的阶级意志的行为规范的总和。要认真学习和研究法学基本理论和法律规范，在引用、阐释法律条款时，必须准确、规范，坚决维护法律的严肃性和严密性。从而保证《法制教育》研究与实验的科学性。

2. **系统性原则**。法律规范是一个庞大的体系，它规定了人们在一定情况下可以做什么、应当做什么、不能做什么，从而为人们确立了明确的行为模式和标准。《法制教育》研究与实验以学习法律基础知识、依法维护权利、杜绝不良行为、预防违法行为、抵制犯罪行为为横坐标，以学生从小学到高中的成长轨迹为纵坐标，科学设计各学段、各年级的法制教育目标内容，形成横向贯通、纵向衔接、分层递进、螺旋上升的法制教育体系。

3. **生本性原则**。《法制教育》研究与实验要坚持以学生为本位的教育理念，从中小学生年龄特点和身心发展规律出发，充分考虑他们的知识水平、生活阅历、接受能力、兴趣爱好、实际需要，使他们喜欢看、看得懂、学得会、记得住、用得着、有实效，为中小学生学法、知法、懂法、用法、守法、护法打下良好的基础，帮助他们用法律的武器保护自己健康成长。

4. **活动性原则**。《法制教育》研究与实验要设计形式多样、新颖有趣的法制教育活动，让学生在亲身经历或如身临其境中体验法律，感悟法律，理解法律，遵守法律。小学的法制教育活动应以情景模拟式、角色扮演式、情感体验式为主；中学的法制教育活动应以辩论明理式、知识竞赛式、调查访谈式为主。案例教学和模拟法庭应当成为中小学通用的法制教育活动的基本形式。

5. **实效性原则**。《法制教育》研究与实验要从社会生活实际出发，贴近生活、贴近实际、贴近学生。深入研究中小学生的成长经历和生活环境，坚持"近、小、实、亲"，使中小学生真切地感受到法律就在自己身边，就在日常生活中；法律是维护自身权益、保护自己健康成长的武器。认真研究当代中小学生亟待普及的法律知识，亟待解决的法律问题，力求法制教育的实效性。

（三）《法制教育》研究与实验的内容

全国中小学《法制教育》各册目录一览表

单元 年级	法律基础知识	依法维护权利	杜绝不良行为	预防违法行为	抵制犯罪行为
三年级	推开法律之门； 法律就在我身边； 遵守交通法规。	紧急情况会求助； 遇到伤害会自护； 面对危险会自救。	从"狼来了"说起；不奢侈不浪费； 不去"禁止进入"的场所。	不扰乱公共秩序； 警惕玩火引灾难； 保护环境我有责。	
四年级	法律神圣不可侵犯； 依法接受义务教育； 法律保护未成年人。	我的信件你别拆； 我的人格不可辱； 如遭遗弃求保护。	旷课逃学是劣习； 骂人打架引祸端； 痴迷网吧害处多。	不毁坏公私财物； 不破坏文物； 不谎报险情。	
五年级	什么是法律； 追溯法律源头； 维护社会治安。	结交网友要慎重； 假冒伪劣要拒绝； 残疾儿童莫歧视。	恃强凌弱后患无穷； 夜不归宿步入歧途； 离家出走引发悲剧。	欺诈他人终陷囹圄； 偷盗钱财难逃法网； 强索财物触犯法律。	

续表

单元\年级	法律基础知识	依法维护权利	杜绝不良行为	预防违法行为	抵制犯罪行为
六年级	宪法； 公民的基本权利； 公民的基本义务。	受到虐待要维权； 我有上初中的权利； 依法维护女性权益。	吸烟酗酒害处多； 淫秽制品似砒霜； 参与赌博危害大。	吸毒是违法行为； 偷税漏税国法不容； 文明上网莫违法。	
七年级	什么是刑法； 什么是犯罪； 什么是刑罚。	维护公正评价权； 隐私权受法律保护； 我们不能当童工。		不携带管制刀具； 不结伙斗殴； 不参与邪教。	盗窃行为受惩处； 抢劫是暴力犯罪； 严防性犯罪。
八年级	什么是民法； 民事权利； 民事责任。	肖像权不容侵犯； 警惕消费陷阱； 生命健康权受法律保护。		无效婚姻不受法律保护； 虐待老人法律不容； 观看比赛投掷杂物违法。	哄抢公私财物受惩处； 包庇窝赃要治罪； 故意伤害他人酿苦果。
九年级	行政法常识； 合同法常识； 劳动法常识。	依法维护继承权； 依法维护劳动权利； 法律保护正当防卫权。		不能签定违法合同； 猥亵他人是违法行为； 使用手机莫违法。	故意杀人要严惩； 纵火是严重的犯罪行为； 投毒犯罪必受惩罚。
十年级	刑事诉讼法； 民事诉讼法； 行政诉讼法。	依法维护婚姻家庭关系； 依法维护诉讼权； 依法维护知识产权。		履行国防义务； 反对分裂国家； 禁止违法游行。	贪污受贿国法不容； 网络犯罪危害极大； 远离黑社会性质犯罪。

三、深化研究与推广实验的方法与范式

(一) 深化研究与推广实验的方法

本课题研究主要运用了系统研究法、实验研究法和行动研究法。

1. 系统研究法

系统科学研究方法是马克思主义唯物辩证法普遍联系原理的具体化和深化，是研究事物整体联系和运动发展规律的科学。将系统科学理论原则作为研究方法，我们已经在"九五""十五"的研究中得到了运用，取得了良好的效果。在本课题研究中将继续采用这种研究方法。系统论的基本理论原则是整体性、层次性、有序性、动态性。根据系统论原理，我们把德育作为一个系统进行整体性研究，按照"分系统"来划分德育系统的层级结构。从德育空间划分，可以把它分为学校、家庭、社会三个分系统；按年龄和学段划分，又可以分为幼儿、小学、初中、高中（中职）、大学（高职）五个相对独立的分系统；按德育的要素来划分，还可以划分为目标、内容、途径、方法、管理、评价六个分系统。构建学校、家庭、社会和谐德育体系，就是使以上三个分系统形成横向贯通、纵向衔接、分层递进、螺旋上升的立体德育关系结构。系统研究法的操作要点是：整体、联系、和谐、合力。

2. 实验研究法

德育实验是运用科学实验的原理和具体方法来研究德育现象和问题，以揭示德育活动规律或某些德育内容、方法的有效性，是一种综合性研究活动。德育实验包括提出理论假说、控制实验变量、评价实验效度、形成实验报告等过程。

(1) 提出理论假说。本课题实验的理论假说是：以《和谐成长》和《法制教育》为载体开展德育活动，构建学校、家庭、社会和谐德育体系，可以增强德育实效。

(2) 控制实验变量。这项实验的自变量有两个。一是《和谐成长》和《法制教育》；二是德育活动课。所谓控制实验变量，就是指实验教师设法运用《和谐成长》和《法制教育》，开展丰富多彩的德育活动课，以验证理论假说的过程。德育活动课是以《和谐成长》和《法制教育》为载体，以主体班会、团队会为基本组织形式的活动课程。德育活动课必须贯彻"师生双主体互动"、"新三中心"、"知、情、意、行四环节"、"近、小、实、亲四原则"等德育新理念，不能单纯传授知识，让学生死记硬背，必须让学生主体参与，充分调动学生的主观能动性。这是能否提高德育实效的关键，也是本次实验成败的关键。广大实验教师要认真操纵自变量，设计出丰富多彩、行之有效的德育活动课方案，使德育新理念在实验学校深入人心。使《和谐成长》和《法制教育》真正成为：师生共用——和谐校园的活动指南；亲子共读——和谐家庭的生活导师；校区共建——和谐社区的建设平台；和谐德育——学生和谐成长的航标。

(3) 做好实验效度评价。要评价一项实验的效度，主要看它的内在效度和外在效度。评价内在效度的方法，实验学校主要运用前侧后侧评价法。这是一种自身纵向比较的方法，可以判断被试在参与实验前后思想道德素质的发展变化，是一种有效的评价方法。实验教师主要采用观察法，在实验过程中，实验教师要做好观察，写好实验笔记，把学生在活动课中的表现、教师自身的印象和体会如实记录下来，获得实验效度的第一手资料，以此作为评价实验效果的重要依据。评价外在效度的方法，我们主要运用了在不同地区进行重复性实验的方法。这种方法不仅有助于完善实验方案、增进实验效益，而且可以验证实验的外在效度。

(4) 撰写实验报告。总课题组每年都要征集和评审实验教师的实验报告，对成绩优秀的要给予表彰和奖励。

3. 行动研究法

"行动"和"研究"，在西方社会科学工作者那里，是两个用以说明由不同的人从事的不同性质的活动的概念。"行动"主要指实践者、实际工作者的实践活动和实际工作；"研究"则主要指受过专门训练的专业工作者、学者专家对人的社会活动和社会科学的探索。人们把这两个词结合起来，表述为"行动研究（action research）"是20世纪三四十年代的事情。

行动研究法是本课题研究的一种主要方法。因为它适合本课题的研究主体和行动主体——德育科研工作者与教育行政领导、一线教师、学生家长、广大学生。运用行动研究法，就是要边研究边行动，边行动边研究；在研究中行动，在行动中研究；注重研究结果，更强调研究过程。通过行动研究，探索出一条德育科研工作者与教育行政领导、一线教师相结合的德育科研之路。

实验学校的校长和教师要根据本校德育工作存在的问题，进行调研，制定实验方案，并亲身参加研究实验的全过程。通过实验，不但要提高学生的思想道德素质，同时，还要提高教师整体育人能力和师德素养。实验的过程，既是家长对孩子教育的过程也是家长素质不断提高的过程。如何有效整合社区教育资源对学生进行教育，需要经过不断的探索和完善，也是本课题研究的追求目标。这些特点决定了本课题对行动研究法的特殊需要。

4. 文献研究法

文献研究是指根据一定的目的，通过搜集和分析文献资料而进行的研究。文献研究在本课题研究中是作为辅助性的研究方法进行运用，但仍然是非常重要的研究方法。一般来说，科学研究都离不开文献研究。研究文献，可以从前人的研究中获得某种启示，少走弯路，减少盲目性；可以利用前人的权威的观点为自己佐证，使自己的研究增强说服力；当然，还可以从别人的研究中发现问题和不足，引起新的研究和讨论，从而纠正别人的错误，提出自己创新的观点。

（二）深化研究与推广实验的范式

本课题组经过"九五"、"十五"的研究，形成了理论研究、政策研究、实践研究相结合的研究方针，组建了科研人员、地方行政领导、一线教师相结合的研究队伍，形成了总课题组、实验区、实验学校相结合的科研管理体系，创新了德育科研范式。在"十一五"研究中，我们将坚持这种科研范式，使我们的研究有坚实的实践基础，有明显的实践效果，形成可以推广的实践模式。

1. 坚持理论研究、政策研究、实践研究相结合的研究方针

本课题研究将坚持为德育决策服务，在党和国家方针政策的指导下进行研究的指导思想。认真研究党和国家有关的德育政策，及时将其纳入课题研究的内容，保证研究方向始终沿着正确的方向前进。及时组织相关培训，帮助地方行政领导、一线教师更好地理解有关政策，促进这些政策贯彻落实。与此同时，还要不断深入地开展德育基础理论研究，进行国内外学术交流，把理论研究、政策研究、实践研究紧密结合起来，架起了理论指导实践，实践丰富和检验理论的立交桥。

2. 组建专职研究人员、地方行政领导、一线教师相结合的研究队伍

德育科研的根本目的在于提高德育工作的实效性，而德育实效性的提高最终要依赖于一线教师教育能力的提高，吸收一线教师参加德育科研是提高教师教育能力的最佳途径。通过德育科研，将唤醒实验教师的科研意识，普及实验教师的科研知识，提高实验教师的科研能力和德育工作水平。积极争取地方教育行政领导对课题研究的支持和参与。形成专职研究人员、地方行政领导、一线教师相结合的课题研究队伍。

3. 坚持总课题组、实验区、实验学校相结合的管理体系

加强对课题研究的管理。本课题继续实行总课题组、实验区指导组、实验学校分层管理的体制。进一步明确总课题组、实验区指导组、实验学校的任务和职责。每年，总课题组召开一次实验区负责人工作会议和学术年会，对一年来的研究工作进行总结，对优秀科研成果、先进实验区、先进工作者、先进实验教师进行表彰和奖励，对下一年的研究工作进行部署，邀请领导和专家进行学术报告，积极开展学术交流，引领课题不断深入发展。各实验区指导组要经常深入到实验学校进行工作指导、教师培训、优秀德育活动课评比等项工作。各实验校组织实验教师开展丰富多彩的实验研究活动，建立健全课题研究档案。总课题组的专家将继续深入各个实验区、部分实验校进行课题研究和实验指导。确保课题研究健康开展。

3. 2008年南山年会主题报告

深入开展和谐德育实验，构建校本和谐德育体系
——全国教育科学"十一五"规划课题"和谐德育的研究与实验"2008年年会暨第十一届学术研讨会、中国伦理学会德育专业委员会第四届学术研讨会主题报告

同志们：

我代表和谐德育研究总课题组和中国伦理学会德育专业委员会向大会作主题报告。请各位代表和领导专家予以审议。

本次会议的主题是：以十七大精神为指导，深入贯彻落实科学发展观，坚持"育人为本，德育为先"，落实《教育部关于整体规划大中小学德育体系的意见》，深化和谐德育的研究与实验，积极构建校本和谐德育体系，为全面推进素质教育，促进学生健康和谐成长，为建设社会主义和谐社会而努力实践。

经过"九五"、"十五"两个五年规划历时十年的研究与实验，我们创立了和谐德育的理论体系和实践模式。2006年，我在北京人民大会堂"十一五"开题报告中，对和谐德育的研究与实验进行了全面部署；2007年，总课题组完成了和谐德育实验载体《和谐成长》的研究与编写，并在长春年会的主题报告中提出了实验的具体要求；2008年上半年研究出版了综合性理论成果《和谐德育论》。本届年会的主要任务是：深入开展和谐德育研究与实验，积极构建校本和谐德育体系。

报告共分四部分：
一、校本和谐德育体系的基本内涵
二、校本和谐德育体系的基本特征
三、校本和谐德育体系的构建原则
四、校本和谐德育体系的实践模式

一、校本和谐德育体系的基本内涵

校本和谐德育体系是在本课题研究成果《和谐德育论》中提出来的一个特有概念。在《和谐德育论》第二章第三节阐述课题研究如何服务实践时明确提出："理论研究与实践操作的会合点和落脚点，是运用和谐德育原理构建校本和谐德育实施体系，这是和谐德育研究服务实践的直接形式之一。"

要完整的理解把握校本和谐德育体系的内涵，首先应认识把握和谐德育的基本内涵。

（一）和谐德育的基本内涵

和谐德育，是以满足社会发展需要和受教育者发展需要的和谐统一为出发点，在遵循受教育者思想品德和身心发展规律的基础上，构建德育体系诸要素之间的和谐关系，使之协调相应、配合得当，形成合力，以引导教育者掌握德育规律，提高育人能力，从而促进受教育者思

想品德及整体素质和谐发展的一种教育模式。

和谐德育的这个定义包含的内容要点可以从六个方面作阐释性表述：

1. 和谐德育以满足社会发展需要和受教育者发展需要的和谐统一为出发点

社会发展需要和谐。我国确立建设社会主义和谐社会的发展目标，深刻说明社会和谐是国家富强、民族振兴、人民幸福的必要条件。社会和谐有利于解放生产力，发展生产力。科学发展观是社会和谐发展的具体体现，如统筹建构城乡、区域、经济社会、人与自然、国内发展与改革开放的和谐关系，全面加强社会主义经济、政治、文化、社会建设，使其和谐共生，相互支撑，这些和谐关系的建构，都是社会健康和可持续发展所必需的。

个体发展需要和谐。在当代，人自身成长发展对和谐的需要表现为：第一，身心和谐，人的品德的知、情、意、行需要和谐发展，人的品德与智力、身体、审美、劳动诸素质需要和谐发展，人的德性与个性需要和谐发展；第二，个体与他人的和谐，如个体与同学同事、与师长父母、与社会群体、与生活环境的和谐，其中个体的健康心理是个体与他人相和谐的一种心理需要；第三，个体与社会的和谐，如个体思想行为与社会主流意识的和谐，与社会发展方向的和谐；第四，人与自然的和谐，如个体与现实的物质（人工）生活环境的和谐，与自然环境的和谐。

社会发展需要与个体发展需要和谐统一。和谐是社会和个体发展的共同需要，就二者关系看，建设和谐社会是个体和谐发展的社会前提，而个体的和谐发展又是实现社会和谐发展的根本条件。和谐社会的基本特征，如民主法制、公平正义、诚信友爱、充满活力、安定有序、人与自然和谐相处，都是人的思想品德的社会化体现。社会的和谐发展与个体的和谐发展是相互依存的辩证统一。这种辩证统一关系是和谐德育研究的现实背景和出发点。

2. 遵循受教育者思想品德和身心发展规律

遵循受教育者思想品德和身心发展规律确定了和谐德育研究的科学理论基础。思想品德发展规律是品德形成发展过程中品德内部诸要素之间，对品德形成有影响作用的内外部诸因素之间的必然联系。如品德发展与生活情境和实践活动紧密联系规律，思想品德发展的动力规律，品德知、情、意、行各要素相互联系、相互促进规律，品德各要素发展的差异性和教育的多端性规律，品德发展的他律与自律辩证统一规律。受教育者身心发展规律如儿童心理和机体行为能力的年龄特点规律，思维情感和行为习惯长期培养积累规律，个体社会化与个性化辩证统一规律等等。遵循这些基本规律是和谐德育研究的必备前提和基础。

3. 构建德育体系诸要素的和谐关系

构建德育体系诸要素的和谐关系，主要指教育者与受教育者和谐；德育环境的和谐；品德结构的和谐；德育与智、体、美、劳诸育的和谐；德育的目标、内容、途径、方法、管理、评价"六要素"和谐；德育在幼儿、小学、初中、高中（中职）、大学（高职）、研究生"六学段"衔接上的和谐。这些和谐关系都以其内在的客观的联系为基础。在每一组要素联系中，每一个要素内部都包含着更具体的要素联系，如德育内容在年级之间的和谐联系、德育途径中学科教学与班主任和团队工作的和谐联系等等。

4. 引导教育者掌握教育规律

以遵循教育规律的实践理性进入课题研究和实践，在科学理念和教育实践的紧密结合与相互验证中，在构建德育体系诸要素的和谐关系中，引导教育者深化对教育规律的认识并自觉地将规律运用到具体的教育过程中，是和谐德育研究的主导环节。其中如何构建德育体系诸要素的和谐关系，如何通过构建和谐形成教育合力，从"和谐"到"合力"都有哪些教育规律，是和谐德育研究的重点领域。在实施和谐德育过程中，引导教育者掌握教育规律是培育和提升教育者主体性的核心环节，是培育受教育者主体性的决定因素，是和谐德育研究的本质目的。教育者主体与受教育者主体和谐互动、共同成长，体现了对教育规律的完整把握，明确了和谐德育的完整的必然的归结点。

5. 促进受教育者思想品德及整体素质和谐发展

促进受教育者思想品德及整体素质和谐发展是和谐德育研究与实践的直接目的，是德育实效性的具体体现。和谐德育的定义中完整地包含了德育工作的针对性、主动性、科学性和实效性，即和谐是我国社会发展的主题，教育及德育工作如何适应和谐社会建设这一要求是一个十分紧迫的理论和实践问题；和谐德育研究直接面对这一现实问题，充分体现了课题研究的针对性和主动性，也体现了课题研究的时代性；课题研究从遵循规律入手，经过研究实践深化教育者对教育规律的掌握和运用能力，使德育工作的规律性具体化、过程化、系统化，体现了课题研究的科学性；课题研究以增强德育诸要素的合力为重点，以提升教育者的主体性和促进受教育者思想品德及整体素质和谐发展为归结，充分体现了对德育工作实效性的追求。从这个意义说，和谐德育研究是一种更贴近社会和个体发展需要的应用型德育理论与实践模式研究。

6. 和谐德育是一种教育模式

教育模式是一种为解决教育面临的问题而建立的科学操作和科学思维的方法。教育模式的总体特点，是教育理论和教育实践之间的"中介"，在理论和实践之间起着由下而上和由上而下的双向联结作用。即一方面，教育者在教育改革实践中通过对一些经验方法进行归纳综合，总结提炼出模式，经过实践验证，使模式具有了理论属性；另一方面，可以在理论指导下，经类比、演绎和具体化而提出多种教育模式，进而运用到教育实践中，以解决不同的问题。问题是否得到解决，是检验模式是否具有科学性的基本标准。教育模式，推上，有理论基础；推下，有操作程序。模式处于理论与应用的中介。在理论与实践之间，模式能够承上启下，便于引导实践。教育模式对教育者掌握运用教育理论，创新发展教育方法具有重要意义。

和谐德育以解决德育及整体教育过程中的不和谐问题为研究重点，这种研究不仅关注德育内部诸要素之间的和谐问题，而且从德育与社会教育、家庭教育及社会发展等多向联系中进行研究。它是德育理论和德育实践之间的"中介"，在理论和实践之间起着由下而上和由上而下的双向联结作用。因此，和谐德育既是一种德育思想，又是一种德育模式，其属性归结点和完整定义域是一种教育模式。

（二）校本和谐德育体系的构建要点

校本和谐德育体系就是以学校为基本实践范围，运用和谐德育的基本原理构建的以解决学校德育工作现实问题为出发点，以推进学校整体工作科学发展为目的的德育实施体系。

构建校本和谐德育体系应认识和把握以下要点：

1. 以校为本、以人为本、育人为本

以校为本就是基于学校教育工作改革发展需要，以学校为基本实践范围，学校全体人员参与，通过构建校本和谐德育体系归于构建和谐学校，促进教育者和受教育者健康和谐发展。以校为本的实质归结点是以人为本，或者说以校为本是为了达成育人为本，促进人的发展，以体现教育的本质，实现教育目的。构建和谐学校一般通过构建和谐的校园精神文化、物质文化、制度文化，为教育者和受教育者的和谐发展创造基础条件。在工作范围上，以校为本体现为以学校教育为中心，同时辐射家庭教育和社会教育，在学校、家庭、社会的和谐互动中提高办学效益，促进学校工作健康持续发展。

2. 以解决学校德育工作的现实问题为出发点

解决学校德育工作的现实问题体现了德育工作的针对性和实效性，也是德育科研的直接目的和生命力之所在。确保德育工作具有实效性的重要条件是教育者对教育工作方式科学性的认识和把握。构建校本和谐德育体系的过程是引导教育者探索掌握教育规律的过程，是将追求德育的科学性的工作理念转化为科学化的教育能力的实践过程。学校德育工作的现实问题不是孤立发生和存在的，现实问题是历史问题的延续形态，也可能是未来发生问题的前提原因。因此，校本和谐德育体系的构建范围可以是由德育目标内容、途径方法、管理评价构成的整体性的工作体系，也可以是侧重于一条途径或一项内容的实践操作体系，以此带动整体工作，其根本着眼点是为了解决实际问题，即以解决现实问题为出发点。不能解决实际问题的体系构建脱离了校本实际，因而没有实际意义。

3. 以推进学校整体工作科学发展为目的

构建校本和谐德育体系，解决学校德育工作的现实问题的根本目的是推进学校整体工作科学发展。其工作境界是把科学发展观落到实处，包括把以人为本落到实处，如通过构建校本和谐德育体系形成了和谐的校园物质文化、精神文化和制度文化，提升了教育者的精神质量和教育主体性，提高了科学育人能力，促进了学生主体性的形成和整体素质的和谐发展；构建校本和谐德育体系，学校实现了全面协调可持续发展，如全面贯彻党的教育方针，教育教学过程遵循教育规律，进入实施素质教育轨道，学校各项工作和谐有序，与家庭、社区协调配合，形成教育合力；通过构建校本和谐德育体系学校确立了切合实际的近期和中长发展目标，增强了凝聚力，办学效益逐步提高，学校进入可持续发展阶段。

4. 运用和谐德育基本原理构建体系

和谐德育的基本原理已在《和谐德育论》上篇"和谐德育理论构建"和中篇"和谐德育体系构建"的各章内容中进行了较系统的阐释。和谐是和谐德育的研究主线和实践宗旨。《和谐德育论》对什么是和谐，从德育系统及教育过程需要构建哪些和谐关系，以及怎样构建这些和谐关系等方面都进行了研究论述。只有运用和谐德育的基本原理来认识学校德育工作，并以此原理为基本参照构建出符合本校实际的德育工作实施体系，才能具备校本和谐德育体系的基本属性。和谐是个体、教育和社会健康发展的客观需求，校本和谐德育体系是各级各类学校做好德育工作的客观需求。运用和谐德育基本原理是构建校本和谐德育体系的必然要求。

"构建"突出表现了德育的主体性、主动性和实践性。"体系"是思想理论或教育要素的整

体联系。构建校本和谐德育体系的主体是教育管理者和广大教师,教育者的主体性、主动性和实践能力是构建校本和谐德育体系的主导力量,学生主体性的形成反映着构建校本和谐德育体系的效果,也是教育者主体性发挥的对象化体现。体系由和谐而来,即由教育要素的整体和谐的联系机制而来。和谐既是教育要素之间相互联系的状态、程度,也是教育的方法、过程和结果。和谐由构建而来,和谐产生合力,合力来自体系。因此,构建校本和谐德育体系要强调构建,强调体系。强调构建,就是突出教育者的主体性、实践性和创造力;强调体系,就是突出教育要素整体和谐的联系机制。体系是构建的方式和手段,也是在德育工作机制上要达成的目标和结果。

二、校本和谐德育体系的基本特征

在总结本课题已有校本和谐德育体系研究成果的基础上,我们把校本和谐德育体系的基本特征概括为具体化、特色化、可操作。

(一)校本和谐德育体系具体化

所谓校本和谐德育体系具体化,指的是构成校本和谐德育体系的德育目标、内容、途径、方法、管理、评价等要素的细化、优化与科学化。细化是指将构成校本德育体系各要素分解到细微的程度;优化是各要素之间组合的关系以及整体发挥作用的效度;科学化是校本德育体系的构建适应学生年龄特征和品德发展规律。

1. 目标内容具体化

校本和谐德育目标,是指学生在德育方面所要达到的要求和水平。它对构建整个校本和谐德育体系具有导向、激励、调节、控制等作用,是选择、构建德育内容的前提和基础,也是提高整个校本德育科学性与实效性的关键。因此,校本德育目标要具体化,要"近、小、实、亲",不要"高、大、空、远"。

校本和谐德育目标体系分为总体目标、学段目标和年级目标。按照"总体目标,一以贯之;学段目标,各有侧重;年级目标,具体明确;情意兼顾,知行统一"的原则,整体构建校本和谐德育目标体系应由"认知目标、情感目标和行为目标"构成"三维德育目标体系"。其横向结构由政治、思想、道德、法纪、心理五项德育目标群构成,每一项都含有认知目标、情感目标和行为目标;纵向结构是学生成长的各个年级,要根据循序渐进的规律,对不同年级的学生的要求应分层递进,螺旋上升。

校本和谐德育内容体系的具体化,就是指根据学生的年龄特点和思想品德的发展规律,以道德、心理、法律、思想、政治等相关内容为横坐标,以低年级、中年级到高年级为纵坐标,理顺德育内容自身的逻辑关系,由浅入深、由低到高、由感性到理性、由具体到抽象进行合理部署与安排,做到"德育内容,循序渐进;德目规范,形成序列;要素完整,层次清楚;注意衔接,螺旋上升"。

2. 途径方法具体化

德育途径是开展学校德育工作的渠道。校本和谐德育途径体系具体化,指的是把七大类德育途径:课程类、实践类、组织类、环境类、管理类、咨询类、传媒类具体化为可操作的实施途径,主要根据"德育途径,对应内容;一项内容,多条途径;有主有辅,协调配合;分工合作,形成合力"的原则,把它们运用到各年级的德育工作中去。例如,课程类德育途径的具体化,就是要构建各个年级的学科课程与活动课程相结合、必修课程与选修课程相结合、显性课程与隐性课程相结合的课程类德育途径体系,并且找准各门功课的寓德点。又如,管理类德育途径的具体化,就是要使德育校长、德育主任、班主任的管理职能具体化。比如班主任工作具体化就是要建立以主题班会为基本形式,贯彻落实"双主体"、"三中心"、"四环节"等德育新理念的班主任工作规程。再如,环境类德育途径具体化,充分发挥校园环境的育人功能,精心设计校园物质文化和精神文化,使校园里每一堵墙、每一片绿、每一棵树都会说话,使整个校园成为一部立体的、多彩的、富有吸引力的生活教科书。

德育方法是为了实现德育目标,完成德育任务所采取的手段与方式。校本和谐德育方法体系具体化,就是把语言说理类、榜样示范类、修养指导类、实践锻炼类、行为训练类、规范制约类、评价激励类等方法具体化,按照"根据内容,对应途径;多种方法,优选组合;辨证思维,法无定法;留有余地,鼓励创新"的原则分布到各年级的德育工作中去。比如,语言说理的德育方法还可以细化为商讨式谈话、谈心式谈话、点拨式谈话、触动式谈话、渐进式谈话、突击式谈话等多种方式,可针对不同的学生、不同的情况灵活运用;在运用评价激励的德育方法时,坚信"好学生是夸出来的",根据不同的对象采取登榜表彰法、上报表彰法、写信表扬法、大拇指称赞法、微笑点头法、背后夸奖法等,可收到良好的效果。

3. 管理评价具体化

校本和谐德育管理体系具体化,就是按照"理顺健全领导机制,稳定提高教师队伍,建立健全规章制度"的要求,把学校领导体制、规章制度、队伍建设、督导检查、考核测评等要素进行优化组合。主要表现在如下几个方面:①确定校长的职责和学校党组织的职责;②成立由学校党政主要领导、德育骨干、社区和家长代表参加的德育领导小组;③建立相应的德育工作机构,确立各机构的职责、任务、工作制度;④建立优化德育队伍的机制,培养与选拔班主任、团(队)干部、心理咨询教师。总之,校本德育管理体系构建要营造一种团结、民主的、和谐的校园人际关系,形成齐抓共管的学校德育工作格局。

校本和谐德育评价,是校本德育的监督保障机制,具有导向和激励功能。校本和谐德育评价体系具体化,要求按照导向性和激励性、科学性和系统性、形成性和阶梯性、主体性和个体性、操作性和趣味性等评价原则,运用评分、评等、评语相结合的方法,制定科学简明的学校德育、班级德育和学生品德三级评价指标体系。对学生思想品德的评价要通过家校结合、亲子互动、师生互动、生生互动等评价方法,对学生的思想道德素质进行评价,既要注意评价的客观性,又要注意评价的导向性,学校领导、教师和家长要从各方面观察、记录、分析学生的优势和弱点,特别要注意发现每一个学生的特点和闪光点,引导和激励学生健康成长。

(二)校本和谐德育体系特色化

特色,就是事物表现出来的独特色彩和风格。校本和谐德育体系特色化,主要是指学校所处的地方特色、层次特色和办学特色在学校德育工作中表现出来的独特风格。特色化是校本和谐德育体系的显著特征,也是校本和谐德育体系构建的出发点。

1. 地方特色化

校本和谐德育体系地方特色化,就是要求各级各类学校立足地方经济、政治、文化和社会建设的需要,努力挖掘地方德育资源,建设富有各地风土民情的、具有地域独特性的校本德育体系。比如新疆伊宁市针对多民族的现状,构建了《民族之花常开》、《我的中国心》等具有浓郁的边疆地方特色的校本德育体系,突出了民族团结,建设边疆、保卫边疆的主题;河南信阳市发挥鄂豫皖革命根据地的德育资源优势,构建了《将军哺育我成长》、《我为家乡添光彩》等具有革命老区特色的校本德育体系,培养青少年继承革命传统,热爱家乡、建设家乡,热爱祖国、建设祖国的真挚情感;贵州省遵义市则以长征文化、国酒文化为特色,构建《重走长征路》、《国酒文化礼赞》等颇具地方特色的校本德育体系。校本和谐德育体系地方特色化充分体现学校教育环境的独特性,有利于调动学校教师、学生的积极性,使学校德育更有地方特色、教师的教学更有特点、学生的发展更有特长。

2. 层次特色化

校本和谐德育体系层次特色化,指的是根据各级各类学校办学层次上的区别,结合学生各年龄段的特点,针对各个层次学校的不同的办学目标、不同的文化背景、不同的办学条件,制定校本德育目标、内容、途径、方法、管理、评价的具体内容。比如道德教育,小学应从一般的文明礼貌、行为规范做起,强调道德行为习惯的养成;中学则应当对道德原则、规范进行系统教育,使学生对传统道德与社会主义道德有较深刻的认识;到了大学阶段,则应进行伦理学和道德基本理论教育,使学生对道德的起源、本质、功能有深刻的理解。校本德育体系层次特色化,适应不同年龄阶段学生的身心特点、知识水平和品德形成发展规律,避免了大、中、小学德育的倒挂、脱节、简单重复和脱离实际的问题,使校本德育体系能够贴近实际、贴近生活,贴近学生,从而增强德育的实效性。

3. 办学特色化

校本和谐德育体系的办学特色化,就是学校在构建校本和谐德育体系的过程中根据本校的文化传统、办学优势、师生特点、德育资源和学校环境以及教育者的办学追求和情趣,努力形成独特的德育风格,确立学校德育工作独特的发展方向。简言之,就是在具有一般校本和谐德育体系共性的基础上,突出与众不同的个性,即:"人无我有,人有我优,人优我精"。一个富有生命力的校本德育体系必然有其独特的优势和风格。学校德育千篇一律、千校一面的现象,不利于学生的发展、学校的发展乃至社会发展的需要。富有特色的校本和谐德育体系则能够满足学校发展的需要,提高学校的教育质量,为培养个性鲜明、特长突出的优秀学生搭建成长平台。

(三)校本和谐德育体系可操作

校本和谐德育体系可操作是指把理论形态的德育体系转化为实践形态的、可以适合本校实践运用的德育体系。校本和谐德育体系是否有可操作性,主要从以下三个方面来衡量与检验。

1. 全程可操作

全程是一个时间概念,指学生从入学到毕业的时间过程。全程可操作,是指学校德育工作贯穿于学生从入学到毕业的整个过程之中,德育无时不在,环环相扣,贯穿始终。校本和谐德育体系如同一个生产流程,学生从低年级发展到高年级,每一个成长阶段都是生产流程上的一道道工序。如初中校本德育体系可以将三年六个学期分成12个阶段,每一个阶段设计一个德育主体活动。第一学年主要有"迈好中学第一步、法律保护我成长、学会交往,创造和谐的成长环境、登上知识之船,扬起理想的风帆"等内容;第二学年主要有"花季困惑指南、塑造健全人格、不断完善自我、讴歌民族精神"等专题;第三学年考虑到学生初中毕业在即,面临升学压力,可以构建"鼓起勇气,迎接挑战;调整自我,增强自信;脚踏实地,自强不息;找准定位,确定理想坐标"等内容。德育贯穿学校教育的全过程,针对学生成长的每一个阶段的需要开展主题教育活动,有利于增强德育的针对性和实效性。

2. 全面可操作

全面是一个空间概念,是指学生生活、学习的全部环境。全面可操作,是指学校德育工作全方位地深入到学生学习、生活活动的全部领域。学校是一个德育信息场,教师的德育信息、学生的德育信息、管理者的德育信息以及学校物质形态所包含的德育信息相互作用,形成一定的张力作用,构成一种立体的德育空间。构建全面可操作的校本德育的要义在于营造像电场、磁场、引力场一样的校本德育场。全面可操作的工作的着力点主要体现在如下两个方面,其一,要把德育内容具体化为学生喜闻乐见、易于接受的名言警句、温馨提示等形式,分布到学校教学楼、餐厅、宿舍、体育场、文化广场,使德育信息无处不在;其二,通过情景感染、榜样示范等手段,使学生耳濡目染、亲身体验,养成良好的行为习惯;其三,通过检查督导、评比竞赛等手段,引导和激励学生自觉遵守学校的规章制度,树立社会主义荣辱观。

3. 全员可操作

全员是指学校领导和全体教职员工所组成的教师集体。全员可操作是在"人人都是教育者"的观念指导下,通过强化全员意识,建立全员机制,开辟全员渠道等措施,使每一个教职员工均能根据自己的职责分工做到"教书育人、管理育人、服务育人"。树立全员意识,就是强化党、政、工、团齐抓共管,班主任、科任教师和职工通力合作,学校、家庭、社会互相结合的德育意识;建立全员机制,主要指在建立学校德育管理机制的基础上,逐步建立年级组长负责本年级德育工作,班主任负责本班德育工作,全体教职工责任到人的全员德育工作机制;开辟全员渠道,就是针对每一阶段的德育主题,分别确定"学校、学生处、年级组长、班主任、任课教师、共青团、学生会,以及学校、家庭、社会德育工作的要点、方法",使德育工作真正落到实处。

三、校本和谐德育体系的构建原则

校本和谐德育体系是运用和谐德育的基本原理构建的应用于学校教育实践的工作体系,因而其构建原则与和谐德育的实践原则是一致的。和谐德育的实践原则是对和谐德育实践过程和实践方式的基本要求,是本课题在研究过程中从实践经验中总结出来的理性认识,是在把握德育过程的基本规律基础上制定出来的实施和谐德育应遵循的基本准则。校本和谐德育的构建原则主要包括以人为本原则、整体和谐原则、继承创新原则、服务实践原则。

(一) 以人为本原则

以人为本的核心是关注人的成长发展需要,一切工作都以人的全面和谐发展为出发点和归结点。以人为本关系到教育主体的精神质量和生命价值,是个体最现实、最直接的成长需要和生活感受。在实施和谐德育的过程中坚持以人为本原则,就是以和谐德育的实践主体为本,就是以教师为本,以学生为本,以家长为本。

1. 以学生为本,就是要热爱学生,满腔热情地关心指导学生和谐成长。 在教育过程中,要尊重学生的独立人格,民主、平等、公正地对待学生;要遵循青少年思想品德和身心发展规律,关注学生的成长需要;帮助学生认识生命、珍惜生命、尊重生命、热爱生命,促进学生身心健康发展;培养和保护学生在学习过程中的积极性、自觉性、主动性和创造性等主体意识和主体行为,充分发挥师生、亲子"双主体"的和谐互动效应;教育过程要注意以学生为中心,以活动为中心,以体验为中心;教育的内容和方法坚持近、小、实、亲,使学生和谐、主动、活泼、快乐地生活和成长,促进学生的思想品德及整体素质和谐全面发展。

2. 以教师为本,就是要关注教师的精神质量和生命价值,尊重教师的个性和自我实现的需要。 要把对教师的职业素质要求与教师工作发展阶段结合起来,对教师的要求要适合教师工作发展实际,让教师经努力亲身体验到成功的喜悦,尊重教师的职业成就感;要为教师创造学习提高和自我实现的发展条件,支持鼓励创新,保护和发展教师的创新精神,让教师感受到创新的愉悦和工作的价值;要及时肯定教师的成绩,树立教师威信,让教师感受到学校、学生、家长的认可,感受职业生命的价值;要丰富教师的精神文化生活,关心和提高教师的身心健康水平;关注教师的物质待遇,使教师的物质待遇与工作付出相匹配。以教师为本的一个基本指标,是让教师体验到教师职业和教师生活的幸福快乐。

3. 以家长为本,就是从关注学生与家长亲子关系的和谐程度入手,了解家长的精神与物质生活及其教育能力状况,尊重家长的要求和愿望。与家长建立和谐的工作联系,及时地、有针对性地指导家庭教育,帮助家长掌握科学的教育理念和教育方法,养成健康文明的生活方式,促进家庭生活的和谐幸福。

(二)整体和谐原则

整体和谐是和谐德育的认识方法,也是和谐德育的实践方法。构建校本和谐德育体系必须坚持整体和谐的原则。其中包括:

1. 树立整体和谐的工作意识。 整体和谐原则要求教育者在思想观念上把握:和谐是教育目的之一,和谐是教育主体构建的联系机制,是可以体验的教育方法和教育结果。整体和谐以局部和谐为基础,和谐是合力的生成机制。要始终把德育工作视为由诸多要素相互联系构成的整体来认识。整体和谐主要包括:教育者、受教育者和教育环境的整体和谐;教育者与受教育者"双主体"相互影响、情感互动的整体和谐;德育、智育、体育、美育、劳动教育的整体和谐;学校、家庭、社会相互联系、相互作用的整体和谐;德育的目标、内容、途径、方法、管理、评价的整体和谐;幼儿园、小学、初中、高中、大学、研究生各教育阶段纵向衔接的整体和谐等。

2. 坚持整体和谐的构建过程。校本和谐德育体系的最高境界是构建主体,即教育者、受教育者形成和谐德育意识和自觉执行和谐德育的行为方式。在校本和谐德育体系的构建过程中,要培育和发挥教育者、受教育者的和谐德育体系构建主体性,要充分发挥学校领导、教师集体、广大学生的积极性、主动性和创造性,让他们积极参与和谐德育体系构建的讨论,使和谐德育体系不仅成为完成教育任务的保障,而且适应个人成长发展需求,引导个体切身意识到和谐德育体系是集体和个人发展的保障,形成对和谐德育体系的情感认同和自觉执行的责任意识。此外,还要广泛征求家长代表、社区干部的意见,职业院校和高等学校还要征求用人单位的意见。使校本和谐德育体系的构建过程成为学校、家庭、社区以及用人单位紧密联系、互相沟通、和谐共建的过程。

3. 建立整体和谐的运行机制。在校本和谐德育体系的实施过程中,要建立整体和谐的运行机制。在全程育人方面,要把德育贯穿学校教育的全过程,针对学生成长的每个阶段开展主题教育活动,做到循序渐进,螺旋上升,避免倒挂、脱节、简单重复。在全员育人方面,要在建立学校德育管理机制的基础上,逐步建立校长负责全校德育工作,年级组长负责本年级德育工作,班主任负责本班德育工作,全体教职工德育责任到人,分工合作、齐抓共育的全员工作机制,把教书育人、管理育人、服务育人落到实处。在学校与家庭、社会相结合方面,要注重协调配合,逐步达成德育理念融通、德育目标趋同、德育内容方法互补、德育管理协调、德育资源共享、德育评价一致,使相互之间的和谐与合力成为可感受、可认识、可操作的育人方式。

(三) 继承创新原则

贯通古今,融会中西,继承借鉴,发展创新,是本课题研究一以贯之的指导思想和基本原则。这一原则可以从以下三点展开。

1. 贯通古今,批判继承。系统研究和梳理我国传统文化,我们发现传统文化中的和谐思想的内涵极为丰富,其中包括:天人合一、天人和谐,以和邦国、以谐万民,人我和谐、群己和谐,和而不同、和而不流,何必中节、仇必和解等。这样就为和谐德育探寻到了思想渊源。可以认为,中国传统文化形成了以"和"为核心,以"仁、义、礼、智、信、忠、孝、廉、耻、勤"等十个德目为规范的道德教育体系。批判继承中国传统道德文化,构建符合传统美德和时代精神的道德行为规范体系,是和谐德育研究的一个重要任务。同时,还要系统研究和继承我国传统道德教育的有效方法,如注重家教和社会环境的合力;强调知、情、意、行的和谐统一;注重道德自我修养和理想人格追求;讲究德性涵养从小训化,从小事、琐事做起,由小到大,由近及远;因材施教,启发诱导,学、问、思、辨;寓理于形,情理并举,重视榜样垂范;寓教于乐,以诗歌音乐诵读熏陶;以身作则,长善救失,防微杜渐等等。把建设和谐学校、和谐家庭、和谐社区与社会公德、职业道德、家庭美德、个人品德教育和谐贯通起来,探索总结"和谐贯通"的经验方法,建构与创新和谐德育实践模式。

2. 融会中西,合理借鉴。要进一步解放思想,开扩视野,深入研究国外和谐思想、德育理论、德育内容与方法的历史与现状,借鉴其合理的成分作为和谐德育的思想材料。诸如:古希腊哲学中的毕达格拉斯学派从奇数与偶数的对立统一看到了事物的和谐,从音乐的音符组合看到了音乐艺术的和谐,进而断言"美德乃是一种和谐"。苏格拉底建立了一种"爱知"与"爱德"和谐统一的伦理思想体系。柏拉图提出了"公正即和谐"的思想,他认为理想国就是以"正义、理智、勇敢、节制"四中德行为支柱的和谐社会。卢梭尊重儿童个性与情感的自然主义教育原则和对儿童自幼进行爱国主义教育的思想;赫尔巴特关于一切教育都应围绕对学生进行道德教育,即培养"完善的人"和"内心自由"、"完善"、"仁慈"、"正义"、"公平或报偿"五种"美德"是巩固世界和社会秩序的永恒准则的思想;杜威强调生活实践,以学生为中心和品德发展三阶段思想;科尔伯格的道德认知发展理论;以罗杰斯、马斯洛等人为代表的人本主义道德教育论和以拉恩斯等人为代表的价值澄清理论,以及以班杜拉为代表的社会学习理论等等。这些理论体系都包含着合理成分,也有其局限性,需要用发展的辩证的观点进行比较分析,吸收其合理成分以丰富中国的德育理论及内容方法体系。

3. 继承借鉴,发展创新。弘扬中华民族优秀文化传统,借鉴人类有益文明成果,是为了倡导和谐理念,培育和谐精神,发展创新中国特色思想道德教育体系。具体实践环节主要体现在发展创新民族性与时代性并融的德育的目标、内容、途径、方法、管理、评价体系之中。要从文化发展规律中认识社会主义核心价值体系是建设和谐文化的根本,研究怎样把马克思主义基本原理、中国特色社会主义共同理想、以爱国主义为核心的民族精神和以改革创新为核心的时代精神、社会主义荣辱观转化为适合各年龄阶段的德育内容;创新教育模式,在深化国家统一的课程改革的同时,加强地方和校本课程建设,探索总结把社会主义核心价值体系融入国民教育和精神文明建设全过程的实践原理和实践方法;研究并总结出社会主义核心价值体系四项内容的内在联系及其教育规律,增强教育过程的科学性和实效性。要站在文化发展和道德教育的时代前沿,总体把握当代世界发达国家和发展中国家德育理论及内容方法的历史、现状及发展趋势,提炼优化我国德育的新经验、新成果,和谐会通,辩证取舍,原创性与继创性并行互促,进行德育理论与实践模式的综合创新,整体构建适应素质教育、促进社会和谐的,代表先进文化前进方向的,面向现代化、面向世界、面向未来的中国特色社会主义德育体系。

(四)服务实践原则

服务实践是和谐德育研究的根本目的。本课题研究始终坚持为教育科研服务、为教育改革实践服务、为教育决策服务的宗旨。和谐德育研究坚持服务实践原则,主要体现在以下两个方面。

1. 理论研究与实践操作相结合。理论研究与实践操作紧密结合是和谐德育研究的基本特点和贯穿始终的原则。这一原则在本课题研究与实验过程中呈现为前后相继的四个环节,即通过现状调研发现不和谐问题——研究分析不和谐的原因——通过实践探索达成和谐的方法——总结建构和谐的经验与规律。在具体的工作实践中,这四个环节不是一次性终结,而是持续循环往复进行的。在教育科研方法上,这四个环节实质是调查研究法、实验研究法、行动研究法等方法自然融合并用。课题研究的最终成果表明,理论研究与实践操作的汇合点和落脚点是运用和谐德育原理构建校本和谐德育实施体系,这是课题研究服务实践的直接形式和最终目的。校本和谐德育实施体系要具体化,即德育目标内容具体化、途径方法具体化、管理评价具体化;校本和谐德育体系要特色化,即地方特色化、层次特色化、学校特色化;校本和谐德育体系要可操作,即全员可操作、全面可操作、全程可操作。这正是理论研究与实践操作相结合的结果。

2. 课题研究实验与成果推广应用相结合。本课题一贯主张:课题研究的直接目的是出成果、出经验、出人才。出成果,不仅要出理论性成果,也要出应用性成果;出经验,是在理论指导下的实践经验;出人才,不仅要出理论型人才,更要出应用型人才。课题研究的成果不是为了自我欣赏,不是为了晋升职称,更不是为了束之高阁,而是为了推广应用,指导实践,推动德育工作增强科学性和时效性。因此在课题研究过程中特别重视成果的推广和应用。总课题组的研究成果，不论是理论著作还是实验教材，都要广泛征求一线领导和教师的意见，都要吸收一线领导和教师参与进来，都要经过实践——研究——再实践的过程。这就为成果推广应用奠定了良好的基础。在课题研究和成果推广应用的过程中，我们充分发挥总课题组、实验区、实验校的积极性、主动性和创造性，经过自上而下、自下而上的交流研讨，实现推广应用的效果。首先是校内交流，实验学校定期举办课题研讨会、经验交流会，使本校成果首先在校内得到传播和推广。其次是实验区组织的学校之间、学校与家庭之间、家庭与家庭之间、学校与社区之间的经验交流，交流和谐班级、和谐校园、和谐家庭、和谐社区、和谐单位等方面的成果经验，使课题研究成果在本地区相互借鉴，以达到深化认识、共同提高的目的。第三是总课题组组织的学术研讨和推广交流活动，例如：每年一度的实验区负责人工作会议、每年一度的课题年会暨大型学术研讨会、各学段的专题研讨会、实验区实验校的开题会、中期汇报会、结题验收会等。通过这些活动达到了课题研究为德育实践服务的目的。

四、校本和谐德育体系的实践模式

校本和谐德育体系作为一种教育模式，其建构类型可以包括宏观、中观、微观三个层次。宏观层次校本和谐德育实践模式，是指在一定区域内幼儿园、小学、中学、大学各学段德育工作和谐衔接，学校教育、家庭教育、社区教育协调配合的教育模式。构建宏观层次校本和谐德育实践模式是实验区的重要研究任务。中观层次校本和谐德育实践模式，是指学校自身和谐德育体系构建与和谐学校文化建设形成的教育模式。其中包括学校德育的目标内容、途径方法、管理评价构成的德育实施体系，还包括学校精神文化、物质文化、制度文化等构成的和谐学校文化建设。构建中观层次校本和谐德育体系是实验校的主要任务。微观层次校本和谐德育体系主要是以班级德育为主体的德育工作体系，如和谐班集体建设模式、德育课程教学模式、班团队会与主题教育活动模式等等。这是实验教师的研究任务。我这里主要讲微观层次校本和谐德育体系的实践模式。

本课题在微观层次校本和谐德育体系实践模式的研究与实验，主要通过编写幼儿园、小学、初中、中职、高职和谐德育实验教材，为实验提供操作载体，以引导实验校构建校本和谐德育体系。

（一）幼儿园以《好孩子 好习惯》实验教材为载体的和谐德育实践模式

《好孩子 好习惯》实验教材于"十五"期间研究编写，在总结实验幼儿园和实验教师的经验成果基础上，于2008年上半年组织研究人员进行了修订。

1. **设计理念与编写原则。**《好孩子 好习惯》依据幼儿身心特点和品德习惯形成发展规律，坚持"近、小、实、亲"和"分层递进、螺旋上升"的原则。整套教材图文并茂，简洁明快，生动活泼，受到幼儿、教师和家长的喜爱。

2. **框架结构与主要内容。**以幼儿阶段托班、小班、中班、大班为纵坐标，以生活习惯、卫生习惯、学习习惯、自理习惯、文明礼貌习惯、交往合作习惯等为横坐标，把德育内容融入幼儿一点一滴的日常言行之中，突出了德育的主体性、生活化、实效性、易操作的特点。

3. **栏目设计与操作方法。**《好孩子 好习惯》教材每课包含五个栏目：(1)"宝宝的歌"：以儿歌形式简述好习惯内容；(2)"宝宝能做到"：提出养成教育目标；(3)"专家点拨"：由教育专家指出这种习惯的意义、要点、培养方法等;(4)"宝宝自己说":讲述与这种习惯相关的故事,以利幼儿模仿;(5)"活动建议":为幼儿园老师及幼儿家长提出师生互动、亲子互动、宝宝互动,强化良好习惯养成的相关活动建议。

(二)中小学以《和谐成长》系列实验教材为载体的和谐德育实践模式

小学、初中、高中、中职以《和谐成长》系列实验教材为载体,开展和谐德育实践模式的研究与实验。这套教材自2006年开始研究与编写,小学、初中、高中、中职每年级一册,共15册。2007年进入实验,今年将全面铺开。

1. **设计理念与编写原则**。《和谐成长》的设计理念,就是从学校、家庭、社区的共同生活中选取德育内容,结合德育内容和生活实例介绍教育方法,使学校、家庭、社区形成德育目标趋同、德育内容互补、德育途径方法协调配合的整体化育人格局。

2. **框架结构与主要内容**。《和谐成长》的内容结构:纵向以时间为坐标,即以一年12个月中的节日、纪念日和主题日为引线,从中提炼德育主题,逐月延展编排,内容涉及生命健康、孝敬父母、尊老爱幼、环境保护、文化传承、民主法制、科学探索、热爱祖国、世界和平等人类生活的各个方面,富于生活气息和文化内涵。横向以空间为坐标,即以学校、家庭、社区三个生活领域为教育环境,将其整体贯通起来,根据每月节日、纪念日、主题日所蕴含的德育主题开展教育活动,突出了德育生活化和实践性特色。

3. **栏目设计与主要功能**。《和谐成长》通过"和谐校园"、"和谐家庭"、"和谐社区"三个栏目,设计师生互动、亲子互动、校区共建等德育活动,实现了学校、家庭、社区三方德育内容既互相联系,又互相补充;德育方法既互相沟通,又互相配合。《和谐成长》有五大功能:一是亲子共读,在"和谐家庭"栏目中介绍和谐家庭建设的知识经验和典型案例,设计"亲子互动"的具体内容和方法,使其成为和谐家庭的生活导师;二是师生共用,在"和谐校园"栏目中介绍和谐校园建设的先进经验和典型事例,设计可操作的主题活动方案,使其成为和谐校园的活动指南;三是校区共建,在"和谐社区"栏目中,介绍和谐社区建设的成功经验和先进事迹,提出共建活动的参考方案,使其成为和谐社区的建设平台;四是经典诵读,在小学插编了《弟子规》、《三字经》全文,中学插编了《论语》精读等内容,以提高学生的国学素养;五是和谐成长,在每月的最后部分,给学生设计了开放式的子栏目"体验感悟"、"交流互动"、"成长在线",为学生的和谐成长导航。

4. **实践价值与修订设想**。《和谐成长》经过一年来在部分实验区、实验校的使用,主要从两个方面显示出其科研和实践价值:第一,弥补了现行德育课程在课外活动设计指导方面的不足,丰富了主题教育活动的内容,成为统编课程的有益补充和延伸;第二、成为班主任的有力助手,突出体现在开展主题活动和与家庭教育、社区教育的和谐互动机制上,使学校与家庭和社区伴随着生活进程有了共同的联系平台和交流对话的载体。根据《和谐成长》实验取得的研究成果,总课题组已定于年底对其内容进行新一轮修订。年会议后,总课题组将进一步征求实验教师的修订意见和三个栏目的活动设计方案,使其更好地贴近学生、贴近生活、贴近实际,更好的发挥和谐德育实践模式的引导作用、操作功能和实践价值。

(三)高职院校以《就业指导》《心理健康》《文明礼仪》为载体的和谐德育实践模式

2007年年会以来,总课题组组织高等职业院校的领导、专家和教师研究编写了《就业指导》《心理健康》《文明礼仪》三本教材。本届年会将组建大学研究部,希望普通高等学校借鉴高等职业院校的经验,结合普通高校的实际,研究编写出德育实验教材。

1. 编写目的

本套教材作为高等职业学校就业指导课程教材和思想政治理论课校本教材,旨在认真贯彻党的十七大精神,进一步贯彻落实《中共中央国务院关于进一步加强和改进大学生思想政治教育的意见》(中发[2004]16号)和有关配套文件精神,以中国特色社会主义理论体系为指导,深入贯彻落实科学发展观,根据构建社会主义和谐社会的实践要求,紧密结合高等职业教育的特点,加强高等职业院校德育课程教材建设,探索高等职业院校和谐德育实践模式,提高德育的科学性、针对性和实效性,促进高职大学生健康和谐发展。

2. 编写原则

(1) 科学性原则。本套教材的编写要将社会主义核心价值体系融入各册教材之中,针对高职办学定位和办学实际,遵循高职大学生成长规律,体现素质教育,促进高职大学生在思想政治、文明礼仪、心理健康和职业素质等方面健康和谐成长,推进高等职业院校德育课程体系科学化、系统化、规范化。

(2) 针对性原则。根据高职大学生在不同年级、不同专业学习阶段的思想、心理特点,有针对性地开展思想品德教育,遵循不同年级学生身心发展规律和高等职业学校的教育规律,增强德育的针对性、主动性和实效性。

(3) 活动性原则。贯彻"双主体"、"新三中心"、"四环节"、"四原则"等和谐德育理念,设计形式多样、新颖有趣的德育活动,使学生在活动中体验、感悟、理解、遵守、创新。通过开展学生亲身参与、切身体验的德育活动,努力探索和创建开放式、研究式、体验式德育活动的教学模式,注重理论与实践的结合、规范要求向内化信念及实践行为的转化。

(4) 可操作性原则。编写内容要从高职大学生学习、生活的实际出发,贴近生活、贴近实际、贴近学生,根据编写提纲设计单元活动。认真研究高职大学生的阅读兴趣,课文标题醒目、语言简明。呈现方式要图文并茂,教学和实践活动要具有可操作性。

3. 结构体例

为了提高高职大学生的学习兴趣,立足"学生喜欢,方便教学"的编写宗旨,本套教材的结构体例包含三个板块六个栏目。

第一版块:案例评析,分为"典型案例"、"分析评点"两个栏目。

"典型案例":选取与高职学生学习生活密切相关的典型事例,引发学生的兴趣和思考。案例要具有典型意义和代表性,既可以是成功的经验,也可以是失败的教训,以正面引导为主。"分析评点":针对案例进行分析评论,指导学生学习知识原理,形成正确的是非判断标准和思想观念。案例以简洁、客观的描述为基本特点;分析要紧扣主题,抓住要害,深入浅出,语言精炼。

第二版块:认知明理,分为"学习探究"、"交流研讨"两个栏目。

"学习探究":围绕章节的主题思想简明扼要地讲述知识,阐述道理,引导学生树立正确的思想观念,以指导规范自己的言行。论述条例清楚,易懂易记。合理编排辅助资料,使内容丰富多彩。可以引用小故事、小资料、经典范文、诗词、典故、名人名言、谚语、警句、对联以及照片、漫画等素材。"交流研讨":结合知识原理和行为规范的学习,进行研讨、探究和交流,以深化认识,指导实践。

第三版块:实践体验,分为"自我测试"、"活动体验"两个栏目。

"自我测试":结合学习主题和高职大学生中常见的思想、情感和言行状况,进行自我测试。对照测试标准和参考答案,引导学生进行自我矫正,自主教育。设计自测既要关注那些事关学生世界观、人生观、价值观、荣辱观和政治立场、态度的大事,也要关注日常生活中那些似是而非、容易被忽略的细节问题,做到从大处、远处着眼,小处、近处着手,引导学生扬长避短,不断自我觉醒、自我完善。"活动体验":设计引导学生进行自主教育、亲身体验,激发其在实践中内化教育内容,并外化为实际行动。

三本教材体例结构基本一致,根据每本书的内容特点,在栏目的设计上保持适度的张力和灵活性。如《心理健康》突出教育内容的专题性;《文明礼仪》在"实践体验"之后增编了"礼仪故事"、"美学选讲"、"礼仪文化"等内容,以使大学生学习文明礼仪的知识素养更趋完整。

构建校本和谐德育体系是高等职业院校提高办学效益的内在需求。《就业指导》、《心理健康》、《文明礼仪》的教学内容与高职院校日常教育管理、思想教育、行为规范教育直接联系,三本教材不仅是德育课程的教学载体,同时也是建设和谐校园,构建校本和谐德育体系的实践载体。

(四)德育课程和主题教育活动的实践模式

在和谐德育研究与实验过程中,实验区、实验校和实验教师对主题教育活动的方式方法进行了创造性的探索和实践,形成了体现德育规律和特点的教学与实践模式体系。

1. 讨论探究式。针对教学内容、德育情境和生活中的问题,引导学生进行讨论,探究事物的现象和本质之间的联系,培养学生发现问题、形成观点、指导生活的能力。

2. 辩论明理式。针对教学内容、德育情境和生活中的问题,运用辩论的方式激发认识兴趣,发展道德认知能力,引导道德行为。

3. 情感体验式。以激发情感、体验情感为重点的教育内容和活动方式,在情感体验中深化道德认识,陶冶道德情感,引导道德行为。

4. 情景模拟式。以对生活情景的模拟为活动形式,如用多媒体演示礼仪规范动作,模拟残疾人生活,"模拟法庭"活动等,让学生直观感受,亲身体验,深化认识。

5. 角色扮演式。在设定的情境中,让学生充当某种角色,采用相应的语言、动作进行表演,使学生理解人与人、人与物等方面的关系,并从中获得真切感受。

6. 演讲报告式。通过演讲发表自己的观点见解,既提高了学生的语言表达能力和思维能力,同时讲述了知识道理、介绍了先进事迹和经验。

7. 审美鉴赏式。以培养学生的审美能力为重点,指导学生感受生活中的人物美、艺术美、自然美、社会美,以陶冶情操,涵养品格,蕴育创造力。

8. 文艺演出式。通过文艺演出活动,为学生创造了展示才华、展现自我价值的天地,也为师生营造了文明、高雅的艺术氛围,在演出中使参加人员都受到思想品德教育。

9. 知识竞赛式。把思想品德教育寓于知识竞赛和技能竞赛之中,是学生乐于参与的活动之一。幼儿、小学可以设计游戏竞赛,学生在娱乐中受到教育。

10. 网上互动式。运用互联网举办网上主题班会,网上课堂、网上心理咨询等新型主题教育活动,以其独特的内容和形式受到学生欢迎。

11. 展示交流式。展示成长成果,交流学习经验,如通过橱窗、板报、手抄报、广播、录像等方式展示学生在不同领域的创造成果,使学生互相学习,互相借鉴。

12. 评价激励式。把品德评价生活化、情趣化、情感化,如《和谐成长》创造了丰富多样的评价方式,素质评价成为生动的教育过程激励学生健康成长。

13. 调查访谈式。指导学生开展社会调查和访谈,收集第一手资料信息,深化课内所学知识,开阔眼界,提高认识,增强社会责任感。

14. 参观考察式。组织学生参观考察德育基地,如博物馆、科技馆、福利院、和谐社区等,使学生加深了解地方文化传统,认识改革开放以来祖国建设取得的伟大成就,培养学生热爱家乡、热爱祖国的情感。

15. 社会实践式。参加各种社会实践活动,在活动中融入思想品德教育,培养学生的分析综合能力、动手实践能力、社会适应能力和创新能力。

16. 综合活动式。多种活动形式的综合运用。根据不同的德育内容,综合运用上述两种或几种活动形式,是德育主题教育活动的基本组织形式。

微观层次校本和谐德育体系实践模式是最具体的教育教学工作方法,因此,探索和创新这个领域的实践模式是实验教师的重要任务。模式是思维和实践的阶段成果。建立一类教育模式,是为了总结经验,提升教育理念,深化教育实践。但这并不是实践和认识的终点,建立模式的深层目的,是为了在已有模式基础上超越这类模式,进行再创新,而不是固守"模式化"。模式是创新的发生基础。基于教育模式具有理论和实践的"中介"的特性,因而通过和谐德育研究与实践构建出不同层次、不同特点的德育或教育模式群,这对引导教育者运用科学理论,掌握教育规律,推广创新教育方法,培养教育主体性等方面都具有重要的理论和实践价值。

本届年会之后,总课题组和德育专业委员会将向实验区、实验校和实验教师征集宏观、中观、微观三个层次的和谐德育模式的研究成果、实践经验和"精彩一课",经过专家评审,将在明年年会上予以表彰和奖励。希望大家积极行动起来,在行动中研究,在研究中行动,为增强本地区、本学校德育工作的科学性和实效性,为推动全国各级各类学校的德育工作的整体发展水平,做出我们的贡献!

4. 2009年仁怀年会主题报告

深化和谐德育研究 推进学校文化建设
——全国教育科学"十一五"规划课题"和谐德育的研究与实验"2009年年会暨第十二届学术研讨会、中国伦理学会德育专业委员会第五届学术研讨会主题报告

各位代表、同志们、朋友们：

我代表中央教科所和谐德育研究与实验总课题组和中国伦理学会德育专业委员会向大会作主题报告。请各位代表和领导专家予以审议。

经过"九五"、"十五"两个五年规划历时十年的研究与实验，我们创立了和谐德育的理论体系和实践模式。进入"十一五"规划，我们又承担了"和谐德育的研究与实验"课题。2006年，我在北京人民大会堂的"十一五"开题报告中，对和谐德育的研究与实验进行了系统论述和全面部署；2007年上半年，总课题组完成了和谐德育实验载体《和谐成长》的研究与编写，8月长春年会的主题是全面推进《和谐成长》的实验研究；2008年上半年出版了综合性理论成果《和谐德育论》，10月山东龙口南山年会的主题是深入开展和谐德育研究与实验，积极构建校本和谐德育体系。今年上半年，完成了高等职业院校德育教材《就业指导》、《文明礼仪》、《心理健康》的编写任务，召开了和谐德育与高校党风及校风、教风、学风建设研讨会，标志着和谐德育研究向高等学校深入发展。最近又编写出版了《和谐德育研究》论文集与《和谐班集体建设——班主任治班方略》，标志着和谐德育研究向各级各类学校实践操作层面的深入发展。和谐德育的纵深发展，为建设和谐学校文化奠定了基础。

本次会议的主题是：贯彻落实党的十七大精神，学习实践科学发展观，深化和谐德育研究，推进和谐学校文化建设，向建国六十周年献礼！

报告共分五部分：

一、和谐学校文化建设的指导思想
二、和谐学校文化建设的主要内容
三、和谐学校文化建设的基本原则
四、和谐学校文化中的"三风"建设
五、推进和谐德育研究的重要举措

一、和谐学校文化建设的指导思想

建设和谐学校文化要以党的十七大精神和《中共中央关于构建社会主义和谐社会若干重大问题的决定》为指导，学习实践科学发展观，倡导和谐理念，培育和谐精神，创建和谐氛围，构建和谐学校，培育学生和谐成长。

《中共中央关于构建社会主义和谐社会若干重大问题的决定》指出"建设和谐文化，是构建社会主义和谐社会的重要任务。社会主义核心价值体系是建设和谐文化的根本。必须坚

持马克思主义在意识形态领域的指导地位,牢牢把握社会主义先进文化的前进方向,弘扬民族优秀文化传统,借鉴人类有益文明成果,倡导和谐理念,培育和谐精神,进一步形成全社会共同的理想信念和道德规范,打牢全党全国各族人民团结奋斗的思想道德基础。"构建和谐社会,离不开和谐文化;构建和谐学校,同样离不开和谐学校文化。和谐学校文化是学校文化的最佳存在样态,是学校精神高度文明、学校物质发挥最大效能、学校制度高度人性化,且各因素间相互照应、相互协调、相互融合、相互补充并实现最优化配置的理想状态。建设和谐学校文化的指导思想具体有以下几个方面。

(一)以社会主义核心价值体系为导向,形成学校文化的精神纽带

马克思主义指导思想,中国特色社会主义共同理想,以爱国主义为核心的民族精神和以改革创新为核心的时代精神,社会主义荣辱观,构成社会主义核心价值体系的基本内容。坚持把社会主义核心价值体系融入国民教育和各级各类学校文化建设的全过程。坚持用马克思主义中国化的最新成果指导学校文化建设,用民族精神和时代精神凝聚力量、激发活力,倡导爱国主义、集体主义、社会主义思想,加强理想信念教育,加强国情和形势政策教育,不断增强对中国共产党领导、社会主义制度、改革开放事业、全面建设小康社会目标的信念和信心。加强马克思主义理论研究和建设,增强党的思想理论工作的创造力、说服力、感召力。坚持以社会主义核心价值体系引领社会思潮和学校精神,最大限度地形成学校文化建设的思想共识。

(二)树立社会主义荣辱观,培育学校文明道德风尚

坚持依法治校与以德育人相结合,树立以"八荣八耻"为主要内容的社会主义荣辱观,倡导爱国、敬业、诚信、友善等道德规范,开展社会公德、职业道德、家庭美德和个人品德教育,加强青少年思想道德建设,在学校形成知荣辱、讲正气、促和谐的风尚,形成尊师爱生、礼让宽容、民主和谐的人际关系。弘扬科学精神和人文精神,养成健康文明的生活方式。发扬艰苦奋斗精神,提倡勤俭节约,反对拜金主义、享乐主义、极端个人主义。弘扬我国传统文化中人我和谐、群己和谐、和而不同、和而不流的思想,形成符合传统美德和时代精神的道德规范和行为规范。加强校务诚信、教务诚信、考试诚信建设,增强师生的诚实守信意识,形成优良的校风、教风、学风。

(三)唱响主旋律,营造积极健康的学校思想舆论氛围

正确的思想舆论导向是促进和谐学校文化建设的重要因素。校刊校报、校广播站、校园网、文学艺术社团、社会科学教学,要坚持正确导向,唱响主旋律,为学校文化建设营造良好思想舆论氛围。学校新闻媒体要增强社会责任感,宣传党的主张,弘扬社会正气,通达校情民意,引导社会热点,疏导公众情绪,搞好舆论监督。健全突发事件新闻报道机制,及时发布准确信息。加强对互联网等的应用和管理,理顺管理体制,倡导文明办网、文明上网,使各类新兴媒体成为促进社会和谐的重要阵地。哲学社会科学要坚持以马克思主义为指导,以重大现实问题研究为主攻方向,发挥认识世界、传承文明、创新理论、咨政育人、服务社会的作用。文学艺术要弘扬真善美,创作生产更多陶冶情操、愉悦身心的优秀作品,丰富师生文化生活。校园内要禁止黄、赌、毒、邪、黑现象,营造健康向上的育人环境。

(四）倡导和谐理念，形成人人促进和谐学校建设的局面

在师生员工中大力倡导和谐理念，广泛开展和谐学校创建活动。要突出思想教育内涵，广泛吸引师生参与，以建设和谐学校、和谐家庭、和谐社区、家校和谐共育、校区和谐共建为主题，开展丰富多彩的和谐创建活动。加强心理健康教育，健全心理咨询网络，促进师生的心理和谐，塑造自尊自信、理性平和、积极向上的心态。加强人文关怀和心理疏导，引导人们正确对待自己、他人和社会，正确对待困难、挫折和荣誉。加强生命教育和安全教育，杜绝校园行为暴力、校园心理暴力和安全隐患，排除干扰和谐的不良因素，形成人人促进和谐学校建设的局面。

二、和谐学校文化建设的主要内容

学校文化是学校师生在长期的工作、学习历程中创造的学校物质财富和精神财富的总和。它是学校办学特色、文化底蕴和精神状态的集中体现；是与地域环境、时代空间、社会背景密切相关，并具有独特风格的环境氛围、总体风貌和生存条件；是全校广大师生员工共同倡导、共同拥有、共同遵循的价值观念、思维模式和行为规范。学校文化从其存在样态来看主要包括精神文化、物质文化和制度文化。

（一）学校精神文化建设的内容

学校精神文化是学校精神的高度概括，是学校精神成果的总和，是师生经过长期创造的特定的精神环境和文化氛围，是一所学校的灵魂。它反映着全校师生员工的价值取向、理想追求和探索精神，反映并规范着全校师生员工的行为和作风，对学校物质文化和制度文化具有统领和导向功能。

学校精神文化建设就是通过创建和谐、高雅、文明、向上的学校精神，促进学校整体办学水平不断提高的工作过程。学校精神文化建设是构建和谐学校文化建设的核心，和谐学校文化首先应表现在办学思想、办学理念的和谐，师生心理的和谐，教风、学风、领导作风及表述性文化的和谐等。学校精神文化建设主要包括以下几方面的内容：

1. 办学目标

办学目标是学校集体价值观的集中体现，一个学校的办学目标决定了学校的工作方向、工作策略和工作标准，是学校教育教学行为的发展方向、预期成果和评价标准，也是学校文化建设的出发点和归宿点。

2. 办学理念

办学理念是学校为实现办学目标而在教学、科研、管理等方面持有的基本信念，是学校领导及全校职工对教育方针、教育策略、人才培养等方面的理性思考。它是在学校长期的办学实践中总结、积淀、概括、提升形成的，具有相对合理性、先进性和稳定性。

3. 办学特色

办学特色是学校在长期工作中形成的、本校特有的、优质而独特的风貌。特色蕴藏着优势，优势体现着良好的办学水平。学校办学目标、办学理念、工作模式、工作环境的多样性和教育者与受教育者之间的差异性，为学校形成不同的办学特色提供了可能。学校间追求卓越、谋求最优化发展的竞争态势，为学校形成鲜明的办学特色创造了必然。只有大力培育特色并

发展自身优势，才能更好地提高学校整体实力与核心竞争力。

4. 学校精神

学校精神是学校教育观念、传统习惯、工作态度、行为方式的高度概括和总结，体现了一个学校师生的群体特征和精神风貌。学校精神主要以校训、校歌、校徽、校旗等为表现形式。校训是对一所学校办学精神和办学理念的高度概括，是学校精神的集中体现。校歌、校徽、校旗等是学校的标志性作品，不仅要求在创作过程中体现学校的精神内涵，同时，还要追求艺术色彩，达到思想内涵与艺术形式的高度统一。

5. 校风、教风、学风

校风是一所学校在长期的教育教学实践中形成的相对稳定的办学风格、精神风貌、工作作风、教学风气和校园风尚的总和。它是学校精神文化的集中体现。校风主要由学风、教风、领导作风及校园文化氛围等构成，也包括科研作风、体育风尚、美育特色等。学风是学生集体在学习过程中表现出来的学习风气、学习态度、学习习惯和学习行为方式。教风是教师在长期教育实践活动中形成的教育教学特点、作风和风格，是教师的教育理念、师德风范、专业水平、治学态度、学术规范、教学技能等素质的综合表现。领导作风主要指领导班子的思想觉悟、精神状态和工作方式。领导作风对良好校风的形成发挥着核心、导向作用。

6. 学校道德

学校道德是调节教职工之间、师生之间、学生之间、师生与学校之间、学校与社会之间关系的准则和规范。道德与制度虽同属行为准则和规范，但制度带有强制性，道德具有自律性。道德结构包括道德意识、道德情感、道德意志、道德信念、道德行为。

7. 学校文化活动

指学校为完成教育教学目标、丰富学校生活而组织实施的师生群体行动。学校活动在内容上可涉及学科教学、社团活动、文娱活动、体育活动、艺术活动、节日纪念日活动等。根据内容和形式的不同，学校活动主要包括：综合性学校活动，如：开学典礼、毕业典礼、校庆典礼、文化艺术节、体育节、科技节、读书节等；艺术性学校活动，如：歌咏比赛、集体舞比赛、书画展、影视评论等；节日性学校活动，如：迎新年活动、青年节纪念活动、儿童节庆祝活动、教师节尊师教育活动、国庆节爱国教育活动、抗日战争纪念活动、一二九传统教育活动等；主题教育日活动，如：安全教育日、学雷锋纪念日、世界卫生日、世界地球日、世界无烟日、世界环境保护日等；周期性主题活动，如：文明礼貌月活动、弘扬和培育民族精神月活动等。

（二）学校物质文化建设的内容

学校物质文化是学校师生在教学、生活、活动中所依赖的一切物质对象，是人们通过感官可以感受的一切物质对象的总和。主要指学校所处的外部自然环境、学校内部的规划布局以及学校建筑、绿化、雕塑和文化传播的设施等。学校物质文化既是学校物质文明建设的成果，又是学校精神文明建设的反映。作为学校文化中的有形部分，是学校中看得见、摸得着的物化的文化形态。是其它文化形态存在和发展的基础，是学校文化的外在标志。

学校物质文化建设就是通过改善学校物质环境和学校文化设施，实现办学条件最优化、办学环境最优化的工作过程。学校物质文化建设是构建和谐学校文化建设的基础，和谐学校文化要有充裕的办学设施、先进的教学器材、优雅的工作环境、良好的工作条件作保证。学校物质文化建设是形成学校制度文化和精神文化的物质支撑,是提高办学水平、办学实力,实现学校可持续发展的必要手段。

学校物质文化建设主要涉及以下内容:

1. 学校建筑

包括教学楼、办公室、科技楼、德育楼、图书馆、体育馆(场)、活动室、实验室、食堂、宿舍、厕所、道路、大门、操场、绿地、学校景观等建筑性设施。

2. 学校环境

包括橱窗、报栏、雕塑、亭台、假山、喷泉、园林、花坛、标语、口号、文化长廊、墙壁设计、花草树木以及学校的地理位置、地形风貌等。地理位置、地形风貌属于自然环境,受建校地点、建校时间和社会环境的限制较多,其它方面大都是具有人文因素的物理环境,是经过人们的建设和改造能够形成的学校景观。

3. 教学设施

包括多种功能教室,如:普通教室、语音室、计算机室、实验室、多媒体室、图书室、电子阅览室、音乐室、舞蹈室、排练厅、体育厅、报告厅等;办公教学仪器设备,如:多媒体、桌椅橱柜、教学器材、图书资料等;专业活动场地,如:篮球场、足球场、跑道等。

(三)学校制度文化建设的内容

学校制度是指学校师生在长期的教育实践过程中逐渐形成和发展起来的各项规章制度,它包括校规校纪、行为规范、道德准则等。制度文化是由外在形式(制度)和内部体验(态度、方式)有机结合形成的一种文化。包括各种成文的条理化的和不成文的约定俗成的规约、制度,还包括人们形成的对待制度的行为方式与态度。学校制度文化建设是通过规范、完善、建立健全学校各项规章制度,实现学校管理科学化、师生行为规范化、学校工作有序化的工作过程。和谐的学校制度文化建设能规范工作秩序,促使学校形成融洽、和谐的人际关系,提高工作、学习效率。

学校制度文化建设主要涉及以下几方面的内容:

1. 学生管理制度

指管理学生工作的各项计划、条例、规章制度等。包括:中小学生守则、中(小)学生日常行为规范、学生一日常规、学生礼仪规范、学生就餐制度、学生宿舍制度、"三好生"评选制度、学生活动安全制度等。

2. 员工管理制度

指对教师、行政人员、工勤人员的管理制度。包括岗位职责、教师职业道德规范、考勤制度、评教制度、业务培训制度、优秀教职工评选制度等。

3. 教学管理制度

指在组织教学过程中涉及到的各项工作制度。包括:学籍管理制度,考试管理制度,听、评课制度,教学督导制度,课程管理与建设制度,实验实习管理制度,排课、调课管理制度,教研教改制度等。

4. 教育科研管理制度

指在教科研方面的管理制度。包括:学校教育科研规划、课题申报制度、课题经费审批制度、科研成果奖励制度、教育科研培训制度等。

5. 行政后勤管理制度

指对行政、后勤工作流程及工作原则方面的管理规定。包括人事制度、财务制度、工作纪律、后勤服务制度、资产管理制度等。

三、和谐学校文化建设的基本原则

（一）以人为本原则

以人为本是和谐学校文化建设的核心与根本。要树立用先进的、和谐的文化引导人、陶冶人、塑造人的工作意识，实施"以文化人"，即用优秀文化培育和教化人的性情和品格。学校的精神文化、物质文化和制度文化建设都要有助于人的精神世界的充实和提升，有助于人的品德、智力、审美及身心整体素质全面、和谐、健康发展。在教风和师德建设中，要热爱学生，尊重学生的独立人格，民主、平等、公正地对待学生；要遵循青少年思想品德和身心发展规律，研究和关注学生的成长需要，以此为依据设计教育内容，使用教育方法；要指导学生认识生命、尊重生命、珍惜生命、热爱生命，使他们健康、快乐、和谐地成长和生活。要关心教师的精神质量，尊重教师的个性和自我实现的需要，为教师创造学习提高和自我实现的精神、制度、物质环境和条件；要通过学校文化建设，丰富教师的精神文化生活，提高教师的身心健康水平，让教师体验到教师职业的价值和教师生活的幸福快乐。

（二）整体和谐原则

学校文化要素之间的和谐联系与相互作用，构成对人有熏陶和塑造作用的学校整体文化。整体来自和谐，和谐构成整体。要运用和谐德育的思想方法，整体认识和构建学校精神文化、物质文化、制度文化之间的和谐关系，整体认识和构建三种文化与教育教学活动过程以及人的全面发展的和谐关系。在教育教学过程中，要建构课内文化知识与课外文化知识的和谐联系，学科知识是学校文化的基础要素，要研究把握学科知识之间以及知识教学与能力培养之间的整体和谐联系，教育者与受教育者之间的整体和谐联系；研究把握知、情、意、行品德要素的整体和谐联系，德、智、体、美、劳"五育"的整体和谐联系。运用整体和谐原则，就是引导教育者通过现状调研发现学校文化建设中不和谐的现象和问题，进而研究分析不和谐的原因，再通过和谐德育研究实验探索实现和谐的方式方法，然后总结和谐德育的经验与规律，形成和谐学校文化建设的实践理念和实践模式。

（三）继承创新原则

在和谐学校文化建设中坚持继承创新原则，主要是和谐学校文化建设内容的继承创新与和谐学校文化建设方法的继承创新。学校文化建设内容的继承创新，主要是继承中国传统优秀文化和吸收国外有益文化，如清华校训是对传统文化及民族精神的凝结和继承，北大校训则包含对西方优秀文化的吸收和应用，许多学校开展的诵读经典，打造书香文化、孝敬文化、感恩文化、君子淑女文化等，都体现出学校文化建设内容对中外优秀文化的继承借鉴和发展创新。学校文化建设方法的继承创新主要有：中外学校文化建设经验的继承借鉴与发展创新；构建精神文化、物质文化、制度文化的和谐联系，实施"以文化人"的继承与创新；课程文化、校园文化、地方文化和谐育人关系的途径方法的继承与创新，等等。每个方面都包含着许多丰富具体的实践内容和创新点。学校文化建设坚持继承创新是学校文化构筑发展根基并富于生命力的保证。

(四) 突出特色原则

和谐学校文化的特色与校本和谐德育体系的特色是互通一致的。在内容建构和育人功能上,和谐学校文化是校本和谐德育体系的一种实施载体和构建方式。和谐学校文化更突出文化内涵、文化特点,是校本和谐德育体系的提升和拓展。因此,和谐学校文化的特色可以重点从地方特色、层次特色、办学特色三个方面来深化认识。和谐学校文化的地方特色,就是要充分挖掘地方历史事件、文化名人资源,经过整理使之成为更亲近更容易被接受的德育内容,将其渗透和显示于学校精神文化、物质文化、制度文化之中,使之具有鲜明的地方特色。和谐学校文化的层次特色,就是根据学校的办学层次,结合学生的年龄特点,在学校精神文化、物质文化、制度文化构建中体现出来的学段特色。层次特色适应不同年龄阶段学生的身心特点、知识水平、审美情趣和品德形成发展规律,是建设和谐学校文化应遵循的重要原则。和谐学校文化的办学特色,主要是根据学校的培养目标、办学理念、工作模式和学校环境来建构学校文化的内涵和价值取向。办学特色适应了学校和社会发展的需要,有利于提高学校教育质量,为培养素质全面、特长突出的优秀学生创造了成长发展的优良环境。

四、和谐学校文化中的"三风"建设

校风、教风、学风建设是学校精神文化建设的重要内容和集中体现。也是和谐德育研究的重要内容之一。和谐学校文化是和谐德育的构成要素和重要条件。因此,和谐学校文化建设的重点是校风、教风、学风建设。

(一) 和谐学校文化中的校风建设

校风是一所学校在长期的教育教学实践中形成的相对稳定的办学风格、精神风貌、工作作风、教学风气和校园风尚的总和。它是学校精神文化的集中体现。

校风主要由学风、教风、领导作风及校园文化氛围等构成,也包括科研作风、体育风尚、美育特色等。随着我国教育事业的大力发展,有些高校注重扩大办学规模,尚未来得及抓紧内涵发展;有些高校合并后历史较短尚未形成普遍认同的校风;有些高等职业院校是由升格形成,校风尚未完全建成;有些中小学或千篇一律,或没有文化追求,尚未形成具有本校特色的校风。这种情况说明,学校校风建设既是长期的任务,又是当务之急的工作。

和谐德育研究校风建设中诸因素的和谐关系,使之协调响应,配合得当,形成优良校风。同时研究校际之间校风建设的异同,使之合而不同,形成独特风格。因此,和谐德育研究有利于推进校风建设。

1. 正面导向功能

和谐德育的正面导向功能主要表现为目标导向和价值导向。目标导向,就是通过制定科学合理的培养目标,激发师生的工作学习激情。价值导向,就是通过学校精神文化建设,实现学校师生价值取向上的趋同性,并树立起正确的价值标准,引导师生向同一目标奋斗。校训是学校精神文化的核心,对校风、教风、学风具有导向功能。例如:北京大学的校训:爱国、进步、民主、科学。北京林业大学的校训:养青松正气、法竹梅风骨。山东菏泽一中的校训:厚德至善、博学致远。就对师生具有很强的导向功能。

2. 凝聚激励功能

凝聚功能是由和谐德育产生的一种向心的内聚力，它可以促进全体成员之间的团结与合作，增强整体合力；它主要通过学校精神文化对师生心理和情感的激励，产生积极向上、和谐发展的推动力，这种推动力也可以把它叫作"魂"，这是任何一所学校和任何一个组织所不可缺少的内在动力。校训是学校精神文化的核心，对校风、教风、学风具有激励功能。例如：清华大学的校训：自强不息、厚德载物。北京舞蹈学院的校训：文舞相融、德艺双馨。上海建平中学：今天我以建平为荣、明天建平以我为荣。内蒙阿荣旗那吉屯一中的学校文化追求是：东方帕夫雷斯，北国诗书圣园；校训是：蓄德修能，自强不息。就对师生具有很强的凝聚激励功能。

3. 规范约束功能

和谐德育是一种创新性的理论体系，又是一种实践性很强的教育模式。学校精神文化是一种教育情景和精神氛围，各种教育引导、制度约束相互作用，暗示、感染、激励的方式相互交织。这些都会对每个师生产生影响，尤其是会对其言行起到规范、约束作用。虽然学校在精神文化建设的同时还需要制度文化来约束师生的行为，但精神文化的约束作用是无形的、潜在的、持久的。校训是学校精神文化的核心，对校风、教风、学风具有规范功能。例如：北京师范大学的校训：学为人师、行为世范。复旦大学的校训：博学而笃志、切问而近思。河南濮阳市油田十九中的校训：省吾身、做小事、善为人。对师生具有很强的规范约束功能。

4. 同化辐射功能

同化，是指个人或群体自愿接受他人的思想、观念、信念、行为，使自己的思想行为与他人相融合。和谐德育与学校文化的同化功能分内、外两方面。对内主要是指对师生员工的潜移默化功能；对外，由于和谐德育坚持学校、家庭、社会在育人上的和谐统一，学校文化是社会文化的一部分，因而在与社会文化的紧密联系与交流中，会发生学校精神文化的对外传播和扩散现象，使学校精神文化对社会或区域文化产生示范、影响和辐射功能。校训是学校精神文化的核心，对校风、教风、学风乃至社会风气具有同化辐射功能。如：中山大学的校训：博学、审问、慎思、明辨、笃行。中国海洋大学的校训：海纳百川、取则行远。天津南开中学的校训：允公允能、日新月异。都会对社会文化产生同化辐射功能。

（二）和谐学校文化中的教风建设

教风是教师在长期教育实践活动中形成的教育教学特点、作风和风格，是教师的教育理念、师德风范、专业水平、治学态度、学术规范、教学技能等素质的综合表现。良好教风包括：敬业爱生，甘为人梯；严谨治学，诲人不倦；言传身教，为人师表；开拓进取，勇于创新等。然而，少数教师不太注意教风的修养，有的重学术轻师德；有的重科研轻教学；有的上课来，下课就走，不与学生沟通交流；有的甚至出现写论文抄袭、评职称作弊等学术腐败现象。这些情况严重破坏了优良教风的形成。

优良教风重在建设，贵在激励。和谐德育研究教风建设中诸因素的和谐关系，如：师生关系、自律与他律的关系、学术自由与学术责任的关系等。因此，和谐德育研究有利于推进优良教风建设。

1. 师生关系和谐

教师是教风建设的主体。一所学校的教风正是靠着一代又一代优秀的教师、学者积累起来的。教师不仅是知识的创造者和传播者,而且是教风和学风的创造者和传播者。师生间在知识技能、学术规范、治学态度等方面的薪火传承与发展创新,正是学校教风、学风世代相传的结果。

和谐德育倡导师生关系和谐。和谐融洽的师生关系不仅是有效进行教育教学活动、完成教育教学任务的重要条件,而且本身也是一种重要的教育力量。在教育教学活动中,教师传道、授业、解惑;学生尊师、重教、勤学。教师的道德情操、个性品质、师德风范和优良教风就能够潜移默化地影响和感染学生。这样就能形成教风带动学风、学风促进教风,教学相长、良性互动的局面。因此,和谐的师生关系是优良教风、学风建设的基础。

2. 自律与他律的和谐

教师是太阳底下最光辉的职业。教师职业最突出的特点是为人师表,学高为师,身正为范。自尊和自律是教师最鲜明的人格特征。自尊表现为教风端正、学养深厚和师道尊严。自律是个人自觉控制自己的情绪,自觉约束自己的行为的品质和能力,就是中国传统道德修养中的"慎独"。因此,优良教风建设关键就是唤起教师的自尊、自律意识。

然而,自律不是自发的,它需要外部环境、教师群体、学术圈内、甚至学生评价的影响和制约。这种来自外部环境、制度规范和他人的影响和制约,就是他律。他律包括监督机制和激励机制两方面。由于教师的职业特点,他律应以激励为主。激励的方法很多,其中包括评选学科带头人、先进教师、晋升职称、劳动模范等。总之,自律与他律的和谐统一,才是优良教风建设的动力与合力。

3. 学术自由与学术责任的和谐

学校教风建设,特别是高校教风建设应提倡学术自由和学术宽容。只有这样学术才会繁荣,才会进步。和谐德育主张"文人相亲",反对"文人相轻"。不同学科之间、不同学术流派之间、不同师承关系之间、同一学科的不同观点之间都应互相尊重、互相欣赏、互相借鉴,不要互相鄙视、互相拆台、互相攻击。这不仅是学术自由、学术宽容的表现,而且是优良教风的内涵之一。

提倡学术自由和学术宽容,更要提倡学术责任。学术责任首先是遵循学术道义,其次是遵守学术规范,重要的是承担社会责任。学校是培养社会主义建设者和接班人的重要场所。教师要担当起这个社会责任,弘扬科学精神和人文精神,把学术自由与学术责任和谐统一起来,为建设优良教风做出贡献。

(三)和谐学校文化中的学风建设

学风是学生集体在学习过程中表现出来的学习风气、学习态度、学习习惯和学习行为方式。良好的学风包括:认真学习,勤于实践;大胆质疑,虚心求教;行为规范、勇于创新;一专多能,全面发展等。然而,我们也应看到有少数学生学风不正的现象。他们有的自制力差,不思进取,经常逃课;有的上课时看言情、武打小说或戴上耳机听音乐;有的泡在网吧、游戏厅、录像厅等场所,考试时临时抱佛脚,甚至作弊;有的轻生自杀、报复杀人,有的打架、斗殴、酗酒，违反校规校纪，甚至触犯法律。由此可见，学风建设已是当务之急。优良学风建设，重在教育，贵在养成。和谐德育研究学风建设中诸因素的和谐关系，如：个人理想与共同理想的关系、学习知识与社会实践的关系、尊重个性与崇尚奉献的关系等。因此，和谐德育研究有利于推进优良学风建设。

1. 个人理想与共同理想和谐

和谐德育注重对学生进行理想教育。理想是对未来的美好憧憬和向往。青少年学生是祖国的未来和希望，他们是最富于理想的群体。每一个学生都有自己的个人理想，如职业理想、生活理想等，理想教育的关键是要把个人理想融入全民族的共同理想之中，坚定中国特色社会主义信念，积极投身改革开放和社会主义现代化建设，在改革开放中加快推进社会主义现代化，全面建设小康社会，把中华民族伟大复兴的宏伟蓝图变成美好现实。作为青少年学生，谁不想报效祖国呢？谁不想走向成功呢？谁不想实现人生价值呢？那么，就要从我做起，从现在做起，养成良好的学风。只有这样，才能在为祖国、为人民的不懈奋斗中实现自己的个人理想和人生价值。理想教育是养成优良学风，乃至日后走向成功的不竭动力。

2. 学习知识与社会实践和谐

当今世界，科技进步日新月异，知识更新步伐加快。因此，学习比以往任何时候都显得更加重要而紧迫。一个人能有多大发展，能为社会作出多大贡献，很大程度上取决于这个人学习抓得紧不紧、知识基础打得牢不牢。青少年学生只要勤于学习、敏于求知，不断积累新知识、增强新本领，就一定能奠定人生进步的根基，成为国家建设需要的有用人才。

古人讲，既要"读万卷书"，又要"行万里路"。这在一定程度上揭示了人才成长的规律。古往今来凡成大事者，无不经过社会实践的历练和艰苦环境的考验。对青少年学生来说，社会实践是了解国情、增长本领的最好课堂，是磨炼意志、汲取力量的火热熔炉，是施展才华、开拓创业的广阔天地。只有深入到实践中去，到群众中去，才能加深对社会的认识，增进同人民群众的感情，提高解决实际问题的能力。和谐德育主张学习知识与社会实践的和谐统一，这是养成优良学风，乃至日后走向成功的必由之路。

3. 尊重个性与崇尚奉献和谐

在我们社会主义社会里，既尊重个性、承认物质利益，更倡导互助友爱、崇尚奉献精神。一个人如果不能正确处理集体和个人、奉献和索取的关系，片面强调个人设计，过于追求个人利益，他的人生道路只会越走越窄。只有勇于担当、甘于奉献，才能真正体验到人生的快乐和幸福，成为品德高尚、精神充实的人。

和谐德育主张把尊重个性与崇尚奉献统一起来，引导青少年学生在尊重个性、张扬个性的同时，要自觉践行社会主义荣辱观，带头倡导社会公德、职业道德、家庭美德、个人品德，多做关心集体、热心公益、孝亲敬长、尊老爱幼的好事，为发展社会主义和谐人际关系、形成文明进步的良好社会风尚贡献一份力量。这是养成优良学风，乃至日后走向成功的必然要求。

五、推进和谐德育研究的重要举措

和谐德育研究与实验自全国教育科学规划办公室批准立项以来，已经走过了三个年头，现在开始进入深化研究阶段。为了推进和谐德育的深化研究,总课题组和中国伦理学会德育专业委员会采取以下几项重要举措。

(一)讲和谐,促文明,树新风,开展学校文化展评活动

学校和谐文化建设是社会主义和谐社会建设的重要组成部分,是教育系统贯彻落实科学发展观,推进素质教育,深化教育改革的必然要求,是促进师生健康和谐发展,形成办学特色,提高办学效益,推进学校整体工作科学发展的必由之路。为探索和谐校园文化建设的规律,总结推广实验区(校)和谐校园文化建设工作经验,展示和谐校园文化建设成果,推动校园文化建设工作健康发展,中央教育科学研究所和谐德育总课题组、中国伦理学会德育专业委员会决定组织举办全国首届和谐校园文化建设成果展评。主题是"展示和谐学校文化,向建国60周年献礼"。

征集对象和展示内容是:

1. 学校成果:包括幼儿园、小学、中学、中职学校、高职院校、普通高校在精神文化、物质文化、制度文化建设方面的成果。和谐校园精神文化成果,以系统介绍学校、幼儿园的办学目标,办学理念,办学特色,校训,校风,校旗,校徽,校歌等学校精神文化为内容;和谐校园物质文化成果,以系统介绍校园的规划、建筑、设施、绿化、美化等校园物质文化为内容;和谐校园制度文化成果,以介绍校园在学生管理、员工管理、教学管理、教育科研管理、行政后勤管理等全方位或某一方面的规章制度为内容。

2. 教师成果:包括幼儿园、小学、中学、中职学校、高职院校、普通高校教师在学校精神文化、物质文化、制度文化建设等方面的理论研究成果,包括论文、专著、课件等。

3. 学生成果:包括幼儿园、小学、中学、中职学校、高职院校、普通高校学生创作的校园歌曲、校园舞蹈、校园情景剧、校园文学、动画片、公益广告、声乐、器乐、舞蹈、书法、绘画、摄影艺术作品。(详见《全国首届"和谐校园文化建设"成果展评大赛征稿通知》)

(二)职业化,专业化,专家化,实施德育人才培养工程

党的十七大报告指出:"育人为本、德育为先"。《教育部关于整体规划大中小学德育体系的意见》要求:"切实加强德育工作队伍建设。要像重视和关心业务学术骨干的选拔培养那样重视德育队伍人员的选拔培养。教育部制定政策,做出规划,组织示范性培训。各地教育部门要组织实施德育人才培养工程,实现德育队伍的职业化、专业化和专家化。"为了贯彻落实中央和教育部上述文件精神,中央教育科学研究所和谐德育总课题组、中国伦理学会德育专业委员会决定组建"和谐德育专家报告团",实施德育人才培养工程。这一举措对于提高广大教师的德育素养、教育水平和工作能力,加强德育工作的科学性、针对性和实效性具有重要意义。

希望各实验区认真组织好这项活动。同时欢迎各地教育局、各级各类学校(幼儿园)选派教师参加。亦可根据需要组织本单位的教师集体参加,在本地或到北京或到其他城市开设专场报告。(详见《工作安排》)

(三)树品牌,显特色,闪亮点,举办班主任专业能力大赛

为了贯彻《中共中央、国务院关于进一步加强和改进未成年人思想道德建设的若干意见》、《班主任工作条例》等文件精神,充分发挥班主任在未成年人思想道德建设中的主力军作用，提高班主任的思想素养和业务素质，增强班主任工作的科学性和实效性，引导和帮助学生健康和谐成长，中央教育科学研究所和谐德育总课题组、中国伦理学会德育专业委员会决定在全国范围内举办"首届全国中小学优秀班主任和谐育人专业能力大赛"。通过举办班主任专业能力大赛，实现"一区一品牌，一校一特色，一班一亮点"的目标。

大赛内容由班主任和谐育人教育故事叙说、情景答辩与案例分析、主题班（队）会设计、精彩一课录像与现场赛课、才艺展示等组成。分幼儿园、小学、中学、中职、高职、大学六个系列。其中精彩一课录像与现场赛课使用的教材是：幼儿园《好孩子 好习惯》，小学、初中、高中、中职《和谐成长》，高职《就业指导》《文明礼仪》《心理健康》，大学使用现行的思想政治课教材。大赛的组织形式是统一设计，整体规划，分学段实施，分项目操作。目前，天津市红桥区教育局已率先申请承办中小学班主任教育故事叙说项目。欢迎各实验区组织班主任报名参赛。（详见《实施方案》）

（四）出成果，出经验，出人才，打造"十个一百"工程

教育科研的直接目的是"出成果、出经验、出人才"，推动教育生产力的发展。科研成果是检验科研课题成功与否的标志，先进经验是科研成果转化为现实教育生产力的结果，优秀人才是课题研究出成果、出经验的关键。基于这样的科研理念，我们始终坚持走科研工作者和一线教师相结合的道路，努力创造一个自由、宽松的德育科研环境，着力发现、培养、爱护和扶持基层德育人才，每年都要评审表彰一批课题研究先进实验区、先进实验校、先进实验教师、先进工作者和优秀成果，在"十五"期间评审表彰"六个一百"的基础上，中央教育科学研究所和谐德育总课题组与中国伦理学会德育专业委员会决定在"十一五"期间全力打造"十个一百工程"。"十个一百"即百所德育示范学校、百部德育优秀著作、百篇德育优秀论文、百节德育示范课、百项校园文化优秀成果、百个校本和谐德育体系范例、百名德育专家、百位德育名师、百位家教优秀家长、百名品德优秀学生。

通过建设"十个一百"工程，把和谐德育研究的优秀成果向全国推广，以便相互学习和借鉴；使课题研究中涌现出的德育示范学校的成功经验全国共享，起到示范和引领作用；把伴随着课题研究成长起来的德育名师和德育专家的德育人生之路推介给大家，发挥榜样的示范作用；把在和谐德育理念及其育人环境影响下全面发展的优秀学生树立为全国青少年学生可亲、可信的学习榜样；把关心、支持、参与课题研究实验的优秀家长向全国的家长推荐，帮助和引导千万家长提高家教水平。这一举措对深化教育改革，实施人才强国战略，建设社会主义和谐社会具有重要意义。希望各实验区、实验校认真做好"十个一百"的推荐和评审工作。（详见《实施方案》）

同志们，和谐德育研究与实验是一项课题，更是一种事业。它是惠及广大教师、学生和家长的事业，是积善成德的事业，是利国利民的事业，是功在当代、利在千秋的事业。我们要发扬团结和谐、求真务实、艰苦奋斗、开拓创新的精神，在成就事业之中实现自己的幸福人生。

5. 2010年九江会议主题报告

制定学会十年发展规划纲要 推动德育研究可持续发展
——中国伦理学会德育专业委员会二届三次会长会议暨实验区负责人会议主题报告

同志们、朋友们：

中国伦理学会德育专业委员会二届三次会长会议暨实验区负责人会议在历史名城九江市开幕了。本次会议是在制定《国家中长期教育改革和发展规划纲要》的背景下举办的，《纲要》（征求意见稿）在战略目标中明确要求"整体构建大中小学有效衔接的德育体系"。这个要求正是我们学术团队自"八五"规划以来承担的国家重点课题所研究的内容。因此，我们有必要简要回顾一下近二十年来整体构建大中小学和谐德育体系的研究历程。

"八五"时期，是和谐德育研究的发端阶段。我们运用和谐的思想方法分析德育现状，针对某些不和谐问题，提出了整体构建学校德育体系的建议，得到了李岚清同志的肯定性的批示，我们的建议被中央文件采纳。

"九五"时期，是和谐德育研究的实践阶段。我们使用和谐的概念整体构建德育体系，研究编写了纵向衔接的小学、初中、高中、中职四个学段的《德育》读本18册和《成长册》18册，并在实验区实验校进行实验；最终成果是《整体构建德育体系总论》四部理论著作。

"十五"时期，是和谐德育思想的形成阶段。我们运用整体和谐理念深化研究与推广实验，向幼儿园和高职大学上下延伸，研究编写了《好孩子好习惯》8册幼儿园教材和4册高职教材，同时与家庭教育相结合，研究编写了四个学段的《当代家长》教材34册，并在实验区实验校进行推广实验；最终成果是《整体构建德育体系导论》和小学、初中、高中、中职、高职、师范、大学《实践导引》8部著作。我们的和谐德育思想、理念和方法被《教育部整体规划大中小学德育体系的意见》所采纳。2005年伊宁年会的主题报告明确提出了和谐德育的基本概念、理论基础、主要内容、社会价值和实践方法，此后在光明日报和中国德育杂志发表，标志着和谐德育的理论体系和实践模式初步形成。

"十一五"时期，是和谐德育思想的发展阶段。在完成了大、中、小、幼纵向和谐衔接的基础上，我们又研究编写了四个学段的《和谐成长》实验教材，实现了学校德育、家庭教育、社区教育横向和谐贯通；2008年正式出版了综合性理论成果《和谐德育论》，2009年编辑出版了总课题组和实验区实验校的论文集《和谐德育研究》，标志着和谐德育的理论体系和实践模式完全建成。

我们经过"八五"、"九五"、"十五"、"十一五"四个五年规划历时近二十年的研究与实验，形成了和谐德育思想，创立了和谐德育的理论体系和实践模式。总结近二十年的德育科研经历，我们走出了一条中国特色的德育科研之路。其基本经验是：

第一，始终坚持以邓小平理论、三个代表重要思想和科学发展观为指导，把理论研究、实践研究与方针政策研究紧密结合。

第二，始终坚持为德育决策服务、为德育实践服务、为广大师生服务的科研宗旨，把德育专家、行政领导与一线教师紧密结合。

第三，始终坚持深入基层、深入学校，依靠基层组织、依靠广大教师，把总课题组、实验区、实验学校紧密结合。

第四，始终坚持弘扬中华文化与民族精神，把贯通古今、融会中西、继承借鉴、发展创新作为基本原则。

第五，始终坚持出成果、出经验、出人才的工作目标，为课题组成员和实验教师搭建高层科研平台。

第六，始终坚持和谐德育思想，目标专一，执着追求，咬定青山不放松，不断推动德育科研可持续发展。

这些基本经验，是我们学术团队兴旺发达、事业成功的法宝。在今后的学会工作和课题研究中，我们必须长期坚持并发扬光大。

同志们，我们度过了不平凡的2009年，迎来了创新发展的2010年。2009年8月7日，中国伦理学会德育专业委员会顺利实现了换届选举，新一届德育专业委员会力量更加壮大，为本会的大团结、大发展、大繁荣提供了组织保证。

2009年8月8—10日，第十二届全国和谐德育年会在贵州仁怀召开，取得了圆满成功。这届年会推动了和谐德育研究向纵深发展，确立了为基层办好事、办实事的四项措施：（一）讲和谐，促文明，树新风，开展学校文化展评活动；（二）职业化，专业化，专家化，实施德育人才培养工程；（三）树品牌，显特色，闪亮点，举办班主任专业能力大赛；（四）出成果，出经验，出人才，打造"十个一百"工程。

2009年12月5—8日，首届全国中小学班主任和谐育人专业能力大赛在天津红桥举办，取得了圆满成功。通过教育故事叙说、案例分析、情境答辩、才艺展示四个比赛环节，参赛的班主任展示了教育理念、个人才艺、师德风范和人格魅力。与会的领导、专家和参会参赛教师给预了充分肯定和高度评价。

事实证明，班主任大赛是深受实验区、实验校和班主任欢迎的活动，是推动学校德育工作、培养锻炼班主任队伍的重要途径，是课题深化研究向实践层面发展的重要步骤；历史还将证明，班主任大赛是德育人才成长的加速器，是推动班主任专业化建设的必由之路。

同志们，和谐德育研究与实验是一项课题，更是一种事业。它是正义的事业，是行善的事业，是积德的事业，是惠及广大教师、学生和家长的事业，是与党中央构建和谐社会保持高度一致的事业，是利国利民的事业，是功在当代、利在千秋的事业。

为了使我们的事业健康顺利的可持续发展，根据当前面临的新形势和新任务，我们做出了近期和长期两项战略决策。一是把和谐德育研究与实验课题转为中国伦理学会和中国教育学会立项课题，今后的课题研究归属两个国家一级学会管理。二是制定《中国伦理学会德育专业委员会2010—2020年发展规划纲要》，我们将以这个纲领性文件指导今后十年的学会工作和课题研究。

下面我做《中国伦理学会德育专业委员会2010—2020年发展规划纲要》的报告。

为了贯彻落实党的十七大关于"育人为本、德育为先"和《中共中央关于构建社会主义和谐社会若干重大问题的决定》的精神,与《中国教育改革与发展中长期发展规划纲要》相配合,推动本会工作全面、协调、可持续发展,特制定本会2010—2020年发展规划纲要。

一、加强思想文化建设,构建和谐学术团队

(一)坚持以中国特色社会主义理论为指导,认真学习实践科学发展观,贯彻中央和教育部有关德育工作的一系列文件精神,落实本会的宗旨,为建设中国特色社会主义思想道德体系,增强德育工作的科学性、系统性、针对性、实效性,提高中华民族思想道德素质,推进社会主义精神文明建设,促进社会和谐与文化繁荣,培育社会主义事业合格建设者和可靠接班人做出贡献。

(二)倡导"和谐、求真、务实、创新"的会风。倡导和谐理念,培育和谐精神,创建和谐氛围,坚持实事求是、讲求实效、开拓进取、发展创新的工作理念和工作作风。发挥会旗、会徽、会歌在本会工作中的作用。

(三)坚持"培基、固本、开源"的工作方针。坚持德育理论研究、政策研究、实践研究相结合,夯实立会之基;坚持德育科研工作者、行政管理者、实践工作者相结合,巩固建会之本;坚持为德育科研服务、为教育改革服务、为社会发展服务,开拓兴会之源。

(四)坚持走中国特色的德育科研之路。

——坚持以邓小平理论、三个代表重要思想和科学发展观为指导,把理论研究、实践研究与方针政策研究紧密结合。

——坚持为德育决策服务、为德育实践服务、为广大师生服务的科研宗旨,把德育专家、行政领导与一线教师紧密结合。

——坚持深入基层、深入学校,依靠基层组织、依靠广大教师,把学会工作与单位会员、个人会员紧密结合。

——坚持弘扬中华文化与民族精神,把贯通古今、融会中西、继承借鉴、发展创新作为基本原则。

——坚持出成果、出经验、出人才的工作目标,为本会会员、课题组成员和实验教师搭建高层科研平台。

——坚持和谐德育思想,促进和谐学校、和谐家庭、和谐社区建设,不断推动德育科研可持续发展。

(五)推动本会工作全面、协调、可持续发展。

——继承已有成果,在继承的基础上谋发展。在整体构建德育体系各类成果基础上,沿着和谐德育的研究方向开拓发展,继续带领和指导单位会员(实验校)推出原创性、继创性、精品性成果,总结时代性、规律性、实效性经验,培养管理型、理论型、实践型人才。继承学会已有工作经验和优良作风,客观认识存在的困难和问题,求真务实,集思广益,勇于承担,齐心协力,共谋发展。

——增强创新意识,以创新求发展。要坚持解放思想、实事求是、与时俱进的理念,用创新思维分析问题,规划发展。要不断加固创新发展的工作基础,注重全面掌握情况,善于适时总结经验。要正视问题,从研究问题解决问题中寻求创新发展的思路和方案。要学会创新、鼓

励创新，开创课题研究和学会工作的新局面，使学会工作在思想理论、工作方式等方面始终保持生机与活力。

——坚持以人为本，实现科学发展。要关注本会成员的工作事业和生活发展需求，建设团结和谐学术团队。要加强学会领导班子建设，营造既有民主，又有集中，既有统一意志，又有个人心情舒畅的工作氛围。要鼓励会员走职业化、专业化、专家化道路，实施德育人才培养工程。要支持会员出成果、出经验、出人才，着力打造"十个一百"工程。要统筹兼顾大中小幼各学段研究部的协调发展，统筹兼顾不同类别子课题、不同方面专家学者共同发展，统筹兼顾近期、中期、长期的工作计划，保持学会工作全面、协调、可持续发展。

二、加强组织机构建设，制定完善规章制度

（一）加强研究部门的组织机构建设。各研究部设主任1—2名，由常务副会长或副会长兼任；设副主任2—4名，由副会长、常务副秘书长、副秘书长兼任；设学术委员会主任1人，由常务副会长或副会长兼任；设学术委员会委员若干人，从"四个一百"中选聘。

（二）加强学会工作队伍建设，选拔志同道合、德才兼备、勇于负责、乐于奉献、善于合作的同志参与学会工作，形成学术、管理、开发三结合，老、中、青三结合，专职、兼职、特聘三结合的学会工作队伍。

（三）巩固发展已经成立的学前教育研究部、小学教育研究部、初中教育研究部、高中教育研究部、中职教育研究部、高职教育研究部、大学教育研究部。加强家庭教育研究部的建设。筹建校外教育研究部、社区教育研究部、企业文化研究部。发展专题研究中心和地方研究中心。

（四）建立实验区转为地方研究中心、实验校转为单位会员、实验教师转为个人会员的会员发展机制。进一步完善会员入会申请、批准入会、会员登记、会员退会、会员考核等工作机制，实现十年内单位会员、个人会员翻两番。

（五）贯彻民主集中制的组织原则，建立并不断健全岗位职责，其中包括会长、副会长、秘书长、副秘书长、办公室主任以及各研究部主任、专题研究中心主任、地方研究中心主任的岗位职责。

（六）加强规范化管理，制定并不断完善各项规章制度。其中包括人事管理制度、财务管理制度、印章管理制度、档案管理制度、课题管理制度、会员管理制度、会议管理制度等。

三、深入开展学术研究，大力推广科研成果

（一）不断深化和谐德育研究，进一步发展和谐德育的理论体系和实践模式，进一步完善和谐德育的基本概念、理论基础、主要内容、社会价值和实践方法，进一步细化师生双主体和谐，学校、家庭、社会三教和谐，知、情、意、行四环节和谐，德、智、体、美、劳五育和谐，德育目标、内容、途径、方法、管理、评价六要素和谐，幼儿园、小学、初中、高中（中职）、大学（高职）、研究生六学段和谐的研究。

（二）不断推出三大系列研究成果，第一系列为学会（总课题组）研究成果，继续编写和谐德育丛书，每年出版一部专著或一套丛书、一部论文集；第二系列为地方研究中心（实验

区）研究成果，每年出版10部论文集或地方教材；第三系列为单位会员和个人会员（实验学校和实验教师）研究成果，每年出版10部专著或论文集。三大系列成果统一开本和封面设计。

（三）继续研究编写幼儿园、小学、初中、高中（中职）、大学（高职）、研究生各学段和谐德育实验教材及与之配套的音像资料，形成系列，推广普及，使其成为地方教材或校本教材，作为国家德育课程的有益补充。

（四）继续研究编写家长培训教材及与之配套的音像资料，推动和谐家庭建设，促进家庭教育与学校教育的德育理念趋同，德育内容互补，德育资源共享，德育评价一致，培养学生和谐健康成长。

（五）开发创新社会教育读本，研究编写社区伦理、企业伦理、军营伦理、干部伦理等系列著作。推动和谐社区、和谐企业、和谐军营、和谐单位建设，促进社会主义精神文明建设。

（六）大力支持本会会员承担的全国教育科学"十一五"规划2009年立项的国家一般课题"诗意德育促进学生积极人格和谐发展案例与理论问题研究"、教育部重点课题"增强学生社会责任感的公民教育实践模式研究"、教育部重点课题"新媒体在和谐校园文化建设中的应用研究"三项课题。

（七）鼓励和支持本会会员积极申报全国哲学社会科学、全国教育科学"十二五""十三五"课题、教育部委托课题、国际各种基金课题、中国伦理学会课题，为会员搭建高层德育科研平台，促进学术繁荣。

（八）大力开展成果推广活动。其中包括：讲和谐，促文明，树新风，开展学校文化展评活动；职业化，专业化，专家化，实施德育人才培养工程；树品牌，显特色，闪亮点，举办班主任专业能力大赛；出成果，出经验，出人才，打造"十个一百"工程。这些活动要常抓不懈，形成品牌，逐步推向全国，促进科研成果转化为现实的教育生产力。

（九）坚持按期开好每年一届的学术年会、五年一届的会员代表大会，各学段研究部适时召开专题研讨会，各专题研究中心、地方研究中心（实验区）及时召开交流会。通过各种会议交流科研成果，推动德育研究，凝聚学术队伍。

四、重视媒体宣传工作，加强会刊会网建设

（一）继续办好会刊《新德育》杂志。进一步发挥其在传播德育要闻、宣传政策法规、传达学会工作、指导课题研究、介绍单位会员的先进经验、发表个人会员的研究成果等方面的重要作用。要不断提高办刊质量，扩大读者面和发行量，争取早日成为全国有影响的正式刊物，并向全国核心期刊发展。

（二）继续办好会网"新德育"网。进一步加大信息量，加快更新速度，除开设本会概况、德育论坛、德育实践、德育人生、课题研究、名师名校、资料阅览等常规栏目外，还要开设入会须知、成果展示、公告、快讯、视频下载等窗口，做到点击率要逐年攀升，每月达到10000次以上，更好的发挥学会联系会员的桥梁和纽带作用。

（三）加强与社会主流媒体的联系与合作。积极主动与中央电视台、中国教育电视台、有关省市电视台建立联系与合作关系；积极主动与人民日报、光明日报、中国教育报、中国青年报等

各大报刊建立联系与合作关系；积极主动与人民网、中国教育资源、搜狐网、新浪网等各大网站建立联系与合作关系。

五、加强联系社会各界，积极争取政府支持

（一）加强与中共中央中宣部、中央精神文明办、中央党校、中国社科院、教育部、团中央、全国妇联的联系，积极争取他们的支持、指导和帮助。

（二）加强与教育部基础教育一司、基础教育二司、思想政治工作司、社会科学司、职业与成人教育司、师范教育司等有关司局的密切联系，积极争取他们的支持、指导和帮助。

（三）加强与中国伦理学会、中国教育学会、中国高等教育学会、中国国际教育交流学会、中国青少年研究会、中国家庭教育研究会的联系，积极争取他们的支持、指导与合作。

（四）加强与联合国教科文组织和国际儒学联合会等有关教育机构的联系，开展国际伦理文化与道德教育的交流与合作。

（五）进一步完善政府支持、社会资助、本会自筹、会员交会费相结合的多元经费筹措机制。

（六）加强与国际国内支持德育事业的个人、企业和慈善机构的联系，争取他们的捐助，开拓多种渠道，筹建中国德育基金会。

（七）加强与地方政府、大专院校的联系与合作，共同开发建设中国德育馆或中国德育基地。

（八）积极创造条件，争取把德育专业委员会办成国内有影响的德育专业学术团体。

同志们，制定十年发展纲要，是学会一件大事。需要广大会员特别是理事、常务理事的智慧，需要大家集思广益，群策群力，共谋发展大计。提供给大家的这个稿子，是在上次全体会长会议充分讨论的基础上修改而成。本次会议进一步征求实验区负责人即理事、常务理事的意见，将在闭幕式上表决通过，作为本会今后10年工作的纲领性文件。请各位多提宝贵意见。谢谢！

6. 2010年上海年会主题报告

深入贯彻《纲要》德育为先精神 全面构建"三级"和谐德育体系
——第十三届全国和谐德育年会暨"中伦德"第六届学术研讨会主题报告

（2010年10月13日于上海）

詹万生

同志们：

我代表中国伦理学会德育专业委员会、和谐德育研究与实验总课题组向本届年会作

主题报告,请大家研究讨论。本次会议主题是:贯彻《国家中长期教育改革和发展规划纲要（2010-2020年）》精神,整体构建区域和谐德育体系、校本和谐德育体系、班级和谐德育体系,做好"十一五"课题结题与"十二五"课题立项的有效衔接工作。

报告分为三部分:

一、贯彻《纲要》精神,构建三级和谐德育体系;

二、坚持"三出"目标,全力打造"十个一百";

三、继续深化研究,做好"十二五"课题衔接。

一、贯彻《纲要》精神,构建三级和谐德育体系

根据党的十七大关于"优先发展教育,建设人力资源强国"的战略部署,为促进教育事业科学发展,全面提高国民素质,加快社会主义现代化进程,国务院于今年7月29日颁布了《国家中长期教育改革和发展规划纲要（2010—2020年）》。百年大计,教育为本。教育是民族振兴、社会进步的基石,是提高国民素质、促进人的全面发展的根本途径,寄托着亿万家庭对美好生活的期盼。强国必先强教。优先发展教育、提高教育现代化水平,对实现全面建设小康社会奋斗目标、建设富强民主文明和谐的社会主义现代化国家具有决定性意义。

《纲要》明确规定:"坚持德育为先。立德树人,把社会主义核心价值体系融入国民教育全过程。加强马克思主义中国化最新成果教育,引导学生形成正确的世界观、人生观、价值观;加强理想信念教育和道德教育,坚定学生对中国共产党领导、社会主义制度的信念和信心;加强以爱国主义为核心的民族精神和以改革创新为核心的时代精神教育;加强社会主义荣辱观教育,培养学生团结互助、诚实守信、遵纪守法、艰苦奋斗的良好品质。加强公民意识教育,树立社会主义民主法治、自由平等、公平正义理念,培养社会主义合格公民。加强中华民族优秀文化传统教育和革命传统教育。把德育渗透于教育教学的各个环节,贯穿于学校教育、家庭教育和社会教育的各个方面。切实加强和改进未成年人思想道德建设和大学生思想政治教育工作。构建大中小学有效衔接的德育体系,创新德育形式,丰富德育内容,不断提高德育工作的吸引力和感染力,增强德育工作的针对性和实效性。加强辅导员、班主任队伍建设。"其中"构建大中小学有效衔接的德育体系",正是我们和谐德育学术团队自"八五"规划以来一直承担的研究课题和孜孜以求的奋斗目标。

"八五"时期,是和谐德育研究的发端阶段。我们运用和谐的思想方法分析德育现状,针对某些不和谐问题,提出了整体构建学校德育体系的建议,得到了李岚清同志的肯定性的批示,我们的建议被中央文件所采纳。

"九五"时期,是和谐德育研究的实践阶段。我们使用和谐的概念整体构建德育体系,研究编写了纵向衔接的小学、初中、高中、中职、中师五个学段的《德育》读本18册和《成长册》18册,并在实验区实验校进行实验;最终成果是《整体构建德育体系总论》四部理论著作。

"十五"时期,是和谐德育思想的形成阶段。我们运用整体和谐理念深化研究与推广实验,向幼儿园和高职大学上下延伸,研究编写了《好孩子好习惯》8册幼儿园教材和4册高职教材,同时与家庭教育相结合,研究编写了四个学段的《当代家长》教材34册,并在实验区实验校进行推广实验;最终成果是《整体构建德育体系导论》和小学、初中、高中、中职、高职、师

范、大学《整体构建德育体系实践导引》8部著作。我们的和谐德育思想、理念和方法被《教育部整体规划大中小学德育体系的意见》所采纳。2005年伊宁年会的主题报告明确提出了和谐德育的基本概念、理论基础、主要内容、社会价值和实践方法,此后在光明日报和中国德育杂志发表,标志着和谐德育的理论体系和实践模式初步形成。

"十一五"时期,是和谐德育思想的发展阶段。在完成了大、中、小、幼纵向和谐衔接的基础上,我们又研究编写了四个学段的《和谐成长》实验教材,实现了学校德育、家庭教育、社区教育横向和谐贯通;2008年正式出版了综合性理论成果《和谐德育论》,标志着和谐德育的理论体系和实践模式基本建成。

从本届年会起,"十一五"和谐德育研究与实验进入结题阶段,预计在2012年完成结题工作。在此期间,我希望并要求实验区、实验校、实验教师基本完成"三级"和谐德育体系的构建任务。第一级是宏观层次和谐德育体系的构建,即区域和谐德育体系的构建,这是实验区的任务;第二级是中观层次和谐德育体系的构建,即校本和谐德育体系的构建,这是实验学校的任务;第三级是微观层次和谐德育体系的构建,即班级和谐德育体系的构建,这是实验教师(班主任)的任务。第一级、第二级和谐德育体系的构建,我已经在以往历届年会的主题报告中特别是2008年山东南山年会的主题报告中作了详细的论述,本届年会主要讲第三级即班级和谐德育体系的构建。

(一)构建班级和谐德育体系的重要意义

1. 有利于班主任队伍职业化、专业化、专家化建设

《国家中长期教育改革发展规划纲要》明确提出要"加强辅导员、班主任队伍建设"。《教育部关于整体规划大中小学德育体系的意见》要求:"切实加强德育工作队伍建设。要像重视和关心业务学术骨干的选拔培养那样重视德育队伍人员的选拔培养。各地教育部门要组织实施德育人才培养工程,实现德育队伍的职业化、专业化和专家化。" 班主任队伍职业化、专业化、专家化建设,关键在专业化。班主任专业化要从教师专业化说起。

从国际教育发展来看,自从现代教学形式——班级授课制的建立、教师开始成为一种专门职业算起,教师专业化已经走过了300多年的历史。特别是20世纪60年代以后,教师专业化成为一种强劲的思想浪潮,并极大地推动了许多国家教师教育新理念和新制度的建立。1966年联合国教科文组织和国际劳工组织提出《关于教师地位的建议》,首次以官方文件形式对教师专业化作出了明确说明,提出"应把教育工作视为专门的职业,这种职业要求教师经过严格地、持续地学习,获得并保持专门的知识和特别的技术。"1986年,美国的卡内基工作小组、霍姆斯小组相继发表《国家为培养21世纪的教师作准备》《明天的教师》两个重要报告,同时提出以教师的专业性作为教师教育改革和教师职业发展的目标。1996年,联合国教科文组织召开的第45届国际教育大会提出,"在提高教师地位的整体政策中,专业化是最有前途的中长期策略"。

我国教师专业化虽然起步较晚,但发展很快。1994年我国开始实施的《教师法》规定:"教师是履行教育教学职责的专业人员",第一次从法律角度确认了教师的专业地位。1995年国务院颁布《教师资格条例》,2000年教育部颁布《教师资格条例实施办法》,教师资格制度在全国开始全面实施。2000年,我国出版的第一部对职业进行科学分类的权威性文件《中华人民共和国职业分类大典》，首次将我国职业归并为八大类，教师属于"专业技术人员"一类。2001年4月1日起，国家首次开展全面实施教师资格认定工作，进入实际操作阶段。

我国现有一千多万中小学教师，是国内最大的一个专业团体，承担着世界上最大规模的中小学教育。尽管我国教师的教育教学活动已经在一定程度上达到了专业化标准的要求，但是与发达国家相比，教师专业化尚有不少差距。改革与发展教师教育，推进我国中小学教师的专业化水平势在必行。

教师专业化是指教师职业具有自己独特的职业要求和职业条件，有专门的培养制度和管理制度。教师专业化的基本含义是：(1)教师专业既包括学科专业性，也包括教育专业性，国家对教师任职既有规定的学历标准，也有必要的教育知识、教育能力和职业道德的要求；(2)国家有教师教育的专门机构、专门教育内容和措施；(3)国家有对教师资格和教师教育机构的认定制度和管理制度；(4)教师专业发展是一个持续不断的过程，教师专业化也是一个发展的概念，既是一种状态，又是一个不断深化的过程。

班主任专业化的内涵基本上与教师专业化的内涵相近，这就是班主任专业化与教师专业化的共性，因为一个优秀的班主任，首先应该是一个优秀的教师。然而，班主任的专业角色与一般教师的专业角色是有所不同的，他们除了和任课教师一样要完成好教学工作之外，还要履行班主任的职责。班主任专业化是一种特殊的教师专业化，是教师专业化的重要组成部分。

虽然目前对"班主任专业化"的内涵还没有明确的界定，但根据教育研究现状，可以认为班主任专业化的概念可总结为：班主任经过培养和训练，逐步掌握德育和班主任工作的理论知识，形成班级德育和班集体建设与管理的能力和技巧，全面有效地履行班主任职责的过程。大体归纳有专业职责、专业素质和专业能力三个要素。

第一，班主任专业职责。教育部颁布的《中小学班主任工作规定》要求"加强中小学班主任工作，充分发挥班主任在教育学生中的重要作用。班主任是中小学日常思想道德教育和学生管理工作的主要实施者，是中小学生健康成长的引领者，班主任要努力成为中小学生的人生导师。班主任是中小学的重要岗位，从事班主任工作是中小学教师的重要职责。教师担任班主任期间应将班主任工作作为主业。加强班主任队伍建设是坚持育人为本、德育为先的重要体现。"

第二，班主任专业素质。班主任专业素质应当包括以下几个方面：(1)育人为本的专业理念。班主任工作的根本目的是"育人"。要"以学生为本位"，"一切为了学生，为了一切学生，为了学生的一切"，为学生的成人、成才、成功乃至一生幸福奠基。(2)德育为先的专业精神。班主任工作要全面实施素质教育。在德、智、体、美、劳"五育"中，德育居于首要地位、领先地位。德育在素质教育中发挥着导向、动力、保证的作用。要转变"重智育轻德育、重课堂教学轻社会实践、重知识传授轻能力培养"的观念，要纠正"德育说起来重要，干起来次要，忙起来不要"的现象。(3)关爱学生的专业道德。关爱学生是班主任的天职，没有爱就没有教育。关爱学生包括关爱学生的自然生命和精神生命。关爱自然生命，就要热爱生命，保护学生安全，呵护学生健康。关爱精神生命，就要关心、理解、尊重、信任学生，善于发现学生的特点、优点、闪光点，尊重学生的人格，尊重学生的情感，尊重学生的隐私，尊重学生的差异，激励学生"我能行"，使每一个学生都有自信心，都能快乐、健康、和谐地成长。（4）和谐育人的专业技能。德育过程是教师与学生双主体和谐互动的过程，民主、和谐的师生关系不仅是有效进行教育活动、完成教育任务的重要条件，而且本身也是一种重要的教育力量。在德育活动中，教师与学生如果能够平等相处，诚恳相待，学生人格就会得到尊重，个性潜能就能得以激发；教师的高尚道德情操、优良个性品质就能够潜移默化地影响和感染学生，收到良好的教育效果。

第三，班主任专业能力。班主任的专业能力包括班集体的组织管理能力、主题班会的设计实施能力、班干部的指导培养能力、走进学生心灵的能力、任课教师的协调能力、学生家长的沟通能力、社会实践的组织能力等。这些能力都需要班主任具备较强的书面表达和语言表达能力。班主任还应当多才多艺，具有一定的音乐、舞蹈、朗诵、书法、绘画、体育等个人才艺的展示能力。

加强班主任专业化建设，担当班主任专业职责，提高班主任专业素质和专业能力，需要构建班级德育体系。构建班级和谐德育体系是班主任职业化、专业化、专家化建设的必由之路。

2. 有利于班级德育科学化、系统化、规范化发展

班主任工作是光荣而神圣的。国运兴衰，系于教育，教育成败，系于教师。教师尤其是班主任的素质决定着学生的素质，学生的素质关系到祖国的前途和命运。班主任工作是是繁重而艰苦的，班主任是班集体的建设者、组织者、领导者和管理者。一个有责任心的班主任总是全身心投入工作，呕心沥血，殚精竭虑，无私奉献。红烛精神、人梯精神，正是对班主任高尚人格的真实写照。班主任工作又是科学而有规律的，在新的形势下，班主任面临着许多新情况和新问题，只凭老经验是远远不够的。

当前，班主任工作存在的主要问题有三点。其一是盲目性，有的学校不重视班主任培训工作，班主任缺少理论学习和经验交流，对班主任工作规律性和科学性的认识不够，处于"被动应付"的状态。其二是零散性，有的学校没有班级德育工作纲要或班主任工作规程，班主任工作缺少计划性和系统性，处于"零敲碎打"的状态。其三是随意性，有的学校对班主任工作疏于管理，缺少章法，没有规章制度，班主任工作缺少制度化和规范性，处于"自发随意"的状态。

要加强班主任专业化建设，使班主任工作上一个新台阶，达到一个新水平，就必须从盲目性转向科学性，从零散性转向系统性，从随意性转向规范性。构建班级和谐德育体系是班主任工作实现科学性、系统性、规范性的必由之路。

3. 有利于培养学生全面地、和谐地、健康地成长

构建班级和谐德育体系的根本目的是培养学生全面地、和谐地、健康地成长。《中共中央关于构建社会主义和谐社会若干重大问题的决定》指出："我们所要建设的和谐社会，是民主法制、公平正义、诚信友爱、充满活力、安定有序、人与自然和谐相处的社会。"和谐社会的这些基本特征与作为社会主体的人的思想道德素质是紧密联系、相互对应的。和谐社会的六大基本特征正是构建班级和谐德育体系的基本内容。

和谐德育坚持大德育观，主张德育应包括政治教育、思想教育、道德教育、法治教育和心理教育"五要素"。"五要素"各有自己的特定内涵，但又互相联系、互相渗透、互为条件、互

相制约，构成了和谐德育统一体。政治教育确立了把祖国建设成为富强、民主、文明、和谐的社会主义现代化国家而努力学习的奋斗方向；思想教育通过对人类社会发展规律的认识和理解，为政治教育提供科学理念支撑，使学生形成科学的世界观、人生观、价值观，树立起社会主义的理想信念；道德教育以培养道德的情感意识和良好的道德行为习惯为重点，形成正确的荣辱观，是实现理想信念的常态活动方式；法治教育以增强法律意识、树立法律观念、培养知法、懂法、守法、护法的品质为重点，充实和保证政治、思想、道德教育的进行；心理教育以培养健康的心理素质为重点，在政治、思想、道德、法纪教育过程中，始终起着维持、调节和统合个体的知、情、意、行的作用，是德育不可缺少的要素。这五者不可割裂，更不能互相取代。如果在理论上仅仅把德育视为"政治思想教育的同义语"或"道德教育的简称"，那么在德育实践上就会失去之偏颇。和谐德育要求完整、准确、全面地理解德育概念的内涵，坚持德育内容的"五要素说"，根据不同学段、不同年级学生的年龄特点和成长规律，由浅入深，从低到高，从具体到抽象，从感性到理性，分层递进，螺旋上升，构建班级和谐德育体系，从而对青少年的思想道德教育发挥更好、更大的作用，培养学生全面地、和谐地、健康地成长。

（二）构建班级和谐德育体系的基本思路

1. 以和谐德育为基本理念

和谐德育，是以满足社会发展需要和受教育者发展需要的和谐统一为出发点，在遵循受教育者思想品德和身心发展规律的基础上，构建德育体系诸要素之间的和谐关系，使之协调相应、配合得当，形成合力，以引导教育者掌握德育规律，提高育人能力，从而促进受教育者思想品德及整体素质和谐发展的一种教育模式。和谐德育的基本内涵包括以下几点。

第一，民主融洽的师生观——教师、学生"双主体"和谐。和谐德育认为教师是教育主体，学生是学习主体，德育过程主要是教师与学生双主体和谐互动的过程。其互动的效果决定了学生思想品德发展的水平，而师生互动的效果则是由师生关系和谐程度决定的。构建班级和谐德育体系，要体现师生双主体和谐。热爱学生是教师的天职，（没有爱就没有教育），教师要关心、理解、尊重、信任学生，要善于发现学生的闪光点，要激励学生"我能行"。在德育活动中，教师是主导，学生是主角，要以学生为中心，以活动为中心，以体验为中心，充分调动和发挥学生的主动性、积极性和创造性。

第二，整体优化的大德育观——学校、家庭、社会"三教"和谐。和谐德育认为只有在学校、家庭、社会三方面教育力量和谐一致的时候，学生的品德发展才是顺利的和健康的。然而，现实生活中家庭教育存在着不少误区。如：独生子女家庭的"四二一综合溺爱症"、稳定型家庭的重智轻德、单亲家庭的家教缺失、留守儿童的家教薄弱等。社会生活中的黄、赌、毒、邪、黑的负面影响，造成"五加二等于零"的问题。构建班级和谐德育体系，要体现学校与家庭和社会教育相结合，使三方面的教育合而不同、相互配合、相互补充、形成合力，推动学校、家庭、社会德育目标趋同，德育理念融通，德育内容方法互补，德育资源共享，德育评价一致，从而产生综合的德育效应，使学生成为学校的好学生、家庭的好孩子、社会的好公民。

第三，和谐有序的德育过程观——知、情、信、行"四环节"和谐。和谐德育认为德育过程是"知、情、信、行"和谐有序、相互作用的过程。学校德育工作要取得实效，取决于四个环节的和谐统一的程度。德育不同于智育，智育的任务是传授知识兼培养能力，它主要解决知不知、会不会的问题；而德育只到此并没有完结，它不仅要解决知不知、会不会的问题，而且更要解决信不信、行不行的问题，即不但要授之以知、晓之以理，而且更要动之以情、导之以行。构建班级和谐德育体系，应当把"知、情、意、行"和谐有序地整合在一起，以传授道德知识作基础，陶冶道德情感为关键，培养道德信念作保证，以养成良好的道德行为习惯为归结，取得真正意义上的德育实效。

第四，全面和谐的德育内容观——政治、思想、道德、法治、心理"五要素"和谐。和谐德育主张德育内容应包括政治教育、思想教育、道德教育、法治教育和心理教育"五要素"（如同智育、体育、美育一样是有多学科构成的）。政治教育、思想教育、道德教育、法治教育和心理教育，各有自己的特定内涵，但又互相联系、互相渗透、互为条件、互相制约，构成了和谐德育的统一体。构建班级和谐德育体系，要完整、准确、全面地理解德育概念的内涵，坚持德育内容的"五要素说"，促进学生思想道德素质全面的、和谐的成长。

第五，全面发展的教育质量观——德、智、体、美、劳"五育"和谐。和谐德育提倡全面发展、和谐发展的教育质量观，其实质在于全面实施素质教育。和谐德育主张要正确处理德、智、体、美、劳之间的关系，实现"五育"和谐发展。一方面，强调德育首要地位，充分发挥德育对智育、体育、美育、劳动教育的导向、动力和保证作用；另一方面使德育寓于智育、体育、美育、劳动教育之中，充分发挥智育、体育、美育、劳动教育对德育的传输、渗透、内化和巩固功能。构建班级和谐德育体系，要使"五育"相互交织、相互渗透、相互融合，共同促进学生的全面发展、和谐发展。

2. 以德育六要素为基本框架

现代系统科学认为，任何事物都是作为系统而存在的。和谐德育把学校德育工作的各个要素视为一个相互联系、辩证统一的整体。这个整体是由德育目标、内容、途径、方法、管理、评价"六要素"构成。"六要素"和谐，就是把德育目标、内容、途径、方法、管理与评价构成一个和谐有序的整体，是德育诸要素在相互关联、相互制约、相互作用的关系中获得最佳德育效果。构建班级和谐德育体系，就是要以德育"六要素"为基本框架。

第一，德育目标。德育目标是指学生在德育方面所要达到的要求和水平。它对构建和谐德育体系具有导向、激励、调节、控制等作用，是选择、构建德育内容的前提，也是提高整个德育科学性与实效性的关键。因此，班级和谐德育目标要具体化，要"近、小、实、亲"，不要"高、大、空、远"。

第二，德育内容。构建班级和谐德育内容体系就是根据学生的年龄特点和思想品德的发展规律，以道德、心理、法律、思想、政治等相关内容为横坐标，以低年级、中年级到高年级为纵坐标，理顺德育内容自身的逻辑关系，由浅入深、由低到高、由感性到理性、由具体到抽象进行合理部署与安排，做到"德育内容，循序渐进；德目规范，形成序列；要素完整，层次清楚；注意衔接，螺旋上升"。

第三，德育途径。构建班级和谐德育途径体系，指的是把七大类德育途径：课程类、实践类、组织类、环境类、管理类、咨询类、传媒类具体化为可操作的实施途径，根据"德育途径，对应内容；一项内容，多条途径；有主有辅，协调配合；分工合作，形成合力"的原则，把它们运用到各年级的德育工作中去。

第四，德育方法。构建班级和谐德育方法体系，就是把语言说理类、榜样示范类、修养指导类、实践锻炼类、行为训练类、规范制约类、评价激励类等方法具体化，按照"根据内容，对应途径；多种方法，优选组合；辩证思维，法无定法；留有余地，鼓励创新"的原则分布到各年级的德育工作中去。

第五，德育管理。构建班级和谐德育管理体系，就是建立健全班级规章制度，明确班主任和任课教师的职责，建立学生干部的培养、选拔制度，建立学生成长记录袋、家长联系卡，营造一种团结、民主的、和谐的班级人际关系，形成齐抓共管的班级德育工作格局。

第六，德育评价。构建班级和谐德育评价体系，要运用评分、评等、评语相结合的方法，制定科学简明的班级德育和学生品德两级评价指标体系。对学生思想品德的评价要通过家校结合、亲子互动、师生互动、生生互动等评价方法，既要注意评价的客观性，又要应注意评价的导向性，班主任、任课教师和家长要从各方面观察、记录、分析学生的优点和弱点，特别要注意发现每一个学生的特点和闪光点，引导和激励学生健康成长。

3. 以主题班会课为基本模式

构建班级和谐德育体系是全程德育的体现。全程是一个时间概念，指学生从入学到毕业的时间过程。全程德育，是指学校德育工作贯穿于学生从入学到毕业的整个过程之中，德育无时不在，环环相扣，贯穿始终。班级和谐德育体系要针对学生成长的每一个阶段的需要开展主题教育活动，有利于增强德育的科学性、系统性、针对性和实效性。

例如小学的孝敬父母专题在六个年级具体内容的分配，要根据小学生的年龄特点，由浅入深，由低到高，循序渐进，螺旋上升。一年级：我爱爸爸妈妈；二年级：记住爸爸妈妈的生日；三年级：自己的事情自己做；四年级：当爸爸妈妈不在家的时候；五年级：我当一天家长；六年级：我和爸爸同上一天班。

再如初中班级和谐德育体系可以将三年六个学期分成12个阶段，要根据中学生的年龄特点和成长需要，每一个阶段设计一个德育主体。第一学年主要有：迈好中学第一步；学会交往；登上知识之船；扬起理想的风帆。第二学年主要有：走出花季困惑；法律保护我成长；友谊与诚信；责任与担当。第三学年主要有：鼓起勇气，迎接挑战；调整自我，增强自信；脚踏实地，自强不息；找准定位，确定理想坐标。

主题班会的基本模式，根据广大实验教师在教育实践中创造，我们归纳总结为16种类型：(1)讨论探究式。针对教学内容、德育情境和生活中的问题，引导学生进行讨论，探究事物的现象和本质之间的联系，培养学生发现问题、形成观点、指导生活的能力。

(2)辩论明理式。针对教学内容、德育情境和生活中的问题，运用辩论的方式激发认识兴趣，发展道德认知能力，引导道德行为。

(3)情感体验式。以激发情感、体验情感为重点的教育内容和活动方式，在情感体验中深化道德认识，陶冶道德情感，引导道德行为。

(4)情景模拟式。以对生活情景的模拟为活动形式，如用多媒体演示礼仪规范动作，"模拟法庭"活动等，让学生直观感受，亲身体验，深化认识。

(5)角色扮演式。在设定的情境中，让学生充当某种角色，采用相应的语言、动作进行表演，使学生理解人与人、人与物等方面的关系，并从中获得真切感受。

(6)演讲报告式。通过演讲发表自己的观点见解，既提高了学生的语言表达能力和思维能力，同时讲述了知识道理、介绍了先进事迹和经验。

(7)审美鉴赏式。以培养学生的审美能力为重点，指导学生感受生活中的人物美、艺术美、自然美、社会美，以陶冶情操，涵养品格，蕴育创造力。

(8)文艺演出式。通过文艺演出活动，为学生创造了展示才华、展现自我价值的天地，也为师生营造了文明、高雅的艺术氛围，在演出中使参加人员都受到思想品德教育。

(9)知识竞赛式。把思想品德教育寓于知识竞赛和技能竞赛之中，是学生乐于参与的活动之一。幼儿、小学可以设计游戏竞赛，学生在娱乐中受到教育。

(10)网上互动式。运用互联网举办网上主题班会，网上课堂、网上心理咨询等新型主题教育活动，以其独特的内容和形式受到学生欢迎。

(11)展示交流式。展示成长成果，交流学习经验，如通过橱窗、板报、手抄报、广播、录像等方式展示学生在不同领域的创造成果，使学生互相学习，互相借鉴。

(12)评价激励式。把品德评价生活化、情趣化、情感化，如《和谐成长》创造了丰富多样的评价方式，素质评价成为生动的教育过程激励学生健康成长。

(13)调查访谈式。指导学生开展社会调查和访谈，收集第一手资料信息，深化课内所学知识，开阔眼界，提高认识，增强社会责任感。

(14)参观考察式。组织学生参观考察德育基地，如博物馆、科技馆、福利院、和谐社区等，使学生加深了解地方文化传统，认识改革开放以来祖国建设取得的伟大成就，培养学生热爱家乡、热爱祖国的情感。

(15)社会实践式。参加各种社会实践活动，在活动中融入思想品德教育，培养学生的分析综合能力、动手实践能力、社会适应能力和创新能力。

(16)综合活动式。多种活动形式的综合运用。根据不同的德育内容，综合运用上述两种或几种活动形式，是德育主题教育活动的基本组织形式。

(三)构建班级和谐德育体系的主要策略

1. 依托区域和学校德育特色

构建班级和谐德育体系要依托本地或本校的德育特色。德育特色就是根据本地或本校的文化传统、办学优势、师生特点、学校环境以及教育者的办学追求和情趣，努力形成独特的德育风格。简言之，就是突出与众不同的个性，做到"人无我有，人有我优，人优我精"。富有特色的德育能够满足学校发展的需要，能够提高学校的教育质量，为培养个性鲜明、特长突出的优秀学生搭建成长平台。

关于地方德育特色，各实验区相继构建了和谐德育十几种模式，创建了本地区的德育特色。如：(1)北京市朝阳区的"三礼教育"(2)北京市平谷区的"家校共育"；(3)天津市河西区的"网络德育"；(4)天津和平区的"社区教育"；(5)天津市红桥区的"班集体教育"；(6)新疆伊宁市的"民族团结教育"；(7)黑龙江省哈尔滨市南岗区的"主题活动教育"；(8)贵州省仁怀市的"校本德育体系"；(9)河南省新县的"红色文化"教育；(10)重庆市渝中区的"荣辱观教育"；(11)江苏省无锡市、河北省石家庄市的"心理健康教育"；(12)江西省定南县的"感恩教育"；(13)内蒙古赤峰市的"养成教育"；(14)深圳市的"学科德育"；(15)吉林省四平市的"经历教育";(16)浙江省湖州市南浔区的"学生成长导师制"……这些模式各具特点,针对性强,对推进区域性教育改革,加强改进德育工作和实施素质教育发挥了积极的引导和带动作用。

关于学校德育特色,我们曾评审了"百所德育科研名校",他们都不同程度地创建了本校的德育特色。例如:北京景山学校的"三个面向教育";北京宏志中学的"自我励志教育";河北衡水中学的"追求卓越"教育;广东中山纪念中学的"诗意德育";天津南开中学的"为中华崛起而读书"教育;重庆江北中学的"生命教育";北京通州运河中学的"传统美德教育";贵州贵阳白云三中的"激励教育";辽宁大连二十中的"网络德育";辽宁锦州实验中学的"爱国主义教育";北京通州潞河中学的"八个一工程";北京电业中学的"以爱育爱";天津109中学的"一主多途"德育模式;山东昌邑实验中学的"四点四会"德育模式;宁夏银川实验中学的"心理健康教育";北京房山张坊中学的"孝道教育";河南濮阳油田19中的"三省教育";天津实验中学的"三自三主"教育模式;广东深圳华富中学的"国学教育";广东深圳教苑中学的"三全德育";广西柳江中学的"自育共建"教育;新疆伊宁第15小学的"五育人"德育模式;山东威海古寨小学的"阳光教育";重庆长寿第一实验小学的"成长教育";北京酒仙桥中心小学的"校园新星"教育;吉林四平中央东路小学的"情感体验"教育;内蒙赤峰天义实验小学的"新三中心"德育模式;江苏南通通州实验小学的"新三好"德育模式;等等。

这些区域和学校德育特色,对班级和谐德育体系的构建具有重要的指导意义和引领作用。班级和谐德育体系的构建应当依托和借助本地和本校的德育特色,并使之具体化、可操作,增强实效性。

2. 紧密结合本班实际

构建班级和谐德育体系必须紧密结合本班实际,加强德育的针对性和实效性。

(1)本班学生情况。班主任应当对本班学生的情况做到基本了解,进而比较熟悉,最好了如指掌。学生的情况包括全体学生的身心健康状况、性格特点、个性特长、品德优缺点、学习成绩;学生干部和个别学生的情况;学生非正式团体的情况。构建班级和谐德育体系要把集体教育与个别教育相结合,要抓两头带中间,面向全体学生。

(2)学生家庭情况。班主任还应当对本班学生的家庭情况做到大概了解,家庭情况包括家庭成员、经济条件、文化程度、职业职务等。要特别关爱单亲家庭子女、重组家庭子女、进城务工人员子女、留守儿童的教育问题。

(3)特长班情况。如果你带的是特长班,例如奥数班、宏志班、国学班、体育特长班、艺术特长班等,那么构建班级和谐德育体系就一定要体现本班特色。特长班的学生往往个性鲜明、独立性强。在构建德育体系和开展德育活动中,一方面要保持班集体的和谐统一,另一方面要鼓励学生张扬个性,发展特长,培养拔尖后备人才。

3. 充分利用地方资源

构建班级和谐德育体系要立足地方经济、政治、文化和社会建设的需要,努力挖掘地方德育资源,建设富有各地风土民情的、具有地域独特性的班级和谐德育体系。

(1)红色文化资源。地处井冈山、遵义、延安、西柏坡等革命圣地附近的学校,构建班级和谐德育体系要以革命传统教育为主线,兼顾其它德育内容,突出红色文化的德育特色。

(2)历史文化资源。地处炎帝陵、黄帝陵、大禹陵、周公祠、孔庙以及各地历史文化名城附近的学校,构建班级和谐德育体系要以中国文化与传统美德教育为主线,兼顾其它德育内容,突出历史文化的德育特色。

(3)文化名人资源。地处我国历史上伟大的思想家、政治家、军事家、科学家、教育家、文学家、艺术家诞生地附近的学校,构建班级和谐德育体系要以爱国主义为核心的民族精神教育为主线,兼顾其它德育内容,突出历史文化名人的德育特色。

(4)英模事迹资源。建国以来各条战线的英雄模范人物层出不穷,如:大庆的铁人精神、雷锋精神、焦裕禄精神、载人航天精神、抗洪抢险与抗震救灾精神等。地处英雄模范人物先进事迹发生地附近的学校,构建班级和谐德育体系要以英模事迹教育为主线,兼顾其它德育内容,突出学英雄争先进的德育特色。

(5)建设成就资源。建国以来特别是改革开放以来,我国在经济、政治、文化、社会建设各方面都取得了令人瞩目的成就,如葛洲坝水利工程、航空航天工程、环境保护工程、南水北调工程、西气东输工程以及各地的城乡建设工程等。地处这些国家重点工程附近的学校,构建班级和谐德育体系要以改革开放为核心的时代精神教育为主线,兼顾其它德育内容,突出时代精神的德育特色。

(6)节日文化资源。节日纪念日是世界各民族在文化传承中法定的或约定俗成的有特定文化内涵的固定时间。节日纪念日反映着人类对美好生活的追求和向往,对优良品德的认同和弘扬。中国的节日,历史积淀久远,文化内涵深厚,蕴含着中华民族的价值观念、伦理道德、民族情感和审美情趣,在节日风俗和纪念活动中贯穿着扬美德、树正义、显智慧、鉴善恶、展愿景的思想情感脉络,是民族精神和民族文化的独特凝聚点,具有其他资源不可替代的德育价值。各种法定节日,传统节日,革命领袖、民族英雄、杰出名人等历史人物的诞辰和逝世纪念日,建党纪念日、红军长征、辛亥革命等重大历史事件纪念日,"九一八"、"南京大屠杀"等国耻纪念日,以及学生的入学、入队、入团、成人宣誓等有特殊意义的重要日子,都蕴藏着宝贵的思想教育资源。构建班级和谐德育体系要组织丰富多彩的主题班会、队会、团会,举行各种庆祝、纪念活动和必要的仪式,引导学生弘扬民族精神,增进爱国情感,提高道德素养。

二、坚持"三出"目标,全力打造"十个一百"

课题研究的直接目的是"出成果、出经验、出人才",推动教育生产力的发展。科研成果是检验课题成功与否的标志,实践经验是科研成果转化为现实教育生产力的标准,优秀人才是课题研究出成果、出经验的关键。基于这样的科研理念,我们决定在"十一五"和"十二五"期间实施"德育人才培养工程",全力打造"十个一百",即百所德育示范学校、百篇德育优秀论文著作、百节德育示范课、百项校园文化优秀成果、百个校本和谐德育体系范例、百个班级和谐德育体系范例、百名德育专家、百位德育名师、百位家教优秀家长、百名品德优秀学生。

(一)打造"十个一百"的重要意义

1.认真贯彻中央和教育部文件的重要举措

中央两个《意见》明确指出:"要加强对未成年人成长规律的科学研究,为做好未成年人思想道德建设工作提供科学依据。"要求"建立专项评优奖励制度,定期评比表彰思想政治教育工作先进集体和个人,树立、宣传、推广一批先进典型。"教育部在学习贯彻两个《意见》的实施意见中还明确提出"各地教育部门要组织实施德育人才培养工程,实现德育队伍的职业化、专业化和专家化。""大力表彰优秀班主任和德育先进工作者"。实施"十个一百德育人才培养工程"是认真贯彻落实中央和教育部上述文件精神的重要举措。

2. 全面推动课题研究可持续发展的重要决策

成果是检验课题成功与否的试金石,经验是推出成果的催化剂,成果的实现,经验的提升均有赖于人才的培养。多年来,我们始终坚持"以人为本""人才资源是第一资源"的理念,走科研工作者和一线教师相结合的道路,努力创造一个自由、宽松的德育科研环境,着力发现、培养、爱护和扶持基层德育人才,在过去表彰大批课题研究先进实验区、先进实验校、先进实验教师、先进工作者和在"十五"全力打造"六个一百"工程的基础上,倾力建设"十个一百德育人才培养工程",期待部分优秀实验教师能脱颖而出,成为引领德育课题向前发展的先锋,成为深化教育改革的领头人,使德育科研事业可持续发展。

3. 大力促进德育科研兴旺发达的重要保证

实施"德育人才培养工程",打造"十个一百",旨在把精品的优秀成果向全国推广,以便相互学习和借鉴。把涌现出的科研名校的德育资源和理念在全国共享并起到应有的先导作用,把在伴随着课题成长起来的科研名师和专家的学术精神追求和求真务实的科研作风发扬光大,把受到课题的德育理念熏陶全面发展的优秀中小学生树立为全国青少年学生可亲、可信的学习榜样,把关心、支持、参与课题研究实验的优秀家长的经验向全国推广,帮助和引导千万家长提高家教水平。这一举措对促进德育科研事业的兴旺发达,对深化教育改革,实施人才强国战略,建设社会主义和谐社会具有重要意义。

(二)"十个一百"的评选条件

1. 百所德育示范学校

(1)以中央和教育部文件为指导,依据《整体构建德育体系总论》、《整体构建学校德育体系实践导引》、《和谐德育论》,结合本校实际构建并实施了校本和谐德育体系及实施细则;

(2)连续三年以上进行《和谐成长》、《好孩子 好习惯》等项成果深化研究与推广实验,积极参加德育教师培训班;

(3)深刻理解总课题组提出的和谐德育理念,为总课题组或实验区提供了德育活动课观摩和德育工作展示;在子课题的研究实验中取得创新性研究成果;被评为省级以上的德育先进校(有证书附复印件)。

2. 百项德育优秀成果(论文)

优秀著作:(1)以中国特色社会主义理论体系为指导,贯彻社会主义核心价值体系,学术观点正确;

(2)密切联系德育工作实际,贯彻和谐德育理念,有较高的理论价值和较强的现实指导意义;

(3)主题明确,观点正确,论证科学,论据充分翔实,语言文字规范流畅。

优秀论文:(1)符合年会优秀成果的各项申报条件,在年会上曾获一等奖;

(2)在理论或实践方面有一定的创新性,在实验区以上的范围推广并产生良好的影响;

(3)在省级以上报刊或《新德育》杂志刊登过,或部分内容为总课题组的相关成果所吸纳。

3. 百节德育示范课

(1)"贯彻"师生双主体互动"和"近、小、实、亲"的原则,提高德育的针对性;

(2)坚持"以学生为中心,以活动为中心,以体验为中心",增强德育的生动性;

(3)实现知、情、意、行的和谐统一,增强德育的实效性。

4. 百项校园文化优秀成果

(1)校园文化建设制度类成果。坚持社会主义核心价值体系,校风、教风和学风建设深入、扎实,校园文化建设推进力度大而有力,人文素质和科学精神教育和谐统一;

(2)校园文化活动类成果。校园文化活动组织程序严密,方案可行,实效性强,并积极开拓校园文化建设新载体,学校的办学理念、行为规范、视觉识别标准设计规范、全面;

(3)校园文化环境建设类成果。校园人文环境、校内文化设施和校园景观建设具有思想性、艺术性、科学性,营造全面提高学生综合素质和健康成长的文化环境和谐,在省内外具有明显的示范作用或一定的创新价值。,

5. 百个校本和谐德育体系范例

(1)做到以校为本、以人为本、育人为本,以解决学校德育工作的现实问题为出发点,以推进学校整体工作科学发展为目的;

(2)运用和谐德育基本原理构建校本和谐德育体系。做到目标内容、途径方法与管理评价的具体化,体现地方、层次与办学的特色化,把握全程、全面与全员的可操作性;

(3)把校本和谐德育体系作为一种教育模式,可以从宏观、中观、微观三个层次建构类型。

6. 百个班级和谐德育体系范例

(1)以和谐德育为基本理念,坚持和谐育人原则;

(2)以德育六要素为基本框架,具有可操作性;;

(3)以系列主题班会为基本模式,具有实效性。

7. 百名德育专家

(1)在本课题历届年会有获一等奖的研究成果;

(2)本课题的研究成果在省级以上刊物发表,或有以本课题为中心内容的专著;

(3)在全国性学术研讨会上发表过本课题的研究论文或经验介绍,获得过省级以上与德育有关的荣誉称号。

8. 百位德育名师

(1)在本课题历届年会有获一等奖,并在省级以上刊物发表过与本课题相关的研究成果;

(2)在总课题组成果《和谐成长》、《好孩子 好习惯》等项成果的实验中,培养了优秀班集体和优秀学生;

(3)在全国性学术研讨会上介绍经验,提供优质德育活动观摩课,获得省级以上与德育有关的荣誉称号。

9. 百位家教优秀家长

(1)子女参加过《和谐成长》和《好孩子 好习惯》等项成果的实验三年以上;

(2)主动把《当代家长必读》用于指导子女成长、成才、成功;

(3)在实验区介绍过家庭教育的经验;在地区以上的报刊(书籍)中发表过与本课题有关的文章。

10、百名品德优秀学生

(1)参加本课题实验班三年以上,品德优秀;

(2)充分发挥主体作用,在教师指导下策划、组织德育活动课,积极参加社会实践;

(3)素质能力全面发展,被评为省市级以上优秀学生。

(三)"十个一百"的评审规则

1. 制订评审方案

严格按照课题性、科学性、创新性、实效性和规范性的标准制定评审方案。在制定"十个一百"评选条件的基础上,专门成立评审委员会,对主任委员、副主任委员、委员和工作人员进行分工,职责分明,各负其责,各司其职。既制定严格而又科学的评审原则,又确立严密而又规范的评审工作程序,还要制定"十个一百德育精品工程"推荐材料的审核参数,对建设"十个一百德育精品工程"起到组织保证作用,使评审工作得到有条不紊健康而又规范的开展。

2. 成立评审委员会

主任委员:詹万生

副主任委员:徐安德、魏续臻、王滨有、宁武杰

委员(以学段为序):米裕庆、詹栋、王宝祥、关鸿羽、马杏芳、符运杰、闵乐夫、蔡永智、张宏伟、徐安德、许允、张国建、李培东、赵渊、朱建华、宋宇、梁周清、梁其贵、李玉鸿、任振焦、贾少英、王存、彦吾尔、徐仲伟、刘世保、郁树廷

3. 确定评审原则

(1)正确的政治导向原则。必须以马列主义、毛泽东思想、邓小平理论、三个代表重要思想和科学发展观为指导。

(2)实事求是原则。必须坚持解放思想、实事求是、与时俱进的思想路线,坚持理论联系实际原则。

(3)客观公正原则。必须认真负责,公道正派,不徇私情,严禁学术腐败。

4. 制定审核参数

"十个一百"推荐材料审核参数具体有十个方面:

(1)近三年来年会研究成果申报和获奖情况;

(2)被评为本课题先进实验校、先进工作者、先进实验教师;

(3)承担过年会观摩和实验区之间的交流;

(4)承担过总课题组《和谐德育论》、《总论》、《分论》、《导论》、《和谐成长》、《当代家长》、《好孩子 好习惯》等项成果的研究编写任务;

(5)参加实验学生数100人以上;

(6) 实验课题研究成果100本以上，订阅《新德育》杂志；

(7) 在历届年会上作过经验交流；

(8) 在报刊杂志刊登过德育方面的文章，出版过德育专著，在理论和实践上有创造性成果；

(9) 所在实验校、实验区推荐，新德育网网上投票总数位次在百名之内；

(10) 每个成果需要提供2000—5000字的文字材料，包括工作项目的目标与思路、实施方法与过程、工作成效及取得的经验，并可辅以一定的照片、DV、书籍等有关材料。

5. 规定评审程序

(1) 申报

符合"十个一百德育精品工程"评选条件即可申报。已为本课题实验研究的先进工作者、先进实验教师、全国优秀教师、全国优秀教育工作者、先进实验校和国家级示范校的单位个人可优先申报。各实验区组织所辖实验校统一申报，直属实验校可直接申报。

(2) 初审

各实验区指导组或直属实验校子课题组根据"十个一百"评选条件对申报材料进行初审，严格把好第一关。

(3) 上报

各实验区指导组或直属实验校子课题组根据评选条件对申报材料进行初审后，确定出推荐名单，按照统一的规格要求准备的推荐资料，书写清楚地址全称、邮编、联系人、电话、电子邮箱寄达总课题组，同时发出A4纸小四号字word文档至专用邮箱：hxdyktgl@163.com。

资料接收有电子版和书面材料两种形式。纸介质接收责成专人负责，对申报资料进行分类、登记。

(4) 复审

各学段负责人集中对申报材料进行复审。复审内容包括：对申报署名进行确认；对题目进行规范；审读订正申报材料；提交签署复审结果的候选名录及申报材料原件。

(5) 终审

评审委员会召开会议，各学段负责人汇报复审情况，评委会集体讨论候选名单，评委会主任审定签章。

(6) 表彰

2010年、2011年连续两个年度均产生"十个一百"提名奖，2012年举行隆重表彰颁奖典礼。

三、继续深化研究，做好"十二五"课题衔接

本届年会以后，"十一五"课题"和谐德育的研究与实验"进入结题阶段。课题研究虽然有结束，但德育科研永无止境。"十二五"期间，我们将继续深化和谐德育研究，预计在两年内完成"十一五"结题与"十二五"立项的衔接工作。

(一)"十二五"规划德育科研的基本思路

中国伦理学会德育专业委员会在"十二五"期间，将继续坚持以中国特色社会主义理论为指导，继续深入学习实践科学发展观，继续坚持为决策服务、为实践服务、为繁荣学术服务的

科研宗旨,继续坚持科研人员、行政领导、一线教师相结合的科研道路,继续坚持出成果、出经验、出人才的科研目标,贯彻落实中共中央国务院2004〔8〕号、〔16〕号文件精神和《国家中长期教育改革和发展规划纲要》,结合社会发展和教育改革需求,结合中国伦理学会的学术范围,充分发挥学术团体对建设和谐学校、和谐家庭、和谐社区、和谐企业的研究与服务的职能,为建设和谐文化,构建和谐社会做出积极的贡献。为此,特制定《"十二五"规划重点课题申报指南》。

(二)"十二五"规划重点课题选题指南

1. 和谐德育基础理论研究【A类】
2. 整体构建区域和谐德育体系研究与实践【B类】
3. 普通高校和谐德育研究与实践【C类】
4. 高职院校和谐德育研究与实践【D类】
5. 中职学校和谐德育研究与实践【E类】
6. 中学和谐德育研究与实践【F类】
7. 小学和谐德育研究与实践【G类】
8. 幼儿和谐德育研究与实践【H类】
9. 班主任工作研究与实践【I类】
10. 特殊教育和谐德育研究与实践【J类】
11. 企业文化研究与实践【K类】
12. 社区和谐德育研究与实践【L类】
13. 家庭和谐德育研究与实践【M类】

以上十三类选题共计236个题目。

(三)"十二五"规划重点课题申报管理办法

希望地方教育行政部门、科研院所、各级各类学校、文明委(办)、共青团、妇联、社区、企业、事业单位和个人积极申报课题。申报单位和个人可以根据自己的工作需要和研究基础,选择适合的课题申报,也可以参考本指南所列题目自行设计更加具体的课题申报。

1. 课题申报管理方式

为保证课题研究科学、规范、有效地进行,在课题申报和管理上,实行地方研究中心(实验区)、单位会员(学校、社区、企业)、个人会员(实验教师、科研人员)三种申报和管理方式。

课题申请人原则上要求具有小教高级、中教高级、大学副教授以上职称,具备相应的科研组织和指导能力,能保证参加经常性的课题研讨活动。

实验区和申报单位成立指导组,设组长、副组长1-3人,学术秘书1人,负责课题项目的科研管理以及同总课题组具体事务的联系。个人申报课题可以建立课题组,设组长和课题组成员。

2. 地方研究中心(实验区)的主要任务

(1)定期学习课题研究文件,制定本实验区课题研究实施计划,上报总课题组;研讨总结实验校的研究动态,定期对本实验区所辖实验校的研究工作进行指导、评估,帮助实验校解决实验进程中的困难。

(2) 负责本实验区所辖实验校研究成果的交流、推广及有关人员的业务培训。

(3) 组织对本实验区所辖实验校阶段性成果的鉴定验收工作，并向总课题组报告、推荐本实验区所辖实验校课题的优秀成果。

(4) 经总课题组批准，可以承办本课题全国性和区域性的研讨会或现场交流会。

3. 单位会员（学校、社区、企业）的主要任务

(1) 对所承担的实验研究课题加强领导和管理，在时间、人力、物力、经费等条件上给予支持和保证。

(2) 按照总课题组的要求和计划进行实验，每届年会前将阶段性成果初评后统一上报总课题组。

(3) 在实验进程中，如有问题或建议及时向总课题组反映。

(4) 实验研究任务完成后，经单位指导组评审验收后报总课题组，总课题组复审通过后给予颁发课题结题证书并备案。

4. 个人会员（实验教师、科研人员）的主要任务

(1) 个人申报课题应统筹协调课题研究与常规工作的关系，按照总课题组的要求和计划进行研究实验，每届年会前将阶段性成果上报总课题组。

(2) 在实验进程中，如有问题或建议及时向总课题组反映。

(3) 实验研究任务完成后，将研究成果报总课题组，总课题组复审通过后给予颁发课题结题证书并备案。

5. 填表具体事项

(1) 填写《课题申报审批书》之前，请详细阅读《"十二五"重点课题选题指南》，确定题目后将其类别填入封皮【　】中。编号由总课题组填写。

(2) 表中所列"项目负责人"应为课题研究的实际负责人，限填写两人。

(3) 申报审批书须填写一式两份报总课题组，总课题组组织专家对申报的课题进行立项评审。评审通过后由中国伦理学会德育专业委员会总课题组向申报者下达课题立项通知书，课题研究实验工作正式启动。

同志们，和谐德育研究与实验是一项课题，更是一种事业。它是正义的事业，是行善的事业，是积德的事业，是惠及广大教师、学生和家长的事业，是与党中央构建和谐社会保持高度一致的事业，是利国利民的事业，是功在当代、利在千秋的事业。

为了使我们的事业健康顺利的可持续发展，今年4月在九江市召开了本会二届三次会长会议暨实验区负责人工作会议，讨论通过了《中国伦理学会德育专业委员会2010—2020年发展规划纲要》。今后，我们将在《国家中长期教育改革与发展规划纲要》的指导下，在中国伦理学会的领导下，认真贯彻落实本会《2010—2020年发展规划纲要》，努力做好学会工作和课题研究。

二、詹万生"十一五"时期的论文选编

1. 和谐德育研究的理论基础[1]

和谐德育研究,是以适应构建社会主义和谐社会、促进人的全面发展为出发点,从德育要素的整体联系入手,深化多层面教育规律的研究与运用,构建德育过程诸要素之间的和谐关系,增强德育的合力,从而促进学生思想品德及整体素质和谐发展的一种研究模式。和谐德育研究对回答和解决新世纪、新时期德育工作面临的新情况、新任务具有理论和实践价值,是对教育理论的一种继承、发展和创新。和谐德育研究的理论基础,包括马克思主义哲学、中西方思想文化、教育学和社会学中的和谐思想。

一、马克思主义哲学关于事物普遍联系和发展原理

和谐是事物之间相互联系的机制和状态。辩证唯物主义认为,联系是一切事物、现象和过程共有的客观的、普遍的本性,联系概括了事物或现象之间、事物内部要素之间一切相互联系、相互依赖、相互渗透、相互作用、相互转化等方面的总特征。辩证唯物主义关于事物普遍联系和发展原理对和谐德育研究具有世界观和方法论意义。

(一)联系的丰富性和多样化

认识事物的一个基本着眼点是认识它的联系。恩格斯曾深刻指出:"当我们深思熟虑地考察自然界或人类历史或我们自己的精神活动的时候,首先呈现在我们眼前的,是一幅由种种联系和相互作用无穷无尽地交织起来的画面。"[2]唯物辩证法研究了事物之间相互联系的多种形态和特征。如系统的整体的联系和局部的个别的联系、空间形式的联系和时间形式的联系、内部的联系与外部的联系、直接的联系与间接的联系、因果的联系与非因果的联系等等。其中系统的联系原理为整体构建德育体系提供了基本的思想方法。系统联系原理中的整体性原则,可以指导教育者将德育工作视为一个由诸多要素相互联系构成的整体来研究;系统联系的有序性原则,可以引导教育者认识德育系统中要素的结构层次的和谐建构关系;系统联系的最优化原则,可以引导教育者把握德育要素的和谐联系与合力的因果生成关系。事物内部要素的和谐联系反映着事物的整体性,由事物内部或事物之间的联系所构成的整体,就是体系。恩格斯认为,"'体系'产生于人类精神的永恒需要,即克服一切矛盾的需要。"[3]"克服

---

[1] 本文与宁武杰合作,曾发表在《教育研究》(核心期刊),2007年第7期。
[2] [德]马克思、恩格斯著,中共中央马恩列斯著作编译局编译:《马克思恩格斯选集》第3卷,人民出版社,1995年,第359页。
[3] [德]马克思、恩格斯著,中共中央马恩列斯著作编译局编译:《马克思恩格斯选集》第4卷,人民出版社,1995年,第219页。

一切矛盾"就是使事物之间的关系达成和谐。因此，构建体系是寻求和谐的需要，也是把握事物整体联系的需要。

（二）和谐是发展着的联系

辩证唯物主义证明，事物、现象的普遍的相互联系、相互作用，同事物、现象的运动、发展、变化是不可分割、互为表里的。即任何运动、发展、变化都存在和表现于事物内部和外部因素的相互联系和相互作用之中，同时任何相互联系、相互作用本身的现实表现，都是一种动态的发展过程。和谐所表现的事物间相互联系的机制和状态，在教育过程中，实质是人的教育活动之间相互联系、相互作用"动态发展"的机制和状态。

和谐与不和谐所反映的都是事物间相互联系、相互作用的发展状态，这两种状态是辩证的统一。在教育实践中，不和谐常常表现为教育者设计的教育内容和使用的方法与受教育者的身心特点和精神需要之间存在的差异，或教育者之间、教育活动之间关系的不协调。在教育改革实践中，教育过程中的诸种不和谐，会成为教育研究和改革的前提、对象和内容。和谐是具有活力的、能产生整体效应的联系，是人的一种成长需求。教育主体对不和谐的感受和对和谐的需求，形成教育者参与改革实践的动力因素。通过变革和创新教育的内容与方法，消除了已有的不和谐，达成相对和谐。但由于社会和教育环境是开放的、发展的，受教育者要掌握的知识能力是逐步深化扩展的，人的成长需求是流动的延伸的，教育要求与教育活动及受教育者之间的差距总是存在的，因而就会引发新的不和谐。这就需要教育主体进行持续的调控与改革，以达成新的和谐。和谐——不和谐——和谐……反映了和谐作为一种活力机制动态发展的本质特征，说明了和谐与不和谐的辩证统一关系。教育生活中的和谐，是教育要素之间相互联系、相互作用的发展状态和结果。教育主体自身知、情、意、行的和谐，是其与外部教育要素相互联系、相互作用的结果。和谐作为教育主客体之间的联系机制，是教育者能够直接感受和把握的教育方法和教育要求。和谐可以发生于德育体系的目标内容、途径方法、管理评价等所有德育要素的相互联系之中。

（三）在和谐联系中把握规律

辩证唯物主义原理指出，规律是事物发展中所固有的本质的、必然的、稳定的联系。在教育的实践过程中，从对和谐的研究和实践入手，有助于教育者认识教育活动中那些具有本质性、必然性、稳定性的联系，即获得关于教育规律的认识。列宁认为："规律的概念是人对于世界过程的统一和联系、相互依赖和整体性的认识的一个阶段。"[1]从和谐入手对教育现象进行观察分析和实践体验，会使教育者在现实层面上认识教育活动之间、教育主客体之间相互联系、相互作用的动态机制及成因，以形成对教育过程的规律性认识。这样，教育规律就由抽象的理论范畴，转化为教育者可感受、可认识、可概括总结的教育理念，并将其自觉地运用到教育实践中去。从思想理念上把握教育规律，是教育者的一种哲学观念。教育者在教育的研究和实践中形成的哲学观念越全面、越深刻，其在教育过程中的主体性就越强。在教育科研和教育实践中引导教育者认识和掌握教育规律，提高教育者对教育规律的自觉意识和自觉实践能力，是教育科研的根本目的。在教育研究和教育实践中，是否正确地把握教育过程及现

---

[1] 黄枬森主编：《〈哲学笔记〉注释》，北京大学出版社，1981年，第156页。

象中的规律,是检验教育研究及实践活动是否具有科学性的重要标准。

辩证唯物主义关于事物普遍联系和发展的原理为和谐德育研究奠定了哲学基础。联系的观点、发展的观点是和谐德育首要的、基本的观点。

二、中国传统文化中的和谐思想

在中国传统文化中,"和"是一个含意极为丰富、深邃的范畴。按照《说文解字》的解释:"和,相应也。"而"谐"是"配合得当","和谐"就是"相应"并且"配合得当"。中国传统文化产生于以小农经济为基础的农业社会和"家国同构"的社会政治结构,是一种伦理型文化。以儒家伦理为主流的传统文化认为宇宙的法则与道德的最高准则是一致的,把人放在与天地、社会的整体联系中加以认识,和谐是这种整体联系中的一个支撑点。传统文化中的和谐思想,可以从三个方面去认识。

(一)天人合一

天人合一在传统文化中有多种含义。儒家对"天"的一种理解是自然之天。孔子说:"天何言哉?四时行焉,百物生焉",[1]认为天就是四季的交替运行,万物的生长发育。孟子讲:"天油然作云,沛然下雨"[2]中的"天",指自然现象。荀子认为"天"是"列星随旋,日月递照,四时代御,阴阳大化,风雨博施",[3]"天"就是列星、日月、四时、阴阳、风雨这些自然物体和现象的总称。儒家天人合一思想中的一种观念是强调天人和谐。《易传》提出:"损益盈虚,与时偕行","时止则止,时行则行",指出人要依循自然规律做事,与自然保持和谐联系。儒家认为人们经过道德修养,可以掌握自然界的运行规律,并且顺应自然规律,从事生产和生活。

(二)整体和谐

《周礼》提出"以和邦国,以统百官,以谐万民"的思想。把个体德性和谐与家庭和谐、社会和谐联系起来做整体性认识,是儒家和谐思想的主要特点。《论语》提出"礼之用,和为贵。"[4]强调礼的作用贵在使事物和谐。他教育弟子"入则孝,出则悌,谨而信,泛爱众,而亲仁。"[5]即回到家里要孝顺父母,在外面要尊敬长上,做事谨慎有规矩,诚实守信,博爱民众,亲近有仁德的人。《大学》要求个人要从格物、致知、诚意、正心的"修身"做起,然后实现齐家、治国、平天下的人生理想。由个体道德推及社会责任,由家庭和谐扩展到社会和谐。《中庸》提出:"喜怒哀乐之未发,谓之中;发而皆中节,谓之和。……致中和,天地位焉,万物育焉。"即能自觉控制偏离道德准则的喜怒哀乐的情感,叫作中;表达出来的情感都合乎道德规范,叫作和谐。如果能做到"中和",社会上和自然界的一切事物就会安排得当、健康发育了。这里的和谐所体现的是个体的道德自律精神和道德主体能力。把个人的道德自律精神和主体能力与社会及自然的整体和谐作为条件和结果关系来建构,是儒家和谐德育思想的深刻内涵之一。

---

[1]《论语·阳货》。
[2]《孟子·梁惠王上》。
[3]《荀子·天论》。
[4]《论语·学而》。
[5]《论语·学而》。

（三）和而不同

"和而不同"是孔子倡导的一种道德品质，指与人和谐相处又不盲目附和。这种思想所体现的是传统文化中对和谐的另一种认识和把握，即强调主体间及主客体间相互协调、配合得当会促进主体和事物的发展，同时也要保持主体的个性和事物自身特色，以利于主体和事物在和谐的联系中按自身规律持续发展。西周末的史伯把"和"与"同"作为既有联系而又有区别的一对范畴提出，认为"和实生物，同则不继。以他平他谓之和，故能丰长而物归之；若以同裨同，尽乃弃矣。"(1)意思是不同事物的协调平顺就是和谐，和谐能使事物有所归依而建立联系，所以能促进事物的丰富与发展；如果把相同的事物简单相加，则事将无成。春秋时晏婴进一步发挥了史伯的这一思想，他用喻体论述："五味"相加，才能成为美羹；音符抑扬顿挫，才能成为美妙的音乐。"若以水济水，谁能食之？若琴瑟之专一，谁能听之？"(2)强调不同品质的物项协调配合能产生新的效应。值得注意的是，这里不仅提出应当怎样把握和谐，还提出了和谐的效能及其检验标准问题。

三、西方文化中的和谐思想

在西方文化中，最早提到和谐的是毕达哥拉斯。他强调对立面的和谐，断言"一切都是和谐的"，"美德乃是一种和谐"。(3)毕达哥拉斯学派甚至提出了"和谐学"的说法。和谐的另一种含义当属音乐中不同音符之间的合成与流动。当音节之间的音程具有同样的（数的）比例关系时便产生和谐和美。"毕达哥拉斯是千古第一人表现声音与数字比例相对应，比任何人更早把一种看来好像是质的现象——声音的和谐——量化，从而率先建立了日后成为西方音乐基础的数学学说。"(4)社会和谐是上述含义向社会事物的延伸。政治也像音乐，追求社会的和谐。柏拉图提出"公正即和谐"，社会和谐的根本在于社会的公正。

教育和社会之间是相互促进，相互制约的关系。在西方，和谐思想是教育思想的主流之一。"和谐德育"的实践及理论早在古希腊时期雅典城邦的学校教育中就出现了。"和谐发展"一词最早出现于希腊语"calocagatia"，其意是表示健美体格与高尚道德的结合。在雅典的教育中，"和谐"的思想贯穿德育的始终，身心的和谐发展是德育的重要内容。他们认为德育塑造的最伟大的艺术品是人，这种人是内在美与外在美的和谐统一。其主要措施是通过文法、音乐、体操、舞蹈等内容，培养学生在德、智、体、美诸方面的全面发展。古希腊教育家柏拉图认为，如果"一个儿童从小受到好的教育，节奏和谐浸入了他的心灵深处，在那里牢牢地生了根，他就会变得温文有礼，如果受了坏教育，结果就会相反"。(5)亚里士多德强调德育要与人的自然发展相适应，与人的心理活动相适应。(6)人文主义思想家维多里诺、洛克、卢梭等人均强调培养多方面和谐发展、人格完美的人，对和谐教育思想的承前启后发挥了作用。十七世纪捷克教育家夸美纽斯强调人的身心和谐发展的必要性，认为"人不过身心两方面和谐而

---

(1)《国语·郑语》。
(2)《左传·昭公二十年》。
(3)《哲学辞典》，吉林人民出版社，1983年，第208页。
(4)[法]马泰伊著，管震湖译：《毕达哥拉斯和毕达哥拉斯学派》，商务印书馆，1977年，第91页。
(5)曹孚：《外国教育史》，人民教育出版社，1998年，第26、56-57页。
(6)单中惠：《西方教育思想史》，山西人民出版社，1995年，第22页。

已"。在其后的裴斯泰洛齐也提出同样的主张。他说:"为人在世,可贵者在于发展,在于发展各人的天赋的内在力量,使其经过锻炼,使人各尽其才,能在社会上达到他应有的地位。"并提出了体育、劳动教育、德育、智育的和谐教育思想。前苏联教育家苏霍姆林斯基说,人的和谐发展,意味着他有能力担当多方面的任务,他应该是社会物质生产和精神生活整个领域中的创造者、享用者、鉴赏者和保护者,是有文化素养和道德风貌的人,是积极参加社会活动的公民和具有道德基础的新家庭的建立者。

四、教育学和社会学中的和谐思想

(一)"社会——人——教育"三者之间的和谐

教育哲学和教育学研究表明,教育的基本发展规律是"社会——人——教育"三者之间的相互制约、相互作用的稳定联系。即社会发展对人的素质提出需求,教育根据社会对人的素质需求进行教育改革,以使人的素质适应社会需求;在这样的相互联系中,人的素质作用于社会,促进社会发展,而社会的继续发展,又对人的素质提出新的需求,教育就要根据这一新需求,继续进行改革。如果"社会——人——教育"之间的联系是一种积极的健康的相互促进状态,就体现为社会发展的整体和谐;如果三者之间的联系出现了非积极健康的作用联系,就说明社会发展存在整体联系的不和谐因素。造成"社会——人——教育"不和谐的因素是多方面的,从学校、家庭、社会"三教"和谐的层面探索促进"社会——人——教育"和谐发展是和谐德育研究的根本目的。因此,教育哲学中关于怎样认识人的和谐发展以及对教育主体等问题的研究,对构建和谐德育体系也具有指导意义。

(二)教育者、受教育者和环境之间的和谐

教育学中关于怎样建立教育者、受教育者和环境之间的和谐关系的论述对和谐德育研究提供了理论原则。根据教育学原理,教学过程的动力和掌握运用教学原则是实现教育者与受教育者和谐关系的两个紧密联系的环节。教学过程的动力是教师提出的教学任务与学生完成这些任务的需要及实际水平之间的矛盾。教学原则是在总结教学实践经验基础上根据对教学规律的认识制定的教学准则。教育者根据教学动力原理使学生保持和增强学习的内在动力,并能综合运用教学原则组织教学,师生之间就会建立和谐的充满活力的互动关系。师生关系是学校教育中最基本的人际关系。和谐融洽的师生关系不仅是有效进行教育活动、完成教育任务的重要条件,而且本身也是一种重要的教育力量。学生的思想品德是在良好、健康的人际环境中耳濡目染,逐渐养成的。德育过程主要是教师与学生之间、学生与学生之间的多元互动过程,其互动的效果决定了学生思想品德发展的水平,而师生互动的效果则是由师生关系和谐程度决定的。在德育活动中,教师与学生如果能够平等相处,诚恳相待,学生人格就会得到尊重,个性潜能就能得以展示;教师的高尚道德情操、优良个性品质就能够潜移默化地影响和感染学生。

教育学对教育环境的研究对构建学校、家庭、社会和谐德育环境有直接的指导意义。古代教育家就十分重视环境的教育作用,荀子说:"蓬生麻中,不扶而直;白沙在涅,与之俱黑。"[1]教育学研究了学校、家庭、社会教育环境中有组织的环境和自发环境的特点,一般情

---
(1)《荀子·劝学》。

况下学校有组织的环境的影响力大于家庭和社会自发环境的影响力。有组织的环境要靠教育者根据新的教育理念精心设计和构建；对自发环境要进行有意识的发掘和利用；对学生的发展无益或有害、与教育目标不一致的自发环境要加以调节、控制或消除。参考教育学这方面的论述，经过整体构建学校、家庭、社会和谐德育体系的实践，使三个领域的环境不断优化，教育者、受教育者和环境便可以形成和谐的育人关系。

（三）人在学校、家庭、社会中的角色和谐

社会学中关于人的社会化的理论，对在建设和谐社会背景下构建学校、家庭、社会和谐德育体系研究具有多方面的指导意义。社会化是个体在社会环境影响下由自然人发展成为社会人的过程。社会化是通过个体的学习和社会文化的沁润逐步实现的。人的社会化过程是人个性化的过程。同时，人的个性化中也有共性的成分，如共同的理想信念、民族情感和风俗习惯等等。人的社会化是通过人的整个一生完成的。人在社会化中形成自己的社会角色，人的社会角色是一个"角色丛"，同一个人在学校、家庭、社会的不同生活情境中，承担着不同的社会角色。人在学校、家庭、社会中承担的角色是否自然和谐，是人的道德素质是否完整和谐的基本标志。这个问题是构建学校、家庭、社会和谐德育体系研究的一项重要内容。从学生社会化过程看，儿童首先在家庭接受教育的影响而逐步成长，形成基本的品质和个性，这种基本的品质和个性在后续的教育过程中，往往会成为极为重要的发展基础。儿童入学后，在接受学校教育和社会环境影响下，家庭教育继续发挥着作用。根据人社会化的这种过程特点，研究怎样使学生在家庭、学校、社会所接受的教育和环境影响是一种和谐建构状态，并促进学生的个性及身心素质和谐发展，可以结合社会学理论进行深入研究。

学校德育与社会环境、家庭环境以及校园环境之间始终是相互联系、相互渗透、相互作用、相互影响的。学校、家庭、社会在教育主体、内容、方式、方法上各有优势，只有在学校、家庭、社会三方面教育力量和谐一致的时候，学生的品德发展才是健康的积极的。和谐德育研究的目的就是充分发挥学校、家庭和社会三个方面教育力量各自的优势，使之相互协调、相互配合、相互补充、形成合力，推动学校、家庭、社会德育理念融通，德育目标趋同，德育过程协调，德育方法互补，德育资源共享。从而产生多渠道、多方位的和谐德育效应，使学生成为学校的好学生、家庭的好孩子、社会的好公民。

2. 构建校本和谐德育体系[1]

和谐德育，是以满足社会发展需要和受教育者发展需要的和谐统一为出发点，在遵循受教育者思想品德和身心发展规律的基础上，构建德育体系诸要素之间的和谐关系，使之协调相应、配合得当，形成合力，以引导教育者掌握德育规律，提高育人能力，从而促进受教育者思想品德及整体素质和谐发展的一种教育模式。

---

[1] 本文曾发表在《光明日报》（核心期刊），2008年11月12日。

校本和谐德育体系就是以学校为基本实践范围，运用和谐德育的基本原理构建的以解决学校德育工作现实问题为出发点，以推进学校整体工作科学发展为目的的德育实施体系。

第一，以校为本、以人为本、育人为本

以校为本就是基于学校教育工作改革发展需要，以学校为基本实践范围，学校全体人员参与，通过构建校本和谐德育体系归于构建和谐学校，促进教育者和受教育者健康和谐发展。以校为本的实质归结点是以人为本，或者说以校为本是为了达成育人为本，促进人的发展，以体现教育的本质，实现教育目的。构建和谐学校一般通过构建和谐的校园精神文化、物质文化、制度文化，为教育者和受教育者的和谐发展创造基础条件。在工作范围上，以校为本体现为以学校教育为中心，同时辐射家庭教育和社会教育，在学校、家庭、社会的和谐互动中提高办学效益，促进学校工作健康持续发展。

第二，以解决学校德育工作的现实问题为出发点

解决学校德育工作的现实问题体现了德育工作的针对性和实效性，也是德育科研的直接目的和生命力之所在。学校德育工作的现实问题不是孤立发生和存在的，现实问题是历史问题的延续形态，也可能是未来发生问题的前提原因。因此，校本和谐德育体系的构建范围可以是由德育目标内容、途径方法、管理评价构成的整体性的工作体系，也可以是侧重于一条途径或一项内容的实践操作体系，以此带动整体工作，其根本着眼点是为了解决实际问题，即以解决现实问题为出发点。不能解决实际问题的体系构建脱离了校本实际，因而没有实际意义。

第三，以推进学校整体工作科学发展为目的

构建校本和谐德育体系，解决学校德育工作的现实问题的根本目的是推进学校整体工作科学发展。其工作境界是把科学发展观落到实处，包括把以人为本落到实处，如通过构建校本和谐德育体系形成了和谐的校园物质文化、精神文化和制度文化，提升了教育者的精神质量和教育主体性，促进学生主体性的形成和整体素质的和谐发展；学校工作实现全面协调可持续发展，如全面贯彻党的教育方针，教育教学过程遵循教育规律，进入实施素质教育轨道，学校各项工作和谐有序，与家庭、社区协调配合，形成教育合力；通过构建校本和谐德育体系学校确立了切合实际的近期和中长发展目标，增强了凝聚力，办学效益逐步提高，学校进入可持续发展阶段。

第四，突出"构建"和谐德育体系

和谐是个体、教育和社会健康发展的客观需求，校本和谐德育体系是各级各类学校做好德育工作的客观需求。运用和谐德育基本原理是构建校本和谐德育体系的必然要求。

"构建"突出表现了德育的主体性、主动性和实践性。"体系"是思想理论或教育要素的整体联系。构建校本和谐德育体系的主体是教育管理者和广大教师，教育者的主体性、主动性和实践能力是构建校本和谐德育体系的主导力量，学生主体性的形成反映着构建校本和谐德育体系的效果，也是教育者主体性发挥的对象化体现。体系由和谐而来，即由教育要素的整体和

谐的联系机制而来。和谐既是教育要素之间相互联系的状态、程度，也是教育的方法、过程和结果。和谐由构建而来，和谐产生合力，合力来自体系。因此，构建校本和谐德育体系要强调构建，强调体系。强调构建，就是突出教育者的主体性、实践性和创造力；强调体系，就是突出教育要素整体和谐的联系机制。体系是构建的方式和手段，也是在德育工作机制上要达成的目标和结果。

第五，重视和落实校本和谐德育体系的可操作性

重视和落实校本和谐德育体系的可操作性，包括三个方面：全程可操作、全面可操作、全员可操作。

全程可操作，是指学校德育工作贯穿于学生从入学到毕业的整个过程之中，德育无时不在，环环相扣，贯穿始终。如初中校本德育体系可以将三年六个学期分成12个阶段，每一个阶段设计一个德育主体活动。第一学年主要有"迈好中学第一步、法律保护我成长、学会交往，创造和谐的成长环境、登上知识之船，扬起理想的风帆"等内容；第二学年主要有"花季困惑指南、塑造健全人格、不断完善自我、讴歌民族精神"等专题；第三学年考虑到学生初中毕业在即，面临升学压力，可以构建"鼓起勇气，迎接挑战；调整自我，增强自信；脚踏实地，自强不息；找准定位，确定理想坐标"等内容。

德育贯穿学校教育的全过程，针对学生成长的每一个阶段的需要开展主题教育活动，有利于增强德育的针对性和实效性。

全面可操作，是指学校德育工作全方位地深入到学生学习、生活活动的全部领域。学校是一个德育信息场，教师的德育信息、学生的德育信息、管理者的德育信息以及学校物质形态所包含的德育信息相互作用，形成一定的张力作用，构成一种立体的德育空间。构建全面可操作的校本德育的要义在于营造校本德育场。全面可操作的工作的着力点主要体现在如下三个方面，其一，要把德育内容具体化为学生喜闻乐见、易于接受的名言警句、温馨提示等形式，分布到学校教学楼、餐厅、宿舍、体育场、文化广场，使德育信息无处不在；其二，通过情景感染、榜样示范等手段，使学生耳濡目染、亲身体验，养成良好的行为习惯；其三，通过检查督导、评比竞赛等手段，引导和激励学生自觉遵守学校的规章制度，树立社会主义荣辱观。

全员可操作，是在"人人都是教育者"的观念指导下，通过强化全员意识，建立全员机制，开辟全员渠道等措施，使每一个教职员工均能根据自己的职责分工做到"教书育人、管理育人、服务育人"。

3. 素质教育呼唤和谐德育[1]

自上世纪八十年代中期提出素质教育，到党的十七大从建设人力资源强国、改善民生、教育公平、社会和谐的战略高度，再次强调"坚持育人为本、德育为先，实施素质教育"，已经走

---

[1] 本文曾发表在《中国教育报》（核心期刊），2009年1月3日。

过了二十多年的历程。然而,面对新的形势和任务,德育工作还存在许多不适应、不和谐的地方。素质教育一直在呼唤着和谐德育。

和谐德育,是以满足人与社会全面发展的和谐统一为出发点,在遵循教育过程基本规律的基础上,构建德育体系诸要素之间的和谐关系,使之协调相应、配合得当,形成合力,以引导教育者掌握德育规律,提高育人能力,从而促进受教育者思想品德及整体素质和谐发展的一种教育模式。和谐德育的基本理念和主要内容包括如下几个方面。

第一,学生综合素质和谐发展

素质教育的两个重点是培养学生的创新精神和实践能力。然而在教育实践中,"重智育轻德育、重知识传授轻能力培养、重课堂教学轻社会实践"的现象依然存在,导致学生的综合素质得不到和谐发展。和谐德育认为,人的创新精神和实践能力的形成,是人的思想道德素质和科学文化素质和谐统一的结果。在人的心理过程中,如观察、注意、记忆、思维、想像等智力活动,都是在兴趣、动机、情感、意志等"非智力"因素的支撑下进行的。这些起着支撑作用的心理因素,在现实生活中表现为对事物的好奇心,强烈的求知欲,勤奋的学习态度,爱科学、爱创造、爱事业、爱祖国的情感,抵抗挫折、坚忍不拔的毅力,崇高的理想信念和科学的世界观、人生观、价值观等思想道德素质。思想道德素质对人的智力和创造活动起着导向、动力、调节和支撑作用。这些"非智力"因素与智力活动是一个相互依托、相互作用的整体,两个方面谐调发展,才形成健全人格。实践是思想道德素质和科学文化素质形成和发展的源泉。和谐德育注重培养学生实践能力,创建了一系列贴近生活、贴近实际、贴近学生的德育实践活动,如主题班会活动、团队活动、成人仪式活动、志愿者活动等,促进了学生综合素质和谐发展。

第二,师生关系和谐融洽

师生关系是学校教育中最基本的人际关系。和谐融洽的师生关系不仅是有效进行教育活动、完成教育任务的重要条件,而且本身也是一种重要的教育力量。然而在教育实践中往往会看到一些不和谐的师生关系,如有的教师上课来下课就走,不愿意亲近学生;有的教师偏爱自己喜欢的学生,伤害了部分学生的上进心;有的教师对后进生讽刺挖苦,伤害了学生的自尊心等等。和谐德育主张建立民主、平等、融洽、和谐的师生关系,提出了"师生双主体互动论"。即教师是教育主体,学生是学习主体。在德育活动中,要充分发挥教师和学生两个方面的积极性、主动性和创造性。教师的主体性表现在活动的策划、设计和指导上,教师的教育理念、师德风范和人格魅力则蕴含其中;学生的主体性则体现在活动的"主角"地位上,学生积极主动地在活动中认知,在活动中体验,在活动中锻炼,在活动中自我评价。使学生在自主参与的德育活动中体验生活,感悟道德,养成良好的行为习惯。

第三,德育过程和谐有序

和谐有序的德育过程是对受教育者传授道德知识、陶冶道德情感、培养道德意志,引导道德行为的过程。学校德育工作要取得实效,取决于四个环节的和谐统一的程度。在教育实践中,由于受某些西方教育流派如"认知主义"、"情感主义"的影响,有的片面强调道德知识的传授,有的片面夸大道德情感的作用。和谐德育认为,德育过程是知、情、意、行诸环节构成的。德育不同于智育,智育的任务是传授知识兼培养能力,它主要解决知不知、会不会的问题;而德育只到此并没有完结,它不仅要解决知不知、会不会的问题,而且更要解决信不信、行不行的问题,即不但要授之以知、晓之以理、动之以情,而且更要导之以行。只有知识传授、情感陶冶,而无意志磨炼和行为引导不是完整的德育。和谐德育将"知、情、意、行"和谐地整合在一起,以传授道德知识作基础,以涵养道德情感为关键,以培养道德意志作保证,以养成道德行为习惯为归结,这样才能取得真正意义上的德育实效。

第四,大中小学德育和谐衔接

目前,各级各类学校的德育目标划分还不够准确,内容安排还不尽合理,存在着一定程度的简单重复、交叉和脱节的问题。针对这种情况,和谐德育坚持整体构建学校德育体系,使大、中、小学德育和谐衔接。根据不同年龄阶段学生身心特点、思想实际、理解接受能力和品德形成发展规律,准确规范德育目标和内容,把德育内容的要素结构和层次结构划分出来,以五大要素即政治教育、思想教育、道德教育、法治教育、心理健康教育为横坐标,以各项要素具体内容的不同层次为纵坐标,由浅入深,由低到高,由具体到抽象,由感性到理性,分层递进,螺旋上升,构建从小学一年级到大学毕业每个年级的德育内容,形成科学化、系统化、规范化的德育内容体系。同时科学设置德育课程,积极开展德育活动,努力拓展德育途径,有效进行德育评价,使学校德育更具科学性、针对性和实效性,更好地促进青少年学生健康和谐成长。

第五,学校、家庭、社会和谐育人

学校、家庭和社会是学生成长的基本环境,只有在学校、家庭、社会三方面教育力量和谐一致的时候,学生的思想品德才能健康发展。在现实生活中,由于各个家庭的成员结构、文化背景、职业特点、家长素质各不相同,家庭教育存在着许多误区,如独生子女家庭的"四二一"综合溺爱症,进城务工人员子女家庭教育的缺失,离异家庭、单亲家庭、重组家庭等特殊家庭子女教育的畸形等;社会上存在着的封建迷信思想、消极腐败问题、黄赌毒邪黑现象等,严重影响着青少年儿童思想道德素质的健康发展。这就是教育界深感头疼的"五加二等于零"问题。要解决这些问题,必须呼吁全社会都来关心青少年儿童的健康成长,建立学校、家庭、社会和谐育人的工作机制。和谐德育主张充分发挥学校、家庭和社会三个方面教育力量各自的优势,充分发挥关工委、共青团、妇联的思想道德教育职能,充分发挥广播影视、报刊杂志、各类网站等媒体的思想道德教育功能。使之合而不同、相互配合、相互补充、形成合力,推动学校、家庭、社会德育目标趋同,德育理念融通,德育过程协调,德育方法互补,德育资源共享,德育评价一致。根据构建社会主义和谐社会的实践要求,建设和谐学校、和谐家庭、和谐社区,实施和谐德育,促进学生和谐成长。

4. 和谐德育是构建和谐社会与和谐文化的基础工程[1]

党的十七大报告指出"和谐文化是全体人民团结进步的重要精神支撑。"同时对建设和谐文化提出了明确的要求:"大力弘扬爱国主义、集体主义、社会主义思想,以增强诚信意识为重点,加强社会公德、职业道德、家庭美德、个人品德建设,发挥道德模范榜样作用,引导人们自觉履行法定义务、社会责任、家庭责任。加强和改进思想政治工作,注重人文关怀和心理疏导,用正确方式处理人际关系。动员社会各方面共同做好青少年思想道德教育工作,为青少年健康成长创造良好社会环境。"

动员社会各方面共同做好青少年思想道德教育工作,为青少年健康成长创造良好社会环境,是和谐文化建设的重要任务,也是和谐德育研究的根本任务。文化的实质是"人化"。人的思想道德素质是建设和谐文化的主导因素。整体构建和谐德育体系是社会主义思想道德体系的重要组成部分,社会主义思想道德建设是建设和谐文化的重要内容和中心环节。社会主义思想道德建设要从青少年学生抓起,未成年人的思想道德建设是全社会思想道德建设的基础。从这个意义上说,和谐德育是构建和谐社会、建设和谐文化的基础工程,对于建设和谐文化,乃至构建和谐社会具有重要的现实意义。

第一,和谐德育有利于为建设和谐文化与和谐社会奠定基础

当前,我国社会的发展正处于关键时期。我国人均国民生产总值已突破1000美元,正在向人均3000美元的新目标跨越。许多国家的发展进程表明,人均GDP在1000美元到3000美元之间的发展阶段,往往既是一个国家经济发展的黄金期,也是矛盾凸显期。随着改革开放和社会主义市场经济的深入发展,我国经济社会生活也发生了深刻变化,社会经济成分、组织形式、就业方式、利益关系和分配方式日益多样化,社会利益关系更为复杂,出现了许多新情况、新问题。现代物质文明的非和谐发展,不仅造成了"自然和谐"的破坏,而且也造成了"人和自然"、"人与人"之间和谐的破坏。市场经济就象一把双刃剑。它激发了人们主体意识的生成,同时诱发个人主义倾向;增强了效益观念和求实精神,同时诱发了拜金主义和重利轻义思想;也造成一些领域道德失范,诚信缺失、假冒伪劣、欺骗欺诈活动的蔓延,甚至某些地方封建迷信、邪教和黄赌毒等社会丑恶现象沉渣泛起,这一切都给社会的和谐发展造成不可忽视的负面影响。建构和谐德育,以提高个体的道德水平为起点,推及社会道德水平的提升,能够纾解社会矛盾,促进社会稳定。这就为社会的和谐发展奠定了基础。

构建社会主义和谐社会,从根本上讲就是要实现人与自然、人与社会、人与人以及人自身的和谐发展,这是中国特色社会主义的本质要求。和谐德育对于建设和谐文化与和谐社会的奠基作用同样表现在人与自然、人与社会、人与人以及人自身的和谐发展几个方面。

——人与自然和谐。人类只有一个地球,工业化造成的大气污染、河流污染、海洋污染,已

---

[1] 本文是《和谐德育论》绪论的一部分,教育科学出版社2008年月出版。后收入詹万生主编《和谐德育研究》论文集,光明日报出版社,2009年8月出版。

经威胁到人类的生存和发展。人类只有树立环境保护意识，与大自然和谐相处，达到"天人合一"、"天人和谐"的境界，人类才能更好地生存和发展。这是全人类的共同利益。和谐德育把环境道德教育作为重要内容之一，引导和帮助青少年树立环保意识，为人与自然和谐相处奠定思想道德基础。

——人与社会和谐。"人是一切社会关系的总和"。社会是由人构成的，人不可能脱离社会而存在。人只有与社会和谐相处，才能在社会中生存和发展。和谐德育以集体主义为原则，以爱祖国、爱人民、爱劳动、爱科学、爱社会主义为基本要求，把集体主义精神渗入学校教育、家庭教育、社会教育的各个层面，引导青少年学生正确认识和处理国家、集体、个人的利益关系，提倡个人利益服从集体利益、局部利益服从整体利益、当前利益服从长远利益，反对小团体主义、本位主义和损公肥私、损人利己，把个人的理想与奋斗融入广大人民的共同理想和奋斗之中。这就为构建和谐社会奠定了思想道德基础。

——人与人和谐。倡导人与人之间和谐相处、团结友爱、扶老携幼、扶困济贫、共同发展，是和谐社会的基本要求。和谐德育坚持以人为本，以为人民服务为核心，主张"人人为我、我为人人"；对青少年学生进行社会公德、职业道德、家庭美德、个人品德教育。把这些主要内容具体化、规范化，使之成为全体公民普遍认同和自觉遵守的行为准则。并且根据不同年龄阶段学生的身心特点、知识水平和品德形成发展规律，循序渐进，螺旋上升，整体构建了大、中、小学的德育体系，为全社会建设社会主义思想道德体系奠定了基础。

——人自身的和谐。坚持以人为本，倡导人文关怀，注重人的全面和谐发展，是和谐社会的题中应有之义。和谐德育主张人的身体与心理全面和谐发展，把健康教育，包括身体健康和心理健康教育作为德育内容之一，认为这是德育的生长点、素质教育的基本点、德育与智育的结合点；和谐德育主张德、智、体、美全面和谐发展，把德育寓于智育、体育、美育之中，作为德育的重要途径之一；和谐德育主张品德结构知、情、意、行全面和谐发展，把知、情、意、行结合作为德育的重要原则之一。和谐德育这些观点的价值就在于引导学生的全面和谐发展，塑造身心和谐，知行统一，真、善、健、美和谐发展的人，为培养社会主义事业建设者和接班人奠定了基础。

第二，和谐德育有利于加强和改进青少年思想道德教育工作

《中共中央关于构建社会主义和谐社会若干重大问题的决定》指出："我们所要建设的和谐社会，是民主法制、公平正义、诚信友爱、充满活力、安定有序、人与自然和谐相处的社会。"[1]和谐社会的这些基本特征与作为社会主体的人的思想道德素质是紧密联系、相互对应的。和谐社会的六大基本特征正是和谐德育的基本内容。

——民主法治。构建和谐社会，就是社会主义民主政治得到充分发展，依法治国方略得到切实落实，真正实现了党的领导、人民当家作主和依法治国的有机统一。和谐德育坚持以"依法治国与以德治国相辅相成"的治国方略为指导，把民主法制教育与思想道德教育并列为和谐德育的两大主要内容。认为民主法制教育与思想道德教育如"车之两轮、鸟之双翼"是辩证

---

[1]《中共中央关于构建社会主义和谐社会若干重大问题的决定》，人民出版社，2006年第1版，第5页。

统一的、相辅相成的、缺一不可的。

——公平正义。构建和谐社会,就是社会的各个阶层都能公平地分享改革和发展带来的成果,各种社会矛盾得到正确的处理,整个社会的体制改革和制度创新都体现公平、公正和正义的要求。和谐德育把公平正义作为重要内容之一,教育青少年学生做人要正直,做事要公道,待人要公平,处世要正义。

——诚信友爱。构建和谐社会,就是社会的诚实、信义、关爱等道德素质和优良品质在社会公德、职业道德、家庭美德、个人品德等各方面得到真正的培育和发扬。和谐德育把明理诚信、团结友爱作为基本道德规范来要求学生,并且贯彻到学校、家庭、社会德育活动的过程之中。

——充满活力。构建和谐社会,就是一切有利于社会全面进步和人的全面发展的积极因素和创造动力得到尊重、支持、肯定和发挥。和谐德育作为素质教育的首位与核心,始终把素质教育的两个重点"培养创新精神和实践能力"作为培养目标和主要内容,引导和鼓励学生积极参与社会实践活动,增强创新意识、创新能力和实践能力。

——安定有序。构建和谐社会,就是社会的组织机制健全,并在此基础上形成管理完善、秩序井然、社会安定团结、人民安居乐业的经济社会和政治秩序。和谐德育把讲团结、讲秩序、守纪律作为青少年学生的行为规范,贯彻到学校日常的德育活动之中。

——人与自然和谐相处。构建和谐社会,就是人口、资源、环境之间协调发展,人、社会和自然之间实现和谐相处。和谐德育把环保意识、环境道德作为社会公德和个人品德的重要内容,贯彻到学校、家庭、社会德育活动的过程之中。

总之,和谐德育的内容与和谐社会的六大特征是密切联系、相互对应的。这是因为和谐德育坚持的是大德育观,主张德育应包括政治教育、思想教育、道德教育、法纪教育和心理教育"五要素"。政治教育、思想教育、道德教育、法纪教育和心理教育,各有自己的特定内涵,但又互相联系,互相渗透,互为条件,互相制约,构成了和谐德育统一体。政治教育确立了把祖国建设成为富强、民主、文明、和谐的社会主义现代化国家而努力学习的奋斗方向;思想教育通过对人类社会发展规律的认识和理解,为政治教育提供科学理念支撑,使学生形成科学的世界观、人生观、价值观,树立起社会主义的理想信念;道德教育以培养道德的情感意识和良好的道德行为习惯为重点,形成正确的荣辱观,是实现理想信念的常态活动方式;法纪教育以增强法律意识、树立法律观念、培养知法、懂法、守法、护法的品质为重点,充实和保证政治、思想、道德教育的进行;心理教育以培养健康的心理素质为重点,在政治、思想、道德、法纪教育过程中,始终起着维持、调节和统合个体的知、情、意、行的作用,是德育不可缺少的要素。这五者不可割裂,更不能互相取代。如果在理论上仅仅把德育视为"政治思想教育的同义语"或"道德教育的简称",那么在德育实践上就会失去之偏颇。"文革"期间,由于"突出政治"代替一切,道德教育被忽视乃至被取消,造成了一代人道德水准下降以至整个社会风气败坏。八十年代后期,由于"淡化政治",政治思想教育薄弱,至使自由化思潮乘虚而入,泛滥成灾,最终酿成动乱。这两方面的教训是极其深刻的,必须永远记取。和谐德育要求完整、准确、全面地理解德育概念的内涵,坚持德育内容的"五要素说",使德育工作与构建社会主义和谐社会的基本要求相一致,对青少年的思想道德教育发挥更好、更大的作用。

第三，和谐德育有利于为青少年健康成长创造良好社会环境

当前，我国社会总体上是和谐的。但是，也存在着不少影响社会和谐的矛盾和问题，主要是：城乡、区域、经济社会发展很不平衡，人口资源环境压力加大；就业、社会保障、收入分配、教育、医疗、住房、安全生产、社会治安等方面关系群众切身利益的问题比较突出；体制机制尚不完善，民主法制还不健全；一些社会成员诚信缺失、道德失范，一些领导干部的素质、能力、作风与新形势新任务的要求还不适应；一些领域的腐败现象仍然比较严重。社会的种种不和谐问题，也在制约着学校德育工作的和谐发展。一些地方和部门的领导对德育工作认识不足，重视不够，没有真正担负起领导责任；全社会关心和支持未成年人思想道德建设的风气尚未全面形成，还存在种种不利于未成年人健康成长的社会环境和消极因素。

在新的社会条件下，我国城乡家庭教育也出现了许多新情况、新问题。第一，流动型家庭问题。随着进城务工人员的增多，务工家庭的父母忙于工作和生计，无暇顾及对孩子的指导教育；人员和家庭的流动还带来了"留守儿童"的问题，这类孩子的家庭教育成为空白点，严重影响到孩子的健康成长。第二，稳定型家庭问题。在生活安定的家庭特别是独生子女家庭，相当数量的家长只重孩子的学习，忽视品德和人格培养，有的则放任娇惯，父母在教育子女的观念和方法上存在许多误区。第三，特殊家庭问题。主要是离婚和再婚家庭的孩子，他们的心理和性格发展存在较复杂的问题。这些问题直接影响着孩子的品德和身心素质的和谐发展，影响着家庭的和谐与幸福，给社会的稳定和谐带来不同程度的消极影响。

从教育系统的实际情况看，多年来教育改革虽然取得重要成就，但根据构建和谐社会对教育提出的要求，还存在突出的问题。第一，教育发展不均衡，优质教育资源不能满足社会日益增长的教育需求。由此带来的社会问题和矛盾，影响着社会和谐发展的进程。第二，应试教育持续升温，重智育轻德育、重课堂教学轻社会实践的现象依然存在，推进素质教育的任务十分艰巨。第三，德育体系尚未形成，思想道德建设在体制机制、思想观念、内容形式、方法手段、队伍建设、经费投入、政策措施等方面还有许多与和谐社会建设不相适应的地方。

和谐德育以整体构建学校、家庭、社会和谐德育体系为己任，主张学校、家庭、社会德育理念融通，德育目标趋同，德育内容互补，德育途径互动，德育管理协调，德育资源共享，德育评价一致。它的研究与实验的目的，是根据构建社会主义和谐社会的实践要求，为建设和谐学校、和谐家庭、和谐社区以及学校、家庭、社区和谐德育体系提供理论指导和实践模式，引导学校、家庭、社区实施和谐德育，创造和谐氛围，共建和谐生活，促进学生和谐成长。因此，和谐德育有利于为青少年健康成长创造和谐校园、和谐家庭、和谐社区等良好的社会环境。

5. 社会主义核心价值体系是和谐德育的根本[1]

党的十七大报告明确要求："切实把社会主义核心价值体系融入国民教育和精神文明建

---

[1] 本文曾发表在詹万生主编《和谐德育研究》，光明日报出版社，2009年8月出版。

设全过程,转化为人民的自觉追求。"[1]整体构建和谐德育体系,正是贯彻落实党的十七大精神,切实把社会主义核心价值体系融入国民教育全过程的重要举措。和谐德育是构建社会主义和谐社会的思想道德基础,而社会主义核心价值体系则是和谐德育的根本。

一、社会主义核心价值体系的基本内容

党的十七大报告明确提出了社会主义核心价值体系的基本内容,主要包括以下几个方面:

——坚持马克思主义指导思想。马克思主义是我们立党立国的根本指导思想。在社会主义核心价值体系建设中,马克思主义为我们提供了正确的世界观和方法论,提供了正确认识世界和改造世界的强大思想武器。只有用马克思主义的立场、观点、方法来正确认识经济社会发展大势,正确认识社会思想意识中的主流与支流,才能在错综复杂的社会现象中看清本质、明确方向。建设社会主义核心价值体系,第一位的就是坚持马克思主义的指导地位。马克思主义是科学,总是随着时代、实践和科学的发展而不断发展。我们坚持马克思主义,是坚持发展着的马克思主义。只有坚持用马克思主义中国化的最新成果武装全党、教育人民,才能真正发挥马克思主义认识世界和改造世界的强大思想武器的作用,马克思主义才能真正成为我们的行动指南。

——坚持中国特色社会主义共同理想。理想信念,是一个政党治国理政的旗帜,是一个民族奋力前行的向导。理想是有层次的,对于共产党人来说,最高理想是实现共产主义。在现阶段,建设中国特色社会主义是我们全社会的共同理想。这个共同理想,既实在具体,又鼓舞人心,昭示了我们要在中国特色社会主义道路上,在本世纪头20年,集中力量全面建设小康社会,再继续奋斗几十年,到本世纪中叶基本实现现代化,把我国建成富强民主文明和谐的社会主义国家。这个共同理想,集中代表了我国工人、农民、知识分子和其他劳动者、建设者、爱国者的利益和愿望,具有很强的广泛性和包容性。这个共同理想,把国家、民族与个人紧紧地联系在一起,强调了国家要基本实现现代化、民族要实现伟大复兴、人民要过上宽裕的小康生活,有利于调动全体人民的积极性共同为之奋斗。

——坚持以爱国主义为核心的民族精神和以改革创新为核心的时代精神。民族精神和时代精神是一个民族赖以生存和发展的精神支撑。一个民族,没有振奋的精神和高尚的品格,不可能自立于世界民族之林。有没有高昂的民族精神,是衡量一个国家综合国力强弱的一个重要尺度。民族精神是我们民族的生命力、凝聚力和创造力的不竭源泉。在五千多年的发展中,中华民族形成了以爱国主义为核心的团结统一、爱好和平、勤劳勇敢、自强不息的伟大民族精神。在改革开放新时期,中华民族又形成了勇于改革、敢于创新的时代精神。这一民族精神和时代精神,包括了我们党领导人民在长期革命斗争中形成的井冈山精神、长征精神、延安精神、西柏坡精神等优良传统;包括了在社会主义建设时期形成的大庆精神、雷锋精神、"两弹一星"精神等优良传统;包括了在改革开放新时期形成的"64字创业精神"、九八抗洪精神、抗击非典精神、青藏铁路建设精神等优良传统。这一民族精神和时代精神,是中华民族五千多年来生生不息、发展壮大的强大精神动力,也是中国人民在未来的岁月里薪火相传、继

---

[1]《中国共产党第十七次全国代表大会文件汇编》,人民出版社,2007年第1版,第11页。

往开来的强大精神动力。

——坚持社会主义荣辱观。胡锦涛同志明确提出了以"八荣八耻"为主要内容的社会主义荣辱观。他强调指出:"在我们的社会主义社会里,是非、善恶、美丑的界限绝对不能混淆,坚持什么、反对什么,倡导什么、抵制什么,都必须旗帜鲜明。"荣辱观是世界观、人生观、价值观的重要内容,树立正确的荣辱观是形成良好社会风气的重要基础。只有分清荣辱,明辨善恶美丑,一个人才能形成正确的价值判断,一个社会才能形成良好的道德风尚。以"八荣八耻"为主要内容的社会主义荣辱观,明确了当代社会最基本的价值取向和行为准则,涵盖了人生态度、社会风尚的方方面面,体现了社会主义基本[1]道德规范,体现了中华民族传统美德、优秀革命道德与时代精神的完美结合,应当成为引领社会风尚的一面旗帜。

二、核心价值体系是社会意识的本质体现

党的十七大报告指出:"社会主义核心价值体系是社会主义意识形态的本质体现。要巩固马克思主义指导地位,坚持不懈地用马克思主义中国化最新成果武装全党、教育人民,用中国特色社会主义共同理想凝聚力量,用以爱国主义为核心的民族精神和以改革创新为核心的时代精神鼓舞斗志,用社会主义荣辱观引领风尚,巩固全党全国各族人民团结奋斗的共同思想基础。"[2]建设社会主义核心价值体系,形成全民族奋发向上的精神力量和团结和睦的精神纽带。这是自党的十六届六中全会以来党中央适应我国社会思想道德建设的新形势,向全党提出的重要任务。任何社会都有自己的核心价值体系。核心价值体系是社会意识的本质体现,决定着社会意识的性质和方向。建设社会主义核心价值体系,对于团结、引领全体社会成员在思想道德上共同进步,对于整体构建和谐德育体系,对于进一步加强和改进青少年的思想道德建设,具有重大意义。

首先,社会主义核心价值体系有利于培育青少年的和谐精神。构建社会主义和谐社会必须建设和谐文化。我们建设的和谐文化,是建设社会主义先进文化,是以社会主义核心价值体系为根本的和谐文化。社会主义核心价值体系,不断汲取中华民族优秀传统文化,不断吸收世界优秀文明成果,不断在实践中创新发展。这就决定了社会主义核心价值体系有很强的创造力、感召力和包容性、整合性。在和谐德育研究中,抓住了社会主义核心价值体系这个根本,才能形成青少年共同的理想信念,增强全社会的凝聚力;才能树立青少年的和谐理念,培育青少年的和谐精神;才能形成青少年的良好道德风尚,形成青少年的和谐人际关系;才能营造青少年的和谐舆论氛围,为构建社会主义和谐社会奠定思想道德基础。

第二,社会主义核心价值体系有利于奠定青少年的思想基础。共同的思想基础,是一个党、一个国家、一个民族赖以存在和发展的根本前提。我们党历来重视共同思想基础的建设。毛泽东同志强调党要有"共同语言",社会主义国家要有"统一意志"。邓小平同志指出:我们这么大一个国家,要团结起来、组织起来,一靠理想,二靠纪律,否则建设就不能成功。江泽民同志指出:一个民族、一个国家,如果没有自己的精神支柱,就等于没有灵魂,就会失去凝聚力和生命力。胡锦涛同志多次指出:要增强"民族精神",巩固"精神支柱"、形成"共同理

---

[1] 胡锦涛关于"八荣八耻"的重要论述,人民日报,2006年3月5日。
[2] 《中国共产党第十七次全国代表大会文件汇编》,人民出版社,2007年第1版,第33页。

想信念"。这里强调的都是共同思想基础建设。社会主义核心价值体系的科学概括和清晰界定,明确了共同思想基础的基本内涵和基本要求。和谐德育坚持以社会主义核心价值体系为价值导向,有利于引导青少年树立建设中国特色社会主义的共同理想。

第三,社会主义核心价值体系有利于引导青少年思想道德进步。思想道德是经济基础的反映。同我国还处在社会主义初级阶段相适应,同我国多种所有制经济并存相适应,同我国多种分配方式并存相适应,同对外开放的环境相适应,人们的思想观念、道德意识、价值取向越来越呈现出层次性。这种层次性要求我们,在思想道德建设上一定要从实际出发,既要鼓励先进,又要照顾多数,把先进性要求同广泛性要求结合起来,对不同层次的人们提出不同的要求。社会主义核心价值体系,既体现了思想道德建设上的先进性要求,又体现了思想道德建设上的广泛性要求;既坚持了先进文化的前进方向,又符合不同层次群众的思想状况;既体现了一致的愿望和追求,又涵盖了不同的群体和阶层。社会主义核心价值体系具有广泛的适用性和包容性,具有强大的整合力和引领力,是联结各民族、各阶层的精神纽带。和谐德育坚持以社会主义核心价值体系为精神纽带,有利于引导青少年在思想道德上共同进步。

6. 和谐德育要在时代性、规律性、实效性上下功夫[1]

《中共中央国务院关于进一步加强和改进未成年人思想道德建设的若干意见》的发布,标志我国未成年人思想道德建设进入统一思想、全面实施的新的历史发展阶段。未成年人思想道德建设关系中华民族的整体素质,关系国家前途和民族命运的根本意义已经深入人心。人们寄希望于这项民心工程和社会工程。现在,最重要的是抓好落实。怎样落实?分析青少年思想道德建设存在的问题,总结青少年思想道德教育的历史经验,实施重点就是充分体现时代性,准确把握规律性,大力增强实效性。这三个方面各有侧重,又相互统一。

一、与时俱进,充分体现时代性

时代性可以从三个层面来认识。第一个层面就是我们当代社会生活的总体特点,具体认识可以分为经济生活的特点、文化生活的特点和政治生活的特点。社会生活的特点直接影响到青少年的思想情感和行为,使他们的品德在形成中具有许多时代特点,这是时代性的第二个层面。社会生活和青少年思想品德的特点要求德育的内容和方法与之相适应,具有时代的特点;同时德育的内容还要有历史的贯穿性,即继承优秀传统文化,建构时代精神,体现先进文化的前进方向,引导社会生活向未来美好目标发展。这是时代性的第三个层面。青少年思想道德建设如何体现时代特点,现提出如下建议。

从经济生活来看,市场经济自主经营的原则激发了人们主体意识的生成,同时诱发个人主义倾向;市场经济所有制形式的多元化促进了生产力的发展,同时利益群体的多样化必然导

---

[1] 本文曾在教育部学习中央8.16号文件座谈会上发言,后收入詹万生主编《和谐德育研究》,光明日报出版社,2009年8月出版。

致思想道德价值取向的多元化；市场经济的效益原则增强了效益观念和求实精神，同时诱发了拜金主义和重利轻义思想；市场经济的深入发展，社会经济成分、组织形式、就业方式、利益关系和分配方式的日益多样化，为未成年人的全面发展创造了更加广阔的空间，同时，一些领域道德失范，诚信缺失、假冒伪劣、欺骗欺诈活动有所蔓延，一些地方封建迷信、邪教和黄赌毒等社会丑恶现象沉渣泛起，成为社会公害，一些成年人价值发生扭曲，拜金主义、享乐主义、极端个人主义滋长，以权谋私等消极腐败现象屡禁不止等等，也给未成年人的成长带来不可忽视的负面影响。面对这种新情况和新问题，思想道德建设必须正确处理适应性和超越性的关系，在适应中超越，在超越中适应。思想道德建设要立足于市场经济的实际，贴近生活。但这种适应不是消极的适应，而是积极的适应。一方面立足于市场经济自主经营、平等互利的实际，引导学生增强主体意识，树立平等互利、公平诚信的道德观念。另一方面立足市场经济的竞争性、求利性的实际，引导学生树立开拓、进取、创新的观念和功利、信息等功效性价值观念，并基于市场经济的风险性、不确定性，培养学生适应市场经济的良好心理素质。

从文化生活来看，我国对外开放的进一步扩大，为广大未成年人了解世界、增长知识、开阔视野提供了更加有利的条件；同时，国际敌对势力与我国争夺接班人的斗争也日趋尖锐和复杂。对外开放引进了西方的科学技术、信息技术和管理经验；同时，西方的思想文化、价值观念、生活方式也以各种形式渗透进来。对外开放掀起外语、考TOEFL、GRE、IELTS的热潮，使未成年人的外语水平有了大幅度的提高；同时，未成年人对民族文化、民族精神、中国历史了解甚少，国学基础令人忧虑。面对这种新情况和新问题，思想道德建设必须与中华民族传统文化相承接，把民族精神教育纳入国民教育的全过程。要加强弘扬和培育以爱国主义为核心的团结统一、爱好和平、勤劳勇敢、自强不息的伟大民族精神，加强中国近代史、现代史和国情教育，加强中华民族传统美德和革命传统道德教育。

互联网等新兴媒体的快速发展，给未成年人学习和获得信息开辟了新的渠道；同时，黄、赌、毒、邪等腐朽落后文化和有害信息也通过网络传播，腐蚀未成年人的心灵。互联网为未成年人的交往提供了方便、快捷、高效的工具；同时，网吧的不法经营者为了获取利润，引诱未成年人痴迷网吧，少数未成年人精神空虚、行为失范，有的甚至走上违法犯罪的歧途。面对这些新情况新问题，思想道德建设必须跟进时代网络化趋势，充分利用多媒体技术，促进思想道德教育内容动态化、形象化，增强感染力和吸引力；充分利用现代信息技术，辅助思想道德教育活动课和校内外思想道德教育实践活动，提高思想道德教育的效率和实效性；充分利用网络信息传递方式，延长学生接受思想道德教育的绝对时间，并且可以冲破物理空间的限制，实现思想道德教育时空的新拓展；充分利用网络技术对网上的不良信息、有害信息进行监控和屏蔽，使未成年人免受黄、赌、毒、邪的侵害而健康成长；充分利用网络技术，使校园网、局域网与"中国德育网"链接，建立更大的思想道德教育网络平台，形成正确导向和校园信息浪潮；充分利用计算机软件技术，开发和研制德育软件，使网络德育具有可操作的运行载体；充分利用网络信息技术，提高广大教师的信息素养，增强熟练运用计算机获取、传递和处理信息的能力，全面提高思想道德教育工作水平。

青少年思想道德建设坚持与时俱进、充分体现时代性的工作方式，内含着对教育与社会发展要求和人的发展需要相互作用的教育发展规律的遵循和运用。这是思想道德建设的基本根据,也是增强德育工作的针对性、主动性和实效性的前提。现在,思想道德建设体现时代性的一个重点而紧迫的任务,是坚持贯通古今、融会中西、继承借鉴、发展创新的研究方法,建立与社会主义市场经济相适应、与社会主义法律规范相协调、与中华民族传统美德相承接的社会主义思想道德体系。其基础环节是根据这样的内容要素和青少年品德形成发展规律,搞好大、中、小学德育课程建设。

二、不断探索,准确把握规律性

加强和改进未成年人思想道德建设,关键是准确把握思想道德建设的规律。思想道德建设的规律包括未成年人思想道德形成发展规律、学校德育工作规律、社会思想道德建设规律以及教育发展规律等等。

事物的规律是事物的发展具有的内在的、必然的、稳定的联系。研究表明,与人的素质包括思想品德素质的发展存在内在的、必然的、稳定的联系的因素主要是遗传、环境和教育。在这三种因素中。遗传提供了思想品德的生命基础,传统文化所论述的人性的"善""恶"并非天生固定的,其决定的因素是环境和教育。就环境和教育对人的品德形成发展产生的作用来看,最主要的是教育。教育也是一种环境,是对人产生系统影响的主导性环境。从前文所述青少年犯罪的几个主要特点来看,也可以表明教育对人的道德素质及社会行为的重要主导作用。因此,研究教育对人的思想品德的系统联系和整体影响,并将这种联系和影响运用于教育工作实践,就是把握规律性的一种具体实践方式。

在学校教育中,把握德育规律的一个重要课题,是整体构建学校和谐德育体系。根据系统论的理论,我们认为学校德育也是一个系统,系统科学的基本原则是系统具有整体性、有序性和动态性。从整体性原则来看,学校德育是由德育目标、德育内容、德育途径、德育方法、德育管理、德育评价等要素系统构成的一个统一的整体;从有序性原则来看,学校德育是由小学德育、中学(中职)德育、大学德育等层次系统组成的一个统一的整体。整体构建学校德育体系就是以要素系统为横坐标,以层次系统为纵坐标,进行横向贯通,纵向衔接,有序排列,有机组合而成。从动态性原则来看,学生健康的心理素质,文明的行为习惯,良好的道德品质,正确的民主、法制、纪律观念,科学的世界观、人生观、价值观,崇高的理想信念,坚定正确的政治方向,是通过小学、中学、大学等各个阶段的教育逐步形成的。各教育阶段的德育目标的高低,德育内容的深浅和侧重点,德育途径和方法的选择,德育管理和评价方式的运用,要针对学生不同年龄阶段的身心特点和理解能力的不同,由浅入深,由低到高,由感性到理性,由具体到抽象,循序渐进,逐步提高,分层递进,螺旋上升。切不可"齐步走"、"一刀切"、"大呼隆",更不能"倒拉"、"脱节"、"简单重复"、"过频变动"。

整体构建学校和谐德育体系,就是要使德育目标、德育内容、德育途径、德育方法、德育管理、德育评价等要素系统横向贯通,环环相扣,形成合力,以保证在整个德育过程中要素结构的完整性和连续性。同时,使小学德育、中学(中职)德育、大学德育等层次系统纵向衔接,分层递进,螺旋上升,以保证各个教育阶段德育工作的层次性和渐进性。各个教育阶段都应有德育整体意识,总揽全局,加强相邻阶段的衔接,防止简单重复或脱节,以发挥德育系统的整体功能,提高德育工作的整体效果。

与青少年思想品德形成存在密切联系的教育领域是家庭教育。从儿童接受教育的时间顺序看,家庭教育在先,学校教育在后;从两种教育对青少年道德素质发生的作用来看,一般来说,家庭教育先重后轻,学校教育先轻后重。但家庭教育在孩子成长的整个过程中的持续作用是比较稳定的。因此,把握青少年思想道德建设规律的另一个重点领域是加强对家庭教育的研究和指导。其基础工作是普及科学的家教知识和理念,介绍家教经验,提高家长素质,引导家庭教育与学校教育价值取向一致;教育理念趋同,教育过程同步,教育途径互补,使学校教育与家庭教育形成合力,和谐发展。

三、求真务实,大力增强实效性

德育实效性的根本基础是对时代性和规律性的把握和实践运用。实效性是德育工作体现时代性、把握规律性的目的和结果。在现实的教育工作中,时代性、规律性、实效性是同步体现的。就德育实效性的发生特点来看,可以包括长时的时效性和即时的时效性。长时的实效性是指在一个阶段、一个时期德育工作体现出持续、稳定的实效性。即时实效性具有情境性,如一堂课、一次参观活动、一次谈话的德育效果,这种效果是个体的现场经历和真实感受。长时时效具有全局性、整体性,即时实效表现为局部性、个体性。长时实效性以即时实效为基础。上述整体构建学校德育体系和加强家庭教育合力的研究实践主要是着眼于长时实效性。在具体的教育生活中,我们要在体现时代性、把握规律性的教育过程中,注重即时实效性。主要应从三方面做起。

第一,以人为本,关注学生的成长需要。以人为本首先是尊重学生作为独立生命主体的成长需要,让学生切身感受到教育对自己成长的人文关怀。如上文引述的每一个儿童都具有的四点最基本需要,在我们以往的教育中是常常被忽视的,因而导致学生与教育者在情感上的疏离,失去学习的内在动力,直接影响到德育效果。主体意识和主体的实现是人的成长需要。在教学过程中,以人为本体现为尊重学生的立体地位,充分发挥学生的积极性、主动性和创造性。要改变学生被动接受灌输的旧的教学模式。建立学生主体参与教学全过程的新教学模式。在教学准备中,不仅教师要备课,学生也要"备课",比如收集资料、查询信息、调查访问、提出问题等;在教学过程中,要改变老师满堂灌,学生被动听的局面,使学生积极参与,形成师生互动、生生互动的讨论式、探究式、研究式学习方式;在教学评价中,要改变老师考试,学生应试的局面,把学生作为评价主体,形成以学生自评、同学互评为主,以老师导评,家长助评为辅的自主性评价模式。

第二,回归生活,近、小、实、亲。生活是道德的源泉,道德的意义和作用在于引导、创造和谐幸福的生活。以往的道德教育常常脱离现实生活,是一种"高、大、空、远"的德育。要改变这种状况,就要遵循德育规律,回归生活,使德育的内容、途径和方法近、小、实、亲。近,就是贴进身边生活,贴近学生思想情感;小,就是提出的问题小一点,从小事做起;实,就是实实在在,诚信为教,诚信做人,引导学生认识生活的真实情形,做到知其然,并指导学生自主探究,知其所以然;亲,就是亲切融洽,情感互通,可亲、可感、可信,亲身践行。

第三,知行合一,增强学生的实践能力。思想道德的本质是实践的。实践的观点是思想道德建设首要的、基本的观点。德育不同于智育,智育的任务是传授知识兼培养能力,它主要解决知不知、会不会的问题；而德育只到此并没有完结，它不仅要解决知不知、会不会的问题，而且更要解决信不信、行不行的问题，即不但要授之以知、晓之以理，而且还要动之以情、导之以行。德育过程是由知、情、意（信）、行诸环节构成的，只有知识传授，而无情感陶冶、意志磨练和行为引导不是完整的德育。这就如同体育与智育不同的道理一样，体育如果只在课堂上讲授体育知识和理论，不让学生到体育场去实际锻炼，怎能培养学生强健的体魄？同理，德育如果只重视知识传授，而轻视或忽视德育实践活动，怎能培养学生良好的思想品德？德育活动有多种形式，既有课堂德育活动，又有课外德育活动；既有校内德育活动，又有校外德育活动。其中主题班会、主题团队会是最直接的、最经常、最普遍的德育活动。它主题明确，针对性强，内容丰富多彩，形式生动活泼，是对学生进行思想品德教育的有效途径。主题班会、主题团队会应当形成制度，列入课程表，作为德育活动课的基本形式，从而避免单纯传授知识、空洞讲授理论、死记硬背概念等脱离实际的倾向，增强德育的实效性。

现代德育主张"双主体论"，即教师是教育主体，学生是受教育主体，教师和学生应当互相尊重对方的主体地位。在德育目标的确定上，不仅要考虑社会的要求，更要重视学生自身成长的需要。在德育内容的安排上，不仅要依据社会规范，更要遵循学生的年龄特征和品德形成发展规律。在德育方法的运用上，要激励学生自尊、自爱、自信、自立、自强，引导和培养学生自订成长目标，自析成长环境，自寻成长动力，自开成长渠道，自研成长方法和自评成长效果，使他们成为自身全面发展的主人。在德育过程中要改变传统的"以教师为中心，以教材为中心，以课堂为中心"的"旧三中心论"，建构"以学生为中心，以情境为中心，以活动为中心"的"新三中心"。使学生在实践活动中体验生活，感悟道德，养成良好的行为习惯。

7. 构建学校与社区和谐德育体系[1]

社区是由聚居在特定的区域内，具有某种互动关系和共同的文化特质和心理归属感的人群所组成的社会生活共同体。一般按人口密度、范围、经济活动性质等标准分为城市和农村社区。具有现代意义的中国社区教育始于20世纪80年代后期。2006年，在《教育部关于在部分地区开展社区教育实验工作的通知》中指出：社区教育指在一定区域内利用各类教育资源，开展旨在提高社区全体成员整体素质和生活质量，服务区域经济建设和社会发展的教育活动。社区德育是社区教育的组成部分，主要指对青少年的思想教育。其特点是对象的广泛性、影响的情境性、空间的开放性、内容的多样性。随着我国社区建设不断完善，社区功能凸现，社区教育对青少年思想品德的影响尤为重要，可以说是学生和谐成长的"教科书"。正因为如此，学校与社区沟通已成为国际社会的共识，学校不再是游离于社区的"教育孤岛"，让学校教育扎根于社区。

---

[1] 本文与韩传信合作，曾发表在《教育研究》（核心期刊）2009年第12期，后收入詹万生主编《和谐德育研究》，光明日报出版社，2009年8月出版。

无庸置疑，德育是一项艰巨而复杂的系统工程，既要注重自身内部结构的优化，又要考虑外部因素的优化。然而，从学校与社区方面来看，由于双方认识不统一、沟通不理想，存在着校内外教育分割、德育目标结果偏差的现象。本文根据系统论的观点，试图以和谐思想来架起一座学校与社区和谐德育的桥梁，促进合力育人机制的生成以及切合实际的操作样式，发挥系统的整体功能，从而破解困扰德育的一些难题。那么，学校与社区和谐德育体系是指学校与社区作为德育的主体，以满足构建和谐社会和青少年健康成长为出发点，依据各自德育任务、职责和受教育者思想品德形成的规律，将德育活动的各要素在时空方面构成相互协调、相互作用的网状结构或总体。主要表现为以下几方面：

一、德育目标的趋同

学校德育目标是指学校根据社会发展要求，通过教育活动所达到的受教育者品德素质方面的质量规格和预期结果。构建整体和谐的德育目标的基本方法就是强调"德育目标，一以贯之"，即各学段都以教育部《关于整体规划大中小学德育体系的意见》确定的学段德育总目标为纲，依序构建政治、思想、道德、法纪和心理教育的目标，注意学段的渐进梯度和内在联系。不同学段有不同的德育目标，而同一德育目标在不同学生身上有不同的要求。社区德育目标则是指社区根据社会主义精神文明建设、社会生活秩序、国家利益、社会发展水平、文化传统的需要，通过公民道德建设来促进居民（青少年）的品德素质提升，从而达到社区政治稳定、社区发展和经济繁荣的要求。具体表述为：学习中华民族传统美德、养成文明行为习惯；学会管理自己，帮助他人；热爱祖国，关心地区和家乡建设；遵守社区规章公约，自觉遵纪守法，懂得用法律保护自己；自觉实践家庭美德，创建和谐家庭，建立和睦邻里关系；遵守社会公德，诚实守信，坚持正义公道，爱护公物，主动参与社区精神文明建设[1]。趋同是指学校与社区总的指向和价值定位是一致的——和而不同，求同存异，而不是完全相同。趋同的汇合点既是培养社会化的人，又是使他们自身具有知行统一、情意兼顾、和谐发展的人。也就是说，两者都承担着培养青少年学生政治思想、道德观念、法纪意识、心理品质的教育任务，使他们具有公民道德行为规范，承担对家庭、社会和国家的责任。大家知道，任何一种教育活动都具有促进个体发展的内在目的和促进社会发展的外在目的。培养具有德性的人，既是学校的德育目标指向，也是社区的德育目标指向。个体只有得到和谐发展，才能与自然界和社会发展和谐共生。目标趋同表现为：完整性与重点性结合，社会性与个体性结合，超前性与现实性结合，继承性与创新性结合。

目标趋同的基础是青少年学生是社会中的人，他们既是教育的对象，又是社会生活的主体。学校德育目标是以社会对人的需要以及人如何适应社会为基准，学社联携，只有协调好学校与社区在形成青少年内在道德品质和人格健康发展方面的一致性和共通性，才能使社区为学校提供开放性的资源服务，让受教育者从中感受到教育的一贯性影响。德育是关注和培养个体德性的教育活动，既关乎个体生命质量、家庭幸福感受，也关乎社会和谐、民族利益和国家安危。如果我们的德育能引发人的求善动机、抵达人的精神心灵，那么，它便为社会培养了

---

[1] 詹万生：《和谐德育论》，教育科学出版社，2008年，第185页。

具有美德的公民。如果学校与社区隔离，那么学校里的道德知识就不能运用于社区服务，也无益于品德的正确形成。如果学校德育目标偏离社会现实、社区要求，那么学生在课堂上接受的价值观和道德规范与日常生活中的社会规范不一致，便产生不和谐，甚至会出现"双重"人格的现象。

但是，在不同环境中，学校与社区德育具体要求和做法有所不同、各有侧重，不是亦步亦趋，而是殊途同归。

二、德育理念的融通

理念是德育的灵魂。学校德育的基本理念是强调：育人为本，德育为先；师生"双主体"互动；以学生为中心、以情境为中心、以活动为中心；注重知情意行四个环节协同；政治、思想、道德、法纪、心理五要素内容统整。社区德育的基本理念是强调：社会政策宣传、文明创建活动、公民道德建设和是非善恶评价等。

理念融通是指学校、社区基于现代开放社会大德育的要求，在培养人品德素质的思想观念方面融会贯通。具体表现在：

（一）育人为本

德性培养是德育的根本，无论学校德育还是社区德育都要体现育人为本，保障受教育者的合法权益，因为道德的根本在于尊重生命、尊重人格。学校坚持"德育为先，育人为本"的办学思想；社区在各项事业中，突出精神文明建设的先导作用，净化社会风气，为青少年成长创造良好的环境。

（二）主体参与

主体参与是指道德主体自觉地参与道德实践，获得道德认知、进行道德判断、培养道德能力，从而实现品德的自我完善。建构主义学习论强调，学生是道德学习的主体，任何外来影响只有经过思想内部论争才能发挥作用。人的德性的生成、发展、成熟，不仅是靠灌输，更是通过主体践履、自觉参与、体悟建构的。当前德育课程改革就是着力培养学生习兴趣，让他们自愿地参与到学校和教师的教育活动中来，在参与德育活动中体验、感悟道德，养成良好的行为习惯。从道德主体的现实和需要出发，发挥主体道德学习的主动性和创造性。

（三）走向生活

道德原本产生于社会生活关系，学生在自我、家庭、学校和社区中的生活，都具有德性生成的可能性。教育者要发掘生活中鲜活真实的素材，创设道德生活情境，从学生最关心问题入手开展教育活动。青少年学生对社会规范认同受现实生活的感受所制约，儿童现实生活的道德感受是接受一切教育的基础，离开生活不可能滋养德性。学校要引领学生参与社区生活；同样地，社区要开展丰富多彩的活动，为德育走向生活创造条件。因此，学校和社区德育都应引导学生关注心灵、珍惜生命、热爱生活、学会生存。

（四）重视践行

实践的观点是德育首要的基本的观点。道德实践具有个体价值和社会价值，德育应在"行"上下功夫。中外教育家孔子、亚里斯多德等都普遍重视道德实践，将德育立足于生活现实来思考德育价值的问题。近年来，我国除了认知性德育课程之外，增加了实践性德育课程，旨在强调道德经验在人的品德修养中的作用。实践活动除了是青少年乐于习德的一种形式以外，更是德育真正意义所在，因为它能内化德性、外化德行。这正如学游泳，必要的知识是需要的，但要学会游泳必须在水中进行。

（五）过程统整

德育过程是在教育者施加影响下，通过受教育者主观努力、体认吸纳，把外在要求内化为品德、外化为行为的过程。学校与社区和谐德育是全息协同育德的过程，学生在成长过程中受到来自于学校、家庭和社区的影响，书本里学的知识要拿到实践中去验证，同样地，社会问题也可拿到课堂里进行讨论。学校通过为社区服务来促进学生道德知识的学习，培养公民意识、责任感、奉献及合作精神，达到个体品德和社会道德同一性的目的。例如，在美国20世纪80年代，社区服务学习被看作是治疗青少年道德疾病的良药，有效地促进青少年与社区互动。学校与社区和谐德育是在同一时间开展的，尽管在形式和途径上有所不同。

三、德育管理的协调

学校德育管理是指学校组织系统中的管理者根据现代社会的需要，在现代管理思想的指导下，运用管理科学方法，对德育工作进行决策、计划、组织、控制和评价，充分利用各种德育资源，不断增强学校德育系统功能，以最佳达成德育和德育管理目标的活动过程[1]。学校德育管理体系包括领导体制、队伍建设、制度建设、环境建设等要素。"健全、完善学校德育领导体制是构建与实施德育系统工程的中枢环节"。[2]社区德育管理是指社区管理德育的机构利用社区德育资源，协调各部门和人员，对公民（青少年）道德教育进行计划、监督、检查和控制，从而达到道德环境优化，形成良好道德风尚，实现思想道德教育目标的过程。它具有协调、组织、实施和评价的功能。"健全新型社区管理和服务体制，把社区建设成为管理有序、服务完善、文明祥和的社会生活共同体。坚持培育发展和管理监督并重，完善培育扶持和依法管理社会组织的政策，发挥各类社会组织提供服务、反映诉求、规范行为的作用。"[3]学校与社区德育管理的协调是指能处理好德育管理中诸要素之间矛盾和关系，各单位、组织和机构统筹协调，相互配合，齐抓共管，克服"学校教一套，家长讲一套，社会上看到的又是一套"的现象[4]。和谐德育管理是一种柔性管理、自觉管理和"感动"管理，需要确定社校联动的长效机制、沟通机制、监督机制，做到以规范促管理，以管理促发展，以发展促和谐。协调性表现在：

（一）通过计划来协调

社区根据节假日、纪念日、重大任务等开展德育活动，并且结合学校的要求，制定一些具体的方案、制度、措施。如学校与社区应协同妇联、共青团、公安、少工委等举办报告会；与电视台合作，举办"社会与教育"专栏，等等。要避免德育工作的重复性和随意性。

---

(1) 班华：《现代德育论》，安徽人民出版社，1996年，第212页。
(2) 詹万生：《和谐德育论》，教育科学出版社，2008年，第254页。
(3)《中共中央关于构建社会主义和谐社会若干重大问题的决定》，人民出版社，2006年，第16页。
(4) 詹万生：《和谐德育论》，教育科学出版社，2008年，第443页。

(二)通过组织来协调

成立学校与社区协调委员会,由文明办牵头,工商、文化、新闻媒体、公安、群众团体等部门联合,协调各部门和人员之间的关系,加强对社区场所的监管,优化社区环境,为公民道德建设提供保障。在农村社区,建立县、乡党委抓农村社区和谐德育责任制,形成主要领导亲自抓,班子成员共同抓,一级抓一级,层层抓落实的责任体系,并建立健全干部联系点制度、目标分解督办制度和考核制度,把农村社区和谐德育的各项任务真正落实到实处[1]。通过"请进来,走出去"方式,一方面让青少年学生走出去,了解社会,增强生存能力和社会知识,培养奉献社会的"社会性道德人格"的公民;另方面,学校可请社区道德模范做报告。学校创设开放环境,让家长和社区人参与德育管理。

(三)通过制度来协调

德育制度是指德育工作者和德育对象分别或共同遵守的、按一定程序办事的规程或行动准则。学校中的德育制度如学生行为规范管理制度、学习制度、品德测评制度、有共同价值愿景的师生集体生活制度等,通过制度来培养有德性的人;社区中的德育制度包括交通安全制度、网络管理制度、环保制度、评比制度、文化建设制度等。制度要健全,执行要严格,体制要创新,理顺部门和单位的关系,明确职责和任务,形成互相理解支持配合的格局。需要发挥我国传统德育管理制度的优势,通过管理制度,把社会主义核心价值观转化为学生应该遵守与学生发展阶段相符合的行为规范,形成爱国、关爱、公正等品质。例如,浙江湖州"区域推行学生成长导师制",它是由导师对学生品德、学习、心理及生活等方面进行的个别指导的教育管理制度。

(四)通过评价来协调

评价是依据一定的标准对德育活动过程和结果所作的价值判断,具有导向、规范、激励和改进作用。学生品德发展与有效评价相关,通过他人或自我评价来认识自我、建立自信、完善自身。学校与社区对学生品德的评价标准是一致的,即倡导真善美,在家是个好孩子,在学校是好学生,在社会是好公民。在评价方式上,学校通过表扬与批评、奖惩等措施来建立评价"平台";在社区通过舆论监督、风俗民约、规章制度等措施来建立评价"平台",形成"好人好报,恶人惩罚"的良好风气。

(五)通过活动来协调

学校与社区联手营造学生和谐成长的环境,开展丰富多彩的德育活动,例如,重阳节以"孝亲敬老"为主题,开展社区送温暖、献爱心活动;母亲节开展感恩教育活动;劳动节开展家务或社区劳动活动;端午节、春节进行传统文化教育活动;此外,利用德育基地进行爱国主义教育活动等等。学校可组成"志愿者"服务队,走进社区,参与社区文明建设,尽一份责任。将社区建成没有围墙的"校园",这也必将提高广大居民的素质。特别指出的是,在建设社会主义新农村中,农村社区活动,只有立足于农、服务于农,才能培养学生热爱农村,建设农村的情感和信念。

---

[1] 詹万生:《和谐德育论》,教育科学出版社,2008年,第443页。

四、德育内容的互补

学校德育内容是指根据德育目标的要求,通过德育课程和活动传授的政治、思想、道德的观念与规范体系。一般包括爱国主义教育、传统美德教育、文明行为规范教育、公民道德教育和理想信仰教育等。依据不同年龄阶段学生的身心特点和认知水平选择不同内容,同一内容在不同学段有不同层次的要求。它具有科学性、系统性、针对性、稳定性特点。

社区德育内容是根据社会发展需要对居民或青少年提出的思想道德和行为规范方面的要求。主要有科技道德教育,如"崇尚科学文明,反对迷信邪教活动"、举办科普报告讲座、参观博物馆等;普法教育,如宣传《未成年保护法》、《预防未成年人犯罪法》等法律法规,增强青少年遵纪守法意识;社会公德教育,如遵守交通法规、爱护公物、宣传国家政策、献爱心等;生命伦理教育,包括心理健康教育;环保教育。它具有时代性、区域性、变动性和政策性特点。这些内容形象具体,一定程度上,弥补了学校德育内容的不足。

无论学校德育,还是社区德育,其共同点就是社会主义核心价值体系教育,社会主义核心价值体系是社会主义意识形态的本质体现,其内容包括马克思主义指导思想、中国特色社会主义共同理想、以爱国主义为核心的民族精神和以改革创新为核心的时代精神、社会主义荣辱观[1]。学校和社区德育内容的互补是指德育内容中的政治方向、思想观念、道德规范、法律责任、心理素质几方面,在学校和社区教育选择上有所不同、各有侧重、互为补充、相得益彰,发挥德育整体效应。并且,同一内容在侧重点、呈现方式、实施途径方面也是互相补充的。社区德育弥补学校需求,如开展国防教育、传统教育、消防教育、安全教育、环保教育、心理健康教育等。需指出的是,对成人(孩子父母)也要进行道德和法律的教育,为青少年塑造一个好的道德和法制环境。学校要吸收社区中潜移默化的教育元素,社区则要吸收学校教育中理性、自觉的精神。把青少年品德教育和人格健康发展作为学校与社区教育的重要任务。学校德育离不开社区大环境,社区的变化和发展又给学校德育注入新的内容。

此外,在方法上也存在优势互补。德育方法选择总要求是:"根据内容,对应途径,多种方法,优选组合;辩证思维,法无定法;留有余地,鼓励创新。"[2]社区德育方法侧重于公民行动、情境影响;学校德育方法主要采用说理疏导法、陶冶法等。

五、德育资源的共享

我国把影响学生品德成长的有利于实现德育目标的一切要素都视为德育资源。从空间上看,它分为校内与校外(社区)德育资源;从途径上看,分为直接与间接德育资源;从形式上看,分为有形(显性)资源与无形(潜在)德育资源;从时间上看,分为现时资源与历时资源[3]。德育资源为学生品德素质成长提供现实基础,育人的"土壤",是道德教育的原生态,对学生思想行为产生积极的影响。一方水土养一方人,育好一方人就是要用好一方"水土"。

---

(1)《中共中央关于构建社会主义和谐社会若干重大问题的决定》,人民出版社,2006年,第14页。
(2)詹万生:《整体构建德育体系引论》,教育科学出版社,2001年,第269页。
(3)韩传信:《德育原理教程》,安徽大学出版社,2009年,第225页。

（一）社区德育资源

1. **精神资源**。包括历史文化、理论宣传、思想观念以及传统风俗等；在社区，建立科技、环保、法制、文化、卫生、创业、公民道德教育长廊和特色展示，着力打造社区精神，让青少年徜徉其间，其育人效果犹如春风小雨滋润如酥。

2. **制度资源**。包括在建设和谐社会、和谐社区和社会主义新农村背景下的社区、街道、村镇精神文明建设的各类规范、法律、公约、规章、条例等。

3. **场境资源**。除了图书馆、博物馆、文化宫、青少年活动中心、影剧院、工厂、农场、宣传栏、阅报栏之外，还有德育、法制教育、乡土教育基地，场境资源做到"文以景成，景以文传"。

4. **活动资源**。包括公益活动与主题教育活动，公益活动如节假日的庆典活动、重大事件的纪念活动、社区精神文明建设活动等。例如，合肥各社区倡导"文明伴我行"活动，发挥全社会都来监督公民行为规范，有效地遏制不良行为发生。

（二）学校德育资源

1. **和谐校园文化建设**。和谐德育是建立在中国传统文化基础上，具有中华民族气质和文化"基因"的一种德育模式。和谐校园文化建设需要借物喻理，托古言志，尊信民族文化，传承民族精神。文化奠定思想道德基础，塑造美好心灵，养育人文精神，成为学生道德成长的空间。从办学理念到校风班风，从美化绿化到墙壁橱窗等都体现文化德育的魅力，散发出育人馨香。例如，苏霍姆林斯基在帕夫雷什中学的显要处所，展有"伟大母亲"的众多画像，这样的做的意图就是让"墙壁也说话"，起到教导作用。[1]同时，发挥网络文化在校园文化中的作用，通过网站、论坛、博客、网上阅读等方式，呈现精彩视频，增强育德的趣味性和生动性。

2. **教师道德人格**。教师的德育影响力体现在教师道德人格和榜样示范两方面。高尚的人格可以使学生产生敬佩、模仿心理，进而根据其期望发生自觉的改变，像罗杰斯所说的"一本会说话的教科书"。教师要用爱、尊重与信任搭起师生友谊之桥。在教学中具有人格化的力量使学生感受师魂的温馨关爱，是学生模仿和学习的榜样。西汉杨雄说："师者，人之模范也"。陶行知也说："千教万教教人求真，千学万学学做真人"。社会心理学调查表明：一个班的学生在某些方面的风格往往与某一教师具有很大程度的相似性，这种相似性是欣赏、学习和模仿的结果。英国德育学家麦克费尔也认为，一个学生从教师的言谈举止中学到的东西要比从教师的授课中学到的东西要多得多。可见，教师以智慧培养智慧，以人格培养人格，以良心培养良心，以素质培养素质。

3. **活动体验**。学校中丰富多彩的活动，如学习活动、保洁活动、文娱活动、科技活动、仪式活动等都具有道德教育的意义。对中小学生来说，寓教于乐的教育活动更能启迪心智、陶冶情操、形成习惯。例如，吉林省四平市开展的"经历教育"，引导学生作为德育的主体、活动的主角，在活动中获得成长经历，引导学生在活动中感悟，在感悟中成长。其特征就是活动育人，把德育活动课程化，把德育课程生活化。再如，学生通过交往活动，懂得尊重他人尊重自己，形成移情同感倾向，进而发展关心人体谅人的情感。

4. **课程资源**。学科课程中都具有向善的、审美的、启智的、舒展灵性的道德教育光辉，是

---

[1] [前苏联] 苏霍姆林斯基著：《育人三步曲》，人民教育出版社，1998年，第8页。

学生接受德育的主要载体。教师要发掘和利用教材中鲜活生动的案例，通过落实"情感、态度和价值观"目标，使学生在掌握知识和技能的同时吸取教材中道德的养分。知识掌握的过程不能脱离学生的精神生活，课堂教学中具有道德性，它是点燃学生求知欲和道德信念的一颗火星。课堂教学中所形成的面对困难不畏缩的态度，所体验的克服困难的快乐，是学生精神成长的核心。例如，通过诗歌、美文欣赏，使学生受到传统文化熏陶；通过对自然科学规律的认识、科学家的成才之路，对学生进行追求真理和求真务实精神教育等。诗教是我国教育的传统，诗教的目的不仅是识文学字，更重要的是提高人文素养。孔子说："其为人也，温柔敦厚，《诗》教也。"[1]因此，德育融入课程教学中，帮助青少年形成正确的价值辨析、积极的生活态度、建立在亲社会基础上的自我认同和一定的道德生活能力等，这是课程道德资源观的应有取向。

学校和社区德育资源的共享是指共同享有，互相利用，把双方有效资源结合起来，发挥各自优势，形成一个教育链，共同完成德育任务。学校德育要跟进社区；社区又是学校教育的延伸和补充，为学生融入社会提供条件。学校要整合利用社区德育资源，有针对性地开展理想信念、公民道德教育；社区也可以利用学校教师、课程、场地、文化等资源，推动社区精神文明建设。当然，学校与社区和谐的本身也是一种宝贵的德育资源。今年来，我国各地开展丰富多彩的社区德育活动，总结并推广一些成功的经验模式，如北京西城区三里河社区德育经验、天津市和平区德育网络体系等，为人们提供可了参照的样式。在国外，日本公民馆、美国的社区教育学院、北欧民众中学等也具有教育特色。

总观上述，和谐既是一种状态，也是一种目标。在构建和谐德育系统中，只有"离散"和"结合"彼此平衡，才能维持稳定状态，形成合力。德育"单打独奏"，难以有效。必须看到，当前我国社区发展不平衡，尤其城乡差别大，各地的经验和模式殊异；社区德育目标、功能、内容、制度、机构还不完善；社区成员素质有待提高；学校融入社区的积极性不高，社区与学校和谐共进的意识有待加强等问题。为此，需要开展社区德育研究，提高德育科学化水平；建立政府统筹、社区各单位积极支持、社区成员广泛参与的德育运行机制；改进社区内活动场所的教育功能。惟有如此，德育方能科学发展，呈现德育新亮点。

8. 宏观层次校本和谐德育体系的实践模式[2]

宏观层次校本和谐德育实践模式，是指在一定区域内幼儿园、小学、中学、大学各学段德育工作和谐衔接，学校教育、家庭教育、社区教育协调配合的和谐德育实践模式。《教育部关于整体规划大中小德育体系的意见》指出："坚持把有效衔接、分层实施、循序渐进、整体推进作为根本要求，始终保持学校德育的生机与活力。坚持把学校、家庭、社会共同参与、相互

---

(1) 陈莉译注：《礼记·经解》，高等教育出版社，2008年，第244页。
(2) 本文曾发表在詹万生主编《和谐德育研究》，光明日报出版社，2009年8月出版。

配合作为根本举措，切实增强德育工作的合力。"将这一工作要求落到实处，需要在一定区域构建宏观层次校本和谐德育体系来实现。因此，探索宏观层次校本和谐德育实践模式是实验区的重要研究任务。构建宏观层次校本和谐德育实践模式，主要从以下两个方面来把握。

一、小学、中学、大学德育的和谐衔接

第一，各学段德育目标的和谐衔接。关键是避免出现倒挂、脱节、简单重复和脱离实际的问题。解决这一问题基本方法，一是注意整体性与层次性的统一。整体性即政治教育、思想教育、道德教育、法纪教育和心理教育目标是一个整体，层次性即注意相邻学段目标内涵的渐进梯度和内在联系，德育目标要注意整体性和层次性的统一。二是阶段性与有序性的统一。学生个体品德发展的规律之一就是品德在不同年龄阶段而呈现出来的阶段性和品德发展的渐进性，前一阶段的教育是后一阶段教育的基础，后一阶段的教育又是前一阶段教育的结果，这种阶段性与有序性的有机结合和相互作用正是整体构建和谐德育目标体系的一个着眼点。三是现实性和导向性的统一。德育既是立足现实的，又是面向未来的。德育目标体系的设计和确定，除了要根据学生的成长特点和规律之外，还要从社会主义初级阶段的国情出发，不能超越社会发展的阶段，不能脱离社会的实际道德水平而向学生提出过高、不切实际的目标要求。德育目标只有从现实出发，照顾到多数人可能达到的要求，才有可能在此基础上引导学生向更高的目标发展，使对学生未来的教育期望与现实的教育要求协调统一起来。

第二，各学段德育内容的和谐衔接。应注意的问题是：其一，内容完整，不能割裂少项。德育内容包括政治教育、思想教育、道德教育、法纪教育和心理教育五个基本要素，道德教育是学校德育最基本、最主要的基础性内容，但不是德育的全部和惟一的内容。在德育内容的具体组织实施过程中，必须立足于把五个方面的内容作为一个有机整体，不能割裂少项，做到全面把握，统筹实施。其二，螺旋上升，不能简单重复。思想道德水平对个体来说是一个逐步提高的过程，一般而言，呈波浪式前进、螺旋式上升趋势。因此，各学段德育内容的安排应遵循这一规律，做到螺旋上升，不能简单重复。其三，循序渐进，不能跨度太大。学生思想品德形成发展，是既连续又分阶段地向前发展变化的。这就要求设计德育内容也要坚持连续性和阶段性的统一，遵照循序渐进的教育原则。

第三，各学段德育途径的和谐衔接。应重点解决以下几个问题：其一，各级各类学校的领导要有衔接的意识，要有系统育人、"接力"育人的思想，主动带领教师到相邻学段去考察、学习，研究德育衔接的问题。其二，课程类德育途径的衔接问题，要组织领导、专家、一线教师相结合的课题组，认真研究国家统编课程、地方课程、校本课程建设问题，特别要着力研究大、中、小学德育课程的课程类型、课程标准、教学内容、教学方法、评价标准等的衔接问题。其三，组织类德育途径的衔接问题，要组织领导、专家、少先队辅导员、共青团干部、党支部书记相结合的课题组，认真研究小学与初中的少先队工作衔接问题、初中与高中的共青团工作衔接问题、高中与大学的党建工作的衔接问题。

第四，各学段德育方法的和谐衔接。各学段德育方法因学生的年龄特点不同各有其特点，但是各学段德育方法之间又是可以互相借鉴的，取长补短的。学生个体思想品德的发展水平存在很大差异，学校的德育过程有大、中、小学的阶段性，但德育方法不可能完全按大、中、

小学截然分开。现在的学生除了年龄特点之外,还有某些时代特点。如:小学生也和中学生一样上互联网,似乎什么都"懂";有些中学生也像小学生一样看卡通画;有的大学女生还象小孩一样抱布娃娃。所以德育方法在大、中、小学必然是你中有我,我中有你,形成互相借鉴、互相补充、互相融合的和谐整体。小学德育方法以活动为主,提出让课堂活动起来,让学生动起来,在设计活动时要强调"新"、"巧"、"趣",这些方法在中学完全可以借鉴。中学、大学的社会实践方法、心理咨询方法,则更可以互相借鉴、和谐衔接了。

二、学校、家庭、社区德育的协调配合

学校、家庭、社区德育的协调配合,是宏观校本和谐德育实践模式的重要组成部分。它以学校教育为主体,以家庭教育为基础,以社区教育为依托,相互联系、相互协调、相互沟通,统一规划,体现着现阶段和未来德育工作深化发展的趋势。

首先,学校、家庭、社区德育目标趋同。和谐德育主张学校德育与家庭德育、社区德育和谐互动、协调相应,同时也强调充分注意各自的生活特点,在构建和谐的过程中体现和而不同、求同存异。学校德育目标与家庭德育目标应当趋向同一,而不是完全同一。在党和国家确立的德育总目标的指导下,学校、家庭、社区德育目标应各有侧重。学校德育目标侧重完整性、系统性。学校是国家专设的教育机构,其根本任务就是按照国家的教育方针,为国家培养合格的人才,学校的德育目标由国家制定,并监督执行。学校德育目标对家庭德育目标和社区德育目标具有指导性。家庭德育目标侧重个体性。个体性的德育目标应有利于家庭成员的社会认知。学校德育目标趋向于集体的教育行动,对个体的关照明显弱于家庭教育,因此,就德育目标构建方式而言,家庭德育目标在与学校德育目标取得大体一致的基础上,要关注个体性德育目标的建立。家庭德育目标是学校德育目标的具体化和个性化。社区德育目标侧重综合性和社会性,社区德育目标是学校德育目标的延伸,是家庭德育目标的扩充。

其次,学校、家庭、社区德育内容互补。学校、家庭、社区德育内容各有侧重,优势互补,是宏观校本和谐德育实践模式的基本要求。学校德育内容体系以道德教育、法纪教育、心理教育、思想教育、政治教育"五要素"的基本框架组成,家庭、社区德育内容的侧重点及其对学校德育内容的补充,主要体现在以下两方面:其一,学校与家庭德育内容互补的汇合点,是教育学生学会做人。具体说可以包括做有道德的人、做有知识素养的人、做有健全人格的人、做有健康体魄的人。这一德育目标,在家长的情感意识中容易产生共鸣和认同。将共同德育目标引入实践的工作方式之一,是根据孩子的不同学习阶段,确定相应的德育目标,以此作为班级家长会、家长学校等相互联系活动的内容要点。其二,学校与社区德育内容互补的契合点,是未成年人的思想道德建设。近几年来,特别是在学习贯彻《中共中央国务院关于进一步加强和改进未成年人思想道德建设的若干意见》的过程中,有的社区成立了专门的未成年人思想道德建设的工作机构,并由专职干部分管这项工作;有的社区还与辖区的学校建立了校区共建的协作组织,学校专门派教师进驻社区从事未成年人思想道德教育工作。这就为社区与学校德育内容互补提供了组织保证、思想基础和人力资源,使学校、社区德育内容互补成为可能。社区德育内容具有社会性和综合性,一般不适合按学段划分,一般可以表述为:学习中华民族传统美德、养成文明行为习惯;学会管理自己,帮助他人,提高为集体服务的能力;热爱

祖国，关心地区和家乡建设；遵守社区规章公约，自觉履行法律义务，懂得用法律保护自己；自觉实践家庭美德，创建和谐家庭，建立和睦邻居关系；遵守社会公德，诚实守信，主持公道，爱护公共财产，主动参与社会主义精神文明建设活动。

第三，学校、家庭和社区德育资源共享。学校、家庭、社区是各有优势的德育资源，学校主要是通过学校文化、教师人格、校园活动、学科课程来实施德育；家庭主要通过"文明家庭""五好家庭""双合格家庭"等的宣传、采访实施德育；而社区主要通过精神资源、制度规范、创建活动、场所设施等实施德育。共享性是指共同享有，互相利用，即把学校、家庭和社区三方有形的、无形的德育资源有机地结合起来，发挥各自优势，形成合力，共同完成德育任务。随着学生年龄增大，社区活动时间会增多，接受来自社区的影响就会增大。学校、家庭德育要跟进社区，社区教育资源为学生融入社会感受生活提供了条件。资源的整合和共享，要以学校德育资源为核心，以家庭德育资源为基础，以社区德育资源为阵地，发挥资源的整体效应，形成一种开放、民主的学习与交流的机会。网络德育的兴起，将使德育一体化出现新的局面。在社区内的学校、家庭以及各个单位，都可以通过局域网互相连接起来，互通德育信息，孩子也参与其中，大大提高德育的影响力。

9. 建议加强中小学班主任专业化建设[1]

今天，我在网上看到温家宝总理于1月11日至2月6日，在中南海先后主持召开五次座谈会，就正在制定的《国家中长期教育改革和发展规划纲要》听取社会各界人士的意见和建议的报道，使我深受感动。于是也想说几句话，提一点建议。

一、建议：加强中小学班主任专业化建设

党中央国务院及教育部关于未成年人思想道德建设和学校德育工作的大政方针已经确立，但只靠发文件是远远不够的，关键是要狠抓落实。尽管党中央国务院三令五申要加强和改进德育工作，但"重智育轻德育、重课堂教学轻社会实践、重学科教师培养轻班主任培养"的现象依然普遍存在。因此我建议要像重视和关心业务学术骨干的选拔培养那样重视班主任的选拔培养，各地教育部门要组织实施班主任培养工程，实现班主任队伍的职业化、专业化和专家化。

二、理由：班主任工作的重要性

班主任是班集体的组织者和指导者，是学校教育计划的实施者，是班级任课教师集体的协调者，是学校、家庭、社会教育的沟通者。班主任的工作是塑造学生灵魂的工作，是学校全面贯彻党的教育方针，加强德育工作，实施素质教育，培养社会主义建设者和接班人的中坚力

---

[1] 本文曾发表在詹万生主编《和谐德育研究》，光明日报出版社，2009年8月出版。

量。班主任工作是光荣的神圣的。国运兴衰,系于教育,教育成败,系于教师。教师尤其是班主任的素质决定着学生的素质,学生的素质关系到祖国的前途和命运。班主任工作是繁重而艰苦的,一个有责任心的班主任总是全身心投入工作,呕心沥血,殚精竭虑,无私奉献。红烛精神、人梯精神,正是对班主任高尚人格的真实写照。班主任工作又是科学而有规律的,在新的形势下,班主任面临着许多新情况和新问题,只凭老经验是远远不够的。要使班主任工作上一个新台阶,达到一个新水平,就必须从经验型转向科研型,从随意性转向规范性,从零散性转向系统性,从盲目性转向科学性。因此,必须加强班主任专业化建设。

三、关键:提高班主任专业素质和专业能力

班主任专业素质和专业能力应当包括以下几个方面:

第一,育人为本的教育理念。班主任工作的根本目的是"育人"。要"以学生为本位","一切为了学生,为了一切学生,为了学生的一切",为学生的成人、成才、成功乃至一生幸福奠基。

第二,德育为先的教育理念。班主任工作要全面实施素质教育。在德、智、体、美、劳"五育"中,德育居于首要地位、领先地位。德育在素质教育中发挥着导向、动力、保证的作用。要纠正"德育说起来重要,干起来次要,忙起来不要"的现象。

第三,关爱学生的教育理念。关爱学生是班主任的天职,没有爱就没有教育。关爱学生包括关爱学生的自然生命和精神生命。关爱自然生命,就要热爱生命,保护学生安全,呵护学生健康。关爱精神生命,就要关心、理解、尊重、信任学生,善于发现学生的特点、优点、闪光点,激励学生"我能行",使每一个学生都有自信心,都能快乐、健康、和谐地成长。

第四,和谐育人的教育理念。德育过程是教师与学生双主体和谐互动的过程,民主、和谐的师生关系不仅是有效进行教育活动、完成教育任务的重要条件,而且本身也是一种重要的教育力量。在德育活动中,教师与学生如果能够平等相处,诚恳相待,学生人格就会得到尊重,个性潜能就能得以激发;教师的高尚道德情操、优良个性品质就能够潜移默化地影响和感染学生,收到良好的教育效果。

第五,和谐育人的专业能力。班主任的专业能力包括班集体的组织管理能力、主题班会的设计实施能力、班干部的指导培养能力、走进学生心灵的能力、任课教师的协调能力、学生家长的沟通能力、社会实践的组织能力等。这些能力都需要班主任具备较强的书面表达和语言表达能力。班主任还应当多才多艺,具有一定的音乐、舞蹈、朗诵、书法、绘画、体育等个人才艺的展示能力。

四、措施:实施班主任培养工程

第一,重视职前培养。建议师范院校设立班主任工作专业,除开设普通教育学、心理学课程之外还应开设德育原理、班主任素质与能力、班主任工作方法等课程。

第二,重视职后培训。建议设立省、市、县三级班主任培训常设机构。从师范院校、教育科研院所和优秀班主任中选聘专兼职教师。

第三,增设职称系列。建议设立班主任职称系列,可设特级班主任、高级班主任、中级班

主任、初级班主任、实习班主任五级。

第四,适当提高待遇。建议设立班主任奖励基金,并在绩效工资中设班主任津贴。

第五,加强精神鼓励。建议举办全国班主任专业能力大赛,可在省、市、县三级选拔比赛的基础上每两年举行一次。通过展示班主任的专业能力、才艺风采和人格魅力,使班主任自身具有专业成就感和职业幸福感,使班主任成为令人羡慕的职业或专业。竞赛是人才成长的加速器。在这方面,我们要学习体育界、文艺界的经验。

基于上述思考,我们于2009年12月6—8日在天津举办了"全国中小学首届班主任和谐育人专业能力大赛",本次大赛由中国伦理学会德育专业委员会主办,天津市红桥区教育局承办。本次大赛是在征集评审班主任教育故事和主题班会设计方案的基础上进行的,大赛由班主任教育故事叙说、案例分析、情境答辩、才艺展示几部分构成。大赛受到了与会领导、德育专家、参赛选手的高度评价和普遍赞誉,取得了圆满成功。同时也积累了经验,并为本建议提供了实践基础。

以上建议当否,请指正。谢谢!

詹万生　2010.2.10

10. 建议在《纲要》中增加对德育工作的具体要求[1]

《国家中长期教育改革和发展规划纲要》(公开征求意见稿)发布后,我反复认真研读。优点很多,就不说了。我的感觉是对德育的要求不够具体。我也曾征求有关专家的意见,有的同志说:德育比较薄弱。我也曾征求中小学校长的意见,他们认为按照这个《纲要》,德育工作难以实施。我作为中央教科所连任15年的德育研究中心主任,曾经主持全国教育科学规划"九五"、"十五"国家重点课题"整体构建学校德育体系的研究与实验",自认为对德育工作是有发言权的,对《纲要》中的德育内容提些建议是责无旁贷的。

一、总的意见

《纲要》中涉及德育的,只有在第一部分"总体战略"的第二章"战略目标和战略主题"中的第四条"战略主题"中有一段文字:"坚持德育为先。把社会主义核心价值体系融入国民教育全过程。加强马克思主义中国化最新成果教育,引导学生形成正确的世界观、人生观、价值观;加强理想信念教育,坚定学生对中国共产党领导、社会主义制度的信念和信心;加强民族精神和时代精神教育,增强学生爱国情感和改革创新精神;加强社会主义荣辱观教育,培养学生团结互助、诚实守信、遵纪守法、艰苦奋斗的良好品质。加强公民意识教育,树立社会主义民主法治、自由平等、公平正义理念,培养社会主义合格公民。把德育渗透于教育教学的各个环节,贯穿于学校教育、家庭教育和社会教育的各方面。构建大中小学有效衔接的德育体系,

---

[1] 本文是詹万生对制定《国家中长期教育改革和发展规划纲要》的建议之一。曾写信给温家宝总理和袁贵仁部长。

创新德育形式，丰富德育内容，不断提高德育工作的吸引力和感染力，增强德育工作的针对性和实效性。"

这一段文字当然是正确的。然而，怎样"把社会主义核心价值体系融入国民教育全过程"？如何"构建大中小学有效衔接的德育体系，创新德育形式，丰富德育内容，不断提高德育工作的吸引力和感染力，增强德育工作的针对性和实效性"？在《纲要》以后各章中均无下文。

各级各类学校的德育工作不仅是"战略主题"问题，更是实实在在的工作。《纲要》不仅要有对德育的战略思考，还应有战术方案；不仅要有宏观指导，还应有具体要求。如果对义务教育、高中教育、职业教育、高等教育都没有德育工作的具体化的、针对性的要求，那么各级各类学校如何贯彻实施呢？如果对德育的要求只停留在"战略主题"层面，难免重蹈在理论上"高、大、空、远"的老路，难免再现实践上"说起来重要，干起来次要，忙起来不要"的现象，难以克服"重智育轻德育，重课堂教学轻社会实践，重知识传授轻能力培养"的痼疾。

党中央和国务院一贯高度重视青少年学生的思想道德建设和学校德育工作。远的不说，进入21世纪以来就连续颁布了《公民道德建设实施纲要》、《中共中央国务院关于进一步加强和改进未成年人思想道德建设的若干意见》、《中共中央国务院关于进一步加强和改进大学生思想政治教育的意见》，胡锦涛总书记、温家宝总理在不同场合多次强调青少年学生的思想道德教育。教育部为贯彻中央文件精神也曾颁布了《教育部关于整体规划大中小学德育体系的意见》和《关于加强和改进中等职业学校学生思想道德教育的意见》。这些文件精神在《纲要》中都没有得到很好的、充分的体现。

"育人为本、德育为先"，德育在素质教育中发挥着导向、动力和保障的作用。德育的重要意义、存在问题和重要任务，不用我赘述。这里只引用中央文件的提法，建议《纲要》重视贯彻。

——"我国18岁以下的未成年人约有3.67亿。他们的思想道德状况如何，直接关系到中华民族的整体素质，关系到国家前途和民族命运。高度重视对下一代的教育培养，努力提高未成年人思想道德素质，是我们党的优良传统，是党和国家事业后继有人的重要保证"。

——"面对国际国内形势的深刻变化，未成年人思想道德建设既面临新的机遇，也面临严峻挑战。我国对外开放的进一步扩大，为广大未成年人了解世界、增长知识、开阔视野提供了更加有利的条件。与此同时，国际敌对势力与我争夺接班人的斗争也日趋尖锐和复杂，他们利用各种途径加紧对我未成年人进行思想文化渗透，某些腐朽没落的生活方式对未成年人的影响不能低估。我国社会主义市场经济的深入发展，社会经济成分、组织形式、就业方式、利益关系和分配方式的日益多样化，为未成年人的全面发展创造了更加广阔的空间，与社会进步相适应的新思想新观念正在丰富着未成年人的精神世界。与此同时，一些领域道德失范，诚信缺失，假冒伪劣、欺骗欺诈活动有所蔓延；一些地方封建迷信、邪教和黄赌毒等社会丑恶现象沉渣泛起，成为社会公害；一些成年人价值观发生扭曲，拜金主义、享乐主义、极端个人主义滋长，以权谋私等消极腐败现象屡禁不止等等，也给未成年人的成长带来不可忽视的负面影响。互联网等新兴媒体的快速发展，给未成年人学习和娱乐开辟了新的渠道。与此同时，腐朽落后文化和有害信息也通过网络传播，腐蚀未成年人的心灵。在各种消极因素影响下，少数未成年人精神空虚、行为失范，有的甚至走上违法犯罪的歧途。这些新情况新问题的出现，使未成年人思想道德建设面临一系列新课题"。

——"面对新的形势和任务,未成年人思想道德建设工作还存在许多不适应的地方和亟待加强的薄弱环节。一些地方和部门的领导对这项工作认识不足,重视不够,没有真正担负起领导责任;全社会关心和支持未成年人思想道德建设的风气尚未全面形成,还存在种种不利于未成年人健康成长的社会环境和消极因素;学校教育中重智育轻德育、重课堂教学轻社会实践的现象依然存在,推进素质教育的任务艰巨,教师职业道德建设有待进一步加强;随着人员流动性加大,一些家庭放松了对子女的教育,一些家长在教育子女尤其是独生子女的观念和方法上存在误区,给未成年人教育带来新的问题;未成年人思想道德建设在体制机制、思想观念、内容形式、方法手段、队伍建设、经费投入、政策措施等方面还有许多与时代要求不相适应的地方。这些问题应当引起足够重视,并采取有效措施加以解决"。

因此,我建议在《纲要》中增加对德育工作的具体要求。

二、具体建议

1. 第二章第四条的修改建议。加黑的文字是我加的或改的(下同)

"坚持德育为先。把社会主义核心价值体系融入国民教育全过程。**依据各教育阶段的特点和教育规律,不断**加强马克思主义中国化最新成果教育,引导学生形成正确的世界观、人生观、价值观;加强理想信念教育,坚定学生对中国共产党领导、社会主义制度的信念和信心;加强民族精神和时代精神教育,增强学生爱国情感和改革创新精神;加强社会主义荣辱观教育,培养学生团结互助、**孝亲敬长**、诚实守信、遵纪守法、**勇于负责**、艰苦奋斗的良好**道德**品质。加强公民意识教育,树立社会主义民主法治、自由平等、公平正义理念,培养社会主义合格公民。把德育渗透于教育教学的各个环节,贯穿于学校教育、家庭教育和社会教育的各方面。**根据不同年龄阶段学生的身心特点、认知水平和品德形成发展规律,**构建大中小学(有效)和谐衔接的德育体系,**丰富德育内容,创新德育形式,坚持贴近实际、贴近生活、贴近学生的原则,**不断提高德育工作的吸引力和感染力,增强德育工作的针对性和实效性。"

值得说明的是,构建大中小学德育体系的要求应当是"和谐"而不是"有效","有效"是对贯彻实施的要求,不是对体系构建的要求。和谐衔接的德育体系,包含着丰富的内容。例如促进学生身心和谐发展,师生关系和谐互动,知情意行德育过程和谐,德智体美劳五育和谐,德育目标内容、途径方法、管理评价诸要素和谐,小学、中学、大学纵向衔接和谐,学校、家庭、社会横向贯通和谐等。只有体系构建追求和谐,贯彻实施才能有效。

2. 第四章第八条修改建议

"巩固提高九年义务教育水平。义务教育是国家依法统一实施、所有适龄儿童少年必须接受的教育,具有强制性、免费性和普及性,是教育工作的重中之重。(**删去这一行:注重品行培养,激发学习兴趣,培育健康体魄,养成良好习惯。**)到2020年,全面提高普及水平,全面提高教育质量,基本实现区域内均衡发展,确保适龄儿童少年接受良好义务教育。(**增加下一段:**)

"**加强和改进德育工作,增强全体教师的教书育人职能,重视和加强少先队、共青团、班主任工作。从了解中华文化做起,弘扬以爱国主义为核心的伟大民族精神,树立民族自尊心、自**

信心和自豪感。从立志成才做起,树立正确的理想信念,为担负起建设祖国、振兴中华的光荣使命做好准备。从规范行为习惯做起,培养良好道德品质和文明行为,学习中华传统美德,懂得为人做事的基本道理。从提高基本素质做起,努力培育未成年人的劳动意识、创造意识、效率意识、环境意识和民主法制观念,增强他们的动手能力和自我保护能力,促进未成年人的全面发展。"

3. 第五章第十二条的修改建议

"全面提高普通高中学生综合素质。通过课堂教学、社会实践和开展志愿者活动,进行理想信念教育,培养学生把个人理想融入全民族的共同理想之中,坚定中国特色社会主义信念,为建设祖国、实现中华民族伟大复兴而刻苦读书。进行创新观念、效率观念教育,倡导研究性学习方式,提高综合型应用能力。进行中华传统美德和民族精神教育,培养道德品质。进行民主法制教育,增强遵纪守法观念。进行心理健康教育,促进学生智力、体力、心理和谐发展。

深入推进课程改革,全面落实课程方案,保证学生全面完成国家规定的文理等各门课程的学习。创造条件开设丰富多彩的选修课,提高课程的选择性,促进学生全面而有个性的发展。积极开展研究性学习、社区服务和社会实践。建立科学的教育质量评价体系,全面实施高中学业水平考试和综合素质评价。(删去这一句:建立学生发展指导制度,加强对学生的理想、心理、学业等多方面的指导。)"

4. 第六章第十四条的修改建议

大力发展职业教育。发展职业教育是推动经济发展、促进就业、改善民生、解决"三农"问题的重要途径,是缓解劳动力供求结构矛盾的关键环节,必须摆在更加突出的位置。职业教育要面向人人、面向社会,(删去这一句:着力培养学生的职业道德、职业技能和就业创业能力。)到2020年,形成适应发展方式转变和经济结构调整要求、体现终身教育理念、中等和高等职业教育协调发展的现代职业教育体系,满足人民群众接受职业教育的需求,满足经济社会对高素质劳动者和技能型人才的需要。(增加下一段)

"加强和改进德育工作,以职业理想教育为重点进行理想信念教育,引导学生树立中国特色社会主义共同理想,逐步确立正确的世界观、人生观和价值观。以职业道德和就业法律教育为重点,开展公民道德教育、民主法制教育,养成良好道德素质和法律素质。以就业创业教育为重点,开展职业生涯规划教育和职业指导,引导学生树立正确的职业观,提高综合职业素质和能力。以培养良好的心理品质为重点,开展职业心理素质教育,引导学生养成自尊、自信、自强的心理品质。以珍爱生命、健全人格教育为重点,引导学生树立安全意识、环境意识、效率意识、廉洁意识,引导学生全面发展。"

5. 第七章第十九条的修改建议

提高人才培养质量。牢固确立人才培养在高校工作中的中心地位,着力培养(删去这一句:信念执著、品德优良、知识丰富、本领过硬的)高素质专门人才和拔尖创新人才。加大教学投入。教师要把教学作为首要任务,不断提高教育教学水平;加强实验室、校内外实习基地、课程教材等教学基本建设。深化教学改革。推进和完善学分制,实行弹性学制,促进文理交融;支持学生参与科学研究,强化实践教学环节;推进创业教育。创立高校与科研院所、行业企业联合培养人才的新机制。全面实施高校本科教学质量与教学改革工程。严格教学管理。健全教学质量保障体系,充分调动学生学习积极性和主动性,激励学生刻苦学习,奋发有为(删去这一句:增强诚信意识)。改进高校教学评估。加强对学生的就业指导服务。(增加下一段)

"加强和改进大学生思想政治教育,以理想信念教育为核心,进行树立正确的世界观、人生观和价值观教育,确立走中国特色社会主义道路、实现中华民族伟大复兴的共同理想和坚定信念,使他们中的先进分子确立马克思主义的坚定信念。以爱国主义教育为重点,进行弘扬和培育民族精神教育,培养团结统一、爱好和平、勤劳勇敢、自强不息的精神。以中华文化和国学知识为基础,进行公民道德教育,引导学生自觉遵守爱国守法、明礼诚信、团结友善、勤俭自强、敬业奉献的基本道德规范。以大学生全面发展为目标,进行人文素养和科学精神教育,促进大学生思想道德素质、科学文化素质和健康素质协调发展。"

以上建议当否,请指正。谢谢!

詹万生 2010.3.4

三、"十一五"时期课题研究成果简介

1.《和谐成长》系列实验教材

《和谐成长》系列实验用书(小学、初中、高中、中职每年级一册,共15册)是由中央教育科学研究所和谐德育课题组、中国伦理学会德育专业委员会组织全国百余名德育专家历时八个月研究编写的。总主编詹万生,副总主编徐安德、齐欣、宁武杰、赵国柱。总课题组核心成员分别担任各学段的主编,有关实验区、实验校负责人分别担任各分册主编。广东人民出版社2007年出版。

本书的编写目的是:根据构建社会主义和谐社会的实践要求,为建设和谐学校、和谐家庭、和谐社区以及学校、家庭、社区和谐德育体系提供具体化的实践操作载体,帮助学校、家庭、社区实施和谐德育,创造和谐氛围,共建和谐生活,促进学生健康、快乐、和谐成长。

一、《和谐成长》的设计理念

根据整体和谐思想和系统论的研究方法,从学校、家庭、社区的共同生活中选取德育内容,结合德育内容和生活实例介绍教育方法,使学校、家庭、社区形成德育目标趋同、德育理念融通、德育内容互补、德育资源共享、德育途径方法协调配合的整体化育人格局。

1. 框架结构

和谐成长,是在时间和空间的普遍联系中进行的。本书以时间为纵坐标,以空间为横坐标,整体构建而成。时间坐标,是以一年12个月中的节日、纪念日和主题日为主线贯穿起来,内容涉及生命健康、孝敬父母、尊老爱幼、环境保护、文化传承、民主法制、科学探索、热爱祖国、世界和平等人类生活的各个方面,使德育内容和形式更加富于文化特色。空间坐标,是以学校、家庭、社区三个生活领域为德育场贯通起来,根据每月节日、纪念日、主题日所蕴含的德育主题,通过"和谐校园"、"和谐家庭"、"和谐社区"三个栏目,设计亲子互动、师生互动、校区共建等德育活动,使德育内容和形式更加突出生活化特色。

2. **主要功能**

本书有五大功能,一是亲子共读,在"和谐家庭"栏目中介绍和谐家庭建设的知识经验和典型案例,设计"亲子互动"的具体内容和方法,使其成为和谐家庭的生活导师;二是师生共用,在"和谐校园"栏目中介绍和谐校园建设的先进经验和典型事例,设计可操作的主题活动方案,使其成为和谐校园的活动指南;三是校区共建,在"和谐社区"栏目中,介绍和谐社区建设的成功经验和先进事迹,提出共建活动的参考方案,使其成为和谐社区的建设平台;四是经典诵读,在小学插编了《弟子规》、《三字经》全文,中学插编了《论语》精读等内容,以提高学生的国学素养;五是和谐成长,在每月的最后部分,给学生设计了开放式的子栏目"体验感悟"、"交流互动"、"成长在线",为学生的和谐成长导航。

3. **使用方法**

本书是按照每年一至十二月的时间顺序编排的。在使用时,可以从每学年第一学期开学的九月份或第二学期的三月份开始使用,也可以根据需要选取任意一个月份使用。

二、《和谐成长》编写的基本原则

1. **和谐性原则**

和谐是本课题研究的核心概念。《和谐成长》研究与实验的和谐性原则,主要是坚持学校、家庭、社会德育理念融通、德育目标趋同、德育内容互补、德育过程互动、德育管理协调、德育评价一致,运用这样的理念和方法,构建具有课题研究特色的学校、家庭、社会和谐德育体系的实施载体,促进和谐学校、和谐家庭、和谐社会建设,从而促进学生思想品德及整体素质和谐发展。

2. **人文性原则**

人文性是21世纪德育发展的大趋势。《和谐成长》研究与实验的人文性原则,主要体现在节日纪念日的文化内涵和人文价值上。中国的节日纪念日,历史积淀久远,文化内涵深厚,蕴含着中华民族的价值观念、伦理道德、民族情感和审美情趣。在节日风俗和纪念活动中贯穿着扬美德、树正义、显智慧、鉴善恶、展愿景的思想情感脉络,是民族精神和民族文化的独特凝聚点。国际的和西方的节日纪念日,伴随着改革开放的不断深入,也逐渐融入到国人的生活之中。节日纪念日作为一种文化现象和文化活动,具有社会性和团体性,学校、家庭、社区可以共同参与。将节日纪念日这一独特文化资源纳入《和谐成长》研究与实验之中,使学校、家庭、社会和谐德育体系更加富于文化特色。

3. **创新性原则**

创新是科学研究的本质特征。《和谐成长》研究与实验的创新性主要体现在以下几个方面。其一，以节日纪念日为线索设计主题活动，以主题活动引导和谐家庭、和谐校园、和谐社区建设是本书的主要特色；其二，以月份为单元，根据每个月节日纪念日的内容和学生的年龄特点，设计本月事典、和谐校园、和谐家庭、和谐社区与和谐成长五个栏目，这是本书的又一个创新特色；其三，每个栏目之下除了知识性、经验性的内容之外，还分别设计了主题活动、亲子互动、共建活动、体验感悟、互动交流、成长在线等子栏目，为教师、家长、社区干部与学生的互动交流搭建了平台，这是构建和谐德育体系的生长点和创新点。

4. 实践性原则

实践性是德育的根本属性，也是本课题研究的突出特点。《和谐成长》研究与实验的主要任务是引导学生、家长、班主任、社区干部的和谐德育实践。实践性原则就是要贴近实际、贴近生活、贴近学生，体现"近、小、实、亲"，注重以生活化的丰富多彩的知识、案例和实践活动引发学生、家长、班主任、社区干部的参与热情。

《和谐成长》经过在部分实验区、实验校的使用，主要从两个方面显示出其科研和实践价值：第一，弥补了现行德育课程在课外活动设计指导方面的不足，丰富了主题教育活动的内容，成为统编课程的有益补充和延伸；第二、成为班主任的有力助手，突出体现在开展主题活动和与家庭教育、社区教育的和谐互动机制上，使学校与家庭和社区伴随着生活进程有了共同的联系平台和交流对话的载体，从而形成了和谐德育的实践模式。

2. 综合性理论研究专著《和谐德育论》

《和谐德育论》詹万生等著，全书52万余字，教育科学出版社2008年出版。

《和谐德育论》是全国教育科学"十一五"规划课题"和谐德育研究与实验"的重要研究成果，是全面论述和谐德育的基本理论和实践方略的综合性理论研究著述，是詹万生教授领导的和谐德育课题组、中国伦理学会德育专业委员会组成的学术团队的代表著作。它与《和谐成长》丛书相辅相成，有机地构成了和谐德育理论体系与实践载体模式的姊妹篇。

一、《和谐德育论》的写作背景与过程

和谐德育思想是在全国教育科学"九五"规划国家重点课题"整体构建学校德育体系的研究与实验"和全国教育科学"十五"规划国家重点课题"整体构建学校德育体系深化研究与推广实验"历时10年的研究过程中逐渐形成的。《和谐德育论》从策划到编撰，再到统稿，整整经历了两年时间。

2006年3月，《光明日报》发表了詹万生教授的论文"和谐德育论"。从此，《和谐德育论》的构思和写作工作全面展开。

2006年10月"十一五"课题开题后，课题组继续坚持"理论研究、政策研究、实践研究相结合，德育专家、行政领导、一线教师相结合，总课题组、实验区、实验校相结合"的科研路线，采取两手抓的方针，一手抓《和谐德育论》的研究与编写，为指导实验区、实验校

开展课题研究与实验准备思想和理论基础；一手抓实验用书《和谐成长》（从小学、初中到高中、中职每年级一册，共15册）的研究与编写，目的是深入调查，了解基层情况，充分掌握一手资料，在推动实验学校开展实验的同时，总结和提炼实践经验，并进行理论概括，充实和调整《和谐德育论》的内容。2007年8月，《和谐成长》丛书正式出版并付诸实验。于是，课题组便把工作重点转移到《和谐成长》的实验指导与《和谐德育论》的研究编写工作上来。

《和谐德育论》的总策划是詹万生教授，他与宁武杰、冯铁山及课题组其他成员进行过多次讨论，最终形成了绪论、上篇——和谐德育理论建构；中篇——和谐德育体系构建；下篇——和谐德育实践探索的框架结构。在绪论的导引下，形成了理论建构、体系构建和实践探索的鼎足框架，体现了全书结构上的稳定和谐。全书共十章，上篇三章讲和谐德育的思想渊源、基本理论和时代价值；中篇三章讲和谐德育的目标内容、途径方法、管理评价的体系构建；下篇四章讲学校和谐德育、家庭和谐德育、城市社区和谐德育和农村社区和谐德育的实践探索。从理论与实践，小学、中学与大学，学校、家庭与社会几方面全面论述了和谐德育的主要内容，体现了全书内容上的整体和谐。

各章的撰稿分工是：绪论由詹万生撰写；第一章由詹万生、冯铁山撰写；第二章由詹万生、宁武杰撰写；第三章由詹万生、宁武杰、郁树廷、刘世保撰写；第四章由詹万生、宁武杰、齐炘、闵乐夫、王滨有、贾少英、高贺灵撰写；第五章由詹万生、宁武杰、王宝祥、关鸿羽、张国建、韩传信撰写；第六章由詹万生、徐安德、吴书元、张宇、李培东撰写；第七章由李培东、张宏伟、张翠苹、梁周清撰写；第八章由张宇、张国建、詹栋撰写；第九章由徐安德、蔡永智、白利红撰写；第十章由赵国柱、王震亚、符运杰撰写。在编写过程中，詹万生对各章都分别提出了修改意见，李培东协助与各位作者沟通和联络。全体作者殚精竭虑，潜心研究，齐心协力，通力合作，体现了和谐的团队精神。

在统稿阶段，我们实行了三审制。一审，由相关两章的作者互审。二审，由詹万生审上篇三章，宁武杰审中篇三章，赵国柱审下篇四章。三审，由詹万生统一终审定稿。在审稿统稿过程中，宁武杰、赵国柱、张宇、李培东、张宏伟、尹国勇等协助詹万生做了大量的修改、校对、注释、打印工作。总之，《和谐德育论》是中央教科所和谐德育研究与实验课题组、中国伦理学会德育专业委员会组成的学术团队辛勤劳动的成果，是集体智慧的结晶。

二、《和谐德育论》的内容结构

绪论

一、和谐社会呼唤和谐德育

二、素质教育诉求和谐德育

三、整体构建生成和谐德育

上篇　　和谐德育理论建构

第一章　　和谐德育的思想渊源

第一节　　中国文化中的和谐思想

一、天人合一、天人和谐
二、以和邦国、以谐万民
三、人我和谐、群己和谐
四、合而不同、和而不流
五、和必中节、仇必和解

第二节　西方文化中的和谐思想
一、古希腊时期的和谐思想
二、文艺复兴时期的和谐思想
三、空想社会主义的和谐思想

第三节　马克思主义的和谐思想
一、人与自然和谐的思想
二、人与社会和谐的思想
三、人的和谐发展的思想

第二章　和谐德育的基本理论
第一节　和谐德育的理论基础
一、和谐德育的哲学基础
二、和谐德育的文化学基础
三、和谐德育的伦理学基础
四、和谐德育的心理学基础
五、和谐德育的教育学基础
六、和谐德育的社会学基础

第二节　和谐德育的基本含义
一、和谐德育的定义
二、教育者与受教育者和谐
三、德育环境的和谐
四、品德结构的和谐
五、德育与诸育和谐
六、德育"六要素"和谐与德育"六学段"和谐

第三节　和谐德育的实践原则
一、以人为本原则
二、整体和谐原则
三、继承创新原则
四、服务实践原则

第三章　和谐德育的时代价值
第一节　对构建社会主义思想道德体系的价值
一、体现与社会主义市场经济相适应
二、凸显与社会主义法律规范相协调

三、实现与中华民族传统美德相承接
第二节　对全面实施素质教育的价值
一、夯实素质教育的基础
二、强化素质教育的核心
三、突出素质教育的重点
第三节　对建设社会主义和谐社会的价值
一、创新核心价值体系的教育方式
二、加强和谐文化建设的中心环节
三、推进和谐社会建设的实施举措

中　篇　　和谐德育体系构建

第四章　和谐德育目标内容体系构建
第一节　德育目标体系的构建
一、德育目标体系构建的依据和原则
二、小学、中学、大学德育目标体系构建
三、小学、中学、大学德育目标和谐衔接
四、学校、家庭、社区德育目标协调趋同
第二节　德育内容体系的构建
一、德育内容选择的依据和原则
二、小学、中学、大学德育内容体系构建
三、小学、中学、大学德育内容的衔接
四、学校、家庭、社区德育内容的互补
第五章　和谐德育途径方法体系构建
第一节　德育途径体系的构建
一、德育途径体系的涵义、分类和构建原则
二、小学、中学、大学德育途径和谐衔接
三、学校、家庭、社区德育途径的特点
四、学校、家庭、社区德育途径协调配合
第二节　德育方法体系的构建
一、德育方法的涵义、分类及体系构建原则
二、小学、中学、大学德育方法的特点与互鉴
三、学校、家庭、社区德育方法互通
第六章　和谐德育管理评价体系构建
第一节　德育管理体系的构建
一、德育管理体系的涵义、依据和原则
二、小学、中学、大学德育管理和谐衔接
三、学校、家庭、社区德育管理协调合作

第二节　德育评价体系的构建
一、德育评价体系的涵义、意义和原则
二、小学、中学、大学德育评价和谐衔接
三、学校、家庭、社区德育评价一致

下篇　和谐德育实践探索

第七章　学校和谐德育
第一节　建设和谐学校文化
一、学校精神文化建设
二、学校物质文化建设
三、学校制度文化建设
第二节　构建和谐人际关系
一、构建和谐的领导班子
二、打造和谐的教师队伍
三、建立和谐的师生关系
第三节　建立和谐德育体系
一、和谐的全程德育
二、和谐的全员德育
三、和谐的全面德育

第八章　家庭和谐德育
第一节　建设和谐家庭文化
一、家庭精神文化建设
二、家庭物质文化建设
三、家庭制度文化建设
第二节　促进亲子关系和谐
一、独生子女家庭的亲子和谐
二、单亲家庭的亲子和谐
三、重组家庭的亲子和谐
第三节　提升和谐家教水平
一、树立和谐家庭德育理念
二、营造和谐家庭德育环境
三、掌握和谐家教方法

第九章　城市社区和谐德育
第一节　建设和谐城市社区文化
一、城市社区精神文化建设
二、城市社区物质文化建设
三、城市社区制度文化建设

第二节　城市社区的人际和谐
　　一、成年人与未成年人的和谐
　　二、社区邻里关系的和谐
　　三、管理人员与社区群众的和谐
　　四、常住人口与流动人口的和谐
　　第三节　社区城市和谐德育建设
　　一、创建功能齐全的组织机构
　　二、加强深入细致的理论宣传
　　三、开展丰富多彩的教育活动
　第十章　农村社区和谐德育
　　第一节　建设和谐农村社区文化
　　一、农村社区精神文化建设
　　二、农村社区物质文化建设
　　三、农村社区制度文化建设
　　第二节　农村社区的人际和谐
　　一、成年人与未成年人的和谐
　　二、家族及邻里关系的和谐
　　三、乡村干部与村民的和谐
　　四、外出务工人员与留守人员的和谐
　　第三节　农村社区和谐德育的建设
　　一、建立管理有效的组织机构
　　二、养成科学健康的生活方式
　　三、开展因地制宜的教育活动
　　贯穿《和谐德育论》全书的研究特点是解放思想、实事求是、与时俱进，其研究宗旨是整体构建和谐德育体系，其研究方法是贯通古今、融会中西、继承借鉴、发展创新。

三、绪论的内容和特点

　　绪论的主要着眼点，是分析论述社会建设、教育改革对和谐德育的需求关系。如文中讲和谐德育是构建和谐社会与建设和谐文化的基础工程，就是从和谐德育与和谐文化、和谐社会的内在联系进行分析论述。由于这种联系具有客观性，反映了和谐德育与和谐文化、和谐社会构成元素之间相互包含、相互促进的关系，因此这里的研究论述是对社会生活的事实情况和事物运动机制的揭示，是一种实事求是的思想方法。同样，这部分中对人与自然、人与社会、人与人、人自身的和谐的论述，所反映的也是人与自然、人与社会、人与人、人自身全面发展对和谐的需求关系问题，这种需求关系是主观性和客观性的辩证统一，同样是对事实情况和事物运动发展机制的揭示。在整体构建德育体系中生成和谐德育，说明和谐德育的思想方法和实践方式是现实的工作方法和工作过程，是教育者对置身其间的教育机制、教育特点的一种新的认识和概括。这种认识和概括既是实事求是的，也是有所前进，有所发展的，即与时俱进的。

从全书内容建构看上、中、下三篇的总体逻辑关系：上篇为和谐德育的理论构建，包括和谐德育的思想渊源、基本理论和时代价值；中篇为和谐德育体系构建，包括和谐德育的目标内容、途径方法、管理评价的体系构建；下篇为和谐德育实践探索，包括学校和谐德育、家庭和谐德育、城市社区与农村社区和谐德育实践探索。从理论研究的内容属性看，上篇和谐德育的思想渊源和基本理论属于本体论研究，重点论述和谐德育"是什么"；时代价值属于价值论研究，重点论述和谐德育"为什么"的问题；中篇和下篇属于方法论研究，重点论述和谐德育"怎么样"运用到现实的工作实践中去。

四、上篇的内容和特点

上篇"和谐德育理论建构"在实践"贯通古今、融会中西、继承借鉴、发展创新"的研究宗旨和方法上进行了许多新的探索。如第一章对和谐德育的思想渊源的研究，书中选取中国文化中的和谐思想、西方文化中的和谐思想和马克思主义的和谐思想三个方面进行的的研究就充分体现了这一特点。在第二章对和谐德育理论基础的研究论述中，将马克思主义哲学的基本原理及文化学、伦理学、心理学、教育学、社会学的研究成果运用于和谐德育的理论建构，反映了和谐德育的理论建构与这些理论研究的和谐联系，在实践这一研究方法中开拓了理论思维的空间，深化了和谐德育的科学基础；本章对和谐德育基本含义的论述，如品德结构的和谐、德育与诸育的和谐问题，都在已有研究成果基础上有了新的深化发展，其研究思考的着力点，是使理论性的概括和描述更切近品德发展和教育生活的本真形态；本章对和谐德育的实践原则即以人为本、整体和谐、继承创新、服务实践四项原则的论述，既阐述了教育及其德育过程的规律，又讲述了教育科研如何引导德育及教育整体工作科学发展的要点方略。又如第三章对和谐德育对创新社会主义核心价值体系教育方式的价值的研究，文中论述了和谐德育的德育内容建构理论有助于引导教育者把握社会主义核心价值体系四项内容的整体和谐关系；论述了和谐德育的实践理论有助于引导教育者认识掌握将社会主义核心价值体系融入教育教学全过程的基本规律及其方法要点。

五、中篇的内容和特点

中篇立足与时俱进和发展创新，在整体构建学校德育体系已有研究成果基础上进行了多角度的创新性研究和论述。第四章对和谐德育目标内容体系构建的研究，如德育目标体系的构建原则，本章以和谐的立体思维论述了社会要求与以人为本相统一原则、适应性与前瞻性相统一原则、统一性和层次性相结合原则、传统美德与时代精神相结合原则、道德认识与道德行为相统一原则；在小学、中学、大学德育目标体系构建研究中，分学段按照道德、法纪、心理、思想、政治"教育内容分类目标"和认知理解——情感、信念和意志——实践能力"品德结构分类目标"进行多维度整体构建；在小学、中学、大学德育目标体系和谐衔接研究中，从整体性与层次性的统一、阶段性与有序性的统一、现实性与导向性的统一三个方面进行了论述；本章首次对学校、家庭、社区德育目标协调趋同的必要条件和构建方式做了研究阐述。对德育内容体系构建的原则,从德育内容与德育目标相一致、知识性与科学性相统一、生活化与主体性相结合、稳定性与灵活性相结合角度进行了研究论述;本章首次对学校、家庭、社区德育内容"五要素"各有侧重、相互补充,在品德结构诸环节的教育上优势互补问题进行了论述。这几个领域的研究,既有继承借鉴,又有发展创新。第五章对和谐德育途径方法体系构建的研究继续拓展新领域,如从全面性、和谐性、发展性、创新性角度论述德育途径体系构建原则,从生活化、渗透性角度和开放性、交互性、主动性、超时空性、创新性角度研究家庭德育与网络德育途径的特点,从"文化资源、教师资源、活动资源、课程资源"和"精神资源、制度资源、场所资源、活动资源、人力资源"等角度研究学校、家庭、社区德育资源协调配合,从不同学段不同途径的特点研究学校、家庭社区德育方法互通问题等等。第六章深化研究整体构建和谐德育管理评价体系,如书中对小学、中学、大学德育评价和谐衔接的研究有新近展,本章吸收近年来该领域最新研究成果,构建了一个完整的、系统的、网络化的德育评价体系,包括学校德育评价、班级德育评价和学生品德评价三个级别,涵盖小学、中学(中职)大学三个学段和谐衔接的评价指标体系。这个体系几经推敲提炼和使用体验,具有相应的科学性、实用性和可操作性,对引导学校德育工作和整体教育教学工作科学发展具有重要的指导作用。

六、下篇的内容和特点

下篇进入现实的学校生活、家庭生活、城市及农村社区生活进行构建和谐德育体系的实践探索。第七章论述了建设和谐学校文化的意义,结合实例阐述了学校精神文化、物质文化、制度文化建设的内容、方法和原则;论述了构建和谐人际关系如构建和谐领导班子,包括校长、党委书记、中层干部的工作方法,领导班子与教师群体和谐的工作方法;打造和谐教师队伍,包括教师自我和谐、教职工之间和谐;建立和谐师生关系,包括教学过程中的和谐、班级管理的师生和谐、校外活动的师生和谐;论述了学校和谐德育体系的全程德育、全员德育和全面德育。第八章聚焦于家庭和谐德育,研究论述了建设和谐家庭精神文化建设,包括家庭人文文化和科学文化建设;家庭物质文化建设,如坚持艰苦奋斗、勤俭节约原则,坚持教育性原则,坚持审美性原则;家庭制度文化建设如制定家规、贯彻家规、正确使用惩罚等;促进亲子和谐,包括对独生子女家庭、单亲家庭、重组家庭亲子关系的现状和影响因素的研究,促进各类家庭亲子关系和谐的措施与方法研究;提升和谐家教水平,包括数量和谐家庭德育理念,如身心和谐、健康成长,德智和谐、全面成长,人际和谐、快乐成长;营造和谐家庭德育环境,包括以身立教、树立榜样,民主平等、和谐和睦,文化修养、陶冶情操;掌握和谐家教方法,包括寓教于喻、深入浅出,寓教于导、开源引流,寓教于乐、生动形象等。第九章研究论述城市社区和谐德育,包括城市社区精神文化建设如社会主义核心价值体系建设、和谐文化建设、中华民族共有精神家园建设;城市社区物质文化建设,包括各级政府建立公共文化服务体系、保障人民群众的基本文化权益,各级政府及相关部门推动文化产业格局形成、更好满足人民群众多层次、多方面精神文化需求,大力推进文化传播手段创新;城市社区制度文化建设,包括完善地方性政策法规、健全各行各业规章制度、加强互联网的应用指导和管理、建立具有优良传统和地域特色的丰富多彩的文化活动制度、建立健全社区文化建设的保障制度;城市社区的人际和谐,包括成年人与未成年人的和谐、社区邻里关系的和谐、管理人员与社区群众的和谐、常住人口与流动人口的和谐等。第十章根据我国农村特点研究论述农村社区和谐文化建设与建立和谐人际关系问题,论述了农村社区和谐德育体系建设如建立管理有效的组织机构、养成科学健康的生活方式、开展因地制宜的教育活动等。

科学研究的历史表明,理论的科学性,主要反映在理论对实践的解释、概括、指导和预见四种作用上。《和谐德育论》比较集中地沉淀了和谐德育学术团队十几年的研究发展历程。和谐德育理论体系在对德育工作及教育改革实践的解释、概括、指导和预见方面付出了自己的努力,和谐德育的理论价值将继续在实践中接受检验。

3.《和谐德育研究》论文集

《和谐德育研究》论文集,由詹万生教授任主编,负责上、中、下三篇的策划和上篇"和谐德育理论研究"篇目的编辑与审阅;徐安德、宁武杰、蔡永智同志任副主编,分别负责小学、初中、高中的选稿和中、下篇的编辑与统稿;王存、王滨有同志负责大学、高职的选稿与编辑;徐安德、张宇同志负责高中、中职的选稿与编辑统稿;米裕庆、詹栋同志负责幼儿学段的选稿与编辑。在编辑过程中,符运杰承担幼儿、小学篇目的统稿;李培东参与幼儿、小学和承担初中篇目的统稿,并负责全书的电脑录排与协调联络工作;张宏伟、张国建参与了高中篇目的统稿。全书61万余字,光明日报出版社2009年出版。

本书分上、中、下三篇,共编选和谐德育研究论文107篇。入选论文的作者由和谐德育研究总课题组核心成员、实验区实验校负责人和优秀实验教师组成。上篇选录和谐德育理论研究论文20篇;中篇分别选录小学、初中、高中整体构建校本和谐德育体系的专题论文27篇;下篇重点选录幼儿园、小学、初中、高中、中职、高校和谐德育实践模式研究论文60篇。本书的内容重心是将和谐德育的基本理论运用于学校德育工作实践,即从现实的、具体的、鲜活的教育生活层面总结和描述和谐德育的实践情况。所选论文既有和谐德育理论研究的拓展深化,更有大量的实践方法创新。《和谐德育研究》论文集是一部与《和谐德育论》相承接、相配套的和谐德育研究成果。

为了总结和深化和谐德育的理论研究与实践应用,中央教科所和谐德育总课题组、中国伦理学会德育专业委员会于2009年3月8日至10日在昆明召开首届全国和谐德育思想学术研讨会暨实验区负责人会议。会议学术气氛浓厚,内容丰富,视野开阔。与会专家、教师、德育研究者和学校领导围绕和谐德育的理论和实践问题进行了广泛研讨。提交本次会议的论文构成本书的主体内容。在编辑过程中,我们又从2008至2009年初各地的和谐德育研究成果中精选出部分篇目纳入书中,以跟进式的视角反映基层学校和教师在和谐德育研究实践中的新经验、新体会。

2008年下半年至2009年上半年,和谐德育研究呈现向更深更广领域拓展的趋势,其中的一个亮点是高校和谐德育研究。继2008年中国伦理学会德育专业委员会完成教育部委托课题

"中学与高校学生党建衔接研究"之后,根据高校德育工作的发展需求,中国伦理学会德育专业委员会大学德育研究部于2009年6月13至15日在福州召开了"和谐德育与高校党建暨学风、教风、校风建设研讨会"。会议效果令人鼓舞。我们从提交会议研讨的论文中选出11篇编入本书,以便读者能够从整体上了解和谐德育研究与实践的特点和发展阶段。

和谐德育理论源于实践,为了实践,实践给了和谐德育以源头活水。实践是鲜活的、发展着的实践,和谐德育的理论和实践也是鲜活的、发展着的理论和实践。愿有志于和谐德育研究的同仁们继续努力,为深化和谐德育研究,为丰富和发展中国特色德育理论和实践体系作出应有的贡献!

4. 高职院校《就业指导》《心理健康》《文明礼仪》实验教材

高等职业院校《就业指导》《心理健康》《文明礼仪》实验教材,由中国伦理学会德育专业委员会组织编写,光明日报出版社2009年出版。这套实验教材由詹万生担任总主编,王滨有、宁武杰、贾少英任副总主编。全国70余所高等职业院校参加本套实验教材的研究编写。《就业指导》主编:梁其贵;副主编:董春华、岳继勇、贾海科。《心理健康》主编:李玉鸿、黄道平、魏少峰;副主编:王学利、林孟晖、崔砚青、杨予海、沈彦科、孙新军、葛亮、汤万龙、芦维忠、何成江、彭建春。《文明礼仪》主编:任振焦;副主编:邱国春、王军、霍新怀、徐向国、杨庆华。

一、编写目的

本套教材作为高等职业学校就业指导课程教材和思想政治理论课校本教材,旨在认真贯彻党的十七大精神,进一步贯彻落实《中共中央国务院关于进一步加强和改进大学生思想政治教育的意见》(中发 [2004]16 号)和有关配套文件精神,以中国特色社会主义理论体系为指导,深入贯彻落实科学发展观,根据构建社会主义和谐社会的实践要求,紧密结合高等职业教育的特点,加强高等职业院校德育课程教材建设,探索高等职业院校和谐德育实践模式,提高德育的科学性、针对性和实效性,促进高职大学生健康和谐发展。

二、编写原则

1. 科学性原则。本套教材的编写将社会主义核心价值体系融入各册教材之中,针对高职办学定位和办学实际,遵循高职大学生成长规律,体现素质教育,促进高职大学生在思想政治、文明礼仪、心理健康和职业素质等方面健康和谐成长,推进高等职业院校德育课程体系科学化、系统化、规范化。

2. 针对性原则。根据高职大学生在不同年级、不同专业学习阶段的思想、心理特点,有针对性地开展思想品德教育,遵循不同年级学生身心发展规律和高等职业学校的教育规律,增强德育的针对性、主动性和实效性。

3. 活动性原则。贯彻"双主体"、"新三中心"、"四环节"、"四原则"等和谐德育理念，设计形式多样、新颖有趣的德育活动，使学生在活动中体验、感悟、理解、遵守、创新。通过开展学生亲身参与、切身体验的德育活动，努力探索和创建开放式、研究式、体验式德育活动的教学模式，注重理论与实践的结合、规范要求向内化信念及实践行为的转化。

4. 可操作性原则。编写内容从高职大学生学习、生活的实际出发，贴近生活、贴近实际、贴近学生，根据编写提纲设计单元活动。认真研究高职大学生的阅读兴趣，课文标题醒目、语言简明。呈现方式要图文并茂，教学和实践活动要具有可操作性。

三、结构体例

为了提高高职大学生的学习兴趣，立足"学生喜欢，方便教学"的编写宗旨，本套教材的结构体例包含三个板块六个栏目。

第一版块：案例评析，分为"典型案例""分析评点"两个栏目。

"典型案例"：选取与高职学生学习生活密切相关的典型事例，引发学生的兴趣和思考。案例要具有典型意义和代表性，既可以是成功的经验，也可以是失败的教训，以正面引导为主。"分析评点"：针对案例进行分析评论，指导学生学习知识原理，形成正确的是非判断标准和思想观念。案例以简洁、客观的描述为基本特点；分析要紧扣主题，抓住要害，深入浅出，语言精炼。

第二版块：认知明理，分为"学习探究""交流研讨"两个栏目。

"学习探究"：围绕章节的主题思想简明扼要地讲述知识，阐述道理，引导学生树立正确的思想观念，以指导规范自己的言行。论述条例清楚，易懂易记。合理编排辅助资料，使内容丰富多彩。可以引用小故事、小资料、经典范文、诗词、典故、名人名言、谚语、警句、对联以及照片、漫画等素材。"交流研讨"：结合知识原理和行为规范的学习，进行研讨、探究和交流，以深化认识，指导实践。

第三版块：实践体验，分为"自我测试""活动体验"两个栏目。

"自我测试"：结合学习主题和高职大学生中常见的思想、情感和言行状况，进行自我测试。对照测试标准和参考答案，引导学生进行自我矫正，自主教育。设计自测既要关注那些事关学生世界观、人生观、价值观、荣辱观和政治立场、态度的大事，也要关注日常生活中那些似是而非、容易被忽略的细节问题，做到从大处、远处着眼，小处、近处着手，引导学生扬长避短，不断自我觉醒、自我完善。"活动体验"：设计引导学生进行自主教育、亲身体验的活动、问题、情境，激发其在实践中内化教育内容，并外化为实际行动。

三本教材体例结构基本一致，根据每本书的内容特点，在栏目的设计上保持适度的张力和灵活性。如《心理健康》突出教育内容的专题性；《文明礼仪》在"实践体验"之后增编了"礼仪故事"、"礼仪文化"等内容，以使大学生学习文明礼仪的知识素养更趋完整。

构建校本和谐德育体系是高等职业院校提高办学效益的内在需求。《就业指导》、《心理健康》、《文明礼仪》的教学内容与高职院校日常教育管理、思想教育、行为规范教育直接联系，三本教材不仅是德育课程的教学载体，同时也是建设和谐校园，构建校本和谐德育体系的实践载体。

附录一

媒体采访 真实报道
新闻界关注德育研究

——和谐德育研究的媒体报道(1994-2010)

近二十年来，人民日报、光明日报、中国教育报、中国青年报、德育报、香港文汇报、中央电视台、中国教育电视台以及搜狐网、新浪网等众多媒体对詹万生进行过多次采访报道。2006年4月，中国青年报以《十年磨一剑，追问和谐德育与生命价值》为题进行了专题采访报道。2006年11月，人民日报和人民网以《中国德育第一人》为题报道了詹万生的德育科研业绩。詹老师历来很低调，他不同意"第一人"的提法。他说："在德育科研领域，有不少德高望重的学界前辈和许多卓有成就的同辈专家，我只是做了自己应该做的事情。"

一、1994-1999年媒体采访报道

构建大中小学德育体系
——访中央教科所德育研究中心主任詹万生

中国教育报记者 鲍东明 1994年12月14日

《中共中央关于进一步加强和改进学校德育工作的若干意见》中提出:"整体规划学校的德育体系"。如何理解、落实这一指导方针,记者为此走访了中央教科所德育研究中心主任詹万生。

记者: 应怎样理解"整体规划学校的德育体系"的基本含义?

詹万生: "整体规划学校的德育体系"就是要以马列主义、毛泽东思想特别是邓小平同志建设有中国特色社会主义理论和党在社会主义现代化建设时期的基本路线为指导,坚持唯物辩证法的系统论原则,遵循儿童和青少年学生思想品德形成、发展的规律及社会发展的要求,把各级学校德育作为一个系统加以整体规划,构建大中小学德育体系。从长远目标说,也就是要建立起科学化、系统化、规范化的有中国特色的社会主义德育体系。"整体规划学校的德育体系"对克服学校德育工作中存在的"铁路警察,各管一段"、运动式、形式化、片面追求德育短期效应等弊端,无疑有着重要的作用。它有利于提高德育总体水平,增强德育整体效果。

记者: 构建德育体系与文化知识方面的教育体系有什么不同?

詹万生: 文化知识教育体系的直线式上升的特点特别突出,而一个人思想品德的形成除具有长期性特点外,还具有反复性的特点,因此,构建德育体系要特别突出螺旋式上升的特点。小学、中学、大学德育构成了一个整体的动态过程,学生健康的心理素质、坚定正确的政治方向等,是通过各个阶段的教育逐步形成的。学校德育的总体目标要一以贯之,以保证在整体德育过程中品德结构的完整性和连续性。政治教育、思想教育、道德教育和心理教育等德育基本内容贯穿于各个教育阶段。各阶段的具体德育目标的高低,各项德育内容的深浅和侧重点,德育途径和方法的选择,德育管理方式的运用,都要针对学生不同年龄阶段的身心特点和理解、接受能力有所不同。必须做到由浅入深、由低到高、由感性到理性,由认识到实践、再由实践到认识,逐步提高,螺旋式上升,以保证各个阶段德育工作的层次性和渐进性,不能脱节,更不能随意拔高。

记者: 小学、初中、高中的毕业班和初中、高中、大学的新生班,这个结合部是德育工作最薄弱的环节。在构建大中小学德育体系中,应怎样加强这个薄弱环节呢?

詹万生: 我们德育研究中心曾对205所大、中、小学校的德育工作现状进行过一次调查,在许多学校里,毕业班的德育时间被挤占,德育内容被减少甚至取消,造成关键阶段出现德

育空白点。另一方面，由于升学的压力，各校在毕业班都配备了较强的业务教师和班主任。虽然正常的德育工作受到很大冲击，但在教学和管理上还是比较严的，但到了初一、高一特别是大一，任课教师和班主任一般年龄较轻，教学经验和管理能力较弱，与原来毕业班相比出现明显落差，很多学生感到不适应。解决这个问题，需要从加强德育管理工作入手。建立和完善学校德育评价的指标体系，加强对毕业班的德育督导工作；建立和完善对学生思想品德测评的指标体系，加强对毕业生思想品德鉴定的检查工作。同时，对新生班，要配备业务能力和管理能力较强的教师、班主任。

记者： 您认为要落实"整体规划学校的德育体系"这一指导方针，现在最需要着手做的工作是什么？

詹万生： 应着手制定规范大中小学德育工作的总体纲要。虽然各教育阶段都有相应的德育大纲，对规范该阶段的德育工作也起到了明显作用，但它们之间缺乏整体研究和设计。没有把它们作为一个系统工程来统筹规划，在认识上、提法上、操作上缺乏系统性、连续性、稳定性。因此在教育实践中不可避免地出现盲目性和随意性。在这里，我可以向你透露一个信息：我们正在着手《学校德育总体纲要》的制定工作，这是国家教委委托给德育研究中心的一项重要工作，现在初稿已经出来，正在征求各方面意见。

德育学：迎接它的诞生
——访中央教科所德育研究中心主任詹万生

中国教育学会秘书　晓　纪　1995年7月26日

早就听说中央教科所德育研究中心主任詹万生带领他的同事们正在从事德育学学科建设工作。最近，笔者怀着对德育研究工作、特别是对德育学学科发展的浓厚兴趣，走访了詹万生。

詹万生介绍说，把德育做为一个专门的学科来研究已经起步，并且有了一定的规模。1991年12月经国家教委批准，在中央教科所成立德育研究中心，这是将德育研究纳入科学轨道的一个重要标志。到目前为止，全国已有三分之一的省教科所先后建立了德育研究室；中国教育学会成立了中、小学德育研究会；全国有80%的省、市也成立了德育研究会。

但是，这同形势发展的需要仍有相当的差距。詹万生接着指出，大家都说德育重要，需要加强，但真正把德育当做一门科学来看待、研究，并实实在在把德育纳入科学轨道的为数不多。形势要求我们必须花大气力尽快建设起科学化、系统化、规范化的有中国特色的社会主义德育理论体系，用我们自己的德育理论来指导德育实践。

那么，德育学到底是一门什么样的学科呢？詹万生解释道，德育学是教育学的一门分支学科，是以教育学基本理论为基础的应用学科。同时它还吸收和借鉴其他相关学科的理论，如心理学、伦理学、美学、社会学等，从而构建自身的理论体系，指导德育实践。

从学科体系上划分，德育学属于教育学的一个分支，是教育学理所当然的一个重要组成部分。众所周知，我国教育方针确立了德育的重要地位，成为各"育"中的一育，并且对其它诸育起着方向、动力和保证作用。从教育史上看,任何时代、任何民族和国家,对于受教育者,不仅传授知识和技能,更要传授社会生活经验和规范。从一定意义上说,教育的普遍规律,也是德育规律。当然,德育还有其自身的特殊规律,这主要是因为德育研究的对象是活生生的正在发育成长中的儿童、少年和青年的思想品德。

詹万生认为,构成德育学的要素主要有下述诸项:德育学的研究对象、任务和方法;德育的概念、本质和功能;德育的过程和规律;德育的目标、内容和品德规范;德育的途径、原则和方法;德育的管理、督导与评价;德育的科学化、系统化和规范化,等等。

在谈到研究和建设德育学的现实意义时,詹万生将其归纳为如下四个方面:一是为教育行政部门在制定德育工作的方针、政策时,提供决策依据。二是为学校、教师在德育工作中遇到有关问题时,提供理论上的帮助。三是为有关部门检查一个地区或一所学校德育工作(如德育方面的经费投入、德育教师的配备、课程设置等)时,提供相应的指标体系、科学根据、量化标准等。四是传播德育先进经验,普及德育理论,使德育工作水平得到不断提高。

德育,如何面对新世纪
——中央教科所德育研究中心主任、"九五"国家级重点课题"整体构建学校德育体系的研究与实验"课题组组长詹方生研究员访谈录

《德育报》 赵国柱 周海平 1998年10月5日

编者按:全国第二届民办学校德育研讨会议期间,本报专访了中央教科所德育研究中心主任、"九五"国家级重点课题"整体构建学校德育体系的研究与实验"课题组组长詹万生研究员。

记者:"九五"规划国家级重点课题"整体构建学校德育体系的研究与实验"包括哪几部分?

詹: 这个体系主要包括三部分:(一)德育目标和内容体系;(二)德育途径和方法体系;(三)德育管理和评价体系。也可以把它看做六部分,即:目标、内容、途径、方法、管理、评价。

记者: 请您介绍一下各部分的内容要点。

詹: 我国各级各类学校德育的总目标是:把全体学生培养成热爱祖国、具有社会公德、文明行为习惯、遵纪守法的好公民。在这个基础上,引导他们逐步树立科学的世界观、人生观、价值观,不断提高社会主义思想觉悟,成为有理想、有道德、有文化、有纪律的社会主义现代化事业的建设者和接班人,并使他们中的优秀者成长为具有共产主义觉悟的先进分子。在我们的课题中,把总目标分解到大、中、小学的各个学段,细化到每个年级。

德育内容以五大要素(即政治教育、思想教育、道德教育、法纪教育、心理教育)为纬,以大、中、小学各个年级为经,按照整体性、有序性、动态性的原则,把它们有机地组合起来。依据学生不同年龄阶段的身心特点和知识水平,由浅入深,由低到高,由具体到抽象,由感性到理性,螺旋式上升,构建从小学一年级到大学毕业每个年级的德育内容。

德育途径有学科渗透、班主任工作、团队活动、校园文化建设、环境熏陶、社会学校家庭三结合的社会实践、德育基地建设等。问题是各种途径如何形成教育合力。

德育方法需要引进现代化的德育手段，如计算机电脑联网等，还要注意教育方法和教育观念相联系，如老师如何把爱心融于具体方法之中。

在德育管理方面，学校德育规程只是一个原则，具体到学校德育管理中还要具体化。

德育评价体系包括三个方面：（一）教育行政部门对学校、校长德育工作的评价；（二）校长对班主任、德育工作者的评价；（三）班主任对学生思想品德的评价。

记者：这个课题现在有哪些阶段性成果？

詹：经过一年多的工作，第一阶段的研究已经有初步成果，一套包括小学、中学（含中等职业学校）、大学的系列读本《德育》共19册，已经由人民出版社出版。从今年9月份开始将在全国十几个实验区百所实验学校进行实验。其中，小学、中学和中等职业学校的《德育》读本，主要是供其利用班会、团队会或活动课进行实验。目的是让班主任、团队工作者从经验型转向理论型。

记者：请谈谈这套《德育》读本的内容，是如何体现科学性、规范性和分层次性的。

詹：以爱国主义教育为例，爱国主义教育的内容十分丰富，《爱国主义教育实施纲要》中就指出了八方面的教育内容，这八方面的教育内容从指向实体来划分大体可以分为祖国的自然实体；祖国的人文实体；国家的经济与政治实体。这三大实体中每一个实体又可分别作为小学、中学、大学的教育内容。

从祖国的自然实体来看。第一层次是个体的出生地、居住地。人的童年时代直接接触到和感受到的是生我养我的这块土地，是家乡的山水和物产，自然对乡土有一种依赖和眷恋之情。因此，对小学生的爱国主义教育要从热爱家乡的教育做起。第二层次是祖国广阔的自然环境和国土资源。中学已经开设了中国地理课，结合地理课进行热爱祖国大好河山的教育应是中学爱国主义教育的主要内容之一。第三层次是个人与祖国自然实体的关系。这一层次的特点是对祖国自然实体的理性认识，其中包括对自然状况优劣的分析、物质资源与人民生存发展的关系，以及保护、开发、利用资源的责任等、这主要在大学进行。

从祖国的人文实体来看。第一层次是人际关系。小学生直接接触的人际关系主要是亲子关系和师生关系，小学应进行爱父母、爱老师、爱同学的教育，以此作为爱祖国、爱人民教育的基础和出发点。第二层次是祖国的传统文化。中学生已学过了历史课，对祖国的历史传统、文化艺术等有了一定了解，中学的爱国主义教育要通过中国历史、特别是近代史和现代史教育来进行。第三层次是祖国发展中的现代文明。要教育学生正确认识传统文化与现代文明、现代文明与西方文明的关系，既反对食古不化的国粹主义，又反对历史虚无主义和"全盘西化"。

从国家经济和政治实体来看。第一层次是国家标志物，主要是国旗、国歌、国徽等，这一层次的教育应在小学里进行。第二层次是国家的经济制度和人民的经济生活，这一层次的教育应在中学里进行。第三层次是国家的政治制度和政治生活。要教育学生正确认识和理解我国的国体、政体、民主、自由、人权；正确认识社会主义民主、自由、人权与资本主义民主、自由、人权的本质区别等。这一层次的教育内容应在高中和大学里进行。

记者：您对我国现行德育状况有什么看法？

詹：第一，成绩与问题并存，困难与希望同在。建国几十年来，经过广大德育工作者几代人的积极探索和不懈努力，学校德育工作取得了许多成绩。但是，在改革开放和建立社会主义市场经济体制的过程中，学校德育面临着许多新情况和新问题。在市场经济条件下，由于多元经济形式的存在，国外各种思潮的冲击，都需要德育工作者做大量的工作。

第二，德育的内容和要求难以落实。在社会主义现代化建设新的历史时期，由于形势发展的需要，我们不断提出或强调一些新的德育内容和要求，如何在方式上使学生喜闻乐见，还需要努力探索。

第三，德育一手软的问题尚未得到根本改变。尽管把有些德育内容放在学校的党团队工作、班主任工作、"三育人"、课外活动、社会实践中来实施，但是这些德育实施途径毕竟不像课程那样有科学的教学大纲和教材，有固定的教室和课时，有专门的教师，有一套完备的检查评价手段，因此在时间、空间、人力、物力上得不到保证，而使德育成为"软"任务，容易落空或流于形式。

记者：请展望一下下个世纪我国学校德育工作的前景。

詹：下个世纪，我国学校德育工作必将形成科学化、系统化、规范化、相对稳定的体系。这是因为：（一）党的基本路线100年不动摇、党和国家政治大局稳定、改革开放的政策深入人心、经济持续稳定快速发展，这为德育工作提供了良好的外部环境；（二）我国自80年代以来，在德育上已经探索出一条比较适合国情的教育路子，从中央到地方的各级教育部门的领导、德育科研人员、广大德育工作者解放思想、实事求是，已经形成了非常明晰的德育思路；（三）各级党和政府都十分重视德育工作，各地都涌现出了不少好经验和好模式，这为学校德育新体系的出现奠定了坚实的基础。随着素质教育的实施，德育必将以崭新面貌出现在世人面前。

二、2000-2002年媒体采访报道

"龙头"舞起来
—— 中央教科所德育研究中心主任詹万生教授
谈全国中小学德育工作会议与德育科研

《德育报》 周海平 2000年9月4日

全国中小学德育工作会议提出要重视德育科研工作。如何开展德育科研工作？本报记者专访了中央教科所德育研究中心主任、全国教育科学"九五"规划国家级重点课题"整体构建学校德育体系的研究与实验"总负责人詹万生教授。

记者：作为一名德育科研工作者，您认为该如何贯彻落实全国中小学德育工作会议精神？

詹：应该认真学习贯彻江泽民总书记《关于教育问题的谈话》和第三次全国教育工作会议精神，结合德育工作实际，看看存在什么问题，从问题出发，寻找解决问题的途径和方法，为教育行政决策服务，为教育改革实践服务。

本次会议上提到"切实加强和改进德育工作"。要加强，就是因为还有薄弱的地方；说改进，就是因为还有不适应的地方。德育工作取得的成绩要肯定，但作为德育科研工作者，更应善于发现问题，这是我们开展工作的着眼点。

记者：当前，德育工作存在哪些问题？

詹：根据实际情况，可以概括为"三重三轻"、"三个不适应"和"四个不能"。"三重三轻"，即重智育轻德育；重知识轻能力；重课堂教学轻社会实践。"三个不适应"，即不适应学生身心发展特点，有成人化倾向；不适应国内外形势发展的需要，缺少针对性；不适应素质教育的需要，缺少创新性和实践性。"四个不能"，即不能依据学生的认知规律开展工作；不能根据国内外新形势，有针对性地工作；不能很好地将课堂教学、校内教育与社会实践、校外教育紧密结合；不能很好地将知识传授与行为养成紧密结合。德育科研工作者应研究这些问题，寻找解决这些问题的理论基础和实践操作模式。

记者：能否介绍一下您对上述问题的研究情况？

詹：我目前正在主持的全国教育科学"九五"规划国家级重点课题"整体构建学校德育体系的研究与实验"就是对上述问题进行全面而深入的研究，并力图找到一种解决上述问题的对策。整个课题分为小学、初中、高中、中职、大学等六个课题组，各自从德育目标、内容、途径、方法、管理、评价六个方向进行研究和实验。这项研究若能圆满完成各项任务，将会对我国学校德育工作产生重大影响，真正发挥出科研带动整体工作水平上台阶的先导作用。

记者：这项研究的切入点是什么？

詹：是从德育的概念切入的。德育概念的确定很重要。"文革"期间，由于"突出政治"代替一切，道德教育被忽视乃至被取消，造成了一代人道德水准下降以至影响到整个社会风气。八十年代后期，由于"淡化政治"，政治思想教育薄弱，致使自由化思潮乘虚而入，泛滥成灾。这两方面的教训是极其深刻的，必须永远记取。我们把德育概念的内涵定为五大要素：道德教育、法纪教育、心理教育、思想教育和政治教育。

记者：为什么对五大要素这样排序？

詹：从重要性上看，"思想政治素质是最重要的素质"，应放在首位。但从中小学教育的入手点看，应先是道德教育，如文明礼貌行为规范养成教育，然后依次是遵纪守法教育，适应环境、调节心态的心理教育，确立世界观、价值观、人生观的思想教育，最高层次才是政治教育。学校德育中，道德教育是核心，法纪教育是保证，心理教育是基础，思想教育是导向，政治教育是根本。

记者：课题目前有何成果？

詹：第一，我们依据社会主义初级阶段和市场经济的基本国情，坚持"三个面向"，根据党和国家对青少年儿童在"德"方面的要求，以及少年儿童品德成长的需要，确立了学校德育总体目标是：教育学生学会做人，做一个文明礼貌、人际关系和谐的人；知法懂法、守法用法的人；不怕挫折、心理健康的人；辩证唯物、进取创新的人；热爱祖国，政治合格的人。

第二，确定了不同年级段的德育内容体系。依据学生的认知水平、身心发展规律和由低到高、由浅入深、螺旋式上升的原则，把德育的五大要素具体化为德目，并依据针对性、实效性原则，编写了一套供小学到大学开展德育活动课使用的《德育》读本，共19本。目前，这套丛书在经过两轮实验、修订后，已开始了第三轮实验，在全国部分地区的实验校中已收到明显效果，受到广大师生的普遍好评。

第三，深入进行了德育途径的研究。在总结研究传统的家庭、学校、社会德育途径的基础上，我们打破旧有的"三中心"（教师、教材、课堂），构建了新的"三中心"（学生、情境、活动），形成了师生共同设计和参与、相互教育、共同进步的新模式。

第四，德育评价实验首先推出了学生综合素质评价手册——《成长册》。《成长册》与以往《成绩册》虽是一字之改，却有本质之变。它使家长对孩子成长过程有了全面的了解和主动参与的机会，同时记录学生成长过程中的经验、教训和闪光之处。这对于形成新的评价内容与方法，引导教师和家长都来关心学生以思想道德素质为核心内容的整体素质的提高，推动素质教育的全面实施具有重要意义。《成长册》的编写和实验贯彻了导向性和激励性原则，科学性和系统性原则，形成性和阶梯性原则，主体性和个体性原则，操作性和趣味性原则，突出了学生的主体地位，引导和激励学生自析成长环境，自定成长目标，自寻成长动力，自评成长效果。内容有身体心理、科学文化、思想道德、审美艺术、劳动技能、个性特长、创新精神、自育能力等多个方面。既是学生自我激励的好伙伴，又是珍藏个人成长历程、值得永远相伴的"纪念册"。

记者：课题的下一步工作是什么？何时结题？

詹：目前，我们正在总结、提炼、升华各地的实验成果，以此为基础，编写整体构建学校德育体系总论，以及各学段德育体系分论。最后的成果形式是10本书，约200万字，另外还有《德育》读本、《成长册》等附件。本课题预计年底结题。届时，大家将会看到一套理论新颖、见解独到的实验报告，还有一套操作性较强的从小学到大学的德育体系。这些凝集了几百所实验校、上万名实验人员以及近百名专家的智慧和汗水，历时五年完成的科研成果，将成为带动德育工作上台阶的"龙头"。

让德育活起来
——《德育》系列读本总主编詹万生访谈
《中国教育报》记者 晓余 2000年12月5日

◆采访者 晓余（中国教育报记者）

口受访者 詹万生（中央教育科学研究所德育中心主任、研究员，"九五"国家级重点课题"整体构建学校德育体系研究与实验"总课题组负责人）

◆据我所知，由您主编的《德育》系列读本，是"九五"规划国家级重点课题——"整体构建学校德育体系的研究与实验"的重要成果。整体构建学校德育体系，指的是构建包括小学、中学和大学的德育目标和内容体系、德育途径和方法体系、德育管理和评价体系。德育在素质教育中居于首要的地位，对素质教育发挥着导向、动力和保证的作用，德育体系的构建推动了素质教育的实施。那么，《德育》读本作为这个课题的重要成果，它与当前学校思想品德课和思想政治课是什么关系？

口《德育》读本是对思想品德课和思想政治课的有益补充。根据"整体构建德育体系"的理念，我们应当完整、准确、全面地理解德育的内涵，德育内容应当包括政治教育、思想教育、道德教育、法纪教育、心理教育"五大要素"。思想政治课作为一门学科课程，它不可能涵盖德育的全部内容。《德育》作为活动课使用的读本，它主要遵循学生思想品德形成发展规律和德育工作的规律，可以不受学科体系的局限，充分体现德育内容的综合性和实践性，进一步增强德育工作的针对性和实效性。

◆是不是可以说，思想品德课和思想政治课是一门学科课程，以课堂教学为主。而《德育》读本则是以班会、团队活动的形式为主？

口是的，这套读本是供德育活动课使用的，在小学、中学、中等职业学校主要是利用班会、团队活动进行实验。大家知道，德育活动比课堂教学轻松活泼，贴近青少年，容易做到寓教于乐。德育活动不同于学科教学，不仅要解决学生知不知、会不会的问题，还应当解决信不信与行不行的问题，即不但要授之以知、晓之以理，而且更要动之以情、导之以行。在德育活动课中，我们主张"新三中心论"，即以学生为中心、以情境为中心、以活动为中心。比如小学一年级教学生学会礼貌用语"您好、谢谢、再见、对不起"时，如课堂教授这些内容，就要先学会读写，再由老师讲解；而活动课则由老师创设情境，让学生在情境中演练，达到掌握运用。再比如在新疆等少数民族地区，讲到民族大团结时，也不是由老师在课堂上讲，而是由各族学生穿上各自的民族服装，在班会、团队活动中，表演各民族的歌舞，讲各民族风情习俗，使学生在生动活泼的活动中接受教育和进行自我教育。读本的每一课在编写体例上确立了设题、激发动机、创设情境、设计活动和导入评价等五层结构，并设置若干小栏目，小学有"说一说"、"议一议"、"做一做"、"想一想"等，中学有"自我测试"、"名言警句"、"各抒己见"、"说干就干"等，让学生设身处地，主动参与。

◆整体构建学校德育体系课题使德育科学化、系统化、规范化，具有相对的稳定性，包括了从小学、中学（含中等职业学校）到大学各个阶段，而《德育》读本也涵盖了从小学到大学各个阶段，其中是不是也体现了课题中的这些性质呢？

口根据青少年的心理、生理发展规律，他们的心理素质、行为习惯、道德品质、法律意识、世界观、人生观、价值观以及理想信念，是通过小学、中学、大学各个学段的教育逐步形成的，这套书既考虑了目标的一贯性和完整性，又注意了内容的渐进性和层次性。《德育》系列读本编写的总体思路是：依据系统科学的理论，把德育内容的要素结构和层次结构划分出来，以"五大要素"为纬，以各项要素的不同层次为经，按照整体性、有序性、动态性的原则，把它们有机组合起来，依据不同年龄阶段学生的身心特点和知识水平，由浅入深，由低到高，由感性到理性、由具体到抽象，分层递进，螺旋上升。比如说"孝敬父母"这个德目，从小学一年级到四年级内容是这样安排的：我爱爸爸妈妈、做点儿家务事、为父母过生日、今天我当家。再比如"热爱祖国",从小学一年级到六年级的题目分别是:国旗国旗我爱你,我是中国人,我爱祖国山和水,祖国是个大家庭,我是中国小公民。这种安排体现了"近、小、实、亲"的原则,避免了"高、大、空、远";体现了"循序渐进,螺旋上升"的原则,避免了"一刀切"、"成人化"。德育内容的各种要素经过系统的编排后,到大学毕业时,从整体看,就显示了它的系统性和完整性,克服了目前德育从经验出发和随意性、盲目性、零散性的弊端,使德育工作走上了科学化、系统化、规范化的轨道。

◆以上您介绍了《德育》读本的编写原则和主要特色。那么,目前的实验规模和实验效果如何?

口原计划在全国部分地区建立10个实验区100所实验校。经过一年的实验之后,受到老师、学生和家长的普遍欢迎,也得到了许多地方教育行政领导的大力支持,许多地方纷纷要求参加实验。三年来经过滚动发展,目前已有几十个实验区,千所实验校,万名实验教师加入了课题研究和读本实验。关于实验效果,可以说是良好的。凡是参加实验的地区和学校普遍反映增强了德育工作的可操作性、针对性和实效性,培养锻炼了一批科研型的优秀德育教师队伍,提高了德育工作的整体水平。2000年10月22~25日,我们将在重庆市召开年会暨第四届学术研讨会,会上将展示实验教师的研究成果,表彰一批先进实验区和先进实验校,这是对实验效果的有力证明。

◆你认为《德育》读本还存在什么问题,课题实验今后有什么打算?

口我们要以江泽民总书记关于教育问题的重要谈话精神和第三次全国教育工作会议精神为指导,贯彻落实全国高校党建工作会议和全国中小学德育工作会议的要求,继续深化课题研究,更好地为决策服务、为实践服务。我们在广泛征求实验教师意见的基础上,对《德育》读本进行了修订,增加了预防吸毒、网上德育、人际关系、竞争意识和创新精神等内容,补充了情境设计、活动方案、自我评价等形式,在保持原版特色的同时,力求实现自我超越。明年将在实验校中使用修订版的《德育》读本。为了贯彻中央关于西部大开发的战略决策,明年的研究与实验将向西部发展,推动西部的德育工作,提高水平与东部共同发展。为建立21世纪科学化、系统化、规范化、现代化的德育理论体系和实践模式做出我们的贡献。

德育,要站在时代的前沿
——访詹万生教授
《师范教育》杂志记者 余国均 2000年第12期

初秋的北京,阳光和煦,微风习习。记者在中央教育科学研究所四楼一间简朴、整洁的办公室里,就全国中等师范学校在调整、改革、发展的进程中,如何贯彻江泽民总书记"三个代表"重要思想,特别是中等师范学校在新时期如何更好地开展德育工作,培养适应时代需要的高素质的小学教师,采访了德育研究中心主任詹万生教授。

记者: 江总书记关于"三个代表"的思想,内涵丰富,含义深刻。请詹教授谈谈全国中等师范学校在调整、改革、发展的进程中,如何贯彻"三个代表"的重要思想。

詹万生: 江总书记关于中国共产党始终代表中国先进社会生产力的发展要求、始终代表中国先进文化的前进方向、始终代表中国最广大人民的根本利益的重要论述,具有极为重大的现实意义和长远的指导意义。我们要深入学习江总书记的重要讲话,牢牢把握"三个代表"的精神实质,在党的各项事业中体现和贯彻"三个代表"的要求,坚持把"三个代表"的要求落实到坚定地执行党的方针政策中去,落实到各项工作中去。

中等师范学校肩负着培养小学教师的重任,为基础教育的发展做出了不可磨灭的贡献。随着时代的发展,社会的进步,中等师范学校正处于大调整、大变革的时期。在调整、改革、发展的进程中,师范学校认真地贯彻江总书记"三个代表"的思想。科学技术是第一生产力,各级各类人才是生产力中最活跃、最基本的因素,而教育是培养人才的,是为发展生产力服务的。广大的中小学教师担负着培养数以亿计的合格人才的重担。师范学校的发展体现了先进生产力的发展要求,先进文化的发展方向,是在马克思主义、毛泽东思想、邓小平理论的指导下,同时继承、宏扬优秀的传统文化,大胆吸收、借鉴其他民族的优秀文化。我们的教育实践就是在继承的基础上发展创新,培养学生成为有理想、有道德、有文化、有纪律的一代新人。师范学校肩负着为基础教育培养师资的重任,毫无疑问,它的建设发展一定要符合先进文化的发展方向。全国中等师范学校分布范围很广。我们国家人口众多、地域辽阔,各地区经济的发展水平并不平衡。在沿海的经济发达地区,小学教师的培养,可以达到大专甚至本科水平,但在内地经济欠发达地区,特别在一些中小学师资紧缺的地区,还很需要相当一部分的中师毕业生。现在,中央提出了西部开发的战略,西部地区经济的发展,需要教育强有力的支撑,还需要中等师范培养大批合格的小学教师,支撑西部基础教育的发展。从这个意义上说,全国中等师范学校的调整、改革、发展,应该从全国各地区经济、文化发展的实际出发,有步骤、分阶段地实现三级师范向二级师范、二级师范向一级师范的过渡,充分考虑各地区经济发展、人民群众对基础教育的要求,从广大人民最根本的利益出发,做好中等师范学校的布局调整工作。

记者: 2000年7月5日至7日,全国中小学德育工作会议在北京召开,1999年11月,教育部师范教育司在山东淄博召开了全国中师德育经验交流会。从中央到地方特别重视加强和改进德育工作,请詹教授谈谈师范学校在新的历史时期,如何认识加强和改进德育工作的时代意义。

詹万生: 江总书记一直重视青少年的成长,今年2月发表了《关于教育问题的谈话》。这个谈话强调我们全党全社会都要关心青少年的健康成长,进一步加强和改进对学生的思想政治、品德、法制、纪律教育。为了贯彻江总书记的谈话精神,2000年7月5日至7日,教育部召开了全国中小学德育工作会议。这次会议有一个主题、两大任务。一个主题是认真学习和深刻领会江总书记《关于教育问题的谈话》精神;两大任务,一是切实加强和改进各级各类学校的德育工作,二是大力加强教师职业道德教育。我认为这是一个问题的两个方面,一方面强调对学生加强和改进德育工作,另一方面强调加强和改进教师的职业道德建设,因为只有教师的职业道德建设搞好了,教师的整体素质提高了,才能使学生的德育工作真正得到加强和落实。

新的历史时期，德育工作，尤其是中等师范学校的德育工作，要站在时代的前沿，一要继承，二要创新。我们多年来积累的丰富而宝贵的德育经验，为培育"四有"新人发挥了重要的作用，要继承和发扬已经形成的优良传统，一些行之有效的做法，让其继续发挥作用。时代在发展，形势在变化，德育工作要适应新情况，解决新问题，要在继承的基础上勇于创新。中等师范学校的教育工作者，要不断研究新时期德育对象、德育工作的特点和规律，确立新思路，努力在德育的内容、形式、方法、手段和机制等方面进行创新和改进，增强德育工作的时代感，加强德育工作的针对性、实效性和主动性，勇于探索，创造性地开展工作，为培养素质全面、基本功扎实、适应性强的小学师资奠定坚实的基础。

在社会急剧变化的形势下，我们既要看到广大青少年思想积极进步，学习勤奋刻苦，生活丰富多彩的精神风貌，更要看到他们成长的外部环境发生了较大的变化。国际环境错综复杂，西方国家对我"西化"、"分化"的图谋没有改变，正同我们争夺青少年一代。国内的一些腐败现象，通过各种渠道袭击到校园中来，引起部分学生认知失调、心理失衡和行为失范。这就把学校的德育工作推向一个更重要的位置。因此，各级各类学校，特别是中等师范学校，唱响德育的主旋律，加强和改进学校的德育工作，不仅是新形势发展的要求，也是培养跨世纪"四有"新人的重要举措。

记者：德育最终是对人的培养。小学教师首先是一个健康的、完善的人，其次才是具有教育教学能力的教师。请詹教授谈谈中等师范学校培养高素质小学师资的重要性。

詹万生：我们德育的培养目标分为三个层次：培养一个好公民，培养社会主义事业的建设者，培养共产主义的先进分子。我们的教育是为培养目标奠定基础的。德育要培养健康的人格，包括五个方面：要有文明礼貌，好的行为规范，良好的人际关系；要有遵纪守法的观念，知法懂法，会用法律保护自己的合法权益；要有健康的心理，能承受挫折；初步确立辩证唯物主义思想，有进取、创新的精神；政治上合格、热爱祖国，热爱社会主义。这样才能形成完善的、健康的人格，为当好一名合格的小学教师奠定良好的基础。

谈到小学教师培养的重要性，我有切身的体会。一个素质全面的小学教师，对初入学堂的少年儿童来说，是一位全方位的启蒙教师。师范学校培养出大批的高素质的小学教师，对我国青少年的健康成长，对国家民族的未来都有着举足轻重的意义。记得我的小学启蒙教师季秀美先生，就是一位素质全面的教师，可以说是素质教育的典范。季老师音乐、美术、体育样样精通，在他的教育下，我们学会了做人、学会了求知、学会了健体、学会了审美，德、智、体、美诸方面得到全面的发展。季老师去世后，我写过一篇文章《素质教育的典范》。我非常怀念小学时代的生活，希望师范学校培养出的学生都是全面发展的。我也读过中师，在中师工作过五年，中师有大量的时间培养学生德、智、体、美、劳全面发展。我也去过部分中师，山东的淄博师范、河北的唐山师范、北京的昌平师范、吉林的白山师范，他们非常重视德育工作，给我留下了深刻的印象。可以说全国中等师范学校的德育工作开展得普遍较好，中师范学校以德育人、以情感人、以美怡人，培养素质全面的小学师资是功在千秋的大业。

记者：21世纪进入了信息化的社会，网络的兴起对各行各业提出了新的挑战，当然，教育也不例外。请您谈谈德育工作如何面对信息化社会的挑战？

詹万生：现在我们已进入了信息化社会，知识经济初见端倪，科学技术迅猛发展，国际社会的竞争日趋激烈。在这样的形势下，中师的德育工作要研究网络德育的新课题，重视和运用网络技术等现代化手段，拓展德育工作的空间和渠道，扩大覆盖面，增强影响力，面对新形势的要求，特别要注重教育观念的现代化，包括德育观念的现代化。我们过去强调的是规范性的德育，对学生政治思想、道德言行，都有规范性要求，当然这些都是必要的，没有规矩不成方圆。但仅仅是规范性的要求，对于学生个性的发展、创新精神、实践能力的培养是不够的。我们要研究怎样吸收西方的人本位的思想和社会本位的思想，并结合起来，树立"为了一切学生，一切为了学生，为了学生的一切"的思想。建立民主的、平等的新型师生关系，尊重学生的主体地位，关心、爱护学生，让学生全面发展，这是教育思想的转变，教育观念的现代化。再一个就是教育方式、方法、手段的现代化。多媒体技术的应用，网络的出现，德育也要建立信息网，也可以建立一个网站，最新的信息、典型的经验在网上都能看到。网络技术的出现，也加快了教育的发展进程。

记者： 您当过小学教师，在师范学校工作过，请您以一个老师范教育工作者的身份，对师范生提几点希望。让师范生从您走过的人生之路中得到一些有益的启示。

詹万生： 我觉得中师这一段太宝贵了，是人生的黄金时期。十六七岁的师范生是人生观、世界观形成的重要时期，希望师范生站在国家兴旺、民族进步的高度，铸造师魂，陶冶师德，锤炼师能。我们有一亿六千万的小学生，他们是国家民族未来的希望，师范生要有强烈的使命感和责任感，要珍惜在中师学习的时间，不断加强师德修养，全面提高自身的素质。我们要站在时代的高度，知识的前沿，不断地进取、创新，要树立终身学习的观念。在校学习的师范生要为将来当好一名小学教师做好方方面面的准备。教师总是面对天真浪漫、朝气蓬勃的学生，全身心地投入工作，会心情愉快，永远年轻。当教师，物质有可能是清苦的，但精神是富有的。当你教出一批又一批学生，桃李满天下的时候，这是对教师最大的回报。那时，你回首往事，会意识到上了师范、当了教师不后悔，没有虚度自己的青春年华，没有碌碌无为，你会自豪地说：我为人民的教育事业，为培养一代新人做出了自己的贡献！

以德治国与少先队德育工作
——中央教育科学研究所德育研究中心主任
詹万生教授谈"体验教育"

《人民日报》 共青团中央 全国少工委 2001年5月19日

道德是调节人与自然、人与人、人与社会、第一自我与第二自我的基本关系的规范，以此为结构，构建少年儿童思想道德体系，有助于由浅入深、由近及远、由表及里、由形象到抽象地进行道德教育，有助于既分阶段又比较完整地使少年儿童逐步了解最基本的道德概念和感受道德形成成果，对道德影响人类生活和社会发展有初步的认识，提高他们对参与道德实践的浓厚兴趣，培养他们积极、严谨、求实、活泼的生活态度和良好的行为习惯。

体验教育体现了现代教育思想。体验教育有几个特点：在教育理念上体现了现代教育的学生主体教育观,它充分尊重少先队员的主体地位,充分发挥少先队员的主体作用和主观能动性,强化学生主体在实践活动中的体验环节,改变了以教师为中心、以教材为中心、以课堂为中心的"旧三中心论",树立了"以学生为中心、以活动为中心、以体验为中心的"新三中心论",有助于激励少年儿童成为全面发展的主人。在总体设计上体现了教育是一个系统工程的思想,它包括在家庭生活中体验、在学校生活中体验、在社会生活中体验、在大自然中体验四方面,把少先队员入中一个立体化的结构中,符合系统科学的整体性、层次性、动态性原则。在活动内容上体现了素质教育的要求,通过开展符合少年儿童身心发展规律的具有少年儿童情趣和时代气息的实践活动,帮助少年儿童从家庭、学校、社会和自然等方面,寻找一个"岗位",扮演一个角色,获得一种感受,明白一个道理,养成一种品质,学会一种本领,从而培养了创新精神和实践能力,提高了他们的全面素质。在活动方式上适合了少年儿童身心发展特点,按照由低到高、由易到难的原则,为不同年级的少年儿童设计了不同类型的体验活动项目,建立灵活多样、丰富多彩、可为少年儿童自主选择的项目体系,引导少年儿童发挥主动性、创造性,自愿选择岗位,主动扮演角色,自觉进行体验。

顺时代之潮流 扬德育之新风
——访中央教育科学研究所德育研究中心主任詹万生教授
《香港文汇报》记者 刘继峰 2002年2月4日

科教兴国的首要含义在于提高国民素质,而在素质教育里德育居首要位置。青少年是祖国的未来,他们的素质如何将会直接关系到国家未来的发展。近几年,中国经济在世界范围内逆风而扬、一枝独秀,而德育研究工作又是否跟得上时代的发展、满足社会发展的需求呢?日前,记者采访了中央教科所德育研究中心主任詹万生研究员。

(一)与时俱进 在期待中诞生

德育研究中心成立于1991年12月26日,当时面对科学技术迅猛发展、国际竞争日趋激烈的大背景,如何教育青少年立志成才、健康发展?面对经济体制转轨和扩大对外开放,如何振奋民族精神,树立民族自信心和自豪感?面对中考、高考越来越大的升学压力,如何教育学生全面提高自身素质?中央政府与地方各级教育部门决定从加强改进德育工作入手,这样在整个社会都非常关注的宏观背景下,中央教科所德育研究中心应运而生了。

采访中,主任詹万生研究员表示:十年来,中心始终坚持以邓小平理论为指导,坚持为德育决策服务,为德育实践服务,为繁荣德育学科服务,为社会主义现代化建设服务的宗旨,坚持理论联系实际的原则,坚持走科研工作者与行政领导、一线教师相结合的道路,在进行德育基础理论研究的基础上,以应用性研究为主,形成了德育科研、德育著述、德育杂志、德育网站、德育培训、德育基地六位一体的工作格局。

(二) 硕果累累 勇攀科研高峰

十年来，德育研究中心不负众望，多次完成了上级交给的任务。在"八五"规划期间，中心承担了教育部的重点课题——我国各级各类学校德育现状的调查研究。这是我国首次开展的全国性、系统性、全方位的大型德育调查研究项目，中心在调查研究后的报告中，提出了"整体构建学校德育体系"的建议，得到了李岚清副总理的认可与批示。"九五"规划期间，承担了国家级重点课题——整体构建学校德育体系的研究与实验。该课题是一项为决策服务，为实际服务的应用型综合研究项目，旨在为建立21世纪科学化、系统化、规范化、现代化的有中国特色的社会主义德育体系提供理论参照和实践模式。该课题的最终成果《整体构建德育体系总论》等4部著作得到了评审鉴定专家组的充分肯定。其系列研究成果也引起了新闻媒体的广泛关注，中央电视台、中国教育电视台、人民日报、光明日报等都高度评价了该课题研究对推动各级各类学校德育工作所做的贡献。此外，1992年承担了教育部关于德育工作地位和作用的研究任务；1994年参与了教育部起草《中共中央关于进一步加强和改进学校德育工作的若干意见》的工作等，为中央和教育行政部门的决策发挥了参谋咨询作用。

该中心非常重视为实践服务。如 "九五"规划国家重点课题"整体构建学校德育体系的研究与实验"在全国20多个省（直辖市、自治区）建立了近百个实验区、千所实验校，有万名教师，百万名学生参与了课题研究与试验。中心还创办了《中国德育》杂志（原名《德育信息》），已发刊66期，编辑600万字；出版著作30多部（套），发表论文100多篇，累计1400万字；主办和参加国际国内学术研讨会40多次；举办德育培训班50多期；创建了首家中国德育网站。

詹万生研究员表示：我们工作的开展采取了理论与实践相结合的发展之路。以德育人，重在实践。智育以传授知识，培养能力为要务，解决知不知、会不会的问题，而德育到此并没有完结，它还要解决信不信、行不行的问题。德育不但要授之以知、晓之以理，而且还要动之以情、导之以行。只有知识传授，没有情感陶冶、意志磨炼和行为引导，不是完整的德育。

(三) 同心同德 为中华民族振兴而努力

面对21世纪德育研究中心的发展，詹万生研究员表示：新世纪德育科研工作任重而道远。为贯彻落实江泽民同志提出的"三个代表"的重要思想和"以德治国"的重大方略，德育中心下一步工作是积极筹备"十五"课题的研究与试验。德育研究中心工作的开展离不开海内外德育专家的支持与合作。德育中心将广泛联络和团结海内外德育专家，为振兴中华民族，为促进国际文化交流贡献自己的力量。

心理健康教育与德育
——访中央教育科学研究所德育研究中心主任詹万生教授

《中小学心理健康教育》杂志记者 心 策 2002年第5期

编者按：詹万生教授长期从事德育研究与实践工作，在德育领域做出了突出成绩。詹教授承担了全国教育科学"九五"规划国家级重点课题《整体构建学校德育体系的研究与实验》，把心理健康教育纳入到课题研究之中，并提出了自己的观点。为了搞清楚心理健康教育与德育的关系，我们走访了詹万生教授。

问：詹教授，您好。您是德育专家，在德育理论和德育实践方面都取得了令人瞩目的成绩，您能否谈一谈心理健康与德育的关系？

答：德育是指教育者按照社会的要求，有目的、有计划、有组织的对受教育者进行系统影响，把一定社会的政治原则、思想观点、道德规范、法纪规范和心理需求转化为受教育者个体的政治素质、思想素质、道德素质、法纪素质和心理素质的教育。我把德育内容概括为"五大要素"，即政治教育、思想教育、道德教育、法纪教育和心理教育。当然，这只是一家之言。在我国教育理论界对心理健康教育是否可以纳入德育范畴是有争议的。有的学者不同意把心理健康教育纳入德育之中，理由是智育、体育也包括心理健康教育内容。虽然政治教育、思想教育、道德教育、法纪教育和心理教育有区别，但又互相联系，互相制约，互为条件，构成了德育统一体。其中思想教育和政治教育是灵魂，道德教育是核心，法纪教育是保障，心理教育是基础。

问：您认为心理健康教育是德育的组成部分，那么如何理解心理教育是德育的基础。

答：心理健康是整个教育的心理基础，心理健康教育也就成为整个教育的基础。教育心理划分为德育心理、智育心理、美育心理等，各育中都有心理和心理健康教育。我之所以主张把心理健康教育纳入德育范畴，是因为随着改革开放和市场经济的发展，青少年学生在升学、就业和人际关系等方面出现了一些新的困惑和新的问题，诸如孤独、恐惧、猜疑、报复、嫉妒、忧郁、自卑等不良心理状态，造成心理脆弱、精神分裂，甚至出现杀人、自杀等恶性事件。实践证明，这些心理问题不是智育、体育、美育所能解决的，也不是政治教育、思想教育、法纪教育、道德教育可以完全奏效的，因此需要在德育工作中增加和充实心理教育，这是新时期德育内容的新拓展。把心理健康教育纳入德育范畴的思想，是把心理健康教育作为培养创新人格的基础。心理健康教育在非智力因素、个性优化、自我意识、学习心理、交往心理、恋爱心理、择业心理等方面系统阐述心理健康对创新人格的意义，这不仅拓宽了德育内容，丰富了心理健康教育的内涵，而且为人的全面发展提供了心理基础。所以，我认为心理健康教育不仅是德育的内容和基础，而且是整个教育的内容和基础。

问：德育历来是您研究的主攻方向，您把心理健康教育看得如此重要，那么，您是如何把心理健康教育融入到德育之中的呢？

答：我认为学校德育是一个系统。从整体性原则来看，学校德育是由德育目标、德育内容、德育途径、德育方法、德育管理、德育评价等要素系统构成的。从有序性原则来看，学校德育是由小学德育、中学德育、大学德育等层次系统组成的一个统一的整体。我主张构建学校德育体系，就是以要素系统为纬，以层次系统为经，进行有机组合。从动态的原则来看，学生健康的心理素质，文明的行为习惯，良好的道德品质，正确的民主、法制、纪律观念，科学的世界观、人生观、价值观，崇高的理想信念，坚定正确的政治方向等是通过小学、中学、大学等各个阶段的教育逐步形成的。各阶段德育目标的高低，德育内容的深浅和侧重点，德育途径和方法的选择，德育管理和评价方式等，都要针对学生不同年龄阶段的身心特点理解、接受能力的不同,由浅入深,由低到高,由感性到理性,由具体到抽象,循序渐进逐步提高。

总之,整体构建学校德育体系,就是要使德育目标、德育内容、德育途径、德育方法、德育管理、德育评价等,环环相扣,形成合力,以保证在整个德育过程中要素结构的完整性和连续性。同时,使小学德育、中学德育、大学德育等体现出层次性和渐进性。在系统思想的指导下,我把心理健康教育放在德育的要素系统和层次系统之中,即在学校德育体系中,融入和贯穿心理健康教育。

问: 我理解把心理健康教育融入到学校德育体系之中,是一种指导思想,那么,在德育过程中该如何具体实施心理健康教育呢?

答: 德育和心理健康教育有许多共同点,实践的观点是德育的基本观点,也是心理健康教育的基本观点。它们不同于智育,不是简单地传授知识,不是只解决知不知、会不会的问题,而是要解决信不信、行不行的问题。即不仅要授之以知、晓之以理,而且还要动之以情、导之以行。开展活动应当是德育和心理健康教育的主要形式,如主题班会、主题团队会、社会实践、心理训练等。我认为,在德育过程中应当改变传统的"以教师为中心,以教材为中心,以课堂为中心"的"旧三中心论",构建"以学生为中心,以情境为中心,以活动为中心"的"新三中心论"。这一点对于发展学生的主体意识极为重要,是学生自主性、能动性的集中表现。在学生广泛参与的活动中,引导和培养学生自定成长目标,自析成长环境,自寻成长动力,自开成长渠道,自研成长方法和自评成长效果,使他们成为自身全面发展的主人。

问: 我知道,您主张用《成长册》代替原来的《成绩册》,这是否意味着《成长册》是心理健康教育的载体呢?

答: 是的。《成长册》既是德育的一个载体,也是心理健康教育的一个载体。《成长册》是实验研究及编制在指导思想上以整体推进素质教育为依据,以全面提高学生整体素质和创新能力为目标,坚持导向性和激励性的原则。横坐标包括思想道德、科学文化、身体心理、审美艺术、劳动技能、个性特征、创新能力、自主能力八个方面;纵坐标体现"发展和创新",依据不同年龄阶段学生的身心特点知识水平设计出学生全面发展的阶梯。《成长册》在评价指标体系的设计上,坚持科学性和系统性原则,是既相互关联又体现层次性和相对独立性的一系列指标的总和;《成长册》在评价主体上坚持学生主体性和个体性原则,充分发挥学生在整体素质评价中的主体性,自赏性和主观能动性,同时辅之以学群体互评、家长互评、教师审评。把整体素质评价作为学生、教师、家长三者之间联络感情、交流思想、传递友谊的桥梁和纽带,形成推动学生整体素质全面发展的合力。《成长册》根据不同年龄阶段学生的身心特点和知识水平进行编制,图文并茂,生动活泼,富于时代气息,新颖、实用,有很强的可读性、可观性和可操作性,所以学生们都喜欢使用。实践证明,这个载体对于促进学生心理的健康发展很有帮助。

问: 我注意到,您总是交替使用心理健康教育和心理教育这两个概念,您认为这两个概念是相同的吗?

答: 常见的提法有心理教育、心理品质教育、心理素质教育、心理健康教育、心育、心理辅导、心理卫生、心理咨询等。究竟以什么提法为好,理论界众说纷纭。心理健康教育是从小的健康标准角度提出的,只是心理教育两大主体部分中的一部分,另一部分是心理发展教育。心理辅导、心理咨询、心理治疗等则是心理教育中的技术手段和方法。我比较赞同使用心理教育这个概念。

心理教育是指遵循青少年儿童心理发展规律，以培育、训练良好的心理素质，开发心理潜能，预防不良心理，矫正心理障碍，有促进人的社会化，塑造健全人格的教育。可以用公式来表示。心理教育＝心理发展教育＋心理健康教育。这个定义虽然不能说是尽善尽美，但它不失为一家之言。它突破了习以为常的"心理健康教育"所造成的偏狭之处，使心理教育的内涵更加全面、完整和丰富。这样的界定才是作为德育五要素之一的心理教育的本质内涵。因为德育不仅是规范性的、矫正性的，而且更是开放性的、发展性的、导向性的。德育在本质上是一种促进人的社会化，塑造健全人格的教育。心理教育以行为习惯养成，生存适应训练，情绪、情感调控，人际交往指导，健全人格塑造为主要内容，采取学生喜欢的、丰富多彩的形式，通过系统的、有序的、渐进的教育和训练，全面提高学生的心理素质。活动课是心理教育的有效形式，而设立心理咨询室、心理咨询信箱、心理咨询热线等对学生进行心理咨询，只是心理教育的辅助形式。心理教育更容易使人关注学生的心理发展，更注重学生心理素质的提高和心理品质的塑造，而心理健康教育则容易使人看到学生不健康的心理，更重视心理咨询和心理治疗。所以，我认为使用心理教育这个概念更好一些。当然，可以把心理教育和心理健康教育看作是同义语。

问：我们知道，您顺利完成了"八五"教育部重点课题和全国教育科学"九五"规划国家级重点课题，又拿到了"十五"规划国家级重点科研课题，在心理教育方面您有什么新的想法？

答：我主持了"八五"教育部重点课题《我国各级各类学校德育现状调查研究》，在调查研究的基础上提出了"整体构建学校德育体系"的建议。李岚清副总理看到这个建议后，做了明确的批示。把建议内容纳入了《中共中央关于进一步加强和改进学校德育工作的若干意见》中。此后、我主持了全国教育科学"九五"规划国家级重点课题《整体构建学校德育体系的研究与实验》，取得了一批重要的科研成果。今年4月下旬在湖南省株洲市召开了"九五"结题暨第五届学术研讨会，对优秀实验研究成果及先进实验区、先进实验学校和先进个人进行了表彰。

我主持的全国教育科学"十五"规划国家级重点课题《整体构建学校德育体系的深化研究与推广实验》已经启动。"十五"课题坚持德育和心理教育"五要素"的观点；坚持"贯通古今、融会中西、继承借鉴、发展创新"的观点；坚持"横向贯通、环环相扣、以活动为中心"的观点。我准备在"十五"期间加大心理教育的研究力度，把心理教育作为一项重要的研究内容，设立《中小学心理健康教育模式及实施策略研究》子课题，并决定由你们杂志社的特邀副主编王希永教授做这个课题的负责人。他在中小学心理健康教育方面已经做了大量理论研究和实践工作，取得了显著的成果，我非常愿意与他合作，也非常愿意与你们《中小学心理健康教育》杂志合作。我相信，我们不仅会合作愉快，而且肯定会取得圆满成功。当然，我也希望有更多的地区、学校加入到心理教育的课题研究中来。祝《中小学心理健康教育》越办越好。

记者：谢谢您的信任和大力支持！

《成长册》为成长带路
——中央教育科学研究所德育研究中心主任詹万生教授访谈
《中国教育报》记者 王琚 2002年10月17日

苏霍姆林斯基认为,"只有能够激发学生去进行自我教育的教育,才是真正的教育。"《成长册》的根本创新点,就在于将教育者的外在的片面教育转变为受教育者内在的全面的自主教育,在于联通了学生的发展需要和发展动力。《成长册》(小学、初中、高中、中职每个年级一册,共15册)是全国教育科学"九五"规划国家重点课题"整体构建学校德育体系的研究与实验"的阶段成果。《成长册》的设计体现"全面、发展、创新"精神,其横坐标包括思想道德、科学文化、身体心理、审美艺术、劳动技能、个性特征、创新能力、自育能力八个方面、纵坐标依据不同年龄阶段学生的身心特点和知识水平,循序渐进、螺旋上升,设计出学生全面发展的阶梯。

附:学生观点(北京市财经学校吴珊珊)

我想每个人都有一本自己的相册,它记载了我们成长过程中的精彩画面,而我们手中的这本《成长册》就好像相册一样记载了我们成长过程中的一些思想火花。

其实用相册来比喻《成长册》还不够,相册的作用只是记录回忆,而填写《成长册》的过程中我们还得到了启迪。它引导我们正确的思想,教给我们一些生活常识,它还会监督我们定下计划并按时完成它们,它就像一位指导我们成长的导师。

记得一年级的《成长册》最后一页有一棵"成长格言树",正是这棵树让我记起那一点一滴的感悟……

开始填写《成长册》时,细细地回味了一下曾经的自己,原来以前的我是那么平庸无为,在没有这样的深思前,我总认为那是"默默无闻",可现在,我知道了,那是庸俗和懒惰,所以我不会再像以前那样浪费时间了。于是在"格言树"上我挂上了这样一颗"果实":"把握每一天,不再让它荒废。"看着这颗果实,我又定下了新的目标。可正是这新目标,我有些犹豫了:我做得到吗?别人会信任吗?他们会不会认为我太自大了呢?我的自信心何时变得这样不堪一击?于是我鼓励自己:"我能做到,一定能!"就在这时,我发现我做得很好,正在向新目标一步步地迈进!我感悟到:要别人相信自己,首先要自信。我把这句话也"挂"在了"成长格言树"上。这一点一滴的感悟就是我思想中的那些火花吧。

《成长册》中还有我们的一张张照片,那是我们成长中的每一个表情,有成功的微笑,也有失败的忧伤。

一次参加运动会,由于我的一些失误,没夺得名次,不知是谁拍下了我那欲哭无泪的表情。那以后我发誓:我不要再有那种表情!于是我努力地练习,当我再一次参加运动会时,我取得了小小的成绩,于是我让同学将我胜利的微笑拍下来,我将两张照片一起贴在了我的《成长册》上。成长中,我们不怕失败,因为我们把它记录下来,作为我们成功的一块块基石;成长中,我们争取胜利,因为我们把它记录下来,作为我们成长的一次次辉煌。

道德篇中,我们记载了思想的每一点动态,如果偏离了正轨,其中的警句便会给我们敲响警报,提醒我们。在自育篇中,我们得到了许多关于自我保护的知识,它告诉我们遇到紧急情况时该如何,怎样对付坏人等等。学习篇里,我们又写下了自己的学习计划,每当看到它,它就好像在提醒我们要完成自己的学业大计,督促我们好好学习呢……

《成长册》,它记载着我们成长过程中的每一次选择和每一次选择后的结果。所以我们才可以从幼稚走向成熟,从泥泞走向坦途,从失败走向成功。

三、2003-2005年媒体采访报道

中俄教育科研交流与合作的新起点
——中央教育科学研究所代表团访问俄罗斯教科院纪实
《中国德育》 2003年10月

中国中央教育科学研究所所长朱小蔓教授、学校教育研究部主任詹万生教授等一行四人于2003年10月5日赴莫斯科和圣彼得堡对俄罗斯教育科学院进行访问和学术交流。

俄罗斯教育科学院十分重视中国中央教育科学研究所代表团来访。在60周年院庆即将开幕的繁忙时刻,尼康德洛夫院长在他的办公室接见中国中央教科所代表团。中国代表团是所有来访的外国代表团中第一个受到尼康德洛夫院长接见的代表团。

10月6日下午2点,俄罗斯教育科学院60周年庆典隆重开幕。

尼康德洛夫院长首先致辞,他介绍了俄罗斯教科院的发展历程、当前的工作和今后的任务。俄罗斯十分重视、支持和鼓励教育科研事业,国家杜马总统办公厅的代表、教育部长、科学院、农业科学院、医学科学院院长,部分独联体国家乌克兰、白俄罗斯、乌兹别克斯坦、哈萨克斯坦等教科院的代表以及中国中央教科所朱小蔓所长分别讲话祝贺。大会期间,还观看了俄罗斯教科院为60周年院庆录制的录像片。

俄罗斯教科院非常重视、尊重、支持和鼓励科研人员的劳动和贡献。尼康德洛夫院长逐一为资深院士和有突出贡献的科研人员颁发荣誉奖章和证书,向第一线优秀教育研究人员和教师颁发乌申斯基奖章。

前任院长尼康达诺夫(曾任教育部副部长)发表了深情的演说。他回顾了俄教科院的发展历程,并结合自己的经历讲述马克思列宁主义对俄教育科研的指导。他对俄教科院的历史贡献给予充分的肯定,对科研人员的贡献给予高度的评价。

俄罗斯教科院实验学校的师生演出了精彩的文艺节目,表达对60周年院庆的美好祝福。

院庆从下午2点持续到晚上8点。在庄严、热烈、欢乐的气氛中胜利闭幕。

为了落实《中央教育科学研究所2003~2007年事业发展规划》提出的"把我们建成国内高水平,国际有影响的国家教育科研机构"的奋斗目标,所领导班子十分重视国际交流与合作。此次访问俄罗斯教科院的一个重要目的就是与俄罗斯教科院签订合作与交流协议。尼康德洛夫主持签协议仪式。朱小蔓所长与尼康德洛夫院长在协议文本上签字。中俄两个教育大国的国家级教育科研机构签订教育科研交流与合作协议,是中俄两国教育科研发展史上的大事。出席签字仪式的两国代表一致认为,这是中俄两国教育科研交流与合作的新起点,具有里程碑的意义。

签字仪式结束后,中俄两国与会学者、专家进行了学术交流。学术交流的主题是德育中的爱国主义教育。

学术交流由俄罗斯教科院副院长巴利钦科夫院士主持。他指出:物质决定精神,精神反作用于物质,这是我们一贯坚持的基本理论。在建立市场经济的新的历史时期,教育科研不仅要关注经济建设对教育的需求,更要重视道德教育特别是爱国主义教育。

中央教科所所长朱小蔓教授指出:中国政府和学术界一贯重视爱国主义教育,在社会主义精神文明建设中提出的"五爱",第一条就是爱祖国。2001年中国颁布了《公民道德建设实施纲要》,在20字基本道德规范中首先提出的也是爱国。党的十六大提出弘扬和培育民族精神同样是以爱国主义为核心。

中央教科所学校教育研究部主任詹万生研究员结合中国学校德育工作的实际和访问俄罗斯的观感,提出了爱国主义教育的三个观点:一是爱国主义是学校教育的永恒主题,中俄两国在改革开放、建立市场经济的新形势下更要改进和加强爱国主义教育。二是爱国主义不是狭隘的民族主义,爱国主义与国际主义是统一的,中国人民不会忘记中俄的友谊,在爱国主义教育中还应不断发展中俄人民的友谊。三是爱国主义教育要分层次进行,依据不同年龄阶段学生的身心特点和知识水平分层递进、螺旋上升,增强爱国主义教育的实效性。

俄罗斯教科院的几位资深专家也发表了自己的学术观点,概括起来一是在新的历史时期应赋予爱国主义教育新的内涵,概念要重新界定;二是爱国主义教育是一个复杂的问题,要进行深入研究;三是要通过各门学科进行爱国主义教育,不仅人文学科要进行,自然科学学科也要进行;四是爱国主义教育要与政治民主和个性自由相结合;五是是爱国主义教育要与反对恐怖主义相结合。

俄罗斯有着十分丰富的爱国主义教育资源。作为学术交流的重要组成部分,中国中央教科所代表团在俄罗斯教科院国际交流处的陪同下参观考察了俄罗斯爱国主义教育基地。

莫斯科红场和克里姆林宫是俄罗斯的政治中心,也是最重要的爱国主义教育基地。克里姆林宫墙外的红场一侧有列宁墓,克里姆林宫墙外有无名烈士纪念碑、朱可夫元帅骑着战马踏破纳粹德国法西斯旗帜的巨幅雕像。这里有成百上千的俄国公民冒着深秋的冷风,自发地排着长队,庄严、肃穆地等待一个多小时前来拜谒列宁墓,我们的代表团夹在长长的队列之中。

胜利广场和卫国战争纪念馆,是又一处重要的爱国主义教育基地。我们代表团顶着寒风、冒着秋雨来到这里参观考察。出了地铁站,迎面看到凯旋门,转而步入胜利广场。广场中央的卫国战争胜利纪念碑犹如一把长剑高耸入云。碑座由一群浮雕组成，正中是一名卫国英雄骑着战马，手持长矛，刺入象征法西斯的怪兽。碑体上雕刻着卫国战争时期1941-1945年历次重大战役，碑的顶端一对和平天使展翅欲飞。我们的团员被这雄伟壮观、寓意深刻的纪念碑所感动，詹万生遂赋诗一首：

长剑高耸入云端，卫国战争展画卷。
战马奋蹄踏鬼怪，胜利女神飞上天！

告别胜利广场，我们跨进卫国战争纪念馆。一楼大厅陈列着卫国战争纪念品，大厅两侧矗立着20尊英雄的雕像，他们是斯大林、朱可夫和其他著名的将军。

突然，雄壮、嘹亮、激越的军乐响起，我们立即跑上二楼，只见铜管军乐队在合奏。一群士兵列队整齐，在军官的率领下向烈士群雕宣誓。一楼和二楼侧厅陈列着卫国战争时期的实物、照片和油画，把我们带进了那艰苦卓绝、可歌可泣、英勇战斗、走向胜利的英雄年代。

新处女公墓是俄罗斯名人公墓。这里是俄罗斯近现代著名人士的巨大雕塑园，其中有民族英雄、革命志士、科技精英、文化名人。

我们一行四人在俄教科院国际交流处工作人员的陪同下，祭奠了五六十年代鼓舞青少年成长的《钢铁是怎样炼成的》长篇小说的作者奥斯特洛夫斯基、《卓娅和舒拉的故事》中的两位主人公、伟大的教育家马卡连柯等一批英雄人物，并在他们的塑像前合影留念。

莫斯科市中心仍然矗立着马克思的巨幅雕像。雕像的底座右侧刻着恩格斯的语录："他的英名与他的思想永存。"左侧刻着列宁的语录："马克思的思想之所以永恒，因为它是真理。"

今天，马克思列宁主义虽然不再是俄罗斯意识形态的指导思想，但他们的形象和思想仍然产生着不可估量的影响。俄罗斯人民正在反思和调整，对苏联时期持尊重态度已成为时尚。

在俄罗斯，我们先后参观考察了莫斯科职业中学、俄罗斯教科院实验学校315中学、莫斯科大学和圣彼得堡传统文化学校。

在职业中学，我们参观了美容美发专业学生的技能训练、工艺美术专业学生的技能训练、美术专业学生绘画训练……。在俄教科院实验学校315中学，我们了解了这所11年级一贯制的普通重点学校。1-6年级为小学阶段，上午半天上课，12点放学，下午学生自由活动，他们称为行为锻炼。7-9年级为初中阶段。10-11年级为高中阶段，根据学生特长、兴趣、爱好分为生化医类、经济类、数理类、人文类进行分科教学。由于教师队伍素质高并得到教科院的指导，高中毕业生100%升入大学。

11日下午，我们参观考察了俄罗斯最高学府——莫斯科大学。我们访问了莫大哲学系伦理学教研室，受到系主任阿里桑德拉辛教授、俄教科院院士资深教授古谢诺夫等热情接待。他们介绍了伦理学专业的教材和公共伦理学教材。他们既重视伦理学基本理论研究，又关注社会实际问题。

10月12日上午，我们抵达圣彼得堡，传统文化学校副校长玛拉霍芙斯卡娅到火车站热情迎接。

校长戈塔利斯基热烈欢迎并向我们介绍了学校的基本情况。玛拉霍芙斯卡娅副校长带领我们参观学校教室和展览馆。这里陈列着学生的作品。各种艺术精湛的艺术品琳琅满目。俄罗斯传统文化得到了继承和发展。

圣彼得堡是一座历史文化名城。它始建于彼得大帝当政的公元1708年。今年5月举行了盛大的300周年庆典。这里有着深厚的历史文化积淀，有着300年的光荣与梦想。

青铜骑士雕像是圣彼得堡的标志性建筑。它始建于1766年。这一艺术佳作，被雕塑在一块巨石上，彼得大帝骑在腾空的骏马上，目视前方，充满信心、威严和自豪。

圣彼得堡市内尼瓦河纵贯其中，大小河流纵横交错，400多座桥梁把全市连成一个整体，所以素有"北方的威尼斯"之称。

伊萨基耶夫斯基大教堂为世界四大教堂之一，建于1818年至1858年，历时40年。它雄伟壮观、富丽堂皇。教堂内从四壁到穹顶金碧辉煌，刻满了耶稣基督的圣像和他的12个弟子的雕像，布满了圣经中的故事绘画。这里是东正教最著名的大教堂。

登临大教堂穹顶可环顾四周，圣彼得堡城市尽收眼底，令人心旷神怡。

夏宫，又称彼得宫，被誉为"俄罗斯的凡尔赛"，始建于1714年，位于圣彼得堡郊外芬兰湾南岸，这里风光秀丽，景色宜人，建筑雄伟，豪华壮丽。宫殿内外装饰极其华丽，两翼有镀金穹顶，大宫殿前有镀金雕像喷泉群，圆形水池中央，耸立着大力士詹孙和狮子搏斗的雕像，从狮子大口中喷出的水柱高达22米。宫殿与芬兰湾之间的长方形水池为中轴，两翼是大片森林。深秋的森林草地被落叶装点得五彩斑斓，像一幅迷人的油画。我们流连忘返，感慨万千，詹万生遂赋诗云：

芬兰湾岸彼得宫，豪华壮丽傲苍穹。
碧水蓝天金雕像，青松白桦黄叶枫。
虽为盛夏避暑地，却助深秋游兴浓。
彼得大帝今安在？黄肤黑发入画中。

叶卡捷琳娜宫是为纪念叶卡捷琳娜女皇二世而兴建的。叶卡捷琳娜原是德国公主，嫁给俄国彼得二世，后为女皇。宫殿外景雄伟壮观、富丽堂皇。宫殿内陈列着上万件的古代家具、瓷器、金银制品、宝石象牙工艺品和油画作品。宫殿外公园遍布森林、草地、花坛、喷泉，景色美丽，引来众多外国游客观光游览。

在俄罗斯历史上，许多著名人物都与圣彼得堡的名字有着密切的联系。例如伟大诗人普希金，这里有他读书的学校，学校的公园里有他的塑像。柴可夫斯基、格林卡等音乐家在这里渡过了他们生命中最重要的时光，大文豪陀思妥耶夫斯基的名著《罪与罚》也是在这里完成的。

冬宫是彼得大帝的政治中心，十月革命后，于1922年正式建立了艾尔米塔日博物馆。博物馆分为8个部分，共有珍藏精品270余万件，其中有1.5万幅绘画，1.2万件雕塑，2.2万件古代家具、金银制品、瓷器宝石工艺品等。绘画馆分为意大利、法国、俄国绘画展厅，传统与现代相承接，经典与时尚相辉映，令人目不暇接。如果走遍全部展厅，一个月的时间恐怕都不够。我们只能走马观花、挂一漏万地局部浏览，以饱眼福。

列宁领导的十月社会主义革命就发生在这里。1924-1991年，圣彼得堡称为列宁格勒，苏联解体后恢复原名。

平静的尼瓦河上,至今仍然停泊着阿芙乐尔巡洋舰,1917年11月7日,这艘军舰向代表沙皇政权的冬官打响了第一炮。

斯摩尔尼宫是列宁当年领导十月革命的指挥中心。今天,列宁的雕像仍然矗立在这里,宫外广场左侧是马克思的塑像,右侧是恩格斯的塑像,在深秋的雨天里显得那么庄严和凝重。

圣彼得堡是一座英雄的城市。在卫国战争期间,它被德国法西斯军队包围了整整900个日日夜夜。为纪念这段艰苦卓绝、英勇抗战的日子,这里建立了900座纪念碑和纪念馆。纪念馆长900米、由900块大理石砌成,900盏永不熄灭的火炬,昭示人们永远不要忘记历史。

我们站在马克思、恩格斯、列宁的塑像前沉思:俄罗斯民族具有悠久的历史、灿烂的文化和光荣的革命传统。我们和俄罗斯人民应当一道反思历史,尊重历史,放眼未来,开辟未来。

10月16日,我们在离开俄罗斯的飞机上看到《消息报》上刊登着列宁的巨幅塑像,大标题上写着:比所有活着的人更具有生命力。

我们应该怎样做家长
——访《当代家长》丛书总主编、中央教科所德育研究中心主任詹万生教授

《中国教育报》记者 杨咏梅 2003年11月6日

21世纪的家长大概是最难当的。日益激烈的竞争迫使他们不仅要开发孩子的智力,想让孩子的学习成绩优秀,更要培养孩子的创造性思维、自学能力和学习兴趣等综合素质,让孩子健康成长、全面发展。为了多元化、全方位地对孩子的成长进行培养,家长们使出浑身解数,恨不得把自己"锻造"成为教育、心理、艺术、启发思维、开发智力等方面的专家。但实际上,相当数量的家长中又普遍存在着"重教而不会教"的现象,解决家庭教育实践中的问题和矛盾已经刻不容缓。在全国妇联、教育部颁布《全国家庭教育工作"十五"计划》一周年之际,中央教育科学研究所德育研究中心推出一套《当代家长》丛书,记者专程采访了该丛书总主编、中央教育科学研究所德育研究中心主任詹万生教授。

记者:国务院2001年颁布的2001-2010年《中国儿童发展纲要》提出了新世纪家庭教育的目标和具体行动是"发挥学校、家庭、社会各自的教育优势,充分利用社会资源形成教育合力,促进学校教育、家庭教育、社会教育的一体化。重视和改进家庭教育。加强家庭教育知识的宣传和理论研究。办好各类家长学校,帮助家长树立正确的保育、教育观念,掌握科学的教育知识与方法"。听说您主编《当代家长》丛书前进行了一次很有价值的调查,对当前家长最关心、最忽略、最困惑的问题进行了深入调查。这次调查反映出当前家庭教育的哪些现状和特点呢?

詹:丛书编写前,我们在北京、天津、河北、辽宁、吉林、黑龙江、河南、山东、湖北、广西、四川等十几个省(市、区)的17个实验区进行了调查。共发放问卷2000份,回收1945份,统计结果表明:在孩子成长的做人、求知、健体、健心、审美、实践、创新、生活八大素质中,家长最关

心的前三位是求知(85.95%)、做人(83.67%)、健体(41.35%)；最忽视的前三位是实践(40.86%)、创新(39.24%)、审美(36.80%)；最困惑的是"孩子的逆反心理"、"与孩子心灵的沟通"、"面对孩子，感到束手无策"。

家长们普遍忽视实践、创新、审美教育，说明当前家庭教育中存在着很多误区。

一是思想上的误区。家长都希望孩子考个好大学，找份好工作，社会地位相对高点，经济收入相对多点，千方百计想让子女出人头地，而不想让其成为一名普通劳动者、建设者。家长的心理当然无可厚非，但如果人人都只想索取，不想奉献，而且不能以平常心对待人生，那这种思想就潜在着严重的危机了。

二是认识上的误区。应试教育的观念还深深地影响着家长们，素质教育的思想还没有深深触动家长们的心灵。他们还停留在让孩子学条条、背条条、考条条的应试教育桎梏中，把考名中学、名大学作为唯一的教育目标，尚未真正认识到每个人都是一个综合的、能动的主体，人的各种素质是相互关联、相互影响的，而实践才是教育和学习的最终目标，创新才是孩子以及社会发展进步的灵魂，审美才是社会文明和谐、人生幸福快乐的关键。

三是行动上的误区。目前，家长们普遍舍得智力投资，重视子女学习，这是好事。但是，他们一味地追求高分数，如每天晚上请家教辅导，星期六、日补课，寒暑假上各种培训班、强化班等，把孩子禁锢在课本知识的学习中，忽视了孩子生活的全面性、丰富性、能动性，不仅不利孩子多方面地获取知识，锻炼思维，不利于孩子全面、健康的发展，而且就学习课本知识本身而言也是低效的，因为这种疲劳战术很容易使孩子身心疲惫不堪，始终处于被动应付状态，甚至会产生逆反、恐惧心理。所以家长们应该少一份强制，多一份引导激励，少一份限制，多一份宽松自由，给孩子一个主动成长、自我教育的空间。

记者： 家长们最困惑的是"逆反心理"、"心灵沟通"、"束手无策"，这表明家庭教育中亟待解决哪些问题？

詹： 这表明家庭教育中必须解决好四对矛盾：一是高期望与低实现的矛盾。家长们望子成龙望女成凤的心情是可以理解的，但必须充分了解孩子，为其制定的目标要切合实际，要本着循序渐进的原则，有梯度，可望而且可及，正如俗话说的"跳起来摘果子"。如果目标偏大、偏远，就会使孩子望而却步。加之家长的跟踪检查、唠叨，更会使孩子产生逆反心理。这样便形成了孩子觉得家长给自己出难题，家长觉得孩子不努力，辜负自己苦心的恶性循环。所以，早在"九五"期间，我们就提出避免"高、大、空、远"，力求"近、小、实、亲"的主张。

二是情感关怀与行为苛求的矛盾。随着社会物质生活条件的改善和计划生育政策的深入人心，家长们对自己唯一的孩子在物质上的投入越来越大，情感上的关怀越来越多。但同时，由于家长对孩子的期望过高，任务过重，要求过严，很多情况下超出了孩子的承受限度，使孩子感受不到这种关爱的温暖和快乐，品尝到的只是苛求和压力的苦涩。所以，家长不仅要拥有爱孩子的感情，而且还要讲究爱孩子的方法，变疼爱、溺爱为关爱、巧爱。我们始终主张把孩子看作教育的主体，让孩子自我体验、自我感悟、自我教育，就是要让孩子变被动为主动，变"要孩子做"为"孩子要做"。

三是纵向比较与横向比较的矛盾。家长习惯于做纵向比较，往往用自己青少年时期的生活经历教育子女，不厌其烦地陈述自己年轻时如何好学上进，吃苦耐劳，条件如何艰苦，自己如何懂事,进而责备孩子们"好逸恶劳"、"不思进取"、"不体贴父母"等等。而孩子们则习惯于用自己身边的人和事做横向比较,如追名牌、高消费、高享受等等,部分孩子甚至会埋怨自己的父母没本事、少能耐……鉴于此,家长在教育子女时应以现实生活为基础,择其善者而引导激励,尽量少用时过境迁的道理和事例。

四是家长知识观念陈旧滞后与孩子知识观念超前的矛盾。由于现代社会信息化进程的加速和程度的提高,孩子获取知识和信息的渠道大为拓宽。而家长们则由于工作负担、家庭生活压力、固有模式惯性等因素而远远落后于孩子们。这种情况下,家长如果还认为孩子永远长不大,老想教导、教诲他们,把自己的思想观念灌输给孩子,把自己的知识方法传授给孩子,孩子就会认为父母过于保守、落后、陈腐,束缚自己的发展,老想摆脱父母约束,自由地生活与发展。这种情况往往会令家长束手无策。为了维护自己的自尊与"面子",又不得不采取高压政策,从而更加激化了亲子矛盾。所以,父母必须学会"蹲下来"与孩子交流,虚心学习孩子的优点,与孩子互帮互学,共同进步。

记者：曾经听不少老师用"5+2=0"的说法抱怨家庭教育、社区教育比学校教育相对滞后,甚至有较大反差的现象,这种滞后和反差体现在哪些方面？

詹：这种滞后和反差主要体现在思想观念方面。由于我国尚处于社会主义初级阶段,市场经济还很不完善,所以,社会上还有些有悖于法律和道德规范的行为,并可以因此而获得现实利益。在这种行为面前,严守道德规范的人有时就会吃亏。有些家长往往夸大这一点,把社会上一些不健康的思想行为灌输给子女,其目的是生怕子女吃亏。学生的思想普遍是单纯的,他们接受的系统、规范的教育一般是合乎道德规范的,因此在见利忘义的非道德行为面前,便显得缺乏防范自卫能力,往往容易吃亏。此时,若不及时引导,往往会使学生误认为学校教育过于理想化,与现实生活脱节。在家庭、社会的双重影响下,学校给予学生的科学、规范的教育影响往往会大打折扣。所以,要教育好学生,必须先教育好家长,使家长能着眼于孩子一生的发展,着眼于社会发展的前景和趋势,密切配合学校教育,共同培养"四有"人才。

记者：与其他家庭教育类图书相比,《当代家长》丛书的优长在于"整体构建家教体系"。丛书以八大内容为纬线,以六个学段为经线,每一内容突出10个问题,设置7个栏目,充分显示了课题组的科研强势,这种"整体构建"的立体性、全面性、连续性是不言而喻的。但是,操作性怎么样呢？

詹：《当代家长》丛书的最大特点就是贴近实际,贴近生活,便于操作。我们针对不同年龄阶段学生的身心特点、知识水平和成长中遇到的问题,由低到高,由浅入深,分层递进,螺旋上升,整体构建家庭教育体系,为婴幼儿、小学生、初中生、高中生、中职生、大学生六个成长阶段孩子的家长分别编写了《指导孩子学会做人》、《指导孩子学会求知》、《指导孩子学会健体》、《指导孩子学会健心》、《指导孩子学会审美》、《指导孩子学会实践》、《指导孩子学会创新》、《指导孩子学会生活》8本书,每本书又根据本年龄段孩子在各方面发展中所面临的问题、家长的困惑、家教的重点内容和社会发展需要提炼出8-10个课题。每个课题又包括7个栏目。①典型案例：给家长提供成功家教的启示和失败家教的警示,让家长在鲜活真切的事例中借鉴、思索、选择；②交流研讨：给家长不同家教观点的交流与碰撞,让家长在深刻的辨析中深化认识,把握实质；③专家点评：给家长介绍当代家庭教育的科学理念,帮助家长们走出误区,掌握科学的目标、内容、方法;④家教名言:给家长提供富有深刻哲理的家教警句、格言、谚语,为家长提供家庭教育的"座右铭";⑤答疑解难:归纳概括家教实践中遇到的各种疑难问题,为家长提供行之有效的解决方案;⑥家庭自测:为家长提高家教水平提供测评标准;⑦供您参考:为家长提供各种家教资料。这样,不管是哪个学段学生的家长,不管遇到哪个方面的具体问题,都可以从这套丛书中受到启发,找到相应的解决思路和办法。

记者: 除了《当代家长》丛书,《德育》读本和《成长册》也是你们的科研成果。从实践的角度看,您认为应该如何将三者有效融合呢?

詹:《德育》读本和《成长册》是我们"九五"研究的重要成果,已在全国100多个实验区、2000余所实验校、200余万名学生中进行了5轮成功的实验,为思想品德教材的改革提供了参考依据。

《德育》读本以学生为中心,以活动为中心,以情境为中心,从内容上将政治教育、思想教育、道德教育、法纪教育、心理教育五大素质融为一体,从过程上将知、情、意、行融为一体,从体系上将德育的目标、内容、途径、方法、管理、评价融为一体,是一个现实的可操作的德育活动载体。

《成长册》是供学生使用的个人整体素质综合评价手册,它全面记录和评价学生的思想道德素质、科学文化素质、身体心理素质、审美艺术素质、劳动技能素质和创新精神及实践能力,充分发挥对学生整体素质评价的导向作用和激励功能,着眼过程,注重发展,鼓励创新,引导和培养学生自订成长目标,自析成长环境,自寻成长动力,自开成长渠道,自研成长方法和自评成长效果,使学生成为自己整体素质协调发展的主人。

《当代家长》是"整体构建学校德育体系"理论和实践模式向家庭的延伸,与《德育》读本、《成长册》的价值取向一致,教育理念趋同,教育过程同步,教育途径互补。为了使三者有效融合,现有的实验区、实验校在继续实验《德育》读本、《成长册》的同时,我们号召家长积极学习《当代家长》丛书;对于非实验区、校,我们也欢迎积极组织家长实验这套丛书。现行思想品德课程标准的理念及教材风格,与"整体构建学校德育体系"的理念及《德育》读本的风格基本一致,也就是说,即使非实验区、校,把《当代家长》作为家长学校教材也完全可以实现家庭教育与学校教育的对接。所以,我们推广实验的途径基本有四种:一是在实验区、实验校实验;二是依托基层教育行政、科研部门,在全国各地建立《当代家长》函授站、教学站实验;三是与关工委、妇联等有关部门、组织联合进行推广实验;四是直接为基层家长学校服务,为其提供教材和师资。

记者: 目前书市上家教类图书种类繁多且呈层出不穷态势。既有经典的《爱的教育》,也有家长现身说法的《赏识你的孩子》;有的宣称《每个父母都是教育家》,有的呼吁《千万别管孩子》,也有人主张《孩子不能不管》;不管是上哈佛的女孩刘亦婷,还是读剑桥的男孩张弛,似乎都传达了天下父母《让孩子快乐成长》的心声。面对林林总总的经验和范本,为人父母者应该抱着怎样的心态?

詹: 俗话说:"鞋子是否合适,只有脚知道。""管"与"不管",关心呵护与严格要求,都是为了促进孩子健康成长。家长必须充分地了解自己的孩子,根据孩子的兴趣爱好、性格特点,知识水平等特点,因材施教,客观对待,适度要求,既不可放任,也不可苛求,尤其是不能与别的孩子盲目攀比。其次,要掌握科学的教育方法,该管就管,该放就放;管时会管,放时会放;第三,要立足于孩子的实际,以孩子的成长为着眼点,把别人的经验,书本的知识作为参考借鉴,千万不可套用别人的教子经验生硬地教育自己的孩子。

记者: 提高家庭教育质量必须以更新家庭教育观念为先导,您能简要介绍一下指导整套丛书的家庭教育新理念吗?

詹: 为了帮助和引导广大家长接受家庭教育的新理念,掌握家庭教育的科学方法,并将这些观念和方法转化为教育子女的具体行为实践,让孩子们真正受益,《当代家长》丛书中的《当代家庭教育新理念》(上、下册)提出了72个家教新理念,重点是让家长们认识到家庭教育中要树立新的儿童观、人才观、亲子观、评价观、教子观等新观念,应该平等地对待儿童,尊重儿童,根据儿童身心发展规律科学地教育他们。这些新理念都很具体,如孩子是家庭教育的主体;多"塑造",少"改造";要民主也要权威;言教、身教、境教结合;要竞争不要攀比;听话是优点,太听话是缺点;要分数,更要分数里的含金量;学历产能力;培养"立体型"人才等。丛书总的着眼点是孩子全面素质的提高和孩子一生的发展,而不是着眼于一时一事,所以,立足点较高,着眼点较远,利于家长指导孩子全面、和谐、充分、健康地发展。

德育怎样做才有效
——中央教育科学研究所德育研究中心主任詹万生教授访谈
《光明日报》记者 练玉春 2004年1月8日

"以德治国"是我国既定的大政方针之一。如何在学校教育中卓有成效地落实道德教育,如何进一步改进学校德育,已成为当前教育界乃至全社会一项重大的课题。为此,本报教育部日前邀请了部分德育专家、科研学者、基层教师,就这些问题进行了探讨。关于"整体构建学校德育体系"的话题采访了中央教育科学研究所德育研究中心主任詹万生教授。

主持人: 面对德育本身存在的问题,最直接的问题就是:我们的德育应如何做才能有成效?

詹万生: 对这个问题的回答,在学校教育层面上,我们目前的应对策略是"整体构建学校德育体系"。早在"八五"期间,中央教科所德育研究中心在一项"德育现状调查研究"中认为:当时学校教育存在"重智育轻德育、重课堂教学轻社会实践、重知识传授轻创新能力培养"的现象。调查的结论就是必须整体构建学校德育体系,这一建议被纳入了《中共中央关于进一步加强和改进德育工作的若干意见》的文件中。此后,"整体构建学校德育体系的研究与实验"连续被列入"九五"、"十五"教育科研国家级重点课题。

主持人: 这里所谓的"整体构建"是什么意思呢?

詹万生: "整体构建",就是根据学生不同年龄阶段的身心特点和性格、品德形成规律,把德育中的道德、法律、心理、思想、政治五要素的具体内容由低到高、由感性到理性地分布到小学、初中、高中、中职、高职、大学的各个年级,以此构建系统性、规范化的德育内容体系、教学活动体系和评价体系。同时,将家庭教育和社会实践纳入到德育的范围,将德育落实到学生的日常行为和意识之中。6年来,全国28个省、市、自治区建立了近百个实验区、近千所实验学校,有万名教师和近百万学生参与了课题实验,促使这些实验学校的德育工作普遍走上了科学化、系统化、现代化的轨道。应该说,该课题对我国德育改革具有重要意义。

"整体构建"还意味着:德育是整个社会的事业,单纯依赖学校德育来解决当前的问题是不切实际的。只有发动全社会各个环节的力量,才能真正构建起一个高效的德育体系,有助于形成一个健康的社会。整体构建德育体系,目标是明确的,但道路还很漫长。

提高素质刻不容缓
——访教育专家詹万生教授
《中华小记者》杂志记者 张卓立 吴蔚 2004年2月16日

北京的早春,还带着缕缕寒意。2月16日早晨,在三环路中央教科所的大楼里,我们访问了詹万生教授。

詹教授是学校教育研究部主任,长期从事德育和综合素质的研究工作,对提高青少年的素质教育,进行了艰苦的探索,付出了大量的心血。近年来他先后到达28个省市的300多个单位讲学,行程50多万公里。在报刊上发表文章160多篇,著作30余部。他的学术论文,引起中外学术界的关注和重视。

话题是从我国注重提高素质教育谈起。詹教授说,自从中共中央国务院作出了《关于深化教育改革全面推进素质教育的决定》之后,素质教育在中小学越来越受到重视,在同学的学习生活和社会实践中得到证实。大家认识到,在未来社会的生存和发展中,必须具备优良的整体素质。面对这个新情况和新问题,提高中学生的素质刻不容缓。有的同学问:优良的整体素质包括哪些内容呢?我认为主要有:学生的思想道德素质、科学文化素质、身体心理素质、审美艺术素质、劳动技能素质和创新精神及实践能力。为使同学们达到这些要求,必须要加强素质教育。

他说,素质教育的目的,是全面提高国民素质,核心是加强和改进德育工作,重点是培养创新精神和实践能力,基础是健康教育,其中包括身体健康和心理健康。他认为,当前提高学生心理健康素质非常重要。随着改革开放和市场经济的发展,人们的心理压力越来越重,心理问题凸显出来。经济发展的不平衡造成人们收入差距的拉大,离婚率的上升造成单亲家庭子女的增多,升学择业的竞争造成了心理负担过重,使得青少年出现了一系列心理问题,诸如自卑、孤独、紧张、恐惧、猜疑、忧郁、嫉妒、报复等不良心理状态,造成神经衰弱,精神分裂,甚至出现离家出走、自杀等恶性事件。实践证明,解决这些问题不是政治教育、思想教育、法纪教育、道德教育可以完全奏效的,因此需要增强和充实心理教育内容。心理教育不是开设心理课程,而是要针对学生的心理特点和心理问题进行教育。同学们要积极主动地接受这项教育,增强心理适应能力、心理承受能力和心理调节能力,以一种健康的心理、良好的心境、积极的心态面对学习和生活。

话题转到提高中学生素质教育的具体办法。詹教授说，为了全面推进素质教育，我们编写了以品德为核心的综合素质评价手册——《成长册》，正在一些学校实验。长期以来，我国中小学普遍把《成绩册》作为对学生评价的基本形式。《成长册》与《成绩册》只一字之改，却发生了质的变化。詹教授边说边从桌上找出几份材料给我们看：

《成长册》与《成绩册》之比较

	《成绩册》	《成长册》
评价主体	教师	学生自评为主
评价内容	学习成绩	综合素质
评价分类	终结性评价	形成性评价

成长册的内容结构：

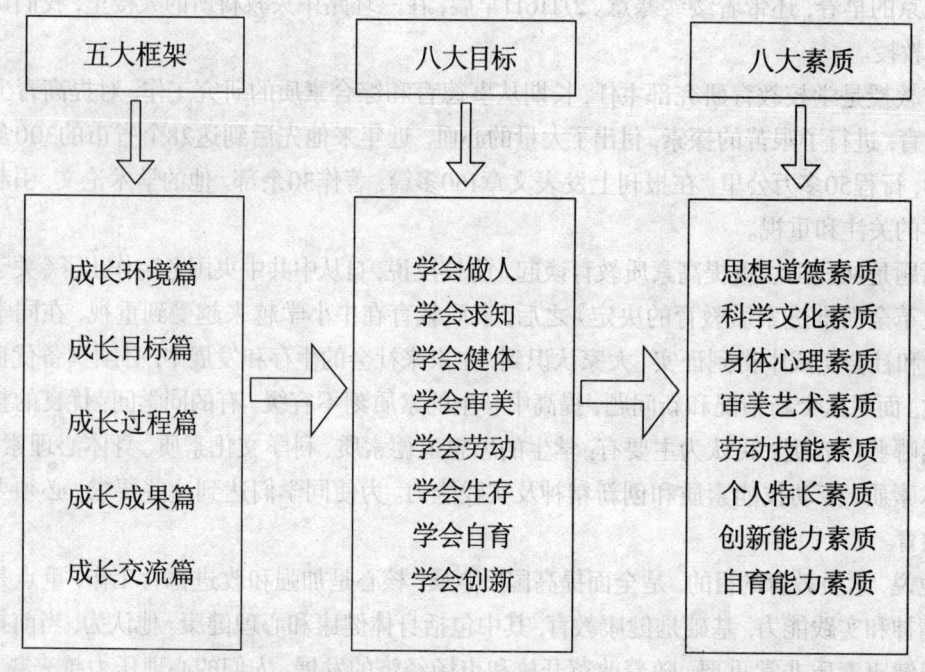

他说，《成长册》如果使用得好，那它将是同学们：经历成长的一行足迹；启迪智慧的一把钥匙；培养美德的一条渠道；铺垫人生的一块基石。访问结束时，詹教授语重心长地说："我希望中学生在新学期有一个新面貌，全面提高整体素质和创新能力，只要同学们努力，就一定会有好的收获。"

培养具有民族精神血脉的现代中国人格
——中央教育科学研究所学校教育研究部主任詹万生教授谈"发展创新21世纪德育体系"

《中国青年报》记者 李昂 冯桂英 2004年5月17日 2004年5月20日

在新的世纪,我国的德育体系应该发展创新,使其适应时代发展的需要。

一、继承弘扬中华民族优秀传统文化,使德育体系具有鲜明的中国特色

伦理型文化——把握中国传统文化的核心特点。中国原始儒家、原始道家、中国佛学和宋明理学这四大思想传统的一个共同点是,"它们的智慧都是人生的智慧。"

民族思维方式——把握中国传统文化的主要内容。文化学、文化人类学研究证明,一个民族在其历史演进文化行为中积淀形成的长久地稳定地普遍地起作用的思维方法、思维习惯,对待事物的审视趋向和众所公认的观点,就是这个民族的思维方式。思维方式是人类文化现象的深层本质,是对人类文化行为起支配作用的稳定因素。通观中国传统道德文化,我们可以总结归纳出最为典型的五个方面。1.致思于整体精神,强调为社会、为民族、为国家的爱国主义思想;2.推崇仁爱原则,强调"厚德载物"及人际和谐;3.提倡人伦价值,强调每个人在人伦关系中的权利和义务;4.追求精神境界,向往理想人格;5.重视修养践履,强调道德主体的能动作用。这五个方面是可以作为中华民族传统思想方式来加以认识的。从社会心理结构的发生形态看,这五个方面既是我们民族的思维方式,也是民族的情感方式和价值观念。这种伦理型思维方式对中国传统文化的发展方向和主体特征产生了巨大的影响和作用。

民族精神——把握中国传统文化的精髓。一个民族的思维方式、情感体验和价值取向凝聚为民族的性格和民族精神。民族精神是一个民族生存发展的精神支柱和力量源泉,是民族思想道德素质的集中体现。关于中华民族的民族精神,著名哲学家、北京大学教授张岱年先生曾作过深刻的论述。他认为,"每一伟大民族都有其民族文化;每一民族文化都有其基本精神,亦可称为民族精神。这民族文化和民族精神构成一个民族的生命之一部分。"

这个基本精神就是我们民族延续发展的思想基础和精神动力。中华民族精神文明的"基本的主导思想意识"可以称为"中华精神"。张岱年先生认为,"中华精神"集中表现于《周易》中的两个命题:"天行健,君子以自强不息";"地势坤,君子以厚德载物。""自强不息"和"厚德载物"一个是奋斗精神,一个是兼容精神,在铸造中华民族的民族精神上起了决定性的作用。

吸收借鉴国外优秀文明成果,使德育体系具有鲜明的时代特点。个性精神、科学精神、民主精神、法制精神、功利精神,这五种精神,凝聚着西方文化的精华。我们根据时代的需要,将西方文化的五种精神吸纳到中华精神中来。西方的个性精神、科学精神可以融入自强不息精神,同样,西方的民主精神、法制精神、功利精神可以和谐地融入厚德载物精神。经过文化的整合与融会,使民族精神现代化而又归根于民族文化,民族精神就更富有凝聚力和先进性。

二、在"三个面向"的思想指导下,贯通古今,融会中西,继承借鉴,发展创新

我认为,当代中国教育改革和发展的指导思想是:面向现代化、面向世界、面向未来。道德教育,作为整个教育的重要组成部分,同样要以"三个面向"为指针。贯通古今,融会中西,继承借鉴,发展创新,这是21世纪中国道德教育的大趋势。

回顾本世纪的发展,正是跨世纪的一代人对本世纪的思想、道德以至政治、社会发展起了极大的影响。影响着中国本世纪发展的几大思潮,包括新儒家思潮、全盘西化思潮以及马克思主义思潮,都形成于本世纪初期,而这几大思潮的第一批倡导者和代表人物,正是一批生于上世纪末、跨世纪的人物。

历史,尤其是近百年的历史已经证明:固守旧有传统,不吸收和借鉴外来的先进文化与文明成果,即使是最优秀的文化传统也难以继承和发扬光大;同样,吸收外来文化,如果不与中华民族传统文化相融合,即使是最先进的文化思想,也难以被国人所接受。因此,我们在文化建设和道德教育中,要在"三个面向"的思想指导下,贯通古今,融会中西,继承借鉴,发展创新。

我们应从当今世界道德复兴与互补中得到启示。和平与发展是当今世界局势的主流,发展经济渐渐变成国际关系的主要内容,各国经济之间存在的互补性,必然带来跨国界、跨州界以至跨文化的世界经济关系网络。道德现象是经济关系的集中反映。各国之间经济利益相互补偿的需要,必然呼吁有一些被世界公认的符合时代特征的共同道德规范的产生。20世纪末,国际间在政治、经济、文化、教育上的交流日益频繁。在国际交流与合作中,道德教育出现了世界性复兴和国际间互补的现象。

随着中国改革开放的深入发展,在中国的北京和曲阜等地已经多次举办过"孔子学术研讨会"。中国传统道德核心——儒家伦理,已经跨越国界成为世界文化宝库中一颗璀璨的明珠。作为一种文化现象,它已经成为全人类的共同财富。特别是现代以来,日本、韩国、新加坡等一些国家和我国的香港、澳门和台湾等地区为代表的"亚洲伦理工业区"的发展,为儒家伦理与西方先进的科技和管理相结合提了成功的经验。在新加坡,中学三、四年级开设《儒家伦理》课(现在名称虽改为《好公民》,但其中儒家伦理精神并未改变)。现代新儒学第四代代表人物之一的杜维明教授认为:"把儒学思想引入学校课程,可以为学生提供一个机会,让他们理解他们和他们父母所遵循的适当的生活方式的内在逻辑",并且可以"把他们自己培养成有道德的人,在复杂的现代世界处理很难的价值问题。"他把儒家伦理的教育过程与个人成长过程结合起来,设计出一个"同心圆"式的教育模式,并解释说:"自我扩展到家庭、邻里、社区、国家、世界和宇宙。这个扩充过程是作为一个开放体系的自我充分开发其内在资源,把自己培养成为一个关心他人、有责任感、目光远大的人的过程。"杜先生所设计的儒家伦理教育体系、把"修身、齐家、治国、平天下"这一儒家伦理精髓通俗化、具体化、现代化了,是对传统儒家"内圣"、"外王"理论的现代诠释和发展创新。同时,这一教育体系也符合现代社会学关于人的社会化过程的一般理论,因此它是中西文化融合的典型之例。

中国学者在继承和弘扬中华民族优良道德传统的同时,十分关注东南亚和西方道德教育的发展,注重借鉴和吸收人类所创造的一切优秀文明成果和道德教育的先进经验。

四、2006-2009年媒体采访报道

整体构建中国特色德育体系
——访中央教育科学研究所詹万生研究员

光明日报 周讯 http://www.sina.com.cn
2006年2月15日 光明网-光明日报

采访者： 本报记者周讯

受访者： 中央教育科学研究所研究员，原德育研究中心主任，《中国德育》杂志原主编，中国伦理学会德育研究会会长，全国教育科学"十五"国家重点课题"整体构建学校德育体系深化研究与推广实验"总课题组组长。

记者： 得知您正在主持"十五"国家重点课题并取得了丰硕成果，在全国产生了广泛的影响。您能谈谈课题的来历吗？

詹： 说来话长。1991年，中央教科所德育研究中心成立，我从首都师范大学调入任该中心主任。为了选准德育科研的切入点和突破口，我主持了教育部重点课题"我国各级各类学校德育现状调查研究"。调查结果发现大、中、小学德育存在着倒挂、脱节、简单重复、过频变动和脱离实际的问题。有人说："小学讲共产主义，中学讲爱国主义，大学讲文明礼貌。"这虽然有些夸张，但也不无根据。有一次，一位妈妈带着刚上小学的女儿乘单位的班车下班，车上的同事与这位小学生聊天儿，叔叔问："你今天上什么课了？"小学生答："语文、数学，还有少先队活动"。又问："少先队活动，老师教什么？"小学生很自豪地答："时刻准备着，为共产主义而奋斗！"车上的人都笑了。那个叔叔追问："你说说什么是共产主义？"小学生红着脸说不上来了。有人启发说："你举个例子，说说谁是共产党员？"妈妈鼓励她："大胆说，没关系"。小学生不好意思地说："都死了"。这个故事引起我的沉思：我们的德育怎样才能贴近学生、贴近生活、贴近实际呢？于是，我在调查报告中提出了整体构建学校德育体系的建议。这个建议得到了时任中共中央政治局常委的李岚清同志的肯定，并被《中共中央关于进一步加强和改进学校德育工作的若干意见》所采纳。后来，全国教育科学规划领导小组把这个建议列入了"九五"国家重点课题，经过专家评审，批准由我主持这项课题的研究工作。

记者： 看来这项课题确实很重要。那么该课题的研究思路和基本理念是什么？

詹： 整体构建学校德育体系是按照系统科学的整体性、层次性、有序性原理，把学校德育整体划分为纵向系统和横向系统，形成一个坐标系。纵座标为幼儿园、小学、初中、高中（含中职）、高职、大学等六个层次；横座标为德育目标、内容、途径、方法、管理、评价六个要素。总的思路是十六个字：纵向衔接，横向贯通，分层递进，螺旋上升。具体做法是：遵循学生的年龄特点

和品德形成发展规律，由浅入深，由近及远，从感性到理性，从具体到抽象，编写一套《德育》系列实验教材，从小学到大学每个年级一册，共22册；编写一套《成长册》即综合素质评价手册，从小学到高中（中职）共18册。基本理念是：尊重学生的主体地位和成长规律，不要"高、大、空、远"，要"近、小、实、亲"；既要授之以知，晓之以理，更要动之以情，导之以行；以学生为中心，以活动为中心，以体验为中心，使学生在活动中体验生活，感悟道德，养成良好的行为习惯。

记者：按照您的研究思路和德育理念编写的实验教材，它的实验效果如何？

詹：我们坚持为决策服务、为实践服务的科研宗旨，走出了一条科研人员与行政领导和一线教师相结合的科研道路。经过十年的努力，我们在28个省（直辖市、自治区）建立了百个实验区、千所实验学校，有万名教师、百万学生参与了课题研究与试验。课题组成员经常深入到实验学校参观考察、交流研讨、指导试验，亲身感受到我们的研究成果和德育理念，受到了广大师生的普遍欢迎。实验学校的校长大都树立了以人为本、德育为首、科研兴校的办学理念；我们提出的新德育理念已经深入人心，实验教师普遍提高了德育工作水平。一位老教师说："我当了三十年班主任，过去的工作多半是盲目的、随意的、零散的。参加课题实验后，才知道什么是真正的德育。工作增强了科学性、针对性、实效性。我觉得自己年轻了，学生也喜欢上我的课了。"一名学生来信说："这学期，我手头多了一本《德育》和《成长册》，起初怕增加负担而惴惴不安，后来发现它在和我们真诚对话，渐渐的我喜欢上它了，觉得《德育》和《成长册》是我的好朋友。"

记者：现在课题进展情况如何，今后有什么打算？

詹：在《德育》和《成长册》进行实验的过程中，我们继续进行深化研究。九五期间编写了《整体构建学校德育体系引论》、《导论》、《论文集》和《报告集》。十五期间在编写幼儿园实验教材《好孩子 好习惯》和家庭教育教材《当代家长》的基础上，已经完成了《整体构建学校德育体系导论》和小学、初中、高中、中职、高职、大学等六个学段的《德育体系实践导引》的编写任务。目前，课题组的中心任务是贯彻落实《中共中央国务院关于进一步加强和改进未成年人思想道德建设的若干意见》和《教育部关于整体规划大中小学德育体系的意见》，指导实验学校研究编写《校本德育体系》。今后的打算是：在画好大、中、小、幼纵向衔接这一竖的基础上，继续画好学校、家庭、社会互相结合的一横，整体构建中国特色和谐德育体系，为建立与市场经济相适应、与法律规范相协调、与传统美德相衔接的社会主义思想道德体系，进而实现和谐社会做出贡献。

十年磨一剑 追问和谐德育与生命价值
——全国教育科学规划德育学科组专家、中央教科所詹万生教授访谈录

中国青年报记者 冯桂英 2006年4月20日

恩格斯在《反杜林论》中有一段独具意旨的论述：

"当我们深思熟虑地考察自然界或人类历史或我们自己的精神活动的时候，首先呈现在我

们眼前的，是一幅由种种联系和相互作用无穷无尽地交织起来的画面，其中没有任何东西是不动的和不变的，而是一切都在运动、变化、生成和消逝。"

这段话在揭示着深刻的哲学理性的意蕴中留给我们自由而广阔的联想空间——由恩格斯所说的"一切都在运动、变化、生成和消逝"，我们联想到了本渊源于中国思想史的具有内在联系的三个短语：逝者如斯——实事求是——与时俱进。时空在延展，社会在演进。人向何处去？人类社会向何处去？思想界、德育界更坚定地将认识的焦点集中在人自身——人的德性和人的素质上。站在世纪起点上，一个共同的意念呼之欲出了：21世纪中国德育改革与创新！

随着经济全球化的到来，中国的经济正在经历着转型期的各种要素的重新组合。中国正在融入世界。经济的竞争，说到底是人才的竞争，作为培养人才的教育正在成为先导性、全局性、基础性重要领域。在这一重要的历史时期，全国教育科学规划德育学科组专家、中央教育科学研究所研究员詹万生教授"八五"期间，承担了国家教委重点课题——我国各级各类学校德育现状调查研究。研究侧重点包括大、中、小学校德育工作现状和大、中、小学生思想道德素质现状的调查研究。调查的样本涉及23个省（直辖市、自治区），225所学校，12500名学生。本次调查的内容范围和组织规模在新中国教育史上是前无先例的。课题组在大面积问卷调查基础上，召开各种类型座谈会进行典型调查，把定量分析和定性分析结合起来，撰写出45份分门别类的调查报告。在此基础上撰写了总体研究报告。这项研究报告首次提出了整体构建大、中、小学和谐德育体系的建议。

之后，他又领衔九五、十五国家重点课题，围绕着整体构建和谐德育体系进行了历时十年的深化研究与推广经验。他提出了双主体说、三中心说、四环节说、四原则说、五要素说等德育新理念；同时重视德育实践环节，强调学生八个学会（即学会做人、求知、健体、健心、审美、劳动、创新、自护），建立了德育活动课和以思想品德为核心的综合素质评价体系。他带领课题组同志走遍全国28个省、100个实验区、1000所实验学校。每到一处，都被实验区、学校邀请作报告、考察、听课、与教师座谈，指导研究实验。被广大实验教师亲切地称为"良师益友"。

他在画好了大、中、小学德育体系纵向衔接的"一竖"的基础上，进一步强调要画好学校、家庭、社会相结合的"一横"，整体构建了"和谐德育论"的理论体系。为建立与社会主义市场经济相适应的，与社会主义法律规范相协调的，与中华民族传统美德相承接的社会主义思想道德体系提供了理论基石和实践模式。为教育部颁布《整体规划大中小学德育体系的意见》做出了贡献。

经过十年的执著追求和不懈努力，课题研究结出了丰硕成果，形成了从《整体构建德育体系总论》到各学段《德育体系实践导引》再到具体化、特色化、可操作的《校本德育体系》等一系列研究成果。詹教授还带领他的课题组依据学生不同年龄段的身心特点、知识水平、品德形成发展规律，研究编写了从幼儿园到大学七个学段的《德育》系列实验读本（18册），成长册（18册），《当代家长》（34册），《好孩子 好习惯》（8册），《职业道德与职业指导》（中职教材3册），《思想道德修养》（高职教材4册），《大学生心理健康导论》（高校教材4册）等系列研究成果，为中央和教育部的科学决策提供了依据。

在中国经济飞速发展的重要历史时期，社会上出现了一些过度追求财富、忽视道德和精神的现象。而中央教科所的学者、专家,特别是詹教授领导的总课题组坚持以马克思主义哲学思想为指导,以整体构建和谐德育体系为目标,以为决策服务、为实践服务为宗旨,以创新德育理论、探索德育实践为己任,十年如一日,执着追求,开拓创新,咬定青山不放松,才取得了如此厚重的研究成果。他们的研究价值在于理论上的原创性和实践上的可操作性。正是这些新理论、新思想,为实验研究、行动研究插上了翅膀。他们带领和指导一大批实验区、实验校培养了一支庞大的基层研究队伍,出了成果,出了经验,出了人才。

读着课题组几十册厚厚的论著和教材,翻阅他们的工作记录,目睹他们为召开学术研讨会议而彻夜不眠的艰辛。作为记者,我深深地被感动了。他们这支学术团队与中国经济变革时代共同谱写着激情澎湃的乐章。在全国百名德育科研专家、名师、名校长云集首都,展示交流十五课题成果、研讨十一五课题申报之际,笔者采访了课题总负责人詹万生教授。

记者: 您是和谐德育的提出者、创造者,请您谈谈和谐德育提出的背景。

詹: "和谐德育"的提出是从八五规划的调查研究入手的。当时,中央教科所德育研究中心刚刚成立,需要了解中国德育的现状和学生思想道德素质的现状,选准德育科研的切入点。在调查过程当中,我们发现大、中、小学德育存在着倒挂、脱节、简单重复、过频变动和脱离实际的问题。所以,我们提出整体构建和谐德育体系,旨在解决大、中、小学德育纵向衔接的问题,使德育工作能够遵循学生的年龄特点和品德形成发展规律,由浅入深,由低及高,从感性到理性,从具体到抽象,分层递进,螺旋上升。这样,德育才能贴近生活、贴近实际、贴近学生,体现时代性,把握规律性,增强实效性。

记者: 请您谈谈和谐德育的内涵。

詹: 所谓和谐德育,指的是德育以满足社会发展需要和受教育者个体发展需要的统一为出发点,在遵循受教育者身心发展规律的基础上,调控构成德育体系诸要素之间的关系,使之发生和谐共振效应,从而促进学生思想品德全面而和谐发展的一种德育模式。和谐德育是对全面发展教育理论的继承与创新,它的内涵主要包括如下几个方面:

1. 师生关系的"双主体"和谐

我们提出"师生双主体互动"的观点,认为教师和学生都是德育的主体,不能把学生当成被动接受的客体看待。师生关系是学校教育中最基本的人际关系。和谐融洽的师生关系不仅是有效进行教育活动、完成教育任务的重要条件,而且本身也是一种重要的教育力量,能够对学生思想品德的发展产生极大的教育效应。学生的思想品德是在良好、健康的人际环境中耳濡目染,逐渐养成的。在德育活动中,教师与学生如果能够平等相处,诚恳相待,学生人格就会得到尊重,个性潜能就能得以展示。教师自己的高尚道德情操,优良的个性品质就能够潜移默化地影响和感染学生。

2. 德育过程的"四环节"和谐

和谐有序的德育过程是对受教育者传授道德知识、陶冶道德情感、培养道德意志、引导道德行为的过程。简言之,就是"知情意行"的过程。学校德育工作要取得实效,取决于四个环节的和谐统一的程度。和谐德育将"知、情、意、行"和谐地整合在一起,以传授道德知识作基础,涵养道德情感为关键,培养道德意志作保证,以养成良好的道德行为习惯为归结。我主张知、情、意、行四个环节的和谐。应该将德育知识内化为自己的思想情感,外化为自身的行为,做到"知行统一",取得真正意义上的德育实效。

3. 德育内容的"五要素"和谐

过去的德育内涵不明确,总在变动之中。"文革"时大搞突出政治,政治可以冲击一切、取代一切;拨乱反正后,又曾一度出现淡化思想政治教育的问题。为了解决德育内容的不稳定问题,我提出了大德育观的"五要素"说,主张德育包括思想教育(世界观、人生观、价值观等)、政治教育(国体、政体、方针政策等)、道德教育、法制教育、心理健康教育。这五个要素的关系也需要和谐,它们在每一个学段的内容并不是平均分配的,要根据学生年龄特点和思想品德形成发展规律,循序渐进,螺旋上升,不要齐步走、一刀切、大呼隆。小学阶段,应以文明礼貌、行为习惯养成教育为主,辅助一些心理健康的内容;初中阶段,应以思想道德教育和心理健康教育为主,辅以法制纪律教育;高中阶段,应在初中的基础上增加思想政治教育内容;大学阶段,应以思想政治教育为主,辅以道德、法制、心理教育。

4. 德育途径的互补性和谐

学校德育的途径主要有班主任工作、党团队工作、学科德育、校园文化、德育基地、网络德育等六条途径。和谐德育要求各条途径相互补充、齐抓共管、形成合力。不要"一人一把号,各吹各的调",甚至出现不和谐的音符。德育是素质教育的核心。我们希望每个任课教师既做经师,又做人师,既要教文化知识,又要教做人。学校教育的基本组织形式是课堂教学,而课堂教学的主要任务是智育。在应试教育还有相当影响的情况下,要深入研究各科教学内容的育德点,抓好任课教师的教书育人工作。要积极推进班主任专业化建设,推广学生成长导师制的新鲜经验。要制定具体化、特色化、可操作的校本德育体系,抓好各条德育途径的协调工作,建立全员育人、全程育人、全面育人的运行机制。

5. 德智体美劳"五育"和谐

人的全面发展是人的劳动能力、社会生活能力、精神生活能力与个性自由发展辩证统一的过程。就本质而言,人是一切"社会关系的总和"。这就是说,人在社会生活中,必然要受到政治、经济、文化等领域社会关系的制约。人的基本道德能力就是要正确处理各种社会关系,这正是德育的本质所在。我们提倡的和谐德育,其实质在于从人的全面发展出发,全面实施素质教育。和谐德育就是要正确处理"五育"之间的关系。一方面,强调德育首要地位,充分发挥德育对智育、体育、美育、劳动教育的导向、动力和保证作用;另一方面使德育寓于智育、体育、美育、劳动教育之中,充分发挥智育、体育、美育、劳动教育对德育的传输、内化和巩固功能。"五育"相互交织、相互渗透、相互融合。

6. 横向系统"六要素"与纵向系统"六学段"和谐

现代系统科学认为,任何事物都是作为系统而存在的。所谓"整体构建和谐德育体系",就是把学校德育工作的各个要素视为一个相互联系、辩证统一的整体。这个整体主要由德育目标、内容、途径、方法、管理、评价"六要素"构成的横向系统与幼儿园、小学、初中、高中(中职)、高职、大学"六学段"构成的纵向系统构成。就学校德育体系的横向系统而言,德育目标是学校德育工作的价值导向系统,是其他要素发挥作用的出发点和归宿;德育内容是德育工作的媒介系统,它是其他德育要素发挥作用的凭借与依托;德育途径与方法是德育工作的时空领域与实施系统,决定了德育工作的效率与合力;德育管理与评价则是德育工作的机制保障系统。"六要素"只有构成一个统一的整体,才会在相互关联、相互制约、相互作用的关系中获得最佳德育效果。横向"六要素"和谐,其工作形态是全员德育、全面德育,是教育的合力;纵向"六学段"和谐,其工作形态是有机衔接,分层递进,螺旋上升,是体现德育过程完整性和连续性的全程德育。

7. 学校、家庭、社会"三教"和谐

学校德育与社会环境、家庭环境以及校园环境之间始终是相互联系、相互渗透、相互作用、相互影响的。学校、家庭、社会在教育主体、内容、方式、方法上各有优势,只有在学校、家庭、社会三方面教育力量和谐一致的时候,学生的品德发展才是健康的积极的。要充分发挥学校、家庭和社会三个方面教育力量各自的优势,使之相互协调、相互配合、相互补充、形成合力,推动学校、家庭、社会德育目标一致,德育理念趋同,德育过程同步,德育方法互补,德育资源共享。从而产生多渠道、多方位的和谐德育效应,有利于把学校德育工作置身于社会大环境中来运作,为建立和谐家庭、和谐社区、和谐学校做出贡献;同时,有利于建立广泛的社会联系,发挥学校、家庭、社会各方面德育功能,使学生成为学校的好学生、家庭的好孩子、社会的好公民。

记者: 您怎么看和谐德育与教育本质之间的关系。

詹: 教育的本质是育人,育人实质是提升人的生命价值,使人得到全面的发展。教育在于传承人类文明,弘扬民族精神。传承人类文明包括科学知识方面,也包括思想道德方面。现在,我们的教育存在着"重智育,轻德育;重书本知识传授,轻创新能力培养;重课堂教学,轻社会实践"的问题。

在21世纪转型期,我们需要加强德育。和谐德育还有一个重要思想,就是我曾经提出的:"贯通古今,融会中西,继承借鉴、发展创新" 十六字方针。通过反思中国100多年的教育,得出的结论是:要继承和弘扬中华民族的优秀传统文化,同时要吸纳西方有益的优秀文化成果,在继承借鉴中发展创新。中西文化有一种互补性。中国文化强调和谐统一、辩证融通;西方文化注重个体生命价值、张扬个性。我们要站在国际大视野下关注德育,要把传统文化和西方现代文明很好的结合起来。

记者: 和谐德育对培养21世纪创新型人才的价值何在?

詹: 教育是培养人才的事业,和谐德育是以人为本、提升生命价值的教育。德育的功能包括相互联系的三个方面:一是巩固上层建筑的功能,在多元文化的背景下,德育必须坚持主流意识形态;二是维护生产关系的功能,德育要用政治、法律、道德来规范学生,使学生能成为适应社会发展需要的人;三是发展生产力的功能,生产力中具有能动性、最活跃的是人。德育最本质的是要培养具有创新精神、创新能力的人。创新型人才需要有创新的思想、意识和创新能力,不能墨守成规、循规蹈矩、因循守旧。因此,德育不仅是规范性德育,而且更应是发展性、创新型德育。比如:小学要求有求新、求变、求异的启蒙教育;中学要有培养创新精神、创新能力的教育;大学要实施创新型人才培养工程。有些学校担心加强德育会影响到智育,其实德育的发展对智育的发展是起着导向、动力、保障作用的。

记者: 21世纪是互联网时代,请您谈谈和谐德育如何渗透网络德育中。

詹: 网络是一把双刃剑。一方面,互联网等信息媒体的快速发展,给青少年学习和获得信

息开辟了新的渠道,为他们的交往提供了方便、快捷、高效的工具。网络内容增加了学生的信息量,扩宽了学生的视野,加快了他们吸收知识的速度。另一方面,由于网上的虚拟世界存在着虚假的、不健康的成分,以及网络立法的滞后性、网络技术的欠完善性,给"黄、赌、毒、邪"等腐朽落后文化和有害信息的网络传播以可乘之机,致使少数青少年精神空虚、行为失范,有的甚至走上违法犯罪的歧途。这些对青少年的成长是有害无利的。

和谐德育要坚持趋利避害的原则,一方面要加强网络道德建设和立法建设,对传播不健康内容的网站采取必要措施。另一方面要加强网络资源建设,正确引导青少年,为他们提供健康的网络精神食粮。充分发挥"德育网"、"校园网"的正面教育功能,开发、研制优质德育软件,使网络德育具有可操作的运行载体。我们还准备筹划建立"中国长城好汉馆",将科技界、文化界、企业界的一些堪称好汉的知名人物的正面经历制作成网络光盘,通过这些引导青少年的发展,让全社会都来关注青少年的健康成长。

记者: 请您谈谈和谐德育对增强人的生存发展能力的作用。

詹: 随着高考制度、教育制度的不断改革,加之高等教育大众时代的到来,学生的升学压力将逐步得到缓解。今后,大家面临的就业压力比升学压力更大,人们更关注的将是个人的职业素质提高。

职业素质包括职业理想素质、职业心理素质、职业道德素质、职业技能素质、专业素质。像创业敬业精神、勤业乐业精神、团队合作精神、开拓进取精神对一个求职者至关重要。我认为,在未来社会的发展中,一个人的职业素质远远大于其文凭、分数的价值。

我访问丹麦哥本哈根大学时,曾问过他们升学率的问题。结果发现他们根本没有追求升学率的问题。一位先生告诉我,上学是为了个人的生存和发展,丹麦人在初中或高中毕业后都有一年的职业培训,如果找到了适合自己的工作,就不再上大学了,只有那些一时没找到工作的人才上大学呢。他们用人不是看学历,而是看能力。我们的教育理念、人才观念、就业观念与西方有很大不同。这些都有赖于我们经济社会的发展和传统观念的转变。

弱势群体的受教育和就业问题也值得我们去关注。我们不仅要关注弱势群体,还要援助弱势群体。除了经济、资金、人才方面的援助,更重要的是德育方面的援助。

和谐德育还包括发达地区和欠发达地区的德育和谐问题。我们不能只重视大城市、中心地区的德育问题,还要关注欠发达地区的德育问题。我们一直非常关注农村学生的德育状态。从1999年起,课题组就把视野转入了农村,九九年我们的年会在河南省开封县召开。2000年,为了配合西部大开发战略,课题组又转入西部地区,那次年会在重庆召开。2005年的年会在新疆伊宁召开。西部经济欠发达,经济要想上去,教育必须先行。西部发展起来的标准并不是简单的凭借考取了多少大学生来判断,更重要的是为西部发展留住人才。人才的培养在于教育。教育的关键在于素质教育,德育是素质教育的核心,我们主张大力发展中等职业教育和高等专科层次的职业教育,为当地的发展留住人才。

记者: 请您具体谈谈上述课题的研究成果。

詹: 我们的课题研究涉及七个教育学段,即幼儿教育阶段、小学教育阶段、初中教育阶段、高中教育阶段、中等职业教育阶段、高等职业教育阶段、大学教育阶段。

经过十年的努力,我们在28个省(直辖市、自治区)建立了百个实验区、千所实验学校,有万名教师、百万学生参与了课题研究与试验。实验校大都树立了科研兴校、德育为首、育人为先的办学理念,德育工作也由盲目性、随意性上升到科学性、规范性,从而提高了德育的实效性。

从研究成果上来讲,我们研究编写了从幼儿园到大学七个学段的《德育》系列实验读本(18册),成长册(18册),《当代家长》(34册),《好孩子 好习惯》(8册),《职业道德与职业指导》(中职教材3册),《思想道德修养》(高职教材4册),《大学生心理健康导论》(高校教材4册)等系列研究成果,为中央和教育部的科学决策提供了依据。"九五"结题成果是出版了《整体构建德育体系引论》、《总论》、《论文集》、《报告集》四本书,"十五"成果出版了《整体构建德育体系导论》、《小学实践导引》、《初中实践导引》、《高中实践导引》、《中职实践导引》、《师范实践导引》《高职实践导引》、《大学实践导引》等八册。在此基础上,我们指导试验校构建校本德育体系。实现了从总论、分论、校本三个层次德育体系的整体构建。10年来,我们培养了100个德育科研名校,100位德育专家,100位德育科研名师,以及100个优秀家长和学生。

记者: 在经济转型的关键时刻,你们的研究为什么抓住生产力要素中最关键的要素——人的发展。

詹: 通过十年的研究,我们才能畅想21世纪的未来,才能够把和谐德育的思想建筑在经济发展、构建和谐社会的大背景下。德育工作,一方面关系着学生的品德发展,另一方面也直接关系着学生的学习积极主动性和学习成绩,直接关系着学生的综合素质的提高。我们要为经济发展培养人才,而不是培养高分低能的人。通过对前几年马加爵等事件进行总结、反思,我们认识到,必须加强德育。有句话说的好:智育不好,是次品;体育不好,是残品;德育不好,是危险品。

记者: 请您介绍一下课题研究方式。

詹: 德育是实践性、应用性很强的学科。我们课题研究的突出特点是注重一切从实际出发,坚持理论与实践相结合的原则,坚持为决策服务、为实践服务的宗旨,坚持走科研工作者与行政领导和一线教师相结合的道路。我们的研究方法是:以德性论、德育论、系统论为理论基础,把理论研究、实验研究、行动研究统一起来。具体做法是课题组成员走向活生生的教育实践,走到学校生活当中,走到广大师生之中。九五计划以来,我每年平均出差40多趟,足迹遍布全国28个省。我们的目标是走向30个省,300个市,近3000个县。每到一个实验地点,我们都要做报告、考察、听课、开座谈会,与广大师生结下了深厚的友谊。

倡导和研究和谐德育,首先需要课题组内部和谐,更需要课题组与实验区、实验校相互关系的和谐。十年来,我们已经形成了一支和谐的德育科研团队,中国伦理学会德育研究会的成立为我们搭建了更加广阔、持久的平台。在十五即将结题、十一五即将开题的时候,我们有信心为整体构建学校、家庭、社会和谐德育体系再立新功。

(注:本文原载中国青年报青年时讯2006年4月20日,新浪网转载http://www.sina.com.cn 2006年4月20日 青年时讯)

附：来自实验区实验校的报告

▲ "整体构建义务教育学校德育途径方法体系的研究"是天津市河西区承担的子课题。通过全体实验人员的通力协作，包含着31所实验校、649个实验班、833名实验教师辛勤劳动的《整体构建义务教育学段德育途径方法体系的研究》以专辑的形式向第四届年会献上新的成果。

本成果主要表现在以下三个方面。一是，探索归纳出德育途径初中3类17条，小学3类20条。德育方法初中5类27种，小学5类30种。在此基础上，构建了义务教育学段以德目为基准点的途径方法体系。二是，取得了教育实效。各实验学校分别按德目所作的对比统计和所举实例，充分表明学生思想品德状况都发生了显著变化。三是，提高了学校干部、教师的素质水平。据不完全统计，学校获国家级荣誉称号57项次，市级荣誉称号124项次，区级荣誉称号188项次，教师中有26人次获国家级荣誉称号，91人次获市级荣誉称号，327人次获区级荣誉称号。

（选自《整体构建德育体系实验报告集》作者：天津市河西区教育局局长 刘国胜）

▲ 哈尔滨市南岗区是参加《德育》读本实验最早、参加人数最多的实验区之一。首轮实验，全区班主任教师、各校领导3500余人，参与小学至高中的实验。通过每周一节的班会课、团队活动课、组织全校性实验，同时有重点地在38所中小学建立158个样板班。通过读本"示范课"、"研究课"、"优秀课"、"观摩课"、"基本功汇报课"等大赛活动，促进全区各校的实验研究。实验班成立了音乐、舞蹈等24个课外活动小组，种了40棵"成功树"，组织学生到艰苦磨练营中体味劳动的艰辛，实行干部轮流"值日班长制度"，举办《一次成功体会的交流会》活动，人人参与读本活动设计操作等，为人人创设成功机会，让人人体验成功的喜悦。一年多来，实验班与对照班比较，各方面效果明显。读本内容符合中小学生德育大纲的要求，体现了素质教育的特色，重视了知、情、意、行的统一，增强了德育的科学性、针对性和实效性。

实验教师说：高中生是未来的主宰，是时代的主人，是正确的人生观、价值观形成的关键时期，《德育》读本对培养学生道德和良好的心理品德有重要的导向作用。德育特级教师说：读本的指导思想明确，内容着眼于提高学生的素质，而不是单纯的说教，引导学生在动手、动脑的实验操作中得到教育，掌握一些基本技能，适应了跨世纪的需要。家长评价说：自从学校开设《德育》读本实验后，孩子对读本内容很感兴趣。我也仔细阅读了读本，觉得教育针对性很强，有些内容符合孩子的实际情况。自从班级使用读本上班会课后，孩子变化很大，能够主动帮助家长做事情了，知道关心父母，也知道节约了。我们家长感到欣慰，希望学校今后能够坚持使用读本。学生说：让我们感到头痛或是迷惑的抽象道理，在读本中变得明了易懂了。班会课让我们在轻松愉快的氛围中受到教育，我们喜欢读本。

从各校的总结来看，教师、学生、家长，普遍认为读本形式活泼、内容丰富、脉络清晰、明理导行、便教利学。

（选自《整体构建德育体系实验报告集》 作者：哈尔滨市南岗区课题实验指导小组 李娟）

▲ 重庆市南岸实验区1999年开始《成长册》的使用研究。通过《成长册》评价与班队会、日常行为活动表现、思品评价等相结合，开展了丰富有效的评价活动。引导家长、教师、学生理解指标内容，懂得评价方法，在此基础上引导学生对照行为表现，自我矫正，争达目标。学校评价、家长评价、自我评价相结合，榜样示范、以点带面、点面结合的方法，收到了明显效果。

实验结果：一是，通过实验，落实了学生主体地位，矫正了学生行为，提高了学生自我控制能力。从上、下两期对照数据来看，能和同学友好相处的人由19人增至24人，增长了14.7个百分点；和同学们打架、乱给同学们起绰号、欺负人的学生由5人降至1人，降低11.8个百分点，学生行为转变明显。在"孝敬父母"一栏，《成长册》一共列出了五条要求，统计结果，下期比上期进步的有25人，占73.5%。其中最突出的是第5条"我能尽力做好自己的事，少给父母添麻烦"，下期有30人达到要求，比上期多了13人，增加了38.2个百分点。二是，《成长册》的使用，促进了良好班风的形成，提高了班级教育质量。实验期间，实验班中有三个班被评为"十佳班队"，有51名学生被评为"五好学生"、"优秀少先队员"，占学校同类表彰的42%。三是，《成长册》的使用，沟通了教师、家长、学生的情感，拉近了师生、亲子之间的距离。通过家长参与评价，增进了家长对孩子的了解。在家长座谈会上，90%以上的家长对《成长册》持欢迎的态度。家长们指出：《成长册》让他们了解素质教育的具体内容，使他们懂得如何引导孩子提高素质。《成长册》成为家庭教育的指路灯，学校教育的导航标。

（选自《整体构建德育体系实验报告集》 作者：重庆市南岸实验区光彩小学 王永强 李秀红 聂维娜）

詹万生：中国德育教育第一人

人民日报记者 王继红 2006年12月1日

http://www.sina.com.cn 2006年12月1日 人民网－市场报

10月底，全国教育科学"十五"规划国家重点课题"整体构建学校德育体系深化研究与推广实验"第九届年会、中国伦理学会德育专业委员会第二届学术研讨会，在北京人民大会堂召开。全国30个省市150多个实验区的教育局长、6000余所实验校的校长和教师参会。笔者采访了中央教育科学研究所研究员、中国伦理学会德育研究会会长、全国教育科学"十五"国家重点课题整体构建学校德育体系深化研究与推广实验总课题组组长詹万生。

问：您正在主持"十五"国家重点课题并取得了丰硕成果，在全国产生了广泛影响。请谈谈课题的来历。

詹：1991年，中央教科所德育研究中心成立，我从首都师范大学调入任该中心主任。为了选准德育科研的切入点和突破口，我主持了教育部重点课题"我国各级各类学校德育现状调查研究"。调查结果发现，大、中、小学德育教育存在着倒挂、脱节、简单重复、过频变动和脱离实际的问题。于是,我在调查报告中提出了整体构建学校德育体系的建议。这个建议得到了时任中共中央政治局常委李岚清同志的肯定,并被《中共中央关于进一步加强和改进学校德育工作的若干意见》所采纳。后来,全国教育科学规划领导小组把这个建议列入了"九五"国家重点课题,经过专家评审,批准由我主持这项课题的研究工作。

问:那么该课题的研究思路和基本理念是什么?

詹:整体构建学校德育体系是按照系统科学的整体性、层次性、有序性原理,把学校德育整体划分为纵向系统和横向系统,形成一个坐标系。纵坐标为幼儿园、小学、初中、高中(含中职)、高职、大学6个层次;横坐标为德育目标、内容、途径、方法、管理、评价6个要素。总的思路是16个字:纵向衔接,横向贯通,分层递进,螺旋上升。具体做法是:遵循学生的年龄特点和品德形成发展规律,由浅入深,由近及远,从感性到理性,从具体到抽象编写一套《德育》系列实验教材,从小学到大学每个年级一册,共22册;编写一套《成长册》即综合素质评价手册,从小学到高中(中职)共18册。基本理念是:尊重学生的主体地位和成长规律,不要"高、大、空、远",要"近、小、实、亲";既要授之以知,晓之以理,更要动之以情,导之以行;以学生为中心,以活动为中心,以体验为中心,使学生在活动中体验生活,感悟道德,养成良好的行为习惯。

问:按照您的研究思路和德育理念编写的实验教材,效果如何?

詹:我们坚持为决策服务、为实践服务的科研宗旨,走出了一条科研人员与行政领导和一线教师相结合的科研道路。经过10年努力,我们在28个省(直辖市、自治区)建立了百个实验区、千所实验学校,有万名教师、百万学生参与了课题研究与试验。课题组成员经常深入到实验学校参观考察、交流研讨、指导试验,亲身感受到我们的研究成果和德育理念受到了广大师生的普遍欢迎。实验学校的校长大都树立了以人为本、德育为首、科研兴校的办学理念;我们提出的新德育理念已经深入人心,实验教师普遍提高了德育工作水平。

问:今后有什么打算?

詹:在画好大、中、小、幼纵向衔接这一竖的基础上,继续画好学校、家庭、社会互相结合的一横,整体构建中国特色和谐德育体系,为建立与市场经济相适应、与法律规范相协调、与传统美德相衔接的社会主义思想道德体系进而实现和谐社会作出贡献。

中国德育第一人
——记中央教科所原德育研究中心主任、中国伦理学会德育专业委员会会长詹万生

延庆报记者 曹欢欢 2008年1月7日第五版"妫川骄子"

他志存高远,勤劳奋发,走出了曾经阻隔自己梦想的大山;他敏锐深邃,执着追求,堪称中国德育第一人;他一腔热血,心存感恩,是一个饱含赤子情怀的妫川骄子。他,就是中央教育科学研究所研究员、原德育研究中心主任、中国伦理学会德育专业委员会会长、硕士研究生

导师詹万生教授。

千锤百炼出深山

在风光秀美的官厅湖畔，曾经有一个叫大曹家营的村庄，那里是詹万生出生的地方。他6岁那年，因为修建官厅水库，这个村子的村民集体搬迁。詹万生随父母迁移到八达岭长城脚下，新建的东曹营村。

1966年，"文化大革命"爆发，大中小学生变成了"红卫兵"，成千上万学子的大学梦被埋在了深山里。詹万生也不例外，中学毕业的他不得不回乡务农。春种夏锄，秋收冬藏，全套农活儿他样样都行。他还学会了木匠、瓦匠，他甚至干过装卸工，后来又做代课教师，教过小学、初中。

1971年，在中学班主任赵育民老师的推荐下，詹万生被教育局保送到延庆师范学校读书。从此，他改变了命运，几年以后走出了阻隔他梦想的大山。

师范毕业后，詹万生留校任教。他教地理、教政治，还当文科班、体育班的班主任。他兴趣广泛、多才多艺，在学校运动会上拿过团体总分第一，他曾带领学校文艺宣传队演遍了全县的农村、工厂、军营，他亲手画的中国地图历经风吹雨打仍然还在教室的山墙上。他教过的学生在三十多年后回忆起来仍然记忆犹新。他们感慨地说："那时才是真正的素质教育，詹万生是我们最敬佩的老师和学习的榜样。"

当时的延庆师范学校名师云集，江平、宁致远、赵振东、孔祥松、邢启光、尹吉亮，他们的厚德与博学深深地影响了詹万生，也孕育了他的大学梦。在师范学校教书五年，他从没放弃过努力，边教边学、边学边教，他刻苦自学不断充实自己。

命运，归因于必然，也归因于偶然；归因于客观，也归因于主观。1977年，高考制度恢复，詹万生在恩师们、同事们的支持和鼓励下，考入北京师范学院（现在的首都师范大学）。第二年3月，他告别父母妻儿，背着行囊，踏上了开往京城的长途汽车。

上了大学固然可喜可贺，但大学生活对于詹万生来说，并不是件轻松的事。家庭重负，30岁的年龄，使他的记忆力减退，学习效率下降。但是，他没有被困难吓倒。他坚信天道酬勤。早晨，天刚蒙蒙亮，他就跑到小山上、树林里、大树下，苦读苦背。晚上，宿舍熄灯后，他在被窝里打着手电筒看书，有时在教室里读书写作竟通宵达旦。

詹万生心中只有一个信念：不能辜负老师们的信任，不辜负亲人的期望，不能给山里人丢脸。

咬定青山不放松

生活也是知识，磨难就是财富。特殊年代给了詹万生特殊的经历、特殊的财富，他暗下决心，要干出一番事业，给家人和社会一个特殊的回报。

1982年1月，詹万生大学毕业留校任教，分到刚刚成立的德育教研室工作。从此，詹万生与德育研究结下了不解之缘。师范学院的德育教研室是当时全国高校第一个德育教研室，他也因此成了中国高校第一位德育教师。也许是为了这个"第一个"，詹万生很快就迷上这份工作，一教就是十年。十年里，他有过多次"跳槽"机会：一次是受邀到深圳工作，加入"孔雀东南飞"的行列；一次是去教育部思想政治工作司从事行政工作；还有一次，是北京市教育工委要调他去某大学"当官儿"。面对种种诱惑，他毅然选择了德育事业。

1991年，教育部成立中央教科所德育研究中心，要选一个具有大、中、小学执教经验、从事德育研究并有副教授以上职称的人，做中央教科所德育研究中心主任。丰富的经历，对德育的执着，使他成为这一职位的最佳人选。当年12月，詹万生走马上任，从首都师范大学党委宣传部副部长、德育教研室副主任的位子上，转任中央教科所德育研究中心主任。

漫漫人生路，上下而求索。在改革大潮涌动的年代，外边的世界很精彩，到处充满诱惑，人们都在不断地选择、调整自己的人生道路。"自从我选择了这个岗位，锁定了这个目标，就从来没有动摇过。"詹万生说，"人只有把自己的生命，融入到适合自己发展的某项事业之中，才能真正实现他的人生价值。"

那些年，曾经有这样一个故事，让詹万生对德育研究有了更深的思考。一位妈妈带着刚上小学的女儿乘单位的班车下班，车上的同事与这位小学生聊天儿，叔叔问："你今天上什么课啦？"小学生回答："语文、数学，还有少先队活动。"那位叔叔又问："少先队活动，老师教什么？"小学生很自豪地说："时刻准备着，为共产主义而奋斗！"车上的人都笑了。那个叔叔追问："你说说什么是共产主义？"小学生说不知道。有人启发道："你举个例子，谁是共产党员？"妈妈也鼓励她："大胆说，没关系。"小学生脸红了，不好意思地说："他们都死了。"

这件事对詹万生触动很大：我们的德育工作，怎样才能贴近学生、贴近生活、贴近实际？于是，他在调查报告中提出了整体构建学校德育体系的建议。这个建议很快得到了时任中共中央政治局常委、国务院副总理的李岚清的肯定，并被《中共中央关于进一步加强和改进学校德育工作的若干意见》采纳。后来，全国教育科学规划领导小组把该建议列入了"九五"国家重点课题，并经过专家评审、批准，由詹万生主持这项课题的研究工作。

多年来，詹万生带领他的同事们，始终坚持以科研为中心，走研、产、学相结合的路子，坚持科研工作者与行政领导、一线教师相结合，形成了德育科研、德育著述、德育杂志、德育网站、德育培训、德育基地六位一体的工作格局。在完成"八五"、"九五"、"十五"国家重点课题研究任务的同时，创办了《中国德育》杂志、中国德育网；出版著作(含学生实验用书)100多部(套)，发表论文100多篇，累计2000多万字；主办和参加国内外学术研讨会60多次；举办培训班100多期，培训干部教师30000多人次；在全国30个省、自治区、直辖市建立了150个实验区、6000多所实验学校；深入实验区、实验校考察指导课题研究与实验工作1000多次，作学术报告1000多场，行程约100万公里，足迹遍布祖国大地。

目前，詹万生正在主持"十一五"课题——整体构建学校、家庭、社会和谐德育体系的研究与实验。他计划在退休前率领他的学术团队完成《和谐德育》实验教材15册与《和谐德育论》专著的研究编写工作。毕生追求，无怨无悔，詹万生在德育研究领域硕果累累，新闻媒体因此称他为"中国德育第一人"。

饱含深情忆师恩

"我永远不会忘记家乡对我的恩情，我会不遗余力，怀着报恩的心情回报家乡，回报生我养我的这片土地。"在北京北三环中路中央教科所一间简陋的办公室内，詹万生深情地对记者说。通过镜片后面那双澄澈的眼睛，记者立刻感受到了他对家乡的眷恋。

詹万生不仅怀念家乡的青山绿水，更想念曾经帮助过他、支持过他、鼓励过他的恩师。"小学老师季秀美是全才，拉二胡、吹笛子、编快板、堆泥塑、画画，季老师样样精通，对我后来综合素质的培养大有裨益。"年近花甲的詹万生在追思近半个世纪前的小学老师时，仍然记忆犹新，饱含感情。"我曾经写过一篇文章，《回忆我的恩师季秀美先生》。那是因为季老师去世的时候，我不知道，后来我就……写了……"口才流利的詹万生说到这里，表达不再那么顺畅。他仰起头，沉思了两秒钟，尔后看了眼记者，摘下眼镜，用双手按住了眼睛。那一刻，记者立刻想起了艾青那首著名的诗句：为什么我的眼里常含着泪水，因为我对这土地爱得深沉。

小学班主任季秀美、蓝瑞卿老师，中学班主任赵育民老师，师范学校赵振东老师，詹万生都念念不忘。詹万生坦陈，自己的文学功底起源于赵育民老师的影响，上大学和留校得益于赵振东老师，对学术的执着追求源于宁致远、江平老师深厚学养的滋润。当过学生，也做过老师，詹万生更能体会师生间的那份特殊的感情。

1995年，詹万生组织中学毕业30年同学聚会，当时，在詹万生的带领下，同学们分别地、深深地给赵育民老师鞠了一躬。

詹万生心系家乡建设，他力倡延庆建立科技开发区，曾经帮助引进百余协会到延庆发展，并发起成立"延庆经济促进会"。詹万生老师还有一个梦想，他想建一座中国德育馆，建在雄伟的八达岭长城脚下，他希望自己钟爱一生的事业能够在家乡生根开花。

不愧"十年磨一剑"

魏英敏　光明日报　2009年06月24日

詹万生等著《和谐德育论》，不愧"十年磨一剑"。

作者和他的团队深入大中小学校调查研究，调查样本涉及23个省市的225所学校，12500名学生。他们运用整体和谐的思想方法，分析学校德育工作和学生思想道德素质现状，先后撰写并发表了《我国各级各类学校德育现状调查研究总报告》及45份分门别类的调查报告。在这个基础上，詹万生提出并主持了"整体构建学校德育体系研究与实验"课题，纳入国家"九五"和"十五"两个五年教育科研规划中的重点项目，前后历时十年之久，创立了和谐德育的理论体系和实践模式。

"和谐德育"的提出，不但纠正了以往德育理论认识上的片面性，而且深化了德育概念的内容，这就是"五要素"说，即政治教育，思想教育，道德教育，法纪教育，心理教育。使德育成为真正的德育，把德育本质的和谐特性，完整无缺的揭示出来。把德育理论与实践推向一个更高的水平线上，为各级各类学校的德育工作从盲目性走向科学性，从零散性走向系统性，从随意性走向规范性，提供了理论指导与实践模式。

《和谐德育论》全书分上中下三篇，上篇和谐德育理论构建，中篇和谐德育体系构建，下篇和谐德育实践探索。全书共计十章。上篇三章讲和谐德育思想渊源、基本理论、时代价值，中篇三章讲和谐德育的目标内容、途径方法、管理评价的体系构建；下篇四篇讲学校、家庭、城市社区和农村社区和谐德育的实践探索。

作者们从中西文化典籍中寻找和谐德育的思想渊源，为此开辟专章专节不吝心血，耙梳、整理、筛选，最终归结为人与自然，人与社会，人与自身和谐的三位一体的马克思主义的和谐观。以此作为构建和谐德育基本理论的指导思想。和谐德育理论框架与结构，运用多学科知识加以构建。诸如哲学、伦理学、文化学、社会学、心理学等，令人感到底蕴深厚，视野开阔。接下来，作者给和谐德育作了一个解释性的界定，并多视角、全方位的论述了和谐德育诸方面，同时提出和谐德育的实践原则：以人为本的原则、整体和谐原则、继承创新原则、服务实践原则。和谐德育四原则毫无疑问是一种新见地，见前人之未见，发前人之未发。至于和谐德育体系的构建和德育实践探索，作者们用系统和谐理论和辩证思维方法，把小学、中学、大学德育目标、内容、途径和方法纵向衔接起来，把家庭、学校、社会（社区）横向贯通起来，大有"立体交叉"、和谐衔接之感。

（魏英敏，系北京大学教授、博士生导师、中国伦理学会原副会长、中国社会科学院应用伦理研究中心研究员、中国伦理学会德育专业委员会顾问）

大国总理的教育忧思
——访问中央教科所詹万生教授

搜狐网、宣讲家网《第一时评》节目主持人 2009年10月22日

主持人： 网络在线的观众朋友们大家好，您现在收看的是由宣讲家网、搜狐网、世界社会主义研究中心共同主办的《第一时评》节目。中华民族有着五千年的灿烂文化，谈到教育，可以追溯到孔子的春秋时代，孔子以教育为己任，他曾经有学子三千，其中成绩优异的也有七十二人，像以品德好而闻名的颜渊、以政治见长的子路；还有子夏、子游等等——

从孔子春秋时代的聚徒讲学，到今天中国规模数量空前大发展的同时，仍然存在令人不满意的缺失。引发了国家总理和每一位中国人，对当前教育的深刻反省。著名科学家钱学森在病榻中曾五次叩问温总理："为什么现在我们的学校总是培养不出杰出人才。"这是一句令很多中国人感到震撼和深刻思考的重要问题。针对当前中国教育和改革的现状，今天我们请来了中央教育科学研究所德育研究中心詹万生主任，围绕温家宝总理最近在北京三十五中针对教育改革等问题的重要讲话与广大网友展开深入探讨。詹主任您好！

詹万生： 你好！

主持人： 温家宝总理在北京三十五中与同学连续上了五堂课，而且这五节课听得非常的认真，并且还作了重要讲话。首先我想请问您对此有什么感受与评价？

詹万生： 我认为一个大国总理，日理万机，这种情况下还可以挤出时间到一个中学去连续听五节课，非常令人感动。当时我也看了这个新闻报道，看了以后我们觉得真应该向温总理学习，我们的教育部长、教育厅长、教育局长、学校校长，包括从事教育科研的工作者都应该学

习温总理对待教育工作有高度的责任感和使命感,真抓实干,深入基层、深入第一线、深入学校、深入课堂,对当前我国教育事业的大发展具有重要推动作用。只有脚踏实地调查研究,才能了解到教育的真实情况,才能指导教育的改革和发展。所以我认为这具有重要的意义。

其重要的意义,体现在三个方面:

第一,这表明了党和国家对教育的高度重视。温总理,那么忙,他处理国家重要事务,日理万机,还要到北京第三十五中去听课,这说明了温总理对一线教育的高度重视。因为经济要发展,教育必须先行,教育是我国经济社会发展的重要基础。教育要发展,教师是关键。因此温总理非常关心学校、关心教师,可见国家对教育改革和发展的高度重视。

第二,彰显教育的重要地位。教育自从新中国成立60年来,特别是改革开放以来的30年,教育事业取得了令人瞩目的巨大成就。前不久教育部袁贵仁副部长主编了一本很厚的书,叫做《教育大国的崛起》。总结了改革开放三十年来中国教育的发展、巨大的成就。教育的地位也随之不断的攀升。先是从国民教育,教育是整个社会发展的基础。又是社会主义现代化建设的战略重点的地位。然后又提出了科教兴国和人才强国的战略。这些都表明教育的价值和地位,不管是在关键层面上还是在实际层面上都在不断的升值。温总理这次到三十五中去,也表明了他对教育战略重要地位的高度重视。

第三,说明温总理非常关心教师。因为他在听课以后,与三十五中教师一起座谈,感觉非常的亲切。他对教师的工作给予了充分的肯定和赞扬。但温总理也指出了教育存在的一些不足之处,包括教材中存在的一些问题。他都点得非常的准确,好像他就是一个教育家,就是一个教育局长,就是一个校长在那里和老师们座谈,娓娓道来,他每一堂课都认真地做笔记。温总理不仅关心教师业务的成长,还关心教师的思想进步和教师生活问题,教师的待遇问题,工资问题,住房问题等等。

主持人: 您认为温总理对课堂的点评很到位吧?

詹万生: 对。他就像一个校长和教育局长似的能够做到明白细致的讲评,我们不能想像一个大国总理能够这样细致入微、深入浅出地、入情入理地给老师们讲述,我当时看了电视新闻报道以后,非常的敬佩和信服总理的精力和学识,以及对教育的关注。因此我认为总理到三十五中听课、考察座谈这一系列活动具有重要的意义。现在我们正在制订中国教育改革发展中长期规划的纲要,他也是为这个纲要做一个调研。我觉得这必将对中国的教育改革发展产生重要的推动作用。

主持人: 温家宝总理在三十五中的讲话中特别强调了爱国教育、乡土教育等等。您觉得温总理在当前做这样的讲话有什么样的意义?

詹万生: 他在三十五中的讲话中突出的一点就是提到爱国教育和乡土教育。我觉得这个思想和我们党历来的精神是一致的。比如说党的十七大报告中就明确指出"育人为本、德育为先"八个字。总理强调的爱国教育正是德育为先的一个重要体现。因为爱国主义教育是德育的一个永恒的主题。在中国上下五千年的文明发展史中,形成了以爱国主义为核心的团结统一、爱好和平、勤劳勇敢、自强不息的伟大民族精神。文件甚至指出,要把爱国主义和民族精神的教育纳入国民教育的全过程,纳入精神文明教育的全过程。从小孩一直到大学,甚至研究生都应当进行爱国主义教育,纳入教育的全过程。我觉得这一点温总理是说到德育工作的最重要的一部分。说到民族文化和民族精神,可以说是源远流长的。如果追溯,可以追溯到《尚书》和《易经》。《易经》曰"天行健,君子以自强不息;地势坤,君子以厚德载物"。我认为这应该是中华民族精神的历史源头。现在我们党总结中华民族以爱国主义为核心的民族精神,也离不开历史的渊源。

什么是自强不息?自强不息就是自力更生、艰苦奋斗、发奋图强、开拓进取、不断创新的精神。也是我们的时代精神。什么是厚德载物呢?就像大地一样的宽广胸怀,能够承载万物、承载一切。是一种敦厚的品格,一种宽厚的品德。一个国家、一个民族需要这个精神,一个人也需要这个精神。一个人要走向成功,没有自强不息的精神和厚德载物的品质是不可能的。一个国家要强盛、要富强、要发展、要振兴,一定要有自强不息和厚德载物的精神。这是我们学校德育中一个常抓不懈的永恒主题。

说到这里我们自然联想到我们刚刚度过了新中国六十华诞的庆典。新中国成立六十年以来,取得了举世瞩目的辉煌成就。我已经两次参观了新中国成就展览,国庆节前去看了一次,18号又看了一次,我们中国伦理学会德育专业会长会议,全体同志都去参观了,我还非常激动地写了一首诗。我说这个展览以后撤展了以后,这个资料应该保存,每个人还赠送一个光盘,这对青少年教育,将来是一个非常宝贵的资料,一定要好好的珍藏,以后用于我们的教育实践中去。

这里面我们展示的辉煌成就,国家经济实力和综合实力的增强,我国人民生活的显著改善,社会文明程度的大幅提升,国际地位的空前提高,应该使我们每一个中国人都扬眉吐气。波澜壮阔的历史变迁,翻天覆地的变化,激励着每一个中华儿女,我们为祖国的强盛和欣欣向荣倍感自豪。同时,要教育我们的下一代,教育我们的青少年学生爱国。国庆盛典的光盘、辉煌六十周年的展览、百部爱国主义影视片、百个爱国主义歌曲、百个爱国主义基地我都参加过评审,这些都是为各级各类学校,从小学到大学进行爱国主义教育的生动教材。温总理在三十五中特别讲到爱国教育,是值得我们高度重视的。

他同时还讲到乡土教材。爱国应该从爱家乡做起。温总理讲的乡土教材就是揭示了德育的真理和德育的规律。因为谁都眷恋自己的家乡,因为家乡是生我养我的一方热土,她的风光、人文景观、当地的英模人物、经济发展建设的成就,形成了当地的地域文化。这个地域文化,你回到家乡以后,我们确实倍感亲切,不管你在哪里工作。你节假日回家看望父母,观看家乡的巨大变化,你内心热爱家乡的感情都会油然而生。当然,我们中国之大,960万平方公里,31个省市自治区,再加上港澳台,我们300个市,2700多个县,每一个地方都有地方特色,所以乡土一定要有地方文化的特色。比如说既有像井冈山、遵义、延安、西柏坡这样的革命圣地孕育的红色文化。又有像深圳、珠海、青岛、大连等最早开放的14个沿海城市所形成的改革开放文化。这些地方的人们自然会感受到改革开放带来的巨大变化,也会深受鼓舞,这也是当地的乡土。也有一些边远地区,如新疆、西藏、内蒙、贵州、云南等少数民族聚集的地方,这里面有丰富多样的少数民族文化。汉族离不开少数民族,少数民族离不开汉族,民族团结,共建我们自己美好的家园,以此为主题的乡土的教材也是很好的。

这些年由于工作的需要，我在全国30个省市自治区有150个实验区，有6000所实验学校，所以我经常要到全国各地去，每年至少出差50趟，差不多每周一次，我们就能够看到当地的教育、德育、特别是各个地方特色的教材。因为现在有国家教材、地方教材，还有校本教材，我们也支持地方编写地方的乡土教材，也支持学校编写自己本校特色的教材。比如说我前不久去广东省的中山市，中山市是我们民主革命伟大的先行者孙中山先生的故里。他们那里的德育特色就是爱国主义教育。很多孩子因为这个教育，使他们进步了、成才了、发展了。所以，爱国的教育要把热爱祖国和热爱家乡很好的结合起来。我们应该按照总理的要求去搞好我们的爱国主义教育。

主持人：温总理提到他在河南南阳，在黑板上写出三句话，爱父母、爱老师、爱南阳。不仅如此，他还认为这就是思想教育。思想教育与爱的教育相提并论，这与过去意识形态的灌输相比，这是否是一种突破？

詹万生：是的，我认为总理讲得非常好。刚才我们说到爱祖国，爱祖国要从爱家乡做起，爱人民就要从爱父母、爱老师做起。总理不仅关心爱祖国、爱家乡，还要关心爱父母、爱老师，这就是德育最重要的地方。德育的内容是十分的丰富。我们再不能讲过去的"高、大、空、远"的东西，应该是主张"近、小、实、亲"，近，就是贴近生活、贴近实际、贴近学生；小，就是从小处着眼，从小处着手，从小事做起；实，就是实事求是、讲求实效。亲，就是要亲切感人、可亲可信、亲身践行。总理讲的这个确实是体现了新时期的德育的理念。对过去简单的意识形态的灌输和"高大空远"的东西是一种改革，是一种突破。我同意你这个观点，这涉及到当前思想道德教育的改革问题。

刚才说到爱祖国、爱家乡，现在又讲到爱父母、爱老师，其实德育的内容是十分丰富的。他包括道德品质教育、思想政治教育，遵纪守法教育，也就是法制纪律教育，再一个是心理健康教育，这样几个方面。仅就道德品质教育而言，它包括社会公德、职业道德、家庭美德和个人品德，我们称为四德，思想政治教育就是世界观、人生观、价值观、荣辱观这方面的教育。遵纪守法，就是要求知法懂法，增强遵纪守法的意识。做人要从爱父母、爱老师、爱同学、爱身边的人做起。不可想象一个连父母都不爱的人能够爱他人、爱人民？连家乡都不热爱的人，你就说我爱祖国、爱人类，恐怕也是没有人会相信的。所以我们在中华民族的传统教育中，历来都是非常重视中华民族传统美德教育。刚才我们谈到了孔夫子，他是春秋战国时期的大思想家、大教育家，是儒家伦理的创始人。孔子的思想是以仁为核心。"仁者爱人"是最核心的解释。孝悌为人之本、忠恕为人之道。以仁爱思想为核心，孔子总结了十二个德目，过去的文言文都是一个字一个字的，叫做恭、宽、信、敏、惠、刚、毅、木、讷、勇、敬、俭。恭就是恭敬，宽是宽容，信是信誉，敏是敏捷，惠是恩惠，刚就是刚强，毅是坚毅，木讷，是说行动要敏捷，语言要迟缓一点。不要做语言的巨人，行动的矮子，不要夸夸其谈，不要言行不一致。俭是勤俭，俭以养德。这些思想都是值得继承弘扬的优秀传统道德。

中华民族的传统美德源远流长、博大精深。历代哲人不断总结概括，不断发展。刚才讲了孔子的思想，孟子后来又发展了，概括为四德，仁义礼智。恻隐之心人皆有之，恭谨之心人皆有之，羞恶之心人皆有之，是非之心人皆有之。恻隐之心就是仁，羞恶之心就是义，恭谨之心就是礼，是非之心就是智。人要有仁义礼智四德。汉代的时候董仲舒又加了一个字——信。就是诚信。其实孔子早就提出过信，再往前推，西周的思想家周公，也提了信。再后来的思想家再总结，就是忠孝仁爱、礼义廉耻这种传统道德，是非常之丰富的，我们专门讲这个也讲不完。概括的说，传统文化中有丰富的教育内涵，为我们当代的德育积淀了厚厚的文化底蕴或者文化基础。我们不仅要很好的继承，同时还要赋予时代的内涵，给予其时代的特点。我们不管是对传统文化还是对马克思主义都应当是与时俱进的，要中国化、时代化、大众化。这些都是我们德育的主要原则。

刚才我们是从温总理爱父母、爱老师讲起了这一番话，再回到这个话题上来，温总理说爱父母，在我们目前德育的教材中也都有这方面的内容。不像过去高大空远，已经贴近生活、贴近实际了，在教材上也看到了这些。我曾经主编了一套实验教材，统称《德育》，从小学一年级到大学毕业，每个年级一册。例如孝敬父母的教育，在小学六个年级，每个年级有一课。小学一年级："记住爸爸妈妈的生日"。我们现在都给孩子过生日，有几个孩子能记住爸爸妈妈的生日呢？所以我们给孩子过生日的同时，也让孩子想到爸爸妈妈的生日。小学二年级："自己的事情自己做"。现在的孩子收拾书包都是让爸爸妈妈代劳。有的孩子今天上美术课，回来以后跟爸爸妈妈生气，说你为什么不给我带水彩，让我上美术课很尴尬。这是你自己的事，你自己不准备怎么让爸爸妈妈准备。包括穿衣服、穿鞋、女生梳小辫。小学三年级："当爸爸妈妈不在家的时候"。来了客人怎么办？来了陌生人怎么办？小学四年级："我当一天家长"。礼拜日的一天，你说我今天当家长，跟爸爸妈妈说你们都休息，早上起床我收拾房间，我去买菜，回来我来做饭。小学五年级："单独走一次亲戚"。现在的独生子女都有"四二一综合溺爱症"，不太懂得关心别人，亲情关系淡漠。要让他们自己走亲戚，更多的感受这些亲情。小学六年级："我和爸爸同上一天班"。这个主题被中央电视台十二频道的教育台发现了，在演播室作了一台节目，场面十分感人。通过这个活动，孩子们能感受到父母在工作岗位上的辛苦，增强了孝敬父母的思想感情。孝敬是做人的根本，是一切道德的基础。古往今来人人都是父母所生、父母所养，父母对儿女的慈爱是人性的自然流露，儿女对父母的孝敬是天经地义的，是人性的根本，是亲情的回报，是人文关系的传承。所以我国的孝文化是源远流长的，上溯到三皇五帝，二十四孝图里面第一孝就是文王。历代的思想家都有过总结和概括，孔子就说"孝悌者，为人之本也"。认为孝是众德之首，百善之先。传统文化的经典里面都有这些内容。我们现在要有时代感，剔除封建时代的糟粕，在现代社会中仍然可以继承和发扬传统文化中孝敬的观念和其他的内容。所以，温总理谈到要爱父母，这一点很重要，是我们一切道德教育的基础。总理说到点上了，我们按照总理的要求继续把我们的工作做好。

主持人：詹主任讲得非常好，听了您的讲解让我们受益匪浅，温总理指出学校要坚持以人为本的办学理念，以"依靠人、为了人、服务人"为基本出发点，尊重学生、关爱学生、服务学生，发现和培养学生的兴趣和特长，您认为怎样才能做到这一理想教育？

詹万生：关于以人为本的提出，专家学者们早在八十年代到九十年就有不少的论文和学术研讨。但是真正写入中央文件的是二十一世纪之初的2002年的《公民道德建设实施纲要》首次提出，后来胡锦涛总书记提出了以人为本，全面协调和可持续发展的科学发展观。从此以人为本就高扬在我们党的旗帜上。我们在教育上更要始终坚持以人为本。因为教育本身就是培养人的事业。培养我们国家一代又一代的合格建设者和可靠接班人,这就更要坚持以人为本,推动我国教育事业的全面发展。

以人为本是我们中国教育改革和发展的一个最根本的指导思想。我们提出要一切为了学生,为了一切学生,为了学生的一切。要为了学生,就必须爱学生,爱是教育的本质,没有爱就没有教育。不可想象一个教师冷酷、对孩子没有爱心却能成为一个好的老师。所以作为教师一定要有爱心,这是教师职业的灵魂。教师要充满爱心,要关爱每一个学生的生命健康,关爱每一个学生的成长进步。对学生首先是关注生命健康。四川汶川地震中遇难的那个老师的形象,挖出来以后还抱着学生,把学生抱在自己身边,保护学生,这就是教师的天性,教师的伟大人格就在于此。我们过去也曾经有过一些误区,那里着山火了,老师带着一帮孩子去救山火,这是不可以的。你首先要保护好孩子的安全和健康。因为救火那是成人的事。未成年人不应该去负这个责任。所以老师就是要爱学生的生命健康,使他们安全、使他们身心健康。在校园里面避免校园暴力,这都是很重要的。因为孩子的父母托付给学校了,你就是在学校的父母一样,像爸爸妈妈那样关心每一个学生,同时关爱学生的成长进步。我认为成长进步是指他的全面发展的成长进步,而不仅仅是指他学习成绩的进步。我们的老师更要特别关注学生的全面发展。

首先,要尊重学生的人格,不讽刺、不挖苦,不搞心理暴力。现在体罚的现象已经很少见,个别的地方也有。但是心理暴力有时候在抬头。有时候老师觉得恨铁不成钢,要给学生一点压力。可能一开始是出于好心,但是有时候做过分了,那性质就变了。前不久我在一个网上和刊物上看到一个学生跳楼自杀了。什么原因呢?这个学生小学刚升入初一,这个中学是一个重点中学。很多尖子学生都考到这里来了,按说小学升初中是不允许考试的,但是它用各种手段办法把优秀的学生集中到这里。其中有一个女生在小学本来也是很优秀的学生。上了中学以后,只因为她长得不那么漂亮,同学老拿她开玩笑,给她起了一个绰号叫"校花"。久而久之孩子的心理压力很大。老师不但不批评大家对她的讽刺,反而让她写检查。一个学期连写了六次检查。而且每次检查必须超过一千字。这也太难为学生了,检查为什么非得要一千字?一个学期写六次检查,学生要承受多大的压力?最后学生跳楼了。所以我们首先要尊重学生人格,杜绝心理暴力。

第二,要有"五镜意识"。①望远镜的意识。要着眼于学生的发展,展望学生的未来,规划好学生的未来。我们用双手托起明天的太阳,你看着孩子都是很可爱的,觉得他未来要成什么材、什么器,当老师的多高兴?所以要给学生规划好的未来,让学生看到长远的发展。②放大镜的意识。要善于观察学生的优点、长处,他的进步和变化,哪怕有一点点的进步都要放大,觉得这个很棒,一定要给予学生鼓励、给予支持。要善于发现学生的闪光点,要激励学生。③显微镜意识。善于仔细的观察学生存在的毛病、缺点,使他防微杜渐。我们有一个优秀的老师跟我交谈,一个孩子有一次进教室,他违反了课堂纪律,老师就批评了他,他还不服,就顶嘴,后来任课教师给他的班主任说了。班主任找他谈话,要求他向老师承认错误。这个同学勉强说行,我承认错误。班主任说:那好,你怎么承认错误,给我演习一遍。这个学生轻描淡写地承认了错误。班主任说：你这个不行，通不过。我告诉你，鞠躬一定要90度，你做的这叫点头，不叫鞠躬。又说我给你做一个示范，深深的鞠了一个90度的躬。学生经过班主任的指点，他跑去找任课老师，学着班主任的样子深深鞠躬，说老师我错了，请您原谅我。这个老师觉得这个孩子态度这么好，认错这么诚恳，所以老师以后对他更加的爱。我们看看这位班主任言传身教，细致入微。④三棱镜意识。我们要从不同的侧面来观察学生，三棱镜反射学生的各个方面我们都要看到。⑤平面镜意识。要客观公正的面向全体学生，不要对学生有偏爱或者是有不公平的地方。温总理讲的爱，一切以人为本，要爱一切学生，要充满爱心。我觉得要细致讲起来，这个爱心是有很多可以去理解的、去学习的地方。

第三，要善于激励学生。要发现学生的闪光点，因为每一个人都有优点。这就用到孟子的一句话，教育恰如"泉之始达、火之始燃"。泉水本来是沿着岩石的缝隙流到低洼的地势积存起来。你看到了，开发了，它就奔涌出来。人本来就有"仁义礼智"的潜能，如果你发现了，你去开发他、引导他，他就像泉水一样奔流，像火一样点燃。所以我们要鼓励和激励学生"我能行"。

主持人：詹主任刚才说得非常对，没有爱就没有教育，这是温总理在三十五中的讲话。温总理也十分关心学生们的健康成长，他提出了塑造和谐的心灵。请问当前的教育都有哪些不和谐的因素？怎样才能培养一个学生健康和谐的心灵？

詹万生：这是一个十分重要的问题，也是温总理对教育忧心忡忡的关键性问题。因为我们素质教育讲了二十多年。作为党中央和国务院的行为来推动素质教育也已经是十年了，然而应试教育还是愈演愈烈。重智育、轻德育，重知识传授，轻能力培养，重课堂教学，轻社会实践。我们叫"三重三轻"，这三重三轻仍然在一些地方的学校中还存在着。这就是一个不和谐的问题。学生的健康应该是全面发展的。有时候死记硬背知识，能力不够，即便上了大学，走上工作岗位也不行。你的考分挺高，但你的品德不怎么样，不合群，不能跟同事共事，没有团队精神，没有艰苦创业精神，更没有远大的理想和抱负，你怎么能够成就事业呢？这种不和谐应该要解决。如何要解决？我的观点是："要两手抓，两手都要硬"——借用邓小平同志的话。一手要抓高考改革；一手抓加强和改进德育工作。高考改革我后面再说。关于加强改进德育工作，党和政府其实已经三令五申，出台了一系列文件，而这些文件我在中央教科所工作十八年，我都经历了，很多文件我都是参与起草和制订的。所以，对这个问题，好像是我们的责任，我们是教育工作者，特别是教育科研工作者，要研究这些问题，我们自身也有一种责任感，怎么能够使教育和谐起来，使学生的身心和谐起来，德才和谐起来。所以我自八五规划以来一直致力于整体构建学校德育体系的研究与实验。从八五、九五、十五、到十一五，已经是将近四个五年规划了。在这个过程中，我们形成了和谐德育的理论体系和实践模式。现在十一五规划我承担着全国教育科学的课题，叫做和谐德育的研究与实验，已经出版了《和谐德育论》的理论专著，也编了《和谐成长》的实验教材，从小学一年级到高中、到中职，一共十五册。在全国建立了一百多个实验区，几千所学校，有万名教师和百万学生参与了这项研究与实验。

和谐德育，是和谐文化的重要组成部分，是为构建和谐社会奠定思想道德基础的。主要内容包括以下六个方面：第一，和谐发展的素质教育观，什么叫素质？什么叫素质教育？我就不展开了。第二，学生身心健康和谐。已故不久的国学大师季羡林先生在病床上提到和谐还要包括学生的身心和谐。第三，教师学生双主体和谐。第四，学校、家庭、社会三教和谐。第五，知、情、意、行四环节和谐。德育既要晓之以知、授之以理，更要动之以情、导之以行，这就是我们德育的理念。第五，德智体美劳五育和谐。第六，德育体系横向系统六要素和谐，纵向系统六学段和谐。横向六要素指德育目标、德育内容、德育途径、德育方法、德育管理、德育评价，六要素要和谐。纵向系统是从幼儿园、小学、初中、高中（含中职）、高等学校（含高等职业院校），还有研究生阶段。这六个阶段要纵向和谐衔接。整体构件德育体系，生成了和谐德育的理论体系。我们贯彻总理的和谐教育的思想，我们正在努力实践着。

主持人：感谢詹主任刚才给我们讲了六项大的和谐。我们对和谐又有了一个新的了解。温总理关注到我们中国现在在教育领域没有出现大家、大师级的人物，而且总理还特别提到了，中国没有获得诺贝尔奖这样突出的人才。究竟是教育制度体制有问题还是其他什么原因？您觉得问题出在哪里？

詹万生：这个问题我们同温总理的想法一样，也是深感忧虑、责任重大。实施科教兴国、人才强国战略关键在人才，人才的培养关键在教育，我们没有培养出大家大师级的人物，更没有诺贝尔奖的获得者。最近获诺贝尔奖的有两个美国经济学家，其中有一个和中国的学者有很多的交流，他常到中国来。但是我们国内的学者却没有获此殊荣。究其原因也是很复杂的。在我看来有这么几点：这跟我们教育的制度和体制有关，但是不能简单化的说是我们的制度和体制出了什么问题。还要具体分析，从不同的教育阶段来说：第一，中学的阶段，高中以高考为指挥棒，考什么教什么，不考的就不教了。学生学习的知识是不全面的。比如挖井，你要挖多深，你的口就要有多大。就好像普及和提高似的，你没有一定的普及，你就不可能有提高。你没有大量的优秀人才，你不可能出现出类拔萃的。宝塔尖，底座越来越大，最后出现几个拔尖的人物，所以基础教育打不牢是不行的。如果基础教育只是追求升学的教育，千军万马过独木桥，压抑了学生的学习兴趣。死记硬背、负担过重，压抑了学生的个性和创造性的思维。都是一个标准答案，不允许你求新求异，把大家的思想都禁锢了。这是一个很重要的原因。这涉及到应试教育的问题。第二，高等教育统得过死。因为我离开高校十八年了，我以前也在首都师大工作过。我也对这个情况有一些了解，现在时过境迁，发生了很大的变化，虽然我在搞科研，也接触了很多高等院校的情况。校长没有办学自主权，学校的呼声还是很高的。包括招生、包括学科设置，博士、硕士的学位设置等。这几年是高校发展的机遇期，招生规模空前扩大，实现了大众化。但是盲目扩大规模就忽视了内涵发展，降低了大学的质量。这不是怪哪个人，不是批评谁，但是总体来说，中国的大学目前质量有一点降低。再一个，高校成了一个小社会。小而全大而全。学校的领导难以把主要的精力用于抓教学科研。他要考虑到我哪要扩建了，要建大楼了，我哪要拉钱去了，要贷款去了。很多都是这种状况。再有，高校也是官本位，是官员办学，不是教育家办学，或者少有教育家办学。教育部的直属高校都是教育部任命，很多都是教育部司局长下来的，他没有教学第一线的经历，自己也不是某一科领域的专家。我们没有教育学的院士，这对中国教育发展十分不利。现在主要研究项目都是领导把持的，但是领导不一定都是这个领域里面拔尖的、可以具有院士条件的人物。所以缺乏学术民主和学术自由之风。

评教授、博导也是急功近利，高校也出现一些腐败或者是学术腐败问题。这些都不利于我们拔尖人才的培养。所以需要亟待改革。

主持人： 詹主任，温总理表示，我们正在研究制订《国家中长期教育改革和发展规划纲要》，在上面第一个问题您也提到过。您觉得这对中国教育的发展有什么作用？而且您是德育教育研究的专家，请问您本人会对此纲要的制订有什么样的意见和建议呢？

詹万生： 关于中国中长期教育改革发展纲要，我也参与了一部分工作。我们中央教科所所长率领一批专家都投入了这方面的工作。我觉得它对于我们实施科教兴国和人才强国战略具有重要的意义。因为经济要发展，教育要先行，教育是在国民经济中趋于战略地位和基础地位发挥着重要的作用。因为发展需要人才，没有人才怎么行？人才就需要靠教育培养。我们到2020年建党一百年的时候，或者到2050年建国一百年的时候，我们有一个很高的社会经济发展的期望值。我们要步入中等发达国家水平，或者是世界强国的水平。当然我们现在已经有了很好的基础。但是再过二十年是一个什么状况，那是我们都可以去预测、去展望、去宏观的思考。这一切都需要人。再过二十年，现在的大学生再过二十年，就是这个社会的中坚和骨干力量。所以十年和二十年的发展纲要对一个国家的教育发展是至关重要的，是具有前瞻性和纲领性的文件，所以十分重要。

至于我有什么想法和建议，在制订纲要中多次讨论，我也提过了几点。我认为重要的是要有两点：第一，要处理好教育公平与拔尖人才培养的关系。一方面要做到学有所教，只要想上学，就有学上，要普及九年义务教育，北京上海大城市还要普及十二年高中教育。这叫做普及，或者是教育的公平，还包括老少边穷地区、弱势群体的教育问题，进城务工子女的教育问题。要考虑到社会的和谐和稳定。在此基础上要重视拔尖人才的培养。拔尖人才是在普及的基础上成长发展起来的。不要平均使用力量，一方面要学有所教，另一方面更要教有所长、学有所长。这样才能出现拔尖人才。要鼓励和支持各级各类的拔尖人才脱颖而出。第二，要处理好应试教育和素质教育的关系。高考是选拔人才不可缺少的办法，现在我们找不到更好的办法，就要实行高考。但是必须改革。改变一次高考定终生的制度。要实行德智体美综合素质全面考核录取的制度。这当然是很难的，因为德育、美育不太好量化。但必须找到适当的办法来解决这个问题，已经是迫在眉睫了。只有这样才能培养出合格加特长的优秀人才。你首先要合格，合格再加一个特长。一招先，走遍天。你必须要有自己特殊的地方，别人不能取代的地方，你在这个领域就是专家，你就是拔尖。

另外还有一个建议，我们要多鼓励我们的教师。教师队伍是我们全国360行当中素质相对较高的人群。应该多鼓励，有人说教师是太阳底下最光辉的职业，要让他们感到自豪，能够感受到职业幸福和快乐。我们打一个比方，比如说文艺界，经常是各种各样的比赛、各种各样的荣誉奖。国家有金鸡奖、百花奖等，电视台、不同的新闻媒体、文化团体还自己设计了种类繁多的奖项激励这些人才的成长。而我们教育则相对于文化艺术界差得太远。我们每年都过教师节。我们表彰了几个教师？全国最多十个，十佳什么。我们一千多万教师，优秀人才多得是。甚至公安干警也表彰英模，但是公安干警又出了多少问题呢？最近重庆的事件又说明什么问题？当然哪一个地方都有优秀的、先进的，也有不怎么样的。但是教师这个团队绝对是在各个行业里面整体素质最优秀、最好的。可是对他们的激励、表扬太少。培养拔尖人才的人也需要鼓励，也需要给他创造氛围、创造环境，拔尖人才才能够成长发展起来。

主持人：感谢您的讲解，也非常感谢您做客《第一时评》。本期《第一时评》就到这里，感谢您的收看，再见！

附录二

出成果 出经验 出人才
德育科研成果丰硕

——和谐德育研究的成果目录（1980–2010）

在德育研究的沃野上，詹万生勤于耕耘，笔耕不辍。自1980年发表第一篇论文到现在，共发表文章200多篇，其中学术论文130篇（核心期刊40篇），学术报告20篇，决策建议6篇，工作讲话14篇，序与书评30篇；出版著作100多部（套），其中独著与合著理论专著15部，主编与总主编教材40套，主编通俗读物30套，主编论文集10部，主编大型工具书4部，合作译著1部。他不仅自己著作等身，而且支持和鼓励课题组成员和实验区实验校的领导和教师走学者型、专家型道路。他制定了课题研究"出成果、出经验、出人才"的任务和目标，全力打造"六个一百工程"，大力推出原创性、继创性、精品性成果，大力推出时代性、规律性、实效性经验，大力推出管理型、理论型、实践型人才，德育科研成果丰硕。

一、詹万生发表的文章目录索引（1980-2010年）

1. 生产力发展是推动历史前进的根本动力，《首都师范大学学报(社会科学版)》，1980.2
2. 也谈人的本质——与朱居舟同志商榷，《首都师范大学学报(社会科学版)》，1982.3
3. 树立正确的荣辱观（合写），《道德与文明》（核心期刊），1983.3
4. 试论两种人的价值观的根本区别，《首都师范大学学报(社会科学版)》，1984.3
5. 道德宣传和研究要为经济改革服务（合写），《道德与文明》，1985.1
6. 教师道德研究的可喜成果，《道德与文明》（核心期刊），1987.1
7. 十年来对大学生进行人生观教育的反思，《中国高教研究》（核心期刊），1990.4
8. 试论"把德育放在首位"的理论与实践，《首都师范大学学报(社会科学版)》，1991.2
9. 试论中国人生哲学的历史地位和现实意义，《首都师范大学学报(社会科学版)》，1992.1
10. 浅谈人生观教育与政治观教育的相互关系，《中国青年政治学院学报》（核心期刊），1992.3
11. 笔谈：学习党的十四大文件精神（合写），《首都师范大学学报(社会科学版)》，1993.1
12. 学习西方先进文化与弘扬中华传统文化，《中国青年政治学院学报》（核心期刊），1993.2
13. 记中华民族传统美德教育工作座谈会暨第三届研讨会，《道德与文明》（核心期刊），1993.6
14. 论毛泽东对传统道德的批判继承思想，《中国青年政治学院学报》（核心期刊），1995.1
15. 中国古代思想史上的义利之辩与当代青少年学生的义利观教育，《吉林教育科学》，1995.2
16. 试论中华民族传统美德教育，《首都师范大学学报（社会科学版)》，1995.2
17. 爱国主义教育应注意层次性，《中国高等教育》（核心期刊），1995.2
18. 应当重视对青少年的环境道德教育，《自然辩证法研究》，1995.3
19. 高举爱国主义旗帜——学习《爱国主义教育实施纲要》座谈（合写），《教育研究》（核心期刊），1995.4
20. 德育的目标和内容，《高校理论战线》（核心期刊），1995.9
21. 市场经济的双重效应及其对大学生价值观的影响，《中国青年政治学院学报》（核心期刊），1996.2
22. 建设有中国特色的社会主义德育体系的指导思想——学习《邓小平文选》第三卷的体会，《德育新论》，首都师范大学出版社，1996.7
23. 解放思想更新观念 正确认识德育的五大关系，《德育新论》，首都师范大学出版社，

1996.7

24. 现代化建设 素质教育与德育工作的几点思考，《德育新论》，首都师范大学出版社，1996.7

25. 加强和改进学校德育工作的对策性建议，《德育新论》，首都师范大学出版社，1996.7

26. 有中国特色的社会主义德育体系的初步构想，《德育新论》，首都师范大学出版社，1996.7

27. 中华民族传统美德教育的兴起与展望，《德育新论》，首都师范大学出版社，1996年7月

28. 深入开展中华民族传统美德教育的几点思考，《德育新论》，首都师范大学出版社，1996.7

29. 中国传统人生哲学与当代青年人生观教育，《德育新论》，首都师范大学出版社，1996.7

30. 中国古代思想史上的义利之辩，《德育新论》，首都师范大学出版社，1996.7

31. 价值论研究的兴起与发展，《德育新论》，首都师范大学出版社，1996.7

32. 关于价值概念的定义，《德育新论》，首都师范大学出版社，1996.7

33. 价值论研究的几个理论问题，《德育新论》，首都师范大学出版社，1996.7

34. 价值观的涵义及其分类，《德育新论》，首都师范大学出版社，1996.7

35. 80年代大学生价值观研究的回顾与反思，《德育新论》，首都师范大学出版社，1996.7

36. 社会主义市场经济与大学生价值观教育的关系，《德育新论》，首都师范大学出版社，1996.7

37. 经济形式的多元存在与价值观教育的一元导向，《德育新论》，首都师范大学出版社，1996.7

38. 21世纪的文化战略与价值观教育的借鉴承扬，《德育新论》，首都师范大学出版社，1996.7

39. 现代教育的大德育观与价值观教育的系统工程，《德育新论》，首都师范大学出版社，1996.7

40. 正确认识个人与社会的关系，《德育新论》，首都师范大学出版社，1996.7

41. 培养良好的道德品质，《德育新论》，首都师范大学出版社，1996.7

42. 青少年犯罪与道德教育，《德育新论》，首都师范大学出版社，1996.7

43. 教师是教育方针的执行者，《德育新论》，首都师范大学出版社，1996.7

44. 关心集体、团结协作是教师职业道德的重要内容，《德育新论》，首都师范大学出版社，1996.7

45. 中华民族传统美德教育对教师素质的要求，《德育新论》，首都师范大学出版社，1996.7

46. 构建价值观教育的系统工程，《教育研究》（核心期刊），1996.11

47. 试论有中国特色的社会主义价值观，《中国青年政治学院学报》（核心期刊），1997.2

48. 贯通古今 融会中西 继承借鉴 发展创新 ——21世纪中国道德教育的大趋势,《教育研究》(核心期刊),1997.12

49. 有中国特色社会主义德育建设的伟大纲领 ——学习党的十五大报告的体会,《高校理论战线》(核心期刊),1998.1

50. 建设有中国特色的社会主义德育体系,《中国青年政治学院学报》(核心期刊),1998.2

51. 全面实施素质教育 加强改进德育工作,《湖南教育》,1998.15

52. 试论青少年思想政治教育,《中国青年政治学院学报》(核心期刊),2000.4

53. 21世纪中国德育课程体系之建构,《教育研究》(核心期刊),2000.12

54. 整体构建学校德育体系研究报告,《教育研究》(核心期刊),2001.10

55. 应建立德育活动课,《光明日报》(核心期刊),2001.2.22

56. 为决策服务 为实践服务 整体构建学校德育体系 ——全国教育科学"九五"规划国家级重点课题"整体构建学校德育体系的研究与实验"1997年开题会暨首届学术研讨会开题报告《整体构建德育体系引论》,教育科学出版社,2001年4月

57. 认真总结 坚定信心 深入研究 不断前进 ——全国教育科学"九五"规划国家级重点课题"整体构建学校德育体系的研究与实验"1998年会暨第二届学术研讨会主题报告,《整体构建德育体系引论》,教育科学出版社,2001.4

58. 认真贯彻落实全教会精神 继续深化课题研究 全面推进素质教育 ——全国教育科学"九五"规划国家级重点课题"整体构建学校德育体系的研究与实验"1999年会暨第三届学术研讨会主题报告,《整体构建德育体系引论》,教育科学出版社,2001.4

59. 认真贯彻两会精神 继续深化课题研究 为圆满结题而努力奋斗 ——全国教育科学"九五"规划国家级重点课题"整体构建学校德育体系的研究与实验"2000年会暨第四届学术研讨会主题报告,《整体构建德育体系引论》,教育科学出版社,2001.4

60. 聚会改革开放前沿 共商德育科研大计 ——全国教育科学"九五"规划国家级重点课题"整体构建学校德育体系的研究与实验"1998年会暨第二届学术研讨会开幕词,《整体构建德育体系引论》,教育科学出版社,2001.4

61. 中原大地菊花飘香 德育科研硕果累累 ——全国教育科学"九五"规划国家级重点课题"整体构建学校德育体系的研究与实验"1999年会暨第三届学术研讨会开幕词,《整体构建德育体系引论》,教育科学出版社,2001.4

62. 长江嘉陵滚滚东流 德育科研盛况空前 ——全国教育科学"九五"规划国家级重点课题"整体构建学校德育体系的研究与实验"2000年会暨第四届学术研讨会开幕词,《整体构建德育体系引论》,教育科学出版社,2001.4

63. 不断深化课题研究 推动中职德育工作 ——全国教育科学"九五"规划国家级重点课题"整体构建学校德育体系的研究与实验"中等职业学校学术研讨会开幕词,《整体构建德育体系引论》,教育科学出版社,2001.4

64. 为了共同的目标 ——全国首届民办学校德育研讨会开幕词,《整体构建德育体系引论》,教育科学出版社,2001.4

65. 良好开端 任重道远 ——全国教育科学"九五"规划国家级重点课题"整体构建学校

德育体系的研究与实验"1997年开题会暨首届学术研讨会总结讲话,《整体构建德育体系引论》,教育科学出版社,2001.4

66. 面向广大农村学校 不断推进课题研究 ——全国教育科学"九五"规划国家级重点课题"整体构建学校德育体系的研究与实验"1999年会暨第三届学术研讨会总结讲话,《整体构建德育体系引论》,教育科学出版社2001.4

67. 条块结合 纵向贯通 为圆满结题而努力 ——全国教育科学"九五"规划国家级重点课题"整体构建学校德育体系的研究与实验"2000年会暨第四届学术研讨会总结讲话,《整体构建德育体系引论》,教育科学出版社2001.4

68. "整体构建学校德育体系的研究与实验"第一阶段成果 ——《德育》系列实验读本的研究与编写意见,《整体构建德育体系引论》,教育科学出版社,2001.4

69. 《德育》系列实验读本修订意见,《整体构建德育体系引论》,教育科学出版社,2001.4

70. 运用活动课对《德育》系列读本进行实验的几个问题,《整体构建德育体系引论》,教育科学出版社,2001.4

71. "整体构建学校德育体系的研究与实验"第二阶段成果 ——《成长册》的研究与编写意见,《整体构建德育体系引论》,教育科学出版社,2001.4

72. 学生品德评价的理论与方法,《整体构建德育体系引论》,教育科学出版社,2001.4

73. 《整体构建德育体系总论》的研究与编写意见,《整体构建德育体系引论》,教育科学出版社,2001.4

74. 中等职业学校德育课程教学大纲编写意见,《整体构建德育体系引论》,教育科学出版社,2001.4

75. 深化研究 转移重心 为最终结题而不懈努力 ——在总课题组和实验区负责人工作会议上的讲话,《整体构建德育体系引论》,教育科学出版社,2001.4

76. 《构建跨世纪小学德育体系》序,《整体构建德育体系引论》,教育科学出版社,2001.4

77. 《中小学德育体系的整体构建》序,《整体构建德育体系引论》,教育科学出版社,2001.4

78. 《主题班会理论与实践》序,《整体构建德育体系引论》,教育科学出版社,2001年4月

79. 《学校德育体系整体构建的研究与应用》序,《整体构建德育体系引论》,教育科学出版社,2001.4

80. 《区域性整体优化中小学德育的研究与实践》序,《整体构建德育体系引论》,教育科学出版社,2001.4

81. 《中小学德育评价的理论与实践》序,《整体构建德育体系引论》,教育科学出版社,2001.4

82. 《双主体合作德育论》序,《整体构建德育体系引论》,教育科学出版社,2001.4

83. 《中师班主任工作手册》序,《整体构建德育体系引论》,教育科学出版社,2001.4

84. 《健康心理与创新人格》序,《整体构建德育体系引论》,教育科学出版社,2001.4

85.《高校德育体系的整体构建与实践》序,《整体构建德育体系引论》,教育科学出版社,2001.4

86.《构建德育体系 推进素质教育》序,《整体构建德育体系引论》,教育科学出版社,2001.4

87.《小学德育途径和方法》序,《整体构建德育体系引论》,教育科学出版社,2001.4

88.《新时期德育途径与方法研究》序,《整体构建德育体系引论》,教育科学出版社,2001.4

89.《德育》活动课教材序,《整体构建德育体系引论》,教育科学出版社,2001.4

90.《教师修身十讲》序,《整体构建德育体系引论》,教育科学出版社,2001.4

91.建设有中国特色的社会主义德育体系,《整体构建德育体系引论》,教育科学出版社,2001.4

92.坚持"三个面向" 开创人才培养和知识创新的新局面,《整体构建德育体系引论》,教育科学出版社,2001.4

93.解放思想 实事求是 改进和加强德育工作,《整体构建德育体系引论》,教育科学出版社,2001.4

94.21世纪的文化战略与价值观教育,《整体构建德育体系引论》,教育科学出版社,2001.4

95.市场经济的双重效应及其对价值观教育的影响,《整体构建德育体系引论》,教育科学出版社,2001.4

96.雷锋精神永存,《整体构建德育体系引论》,教育科学出版社,2001.4

97.努力加强社会主义道德建设,《整体构建德育体系引论》,教育科学出版社,2001.4

98.师德建设的时代特色,《中国教育报》(核心期刊),2002.1.3

99.贯彻落实《公民道德建设实施纲要》加强和改进学校德育工作的几点思考,《中小学校长》,2002.5

100.何为健康科学的儿童消费,《现代教育报》,2002.5.31

101.心理健康教育与德育,《中小学心理健康教育》,2002.5

102.论以德治国与以德育人,《大教育导刊》,2002.5.12

103.社会转型时期学校德育的反思与构建,《教育研究》(核心期刊),2002.9

104.入世对学校德育的双重效应与对策思考,《思想理论教育》(核心期刊),2002.12

105.与时俱进 开拓创新 深化研究 填补空白,《中国德育》,2002.6

106.深化课题研究 推进德育创新,《中国德育》2002.11

107.弘扬与培育民族精神的思考与建议,《科研与决策》(核心期刊),2002.16

108.21世纪中学道德教育课程发展趋势,《中国德育》,2002.10

109.社会转型时期学校德育的反思与构建,《人大报刊资料·教育学》(核心期刊),2003.3

110.中华民族精神的传承发展及对世界文化的影响,《中小学校长》,2003.3

111.弘扬与培育民族精神的现状与建设,《河北教育报》,2003.3.26

112.中小学德育课程改革与创新,《教育研究》(核心期刊),2003.1

113. 中小学德育课程改革与创新,《人大报刊资料·中小学教育》(核心期刊),2003.3.5
114. 弘扬与培育民族精神的思考,《教育科学研究》,2003.3.5
115. 体认和培育民族精神,《中国德育》,2003.1
116. 牢牢把握先进文化前进方向,《中国德育》,2003.2
117. 依法治国与以德治国相辅相承,《中国德育》,2003.3
118. 中小学弘扬与培育民族精神的主要内容与基本途径,《科研与决策》,2003.3.12
119. 努力推进德育体系创新,《中国德育》,2003.4
120. 深化课题研究 推进德育创新,《中国德育》,2003.5
121. 心理健康教育的三个观点,《中国德育》,2003.6
122. 推动未成年人思想道德建设创新,《中国教育报》(核心期刊),2004.6.8
123. 试论青少年思想政治教育,《中国青年政治学院学报》(核心期刊),2004.4
124. 为主渠道作用正名,《人民日报》(核心期刊),2004.6.18
125. 整体构建德育途径体系 全面提高德育工作实效,《中小学管理》,2004.2
126. 推动未成年人思想道德建设创新,《教学月刊(中学版)》,2004.9
127. 未成年人思想道德建设的思考与建议,《科研与决策》(核心期刊),2004.6.12
128. 中小学弘扬和培育民族精神的实施途径,《科研与决策》(核心期刊),2004.6.14
129. 高校《思想道德修养》课存在的问题与对策建议,《科研与决策》(核心期刊),2004.6.17
130. 青少年思想道德建设的行动纲领,《中国德育》,2004.5
131. 以科学的实践观念做好未成年人思想道德建设工作,《中国德育》,2004.6
132. 理思路 抓重点 促深化 出成果 出经验 出人才,《中国德育》,2004.6
133. 学校德育要跟进社会网络化趋势,《中国德育》,2004.6
134. 弘扬与培育民族精神 加强和改进德育工作,《中国德育》,2004.6
135. 将弘扬和培育民族精神纳入国民教育全过程,《中国教育报》,2004.1.12
136. 中小学弘扬和培育民族精神的建议,《中国信息报》(北京),2004.1.29
137. 推动未成年人思想道德建设创新,《中国教育报》,2004.6.8
138. 整体建构学校德育体系与中小学德育课程改革,《教育科学研究》,2005.5
139. 贯通古今 融会中西 继承借鉴 发展创新——全国教育科学"九五"规划国家重点课题"整体构建学校德育体系研究与实验"总结报告,《整体构建学校德育体系导论》,光明日报出版社,2005年7月
140. 与时俱进 开拓创新 深化研究 推广实验——全国教育科学"十五"规划国家重点课题"整体构建学校德育体系深化研究与推广实验"2002年开题会暨第五届学术研讨会开题报告,《整体构建学校德育体系导论》,光明日报出版社,2005.7
141. 求真务实 开拓创新 深化研究 推广实验——全国教育科学"十五"规划国家重点课题"整体构建学校德育体系深化研究与推广实验"2003年会暨第六届学术研讨会主题报告,《整体构建学校德育体系导论》,光明日报出版社,2005.7
142. 抓住机遇 开拓创新 深化研究 推广实验——全国教育科学"十五"规划国家重点

课题"整体构建学校德育体系深化研究与推广实验"2004年会暨第七届学术研讨会主题报告,《整体构建学校德育体系导论》,光明日报出版社,2005.7

143. 服务决策 指导实践 深化研究 推广实验——全国教育科学"十五"规划国家重点课题"整体构建学校德育体系深化研究与推广实验"2005年第八届学术研讨会暨中国伦理学会德育专业委员会成立大会主题报告,《整体构建学校德育体系导论》,光明日报出版社,2005.7

144. 为德育决策服务 为德育实践服务——在庆祝中央教育科学研究所德育研究中心成立十周年学术研讨会上的工作汇报,《整体构建学校德育体系导论》,光明日报出版社,2005.7

145. 深化课题研究 推进德育创新——全国教育科学"十五"规划国家重点课题"整体构建学校德育体系深化研究与推广实验"2002年实验区工作会议讲话,《整体构建学校德育体系导论》,光明日报出版社,2005.7

146. 深化研究 完善"一竖" 画好"一横"——全国教育科学"十五"规划国家重点课题"整体构建学校德育体系深化研究与推广实验"2003年实验区工作会议讲话,《整体构建学校德育体系导论》,光明日报出版社,2005.7

147. 深化研究 推广实验 为结题奠定坚实基础——全国教育科学"十五"规划国家重点课题"整体构建学校德育体系深化研究与推广实验"2005年实验区工作会议讲话,《整体构建学校德育体系导论》,光明日报出版社,2005年7月

148. 与时俱进 开拓创新 深化研究 填补空白——全国教育科学"十五"规划国家点课题"整体构建学校德育体系深化研究与推广实验"高职学段子课题2002年开题会暨学术研讨会讲话,《整体构建学校德育体系导论》,光明日报出版社,2005.7

149. 一切为了孩子 为了一切孩子 为了孩子一切——全国教育科学"十五"规划国家重点课题"整体构建学校德育体系深化研究与推广实验"幼儿学段《好孩子 好习惯》研究与实验2003年开题会实验开题报告,《整体构建学校德育体系导论》,光明日报出版社,2005年7月

150. 在学校德育跟进社会网络化趋势论坛上的讲话,《整体构建学校德育体系导论》,光明日报出版社,2005.7

151. 贯彻落实《公民道德建设实施纲要》 加强和改进学校德育工作的几点思考,《整体构建学校德育体系导论》,光明日报出版社,2005.7

152. 何为科学健康的儿童消费,《整体构建学校德育体系导论》,光明日报出版社,2005.7

153. 社会转型时期学校德育的反思与构建,《整体构建学校德育体系导论》,光明日报出版社,2005.7

154. 入世对学校德育的双重效应与对策思考,《整体构建学校德育体系导论》,光明日报出版社,2005.7

155. 中小学道德教育课程改革与创新,《整体构建学校德育体系导论》,光明日报出版社,2005.7

156. 中华民族精神的传承发展及对世界文化的影响,《整体构建学校德育体系导论》,光

明日报出版社2005.7

157. 贯彻落实十六大精神 推进德育体系创新,《整体构建学校德育体系导论》,光明日报出版社,2005.7

158. 德育课教学应遵循的几个原则,《整体构建学校德育体系导论》,光明日报出版社,2005.7

159. 整体构建德育途径体系 全面提高德育工作实效,《整体构建学校德育体系导论》,光明日报出版社,2005.7

160. 为主渠道作用正名,《整体构建学校德育体系导论》,光明日报出版社,2005.7

161. 德育过程中的师生双主体论,《整体构建学校德育体系导论》,光明日报出版社,2005.7

162. 初中道德教育课程改革述要,《整体构建学校德育体系导论》,光明日报出版社,2005.7

163. 青少年思想道德建设的行动纲领,《整体构建学校德育体系导论》,光明日报出版社,2005.7

164. 弘扬和培育民族精神是应对全球化的必然选择,《整体构建学校德育体系导论》,光明日报出版社,2005.7

165. 德育应植根于民族文化的沃土上,《整体构建学校德育体系导论》,光明日报出版社,2005.7

166. 浅谈邓小平德育思想——纪念邓小平同志诞辰100周年,《整体构建学校德育体系导论》,光明日报出版社,2005.7

167. 整体构建学校德育体系与中小学德育课程改革,《整体构建学校德育体系导论》,光明日报出版,2005.7

168. 关于整体规划大中小学德育工作的建议,《整体构建学校德育体系导论》,光明日报出版社,2005.7

169. 切合时宜 深入浅出 情理交融——评《素质教育下的教师道德》,《整体构建学校德育体系导论》,光明日报出版社,2005.7

170. 科学化 系统化 规范化 现代化——《高校德育体系的整体构建与实践》述评,《整体构建学校德育体系导论》,光明日报出版社,2005.7

171. 一个鲜为人知的育德世界——河南公安高等专科学校德育实践的探索,《整体构建学校德育体系导论》,光明日报出版社,2005.7

172. 催人奋进 导人向善——《青年学生自塑手册》序,《整体构建学校德育体系导论》,光明日报出版社,2005.7

173. 将弘扬和培育民族精神纳入国民教育全过程——天津市河西区民族精神教育工作点评,《整体构建学校德育体系导论》,光明日报出版社,2005.7

174. 提高德育工作实效性的有效途径——评四平市"经历教育"行动研究,《整体构建学校德育体系导论》,光明日报出版社,2005.7

175. 《高职和民办高校班主任工作实务》序,《整体构建学校德育体系导论》,光明日报

出版社，2005.7

176.《走进经历教育》序，《整体构建学校德育体系导论》，光明日报出版社，2005.7

177.《"论语"创新理解100句》序，《整体构建学校德育体系导论》，光明日报出版社，2005.7

178. 用智慧孕育灵动生命——《让生命灵动》序，《整体构建学校德育体系导论》，光明日报出版社，2005.7

179. 道德教育的整体性、主体性和实践性——贵阳实验区《整体构建学校德育体系的深化研究与推广实验》序，《整体构建学校德育体系导论》，光明日报出版社，2005.7

180. 努力开创环翠德育工作新局面——《山东省威海市环翠区课题研究成果集》序，《整体构建学校德育体系导论》，光明日报出版社，2005.7

181."不怕晚"的成功人生——《瞧，我不怕晚》序，《整体构建学校德育体系导论》，光明日报出版社，2005.7

182. 论和谐德育，《中国德育》，2005.12

183. 和谐德育论，《光明日报》，（核心期刊），2006.3.22

184. 和谐德育的基本内涵，《青年时讯》，2006.4.21

185. 中国传统文化中的荣辱观，《河南师大学报》（核心期刊），2006.4

186. 青少年荣辱观教育要从中国传统文化中汲取营养，《中国青年政治学院学报》（核心期刊），2006.5

187.《学校德育新探》序，海风出版社，2006.8

188. 整体构建具体化、特色化、可操作的校本德育，《中国教育学刊》（核心期刊），2007.4

189. 试论德育科研成果的基本类型和内容（与张宇合作），《科学教育研究》2007.1

190. 和谐德育研究的理论基础（与宁武杰合作），《教育研究》（核心期刊），2007.7

191. 构建校本和谐德育体系，《光明日报》，（核心期刊），2008.11.12

192. 素质教育呼唤和谐德育，《中国教育报》，（核心期刊），2009.1.3

193. 和谐德育是构建和谐社会与和谐文化的基础工程，《和谐德育研究》，光明日报出版社，2009.8

194. 社会主义核心价值体系是和谐德育的根本，《和谐德育研究》，光明日报出版社，2009.8

195. 和谐德育要在时代性、规律性、实效性上下功夫，《和谐德育研究》，光明日报出版社，2009.8

196. 深化和谐德育研究 推进高校"三风"建设，《和谐德育研究》，光明日报出版社，2009.8

197. 校本和谐德育体系的基本特征，《和谐德育研究》，光明日报出版社，2009.8

198. 构建学校与社区和谐德育体系（与韩传信合作），《和谐德育研究》，光明日报出版社，2009.8

199. 宏观层次校本和谐德育体系的实践模式，《和谐德育研究》，光明日报出版社，2009.8

200. 微观层次校本和谐德育体系的实践模式，《和谐德育研究》，光明日报出版社，2009.8

201. 让感恩滋润生命成长，《感恩教育实践与研究》序，光明日报出版社，2009.8

二、詹万生及其学术团队的著作目录索引

注：凡是詹万生主编或总主编的著作，都是和谐德育学术团队的集体研究成果。他主编的著作，课题组核心成员大都参加了写作；他总主编的著作，课题组核心成员分别担任各学段主编，实验区有关负责人担任各分册主编。

1. 编著《人生观教育讲义》，北京师范学院德育教研室印制，1982
2. 编著《人生观教育参考资料》，北京师范学院德育教研室印制，1982
3. 合著《节日纪念日与中学德育》（与苏明立等合著），北京师范学院出版社，1983
4. 合著《给大学生的信》（与王希永合著），青年思想修养丛书，湖北人民出版社，1984
5. 主编《人生哲学》，北京师范学院出版社，1987
6. 合著《马克思主义青年观》，河北人民出版社，1988
7. 主编《人生哲理》，北京教育出版社，1988
8. 主编《待人处世的艺术》，首都师范大学出版社，1989
9. 主编《高等学校学生班集体建设简论》（与宋长生合主编），宁夏人民出版社，1989
10. 主编《公共关系的艺术》（与赵连志、蔡洪利合主编），北京师范学院出版社，1991
11. 主编《人生哲理教学参考》，北京师范学院出版社，1991
12. 主编《中华民族传统美德教育概论》（与栾传大合主编），吉林文史出版社，1994
13. 主编《中国德育全书》，黑龙江人民出版，1996.4
14. 主编《爱国主义教育活动指南》，首都师大出版社，1995
15. 主编《德育在改革大潮中》，首都师大出版社，1995
16. 主编《世界人生名言大辞典》（与王正平合作），华夏出版社，1995
17. 主编《中国传统人生哲学》，中国工人出版社，1996
18. 著《德育新论》，首都师范大学出版社，1996
19. 译《学会过美好生活：人的价值世界》（与于天龙等合译），(加)克里夫·贝克(Clive Beck)著，中央编译出版社，1997
20. 合著《时代的脉搏：当代大学生价值观演变轨迹》（与刘庆龙合著），河南人民出版社，1997
21. 主编《德育实用全书》，中国民主法制出版社，1997

22. 主编《素质教育全书》（联合主编），中国民主法制出版社，1997
23. 总主编《德育》读本（小学学段6册），人民出版社，1997
24. 总主编《德育》读本（初中学段3册），人民出版社，1997
25. 总主编《德育》读本（高中学段3册），人民出版社，1997
26. 总主编《德育》读本（中职学段3册），人民出版社，1997
27. 总主编《德育》读本（中师学段3册），人民出版社，1997
28. 总主编《德育》读本（中职学段3册），人民出版社，1997
29. 主编《学校德育文库》，中国民主法制出版社，1998
30. 主编《班级德育》，学校德育文库（第1~6册），中国民主法制出版社，1998
31. 主编《团队德育》，学校德育文库（第7~10册），中国民主法制出版社，1998
32. 主编《学科德育》，学校德育文库（第11~13册），中国民主法制出版社，1998
33. 主编《环境德育》，学校德育文库（第14~15册），中国民主法制出版社，1998
34. 主编《家庭德育》，学校德育文库（第16~20册），中国民主法制出版社，1998
35. 主编《学校、家庭、社会德育网络》，学校德育文库（第21册），中国民主法制出版社，1998
36. 主编《爱国主义教育》，学校德育文库（第22~24册），中国民主法制出版社，1998
37. 主编《人生观价值观教育》，学校德育文库（第25~26册），中国民主法制出版社，1998
38. 主编《行为规范养成教育》，学校德育文库（第27~30册），中国民主法制出版社，1998
39. 主编《传统美德教育》，学校德育文库（第31~35册），中国民主法制出版社，1998
40. 主编《心理健康教育》，学校德育文库（第36~38册），中国民主法制出版社，1998
41. 主编《外国德育》，学校德育文库（第39~40册），中国民主法制出版社，1998
42. 主编《构建学校德育体系：全国首届民办学校德育研讨会优秀论文集》（与刘显国合主编），四川教育出版社，1998
43. 总主编《成长册》小学学段6册，科学出版社，1999.8
44. 总主编《成长册》初中学段3册，科学出版社，1999.8
45. 总主编《成长册》高中学段3册，科学出版社，1999.8
46. 总主编《成长册》中职学段3册，科学出版社，1999.8
47. 总主编《成长册》师范学段3册，科学出版社，1999.8
48. 总主编《大学生素质能力导论》，人民出版社，1999.8
49. 总主编《大学生心理健康导论》，人民出版社，1999.8
50. 总主编《大学生人生哲理导论》，人民出版社，1999.8
51. 总主编《大学生学习生活百例》，人民出版社，1999.8
52. 总主编《大学德育体系整体构建》，人民出版社1999.8
53. 总主编《思想道德修养》，北京邮电大学出版社，2001
54. 总主编《思想道德修养教学参考书》，北京邮电大学出版社，2001

55. 总主编《法律基础》，北京邮电大学出版社，2001
56. 总主编《就业指导》，北京邮电大学出版社，2001
57. 著《整体构建德育体系引论》，教育科学出版社，2001
58. 主编《〈整体构建德育体系总论》，教育科学出版社，2001
59. 主编《整体构建德育体系研究论文集》，教育科学出版社，2001
60. 主编《整体构建德育体系实验报告集》，教育科学出版社，2001
61. 主编《职业道德与职业指导》，教育科学出版社，2001
62. 主编《职业的智慧：〈职业道德与职业指导〉学习参考书》（与李书华合编），教育科学出版社，2001
63. 主编《〈职业道德与职业指导〉教学参考书》，教育科学出版社，2001
64. 主编《小学生道德修养》，九洲出版社，2001.11
65. 主编《中学生道德修养》，九洲出版社，2001.11
66. 主编《大学生道德修养》，九洲出版社，2001.11
67. 主编《二十一世纪中国德育改革与创新：中央教科所德育研究中心成立十周.学术研讨会论文集》，学苑出版社，2002
68. 主编《图说小学生道德修养》，晨光出版社，2002
69. 总主编《当代家庭教育新理念》（上、下册），光明日报出版社，2003.6
70. 总主编《当代家长》小学学段8册，光明日报出版社，2003.6
71. 总主编《当代家长》初中学段8册，光明日报出版社，2003.6
72. 总主编《当代家长》高中学段8册，光明日报出版社，2003.6
73. 总主编《当代家长》中职学段8册，光明日报出版社，2003.6
74. 主编《思想品德》（初中三册），河南人民出版社特约（未出版），2003
75. 主编《〈职业道德与职业指导〉学习与训练》（与李书华合编），教育科学出版社，2004
76. 主编《民族精神代代传》（小学版），光明日报出版社，2004.6
77. 主编《民族精神代代传》（中学版），光明日报出版社，2004.6
78. 主编《中小学生日常行为规范解读》，光明日报出版社，2004.7
79. 总主编《好孩子 好习惯》托班（上、下册），光明日报出版社，2004.8
80. 总主编《好孩子 好习惯》小班（上、下册），光明日报出版社，2004.8
81. 总主编《好孩子 好习惯》中班（上、下册），光明日报出版社，2004.8
82. 总主编《好孩子 好习惯》大班（上、下册），光明日报出版社，2004.8
83. 著《整体构建学校德育体系导论》，光明日报出版社，2005.8
84. 总主编《整体构建学校德育体系小学实践导引》，光明日报出版社，2005.8
85. 总主编《整体构建学校德育体系初中实践导引》，光明日报出版社，2005.8
86. 总主编《整体构建学校德育体系高中实践导引》，光明日报出版社，2005.8
87. 总主编《整体构建学校德育体系中职实践导引》，光明日报出版社，2005.8
88. 总主编《整体构建学校德育体系师范实践导引》，光明日报出版社，2005.8
89. 总主编《整体构建学校德育体系高职实践导引》，光明日报出版社，2005.8

90. 总主编《整体构建学校德育体系大学实践导引》，光明日报出版社，2005.8
91. 总主编《文明礼仪》（小学版），首都师大出版社，2005
92. 总主编《文明礼仪》（中学版），首都师大出版社，2005
93. 主编《怎样做父母》（幼儿家长读本），中国妇女出版社，2005
94. 主编《怎样做父母》（小学生家长读本），中国妇女出版社，2005
95. 主编《怎样做父母》（中学生家长读本），中国妇女出版社，2005
96. 主编《一切为了孩子》，中国传媒大学出版社，2005
97. 主编《安全教育》，人民出版社（样书未出版）
98. 总主编《法制教育》（小学4册），长安出版社（样书未出版）
99. 总主编《法制教育》（初中3册），长安出版社（样书未出版）
100. 总主编《法制教育》（高中1册），长安出版社（样书未出版）
101. 总主编《和谐成长》（小学低年级3册），广东出版集团广东人民出版社，2007
102. 总主编《和谐成长》（小学高年级3册），广东出版集团广东人民出版社，2007
103. 总主编《和谐成长》（初中学段3册），广东出版集团广东人民出版社，2007
104. 总主编《和谐成长》（高中学段3册），广东出版集团广东人民出版社，2007
105. 总主编《和谐成长》（中职学段3册），广东出版集团广东人民出版社，2007
106. 合著《和谐德育论》，教育科学出版社，2008.8
107. 主编《立德树人文典》，光明日报出版社，2008.10
108. 主编《和谐德育研究》，光明日报出版社，2009.8
109. 总主编《文明礼仪》，光明日报出版社，2009.8
110. 总主编《心理健康》，光明日报出版社，2009.8
111. 总主编《就业指导》，光明日报出版社，2009.8
112. 总主编《和谐班集体建设——班主任治班方略》，光明日报出版社，2009.8

三、实验区、实验校百项德育科研优秀成果

注：实验区、实验校百项德育科研优秀成果、百名德育科研专家、百位德育科研名师、百所德育科研名校，均引自詹万生主编的《立德树人文典》，光明日报出版社2008年10月出版。

1. 《经历教育——德育活动课的开发与创新》——四平市教育局 牛立坚 赵青山 孙彩云
2. 高一年级德育工作实施细则——北京平谷中学 巩福利 徐素芝 费小明

3. 北京景山学校德育序列纲要及实施细则——北京景山学校 陈瑞群 张春静 宋以平等

4. 整体构建中职校年级德育体系——辽宁省本溪卫生学校 王荣媛 郝丽梅

5. 培养面向21世纪创新型人才途径与方法的研究与实验——天津市实验中学 张红

6. 中等职业学校德育实施方案——山东省平阴县职业中等专业学校 邱德江 杨洪忠

7. 整体构建"主体·生活·活动·体验·发展"德育体系的研究与实践——重庆市永川中学校 赵支援 时盛荣 文鹏

8. 整体构建中小学校德育工作体系实验研究——辽宁省锦州市教师进修学校 刘春峰 景梅石 丁锦辉

9. 构建培养健全人格教育体系的实验与研究——北京潞河中学 李权 温学军

10. 以"传美教育"为抓手,构建校本特色德育体系——江苏省泰兴市第二高级中学 卜春富

11. 务本求实,加强农村小学生养成教育——北京市密云县大城子中心小学 席玉泉 王霜梅 齐建军

12. 关于培养小学生实践能力途径和方法的研究——北京密云檀营满族蒙古族小学 何义伶 金立华

13. 农村小学"问题学生"学校教育与家庭教育密切配合的个案研究——北京市延庆县永宁小学 冯爱华

14. 在角色体验中培养小学生健康心理品质个案集——重庆市南岸区天台岗小学 魏莉 赵文强 刘真真

15. 呼唤主体精神,强化品德实践,提高德育实效的思考与探索——山东省烟台市牟平区文化中心小学 李鹏运 于纪汉 曲云

16. 培育良好学习品质 教会学生主动学习——江苏省江阴市云亭中学 薛少君 殷余忠 蒋敏娟

17. 整体构建 主题突破 逐步深化 不断创新实验研究报告——山东省烟台市牟平区宁海中学 郝洪利 聂振岩 李百庄

18. 中学班主任工作中对"问题学生"深化研究结题报告——北京市延庆县第三中学 谢秋汇 贺冬月 王忠义

19. 对"触网"学生实施德育关怀的行动研究——河北省蠡县南庄中学 赵晓雷 宫书桥 焦金龙

20. 发挥家长学校功能 提高家庭教育水平——内蒙古呼和浩特市教育科学研究所 栗永宏

21. 论学校、家庭、社会对离异家庭子女教育中的地位与作用——扬州市田家炳实验中学 陈炳勋 钱晓华

22. 回归与超越——当代中小学道德教育的追求——南京市田家炳高级中学 邱继祥

23. 中小学生对网络文化的自我判断、自我控制、自我选择能力研究——北京市房山区教师进修学校 李永清

24. 关于日本暴行"黑太阳731"调查研究——哈尔滨市第六中学 袁洪波

25. "对话"式德育的实践探索——浙江省杭州市萧山九中 徐柏兴 诸先元 方长富

26. 区域性人文资源与学生道德建设研究——湖南宁乡四中德育课题组 周立峰 何胜军

27. 发扬聂帅母校光荣传统,弘扬和培育民族精神教育——重庆江津中学 石怀湘 张志勇 羊自力

28. 跟进社会网络化趋势 加速德育信息化建设——天津市河西区教育局 刘国胜

29. 雏鹰展翅,飞向蓝天——"创业、创新"主题班会活动方案——南京市玄武中等专业学校 樊玉敏 吴京云

30. CIS理念指导下的班级文化建设研究——北京市密云县第二职业学校 韩志正 樊景莲 彭飞

31. 开发人文资源 构建活动课堂 提高教学信度——杭州市中策职业高中 郑效其 洪彬彬 郎岸青

32. 建立学生督查委员会,自我教育的创新尝试——北京市黄庄职业高中 王瑞林 王凤红 胡振芬

33. 深化德育综合实践活动课程的研究与思考——黑龙江省哈尔滨市南岗区教师进修学校 徐世达

34. 以个人品德为基点,促进社会主义道德建设全面发展——北京航空航天大学 郁树廷 副教授

35. "基础课"贯穿社会主义核心价值体系主线的思考——北京联合大学 贾少英 副教授

36. 以《德育》读本为载体 优化德育活动课——江苏省丹阳市吕城中心校 曹海燕

37. "诗意德育模式的构建与实践"的研究——广东省中山市纪中三鑫双语学校 田云优 冯铁山 叶财生

38. 学校、家庭、社区三结合互动德育模式研究——重庆市长寿区第一实验小学 张剑 张常宝

39. 构建以人为本的德育工作体系——吉林省吉林市昌邑区中兴小学 钮淑馨 翟李娟 姜淼

40. 关注学生成长 科学使用《成长册》——黑龙江省哈尔滨市哈轻小学 白晓燕

41. 深入开展"阳光读书活动",建设学校读书文化——天津市南开实验学校 张慧颖

42. 中小学德育活动课模式初探——北京市延庆县教科研中心 刘进 胡广华 丁恩华

43. 发挥学校主渠道作用,占领网络教育阵地——天津一中 傅婕 章萍

44. 改进与创新德育的探索——浙江杭州萧山九中 徐韬兴 诸光先 卞长富

45. 建构"思想政治课整合与学生素质内化"学科德育新模式——广东深圳教苑中学 张万山

46. 将宿舍建设成健康成长的温馨育人家园——广西柳江中学 吕宇 梁凤平

47. 中学开展青年志愿者活动育德的研究与实践——重庆市长寿中学 谭克万 周萍

48. 开辟社区德育新阵地的实践探索——天津中华职专 李萍

49. 构建职业学校特色德育的实践研究——杭州交通职高 金宏

50. 校本德育课程研究及其德育活动设计方案——北京二轻工业学校 陆宁 唐有莲 王鸿雁 赵铮 刘亚坤 尉凯征

51. 活动体验，拓展自我——广州市越秀区旧部前小学 陈纯芳

52. 坚持以人为本 构建和谐德育 创建和谐校园——内蒙古赤峰市红山区逸夫小学 宋子杰 李广明

53. 构建"从小学做人"的幼教模式的研究与实验——北京市东四五条幼儿园

54. 实施"阳光教育"，让孩子找回幸福的童年——山东威海市古寨小学 王宝华 鞠伟

55. 文明行为规范游戏棋实验研究——安徽省贵池实验小学 胡敏 方晓明 许志中

56. 构建学校、家庭、社会协同教育机制，促进学生和谐、健康发展——北京市朝阳区安慧北里小学 刘惠兰

57. 开展主题班会的自我教育，提高自我教育的实效性——广东省珠海市香洲区第十二中学 王琳琳 张正荣

57. 整体构建德育体系 全面提高素质教育——黑龙江省大庆石化第一小学 何平 王捷 崔海燕

58. 中职德育主题班会的方案设计与思考——山东省嘉祥职业中专 胡朝民

59. 合作教育增强参与意识 提高班级管理的实效性——北京市高井中学 李文

60. 军队院校军事伦理德育教学创新实验与研究——海军工程大学 翁世平 王联斌 刘淑萍 兰芬 天羽 孙君

61. 关于东营市德育活动课实效性的课题研究——山东省东营市教育科学研究院 李志民

62. 如何确立班队会主题——北京市门头沟区育园小学

63. 百项德育科研优秀成果《爱的足迹》说明——内蒙古赤峰市宁城天义实验小学 蒋子云 王爱武

64. 提升家教水平 构建和谐校园——太铁二校党支部书记 梁润海

65. 小学生环境德育实验报告——内蒙古赤峰市林西镇中心校 李占国 黎敏 陈艳华

66. 德育跟进网络时代的行动研究报告——江苏省沭阳高级中学 孙西洋

67. 师范学校各年级德育方法体系的整合——河南省新乡幼儿师范学校 赵金梅

68. 区域性推行"学生成长导师制"的实践与研究——浙江省湖州市南浔区教育局

69. 班级心理健康教育活动设计——江苏省铜山县马坡镇中心小学 赵呈锋 王洪君 鹿炳峰

70. 传承优秀传统文化滋润孩子一生——内蒙古呼和浩特市回民区第五幼儿园 阎萍 马静云 冯海瑛

71. 农村小学德育管理"35358工作模式"——北京市房山区石楼中心校 石金利 李金贵

72. 培养班主任主体性的研究与实践——重庆市渝中区实验一小 曾菁 王宏琴

73. 小学生多元素质评价机制的构建与运行——山东省烟台莱阳叶家庄完小 王先声

74. 学科德育的研究成果——广东佛山华材职业高中

75. 《成长册》在评价学生中发挥了积极的作用——黑龙江省哈尔滨市教育研究院 蔡燕

76. 构建中学班主任队伍现代管理机制——重庆市荣昌中学校 陈云 林安学 刘雪雁 刘刚

77. 《心理德育略论》——湖北省宜昌市夷陵实验区课题组

78. 《思想道德修养》——北京联合大学 王滨有 韩宪洲 何成江

79.《就业指导》——北京联合大学 孙权 王滨有 贾少英
80.《环境法制道德教育》、《法律基础》——福建漳州师范学院 季铁军
81.高职《思想品德教育》——新疆农业职业技术学院 北京联合大学 何成江 王滨有 李玉鸿
82.《爱我燕长城》校本教材——内蒙古赤峰市松山区水地乡总校
83.创《夔门之星》，显德育特色——重庆奉节县教育委员会 苏飞跃 李永红 黄晏明
84.借助传统经典 培养创新能力——甘肃省庆城县陇东中学 袁兆秀 脱小平 夏涵禄
85.高职生心理健康教育教材的几个创新点——云南交通职业技术学院 彭林珍 舒毓昆 黄碧蓉
86.为"宽进严出"教育模式——北京城市学院培训中心 傅国本 周子寿
87.师范生人际关系调查研究——河北唐山师院初等教育学院 王国刚 边宇梅 张守兴
88.联大师院大学生心理健康状况调查分析报告——北京联合大学师范学院 郭堃 曾美英

四、百名德育科研专家简介目录

（一）总课题组的德育专家

1.和谐德育学术团队的领军人——总课题组组长 詹万生
2.高中德育研究的著名专家——总课题组核心成员 徐安德
3.大学德育研究的著名专家——总课题组核心成员 魏续臻
4.大学德育研究的著名专家——总课题组核心成员 宋长生
5.高职院校德育研究的著名专家——总课题组核心成员 梁其贵
6.伦理学与德育研究的著名专家——中国社会科学院哲学所 孙春晨
7.初中德育与家庭教育研究的著名专家——总课题组核心成员 齐炘
8.中职德育与网络德育研究的著名专家——总课题组核心成员 李书华
9.中小学德育与班主任工作的著名专家——总课题组核心成员 王宝祥
10.中小学德育与家庭教育的著名专家——总课题组核心成员 关鸿羽
11.中小学德育与青春期教育的著名专家——总课题组核心成员 闵乐夫
12.中小学德育与幼儿教育的著名专家——总课题组核心组成员 米裕庆
13.高职院校德育研究的著名专家——总课题组核心成员 王滨有
14.高职院校思想政治教育研究的著名专家——总课题组核心成员 李玉鸿
15.高校思想政治教育的著名专家——总课题组核心成员 徐仲伟

16. 高校思想政治教育的著名专家——总课题组核心成员 颜吾佴
17. 高校党建工作研究的著名专家——总课题组核心成员 王存
18. 和谐德育理论研究的著名专家——总课题组核心成员 宁武杰
19. 德育杂志与德育研究的著名专家——总课题组核心成员 赵国柱
20. 从实验区负责人到德育专家——总课题组核心成员 蔡永智
21. 共青团工作研究的德育专家——总课题组核心成员 刘世保
22. 自主教育理论与实践研究的专家——总课题组核心成员 张宇
23. 高校德育师生双主体互动研究的专家——总课题组核心成员 郁树廷
24. 班主任工作研究的专家——总课题组核心成员 符运杰
25. 师范学校德育研究的专家——总课题组核心成员 梁周清
26. 中小学德育评价研究的专家——总课题组核心成员 张国建
27. 和谐德育与诗化德育研究的专家——总课题组核心成员 冯铁山
28. 学校体育与德育相结合研究的专家——总课题组核心成员 张宏伟
29. 家庭教育和幼儿教育的专家——总课题组核心成员 詹栋
30. 高职院校德育研究的专家——总课题组核心成员 贾少英
31. 学校与社区和谐德育研究的专家——总课题组核心成员 韩传信
32. 学校与家庭和谐德育研究的专家——总课题组核心成员 高贺灵
33. 学校和谐德育模式研究的专家——总课题组核心成员 李培东
34. 和谐班集体建设研究的专家——总课题组核心成员 韩玲

(二)教育行政部门的德育专家

1. 德育与心理健康教育的著名专家——河北省石家庄市教育局 曲连坤
2. 高度重视 狠抓落实 积极推进德育科研工作——吉林省四平市教育局 牛立坚
3. 学习 实践 提高——吉林省长春市教育局德育办 张晓华
4. 做一名中小学德育工作的研究者——湖北省沙市教育局 李亚平
5. 德育创新的开拓者——北京市朝阳区教委 于辉
6. 加大行政力度 推进科研深入——北京市门头沟区教委 杨玉柱
7. "我与课题共成长"——天津市河西区教育局 李茜
8. 区域德育改革的开创者——重庆市奉节县教育委员会 苏飞跃
9. 探索育人新途径 与时俱进创辉煌——广东省佛山市禅城区教育局 邝锦耀
10. 在教育实践中研究和提升——吉林省长春市朝阳区教育局 施慧君
11. 在德育领域勤奋耕耘的人——河北省石家庄桥东教育局 张小春
12. 做教育科研的引路人和指导者——河北省石家庄市长安区教育局 王燕
13. 高度重视 精心组织 使全区幼教工作步入科学化轨道——河北省石家庄市桥西区教育局 蔡凤国
14. 以科研为先导 推进全区幼教工作再上新台阶——河北省石家庄市桥西区教育局 王会彦
15. 在课题研究中实现师生德性的共进——黑龙江省哈尔滨南岗区教育局 孙波

16. 以教育科研为先导 科学推进中小学的德育工作——吉林省公主岭市教育局 刘秀岩

17. 提升理念 深化研究 为德育工作奠定坚实的基础——辽宁省沈阳市和平区教育局 马景权

18. 与德育科研一路前行——辽宁省沈阳市和平区教育局 崔巍

19. 以课题实验为载体加强和改进未成年人思想道德建设——山东省诸城市教育局 张海轶

20. 与时俱进 开创地区德育工作新局面——山东省平阴县教育局 丁勇

21. 着眼未来 全员育人——山东省威海市环翠区教育局 董国谦

22. 坚持德育创新 提高育人水平——江苏省无锡市崇安区教育局 刘霞芬

23. 用德育科研点亮生命——江苏省连云港市连云区教育局 程兴华

24. 科研引领 分层推进 以校为本 整体构建——河南省辉县市教育局德育办 杜继熙

25. 传承道德文化 做好校本德育教材的开发——甘肃省庆阳市庆城县教育局 袁兆秀

（三）教育科研院所的德育专家

1. 地区德育科研的指挥者——重庆教育科学研究所 钟必伟
2. 潜心研究 全力推进德育科研——新疆自治区教科所 刘国印
3. 德育与传统美德教育的专家——吉林省教育科学院 王鹏
4. 区域德育科研的组织者——贵州省分指导中心 安斯寿
5. 坚持科学发展观 求真务实搞科研——内蒙古自治区赤峰市教研所 王振刚
6. 以科研为导向 提升班主任水平——辽宁省锦州市教师进修学院 丁锦辉
7. 善于学习 勇于实践——北京市平谷区教委德育教科室 丁小辉
8. 以课题为龙头带动德育工作——北京市通州区教师进修学校 张志
9. 以健康心理为基点推进德育科研——北京教育学院石景山分院 王曦
10. 当好实验区课题研究的指导者——北京崇文区教研中心 白瑞祥
11. 潜心德育研究 提高教育质量——北京市延庆县教育科学研究中心 刘进
12. 在德育科研中成长——天津市河西区德育研究室 么青
13. 班集体是潜在的激励场——天津红桥区德育研究室 李德善
14. 创造性地开展社区德育研究工作——天津市和平区教科室 高爱玲
15. 运用科学思维方式去创新与实践——重庆北碚教育学会 彭兴德
16. "育德路漫漫 我心依旧"——重庆市南岸区教师进修学校 何遗昌
17. 引领实验 培养人才——黑龙江省哈尔滨市南岗区教师进修学校 袁姿姜
18. 在德育科研中 实现师生德性共发展——黑龙江省哈尔滨市南岗区教师进修学校 李娟
19. 求真务实 深化研究——黑龙江省齐齐哈尔市教育教学研究院 石妍
20. 以课题为龙头 提高德育工作的实效性——黑龙江省齐齐哈尔市甘南县教师进修学校 李国联
21. 德育科研的执着追求者——吉林师范大学松源分院 郭文富

22. 全面推进以德育为核心的素质教育——吉林省通化市教科所 单玲
23. 深入研究 引领实践——吉林省敦化市教师进修学校 李满昌
24. 在指导和参与实验校的科研中研究德育——辽宁省大连教育学院 王希华
25. 和谐之秘诀——辽宁省瓦房店市教师进修学校 林兆森
26. 业精于勤 事业成就人生——辽宁省沈阳市和平区教师进修学校 张冬兰
27. 抓住机遇 开拓创新 大胆实践——内蒙古呼和浩特市教科所 汤俊文
28. 刻苦钻研德育理论 探索德育科研之路——内蒙古苏尼特右旗教研室 贾亮
29. 德育科研的践行者——山东省烟台市教育科学研究院 张志强
30. 精心组织 规范管理 勤于指导 培养典范——江苏省实验区负责人 许允
31. 德育科研的传递者——湖北省钟祥市教育科学研究所 王清志
32. 德育科研 硕果累累——湖北省恩施土家族苗族自治州教科所 陈泽奠
33. 钟情心理德育 倾心科研兴德——湖北省宜昌市夷陵实验区 李德笋
34. 敬业奉献 开拓进取——新疆伊宁市教研培训中心 马昕
35. "德育科研成就了我"——贵州省仁怀市教育局教研室 熊刚
36. 构建具体化规范化可操作的学校德育体系——贵州省仁怀市教育局教研室 王棉端

（四）小学学段的德育专家

1. 整体构建德育体系 整合优化德育资源——北京市朝阳区垂杨柳学区 姜荣敏
2. 在德育科研中成长——北京市朝阳区安慧北里小学 刘惠兰
3. 学校、家庭、社会三结合教育的创新研究——天津市和平区岳阳道小学 王希萍
4. 耕耘与收获——黑龙江省哈尔滨花园小学 王宁
5. 德育科研 伴随新课程同行——黑龙江省哈尔滨市友协第二小学 胡艳侠
6. "双文明" 育人 构建有特色的金茵文化——山东省淄博市临淄区金茵小学 杨世臣
7. 躬耕德育园地 争做科研先锋——山东省宁阳县实验小学 许东振
8. 深化研究 不断推进学校德育工作——山东淄博张店公园新村小学 周玉珍
9. 发明规范游戏棋 提高德育实效性——安徽省池州市贵池实验小学 胡敏
10. 一个执着的德育探索者——新疆伊宁市第一小学 李雪
11. 加强学校德育科研 促进学生全面发展——湖南省澧县第一完小 章业树
12. 注重科研 以德育人——江苏省丰县实验小学 于世臣
13. 围绕自主发展 科学运作课题——江苏省扬州市邗江区美琪学校 刘俭国
14. 德育要着眼于小、近、实、序、趣——贵州省怀仁市中枢一小 雷贺
15. 服务 奉献 科研 创新——浙江省海宁市斜桥镇庆云中心小学 杨霄松
16. 以科研为先导 走德育特色之路——海南省海口市第九小学 吴素秋
17. 用"心"做教育的校长——海南省海口市英才小学 兰祖军

(五)中学学段的德育专家

1. 指导学生乘"e"高翔——北京市昌平第一中学 王宝珍
2. 科研的实践者 实践的创新者——北京市宏志中学 赵燕平
3. 科研领先 育人为本——北京电业中学 王宝丽
4. 养德励志 教书育人——上海市桃李园实验学校 钱梦龙
5. 挖掘学生潜能 让每个学生都获得成功——天津市第一零九中学 王桂儒
6. 构筑整体框架 彰显德育本色——天津市实验中学 张红
7. 营造良好的科研氛围 塑造科研型教师群体——天津南开实验学校 张慧颖
8. 勤奋耕耘 追求卓越——重庆市江津中学 石怀湘
9. 给德育插上理想的翅膀——重庆复旦中学 邓小庆
10. "德育"因网络而精彩——黑龙江省哈尔滨市第六十九中学 由沙丘
11. 做德育科研的引导员——黑龙江省哈尔滨市第一五六中学 赵喜林
12. 为整体构建学校德育体系作贡献——黑龙江省哈尔滨市第十九中学 姜玉珍
13. 油田德苑一学人——黑龙江大庆市第二十二中学 张云仙
14. 勇于开拓 创新发展——内蒙古通辽实验中学 孙发
15. 爱到深处情自真——内蒙古赤峰市元宝山区第一中学 郭子彦
16. 不辱使命 成就百年名校辉煌——内蒙古呼和浩特第一中学 郭小明
17. 化作春泥更护花——吉林省长春市第九十中学西校 张翠兰
18. 让学校德育乘e高翔——辽宁省大连市第二十高级中学 刘春普
19. 整体构建德育体系 促进学校持续发展——内蒙赤峰乌丹一中 王国庆
20. 高瞻远瞩创新 办学育人一流——辽宁省沈阳市第三十八中学 马红
21. 将问题转化为课题 推进学校德育科研——辽宁省锦州市实验中学 高瑞兰
22. 淡泊明志 无悔人生路——辽宁省盘锦市辽河油田第一高中 王旭飞
23. 以勤奋写出事业华章——河北省石家庄市第四十二中学 田丽霞
24. 创新 体验 快乐——山东省淄博市临淄实验区 尤霞
25. 坚实地走在德育科研大道上——江苏省泰州中学 黄毅
26. 德育科研的排头兵——江苏省新沂市第二中学 张标
27. 发展个性 创造成功——浙江省萧山第九中学 徐柏兴
28. 重视学生终身发展 深化休闲文化研究——湖北省京山一中 黄晓秀
29. 深化教育改革 创新学校德育工作——广东省深圳市教苑中学 严杰夫
30. 为了更多的学生健康成长——安徽省肥西中学 周明远
31. 以德治校 做好德育教研工作——贵州省贵阳市白云区第三学校 刘华
32. 一切为了学生的未来——湖北省钟祥市第二中学 全国民
33. 难解的德育情结——四川省成都市青羊实验中学 季应郎
34. 阳光校长 智慧人生——广东省深圳市福田区华富中学 李小婉

35. 用心探索德育工作规律——江苏省白蒲高级中学 蒋国和
36. 课题研究 引领师生共成长——广西柳江中学 吕宇

（六）中职学段的德育专家

1. 积极构建中职校本德育体系——北京市首都铁路卫生学校 赵渊
2. 爱在长远 严在当前 遵循规律 注重养成——北京市北京民族文化艺术职业学校 金应哲
3. 学生为本 德育为先——上海市商业学校 张大成
4. 创新德育工作 塑造两代师表——黑龙江牡丹江师范学校 赵勇
5. 求真求实 献身德育事业——吉林省长春艺术学校 刘丽杰
6. 打造德育活动课的魅力与实效——吉林财经学校 袁文多
7. 积极探索 努力开创德育科研新局面——辽宁省本溪市卫生学校 王荣媛
8. 醉心于职校德育实践与研究——浙江省杭州市中等职业学校 郑效其
9. 开拓创新 追求卓越——福建省福州师范学校 张昌勋
10. 从高中肄业生到特级教师——湖南省华容县职业中专 陈天育
11. 锐意进取 努力开创德育科研新局面——广东省江门市第一职业高级中学 余丽明
12. 针对艺术学校特点 构建校本德育体系——广西艺术学院附属中等艺术学校 李江
13. 辛勤的耕耘 丰硕的成果——河南新乡幼儿园师范学校 田发银
14. 汗水浇灌 科研花开——江苏省如皋职业教育中心校 朱敏成
15. 坚持文化育人 实施君子教育——河南省夏邑职教中心 郝兰奇
16. 享受自治区政府特殊津贴的德育科研专家——宁夏银川市实验中学 刘喜林
17. 积极跟进 构建学校网络德育体系——广西艺术学院附属学校 韦寨英

（七）高等院校的德育专家

1. 构建宽进严出教育模式中的德育体系——北京城市学院 陈宝瑜
2. 为国家尽心 为育人尽力——北京城市学院教育培训中心 傅国本
3. 求真 求严求新的德苑导师——重庆大学 曾欣然
4. 师范院校的德育专家——山东省淄博师范高等专科学校 张秀清
5. 积极投身高校德育科研——福建省漳州师范学院 季铁军
6. 创新德育模式 增强德育实效——新疆农业职业技术学院 何成江
7. 创新德育工作 造就两代师表——河北省唐山师范学院初等教育学院 孙瑞新
8. 依托德育科研 提升高职德育实效——云南交通职业技术学院 彭林珍
9. 适应时代发展 谱写德育新论——河南省许昌学院 沈春光
10. 授之以鱼 不如授之以渔——河南洛阳大学师范学院 赵惠玲
11. 军事院校德育园地的开拓者——海军工程大学 翁世平
12. 军事院校德育科研事业的带头人——南京政治学院上海分院 王联斌
13. 投身高职院校德育科研——长春职业技术学院旅游翻译分院 张玉英

五、百位德育科研名师简介目录

（一）教育行政部门德育科研名师

1. 科研领航 开创幼教工作新局面——河北省石家庄市桥西区教育局 韩贵珍
2. 做好教育科研的引领者和服务者——河北省石家庄市长安区教育局 张建青
3. 心底无私天地宽——吉林省四平市铁东区教育局关工委 赵素繁
4. 架起未成年人健康成长的桥梁——山东省平阴县教育局 亓树军
5. 中等职业学校文化礼仪课程的建构者——江苏省吴江市教育局 顾忆红
6. 在"经历教育"中成长——吉林省四平市教育局中小学德育办 孙彩云

（二）教育科研院所德育科研名师

1. 在课题研究中不断学习和成长——辽宁省锦州市教师进修学院 樊波
2. 登山千条路 同揽一月高——北京市门头沟教育科学研究所 朱凤海
3. 认真做好课题的管理与指导工作——天津市南开区教育中心 卢琪
4. 以科研为先导 推进学校德育体系的研究——吉林省公主岭市教科所 刘冬梅
5. 甘为德育科研的铺路石——山东省招远市教育科学研究所 刘秀芹
6. 构建有效德育模式的理性思考者——山东省威海市环翠区教育局 赵锦秀
7. 关注社会弱势群体 培养学生关怀意识——北京市延庆县教研中心 刘明军
8. 德育改革的不懈追求者——湖北省武汉市江夏区纸坊实验区 罗上斌
9. 实施课题带动战略 构建学校德育途径方法体系——黑龙江省齐齐哈尔市龙江县教师进修学校 邓炳华
10. 深化课题研究 再现德育魅力——辽宁省沈阳市德育研究中心 潘海英
11. 德育科研工作的领头雁——湖北省荆州市李埠实验区 倪高武

（三）幼儿学段德育科研名师

1. 先进办园理念领航 走科研兴园之路——内蒙古赤峰市宁城县直属机关第一幼儿园 都风云
2. 率先垂范 勇于创新——新疆伊宁市实验幼儿园 张静
3. 幼儿德育园地的开拓者——河北省石家庄市第一幼儿园 周风云
4. 为推进幼儿德育科研做贡献——河北省石家庄市第一幼儿园 魏平

（四）小学学段德育科研名师

1. 立志德育科研 情随整体构建——北京市密云县檀营满族蒙古族中心小学 金立华

2. 整合德育资源 推出学校德育工作新模式——北京市朝阳区松榆里小学 柴伟
3. 培养小学生的自主发展意识与能力——天津河西区上海道小学 尚晓梅
4. 在德育科研中成长 在德育实践中发展——重庆市南岸区光彩小学 王永强
5. 为了孩子的明天——江苏省昆山培本小学 何友铭
6. 教育科研为先导 辛勤耕耘育人田——安徽省宿州市雪枫小学 王兆元
7. 注重"近、小、实、趣" 强化养成教育——河南省辉县市小蒲水小学 杨玉林
8. 坚持亲身实践 推进德育科研——湖北省沙洋师专附属小学 黄正斌
9. 把学校建成"文化浸染的仿真社会"——湖北省岳阳市岳阳楼区实验小学 万华政
10. 努力奋进 执着追求——贵州省贵阳市中天北京小学 唐洁
11. 走科研兴校之路,创德育特色学校——北京市门头沟区东辛房小学 张淑荣
12. 实践"教育单元" 实现"三全"育人——北京市朝阳区垂杨柳第四小学 高振海
13. 在学习中发展 在反思中成长 在实践中提升——北京市密云县密云镇中心小学 陈文侠
14. 科研无止境 攀登永不辍——河北省石家庄市沿西街小学 王从志
15. 在进取中成就事业,做专家型教师——黑龙江省大庆市直机关第二小学 张颖
16. 做学校德育科研工作的领头雁——黑龙江省大庆市石化第一小学 王捷
17. 因思得悟,悟中创新——湖北省恩施市桂花园小学 向恒举
18. 用灵动的课堂拓展德育的空间——吉林省四平市中央东路小学 赵惠平
19. 更新观念 立足实践 着眼创新——江苏省连云港市墟沟小学 彭爱舞
20. 德育科研促成长——江苏省南京市琅玡路小学分校 黄健
21. 研究德育 倾情德育 献身德育——江苏省盐城小学 蒲彬
22. 肯于奉献 勤于探索——北京市朝阳区垂杨柳中心小学 赵芳
23. 培养良好习惯 促进素质发展——内蒙古赤峰市宁城县天义实验小学 张桂香
24. 德育科研促进师生共成长——山东省烟台市牟平区文化中心小学 李鹏运
25. 构建学校德育体系 指导学生闲暇生活——重庆市九龙坡区第一实验小学 陈远
26. 潜心探索 锐意求索 乐耕跋涉——重庆市南岸区天台岗小学 魏莉
27. 弘扬校园文化,提高师生素养——河南省辉县市常村镇中心学校 王玉成
28. 触动学生心灵 提高德育成效——新疆伊宁市第二小学 刘海燕
29. 用爱打开学生心扉——新疆伊宁市第十五小学 马文平
30. 让德育之花开遍校园——湖南省澧县第一完全小学 朱茂国
31. 用师爱点燃学生理想——黑龙江省哈尔滨市花园小学 翟露
32. 十年德育科研路——北京市朝阳区松榆里小学 赵芳
33. 加强校园文化建设 发挥环境育人功能——辽宁省沈阳市和平区望湖路小学 薛昆
34. 在德育科研沃土上辛勤耕耘——北京市平谷区第六小学 武玉荣
35. 以学生为本的班级文化建设者——北京市平谷区第六小学 邱海霞
36. 为教研自强不息 修人格厚德载物——北京市海淀区永泰小学 王秀清
37. 探索符合寄宿制学校特点的新型育人模式——北京市朝阳区安惠北里小学 刘惠兰
38. 参与课题研究 与科研同飞翔——山东省淄博市临淄区齐都中心小学 栾青山

39. 构建无墙社区教育中心 进行公民道德教育——山东省淄博市临淄区金茵小学 邵学忠
40. 主体探究与合作体验活动模式的研究者——北京市朝阳区安慧北里小学 秦渝娟
41. 德育科研的探索者——河南省禹州市颍川实验小学 李占侠
42. 利用山区德育资源 提高德育工作实效——北京市密云县大城子中心校 席玉泉
43. 做新型教师 谱德育新篇——首都师范大学附属育新学校 张崧
44. 开展赏识教育 推进爱心之旅——河南省淮滨县城关第一小学 孙智亮
45. 学习增才干 科研促发展——黑龙江哈尔滨市花园小学 吕晓滨

（五）中学学段德育科研名师

1. 做创建德育主体性模式的引路人——北京市密云二中 张树臣
2. 用主体性德育思想完善"社会生活指导课"——北京市平谷实验中学 李俊福
3. 将思维的触角伸向学校整体德育——北京市第十七中学 袭普良
4. 活着，就要思索——北京市延庆二中 王宏云
5. 在德育科研中成长——北京市望京实验学校 贾淑美
6. 用爱心探索育心路——天津市实验中学 董耘
7. 以实心砺实行见实效——辽宁省锦州市黑山第一高中 高岩
8. 认识在研究中发展——辽宁省大连第二中学 孙新民
9. 把科研理念落实到德育实践中——黑龙江省哈尔滨市松雷中学 叶明珠
10. 春风化雨 润物无声——黑龙江省哈尔滨市第十七中学 王丽巍
11. 以德立校，努力争当科研型校长——江苏省江都市大桥高级中学 周明龙
12. 德育科研伴我成长——江苏省如皋市黄市初级中学 黄海燕
13. 《成长册》伴学生成功的领航人——江苏省丹阳市吕叔湘中学 陈阳
14. 德育苑里展风采 科研路上竞芳菲——江苏省滨海中学 张明佐
15. 德育思想和实践的研究者——河南省辉县市城内初中 赵彬渊
16. 铁肩担道义 痴心铸灵魂——河南省辉县市二中 赵田峰
17. 伴随德育课题研究成长——北京市建国里中学 闫晓萍
18. 求真务实 乐于奉献——北京电业中学 田明
19. 德育在于责任、示范、践行、创新——北京市第十二中学 马秀兰
20. 搭建实践平台 构建实践体系 凸显德育实效——北京市密云二中 杨银玲
21. "双基"研究成效显 德育之花齐明艳——安徽省芜湖市第二十四中学 晋英普
22. 科学育人方法的探索者——广东省深圳市教苑中学 钟国良
23. 走科研之路 创新德育工作——广东省顺德市桂洲中学 罗桂根
24. 德育工作创新意 硕果累累谱新曲——广西柳江中学 梁凤平
25. 以人为本 德育先行——贵州省大方县第二中学 喻敬华
26. 扬起新孝道教育的风帆——河南省辉县市南姚固学校 赵文陆
27. 在点滴积累中成长——黑龙江省哈尔滨市156中学 李荣君
28. 愿将人生许孺子 甘为盛世做人梯——黑龙江省哈尔滨市第七十三中学 王波

29. 躬耕育人园地 矢志教育科研——湖北省沙洋县西湖中学 范小梁
30. 加强德育科研 提高育人能力——湖北省巴东县第一高级中学 宋发刚
31. 搞好德育科研 培育优秀人才——吉林省扶余县第一中学 程玉芝
32. 不断进取勤探索 德育科研创佳绩——江苏省江都市宜陵中学 蒋於欣
33. 德育基地育人功能的研究者——江苏省新沂市第三中学 宋春民
34. 以传统美德教育为抓手 构建校本特色德育体系——江苏省泰兴市第二高级中学 卜春富
35. 化为春泥育桃李——辽宁省沈阳市第三十八中学 綦鲁宁
36. 构建全方位德育体系 为社会培养合格人才——辽宁省大连市第二中学 丁延才
37. 做一名学习型、学者型的教师——天津市第二南开中学 闫从维
38. 加强德育科研 提高育人水平——新疆吐哈石油外国语学校 邓万珍
39. 以科研为先导 践行育人梦想——重庆市永川中学 时盛荣
40. 以艺启真 以艺引善 以艺辅德——重庆市第十八中学 任中才
41. 努力做一名科研型的德育工作者——上海市桃李园实验学校 吕卫民
42. 耕耘德育科研 收获育人幸福——湖南省安乡县城北中学 刘业庆
43. 让学生心灵洒满阳光的人——内蒙古通辽铁路中学 鲁晓峰
44. 传承民族历史文化 激发学生爱国情感——内蒙古赤峰市田家炳中学 解玉荣
45. 注重地区特色 潜心德育研究——湖北省利川市东城初中 周建生
46. 在研究中求真 在实践中创新——宁夏银川市实验中学 白云峰
47. 德育科研的探索者——新疆伊宁市第八中学 徐红梅
48. 创新德育科研 推进德育改革——新疆伊宁市第九中学 杨洁
49. 重德育科研 抓养成教育——辽宁省黑山县第一高级中学 李长奎
50. 乘着"e"路春风航行——河北省蠡县南庄中学 宫书桥

（六）中职学段德育科研名师

1. 德育沃土育桃李 枝繁叶茂花正香——北京市密云县第二职业学校 彭光江
2. 德育科研是激荡心灵的良师和成就事业的臂膀——河北省石家庄市职业财会学校 王文利
3. 积极构建职高生自主德育体系——浙江省杭州市商贸职业高级中学 王黎明
4. 以科研提升德育工作的整体水平——浙江省杭州市人民职业学校 严小萍
5. 科研兴校 特色育人——河南省辉县市第一职业高级中学 王成新
6. 德育贵在创新——广东省佛山市华材职业技术学校 何碧珊
7. 《成长册》实验引路，科研促师生共进——北京市财经学校 赵璐
8. 提升生命质量的职校德育人——北京市电气工程学校 王永郊
9. 厚德求真——福建厦门职业中专 张文胜
10. 甘为绿叶托金朵 愿化彩霞映朝阳——新疆昌吉回族自治州卫生学校 康峻岭
11. 学生道德的引领者——天津市慧翔职业中专 赵秀琴

12. 创新德育科研的老黄牛——吉林财经学校 吴利钧
13. 勤耕化为爱 育人细无声——北京市黄庄职业高中 刘荣
14. 将德育事业追求进行到底——天津市立达职业中等专业学校 马新爱

(七) 高等院校德育科研名师

1. 在德育科研实践中成长——吉林省通化师院白山分院 彭玉梅
2. 提高高校德育教学实效性的实践与探索——广东省药学院 吕志
3. 在实践中成长 在学习中进步——新疆克拉玛依职业技术学院 陈玲
4. 思想政治教育要贯穿在学生管理始终——新疆伊犁职业技术学院 李福满
5. 紧扣专业特色 增强德育实效——新疆农业职业技术学院 吉文丽
6. 网络环境下高职人文学科德育渗透深化研究——广东省中山火炬职业技术学院 贾翠屏

六、百所德育科研名校简介目录

(一) 幼儿学段德育科研名校

1. 探索德育新方法，努力实现儿童的全面和谐发展——新疆伊宁市实验幼儿园 李明瑛
2. 整合多种教育资源 促进儿童学会交往——贵州省贵阳市南明实验幼儿园 郑敏英
3. 德育带动了我们前进的步伐——新疆伊宁市小海贝幼儿园 何玉梅
4. 幼儿良好习惯养成的途径与策略——甘肃省庆阳市南峰区幼儿园 冯树文
5. 培养习惯 促进养成 和谐发展——石家庄市第一幼儿园 魏平
6. 强化幼儿园一日生活中的常规培养与行为习惯养成——北京市东四五条幼儿园 王小萍
7. 培养习惯 持之以恒 促进养成 和谐发展——石家庄第一幼儿园

(二) 小学学段德育科研名校

1. 走特色之路 创特色德育——新疆伊宁市第十七小学 程彦英
2. 抓实德育科研 实现多途径育人——新疆伊宁市第十五小学 李雪
3. 推进实验进程 德育结出硕果——新疆伊宁市第一小学 郑惠玲
4. 阳光古小 人人阳光——山东省威海市古寨小学 王宝华
5. 以《成长册》为载体，培养儿童的自我教育能力——重庆市长寿区第一实验小学 张剑 勾晓容 袁利萍
6. 培养班主任主体性的研究与实践——重庆市渝中区第一实验小学 肖方明

7. 多彩系列活动 培育校园新星——北京市酒仙桥中心小学 马跃阳
8. 以德育活动为载体 搭建和谐育人平台——吉林省四平市第二实验小学 生爱华
9. 在角色体验中培养学生健全人格——重庆市天台岗小学 赵波
10. 把握生活中的德育素材 有针对性地开展经历教育——吉林省梨树县实验小学 王丰
11. 以课题研究为核心,全面实施心理健康教育——辽宁省锦州市太和区平和小学 刘奔 刘凤玉
12. 以爱育爱 双主体育人——吉林省四平市中央东路小学校 赵惠平
13. 创设德育活动情境 提高德育的实效性——内蒙古赤峰市宁城县天义实验小学 林茂春
14. 未成年人思想道德教育的绿洲——江西省赣州市文清路小学 熊新媛
15. 深化《德育》读本实验,提高德育实效性——江苏省丹阳市吕城中心校 钱志强
16. 山区小学环境德育的研究与探索——北京市密云县不老屯中心小学 邓小文
17. 小学少先队活动序列化整体构建研究——山西省太原市迎泽区第二实验小学 陈秀娟
18. 加强学校德育工作 促进学生全面发展——湖南省澧县第一完全小学 章业树
19. 走"双文明"育人之路,构建有特色的金茵文化——山东省淄博市临淄金茵小学 杨世臣
20. 学生心理健康教育系列化研究——江苏省无锡连元街小学 王建华
21. 培养小学生良好行为习惯的研究与实践——石家庄市长安区沿西街小学 王丛志
22. 为学生健康成长奠基——河北省石家庄市友谊大街小学 杜旭琴
23. 学校、家庭、社会三结合教育创新研究——天津市和平区岳阳道小学 石铁珊
24. 实施课题研究,提高德育水平——贵州省贵阳市中天北京小学 唐洁
25. 以人为本 科学发展 完善人格 张扬个性——黑龙江省哈尔滨市友协第二小学校 石磊
26. 深化德育科研 提高育人实效——山东省宁阳县实验小学 王营
27. 整合德育资源 构建和谐德育——湖北省宜昌市夷陵区小溪塔二小 简翠萍
28. 发掘德育资源 塑造美的心灵——湖北省荆州市沙市大赛巷小学 朱月明
29. 生活育人 活动塑心——湖北省荆门市东宝区大桥小学 邓红华
30. 深化课题研究,提升德育水平——宁夏石嘴山市第十一小学 李艳云
31. 建立校本德育体系 展现德育科研新风——石家庄市中山路小学 李臻
32. 以《成长册》、《当代家长》为桥梁:构建学校家庭社会"三结合"德育体系——石家庄市东风西路小学 石文敏
33. 德育手段现代化的研究与实验——天津市河西区上海道小学 黄艳芳
34. 创建学校德育工作新模式的研究——江苏省盐城小学 杨建斌
35. 小学德育目标内容体系的深化研究——吉化第一实验小学 李学波
36. 以德促智 德智双赢——湖北省建始县实验小学 谭家炬
37. 指导创建学习型家庭 营造和谐德育环境——山东淄博张店公园新村小学 周玉珍
38. 科学引领,优化服务,重在实效——北京市房山区石楼中心校 石金利
39. 德艺互动,促进学生全面发展——内蒙古呼市贝尔路小学 郑荣秀

40. 分层次实施德育目标的尝试——吉林省龙潭区实验学校 刘群
41. 课题研究推动学校全面提升——内蒙古赤峰市红山区逸夫小学 李广明
42. 整合德育科学因素 促进自主人格健全——江苏省无锡市崇宁路实验小学 尤靖希
43. 立足德育科研 争创德育名校——江苏省丰县实验小学 李光
44. 形成德育特色 丰富学校内涵——江苏省常州市五星中心小学 张永明
45. 以课题为载体，提高教师科研能力——北京第二实验小学 李烈
46. 以德育促发展 打造特色教育——呼和浩特市苏虎街实验小学 王克宁
47. 以人为本，构建解放小学特色的德育体系——锦州市凌河区解放小学 朱丽娅
48. 开发山区德育资源，提高德育工作实效——北京市密云县大城子中心小学 席玉泉
49. 让德育工作与新课改同行——吉林省通化东昌区实验小学 吴长娟
50. 开展德育科研，提高德育实效性——哈尔滨市北棵小学校 费嘉
51. 深化研究 构建体系 提升水平 增强实效——河南省淮滨县城关二小 孙永民
52. 德育为首，育人为本，提高学生综合素质——信阳师范学校附属小学 吴昌信
53. 农村完全小学环境德育的研究与实验——北京市密云县西田各庄中心校 王亚民
54. 从实际出发，构建校本德育体系——北京密云檀营满族蒙古族中心小学 何义伶
55. 《成长册》的研究与实验——河南省信阳市第十三小学 李群花
56. 精心打造德育特色名校——内蒙古鄂尔多斯市薛家湾第一小学 付成保
57. 强化课题管理 深化德育研究——贵州省仁怀市中枢第一小学 雷贺
58. 依托科研，构建学校德育评价体系——哈尔滨市花园小学
59. 构建特色教育 突出品牌建设——河南省禹州市颍川实验小学
60. 构建德育绿色育人体系，促进学生快乐健康成长——重庆市北碚区朝阳小学
61. 摸索中开拓，整体构建我校德育体系——广州市越秀区旧部前小学
62. 书香校园文化建设的研究实践——山东枣庄师范附属小学
63. 优化德育管理要素，提高德育工作实效——湖北省恩施洲宣恩县民族实验小学
64. 文化育德——海南省海口市英才小学
65. 探德育新路 育特色新苗——首都师范大学附属育新学校

（三）中学学段德育科研名校

1. 大胆创新 不断完善 提高德育实效——上海市桃李园实验学校
2. 让走进来的人都自信，让走出去的人都成功——成都市青羊实验中学 王普嘉
3. 构建校本德育活动体系——重庆市永川中学校 李天鹏
4. 深化科研谋发展 德育管理创特色——重庆市荣昌中学 陈云
5. 社区育德显特色 聂帅精神育新人——重庆市江津中学 石怀湘
6. 实践陶行知教育思想的现代价值，整体构建学校德育体系——北京市第十七中学 张顺
7. 以心理健康教育为契机，引领学生走健康成长之路——哈尔滨市第一百五十六中学 赵

喜林

8.天时地利激发特色 人和创新铸就品牌——哈尔滨市第三十二中学 王蕾

9.铸灵魂 塑形象——内蒙古赤峰市元宝山第一中学 郭子彦

10.提高德育活动实效 促进学生自主发展——江苏省金湖县实验初级中学 罗梅英

11.构建大德育体系 强化全方位育人——内蒙古赤峰市乌丹第一中学 张廷立

12.构建模式 确立支点 探索学生德育的有效途径——内蒙古赤峰市林东一中 赵凤喜

13.综合实践显特色 科研创新谋发展——河南省辉县市第一高级中学 秦克凌

14.加强校园文化建设，提升学生整体素质——河南省辉县市常村镇中心校 王玉成

15.凸显校园文化特色 构建校本德育体系——江苏省白蒲高级中学 蒋国和

16.健全组织网络，整体构建多渠道、全方位德育途径——江苏省扬中市第二高级中学 朱小明

17.深化课题研究，提高德育实效性——广西玉林市玉州区南江一中 梁波天

18.深化德育内容、途径研究，提高德育针对性、实效性——黑龙江省大庆市第二十二中学 冉宪成

19.深化德育科研 推动学校德育工作健康发展——山东省利津县第一中学 明玮

20.以教育科研为先导 夯实学校管理工作——广东省佛山市顺德区北滘镇城区初级中学 梁炳基

21.深化德育途径研究——山东省淄博市临淄区第二中学 王宏

22.现代班主任培训内容的研究与实践——哈尔滨市第六十三中学 龚萍

23.实施学生心理健康教育的方法与途径的研究——哈尔滨市第十九中学校 赵杰石

24.优化德育体系 为学生发展奠基——哈尔滨市第一六二中学 曹子爽

25.抓好德育管理 争创中州名校——河南省新密市市直二初中 耿新卿

26.学校德育跟进社会网络化趋势的行动研究——北京市昌平第一中学 隋彦玲

27.构建立体德育体系，形成全方位育人机制——烟台市牟平区实验初级中学

28.用雷锋精神治校育人的实验研究——辽宁省沈阳市第三十八中学 马红

29.在深化教育改革中创新学科德育工作——深圳市教苑中学 严杰夫

30.实施"三全"德育 落实育人为本——北京市平谷区第四中学 杜云朋

31.以课题研究为契机,加强德育工作的针对性、实效性和主动性——重庆市第十一中学 陈啟鹏

32.以德育科研为先导,全面推进学校德育工作创新发展——天津市第二南开中学 齐重嶺

33.实施自主教育,促进学生个性发展——哈尔滨市第六十九中学 王春梅

34.在课题研究中实现发展——辽宁省大连市第二中学 丁延才

35.整合德育资源 实现"三线共振"——湖北省宜昌市夷陵区小溪塔第二初级中学 易正新

36.课题研究,引领师生共成长——广西柳江中学 吕宇

37. 课题研究中《成长册》的使用与发展——黑龙江省哈尔滨市风华中学 龚赞
38. 人文铸魂——撑起学校德育的一片蓝天——深圳华富中学 李小婉
39. 以细节规范自我 争做杰出的公民——山东省邹平县焦桥镇初级中学 李林永
40. 精品实验 科研先锋——天津实验中学 张红
41. 构建自我管理体系 促进学生主动发展——吉林省吉化市第六中学 吕杰
42. 构建校本德育体系的研究与实验——吉林省吉化第一高级中学 钱大波
43. 构建和完善高中德育体系的研究——湖北省巴东县第一高级中学 谭明书
44. 中学生心理素质的构建与培养——辽河油田第一高中 何绍纯
45. 民办寄宿制学校德育工作的深化研究——新疆伊犁英才学校 周贺军
46. 在反思中研究 在研究中求真 在求真中创新——宁夏银川市实验中学 刘喜林
47. 中学德育活动课深化研究——广东省佛山市顺德区桂洲中学 冯亮辉
48. 德育科研促进学校德育工作科学化、系列化——河南省禹州市第二高级中学 程志萍
49. 高中德育的深化研究与实验——山东省昌邑市第一中学 孙洪儒
50. 以"四点四会"为主线,构建具有校本特色的学校德育工作细则——山东省昌邑市实验中学 陈建胜
51. 以"传统美德教育"为抓手,构建校本特色德育体系——江苏省泰兴市第二高级中学 卯新华
52. 挖掘学生潜能,让每个学生都获得成功——天津市第一零九中学 王桂儒
53. 整体构建电业中学德育体系——北京电力设备总厂电业中学 王宝丽
54. 打造"四个健康",构建和谐的校园——石家庄市第四十二中学 韩永江
55. 以科研促团建 以创新促发展——江苏省江都市大桥高级中学 周明龙
56. 植根环境德育,促进学生健康成长——江苏省涟水县郑梁梅中学 沈秀清
57. 为学生成长构筑绿色通道——浙江省杭州市萧山区第九高级中学 葛福传
58. 拓宽德育途径 探索德育方法——江苏省奔牛高级中学 谢建伟
59. 以德育《读本》和《成长册》为载体,提高学校德育实效性——新疆昌吉州第二中学 陈琼
60. 以德育科研为先导 构建和谐德育体系——宁夏石嘴山市第二中学 吴香彩
61. 与时俱进 整体构建 促进学生全面发展——内蒙古鄂尔多斯市东胜区一中 白玉亮
62. 坚持以人为本 构建和谐校园——鄂尔多斯东胜区第七中学 刘月梅
63. 德育活动重实效 兼善教育开奇花——重庆市兼善中学 罗统碧
64. 构建九年制学校素质教育德育模式的研究——内蒙古电力中学 高惠民
65. 坚持科学管理 提高德育实效——呼和浩特市第一中学 郭小明
66. 深化体系 分层落实 增强实效 突出特色——呼和浩特市第二中学 乔宋伟
67. 为培养多元、和谐、持续发展的人才构建阶梯——山东省青岛经济技术开发区第三中学 杨逢春
68. 开展"整体构建学校德育体系深化研究与推广实验"的几项措施——北京市通州区

潞河中学 李权

69. 以科研为导向,探索宏志教育的原则和方法——北京宏志中学 赵燕平
70. 以科研为先导,整体构建校本德育体系——北京汇文中学 李仲秋
71. 以德治校,打造一流名校——河北省蠡县大百尺中学 王士合
72. 构建多维立体教育网络 培养学生爱国主义情怀——辽宁省锦州市实验中学 高瑞兰
73. 学校德育向网络延伸的策略初探——大连市二十高级中学 刘春普
74. 加强德育科研 提高德育实效——哈尔滨市第73中学 王波
75. 以学生为本,以德育立校——河南省罗山县楠杆初级中学 李林
76. 以德育科研为龙头 促进学校工作全面发展——贵阳市白云区第三中学 刘华
77. 加强理论基础 致力德育科研 提高德育效能——新疆伊宁市第八中学 颜文
78. 传承中华美德 创新育人氛围——北京市通州运河中学 张佳春
79. 以人为本,积极拓展德育途径——新疆伊宁市第九中学 李璐
80. 构建生命教育体系 促进学生创造生命的精彩——重庆市江北中学
81. 德育为先,促进学生身心和谐、健康发展——辽宁锦州第八中学
82. 我校德育工作的基本框架——天津南开中学
83. "诗意德育模式的整体构建与实践"研究报告——广东省中山市纪念中学三鑫双语学校 田伏云 冯佚山 叶财生
84. 遵循学生身心发展的特点和规律,整体构建学校德育体系——北京景山学校 范禄燕

(四)中职学段德育科研名校

1. 构建师范德育工作新格局的实践与探索——福州师范学校 张昌勋
2. 学校党组织推进构建学校德育体系的研究与实验——北京市财经学校 周建生
3. 构建以职业指导为特色的校本德育体系——北京劲松职业高中 贺士榕
4. 以科研为先导 构建中职德育新模式——北京市电气工程学校 刘淑珍
5. 坚持以就业为导向 提高德育工作实效——海南省海口旅游职业学校 张曼年
6. 创新德育途径 塑造现代职业女性——吉林女子学校 王福利
7. 构建"两主"德育机制 探索"三成"教育模式——天津市电子计算机职专 冯国庆
8. 分层次管理学生,提高德育的实效性——黑龙江省牡丹江师范学校 赵勇
9. 师德为本 育人为实 科研引领 开拓创新——广东省佛山市华材职业技术学校 李敏皓
10. 务实求真,自主创新,努力提高德育活动课实效性——吉林财经学校 李春山
11. 尊重学生心理需要 为学生搭建展示自我的舞台——北京现代职业学校 张长谦
12. 道德教育回归社会生活的实践与研究——浙江信息工程学校 金毅炜
13. 挖掘德育资源 构建德育网络 凸现德育特色——福建省厦门交通职专 张永强
14. 求真务实,切实构建网络德育阵地——广西艺术学院附属中等艺术学校 李江
15. 德育途径与方法的研究与实践——北京市黄庄职业高中 牛金霞
16. 重视学生主体地位 提高学生综合素质——首都铁路卫生学校 许琨

17. 学校德育跟进社会网络化趋势的实践探索——广东江门市第一职业高级中学 唐明基

（五）大学学段德育科研名校

1. "五抓"促"五化"，实现德育"五到位"——吉林松原职业技术学院 柴宝林
2. 在课题研究中 创新德育理念、途径、方法——新疆农业职业技术学院 王毅
3. 知行结合立德 突出职教特色——新疆克拉玛依职业技术学院 侯炳超
4. 潜心研究，扎实实验，努力构建师范学校德育体系——山东省淄博师范高等专科学校 李传章
5. 德育实效性在德育科研中攀升——吉林省通化师院白山分院 李晓波
6. 从学校实际出发 构建德育体系——渤海大学培训学院 王国生
7. 借"年会"东风，努力提高我院科研品位——河南省信阳职业技术学院 梁其贵

附录三

潜心研究 深入实践
真实记录科研历程

——和谐德育研究的大事记载（1997-2010）

德育科研需要理论支撑，更需要实践检验。德育研究的理论成果不能束之高阁，应当付诸实践。只有从实践中来，经过理论研究，再到实践中去，才能把科研成果转化为现实的教育生产力。詹万生及其学术团队不仅潜心研究德育理论，而且经常深入实验区、实验校，深入班级，深入课堂，考察指导课题研究与实验工作。近二十年来，詹万生和他的战友们深入基层指导德育科研3000多次，作学术报告3000多场，行程约500万公里。大事记真实记录了詹万生及其学术团队的德育科研历程。他们把德育科研事业融入自己的生命之中，呕心沥血，废寝忘食，殚精竭虑。他们是德育思想者，更是德育实践者。他们的德育不是坐而论道的德育，而是深入实践的德育。

一、"九五"时期大事记（1997-2001）

1997年

1月2日，全国教育科学规划领导小组办公室给詹万生下达"九五"规划国家级重点课题"整体构建学校德育体系的研究与实验"立项批准通知书。

1月3日，詹万生主持召开中央教育科学研究所德育研究中心会议，研究课题组成员和实验区组建问题。刘芳、齐欣、于天龙、刘英敏等参加会议。

1月5~10日，中央教育科学研究所德育研究中心与全国中小幼教师奖励基金会、全国中小学整体改革专业委员会在北京铁道部党校联合主办全国中小学素质教育讲习班。来自全国20多个省(直辖市、自治区)的300多名中小学校长、教师参加了会议。詹万生在会上作题为"整体构建德育体系，全面推进素质教育"的学术报告，为课题的开题报告奠定了基础，为实验区、实验校的组建作了准备。

1月16日，詹万生、刘芳走访教育部基础教育司德育处，向孙学策、周长祜同志报告课题研究的基本思路，征求德育处对课题研究的意见，希望得到基础教育司的支持和指导，以便课题研究更好地为行政领导的德育决策服务，为中小学德育实践服务。

1月22日，教育部基础教育司召开全国中小学德育工作会议筹备会，詹万生应邀参加，承担为国家教委副主任柳斌同志起草全国中小学德育工作会议主题报告的任务。

1月28日，詹万生主持中央教育科学研究所德育研究中心工作会议，研究聘请课题组顾问事宜。经研究决定聘请的顾问有：柳斌(时任国家教委党组副书记、副主任)、陶西平(北京市人大常委会副主任、全国中小学德育研究会理事长)、阎立钦(中央教科所所长、全国教育科学规划领导小组办公室主任、教授)、罗国杰(中国伦理学会会长、中国人民大学原副校长、教授、博士生导师)、鲁洁(全国教育科学规划领导小组德育学科组组长、南京师范大学教授、博士生导师)、王逢贤(全国教育科学规划领导小组德育学科组顾问、东北师范大学教授、博士生导师)、王殿卿(全国教育科学规划领导小组德育学科组副组长、北京青年政治学院副院长、教授)、魏英敏(中国伦理学会副会长、北京大学教授、博士生导师)、许启贤(中国伦理学会副会长、中国人民大学教授、博士生导师)、顾海良(教育部社会科学与思想政治工作司司长、教授、博士生导师)、李连宁(教育部基础教育司司长)、王继平(教育部职业教育与成人教育司副司长)、孙学策(教育部基础教育司德育处原处长)、兰宏生(北京市教育委员会副主任)。

2月22日，詹万生主持中央教育科学研究所德育研究中心工作会议，研究组建课题实验区事宜。经研究决定首批建立10个实验区100所实验学校。这10个实验区是：北京市东城实验区、北京市朝阳实验区、北京市大兴实验区、天津市和平实验区、上海市闵行实验区、黑龙江省哈尔滨实验区、辽宁省沈阳市和平实验区、内蒙古自治区赤峰市实验区、广东省深圳市实验区、四川省成都市青年实验区。

2月26日，詹万生主持中央教育科学研究所德育研究中心工作会议，根据中央教科所科研处召开的课题组长会议精神和《中央教育科学研究所关于教改实验基地的管理办法》，研究制订《全国教育科学"九五"规划国家级重点课题"整体构建学校德育体系的研究与实验"实验基地管理细则》，编制《全国教育科学"九五"规划国家级重点课题"整体构建学校德育体系的研究与实验"子课题申请评审书》。会后发寄到首批实验区和实验学校。

2月28日，詹万生主持中央教育科学研究所德育研究中心工作会议，研究总课题组核心成员入选事宜。经研究决定德育研究中心全体同志(刘芳、齐欣、于天龙、刘英敏)参加本课题研究，聘请中心以外的闵乐夫(北京市教委教研中心德育室主任)、关鸿羽(北京市教育学院德育室主任)、尚凤祥(首都师范大学政法系教授)、田国秀(首都师范大学政治系讲师)、魏续臻(北京青年政治学院副院长、教授)加入课题组。会后詹万生分别拜访或邀请各位专家交谈，共商课题研究之大计。此后不久，李书华从北京市教育学会正式调入德育中心，高德胜从首都师大正式调入德育中心，王宝祥(北京市教科院基础教育研究所所长)、徐安德(北京市东城区原党委书记、北京教委丛书编委会常务副主编)、刘子玉(北京市昌平师范学校校长)、曹杰(天津南开大学德育室主任、教授)、房宁(首都师范大学政法系副主任、教授)等陆续加入课题组。至此，以上述各位专家为总课题组核心成员的研究队伍基本形成。

3月14日，詹万生主持中央教育科学研究所德育研究中心总课题组课题开题筹备工作会议，并作课题研究方案工作报告，总课题组全体核心成员参加并研讨。会议确定了"为决策服务，为实践服务"的研究宗旨；确定了"科研人员与行政领导和一线教师相结合"的工作方针；确立了"以马列主义、毛泽东思想和邓小平理论为指导，坚持解放思想、实事求是的思想路线，坚持以唯物辩证法的系统理论、中国文化的和谐理论、人的主体性理论和人的社会化理论整体构建学校德育体系"的指导思想；确定了"为建设科学化、系统化、规范化、现代化的有中国特色的社会主义学校德育体系而努力"的奋斗目标；确定了"纵向包括初小、高小、初中、高中、中职(中师)、大学六个学段，横向包括德育目标、内容、途径、方法、管理、评价六项子体系"的研究内容；确定了"文献研究、比较研究、实验研究"的研究方法；制定了"自下而上，总分结合；先块后条，条块结合"的工作步骤。总课题组核心成员进行了分工。总课题组组长：詹万生；副组长：刘芳。按块划分的子课题负责人分别是：初小组为关鸿羽、王宝祥；高小组为王宝祥、关鸿羽；初中组为闵乐夫、齐欣；高中组为徐安德、尚凤祥；中职组为李书华；中师组为高德胜、刘子玉；大学组为魏续臻、曹杰、房宁。按条划分的子课题组负责人分别是：德育目标、内容研究组为闵乐夫、齐欣；德育途径、方法研究组为王宝祥、关鸿羽；德育管理、评价研究组为徐安德、李书华。总课题组组长詹万生布置了第一阶段的研究任务。他指出，课题组应注重研究成果，但更强调研究过程。为了使实验区、实验校尽快进入研究与实验，推动实验区、校的德育工作上水平，提高实验教师的科研素质，总课题组决定第一阶段研究任务是在德育目标、内容体系的研究基础上编写一套《德育》系列实验读本，并提出了《德育》读本编写的五条原则，得到总课题组核心成员的一致同意。本次会议确定了课题研究的总体思路和工作分工,为开题会议作好了思想上、理论上和组织上的准备。

3月28日,詹万生应北京市朝阳区教委邀请,参观考察朝阳实验区12所实验学校德育工作,并就课题研究与实验问题与一线教师座谈,进行调查研究。

4月8日,詹万生应北京市昌平师范学校邀请,去该校参观考察,决定吸收昌平师范为第一个中师实验学校。

4月14日,詹万生、齐欣、李书华应北京市中学德育研究会的邀请,到燕山区参观考察,并就课题研究与实验问题征求意见,调查研究。

4月18日,由天津市河西区教育局领导率领的十几位中小学校长到德育中心访问,詹万生、刘芳等接待并详细介绍了课题研究的思路和任务,欢迎他们作为实验区加入课题研究与实验。

4月21~23日,詹万生应深圳东方英文书院的邀请赴深圳考察德育工作,决定吸收深圳东方英文书院作为直属实验学校,计划下半年在该校召开全国首届民办学校德育研讨会。

4月27日,詹万生主持德育研究中心总课题组第二次开课筹备会议。各学段子课题负责人汇报一个半月以来调查研究进展情况,闵乐夫画出德育内容体系结构和层次坐标图,总课题组核心成员进行研讨。会议决定5月份各学段子课题组分别活动,写出《德育》读本编写提纲。

5月6~8日,詹万生应东北师范大学邀请,赴长春参加"中加道德教育国际学术研讨会",并作题为"贯通古今,融会中西;继承借鉴,发展创新"的学术演讲。

5月9日,詹万生主持德育研究中心工作例会,研究课题开题会筹备工作,审批实验区、实验校,研究与国际教育基金会联合主办的"人格与道德教育国际学术研讨会"事宜。

5月13日,詹万生在中央教科所外宾接待室会见加拿大多伦多大学安大略教育学院教授克里夫·贝克(Clive Beck)。贝克先生的著作《Learning to live the Good Life》被詹万生等译成中文《学会过美好的生活》。宾主进行了亲切友好的交谈,并就中译文书稿进行了研讨。詹万生等的译著《学会过美好的生活——人的价值生活》于7月由中央编译出版社出版。

5月22日,詹万生应国际教育基金会的邀请,到新万寿宾馆会见石峻昊总裁和东尼·第凡副总裁,研讨合作举办"人格与道德教育国际研讨会"具体事宜。

5月30日,詹万生出席北京市中学德育研讨会颁奖大会,并作"整体构建学校德育体系的研究与实验"学术报告。

6月7日,詹万生主持德育研究中心总课题组第三次开题筹备会议。各学段子课题负责人分别汇报《德育》读本编写提纲进展情况。会议决定7月份召开课题开题会议,要求各学段在6月份内完成《德育》读本编写提纲修订任务。

6月9日,詹万生会见朝阳区委书记蒋效愚,希望承办课题开题会议,得到区委、区政府的大力支持。詹万生、刘芳去朝阳区教委会见李观政主任和李本初科长,得到他们的热情支持和良好合作。

6月10~14日,全国高校第六届党建工作会议和全国中小学第七届德育工作会议在北京召开。江泽民、胡锦涛、李岚清等中央领导在人民大会堂亲切接见全体与会代表并合影留念,江泽民总书记发表重要讲话。朱镕基总理作国内经济形势报告,李岚清副总理在高校党建工作会议上作主题报告，柳斌同志在中小学德育工作会议上作主题报告。詹万生、刘芳作为大会工作人员参加会议。会议期间，柳斌同志亲切接见了詹万生、刘芳。詹万生向柳斌同志汇报了课题研究进展情况，并赠送自己编著的《中国德育全书》、《德育新论》、《中国传统人生哲学》。柳斌同志表扬了詹万生起草的主题报告，并对德育课题研究提出了重要的指导意见。

6月17日，詹万生主持德育研究中心工作例会，传达全国高校党建工作会议和全国中小学德育工作会议精神。检查开题会议场地、请柬、聘书、通知、经费、文件、资料、代表名额等各项筹备工作的落实情况。

6月18~28日，詹万生撰写《开题报告》、《开幕词》、《总结讲话》。刘芳、齐欣、李书华、于天龙、刘英敏等筹备会务工作。

7月3日，詹万生、刘芳去国家教委邀请有关领导出席开题会议。

7月12~14日，全国教育科学"九五"规划国家级重点课题"整体构建学校德育体系的研究与实验"开题会议暨首届学术研讨会在北京召开。总课题组全体成员和来自全国十几个省(市、自治区)17个实验区100多所实验学校的200多名代表出席会议。国家教委思想政治工作司司长瞿振元，基础教育司副司长傅国亮，基础教育司德育处处长孙学策，中央教科所所长、全国教育科学规划领导小组办公室主任闫立钦，北京市教委副主任兰宏生等领导出席会议。詹万生代表德育研究中心和总课题组致开幕词、作主题报告和总结讲话。承办单位北京市朝阳区教委主任李观政同志致欢迎词。各学段代表分组讨论了《德育》读本编写提纲，落实了编写任务，并参观了朝阳区的实验学校。开题会议形成了团结、求真、务实、高效的良好会风，取得了圆满成功。北京市朝阳区为课题研究的良好开端作出了贡献。

8月1~3日，中央教科所德育研究中心与国际教育基金会合作主办的"人格与道德教育国际学术研讨会"在铁道部党校召开。开幕式由刘芳主持，詹万生和石峻昊分别致词。学术研讨由詹万生主持，课题组核心成员和部分实验区、实验校的代表参加了会议并作大会发言。会议还聘请了吉林省教科院副院长栾传大研究员、东北师范大学教育系袁桂林博士等德育专家出席并作专题演讲。

8月11~14日，中央教科所德育研究中心举办"加强和改进学校德育工作研讨会"，来自全国20多个省(市、自治区)的300多位中小学校长、书记、德育主任、班主任参加了会议。詹万生作题为"整体构建德育体系，加强改进德育工作"的学术报告，总课题核心成员关鸿羽、王宝祥、闵乐夫等作了专题报告。课题研究进一步在全国产生影响。

8月25日，中央教科所德育研究中心总课题为进一步深化课题研究，决定编辑《学校德育实用全书》(200万字)和《学校德育文库》(300万字)。詹万生任主编，刘芳、齐欣任副主编。

8月28日，北京广播电台新闻台"世纪之交话教育"栏目组得知本课题研究情况，邀请詹万生、关鸿羽、王宝祥、闵乐夫作四次德育专题节目。

9月15日，詹万生主持德育研究中心总课题组会议，学习中国共产党十五大报告，研讨如何以十五大报告为指导深化课题研究。詹万生撰文《有中国特色社会主义德育建设的伟大纲领——学习十五大报告的体会》。

10月4日，詹万生主持德育研究中心总课题组核心成员会议，各学段主编汇报《德育》读本编写进度。开题会后，各实验区普遍增强了科研意识，以极大的热情投入德育科研，纷纷申请承担《德育》读本的编写任务，经过学段编委会民主协商，各册读本的主编单位或主编人选确定，暑假期间已经进行了多次研讨，有的已写出初稿。计划11月份总编委会召开统稿会。

10月7~10日，全国中华民族传统美德教育第七届年会在南京召开。詹万生主持开幕式，吉林省原教委主任陈坚致开幕词，南京市教委主任讲话，南京师大副校长朱小蔓教授作专题学术报告。詹万生、栾传大分别就传统美德教育如何从理论与实践两个层面深化研究作了辅导报告。来自全国20多个省(市、自治区)的400多名代表参加了会议。

10月16~22日，全国首届民办学校德育研讨会在深圳召开。开幕式由齐欣主持，詹万生致开幕词，深圳东方英文书院院长王遐昌教授致欢迎词。教育部基础教育司司长王文湛同志、中央教科所原所长吴畏同志、滕纯同志作学术报告，詹万生作主题报告。12名与会代表在大会上发言。王遐昌院长介绍了该校德育工作经验，全体与会代表参观考察了东方英文书院。詹万生、齐欣等会后参观考察了深圳市实验学校滨河小学、滨河中学和珠海市的华厦学校，并就课题研究与实验问题与师生们座谈讨论。此次会议为本课题向民办学校发展作了铺垫。

11月15~16日，詹万生主持德育研究中心总课题组《德育》系列实验读本统稿会，并对统稿的原则、方法提出明确要求。各学段主编分别召集各册主编就每一册书稿进行认真研讨、修改，要求各学段于1998年1月底将书稿交总编委会审定。

12月3~6日，詹万生与华国栋、崔相录、杨建华一行应邀赴山东东营市讲学。途经天津时，詹万生到天津市河西实验区与刘国胜局长等座谈课题研究与实验工作。

12月7~14日，应湖北省荆门市、荆州市教委的邀请，詹万生、闵乐夫、刘英敏赴荆门市、荆州市讲学并指导课题研究。

12月17~19日，德育研究中心总课题组在北京昌平召开会议。詹万生主持会议并作课题研究学术报告，昌平师范学校校长刘子玉致欢迎词，副书记赵玉介绍本校德育工作经验，教育部职业教育司副司长陈德才、师范司师资培养处副处长唐京伟、北京市教委德育处处长董柏林出席会议并讲话。来自全国各地近100名中师、中职学校的代表参加了会议。此次会议为本课题向中等职业学校发展奠定了良好基础。

1998年

1月6日，詹万生主持德育研究中心会议，研究《德育》系列实验读本审稿会事宜。

1月16~18日，詹万生撰写《德育》系列实验读本编写说明。

1月21~24日，《德育》系列实验读本审稿会在北京市昌平师范学校召开。詹万生主持会议，并就《德育》读本编写的指导思想、基本原则、体例结构、编写内容等提出具体要求。各学段主编关鸿羽、闵乐夫、齐欣、徐安德、李书华、魏续臻、曹杰以及各分册主编出席会议，并分别汇报各学段、各分册《德育》读本编写的思路、内容、结构及特色。会议进行了分组讨论，对《德育》读本初稿进行审阅、修改。

2月9日，全国中学德育研究会常务理事会在北京市人大常委会会议室召开，理事长陶西平同志主持会议，总结1997年工作，研究1998年工作计划。詹万生出席会议，并汇报了本课题研究进展情况，得到陶西平同志的肯定和支持。

2月10日，詹万生主持德育研究中心工作会议，中心全体同志参加讨论1998年课题研究工作计划，制定《德育》读本实验计划，研究道德教育国际学术研讨会筹备工作。

2月22~24日，詹万生应海南省教委邀请赴海口市讲学并进行调查研究。来自全国十几个省的200多名与会者对本课题给予热情支持，纷纷申请参加课题实验研究。

3月1日，詹万生等会见北京市教委副主任兰宏生和德育处处长董柏林，希望推动北京市参加本课题实验研究工作，得到他们的大力支持。

3月2日，詹万生应北京市西城区教委邀请，去雷锋小学参加纪念学习雷锋活动35周年，发表题为《雷锋精神永存》的讲话。

3月5日，詹万生应天津市河西区教委邀请，参加河西实验区课题研究阶段成果汇报会，并作课题研究学术报告。

3月9日，詹万生与肖忠远等研究《德育》读本封面设计方案。设计思想是全套书19本风格统一，每册封面有明显的五个五角星标志，象征着国旗上的五颗星，教育中的德、智、体、美、劳"五育"和德育中的政治教育、思想教育、道德教育、法纪教育、心理教育"五要素"。小学读本的图案意味着托起明天的太阳；初中读本的图案意味着心怀祖国，放眼世界；高中读本的图案意味着贯通古今，融会中西；大学读本的图案意味着祖国的栋梁之材。

3月12~13日，德育研究中心总课题组在昌平召开中等职业学校《德育》读本统稿会。詹万生主持会议，学段主编和各册主编高德胜、刘子玉、赵玉、孙国辉、王庆桂、沈剑平、孙向阳、兰静等出席会议，并对书稿进行认真审阅、修改。

3月15~16日，德育研究中心总课题组召开中小学《德育》读本统稿会。詹万生主持会议并讲话，要求编出特色、编出精品。各学段主编关鸿羽、王宝祥、闵乐夫、齐欣、徐安德、李书华以及各册主编出席会议，对书稿再次进行认真修改。

3月26日，詹万生应北京市大兴县实验区的邀请，为实验教师讲课，指导课题研究。

4月1~3日，中央教科所德育研究中心与国际教育基金会联合主办的"面向21世纪道德教育学术研讨会"在北京航空航天大学召开。刘芳、齐欣、李书华等分别主持会议，詹万生致开幕词并作总结讲话。北京大学魏英敏教授、中国社科院陈瑛研究员、中央教科所程方平研究员等应邀出席并发表演讲。总课题组成员和部分实验区负责人出席会议，参加研讨。

4月9日，詹万生应石家庄市教委邀请，赴石家庄为校长、主任培训班讲课，并参观考察实验学校，指导课题研究。

4月14日，詹万生应天津市和平区邀请，赴天津听取实验校课题研究汇报并作学术报告。

4月18~24日，德育研究中心和全品文化教育中心在昆明市联合召开《德育》读本征求意见座谈会。詹万生、刘芳主持会议，肖忠远、赵海泉、刘英敏负责会务工作，教育部基础教育司原司长王文湛同志出席会议并作报告。来自全国18个省(直辖市、自治区)教委基教处或德育处处长出席会议。与会领导认真审阅了《德育》读本送审稿，充分肯定了《德育》读本是对思想政治课的有益补充，并对书稿的修改提出了宝贵意见。

5月3~5日，德育研究中心总课题组在岳阳第二师范学校召开中师中职《德育》读本统稿会。詹万生主持会议，中师中职组各册主编出席会议，再次对书稿进行研讨、修改。

5月17～23日，詹万生、孙学策等应重庆市实验区的邀请赴重庆作课题研究学术报告。詹万生先后到渝中区、南岸区、巴县、长寿县、江津县、北碚区的十几所实验校参观考察并指导课题研究。

5月29日，德育研究中心总课题组召开《德育》读本征求意见座谈会。詹万生主持会议，各学段主编出席听取意见。来自北京市实验学校的十几名一线教师出席会议，对《德育》读本给予充分肯定，并发表修改意见。

6月4日，德育研究中心总课题组召开《德育》读本征求意见座谈会。詹万生主持会议，各学段主编出席听取意见。程方平、陈建翔、田慧生、檀传宝、肖川等几位博士应邀出席，他们在对书稿进行认真审阅的基础上，对《德育》读本的修改提出了宝贵意见。在连续召开几次征求意见座谈会后，总课题组进一步修改《德育》读本。

6月17～19日，詹万生应深圳市宝安区教育局邀请，赴深圳讲学并到实验学校深圳东方英文书院指导课题研究。

6月26～28日，德育研究中心总课题组在北京市教工疗养院召开中师中职《德育》读本审定会。李书华主持会议，詹万生讲话并对审定工作提出具体要求。教育部职业教育司副司长陈德才同志、北京市教委德育处处长董柏林同志应邀出席，来自全国十几个省职业学校的40多名教师参加了会议。

6月29～30日，詹万生应黑龙江省教科院的邀请赴哈尔滨讲学，并到实验学校参观考察，指导课题研究。

7月1～3日，詹万生从哈尔滨到沈阳，参观考察和平区实验学校，召开实验教师座谈会，指导课题研究。

7月5～10日，詹万生最后审定《德育》读本，确定编写说明、顾问名单、总编委会名单、学段主编、各册主编、作者名单等，送北京全品文化教育中心录入制片，交人民出版社出版。

7月13～16日，詹万生、孙学策等应温州市苍南县教育局邀请赴温州讲学，并考察指导课题研究。

7月19～21日，詹万生撰写《运用活动课对德育系列读本进行实验的理论与方法》，为《德育》读本出版后在实验校开展实验研究奠定理论基础。

7月22～24日，詹万生应邀赴浙江黄岩讲学，并指导课题实验研究。

8月3～7日，德育研究中心总课题组在哈尔滨召开大学组子课题研讨会。魏续臻主持会议，黑龙江省教委主任董浩致欢迎词，詹万生作主题报告。会议主要议题是大学德育体系构建问题。黑龙江省教科院院长姜树卿，哈尔滨师大副校长、副书记王忠桥介绍了黑龙江省大学子课题组的工作经验和初步研究成果，与会同志进行了认真的研讨。最后决定大学组由魏续臻和姜树卿负责，北京地区进行目标、内容体系构建；长江、黄河中下游地区进行途径、方法体系构建；黑龙江地区负责管理、评价体系构建。此次会议由黑龙江省教科院和哈尔滨师大承办，他们为本课题研究作出了贡献。

8月13～16日，詹万生、齐欣、李书华、徐安德、闵乐夫、刘英敏等应赤峰市实验区的邀请，赴赤峰参观考察实验学校的德育工作，詹万生、徐安德、闵乐夫作课题研究报告，与实验学校校长座谈,指导课题实验研究。

8月21日,北京市教委在怀柔召开区县教育局长工作会议,詹万生、徐安德、李书华参加会议并介绍课题研究进展情况,希望在北京市扩大实验范围,得到北京市教委副主任兰宏生同志的支持,受到各区县教育局长的欢迎。

8月22日,詹万生、齐欣、李书华、徐安德、闵乐夫和东城区、大兴县实验区负责人张景浩、马淑华等到北京广播电台"书苑漫步"栏目作直播节目,介绍课题研究和《德育》读本实验的情况。

8月23日,詹万生、关鸿羽、闵乐夫应大兴县教育局邀请,在实验教师培训班上讲课,指导《德育》读本实验研究。

8月26~29日,詹万生应深圳市罗湖区教育局邀请,赴深圳与罗湖区教育局李局长、胡新天等同志座谈,研究本年会暨第二届学术研讨会有关事宜,决定由罗湖区承办。

9月1日,詹万生主持德育研究中心工作会议,研究下半年工作计划。三件大事:一是《德育》读本实验指导工作;二是课题年会暨第二届学术研讨会筹备工作;三是民办学校第二届研讨会筹备工作。

9月9日,詹万生应邀去天津市河西区考察指导课题实验工作,参加天津实验中学教师节庆祝大会并作学术报告。

9月13日,詹万生应邀去包头市东河区讲学,参观考察实验学校,指导课题研究和《德育》读本实验。

9月19~22日,中央教科所德育研究中心主办、山西通宝育杰学校承办的全国民办学校第二届德育研讨会在太原召开。齐欣主持会议,詹万生致开幕词,詹文龄校长致欢迎词,国家副总督学王文湛作报告。山西省教委各部门领导和山西煤管局的领导出席了会议。来自全国各地的民办学校的校长200多人参加会议。会议进行了大会交流和分组研讨,与会同志一致认为"德育是民办学校生存发展的生命线"。会议期间,代表们参加了山西通宝育杰学校五周年校庆,参观考察了校园文化建设,观摩了主题班团队会。

9月23~26日,中央教科所德育研究中心和吉林省教科院课题组联合主办的中华民族传统美德教育第八届学术研讨会在榆次市召开。詹万生主持开幕式,吉林省教委原主任陈坚同志致开幕词,榆次市教委主任致欢迎词,吉林省教科院副院长栾传大作主题报告。来自全国各地的500多名校长、教师参加了会议。会议期间,詹万生应德育报社的邀请参观考察《德育报》,并与社长张国宏同志会谈,决定中央教科所德育研究中心作为《德育报》的协办单位,支持《德育报》的建设和发展。

10月19~20日,中央教科所召开纪念恢复建所20周年大会。阎立钦所长作报告,教育部副部长吕福源同志出席并作重要讲话。来自全国各省教科院所和师范大学的领导和专家出席会议并进行学术交流。会上宣传介绍了德育中心本课题研究的阶段成果——《德育》系列实验读本。

10月26~30日,全国中学德育研究会的年会在厦门召开。贺允清同志主持会议,陶西平同志作工作报告,詹万生、孙学策等同志在大会上发言。来自全国各地的100多名代表参加会议,并分四个专业委员会进行了交流和研讨。会议期间詹万生、肖忠远等向与会代表介绍了本课题的研究成果，许多同志积极申请参加课题实验。

11月10~14日，詹万生、孙学策、孙云晓应攀枝花市教委的邀请，经昆明赴攀枝花讲学，三个会场三人轮流，每人讲三场，创造了外出讲学效率的最高记录。

11月20日，德育研究中心总课题组召开本课题阶段成果——《德育》系列实验读本专家评审鉴定会。刘芳主持会议，詹万生作研究成果汇报。应邀出席会议的领导和专家有：教育部基础教育司领导金学方、基础教育司德育处原处长孙学策、师范司培养处副处长唐京伟、北京大学魏英敏教授、中国人民大学许启贤教授、北京青年政治学院王殿卿教授、中国青年研究中心孙云晓研究员。南京师大鲁洁教授、东北师大王逢贤教授、国家副总督学王文湛同志用通讯方式进行了评审。专家们对《德育》读本给予了充分肯定和高度评价，同时也提出了中肯的修订和实验的建议。总课题组核心成员出席会议并听取了专家们的宝贵意见。人民出版社编辑、全品文化教育中心的领导、新闻界的记者也出席了会议。

11月24~25日，詹万生应开封县教委的邀请，赴开封参观考察课题实验研究进展情况，作"整体构建德育体系，加强改进德育工作"的学术报告。

12月4日，北京有线电视台"书苑漫步"节目组到德育研究中心录制《德育》读本宣传节目。詹万生介绍《德育》读本编写的目的、原则、过程、特色，刘芳、李书华、刘英敏介绍实验学校热情参与、积极反馈、高度评价的情况。下午，詹万生应贺斌邀请到中央电视台"第二起跑线"节目作嘉宾主持人，介绍《德育》读本实验研究情况。

12月5日，应北京广播电台"月色书香"节目主持人周国华的邀请，詹万生、刘芳、齐欣、李书华、刘英敏以及朝阳区教委李本初科长、大兴县教科所张景浩、马书华等作直播节目，介绍《德育》读本实验研究情况。

12月10日，詹万生主持德育研究中心总课题组会议，研究课题年会暨第二届学术研讨会筹备工作。詹万生负责撰写年会主题报告，刘芳负责邀请有关领导，李书华负责安排会务工作，齐欣负责后勤保障工作，刘英敏负责联系实验区、校及名额分配工作。

12月20~23日，全国教育科学"九五"规划国家级重点课题"整体构建学校德育体系的研究与实验"1998年会暨第二届学术研讨会在深圳市罗湖区召开。20日上午，刘芳主持开幕式，詹万生致开幕词，罗湖区教育局局长李志荣同志致欢迎词，深圳市教育局刘副局长讲话，国家副总督学王文湛同志作报告。下午，詹万生作题为《认真总结，坚定信心，深入研究，不断前进》的主题报告。21日上午，詹万生主持大会交流，深圳罗湖区胡新天同志、北京东城区徐安德同志、天津和平区王文海同志、重庆渝中区陈鸣鹤同志、北京大兴县马淑华同志、天津实验中学于学兰同志、沈阳和平区李仲媛同志、内蒙赤峰市宁武杰同志作了大会发言。下午参观考察滨河中学、滨河小学、行知学校、螺岭小学等实验学校。22日上午，分组讨论，10点举行闭幕式。闭幕式由齐欣主持，詹万生宣布先进实验区、先进实验校和优秀成果获奖名单。先进实验区有：深圳市罗湖实验区、北京市东城实验区、北京市朝阳实验区、北京市大兴实验区、天津市和平实验区、内蒙古赤峰实验区、成都青羊实验区。总课题组核心成员刘芳、齐欣、李书华、关鸿羽、闵乐夫、王宝祥、徐安德等向获奖者颁奖。在闭幕式上，河南开封实验区、天津和平实验区、沈阳和平实验区、成都青羊实验区、湖北荆门实验区的代表积极申办下届年会，向全国各地的同志们发出了热情洋溢的邀请。最后，詹万生作了总结讲话。参加本届年会的代表共

400多人,来自全国十几个省的20多个实验区300多所实验学校。本届年会继承发扬了第一届年会暨开题会议形成的"团结、求真、务实、高效"的会风,取得了圆满成功。深圳市罗湖区教育局承办了本届年会,为本课题向东南沿海开放城市发展做出了贡献。

12月24~25日,詹万生、刘芳、刘英敏应广州市东山区教育局的邀请,去广州参观考察东山路小学、旧部前街小学两所实验学校,并为东山区校长、教师作课题研究学术报告。

1999年

1月9~11日,德育研究中心总课题组在北京胜利大厦召开中师中职子课题组1998年会暨第二届学术研讨会。开幕式由高德胜主持,刘芳致开幕词,詹万生作主题报告。教育部职成司德育处副处长张志坤同志、师范司培养处副处长唐京伟同志、北京市教委职教处处长蔡继顺同志出席并讲话。来自全国各地中等师范学校和中等职业学校的代表60多人参加了会议。昌平师范赵玉同志、石家庄师范孙向阳同志、北京城建学校王庆桂同志、淄博师范张秀清同志在大会上发言。会议分为三个大组,就中职中师的德育目标和内容、途径和方法、管理和评价三大体系构建进行了研讨。本次会议得到了教育行政部门的大力支持,为中师中职子课题研究的深化和实验的扩大起到了推动作用。

1月12~18日,全国教育科学规划领导小组德育学科组在东北师范大学召开德育理论研讨会和课题中期检查工作会议。学科组组长鲁洁教授主持会议,王殿卿、王逢贤、朱晓蔓、郑永廷、詹万生、戚万学、贺允清、付国亮等学科组成员出席会议。此外还邀请了樊和平、张树军、杜时忠等重点课题负责人参加。会议就德育概念、德育哲学、德育价值、德育规律等基础理论问题进行了深入的学术探讨,汇报检查了重点课题研究进展情况。詹万生汇报了本课题的研究思路、进展情况和阶段成果,得到了学科组的肯定并通过中期检查。鉴于本课题研究范围广、内容多、实验面大的特点,学科组批准延长一年结题。

会议期间,德育学科组成员赴哈尔滨参观考察,詹万生等应邀为黑龙江省教育行政干部和重点中小学校长作学术报告。

1月22日,詹万生主持德育研究中心总课题组会议,传达德育学科组工作会议精神,研究课题实验区扩大后的管理与指导问题,决定建立实验区、实验校业务档案,进一步加强课题研究的科学化、规范化管理。

1月25日,詹万生去教育部职成司,与王继平副司长、李鑫处长、张志坤副处长研究编写《中等职业学校爱国主义教育实施指南》。詹万生起草编写提纲,齐欣、李书华协助征集书稿工作。

1月27日,詹万生、刘芳、齐欣、李书华、刘英敏接待河南省开封县教委主任王家友,副主任季东常、郭绍章来访。王家友主任汇报了开封县课题研究与《德育》读本实验进展情况,再次要求申办今年年会。德育中心经过认真研究,决定今年年会由开封县教委承办。

1月28日,赤峰市实验区负责人王振刚老师率松山二中张校长一行以及包头钢铁公司教育处赵嘉奇处长率实验校校长一行来德育中心访问,詹万生就课题研究和《德育》读本实验进行指导和交流。

2月5日,詹万生主持德育中心总课题组会议,对课题研究第一阶段成果《德育》读本编写进行了全面总结,对下一阶段实验指导工作提出具体要求。总课题组核心成员、各学段主编、分册主编出席会议。大家一致表示要为课题深化研究和读本扩大实验继续努力,作出新的贡献。

2月22日,德育中心总课题组召开北京市区县教育局长和教科所长会议。刘芳主持会议,詹万生介绍课题研究和《德育》读本实验的目的、意义、内容和方法。北京市教委德育处长董柏林同志讲话,希望各区县选部分学校加入课题实验研究,并强调了实验对推动德育工作、培养锻炼队伍的重要意义。东城实验区徐安德同志、朝阳实验区李本初同志、丰台实验区米裕庆同志、大兴实验区马淑华同志介绍了参加课题研究和《读本》实验的经验和体会。来自北京市15个区县教育局的领导同志参加了会议。本次会议对于本课题研究与实验在北京市的发展具有重要意义,三个月内各区县教育局纷纷要求加入课题研究与实验。应邀请,詹万生与德育中心总课题组核心成员李书华、齐欣、徐安德、关鸿羽、闵乐夫、王宝祥等先后到通州区、顺义区、怀柔县、密云县、平谷县、延庆县、石景山区、门头沟区、房山区、燕山区、崇文区、宣武区等区县作巡回报告,指导课题研究和《德育》读本实验。至此,北京市实验区已形成规模,并成立了以北京市教科院基教研究所所长王宝祥同志为组长、徐安德同志为副组长的北京市实验区协作组。总课题组确立的依托北京、面向全国的实验研究格局基本形成。

3月19日,詹万生等接待天津和平实验区负责人王文海率团到德育中心汇报课题研究与实验进展情况,与赤峰市实验区横向交流情况。

3月22日,詹万生等接待天津南开区教育局翟康同志率18位中小学校长来德育中心访问,南开区教育局申请加入课题实验研究。

3月30日~4月1日,詹万生、刘芳应吉林省四平市教委邀请赴四平讲学,并与实验学校校长座谈,指导课题研究与实验。

4月5~6日,詹万生应大港油田教育处邀请,赴大港讲学并介绍课题研究与实验情况。

4月16~18日,德育中心总课题组在石家庄河北师范大学召开大学子课题会议。魏续臻主持会议,詹万生讲话,与会同志就大学德育体系构建进行研讨并修改初稿。

4月20~23日,德育中心总课题组在北京金宝大酒店召开中师中职子课题组会议。李书华主持会议,詹万生作学术报告,教育部职成司德育处副处长张志坤、师范司培养处副处长唐京伟、北京市教委职教处处长蔡继顺出席并讲话。来自全国各地中师、中职学校的校长、书记、教师150多人参加会议。由于加入课题研究与实验的中等职业学校逐渐增多,中师与中职又分属教育部两个司领导,总课题组决定将中师和中职分为两个子课题组,李书华负责中职组,高德胜负责中师组。会议期间,与会同志参观考察了北京市信息管理学校和昌平农业学校。本次会议得到北京市教委和这两所学校的大力支持。

4月26~28日,詹万生应襄樊市教委的邀请,赴襄樊讲学并参观考察实验学校,与实验教师座谈,指导课题实验研究。

5月1日,德育中心总课题组在东城区教育局召开会议。詹万生主持会议,并作关于课题研究第二阶段成果——《成长册》的研究与编写计划的报告。总课题组核心成员李书华、徐安德、关鸿羽、闵乐夫、齐欣等人就学生综合素质评价手册——《成长册》编写进行研讨，力求使本课题研究更好地为推进素质教育服务。本次会议之后，詹万生连续主持召开9次会议，讨论如何不断深化研究和修改《成长册》。

5月20～23日，詹万生应山西榆次市教委的邀请，赴榆次讲学，参观考察实验学校，指导课题实验研究。

5月31日～6月6日，詹万生、王殿卿等应台湾清华大学、中央大学和师范大学的邀请，经香港赴台湾出席海峡两岸通识教育与公民养成学术研讨会，作《21世纪中国德育活动课程体系之建构》的演讲，介绍了《德育》读本编写的理论基础、基本原则和主要内容，受到海峡两岸与会学者的高度评价。

7月21～24日，詹万生应德育报社的邀请，赴北戴河出席德育研讨会，作了题为《学习贯彻全教会精神，加强改进德育工作》的学术报告。

7月25～26日，北京市实验区协作组在东城区职教中心召开课题研讨会。王宝祥主持会议，詹万生、董柏林、徐安德出席并讲话。来自全市16个实验区的代表交流了经验。

7月26日，德育中心总课题组在海淀走读大学召开高等职业学校子课题组成立会议。魏续臻主持，詹万生作课题研究报告。十几所高等职业学校申请加入课题，成立子课题组。经研究决定，海淀走读大学校长陈宝瑜同志任组长，北京联合大学党委副书记韩宪州同志任副组长，王秉友、刘伟同志为主要成员。

7月30日～8月2日，德育中心总课题组召开《成长册》第九次编写会议。詹万生主持会议，各学段主编和各分册主编出席，最终审定书稿，交科学出版社出版。

8月10～12日，教育部职成司召开中等职业学校德育课程改革座谈会。王继平副司长主持会议，黄尧司长作重要讲话，詹万生应邀出席并参加研讨。

8月16日，河南省开封县教委副主任季东常同志到德育中心汇报年会筹备情况。申办年会得到开封县委县政府的大力支持，筹备工作正在紧张而有序地进行。

8月19～20日，詹万生、徐安德、齐欣、李书华等应天津市德育工作者协会会长张国英同志的邀请，去天津参观考察，与河西区教育局副局长刘国胜、李文洁、高爱玲等座谈，就课题研究与实验问题进行研讨。

9月1日，詹万生主持德育中心会议，学习第三次全国教育工作会议文件，研究下半年工作，重点是年会筹备工作。

9月15～18日，应黑龙江科技学院党委书记宋长生教授邀请，詹万生赴鸡西出席该校体育馆落成典礼并为教师、学生作学术报告。

9月19～21日，詹万生应哈尔滨市委宣传部和市教委邀请，到哈尔滨为全市中小学校长作课题研究报告，并参观考察哈尔滨一中、九中和哈师大。与省教科院副院长张艳、市教科院德育室主任任立、哈师大副校长王忠桥、哈师大两办主任刘忠孝、东北林大党委副书记陈文彬、黑龙江中医大学宣传部长刘翰德等座谈。

9月22～24日，詹万生应江汉大学邀请，赴武汉出席"大中学德育衔接学术研讨会"。江汉大学刘继生教授主持会议，湖北省教委、教科所领导出席并讲话。王殿卿、詹万生等作大会发言，并与张耀灿、龚海泉、舒德平、李鸿义、赵敬轩、余双好、杨冬艳等交流研讨，会后参观考察了武汉大学、汽车工业大学和江汉大学。

10月1日，詹万生为淄博师范学校党委书记张秀清同志主编的《双主体合作德育论》作序。这是实验学校承担的子课题的第一项即将正式出版的成果。

10月6日，国际儒学联合会在北京召开纪念孔子诞辰2500周年学术研讨会。，詹万生应邀出席参加交流研讨。

10月11日，詹万生主持德育研究中心会议。研究年会筹备工作。詹万生负责撰写年会主题报告和邀请领导，李书华负责会议日程安排及会务筹备工作，齐欣、徐安德负责论文评审，刘英敏负责联系实验区，张明贤、宁武杰和谭明冉负责会议资料。

10月19日，教育部职成司召开德育课程设置和教材建设调研组工作会议，聘请詹万生担任调研组长，起草调研工作计划。调研组讨论通过，准备实施调研工作。

10月25~28日，全国教育科学"九五"规划国家级重点课题"整体构建学校德育体系的研究与实验"1999年会暨第三届学术研讨会在河南开封举行。本届年会的主题是：以全教会精神为指导，继续深化课题研究，全面推进素质教育。25日上午，齐欣主持开幕式，詹万生致开幕词，开封县教委主任王家友致欢迎词，开封县县长马林青讲话，河南省教委基教处长、思政处长，开封市教委主任、教科所所长，开封县县委、县政府、县人大、县政协等各方面领导出席。国家副总督学王文湛同志应邀出席并作题为《领会全教会精神，开创素质教育新局面》的报告。总课题组核心成员和各实验区负责人以及来自全国22个省(直辖市、自治区)41个实验区428所实验学校的560多名代表出席了会议。开幕式上举行了颁奖仪式，河南开封县实验区、北京市东城实验区、北京市朝阳实验区、北京市大兴实验区、北京市密云实验区、黑龙江省实验区、黑龙江哈尔滨市实验区、黑龙江齐齐哈尔实验区、天津市和平实验区、天津市河西实验区、重庆市渝中实验区、重庆市南岸实验区、湖北省荆门市实验区、内蒙古赤峰市实验区、内蒙古赤峰市红山实验区、辽宁省沈阳市和平实验区、四川成都市青羊实验区被评为先进实验区，177所学校被评为先进实验校。各实验区经过初评送审的1000多项研究论文、实验报告、活动方案、教案教参和活动课实况录像，其中154项获一等奖，192项获二等奖，298项获三等奖，41项获优秀音像奖。下午大会由李书华主持，詹万生作题为《认真贯彻落实全教会精神，深化课题研究，全面推进素质教育》的主题报告。开封县教委副主任季东常、哈尔滨市实验区负责人任立、北京市实验区代表米裕庆、成都七中实验校代表张军、天津河西实验区负责人高爱玲、重庆市南岸实验区负责人孙建学等代表在大会上演讲交流。晚上，开封县教委举办了一场精彩纷呈的欢迎晚会。26日上午分组讨论，与会代表就德育三大体系构建和《德育》读本实验进行了认真的研讨和交流。下午，代表们参观考察了开封县教育园区，分三路参观考察9所农村中小学。27日上午，齐欣主持闭幕式，总课题组核心成员关鸿羽、闵乐夫、徐安德作课题研究和《德育》读本、《成长册》实验指导报告。海南省海口市、新疆克拉玛依市、重庆市南岸区、湖北省荆门市、黑龙江省哈尔滨市积极申办下届年会，发表了热情洋溢的演讲。最后，詹万生作总结讲话，他指出本届年会是贯彻落实第三次全教会精神的德育科研盛会，是一次硕果累累的德育科研盛会，是一次科学、民主、创新的德育科研盛会，是一次团结、求真、务实、高效的德育科研盛会。本届年会得到了河南省、开封市、开封县党委、政府、教委和社会各界的大力支持与良好合作,为本课题的研究与实验向广大农村学校发展做出了贡献。

11月4~8日,教育部职成司中等职业学校德育课程改革调研小组开始工作。詹万生带领第一小组赴成都、西安进行调研。调研小组深入到省、地、县三级教委和基层学校与干部和教师座谈,得到了来自第一线的改革建议,为制定中等职业学校德育课程改革方案奠定了基础。

11月9~12日,教育部师范司与中央教科所联合在山东淄博召开中等师范学校德育工作经验交流会和本课题学术研讨会。9号上午,唐京伟主持开幕式,马立司长作主题报告。德育中心主任詹万生、山东省教委副主任齐涛、省教委师范处长徐兴文、淄博市副市长关玛莉、副书记周纪烈、教委主任于庆臣等以及来自全国各地中等师范学校的代表100多人出席了会议。下午,大会交流,来自10个省的代表介绍了经验。10号,全体与会代表参观考察淄博师范学校,该校的德育工作和师德、师魄、师能大型表演给与会代表留下深刻印象。11号上午,詹万生、戚万学作学术报告。下午,分组讨论。12号,课题学术研讨会召开,李书华主持会议,詹万生作主题报告,高德胜作先进实验校和优秀论文评奖说明。下午,分组讨论后詹万生作总结讲话。本次会议开创了德育学术研讨会与教育行政工作会议相结合的先例,对课题研究为决策服务构想的实施具有重要意义。

11月23~26日,詹万生应辽宁省教育学院邀请,赴沈阳讲学并在大东区召开实验学校校长、教师座谈会,指导课题研究与实验。

11月27~29日,应江苏省课题分指导中心邀请,詹万生去镇江作课题研究报告,指导课题实验。

12月2日,教育部职成司召开中等职业学校德育课程改革研讨会,聘请詹万生为全国中等职业教育德育课程教学指导委员会副主任,负责德育课程改革方案的研制工作。

12月18日,詹万生主持德育中心总课题组会议,研讨《德育》读本修订工作。总课题组核心成员关鸿羽、王宝祥、闵乐夫、齐欣、徐安德、李书华、高德胜等出席会议。根据近两年来各实验区、实验校的反馈意见和两届年会评审的优秀实验报告,在广泛征求实验教师意见的基础上,决定修订再版《德育》读本,使之不断完善。

12月25日,德育中心总课题组在海淀走读大学召开高等职业学校子课题组会议,研讨高职实验教材《思想道德修养》编写提纲。陈宝瑜主持会议,王秉友对编写提纲作了说明,詹万生、魏续臻出席并讲话。与会同志对编写提纲进行研讨。

2000年

1月1日,詹万生主持召开德育中心工作会议,与李书华、齐欣、宁武杰等研究《德育》读本修订会议筹备工作。

1月3~4日,德育研究中心总课题组在北京航空航天大学召开会议,詹万生主持并作《德育》读本修订意见的报告。《德育》读本总编委会成员、各学段主编和各册主编出席会议,研讨修订意见。为了充分采纳实验教师的意见,调动更多的实验区、实验校的积极性,会议决定每册读本增加一个主编单位。经研究落实分工。

1月8~13日，德育研究中心总课题组在海口市召开中等职业学校子课题1999年会暨第三届学术研讨会。齐欣主持会议并致开幕词，海南省对外贸易学校副校长陈道政致欢迎词，海南省教育厅职教处处长王忠汉致贺词，教育部原职教司司长杨金土作报告，李书华作主题报告和总结讲话。来自全国24个省教委职教处负责人、100所中等职业学校的领导、课题实验骨干教师150人出席了会议。与会代表对《德育》读本的实验与修订、中职学校德育体系构建和《成长册》实验研究进行了认真的研讨，参观考察了海南省对外贸易学校和海口市旅游职业学校两所优秀实验学校。本届年会评出了先进实验校30所，优秀实验研究成果一等奖50项，二等奖93项，三等奖143项，音像奖27项。海南省职教处和北京市教委职教处对本届年会给予大力支持，承办单位海南省对外贸易学校为大会召开做出了积极的贡献。

1月12~13日，詹万生撰写总课题组2000年工作计划。

1月26~28日，教育部职成司召开全国中等职业教育德育课程指导委员会成立会议。职成司副司长王继平同志任主任，詹万生任副主任，"德指委"由15名专家组成。王继平主持会议，黄尧司长讲话，詹万生介绍中等职业教育德育课程改革调研的情况和德育课程改革方案。会后几经讨论，詹万生先后四次修改稿子。课题研究成果对中职德育课程改革产生积极的影响。

2月17日，詹万生主持德育研究中心工作会议，学习江泽民总书记《关于教育问题的谈话》，研究如何贯彻落实"谈话"精神，进一步深化课题研究。

2月18日，教育部师范司在中建大厦召开会议。马立司长作题为《学习江总书记谈话精神，大力加强教师职业道德教育》的报告，来自全国部分地区的师大、师院、师专、中师的校长、书记30多人参加会议。会后成立教师职业道德建设专家策划组，詹万生任组长。策划组在师范司的组织领导下，3~5月先后召开九次会议，研究制订教师职业道德读本、系列专题片、先进教师报告团、教师职业道德培训等四项工作方案。

2月21日，詹万生主持德育中心总课题组会议，学习江泽民总书记《关于教育问题的谈话》，研究讨论2000年课题研究工作计划。总课题组核心成员、《德育》读本学段主编出席会议，汇报修订进展情况。

3月1~3日，教育部基础教育司在金海湖宾馆召开会议，学习江泽民总书记《关于教育问题的谈话》精神，研究筹备全国中小学德育工作会议。德育处处长李玉先主持会议，王建国副司长讲话，詹万生和全国十几个省教委德育处处长出席会议并参加研讨。2号下午在人民大会堂听取李岚清同志关于学习江泽民同志谈话精神的辅导报告。

3月9日，教育部社政司计划在重点大学建立人文与社会科学重点研究基地，清华大学、南京师范大学申请建立德育学科重点研究基地。詹万生被两校聘请为兼职教授。

3月16日，中央电视台"实话实说"节目座谈《钢铁是怎样炼成的》。詹万生作为特邀嘉宾参加讨论，并宣传课题研究成果《德育》实验读本。

3月17日，中共中央宣传部理论局组织专家撰写学习《毛泽东、邓小平、江泽民论思想政治工作》的辅导讲座，詹万生应邀承担《第八讲：努力加强社会主义道德建设》撰写工作。

3月24~27日，德育研究中心总课题组在延庆育新宾馆召开《德育》读本修订会议。詹万生主持会议,各学段主编和分册主编分别汇报编写情况和样章,分组讨论修改。

3月30~31日,詹万生应长沙市教委邀请赴浏阳讲学,参观考察浏阳一中和田家炳实验中学,与实验教师座谈,指导课题研究。

4月4~5日,詹万生应河北省滦城县教委邀请,赴滦城职业中专学校讲学,参观考察和指导课题研究。

4月18日,教育部关心下一代工作委员会召开会议,詹万生应邀作题为《整体构建德育体系,加强改进德育工作》的报告。

4月20~22日,中央教科所与南京师范大学联合召开"道德教育学术研讨会"。会议由南京师大副校长朱小蔓主持,鲁洁、班华、王殿卿等著名教授和一批中青年学者出席会议并发表演讲。詹万生作为主办单位之一的代表参与主持和发表演讲。

5月12~13日,詹万生应武汉市教科所邀请赴武汉讲学,作题为《加强改进德育工作,全面推进素质教育》的学术报告。

5月25日,詹万生应广州市教委的邀请赴广州第16中学,作题为《加强改进德育工作,全面推进素质教育》的学术报告,并参加课题鉴定验收工作。

5月~6月,詹万生等先后接待了四平市实验区、荆州市实验区、山东沂源实验区、江苏省实验区、成都青羊实验区、赤峰市实验区、天津市实验区、哈尔滨第六中学、白山师范学校、新疆农业学校等多次来访,就课题实验研究进行座谈。

6月23~25日,德育研究中心总课题组召开实验区负责人工作会议,詹万生主持会议并作《深化课题研究,实验重心转移,为圆满结题而奋斗》的工作报告。重庆市南岸区教委副书记孙建学介绍了承办年会的筹备情况,来自全国各实验区的负责人和总课题组成员60多人出席会议。此次会议为实现总课题组的工作重心转向整体构建德育体系,实验区的工作重心转向子课题成果验收作了思想动员和组织保证,为今年年会奠定了基础。

7月4日,詹万生主持德育研究中心工作会议,讨论课题研究工作重心转移问题,就《整体构建德育体系总论编写提纲》征求意见。

7月11日,詹万生主持德育研究中心工作会议,学习全国高校党建工作会议和全国中小学德育工作会议文件,讨论课题研究如何贯彻"两会"精神,研究与北京市产经研文化教育服务中心联合举办"加强和改进学校德育工作培训班"事宜。

7月17~20日,德育研究中心主办的"学习贯彻两会精神,加强和改进学校德育工作第一期培训班"在北京举行。詹万生出席开幕式并作报告。关鸿羽、闵乐夫、王宝祥等到会讲课。齐欣、李书华、刘英敏协助产经研文化教育服务中心做会务工作。

7月24~26日,詹万生、宁武杰应烟台海洋市教委邀请,赴烟台参加海洋市教委"九五"规划课题评审鉴定。会后,詹万生经青岛赶往厦门。

7月26~28日,"学习贯彻两会精神,加强和改进学校德育工作第二期培训班"在厦门举行。詹万生、王宝祥、闵乐夫、关鸿羽到会讲课。刘英敏协助产经研文化教育服务中心做会务工作。

8月1~6日,詹万生、齐欣、李书华等应赤峰市红山区教育局邀请,赴赤峰市参观考察,指导课题研究与实验。

8月8~10日,"学习贯彻两会精神,加强和改进学校德育工作第三期培训班"在昆明举行。詹万生、王宝祥、闵乐夫等到会讲课。李书华、齐雅琴协助产经研文化教育服务中心做会务工作。

8月10~15日,国际教育基金会在韩国举办"人格教育国际学术研讨会",詹万生、齐欣、王宝祥、关鸿羽、闵乐夫、刘英敏等应邀参加,与中、美、俄、日、韩五国的专家、学者进行学术交流。期间,德育研究中心与中国青年政治学院心理研究所联合主办的"中小学心理健康教育培训班"在北戴河举行。田万生主持会议,许建争代表德育研究中心出席并参与主持会议。

8月16日,教育部职成司召开会议,中等职业学校德育课程改革方案已被部领导批准,下一步准备编写教学大纲。詹万生承担《中等职业学校德育课程教学大纲编写意见》的起草工作。

8月17~19日,"学习贯彻两会精神,加强和改进学校德育工作第四期培训班"在大连举行。詹万生、关鸿羽、王宝祥、闵乐夫到会讲课。齐欣、庞泉来协助产经研文化教育服务中心做会务工作。

8月20~29日,詹万生、徐安德、王文海应新疆自治区教科所邀请,先后在乌鲁木齐、库尔勒、昌吉新疆农业学校、克拉玛伊讲学,参观考察,指导课题研究与实验。

8月30~31日,中央教科所在密云召开工作会议。詹万生参加会议并到平谷县实验区参观考察,指导课题研究与实验。

9月1日,詹万生主持德育研究中心工作会议,研究年会筹备工作。詹万生负责起草开幕词、主题报告,李书华、许建争负责论文评审及会议日程安排,齐欣负责会务筹备,刘英敏负责联络实验区和名额分配,宁武杰、张明贤负责资料准备,林清明负责宣传工作。

9月8~9日,詹万生应湖北省荆州区教委邀请,为他们承担的子课题的研究成果《中小学德育评价的理论与实践》作序。在此前后,各实验区子课题的研究成果陆续出版。詹万生先后为天津市河西实验区《构建跨世纪小学德育体系》、沈阳市和平实验区《中小学德育体系的整体构建》、哈尔滨市道里实验区的《主题班会理论与实践》、重庆市实验区的《中小学德育体系的研究与实践》、南京实验区的《构建德育体系,推进素质教育》、北京石油化工学院的《健康心理与创新人格》、黑龙江科技学院的《高校德育体系的整体构建与实践》等十几部著作写了序。

9月11~13日,教育部职成司召开全国中等职业教育德育课程教学指导委员会工作会议。王继平副司长主持并讲话,詹万生作《中等职业学校德育课程教学大纲编写意见》的说明。"德指委"委员出席会议并进行研讨,分四门课程组开始进入教学大纲编写阶段。

9月14~17日,中华民族传统美德教育第十届年会暨结题鉴定会在长春市召开。开幕式由詹万生主持,陈坚同志致开幕词,栾传大作十年研究成果报告,金宝成代表专家评审组宣读评审鉴定意见。罗国杰、王逢贤、魏英敏、李汉秋、王殿卿、詹万生等作学术报告,来自全国各地实验学校的代表500多人参加了会议。至此,吉林省教科院与中央教科所德育研究中心联手进行"九五"课题"中华民族传统美德教育的研究与实验"圆满结题。

9月20~22日,詹万生应大连瓦房店市教委邀请,赴瓦房店参观考察实验学校,指导课题研究并作学术报告。

9月26~28日，詹万生应湖南省株洲市教委的邀请，赴株洲作课题研究学术报告，指导课题研究与实验。

10月3日，詹万生主持德育研究中心召开工作会议，研究检查年会筹备落实情况。

10月14~19日，詹万生主持德育研究中心总课题组年会申报成果评审会议。李书华作《年会成果评审若干规定》的说明，总课题组核心成员王宝祥、关鸿羽、闵乐夫、齐欣、许建争、徐安德、高德胜、宁武杰、梁周清、林清明、陈红、王英等对各实验区送审的课题研究成果进行认真评审。

10月23~25日，全国教育科学"九五"规划国家级重点课题"整体构建学校德育体系的研究与实验"2000年会暨第四届学术研讨会在重庆市南岸区隆重召开。本届年会的主题是：认真贯彻落实"两会"精神，为圆满结题而努力奋斗。教育部社政司司长顾海良，职成司德育处处长窦现金，中央教科所副所长连秀云，北京市教育工委副书记朱全俊，北京市教育督学赵振东，重庆市教委、南岸区委区政府、区教委的领导及来自全国28个省市和香港特别行政区、60个实验区、700多所学校的800余名代表出席了会议。23日上午，齐欣主持开幕式，詹万生致开幕词，重庆市南岸区委书记曹均锦致欢迎词，重庆市教委副主任彭志勇致贺词。顾海良司长作了题为《面向新世纪学校德育的几个问题》的重要报告。詹万生公布了2000年度先进实验区名单：重庆市南岸实验区、重庆市渝中实验区、北京市东城实验区、北京市朝阳实验区、北京市通州实验区、北京市平谷实验区、北京市密云实验区、天津市和平实验区、天津市河西实验区、天津市南开实验区、黑龙江省哈尔滨实验区、黑龙江省大庆实验区、黑龙江省齐齐哈尔实验区、吉林省四平实验区、辽宁省沈阳市和平实验区、辽宁省锦州实验区、辽宁省瓦房店实验区、内蒙古赤峰实验区、内蒙古赤峰市红山实验区、河北省石家庄市桥西实验区、河南省开封实验区、湖北省荆州实验区、湖南省湘潭实验区、江苏省宜兴实验区、江苏省江都实验区、福建省宁德实验区、贵州省贵阳实验区、新疆克拉玛依实验区。李书华对优秀成果评审作了说明。本届年会从申报参评的2140项成果中评出一等奖289项、二等奖598项、三等奖693项。詹万生作了题为《认真贯彻两会精神，继续深化课题研究，为圆满结题而努力奋斗》的主题报告。报告共分为五部分：(1)认清形势，增强德育工作的紧迫感和责任感；(2)正视问题，改变德育工作的薄弱性和不适应；(3)遵循规律，加强德育内容的系统性和层次性；(4)适应特点，提高德育途径的针对性和实效性；(5)迎难而上，增强德育评价的科学性和可行性。大会交流由关鸿羽主持，14个实验区和实验校的代表就整体构建德育体系的子课题研究成果作了大会发言。与会代表分四路参观考察了重庆南岸区八所中小学实验学校和歌乐山革命烈士陵园等德育基地。闭幕式由闵乐夫主持。总课题组核心成员高德胜、闵乐夫、王宝祥、关鸿羽、徐安德、魏续臻就整体构建德育体系的理论问题作了专题报告。湖南省株洲市实验区、大连瓦房店实验区、贵州省贵阳市实验区、江苏省崇安实验区、北京市盛基艺术学校、广西艺术学院在大会上申请承办下一届年会。最后，詹万生作总结讲话。他指出，本届年会是一次德育科研规模空前的盛会，小学、中学、中师、中职、大学的代表汇聚一堂，标志着课题研究进入了纵向衔接、整体构建的新阶段。他对会后的结题准备工作作了全面的部署。本届年会由重庆市南岸区政府承办，为总课题组响应中央的"西部大开发"战略，使德育科研向西部发展做出了贡献。

10月28~30日，应湖北省荆州区教委邀请，詹万生、齐欣、刘英敏、张明贤、宁武杰、关鸿羽、闵乐夫等赴荆州参观考察，指导课题研究与实验。詹万生、关鸿羽、闵乐夫为荆州实验区的校长、教师作课题研究学术报告。

11月3~5日，国际儒学联合会、北京东方道德研究所、中华文化学院与中央教科所德育研究中心在国家高级教育行政学院联合举办公民与道德国际学术研讨会。王殿卿主持会议并致开幕词，来自中国大陆、台湾地区、香港特别行政区、澳门特别行政区、日本、韩国、新加坡以及欧美地区的专家学者100多人出席会议。詹万生出席并以《21世纪公民道德教育课程体系之构建》为题发言，与专家学者交流。

11月6~8日，京、津、沪、渝四个直辖市德育工作经验交流会在北京市东城区召开，詹万生应邀出席并作《加强和改进学校德育工作的几点思考》的学术报告。

11月11~12日，詹万生主持德育研究中心总课题组会议，研讨《整体构建德育体系总论》编写提纲。总课题组核心成员王宝祥、关鸿羽、闵乐夫、齐欣、徐安德、李书华、高德胜、魏续臻以及许建争、宁武杰、梁周清、谭明冉等出席会议并承担编写任务。

11月13~14日，教育部基础教育司召开小学《思想品德》课、中学《思想政治》课课程标准修订会议，詹万生应邀参加并发表建议。

11月17~22日，教育部职成司在济南召开中等职业学校德育课程教学大纲统稿会议，詹万生出席参加研讨。会议期间，窦现金处长和詹万生、蒋乃平赴淄博工业学校作报告。

11月25~26日，詹万生著《整体构建德育体系引论》（课题研究最终成果之一）交教育科学出版社出版。

11月27~29日，詹万生应四川省德阳市教委邀请，赴德阳讲学并指导课题研究与实验。

11月30日，詹万生应天津市红桥区教育局邀请，赴天津出席"班集体激励理论与实践研究"课题结题和成果推广大会，并作学术报告。

12月1~3日，詹万生、王宝祥、闵乐夫应内蒙伊克昭盟教育局邀请，赴东胜市讲学，指导课题研究与实验。

12月4日，詹万生主持德育研究中心工作会议，研究课题最终成果编写出版工作。12月份的中心任务是全力做好《整体构建德育体系总论》的审稿工作和《整体构建德育体系实验报告集》《整体构建德育体系研究论文集》的编辑工作。

12月11~12日，全国教育科学规划领导小组德育学科组工作会议在首都师范大学召开。鲁洁主持会议，王殿卿、王逢贤、郑永廷、贺允清、傅国亮、戚万学、詹万生出席，总结"九五"规划德育学科研究情况，制定"十五"规划德育学科课题指南。

12月16~18日，教育部职成司召开《中等职业学校德育课程教学大纲》审定会议。王继平副司长主持会议并讲话，詹万生报告《中等职业学校德育课程教学大纲》制定的指导思想、基本原则和工作过程，四门课程组负责人汇报大纲的编写内容和特点。审定委员会各位专家发表审定意见。四门课程大纲原则通过，但仍需作进一步修改。

12月15~31日，詹万生审阅修改《整体构建德育体系总论》各篇、章书稿，李书华、齐欣编辑《实验报告集》和《研究论文集》书稿，准备交教育科学出版社出版。

2001年

1月1日，詹万生与赵国柱等研究举办"憧憬新世纪"全国德育实验学校春节联欢晚会，把德育与文艺晚会相结合，创新德育实施途径，填补了教育界没有春节晚会的空白。

1月2日，詹万生主持全国教育科学"九五"规划国家重点课题"整体构建学校德育体系研究与实验"总课题组会议，研究《整体构建德育体系总论》统稿工作，徐安德、宁武杰、许建争等参加。

1月3日，詹万生与赵国柱等去石景山教育局会见刘国庆局长、田利跃副局长，请石景山教育局协办全国德育实验学校春节联欢晚会，得到他们的赞同与支持，并陪同考察首钢影剧院和石城宾馆。

1月6日，詹万生主持中央教科所德育研究中心工作会议。赵国柱汇报全国德育实验学校春节联欢晚会筹备情况；《整体构建德育体系总论》作者李书华、齐欣、徐安德、宁武杰、许建争、谭明冉、高德胜汇报统稿进度。

1月11日，詹万生主持中央教科所德育研究中心工作会议。赵国柱汇报全国德育实验学校春节联欢晚会筹备情况，德育中心齐欣、李书华、刘英敏、张明贤、许建争以及外聘人员郭海霞、王文君、袁淑明等同志分工负责发通知、邀请领导、舞台布置、摄影摄像、人员接待、日程安排等项工作，全面投入工作。

1月12日，詹万生主持全国教育科学"九五"规划国家重点课题"整体构建学校德育体系研究与实验"总课题组会议，李书华汇报《职业道德与职业指导》编写情况，研究编写大纲和样章。

1月14日，詹万生主持全国德育实验学校春节联欢晚会组委会工作会议，赵国柱、袁淑明、刘国庆、田利跃、贺斌（中央电视台节目主持人）出席，全面部署全国德育实验学校春节联欢晚会演出录制工作。

1月16日，"憧憬新世纪"——全国德育实验学校春节联欢晚会在首钢影剧院举行。晚会由中央电视台尹永斌导演，贺斌主持，詹万生接受了现场采访，来自全国十多个省市自治区的30多所实验学校100多名师生参加演出，中央教科所的领导和实验学校的师生800多人观看了精彩演出。晚会受到热烈欢迎和高度评价，取得了圆满成功。

1月17日，全国德育实验学校春节联欢晚会参演师生于早晨7点在天安门广场举行升国旗仪式，詹万生发表国旗下的讲话。随后大家参观天安门城楼、人民大会堂、毛主席纪念堂。冬令营开始。

1月19日，詹万生代表"整体构建学校德育体系研究与实验"总课题组与教育科学出版社签订《整体构建德育体系引论》、《整体构建德育体系总论》、《整体构建德育体系研究论文集》、《整体构建德育体系实验报告集》四项研究成果出版合同。

1月20日，中国教育学会中学德育专业委员会召开常务理事会，董柏林主持，兰宏生讲话，詹万生等常务理事出席，研究年度工作计划。

1月22日，詹万生主持德育研究中心年终总结会。同志们认真述职，诚恳评议，气氛热烈，团结和谐。经过认真讨论，决定改版《德育信息》，更名为《中国德育》，春节后向国家新闻出版总署申报。

1月25~28日，詹万生与李书华、刘进对《职业道德与职业指导》教材编写提纲和样章反复修改，编出特色，计划在春节后上报教育部教材审定委员会，争取一举中标。

2月1日，詹万生主持德育研究中心工作会议，研究全国德育实验学校春节联欢晚会播出、光盘、画册制作，《中国德育》封面、编辑、印制工作，中国德育网建设，《整体构建德育体系总论》统稿工作。

2月20日，教育部职成司批准《职业道德与职业指导》教材编写立项，詹万生任主编，李书华任副主编。召开全体作者会议，进入编写阶段。

2月23日，詹万生与教育科学出版社签订《职业道德与职业指导》教材及教参、学参三本书出版合同。

2月27日，詹万生主持德育研究中心工作会议，研究贯彻落实中共中央办公厅、国务院办公厅《关于进一步加强和改进中小学德育工作的意见》以及举办中小学德育教师培训班的筹备工作。

3月5日，詹万生主持全国教育科学"九五"规划国家重点课题"整体构建学校德育体系研究与实验"总课题组会议，研究课题结题鉴定工作，核心成员参加会议。送审成果主件为最终研究成果：《整体构建德育体系研究报告》、《整体构建德育体系引论》、《整体构建德育体系总论》、《整体构建德育体系研究论文集》、《整体构建德育体系实验报告集》；附件为实验教材：《德育》读本5个学段18册、《成长册》3个学段12册。拟请评审专家有：鲁洁、朱小蔓、戚万学、王殿卿、朱全俊、卓晴君、魏英敏、顾海良、李连宁。会后结题鉴定材料送达全国教育科学规划领导小组办公室吴健。

3月13日，詹万生主持德育研究中心工作会议，研究课题结题会议筹备工作及德育教师培训班筹备工作。

3月14日，詹万生应北京市海淀区教委邀请，为中小学校长作"整体构建德育体系，加强改进德育工作"学术报告。

3月14日，詹万生接待丹麦大学科研主任尼尔斯来访，洽谈交流合作与出访事宜。许建争、齐欣、李书华、刘英敏参加会谈。

3月19~22日，詹万生主持《职业道德与职业指导》统稿会，李书华、刘进及各章作者参加，会后书稿齐、清、定交出版社。

3月24~25日，詹万生应湖北省仙桃市教育局邀请，为中小学校长作"整体构建德育体系，加强改进德育工作"学术报告。

3月26日，詹万生主持德育研究中心工作会议，研究《中国德育》杂志编辑发行工作及德育教师培训班筹备工作。

3月29日，詹万生应北京市燕山区教育局局长线长安邀请，为中小学校长作"整体构建德育体系，加强改进德育工作"学术报告，指导课题研究。

4月6~8日，为贯彻落实中央文件精神，全国德育教师培训班在北京市石景山区太阳岛宾馆举办。齐欣、李书华、许建争、刘英敏、张明贤、赵国柱等全力投入会务工作，詹万生、顾海良、路建平、李意如等专家讲课。

4月9~10日，詹万生应山东省威海市教育局赵锦绣邀请，为中小学校长作"整体构建德育体系，加强改进德育工作"学术报告，指导课题研究。

4月11~13日，詹万生应广东省惠州市教育局李军邀请，为中小学校长作"整体构建德育体系，加强改进德育工作"学术报告，并参观考察中小学校。

4月19~20日，詹万生应江苏省无锡市崇安区教育局刘霞芬书记邀请，为中小学校长作"整体构建德育体系，加强改进德育工作"学术报告，并听取8所实验学校课题研究与实验工作汇报，指导课题研究。

4月24日，詹万生去教育部社政司会见顾海良司长，送交《中国德育》杂志申请公开刊号报告，教育部社政司期刊处同意上报国家新闻出版总署。

4月25~28日，詹万生应湖北省武汉市教委邀请，为中小学校长作"整体构建德育体系，加强改进德育工作"学术报告，并作为评审专家组成员对湖北省教委主任朱定康主持的课题做评审鉴定。湖北省教科所副所长冉铁星陪同参观考察中小学校，并应华中师大教育学院副院长杜时忠邀请为研究生讲课。

4月30日，詹万生在第四期德育教师培训班上做"整体构建德育体系，加强改进德育工作"学术报告。

5月8日，詹万生主持德育研究中心工作会议。总结六期德育教师培训班工作；研究《中国德育》杂志如何提高办刊质量，为申请正式刊号做准备；策划德育研究中心成立10周年庆祝活动方案。

5月12日，团中央召开"以德治国与少先队德育工作研讨会"，团中央书记赵勇主持会议，詹万生、陆士桢、王建国、高洪、郭长江等发言。

5月14~16日，詹万生应河南师大和公安高等专科学校邀请，为德育教师和思政专业学生作"整体构建德育体系，加强改进德育工作"学术报告。路琳和杨东艳陪同参观黄河和农村集体经济先进典型刘庄。

5月19日，詹万生应邀出席首都师大思政专业研究生毕业论文答辩，与冯卓然、尚凤翔、安云凤、房宁组成专家组。詹万生被聘为首都师大兼职教授。

5月21~23日，詹万生应河南省禹州市教育局邀请，为中小学校长作"以德治国与以德育人"学术报告，并参观考察中小学校，指导课题研究。

5月24~26日，詹万生应云南省昆明市教育局邀请，为中小学校长作"以德治国与以德育人"学术报告，并参观考察中小学校，指导课题研究。

5月28日，教育部职成司在国家教育行政学院举办全国职业教育德育大纲培训会，王继平副司长主持并讲话，詹万生作《中等职业教育德育课程教学大纲》辅导报告。行政学院俞家庆院长、李鑫副院长出席大会。

5月30日，詹万生主持德育研究中心工作会议，研究"九五"课题结题工作及"十五"课题申报工作；德育研究中心成立十周年纪念画册和《二十一世纪中国德育改革与创新》编辑工作。

6月5日，詹万生应天津市河西区教育局邀请出席"九五"课题结题会，李茜主持会议，刘国胜局长作结题报告，詹万生宣读评审鉴定意见。

6月6~7日，詹万生应中国矿业大学邀请出席邹书记课题结题鉴定会，并给政工干部和研究生作"以德治国与以德育人"学术报告。

6月9~11日，詹万生出席"依法治国与以德治国"学术研讨会，作"依法治国与以德治国，整体构建德育体系"学术报告。

6月13日，詹万生应天津市实验中学邀请出席"九五"课题结题会，赵校长主持会议，八位教师作课题研究汇报，詹万生点评并作"以德治国与以德育人"学术报告。

6月14~15日，詹万生应广东省教育厅邀请在广州作《中等职业教育德育课程教学大纲》辅导报告。

6月16~17日，詹万生应内蒙呼和浩特市教科所邀请出席"九五"课题结题会，在王所长、栗永红副所长陪同下参观考察实验学校并作"整体构建德育体系"学术报告。

6月22~23日，詹万生应内蒙呼和浩特市教育局邀请作《中等职业教育德育课程教学大纲》辅导报告。

6月24~27日，詹万生应贵州省贵阳市市教科所邀请出席"九五"课题结题会，在林书记、雷颖善陪同下参观考察实验学校并作"整体构建德育体系"学术报告。受安斯寿邀请为贵州省实验区干部教师作"整体构建德育体系"学术报告。

6月30日~7月1日，詹万生应内蒙赤峰市教育局邀请作《中等职业教育德育课程教学大纲》辅导报告。

7月3日，詹万生主持德育研究中心工作会议。研究各实验区承担子课题结题鉴定验收工作；制定《中国德育》杂志工作人员岗位责任制。

7月16~18日，詹万生应福建省教育厅邀请，到厦门作《中等职业教育德育课程教学大纲》辅导报告。

7月19~20日，詹万生应贵州省教育厅邀请，到贵阳作《中等职业教育德育课程教学大纲》辅导报告。

7月21~23日，詹万生、关鸿羽、王宝祥在大连德育教师培训班上讲课。詹万生讲的题目是"整体构建德育体系，加强改进德育工作"和"以德治国与以德育人"。

7月25~27日，詹万生应福建省教育厅邀请，到厦门作《中等职业教育德育课程教学大纲》辅导报告。

7月28~30日，詹万生在桂林德育教师培训班上作"整体构建德育体系，加强改进德育工作"学术报告。

8月1日，詹万生主持德育研究中心工作会议。为贯彻落实中共中央宣传部颁布的《公民道德建设实施纲要》，做好中宣部宣教局委托编写的《公民道德》大、中、小学生读本，研讨编写目录和编写体例。

8月2日，詹万生去中宣部宣教局会见杨局长，报送《公民道德》大、中、小学生读本编写提纲。

8月5~7日，詹万生应云南省教育厅邀请，到昆明作《中等职业教育德育课程教学大纲》辅导报告。

8月9日，詹万生主持德育研究中心工作会议，研究《公民道德》大、中、小学生读本编写分工；"九五"课题结题和"十五"课题申报工作；德育研究中心成立十周年筹备工作；第二届校园春节晚会筹备工作。

8月10~11日，詹万生在山东青岛举办的德育教师培训班上作"整体构建德育体系，加强改进德育工作"学术报告。

8月15~17日，詹万生应李玉鸿书记邀请，赴新疆农业职业技术学院作学术报告。被新疆农业职业技术学院聘为客座教授，并为全疆中职德育教师作《中等职业教育德育课程教学大纲》辅导报告。

8月19~22日，詹万生和关鸿羽到哈尔滨德育教师培训班讲课，会见哈尔滨实验区负责人任立、赵玉泉，指导课题研究工作。

8月23~26日，詹万生主持《公民道德》大、中、小学生读本样章研讨会。会后报送中宣部宣教局批准，与九州出版社签订出版协议。编写工作全面展开。

9月4日，詹万生主持德育研究中心工作会议，研究"九五"课题结题及"十五"课题申报工作；德育研究中心成立十周年筹备工作；第二届校园春节晚会筹备工作；出访丹麦准备工作。

9月11~18日，詹万生与华国栋、俞国良赴丹麦首都哥本哈根进行教育考察访问。丹麦教育大学校长接见，外办主任尼尔斯、翻译英格陪同参观访问丹麦教育大学、哥本哈根大学以及一所高中、十年制私立学校，并到瑞典参观考察。

9月25日，詹万生主持德育研究中心工作会议，绍出访丹麦情况；确定"十五"课题申报题目为"整体构建德育体系深化研究与推广实验"，并填写课题申报审批书。

9月26~28日，詹万生应湖南省教科院邀请赴长沙，研究合作编写的《品德与生活》、《品德与社会》、《思想品德》相关事宜，林清明迎接到益阳参观考察。

10月8日，詹万生主持德育研究中心工作会议，研究"九五"课题结题及"十五"课题申报工作；德育研究中心成立十周年筹备工作。

10月15~17日，教育部职成司在国家教育学院召开中等职业教育德育指导委员会工作会议。王扬南处长主持会议，王纪平副司长讲话，德育指导委员出席会议，詹万生作会议总结。

10月19~20日，詹万生应梁其贵院长邀请到河南省信阳市为两区八县600多名中小学校长作"整体构建德育体系，加强改进德育工作"学术报告。

10月23日，《公民道德》大、中、小学生读本审定会在中央教科所召开。中宣部、教育部、团中央有关领导出席，詹万生汇报编写情况，与会同志一致同意通过审定。

10月23日，詹万生主持德育研究中心工作会议，彻落实江泽民总书记"9、20批示"，研究起草《进一步加强学校思想政治教育的意见》。

10月30日，詹万生主持德育研究中心工作会议，研究德育研究中心成立十周年筹备工作，确定纪念画册和《二十一世纪中国德育改革与创新》编辑内容。编辑工作全面展开。

11月27日，詹万生主持德育研究中心工作会议，研究德育研究中心成立十周年庆祝活动日程安排、邀请领导、会议资料、文艺晚会、开通中国德育网等项事宜。

12月10日，詹万生和许建争会见首都师大政法学院安云凤书记、蔡清生副院长，研究联合举办德育研究生班事宜。

12月26日，中央教科所德育研究中心成立十周年庆祝大会在首都师大学术会堂召开。何东昌、柳斌、王明达、陶西平、陆钦仪、何钊、靳诺、谢国栋等领导和魏英敏、陈志尚、许启贤、王殿卿、朱小蔓、宋长生、吴忠海、高天极（台湾学者）等专家应邀出席，詹万生作德育研究中心成立十周年工作总结报告，20多位领导专家讲话、致贺词、学术交流。晚上，举办第二届全国校园春节联欢晚会，全国人大常委会副委员长彭佩云等领导与全体与会同志共同观看了文艺演出。

12月31日，詹万生主持德育研究中心工作会议，研究德育研究中心成立十周年庆祝活动善后工作；制定2002年工作计划。

二、"十五"时期大事记（2002-2005）

2002年

2月28日，全国教育科学规划领导小组办公室给詹万生下达"十五"规划重点课题通知。课题名称：整体构建学校德育体系深化研究与推广实验；课题类别：国家重点课题；课题批准号：AEA010016。

3月12日，詹万生主持召开德育中心工作会议，研究"十五"规划国家重点课题开题会议筹备工作：总课题组核心成员及分工，增加幼儿学段和高职学段；撰写开题报告；编辑《课题实施指南》；拟定年会通知；联系承办单位。

4月20~24日，"十五"规划国家重点课题"整体构建学校德育体系深化研究与推广实验"开题会议在湖南省株洲市隆重召开，来自全国28个省（直辖市、自治区）近百个实验区千所实验学校的1000余名代表出席会议。教育部原副部长周远清同志、教育部督导办主任郭振有同志、全国教育科学规划办副主任刘坚同志、湖南省教育厅的领导同志以及株洲市委、市政府、市人大、市政协和教育局的领导同志出席了大会开幕式。大会由李书华主持，詹万生致开幕词，株洲市长致欢迎词，本课题顾问北京大学教授魏英敏作学术报告，詹万生作题为《与时俱进 开拓创新 深化研究 推广实验》的主题报告。第二天，代表们在株洲市实验学校进行参观考察，并进行分组讨论和大会交流。闭幕式由齐欣主持，李书华作《课题实施指南》说明，詹万生作总结讲话。闭幕式上，无锡市、杭州市中策职高、大理师范学校、新疆伊宁市、湖北沙市的代表发表下届年会申办演说，经总课题组核心成员和实验区代表讨论表决，无锡市获得了下届年会的承办权。大会在接交会旗的热烈气氛中胜利闭幕。会后，代表们参观考察德育基地——韶山毛泽东故居。总课题组部分成员在株洲市教育局毛大训局长、刘华科长、永新师范肖先灿书记陪同下参观考察井冈山革命根据地。

4月29日~5月1日，詹万生和闵乐夫前往贵州省兴义市参加兴义实验区开题会议，并出席黔西南苗族布衣族自治州建州20周年庆典活动。

5月3~4日，詹万生从兴义到昆明再飞往郑州赶往洛阳，作课题研究学术报告。

5月18日，詹万生在昆明德育培训班上作课题研究学术报告。

5月19日，詹万生出席南京实验区开题会议并作开题报告。

5月24日，詹万生、徐安德出席锦州实验区开题会议并作开题报告。

5月27~29日，詹万生出席杭州市教育局德育培训班，并作学术报告。

6月1~2日，詹万生出席贵州省实验区开题会议，在黔东南州麻江县作开题报告并考察实验学校。

6月8日，总课题组高职学段开题会议在北京联合大学召开，来自全国各地20余所高等职业学校的代表出席会议。北京联合大学党委书记熊家华教授致开幕词，詹万生作《填补空白，深入开展高职德育教材研究》的学术报告。教育部社政司万志建处长出席并讲话，北京联合大学副校长张铃教授做开题报告，王滨有教授主持会议。

6月9日，詹万生、徐安德到北京经济技术开发区实验学校指导课题研究与实验。

6月12~13日，詹万生出席河南省淮滨县实验区开题会议并作开题报告，参观考察淮滨第二小学德育活动课并作点评。梁其贵院长、符运杰陪同参观考察信阳师范学校（后更名为信阳职业技术学院）。

6月15~18日，詹万生出席在西安举办的德育培训班，作《以法治国与以德治国，加强改进学校德育工作》的学术报告。

7月1~3日，詹万生、徐安德、宁武杰赴山东淄博市参观考察，并指导课题研究与实验。

7月5日，詹万生、徐安德到北京市海淀区东升学区作开题报告。

7月11~12日，詹万生出席苏浙皖分指导中心开题会议并作开题报告。徐安德到景山学校、东城142中学、地安门中学指导课题研究。

7月15~16日上午，詹万生出席吉林省实验区开题会议，做开题报告并观摩指导白山小学德育活动课。宁武杰、徐安德到天津市南开实验区、和平实验区、河西实验区指导课题研究与实验。

7月16日下午~18日上午，詹万生、李书华和教育科学出版社刘进出席贵州省教委组织的中职德育教师培训班，詹万生作《德育课程改革与教学新理念》报告。会见雷颖善、安斯寿，指导贵州省、贵阳市实验区工作。

7月18下午~21日，詹万生在成都德育教师培训班上作《整体构建德育体系，加强改进德育工作》学术报告。

7月23日，总课题组大学组开题会议在北京林业大学召开。詹万生出席并讲话，大学组组长魏续臻教授作开题报告，副组长吕焕卿教授主持会议，副组长宋长生教授等30多位来自全国各大学的教授出席会议。

7月25~26日，詹万生、许建争出席在南京举办的首届德育研究生班开班典礼。本届德育研究生班由中央教科所德育研究中心和首都师大政法学院联合主办，由江苏实验区许允同志承办。

7月28~31日，詹万生出席哈尔滨市德育教师培训班并作学术报告。参观考察黑龙江科技学院新校区，与党委书记宋长生教授、副书记李广才教授等座谈高校德育工作思路。会见哈尔滨实验区负责人和实验学校代表任丽、蔡燕、赵玉泉等。

8月8~10日，詹万生出席河南省信阳实验区开题会议并作开题报告。实验区负责人梁其贵校长主持会议，信阳市教育局胡局长、李局长和实验学校代表200多人出席会议。

8月17~20日，詹万生出席烟台市德育培训班并作学术报告。会后烟台实验区负责人张志强陪同参观游览威海、蓬莱。会见烟台市教科院徐院长、长岛县教育局朱局长，谭校长陪同参观考察养正小学。

8月21~23日，詹万生、李书华出席福建省教委在厦门举办的中职德育教师培训班，并作德育课程改革与教材建设辅导报告。

8月27日，詹万生到北京市昌平区指导课题研究与实验。会见教育局副局长刘子玉。

9月3日，詹万生主持总课题组核心成员会议。总结株洲年会开题以来课题研究进展情况；研究学段德育体系分论编写提纲；筹备本年度实验区负责人工作会议。

9月9日，詹万生在教育部职成司与王继平副司长、王扬南处长研究全国中等职业学校德育课程指导委员会工作，接受中职校园文化建设研究任务。

9月16~17日，中等职业学校校园文化建设研讨会在北京铁路卫生学校召开，詹万生、李书华出席并讲话，赵渊校长主持会议。

9月23~28日，詹万生应浙江省教育学院朱仁宝邀请赴杭州讲学。会见华东师大邱伟光教授、《思想道德教育》杂志主编孟德秋、浙江省商学院廖书记、杭州师院副院长丁东澜等。会后邱伟光教授邀请去上海考察，会见上海市教科院胡文瑞院长。

10月9日，詹万生主持召开总课题组核心成员工作会议。检查各学段对实验区、实验学校指导工作落实情况；实验区负责人工作会议筹备工作落实情况。

10月13~15日，实验区负责人年度工作会议在北京市平谷区召开。詹万生出席并作工作报告，中央教科所朱小蔓所长应邀作学术报告。实验区负责人近200人出席会议，分学段进行工作交流和实验指导。平谷区区委书记、区长、教育局梁茂生局长、田华副局长到会支持工作。

10月21~23日，詹万生、齐欣、李书华、许建争应邀去南京师大出席课题中期汇报会，与朱小蔓所长、鲁法教授、班华教授、杨韶刚教授、汪凤言教授、朱曦教授、乔建中教授、高德胜教授等交流研讨。

10月25~27日，詹万生、齐欣、徐安德、宁武杰、赵国柱到河南省辉县实验区作课题研究指导报告。辉县市副市长张实、教育局牛局长、王副局长、德育办杜继熙主任等陪同参观考察实验学校。会后在河南师大会见路琳教授、罗建平教授、马富生教授等。

11月1~3日，詹万生应《中小学生心理健康教育》杂志副主编王希永教授邀请，赴浙江省上虞市出席"健康杯"心理健康教育征文颁奖大会，并作《德育与心理健康教育》学术报告。

11月6~7日，詹万生、齐欣、宁武杰到天津市南开实验区作课题研究学术报告。在南开区教研中心杜主任、梁校长、于老师、卢琪老师陪同下会见康岫岩校长并在南开中学参观考察，会见王校长并在23中学参观考察。会后到河西实验区会见刘国胜局长。

11月12日，詹万生主持召开总课题组核心成员工作会议。会议主题是：学习贯彻党的十六大精神，建立社会主义思想道德体系。主要议题是：在画好大、中、小学德育体系纵向衔接"一竖"的基础上进一步深化研究，画好学校德育与家庭教育、社会教育横向贯通的"一横"。布署《当代家长》丛书研究与编写方案。

11月18~12日，詹万生应哈尔滨市南岗实验区李娟邀请作课题研究与实验指导报告。会见南岗区教育局李局长、孙局长、教师进修学校柴校长、文主任等。参观考察闽江小学、69中、44中，并与校长、教师座谈。会后到黑龙江科技学院会见宋长生书记、李广才副书记、赵院长、孙登林副院长、王凤林主任、唐国忠主任。会见哈尔滨市教科院郭坚院长、任立主任、蔡燕老师。会见黑龙江省教科院姜树卿院长、哈尔滨师大刘忠效处长。

12月10日，詹万生主持总课题组核心成员工作会议。会议主题：学习贯彻党的十六大精神，深入进行弘扬和培育民族精神研究。检查《当代家长》研究与编写队伍的落实情况。

12月26~28日，全国中等职业学校德育指导委员会第三次全体会议在重庆召开。王杨南处长主持，王继平副司长讲话，心理健康教育、美育、校园文化建设等三个项目汇报交流，詹万生作总结。会后会见重庆市实验区负责人钟必伟教授、渝中区教委叶华勋主任、求精中学张克敏校长、邓小庆书记等。参加渝中区实验一小50周年校庆。

12月29~30日，总课题组召开第一次《当代家长》研究与编务会议。詹万生作《当代家长》编写方案的报告，李书华作家庭教育调研报告，各学段负责人宁武杰、齐欣、徐安德、李书华等做各学段编写提纲说明，出席会议的全体作者研讨交流。《当代家长》的"六、七、八、九、十"工程正式启动。

2003年

1月7~10日，总课题组在云南大理市召开师范、中职学段课题组会议。詹万生出席致开幕词并作《深化课题研究，推进德育创新》学术报告，大理师范学校杨茂赏校长致欢迎词，大理市宣传部长讲话，中央党校亓成章教授作国际形势报告。李书华、梁周清分别主持中职组、师范组交流研讨。

1月14日，詹万生主持总课题组核心成员工作会议。研究2003年课题深化研究与推广实验；各学段制定上半年工作计划。

1月15日，北京市13个实验区协作组工作会议在亦庄经济技术开发区召开。徐安德主持会议，北京市教委德育处长董柏林出席并讲话，詹万生作总结讲话。

1月19日，"春满校园"第三届全国校园春节联欢晚会在北京交通大学天佑礼堂举行。

1月22日，高职学段课题组在北京联合大学召开《思想道德修养》、《法律基础》统稿会议，詹万生出席并讲话。熊家华书记、张玲副校长出席，王滨有教授、季铁军教授等20多位作者出席会议。

2月10日，总课题组召开《当代家长》样章研讨会。詹万生主持并讲话，各学段主编关鸿羽、王宝祥、宁武杰、齐欣、闵乐夫、徐安德、李书华参加研讨。

2月18日，教育部职成司召开中职德育课程贯彻党的十六大精神座谈会。王扬南处长主持，王继平副司长讲话，詹万生出席并讲话。后经多次研讨，为教育部起草了《中等职业技术学校德育课贯彻十六大精神教学指导纲要》。

3月1～3日，詹万生、赵国柱应山东枣庄市教育局邀请为枣庄市中小学校长1000多人作加强和改进学校德育工作报告。会见教育局颜局长、李局长、徐科长、15中张校长。

3月4日，詹万生在北京市东城区景山学校作德育创新学术报告。

3月21日，詹万生主持总课题组核心成员工作会议。各学段负责人汇报《当代家长》研究与编写进展情况；研究决定各学段分别召开研讨会，加大实验指导力度。

4月8～9日，教育部基教司在玉泉山召开《弘扬与培育民族精神指导纲要》起草人员座谈会。德育处长李玉先主持，詹万生、夏伟东、朱明光等参加，李连宁司长讲话。

4月12～13日，高中学段课题研究与实验指导研讨会在北京航空航天大学召开。徐安德主持，詹万生作课题指导报告，陶西平等应邀出席并作学术报告。

4月14日，河南人民出版社祝新刚社长、徐豫生主任、刘玉先处长专程来京聘请詹万生作初中《思想品德》一套5本教材的主编。

4月15日～5月12日，"非典型肺炎"传染病流行之际，正值《当代家长》丛书统稿，大家只能用电话、传真、电子邮件联系。各学段课题研究与实验指导会议除高中学段刚刚开过外其他学段一律取消。

5月24日，总课题组召开《当代家长》丛书统稿会议。詹万生主持，各学段主编汇报，研究有关出版事宜，请彭佩云、柳斌题词，陶西平作序。

6月13～20日，詹万生主持总课题组核心成员会议，研究《当代家长》三审三校工作。詹万生接受河南人民出版社聘请出任《思想品德》教材主编，研究编写思路、风格、特色和体制结构，签订出版协议。

7月6～9日，总课题组召开《思想品德》教材7年级上册统稿会。为了赶上教育部申报立项时间，大家夜以继日工作，最后五册提纲和一册书稿以及申报材料全部备齐交河南出版社。

7月22日，全所中层干部会议，公布中央教科所2003～2007事业发展规划，部署内部机构调整工作。把原来的17个研究室、研究中心重组整合为6个研究部：教育理论研究部、教育发展研究部、学校教育研究部、课程教学研究部、人力资源研究部、心理与特教研究部。所长已事先谈话，希望詹万生支持工作，出任学校教育研究部主任，思考并撰写学校教育研究部工作思路、大政方针与发展规划。

7月25～30日，中央教科所召开中层干部正职竞聘答辩会。詹万生被聘为学校教育研究部主任。此后，李继星、刘万岑被聘为副主任。

7月31日，詹万生和赵国柱、许建争研究幼儿学段开题会筹备工作，撰写开题报告。

8月12～16日，总课题组在河北省承德市召开实验区负责人工作会议。开幕式由齐欣主持，詹万生致开幕词并作《深化课题研究，推进德育创新》的工作报告和幼儿学段《好孩子 好习惯》研究与实验开题报告。陶西平应邀出席作学术报告。无锡市教育局施正洲副局长作年会筹备情况汇报。

附录三 潜心研究 深入实践 真实记录科研历程

8月21日，詹万生主持总课题组核心成员工作会议。研究承德实验区负责人会议精神落实问题，布置年会筹备工作。

9月8日，中央教科所全员聘任。学校教育研究部分为德育、体育、艺术教育、卫生教育、学校管理、家庭教育等6个研究领域。内聘人员有：齐欣、李书华、李鑫华、徐美贞、刘英敏；返聘人员李永亮；外聘人员姚蕾、尹国勇、刘艳。

9月14～17日，吉林省实验区课题研讨会在四平市召开。实验区负责人王鹏主持会议，省教科院副院长栾传大、基教所长孙建为等出席，詹万生出席并作《深化课题研究，推进德育创新》学术报告。詹万生、刘英敏在隋局长陪同下参观考察地直小学，会见四平市教育局牛立坚局长、赵青山副局长、市一中王校长。会后赵局长、栾院长陪同到长春工业大学人文信息学院拜访吉林省教委老主任陈坚和副院长陈劳志，并作《中华民族传统美德的兴起与展望》学术报告。

9月23日，全国中学德育研究会常务理事会在北京市教科院召开。理事长兰宏生主持会议，常务理事詹万生、孙学策、董柏林、李本初、贺允清、冷洪恩、沙福敏、王宝祥等出席，就召开第三届年会有关事宜进行了研讨。

10月5～22日，詹万生与朱小蔓所长访问俄罗斯教科院和保加利亚教科所。6日出席俄罗斯教科院建院60周年庆祝大会，会前受到尼康德洛夫院长德亲切接见和热烈欢迎。7日参加俄院庆学术报告会。8日参观考察莫斯科职业中学和315实验中学，游览红场、克里姆林宫、东正大教堂，在国家大剧院观看芭蕾舞。9日举行中俄道德教育学术研讨会。10日游览莫斯科胜利广场，访问莫斯科大学。11日拜谒列宁墓，马克思、恩格斯雕像。12日～16日访问圣·彼得堡，游览夏宫、冬宫、总统官邸、伊萨科夫斯基大教堂、涅瓦河上的阿芙乐尔巡洋舰、斯摩尔尼宫，考察职业学校。17日～22日访问保加利亚，与索非亚大学初等教育学院院长学术交流，与保加利亚教科院院长和研究人员交流研讨，受到保加利亚教育部部长亲切接见，参观考察当地中小学校。

10月24日，詹万生主持总课题组核心成员会议。听取年会筹备工作汇报，敲定并布置年会工作。

10月28日～11月1日，全国教育科学国家重点课题"整体构建学校德育体系深化研究与推广实验"2003年会暨第六届学术研讨会在江苏省无锡市召开。大会由齐欣主持，李继星致开幕词，无锡市委副书记致欢迎词，陶西平出席并做学术报告，江苏省教育厅副厅长周继袭出席并讲话，全规办副主任丰力出席并讲话，詹万生作《整体构建学校德育体系深化研究与推广实验》的主题报告。来自全国28个省（市、区）近百个实验区的1200名代表参加会议，进行了分学段交流研讨，参观考察了无锡市实验学校。在闭幕式上，有五个实验区的代表发表下届年会申办演说。经过总课组评审，河南省信阳市获得了下届年会承办权，信阳市人民政府秘书长和信阳高等职业技术学院梁其贵院长从无锡市教育局高局长手中接过了会旗。

11月1日，詹万生率总课题组一行到达南京师大，会见南京师大教科所所长杨韶刚教授、潘惠芳副所长、国际道德教育协会主席鲍尹德先生。

11月2日，詹万生、齐欣、李书华、宁武杰、徐安德、徐美贞与南京实验区负责人许允、古楼区教育局长一起主持首届德育研究生班结业论文答辩。

11月3日~6日，应上海市桃李园学校钱梦龙董事长和吴沪生校长的邀请，詹万生、李书华、齐欣、刘英敏等到上海桃李园学校参观考察，詹万生作课题研究与实验指导报告，并与学校领导、老师座谈。

11月7~8日，詹万生到山东省威海市环翠实验区作课题指导报告，参观考察实验学校。会见环翠区委书记、区长、教育局长和烟台市实验区负责人张志强。

11月11日，詹万生主持总课题组核心成员会议。做年会工作总结，处理善后工作；布置学校教育研究部成立大会筹备工作。

11月18日，中央教科所学校教育研究部成立大会隆重召开。李继星主持会议，詹万生作主题发言，刘万岑宣读聘请的兼职研究员名单。出席会议的领导、顾问有朱新均、王继平、郑增仪、李晋裕、宋晋贤、卓晴君、徐长发、田慧生等，邹时炎同志发来贺信。所各部门领导程方平、陈如平、史习琳、张友庆、丰力，六个研究领域聘请的20多位兼职研究员以及来自全国各地实验区、实验学校的领导出席了会议。朱新均、卓晴君、徐长发、李晋裕等领导发表了热情洋溢的讲话，10多家新闻媒体的记者进行了采访。20多家合作单位发来贺信。几位书画家现场挥毫泼墨。成立大会在喜庆、热烈的气氛中闭幕。

11月26日，教育部基教司召开《中小学弘扬培育民族精神实施纲要》文件起草会议。詹万生出席会议，领回任务，组织总课题组成员为教育部起草文件。之后几经修改定稿，于2004年1月颁布。

12月7~8日，詹万生在重庆作《弘扬培育民族精神，加强改进德育工作》学术报告。会见重庆市南岸区教育局孙建学书记、杨虹主任，参观考察实验小学和11中学。会见重庆市实验区负责人钟必伟教授和56中邓校长、渝中教研室于主任、长寿实验小学校长。

12月15~16日，詹万生给访问学者郁树廷、张宇、张国建、符运杰及其他访问学者上课。讲授《人的哲学与人生哲学——德育的哲学基础》、《与时俱进，开拓创新，深化研究，推广实验——整体构建德育体系》。

12月21~25日，詹万生、任庆奇飞往南宁，再到来宾市实验区作课题研究与实验指导报告。会见来宾市兴宾区副区长韦凤云、人大主任龙凤林、教育局黄局长、黄鹏书记。23日到桂林，会见广西师大社科院主任、出版社社长，下午安斯寿陪同赶往遵义市凤岗县作课题研究与实验指导报告。24日返回贵阳，会见贵阳市教育局长李秉中、教科所林书记、雷颖善。

12月26~31日，詹万生主持总课题组《思想品德》教材统稿会。1~3年级五册教材全部修改定稿。

2004年

1月1~5日，詹万生主持《思想品德》教材统稿会，宁武杰、齐欣、李书华、徐安德、赵国柱、杨素清、吴文娟、杜继熙等参加。同志们夜以继日工作，直到春节前夕1月20日（22日春节）才告结束。

1月9日，总课题组召开幼儿学段《好孩子 好习惯》编务会议。徐美贞、赵国柱主持，詹万生出席并讲话。

1月11日，全国中小学德育工作会议在国家教育行政学院举行。袁贵仁副部长主持会议，周济部长作主题报告，各省教育厅厅长、教育部各司局及直属单位负责人出席会议。詹万生等参加《教育部关于弘扬培养民族精神教育指导纲要》起草工作的同志也参加了会议。

1月12日，第四届全国校园春节联欢晚会在中国戏剧学院举行。全国人大常委会副委员长顾秀莲，教育部副部长吴启迪，教育部关心下一代工作委员会主任、教育部原副部长邹时炎，副主任李蒙恩，秘书长原永堂，中央教科所副所长徐长发等领导出席观看演出。詹万生、李继星、刘万岑、刘英敏、史习琳、齐亚琴、郭海霞等组织协调。中央电视台文艺部录制，导演刘军。

1月16日，詹万生主持部务工作会议和总课题组会议传达全国中小学德育工作会议精神，研究布置"民族精神代代传系列活动"。

1月28日，第二届德育研究生班在北京开班。徐美贞主持，詹万生讲话，李继星出席。

2月2日，詹万生主持总课题组会议，布置年度工作：抓住全国德育工作会议机遇，以弘扬培育民族精神为主题，搞好研讨、培训、征文、竞赛系列活动。

2月10日，詹万生主持学校教育研究部工作会议，布置2004年工作：首先进行学校教育现状调查研究；重点进行现代学校制度研究，编写《学校规章范本》丛书；重点进行校本课程研究，编写四个领域校本教材；深入进行"十五"国家重点课题研究，修改《成长册》；积极做好杂志、网站、培训等客服工作。

2月20日，詹万生主持总课题组工作会议。研究《成长册》修订，具体工作由李书华、徐安德负责；研究《民族精神代代传》读本编写，具体工作由宁武杰、赵国柱负责。

3月4~7日，詹万生到无锡市崇安实验区作《深化课题研究，推进德育创新》学术报告。会见市委张书记、区委书记、区长、教育局蒋柏椿局长、刘霞芬书记。詹万生、李继星出席无锡市金桥实验学校揭牌仪式，马自雄董事长汇报《学校规章范本丛书》编写情况。会见无锡市教育局副局长施政洲。到南通市在紫朗中学作课题研究报告，会见严清、姚侃、崔校长、顾校长。

4月4日，詹万生主持总课题组会议。作《成长册》修订方案说明，各学段主编出席研讨；研究民族精神代代传系列活动方案。

4月5~6日，体育课题中期检查汇报会议在扬州市召开。李永亮主持会议，詹万生致开幕词，宋司长作主题报告。教育部体卫艺司王龙处长、江苏省教育厅领导以及全规办吴健、所科研处陈如平出席并讲话。

4月7~10日，詹万生、刘英敏在张杰林陪同下参观胡锦涛同志母校泰州中学。8日，苏浙皖分指导中心第四届学术研讨会在常州市召开。张杰林主持会议，华均成致开幕词，詹万生作课题研究学术报告。郑建秋校长陪同参观考察奔牛中学。9日，詹万生在常州市作《贯彻中央文件精神，加强改进德育工作》报告。

4月26日，弘扬与培育民族精神学术研讨会在京东宾馆召开。詹万生主持会议，朱小蔓出席并讲话，陈海燕、陈力、申明华等出席，魏英敏、钱逊、李汉秋、王殿卿、吴潜涛、陆士祯、宋毅、魏续臻、毕诚以及总课题组核心成员作了大会发言。

4月28日,八达岭镇东曹营村召开建村五十周年庆祝大会。大会由村主任曹振瑜主持,村书记曹振选致词,詹万生代表优秀村民讲话,县、镇有关领导出席。下午,詹万生在八达岭山庄出席《民族精神代代传》统稿会并讲话。

5月9~12日,詹万生、刘英敏到信阳市考察年会筹备情况。信阳市教育局长夏忠厚、副局长李培模、职业学院院长梁其贵等陪同考察年会主会场、宾馆、实验学校13小学、7中、实验小学等。会见张锦中市长、施秘书长。开封县县长助理教育局长王家友一起参加考察。从信阳到郑州会见河南省教育厅厅长蒋笃运、副厅长靳建禄。

5月14~18日,詹万生出席深圳弘扬培育民族精神培训班开班仪式,作《弘扬培育民族精神,加强改进德育工作》学术报告。15日晚赶到汕头,16日在汕头市实验学校作《一切为了孩子》家庭教育报告,会见杨董事长。下午返回惠州出席实验学校艺术节并讲话,会见朱星仲董事长、李军老师。17日到顺德桂洲中学参观考察,会见冯亮辉校长、沈云副校长、陈锡钊局长、陈兆驹董事长。17日晚抵达佛山市与总课题组其他成员会合。

5月19~21日,实验区负责人会议在佛山市禅城区召开。会议由李书华主持,禅城区教育局局长邝锦跃介绍德育工作经验,信阳市教育局长夏忠厚汇报年会筹备情况,各实验区100多名负责人出席并做工作交流,詹万生作课题研究与实验工作报告,刘惊铎作学术报告。会后分两路到香港、澳门或深圳、珠海参观考察。在珠海会见七中王树洪校长、三小王琳琳校长、教育局李科长、唐主任,参观考察珠海七中、十二小学。

5月28~30日,学校德育跟进社会网络化趋势论坛在天津市举办。会议由李书华主持,詹万生致开幕词,河西区黄区长致欢迎词,刘国胜局长介绍经验,王文湛、孙志刚、王贺胜、曾天山、郝志军出席并讲话。北京大学赵国栋博士、北师大陈健翔博士、上海师大黎加厚教授作学术报告。詹万生会见南开大学曹杰教授、南开区教育局刘局长、红桥区教育局姜德志局长、42中张鼎言校长。

6月6~8日,詹万生、徐安德出席在大连市举办的弘扬与培育民族精神培训班开班仪式,作《弘扬培育民族精神,加强改进德育工作》学术报告,参观考察大连市20中。随后赴瓦房店实验区作课题研究与实验指导报告,参观考察义勇小学,会见毕局长、郭科长。

6月10~11日,詹万生、李书华、齐欣、刘英敏等在密云实验区负责人张老师和席校长陪同下参观考察密云县大城子小学,指导课题研究与实验。

6月16~18日,詹万生、徐安德、闵乐夫到吉林省四平市参加"经历教育"评估论证会。会议由赵青山副局长主持,牛立坚局长作"经历教育"研究与实践工作汇报,詹万生、徐安德、闵乐夫、栾传大、孙玉刚做点评。四平市委李书记讲话。

6月22日,詹万生主持总课题组会议,提出建设"六个一百"工程构想。"六个一百"即评审百所德育科研名校、百名德育科研专家、百位德育科研名师、百名德育科研优秀家长、百名德育科研优秀学生、百项德育科研优秀成果。

6月23日—24日,詹万生、徐安德到湖南省宁乡四中指导课题研究与实验,詹万生作《弘扬培育民族精神,加强改进德育工作》学术报告,会见宁乡县教育局范秋明局长、杨旭东书记、刘建军校长。参观刘少奇同志故居、德园、雷锋纪念馆。

7月3~9日,詹万生撰写课题中期汇报稿。汇报分为九部分:课题缘起;研究内容;研究方法；课题管理；实验指导；研究成果；学术思考；存在问题；今后任务。

7月13日，詹万生主持总课题组核心成员会议，研讨中期汇报提纲。

7月16日，课题中期汇报会在教科所二楼西厅举行。全规办副主任曾天山主持会议，詹万生作课题中期汇报，总课题组核心成员出席。点评专家贺允清教授、王殿卿教授、朱全俊研究员、朱小蔓教授、吴申校长发表了点评意见。

7月26~28日，詹万生在桂林德育教师培训班上作《贯彻中央文件精神，整体构建德育体系》学术报告。

8月1~2日，詹万生到河南省新乡市宏利学校作课题研究与实验指导报告。

8月4日，教育部《中等职业学校德育大纲》起草工作会议在香山植物园杏林宾馆召开。王扬南处长主持会议，王继平副司长讲话，詹万生、刘宝民、史晓鹤、董明传等参加研讨。

8月5~6日，詹万生到银川市六盘山中学作《贯彻中央文件精神，整体构建德育体系》学术报告。

8月7~10日，中华民族传统美德教育学术研讨会在新疆乌鲁木齐举行。詹万生主持会议，栾传大致开幕词，新疆自治区教育厅副书记赵卫山致欢迎词，副厅长阿里木江讲话，北京大学魏英敏教授讲话。詹万生作《弘扬培育民族精神，加强改进德育工作》学术报告。

8月11~12日，詹万生在实验区负责人李新春老师陪同下到奎屯市作《贯彻落实中央文件精神，整体构建德育体系》学术报告。教育局吕局长、祁书记主持并总结讲话。

8月13日，总课组高职学段学术研讨会在昌吉市新疆农业职业技术学院召开。北京联大副校长张铃主持会议，新疆农职院李玉鸿书记致欢迎词，詹万生作课题研究学术报告，魏英敏教授讲话，王滨有教授、季铁军教授等60多位课题组成员出席会议。

8月14~18日，詹万生应伊宁市委市政府邀请到伊宁市参观考察。伊宁市委副书记闫红鹰汇报了伊宁市德育工作以及经济社会发展情况，郑重申请承办2005年会。詹万生在闫书记、教育局龙局长、陈书记等陪同下参观考察实验幼儿园、15小学、8中，并为全市中小学校长、教师作《贯彻中央文件精神，整体构建德育体系》学术报告。

8月25日，詹万生到唐山市沽冶区作《贯彻中央文件精神，加强改进德育工作》报告。

8月31日，詹万生主持部务工作会和总课题组会议。各研究领域汇报上半年和暑期工作，布置下半年工作。总的思路是继续深入贯彻中央8号文件精神，搞好民族精神代代传系列活动，做好年会筹备工作，抓好各研究领域的工作。

9月7日，教育部社政司副司长冯刚来访，传达部领导意图：为贯彻落实中央8号和16号文件精神，计划制订《整体规划大中小学德育的意见》，鉴于詹万生主持"九五"、"十五"国家重点课题，在整体构建大中小学德育体系方面有一批研究成果，决定请詹万生同志牵头起草文件。

9月10日，胡锦涛总书记于教师节看望我们的实验学校142中（宏志中学）和实验教师胡明亮老师，詹万生派赵国柱专程采访报导。

9月13日，中央教科所举行访问学者结业论文答辩会。詹万生指导的四位访问学者张宇、郁树建、张国建、符运杰顺利通过答辩。

9月17日，詹万生主持总课题组核心成员会议。布置年会筹备工作；成立年会优秀成果评审委员会和筹备工作委员会。

9月28日,《中国德育》杂志创刊100期,邀请有关领导题词。

10月2~3日,詹万生撰写年会主题报告提纲:1、抓住机遇,完善具有时代性、规律性、实效性的德育体系;2、深化研究,构建具体化、个性化、可操作的学段德育模式;3、推广实验,建立全面的、和谐的、可持续的成果实验机制;4、开拓创新,建设出成果、出经验、出人才的"六个一百工程"。与宁武杰、张宇、张国建、冯铁山讨论。

10月10~12日,吉林省实验区课题学术研讨会在通化市召开。孙建为主持会议,栾传大致开幕词,于深局长介绍经验,詹万生作课题研究与实验指导报告。

10月15日,詹万生主持总课题组核心成员会议。研究年会优秀成果、"三先"、"六百"评审工作,要求严格评审条件,规范评审程序。

10月17日,教育部召开贯彻落实中共中央国务院16号文件座谈会。田淑兰主持,清华大学书记陈希、北京大学校长闵维方、北京市教委副主任程天权、詹万生等10位同志发言,周济部长总结讲话。

10月21日,詹万生应延庆县教委主任耿华年邀请,回家乡作《贯彻中央文件精神,加强改进德育工作》学术报告。下午应县妇联主席盛桂荣邀请作《一切为了孩子》家庭教育报告。晚上,詹万生与30年前的学生们聚会,他们是盛桂荣、李景荣、刘志满、焦万智、杨秀明、张春旺、要海明、周苏丽。

10月22日,北京市教委召开德育工作会议。耿学超主持,朱善璐作报告,龙新民讲话。詹万生等德育界专家应邀出席。

10月31日~11月3日,全国教育科学"十五"规划国家重点课题"整体构建德育体系深化研究推广实验"2004年会暨第七届学术研讨会在河南省信阳市职业技术学院隆重举行,来自全国28个省(市、区)百个实验区千所实验校的1200名代表出席会议。大会由刘惊铎主持,詹万生致开幕词,信阳市委吴书记致欢迎词,全国人大常委会委员、原国家教委副主任柳斌出席并做重要讲话,靳建禄代表河南教育厅讲话,吴健代表全规办讲话,信阳市教育局长夏忠厚介绍经验,詹万生作题为《抓住机遇 开拓创新 深化研究 推广实验》的主题报告。会议现场观摩了8所实验学校德育活动课并进行零距离交流研讨,分学段举办了分论坛。闭幕式由闵乐夫主持,徐安德做评审总结,詹万生宣布评审结果,科研处长陈如平讲话,李书华做总结。新疆伊宁市委副书记闫红鹰发表了热情洋溢的下届年会申办演说,搏得阵阵掌声,在五家申办单位中独占鳌头,取得2005年会的承办权。与会代表参观考察了德育基地——鄂豫皖苏区根据地、将军县。会后,梁其贵院长陪同总课题组部分同志到武汉市参观考察。

11月9日,詹万生主持总课题组会议,总结年会工作,处理善后工作。

11月16日,詹万生主持部务工作会议。徐美贞做学校教育现状调查数据统计分析说明后,詹万生布置调查报告撰写九部分的分工和要求。

11月18日,詹万生在教育部请柳斌主任为《中国德育》杂志申请正式刊号提供帮助,得到欣然应允和大力支持。

11月19日,北京东方道德研究所成立十周年暨中华美德研讨会在房山区召开。北京青年政治学院院长梁绿琦主持会议,徐惟诚作主题演讲,詹万生与国际儒学联合会、香港中文大学、首都师大的专家学者出席会议并发表演讲。

11月20日，詹万生应人民出版社赵青邀请出任《祝你平安——安全教育》教材主编，李书华为副主编。召开编写组会议，研究编写提纲。

11月22日，京津沪渝四市区德育研讨会在北京市东城区召开。东城教委副主任李奕主持会议，胡晓松区长、市教委德育处长关国珍、中央教科所詹万生、东城前局长于大利、侯守芬等出席并讲话，陶西平作主题报告。

11月24日，全国青少年爱国主义教育读书活动组委会在常州宾馆召开会议，研究贯彻落实全国妇联、团中央、教育部等九部委关于"双合格"家庭教育读书活动的通知精神，计划编写《怎样做父母》（幼儿家长、小学生家长、中学生家长）读本。与会专家发表了各自的意见或建议。会后，组委会负责人姚维斗、张志伟、郑晓燕专程来访，聘请詹万生为丛书主编。此后多次召开编写工作会议、统稿会议。该书于2005年3月正式出版。

12月6日，教育部召开《整体规划大中小学德育的意见》起草小组工作会议。靳诺司长主持会议，詹万生汇报文件起草的思路："纵向衔接、横向贯通、分层递进、螺旋上升"和文件体例结构、主要内容。袁贵仁副部长肯定了詹万生提出的写作思路，对起草小组的工作提出要求和希望。基础教育司副司长杨进、德育处长李玉先、社政司副司长冯刚，以及起草小组的王怒涛、陈国华、初明利、吕同舟等同志参加了会议。

12月21日，北京市教委在顺义区顺鑫渡假村召开德育专家咨询会。关国珍处长主持，市教工委副书记张建明、市教委副主任杜松彭出席并讲话。陶西平、兰宏生、詹万生、徐安德、王殿卿、兰维、檀传宝、丁榕、李金初、张永敏、李明明等被聘为北京市教委德育咨询专家。

12月22日，国际教育基金会来华工作十周年庆祝大会在人民大会堂举行。詹万生应邀出席并获奖。

12月30日，第五届全国校园春节联欢晚会筹备会议在铁道部党校召开。詹万生主持会议，中央电视台文艺部导演刘军及摄制组成员、承办单位马志行等出席，就播出问题进一步磋商。

2005年

1月1~6日，詹万生修改为教育部起草的文件《整体规划大中小学德育的意见》。这个文件是教育部为贯彻落实中共中央、国务院[2004]8号和16号文件精神而将要出台的一系列配套文件之一。袁贵仁副部长亲自抓这项工作，社政司靳诺司长主持，冯刚副司长和基础教育司杨进副司长等参与组织，明确要求由詹万生牵头，请上海、天津、重庆的同志参加起草文件。自2004年9月下旬开始到现在，已先后改了8稿。此后起草小组多次开会研讨，先后修改了20稿，最终于2005年5月颁布。

1月16日，詹万生接待首都师大出版社总编辑陈鹏，接受聘请出任《中小学文明礼仪》主编。

1月21日，詹万生审定《怎样做父母》书稿。此套书是中国妇女出版社为贯彻全国妇联等部委关于开展"双合格"家庭教育读书活动而编写的。詹万生应聘担任主编。

1月22日，詹万生出席北师大召开的由田家炳教育基金会主办的德育研讨会筹备会。

1月26日，第五届全国校园春节联欢晚会在中国戏剧学院举行。全国人大常委会副委员长许嘉璐、原文化部长高占祥以及教育部有关领导朱新均、姜沛民、郑增仪出席，中国伦理学会会长陈瑛为获奖演员颁奖。朱小蔓所长、田慧生副所长出席陪同领导，詹万生、史习琳、齐雅琴、李继星、刘英敏、郭海霞等为晚会做策划、组织、服务工作。所各部门近30人，来自全国30个演出单位的师生共1000人观看了演出。晚会由中央电视台文艺部录制并于春节期间播出。

2月26日晚，在柳斌同志亲自关怀和大力支持下，邀请中宣部原常务副部长徐惟诚、国家新闻出版总署署长石宗元节日聚会。詹万生、赵国柱全力操作，朱小蔓出席。《中国德育》杂志自1992年创刊以来，走过了14年历程，编辑出版100多期。先后多次向教育部新闻出版总署申请正式刊号，今天在批准刊号十分困难的情况下终于看到了希望。

2月16~18日，詹万生策划中国伦理学会德育专业委员会的章程、框架、人选及有关申请成立事宜，为德育研究搭建更广阔、更持久的平台。

2月21日，詹万生请许嘉璐副委员长为《中小学文明礼仪》题词。

2月26日，"健康杯"心理健康教育优秀成果颁奖大会在人民大会堂举行，詹万生应邀出席。

3月1日，詹万生、赵国柱、张宇等到中国社会科学院正式向陈瑛会长、孙春晨副秘书长递交德育专业委员会申请书。

3月7日，詹万生主持学校教育研究会部务工作会，布置2005年工作。重点是抓紧撰写《我国中小学教育现状调查报告》，詹万生、李继星、徐美贞负责统稿，各领域研究人员分别参加。

3月16日，詹万生、徐安德、李书华等到朝阳区17中指导课题研究与实验。

3月22日，詹万生主持总课题组核心成员会议，研究各学段德育体系分论的编写情况。

3月25日，中国伦理学会常务理事会在中国人民大学召开。詹万生、赵国柱应邀出席陈述成立德育专业委员会的理由与工作思路。陈瑛会长、吴潜涛秘书长及出席会议的常务理事一致同意并支持成立中国伦理学会德育专业委员会。

3月26日，田家炳教育基金会主办的德育研讨会在北师大召开。詹万生出席作《德育活动课新理念》的学术交流，会见一批老朋友：哈师大王忠桥、中山大学李萍、海南师大刘和忠、云南师大周本贞、首都师大陈宁。

3月30日~4月1日，詹万生、齐炘到岳阳出席实验小学挂牌仪式。詹万生作《贯彻中央文件精神，整体构建德育体系》的课题研究指导报告，齐炘作家庭教育报告。会见岳阳教育局长和实验小学万校长，参观考察实验小学德育活动课。

4月9~13日，总课题组在海口市召开实验区负责人工作会议，詹万生出席并作工作报告。海口市教育局局长郭仁忠介绍海口市德育工作经验，新疆伊宁市委副书记闫红鹰作年会筹备情况汇报，教育部田敬诚处长、中央教科所科研处郝志军副处长讲话。来自全国近百个实验区的负责同志参加会议并分组讨论。海口市英才小学被批准为挂牌实验校，举行了隆重的揭牌仪式，兰祖军校长作学校文化建设的经验介绍。会后，与会同志对海口市和三亚市进行了考察。

4月15~18日，詹万生、李书华应陕西省教科所和教科出版社的邀请，赴西安对陕西中职教师进行中职德育大纲和职业道德与职业指导辅导报告，会见陕西省教科所所长齐管社。会后赶赴宝鸡市凤翔师范学校出席师范课题组德育分论研讨会。会议由师范组负责人梁周清和凤翔师范学校安健校长主持，詹万生、李书华讲话并提出修改意见。詹万生为凤翔县中小学校长作《弘扬培育民族精神，加强改进德育工作》学术报告。

4月19~20日，詹万生到天津市河西区作《贯彻中央文件精神，整体构件德育体系》学术报告。会见刘国胜局长、张书记、李茜科长、韩科长等。会前，会见和平实验区、南开实验区负责人并传达海口会议精神。

4月25日~5月1日，詹万生、刘英敏等出席苏浙皖分指导中心在杭州萧山区召开的第五届学术研讨会。会议由张杰林主持，华均成致开幕词，萧山区教育局长讲话，詹万生作《贯彻中央文件精神，加强和改进未成年人思想道德建设》报告。与会代表参观考察萧山九中、三职中和一所初中校。会间会见杭州市教育局沈局长、张志龙处长、中策职高郑效祺校长。会后张杰林、华均成等陪同参观考察乌镇、镇江、杨州、南京并参观新落成开通的润扬大桥。

5月3日，詹万生召集赵国柱、张宇、符运杰研究德育研究会筹备工作。

5月5~6日，总课题组在昌平一中召开学段德育体系分论编写提纲研讨会。詹万生主持会议，各学段分论主编宁武杰、齐欣、徐安德、李书华、王滨有、魏续臻等汇报编写提纲。詹万生做总结讲话，确定书名为《小学（或初中、高中）德育体系整体构建与实践导引》，统一编写体例为上篇整体构建、下篇实践导引。强调编写原则为具体化、特色化、可操作，真正做到对实验学校校本德育体系的指导作用。会后几经讨论，不断完善，各学段进入紧张编写工作状态。

5月10日，中国新闻出版总署通知《中国德育》杂志刊号已于4月25日正式批准。

5月26~28日，学校文化建设论坛在山东省泰安市举办。任庆奇主持会议，詹万生致开幕词并作《弘扬民族精神与学校文化建设》学术报告。山东省教科所副所长亓殿强、泰安市副市长白玉翠讲话，陶西平、李金初等应邀出席并作学校文化建设学术报告。泰安市教育局桑新华局长、济南市教育局局长介绍学校文化建设经验。孟书记、程航科长陪同参观考察泰安中学、泰安实验学校。

6月6日，詹万生、李继星、刘万岑参观考察教科所出版社办公大楼，受到所广一社长、李东总编的热情接待。双方就学校教育研究部《学校规章范本》丛书、《中小学教育现状调查报告》、《农村城市化与社区教育》、校本课程教材《奥林匹克知识》和《美术》丛书出版事宜达成总体合作框架。德育体系分论一套8本因时间太紧不列在其中。会后与全品文化公司沟通，得到肖忠远总经理的大力支持与良好合作。他承诺8本德育分论如期出版，不误年会使用。

6月10日，詹万生、徐安德与北京市教委教育处长关国珍联系，就在今年年会闭幕式上申办下届年会事宜磋商。

6月11日，詹万生撰写年会主题报告《服务决策、指导实践、深化研究、推广实验》提纲：第一部分：服务决策，为整体构建科学化、系统化、规范化的学校德育体系做出贡献；第二部分：指导实践，为整体构建具体化、特色化、可操作的校本德育体系提供指导；第三部分：推广实验，为课题研究出成果、出经验、出人才、圆满结题做好充分准备；第四部分：深化研究，为整体构建学校、家庭、社区三维和谐德育体系再立新功。经过10天时间三次修改，于22日定稿。

6月21日，詹万生与赵国柱、刘英敏研究就承办年会有关事宜给伊宁市委的回复意见。

6月22日，詹万生邀请全国人大常委会委员、原国家教委副主任柳斌和中国伦理学会会长陈瑛出席今年年会，得到欣然同意。决定中国伦理学会德育研究会成立大会与本届年会一并举行。

6月28日，詹万生主持召开总课题组核心成员工作会议，全面布署今年年会暨中国伦理学会德育委员会成立大会的筹备工作，为开成一次团结奋进、继往开来的德育科研盛会而努力奋斗。

7月6～8日，《美术》教材编写会在深圳市罗湖区召开，詹万生和刘万岑出席。会见胡新天、左校长、翁素云校长，凌志伟校长邀请参观考察松泉中学。

7月9日，北京实验区协作组工作会议在景山学校召开。徐安德主持会议，柳斌、兰宏生、詹万生出席并讲话。

7月10日，中国伦理学会德育专业委员会成立大会筹备工作会议召开。詹万生主持会议，赵国柱、张宇、郁树廷、张国建、付运杰、詹栋、冯铁山参加，研究成立大会议程，策划会旗、会徽、会歌、会网、会刊。

7月13日，总课题组召开第三次年会筹备会议。詹万生主持研究会议指南、日程安排、资料托运、邀请领导等项工作。

7月14日，詹万生、赵国柱、尹国勇去全品文化公司签订《整体构建学校德育体系导论》及各学段分论8不研究成果出版合同，确保年会用书。

7月20～22日，詹万生修改审定年会开幕词、主题报告、会议指南、《新德育》创刊号。

7月23日，总课题组召开第四次年会筹备会议。詹万生主持，讨论"一优四先"评审工作；研究"六个一百"评审原则、标准、程序。

7月31日～8月1日，总课题组核心成员、应邀领导、工作人员集体出发赶赴新疆伊宁，伊宁市委市政府盛情接待。

8月2日，中国伦理学会德育专业委员会成立大会德育专业委员会第一次会员代表大会暨成立大会胜利召开。赵国柱主持，中国伦理学会会长陈瑛宣读批准成立通知，选举产生理事、常务理事、会长、副会长。詹万生当选会长并讲话，魏续臻、陈宁、梁其贵、齐管社等当选副会长。会后召开一届一次会长会议，会长提名讨论通过秘书处组成人员，赵国柱当选秘书长。

8月3～8日，2005年和谐德育年会暨第八届学术研讨会在新疆伊宁胜利召开。詹万生致开幕词并作主题报告，伊宁市委焦宝华书记致欢迎词，国家教委原副主任柳斌、中国伦理学会会长陈瑛、伊犁州州长、新疆教育厅赵书记、中央教科所陈如平处长出席并讲话。总课题组核心成员分别主持六个学段分论坛，全体代表分别参观考察伊宁市中小学德育工作和德育基地，徐安德做"一优四先"评审工作报告，李书华做会议总结，大会取得圆满成功。

8月9～10日，詹万生一行应李玉鸿书记邀请赴新疆农业职业学院参观考察。

8月16日，中国伦理学会德育专业委员会一届二次秘书长会议召开。詹万生主持，齐欣、李书华、赵国柱、宁武杰、张宇、郁树廷等参加。增补徐安德为副会长，研究成立研究中心、管理中心、信息中心、培训中心、发展中心，设立幼儿园、小学、中学、中职、高职、大学研究部，设立地方研究中心。

8月28日，中国伦理学会德育专业委员会一届三次秘书长会议召开。詹万生主持，赵国柱、宁武杰、张宇、郁树廷、付运杰、詹栋、林清明等参加。研究会员发展、会刊建设、企业赞助等事项。

9月12~14日，詹万生应吉林省实验区王鹏邀请出席课题学术研讨会，传达伊宁年会精神并作《整体构建学校德育体系深化研究与实验》学术报告。

9月20日，北京市实验区协作组召开会议。徐安德主持传达伊宁年会精神，詹万生出席并讲话。

9月24日，中国伦理学会德育专业委员会一届四次秘书长会议在八达岭中国长城博物馆召开。詹万生主持，赵国柱、张宇、郁树廷、付运杰、詹栋、林清明、李亚平、马建湘、尹国勇、任庆奇等参加。以团结统一、自强不息的长城精神鼓舞士气，凝聚力量。

9月27日，中华传统美德教育第十五届研讨会暨"十五"结题会议在北京开幕。詹万生主持会议并致开幕词，栾传大做接替报告，魏英敏、王殿卿、李汉秋、王玉兰等专家评委给予了高度评价。

10月3日，詹万生主持总课题组核心成员会议。研究《当代家长》改版，书名定为《一切为了孩子》，小学、中学上下两册。

10月18日，詹万生向中央教科所递交辞去《中国德育》杂志主编的报告，以利集中精力搞好学会工作和课题研究。

10月24日，詹万生向中央教科所申请租用4号楼两间房子作为中国伦理学会德育专业委员会办公用房得到批准。尹国勇负责购买办公设备，装备办公室。

10月25日，中国教育学会中学德育专业委员会换届选举会议在北京石油干部学院召开。兰宏生接替陶西平当选理事长，詹万生等常务理事出席。

10月28日，詹万生应邀出席天津南开区课题研究与实验推动会议并作学术报告，参观考察中学、小学、幼儿园"阳光读书活动"。王桂儒校长陪同参观109中学新校区。

11月9日，詹万生在田家炳学校培训会上作《贯彻中央文件精神，整体构建学校德育体系》学术报告。

11月16日，詹万生出席中央教科所访问学者开题报告会，张宏伟作《中小学实施人文奥运教育研究》开题报告。

11月17日，詹万生应徐安德邀请出席北京经济技术开发区整体构建德育体系推动会，并作《贯彻中央文件精神，整体构建学校德育体系》学术报告。

11月20日，中国伦理学会德育专业委员会一届五次秘书长会议召开。赵国柱主持会议，詹万生提出明年提前召开实验区负责人会议问题，研讨后决定明年1月在四平市召开；研究会议内容和筹备工作。

11月22日，北京市教委在东城史家小学召开德育工作交流展示会。陶西平、朱善璐、耿学超等出席，关国珍主持会议，詹万生、徐安德参加。

11月27日，全国教育科学规划2005年课题评审会在国家教育行政学院召开。德育学科组出席专家有鲁杰、郑永廷、詹万生、檀传宝、杜时忠。

12月2日，北京市房山实验区在石楼中心校召开课题现场研讨会。詹万生、宁武杰应邀出席，房山教委李书记、进修校陈校长、德育研究室主任蔡永志陪同参观考察。

12月4日，中国伦理学会德育专业委员会一届六次秘书长会议召开。赵国柱主持会议，詹万生敲定四平会议通知,研究"新德育网"建设。

12月10~14日,河南省高等职业教育论坛在信阳职业学院举行,詹万生应邀出席并讲话。梁其贵院长安排参观考察新县,詹玉峰书记招待,刘璇副县长陪同参观考察。

12月20~21日,詹万生应陈邯郸校长邀请在大连15中作《贯彻中央文件精神,整体构建学校德育体系》学术报告,并参观美术特色展览。

12月26~27日,中国伦理学会德育专业委员会一届七次秘书长会议召开。赵国柱主持会议,詹万生部署制定《中国伦理学会德育专业委员会工作条例》、《秘书处工作人员岗位职责》和《2006年工作计划》

12月28日,北京市教委召开专家咨询会,陶西平、兰宏生、詹万生、徐安德等出席。

12月30日,詹万生主持总课题组核心成员会议,研究四平会议筹备工作。

三、"十一五"时期大事记(2006-2010)

2006年

1月1日,中国伦理学会德育专业委员会召开秘书处工作会议,詹万生会长宣布聘任决定并颁发聘书。聘任赵国柱为秘书长兼交流中心主任,聘任张宇为常务副秘书长兼管理中心主任,聘任李亚平为常务副秘书长兼研究中心主任,聘任付运杰为常务副秘书长兼培训中心主任,聘任马建湘为常务副秘书长兼发展中心主任。研究会秘书处的工作格局已确定,人员分工已到位,目标、任务、职责已明确。

1月2日,中国伦理学会德育专业委员会创办会刊《新德育》杂志,詹万生任主编,赵国柱任副主编。请原国家教委副主任柳斌同志题写刊名,编辑中国伦理学会德育专业委员会成立专刊。

1月6日,中国伦理学会德育专业委员会召开秘书处工作会议。詹万生主持,秘书长、常务副秘书长出席,研究制定研究会工作条例,交流研讨"五大中心"工作计划,筹备实验区负责人工作会议。

1月9~11日,全国教育科学"十五"规划国家重点课题"整体构建学校德育体系深化研究与推广实验"实验区负责人工作会议在吉林省四平市召开。李书华主持会议,四平市副市长何秀超致欢迎词,吉林省教育厅迟副厅长讲话,詹万生作题为《出成果、出经验、出人才,为圆满结题而奋斗》的主题报告,赵国柱作年会筹备工作和学会2006年工作计划报告,团中央青少年服务中心副主任赵振华致贺词,四平市教育局牛立坚局长介绍"经历教育"经验。会议期间，詹万生为四平市中小学校长作《贯彻落实中央文件精神，整体构建学校德育体系》学术报告。

1月18日，詹万生接受光明日报记者周讯采访，就整体构建和谐德育体系提出的背景、研究思路、主要内容、研究成果回答了记者的提问。

1月20日，中国伦理学会德育专业委员会召开秘书处工作会议。詹万生主持研讨"五大中心"工作计划，提出重要性、必要性、可行性、实效性四条标准，对秘书处提出讲大局、讲团结、讲和谐、讲奉献四条要求。

1月21~22日，詹万生接待山东菏泽市赵局长来访，决定把赵局长送来的40盆牡丹花作为春节礼物送给中国伦理学会德育专业委员会各位顾问和德高望重的老领导。

1月24~26日，詹万生主持"十一五"课题申报论证会，徐安德、宁武杰、赵国柱、张宇等参加。研究申报中国教育学会"十一五"课题"整体构建学校、家庭、社会和谐德育体系的研究与实验"。

1月30日（正月初二），詹万生在家修改"整体构建学校、家庭、社会和谐德育体系的研究与实验"申请论证材料，准备春节后报送中国教育学会。

2月6日，詹万生撰写《和谐德育论》，发给光明日报记者周讯。应中国青年报记者邀请撰写采访稿《十年磨一剑——追问和谐德育及其生命价值》

2月10日，詹万生和赵国柱、尹国勇去北京市教科院（中国教育学会中学德育专业委员会）找李本初副秘书长为"整体构建学校、家庭、社会和谐德育体系的研究与实验"申请表盖章，再到中国教育学会递交课题申请表。

2月15日，中国伦理学会德育专业委员会召开秘书处工作会议。詹万生主持，研讨各学段研究部主任、副主任人选，布置"四个一百"展示交流会，制定实验学校结题指导文件。

2月18日，光明日报发表《整体构建中国特色德育体系——访中央教科所德育研究中心主任詹万生》的采访报道。

2月27日，中国伦理学会德育专业委员会在新办公室（中央教科所西院2号楼1—302室）召开秘书处工作会议。赵国柱秘书长主持会议，副秘书长张宇、李亚平、郁树廷、宁武杰、冯铁山、尹国勇参加，詹万生会长讲话：鼓励创新、树立信心、充满希望，研究创建"中国新德育网www.xindeyu.com，制定"十一五"课题子课题申报指南，巩固发展实验区、实验校。

3月13日，中国伦理学会德育专业委员会召开秘书处工作会议。詹万生主持筹备学习胡锦涛总书记"八荣八耻"讲话研讨会，研究"四个一百"德育论坛。

3月14日，詹万生接受中国青年报冯桂英主编采访，就和谐德育的概念、功能、价值以及实验效果回答了记者提问。

3月22日，詹万生的论文《和谐德育论》在光明日报发表。

3月27~29日，中国伦理学会德育专业委员会、全国教育科学"十五"规划国家重点课题"整体构建德育体系深化研究与推广实验"总课题组在北京举办"四个一百"德育论坛。27日上午，詹万生主持开幕式，徐惟诚作《精神文明建设与学校德育》报告，陶西平作《素质教育与德育》报告。27日下午，幼儿园、小学、初中、高中、中职高职五个学段举行分论坛。28日上午，赵国柱主持会议，吴潜涛作《八荣八耻荣辱观》报告，詹万生作《深化研究、圆满结题、开拓创新、再立新功》主题报告。29日上午，符运杰主持闭幕式，徐安德点评分论坛，赵国柱作2006年工作计划报告，张宇报告学会管理工作，郁树廷报告"十一五"课题指南。詹万生做大会总结，宣布各学段研究部成立及聘任主任的决定，开通"中国新德育网"。

3月30日，教育部师范司召开"学习贯彻'八荣八耻'讲话精神，加强教师职业道德"研讨会。管培俊司长主持会议，詹万生与赵建军、谢维和、傅国亮、葛晨红、任小艾、张红等出席研讨。

4月2~3日，詹万生应吉林省教科院邀请赴长春出席"栾传大科研兴校座谈会"，并与王鹏研究吉林省实验区、实验校结题工作。

4月16日，中国伦理学会德育专业委员会召开秘书处工作会议。詹万生主持研究"十五"课题结题和"十一五"课题申报工作；新德育网和新德育杂志编辑工作；学会在民政部注册工作；浙江省南浔会议筹备工作；增补张宏伟为本会副秘书长。

4月19日，中央教科所访问学者课题中期检，詹万生指导张宏伟撰写课题中期检查报告。

4月20日，应北京市平谷实验区负责人丁小辉邀请，詹万生一行8人到平谷参观考察实验学校，指导课题研究。

4月21~22日，詹万生应重庆实验区负责人钟必伟邀请，赴重庆涪陵出席重庆实验区2006年会，并作学术报告，指导课题研究与结题工作。

4月23~25日，詹万生应山东省菏泽市单县教育局邀请，为2000多名中小学教师作《整体构建学校和谐德育体系》学术报告。周围四省五县教育局派代表参加，关局长主持大会。又应王克正校长邀请到菏泽一中作报告，并参观考察单县师范和实验小学。

4月28日~5月1日，詹万生应贵州省实验区分指导中心负责人安斯寿邀请，赴贵州省仁怀市出席贵州省实验区2006年会。贵州省精神文明办李主任、宣传部卜部长、遵义市教育局副局长、仁怀市党政领导、教育局领导以及1000多中小学校长教师参加会议，詹万生作《整体构建学校和谐德育体系》学术报告，并参观考察三所实验学校，听主题班会课并作点评指导。

5月6日，中国伦理学会德育专业委员会召开秘书处工作会议。詹万生主持，研究"十五"课题结题工作；浙江省南浔会议筹备工作；地方研究中心和会员发展工作。

5月8~11日，中国伦理学会德育专业委员会和总课题组主办、浙江南浔区教育局承办的"学生成长导师制深化研究与推广会议"在南浔区召开。赵国柱主持会议，南浔教育局沈局长致欢迎词，徐惟诚部长、王文湛司长讲话，詹万生作《学生成长导师制研究的理论基础》主题报告，沈局长作《南浔区推行学生成长导师制的经验》报告，宁武杰、张宇、符运杰、尹国勇等出席并一同参观考察南浔中小学和德育基地。

5月13日，中国伦理学会德育专业委员会班主任工作研究中心成立大会在天津市红桥区召开。红桥区教育局长主持会议，詹万生作《和谐德育与班主任专业化建设研究》主题报告，并宣布聘任李德善担任班主任工作研究中心主任，符运杰等担任副主任。

5月19~21日，中央教科所建所五十周年筹备工作。詹万生撰写所史条款，其中包括德育研究中心成立、学校教育研究部成立、中国德育杂志创刊、中国德育网开通、"八五""九五""十五"国家重点课题立项、历届课题年会、为中央和教育部起草文件、国际会议、访问学者和研究生班等，张宏伟协助起草。

5月26~28日，詹万生应桂林工学院阳国亮书记邀请，到桂林为1000多名师生作《民族精神与荣辱观的历史文化底蕴》学术报告，并参观考察中小学校和德育基地。

5月31日，中国伦理学会德育专业委员会召开秘书处和总课题组会议。詹万生主持，研究"十五"课题结题和年会筹备工作。总课题组核心成员和各位秘书长出席。

6月6日，詹万生、赵国柱、宁武杰到中国社科院会见中国伦理学会会长陈瑛，研究中国伦理学会德育专业委员会在民政部注册需社科院盖章事宜，汇报"十五"课题结题和年会筹备工作。

6月7日，詹万生到全国教育科学规划领导小组办公室汇报"十五"课题结题筹备情况，提出结题申请，填写《十五课题结题鉴定申请评审表》。

6月13~15日，全国教育科学"十五"规划国家重点课题"整体构建德育体系深化研究与推广实验"实验区实验校子课题结题评审会在北京亦庄开发区实验学校召开。詹万生主持会议提出明确要求，总课题组核心成员、学会秘书长及副秘书长参加，分六个组评审。

6月17~21日，中共中央宣传部召开高校思想政治理论课教材修改会。理论局局长路建平主持会议，詹万生等作为评审专家参与修改《思想道德修养与法律基础》教材。

6月22日，中央政法委员会长安法制电视制作中心主任李扬、副主任桂晓琦来访，聘请詹万生作主编，组织编写《中小学法制教育》教材。

6月23日，中央教科所学术委员会召开所级课题立项评审会，詹万生申报的《整体构建学校、家庭、社会和谐德育体系经验总结与深化研究》通过立项。

6月30日，中央教科所召开访问学者结业论文答辩会，詹万生出席，张宏伟的《人文奥运与学校德育》通过答辩，准予结题。

7月1日，詹万生主持《中小学法制教育》教材编写会，赵国柱、宁武杰、张宇、张国建、张宏伟等参加，研究制定编写方案。

7月3日，詹万生主持《中小学法制教育》教材编写方案研讨会，李扬、桂晓琦出席并提出编写要求，编写组全体成员参加会议。

7月6~11日，詹万生主持《中小学法制教育》教材编写会，编写组全体成员参加会议，研讨编写内容和体例，确定分工，组织队伍。

7月18日，詹万生、赵国柱等到中央政法委会见李扬，汇报《中小学法制教育》教材编写方案进展情况。

7月23日，中央政法委召开法制教育座谈会。李扬主持会议，詹万生报告《中小学法制教育》教材编写情况，长安出版社社长陈小军、欧日盛、桂晓琦出席，卢勤、尚秀云、金花、孙毅、蔡福生以及全体编写者参加研讨。

7月28日，全国教育科学"十五"规划国家重点课题"整体构建德育体系深化研究与推广实验"结题评审鉴定会在中央教科所举行，全规办吴健主持会议，评审鉴定专家组组长班华，成员陈瑛、魏英敏、朱全俊、安云凤出席。课题组组长詹万生作结题报告，实验区实验校的代表徐安德、牛立坚、陈岩、王荣媛、赵璐等汇报实验的收获和体会，评审鉴定专家组成员进行了认真评审，一致同意通过鉴定验收。全规办常务副主任曾天山给詹万生颁发结题证书。

7月31日，中国伦理学会德育专业委员会召开秘书处和总课题组会议。詹万生主持，宣布中国伦理学会德育专业委员会在民政部注册成功。研究制定公章使用管理办法；年会筹备工作；"六个一百"评审工作。

8月1日，教育部在国家教育行政学院召开第三节教育科研成果评奖会议，陈小娅副部长讲话，詹万生参加德育学科组评审。

8月4~7日，詹万生主持《中小学法制教育》教材编委会，编委会全体成员参加会议，根据政法委的意见重新修订各册编写提纲。

8月9日，中国教育报主办的小公民道德建设优秀成果颁奖大会在人民大会堂举行，詹万生出席并讲话。

8月10日，中国伦理学会德育专业委员会召开秘书处和总课题组会议。詹万生主持，研究年会筹备工作；"十一五"课题申报工作；增补徐安德同志为本会副会长。免去李亚平研究中心主任职务，聘任宁武杰为研究中心主任。詹万生题写《德者寿》祝贺徐安德七十岁生日。

8月15~16日，中央政法委召开《中小学法制教育》教材大纲审定会。李扬主持会议，詹万生报告编写方案和大纲，中央政法委秘书长陈冀平、政法委有关司局长季勤、李宝柱、胡增印、陈小军、欧日盛以及全体编委会成员出席。会议讨论通过了《中小学法制教育》教材大纲（第九稿），詹万生总主编给各册主编颁发证书，研讨各册样章。编写工作全面展开。

8月17日，中国伦理学会德育专业委员会召开秘书处和总课题组会议。詹万生主持，研究年会筹备工作；成立组委会，下设秘书部、学术部、宣传部、礼仪部、参观部、文艺部、后勤部、安保部，确定各部门分工和职责。

8月28日，团中央在人民大会堂举办"我的家乡，我的文明"活动启动仪式。团中央常务书记杨越、中央文明办副主任李伟、中国社科院书记李秋芳出席并讲话，詹万生、赵国柱等应邀出席。

9月1日，中国伦理学会德育专业委员会召开秘书处和总课题组会议。詹万生主持，研究年会筹备工作，检查各部门工作进展情况。赵国柱、张宇负责联系人民大会堂，詹栋、任庆奇负责联系15个宾馆。

9月2~3日，詹万生主持《中小学法制教育》教材编委会，研究各册教材统稿工作。

9月5日，詹万生和赵国柱到国际大厦与李扬、桂晓琦商谈联合主办年会事宜，请中央综治委致函人民大会堂管委会，租用三楼金色大厅为主会场。

9月9日，人民大会堂举办"百名老将军、老部长、老画家书画巡展活动"，詹万生应邵鲁江邀请出席观看。

9月12~14日，詹万生应吉林省实验区负责人王鹏邀请，出席吉林省实验区结题会议并做学术报告。

9月15日，中央教科所2006—2007学年度访问学者进所，詹万生指导韩传信、高贺灵确定研究方向和课题，韩传信的题目是"学校与社区和谐德育研究"，高贺灵的题目是"学校与家庭和谐德育研究"。

9月25日，中国伦理学会德育专业委员会召开秘书处和总课题组会议。詹万生主持，研究年会筹备工作，邀请全国人大、政协、政法委、中宣部、文明办、教育部、社科院、团中央、全国妇联的领导事宜；"十五"课题结题报告及"十一五"课题开题报告等文件起草工作；"六个一百"评审及奖杯、奖状制作工作。

10月6日,中国伦理学会德育专业委员会召开秘书处和总课题组会议。詹万生主持,研究年会筹备工作倒计时,逐一检查各项工作的落实情况。

10月12日,北京市教委召开"十佳班主任"表彰会,詹万生、徐安德应邀出席,会见教委主任刘利民。

10月14日,教育部召开第三届全国教育科学优秀成果颁奖大会。陈小娅副部长主持,周济部长讲话,詹万生主编的《整体构建德育体系总论》获三等奖(一等奖空缺,二等奖三名,三等奖十名)。

10月24日,北京人民大会堂召开年会协调会。詹万生率年会组委会主要成员出席,人民大会堂管理局王主任、中央警卫局张处长、北京市公安局李处长出席,对人民大会堂举办会议提出明确要求和大力支持。由于"中非合作高峰论坛"也在人民大会堂举行,本次协调会推至今日,距28日年会开幕只有三天时间,筹备工作必须日夜兼程。

10月29~30日,全国教育科学"十五"规划国家重点课题"整体构建德育体系深化研究与推广实验"结题、"十一五"规划课题"和谐德育的研究与实验"开题暨2006年会在北京人民大会堂举行。全国人大常委会副委员长彭佩云,国家教委原副主任柳斌,全国妇联书记张世平,教育部有关司局领导王文湛、杨光、杨振斌、傅国亮,北京市教委领导朱全俊、兰宏生,团中央学校部部长张学军,中央教科所领导卓晴君、陈云英、程方平、陈如平,中国教育学会秘书长、中国伦理学会会长陈瑛、顾问魏英敏以及德育专业委员会各位会长、秘书长、总课题组核心成员出席大会,并来自全国30个省、市、自治区的百个实验区、千所实验校2400多名代表在人民大会堂合影留念。

28日上午,大会开幕式由中央政法委影视中心主任李扬主持,中央教科所总课题组组长、中国伦理学会德育专业委员会会长詹万生致开幕词,北京市教委德育处长关国珍致欢迎词,新疆伊宁市委副书记阎红鹰致贺词,全国教育科学规划办吴健宣读"十五"课题结题鉴定意见,中央教科所科研处长陈如平、法制出版社社长陈小军、中国伦理学会会长陈瑛、全国妇联书记张世平讲话。詹万生宣布"十五"课题研究特殊贡献奖和"六个一百"获奖名单,主席台各位领导向获奖者颁奖。下午,大会由中国伦理学会德育专业委员会副会长周本贞主持,詹万生做"十一五"课题"整体构建学校、家庭、社会和谐德育体系研究与实验"开题报告,20多名与会代表作大会交流发言。

29日上午,大会由中央教科所总课题组核心成员齐欣主持,中宣部原常务副部长徐惟诚、中国伦理学会顾问魏英敏、中宣部理论局长路建平、教育部原基础教育司长王文湛作学术报告,与会代表继续大会交流发言。下午,大会闭幕式由中国伦理学会德育专业委员会副会长姜树卿主持,中央政法委影视中心副主任桂晓琦讲话,中国伦理学会德育专业委员会副会长徐安德做"一优四先"评审报告,中国伦理学会德育专业委员会秘书长赵国柱做学会2006年工作报告,山东省泰安市、吉林省长春市朝阳区、贵州省实验区分指导中心、山东烟台南山集团申请承办下届年会演讲,中国伦理学会德育专业委员会副会长魏续臻作大会总结讲话,詹万生宣布获得下届年会承办权的是吉林省长春市朝阳区,接交会旗。

30日上午,全体代表到军事博物馆参观"红军长征胜利七十周年大型展览",下午分幼儿园、小学、中学、中职、高职、大学分别参观北京实验学校。大会取得圆满成功。

11月14日,首都师大政法学院召开研究生毕业论文答辩会。詹万生主持答辩会,他指导的研究生邹玉环以及另五位研究生通过论文答辩。

11月17日,北京青年政治学院召开年会志愿者总结大会。院领导汪明浩、梁禄琦、张强、张晓华、金胜出席,北京青年政治学院青少系主任刘世保主持会议,詹万生和北京团市委负责人讲话,赵国柱、张宇、符运杰、高贺灵、杨松年参加会议。

11月18日,中国伦理学会德育专业委员会召开秘书处和总课题组会议。詹万生主持,总结年会经验,表彰有功人员,研究善后工作。年会组委会成员参加会议并逐一发言,充分肯定成绩,认真查找问题,总结成功经验,力争形成大型会议品牌。

11月23日,中国伦理学会与首都精神文明办在密云召开"人文奥运与和谐社会论坛"。万俊人主持会议,陈瑛致开幕词,中宣部原常务副部长徐惟诚、中国社科院哲学研究所李景源、首都精神文明办主任张慧光、密云县委书记夏强讲话,詹万生出席会议并发言。

11月29日,中央教科所访问学者开题报告会,詹万生先后为韩传信、高贺灵多次指导开题报告,本次开题会基本通过。

12月1日,北京市实验区协作组课题研究与实验总结会在亦庄实验学校召开。徐安德主持会议,有关实验区、实验校代表发言,詹万生总结讲话。

12月13~14日,中央教科所筹备建所五十周年庆典,詹万生撰写德育研究中心成立15年纪念文章《育德之旅,岁月如歌》。

12月31日,中国伦理学会德育专业委员会召开秘书处和总课题组会议。赵国柱主持会议,詹万生提出建设和谐、求真、务实、创新的学术团队,坚持培基、固本、开源的工作方针,形成科研、产业、公益相结合的工作格局,建立并逐步完善经营管理体制机制。"五大中心"、"六个学段"分别制定2007年工作计划。

2007年

1月1日,中国伦理学会德育专业委员会会长詹万生题词"辞戌岁整体构建结硕果,迎亥年和谐德育谱新篇",携全体同仁向广大实验区、实验校的实验教师祝贺新年。

1月5~8日,中国伦理学会德育专业委员会召开秘书处和总课题组会议。詹万生主持,研讨"十一五"课题实验教材《和谐成长》编写计划及《中国伦理学会德育专业委员会工作条例》基本框架。

1月10日,北京市教委召开专家咨询会。关国珍主持会议,北京市教工委副书记张建明、教委副主任罗洁讲话,咨询专家陶西平、兰宏生、文喆、时龙、耿申、张铁道、陆士桢、王殿卿、詹万生、檀传宝、兰维、稽昆梅、李烈、王海燕等出席并发表咨询建议。

1月12日,教育部首届中青年干部培训班毕业十周年同学聚会。30位同学基本到齐,各自发表人生感言,詹万生赋诗一首:"十年弹指一挥间,红黄黑路各一边,升官发财身外物,祝君幸福身心健。"

1月13~14日，詹万生主持召开《中小学法制教育》教材终审会，各册主编参加。此前先后五次审稿，经过近半年的努力终于定稿。

1月16日，詹万生和李扬到教育部基础教育司会见高洪副司长和吕同舟处长，争取把《中小学法制教育》纳入教育部审定的教材系列。

1月29日，中国伦理学会德育专业委员会召开秘书处工作会议。詹万生主持，研讨与《今日中国论坛》22家主办单位联合举办"首届和谐社会论坛"有关事宜。会后詹万生、赵国柱、马建湘、尹国勇去府右街3号与《今日中国论坛》主编牧歌会谈并签订合作协议。

2月4~6日，中国伦理学会德育专业委员会召开秘书处和总课题组会议。詹万生主持会议并作《和谐成长》编写方案主题报告，宁武杰作参考资料说明，赵国柱作编写体例和版式设计说明，徐安德作联系实际介绍。分小学、初中、高中、中职四个学段研讨，每年级一册共15册，每册设计12个主题。

2月13日，中国伦理学会德育专业委员会召开秘书处和总课题组会议。詹万生主持，研讨《和谐成长》样章，宁武杰、齐欣、徐安德、郁树廷、符运杰、高贺灵等参加，詹万生就共性问题提出修改要求，宁武杰写出纪要发给各位作者。

2月15日，詹万生撰写春节贺词"玉犬保平安戌年吉祥；金猪兆富贵亥岁幸福。"携中国伦理学会德育专业委员会同仁向实验区、实验校全体同志拜年，郁树廷、王菲负责手机短信群发。

2月26日，中央政法委长安法制电视制作中心主任李扬在皇城食府举办春节招待会，庆祝《法制教育》8册样书印制。詹万生、赵国柱、齐欣、徐安德、郁树廷等主要编著者应邀出席。

3月1日，中国伦理学会德育专业委员会召开秘书处和总课题组会议。詹万生主持，研究《法制教育》出版发行工作；《和谐成长》实验教材编写工作；深圳实验区负责人会议筹备工作；和谐社会论坛筹备工作。

3月2日，詹万生和李扬去教育部基础教育司与德育处长吕同舟会谈，研究《法制教育》教材送审事宜。

3月8日，中国伦理学会德育专业委员会召开秘书处和总课题组会议。詹万生主持，检查《和谐成长》实验教材编写工作、深圳实验区负责人会议筹备工作、和谐社会论坛筹备工作的进展落实情况。

3月17~19日，《和谐成长》实验教材统稿会在廊坊大学城举行。詹万生主持会议，提出统稿要求，各学段分头统稿。

3月30日，中国伦理学会德育专业委员会召开秘书处和总课题组会议。詹万生主持，研究在深圳召开实验区负责人会议筹备工作。

4月7~9日，"十一五"课题"和谐德育研究与实验"实验区负责人会议在深圳教苑中学召开。赵国柱主持会议，教苑中学校长致欢迎词，徐惟诚部长、深圳教育局汤局长、李扬同志讲话，詹万生作主题报告，长春市朝阳区汇报年会筹备工作，实验区负责人10位代表大会交流。参加教苑中学十周年校庆活动，詹万生作总结讲话。

4月23日，中国伦理学会德育专业委员会召开秘书处和总课题组会议。詹万生主持，研究

《和谐成长》实验教材出版工作；长春年会筹备工作。

5月1~4日，应山东南山集团邀请，詹万生率中国伦理学会德育专业委员秘书处主要成员赵国柱、张宇、宁武杰、郁树廷、符运杰、刘世保、尹国勇等赴南山集团参观考察。天津徐卫权派车接送，南山旅游公司曲总、宋主任、小栾负责接待，南山集团董事长宋作文接见并宴请詹万生一行。南山学院郝院长主持座谈会，詹万生作课题研究报告，教育局胡局长陪同参观双语学校，郝院长陪同参观南山学院。

5月5~6日，梁周清迎接詹万生、张宇等到淄博师专参观考察，会见张秀清书记、李校长及淄博教育局徐局长、李科长等。

5月9~11日，应濮阳油田教育中心邀请，詹万生、赵国柱到濮阳讲学并指导课题研究。与濮阳油田教育中心罗光远副主任、杜科长、王主任、李培东座谈，詹万生为40多所实验校300多名教师作《和谐德育研究与实验》学术报告，听取李培东作实验区子课题开题报告并点评，听取19中贾校长"三省教育"研究报告并作点评。李培东陪同参观考察濮阳德育基地。

5月20日，中国伦理学会德育专业委员会召开秘书处工作会议。詹万生主持，管理中心主任张宇汇报年会筹备情况；研究中心主任宁武杰汇报《和谐成长》统稿情况；培训中心主任符运杰汇报与张为驰合作情况；信息中心主任郁树廷汇报网站改版情况；交流中心主任赵国柱汇报杂志建设和论坛筹备情况。

5月25~27日，首都师大七七级同学陆海英为纪念恢复高考三十周年，计划出版《我们从1977走来》。詹万生撰写回忆文章《难忘花园村》。

5月30日，首都师大附属育新学校举办"学习成长、健康成长、快乐成长"揭牌仪式，詹万生应邀出席并会见周俊杰书记、张金成校长。

6月5日，中国伦理学会德育专业委员会召开秘书处工作会议。詹万生主持，研究和谐社会论坛和年会筹备工作。

6月11~21日，詹万生审读修改《和谐成长》书稿并撰写前言，交排版公司排版。

6月23日，中国伦理学会德育专业委员会召开秘书处工作会议。詹万生主持，研究和谐社会论坛因故停办事宜，研讨年会筹备工作方案及《和谐成长》出版发行事宜。

6月30日~7月3日，詹万生策划并撰写综合性理论成果《和谐德育论》编写提纲。

7月9~10日，中央教科所召开访问学者结题论文答辩会。詹万生指导的韩传信、高贺灵两位访问学者通过论文答辩，准予结业。

7月14日，中国伦理学会德育专业委员会召开秘书处和总课题组会议。詹万生主持，研究长春年会筹备工作并负责撰写开幕词和主题报告，张宇负责通知和联络，赵国柱负责日程安排，宁武杰负责成果评审。

7月19日，詹万生应天津市红桥区教育局邀请，到香河天下第一城为中小学校长作《和谐德育研究与实验》学术报告。

7月20~22日，詹万生应呼和浩特市教育局邀请，到呼市为中小学校长作《和谐德育研究与实验》学术报告。呼市教科所副所长栗永红、罗亚丽等陪同参观考察。

7月27日，北京市教委召开专家咨询会，罗洁出席并讲话。关国珍主持会议，陶西平、兰宏生、詹万生、徐安德、王殿卿等应邀出席并发表咨询意见。

8月8~10日，全国和谐德育第十届年会暨中国伦理学会德育专业委员会第三届学术研讨会在吉林省长春市举行，来自全国30各省市自治区百个实验区、千所实验校的1200多名代表参加会议。8日上午，大会开幕式由赵国柱主持，詹万生致开幕词，长春市朝阳区区长致欢迎词，吉林省教育厅长、中央教科所科研处副处长郝志军、教育部原基础教育司长王文湛讲话，朝阳区和谐德育活动汇报展示。下午，陶西平、刘惊铎作学术报告，詹万生作主题报告，陶玉丽作经验介绍，晚上举行迎宾晚会。9日上午，黄德军局长陪同参观考察实验学校，各学段举行分论坛。下午，大会由王滨有主持，赵国柱作学会工作报告，郁树廷作中国校报网开通演示，吉林省社科院邴正教授作学术报告。闭幕式由姜树卿主持，魏续臻做"一优四先"评审报告，詹万生宣布表彰决定并颁奖，申请承办2008年会的单位发表申办演讲，徐安德做总结讲话，詹万生宣布获得下届年会承办权的是山东南山集团，举行接交会旗仪式，大会在热烈的气氛中落下帷幕。

8月12~16日，詹万生、闵乐夫应大兴安岭实验区邀请，赴牙克石出席心理健康教育经验交流会。实验区负责人赵晓捷主持会议并作总结汇报，教育局刘书记、王局长、卫生学校梁校长以及实验学校代表参加会议，詹万生、闵乐夫作学术报告。会后赵晓捷陪同参观考察满洲里、海拉尔德育基地并与当地教育局长座谈。

8月17日，中国伦理学会德育专业委员会召开秘书处和总课题组会议。詹万生主持，研究长春年会善后工作；《和谐德育论》编写计划；全规办2007年课题申报工作。

8月27日，全国妇联召开家庭教育总结表彰大会，詹万生应邀出席作《构建和谐家庭，创新家庭教育》学术报告。

9月6日，中国伦理学会德育专业委员会召开秘书处和总课题组会议。詹万生主持，总结上半年工作，部署下半年工作。詹万生在讲话中强调"正名固本"，指出"学术团队的生命线是科研，科研就要有课题，课题就要出成果，出了成果就要推广应用，在推广应用中出经验、出人才"。

9月9~21日，中英伦理文化与道德教育国际学术研讨会在英国威尔士大学兰比德学院举行，以栾传大为团长、詹万生为副团长的中国传统美德教育代表团一行15人出席会议。会议由威尔士大学兰比德学院孔子研究中心主任姚新中主持，栾传大致开幕词，英国威尔士大学校长讲话，中英学者代表演讲，詹万生作总结讲话，詹梁等几位留学生担任翻译。詹万生演讲的题目是《弘扬中华传统美德，创新当代礼仪教育》。会后，中国代表团一行在詹梁陪同下先后到威尔士首都卡迪夫、英国首都伦敦、牛津大学、剑桥大学、莎士比亚故居、苏格兰首都爱丁堡等地参观考察。

9月28日，中国伦理学会德育专业委员会召开秘书处和总课题组会议。詹万生主持，研究《和谐德育论》编写工作；《和谐成长》实验工作；国庆节看望老领导、老顾问徐惟诚、柳斌、陶西平、罗国杰、魏英敏、陈瑛、王殿卿事宜。

10月12~16日，詹万生、赵国柱应新疆自治区教科所刘国印主任邀请赴乌鲁木齐讲学，詹万生作三场《和谐德育研究与实验》学术报告，并参观考察实验幼儿园、聋哑学校、第十小学、州二中、市一中、卫生学校，指导课题研究。应新疆农业职业学院李玉鸿书记邀请到学院参观考察并收看党的十七大开幕盛况，会见昌吉州教育局杨书记、新市区副区长和教育局长，李玉鸿书记陪同参观考察吐鲁番、艾丁湖等德育基地。

10月18日，詹万生为中央教科所访问学者讲课，题目是《弘扬与培育民族精神——中国德育的历史使命》、《人的哲学与人生哲学——中国德育的哲学基础》、《整体构建和谐德育体系的研究与实验》，课后指导访问学者李培东作课题研究。

10月20~22日，中华传统美德教育第十七届年会在石家庄市召开。詹万生主持大会，栾传大致开幕词，石家庄市副市长王刚致欢迎词，李汉秋讲话，教育局和第二中学介绍经验，詹万生作《弘扬中华传统美德，创新当代礼仪教育》学术报告，与石家庄市教育局德育处长曲连昆即五个实验区的负责人座谈。会后田丽霞陪同参观考察赵州桥、柏林寺，张宏伟陪同参观考察西柏坡、保定直隶总督府等德育基地。

10月25日，中国伦理学会德育专业委员会召开秘书处和总课题组会议。詹万生主持学习党的十七大报告，研究如何贯彻科学发展观，建设社会主义核心价值体系，弘扬中华文化、建设和谐文化，落实"育人为本、德育为先"教育思想，深化和谐德育研究。传达昨天教育部副部长陈小娅、人事司副司长许涛来所宣布免去朱小蔓中央教科所所长职务，任命袁振国为中央教科所长的决定。

10月26~28日，詹万生应江西省德兴市教育局邀请出席德兴市实验区开题会议，作《贯彻十七大精神，构建和谐德育体系》学术报告，参观考察银山小学并指导课题研究。

11月1~3日，詹万生应重庆市教委和广东出版集团邀请，赴重庆为全国思想品德课教师优质课大赛作学术报告《学习贯彻十七大精神，深化和谐德育研究》，会见重庆邮电大学徐仲伟书记、重庆实验区负责人钟必伟。

11月9日，中国教育学会中学德育专业委员会召开常务理事会。董柏林主持会议，兰宏生讲话，詹万生等常务理事出席会议。

11月10日，詹万生应邀出席北京房山电业中学五十周年校庆，并为该校题词"和谐德育兴名校，素质教育铸辉煌"。

11月14~16日，第三届中国教育科学论坛暨第七届全国教育科学研究所（院）长联席会议在西安市召开。田慧生主持大会，袁振国致开幕词，陕西省教育厅杨希文厅长致欢迎词，陈小亚副部长讲话，顾海良、谈松华、翟博、张武生、方国才、张民选等发言，詹万生参加会议并在冯铁山陪同下到陕师大参观考察。

11月21日，詹万生、宁武杰、张宇、尹国勇应北京市房山实验区邀请，到张坊中学参观考察。詹万生为50所实验校100多名教师作课题研究指导报告。

11月22日，中央教科所访问学者开题报告，詹万生指导的访问学者李培东作《中小学和谐德育模式研究》开题报告，通过专家评审，准予开题。

11月24日，中国教育家委员会与首都师大青少年教育艺术研究所联合主办"全球化与青少年价值观教育学术研讨会"，詹万生应邀出席并作《和谐文化与青少年价值观教育》学术报告。

11月26日，中国伦理学会德育专业委员会召开秘书处和总课题组会议。詹万生主持，研究各学段研究部工作，重点部署高职学段编写《文明礼仪》、《心理健康》、《就业指导》三册实验教材事宜；詹万生题诗"新年送吉祥，友谊天地长，育人德为先，和谐著华章"，赵国柱设计贺年卡发至各实验区、实验校。

11月29~30日，詹万生应广东省佛山禅城实验区邀请，为佛山市1100名中小学教师作《和谐德育研究与实验》学术报告。

12月3日，詹万生接受延庆报社主编周建强和记者曹欢欢采访，将在"妫川骄子"栏目宣传报道。

12月4~11日，詹万生撰写《和谐德育论》序论：1、和谐社会呼唤和谐德育；2、素质教育诉求和谐德育；3、整体构建生成和谐德育。

12月12日，应天津南开实验区邀请，詹万生、宁武杰、尹国勇参加南开区和谐德育研究与实验研讨交流会，深入主题班会听课并点评，詹万生作《和谐成长》实验研究报告。

12月13日，教育部职成司在香山饭店召开德育工作委员会，研究中等职业学校德育课程改革问题。吴启迪副部长出席，王纪平副司长主持，詹万生、王霁、郑必坚、扈文华、李国龙、杜爱玲、史小鹤等参加会议。

12月22日，中国伦理学会、首都精神文明办在怀柔区联合举办"迎奥运、讲文明、树新风"公共文明论坛。陈瑛会长致开幕词，张慧光作工作报告，王海平致欢迎词，徐惟诚讲话，詹万生和伦理学者、首都精神文明建设者150人出席论坛。

12月26日，詹万生、李扬、赵国柱等出席教育部基础教育教材中心《法制教育》教材评审会，曹志祥副主任、李水平副处长出席并提出修改意见。

12月29~30日，詹万生参加教育部职成司《职业道德与法律》教学大纲修订会。

2008年

1月1~2日，詹万生、张宇参加教育部职成司《职业道德与法律》教学大纲修订会。

1月4日，中国伦理学会德育专业委员会召开秘书处和总课题组会议。詹万生主持，研究实验区负责人会议（柳州）筹备工作；印制会议指南；赠送印有德育理念、研究成果、活动照片的2008年台历。

1月8~10日，"十一五"规划重点课题"和谐德育的研究与实验"实验区负责人会议在柳州市召开。8日上午，开幕式上詹万生致开幕词，柳江县副县长韦伟致欢迎词，中央教科所科研处副处长郝志军讲话，詹万生作《和谐德育研究与实验》开题报告，山东南山集团宋美桂作年会筹备工作报告；下午，参观考察柳江中学、观摩主题班会，赵国柱作总结讲话。9日上午，参观德育基地武侯祠，詹万生应邀到雅儒小学与孙校长和教师座谈并题词，会见柳北区教育局李局长和柳州市教育学会张会长。10日上午，詹万生在柳北区作《和谐德育研究与实验》学术报告。

1月12~17日，詹万生审阅修改《和谐德育论》各章书稿。

1月18~20日，詹万生、徐安德应兰祖军校长邀请到海南省海口市，为中小学教师培训班作《和谐德育研究与实验》学术报告，并参观考察英才小学。

1月22日，北京市教委召开专家咨询会，关国珍主持，陶西平、线连平、罗洁、兰宏生、文喆、张铁道、时龙、耿申、詹万生等出席并发表咨询意见。

1月23日，中央教科所新一届所长袁振国约詹万生谈话，征求办所意见，提出整合报刊资源成立报刊社构想，希望他出任报刊社负责人，并表示可以延聘或返聘。

1月25日，中国伦理学会德育专业委员会召开秘书处和总课题组会议。詹万生主持，总结2007年工作，提出2008年"强基固本、稳定发展"的工作方针。

1月26~27日，詹万生主持《和谐德育论》统稿会。确定三审统稿制度：一审在各章作者自审的基础上换审；复审，詹万生负责上篇，赵国柱负责中篇，宁武杰负责下篇；终审，詹万生统一修改定稿。

1月30~31日，中央教科所在大兴明星湖度假村召开年度工作会议暨新春联欢会。袁所长提出"一体两翼"的工作思路，即以科研为主体，以知识服务和创新产业为两翼。在联欢会上詹万生独唱"在那桃花盛开的地方"表达喜悦心情，并赋诗支持所里工作。

2月5日，中央教科所所长袁振国约詹万生谈话，传达所务会决定，聘任詹万生为报刊中心负责人。

2月12~15日，詹万生撰写《央所报刊中心工作方案》：1.指导思想；2.职能定位；3.工作原则；4.发展目标；5.组织机构；6.报刊定位；7.规章制度；8.工作计划。提出"十刊一报"整合为报刊中心的工作思路是："统一管理，明确分工，打造精品，做大做强"。

2月20~28日，詹万生终审《和谐德育论》各章书稿，撰写后记。

3月4日，詹万生撰写的《央所报刊中心工作方案》经过几次讨论，先后修改六次，终于定稿。

3月12日，中国伦理学会德育专业委员会召开秘书处和总课题组会议。詹万生主持，研究年会筹备工作；《和谐德育论》出版工作；报刊中心成立后的学会和课题研究工作。

3月24日，詹万生终审《和谐德育论》定稿，打印交教育科学出版社。会见总编李东，签订出版合同。

3月30日，中国伦理学会德育专业委员会在首都师大召开大学研究部筹备工作会议。詹万生主持会议，陈宁、徐仲伟、颜吾佴、郭淑敏、安云凤、张建林、张红俊等出席。

4月3日，中央教科所召开报刊中心成立大会，报刊中心工作人员刘英敏、张晓梅、张宇、李培东、任庆奇和"十刊一报"全体员工参加。徐长发主持，华国栋宣读对詹万生的任命书，詹万生、高宝立、丰力、蒋丰发言，袁振国讲话。

4月11~13日，詹万生应万校长邀请到江西九江三中作《和谐德育研究与实验》学术报告。万校长致欢迎词，九江市教育局长讲话，王东升陪同游览庐山。

4月16日，应北京市门头沟实验区邀请，詹万生、张宇、蔡永志、尹国勇到门头沟考察指导课题研究与实验工作，与门头沟教委副主任杨玉柱、教师进修学校王校长、教科所刘所长等座谈。詹万生为200多名中小学校长作《和谐德育研究与实验》学术报告。

4月18日，詹万生提出中国伦理学会德育专业委员会第二届秘书处组成人员名单，下发给各位副会长征求意见。

4月20日，中国伦理学会德育专业委员会召开秘书处换届工作会议，詹万生主持并讲话。他指出，秘书处换届是工作需要，根据本会章程正常交接，肯定了第一届秘书处的工作成绩，指出了存在的问题，宣布第二届秘书处组成人员名单。第一届秘书长赵国柱作了工作总结，新一届秘书长宁武杰讲话提出今后秘书处工作思路，各位副秘书长发言表示了积极的态度。詹万生会长在总结讲话中提出建设和谐学术团队的要求，他说："我们要用结缘的心成就事业，要用包容的心对待朋友，用感恩的心回报社会。我们每个人都有优点，要互相欣赏；我们每个人都有缺点，要互相包容；我们每个人都有困难，要互相帮助；我们每个人都有追求，要互相支持。"

4月21日，中国伦理学会德育专业委员会召开《新德育》杂志副主编交接工作会议。詹万生主持并讲话，赵国柱、宁武杰、李吉宁、詹栋分别讲话，李培东、任庆奇、尹国勇参加会议。

4月30日，中央教科所报刊中心召开"十刊一报"主编联席会议。詹万生主持，袁所长讲话，讨论印制《宣传册》和通联发行工作。

5月5日，詹万生、宁武杰、张宇、尹国勇向中国伦理学会会长陈瑛汇报秘书处换届工作和年度工作计划。

5月11日，中国伦理学会德育专业委员会召开第二届秘书处第一次工作会议。詹万生主持，宣布聘任决定以及秘书长、副秘书长、五个中心主任的工作职责。宁武杰主持研究2008年工作计划，徐安德副会长出席并讲话，王存、王滨友主动加盟本会工作。

5月27日，詹万生、王存、宁武杰到教育部访问思政司、社科司，争取支持并委托课题，杨振斌司长、杨光司长热情接待。

5月29日，詹万生和宁武杰研究起草《新德育》杂志申请公开刊号给国家新闻出版总署的报告，并请陈瑛会长联系柳斌杰署长。

6月1日，中国伦理学会德育专业委员会召开二届二次秘书处工作会议。詹万生主持，研究年会筹备工作。宁武杰负责年会文件起草，张宇负责寄发通知并跟踪联系，李培东负责参评论文收集分类，王存负责大学补充通知。决定制作《德育人生——詹万生从教38年回望》专题片，宁武杰负责策划和撰稿，张宇负责外地受访人的联系，李培东负责本市采访，杨松年负责摄像，尹国勇负责收集照片。

6月5日，詹万生应河北省保定市教育局邀请，为中小学校长作《和谐德育研究与实验》学术报告。张宏伟陪同会见20中刘校长和教育局长。

6月10日，北京市实验区协作组在亦庄实验学校召开年度会议。孟佳主持，东城、朝阳、通州、房山、延庆、门头沟等实验区负责同志参加，徐安德布置工作，詹万生讲话。

6月15~16日，全国教育科学规划领导小组召开2008年度课题评审会，郝克明主持，周济部长讲话，詹万生出席并参加德育学科组评审工作。

6月17~18日，詹万生应安徽省蚌埠市教育局邀请，为中小学校长作《和谐德育研究与实验》学术报告。与马局长、孙局长、罗所长座谈和谐德育课题研究工作。

6月21~23日，中国伦理学会德育专业委员会在河南信阳职业技术学院召开高职院校《文明礼仪》、《就业指导》、《心理健康》三本教材编写会议。梁其贵主持，詹万生讲话并提出高职教材编写指导思想、重要意义、教材定位、编写原则、分工要求，王滨友、宁武杰解读编写方案，王存讲话，梁其贵、李玉鸿、任振焦分别主持三册作者研讨。

7月1日，詹万生、李培东、杨松年、尹国勇到延庆县采访县委常委宣传部长盛桂荣、人事局长李景荣、教委主任马铁铃、政府服务中心主任刘志满、八达岭特区工会主席郭造顺、延庆一中教师周苏丽、教师进修学校主任刘进。从此,德育人生专题片采访摄制工作在暑假全面展开。

7月10日,《和谐德育论》正式出版,教育科学出版社送来30本样书。

7月14日,中国伦理学会德育专业委员会召开二届三次秘书处工作会议。宁武杰主持,詹万生讲话,研究高职教材编写工作;《立德树人文典》编写工作;《和谐德育论》宣传征订工作;《新德育》杂志刊号申报工作;年会筹备工作。

7月21日~8月4日,中央教科所进行新一届中层干部选聘工作,詹万生被聘任为报刊中心常务副主任,主持工作。

8月5日,中国伦理学会德育专业委员会召开二届四次秘书处工作会议。詹万生主持,宁武杰秘书长报告上半年工作;研究年会筹备工作;《立德树人文典》统稿工作;大学研究部成立筹备工作(魏续臻、王存、刘世保参加)。

8月9~10日,詹万生、宁武杰、张宇、李培东开始进行《立德树人文典》统稿。

8月11~22日,詹万生、宁武杰、王滨友、贾少英对《文明礼仪》、《就业指导》、《心理健康》三本教材统稿,并与梁其贵、任振焦、李玉鸿保持联系沟通。

8月26~27日,詹万生应山东淄博市教育局邀请,为八区县中小学校长作《和谐德育研究与实验》学术报告。

9月1日,中央教科所报刊中心召开新学年第一次工作会议。詹万生主持,研究注册登记、产权登记和通联发行工作,制定各地联络员制度、发行工作计划和内部管理制度。

9月2日,中国伦理学会德育专业委员会召开二届五次秘书处工作会议。詹万生主持,宁武杰、张宇、李培东参加,研究年会倒计时50天工作安排;在教师节来临之际给党中央、国务院、中宣部、教育部领导赠送《和谐德育论》事宜。

9月10~12日,詹万生、宁武杰、张宇、李培东、尹国勇在教师节、中秋节之际看望中国伦理学会德育专业委员会顾问徐惟诚、柳斌、陶西平、魏英敏、陈瑛、王殿卿。

9月17日,中央教科所召开报刊中心和"十刊一报"联席会议。詹万生报告"央所报刊中心"注册情况,袁所长讲话说:"央所报刊中心注册成功就像当年拿到《中国德育》刊号一样,为所里做了一大贡献。"

9月20日,中国伦理学会德育专业委员会秘书处集体审看"德育人生"专题片,定名为《和谐德育的领军人——詹万生从教38年回望》。

9月21~22日,詹万生、张宇、王存、蔡永志到山东南山集团考察,会见宋建敏董事长、由燕丽市长、郑总经理、宋主任等,检查指导年会筹备工作的落实情况。

9月24~25日,詹万生应上海市闵行区教育局和教育学院邀请,出席闵行区和谐德育研究与实验子课题开题会议。徐院长主持,朱局长讲话,王永和作开题报告,詹万生点评指导并作《和谐德育研究与实验》学术报告。

9月27~30日,中国伦理学会德育专业委员会召开二届六次秘书处和总课题组工作会议,宁武杰主持,詹万生讲话,张宇汇报筹备组分工和日程安排,李培东介绍成果评审安排,秘书处和总课题组成员全体参加,讨论通过会歌词曲。会后分组进行成果评审。

10月1~7日,詹万生撰写年会主题报告《深化和谐德育研究,构建校本和谐德育体系》。

10月8日，詹万生、王存到教育部会见思政司司长杨振斌、副司长刘桂芹、基教司副司长王定华，到大百科出版社会见徐惟诚总编辑，邀请他们出席和谐德育年会。

10月10日，詹万生、宁武杰、蔡永志、尹国勇应北京市房山区教委邀请，到张坊中学观摩孝敬教育主题班会，詹万生作点评，房山区及其他区县200多教师参加。

10月11日，詹万生应邀到平谷教师进修学院作《和谐德育研究与实验》学术报告。

10月12日，詹万生的家人、学生、朋友在东方红酒楼为詹万生祝贺六十岁生日，李培东主持，播放《和谐德育的领军人——詹万生从教38年回望》专题片，詹栋、盛桂荣、荆跃、齐欣、胡君若、徐安德、宁武杰等发表了热情洋溢的讲话，冯铁山还作了一首长篇抒情诗和同学们集体朗诵，詹万生以感谢和感恩发表了人生感言。这实际上是一次德育人生的交流研讨会。

10月15日，中国伦理学会德育专业委员会召开二届七次秘书处和总课题组工作会议。詹万生主持，检查年会筹备工作的落实情况。

10月18~21日，全国和谐德育第十一届年会暨中国伦理学会德育专业委员会第四届学术研讨会在山东省南山集团举行，来自全国30各省市自治区百个实验区、千所实验校的1200多名代表参加会议。19日上午，大会开幕式由宁武杰主持，詹万生致开幕词，南山集团董事长宋作文致欢迎词，山东龙口市副市长李静讲话，教育部基础教育司德育处长朱东斌讲话，中宣部原常务副部长徐惟诚讲话，詹万生作《深化和谐德育研究，构建校本和谐德育体系》主题报告，由艳丽副市长介绍经验。下午，幼儿园、小学、初中、高中、中职、高职、大学七个学段举行分论坛，大学研究部举行成立大会，魏续臻主持，徐仲伟讲话，詹万生出席并讲话。晚上举行迎宾晚会。20日上午，龙口市教育局鞠局长陪同总课题组成员和与会代表到小学、中学、中职实验学校参观考察，由市长、郝院长陪同参观考察南山学院。下午，中央党校亓成章教授作国际形势报告。闭幕式由闵乐夫主持，宁武杰作学会工作报告，魏续臻作"一优四先"评审报告，詹万生宣布表彰决定并颁奖，申请承办2009年会的单位发表申办演讲，徐安德做总结讲话。詹万生宣布获得下届年会承办权的是贵州省仁怀市，举行接交会旗仪式，大会在高唱会歌声中落下帷幕。

10月22日，詹万生代表中央教科所所长应邀出席北京市教委和教科院举办的公民教育国际学术研讨会，并发表演讲。

10月27日，中央教科所报刊中心工作例会。詹万生主持，研究组建地方通联站和报刊发行工作。

10月28~29日，应广东省中山市教育局邀请，詹万生、尚秀云、刘英敏到中山市指导德育工作。廖诚科长陪同考察学校，詹万生作《深化和谐德育研究，构建校本和谐德育体系》学术报告。

10月31日，中国伦理学会德育专业委员会召开二届八次秘书处和总课题组工作会议。詹万生主持，研究年会总结善后工作，宁武杰做会议总结，张宇作会务工作总结，李培东作评审工作总结，詹栋作会义财务工作总结，各学段研究部作分论坛总结。徐安德讲话，詹万生部署下一阶段工作。

11月1日，詹万生撰写中央教科所报刊中心2008年工作总结：1.确立指导思想；2.建立管理制度；3.策划宣传手册；4.申请注册成功；5.制定发行计划。

11月7~9日，中华民族传统美德教育第十八届年会在浙江省嘉兴市召开。詹万生主持大会，栾传大致开幕词，嘉兴市教育局长讲话，农工民主党宣传部长李汉秋讲话，民政部原副部长李宝库讲话。与会代表参观中共一大会址展览馆。

11月16日，詹万生应邀出席第五届教育家大会，并作《和谐德育研究与实验》学术报告。

11月17~19日，全国教育科研系统举办《国家中长期教育改革与发展规划纲要》汇稿研讨会，詹万生出席并发言。

11月21日，中国伦理学会德育专业委员会召开二届九次秘书处和总课题组工作会议。詹万生主持，研究教育部思政司委托课题"中学与大学学生党建衔接研究"，王存具体负责；和谐德育思想学术研讨会暨实验区负责人会议由云南师大承办，宁武杰、张宇负责筹备；和谐校园文化建设成果展示大赛，起草工作由李培东、张宏伟负责。

11月24日，中央教科所报刊中心工作例会。"央所报刊中心"注册成功，执照和印章已拿到。

12月3~6日，詹万生应广西柳州团市委邀请，为柳州1200名团干部作《中国文化与青少年道德教育》学术报告，会见团市委何世恰书记、莫玉清副书记、团校暨飞校长。到广西工学院鹿山学院为800名学生干部作《中国文化与民族精神》学术报告，韦茜院长向詹万生颁发兼职教授聘书。在柳北区为300名中小学校长作《和谐德育研究与实验》学术报告。到雅儒小学参观考察开笔礼活动。到柳江县为200多名中小学校长作《和谐德育研究与实验》学术报告，会见韦局长和柳江中学吕校长。

12月13~14日，詹万生应河北农业大学邀请，为全校学生工作干部和人文学院师生400多人作《中国文化与民族精神》学术报告，韩院长、魏院长和张宏伟陪同参观河北农大。

12月20~22日，詹万生主持高职教材《就业指导》、《文明礼仪》、《心理健康》统稿会，宁武杰、王滨友、贾少英参加。

12月23日，中央教科所2008级访问学者开题，詹万生指导的访问学者韩玲开题报告《中小学和谐班集体建设》通过答辩。

12月29日，中央教科所学术委员会评审2008年度研究成果，詹万生等著《和谐德育论》获奖。

2009年

1月1日，詹万生、宁武杰、张宇、李培东接待贵州省实验区负责人安斯寿、仁怀市教育局胡局长、陈书记来访，研究2009年会筹备工作。

1月5日，中央教科所报刊中心工作例会。詹万生主持，作2008年工作总结，制定2009年度工作计划。

1月12日，中国伦理学会德育专业委员会召开二届十次秘书处和总课题组工作会议。詹万生主持并讲话，他指出2008年是不平凡的一年，《和谐德育论》的出版标志着和谐德育理论体系已经建成，秘书处顺利换届为学会发展提供了组织保障，南山年会的成功举办为学会发展进一步积累了经验，今后的任务是寻求可持续发展。副秘书长张宇、符运杰、郁树廷、张宏伟、李培东、詹栋、尹国勇分别就分管的工作作了总结，宁武杰秘书长作了2008年工作全面总结和2009年工作计划报告，副会长徐安德及总课题组核心成员关鸿羽、闵乐夫、王滨友、王存、蔡永志等讲了话。

1月17日，中国人学学会在北京大学召开常务理事会，陈志尚会长主持并讲话。全国人大原副委员长彭佩云、资深专家黄南森、董学文等出席并讲话，詹万生等常务理事出席会议。

1月18~19日，中央教科所2008年总结表彰大会暨春节联欢会在国家教育学院举行。袁所长主持大会，陈小娅副部长出席并讲话，徐长发作工作总结，田慧生宣读表彰决定，詹万生等获得"创建报刊中心，事业发展贡献奖"。

1月20日，北京市教委召开专家咨询会。陶西平、刘利民、张建明、陶春辉、罗洁、李观政、文喆、时龙、耿申、董奇、兰宏生、陆士祯、张铁道、詹万生等出席并发表咨询建议。

山东菏泽赵局长送来50盆牡丹花，张坊中学送来10尊汉白玉牛塑像，詹万生作春联"玉牛贺岁使牛劲铸就事业辉煌，牡丹迎春让国色带来新年吉祥"，并安排张宇、李培东、尹国勇、任庆奇分送给各位老领导和老顾问。

1月21日，教育科学出版社总编李东、编辑部主任樊惠英聘请詹万生担任主编，编写中职教材《职业道德与法律》。詹万生约李书华、宁武杰研究编写提纲，组建编写队伍。

1月29日，中央教科所袁所长召集詹万生、陈如平、曾天山讨论《国家中长期教育改革与发展规划纲要》修改问题。

2月1~8日，詹万生组织召开中职教材《职业道德与法律》编写会议，李书华、宁武杰、黄海英、杨桂华、彭颖参加。

2月13日，中国伦理学会德育专业委员会召开二届十次秘书处和总课题组工作会议。詹万生主持，研究和谐德育学术研讨会（昆明）筹备工作；成果推广工作；会员发展工作。

2月17~19日，詹万生主持第三次高职教材《就业指导》、《文明礼仪》、《心理健康》统稿会，宁武杰、王滨友、贾少英参加。

2月23日，中央教科所报刊中心工作例会。詹万生主持，研究报刊发行工作，邀请希望书刊发行人联谊会会长刘忠苏介绍经验。

2月28日~3月1日，詹万生和光明日报记者练玉春应江西九江卓尔教育中心邀请，到九江指导课题研究和学校工作。

3月4~5日，詹万生和闵乐夫应河北省石家庄市新华区邀请，到石家庄指导课题研究。观摩小学、初中感恩教育主题班会，闵乐夫点评，詹万生作《和谐成长研究与实验报告》学术报告。

3月8~11日，和谐德育思想学术研讨会暨2009年实验区负责人工作会议在昆明召开，云南师大承办。大会由宁武杰主持，詹万生致开幕词，首次总结了和谐德育研究的六条基本经验；云南师大副校长何伟全致欢迎词，省教育工委副书记陶晴、黑龙江省人大教科文卫主任宋长生、北京大学教授魏英敏讲话。本会副会长、副秘书长、总课题组核心成员和来自各实验区的负责同志120人出席会议。云南师大副书记周本贞主持学术研讨，19人发言对和谐德育进行了深入研讨。贵州省仁怀市教育局长胡德奎汇报了年会筹备工作。周本贞书记、张伟部长陪同参观西南联大博物馆和云南师大新校区。

3月23日，中国伦理学会德育专业委员会召开二届十次秘书处和总课题组工作会议。詹万生主持，研究昆明会议善后工作；准备编辑出版论文集《和谐德育研究》；仁怀年会筹备工作；大学和谐德育论坛筹备工作。

3月24～26日，詹万生撰写《孝文化的传承与创新》。内容包括：孝文化的历史传承；孝文化的当代创新。

4月13日，中央教科所报刊中心工作例会。詹万生主持，研究报刊发行工作。在已有16个省签约组建通联发行站基础上，进一步探讨第二、第三发行渠道。

4月16～17日，中国伦理学会第七次全国代表大会在杭州举行。陈瑛会长代表第六届理事会作工作报告，孙春晨副秘书长作第七届理事会组成人员说明，新任会长万俊人发表就职演说。新当选的副会长有唐凯麟、王莹、廖申白、樊和平、余勇、焦国成、吴潜涛等，詹万生出席会议发言并会见杭州师大副校长丁东澜。

4月18日，炎黄文化研究会、东方道德研究所联合主办的孝文化高峰论坛在首都师大举行。李汉秋主持，炎黄文化研究会副会长张文彬致开幕词，首都师大党委书记张雪致欢迎词，全国人大原副委员长顾秀莲讲话，张岂之、汤一介、李宝库、魏英敏、周桂钿、钱逊、张隽、张践、詹万生、肖群中、陈升等大会发言。

4月21日，中央教科所召开报刊中心和"十刊一报"联席会，袁所长主持，研讨体制机制进一步改革问题。

4月24～26日，应广东省中山市教育局邀请，詹万生、韩玲、刘英敏到中山市出席班主任培训会。詹万生主讲《加强班主任专业化建设》，韩玲主讲《我的班主任工作之道》。主会场外设30多个分会场，万人以上教师听课，创培训听众之最。会后，廖成科长陪同到侨中英才学校指导课题研究。

5月4日，中国伦理学会德育专业委员会召开二届十一次秘书处和总课题组工作会议。詹万生主持，研究年会通知跟踪联络（张宇负责）；大学和谐德育论坛筹备（王存负责）；《和谐德育论文集》、《班主任值班方略》编辑（宁武杰负责）、终审和作序（詹万生负责）以及出版工作（詹栋、任庆奇负责）。

5月13日，北京市实验区协作组会议在北京教科院召开。孟佳主持，东城、海淀、房山、延庆、崇文、朝阳、丰台、平谷、门头沟实验区负责人出席，徐安德讲话贯彻昆明会议精神，詹万生讲话希望做好年会准备工作。

5月15～16日，全国教育科学规划2009年立项课题评审工作会议在国家教育行政学院召开。詹万生出席评审，德育课题申报414项，只评60项，竞争激烈，关注刘世保、冯铁山、郁树廷申请的课题。

5月20～21日，应浙江长兴县教育局邀请，詹万生、徐安德到长兴县李家港中心小学、实验中学、泗安镇中心小学考察指导德育工作。会见教育局罗局长和蒋学平校长，到长广中心学校观摩感恩教育现场会并作点评。詹万生作《班主任专业素质》学术报告。

5月22日，詹万生应邀到杭州德育教师培训班讲课，作《和谐德育的研究与实验》、《国学基础与民族精神》学术报告。

5月24日，首都师大中山市校长培训班开幕。首师大副书记陈宁、周副校长出席，培训中心张汝胜主任讲话，詹万生作《和谐德育的研究与实验》学术报告。

5月25~28日，詹万生应贵州省分指导中心和同仁市政府邀请，赴铜仁市出席贵州省和谐德育课题年会，会见铜仁市党委、人大、政府、政协有关领导。市委李明书记致欢迎词，省精神文明办李主任讲话，安斯寿做工作报告，蔡局长介绍经验，詹万生作《和谐德育研究与实验》学术报告，参观考察三所学校"感恩母亲"主题班会并作点评。

5月29日，云南省教育厅在北京人民大会堂举办"三生教育论坛"，詹万生应邀出席并作重点发言。

5月31日，首都师大中山市校长培训班结业，詹万生作《中华文化与民族精神》报告，与张汝胜一起为学员颁发结业证书。

6月1日，中国伦理学会德育专业委员会召开二届十二次秘书处和总课题组工作会议。詹万生主持，研究大学和谐德育福州论坛筹备工作；高职教材出版发行工作；组建和谐德育专家报告团工作；《英雄交响专题片》合作事宜；《和谐德育研究》编辑工作；贵州仁怀年会筹备工作。

6月1日，詹万生和周向前、张宏伟等去中国教育技术协会递交《关于申请成立校报专业委员会的报告》，会见秘书长刘雍潜。

6月6日，中国伦理学会德育专业委员会大学德育研究部在北京交大召开会议，詹万生、颜吾佴、魏续臻、郭淑敏、胡占君、张润杰等出席，研究福州和谐德育论坛日程安排。

6月9日，詹万生向袁所长递交《申请辞职退休报告》，袁所长肯定他对成立报刊中心的贡献，同意辞职退休。中央教科所召开所务会议，詹万生参加并对报刊中心今后改革发展提出建议。

6月12~16日，全国高校首届和谐德育论坛在福州教育学院举行。徐仲伟主持开幕式，魏续臻致开幕词，福州教育学院高山院长致欢迎词，福州市教育局长郑勇讲话，詹万生作主题报告《深化和谐德育研究，推进高校三风建设》。王存主持大会交流，魏续臻、颜吾佴、宁武杰、翟广运、张润杰、王宗江、王永芹、任振焦、沈小静等作大会发言，分四组二十多位代表交流研讨。闭幕式由颜吾佴主持，四组代表发言，詹万生作论坛总结讲话。张昌勋副院长陪同参观考察福州教育学院和福州二中。

6月19日，中国伦理学会德育专业委员会召开二届十三次秘书处和总课题组工作会议。宁武杰主持，詹万生讲话，王存汇报福州会议情况，张宇汇报年会筹备情况。

6月20~22日，詹万生审阅修改《和谐德育研究》书稿并作序，交李培东合成，詹栋、任庆奇负责出版。

6月23~24日，应内蒙阿荣旗教育局邀请，詹万生、徐安德到阿荣旗实验区作《和谐德育研究与实验》开题报告，教育局领导班子和500多名教师参加。李玉成校长陪同参观考察阿荣旗一中，途中会见黑龙江省齐齐哈尔市实验区负责人王院长、石研、崔红梅。

6月26~30日，詹万生确定年会主题，撰写年会主题报告《深化和谐德育研究，推进学校文化建设》。

7月3~5日，应辽宁省大连市沙市口教育局邀请，詹万生、徐安德到大连德育教师培训班讲课，詹万生作《深化和谐德育理论研究，构建和谐德育实践模式》和《传承中华文化，培育民族精神》学术报告，徐安德讲《德育教师的成长之路》。之后，会见教育局崔局长和工会主席苏老师，参观考察大连理工大学，与戴艳军院长的博士生杜芳、董正华等座谈。

7月10日，中国伦理学会德育专业委员会召开二届十四次秘书处和总课题组工作会议。宁武杰主持，詹万生讲话，研究年会专刊、邀请领导、成果评审、学会换届等项事宜。决定调整、增加新一届理事、常务理事、副会长人选，做好个人简介并在新德育网上公示。

7月15~16日，詹万生撰写《中国伦理学会德育专业委员会第一届理事会工作报告》：1、思想建设；2、组织建设；3、媒体建设；4、学术研究；5、基本经验；6、今后任务。

7月17~21日，詹万生撰写年会开幕词，主题报告定稿，刘世保协助制作课件。

7月24~25日，詹万生应邀到南京德育教师培训班讲课，作《深化和谐德育研究，增强德育工作实效》学术报告。

8月3日，年会出发前最后一次筹备会议。宁武杰主持，张宇、蔡永志汇报去仁怀落实情况，詹万生强调"细节决定成败"，对会员代表大会和年会日程安排的每一个细节进行检查，明确分工，责任到人，确保年会安全、顺利、成功举办。

8月7日，中国伦理学会德育专业委员会第二届代表大会在贵州省仁怀市召开。刘世保主持，詹万生作中国伦理学会德育专业委员会第一届理事会工作报告，宁武杰作第二届理事、常务理事、副会长、会长候选人提名的说明，代表举手表决选举产生第二届理事、常务理事、副会长、会长。。詹万生连任会长，代表新一届理事会讲话。中国伦理学会会长万俊人、中国教育学会常务副会长郭振有讲话表示祝贺与希望。大会后召开二届一次会长会议，讨论通过秘书长、副秘书长人选，宁武杰当选秘书长。

8月8~10日，"2009年全国和谐德育年会暨第十二届学术研讨会"在贵州省仁怀市举行。8日上午开幕式，仁怀市委副书记、市长娄冰致欢迎词，中国伦理学会会长万俊人宣布新当选的德育专业委员会会长、副会长名单，詹万生会长致开幕词并介绍各位副会长与大家见面。茅台酒集团领导致贺词，贵州省教育厅基教处长、教育部基教司德育处朱东斌副处长讲话。下午，仁怀市教育局局长胡德奎介绍德育工作经验，万俊人、郭振有作学术报告。晚上举行迎宾晚会，仁怀市师生演出了一场具有浓郁地方特色与和谐德育内涵的文娱节目。9日上午，胡局长陪同参观考察仁怀市实验学校，下午举行各学段分论坛。10日上午，代表们分两路参观考察四渡赤水纪念塔和国酒文化城。下午，大会闭幕式由关鸿羽主持，魏续臻作课题研究成果评审报告，詹万生宣布表彰决定并颁奖。申请承办2010年会的单位河北衡水中学李续赏、上海闵行区王永和、大兴安岭赵晓捷发表申办演说，徐安德作总结讲话。经过大会领导小组评议，詹万生宣布获得下一届年会承办权的是上海市闵行区，交接会旗，唱会歌，大会胜利闭幕。

8月14日，中国伦理学会德育专业委员会召开二届二次会长秘书长会议和总课题组工作会议。詹万生主持，总结年会工作；各位副会长、副秘书长积极发言总结经验；研究部署下阶段工作。会后本会办公室集中搬到西院2号楼302室。

8月22~25日，应辽宁省沈阳市实验区邀请，詹万生、徐安德、米裕庆、詹栋、任庆奇、尹国勇、罗万兴等到抚顺市举办中小学班主任素质技能培训班。开幕式由詹栋主持，詹万生致开幕词，沈阳市教研中心主任宋世杰讲话。詹万生作《深化和谐德育研究，构建校本德育体系》报告，米裕庆作《班主任专业素质与能力》报告，徐安德作《班主任成长之路》报告。

9月5日，中国伦理学会德育专业委员会召开二届三次会长秘书长会议和总课题组工作会议。詹万生主持,研究以下工作:向教育部基础教育一司汇报提纲;起草本会2010—2020年发展规划纲要;筹备班主任专业能力大赛;筹备成立校报专业委员会。詹万生负责前两项工作,宁武杰负责第三项工作,张宏伟、郁树廷负责第四项工作。

9月8~9日,詹万生、宁武杰、王存、李培东在教师节前夕看望本会顾问徐惟诚、柳斌、陈瑛、王殿卿、魏英敏,汇报换届选举和年会情况,争取他们的支持。

9月11日,詹万生、宁武杰、徐安德、关鸿羽、闵乐夫、蔡永志、任庆奇到教育部向基础教育一司王定华副司长、德育处于长学处长汇报和谐德育研究与实验的基本经验、研究成果和实验效果,王司长、于处长给予充分肯定、高度评价和大力支持,并同意出席将在天津举办的班主任专业能力大赛。

9月12日,首都师大七七级同学聚会,卢泽武老师、张雪书记、陈鹏总编出席,30多位老同学参加,庆祝七七级入学30周年回忆文集《我们从1977走来》出版发行。

9月18日,中国伦理学会德育专业委员会二届一次常务会长秘书长会议在八达岭中国长城博物馆召开,詹万生主持,王存、王滨友、宁武杰、魏续臻出席。宁武杰介绍向教育部基础教育一司汇报的情况和中小学班主任专业能力大赛筹备情况。研究决定以下工作:1.鉴于张宇、李培东、尹国勇工作变动情况,决定秘书处机构改革,撤销五大中心,只能分解到其他机构;2.专职工作人员岗位补贴、坐班补贴、会议补贴事宜;3.经费管理不设小金库,委托培德公司管理,单独立账;4.制定本会2010-2020年发展规划纲要;5.积极争取教育部有关司局支持;6.建立常务会长每周例会制度;7.增补山东工业学校校长朱建华为副会长,决定国庆节后召开全体会长会议。

9月22日,北京市教委召开专家咨询会。关国珍主持,教委副主任郑萼出席讲话,陶西平、文喆、时龙、耿申、兰宏生、张铁道、詹万生、王殿卿等出席并对"社会大课堂活动"发表咨询建议。

9月25~30日,詹万生起草《中国伦理学会德育专业委员会2010—2020年发展规划纲要》。

10月6~9日,詹万生修改《中国伦理学会德育专业委员会2010—2020年发展规划纲要》,框架定为六部分:1.加强思想文化建设,构建和谐学术团队;2.进行组织机构改革,加强研究部门建设;3.建立健全岗位职责,制定完善规章制度;4.深入开展学术研究,大力推广科研成果;5.重视媒体宣传工作,加强会刊会网建设;6.积极争取政府支持,广泛联系社会各界。

10月12日,中国伦理学会德育专业委员会常务会长秘书长例会。詹万生主持,研究全体会长秘书长会议时间、地点、内容,落实有关事项。

10月13日,北京市精神文明办在房山区召开中华传统美德教育现场会,由房山文明办、教育局承办,东方道德研究所、中国伦理学会德育专业委员会协办。王殿卿、朱全俊、王凤生、詹万生、王蕤等出席,参观考察南尚乐中心校和张坊中学。

10月14日,中华爱国工程联合会宣传部邱部长和李亚平来访,特邀詹万生到北京大学百年讲堂"全国校长德育论坛"作报告。

10月17~18日,中国伦理学会德育专业委员会二届二次全体会长秘书长会议在中央教科所召开。宁武杰主持,詹万生给各位副会长秘书长颁发证书并作《中国伦理学会德育专业委员会2010——2020年发展规划纲要》工作报告,副会长周本贞、任振焦、宋长生、徐仲伟、李玉鸿、许允、梁其贵等发言,对制定纲要和本会发展提出宝贵意见。各位副会长分学段研究组织建设和年度工作计划,詹万生会长做会议总结。会后全体同志参观"辉煌六十年成就展",登上天安门城楼感受建国六十年大庆盛况。会议期间,到北京交大、首都师大参观考察,同时还对副秘书长刘世保、郁树廷、冯铁山主持的全规办2009年立项课题进行了研讨。

10月20日,詹万生应北京市委专家讲师团邀请,到搜狐网大厦接受宣讲家《第一时评》栏目访谈,就"温家宝总理关于教育改革的谈话"发表评论。主持人苏博,录播时间为90分钟。

10月26日,中国伦理学会德育专业委员会常务会长秘书长例会。宁武杰主持,研究课题管理工作流程。詹万生讲话要求建立会长密切联系长效机制,宁武杰起草会长会议纪要,刘世保建立会长信箱。詹万生提出建立"中国德育馆"构想。

11月6日,詹万生、徐安德、宁武杰、孟佳、于辉、郑洁、邱阅等到北京市教委向郑萼副主任、王蕤处长汇报和谐德育研究与实验情况。郑萼认为和谐德育研究与教委工作合拍,是学校工作需要的,对工作有推动,对队伍建设有帮助,教委要大力支持,积极参与和推广。会后宁武杰起草纪要。

11月9~11日,詹万生与宁武杰研究《和谐德育研究之路》编写提纲,第一篇:和谐德育研究的奠基阶段(1970-1990);第二篇:和谐德育研究的发端阶段(1991-1996);第三篇:和谐德育研究的实践阶段(1997-2001);第四篇:和谐德育思想的形成阶段(2002-2006);第五篇:和谐德育研究的发展阶段(2007-2010);第六篇:和谐德育研究的价值追求;第七篇:和谐德育研究的工作格局;第八篇:和谐德育研究的诗词选编;第九篇:和谐德育研究的媒体报道;第十篇:和谐德育研究的成果目录;第十一篇:和谐德育研究的大事记载。

11月13日,北京青年政治学院召开"十一五"教育部重点课题"公民社会责任感教育"开题会。梁绿琦院长主持,课题负责人刘世保作开题报告,徐惟诚、甘葆露、詹万生、曾天山、戴木才出席会议并作点评。

11月16日,中国伦理学会德育专业委员会常务会长秘书长例会。詹万生主持,宁武杰汇报班主任专业能力大赛筹备情况;徐安德汇报北京市实验区协作组会议情况;王存汇报高校和谐德育论坛筹备情况。重点研究班主任大赛程序、比赛规则、邀请领导和日程安排,进入倒计时。

11月18日,詹万生与王书荃研究幼儿学段家长培训教材编写内容和体例。内容:呵护生命健康;促进智力发展;关注情绪变化;培养良好习惯。体例:了解孩子;育儿常识;亲子互动;信息连接。

11月21日,首都师大初等教育学院在顺义举办中小学班主任培训班,詹万生应邀出席作《和谐德育的研究与实验》、《加强班主任专业化建设》学术报告。

11月22~28日,詹万生应江苏省实验区负责人许允邀请,出席江苏省和谐德育年会并到实验学校指导课题研究。石岩园长陪同参观考察丹阳实验幼儿园并与幼儿教师座谈,李校长陪同参观考察云阳二小并观摩主题班会,方勇校长、曹副校长陪同参观考察南京田家炳高级中学并观摩"感恩教育"主题班会。在江苏省和谐德育年会詹万生作《深化和谐德育研究,构建校本德育体系》主题报告。考察期间会见江苏省教育厅基础教育处裘处长、陆处长、南方教育中心主任张杰林。

12月6~8日,中国伦理学会德育专业委员会主办、天津红桥区教育局承办的"全国中小学班主任和谐育人专业能力大赛"在天津红桥举行。6日上午,大赛开幕式由魏续臻主持,詹万生致开幕词，红桥区沈区长致欢迎词，天津市教工委于书记、教育部基础教育司于长学处长讲话，红桥区教育局陈局长介绍班主任专业化建设经验，红桥区进行班主任专业能力展示。下午，大赛分六个分赛场举行，徐安德、宁武杰、魏续臻、米裕庆、闵乐夫、王滨友、赵渊等副会长，班主任研究中心主任李德善、符运杰、杨惠敏、张国建等30位评委以及红桥区的主持人、记分员等分在六个分赛场工作，詹万生、魏英敏巡视分赛场情况。7日全天进行比赛，原国家教委副主任柳斌及魏英敏、詹万生在曹局长陪同下巡视观看比赛。8日上午闭幕式，获一等奖的优秀班主任进行演讲和才艺展示，徐安德、李德善作专家点评，宣布获奖名单并颁奖，詹万生作总结讲话，柳斌发表重要讲话给予高度评价。大赛取得圆满成功。

12月10日，中国伦理学会德育专业委员会常务会长秘书长例会。詹万生主持，研究班主任大赛善后工作。针对全规办因举办班主任大赛撤销课题之事进行讨论，此事实验区、实验校反响强烈，要求申诉。詹万生提出"平和心态，沉着应对，上善若水，退而求进"的策略，决定"不喊冤、不审辩、不告状"，相信我们的事业会得到广大实验区、实验校的理解和支持，决定把"和谐德育研究与实验课题"转为中国教育学会和中国伦理学会课题，提前召开实验区负责人会议。

12月12日，中华爱国工程联合会在北京大学百年讲堂举办"育人为本、德育为先——全国校长德育论坛"，詹万生应邀与李燕杰、于丹等同台演讲，受到与会600多名校长的热烈欢迎。

12月22~23日，詹万生应河北省承德市教育局邀请，到承德为400多名中小学校长作《深化和谐德育研究，构建校本德育体系》学术报告。

12月25日，北京东方道德研究所成立十五年庆祝大会在北京青年政治学院举行，徐惟诚、周之良、郑萼、梅松、沈千帆、万俊人、钱逊、李汉秋、朱全俊、詹万生、焦国成、肖群中等应邀出席。

2010年

1月1~4日，詹万生和杨松年编辑班主任专业能力大赛光盘，并约中国教育电视台近期播放。

1月11日，中国伦理学会德育专业委员会常务会长秘书长例会。詹万生主持，研究决定以下事项：1.中国伦理学会已批准"和谐德育研究与实验"课题立项，中国教育学会早在2006年已批准"整体构建学校、家庭、社会和谐德育体系研究与实验"课题立项，今后课题研究归属两个一级学会管理；2.实验区负责人会议因下大雪交通不便，原定于本月在冀中职业学院召开现改为4月在九江召开；3.本会十年发展规划纲要预定在九江二届三次会长会议及实验区负责人会议上讨论通过；4.讨论决定以本会名义编辑出版《和谐德育研究之路——詹万生从教四十年回望》（暂定名），六十岁以上副会长、常务理事都可以本会名义编辑出版个人文集；5.适时编辑本会工作大事记和"十个一百"文集；6.年内发布本会"十二五"课题研究指南，班主任专业化建设研究可作为其中一部分。

1月16日，中华爱国工程联合会举行新年团拜会。李和平将军主持，全国人大副委员长周铁农和十几位老将军出席，詹万生等应邀出席。周铁农为詹万生、刘吉、郭海燕等颁发"爱国主义教育传播大使"荣誉证书。

1月21~24日，詹万生应栾传大之邀撰写《中华民族传统美德教育》第一章"中华民族传统美德教育的回顾与展望"。

1月27日，中国伦理学会德育专业委员会召开在京会长秘书长会议暨新春团拜会，詹万生主持并赋诗团拜："雪霁云开花报春，冬去春来万象新。春风春雨春潮涌，虎年虎劲虎精神！"宁武杰做2009年工作总结报告；共同研究2010年工作计划；各位副会长研究制定分管学段工作计划。

2月8~9日，山东菏泽市赵局长送来30盆牡丹花，詹万生和王存、詹栋、任庆奇、罗万兴给徐惟诚、柳斌、陶西平、魏英敏、王殿卿等顾问以及教育部有关司局领导送去牡丹花和自制贺年卡。

2月10日，詹万生给温家宝总理和教育部长袁贵仁写信，就制定《国家中长期教育改革发展规划纲要》提建议，建议"加强中小学班主任专业化建设"。

2月24日，中国伦理学会德育专业委员会常务会长秘书长例会。詹万生主持，研究决定以下事项：1、研究批准各学段研究部2010年工作计划；2、讨论决定增补马杏芳为常务理事、小学研究部常务副主任，增补邢平均为常务理事、企业文化研究中心主任；3、研究与延安精神研究会合作，希望在《中华魂》杂志增加德育版，由我会编辑。

3月4~5日，国务院发布《国家中长期教育改革发展规划纲要（2010—2020年）》征求意见稿，詹万生认真研读。对纲要中写入"整体构建大中小学有效衔接的德育体系"深感欣慰，但纲要缺少对各级各类学校德育的具体要求，于是撰写修改意见《建议在纲要中增加对德育工作的具体要求》，第二次上书温家宝总理和袁贵仁部长。

3月12~14日，应山东省菏泽市牡丹区教育局邀请，詹万生赴菏泽讲学，为300多名中小学校长作《深化和谐德育研究，构建校本德育体系》学术报告。

3月17日，詹万生、宁武杰与唐山工业职业技术学院党委书记邢平均、科研处长崔发州研究企业文化研究中心筹建工作。

3月21~22日，应河北衡水中学邀请，詹万生、徐安德、张宇、罗万兴出席衡水中学学生18岁成人仪式活动，并与张校长、王校长座谈适时在衡中召开高中班主任专业化建设研讨会事宜。途经保定见20中刘校长、曹校长、张宏伟。

3月25日，詹万生应天津南开实验区邀请，出席天津市南开区中小学和谐育人德育研讨会暨和谐德育研究与实验课题推动会，并就"和谐育人与班主任专业成长"作专题指导讲座。会前参观了育贤中学，与全国百名德育科研专家王桂儒校长等区、校领导座谈，会见教育局副局长梁振义、教育中心主任高国强、德育科科长杨光等。

3月26日，全国教育科学规划教育部重点课题"公民社会责任感教育"召开朝阳区开题会。于辉主持，尚科长做开题报告，詹万生、王殿卿、宁武杰、刘世保作点评指导。

3月31日，中国伦理学会德育专业委员会常务会长秘书长例会。宁武杰主持，詹万生强调，四月份是本会工作和课题研究的重要月份，将要在重庆举办高中和谐德育论坛，在济南举办高校和谐德育论坛，在九江召开二届三次会长会议暨实验区负责人会议，大家要认真研究，狠抓落实。徐安德、魏续臻、王存、王滨友、宁武杰、蔡永志、刘世保、詹栋、任庆奇、罗万兴就分管工作发表意见。

4月3~4日，詹万生设计中国德育馆规划蓝图。借清明扫墓之机到八达岭考察选址，与曹振选座谈争取地方政府的支持。

4月9~11日，中国伦理学会德育专业委员会与和谐德育总课题组在重庆市合川中学举办全国第五届高中和谐德育论坛。许允主持，詹万生致开幕词，张羽校长致欢迎词，区教委主任陈皎、重庆市教科院陈定凡副院长讲话，詹万生作《深化和谐德育研究，构建校本德育体系》报告，徐安德作《深化研究，促进师生和谐成长》报告，合川中学副校长吴志琼作《构建活动和文化，营造和谐校园》成果展示报告。刘世保主持18所高中名校展示和谐德育研究成果，詹万生、徐安德、许允、钟必伟作点评指导。

4月14~16日，应江苏省南通市通州区教育局和关工委邀请，詹万生、罗万兴出席通州区中小学生"新三好"现场推进会。推进会由通州区教育局、关工委、文明办、团委、妇联联合主办，市委常委宣传部长出席并讲话，通州小学校长曹进报告了学生"新三好"活动的先进经验，与会的200多名中小学校长参加会议并观摩了"新三好"主题班会。詹万生作《深入开展和谐德育研究，构建校本和谐德育体系》学术报告。

4月17~19日，由中国伦理学会德育专业委员会主办、山东商业职业技术学院承办的全国高校第二届和谐德育论坛在山东济南召开，来自全国20个省市的120名代表出席了会议。教育部社科司原司长、教育部思想政治理论课教学指导委员会顾问杨瑞森，教育部社科司副司长徐惟凡作了专题报告。山东省高校工委宣教处长刘欣堂同志出席会议并讲话。中国伦理学会德育专业委员会会长詹万生，常务副会长魏续臻、王滨有、王存、颜吾佴，副会长徐仲伟、陈宁、王宗江、任振焦、朱建华，山东商业职业技术学院党委书记马广水、院长钱乃余以及部分副秘书长、常务理事、大学德育研究部副主任等出席会议。论坛主题是：进一步贯彻落实党的十七大精神和党中央国务院[2004]16号文件，深入学习实践科学发展观，建设大学和谐文化，深化高校和谐德育研究。论坛的主要内容：一是加强高校师德与学生思想品德建设，构建和谐师生关系；二是高校思想政治理论课教学方法改革与创新。开幕式由魏续臻主持，詹万生会长致开幕词，钱乃余院长致欢迎词，刘欣堂同志讲话，教育部社科司原司长杨瑞森教授应邀作了《关于高校思想政治理论课改革和建设的几个问题》的专题报告，徐惟凡副司长在报告中介绍了高校思想政治教育理论课改革发展建设的状况。徐仲伟、颜吾佴、陈宁主持论坛，共有42名代表发言，交流了德育研究成果和德育工作经验。闭幕式由王存主持，詹万生介绍了学会近期工作安排，魏续臻教授作了论坛总结讲话，钱乃余院长致欢送词，学会和山东商职院互赠了纪念品。会议期间，与会人员参观了山东商业职业技术学院和学校德育基地。

4月20日，詹万生应淄博师专邀请到淄博为学生工作干部和德育教师作《深化和谐德育研究，构建校本德育体系》学术报告，并会见张秀清书记、李院长、秦副院长等学校领导。

4月22~24日，中国伦理学会德育专业委员会二届三次会长会议暨实验区负责人会议在江西省九江市召开。会议由九江市卓尔教育中心承办。中国伦理学会德育专业委员会会长、副会长、秘书长、副秘书长、常务理事和各实验区负责人共110人出席会议。中共九江市委副书记张学军同志致欢迎词，九江市委宣传部副部长陈则仁、庐山区政府副区长彭青松、庐山区文教局局长刘合祥等同志参加开幕式。中央电视台高级记者、博士生导师孙曾田教授参加会议。

中国伦理学会德育专业委员会会长詹万生教授首先致开幕词。他说本次会议是在制定《国家中长期教育改革和发展规划纲要》的背景下举办的,《纲要》征求意见稿在战略目标中明确规定"整体构建大中小学有效衔接的德育体系"。这个要求正是我们学术团队自"八五"规划以来承担的国家重点课题所研究的内容。詹会长在开幕词中简要回顾了近二十年来整体构建大中小学和谐德育体系的研究历程,总结了近二十年的德育科研经历和走出的中国特色的德育科研之路及基本经验,回顾了2009年课题研究的重点工作,提出了本次会议的主题并介绍了会议的主要内容。会议听取并讨论通过了詹万生作的《中国伦理学会德育专业委员会2010-2020年发展规划纲要》主题报告。天津市红桥区教育局德育研究室主任、中国伦理学会德育专业委员会班主任研究中心李德善主任对全国首届中小学班主任和谐育人专业能力大赛的基本经验和深刻意义做了总结。河北省衡水中学教育处张桂安主任做了申办第三届全国中学班主任专业化发展研讨会的主旨发言,经代表讨论确定该校为本次活动承办单位。上海市闵行区教师进修学院王永和副院长介绍了2010年全国和谐德育年会筹备工作情况,并对开好本届年会提出了建设性意见。常务副会长徐安德作了关于课题研究与发展的讲话。常务副会长兼秘书长宁武杰作了《中国伦理学会德育专业委员会2010年重点工作实施意见》的专题讲话。庐山卓尔教育中心胡一夫校长介绍了《探索特色教育之路,拯救边缘化青少年》的学校德育工作经验。在进行完上述内容后詹万生会长作了会议总结。参加会议的代表还参观了卓尔教育中心和庐山德育基地。

本次会议在中国伦理学会德育专业委员会的发展历程中具有重要意义。第一,规划了未来,坚定了信心。会议通过的《中国伦理学会德育专业委员会2010—2020年发展规划纲要》,从国家社会、文化建设、教育改革和德育科研事业的广阔视角确立了学会今后十年的发展道路和工作目标,统一了认识,凝聚了力量,为学会的可持续发展奠定了重要基础。第二,明确了任务,达成了新的共识。会议对2010年和谐德育研究与实验的重点工作做了具体的安排部署,各实验区明确了近期的工作内容和基本要求,对如何做好今年的工作达成新的共识。本次会议标志着中国伦理学会德育专业委员会的整体工作进入一个新的历史发展阶段。

4月28日,中国伦理学会德育专业委员会常务会长秘书长例会。詹万生会长主持,常务副会长宁武杰、王滨有,副秘书长刘世保、郁树廷、蔡勇志、詹栋、任庆奇等参加,对九江会议进行总结,研究筹备上海年会。

5月6~8日,詹万生、徐安德、宁武杰、蔡勇志、李培东应邀到山东省淄博市临淄区直到区域和谐德育体系和校本和谐德育体系构建,梁科长、路栋陪同参观考察辛店小学、临淄一中,并与校长教师座谈,与孙局长、李副局长会见并研究工作。

5月12日,中国伦理学会德育专业委员会常务会长秘书长例会。宁武杰主持,詹万生讲话总结四月三个会议,研究上海年会和中学学段衡水会议筹备工作,通知各实验区贯彻落实九江会议精神。

5月13日,北京市试验区协作组会议在景山学校召开,徐安德、孟佳主持,詹万生和北京市教委德育处长王蕤讲话,宁武杰传达九江会议精神,景山学校介绍德育工作精神,各区县实验区负责人参加会议。

5月19日,中国伦理学会德育专业委员会中职学段工作会议在北京铁路卫生学校召开,詹万生会长主持并传达九江会议精神，副会长、中职学段负责人赵渊、朱建华和副秘书长张宇、刘世保、张宏伟等出席研究落实年度工作计划。

5月24~26日，应河南濮阳油田教育中心邀请，詹万生、徐安德、宁武杰到濮阳做课题研究指导报告并与教育中心周主任、刘副主任、罗副主任以及实验学校校长教师座谈，指导校本和谐德育体系构建，李培东全程陪同参观考察。

6月3日，中国伦理学会德育专业委员会秘书处经过半年编辑工作，《中国德育求索——和谐德育研究之路》大部分初稿基本完成。詹万生与宁武杰研究篇目调整和统稿工作。

6月18~26日，中国伦理学会德育专业委员会办公室从北三环蓟门桥搬到北四环健翔桥。詹栋、任庆奇、罗万兴负责打包搬运工作。

6月28日，中国伦理学会德育专业委员会秘书处搬到新办公室后第一次工作会议。詹万生主持并讲话，它要求学会与培德公司合署办公，统一管理，各司其职，分工合作。强调要进一步发扬和谐、求真、务实、创新的工作作风。宁武杰布置下半年学会的几项重点工作，主要是年会筹备工作。詹栋安排新办公室的日常管理工作。

6月30日，中国伦理学会德育专业委员会召开常务会长秘书长会议，詹万生主持并讲话，徐安德、魏续臻、王存、王滨有、宁武杰、以及刘世宝、郁树廷、马杏芳、詹栋、任庆奇出席，会议主题是总结上半年工作，研究部署下半年工作。

7月5日，教育部基础教育一司在北京展览馆宾馆召开中小学德育工作研讨会，王定华副司长主持并讲话，于长学、俞伟跃、吕同舟处长出席，会议主题是征求对《教育部关于进一步加强和改进中小学德育工作的意见》的意见。有关省市教育厅德育处长关国珍、董柏林、邹竑、刘秋明、刘鹰和有关专家詹万生、熊川武、刘济良、陈海东、吴安春、曲连坤、管杰、史德志等应邀出席并发言。

7月9日，詹万生与宁武杰、詹栋、任庆奇研究年会因上海世博调整时间和向实验区下发通知问题。

7月15~30日，詹万生撰写《中国德育求索——和谐德育研究之路》前言，并对各篇统一修改。

8月5~9日，《中国德育求索——和谐德育研究之路》第一次统稿基本完成，詹万生与宁武杰研究给各位副会长写信发到会长邮箱征求意见。

8月11日，中国伦理学会德育专业委员会召开常务会长秘书长会议，詹万生主持并讲话，徐安德、魏续臻、王存、王滨有、宁武杰、以及刘世宝、郁树廷、马杏芳、詹栋、任庆奇出席，研究衡水高中学段和谐德育论坛和上海和谐德育年会筹备工作。

8月12~13日，詹万生为《中国德育求索——和谐德育研究之路》设计、选取照片并撰写文字说明。

8月16日，中国伦理学会德育专业委员会召开秘书处工作会议，詹万生主持并讲话，宁武杰、詹栋出席，任庆奇汇报赴上海考察和谐德育年会筹备工作情况。研究在上海世博期间宾馆和会场紧张情况下如何应对问题。

8月26~28日，詹万生应四川省绵阳市绵阳中学英才学校邀请赴绵阳讲学，主讲题目是《深化和谐德育研究，构建校本德育体系》，并与刘文校长、张翼凤主任等座谈和谐德育研究与实验工作。

8月31日，詹万生会长与宋长生副会长等到万里长城八达岭考察，研究中国德育文化馆选址事宜。

9月1~3日，詹万生会长与宁武杰秘书长研究衡水高中学段和谐德育论坛和上海和谐德育年会有关事宜，詹万生撰写衡水会议开幕词和上海年会主题报告。

9月6日，詹万生与徐宏博研究《中国德育求索——和谐德育研究之路》选用照片及文字说明，并终审定稿。

9月8日，中国伦理学会德育专业委员会召开常务会长秘书长会议，詹万生主持并讲话，徐安德、魏续臻、王存、王滨有，以及刘世宝、郁树廷、詹栋、任庆奇出席，宁武杰因病住院缺席。会议主题是：因闵行区在世博期间不能承办大型会议，需要转变办会模式，独立自主、自力更生，调整和加强两个会议即衡水高中学段和谐德育论坛和上海和谐德育年会筹备工作。詹万生会长对两个会议总负责；徐安德副会长负责两会领导专家和大会交流的组织联络和年会总结工作；魏续臻副会长负责主持衡水会议和上海会议开幕词；王滨有副会长负责年会成果评审工作；王存副会长负责大学学段的组织联络工作；增补刘世保为副会长，代理秘书长工作，起草年会日程安排；聘任任庆奇为秘书处办公室主任，负责年会会务工作；尹国勇负责培训工作，组建和谐德育学术团队专家讲师团；委托詹栋、任庆奇赴上海全权负责年会各项会务筹备工作。会后，詹万生会长与上海闵行区教师进修学院副院长王永和联系，本着互相理解、互相支持、和谐双赢的原则达成共识。

9月10~12日，第三届全国中学班主任专业发展研讨会暨衡水中学德育活动现场观摩会在衡水中学举行。魏续臻副会长主持开幕式，詹万生会长致开幕词，王建鹏校长致欢迎词，教育部基础教育司原司长王文湛讲话。徐安德副会长主持了专家报告和大会发言，王宝祥、李德善作班主任工作学术报告，衡水中学李续赏、孙勇军做班主任工作经验介绍，来自全国部分省市自治区的1600名校长和班主任参加大会，其中有9名优秀班主任作了大会发言，与会代表还观摩了衡水中学十佳班长竞选、班主任专业能力大赛、家长家教经验交流等德育活动和主题班会，詹会长作了简要会议总结。

9月17~18日，詹万生应中国教育学会邀请到安徽合肥讲学，主讲题目是《深化和谐德育研究，构建校本德育体系》。会后韩传信陪同参观安徽省博物馆。

9月20~21日，中秋节前夕，詹万生会长和王存副会长看望老领导柳斌、徐惟诚、陶西平、王文湛、郭振有、王殿卿以及教育部有关司局领导等，邀请出席上海年会。

9月27日，中国伦理学会德育专业委员会召开常务会长秘书长会议，主题是检查落实上海年会筹备工作。詹万生主持并讲话，强调上海年会是本会发展和课题研究最重要、最关键的一次年会，也是最复杂、最困难的一次年会，需要全力以赴开好开成功。徐安德、魏续臻、王存、王滨有、闵乐夫、刘世宝、詹栋、任庆奇出席，明确分工，落实任务。

9月29~30日，詹万生应广西南宁都安县邀请，与江汉出席都安县民族实验中学二十年校庆活动，并与蓝志标校长等座谈，对学校办学理念和办学特色提出建议。

10月2日，詹万生最终审定《年会指南》和《讲师团文件》交任庆奇印制，修改敲定年会主题报告。

10月5~8日，中国伦理学会德育专业委员会召开常务会长秘书长会议，主题是审定上海年会发言稿和评审"一优四先"。詹万生主持并讲话,徐安德、魏续臻、王存、王滨有、刘世宝、贾少英、马杏芳、符运杰等出席并分组评审,詹栋、任庆奇、李艳萍、尹国勇、罗万兴、刘英华做年会出发前的准备工作。

10月13~15日,2010年全国和谐德育年会暨第十三届学术研讨会、中国伦理学会德育专业委员会第六届学术研讨会在上海市委党校礼堂举行,来自全国二十多个省市自治区的1400名代表出席了会议。13日上午举行开幕式,刘世保副会长主持,魏续臻常务副会长致开幕词,上海市教委德育处长邹竑致欢迎词并赠送《世博一课》光盘,国家教育部基础教育一司德育处长于长学讲话传达全国教育工作会议精神,中宣部原常务副部长、中国伦理学会名誉会长、中国人民大学道德科学研究院院长徐惟诚讲话,中国伦理学会德育专业委员会会长、中央教科所原德育研究中心主任、全国和谐德育研究与实验总课题组组长詹万生作主题报告,他指出本次大会的主题是:认真学习贯彻全国教育工作会议精神和《国家中长期教育改革和发展规划纲要》精神,深化和谐德育研究,整体构建区域和谐德育体系、校本和谐德育体系、班级和谐德育体系,做好"十一五"课题结题与"十二五"课题立项的有效衔接工作。他还详细论述了班级和谐德育体系构建的重要意义、基本思路和主要策略。13日下午,全体与会代表分组参观考察了闵行区12所和谐德育实验学校,并举办了幼儿园、小学、初中、高中、中职、高职、大学分论坛。14日上午,国家副总督学、教育部原基础教育司司长王文湛作报告,详细解读《纲要》的基本精神和对德育工作的要求。上海闵行区教师进修学院副院长王永和、北京景山学校德育主任陈瑞祥、河北衡水中学德育主任郜会锁分别介绍了区域和谐德育体系构建、校本和谐德育体系构建、班级和谐德育体系构建的先进经验。14日下午,有94名代表大会发言,介绍了本校或本人和谐德育研究的成果和体会。大会闭幕式由王宗江副会长主持,王滨有副会长宣布"一优四先"评审表彰决定,在主席台就座的领导专家为获奖代表颁奖,徐安德常务副会长作大会总结,詹万生会长宣布下届年会举办城市是西安。大会在交接会旗和高唱会歌的热烈气氛中胜利闭幕。15日,全体代表参观了上海世博园。

10月22~24日,全国中华民族传统美德教育研究20周年论坛在北京国家行政学院举行。中央教科所原德育研究中心主任、中国伦理学会德育专业委员会会长詹万生主持大会。教育部关工委主任、中纪委驻教育部原纪检组长田淑兰,中国老龄事业发展基金会会长、国家民政部原副部长李宝库,教育部基础教育一司副司长王定华,中国农工民主党原常委宣传部长李汉秋,中国伦理学会名誉会长陈瑛等领导、专家出席大会并讲话。吉林省教科院原副院长、中华民族传统美德教育研究课题组组长栾传大作主题报告,来自全国二十多个省市自治区的中小学校长和教师500多人参加论坛。

10月26日~27日,全国首届责任教育论坛暨教育部重点课题"增强学生社会责任感的公民教育实践模式研究"研讨会于在北京市朝阳区蟹岛绿色生态农庄举行。中国伦理学会德育专业委员会会长、中央教科所原德育研究中心主任詹万生教授主持论坛开幕式和闭幕式,首都精神文明办公室巡视员尹学龙致开幕词,北京市朝阳区人民政府教育督导室主任腾国清致欢迎词,中共中央宣传部原常务副部长、中国伦理学会名誉会长、中国人民大学道德科学研究院院长徐惟诚做主旨讲话,中央精神文明建设委员会办公室未成年人思想道德工作组组长谭陆重要讲话,中国伦理学会名誉会长、中国社会科学院哲学研究所研究员陈瑛教授作学术报告,中国伦理学会德育专业委员会副会长、责任教育课题组负责人刘世保教授作主题报告。全国教育科学规划办公室常务副主任曾天山教授,首都精神文明办公室未成年人工作处处长周大庆,北京市教委德育处副处长王蕤,中共北京市朝阳区委副巡视员刘英男,北京市朝阳区精神文明办公室主任吕岚,北京东方道德研究所名誉所长、北京青年政治学院王殿卿教授,北京东方道德研究所名誉所长、北京市伦理学会名誉会长、北京青年政治学院甘葆露教授,《道德与文明》(CSSCI)杨义芹主编等领导和专家应邀出席,中国伦理学会德育专业委员会副会长徐安德、王存、米裕庆分别主持大会交流和学段分论坛。来自全国部分省市自治区的500多名代表出席了会议。

11月3日,中国伦理学会德育专业委员会召开常务会长秘书长会议,主题是第十三届和谐德育上海年会和首届责任感教育论坛总结会。詹万生主持并讲话,徐安德、王存、刘世宝、郁树廷、詹栋、任庆奇等出席,研究两会的善后工作。

11月4日,中国教育学会特殊教育研究分会召开第六次代表大会,詹万生应邀作学术报告《贯彻纲要精神,构建和谐德育体系》,会见王文湛会长、谢敬仁副会长、曲学利副秘书长。

11月5~10日,中国伦理学会德育专业委员会会长、中央教科所原德育研究中心主任詹万生教授应邀率领和谐德育专家讲师团成员李亚平博士、河北衡水中学团委书记李续赏、优秀班主任贾栓柱到云南讲学。6~7日,北辰中学举行德育报告会,曲靖市陆良县常务副县长赵华芬、教育局长太自良、北辰中学董事长李国云、名誉校长余建忠以及300多名教师参加报告会。詹万生讲的题目是《学习贯彻纲要精神,构建班级和谐德育体系》,李亚平讲的题目是《和谐幸福人生与教师专业成长》,李续赏介绍了衡水中学德育工作经验,贾栓柱介绍了衡水中学班主任工作经验,他们的精彩演讲受到热烈欢迎。8日,詹万生会长应邀出席云南省文明办、教育厅、团省委、省妇联、省电视台联合举办的"做一个有道德的人"主题班会电视大赛,并作专家点评。9日,云南省教育厅举办的"云南省中小学德育专家报告会",教育厅德育处杨国良处长主持大会,云南省教育厅直属学校和昆明市各区县教育局的领导和中小学校长500多人参加培训,詹万生会长应邀作题为《学习贯彻纲要精神,构建三级和谐德育体系》的学术报告,受到热烈欢迎。在此期间,詹万生会长还会见了云南省教育厅德育处长杨国良、师范处长杨丽、曲靖师范学院院长周本贞教授、大理学院党委书记王教授、云南理工大学建筑工程学院党委书记张学忠教授等。

11月14~15日,应天津晟嘉教育集团邀请,詹万生出席晟嘉优秀学员表彰仪式并讲话,会见晟嘉教育集团董事长程晟、虹桥教育局副局长曹建青、河西教育局谢副局长以及徐卫权总经理。

11月17日,中国伦理学会德育专业委员会召开常务会长秘书长会议,詹万生主持会议,徐安德、魏续臻、王存、王滨有、刘世宝、郁树廷、詹栋、任庆奇等出席,检查上海年会善后工作落实情况;研究决定恢复发展中心,聘仟张宏伟为中心主任;加强新德育网建设;研究今后重点工作是落实年会精神,加强班主任队伍建设,举办班主任培训班,编写给班主任的书,举办第二届班主任大赛;讨论年底召开年终总结会并制定明年工作计划。

后 记

中国伦理学会德育专业委员会于2010年1月11日在北京召开常务会长会议,会议总结了学会前一时期的工作经验和取得的科研成果,研究讨论了学会今后的工作重点。本次会议讨论决定,于2010年组织编写反映和谐德育研究历程的综合性理论与实践著述《中国德育求索——和谐德育研究之路》一书。

从学术研究角度考察,和谐德育是一种德育思想,也是一种德育实践模式。把和谐德育放在中国德育以及教育改革、文化与社会建设的广阔视野中观察,可以看出和谐德育有其固有的文化渊源和理论基础。和谐德育的实践目的、实践方式、实践过程、实践结果对解决中国德育的历史的和现实的问题,对推进素质教育和教育改革,对和谐文化与和谐社会建设都有积极的促进作用。和谐德育理论体系和实践模式的形成与发展,是与和谐德育学术团队的领军人詹万生教授的开创和主持引导作用紧密相连的。通过编写《中国德育求索——和谐德育研究之路》一书,一方面可以系统完整地总结詹万生同志四十年来勤奋治学、孜孜以求,为建立中国特色德育体系和德育科研发展道路所走过的求索历程;另一方面也可以全景式反映詹万生及其学术团队为中国德育科研事业和教育改革发展付出的努力。本书的编辑出版,对让更多的人全面了解和谐德育,对促进德育研究和教育改革的深化发展,对建设和谐文化与和谐社会具有相应的学术意义。

近年来,我国教育领域的学术民主已基本形成。这是繁荣学术、发展理论、促进实践的必要条件。和谐德育研究所尝试的研究方法如行政领导、科研人员、一线教师相结合,所确立的实验目的如出成果、出经验、出人才,所遵循的研究宗旨如为教育决策服务、为德育改革实践服务、为广大师生服务,这样的提法和话语在通常的教育学、德育学著作中是找不到的,它开创了一种新的教育科研范式。和谐德育研究持续时间之长、研究规模之大、推广应用之广,在近二十年来千百个教育科研课题的研究中也是找不到的,它探索了一条新的教育科研道路。就和谐德育研究团队来说,这样做是为了求索,求索适应中国教育改革需求的德育科研之路;这样做是出于责任,出于切实增强德育科学性、实效性的职业责任。但这些想法和做法也只是作为教育研究的一家之言或一个流派。其能否立足,需要在学术民主的氛围中接受评论,需要在现实的教育实践中接受检验。本书的编辑出版,为接受学界评论,接受实践检验提供了参考文本。

本书的编辑工作是由中国伦理学会德育专业委员会秘书处集体完成的。詹万生会长主持设计全书编写提纲并负责全书统稿,常务副会长兼秘书长宁武杰负责学术著作和研究成果篇目的编写统稿。在本书交付出版社之前,用通讯方式征求了其他各位副会长的意见。本书各篇的编辑工作由多位副秘书长承担,他们既是在职教授和专家学者,又是和谐德育研究实验课题组成员。一年来,他们一边工作,一边编辑撰稿,如期完成了全书编辑任务。各篇编辑分工如下：第一篇，胡占君，北京物资学院党委宣传部部长、教授、博士；第二篇，张国建，河南省禹州市教育局基础教育科科长，中学高级教师，德育研究生班毕业；第三篇，梁周清，山东淄博高等师专党委办公室主任、教授；张 群，山东淄博高等师专副教授；第四篇，张宏伟，河北省保定市乐凯中学副校长，中学高级教师；第五篇，贾少英，北京联合大学思想政治教育教研室主任、教授；冯铁山，湖南第一师范学院教授、博士；附录一，刘世保，北京青年政治学院教授；附录二，任庆奇，中国伦理学会德育专业委员会副秘书长兼办公室主任；附录三，詹栋，中国伦理学会德育专业委员会副秘书长，德育研究生班毕业。在全书审校过程中，《新德育》杂志编辑部主任李吉宁负责第一篇、附录二、附录三；北京联合大学教授贾少英负责第二篇；北京青年政治学院刘世保教授负责第三篇；首都师范大学张宝生博士负责第四篇；中国伦理学会德育专业委员会副秘书长李培东负责第五篇；北京航空航天大学郁树廷副教授负责附录一。中国伦理学会德育专业委员会秘书处办公室工作人员李艳萍、罗万兴做联络工作。在本书即将出版之际，我们向所有参与编写工作的同志致以诚挚的谢意！

　　长期以来，和谐德育研究始终得到党和国家思想宣传部门和教育界老领导与资深专家的热情支持和指导。中共中央宣传部原常务副部长、中国大百科全书总编辑徐惟诚同志，全国人大教科文卫委员会委员、原国家教委副主任柳斌同志，北京市人大原副主任、中国教育学会常务副会长陶西平同志，中国伦理学会原副会长、北京大学博士生导师魏英敏教授，北京青年政治学院原副院长、北京东方道德研究所所长王殿卿教授，他们不仅关注着和谐德育研究的进展情况，还十分关心本书的编写工作，在繁忙的事务中为本书题写书名或撰写序言。他们这种认真严谨的治学精神和密切关注思想道德建设与德育科研事业，激励改革创新的精神品格，让我们为之感动，为之鼓舞。在此谨向他们致以深深的敬意和感谢！

中国伦理学会德育专业委员会
2011年1月8日